《中国水泥年鉴》2009年

协办单位

（排名不分先后）

中国中材集团有限公司

河北冀东水泥股份有限公司

中国联合水泥集团有限公司

拉法基瑞安水泥有限公司

四川峨胜水泥有限公司

2008年10月20~21日，由中国水泥协会主办的"第十届亚洲水泥论坛"在南京隆重举行，来自亚洲各国（地区）和中国代表出席论坛。

2008年10月10日，中国建材联合会、中国水泥协会和中国建材研究院在北京共同举办了“陆宗贤先生百岁寿辰庆典”。

2008年1月13日，"全国中小水泥企业节能减排暨"JT"窑经验交流会"在南京新世纪大酒店召开。

2008年1月21日，由国家发改委和中国水泥协会联合主办、中国建材科学研究总院承办的"APP水泥最佳范例中心（COE）揭牌仪式暨中国水泥工业节能减排和清洁发展国际培训研讨会"在北京举行。

2008年2月29日，中国中材国际工程股份有限公司和尼日利亚Dangote集团在北京举行了7条日产6 000吨位水泥生产线总承包项目签约仪式。

2008年2月29日，中材国际在钓鱼台国宾馆举行7条日产6 000吨水泥生产线总承包项目仪式答谢酒会上，中材集团总经理、"中材股份"董事长谭仲明（左）与中国水泥协会秘书长孔祥忠（右）亲切交流。

2008年3月21～23日，由中国终端能效项目办公室主办、中国水泥协会承办的《水泥工厂节能设计规范》宣贯及《水泥行业节能协议活动的组织和协调》研讨会在海南省海口市召开。

2008年4月1日，国家发改委经济运行局、中国建筑材料联合会、中国水泥协会在上海光大会展中心联合召开国家重点大型水泥企业负责人座谈会。

2008年4月1日，第九届中国国际水泥、混凝土技术及装备展览会在上海光大国际会展中心举行。

2008年4月2日，由中国水泥协会、中国国际贸促会建材分会主办的2008中国国际水泥峰会在上海召开。

2008年4月16日，中国建材股份有限公司与民生银行总行营业部在北京签署战略合作协议。

2008年5月6日，土耳其AKcansa 日产6000吨水泥生产线投产仪式。

2008年5月23日，由中国水泥协会主办、智光电气承办的首届中国水泥企业总工程师论坛暨水泥总工联谊会在广东广州举行。

2008年6月30日，中国中材集团公司与青海省人民政府签订战略合作协议。

2008年7月12日，中国建材集团与北川羌族自治县战略合作框架协议签字仪式暨中国联合水泥北川中联年产200吨水泥项目开工仪式隆重举行。

2008年7月23日，中国建筑材料集团公司与浙江省人民政府国有资产监督管理委员会在杭州签署了浙江三狮集团有限公司国有股权转让框架协议。

2008年7月27日，在内蒙古大草原最美丽的季节，全国水泥协会秘书长联席会议在塞外青城呼和浩特市隆重召开。

2008年8月28日，“5.12”汶川地震后，为支援灾后重建，中国建筑材料联合会党委书记、常务副会长孙向远（左二）、副会长陈国庆（左一）带领建材行业调研组到四川北川县等地开展调研活动。

2008年8月5日，北京奥运会圣火在成都传递，拉法基瑞安水泥有限公司四川分公司总裁兼四川双马水泥董事长王铁国担任第152棒火炬手。

2008年9月7日，中国水泥协会水泥助磨剂分会年会在沈阳召开。

2008年10月15日，“拉法基瑞安”都江堰工厂举行二线复产暨三线奠基典礼。

2008年10月17日，由广东、海南、四川、广西、福建、江西、湖南、贵州、云南、重庆、香港、澳门等省、市、区（特区）水泥（建材）协会主办，云南省建材工业协会承办的“第二届泛珠三角水泥峰会”在昆明举行。

2008年11月20日，中国建材集团与浙江省人民政府签署战略合作框架仪式。

2008年12月5日，台泥广西贵港厂竣工庆典隆重举行，辜成允董事长（左二）与中国水泥协会会长雷前治（右二）、秘书长孔祥忠（右一）、国家发改委产业协调司处长刘明（左一）合影留念。

2008年12月23日，由中国水泥协会主办、浙江虎山集团和合肥水泥研究设计院，共同承办的南方水泥浙江虎山集团日产5000吨生产线点火仪式暨合肥院大型原料立磨推介（新闻发布）会在浙江省江山市召开。

中国水泥年鉴（2009）

China Cement Almanac

中国水泥协会　编

江苏人民出版社

图书在版编目(CIP)数据

中国水泥年鉴.2009/中国水泥协会编. -南京:江苏人民出版社,2010.5
ISBN 978-7-214-06203-1

Ⅰ.①中… Ⅱ.①中… Ⅲ.①水泥工业—中国—2009—年鉴 Ⅳ.①F426.7-64
中国版本图书馆 CIP 数据核字(2010)第 073323 号

中国水泥年鉴(2009)

China Cement Almanac

中国水泥协会 编

书　　名:中国水泥年鉴(2009)
编　　著:中国水泥协会
责任编辑:丁嫣霞　刘沁秋
出版发行:江苏人民出版社(南京市湖南路 1 号南门 808 室　邮编:210009)
网　　址:http://www.book-wind.com
集团地址:凤凰出版传媒网 http://www.ppm.cn
经　　销:江苏省新华发行集团有限公司
照　　排:北京永顺达科技发展有限公司
印　　刷:北京宏伟双华印刷有限公司
开　　本:880mm×1230mm
印　　张:32
字　　数:1000 千字
版　　次:2010 年 4 月第 1 版
印　　次:2010 年 4 月第 1 次
标准书号:ISBN 978-7-214-06203-1
定　　价:580 元

《中国水泥年鉴》(2009)
编委会和编辑部工作人员

编辑说明

《中国水泥年鉴》2009卷(下称《年鉴》),是由中国水泥协会组织编纂的一部大型权威性工具书。它客观反映2008年中国水泥工业的全貌,是对水泥行业进入"十一五"期间第三年这一重要发展时期真实客观的历史记录,也是作为中国水泥行业面向国际市场敞开窗口、进行宣传交流的一个重要平台。

本《年鉴》的编纂得到了国家有关政府部门和中国建材联合会领导的关注和支持,并联合各省市水泥协会、部分大型水泥企业和中国建材数量经济监理学会,在中国水泥协会秘书处的领导下,与《中国水泥》杂志社共同进行编写工作。《年鉴》由中国水泥协会会长雷前治担任编委会主任,特邀请中国建筑材料联合会会长张人为、原国家建材局局长王燕谋等15名行业专家及企业家作为高级顾问,中国水泥协会副会长、秘书长孔祥忠担任编委会常务副主任,中国水泥协会28位副会长担任编委会副主任,并特邀各省、区、市水泥协会、部分大型水泥集团、水泥院所的代表担任编委。

本《年鉴》内容共分七大篇章。第一篇是特载,主要介绍2008年国家出台的政策法规、地方政策,发表的重要文章、领导关怀、媒体关注及行业热点,从政策层面、不同角度阐述行业发展状况。第二篇是综述,反映33个省、区市水泥工业概况,以便读者深入了解地方发展情况。同时,对部分省、市突出的动态进行整理和记载,特开设"各省动态"栏目。第三篇是2008年公布的水泥行业标准、专利、科技成果。第四篇是先进集体及先进个人,以表彰2008年为中国水泥工业做出贡献的单位及个人。第五篇是企业篇,选择在行业内有影响力、技术先进、国家重点支持结构调整的大型水泥部分企业进行形象宣传,在行业史上记录领军企业的风采。同时,对2008年全国投产新型干法生产线、签约新建部分大型水泥生产线项目、余热发电项目,以及国外建设项目进行公布。第六篇是记事篇,详实记录水泥业2008年来国内发生的大事、要事。2008年是中国改革开放30周年之际,特设"30年大事记",以及环球信息。第七篇是统计数据,准确统计了2008年中国水泥产品产量、进出口情况、产品价格、能源消耗、废气排放等数据及主要财务指标。

本《年鉴》中收录的全国各地水泥行业有关情况和统计数据,来源于各省、自治区、直辖市经贸委、建材行管办或水泥协会。某些主题和数据可能在不同部分和不同篇章中有所涉及,应综合对照才能更全面掌握有关情况。统计数据以中国建材数量经济监理学会提供材料为准。

本《年鉴》分部类、栏目、条目3个层次,根据资料分类的需要,在少数栏目下设有类目。条目为本年鉴的基本文献形式。条头一律用黑体字加"【】"表示。"★"表示本部分有注解说明。

本《年鉴》收集资料的范围是全国性的。暂未包括中国台湾省、香港特别行政区和澳门特别行政区。

本《年鉴》在搜集资料、编辑、整理、校对的过程中,承蒙编委会、特约编委、特约编辑及各地方行管办、水泥协会的大力支持和帮助,为本《年鉴》的出版做了大量的收录工作,在此谨致谢忱!

本《年鉴》收录的内容自2008年1月至2008年12月31日止的中国水泥工业资料,具有广泛性和代表性。由于收录的资料繁杂,难免有所遗漏,望广大读者对本卷《年鉴》中的不足之处给予批评、指正!

《中国水泥年鉴》编辑部

2010年2月10日

Editor Notes

Feb. 10, 2010

"Chinese Cement Almanac" volume 2009 (hereafter referred to as "Almanac") is a large authoritative reference book organized and compiled by China Cement Association. It objectively reflects the panorama of Chinese cement industry in 2008 and is the real and objective historic record of cement industry entering the important developing time of the third year of "eleventh five-year" period. It is also a window of Chinese cement open to international market and great platform for advertising and communication.

The compilation of the "Almanac" got care and support from relative government sectors and leaders of China Building Material Coalition and it associates with each provincial and municipal cement association and partial large cement enterprises as well as China Building Material Quantity Economy Supervision Association together with "China Cement" Journal Office for the compilation under the leadership of secretariat of China Cement Association. Chairman Lei Qianzhi of China Cement Association assumes editing committee director of "Almanac"; 15 industrial experts and entrepreneurs such as Zhang Renwei - the chairman of China Building Material Association and Wang Yanmou - the previous director of National Building Material Bureau were specially invited as senior advisors; Kong Xiangzhong - vice chairman and secretary general of China Cement Association assumes vice standing director of editing committee. 28 vice chairmen of China Cement Association assume vice directors of editing committee. It specially invited representatives of provincial, regional and municipal cement associations and some large cement groups and cement institutes as members of editing committee.

The "Almanac" consists of seven chapters. Special edition Chapter 1 mainly introduces policy and law and regulations issued by the state in 2008, local policy, important articles published, leaders' care, media focus and industrial hotspot and it expounds industrial development status from various policy levels and different points of view. Chapter 2 is the summary, reflecting cement industry situation of 33 provinces and cities so as for readers to deeply understand local development. In addition, it prepared and recorded outstanding trends of partial provinces and cities and set up the column of "Provincial trend". Chapter 3 is cement industrial standards, patents and technical achievements published in 2008. Chapter 4 is advanced collective and individuals so as to commend unit and individual with contribution to Chinese cement industry in 2008. Chapter 5 is for enterprises. It selects some large cement enterprises with influence in the industry, advanced technology and key state support for structure regulation for image advertising so as to record the elegant demeanor of leading enterprises in industrial history. At the same time, it publishes the new pattern dry type production lines put into production in whole China, the newly signed large cement production line projects and power generation projects by remnant heat project contracts for production as well as foreign construction projects. Chapter 6 is event recording. It records in detail great domestic events and key events of cement industry in 2008. The year 2008 is the occasion of 30 years' anniversary of reform and opening up in China. It specially sets up "30 years' memorabilia" and global information column. Chapter 7 is statistics, accurately counting such data as Chinese cement product output, import and export, product price, energy consumption, waste gas emission and main financial index in 2008.

Relative status and statistics of local cement industry nationwide collected by the "Almanac" come from each provincial, autonomous regional and municipal economic and trade commission, building material administration or cement association. Some theme and data may be related in different parts and different chapters and it can master relative status more completely through comprehensive comparison. Material provided by China Building Material Quantity Economy Supervision Association should prevail for statistics.

The "Almanac" is divided to three levels of branch, column and entry and a few columns have subsections according to the need of data assortment. Entry is the basic literature format of this "Almanac". Head of the entry is all indicated by bold - face with "【】". "★" indicates annotation or note existing for the part.

Data collection scope of the "Almanac" is nationwide but it does not include that of Taiwan Province, Hong Kong SAR and Macao SAR for the time being.

The "Almanac" is indebted to great support and help from editing committee, specially arranged committee member, specially arranged editor and local administration and cement associations during its data collection, compilation, preparation and proof that we hereby express our sincere thanks to their hard effort for the "Almanac" publication.

The content collection of the "Almanac" is datum of Chinese cement industry starting from Jan. 1, 2008 to Dec. 31, 2008 with universality and representation character. As datum to be collected is miscellaneous it is hard to avoid possible missing or omitting that all comments or corrections to the "Almanac" from broad readers would be highly appreciated.

Newsroom of "Chinese Cement Almanac"

2008 年中国水泥工业概况

2008 年对水泥行业来说确实可以用“不平凡”和“不平常”来形容，在自然灾害频发、国际金融风暴冲击、煤炭价格暴涨的多重压力下，水泥行业利润依然再创历史新高。概括 2008 年水泥行业的特点主要有以下几方面：

首先，水泥需求增速虽然逐月回落，但全年仍然保持增长。当年全社会固定资产投资增速相对放缓，又加上年初南方遭受百年不遇的冰雪灾害、5·12 汶川特大地震、北京方圆 500 公里内因奥运会期间部分基建工程停工等诸多因素累加，造成水泥需求回落。进入 11 月份以后，金融危机对中国经济的影响日益显现，由于党中央、国务院及时出台了一系列“保增长、调结构、促发展”的政策和措施，坚定了全行业的信心，随着一些工程加快速度和重新开工及许多搅拌站和水泥经销商纷纷加大水泥和熟料的储量，12 月份出现了产销两旺的局面。在 2008 年复杂多变的形势下，能有这样的增速也是十分喜人的。

其次，虽然水泥生产成本大幅上涨，但价格却也实现了理性回升。由于水泥需求增速回落，新型干法水泥增长快，落后生产能力退出缓慢，致使一些地区供需失衡，竞争激烈，但水泥价格维持了稳定上涨局面，出现了历史性回升。在需求逐月下滑的背景下，水泥价格维持在相对高位，没有随需求下滑而下滑，实属难能可贵。

三是企业间重组联合步伐加快，大企业发展态势良好，规模和效益双提高。到 2008 年年末，新型干法水泥产能在 1 000 万吨以上的企业将达到 14 家，其中“海螺”、“中国建材”产能上亿吨，前 10 强的生产集中度提高到 20% 以上，大企业核心竞争力明显提高。

四是金融危机对国际水泥市场冲击明显，水泥和熟料出口大幅下降。受人民币升值和世界经济衰退影响，2008 年水泥和熟料出口数量下降为 2 604 万吨，比 2007 年减少 696 万吨。

五是经济效益创历史新高，水泥市场逐步走向成熟。2008 年利润再创新高，达到 285 亿元人民币。在需求下滑、成本上升、竞争日趋激烈等内外部环境极其不利的情况下，全行业经济效益还创历史新高确实让我们喜出望外，这应该归功于这几年水泥工业的结构调整，同时也标志着中国水泥市场逐步走向成熟。

雷前治

2008 年 12 月 31 日

General Situation of Chinese Cement Industry 2008

Dec. 31, 2008

Cement industry in 2008 can really be described as "uncommon" and "special". The profit of cement industry set up historic new high again with even such pressures as frequent natural disasters, the impact of international financial storm and sudden and sharp rise of coal price. The feature of cement industry in 2008 can be summed up as follows:

First of all, although the growing speed of cement demand dropped month by month, it maintained growth in the whole year. Cement demand dropped as a result of such factors as relatively slow down of society wide growing speed of fixed assets investment in the year, the once one hundred years´snow disaster in the south at the beginning of the year, big "May 12th" earthquake in Wenchuan and the shutdown of partial capital construction projects during Olympic Games period around 500KMs of Beijing. The impact of financial crisis on Chinese economy became increasingly prominent after November. Owing to the series policies and measures of "guaranteeing growth, regulating structure and promoting development" issued by CPC central committee and State Council, the confidence of the industry as a whole was strengthened. Along with the speeding up and restart of some projects, many mixing stations and cement dealers increased reserve of cement and clinker one after another and the thriving situation of both production and sale emerged in December. Such growing speed is very satisfactory in the complex and changeable situation of the year 2008.

Secondly, while the cost of cement production increased by large extent, its price realized rational bouncing back. Because of slowing growing speed of cement demand, the new pattern dry type cement grew fast while backward production capacity quitted slowly. As a result, supply and demand in certain regions lost balance with fierce competition and cement price maintained stable rising trend and historic bouncing back emerged. Under the background of descending demand month by month, cement price was maintained at relatively high level and did not dropped along with descending demand. It was so rare valuable.

Thirdly, the speed of reorganization and integration among enterprises became faster; the developing trend of large enterprises was promising and both scale and benefit increased. By the end of 2008, enterprises with the capacity of new pattern dry type cement above 10 million tons would reach 14. Where, the capacity of "Hailuo" and "China Building Material" reached 100 million tons. The production concentration of top ten enterprises increased to above 20% and core competing force of large enterprises increased significantly.

Fourthly, the impact of financial crisis on international cement market was evident and the export of cement and clinker decreased by large extent. Because of the impact of RMB appreciation and world economic depression, the export amount of cement and clinker in 2008 dropped to 26.04 million tons, a reduction of 6.96 million tons than the year 2007.

Fifthly, economic benefit set up historic new high and cement market became mature step by step. The profit in 2008 set up new high again and reached RMB 28.5 billion. In the situation of very adverse internal and external environment such as descending demand, rising cost and increasingly fierce competition, the economic benefit of the industry as a whole still set up historic new high and it really made us overjoyed. We should owe this to the structure regulation of cement industry over these years and it also indicates the Chinese cement market is becoming mature step by step.

目 录

Content

第一篇 特载

Chapter I Special Edition

第二篇　综述

Chapter II Summary

第三篇 标准、专利、科技成果

Chapter III Standard, Patent and Scientific and technical payoffs

第四篇　先进集体及先进个人

Chapter IV Advanced Collective and Individuals

第五篇　企业篇

Chapter V Enterprises

第六篇　记事篇

Chapter VI Record of Events

第七篇　统计数据

Chapter VII Statistics

第一篇

特载

中共中央、国务院关注水泥工业

政策法规

地方政策

领导关怀

媒体关注及行业热点

重要文章

中共中央、国务院关注水泥工业

CPC central committee and State Council care about cement industry

2008 年

胡锦涛主席视察海螺集团

Chairman Hu Jintao inspects Hailuo Group

1月12日，中共中央总书记、国家主席、中央军委主席胡锦涛率中央书记处书记、中央办公厅主任令计划，中央书记处书记、中央政策研究室主任王沪宁，中央财经领导小组办公室主任朱之鑫等视察海螺集团旗下的芜湖海螺水泥公司。安徽省委书记王金山，代省长王三运，省委副书记王明方，省委常委、省政法委书记徐立全，省委常委、芜湖市委书记詹夏来等陪同视察。

胡锦涛详细询问了全国水泥工业的基本情况和全国水泥行业的结构和分布情况，他说，大力发展新型干法水泥"涉及到水泥工业的结构调整问题，要压缩高能耗、高污染的小水泥，加快淘汰落后生产能力"，"原来的小水泥厂没有出路，现在可以改建成粉磨厂，把熟料厂建在有矿山、能源条件好的地方"。

在听取了关于水泥工业余热发电、消纳工业废渣和城市垃圾焚烧工业化等情况的汇报后，胡锦涛鼓励建材行业做改善环境的行业。

胡锦涛还察看了"芜湖海螺"生产运营情况，并对"海螺"准备新上的日产12 000吨生产线国产化率能达到80%以上表示满意。胡锦涛鼓励说："希望'海螺'的同志们继续努力，把'海螺'建成国际知名品牌！"

海螺集团董事长郭文叁汇报了集团改革发展情况及三大产业板块的基本情况及芜湖海螺公司的基本情况，并就胡锦涛关心和询问的一些问题做了介绍和解答。海螺集团的干部职工纷纷表示，一定要把总书记的关怀转化为推动企业改革与发展的强大动力，认真贯彻党的十七大精神，进一步落实科学发展观，大力发展循环经济，加大节能减排工作力度，不断增强企业自主创新能力，努力把"海螺"建成国际知名品牌，实现企业又好又快的发展。

习近平副主席在中东亲切接见司国晨

Vice Chairman Xi Jinping cordially meets with Si Guochen in Middle East

6月19～26日，国家副主席习近平率代表团出访了蒙古、沙特、卡塔尔和也门4个国家。根据中国国际贸易促进会的安排，中国中材集团旗下"中材国际"名誉董事长司国晨作为企业家代表随同专机出访。

6月23日，习近平副主席出席了在沙特吉达市举行的中国沙特经贸研讨会，并发表了题为"发展中沙友好，推动互利合作"的讲话。

当天，习近平副主席还分别看望了中国驻沙特使馆工作人员和中资机构代表、中方在沙特合作项目工程人员代表。司国晨和"中材国际"沙特SCC项目部现场经理范瑞民、副经理李志威等受到习近平副主席的接见。

在专机上，习近平副主席看望了企业家代表团部分代表。司国晨向习近平副主席汇报了中国中材集团旗下的"中材国际"依靠具有自主知识产权的核心技术，高起点、快速度地进入国际市场，并开始在国际市场塑造出SINOMA品牌的进展情况。习近平副主席在询问了公司境外项目情况，特别是沙特项目的有关具体情况后，提出了具体要求，并作了重要批示，他勉励"中材国际"一定要树立互利双赢的理念，加强与对方的合作，在国际市场上塑造良好品牌。

薄熙来对法国"拉法基"在渝水泥总承包项目提要求

Bo Xilai puts forward requirement to French "Lafarge" about its general contract cement project in Chongqing

3月5日，中材建设公司与法国拉法基集团六条日产5 000吨水泥生产线项目总承包合作框架协议暨"拉法基"重庆项目总承包合同签字仪式在北京钓鱼台国宾馆举行。仪式前，中共中央政治局委员、重庆市委书记薄熙来接见法国拉法基集团执行副总裁卡洛斯一行。市委常委、重庆市政府常务副市长黄奇帆，国务院国资委副主任王勇、监事会乔龙德，法国大使苏和，中国建材联合会会长张人为，重庆市经委主任吴冰，中材集团总经理谭仲明、党委书记于世良，中材建设公司董事长、总经理彭建新等出席签字仪式。

薄熙来在接见"拉法基"执行副总裁卡洛斯时指出，近年来，拉法基集团在中国的业务发展很快，目前已成为全球十大水泥生产企业之一，特别是在西南地区的投资中，在重庆投资总量最大，已成为重庆水泥行业第一大企业集团，对重庆经济发展尤其是水泥工业的发展具有十分重要的作用。薄熙来强调，重庆是我国中西部一个重要城市，在重视经济发展的同时，十分重视节能和环保，希望拉法基集团进一步加大在重庆的投资力度，加快企业的发展，同时，要采用先进的环保的节能的技术，加大对重庆小水泥企业的整合力度，促进重庆水泥工业的健康发展。

卡洛斯表示，"拉法基"作为全世界第一大的水泥制造企业，非常重视环保和节能工作，一直致力于先进技术的开发和使用，坚持执行行业的最高标准，努力促进企业可持续发展战略，忠实履行社会责任，从而实现双赢局面。并承诺，在重庆投资建设的水泥生产企业，将采用环保和节能的先进技术，在企业发展的同时，为重庆经济社会发展作出更大贡献。

黄奇帆在协议签字仪式上指出，"拉法基"旗下的拉法基瑞安水泥有限公司于2005年正式在重庆市成立分公司，旗下五家工厂分布于重庆市的南岸区、江津区、合川区、涪陵区及九龙坡区，生产能力达600万吨，吸纳当地员工2 300人，2007年上缴税金1.4亿元，为重庆市的经济发展做出了贡献。另外，"拉法基"的可持续发展理念通过其强烈的社会责任感和环境保护意识也在重庆的运行过程中得到充分体现，重庆分公司成立以来，根据国家产业调整政策，共积极淘汰落后生产产能280万吨，另外还积极帮助处置污泥达每年40 000吨，"拉法基"在重庆的进一步投资将对重庆市的经济发展，提高行业水平和环保水平以及完成国家的节能减排指标做出积极贡献。

这次法国拉法基集团与中材建设有限公司六条日产5 000吨新型干法水泥生产线总承包合作框架协议暨重庆项目总承包合同的签字协议中，有三条在重庆市建设，总投资20亿元人民币，建成投产后，拉法基瑞安重庆公司将新增新型干法水泥600万吨，新增销售收入达到30亿元，税金达到3亿元，将对重庆水泥工业的调整作用巨大。这也是拉法基集团通过其在华的运行机构拉法基瑞安水泥有限公司积极响应国家西部大开发的战略决策，继续加大在重庆市的投资力度的集中表现。

中共中央政治局委员、上海市委书记俞正声，中共中央政治局委员、重庆市委书记薄熙来出席重庆忠县海螺项目的签约协议

Yu Zhengsheng - CPC political bureau member and CPC Shanghai municipal secretary and Bo Xilai - CPC political bureau member and CPC Chongqing municipal secretary attend contract signing ceremony of Hailuo project in Zhongxian County, Chongqing

4月20日，"海螺水泥"在重庆忠县规划的4×4 500吨/日新型水泥熟料项目在上海西郊宾馆签署合作协议。中共中央政治局委员、上海市委书记俞正声，中共中央政治局委员、重庆市委书记薄熙来，上海市委副书记、市长韩正，以及重庆、上海两市主要领导、相关部门和县区主要负责人出席了签约仪式。受郭文叁董事长委托，余彪董事代表"海螺水

泥”与忠县人民政府签约。

在签约之前，由中共中央政治局委员、重庆市委书记薄熙来率领的重庆市党政代表团与参加签约的企业负责人进行了座谈。薄熙来书记和重庆市委常委、常务副市长黄奇帆在会上分别介绍了重庆市经济发展情况，重点介绍了城市发展规划和在重庆投资兴业的八个方面的优越条件，承诺市委、市政府和相关部门将对签约项目将给予全方位的支持。

国务院支持汶川地震灾后恢复重建的政策措施

Policy and measure of State Council to support the recovery and reconstruction of Wenchuan after earthquake disaster

6月29日，国务院发布关于支持汶川地震后重建有关政策措施。主要内容：一是中央财政建立地震灾后恢复重建基金；二是财政支出政策；三是税收政策；四是政府性基金和行政事业性收费政策；五是金融政策；六是产业扶持政策；七是土地和矿产资源政策；八是就业援助和社会保险政策；九是粮食政策。

国务院十项措施扩大内需2010年底前投资4万亿

Ten measures of State Council to expand domestic demand; invest RMB 4 trillion before the end of 2010

国务院2008年11月5日部署了十大措施进一步促进经济平稳较快增长，对水泥行业来说具有直接或间接拉动作用。“国务院确定了当前进一步扩大内需、促进经济增长的十项措施。与水泥产业直接相关，是巨大利好。”根据粗略测算，如果是4万亿基建投资将拉动水泥需求至少在4.6亿吨。

国务院总理温家宝5日主持召开国务院常务会议，研究部署进一步扩大内需促进经济平稳较快增长的措施。

会议认为，近两个月来，世界经济金融危机日趋严峻，为抵御国际经济环境对我国的不利影响，必须采取灵活审慎的宏观经济政策，以应对复杂多变的形势。当前要实行积极的财政政策和适度宽松的货币政策，出台更加有力的扩大国内需求措施，加快民生工程、基础设施、生态环境建设和灾后重建，提高城乡居民特别是低收入群体的收入水平，促进经济平稳较快增长。

会议确定了当前进一步扩大内需、促进经济增长的十项措施。

一是加快建设保障性安居工程。加大对廉租住房建设支持力度，加快棚户区改造，实施游牧民定居工程，扩大农村危房改造试点。

二是加快农村基础设施建设。加大农村沼气、饮水安全工程和农村公路建设力度，完善农村电网，加快南水北调等重大水利工程建设和病险水库除险加固，加强大型灌区节水改造。加大扶贫开发力度。

三是加快铁路、公路和机场等重大基础设施建设。重点建设一批客运专线、煤运通道项目和西部干线铁路，完善高速公路网，安排中西部干线机场和支线机场建设，加快城市电网改造。

四是加快医疗卫生、文化教育事业发展。加强基层医疗卫生服务体系建设，加快中西部农村初中校舍改造，推进中西部地区特殊教育学校和乡镇综合文化站建设。

五是加强生态环境建设。加快城镇污水、垃圾处理设施建设和重点流域水污染防治，加强重点防护林和天然林资源保护工程建设，支持重点节能减排工程建设。

六是加快自主创新和结构调整。支持高技术产业化建设和产业技术进步，支持服务业发展。

七是加快地震灾区灾后重建各项工作。

八是提高城乡居民收入。提高明年粮食最低收购价格，提高农资综合直补、良种补贴、农机具补贴等标准，增加农民收入。提高低收入群体等社保对象待遇水平，增加城市和农村低保补助，继续提高企业退休人员基本养老金水平和优抚对象生活补助标准。

九是在全国所有地区、所有行业全面实施增值税转型改革，鼓励企业技术改造，减轻企业负担1 200亿元。

十是加大金融对经济增长的支持力度。取消对商业银行的信贷规模限制，合理扩大信贷规模，加大对重点工程、“三农”、中小企业和技术改造、兼并重组的信贷支持，有针对性地培育和巩固消费信贷增长点。初步估算，实施上述工程建设，到2010年底约需投资4万亿元。为加快建设进度，会议决定，今年四季度先增加安排中央投资1 000亿元，明年灾后重建基金提前安排200亿元，带动地方和社会投资，总规模达到4 000亿元。

会议要求，扩大投资出手要快，出拳要重，措施要准，工作要实。要突出重点，认真选择，加强管理，提高质量和效益。要优先考虑已有规划的项目，加大支持力度，加快工程进度，同时抓紧启动一批新的建设项目，办成一些群众期盼、对国民经济长远发展关系重大的大事。坚持既有利于促进经济增长，又有利于推动结构调整；既有利于拉动当前经济增长，又有利于增强经济发展后劲；既有效扩大投资，又积极拉动消费。要把促进增长和深化改革更好地结合起来，在国家宏观调控下充分发挥市场对资源的配置作用；发挥中央和地方两个积极性。

会议强调，尽管我们面临不少困难，但中国内部需求的潜力巨大，金融体系总体稳健，企业应对市场变化的意识和能力较强，世界经济调整为我国加快结构升级、引进国外先进技术和人才等带来新的机遇。只要我们及时果断采取正确的政策措施，把握机遇，应对挑战，就一定能够保持经济平稳较快发展。

发改委新增1 000亿中央投资直接拉动水泥需求

Development and Reform Commission newly adds RMB 1 000 billion central committee investment to directly push cement demand

11月10日，国家发展改革委召开紧急会议，安排新增1 000亿元中央政府投资工作，进一步扩大内需，促进经济平稳较快增长。四季度基建投资的加大，对水泥的需求将构成较大的实质带动作用。新增的1 000亿元中央投资已确定安排方向和重点，包括：

加快建设保障性安居工程；

加快建设农村民生工程和农村基础设施；

加快铁路、公路和机场等重大基础设施建设；

加快医疗卫生、教育文化等社会事业发展；

加快节能减排和生态建设工程，加快自主创新和结构调整；

同时要加快地震灾区的恢复重建工作。

新增中央投资优先安排符合投向并可以迅速形成实物工作量的在建项目，加大投资力度，加快建设进度，并及时启动符合条件的新开工项目，以形成有效需求、有效拉动。

四季度在往常是水泥消费的旺季，产销量和创造的利润在全年都占相当大的比重，但是今年进入四季度以来，受内外经济发展影响，水泥的产销都没有明显的放量。而新增的这1 000亿投资和项目安排将对水泥的需求构成实质的拉动。

中央经济会议对水泥行业的影响

The impact of CPC central committee economy conference on cement industry

12月8～10日，中央经济工作会议在京召开，会议提出五大主要任务。其中任务一的内容是：加强和改善宏观调控，实施积极的财政政策和适度宽松的货币政策。要较大幅度增加公共支出，保障重点领域和重点建设支出，支持地震灾区灾后重建，实施结构性减税，优化财政支出结构，继续加大对“三农”、就业、社会保障、教育、医疗、节能减排、自主创新、先进装备制造业、服务业、中小企业、重大改革等方面的支持，加大对低收入家庭的补贴和救助力度。实施积极的财政政策，要注意准确把握政策导向，按照产业结构优化升级和优胜劣汰的要求，着重缓解和消除发展的瓶颈制约，切实淘汰落后生产能力和加快产品更新换代，增强自主创新能力和产业竞争力。

任务三的内容是：加快发展方式转变，推进经济结构战略性调整。其中，第三点指出，要以推进城镇化和促进城乡经济社会发展一体化为重点，改善城乡结构。第四点指出，要以缩小区域发展差距和优化生产力布局为重点，调整地区结构。继续实施西部大开发、东北地区老工业基地的振兴、中部地区的崛起、东部地区的率先发展的区域发展总体战略，促进区域间生产要素合理流动和梯度转移。

任务一的内容与水泥行业的发展息息相关。主要从两个方面分析：一是将灾后重建放在工作内容之首，表明中央对灾后重建的极度重视，将会在税收、财政支出上给予重点支持；二是中央对“节能减排”工作的关注，再度明确表示加快产业结构调整，加快淘汰落后产能。

任务三的内容再次强调了城镇化建设的重要性，指出区域发展的总体战略布局。可以分析出未来新农村建设和城镇一体化建设将是拉动水泥需求的重要要素之一，以及未来固定资产投资向中、西部转移的方向将更为明显。

从中央经济会议的内容可以看出，明年国家扩大内需、加大投资计划中，对灾后重建的支持将得到很大的支持，我们看好灾区板块中的水泥行业上市公司；另一方面，区域性发展战略也让我们看好中西部交通枢纽——湖北省的水泥发展前景；最后，我们认为，水泥行业的结构调整步伐将进一步加快，行业集中度也将得到进一步的提高，从而有利于行业的可持续发展。

政策法规

Policies and regulations

2008年

国家发展改革委关于做好当前煤炭和电力生产供应工作的紧急通知★

Urgent circular of National Development and Reform Commission about doing a good job of current coal and electric power production and supply

各省、自治区、直辖市及计划单列市、副省级省会城市、新疆生产建设兵团发展改革委、经贸委(经委)、煤炭局(办),铁道部、交通部,中国煤炭工业协会、中国电力企业联合会,中央管理的煤炭、电力集团公司:

国民经济持续快速增长,拉动煤炭、电力市场需求居高不下。目前正值冬季煤炭和电力消费需求高峰,进入枯水期后,水电出力下降,造成火电和电煤需求大幅增长。近期,山西等地发生煤矿安全事故,有的地区对煤矿实施全面停产放假,导致煤炭产量下降;气候变化等因素对煤炭运输也带来了一定影响。目前部分地区出现了电煤库存急剧下降、煤炭和电力供应趋紧的紧急情况。根据国务院指示精神,为做好当前煤炭和电力生产供应工作,促进经济和社会稳定发展,经商铁道部、交通部、国家电监会、国家煤矿安监局和煤炭工业协会等部门和单位一致同意,现就有关问题紧急通知如下:

一、加快转变经济发展方式,优化经济结构

各地要深入贯彻党的十七大精神,坚持以科学发展观为统领,创新发展理念,转变发展方式,把大力推进经济结构调整,坚决控制高耗能、高排放行业过快增长,淘汰落后生产能力,鼓励和提倡节能降耗,作为缓解经济社会发展能源瓶颈制约的根本措施,努力实现能源开发利用与经济社会发展相互协调和促进。

二、加强电力需求侧管理,保障有序用电

在当前煤炭和电力需求高峰阶段,各地要进一步加强电力需求侧管理,制定和实施迎峰度冬有序用电方案。电力供应紧张地区要按照有保有限的原则,合理引导避峰、错峰,着力压缩高耗能、高排放、产能过剩行业和落后生产能力的电力需求,优先保障居民生活、医院、学校、金融机构、交通枢纽、农业生产、优势产业等涉及公众利益和重大安全的单位用电需求,确保经济社会平稳运行。

三、煤炭企业要依法生产经营,履行社会责任

产煤省(区、市)要督促煤炭企业依法搞好生产经营,规范市场行为,切实履行社会责任。要严格执行《合同法》,按照合同确定的数量、质量、价格和时间保证供应。各地要从积极排查治理安全隐患入手,提高煤矿安全生产能力,坚决纠正对所有煤矿一律停产、停而不整的消极做法;对符合安全生产条件而停产的煤矿,必须恢复生产、保证供应;对正常生产煤矿要安排好春节期间的生产供应。

四、重点做好跨省区煤炭调运,维护正常流通秩序

产煤省(区、市)要强化全国一盘棋思想,克服地方保护主义,把保证省内外供应放到同等重要的位置,当前要重点做好省外电煤供应保障工作,一律不得分割市场、限制煤炭出省,不得在煤炭价格之外非法征收各种费用。各类煤炭生产经营企业一律不得乘煤炭供应趋紧之际,哄抬价格和乱涨价,否则,要依法予以打击。

五、坚持统筹兼顾,努力增加电煤运输

铁路、交通部门要加强运输组织调度,在当前山西北部资源减少的情况下,采取措施适当增加内蒙古西部等地区的煤炭外运;利用春运前和春节期间客运暂时减少的空隙,抢运一部分电煤。对目前北方中转港口库存煤炭,要采取有效措施,向库存偏低的地区和电厂运输分流,合理疏导车流,提高水运和公路煤炭运输效率。

六、合理安排发电供电,优化电能资源配置

各地和电力集团公司要组织和督促所属电厂,主动与煤矿、铁路、港口加强联系,提前落实煤炭资源和运输条件,加快接车、卸车周转,尽量增加电煤库存,合理安排发电和供电。电网企业要加强电力调度管理,加大跨省、跨区电能交易调剂力度,优化电能资源配置,确保电网运行安全。

七、建立完善协调机制，及时解决运行中的问题

各地要健全完善经济运行协调机制，加强动态监测和预测，发现问题，要统一协调、迅速解决，并及时准确地报告，确保煤炭、电力供应形势基本稳定。为加强统筹协调，我委会同铁路、交通、煤炭、电力、安监等部门建立了协调机制，及时解决当前煤炭、电力生产供应中的重大问题。各地、各企业要强化大局和责任意识，切实履行职责，自觉服从国家统一协调。

★国家发展和改革委员会2008年1月16日发布的152号文。

国家环境保护总局
关于加强上市公司环境保护监督管理工作的指导意见★

Guiding opinion of National Environment Protection Bureau about strengthening environment protection supervision and administration of market listed companies

各省、自治区、直辖市环保局(厅)，副省级城市环保局，新疆生产建设兵团环保局，中国人民解放军环保局：

为贯彻落实《国务院关于落实科学发展观加强环境保护的决定》(国发〔2005〕39号)关于企业应当公开环境信息和《国务院关于印发节能减排综合性工作方案的通知》(国发〔2007〕15号)关于加强上市公司环保核查的要求，按照《环境信息公开办法(试行)》(国家环保总局令第35号)、《关于对申请上市的企业和申请再融资的上市企业进行环境保护核查的通知》(环发〔2003〕101号)、《关于进一步规范重污染行业生产经营公司申请上市或再融资环境保护核查工作的通知》(环办〔2007〕105号)，以及《上市公司信息披露管理办法》(中国证券监督管理委员会令第40号)、《关于重污染行业生产经营公司IPO申请申报文件的通知》(中国证券监督管理委员会发行监管函〔2008〕6号)等规定，引导上市公司积极履行保护环境的社会责任，促进上市公司持续改进环境表现，争做资源节约型和环境友好型的表率，现提出以下意见：

一、进一步完善和加强上市公司环保核查制度

国家环保总局自2001年以来，开展了重污染行业上市公司的环保核查工作，对于促进重污染行业上市公司遵守国家环保法律法规，降低因环境污染带来的投资风险等发挥了积极作用。

2007年，国家环保总局颁布实施了《关于进一步规范重污染行业生产经营公司申请上市或再融资环境保护核查工作的通知》(环办〔2007〕105号)以及《上市公司环境保护核查工作指南》，对从事火力发电、钢铁、水泥、电解铝行业的公司和跨省从事其他重污染行业生产经营公司明确了环保核查程序要求，进一步规范和推动了环保核查工作。地方各级环保部门也陆续开展了上市公司环保核查工作，收到了很好效果。

为进一步加强上市公司环保核查工作，国家环保总局将继续完善上市公司环保核查相关规定，严把上市公司环保核查关口，健全环保核查专家审议机制，加强对上市公司以及相关技术单位的培训，拓宽公众参与和社会监督渠道，加大宣传力度。

省级环保部门要严格执行上市公司环保核查制度，做好辖区内由其负责核查的上市公司环保核查工作，并对国家环保总局负责核查的上市公司提供相关意见，同时建立上市环保核查工作档案。对于核查时段内严重违反国家环保法律法规和产业政策、发生重大环境污染事故且造成严重后果以及在核查过程中弄虚作假的上市公司，不得出具环保核查意见。对于核查中发现的问题，应督促企业按期整改。

省级环保部门要加强与证券监管机构的协调配合，建立信息通报机制，及时将上市公司环保核查相关情况通报给相关证券监管机构。

二、积极探索建立上市公司环境信息披露机制

为促进上市公司特别是重污染行业的上市公司真实、准确、完整、及时地披露相关环境信息，增强企业的社会责任感，国家环保总局将与中国证监会建立和完善上市公司环境监管的协调与信息通报机制。

国家环保总局将按照《环境信息公开办法(试行)》等有关规定，推进和监督上市公司公开环境信息。地方各级环保部门应当将未按规定披露环境信息的上市公司名单，逐级上报国家环保总局，同时依法严格保守公司的商业秘密和技术秘密。

国家环保总局将按照上市公司环境信息通报机制，对未按规定公开环境信息的上市公司名单，及时、准确地通报中国证监会。由中国证监会按照《上市公司信息披露办法》的规定予以处理。

上市公司的环境信息披露，分为强制公开和自愿公开两种形式。

发生可能对上市公司证券及衍生品种交易价格产生较大影响且与环境保护相关的重大事件，投资者尚未得知时，上市公司应当立即披露，说明事件的起因、目前的状态和可能产生的影响。“重大事件”主要包括：

——新公布的环境法律、法规、规章、行业政策可能对公司产生重大影响的；

——公司因为环境违法违规被环保部门调查，或者受到刑事处罚、重大行政处罚的；

——公司有新、改、扩建具有重大环境影响的建设项目等重大投资行为的；

——由于环境保护方面的原因，公司被有关人民政府或者有关部门决定限期治理或者停产、搬迁、关闭的；

——公司由于环境问题涉及重大诉讼或者主要资产被查封、扣押、冻结或者被抵押、质押的；

——《环境信息公开办法(试行)》规定并可能对上市公司证券及衍生品种交易价格产生较大影响的其他有关环境的重大事件。

广大股民、媒体和社会各界有权举报上市公司未按规定披露环境信息的行为。

国家鼓励上市公司定期自愿披露其他环境信息，推动企业主动承担社会环境责任。

国家环保总局将与证监会探索进一步完善上市公司环境信息披露的监管机制。

三、开展上市公司环境绩效评估研究与试点

国家环保总局将探索建立上市公司环境绩效评估制度，组织研究上市公司环境绩效评估指标体系，选择比较成熟的板块或高耗能、重污染行业适时开展上市公司环境绩效评估试点，建立上市公司环境绩效评估信息系统，编制并公开发布上市公司年度环境绩效指数及综合排名，为广大股民、投资机构提供上市公司环境绩效的“大盘”信息，营造广大股民和媒体对上市公司开展“绿色监督”的社会氛围。

四、加大对上市公司遵守环保法规的监督检查力度

地方各级环保部门要切实加强对上市公司特别是重污染行业上市公司遵守环保法律法规的监督检查。要保证对上市公司巡查和监督性监测频次，督促其污染治理设施正常运行，污染物排放稳定达标。要按照《环境信息公开办法(试行)》，及时向社会公开对上市公司的环境行政处罚情况；公开拒不执行环境行政处罚决定、超标或超总量排放污染物、发生重大或特大环境污染事件的上市公司名单等信息。

附件一：

首轮上市环保核查未通过的公司名单

2007年至今，在环保总局已经受理上市环保核查的公司中，曾因发现比较突出的环保问题，需要进行调查或要求其整改，而首轮核查没有通过的(亦称暂缓审核)企业有10家。主要问题包括其下属一些企业未严格执行“环评”批复、“三同时”未验收、未按有关规定淘汰落后生产工艺和设备、污染物超标超总量排放、危险废物处置不符合规定、环保治理设施或设施运行不符合相关要求、有群众环境投诉问题等。目前其中8家上市企业已经按照要求完成整改工作，环保总局已经通过其核查，还有两家也已基本完成核查工作。

环保总局首轮上市环保核查未通过的公司名单如下：

1. 河北威远生物化工股份有限公司
2. 广东万兴无机颜料股份有限公司
3. 广东塔牌集团股份有限公司
4. 山东晨鸣纸业集团
5. 甘肃祁连山水泥集团股份有限公司
6. 龙元建设集团股份有限公司
7. 中国中煤能源股份有限公司
8. 四川北方硝化棉股份有限公司
9. 紫金矿业股份有限公司
10. 安徽海螺水泥有限公司

附件二：

关于上市公司环保管理的主要规定

国务院行政法规性文件的规定：

《国务院关于落实科学发展观加强环境保护的决定》(国发〔2005〕39号)规定：“企业应当公开环境信息。”

《国务院关于印发〈节能减排综合性工作方案〉的通知》(国发〔2007〕15号)规定：“加强上市公司环保核查。”

国务院环保主管部门的规定：

《关于加强上市公司环境保护监督管理工作的指导意见》(2008年2月22日，环发〔2008〕24号)

《关于进一步规范重污染行业生产经营公司申请上市或再融资环境保护核查工作的通知》(环办〔2007〕105号)

《关于对申请上市的企业和申请再融资的上市企业进行环境保护核查的通知》(环发〔2003〕101号)

国务院证券监管机构的规定：

《上市公司信息披露管理办法》(中国证券监督管理委

员会令第40号，2006年）

《关于重污染行业生产经营公司IPO申请申报文件的通知》（中国证券监督管理委员会发行监管函〔2008〕6号）规定："从事火力发电、钢铁、水泥、电解铝行业和跨省从事其他重污染行业生产经营公司首发申请首次公开发行股票的，申请文件中应当提供国家环保总局的核查意见；未取得相关意见的，不受理申请。"

★国家环境保护总局2008年2月22日发布的**环发【2008】24号**文。

关于鼓励利用电石渣生产水泥有关问题的通知★

Circular about relative issues concerning encouraging utilization of calcium carbide slug to produce cement

各省、自治区、直辖市及计划单列市、新疆生产建设兵团发展改革委、经贸委（经委），国务院有关部门办公厅，有关行业协会及单位：

利用电石渣生产水泥是电石渣资源化最成熟、最经济的方法，既可节约水泥生产所用的天然石灰石资源，降低水泥成本，又可减少二氧化碳排放和废物堆存造成的污染，具有良好的经济效益、社会效益和环境效益，符合发展循环经济的要求。鉴于此，为鼓励电石渣综合利用，促进循环经济发展，国家将对全部利用电石渣替代天然石灰石生产水泥项目的规模和工艺放宽限制。现将有关事项通知如下：

一、现有电石法聚氯乙烯生产装置配套建设的电石渣制水泥生产装置规模，不受产业政策所定规模的限制，但须达到1 000吨/日及以上。同时鼓励规模较小的电石法聚氯乙烯企业通过与周边水泥企业或其他可消纳电石渣的企业合作，使电石渣得到充分利用。

二、新建、改扩建电石法聚氯乙烯项目，必须同时配套建设电石渣生产水泥等电石渣综合利用装置，其电石渣生产水泥装置单套生产规模必须达到2 000吨/日及以上。

三、现有电石渣水泥生产线可以采用湿磨干烧生产工艺进行改造，新建电石渣水泥生产线装置必须采用新型干法水泥生产工艺。

四、利用电石渣生产水泥的企业，经国家循环经济主管部门认定后，可享受国家资源综合利用税收优惠政策。

★国家发展和改革委员会2008年4月30日发布的**发改办环资【2008】981号**文。

国家税务总局
关于开展水泥生产企业增值税专项纳税评估工作的通知★

Circular of National Taxation Bureau about unfolding assessing work of special taxation of value added tax in cement producing enterprises

各省、自治区、直辖市和计划单列市国家税务局：

近年来，各地在开展增值税纳税评估工作中，初步探索和建立起了分行业、分类的专项增值税纳税评估工作机制，取得了一定成效。为进一步加强增值税管理，在总结各地经验的基础上，税务总局研究决定，每年选择部分行业或项目统一组织全国增值税专项纳税评估，今年选择对水泥生产企业开展增值税专项纳税评估。现就专项评估工作安排通知如下：

一、评估对象

2007年生产销售水泥产品的生产企业。

二、评估内容

（一）水泥生产企业应税收入的真实性、完整性评估。是否存在隐瞒销售收入问题；是否存在无偿赠送商品、商品偿还债务、以物易物等行为以及各种价外费用不按规定计算收入问题；是否存在逾期包装物押金不计算收入问题；是否存在销货退回或折让不按规定处理问题；是否存在不按规定开具增值税专用发票问题等。

（二）水泥生产企业取得的各类进项抵扣凭证是否符合政策规定的评估。取得增值税专用发票认证、入账和申报是否符合规定，申报抵扣进项税额的购进业务、价格是否真实，是否存在虚增进项税额的行为，是否存在接受虚开专用发票的问题；其他抵扣凭证项目填开是否完整齐全，取得运输发票的运输业务与销售购进货物的名称、数量是否匹配、吻合，有无取得虚开、代开运输发票抵扣进项税问题；有无擅自扩大进项税额抵扣范围的问题等。

（三）水泥生产企业享受资源综合利用税收优惠政策的评估。就其取得资源综合利用认定证书资格、享受税收优惠条件、退税申报等政策执行情况进行全面评估。

三、工作步骤

2008年6月至8月，各地国税局对所辖水泥生产企业实施纳税评估；9月各省国税局对专项评估工作进行总结，并于9月底前将评估工作报告及《水泥生产企业增值税基本情况表》（附件4）（略）、《水泥生产企业增值税纳税评估结果统计表》（附件5）（略）上报税务总局流转税管理司。

四、工作要求

各级税务机关应高度重视，统筹安排，采取案头分析与实地核查相结合的方式认真做好本次专项评估工作。在实施纳税评估的过程中，基层税务机关评估人员应充分利用第三方信息（如供电部门开具的电费发票信息、国家公布的水泥行业能耗标准等），运用能耗法、投入产出法等评估方法，测算出水泥产品的产量、销量，与企业申报资料进行对比，验证企业申报资料是否真实，审核其是否存在骗取税收优惠政策资格的问题。对发现存在偷税嫌疑的企业，基层税务机关应严格按照《国家税务总局关于印发〈纳税评估管理办法（试行）〉的通知》（国税发〔2005〕43号）的规定，及时移交稽查部门进行查处。

各地除了反馈评估工作开展情况外，还应对偷逃税企业的偷税手段及方法进行归纳总结，对日常征管工作的薄弱环节提出改进意见或建议。

★国家税务总局2008年5月12日发布的**国税函【2008】407号**文。

关于做好抗震救灾及灾后重建有关工业产品生产许可工作的紧急通知★

Urgent circular about doing a good job of relative industrial product License permit for earthquake relief and reconstruction after the disaster

各省、自治区、直辖市工业产品生产许可证办公室，各产品生产许可证审查部，生产许可证检验机构：

5月12日下午四川汶川县发生7.8级地震，四川、重庆、陕西、甘肃等地区受灾严重，按照党中央、国务院的统一部署，全国紧急动员，正在全力做好抗震抢险救灾工作。为确保抗震抢险救灾工作的顺利开展，积极支持受灾地区灾后重建和恢复生产，现对工业产品生产许可有关工作提出以下要求：

一、延长灾区企业和建材产品生产企业许可证有效期限

对2008年到期换发生产许可证的灾区企业和钢筋混凝土用热轧钢筋、冷轧带肋钢筋、水泥、预应力混凝土用钢材、建筑防水卷材、建筑外窗、电线电缆等7类主要建材产品获证企业的换发生产许可证时限，一律延期至2008年12月31日，确保救灾物资和灾后重建物资的正常生产。

二、从快从简，做好各项生产许可工作

对各地生产许可证办公室已受理的企业发（换）证申请，许可证各环节工作部门和单位要加快办理进度，加大服务力度。特别是对灾区企业、救灾和灾后重建物资供应企业的申请，要优先受理申请、优先现场审查、优先产品检验、优先审核发证，确保企业尽早生产，支援灾区重建。

三、主动服务，减免费用，积极帮助受灾地区企业恢复生产

许可证各环节工作部门和单位要从抗震救灾和灾后重建的大局出发，发扬"一方有难，八方支援"的精神，主动服务，为灾区尽快恢复正常生产生活秩序做出积极努力。四川、重庆、陕西、甘肃等受灾地区生产许可证办公室要及时调查本地获证企业受灾情况，采取有力措施，积极协助企业解决实际困难；各产品生产许可证审查部要及时为受灾企业提供技术指导和支持，对情况严重的地区，要专门派出技术专家现场指导，积极帮助企业完备生产条件，尽早恢复生产；生产许可证检验机构要配齐检验力量，主动为受灾企业提供免费检验检测服务，对受灾企业的生产许可证检验一律免收检验费用。

四、加强证后监管，确保灾后重建所需产品的质量安全

各省、自治区、直辖市生产许可证办公室要积极会同相关部门加强对获证企业的监管，确保企业保持法定生产条件和生产合格产品，切实从源头确保质量安全，重点加强以下3类灾后重建所需产品生产企业的监管：一是钢筋混凝土用热轧钢筋、冷轧带肋钢筋、水泥、预应力混凝土用钢材、建筑防水卷材、建筑外窗、电线电缆等建材产品；二是农药、化肥、机动脱粒机等农资产品；三是蓄电池、内燃机、泵、轻小型起重设备、建筑卷扬机、建筑钢管脚手架扣件、特种劳动防护用品、危险化学品、燃气器具等生产和生活必需品。

五、加强信息报送

四川、重庆、陕西、甘肃等受灾地区生产许可证办公室要及时上报本地获证企业受灾情况、灾后恢复生产的进展情况和需要解决的问题。许可证各环节工作部门和单位要密切关注救灾情况，切实落实各项救灾措施，及时上报开展技术支持和免收检验费用等工作情况。

★全国许可证办公室2008年5月15日发布的**全许办【2008】22号**文。

中华人民共和国国家发展和改革委员会公告★

Bulletin of PRC National Development and Reform Commission

为贯彻落实《中华人民共和国节约能源法》、《国务院关于加强节能工作的决定》和《国务院关于印发节能减排综合性工作方案的通知》,加快重点节能技术的推广普及,引导企业采用先进的节能新工艺、新技术和新设备,大幅度提高能源利用效率,我们组织编制了《国家重点节能技术推广目录(第一批)》。现予公布。

本目录涉及煤炭、电力、钢铁、有色金属、石油石化、化工、建材、机械、纺织等9个行业,共50项高效节能技术。

附件:

《国家重点节能技术推广目录(第一批)》(节选水泥部分)

水泥窑纯低温余热发电技术

一、所属行业　建材行业

二、技术名称　水泥窑纯低温余热发电技术

三、适用范围　大中型水泥窑余热的回收和利用

四、技术内容

1.技术原理。

利用水泥窑低于350℃的废气的余热生产0.8~2.5兆帕的低压蒸汽,推动汽轮机做功发电。

2.关键技术。

热力系统配置,以及相关主机设备效率的提高。

3.工艺流程。

窑头和窑尾余热锅炉生产的主蒸汽及低压蒸汽,进入汽轮机做功,做功后的蒸汽被冷却凝结成水并除氧,之后由给水泵再输送给窑头和窑尾余热锅炉再生产蒸汽。汽轮机做功带动发电机发电,最后电量输送到工厂总降压站。

五、主要技术指标

1.与该节能技术相关生产环节的能耗现状。

水泥生产中:热耗:3 000~3 400千焦/千克熟料;

电耗:95~110千瓦时/吨熟料。

2.主要技术指标。

具有约32~40千瓦时/吨熟料的余热发电能力。

六、技术应用情况

该技术获得国家专利,已经有60多座电站投入运行,正在设计和施工的有100多座,目前行业内的推广比例约为8.5%。

七、典型用户及投资效益

典型用户浙江煤山众盛水泥厂,北京水泥厂有限责任公司等。

(1)某5 000吨/日级水泥生产线,窑头窑尾具有不能被水泥生产系统利用的中低温废气,节能技改投资额5 600万元,余热电站建设规模9兆瓦,建设期1年,节能量22 000吨标煤/年,水泥厂可少购电:1.2亿千瓦时/年,投资回收期2.5~3.0年。

(2)某日产2 500吨级水泥生产线,窑头窑尾具有不能被水泥生产系统利用的中低温废气,节能技改投资额2 850万元,余热电站建设规模4.5兆瓦,建设期1年,节能量11 000吨标煤/年,水泥厂可少购电:0.6亿千瓦时/年,投资回收期2.7~3.2年。

八、推广前景和节能潜力

全国生产能力≥1 000吨/日的新型干法生产线均可应用此技术。“十一五”期间,该技术在行业内的普及率预计能达到40%,需总投入80亿元,可节能300万吨标煤。

九、推广措施及建议

1. 从国家层面上制定强制性法规提倡水泥窑余热电站的建设;

2. 从国家层面上制定鼓励性政策及切实可行的鼓励性措施;

3. 从国家层面上制定统一的余热电站并网的政策及要求,解决电力系统对水泥窑余热电站并网壁垒的问题。

此节能技术成熟,节能效果明显,到2010年预期新型干法水泥达70%以上,纯低温余热发电站建设市场广阔,建议大力推广。

辊压机粉磨系统

一、所属行业　建材行业

二、技术名称　辊压机粉磨系统

三、适用范围　水泥生产线原料及水泥粉磨，高炉矿渣的超细粉磨。

四、技术内容

1. 技术原理。

采用高压挤压料层粉碎原理，配以适当的打散分级装置。

2. 关键技术。

专用磨辊堆焊及修复技术，液压、润滑、喂料、传动、自动控制技术，以及与之相配套的打散分级、球磨机改造等。

3. 工艺流程。

辊压机联合粉磨→半终粉磨→终粉磨。

五、主要技术指标

日产5 000吨水泥生产线采用不同水泥成品粉磨系统能耗指标比较：

采用球磨机闭路系统电耗指标：38～42千瓦时/吨；

采用辊压机粉磨系统：单套粉磨能力200吨/时，系统电耗（P·O42.5级水泥）≤30千瓦时/吨。

六、技术应用情况

该设备1990年通过国家建材局技术鉴定，1992年荣获建材行业部级科技进步二等奖，1993年荣获国家科技进步二等奖。迄今已有400多台HFCG型辊压机及其系统水泥生产线运行，并批量出口国外。

典型用户有："台泥"（英德）、河北"冀东"、浙江"红狮"、山东"山水"、兆山"新星"、山东"山铝"、"福建水泥"、广西"华润"、湖北"华新"等诸多水泥集团。目前该技术在行业内的推广比例达到60%。

七、典型用户及投资效益

（1）某日产5 000吨新型干法水泥生产线

项目节能技改投资额约2 000万元，建设期150天。同比采用球磨机，节电30%以上（约8～10千瓦时/吨水泥）；同比采用球磨机，以年产200万吨水泥，吨水泥粉磨电耗降低8千瓦时/吨计算，年节电效益约为800万元（按0.5元/千瓦时计算），投资回收期3.0年。

（2）某日产2 500吨新型干法水泥生产线，老厂改造

节能技改投资额约1 200万元，建设期150天。比原采用球磨机，节电30%以上（约8～10千瓦时/吨水泥）；同比采用球磨机，以年产100万吨水泥，吨水泥粉磨电耗降低8千瓦时/吨计算，年节电效益约为400万元（按0.5元/千瓦时计算），投资回收期3.5年。

八、推广前景和节能潜力

据"十一五"期间水泥产业结构调整政策，新型干法水泥增量相当于新建200多条5 000吨/日新型干法水泥生产线，需要各种规格的辊压机在800台套以上。另外，尚有大量的中、小水泥厂利用原有的球磨机改造为粉磨站。市场前景广阔，节能降耗效果显著。

"十一五"期间，该技术在行业内的普及率预计能达到80%，需总投入10亿元，可节电8亿千瓦时。

九、推广措施及建议

1. 参加行业推广会、技术交流会；

2. 建议进一步提高耐磨材料材质，进一步延长耐磨材料使用寿命。

立式磨装备及技术

一、所属行业　建材行业

二、技术名称　立式磨装备及技术

三、适用范围

建材行业的物料粉磨领域；钢铁行业的以煤代焦喷煤工程；非金属矿行业的高细加工领域；矿渣微粉的粉磨领域；电力行业的脱硫领域。

四、技术内容

1. 技术原理。

采用料床粉磨原理，有效提高粉磨效率，减少过粉磨现象。

2. 关键技术。

（1）合适的磨辊啮入角；

（2）有效的防止磨辊、磨盘直接接触措施；

（3）性能良好的耐磨材料技术；

（4）可靠的磨辊轴承腔密封方式；

（5）灵活控制的选粉机构；

（6）可靠的液压技术；

（7）实用的磨机轻载启动方式；

（8）方便的检修维护方式；

（9）成熟的系统工艺及电气自动化控制技术。

3. 工艺流程。

磨机＋收尘器的标准一级收尘工艺流程。

五、主要技术指标

1. 与该节能技术相关生产环节的能耗现状：

（1）原料粉磨领域，电耗14～17千瓦时/吨；

（2）原煤粉磨领域，电耗20～22千瓦时/吨；

（3）矿渣粉磨领域，电耗39～45千瓦时/吨；

（4）非矿粉磨领域，电耗40～50千瓦时/吨。

2. 主要技术指标：

（1）磨机产量5～400吨/时；

（2）系统电耗15～50千瓦时/吨；

（3）耐磨材料寿命8 000～12 000时。

六、技术应用情况

该设备1993年通过原国家建材局组织的科学技术成果鉴定。荣获"建材行业科技进步二等奖"，"中国建材机械行业名牌"产品称号，"国家级新产品"称号。

HRM系列立式磨装备及技术已在中国推广应用300台

套，并已出口到巴基斯坦、印度、越南、印度尼西亚、阿尔及利亚、埃及等国家。

国内典型用户有：

1. 四川峨眉山市水泥有限公司，共使用各规格立磨9台；

2. 陕西岐山县岐星水泥有限公司，共使用各规格立磨8台；

3. 北新集团山东泰和集团，为亚洲最大的石膏板生产商，共使用各规格立磨2台；

4. 河北新兴铸管集团，为亚洲最大的铸管生产商，共使用各规格立磨2台；

5. 江西星火集团，为亚洲最大的金属硅粉制品生产商，使用立磨1台。

七、典型用户及投资效益

(1)某日产3 000吨水泥熟料生产线

使用HRM3700原料立式磨，产量240吨/时。节能技改投资额1800万元，建设期9个月。比球磨系统节电30%，年节电量840万千瓦时，年节电费462万元。投资回收期为2~3年。

(2)某日产2 500吨水泥熟料生产线

使用HRM3400原料立式磨，产量210吨/时。节能技改投资额1 400万元，建设期8个月。比球磨系统节电30%，年节电量735万千瓦时，年节电费400万元。投资回收期为3~4年。

八、推广前景和节能潜力

"十一五"期间，该技术在行业内的普及率预计能达到50%，需总投入10.8亿元，年可节电5亿千瓦时。

九、推广措施及建议

1. 参加行业推广会、技术交流会；

2. 建议进一步提高耐磨材料材质，提高设备运转率。

★中华人民共和国国家发展和改革委员会2008年5月29日发布的**第36号**公告。

环境保护部公告 关于发布《水泥工业除尘工程技术规范》等两项国家环境保护标准的公告★

Bulletin of Environment Protection Ministry about publishing two national environment protection standards including "Technical specification of dust removing projects in cement industry"

为贯彻《中华人民共和国大气污染防治法》，保护环境，保障人体健康，规范除尘工程建设，现批准《水泥工业除尘工程技术规范》等两项标准为国家环境保护标准，并予发布。

标准名称、编号如下：

一、水泥工业除尘工程技术规范(HJ 434-2008)

二、钢铁工业除尘工程技术规范(HJ 435-2008)

以上标准自2008年9月1日起实施，由中国环境科学出版社出版，标准内容可在环境保护部网站(bz. mep. gov. cn)查询。

特此公告。

★中华人民共和国环境保护部2008年6月6日发布的**第20号**公告。

中国水泥协会关于水泥产业区域荣誉称号认定暂行管理办法

Interim managing method of China Cement Association about regional honorary title recognizing in cement industry

第一章 总 则

第一条 根据部分地方政府的多次要求，为了体现水泥产业在地方经济发展中的整体竞争实力，协会决定对部分区域进行认定水泥产业荣誉称号工作。通过水泥产业区域荣誉称号的认定，希望达到促进水泥工业结构调整，加快淘汰落后产能，鼓励地方区域水泥产业上规模，走循环经济可持续发展的道路。为此，特制定本暂行管理办法。

第二条 水泥产业区域荣誉称号根据不同情况和条件

分为：

“中国水泥产业基地”、“中国水泥之乡”。

称号为“中国水泥产业基地”的区域一般为地级（市）行政划区；称号为“中国水泥之乡”的区域一般为县级（市）行政划区。

第二章 申报条件

第三条 申请“中国水泥产业基地”称号的区域其新型干法水泥熟料产能必须达到1 200万吨/年以上，其中日产4 000吨新型干法水泥生产线达到四条以上。

第四条 申请“中国水泥之乡”称号的区域其新型干法水泥熟料产能必须达到800万吨/年以上，其中至少有两条日产4 000吨新型干法水泥生产线。

第五条 水泥工业是地方经济的支柱产业，其工业产值在地方总产值排名前列。

第六条 有国家重点支持的60家大型水泥企业，或有60家大型水泥企业已投资完成的生产线。

第七条 所有生产企业必须环保达标。所有生产企业具有完备的生产许可证。

第八条 申报区域内已完成淘汰落后水泥产能工作。

第三章 申报内容

第九条 地方政府申请报告（地方经济发展概况、水泥工业基本情况、申报理由和条件。约3000字左右）；

第十条 填写申报表格（见附件）；

第十一条 经政府批准的地方水泥工业发展规划文件（复印件）；

第十二条 现有企业名单和各企业水泥熟料产能（复印件）；

第十三条 省级水泥协会推荐意见。

第四章 审批程序

第十四条 在收到地方政府申报材料后，中国水泥协会秘书处派人进行现场考察调研，并写出调研报告。

第十五条 中国水泥协会组织专家评审组根据申报资料、调查报告进行评审推荐，经协会审核同意后授予荣誉称号。

第十六条 中国水泥协会发文通报认定结果，并与申报者共同在当地举办颁发证书及荣誉牌匾仪式。

第十七条 中国水泥协会将在《中国水泥》杂志和数字水泥网站等行业媒体上组织专题宣传报道。

第五章 附则

第十八条 申报命名工作必须严肃认真，实事求是。申报单位要有专人负责，严格把关，确保申报材料真实可靠，如有弄虚作假者，一经查实将取消其命名称号。

第十九条 荣誉称号认定有效期为五年。荣誉称号申报单位每年应向中国水泥协会报告水泥产业的发展状况。

第二十条 本认定办法由中国水泥协会负责解释。

第二十一条 本认定办法自颁布之日起试行。

附件：

一、“中国水泥产业基地”、“中国水泥之乡”申报表；

二、现有企业名单和各企业水泥熟料产能表；

三、申报内容说明。

中国水泥协会

二〇〇八年九月二十八日

附件一：水泥产业区域荣誉称号申报表（略）

附件二：申报区域水泥企业名单和各企业水泥熟料产能表（略）

附件三：

申报内容说明

1. 本附件申报表和企业名单表为申报水泥产业区域荣誉称号的重要文字材料。文字叙述应简洁，数据应准确、可靠、真实。

2. 表格内容填写不够的请加附页。

3. “地方政府申请报告”为申报荣誉称号所在地的市、县级政府对中国水泥协会行文。

4. “申报部门”为申报荣誉称号所在地的市、县级政府的工业主管部门填写。申报部门应对基地申报的各种数据和结论的真实性进行核实并负有责任。

5. “地方水泥工业发展规划文件和有关支持政策”请以文件或复印件形式提交。

6. “所有生产企业必须环保达标”请提供每个生产企业的达标证明复印件。

7. “已完成淘汰落后水泥产能工作”请申报地政府工业主管部门给予确认函。

8. 中国水泥协会秘书处在收到申报材料后即组织

人员前往申报地进行调研，所形成的调研报告对评审负责。

9. 对于申报内容中的"地方政府申请报告"和附件二表格，将在中国水泥协会的数字水泥网上公示。

10. 申报内容材料一式三份。

11. 中国水泥协会秘书处联系人：方玉萍副秘书长　电话：010－88376458，68332654（兼传真）　地址：北京市海淀区三里河路11号　邮编：100831

财政部　国家税务总局关于资源综合利用及其他产品增值税政策的通知★

Circular of National Taxation Bureau of Ministry of Finance about comprehensive resource utilization and value added tax policy of other products

各省、自治区、直辖市、计划单列市财政厅（局）、国家税务局，财政部驻各省、自治区、直辖市、计划单列市财政监察专员办事处，新疆生产建设兵团财务局：

为了进一步推动资源综合利用工作，促进节能减排，经国务院批准，决定调整和完善部分资源综合利用产品的增值税政策。同时，为了规范对资源综合利用产品的认定管理，需对现行相关政策进行整合。现将有关资源综合利用及其他产品增值税政策统一明确如下：

一、对销售下列自产货物实行免征增值税政策

（一）再生水。再生水是指对污水处理厂出水、工业排水（矿井水）、生活污水、垃圾处理厂渗透（滤）液等水源进行回收，经适当处理后达到一定水质标准，并在一定范围内重复利用的水资源。再生水应当符合水利部《再生水水质标准》（SL368－2006）的有关规定。

（二）以废旧轮胎为全部生产原料生产的胶粉。胶粉应当符合GB/T19208－2008规定的性能指标。

（三）翻新轮胎。翻新轮胎应当符合GB7037－2007、GB14646－2007或者HG/T3979－2007规定的性能指标，并且翻新轮胎的胎体100%来自废旧轮胎。

（四）生产原料中掺兑废渣比例不低于30%的特定建材产品。

特定建材产品，是指砖（不含烧结普通砖）、砌块、陶粒、墙板、管材、混凝土、砂浆、道路井盖、道路护栏、防火材料、耐火材料、保温材料、矿（岩）棉。

二、对污水处理劳务免征增值税

污水处理是指将污水加工处理后符合GB18918－2002有关规定的水质标准的业务。

三、对销售下列自产货物实行增值税即征即退的政策

（一）以工业废气为原料生产的高纯度二氧化碳产品。高纯度二氧化碳产品，应当符合GB10621－2006的有关规定。

（二）以垃圾为燃料生产的电力或者热力。垃圾用量占发电燃料的比重不低于80%，并且生产排放达到GB13223－2003第1时段标准或者GB18485－2001的有关规定。

所称垃圾，是指城市生活垃圾、农作物秸秆、树皮废渣、污泥、医疗垃圾。

（三）以煤炭开采过程中伴生的舍弃物油母页岩为原料生产的页岩油。

（四）以废旧沥青混凝土为原料生产的再生沥青混凝土。废旧沥青混凝土用量占生产原料的比重不低于30%.

（五）采用旋窑法工艺生产并且生产原料中掺兑废渣比例不低于30%的水泥（包括水泥熟料）。

1. 对经生料烧制和熟料研磨工艺生产水泥产品的企业，掺兑废渣比例计算公式为：

掺兑废渣比例＝（生料烧制阶段掺兑废渣数量＋熟料研磨阶段掺兑废渣数量）÷（生料数量＋生料烧制和熟料研磨阶段掺兑废渣数量＋其他材料数量）×100%

2. 对外购熟料经研磨工艺生产水泥产品的企业，掺兑废渣比例计算公式为：

掺兑废渣比例＝熟料研磨过程中掺兑废渣数量÷（熟料数量＋熟料研磨过程中掺兑废渣数量＋其他材料数量）×100%

四、销售下列自产货物实现的增值税实行即征即退50%的政策

（一）以退役军用发射药为原料生产的涂料硝化棉粉。退役军用发射药在生产原料中的比重不低于90%.

（二）对燃煤发电厂及各类工业企业产生的烟气、高硫天然气进行脱硫生产的副产品。副产品，是指石膏（其二水硫酸钙含量不低于85%）、硫酸（其浓度不低于15%）、硫酸铵（其总氮含量不低于18%）和硫磺。

（三）以废弃酒糟和酿酒底锅水为原料生产的蒸汽、活性炭、白碳黑、乳酸、乳酸钙、沼气。废弃酒糟和酿酒底锅水在生产原料中所占的比重不低于80%.

（四）以煤矸石、煤泥、石煤、油母页岩为燃料生产的电力和热力。煤矸石、煤泥、石煤、油母页岩用量占发电燃料的比重不低于60%.

（五）利用风力生产的电力。

（六）部分新型墙体材料产品。具体范围按本通知附件1《享受增值税优惠政策的新型墙体材料目录》执行。

五、对销售自产的综合利用生物柴油实行增值税先征后退政策

综合利用生物柴油，是指以废弃的动物油和植物油为原料生产的柴油。废弃的动物油和植物油用量占生产原料的比重不低于70%。

六、对增值税一般纳税人生产的黏土实心砖、瓦，一律按适用税率征收增值税，不得采取简易办法征收增值税

2008年7月1日起，以立窑法工艺生产的水泥（包括水泥熟料），一律不得享受本通知规定的增值税即征即退政策。

七、申请享受本通知第一条、第三条、第四条第一项至第四项、第五条规定的资源综合利用产品增值税优惠政策的纳税人，应当按照《国家发展改革委 财政部 国家税务总局关于印发〈国家鼓励的资源综合利用认定管理办法〉的通知》（发改环资〔2006〕1864号）的有关规定，申请并取得《资源综合利用认定证书》，否则不得申请享受增值税优惠政策

八、本通知规定的增值税免税和即征即退政策由税务机关，增值税先征后退政策由财政部驻各地财政监察专员办事处及相关财政机关分别按照现行有关规定办理

九、本通知所称废渣，是指采矿选矿废渣、冶炼废渣、化工废渣和其他废渣

废渣的具体范围，按附件2《享受增值税优惠政策的废渣目录》执行。

本通知所称废渣掺兑比例和利用原材料占生产原料的比重，一律以重量比例计算，不得以体积计算。

十、本通知第一条、第二条规定的政策自2009年1月1日起执行，第三条至第五条规定的政策自2008年7月1日起执行

《财政部 国家税务总局关于对部分资源产品免征增值税的通知》（财税字〔1995〕44号）、《财政部 国家税务总局关于继续对部分资源综合利用产品等实行增值税优惠政策的通知》（财税字〔1996〕20号）、《财政部 国家税务总局关于部分资源综合利用及其他产品增值税政策问题的通知》（财税〔2001〕198号）、《财政部 国家税务总局关于部分资源综合利用产品增值税政策的补充通知》（财税〔2004〕25号）、《国家税务总局关于建材产品征收增值税问题的批复》（国税函〔2003〕1151号）、《国家税务总局对利用废渣生产的水泥熟料享受资源综合利用产品增值税政策的批复》（国税函〔2003〕1164号）、《国家税务总局关于企业利用废渣生产的水泥中废渣比例计算办法的批复》（国税函〔2004〕45号）、《国家税务总局关于明确资源综合利用建材产品和废渣范围的通知》（国税函〔2007〕446号）、《国家税务总局关于利用废液（渣）生产白银增值税问题的批复》（国税函〔2008〕116号）相应废止。

附件：1. 享受增值税优惠政策的新型墙体材料目录

2. 享受增值税优惠政策的废渣目录

财政部　国家税务总局

附件1：

享受增值税优惠政策的新型墙体材料目录

一、砖类

（一）非黏土烧结多孔砖（符合GB13544－2000技术要求）和非黏土烧结空心砖（符合GB13545－2003技术要求）。

（二）混凝土多孔砖（符合JC943－2004技术要求）。

（三）蒸压粉煤灰砖（符合JC239－2001技术要求）和蒸压灰砂空心砖（符合JC/T637－1996技术要求）。

（四）烧结多孔砖（仅限西部地区，符合GB13544－2000技术要求）和烧结空心砖（仅限西部地区，符合GB13545－2003技术要求）。

二、砌块类

（一）普通混凝土小型空心砌块（符合GB8239－1997技术要求）。

（二）轻集料混凝土小型空心砌块（符合GB15229－2002技术要求）。

（三）烧结空心砌块（以煤矸石、江河湖淤泥、建筑垃圾、页岩为原料，符合GB13545－2003技术要求）。

（四）蒸压加气混凝土砌块（符合GB/T11968－2006技术要求）。

（五）石膏砌块（符合JC/T698－1998技术要求）。

（六）粉煤灰小型空心砌块（符合JC862－2000技术要求）。

三、板材类

（一）蒸压加气混凝土板（符合GB15762－1995技术要求）。

（二）建筑隔墙用轻质条板（符合JG/T169－2005技术要求）。

（三）钢丝网架聚苯乙烯夹芯板（符合JC623－1996技

术要求)。

(四)石膏空心条板(符合 JC/T829－1998 技术要求)。

(五)玻璃纤维增强水泥轻质多孔隔墙条板(简称 GRC 板,符合 GB/T19631－2005 技术要求)。

(六)金属面夹芯板。其中:金属面聚苯乙烯夹芯板(符合 JC689－1998 技术要求);金属面硬质聚氨酯夹芯板(符合 JC/T868－2000 技术要求);金属面岩棉、矿渣棉夹芯板(符合 JC/T869－2000 技术要求)。

(七)建筑平板。其中:纸面石膏板(符合 GB/T9775－1999 技术要求);纤维增强硅酸钙板(符合 JC/T564－2000 技术要求);纤维增强低碱度水泥建筑平板(符合 JC/T626－1996 技术要求);维纶纤维增强水泥平板(符合 JC/T671－1997 技术要求);建筑用石棉水泥平板(符合 JC/T412 技术要求)。

四、符合国家标准、行业标准和地方标准的混凝土砖、烧结保温砖(砌块)、中空钢网内模隔墙、复合保温砖(砌块)、预制复合墙板(体),聚氨酯硬泡复合板及以专用聚氨酯为材料的建筑墙体。

附件 2:

享受增值税优惠政策的废渣目录

本通知所述废渣,是指采矿选矿废渣、冶炼废渣、化工废渣和其他废渣。

一、采矿选矿废渣,是指在矿产资源开采加工过程中产生的废石、煤矸石、碎屑、粉末、粉尘和污泥。

二、冶炼废渣,是指转炉渣、电炉渣、铁合金炉渣、氧化铝赤泥和有色金属灰渣,但不包括高炉水渣。

三、化工废渣,是指硫铁矿渣、硫铁矿煅烧渣、硫酸渣、硫石膏、磷石膏、磷矿煅烧渣、含氰废渣、电石渣、磷肥渣、硫磺渣、碱渣、含钡废渣、铬渣、盐泥、总溶剂渣、黄磷渣、柠檬酸渣、脱硫石膏、氟石膏和废石膏模。

四、其他废渣,是指粉煤灰、江河(湖、海、渠)道淤泥、淤沙、建筑垃圾、城镇污水处理厂处理污水产生的污泥。

★财政部、国家税务总局 2008 年 12 月 9 日发布的财税【2008】156 号文。

工业和信息化部 2008 年应予淘汰落后水泥产能的企业名单★

The list of enterprises to eliminate backward cement capacity in 2008 by Industry and Information Ministry

为完成《国务院关于印发节能减排综合性工作方案的通知》(国发〔2007〕15 号)提出的"十一五"时期淘汰落后水泥产能 2.5 亿吨目标,根据各地经委(经贸委)、发改委、工业和信息产业局上报的 2008 年度应予淘汰落后水泥产能的企业名单,原材料工业司进行了汇总,拟以我部公告发布。

现将拟公布的《2008 年应予淘汰落后水泥产能的企业名单》予以公示。如有异议,请与原材料工业司建材处联系。

公示时间:2008 年 10 月 22 日－2008 年 11 月 2 日

联系人:黄 瑜 吕桂新

电 话:010－66011850(兼传真)

Email :huangy@ miit. gov. cn

工业和信息化部原材料工业司

二○○八年十月二十二日

附件:

《2008 年应予淘汰落后水泥产能的企业名单》

序号	水泥生产企业名称	落后窑型	生产线(台)	淘汰方式
	全国总计:1 066(户)		1 474	
	天津(共 6 户)		12	
1	天津市宁河县水泥厂	机立窑	2	关闭

续表

序号	水泥生产企业名称	落后窑型	生产线(台)	淘汰方式
2	渤海化工集团天津化工厂	湿法窑	1	关闭
3	天津市蓟县天兴水泥厂	机立窑	1	拆除生产线
4	天津市宁河县鑫达水泥有限公司	机立窑	1	拆除生产线
5	天津市宁河县潮顺水泥有限公司	机立窑	1	关闭
6	天津市蓟县飞雁水泥有限公司	机立窑	6	拆除生产线
	河北(共38户)		57	
1	平山县古月建材厂	φ2.3×8m 机立窑	1	拆除生产线
2	河北宏昌建材有限公司	φ3×11m 机立窑	1	拆除生产线
		2.5×11m 机立窑	1	拆除生产线
3	晋州市水泥有限责任公司	φ3×10m 机立窑	1	拆除生产线
		φ2.5×8m 机立窑	1	拆除生产线
4	石家庄市井陉矿区特种水泥厂	φ2.7×45.5m 中空窑	1	拆除生产线
5	华恒水泥有限公司	φ2.55×10m 机立窑	1	拆除生产线
6	红星建材有限公司	φ2.5×10m 机立窑	1	拆除生产线
7	高邑水泥二厂	φ2.5×10m 机立窑	1	拆除生产线
8	灵寿县水泥二厂	φ2.25×8.5m 机立窑	1	拆除生产线
9	河北高峦建材有限公司	φ2.4×8.5m 机立窑	1	拆除生产线
10	平山县太行水泥厂	φ2.5×9m 机立窑	1	拆除生产线
11	石家庄市亚雄水泥厂	φ3×11m 机立窑	1	拆除生产线
12	宣化钢铁公司水泥厂	φ2.8×44m 中空窑	1	拆除生产线
13	张家口市下花园晨光水泥厂	φ2.5×40m 立波尔窑	1	拆除生产线
14	秦皇岛市抚宁第二水泥有限公司	φ2.5×8.5m 机立窑	1	拆除生产线
15	秦皇岛市抚宁县石门寨第二水泥厂	φ3×10m 机立窑、φ2.5×8m 机立窑	2	拆除生产线
16	秦皇岛市抚宁县石门寨第四水泥厂	φ2.5×8.5m 机立窑	1	拆除生产线
17	唐山启新水泥有限公司	φ2.9/3.3×78m 中空窑	1	拆除生产线
18	遵化市力河化肥厂	φ3×88m 中空窑	1	拆除生产线
19	唐山冀东水泥股份有限公司冀润分公司	φ2.5×40m 中空窑	1	拆除生产线
20	唐山市开平区开平水泥厂	φ2.5×9m 机立窑	1	拆除生产线
21	遵化市富基水泥厂	φ2.5×10m 机立窑	1	拆除生产线
22	唐山三水岗岩水泥有限公司	φ3×10m 机立窑	1	拆除生产线
		φ2.5×8.5m 机立窑	1	
23	中国人民解放军第七零零七工厂	φ2.9×10m 机立窑	2	拆除生产线
24	玉田县曙光水泥有限公司	φ3×10m 机立窑	1	拆除生产线
25	唐山曙光实业集团有限公司	φ3×11m 机立窑	4	拆除生产线
		φ2.5×9.1m 机立窑	1	
26	保定东方博特水泥有限公司	φ3.5×65m 回转窑	1	拆除生产线
27	河北省唐县水泥厂	φ2.5×8m 机立窑	1	拆除生产线
28	沧州化学工业股份有限公司中捷沧骅水泥分公司	φ3.3×110m 湿法窑	2	拆除生产线
29	衡水桃城水泥有限责任公司	φ2.75×10m 机立窑	3	拆除生产线
30	内邱县鑫达熟料厂	φ3×10m 机立窑	2	拆除生产线

续表

序号	水泥生产企业名称	落后窑型	生产线(台)	淘汰方式
31	邢台市水泥厂	φ2.8×10m 机立窑	3	拆除生产线
32	邢台鑫磊建材(集团)股份有限公司	φ2.5×10m 机立窑	3	拆除生产线
33	河北邢台云山水泥有限公司	φ2.8×10m 机立窑	2	拆除生产线
34	武安市日月水泥厂	φ2.5×10m 机立窑	1	拆除生产线
35	武安市鼓山水泥厂	φ2.8×10m 机立窑	1	拆除生产线
36	武安市万寿桥水泥厂	φ2.8×10m 机立窑	1	拆除生产线
37	武安市红旗水泥厂	φ3×11m 机立窑	1	拆除生产线
		φ2.4×8m 机立窑	1	
38	邯郸市峰峰矿区连环建材有限责任公司	φ2.5×8.5m 机立窑	1	拆除生产线
	山西(共19户)		21	
1	浩海水泥有限公司	φ3×48m 干法中空窑	1	关闭
2	红旗水泥厂	φ2.6×60m 干法中空窑	1	部分关闭
3	天脊集团水泥有限公司	φ4/3.5/4×150m 湿法窑	1	关闭
4	晋城市天友水泥厂	φ2.5×10m 机立窑	1	关闭
5	阳城富力水泥厂	φ3×11m 机立窑	1	关闭
6	忻州市奇石水泥厂	φ1.83×8.4m 磨机	1	部分关闭
7	保德县通达水泥有限责任公司	φ1.83×7m 磨机	1	部分关闭
8	定襄县宏峰水泥建材有限公司	φ1.83×6.5m 磨机	1	取缔
9	定襄县宏道水泥厂	φ1.83×6.5m 磨机	1	取缔
10	晋中洪鑫泰实业公司	φ2.4×9m 机立窑	1	部分关闭
11	山西龙虎水泥有限公司	φ3.6×70m 干法中空窑、φ3×11m 机立窑	2	关闭
12	大禹建材有限公司	φ2.2×7.5m 磨机	1	取缔
13	运城市奇石水泥有限公司	φ3×11m 机立窑	1	取缔
14	新绛华丰水泥公司	φ3×10m 机立窑	1	取缔
15	新绛华翔水泥公司	φ2.4×9m 磨机	1	取缔
16	信达水泥有限公司	φ2.5×10m 机立窑、φ2.5×40m 干法中空窑	2	取缔
17	河津市第二水泥厂	φ3.2×11m 机立窑	1	取缔
18	河津市人民水泥厂	φ3.2×11m 机立窑	1	取缔
19	河津万杰水泥	φ3×11m 机立窑	1	取缔
	内蒙古(共11户)		12	
1	呼和浩特市新天方水泥有限责任公司	机立窑	1	拆除生产线
2	牙克石森源建材有限公司吉文水泥分公司	中空窑	1	拆除生产线
3	奈曼旗青龙山水泥制造有限责任公司	机立窑	1	转粉磨站
4	红山区英金河水泥有限公司	机立窑	1	关闭
5	喀喇沁旗赤峰昌盛水泥厂	机立窑	1	拆除生产线
6	赤峰市威航水泥有限责任公司	机立窑	1	关闭
7	赤峰市罕山集团水泥有限责任公司	机立窑	1	关闭
8	乌达区长久水泥公司	干法中空窑	1	拆除生产线
9	西卓子山草原集团特种水泥厂	干法中空窑	1	拆除生产线
10	阿拉善盟草原水泥有限责任公司	机立窑	1	转粉磨站

续表

序号	水泥生产企业名称	落后窑型	生产线(台)	淘汰方式
11	阿拉善百建水泥有限责任公司	中空窑	2	拆除生产线
	辽宁(共5户)		12	
1	大连水泥集团有限公司一公司	中空干法窑	6	拆除生产线
2	大连长兴水泥有限公司	中空干法窑、立窑	2	拆除生产线
3	大连新虎水泥有限公司	机立窑	2	拆除生产线
4	海城市海华高铝水泥厂	中空干法窑	1	关闭
5	海城市特新耐火材料厂	中空干法窑	1	关闭
	吉林(共24户)		27	
1	白山天成水泥厂	干法中空窑	2	拆除生产线
2	吉化公司水泥厂	湿法窑	2	拆除生产线
3	吉林省东辽县第二水泥厂	干法中空窑	1	取缔
4	吉铁轨枕厂	干法中空窑	1	拆除生产线
5	吉林省磐石水泥有限责任公司	机立窑	1	取缔
6	辽源钢铁厂水泥厂	机立窑	1	关闭
7	龙井市水泥厂	机立窑	1	拆除生产线
8	洮南市合鑫水泥有限公司	机立窑	2	兼并重组
9	长春友成水泥股份合作公司	机立窑	1	拆除生产线
10	公主岭市水泥厂	机立窑	1	兼并重组
11	抚松银丰水泥有限公司	机立窑	1	兼并重组
12	吉林省大安市水泥厂	机立窑	1	关闭
13	吉林省湾沟煤矿综合经营公司水泥厂	机立窑	1	关闭
14	吉林省大栗子铁矿企业公司水泥厂	机立窑	1	取缔
15	吉林省吉林市松江建筑材料工业公司水泥厂	机立窑	1	取缔
16	吉林省吉林化学工业公司建设公司水泥厂	机立窑	1	取缔
17	吉林省吉林市江城水泥厂	机立窑	1	取缔
18	吉林省公主岭市二十家子水泥厂	机立窑	1	取缔
19	吉林省白山市松树镇水泥厂	机立窑	1	取缔
20	吉林省辉南县杉松岗水泥厂	机立窑	1	取缔
21	吉林省吉林市磐庆水泥有限公司	机立窑	1	取缔
22	四平市华联水泥厂	机立窑	1	拆除生产线
23	吉林省敦化市白山水泥厂	机立窑	1	取缔
24	辽宁西丰县远大水泥有限公司洮南分公司	机立窑	1	兼并重组
	黑龙江(共7户)		7	
1	牡丹江天马水泥有限公司	φ2.2×50m 中空窑	1	拆除生产线
2	牡丹江天马水泥有限公司	φ3.0×50m 中空窑	1	改新型干法水泥
3	林口县森泉水泥有限责任公司	φ3×60m 中空窑	1	改新型干法水泥
4	牡丹江多彩水泥有限责任公司	φ1.9/2.2×36m 中空窑	1	拆除生产线
5	鸡西宏展水泥制造有限公司	φ2.6×52m 中空窑	1	拆除生产线
6	虎林市东方红水泥厂	φ2.5×40m 中空窑	1	变粉磨站
7	绥棱杨森水泥厂	φ2.5×10m 机立窑	1	变粉磨站

续表

序号	水泥生产企业名称	落后窑型	生产线(台)	淘汰方式
	江苏(共28户)		48	
1	南京新天都长山水泥有限公司	机立窑	1	关停
2	南京扬子水泥有限责任公司	机立窑	2	关停
3	南京板桥水泥有限公司	机立窑	3	关停
4	溧阳芳山水泥有限公司	机立窑	2	已停产
5	常州茅山水泥有限公司	机立窑	2	已停产
6	溧阳市三塔水泥有限公司	机立窑	1	已停产
7	常州中天热电水泥有限公司	机立窑	2	已停产
8	金坛市奔马水泥有限公司	机立窑	1	已停产
9	常州市第二水泥厂	机立窑	1	已停产
10	金坛市金宝水泥有限公司	机立窑	1	
11	金坛市康达有限公司	机立窑	3	
12	溧阳市戴埠南山水泥厂	机立窑	1	
13	溧阳市振东水泥有限公司	机立窑	1	
14	溧阳市建业特种水泥有限公司	机立窑	1	
15	武进第二水泥厂	机立窑	1	
16	常州箭龙水泥有限公司	机立窑	1	
17	镇江高发水泥有限责任公司	机立窑	3	拆除生产线
18	江苏省湾山水泥厂	机立窑	5	拆除生产线
19	宜兴市大浦水泥有限公司	机立窑	2	拆除生产线
20	宜兴市金牛建材有限公司	机立窑	3	拆除生产线
21	宜兴市第三水泥厂	机立窑	1	拆除生产线
22	宜兴市胜达水泥有限公司	机立窑	1	拆除生产线
23	江苏省太湖采石公司苏州洞庭水泥厂	机立窑	2	拆除生产线
24	姜堰市亨达水泥制造有限公司	机立窑	1	改为粉磨站
25	江苏安丰水泥有限公司	机立窑	1	改为粉磨站
		磨机	1	改造
		磨机	1	改造
26	宿迁市益明水泥有限公司	机立窑	1	拆除生产线
27	大丰市森风水泥有限公司	φ3.1m 机立窑	1	关闭
28	盐城市天辰黄海水泥有限公司	φ2.2×6.5m	1	关闭
	浙江(共1户)		2	
1	浙江巨化建化有限公司	φ2.84×10m	2	拆除生产线
	安徽(共36户)		41	
1	合肥金固水泥有限公司	φ3.0×10m	1	拆除生产线
2	安徽聚龙水泥有限公司	φ3.2×13m	1	拆除生产线
3	濉溪县东城水泥公司	φ2.5×8m	1	转产
4	淮北市蔡里水泥厂	φ2.4×9m	1	拆除生产线
5	濉溪县永强水泥厂	φ2.5×9m	1	拆除生产线
6	淮北市大山水泥厂	φ2.7×8.5m	1	拆除生产线

续表

序号	水泥生产企业名称	落后窑型	生产线(台)	淘汰方式
7	萧县瓦子口水泥厂	φ2.8×10m	1	关闭
8	宿州市淮海物资公司灵璧水泥分公司	φ2.5×8.5m	2	关闭
9	怀远县丰远水泥公司	φ2.5×8.5m	1	拆除生产线
10	淮南巨石水泥公司	φ2.5×8.5m	1	拆除生产线
11	凤台天石水泥公司	φ2.84×10m	2	拆除生产线
12	凤阳县特种水泥厂	φ2.8×10m	1	关闭
13	凤阳县腾飞水泥厂	φ2.5×8.5m	1	关闭
14	含山县新东水泥公司	φ2.5×8m	1	关闭
15	居巢区金庭水泥厂	φ2.5×8.5m	1	关闭
16	繁昌金狮水泥有限公司	φ2.5×8.5m	1	拆除生产线
17	繁昌平健水泥有限公司	φ2.5×8.5m	1	拆除生产线
18	繁昌三泰水泥有限公司	φ2.5×8.5m	1	关闭
19	繁昌新板矶水泥有限公司	φ2.5×8.5m	1	关闭
20	芜湖市五华水泥有限公司	φ2.5×8.5m	1	拆除生产线
21	芜湖峨城水泥公司	φ2.5×8.5m	1	拆除生产线
22	南陵县皖南水泥经营公司	φ2.8×8.5m	1	拆除生产线
23	繁昌黄浒水泥有限公司	φ2.5×8m	1	拆除生产线
24	繁昌荻港长河水泥有限公司	φ3×11m	2	拆除生产线
25	龙元建设安徽水泥有限公司	φ3×11m	3	拆除生产线
26	铜陵市荣伟水泥公司	φ2.8×10m	1	拆除生产线
27	铜陵市荣伟水泥公司	φ3.2×12m	1	拆除生产线
28	铜陵市马鞍水泥厂	φ2.2×8.5m	1	拆除生产线
29	池州市解放松鹰水泥公司	φ2.5×8.5m	1	拆除生产线
30	池州市秋浦水泥公司	φ2.5×8.5m	1	拆除生产线
31	青阳县水泥厂	φ2.5×8.5m	1	拆除生产线
32	安庆市十里一水泥厂	φ2.4×8.5m	1	拆除生产线
33	怀宁县伍子建材公司	φ2.5×8.5m	1	拆除生产线
34	茶岭水泥公司	φ2.5×8.5m	1	拆除生产线
35	黄山精壮水泥有限公司(绩溪县)	φ2.9×10m	1	拆除生产线
36	黄山市屯溪水泥厂	φ2.9×10m	1	拆除生产线
	福建(共52户)		63	
1	福建省仙游县水泥厂	机立窑	1	拆除生产线
2	福建省安溪县三兴石凤水泥有限公司	机立窑	1	拆除生产线
3	福建省安溪龙山水泥有限公司	机立窑	2	拆除生产线
4	福建省安溪三元岩水泥有限公司	机立窑	2	拆除生产线
5	福建省安溪县华建水泥厂	机立窑	1	拆除生产线
6	福建永春水泥有限公司	机立窑	1	拆除生产线
7	福建省德化县水泥厂(英山分厂)	机立窑	2	拆除生产线
8	福建省永成水泥(南靖)有限公司	机立窑	1	拆除生产线
9	福建省漳州中达水泥厂	机立窑	1	拆除生产线

续表

序号	水泥生产企业名称	落后窑型	生产线(台)	淘汰方式
10	龙岩铁建水泥有限公司	机立窑	1	拆除生产线
11	福建龙岩春驰集团水泥有限公司(东山水泥厂)	机立窑	2	拆除生产线
12	龙岩市新罗区西陂水泥厂	机立窑	1	拆除生产线
13	福建龙岩春驰集团水泥有限公司(三星水泥厂)	机立窑	1	拆除生产线
14	龙岩市马坑福利水泥厂	机立窑	1	拆除生产线
15	龙岩市新罗区鸿雁水泥二厂	机立窑	1	拆除生产线
16	永定县虎岗水泥厂	机立窑	1	拆除生产线
17	永定县怡宏水泥厂	机立窑	1	拆除生产线
18	永定县西陂第二水泥熟料厂	机立窑	2	拆除生产线
19	福建省上杭县港华水泥厂	机立窑	1	拆除生产线
20	福建省上杭县福星水泥厂	机立窑	1	拆除生产线
21	上杭县大永固福群水泥有限公司	机立窑	1	拆除生产线
22	福建省上杭县高华水泥厂	机立窑	1	拆除生产线
23	福建省上杭县金山水泥厂	机立窑	1	拆除生产线
24	福建省上杭县官庄畲族福荣福利水泥厂	机立窑	1	拆除生产线
25	福建省大永固工贸有限公司(上杭大永固福新丰水泥厂)	机立窑	1	拆除生产线
26	武平县芗径老干水泥厂	机立窑	1	拆除生产线
27	武平县岩前福利水泥厂	机立窑	2	拆除生产线
28	武平县冠牌水泥厂	机立窑	1	拆除生产线
29	福建省武平县水泥厂	机立窑	1	拆除生产线
30	福建省长汀县泰山水泥厂	机立窑	1	拆除生产线
31	漳平市银嘉水泥厂	机立窑	1	拆除生产线
32	漳平市大深水泥厂	机立窑	1	拆除生产线
33	漳平市象湖兴建水泥厂	机立窑	2	拆除生产线
34	武平县通用建材实业有限公司	机立窑	1	拆除生产线
35	福建省武平县飞龙水泥有限公司	机立窑	1	拆除生产线
36	福建长汀童菲水泥有限公司	机立窑	2	拆除生产线
37	漳平市双岩水泥厂	机立窑	1	拆除生产线
38	永安市凌鹰水泥有限公司	机立窑	1	拆除生产线
39	福建省永安洪田水泥二厂	机立窑	1	拆除生产线
40	永安闽燕水泥集团公司(辉宇)	机立窑	1	拆除生产线
41	福建省尤溪县坂面水泥厂	机立窑	1	拆除生产线
42	福建省尤溪县梅营水泥厂	机立窑	2	拆除生产线
43	福建省尤溪县大头桥水泥厂	机立窑	1	拆除生产线
44	福建省泰宁县德立化工有限公司	机立窑	1	拆除生产线
45	三明市大田县岩马水泥有限公司	机立窑	1	拆除生产线
46	福建省大田石凤水泥有限公司	机立窑	1	拆除生产线

续表

序号	水泥生产企业名称	落后窑型	生产线(台)	淘汰方式
47	福建省明溪县兰圈水泥有限公司（福建省明溪县水泥厂）	机立窑	1	拆除生产线
48	福建省将乐县华盛水泥有限公司	机立窑	1	拆除生产线
49	福建省清流县建明水泥厂	机立窑	2	拆除生产线
50	福建省将乐飞达水泥有限公司（将乐县回头山水泥有限公司）	机立窑	1	拆除生产线
51	福建省邵武市共田建材有限公司	机立窑	2	拆除生产线
52	福建省顺昌延昌水泥有限公司	机立窑	1	拆除生产线
	江西(共22户)		24	
1	星子县水泥厂	机立窑	1	关闭
2	九江源达水泥有限公司	机立窑	1	关闭
3	乐矿水泥有限公司	机立窑	2	拆除生产线
4	南昌铁路局玉征水泥厂	机立窑	1	关闭
5	新余大圣水泥有限公司	机立窑	1	转产
6	宁都水泥厂	机立窑	1	关闭
7	上犹县水泥厂	机立窑	1	关闭
8	江西庐陵水泥有限公司	机立窑	1	拆除生产线
9	江西庐陵水泥有限公司	机立窑	1	拆除生产线
10	泰和玉华水泥有限公司	机立窑	1	拆除生产线
11	泰和玉华水泥有限公司	机立窑	2	拆除生产线
12	泰和玉华水泥有限公司	机立窑	1	拆除生产线
13	泰和玉华水泥有限公司	湿法窑	1	拆除生产线
14	江西兰丰水泥集团三分厂	机立窑	1	拆除生产线
15	江西兰丰水泥集团三分厂	机立窑	1	拆除生产线
16	江西兰丰水泥集团兰江厂	湿法窑	1	拆除生产线
17	江西兰丰水泥集团二分厂	机立窑	1	拆除生产线
18	江西兰丰水泥集团二分厂	机立窑	1	拆除生产线
19	萍乡市钢城水泥二厂	机立窑	1	关闭
20	萍乡市金峰水泥厂	机立窑	1	拆除生产线
21	萍乡市上栗县水泥厂	机立窑	1	关闭
22	萍乡市阳光水泥厂	机立窑	1	转产
	山东(共66户)		87	
1	济南鲁建水泥有限责任公司	φ3.2×11.5m	1	关停
2	济南明泉水泥有限公司	φ2.8×9m	1	关停
3	章丘市大星水泥厂	φ3.2×12m	1	关停
4	济南市中大东水泥厂	φ3.0×11m	1	关停
5	即墨市双春水泥有限公司	φ2.8×10m	2	关停
6	沂源县第五水泥厂	φ3.2×12m	1	关停
7	淄博华宇水泥有限公司	φ3.5×12m	1	关停
8	山东华奥水泥有限公司	φ3.2×11.5m	1	关停
		φ3.1×11.5m	1	关停

续表

序号	水泥生产企业名称	落后窑型	生产线(台)	淘汰方式
9	淄博市淄川区宝山水泥厂	φ3.2×12m	3	关停
10	淄博市淄川京西水泥厂(淄博特种水泥厂)	φ3×11m	1	关停
11	淄博鲁中水泥有限公司	φ3.0×11m	2	关停
		φ3.2×11m	2	关停
12	淄博黉阳水泥厂有限公司	φ3.6×12m	1	关停
13	枣庄市琛源水泥有限公司	φ3×11m	1	关停
14	枣庄声望水泥公司	φ3×11m	1	关停
15	泉头集团有限公司	φ3×11m	1	关停
16	山东唐人集团	φ3.2×12m	3	关停
17	枣庄渴口水泥有限公司	φ3×11m	5	关停
18	枣庄金桥水泥有限公司	φ3×11m	1	关停
19	枣庄市瑞福水泥有限公司	φ3.2×12m	1	关停
20	山东石榴园水泥有限公司	φ3.2×11m	1	关停
21	枣庄市金兴水泥有限公司	φ2.5×10m	1	关停
22	滕州市第二水泥厂	φ3.3×12.5mφ3.0×9.5m	2	关停
23	滕州市永兴水泥厂	φ3.2×11.8	1	关停
24	滕州市姜屯镇水泥厂	φ3×2.3	2	关停
25	滕州市峄庄水泥厂	φ3.2×12	1	关停
26	滕州市大坞水泥厂	φ3.2×12	1	关停
27	滕州市鲁建水泥有限公司	φ2.8×11m	1	关停
28	滕州市战河水泥厂	φ3.2×12m	1	关停
29	滕州市华凯水泥有限公司	φ2.8×11m	1	关停
30	枣庄市奥林水泥有限公司	φ3.2×11m	2	关停
31	龙口市宏达水泥厂 (龙口市凯宏水泥厂、龙口市望马史家水泥厂)	φ2.5×8.5m	1	关停
32	龙口市长恒水泥厂 (龙口市诸由第二水泥厂)	φ3.2×10.5m	2	关停
33	龙口万华建材有限公司 (龙口市龙泰建材有限公司)	φ3×10m	1	关停
34	龙口市南山柳林水泥厂 (龙口市柳林水泥厂)	φ3×11m	2	关停
35	山东蔚阳集团有限公司水泥厂	φ3×10m	1	关停
36	蓬莱蓬龙水泥有限公司	φ3×10m 2.8×10m	2	关停
37	蓬莱鑫兴水泥有限公司	φ2.5×8m	1	关停
38	潍坊炳学水泥有限公司 (潍坊炳学实业公司水泥厂)	φ3.2×12m	1	关停
39	邹城市永强水泥制造有限公司	φ2.8×8.5m	1	关停
40	微山县运河水泥厂	φ2.8×10m	1	关停
41	金乡县金鹰水泥厂	φ3×10m	1	关停
42	嘉祥县黄岗水泥厂	φ2.5×8m	2	关停

续表

序号	水泥生产企业名称	落后窑型	生产线(台)	淘汰方式
43	新泰市鲁瑞水泥有限公司	φ3×10m、φ1.83×7m	1	关停
44	新泰市新星水泥厂	φ3×11m	1	关停
45	新泰市新北水泥厂	φ3×11m	1	关停
46	新泰市汶南水泥厂	φ3×11m	1	关停
47	泰安市邱家店镇水泥厂	φ2.5×10m	1	关停
48	肥城中泰建材有限公司	φ2.5×10m、φ1.83×7m	1	关停
49	肥城市九鼎有限公司	φ2.5×10m	1	关停
50	荣成市鑫荣水泥有限公司 (荣成市水泥二厂)	φ2.9×10m	1	关停
51	乳山市第二水泥厂	φ2.8×10m	1	关停
52	日照市第三水泥厂棋山熟料生产基地	φ3.2×11m	1	关停
53	日照市东港盛发水泥有限公司	φ3.2×11m	1	关停
54	山东莲山水泥股份有限公司	φ3×11m	1	关停
55	五莲县得利建材有限责任公司	φ3×11m	1	关停
56	莒县城阳水泥有限公司	φ2.9×10m	1	关停
57	莒县东莞水泥有限公司	φ3.2×11m	1	关停
58	莱芜市鲁中水泥有限公司	φ3×11m	1	关停
59	山东莱芜鲁能水泥有限公司	φ3.8×11m	2	关停
60	临沂金湖公司朱保分公司	φ3.0×11m	1	关停
61	临沂新盛水泥有限公司 (临沂矿务局水泥厂)	φ3.2×11m	1	关停
62	临沂金泰水泥有限公司	φ3×11m	1	关停
63	苍山县层山水泥厂	φ2.5×8m	1	关停
64	费县沂龙水泥有限公司	φ3.2×11m	1	关停
65	晶华集团(平原)大坝水泥有限公司	φ3.2x11m	1	关停
66	巨野青龙山水泥有限公司	φ2.8×10m	1	关停
	湖北(共44户)		46	
1	武汉凌云水泥有限公司	机立窑	1	拆除生产线
2	武钢集团矿业有限责任公司乌龙泉矿	机立窑	1	已关停
3	黄石市河口水泥厂	机立窑	1	拆除生产线
4	黄石市秀嘉水泥有限公司	机立窑	1	拆除生产线
5	黄石市第四水泥厂	机立窑	1	拆除生产线
6	黄石市秀山水泥有限责任公司	机立窑	1	拆除生产线
7	黄石市屏山水泥厂	机立窑	1	拆除生产线
8	黄石市秀山水泥有限公司	机立窑	1	拆除生产线
9	黄石市松山水泥厂	机立窑	1	拆除生产线
10	黄石秀山集团秀兴水泥有限公司	机立窑	1	拆除生产线
11	黄石市红宝水泥有限责任公司	机立窑	1	拆除生产线
12	襄樊市隆中水泥厂	机立窑	1	拆除生产线
13	老河口宝石集团光化水泥有限公司	湿法旋窑	2	已关停
14	襄樊浦华建材有限责任公司	机立窑	1	已关停

续表

序号	水泥生产企业名称	落后窑型	生产线(台)	淘汰方式
15	松滋市双八建材有限责任公司	机立窑	1	拆除生产线
16	湖北省秭归鹏程实业有限公司	机立窑	1	拆除生产线
17	秭归县平湖水泥有限公司	机立窑	1	拆除生产线
18	宜都市九河水泥有限公司	机立窑	1	拆除生产线
19	宜都市宜兰水泥有限公司	机立窑	1	拆除生产线
20	宜都金鹤水泥有限责任公司	机立窑	1	拆除生产线
21	宜都市石门清江水泥厂	机立窑	1	拆除生产线
22	宜都市长兴水泥有限公司	机立窑	1	拆除生产线
23	宜昌市黄花水泥有限责任公司	机立窑	1	拆除生产线
24	枝江市助力水泥有限责任公司	机立窑	1	拆除生产线
25	当阳长坂坡建材公司	机立窑	1	拆除生产线
26	当阳市清溪寺水泥熟料厂	机立窑	1	拆除生产线
27	云梦县水泥厂	机立窑	1	已关停
28	湖北秦江京山水泥有限公司	机立窑	1	已关停
29	荆门市牛石水泥有限公司	机立窑	1	拆除生产线
30	钟祥市恒发水泥厂	机立窑	1	拆除生产线
31	沙洋总口水泥厂	机立窑	1	拆除生产线
32	鄂州市泽箭水泥厂	机立窑	1	拆除生产线
33	鄂州市白雉山水泥厂	机立窑	1	拆除生产线
34	鄂州市环宇建材厂	机立窑	1	拆除生产线
35	鄂州市立交桥水泥厂	机立窑	1	拆除生产线
36	鄂州市泽林桐城二水泥厂	机立窑	1	拆除生产线
37	鄂州市华容韩畈水泥厂	机立窑	1	拆除生产线
38	鄂州市沼山水泥厂	机立窑	1	拆除生产线
39	鄂州市银山联营水泥厂	机立窑	1	拆除生产线
40	鄂州市泽林成海水泥厂	机立窑	1	拆除生产线
41	鄂州市旗祥建材有限公司	机立窑	1	拆除生产线
42	黄梅金塔水泥有限公司	机立窑	1	已关停
43	潜江市水泥厂	机立窑	1	已关停
44	天门市吉港建材有限公司	机立窑	2	已关停
	湖南(共48户)		49	
1	沅陵沙金滩水泥厂	机立窑	1	关闭
2	辰溪百源水泥有限公司	机立窑	1	关闭
3	浏阳市古磊水泥厂	机立窑	1	关闭
4	湖南省浏阳市浏东水泥厂	机立窑	1	关闭
5	醴陵市北流水泥厂	机立窑	1	关闭
6	株洲县湘王水泥厂	机立窑	1	关闭
7	桃江县石景水泥有限公司	机立窑	1	关闭
8	临澧县龙凤山特种水泥厂	湿法窑	1	关闭
9	益阳市水泥厂	机立窑	1	关闭

续表

序号	水泥生产企业名称	落后窑型	生产线(台)	淘汰方式
10	益阳市金凤水泥厂	机立窑	1	关闭
11	娄底金鼎实业有限公司	机立窑	1	关闭
12	永明水泥有限责任公司	机立窑	1	关闭
13	邵阳长城水泥集团有限公司	湿法窑	1	关闭
14	湖南嘉丰建材有限公司	湿法窑	1	关闭
15	湖南石门特种水泥有限公司	湿法窑	2	关闭
16	湖南省玉山水泥有限公司	湿法窑	1	关闭
17	资兴市德兴水泥有限责任公司	湿法窑	1	关闭
18	郴州神杨特种水泥有限责任公司	湿法窑	1	关闭
19	湘维白杨建材有限责任公司	湿法窑	1	关闭
20	湘潭县楚丰水泥厂	机立窑	1	关闭
21	湘乡建材工业有限公司城郊水泥厂	机立窑	1	关闭
22	株洲市东源水泥有限公司	机立窑	1	关闭
23	株化诚信有限公司建材分公司	机立窑	1	关闭
24	常宁市第二水泥厂	机立窑	1	关闭
25	衡阳市柏洲建材实业有限公司	机立窑	1	关闭
26	平江县水泥厂	机立窑	1	转产
27	益阳市第二水泥厂	机立窑	1	关闭
28	益阳三湘特种水泥有限公司	机立窑	1	关闭
29	安化县马路口水泥厂	机立窑	1	关闭
30	益阳家和水泥有限公司	机立窑	1	关闭
31	安化县落水洞水泥厂	机立窑	1	关闭
32	临澧县新星水泥有限公司	机立窑	1	关闭
33	石门石新桥水泥有限公司	机立窑	1	关闭
34	石门天地水泥有限公司	机立窑	1	关闭
35	石门县官渡建材有限公司	机立窑	1	关闭
36	石门黄厂水泥有限公司	机立窑	1	关闭
37	石门白云山水泥有限公司	机立窑	1	关闭
38	澧县澧峰水泥有限公司	机立窑	1	关闭
39	澧县永大水泥有限责任公司	机立窑	1	关闭
40	石门县新铺水泥有限公司	机立窑	1	关闭
41	桃源县三元潭水泥厂	机立窑	1	关闭
42	桃源县已酉水泥有限责任公司	机立窑	1	关闭
43	道县谷源水泥公司	机立窑	1	关闭
44	嘉禾县普满水泥厂	机立窑	1	关闭
45	资兴市三都水泥有限责任公司	机立窑	1	关闭
46	湖南资兴东江金鑫水泥有限公司	机立窑	1	关闭
47	澧县洞庭水泥一厂	机立窑	1	关闭
48	澧县洞庭水泥二厂	机立窑	1	关闭
	广东(共139户)		265	
1	广州市花都区花东水泥二厂	机立窑	3	关闭
2	广州市花都区花山水泥厂	机立窑	2	关闭
3	广州市花都区宝岗特种水泥厂	机立窑	3	关闭

续表

序号	水泥生产企业名称	落后窑型	生产线(台)	淘汰方式
4	广州市增城长利水泥厂 (增城市仙村长利水泥厂)	机立窑	2	关闭
5	增城市仙村泰山水泥厂	机立窑	2	关闭
6	增城市建城水泥厂 (增城市仙村建城水泥厂)	机立窑	2	关闭
7	增城市仙村广达水泥厂	机立窑	3	关闭
8	增城市长江水泥厂	机立窑	2	关闭
9	增城市仙村茶源水泥厂	机立窑	2	关闭
10	增城市仙村建益水泥厂	机立窑	1	关闭
11	增城市新鸿水泥厂	机立窑	1	关闭
12	增城市仙村神州水泥厂	机立窑	1	关闭
13	广州市宝城水泥厂	机立窑	1	关闭
14	广州粤港水泥有限公司增城分公司	机立窑	1	关闭
15	增城市粤海水泥厂	机立窑	1	关闭
16	广东省地方铁路增城双荔水泥有限公司	机立窑	1	关闭
17	广州市增城东盛荣纬实业有限公司	机立窑	1	关闭
18	增城市仙村协成水泥厂	机立窑	1	关闭
19	增城市穗港水泥厂	机立窑	1	关闭
20	增城市星禾水泥厂	机立窑	1	关闭
21	增城市昌华水泥厂	机立窑	1	关闭
22	增城市大昌水泥厂	机立窑	1	关闭
23	增城市仙村联源水泥厂	机立窑	1	关闭
24	增城市沙埔长城水泥厂	机立窑	2	关闭
25	增城市华城水泥实业有限公司	机立窑	2	关闭
26	增城市沙埔镇银沙水泥厂	机立窑	1	关闭
27	增城市沙埔镇钰成水泥厂	机立窑	1	关闭
28	增城市沙埔龙源水泥厂	机立窑	1	关闭
29	增城市广兴水泥厂	机立窑	1	关闭
30	增城市沙埔联发水泥厂	机立窑	1	关闭
31	增城市沙埔上基新联水泥厂	机立窑	1	关闭
32	增城市沙埔大埔水泥厂	机立窑	1	关闭
33	广州市鹰翠水泥实业有限公司	机立窑	2	关闭
34	广州市荔江水泥厂	机立窑	2	关闭
35	增城市石滩鸿达水泥厂	机立窑	1	关闭
36	增城市石滩开达水泥厂	机立窑	1	关闭
37	增城市石滩横城水泥厂	机立窑	1	关闭
38	增城市派潭镇江北水泥厂	机立窑	2	关闭
39	增城市增港水泥实业有限公司	机立窑	1	关闭
40	增城市万邦有限公司雄业水泥厂	机立窑	1	关闭
41	增城市正果德力高水泥厂	机立窑	1	关闭
42	增城市东兴水泥厂	机立窑	1	关闭
43	增城市仙村镇新星水泥厂	机立窑	1	关闭
44	增城市仙村联宜水泥厂	机立窑	1	关闭
45	增城市沙湾水泥厂	机立窑	1	关闭
46	增城市仙村粤城水泥厂	机立窑	1	关闭
47	增城市海景水泥厂	机立窑	1	关闭
48	增城市新塘三洋水泥厂	机立窑	1	关闭

续表

序号	水泥生产企业名称	落后窑型	生产线(台)	淘汰方式
49	广州市东华水泥有限公司	机立窑	1	关闭
50	增城市石滩麻车水泥厂	机立窑	1	关闭
51	增城市石滩长江水泥厂	机立窑	1	关闭
52	增城市隆基水泥厂	机立窑	1	关闭
53	从化善合水泥厂有限公司	机立窑	2	关闭
54	广州从化市龙角水泥厂	机立窑	1	关闭
55	广州市从化棋杆水泥厂有限公司	机立窑	2	关闭
56	从化市龙潭水泥厂	机立窑	1	关闭
57	从化市旗杆第二水泥厂	机立窑	1	关闭
58	广州市从化粤海水泥厂有限公司	机立窑	1	转粉磨站
59	广州市强盛水泥制造有限公司	机立窑	1	转粉磨站
60	广州市从化鳌头水泥厂	小干法窑、机立窑	4	关闭
61	广州华洋水泥有限公司	机立窑	1	关闭
62	广州石井水泥公司	湿法窑、机立窑	5	转产
63	广州市石井水泥厂	机立窑	5	转产
64	广州白云水泥股份有限公司	机立窑	2	关闭
65	广州市羊城水泥厂	机立窑	3	转产
66	广州市番禺区坚力实业有限责任公司	机立窑	1	转产
67	广州市梅山水泥厂	机立窑	1	转产
68	三水市芦苞水泥厂分厂	机立窑	2	关闭
69	三水市宝马水泥厂	机立窑	2	关闭
70	三水永盛腾马水泥有限公司	中空窑、机立窑	2	关闭
71	广东省三水河口桥牌水泥厂有限公司	机立窑	6	转粉磨站
72	广东省三水市长力水泥二厂	机立窑	2	关闭
73	三水市永盛长力水泥有限公司	机立窑	3	关闭
74	三水市成业水泥厂	机立窑	4	关闭
75	三水市金佰力水泥有限公司	机立窑	2	转产
76	三水市三鹿水泥有限公司	机立窑	4	转产
77	三水市三虎水泥有限公司	机立窑	4	转产
78	广东省三水市南边路路通水泥有限公司	机立窑	5	转产
79	广东省佛山市南海水泥厂	机立窑	7	关闭
80	南海市建材总厂狮山水泥厂	机立窑	1	关闭
81	高明峰江股份有限公司	机立窑	8	关闭
82	三水高力建材企业有限公司	机立窑	6	关闭
83	高明市金协和水泥有限公司	机立窑	2	关闭
84	高明市旋山水泥有限公司	机立窑	3	关闭
85	高明市宝山水泥有限公司	机立窑	3	关闭
86	高明旋江水泥有限公司	机立窑	3	关闭
87	高明红河建材有限公司	机立窑	3	关闭
88	佛山市高明蓬山水泥有限公司	机立窑	3	关闭
89	三水市金三角水泥有限公司	机立窑	3	关闭
90	三水市北江水泥一厂	机立窑	3	关闭
91	清新县回澜熟料厂	机立窑	1	关闭

续表

序号	水泥生产企业名称	落后窑型	生产线(台)	淘汰方式
92	英德第五水泥厂含光分厂	机立窑	2	关闭
93	连州市水泥厂	机立窑	2	关闭
94	连山县太保水泥厂	小立窑	1	关闭
95	清新县白湾水泥熟料厂	机立窑	1	关闭
96	广东南华水泥有限公司	湿法窑	4	拆除生产线
97	清远水泥厂(清远市源潭水泥厂)	机立窑	1	关闭
98	广东省英红华侨水泥厂 (英德市英红昌盛水泥有限公司)	机立窑	1	拆除生产线
99	清远市迳口水泥厂	机立窑	2	关闭
100	英德市东升水泥厂	机立窑	1	关闭
101	广东省曲江县水泥厂	机立窑	1	拆除生产线
102	新丰县粤华万丰水泥有限公司	机立窑	1	关闭
103	紫金县宝山水泥有限责任公司	机立窑	1	关闭
104	东源县石马水泥厂	机立窑	1	关闭
105	梅州市西阳氮肥总厂水泥厂	立窑	1	关闭
106	梅州市华山水泥有限公司	立窑	1	拆除生产线
107	兴宁岗背水泥厂	立窑	1	关闭
108	博罗县隆达水泥有限公司	机立窑	1	关闭
109	惠州市吉利水泥厂	机立窑	1	拆除生产线
110	龙门县平陵水泥一厂(龙门县平陵水泥厂)	机立窑	1	拆除生产线
111	龙门县青溪水泥业有限责任公司	机立窑	3	关闭
112	惠东县富力水泥有限公司 (惠东县水泥一厂)	机立窑	1	拆除生产线
113	博罗县洲际建材有限公司	机立窑	5	拆除生产线
114	四会市迳口水泥厂	机立窑	1	拆除生产线
115	广东亨达利水泥厂有限公司	湿法窑	8	拆除生产线
116	澳峰水泥(罗定)有限公司	湿法窑	1	关闭
117	罗定市屏风山水泥有限公司	机立窑	3	关闭
118	郁南县东坝水泥厂	机立窑	1	关闭
119	广东省郁南县水泥厂(含南江口分厂)	立窑	2	关闭
120	罗定市罗镜水泥厂	立窑	2	关闭
121	罗定市地方国营罗平水泥厂	立窑	1	关闭
122	郁南县宏建西江水泥有限公司	机立窑	2	关闭
123	云浮市云城区高峰顺达水泥厂	立窑	1	关闭
124	云浮市骑源水泥厂有限公司 (云浮市新骑源水泥厂有限公司)	立窑	2	关闭
125	云安县茶洞水泥厂	机立窑	2	关闭
126	云浮市新安塘水泥厂	机立窑	1	关闭
127	廉江市水电水泥厂	机立窑	1	关闭
128	湛江市新运河水泥有限公司	机立窑	3	关闭
129	茂名市茂港区高久水泥有限公司	机立窑	3	转产

续表

序号	水泥生产企业名称	落后窑型	生产线(台)	淘汰方式
130	高州市水泥厂	机立窑	2	关闭
131	茂名市红旗水泥厂	机立窑	1	关闭
132	茂名市名城水泥有限公司(茂名市公馆水泥厂)	机立窑	2	转粉磨站
133	恩平市第三水泥厂一区(恩平市第三水泥厂)	机立窑	1	关闭
134	恩平市源利建材有限公司(恩平市第三水泥厂二区)	机立窑	1	拆除生产线
135	恩平市雄鹰建材有限公司(恩平市前进水泥厂)	机立窑	2	关闭
136	恩平市天王星建材实业有限公司	机立窑	2	关闭
137	恩平市沙湖水泥厂	机立窑	2	拆除生产线
138	恩平市牛江水泥厂	机立窑	1	拆除生产线
139	恩平市田野实业有限公司	机立窑	1	拆除生产线
	广西(共35户)		35	
1	富川水泥厂	φ2.2m	1	关闭
2	贺州市鹅塘羊角山水泥厂	φ2.2m	1	关闭
3	贺州市莲塘达明水泥厂	φ2.2m	1	关闭
4	隆林县水泥厂	机立窑	1	取缔
5	攀宝(永福)水泥厂	机立窑	1	取缔
6	龙胜县水泥厂	机立窑	1	取缔
7	田林县水泥厂	机立窑	1	取缔
8	崇左县化工建材厂	机立窑	1	取缔
9	平果县大路水泥厂	机立窑	1	取缔
10	柳州市政水泥压力管工厂	机立窑	1	取缔
11	广西壮族自治区光明化工厂水泥分厂	机立窑	1	取缔
12	来宾县蒙村合资水泥厂	机立窑	1	取缔
13	横县六景水泥厂	机立窑	1	取缔
14	玉林市第六水泥厂	机立窑	1	取缔
15	容县六美水泥厂	机立窑	1	取缔
16	柳州钢铁厂屯秋铁矿水泥厂	机立窑	1	取缔
17	罗城县水泥厂	机立窑	1	取缔
18	桂林地区全州特种水泥厂	干法中空窑	1	取缔
19	荔浦县水泥厂	机立窑	1	取缔
20	宾阳县黎塘第三水泥厂	机立窑	1	取缔
21	马山县大同水泥厂	机立窑	1	取缔
22	横县横州镇水泥厂	机立窑	1	取缔
23	外贸白圩联营水泥厂	机立窑	1	取缔
24	合浦县白沙水泥厂	机立窑	1	取缔
25	博白县南州水泥厂	机立窑	1	取缔
26	宜州市三岔水泥厂	机立窑	1	取缔
27	罗城仫佬族自治县黄金水泥厂	机立窑	1	取缔

续表

序号	水泥生产企业名称	落后窑型	生产线(台)	淘汰方式
28	灵川县西峰水泥厂	机立窑	1	取缔
29	合浦县南方水泥厂	机立窑	1	取缔
30	合浦公馆水泥厂	机立窑	1	取缔
31	北海市特种水泥厂	干法中空窑	1	取缔
32	玉林市玉石水泥厂	机立窑	1	取缔
33	大厂矿务局铜坑锡矿水泥厂	机立窑	1	取缔
34	上思县水泥老厂	机立窑	1	取缔
35	浦北县金钱山水泥厂	机立窑	1	取缔
	海南(共5户)		6	
1	儋州蓝洋水泥厂	机立窑	1	拆除生产线
2	叉河水泥厂	干法中空窑	1	拆除生产线
3	琼中水泥厂	机立窑(窑径2.2m)	1	关闭
4	昆仑水泥有限公司	机立窑	1	拆除生产线
5	白沙凯达实业公司	机立窑	2	拆除生产线
	重庆(共6户)		10	
1	南川区嘉南公司	湿法窑	1	拆除生产线
2	南川区天马公司	中空窑、机立窑	2	关闭
3	南川区海峰公司	机立窑	3	关闭
4	南川区先峰水泥总厂	机立窑	2	关闭
5	铜梁特种水泥厂	中空窑	1	拆除生产线
6	彭水天栋(马驿水泥厂)	机立窑	1	关闭
	贵州(共9户)		9	
1	仁怀市建台水泥有限公司	机立窑	1	拆除生产线
2	凤冈县贵凤水泥厂	机立窑	1	拆除生产线
3	凤冈县贵凤水泥厂	机立窑	1	拆除生产线
4	遵义县双龙水泥厂	机立窑	1	拆除生产线
5	关岭自治县西南水泥厂	机立窑	1	拆除生产线
6	贵州省瓮安县玉山水泥厂	机立窑	1	拆除生产线
7	贵州省瓮安县玉山水泥厂	机立窑	1	拆除生产线
8	兴义市水泥厂	机立窑	1	拆除生产线
9	贵州荣盛(集团)建材有限公司	机立窑	1	拆除生产线
	云南(共33户)		42	
1	云南国资水泥昆明有限公司	湿法窑	3	拆除生产线
2	昆明骏丰水泥有限公司	湿法窑	1	拆除生产线
3	昆明立宇建材有限责任公司	湿法窑	1	拆除生产线
4	云南三环化工股份有限公司水泥厂	干法中空窑	1	拆除生产线
5	嵩明县嵩阳水泥有限公司	机立窑	2	兑现淘汰
6	永善县溪洛渡水泥制造有限责任公司	机立窑	1	拆除生产线
7	盐津石特建材有限公司	机立窑	1	拆除生产线
8	绥江县烟囱坝浙浦水泥有限责任公司	机立窑	1	拆除生产线

续表

序号	水泥生产企业名称	落后窑型	生产线(台)	淘汰方式
9	巧家县恒达建材有限责任公司	机立窑	1	兑现淘汰
10	云南师宗明丰建材有限责任公司	机立窑	2	兑现淘汰
11	云南省易门县中瑞(集团)建材有限公司	机立窑	2	兑现淘汰
12	保山市西庄建材实业有限责任公司	机立窑	1	转产
13	云南土官水泥厂	机立窑	1	拆除生产线
14	云南省羊街农场水泥厂	机立窑	1	拆除生产线
15	云南国资水泥红河有限公司	湿法窑	2	兑现淘汰
16	云南省富宁县富州水泥厂	机立窑	1	拆除生产线
17	普洱攀龙建材有限责任公司	机立窑	1	拆除生产线
18	景东金泰水泥有限责任公司	机立窑	1	拆除生产线
19	思茅市接力水泥有限责任公司	机立窑	1	拆除生产线
20	澜沧拉祜族自治县万向建材有限责任公司	机立窑	1	拆除生产线
21	祥云县水利水电三台坡水泥厂	机立窑	1	拆除生产线
22	巍山县高炉水泥股份有限责任公司	机立窑	2	拆除生产线
23	祥云县清华洞水泥厂	机立窑	1	拆除生产线
24	大理正华水泥有限公司	机立窑	1	转产
25	宾川县金鑫建材有限责任公司	机立窑	2	兑现淘汰
26	盈江县允罕水泥有限责任公司	机立窑	1	拆除生产线
27	德宏州潞西市陇遮水泥厂	机立窑	1	拆除生产线
28	瑞丽市瑞鑫水泥有限责任公司	机立窑	1	拆除生产线
29	盈江县允罕水泥有限责任公司	机立窑	1	兑现淘汰
30	华坪高源建材有限公司	机立窑	2	拆除生产线
31	怒江傈僳族自治州水泥厂	机立窑	1	拆除生产线
32	云南省沧源县勐省农场水泥厂	机立窑	1	拆除生产线
33	凤庆县习谦水泥有限责任公司	机立窑	1	拆除生产线
	陕西(共29户)		39	
1	户县渭河水泥有限公司	机立窑	1	拆除生产线
2	蓝田小寨福利水泥厂	机立窑	1	拆除生产线
3	户县供销社水泥二厂	机立窑	1	拆除生产线
4	金轩辕水泥厂	湿法窑	1	拆除生产线
5	秦岭水泥	湿法窑	4	拆除生产线
6	礼泉秦岭水泥厂	机立窑	1	拆除生产线
7	礼泉烽火水泥厂	机立窑	1	拆除生产线
8	白水太阳水泥公司	中空窑	1	拆除生产线
9	富平频山	机立窑	1	拆除生产线
10	蒲城前兴	机立窑	1	拆除生产线
11	蒲城亚东	机立窑	1	拆除生产线
12	蒲城森大	机立窑	1	拆除生产线
13	蒲城北关	机立窑	1	拆除生产线
14	蒲城兴翔	机立窑	1	拆除生产线

续表

序号	水泥生产企业名称	落后窑型	生产线(台)	淘汰方式
15	韩城泌源	机立窑	1	拆除生产线
16	蒲城东亚	机立窑	1	拆除生产线
17	蒲城三合	机立窑	1	拆除生产线
18	蒲城渭河	机立窑	2	拆除生产线
19	岐山县关中水泥厂	机立窑	1	拆除生产线
20	扶风县法门寺水泥有限公司	机立窑	2	拆除生产线
21	扶风南阳水泥厂	机立窑	2	拆除生产线
22	扶风县关中水泥有限责任公司	机立窑	3	拆除生产线
23	扶风秦伟水泥厂	机立窑	3	拆除生产线
24	岐山县第二水泥厂	机立窑	1	拆除生产线
25	陕西省汉中公路管理局水泥厂	机立窑	1	拆除生产线
26	西乡鹿龄建材有限公司	机立窑	1	拆除生产线
27	旬阳水泥厂	机立窑	1	拆除生产线
28	旬阳秦汉水泥制造公司	机立窑	1	拆除生产线
29	商州区北流水泥厂	机立窑	1	拆除生产线
	甘肃(共11户)		13	
1	甘肃省榆中县甘草水泥厂新营分厂	φ2.2×8m 机立窑	1	拆除生产线
2	兰州甘草环保建材股份有限公司	φ1.8m 机立窑	1	拆除生产线
3	敦煌市水泥厂	φ2.3×8.5m 干法中空窑	1	拆除生产线
4	永登祁连山水泥有限公司	φ3.5/3.3/3.0×118m 湿法回转窑	3	拆除或转产
5	红古区上海石村水泥厂	φ1.7×7m 机立窑	1	关闭
6	平凉太统水泥有限责任公司	φ3×45m 干法旋窑	1	关闭
7	平凉太统水泥有限责任公司	φ3×11m 机立窑	1	关闭
8	静宁县威戎水泥厂	φ1.7×10m 机立窑	1	关闭
9	高台县兆丰水泥制造有限公司	φ2.5×10m 机立窑	1	关闭
10	景泰金砂水泥厂	φ1.9/1.6×40m 干法中空窑	1	关闭
11	临夏县双城水泥厂	φ2.2×8.5m 机立窑	1	关闭
	青海(共3户)		5	
1	青海湟水水泥有限公司	回转窑	1	关闭
2	青海循化水泥厂	机立窑	3	关闭
3	青海化隆县水泥厂	机立窑	1	关闭
	宁夏(共2户)		5	
1	石嘴山市八号泉水泥有限责任公司	机立窑	2	关闭
2	青铜峡水泥集团公司	机立窑	3	关闭
	新疆(共4户)		9	
1	新疆西域水泥有限责任公司(其中三条线)	机立窑	3	拆除生产线
2	兵团建工师红雁水泥厂	机立窑	1	拆除生产线
3	青松水泥有限责任公司(其中三条线)	机立窑	3	拆除生产线
4	昌吉天龙矿业股份有限公司(其中四条线)	机立窑	2	拆除生产线

地方政策

Local Policy

浙江省

Zhejiang Province

浙江省人民政府关于加快工业转型升级的实施意见★

Implementation opinion of Zhejiang Provincial People's Government about speeding up industrial transformation and upgrading

为认真贯彻落实《中共浙江省委关于深入学习实践科学发展观加快转变经济发展方式推进经济转型升级的决定》(浙委〔2008〕88号),加快本省工业转型升级,提高工业综合实力、国际竞争力和可持续发展能力,特制订如下实施意见:

一、加快工业转型升级的总体要求和主要目标

(一)重要意义

改革开放以来,浙江省实现了从工业小省向工业大省的历史性跨越。工业成为本省具有竞争优势的产业领域、人民群众创业创新的主要阵地、区域经济发展的主要动力。但也必须清醒认识到,由于国内外经济形势发生深刻变化,市场竞争更趋激烈,本省工业正面临着严峻的挑战,长期积累的结构性、素质性矛盾进一步凸现,一些新情况、新问题又亟待解决,原来以低端产业、低附加值产品、低层次技术、低价格竞争为主的发展路子难以为继。加快工业转型升级已刻不容缓,这是有效化解本省工业发展过程中各种困难和挑战的有效手段,是实现工业节约发展、清洁发展、安全发展、可持续发展的治本之策,也是推动本省经济发展方式转变的关键之举。必须看到,经济形势越严峻,工业发展越困难,同时也蕴藏着转型升级的先机,应当化挑战为机遇,化被动为主动,化压力为动力,把工业转型升级这项紧迫、艰巨而又长期的任务,放在经济全球化的大视野中,放在经济发展方式转变的大格局中,放在工业化和信息化融合、制造业和服务业互动的大背景下,深刻认识,科学规划,扎实推进。

(二)总体要求

以邓小平理论和"三个代表"重要思想为指导,全面贯彻落实科学发展观,深入实施"创业富民、创新强省"总战略,认真推进"全面小康六大行动计划",坚持走新型工业化道路,大力推动工业化和信息化融合,以创业创新为动力,科技进步为支撑,结构调整为主线,节能减排为导向,发展培育主导产业,改造提升传统产业,限制淘汰落后产能,加快工业结构优化升级和发展方式转变,把本省建设成为长三角地区全球重要的先进制造业基地,为全省转变经济发展方式、推进经济转型升级做出积极贡献。

(三)主要目标

确保工业平稳较快发展,工业发展方式转变取得明显成效,产业结构调整取得重大进展,为构建具有浙江特色的现代工业体系打下坚实基础,力争工业转型升级走在全国前列,加快实现工业发展动力从资源消耗为主向创新驱动为主转变,产业结构从低附加值的一般加工业为主向高附加值的先进制造业和高新技术产业为主转变,企业经营方式从粗放经营为主向集约经营为主转变,产业组织形态从传统块状经济为主向现代产业集群为主转变。到2012年,科技进步贡献率达55%,规模以上企业研发经费支出占销售收入比例达1.5%左右,新产品产值率达18%以上,高新技术产业、装备制造业增加值占工业增加值比重分别达到26%和32%,大中型企业综合经济指标达到上世纪90年代末国际先进水平,资源利用和节能减排等指标继续保持国内先进水平,现代产业集群产值占工业总产值比重明显提高。

(四)基本原则

——坚持"标本兼治、保稳促调"的方针,既努力化解当前面临的困难和问题,更着力解决长期积累的结构性、素质性矛盾,实现又好又快发展。

——坚持深化体制机制改革,继续扩大工业领域对内对外开放,不断增强工业转型升级的动力和活力。

——坚持把自主创新作为工业转型升级的中心环节,加大高新技术和先进适用技术的研发和应用推广力度,推动产业结构调整和发展方式转变。

——坚持发挥企业的主体作用,通过市场调节、政府引导、行业自律,形成倒逼机制,促进企业主动走转型升级之路。

——坚持增量投入和存量调整并举，既重视增量投入，又重视存量提升，用高水平的增量来激活和带动存量优化调整，增强工业发展后劲。

——坚持发挥政府在工业转型升级中的促进作用，加强规划引导、公共服务和政策扶持，着力营造有利于转型升级的发展环境。

二、加快工业结构优化升级

（五）大力发展装备制造业

认真贯彻落实省委、省政府《关于加快发展装备制造业的若干意见》（浙委〔2007〕76号），围绕替代进口、扩大出口、增强竞争力，抓住国内外市场机遇，提高核电、水电、火电、风电、太阳能发电等电站设备以及轨道交通设备、大型石化装备等重要领域装备的制造水平，积极发展先进纺织、轻工、医药、化工、农业等专业机械以及数控精密机床、节能环保装备。大力发展节能环保型轿车、中高档客车、专用车、特种车等整车及相关产业，做大做强发动机、自动变速箱、制动器总成及系统、离合器、传动系统等关键零部件。

（六）加快发展高新技术产业

按照重点突破、跨越发展、掌握核心技术的原则，加快实施一批高新技术产业项目，培育一批高新技术企业，发展一批高新技术产业群。力争到2012年，形成通信与网络设备、生物与新医药、电子元器件、仪器仪表、新能源、新材料、软件服务等7个重点优势产业，高新技术企业数量增长1倍以上。高水平规划建设国家级高新技术产业开发区和产业基地以及一批省级高新技术产业园和高新技术特色产业基地。

（七）积极发展先进临港工业

依托本省沿海岸线优势，有选择地发展先进临港工业，着力在石化、船舶、钢铁三个产业领域实施一批技术含量高、产业带动强、经济效益好、节能环保的重大项目，培育一批临港工业大型企业和产业基地。力争到2012年，全省先进临港工业增加值占工业比重达10%以上。初步形成与下游化工产业协调发展的临港石化产业体系；建成国内重要并在国际上具有一定影响的船舶制造、修理和配件生产基地；建成布局合理、装备先进、产业链相对完整的钢铁生产基地。

（八）加强传统产业技术改造

围绕传统优势产业的转型升级，继续实施"958"行业龙头企业技术赶超计划、万亿技改促升级计划和企业技术改造"双千工程"，引导和扶持企业加大技术改造力度，加快实施一批投资规模和产业关联度大、技术水平高、市场前景好的重点技术改造项目，实现主要行业的技术装备达到国内领先水平。鼓励企业利用现有厂房、土地或通过淘汰落后生产能力腾出空间开展技术改造。加强技术改造与技术引进、技术创新的结合，引导企业加大引进技术的消化吸收再创新力度，实现省级重点技术改造项目引进技术投入与消化吸收再创新投入的比例达到国内先进水平。

（九）提高工业信息化水平

加强信息技术在工业领域的推广应用，促进企业生产经营各环节中信息技术的渗透融合，发挥信息化对工业发展的倍增作用。着力推进产品研发、设计的信息化，促进工业产品的更新换代，提高附加值和竞争力。推进生产装备与过程的信息化和自动化，提高工艺水平和生产效率。推进企业管理的信息化，促进企业资源优化和管理水平提升。推进产品流通信息化，扩大企业电子商务应用，实施中小企业电子商务推进工程，支持中小企业利用本省重点培育的电子商务公共平台开展内外贸业务。

（十）推动传统块状经济向现代产业集群提升

加大龙头企业培育力度，进一步促进其在块状经济中发挥产品辐射、技术示范、信息扩散和营销网络等方面的核心带动作用。鼓励企业积极向产业链的上下游扩展，支持企业依托原有产业优势发展相关产业，引导企业围绕主导产品开展专业化分工协作，促进块状经济产业链的纵向延伸和横向拓展，提升块状经济的产业分工地位和整体竞争力。完善块状经济生产性服务体系，加快公共服务平台建设，为企业转型升级提供技术支持、检验检测、金融保险、信息咨询、资质认证、物流仓储、人才培训等服务。促进产业和企业向开发区、工业园区和乡镇工业功能区集聚，使各类园区成为产业集群的核心区域。选择一批块状经济比较发达的县（市、区）作为全省培育现代产业集群示范点。

（十一）限制和淘汰落后生产能力

对不符合有关法律法规规定，严重浪费资源、污染环境、不具备安全生产条件的工艺技术、装备及产品等落后生产能力，采取限制和淘汰措施。对可以改造升级的，要求企业在一定期限内通过改造达到有关规定的要求；对难以改造升级的坚决予以限期淘汰，对不按期淘汰落后生产能力的企业，依据有关法律法规责令其停产或予以关闭。

三、促进工业发展方式转变

（十二）加强技术创新

充分利用省内外科技和人才资源，加快建设以企业为主体、市场为导向、产学研结合的区域创新体系。着力提高企业自主创新能力，推动创新资源向企业集聚，依托大企业建设一批国家级和省级企业技术中心、工程研究中心及重点实验室。鼓励企业与高等院校、科研院所联合建设实验室、研发中心、技术联盟等创新组织。积极引进大院名校来本省建设创新载体，充分发挥社会各方力量建设科技基础条件平台、行业创新平台、区域创新平台。引导和支持各类创新主体加强原始创新、集成创新和引进消化吸收再创新，着力开发专利技术，提高发明专利的数量和比重，加强对现有专利技术的利用和产业化，重视对过期专利技术资源的再利用、再开发。进一步创新浙江网上技术市场功能，发挥其在信息发布、产学研对接、成果转让中的积极作用，促进科技成果产业化。发挥政府的牵头协调作用，密切产学研合作,每年组织实施一批共性技术、关键技术、前沿技术的联合攻关专项。加大对专利侵权违法行为的打击力度。

(十三)加强产品创新

引导企业以市场需求为导向,加快研究开发并投产一批有自主知识产权、有自有知名品牌、有较高附加值、有市场竞争力的新产品,尤其是高新技术新产品和重大装备国产化首台(套)产品,促进我省产品由产业链低端向产业链高端提升、由价值链低位向价值链高位提升。重视传统产品的二次创新,引导企业以技术创新为支撑,提高研发设计水平,在技术、工艺、款式、性能、品种、品牌、包装等方面开展差别化竞争,提高非价格竞争力。

(十四)加强品牌创新

深入推进品牌战略,支持企业创建全国乃至国际知名品牌,鼓励有条件的企业依托品牌优势,采取收购、兼并、控股、联合以及委托加工等方式,整合众多无牌加工企业的生产能力。依托块状经济,鼓励行业协会、龙头企业牵头或由中小企业合作,共同打造专业商标品牌基地,推广应用地理标志证明商标、集体商标,开展地理标志产品保护,努力培育知名区域品牌。鼓励有条件的企业购买国外品牌。深入推进质量振兴战略,引导和督促企业加强质量管理,提高产品质量,夯实创建名牌的质量基础。深入推进标准化战略,鼓励并支持企业参与国内外标准制(修)订工作,争取为主承担更多的行业标准、国家标准和国际标准的制(修)订;督促企业严格执行强制性标准,引导企业制定并执行严于推荐性标准的产品标准,积极采用国际标准和国外先进标准。力争到2012年,规模以上工业企业重点产品采用国际标准和国外先进标准的比重提高到95%以上。加强质量、标准、认证等公共平台建设,为企业提高产品质量、争创名牌提供强有力的技术保障。

(十五)加强管理创新

发挥企业家在企业管理创新中的核心作用,引导企业家树立现代管理理念,带领企业构建以创新为核心的企业文化。引导企业建立符合现代企业制度要求、适应本企业实际和发展需要的企业组织形式和法人治理结构。引导企业全面提高战略规划、生产组织、技术开发、财务管理、市场营销、售后服务等基础性管理水平,夯实管理创新基础。引导有制造优势的企业努力向研发设计和品牌营销两端延伸,加快从单纯生产型向"生产+服务"型转变。鼓励支持具有研发、设计和品牌、营销网络优势的企业,从制造主导型向服务主导型转变,带动加工制造企业共同发展。针对不同行业特点和企业规模,开展百家企业现代企业制度建设示范活动,培育一批管理创新示范企业,总结行之有效的管理模式和经验,及时向全省企业推广。

(十六)加强开放创新

进一步加大招商选资力度,重点引进跨国公司、中央企业和兄弟省市大型知名企业,引进高新技术产业、高端制造环节和研究开发基地项目,引进先进技术、先进管理和高层次人才。鼓励本省企业在与跨国公司开展技术、加工配套合作的基础上,提高产业分工地位,向全球产业链高端提升。进一步推动企业"走出去",到境外建立生产基地,设立研发机构,拓展营销网络,开展境外加工贸易和资源开发。深化国际科技合作,加强科技人员和成果交流,积极引进国外创新资源。支持企业抓住"长三角"地区一体化以及西部大开发、东北等老工业基地振兴和中部崛起的良好机遇,加强经济技术合作交流。优化工业品出口结构,扩大高技术、高附加值和自主知识产权产品出口,提高产品的国际竞争力。

(十七)加强人力资源开发创新

结合学习实践科学发展观活动,用两年时间,在全省所有企业中分别由省、市、县(市、区)分级分批开展企业家增强创业创新和现代经营管理能力轮训,提高企业家队伍素质。坚持培养和引进相结合,积极利用国际国内智力资源,加快构建一批以工业创新领军人才为核心的创新团队和一支以高层次企业经营管理人才、中高级专业技术人才为骨干的工业高层次专业人才队伍。深入实施高技能人才培训工程,积极推动校企合作,大力发展职业教育;依托中高职院校、技工学校、大型企业,加快建设一批省级高技能人才实训基地;督促企业加大员工培训的投入,广泛开展各种形式的岗位练兵和职业技能竞赛,抓紧培养一支以中高级技工为骨干的高技能人才队伍。

(十八)加强企业组织结构创新

着力培育一批主业突出、核心竞争力强的大公司大集团,一批专精特新的行业龙头企业,一批拥有自主知识产权和自主品牌的创新型企业,使其成为引领我省工业转型升级的重点骨干企业。鼓励重点骨干企业在国内外开展多种形式的购并或跨区域联合重组,加快做大做强,支持有条件的重点骨干企业向跨国公司发展。推动中小企业向专业化生产、精益化管理、自主化创新、集约化经营、信息化带动、品牌化运作等方向发展,着力抓好千家成长型中小企业、千家科技型中小企业和千家初创型小企业的培育工作,示范带动面上中小企业转型升级。支持中小企业通过行业协会、企业联盟、协作配套等方式开展合作。

(十九)加强节能减排方式创新

深化工业循环经济试点活动,减量、循环、高效利用资源,创建循环型产业集群、工业园区和企业。培育一批清洁生产示范企业,在发电、热力、电镀、医药、化工、造纸、印染、皮革等行业和工业园区内高资源消耗、高污染企业全面推行清洁生产模式,促进企业污染排放从原料投放、生产过程到末端控制的全过程治理。围绕十大重点节能工程,加快重点耗能行业节能技术改造,每年实施一批重大技术推广和示范项目。大力开展节电、节地、节水、节油、节材等资源节约和综合利用活动,深入实施工业污染防治工程。严格禁止投资建设不符合产业政策的高耗能、高污染项目,严格执行高耗能、高污染工艺、设备及生产能力等限期淘汰制度。建立健全节能减排目标责任评价、考核和奖惩制度。对各地和重点耗能企业实行分级分类考核，对超额完成节能考核目标的市，省政府按超额部分的节能量给予一定金额的奖励；对节能考核结果为未完成的市，省政府按未完成的节能量处以相应金额的处罚，省有关部门暂停对该地区新建高耗能项目的核准和审批；对列入省政府考核范围，考核结果为未完成等级的企业，禁止其新上高耗能项目，不得享受次年度政府各项优惠政策的申报资格。

（二十）加强生产性服务业发展创新

鼓励大公司大集团的研究开发、仓储物流、市场营销、后勤保障等非制造环节，在满足本企业生产经营所需的同时，为其他企业提供服务；支持有条件的企业，分离非制造环节单独组建独立法人企业。深化生产和服务企业的专业化分工，支持工业企业将生产辅助服务、售后服务、生活服务等外包给社会专业化服务企业。积极发展主要面向中小企业的科技咨询、管理咨询、商务服务、检测认证、设备租赁、会展服务、品牌策划、人才培训等生产性服务企业。支持金融机构服务创新，形成以信贷支持为主，现金管理、财务规划、咨询顾问、风险管理综合配套的金融服务体系。以各类软件与信息服务业园、科技创业园、动漫和创意产业园、现代物流园和中央商务区为重点，在中心城市大力发展一批生产性服务业集聚区。

四、加快工业转型升级的政策措施

（二十一）做好工业转型升级的统筹规划

按照发展培育一批、改造提升一批、限制淘汰一批的产业结构优化升级要求，排出一批重点行业，逐个制订转型升级的实施方案，明确目标定位、总体布局、发展导向以及相应的配套措施。加强各重点行业转型升级实施方案与国民经济和社会发展规划、土地利用总体规划、城乡规划、主体功能区规划及三大产业带规划等其他规划的衔接。做好各类园区发展规划的研究、修编和实施工作。抓好重大基础设施的规划建设工作，充分考虑工业转型升级和发展的需要，前瞻性规划并建设一批能源、交通、物流、污水处理等重大基础设施。

（二十二）推进重大工业投资项目实施

大力推进千亿产业提升工程，每年编制重大工业项目年度计划，按照综合管理和对口管理相结合的原则，推动企业抓紧实施一批对全省经济发展方式转变和产业结构优化升级有积极促进作用的重大工业项目。建立省政府重大工业项目推进协调机制，不定期组织召开专题协调会，及时研究解决产业规划、空间布局、招商引资、项目前期及建设中的突出问题。项目所在地政府要建立重大工业项目建设责任制，实行政府领导分工负责制，组建相应工作班子，加快项目实施进度。

（二十三）加大对工业转型升级的财政扶持力度

统筹安排省级部门现有工业类、科技类财政性资金，加大整合力度，建立统一的工业转型升级专项资金，在原有资金整合基础上，2009年再增加2亿元，重点用于企业技术改造贴息，以推动企业产品创新、技术创新、管理创新、节约能源资源、减少污染排放和引进培育人才等；省级财政科技投入的增长幅度明显高于经常性财政收入的增长幅度。对欠发达和海岛地区工业转型升级重点项目予以支持。各地要加大对工业转型升级的财政扶持力度。

（二十四）加大对工业转型升级的金融支持力度

优先支持符合转型升级方向的企业在境内外上市，发行债券、短期融资券、中期票据以及上市公司再融资。建立政府与金融机构的沟通协调机制，搭建银企对接合作平台，主动向金融机构推荐符合我省工业转型升级要求的工业项目，促进金融机构加大信贷支持力度。支持金融创新，探索开展出口退税、保单、仓单以及知识产权等质押贷款，规范发展股权质押贷款。省财政每年安排一定的中小企业信用担保和风险补偿专项资金，用于引导和支持中小企业信用担保机构和区域性再担保机构发展。省政府设立创业投资引导资金，用于支持在我省境内从事创业投资的企业以及初创期科技型中小企业。鼓励民间设立创业投资、风险投资机构，开展对高技术创业型企业的投资。鼓励设立产业投资基金，参与对我省鼓励发展产业领域的股权投资。

（二十五）认真落实工业转型升级的税费减免优惠政策

企业自主创新和技术进步方面：认真宣传贯彻并落实企业研究开发费用加计扣除政策。企业为自主创新活动而引进专利技术，其用于研发活动的专利技术摊销费用可纳入研究开发费用范围。企业的固定资产由于技术进步原因，确需加速折旧的，可以缩短折旧年限或者采取加速折旧的方法。从2009年1月1日起，企业（增值税一般纳税人）可抵扣其购进机器设备所含的增值税。引导企业充分用足用好国家鼓励进口设备的减免税政策。

高新技术产业发展方面：对经认定的高新技术企业，减按15%的税率征收企业所得税。创业投资企业采取股权投资方式投资于未上市的中小高新技术企业2年以上的，可以按照其投资额的70%在股权持有满2年的当年抵扣该创业投资企业的应纳税所得额；当年不足抵扣的，可以在以后纳税年度结转抵扣。对新开办的高新技术企业，自设立之日起3年内，报经地税部门批准，可免征水利建设专项资金。

中小企业发展方面：对从事国家非限制和禁止行业，符合条件的小型微利企业，减按20%的税率征收企业所得税。从2009年1月1日起，增值税小规模纳税人的征收率统一下调到3%。对向规模以下小企业特别是初创型小企业出租标准厂房的出租方，按规定纳税确有困难的，可按税收管理权限报税务机关审批后给予减免房产税的照顾。对为中小企业提供公共服务，非营利性的科研、咨询、检测等机构，允许其注册为民办非企业法人单位。

节能减排和安全生产方面：认真落实国家关于企业购

置并实际使用环境保护、节能节水、安全生产设备投资额抵扣应纳所得税额，企业从事环境保护、节能节水项目所得免征、减征企业所得税，以及企业资源综合利用收入减计收入总额等方面的所得税优惠政策，对符合条件的资源综合利用企业以及购置并实际使用环境保护、节能节水和安全生产专用设备的企业，经批准可减征或免征水利建设专项资金。

工业用地节约集约利用方面：鼓励企业“零增地”技改，对企业利用老厂房翻建多层厂房和利用厂内空地建造三层以上厂房，其需缴纳的土地出让金和城镇基础设施建设配套费的地方留成部分，经批准可予减征或免交；建成使用后次月起3年内，按规定纳税确有困难的，可按税收管理权限报经税务机关批准，给予减免房产税照顾。

（二十六）加强工业转型升级的用地保障

支持各地在保护生态的前提下，合理开发利用低丘缓坡和滩涂资源，拓展工业发展的用地空间，努力减少耕地占用，提高产出率。按照工业转型升级的要求，在数量和结构上确保工业用地的科学合理供应，对重点工业项目，各地要在省切块下达的指标中优先安排；对事关全省经济结构调整和产业优化升级全局的省重大工业项目，地方安排用地指标确有困难的，省给予适当支持。各地在新一轮土地利用总体规划修编中，应科学合理规划好各类用地，对开发区、工业园区、乡镇工业功能区内现有土地进行整合，优化配置土地资源，以充分提高土地的节约集约利用水平。

（二十七）营造有利于创业创新的人才环境

省政府每年表彰一批创新型企业和创业创新优秀企业家。对企业引进国内外技术研发前沿的创新团队领军人才，在省级重大科技项目、重大工程项目和重点技术创新项目安排上，给予优先支持。支持各地通过商业保险等途径，为在企业从事技术开发的高层次人才建立补充养老、医疗保险。各地要通过增加财政投入、优化城市教育费附加使用和表彰奖励等，鼓励支持企业培养高技能人才。鼓励事业单位人员自主创业或到企业工作，支持高校毕业生自主创业。各地要进一步加大投入，抓紧建设一批人才公寓。

（二十八）改进政府对企业的服务

加强煤电油运的综合协调，切实保障煤电油的正常供应和重要物资的正常运输，为企业生产经营创造良好条件。加强工业经济运行状况的监测分析，完善产业指导信息发布制度，加大涉企政策宣传力度，引导企业生产经营以及各地工业转型升级。继续转变政府职能，深化行政审批制度改革，依法减少审批事项，简化审批程序，下放审批权限，探索推行行政审批全程代理制度。进一步规范涉企收费和行政执法行为，切实减轻企业负担。推动行业协会规范发展，进一步发挥其在贯彻国家法律法规和政府决策部署、促进行业转型升级、加强行业协调和自律、维护企业合法权益、提供优质便利服务等方面的积极作用。

（二十九）加强对困难行业和企业的指导与帮助

结合学习实践科学发展观活动，全面深化企业服务年活动，组织机关干部下基层、下企业，帮助企业解决生产经营中遇到的实际困难，指导企业转型升级。对困难行业中暂时亏损的企业，可根据法律法规给予一定期限的税款缓缴，对其需缴纳的行政事业性收费各地可酌情给予适当减免。对暂时亏损，但有订单、还款有保证的出口生产企业，金融机构要运用封闭贷款加以支持。各地要加强对企业资金链的监控，建立应急互助基金，视情为因资金周转困难诱发资金链断裂的重点企业提供应急资金，帮助企业解决临时周转和短期保障。积极推动企业兼并重组，对符合规定条件的重组，可暂不确认有关资产的转让所得或损失；认真落实国家出台的财税、金融、贸易、产业、收费等支持企业兼并重组的政策措施。对长期亏损、扭亏无望的企业，各地要帮助企业平稳有序退出。

（三十）加强对各行业转型升级的指导和支持

加强与国家发改委、科技部、工业和信息化部、中国科学院、中国工程院等国家有关部门的协作，建立健全部省指导联系和会商制度，积极争取国家有关部门加大对我省的政策支持力度。根据工业转型升级的需要，组织一批国家级行业协会、中国科学院和中国工程院院士、科研机构、高校以及国外高层次创新人才（包括留学归国人才）组成指导和支撑力量，参与推动我省工业各行业的转型升级。开展科技帮扶促调活动，组织科技人员为企业提供技术培训、专利申报、新产品开发等指导和服务。

（三十一）设立省科技发展战略研究机构和建设省工业科研创新基地

设立省科技发展战略研究机构，加强对国内外科技发展趋势和动态的前瞻性、战略性研究，为全省工业转型升级和产业技术进步提供宏观指导。加快省工业科研创新基地建设，引进国内外高水平工业科研机构，创新管理体制和运行机制，集聚优质科技资源，激活各类创新要素，加强产学研合作，支持科研院所到块状经济集聚区设立创新平台，增强工业自主创新能力，加快科技成果产业化，推动行业转型和产品升级。

（三十二）形成合力推动工业转型升级的工作机制

各地要切实加强对本地区工业转型升级工作的组织领导。省级有关部门要各司其职，各负其责，加强协调，密切配合，形成推动工业转型升级的合力。省政府将工业转型升级目标任务分解到各市及省级有关部门。从2009年起，省政府每年对各市工业转型升级进展情况进行评估，对各市政府和省级有关部门推进工业转型升级的重点工作任务及其成效适时开展督查，评估结果和督查情况及时向全省通报。为加强对全省工业转型升级工作的组织协调，将省先进制造业基地建设工作协调小组更名为省工业转型升级领导小组。各地也要建立健全相应的组织协调机制。

各地和省级有关部门要认真做好本实施意见的贯彻落

实工作。各市、县(市、区)政府要结合本地实际,明确工业转型升级的总体要求和目标任务,制订具体实施办法和政策措施;省级有关部门要结合自身职责,制订相应的具体实施办法和配套措施。

★浙江省人民政府2008年12月19日发布的浙政发【2008】80号文。

山东省

Shandong Province

山东省人民政府办公厅关于印发山东省关停和淘汰落后水泥产能工作实施方案的通知★

Circular of the Office of Shangdong Provincial People's Government about printing and distributing the implementation plan of Shandong Province to shut down and eliminate backward cement capacity

各市人民政府,各县(市、区)人民政府,省政府各部门、各直属机构,各大企业,各高等院校:

《山东省关停和淘汰落后水泥产能工作实施方案》已经省政府同意,现印发给你们,请认真贯彻执行。各市政府要根据该实施方案,尽快制定本地区关停和淘汰落后水泥产能具体实施方案,并报省关停和淘汰落后水泥产能工作领导小组(办公室设在省经贸委)备案。

山东省人民政府办公厅

二〇〇八年二月二十九日

山东省关停和淘汰落后水泥产能工作实施方案

为认真贯彻国务院《关于印发节能减排综合性工作方案的通知》(国发〔2007〕15号)精神,现就全省"十一五"期间水泥工业关停和淘汰落后产能工作制定如下实施方案。

一、指导思想和目标任务

(一)指导思想

认真贯彻落实科学发展观,积极转变发展方式,以国家水泥工业产业发展政策为依据,坚持"上大"与"压小"紧密结合,坚持淘汰落后和调整发展紧密结合,依法淘汰落后水泥产能,节约能源,保护环境,推进水泥工业结构调整和优化升级,改善水泥工业布局,促进水泥工业健康发展。

(二)目标任务

根据国家提出的淘汰落后水泥产能要求,经各有关部门、各市认真摸底、排查,全省"十一五"期间淘汰落后水泥产能任务是:到"十一五"末,全省共淘汰立窑563座,淘汰熟料产能5 344万吨(2007~2010年各市关停和淘汰落后立窑熟料产能工作任务表附后)。

二、工作步骤

关停和淘汰落后水泥产能工作分三个阶段。

(一)摸底调查和部署工作阶段(2007~2008年)

对水泥企业情况进行调查摸底,填报水泥生产企业情况登记表,确定各市"十一五"期间淘汰落后水泥产能计划;召开省关停和淘汰落后水泥产能工作领导小组会议,落实各相关单位职责;省政府与各市政府签定关停和淘汰落后水泥产能责任书。

(二)实施阶段(2007~2010年)

按照山东省2007~2010年关停和淘汰落后水泥产能计划,省经贸委负责制定各年度工作计划和要求;有关市政府积极落实各项措施,抓好各年度淘汰计划的落实;各有关部门要积极做好相关工作,履行担负的职责,全力推动淘汰水泥产能工作开展。

(三)验收阶段

省关停和淘汰落后水泥产能工作领导小组办公室负责组织有关市和部门按年度对关停和淘汰企业进行验收。

三、制定和完善有关政策措施

根据《水泥工业产业发展政策》(国家发改委第50号令)、《国家发改委办公厅关于请报送应予淘汰落后产能总量指标和企业生产线名单的通知》(发改办运行〔2007〕1778号)、《山东省节约能源条例》和《山东省人民政府办公厅转发省经贸委关于加快淘汰落后产品生产能力促进工业结构优化升级的意见的通知》(鲁政办发〔2006〕96号)的规定和要求,制定和完善以下政策措施。

(一)结合山东省水泥工业发展实际情况,确定和公布水泥机立窑列入淘汰类落后生产工艺装备目录

省节能办负责。

（二）凡没有水泥许可证的企业，一律依法查处并由当地政府予以关停

对列入2007年淘汰名单的立窑生产企业，凡未按规定完成淘汰任务的，不再受理其生产许可证申请；对列入2007年至2010年各年度淘汰名单的企业，根据淘汰时限变更或注销相关企业的生产许可证。省质监局负责。

（三）加大对立窑水泥企业的环保执法力度，对立窑水泥企业开展环保执法大检查

凡粉尘排放不达标的立窑企业，依法给予经济处罚，并限期停产整改，预期达不到整改要求的，依法予以关停拆除。省环保局负责。

（四）根据《国务院办公厅转发国家发展改革委关于完善差别电价政策意见的通知》（国办发〔2006〕77号）要求，对全省立窑生产线加大实施差别电价力度

省物价局、省经贸委、省财政厅、省电力公司负责。

（五）按照"十一五"淘汰落后水泥产能年度计划和名单，已经资源综合利用认定的立窑生产企业在立窑关停前仍可享受资源综合利用企业税收优惠政策，达到关停期限的企业自然取消

暂停立窑水泥企业资源综合利用企业认定，国家有新规定时按新规定执行。省经贸委、省国税局、省地税局负责。

（六）提高建筑工程应用水泥准入标准

禁止立窑水泥进入高速公路、机场、港口、桥梁、涵洞等重点建设工程和建筑物结构工程，禁止商品混凝土搅拌站使用立窑水泥。省建设厅负责。

（七）对关停和淘汰落后水泥产能企业银行贷款和担保情况进行摸底，督促辖区内各银行业金融机构严格执行国家产业和信贷政策，对违反法律、法规和水泥产业政策的企业和项目不得进行授信及发放新的贷款，切实做好已关停和淘汰落后水泥产能企业的银行债权处理与保全工作

山东银监局负责。

（八）凡要改为粉磨站的立窑企业，各市经贸部门和有关企业必须出具关闭拆除立窑生产线的证明，向省关停和淘汰落后水泥产能工作领导小组办公室提出申报，经审查同意后方可实施

省质监局、省建材办、省经贸委负责。

（九）对关停和拆除立窑的企业，由各级政府给予适当补助

省财政厅、省经贸委和有关市、县（市、区）政府负责。

四、加强领导，确保完成各项任务

（一）建立健全工作机制

关停和淘汰落后水泥产能工作，时间紧，任务重，涉及面广，情况复杂，各级政府及有关部门必须高度重视，健全工作机制，抓好落实。省里成立关停和淘汰落后水泥产能工作领导小组（鲁政办字〔2007〕196号文已公布），负责对全省关停和淘汰水泥产能工作的领导。各市也要建立相应的工作机制，确保关停和淘汰落后水泥产能工作顺利开展。

（二）建立和落实工作责任制

按照分级负责的原则，落实关停和淘汰落后水泥产能工作责任制。省政府对全省关停和淘汰落后水泥产能工作进行综合协调和领导。各市政府负责认真落实水泥产能淘汰计划和与省政府签订的责任书，确保完成淘汰和拆除立窑任务。因工作不力导致关停任务无法按期完成或因关停不当影响社会稳定的，要追究有关责任人的责任。

省政府有关部门要各负其责，形成合力，省经贸、发改、建设、财政、劳动保障、地税、国税、环保、质监、物价、银监、电力、建材等部门要加强协调，密切配合，按照职责分工，尽快研究制订相关配套措施，确保做到责任到位、措施到位、落实到位。

（三）坚持"上大"与"压小"紧密结合

新型干法水泥熟料生产线及其配套粉磨站应在现有水泥企业基础上建设，严格按照等量或超量淘汰的原则，由项目建设地所在市、县（市、区）政府和承建企业出具等量或超量淘汰立窑水泥生产能力的承诺，向省关停和淘汰落后水泥产能工作领导小组办公室申报需要相应淘汰的立窑水泥生产能力。对达到淘汰落后立窑水泥产能要求的，需建设新型干法水泥项目的，可上报省，经审查合格的，由省固定资产联席会议审批或核准。对达不到淘汰落后立窑水泥产能要求的，坚决不予核准。鼓励本地区淘汰落后水泥生产能力不足的市从其他地区购并拆除立窑水泥生产能力指标。支持大型企业集团兼并重组立窑水泥企业，购买拆除立窑水泥生产能力指标，发展新型干法水泥和其他建材企业。

（四）积极优化水泥工业结构和布局

省经贸委承担推进淘汰落后水泥产能工作，同时负责审查淘汰落后、技术改造新上的新型干法水泥项目。从国家水泥产业政策、行业准入条件、全省发展布局、等量淘汰落后产能等方面，对项目进行认真审查，报经省固定资产联席会议研究同意后予以核准。凡是不符合全省水泥发展布局、未经省固定资产联席会议研究同意并未经省投资主管部门核准的水泥熟料生产线项目，环保、国土、工商、电力、质监等部门均不得办理有关手续。未经核准擅自建设的项目，由省固定资产投资联席会议研究，责令其拆除。

根据全省现有水泥企业分布情况，综合考虑资源、环境、能源、交通等条件，省政府将分期分批公布新型干法水泥生产线布局重点企业。

（五）扎实做好企业和社会稳定工作

有关市政府、省政府有关部门要大力宣传调整水泥工业结构的总体规划、法律法规和政策措施，营造关停淘汰落后产能工作的良好社会氛围，推动企业积极履行社会责任，自觉做好关停和淘汰落后水泥产能工作。各级、各有关部门要指导和帮助被关停和淘汰的企业做好职工安置工作。淘汰落后水泥生产能力涉及的企业，必须制定职工分流安置方案，经职工代表大会通过，并经同级劳动保障部门审核后组织实施。

附件1：

2007～2010年各市关停和淘汰落后立窑熟料产能工作任务表

市	2006年产能		2006年产量		全部立窑	“十一五”淘汰总量				2006年实际淘汰量				2007年淘汰量						2008年淘汰量		2009年淘汰量		2010年淘汰量	
	熟料（万吨）	水泥（万吨）	熟料（万吨）	水泥（万吨）	线（条）	条	%	能力（万吨）	%	条	已拆除（条）	能力（万吨）	已拆除（万吨）	条	已拆除（条）	拟拆除（条）	能力（万吨）	已拆除（万吨）	拟拆除（万吨）	条	能力（万吨）	条	能力（万吨）	条	能力（万吨）
全省	8 313	10 651	6 957	9154	864	563	65.16%	5344	64.28%	38	28	302	234	148	12	80	1 308	111	721	120	1185	119	1125	138	1 424
济南	262.00	306.00	193.72	231.41	26	16	61.54%	160.00	61.07 %					3		3	25.00		25.00	4	48.00	4	40.00	5	47.00
青岛	122.4	140.00	84.90	141.34	14	9	64.29%	77.40	63.24%					4			37.80			3	22.00	2	17.60		
淄博	1 025.4	1 440.00	952.58	1 271.31	98	70	71.43%	737.40	71.91%					22			198.20			19	236.20	17	137.00	12	136.00
枣庄	2 505.40	2 900.00	2 056.03	2 463.69	267	163	61.05%	1 507.60	60.17%	14	13	125.20	116.26	34	5	29	321.00	47.21	273.79	40	366.60	40	367.80	35	327.00
东营	46.00	290.00	44.44	82.50	5	5	100.00%	46.00	100.00%					1			8.00					1	8.00	3	30.00
烟台	885.60	1 094.80	657.48	825.64	103	67	65.05%	579.60	65.45%	4	4	35.20	35.20	22		9	167.10		68.36	16	148.90	13	103.00	12	125.40
潍坊	378.00	300.00	180.00	345.00	42	27	64.29%	253.00	66.91%					18	6	12	168.00	56.00	112.00	1	12.00	4	38.00	4	35.00
济宁	371.90	500.60	233.54	354.92	42	27	64.29%	232.30	62.46%	5	3	37.30	22.38	12		7	107.00		62.42	5	39.00	2	19.00	3	30.00
泰安	583.80	843.00	494.20	688.10	58	37	63.29%	357.80	61.29%					8		8	73.80		73.80	11	106.80	12	118.40	6	58.80
威海	136.30	190.60	124.30	190.60	15	12	80.00%	106.60	78.21%					2			14.00			2	19.00	2	15.30	6	58.30
日照	442.00	550.00	490.40	602.60	42	25	59.52%	269.00	60.86%					2		2	20.00		20.00	7	71.00	7	78.00	9	100.00%
莱芜	178.80	236.00	144.40	190.00	15	10	66.67%	108.60	60.74%					4		4	33.80		33.80	3	42.00	2	23.00	1	9.80
临沂	1 063.20	1 405.80	1 010.58	1 350.40	108	72	66.67%	652.60	61.38%	11	5	66.50	30.23	13	1	4	105.00	8.08	32.31	7	53.00	9	93.00	32	335.10
德州	132.10	200.00	134.98	191.03	14	9	64.29%	85.70	64.88%	1		8.00		2		1	18.80		9.40	1	10.80	2	17.20	3	30.90
聊城	80.00	104.00	81.00	108.00	5	5	100.00%	80.00	100.00%															5	80.00
滨州	60.20	70.00	53.60	51.70	6	5	83.33%	50.20	83.39%	3	3	30.00	30.00											2	20.20
菏泽	40.00	80.00	39.00	66.00	4	4	100.00%	40.00	100.00%					1		1	10.00		10.00	1	10.00	2	20.00		

★山东省人民政府办公厅2月29日发布的**鲁政办发【2008】8号**文。

河南省

Henan Province

河南省发展散装水泥管理规定★

The administration stipulation of Henan Province to develop bulk cement

《河南省发展散装水泥管理规定》已经2008年11月21日省政府第25次常务会议通过,现予公布,自2009年1月1日起施行。

代省长:郭庚茂

二〇〇八年十二月二日

河南省发展散装水泥管理规定

第一条 为发展散装水泥,节约资源,保护环境,根据《中华人民共和国清洁生产促进法》及有关法律、法规的规定,结合本省实际,制定本规定。

第二条 在本省行政区域内从事水泥生产、经营、运输、使用、管理及其他相关活动,适用本规定。

第三条 县级以上人民政府应当将发展散装水泥的有关工作作为节能减排工作的重要任务之一,制定工作措施,促进散装水泥的发展。

第四条 省商务行政主管部门负责全省散装水泥的监督管理工作。

省辖市、县(市)人民政府确定的散装水泥工作行政主管部门负责本行政区域内散装水泥的监督管理工作。

各级散装水泥管理机构具体负责本行政区域内散装水泥的管理工作,并接受上一级散装水泥管理机构的业务指导。

县级以上人民政府财政、建设、交通、质量技术监督和环境保护等行政主管部门按照各自的职责,负责本行政区域内散装水泥的有关工作。

第五条 各级散装水泥管理机构行使下列职责:

(一)组织实施发展散装水泥的法律、法规、规章和政策;

(二)根据政府工作目标编制本地发展散装水泥规划和年度计划,并组织实施;

(三)按规定征收、管理、使用散装水泥专项资金;

(四)负责散装水泥工作的信息交流、宣传教育、专业培训和新技术、新工艺、新设备的推广应用;

(五)会同有关部门做好预拌混凝土、预拌砂浆的推广应用;

(六)协调解决发展散装水泥工作中出现的问题。

第六条 对在发展散装水泥工作中做出显著成绩的单位和个人,由县级以上人民政府或者有关部门给予奖励。

第七条 新建、扩建和改建水泥生产项目,应当按照国家规定的散装水泥发放能力的要求进行设计和建设。

现有水泥生产企业(包括水泥粉磨站,下同)必须配置散装水泥发放设施设备,提高散装水泥发放能力,达到国家节能减排环保标准。

第八条 预拌混凝土、预拌砂浆生产企业必须全部使用散装水泥。水泥制品生产企业(包括使用水泥的新型墙体材料生产企业,下同)使用散装水泥,必须占水泥使用量的70%以上。

新建预拌混凝土、预拌砂浆生产项目应当符合散装水泥发展规划,并报当地散装水泥管理机构备案。

第九条 水泥使用量在500吨以上的建设工程必须使用散装水泥,散装水泥专用车辆无法到达施工现场或者需要使用特种水泥的建设工程可以使用袋装水泥。

鼓励水泥使用量在500吨以下的建设工程使用散装水泥。

第十条 鼓励建设工程使用预拌混凝土和预拌砂浆。

城市人民政府应当根据国家和本省要求具体规定禁止在城市市区现场搅拌混凝土、砂浆的期限。

第十一条 散装水泥、预拌混凝土、预拌砂浆、水泥制品生产企业应当建立健全产品质量控制体系,执行国家标准化管理、计量管理、工序控制、质量检测等规定,确保产品质量。

第十二条 从事散装水泥、预拌混凝土、预拌砂浆、水泥制品生产、经营、运输、使用的单位和个人应当采取措施,确保装卸、运输、储备、使用的设施和场所符合安全和环境保护要求,防止粉尘污染。

第十三条 各级人民政府应当做好农村散装水泥推广应用工作,加大投入,建立农村散装水泥配送和服务管理体系,鼓励使用散装水泥、预拌混凝土和预拌砂浆,提高农村散装水泥使用率。

第十四条 从事水泥生产、经营、运输、使用及其他相关活动的单位和个人,应当依法向散装水泥管理机构报送统计报表。

第十五条 公安、交通管理部门应当对运送散装水泥、预拌混凝土、预拌砂浆的专用车辆提供通行方便。

运送散装水泥、预拌混凝土、预拌砂浆的专用车辆应当到当地散装水泥管理机构备案；需要进入城市市区禁行、禁停路段的，由当地散装水泥管理机构统一到公安、交通管理部门办理通行手续，有关部门应当及时办理。

第十六条 铁路运输部门和省散装水泥管理机构应当加强协调配合，做好散装水泥运输车辆的调度和管理工作，保证水泥产销企业发运散装水泥。

第十七条 生产袋装水泥的企业和使用袋装水泥的单位，应当按照国家和本省有关规定缴纳散装水泥专项资金。

散装水泥专项资金的征收、使用和管理，按照国家和本省的规定执行。

散装水泥专项资金属于政府性基金，专门用于发展散装水泥，专款专用，余额结转下年度继续使用，各级政府及相关部门不得擅自减免、截留、挤占、挪用。散装水泥管理机构的管理经费纳入同级财政预算。

第十八条 水泥生产企业未报、拒报统计报表的，其应缴纳的散装水泥专项资金按照该企业上年度月平均水泥生产量计算。

建设工程未提供水泥使用量资料的，其应缴纳的散装水泥专项资金按照建设工程预算水泥总量计算。

第十九条 各级散装水泥管理机构应当加强对散装水泥推广应用情况的监督检查，及时查处违法行为。

第二十条 违反本规定第十条的规定，擅自现场搅拌混凝土、砂浆的，由建设行政主管部门责令限期改正，并处以每立方米混凝土100元、每吨砂浆200元的罚款，但罚款总额不超过30 000元。建设行政主管部门可以委托当地散装水泥管理机构进行处罚。

违反本规定第八条第一款的规定，散装水泥使用量达不到70%的水泥制品生产企业，由散装水泥行政主管部门委托散装水泥管理机构责令限期改正，并处以每立方米混凝土100元、每吨砂浆200元或者每吨袋装水泥300元的罚款，但罚款总额不超过30 000元。

不使用或者不完全使用散装水泥的预拌混凝土、预拌砂浆生产企业，由有关部门依照国家有关规定处罚。

第二十一条 未按规定缴纳散装水泥专项资金的企业和单位，由同级散装水泥管理机构责令限期缴纳，并自滞纳之日起，按日加收应缴未缴散装水泥专项资金0.5‰的滞纳金；逾期未缴纳的，由散装水泥行政主管部门委托散装水泥管理机构处以欠缴散装水泥专项资金一倍的罚款，但罚款总额不超过30 000元。

擅自改变散装水泥专项资金征收对象、征收范围和征收标准，或者不按本规定管理和使用散装水泥专项资金的，由上级财政部门或者上级散装水泥行政主管部门责令其限期改正，由有关部门对直接负责的主管人员和其他直接责任人员依法给予行政处分；构成犯罪的，依法追究刑事责任。

第二十二条 本规定自2009年1月1日起施行。1996年2月26日省人民政府公布的《河南省发展散装水泥管理规定》同时废止。

★河南省人民政府2008年12月2日发布的第121号令。

广东省

Guangdong Province

印发广东省淘汰落后水泥生产能力实施方案的通知★

Circular of printing and distributing the implementation plan of Guangdong Province to eliminate backward cement production capacity

为进一步贯彻落实《国务院关于印发节能减排综合性工作方案的通知》（国发〔2007〕15号）和《国家发展改革委办公厅关于做好淘汰落后水泥生产能力有关工作的通知》（发改办工业〔2007〕447号）精神，确保完成国家下达广东省“十一五”期间淘汰落后水泥生产能力工作任务，结合广东省实际，制订本方案。

一、工作目标和原则

（一）工作目标

加快水泥工业结构调整，确保完成国家下达广东省“十一五”期间淘汰落后水泥生产能力任务，努力实现全省新型干法水泥比重达到全国平均水平。

（二）工作原则

1. 政府负责，部门配合。由相关企业所在地政府牵头负责，各有关部门密切配合，形成工作合力，共同推进淘汰落后水泥生产能力工作。

2. 整体实施，稳步推进。按照国家相关法律、法规及《水泥工业产业发展政策》（国家发展改革委令第50号）等规定，淘汰落后水泥生产能力。同时，依法依规妥善处理淘汰退出企业的职工安置、社会保险等问题，维护社会和谐稳定。

3.加强监管,依法淘汰。综合运用经济、法律和必要的行政手段,严格执行环保、质量监督、电价、税收、信贷等政策措施,依法促使落后水泥生产能力退出市场。

二、工作任务

(一)淘汰范围

1.坚决取缔无生产许可证企业,淘汰土(蛋)窑、普通立窑生产企业。

2.国务院办公厅转发国家经贸委《关于清理整顿小玻璃厂小水泥厂意见的通知》(国办发〔1999〕49号)下发后列入关闭淘汰范围而近年来又重新投入生产的水泥生产企业(生产线)。

3.《工商投资领域制止重复建设目录(第一批)》(原国家经贸委令第14号)施行后未经有关部门批准新建的机立窑。

4.国务院办公厅转发发展改革委等部门《关于制止钢铁、电解铝、水泥行业盲目投资若干意见的通知》(国办发〔2003〕103号)印发后,未经有关部门批准擅自对机立窑扩径改造的水泥生产线。

5.按照《产业结构调整指导目录(2005年本)》(国家发展改革委令第40号)规定,窑径2.2米以下机立窑、窑径2.5米以下水泥干法中空窑(生产特种水泥除外)和直径1.83米以下水泥粉磨设备。

6.按照国家发展改革委令第50号文规定,2008年底前淘汰各种规格的干法中空窑、湿法窑等落后工艺技术装备,进一步削减机立窑生产能力,有条件的地区要淘汰全部机立窑,并依法关停并转规模小于20万吨、环保或水泥质量不达标的企业。结合广东省实际,珠江三角洲地区及其他有条件的地方在2010年前淘汰全部机立窑等落后水泥生产能力。

7.逐步兑现各地在申报水泥投资项目核准时签订的限期等量淘汰落后水泥生产能力承诺书,地处城镇规划区、风景名胜区、水源保护区等环境敏感地区内的水泥生产企业要加快淘汰。

(二)淘汰计划和进度

根据国家下达广东省"十一五"期间淘汰落后水泥生产能力3 200万吨的任务,结合广东省新型干法水泥比重的实际,"十一五"期间广东省计划淘汰落后水泥生产能力3 804万吨(详见附表)。

各地要根据上述淘汰范围和本地区淘汰计划指标,确定具体淘汰关停的水泥生产企业(生产线)名单,并明确企业关闭或生产线拆除的时间。各地可根据本地实际,加快淘汰落后水泥生产能力,增加淘汰落后生产能力总量。

三、工作措施

(一)严格执行差别电价政策

对列入淘汰名单的企业(生产线),各地出台的优惠电价措施(包括小水电)一律停止执行,并在取消峰谷电价的基础上加价0.2元/千瓦时。各级价格、经贸、电监部门及电网企业要加强监督,确保差别电价政策落实到位。对列入淘汰名单、到期拒不关停的企业(生产线),电力供应企业要依法停止供电。

(二)严格执行环保政策

严格执行国家环保标准,加大执法力度,对列入淘汰名单的企业(生产线)要按时依法吊(注)销排污许可证;同时,要加大检查力度,对环保不达标的企业要责令停业整改,拒不整改或经整改仍不达标的,要依法予以关闭。

(三)严格新上项目核准程序

省投资主管部门在核准新(扩)建水泥项目时,要支持发展大型新型干法水泥项目,严禁新建、扩建和改建立窑等生产工艺落后的项目;要坚持上大压小、等量或超量淘汰落后生产能力的原则,对达不到淘汰落后生产能力目标的地区,一律不予核准新(扩)建水泥项目。相关项目已获核准的,当地政府要加快兑现淘汰落后水泥生产能力的承诺。

(四)加强质量监督

要严格按照淘汰落后水泥生产能力计划,按时依法吊(注)销关停企业(生产线)的生产许可证;加大对水泥生产企业的抽查力度,对生产质量不达标的要责令停业整改,整改不达标的要依法关闭;坚决取缔无证生产的企业。要加大对建筑施工现场使用水泥的监督力度,禁止重点建设工程和建筑物结构工程使用立窑水泥。

(五)强化税收监管和信贷管理

按照国家规定取消对属于落后水泥生产能力的企业所有税收优惠政策,加大税收监管力度,规范税收征管办法。金融机构对列入淘汰名单的企业不得新增贷款,并收回已投放的贷款。

(六)建立落后水泥生产能力退出激励机制

一是设立淘汰落后水泥生产能力退出补贴资金,确保该项工作稳妥推进。二是对因淘汰落后水泥生产能力转产的项目,要优先予以核准或审批,并在省级财政有关专项资金中予以适当倾斜扶持。三是对淘汰落后水泥生产能力需分流安置的职工,按照省的有关规定落实相应的再就业扶持政策。

四、工作分工

各地、各有关部门和单位要各司其职,密切合作,积极推进全省淘汰落后水泥生产能力工作。各有关部门和单位主要职责分工如下:

宣传部门:指导协调淘汰落后水泥生产能力的舆论引导工作。

发展改革部门:严格按照国家和省的产业政策,对全省水泥基本建设投资项目进行核准,提供全省水泥建设项目核准清单和批准文件(包括项目等量淘汰承诺书),督促各地政府兑现新建水泥项目时"上大压小、等量淘汰"的承诺,加强对已核准、审批项目的监督。

经贸部门:牵头组织全省"十一五"期间淘汰落后水泥生产能力工作,统筹协调制订各项配套措施,制订《广东省水泥工业发展专项规划》,汇总提出年度淘汰落后水泥生产能力计划建议;草拟省政府与各地级以上市政府签订的淘汰落后水泥生产能力责任书;牵头组织开展全省淘汰落后水泥生产能力工作的督查。严格按照国家和省的产业政策对水泥技术改造项目进行审核,并在企业申报水泥产品生产许可证时对其进行产业政策核查。

监察部门:对有关职能部门和各地执行淘汰落后水泥生产能力实施方案工作进行监督,对行政不作为或执行不力的,按照有关规定追究相关单位及负责人的责任。

财政部门:落实淘汰落后水泥生产能力相关补贴资金。

劳动保障部门:指导淘汰落后水泥生产能力涉及的人员安置、经济补偿、社会保险、退休人员社会化管理等工作。

国土资源部门:负责淘汰落后水泥生产能力所涉及的土地使用权转让和用途变更等工作,查处违规使用土地行为;做好石灰石矿山专项整治工作,坚决取缔无证开采的矿山企业,关停不规范开采的小矿山。

建设部门:加大对建筑施工现场水泥准入的监督力度,禁止立窑水泥进入高速公路、机场、港口、桥梁、涵洞、大中型水坝、隧道、水闸等重点工程和建筑物结构工程,禁止商品混凝土搅拌站使用立窑水泥。

税务部门:加强对水泥生产企业的税务监管。

环保部门:严格执行国家环保法律、法规和标准,加大执法力度。加强对推进水泥生产企业安装废气排放连续自动监测装置工作的指导和监督。依法查处排放不达标的企业;按时依法吊(注)销列入淘汰名单企业(生产线)的排污许可证。严格按照国家和省有关产业政策进行水泥生产项目环评审批和竣工环保验收;对未能兑现淘汰落后水泥生产能力承诺地区的相关项目不予项目竣工环保验收。

物价部门:督促落实落后水泥生产能力企业用电差别电价政策;会同经贸部门把立窑、湿法窑等落后水泥生产能力的企业按限制类、淘汰类列入实行差别电价的名单。

工商部门:对不符合企业设立前置条件的水泥生产企业,不予办理工商登记;对列入淘汰名单的企业,依法吊(注)销营业执照或取消相关经营范围。

质监部门:严格把好水泥市场准入关,依法取缔无证生产水泥的企业。对不符合产业政策和水泥产品生产许可证实施细则要求的企业、列入淘汰名单的企业、违规新增立窑未拆除的企业,一律不予受理换(发)生产许可证申请。对新建和技术改造水泥项目,必须经当地地级以上市政府确认已兑现等量淘汰落后水泥生产能力的承诺后,方可受理企业水泥生产许可证的申请。

信访部门:处理与淘汰落后水泥生产能力有关的上访事件。

电监部门:督促检查差别电价政策落实情况及对列入淘汰名单企业依法停止供电情况。

电网企业:按照省政府有关规定执行差别电价政策,对列入淘汰名单企业依法实施停止供电措施。

广东银监局、人行广州分行:监督对落后水泥生产能力企业的融资控制政策落实情况,做好贷款收回监管工作。

省水泥协会:提供全省现有水泥生产企业情况、有关信息及技术咨询。

五、工作要求

(一)加强组织领导,明确责任任务

为切实加强对广东省淘汰落后水泥生产能力工作的领导,省成立淘汰落后水泥生产能力联席会议制度,协调解决全省淘汰落后水泥生产能力工作中遇到的问题,确保工作顺利开展。各有关地级以上市政府要对本地淘汰落后水泥生产能力工作负总责,认真按照国家和省的统一部署,建立健全工作机制,认真研究制订具体实施方案,按规定向社会公布本地区淘汰落后水泥生产能力企业(生产线)名单及依法对淘汰企业吊(注)销生产许可证和排污许可证的情况,采取有力措施,切实加快推进淘汰落后水泥生产能力工作。

(二)加强检查督促,及时报告进度

各有关地级以上市政府要与省政府签订淘汰落后水泥生产能力责任书,明确淘汰落后水泥生产能力的目标和进度要求,落实工作责任。各有关部门要加强检查督促,对不按规定时间关停的水泥生产企业(生产线),要依法责令关停;对弄虚作假、逃避关停的水泥生产企业,要依法责令关停,并追究相关人员责任。各有关地级以上市政府要在2008年2月底前将淘汰关停的水泥生产企业(生产线)名单、企业关闭或设备拆除时间报省经贸委。在淘汰落后水泥生产能力任务完成前,各有关地级以上市政府要在每年7月15日前将上半年淘汰落后水泥生产能力计划执行情况,每年12月31日前将本年度淘汰落后水泥生产能力情况、下一年度工作计划报省经贸委,由省经贸委汇总上报省政府。

(三)加强舆论引导,做好善后工作

各地、各有关部门要大力宣传淘汰落后水泥生产能力的重要性和紧迫性,宣传国家和省的有关政策,为做好淘汰落后水泥生产能力工作营造良好的社会氛围。要组织、指导本地关停企业切实做好职工安置、债务处理及土地使用权转让或用途变更等工作,做好企业业主和员工的思想工作,及时化解各种社会矛盾,防止出现过激行为和群体性事件,促进社会和谐稳定。

广东省"十一五"期间淘汰落后水泥生产能力计划指标分配表

单位:万吨

序号	地级以上市	设计生产能力	落后生产能力	淘汰计划指标	备　注
1	广州市	1 795	1 277	1 277	属于淘汰范围中明令淘　汰的，必须按期淘汰，不受淘汰指标限制。
2	深圳市	3	0	0	
3	珠海市	30	30	30	
4	佛山市	937	934	934	
5	韶关市	791	653	130	
6	河源市	192	189	40	
7	梅州市	1 792	1 313	260	
8	惠州市	1 004	499	190	
9	东莞市	303	303	303	
10	中山市	29	29	29	
11	江门市	918	912	不下达指标	属于淘汰范围中明令淘　汰的，必须按期淘汰，不受淘汰指标限制。
12	阳江市	169	169	30	
13	湛江市	479	479	不下达指标	
14	茂名市	458	392	不下达指标	
15	肇庆市	741	444	90	
16	清远市	2 498	798	320	
17	州市	30	30	不下达指标	
18	云浮市	1 093	411	171	
	全省合计	13 262	8 862	3 804	

说明：汕头、汕尾、揭阳市目前没有水泥熟料生产企业

★广东省人民政府办公厅2008年1月22日发布的粤府办【2008】5号文。

广东省经贸委关于严格禁止非法配制水泥的通知★

Circular of Guangdong Provincial Economic and Trade Commission to strictly forbid illegal cement making

各地级以上市经贸局(经贸委、贸工局)：

近来，根据有关调查发现，广东省东莞、深圳、广州、惠州、中山等市出现了利用中转的散装水泥非法配制水泥的现象，假冒和劣质水泥产品不断流入市场并呈扩展趋势，严重干扰和破坏了我省淘汰落后水泥产能、推进产业结构优化升级的总体部署和进程，扰乱了正常的市场秩序。各地必须予以高度重视，采取坚决措施严格禁止利用中转散装水泥非法配制水泥。现将有关要求通知如下：

一、各地执法部门、生产管理部门应视散装水泥异地包装为企业生产工序的延续

生产场所要与企业申领的工商营业执照、产品生产许可证生产场所相符，且把异地中转的散装水泥作为半成品进行严格控制，在转为袋装水泥时，必须按有关标准要求进行出厂水泥质量控制和检验，经确认合格后方可通知出厂，生产企业的散装水泥出厂后不能再转为袋装水泥销售。

二、各地要严格控制水泥配制厂的建设

水泥配制厂的建设要合理规划和布局，按建设项目核准程序和要求逐级向省投资主管部门申报核准，取得核准文件后方可开工建设，并按有关要求办理产品生产许可证等证照后才能正式投产。

三、散装水泥生产销售企业要加强水泥出厂管理，采取有效措施，防止散装水泥转为袋装水泥销售

生产企业要建立用户联系卡，每次送(出)货都由放料员、驾驶员、经销商、终端用户等多方签字验收，并让销售方承诺不将散装水泥转为袋装水泥销售，做好散装水泥出厂台帐，完善水泥质量追溯制度。

四、各地要积极指导水泥生产企业建立诚信体系，帮助提高从业人员的素质和道德、法律意识，履行社会责任，树立良好的企业形象

五、各地经贸主管部门要密切关注本地区劣质水泥配制窝点和流向的动态，发现问题要及时向当地有关部门报告，并协助相关部门对利用中转散装水泥非法配制水泥的窝点给予坚决取缔

鼓励社会公众监督举报非法配制水泥行为，提请当地政府对非法配制水泥的窝点在地方主要媒体上公告，让社会公众注意并进行监督，保护企业的利益，维护水泥产品的质量安全。

六、要充分发挥行业协会作用，加强企业自律，协助政府做好行业管理工作

各级主管部门要支持协会建立和完善有关水泥行业信息发布和行业预警制度。

★广东省经济贸易委员会2008年12月8日发布的粤经贸工业【2008】977号文。

海南省

Hainan Province

海南省物价局关于加强对水泥市场价格监管的紧急通知★

Urgent circular of Hainan Provincial Price Bureau about strengthening supervision of cement market price

各市县物价局、洋浦经济发展局：

最近，随着国家扩大内需，增加基础设施建设政策措施的出台，市场对水泥需求预期增加。据监测，近半个月来本省个别水泥经营企业乘机哄抬价格，扰乱市场秩序，对本省经济建设和群众生产生活造成一定的影响。为规范市场价格秩序，保证本省经济建设的健康发展，现就加强水泥市场价格监管有关事项通知如下：

一、严格落实对水泥价格的行政干预措施

根据《国家发展改革委关于对部分重要商品及服务实行临时价格干预措施的实施办法》(第58号令)，从今年1月20日起，本省对水泥价格实行行政干预措施：对本地产水泥出厂价实行最高限价(即：32.5#、42.5#水泥最高批发价分别为每吨390元、410元)，对水泥出厂环节实行提价申报制度(省级)，同时对水泥经销环节实行调价备案制度(市县一级)。目前，本省对水泥价格的行政干预措施仍未解除，各市县物价部门要进一步加强对水泥出厂和零售环节经营行为的监管，规范水泥经营销售行为，保持水泥市场价格的基本稳定。

二、在全省范围内开展水泥市场价格专项检查

各级物价部门要立即组织力量开展水泥市场价格的专项检查，加大市场巡查力度，维护水泥市场价格秩序。对不按规定实行提价申报和调价备案，以及囤积居奇、哄抬价格、串通涨价等违法行为进行严厉查处，对性质恶劣的典型案件给予公开曝光。

三、加强对水泥市场价格的监测预警

各级价格主管部门要加大水泥市场价格监测力度，密切关注水泥价格走势和市场供求状况，重大情况和问题要及时报告。

★海南省发展改革委员会2008年11月3日发布的琼发改价格【2008】1939号文。

重庆市

Chongqing City

重庆市人民政府办公厅转发关于促进水泥工业结构调整的实施意见的通知★

Circular of Chongqing Municipal People's Government Office to forward the implementation opinion about promoting the restructure of cement industry

各区县(自治县)人民政府，市政府有关部门，有关单位：

市经委《关于促进水泥工业结构调整的实施意见》已经市政府同意，现转发给你们，请遵照执行。

二〇〇八年十二月十五日

关于促进水泥工业结构调整的实施意见

水泥是国民经济发展的重要基础性原材料。按照《重庆市水泥工业"十一五"发展规划》和《重庆市第十一个五年节约能源规划》提出的"控制总量,优化结构"的总体要求,根据国家制定的《水泥工业产业发展政策》和《水泥工业发展专项规划》,就重庆市2008～2012年水泥工业结构调整提出如下实施意见。

一、水泥工业结构调整的必要性

"十一五"以来,本市水泥工业结构调整取得了明显成效。一是保持了合理的增长速度。2007年全市水泥产能3 900万吨,年均增长4%,实际产量3 000万吨,年均增长11%,较好地满足了国民经济建设需要。二是新型干法水泥占比快速提高。2007年新型干法水泥产能1 700万吨,占比由2005年的32%提高到44%。三是招商引资成效明显,一批国际国内水泥知名企业纷纷落户重庆。四是淘汰落后产能工作快速推进,两年淘汰了落后产能400万吨。五是节能减排力度加大。2007年水泥综合能耗为每吨125千克标准煤,比2005年下降12%。

本市水泥工业结构仍存在一些问题。一是出现投资过热的苗头。全市核准在建的新型干法水泥产能为3 800万吨左右,但个别区县仍继续将水泥作为重点招商项目,这将导致本市水泥投资过热,出现产能过剩。水泥生产能耗高、污染较重、资源消耗大,过大规模的水泥生产将影响全市节能减排目标的实现。二是布局不合理。一小时经济圈内已建、在建新型干法水泥产能达4 140万吨,渝东南、渝东北两翼仅1 360万吨。三是落后产能比重大。2007年底全市仍有机立窑、湿法窑、中空干法窑等落后产能2 200万吨,占56%,淘汰落后产能的任务很重。四是企业集中度低,全市现有水泥生产企业160户,仅有10户企业产能在100万吨以上,有85户企业产能在20万吨以下。因此,必须加大结构调整力度,适度控制水泥建设规模和合理布局,促进水泥工业健康发展。

二、水泥工业结构调整的指导思想和目标

(一)指导思想

贯彻落实科学发展观,控制水泥总量、优化结构、合理布局,保障本市经济建设需要,防止出现投资过热和产能过剩。坚持通过淘汰落后产能,发展新型干法水泥,促进水泥工业结构调整和节能降耗减排。鼓励企业开展资源节约和综合利用,发展循环经济,保护生态环境。

(二)主要原则

1. 坚持控制总量,合理规划布局。按照既满足本市经济建设的需要,又防止产能过剩的要求,科学合理控制全市水泥产能总量。促进全市水泥工业合理布局,一小时经济圈内的土地和环保压力不断加大,应严格控制产能扩张;渝东南、渝东北产业基础弱,工业发展困难,可支持发展新型干法水泥。

2. 坚持结构调整,淘汰落后产能。在控制总产能的前提下,加大结构调整力度,重点是加快已核准新型干法水泥项目建设进度,加大落后水泥产能淘汰力度。

3. 坚持扶优扶强,培育优势集团。鼓励通过兼并重组,培育优势大集团,实现集约化经营和资源的合理配置,提高水泥企业生产的集中度和竞争能力,提升行业的整体水平。

4. 坚持技术进步,保护生态环境。推广节能粉磨、余热发电、利用水泥窑处理工业废弃物等技术,发展循环经济。依法保护环境和生态,对矿区采后要进行复垦,恢复景观地貌。

(三)调整目标

2008～2012年,累计新增新型干法水泥生产能力4 100万吨,淘汰落后产能1 000万吨以上,全市水泥产能控制在7 000万吨,其中新型干法水泥占85%以上。企业平均生产规模提高到70万吨。采用纯低温余热发电的新型干法水泥生产线达70%,单位水泥综合能耗下降15%,工业废渣(含粉煤灰、高炉矿渣等)年利用量750万吨以上。

三、水泥工业结构调整主要措施

(一)加强在建新型干法水泥项目管理和服务

1. 对符合国家产业政策和本市水泥工业发展规划,建设手续完善,已核准的建设项目,银行根据独立审贷的原则,积极提供信贷支持。各区县(自治县)人民政府和市政府有关部门要加大协调服务力度,推动项目加快建设步伐。项目竣工后,由项目核准部门牵头组织验收,验收合格后,有关部门按照国家有关规定办理水泥生产许可证、排污许可证,并在资源、能源保障等方面予以支持。项目核准部门负责督促区县(自治县)人民政府按承诺关停淘汰落后产能。

2. 对已开工但进展缓慢的项目,要通过引进有资金、技术、管理经验的知名水泥企业进行整合,加快项目建设。已核准项目12个月内未开工建设的,核准文件失效。

(二)严格控制新核准建设水泥项目

1. 优化区域布局。一小时经济圈内,主城9区不再核准新型干法水泥项目,其他14个区县2009年12月31日前暂停核准新型干法水泥项目,以后根据市场需求及全市水泥产能情况确定是否新核准项目;渝东南、渝东北各区县(自治县)要结合本地市场和资源条件,合理布局新型干法水泥。

2. 落实淘汰落后产能。只能以淘汰落后产能的方式发展新型干法水泥,不新铺摊子。各区县(自治县)人民政府要制订切实可行的淘汰落后水泥产能方案,依托本市水泥生产骨干企业或引进国内外知名水泥企业,兼并重组小水泥生产企业,淘汰落后产能。原则上淘汰落后产能规模应占新上项目规模的50%以上,达不到50%的不予核准;对本行政区域或本企业淘汰落后产能达不到50%的,可以通过市场赎买落后水泥产能指标的方式来满足要求,并优先赎买主城区的落

后水泥产能。

3. 严格核准资料要求。项目单位在报送核准申请时,须附可行性研究报告、规划选址意见书、用地预审意见、环境影响评价批复文件、节能评审批复文件、水泥行业管理意见以及35%以上资本金的资信证明、银行贷款承诺、满足项目开采30年以上的石灰石及配料资源保证和开采许可证、淘汰落后水泥产能方案等资料。

(三)加大淘汰落后产能力度

各区县(自治县)人民政府要综合运用法律、市场和行政等措施,多管齐下,加快淘汰落后产能。一是根据《水泥工业产业发展政策》,2008年年底前淘汰各种规格的干法中空窑、湿法窑等落后产能共计165万吨。二是建设新型干法水泥的区县(自治县)和企业,项目竣工后,必须切实履行淘汰落后产能的承诺,区县(自治县)人民政府作为责任单位,确保按承诺的数量、进度淘汰落后产能,预计到2012年淘汰落后产能600万吨。三是结合城市规划调整,到2012年通过土地置换淘汰落后水泥产能50余万吨。四是加强政策引导,并充分发挥市场机制的作用,通过加强对区县(自治县)的节能考评、给予适当补贴、实施差别电价、引导企业调整产品结构等方式,鼓励区县(自治县)和企业主动淘汰落后产能200余万吨。区县(自治县)人民政府可结合实际情况,对淘汰落后水泥产能的企业予以适当补偿。

(四)推动节能降耗减排

1. 新型干法水泥项目,原则应配套建设纯低温余热发电系统,可比水泥综合能耗必须在每吨96千克标准煤以下,污染物排放要符合国家和地方标准及总量控制要求。

2. 严格控制主要污染物排放总量。新上项目的主要污染物排放总量指标原则上在项目所在区县(自治县)内解决,项目核准前必须明确替代削减项目和主要污染物替代削减量。对于通过赎买主城区落后水泥产能的,淘汰产能的主要污染物总量指标按有关要求可调整到项目所在区县(自治县)。

3. 鼓励利用新型干法水泥窑综合处置工业废弃物、污泥和生活垃圾,把水泥工厂作为处理固体废弃物综合利用的企业,对利用固体废弃物达到国家规定标准要求的产品实行增值税即征即退和所得税减计征收的税收优惠政策。

4. 保护生态环境。规范设计,合理开采,有效利用水泥矿产资源。矿山开采必须采取平台式开采,并使用皮带运输,禁止采用对资源破坏大的开采方式。采后矿山必须进行复垦,恢复景观地貌,保护生态环境。

(五)加强行业指导

市经委要加强对水泥行业的管理,加强水泥行业经济运行监测分析,做好市场信息服务,引导企业开展资产重组,加强对水泥生产企业执行产业政策情况的监管工作,促进全市水泥结构调整。市水泥协会要加强行业自律,维护公平、公正的市场竞争。各区县(自治县)人民政府要树立全局观念,密切协调配合,积极有序推动水泥结构调整的各项工作。

★重庆市人民政府办公厅2008年12月18日发布的【2008】353号文。

西安市

Xian City

西安市散装水泥管理条例★

Bulk cement regulation in Xian City

第一条　为加快发展散装水泥,节约资源,保护环境,促进清洁生产,根据《中华人民共和国清洁生产促进法》和有关法律、法规的规定,结合本市实际,制定本条例。

第二条　本条例所称散装水泥,是指不用包装,直接通过专用装备出厂、运输、储存和使用的水泥。

第三条　本市行政区域内散装水泥的生产、经营、运输、使用及监督管理,适用本条例。

第四条　市经济行政管理部门是本市散装水泥的行政主管部门,其所属的散装水泥管理机构具体负责散装水泥管理工作。

西安高新技术产业开发区、西安经济技术开发区、西安曲江新区、西安浐灞生态区、西安阎良国家航空高技术产业基地、西安国家民用航天产业基地的管理委员会受市散装水泥行政管理部门的委托,负责本区域内的散装水泥管理工作。

建设、规划、环境保护、公安、交通、价格、质量技术监督和财政等行政管理部门,按照各自职责,负责散装水泥的有关管理工作。

第五条　市人民政府应当加强对散装水泥推广应用工作的领导,将其纳入国民经济和社会发展计划。

市散装水泥行政主管部门应当依照本市国民经济和社会发展计划,编制本市散装水泥的发展规划,报市人民政府批准后组织实施。

第六条 鼓励发展散装水泥的科学研究和技术创新，大力推广应用散装水泥新技术、新产品、新工艺、新设备。

对推广使用散装水泥工作中做出显著成绩的单位和个人，应当给予表彰、奖励。

第七条 水泥生产企业应当配置散装水泥发放设施和运输设备。其发放散装水泥能力不得低于生产能力的80%。

第八条 新城区、碑林区、莲湖区、未央区、雁塔区、灞桥区、长安区、临潼区、阎良区城市建成区范围内的建设工程和非建成区范围内建筑面积在1 500平方米以上或者水泥使用总量在300吨以上的建设工程，禁止使用袋装水泥。

市辖县禁止使用袋装水泥的区域和建设工程，由县人民政府确定。

第九条 新城区、碑林区、莲湖区、未央区、雁塔区、灞桥区、长安区、临潼区、阎良区城市建成区内的建设工程应当使用预拌混凝土和预拌砂浆，禁止现场搅拌混凝土和砂浆。

第十条 建设工程因特殊需要，预拌混凝土、预拌砂浆生产企业无法生产或者预拌混凝土、预拌砂浆运输车辆无法到达建设工程施工现场的，经散装水泥管理机构批准，可以使用袋装水泥或者现场搅拌。

因抢险、抢修等其他特殊原因确需使用袋装水泥或者在施工现场搅拌的，施工单位应当及时向散装水泥管理机构报告。

第十一条 预拌混凝土和预拌砂浆生产企业、水泥制品生产企业应当全部使用散装水泥。

第十二条 从事散装水泥生产、经营、运输、使用的单位和个人应当采取有效的环保措施，防止粉尘和噪声污染。水泥粉尘和噪声不得超过排放标准。

第十三条 从事水泥生产、经营、运输、使用的单位和个人，应当向散装水泥管理机构报送有关统计报表。

水泥生产企业应当如实填报散装水泥发放量。

第十四条 建设单位应当将使用散装水泥或预拌混凝土、预拌砂浆的费用纳入工程预、决算。

按规定应当使用散装水泥或预拌混凝土、预拌砂浆的建设工程，招标或发包文件应当予以明确。

监理单位应当对施工单位使用散装水泥或预拌混凝土、预拌砂浆的情况进行监督。施工单位未按规定使用散装水泥或预拌混凝土、预拌砂浆的，监理单位应当予以纠正。

第十五条 散装水泥、预拌混凝土、预拌砂浆的运输应当使用专用车辆。

装载散装水泥、预拌混凝土、预拌砂浆的专用车辆需要进入城区禁行、禁停路段的，应当到公安交通管理部门办理通行手续，公安交通管理部门应当按照有关规定及时办理。

装载预拌混凝土、预拌砂浆的专用车辆发生交通违法行为及交通事故时，公安交通管理部门应当及时处理；需扣车处理的，应当先予卸载，待卸载后再行处理。

第十六条 生产、使用水泥的单位和个人，应当按照国家有关规定预缴散装水泥专项资金。

任何单位和个人不得违反国家规定擅自改变散装水泥专项资金征收对象、范围、标准，或者减免、缓征散装水泥专项资金。

第十七条 散装水泥专项资金应当按照国家规定的用途及审批程序专款专用，任何单位和个人不得截留、挪用。

第十八条 散装水泥专项资金征收、使用、返还和管理应当接受同级财政、审计部门和上级散装水泥管理机构的监督检查。

第十九条 违反本条例规定，预拌混凝土和预拌砂浆生产企业、水泥制品生产企业和建设单位未按照规定使用散装水泥的，由散装水泥管理机构责令改正，并处以10 000元以上50 000元以下罚款。

第二十条 违反本条例规定，建设工程现场搅拌混凝土、砂浆的，责令改正，并处以10 000元以上50 000元以下罚款。

现场搅拌混凝土的违法行为由建设行政管理部门处罚；现场搅拌砂浆的违法行为由散装水泥管理机构处罚。

第二十一条 违反本条例规定，水泥生产企业虚报散装水泥发放量的，由散装水泥管理机构按照每吨4元处以罚款。

第二十二条 违反本条例规定，未按照规定缴纳散装水泥专项资金的，由散装水泥管理机构按照财政部、国家经贸委《散装水泥专项资金征收和使用管理办法》责令限期缴纳并加收滞纳金。

第二十三条 违反本条例规定，截留、挪用散装水泥专项资金的，由财政部门依法予以处理；对直接负责的主管人员和其他直接责任人员由其所在单位或者上级主管机关给予行政处分；构成犯罪的，依法追究刑事责任。

第二十四条 依照本条例规定对当事人处30 000元以上罚款的，应当告知当事人有要求举行听证的权利。

第二十五条 当事人对行政处罚决定不服的，可以依法申请行政复议或者提起行政诉讼。

第二十六条 拒绝、阻碍散装水泥行政管理工作人员依法执行公务的，由公安机关依法予以处理；构成犯罪的，依法追究刑事责任。

第二十七条 散装水泥行政主管部门及其管理机构工作人员玩忽职守、滥用职权、徇私舞弊的，依法给予行政处分；构成犯罪的，依法追究刑事责任。

第二十八条 本条例自2009年1月1日起施行。

★2008年8月20日西安市第十四届人民代表大会常务委员会第十一次会议通过，2008年10月9日陕西省第十一届人民代表大会常务委员会第四次会议批准。

甘肃省

Gansu Province

关于32.5级普通水泥产品停止执行增值税优惠政策的通知★

Circular about stopping the implementation of favorable value added tax policy to grade 32.5 Portland cement products

各市、州国家税务局，开发区国家税务局，矿区税务局，省局直属征收分局：

依据国家质量监督检验检疫总局 国家标准化管理委员会于2007年11月9日发布《中华人民共和国国家标准——通用硅酸盐水泥》(GB175－2007)精神，取消普通硅酸盐水泥中32.5级品种，保留矿渣硅酸盐水泥、火山灰硅酸盐水泥、粉煤灰硅酸盐水泥、复合硅酸盐水泥中32.5级品种。此项标准自2008年6月1日起执行。

根据上述规定标准，各地国税机关在审核办理32.5级普通水泥享受资源综合利用产品即征即退政策时，应把握好时间界限问题，即企业6月1日后生产的32.5级普通水泥不得享受此项优惠政策；已认定为资源综合利用产品并经省局批准的企业在6月1日前生产的32.5级普通水泥继续享受优惠政策，但要做好库存产品的盘库清查工作，主管税务机关应于6月10日前现场核实完毕，经税企双方签字盖章认可的库存产品数量留存备查，同时上报市、州国税机关备案；其库存产品在6月1日后销售的，可继续享受此项优惠政策。

对于省局已经批复的《纳税人减免税申请审批表》中32.5级普通水泥享受此项优惠政策自2008年6月1日停止执行。

★甘肃省国家税务局2008年5月15日发布的**甘国税流便发【2008】10**号文。

甘肃省建材工业“十一五”节能减排实施方案（节选水泥部分）★

Energy saving and emission reducing implementation plan of Gansu Provincial building material industry during "Eleventh five－year plan" period (Abstraction of cement part)

受甘肃省政府主管部门委托，甘肃省建材工业协会在甘肃省建材科研设计院配合下编制的《甘肃省建材工业“十一五”节能减排实施方案》，已经甘肃省政府原则同意并以甘政办函〔2008〕61号文件批复，并于2008年6月由甘肃省经委以甘经能〔2008〕236号文件印发。

甘肃省政府办公厅《批复》要求：省经委、省环保局、有关行业协会要根据各自职能分工，切实加强对节能减排工作的指导、支持，督促有关企业及时总结工作情况，不断加大技术改造力度，提高节能减排能力，确保按规划做好节能减排任务。

一、甘肃省建材工业节能减排现状

甘肃省建材工业主要包括水泥、平板玻璃、砖瓦等分行业，这三个分行业规模以上企业的工业增加值和耗能量约占全省建材工业增加值和耗能量的70%。

(一)水泥工业

1. 水泥工业结构组成。

全省共有119家水泥生产企业，其中：重点用能企业39家；年耗能5 000吨以上标准煤的水泥企业有62家；处于停产或半停产状态34家。

39家重点水泥企业用能情况：

2005年，全省39家重点用能水泥企业生产水泥熟料914万吨，年耗能量146万吨标准煤，熟料标准煤耗为159千克/吨，其中：年耗能量5万吨标准煤以上的10家主要耗能企业年生产水泥熟料645万吨，年耗能量99万吨标准煤，分别占39家重点用能企业的70%和68%，熟料标准煤耗为153千克/吨。2006年，全省39家重点用能水泥企业生产水泥熟料989万吨，年耗能量149万吨标准煤，熟料标准煤耗为151千克/吨，较2005年降低5.3%，年节煤约8万吨。其中：年耗能量5万吨标准煤以上的10家主要耗能企业生产水泥熟料676万吨，年耗能量100万吨标准煤，分别占39家重点用能企业的68%和67%，熟料标准煤耗为148千克/吨，较2005年降低3.3%，年节约标准煤3.6万吨。

2005年甘肃省39家重点用能水泥企业生产水泥1 034万吨，年耗电114 608万千瓦时，水泥电耗为111千瓦时/吨。其中：年耗能量5万吨标准煤以上的10家主要耗能水泥企业年生产水泥717万吨，年耗电84 337万千瓦时，分别占39家重点用能企业的69%和74%，水泥电耗为118千瓦时/吨。

2006年甘肃省39家重点用能水泥企业生产水泥1 124万吨,年耗电121 105万千瓦时,水泥电耗为108千瓦时/吨,较2005年降低2.8%,年节电3 513万千瓦时。其中:年耗能量5万吨标准煤以上10家主要耗能水泥企业生产水泥767万吨,年耗电873 417万千瓦时,分别占39家重点用能企业的68%和72%,水泥电耗为114千瓦时/吨,较2005年降低2.6%,年节电2 891万千瓦时。

年耗能量5 000吨以上标准煤的62家水泥企业用能情况:

2005年,全省年耗能量5 000吨以上标准煤的62家水泥企业生产熟料1 018万吨,生产水泥1 172万吨,占全省水泥年产量1 553万吨的75%,年耗能量154万吨标准煤,熟料标准煤耗为151千克/吨,年耗电129 492万千瓦时,水泥综合电耗为111千瓦时/吨。

2006年,全省年耗能量5 000吨以上标准煤的62家水泥企业生产熟料1 090万吨,生产水泥1 323万吨,占全省水泥年产量1 455万吨的91%,年耗能量159万吨标准煤,熟料标准煤耗为146千克/吨,年耗电139 027万千瓦时,水泥综合电耗为105千瓦时/吨。

2. 水泥工业节能减排现状。

(1)大中型水泥企业重视节能减排工作。依靠技术改造和精细化管理,提高了能源利用效率,甘肃省39家重点耗能水泥企业能耗与国际国内水泥比较情况见表1;2005年10家主要耗能企业水泥产品能耗与国际国内水平比较见表2。

表1 2005年39家企业水泥产品能耗与国际国内水平比较

	计量单位	2005年甘肃省平均水平	国内平均	国际先进
吨熟料标煤耗(立窑)	千克标准煤/吨	163	160	-
吨熟料标煤耗(新型干法)	千克标准煤/吨	153	115	97
水泥综合电耗(立窑)	千瓦时/吨	96	90	-
水泥综合电耗(新型干法)	千瓦时/吨	112	115	85

(2)新型干法水泥企业优势显现。应用大型化、节能化和自动化的新型干法水泥技术,努力开发劣质能源、工业废弃物在水泥生产中应用新技术、新工艺和新设备,积极利用各种固体工业废渣,有效消除城市生活和工业垃圾,使水泥生产向节能、利废、环保型方向发展。全省已经建成或拟建新型干法生产线纯低温余热发电项目,充分利用余热资源,节约能源,进一步降低电耗成本。新型干法企业在节能减排工作中有了带动效应。

(3)水泥企业在节能减排技术改造方面加大了投资力度。全省水泥企业发展不均衡,工艺水平参差不齐,技术装备差距较大。年耗能量5万吨以上标准煤的企业与国际国内水平进行比较,对煅烧、粉磨和收尘系统进行了技术改造。

表2 2005年10家主要耗能企业水泥产品能耗与国际国内水平比较

	熟料标煤耗(千克/吨)	水泥综合电耗(千瓦时/吨)	万元产值耗标煤(吨/万元)
国际先进水平	97	85	-
国际一般水平	101	95~100	-
国内先进水平	101	90~95	-
国内一般水平	114~128	110~115	-
永登祁连山水泥有限公司	132	116	7.2
兰州大通河水泥有限公司	168	138	10.9
天水祁连山水泥有限公司	152	120	5.4
金昌水泥集团有限公司	132	92	7.2
甘肃寿鹿山水泥有限责任公司	140	114	6.1
甘肃高崖金城水泥公司	176	121	12.4
张掖市山丹水泥集团公司	136	114	5.9
兰州甘草环保建材公司	134	115	5.5
平凉祁连山水泥有限公司	175	146	8.0
酒钢集团宏达建材公司	146	125	6.2

3. 水泥工业节能减排存在的问题。

(1)结构调整难度大。全省水泥产业长期以立窑、中空窑和湿法窑等落后工艺为主,结构不尽合理。立窑等落后工艺占较大比例,导致水泥工业能耗高、资源消耗大、对环境污染严重。

(2)基础薄弱。全省各市州积极开展节能减排工作,鉴于大多数水泥企业能耗台帐制度建设不健全,能源计量和统计器具配备不齐,因此,对水泥企业耗能量缺乏量化监管,政府部门缺乏权威数据的支持。

(3)投入不足。受经营理念和资金实力的影响,省内部分水泥企业在节能减排技术改造方面投入力度不足,导致节能减排目标实现难度大。

(4)淘汰机制尚未形成。淘汰落后生产工艺,对不符合产业政策的小型水泥企业执行差别电价和实行关停，实现资源消耗和废物排放减量化的机制尚未形成。

（二）玻璃工业（略）

（三）砖瓦工业（略）

二、甘肃省建材工业节能减排总体要求

（一）指导思想

深入贯彻落实科学发展观，以提高能源利用效率为核心，以转变经济发展方式、调整经济结构、加快技术进步为根本，强化全行业的节能意识，建立严格的管理制度，调动企业节能减排的自觉性，加快构建资源节约型和环境友好型的生产方式，促进本省建材工业又好又快地发展。

（二）主要目标

1. 水泥工业。

到"十一五"末，全省水泥工业万元增加值能耗（按2005年价格计算）比2005年降低20%左右，平均年节能4.4%。重点水泥企业主要产品单位能耗总体达到或接近本世纪初国际先进水平。在控制产能总量的前提下，积极发展日产2 000吨熟料及以上新型干法水泥生产线，在有条件的地方鼓励发展日产4 000吨熟料及以上新型干法水泥生产线；逐步淘汰落后水泥生产工艺，到2010年淘汰立窑、湿法窑等落后产能400万吨；鼓励水泥生产企业联合重组，进行技术改造和产业升级，发展日产2 000～4 000吨水泥熟料生产基地。

2. 玻璃工业（略）。

3. 砖瓦工业（略）。

三、甘肃省建材工业节能减排工作思路

（一）落实国家相关政策

要落实国家节能减排工作的差别电价、水泥落后生产能力淘汰、水泥企业换发生产许可证等相关政策。在建材企业中普遍开展清洁生产、能源审计、企业能效水平对标活动。

（二）扶强扶优　提高产业集中度

加强对建材行业的宏观调控，推动企业跨部门、跨区域的重组联合，向集团化方向发展，逐步实现集约化经营和资源的合理配置，加快产业结构调整，积极支持新材料、新工艺、新技术的发展，加速淘汰不符合产业政策的建筑材料生产线，上大压小、等量替换。

（三）加强企业管理和技术改造

建材企业要从粗放式生产管理向精细化转变，积极进行节能减排技术改造，降低煤耗、电耗，减少粉尘、废气、废水和固体废弃物排放。

（四）加强节能环保新技术的研究开发和应用

大力开展建材工业的节能环保新技术的研究，开发和引进各项先进适用的新技术，在水泥生产中采用余热利用、高固气比技术、劣质煤和可燃性废弃物利用以及城市垃圾等应用研究的新成果。

（五）做好原燃料替代工作，综合利用工业固体废渣

逐步减少天然矿物资源和能源的消耗，鼓励水泥和墙体材料工业积极开展各类矿山采矿尾矿和工业可燃废弃物的综合利用。

四、甘肃省建材工业节能减排目标分解与主要措施

（一）水泥工业

1. 目标分解。

全省水泥企业"十一五"时期节能减排任务分省、市州落实。确保"十一五"末实现节能减排目标：

——对不符合国家产业政策的高耗能高污染的小企业和落后生产线应予淘汰，依法关停；

——对10户年耗能量5万吨标准煤以上的重点用能水泥企业吨熟料标准煤耗和水泥综合电耗逐户目标分解（详见附件）；

——对年耗能量5万吨以下的水泥企业要在市州监管部门的督导下进行目标分解落实。

2. 主要措施。

落实国家相关政策，积极开展节能减排活动。鼓励企业间联合重组，向集团化方向发展，推动产业升级和技术改造，根据资源、市场及交通条件，建设日产2 000～4 000吨及以上规模水泥熟料生产线，形成区域性熟料生产基地，等量淘汰落后和小型熟料生产工艺，围绕熟料生产基地改造原有落后水泥生产工艺为水泥粉磨站，以提高社会能源和资源利用率。针对新型干法、立窑和其他窑型水泥企业不同情况，主要从以下几个方面制定切实可行的节能减排措施：

——新型干法水泥企业：鼓励企业配套纯低温余热发电系统；应用大型高压变频器；凡是需要加补偿的用电设备，安装高、低压补偿装置；增设辊压机等预破系统；对烧成系统进行隔热保温等系列改造，加大固体工业废渣的利用量和城市垃圾处理能力；大力发展散装水泥；加强能源精细化管理，实行能源管理合同制。

——立窑和其他窑型水泥企业：淘汰高耗能破碎和粉磨设备，采用新型粉磨设备及技术；通过改造降低入磨物料粒度和水分，提高磨机产量；改造窑体保温和卸料系统；回转窑冷却水循环利用；将压缩空气物料输送系统改为空气输送斜槽物料输送系统，降低过程耗能；积极综合利用固体工业废渣，降低生产能耗；使用新型助磨剂；换用节能型变压器和节能型电机，合理调整配电线路的导线截面；应用变频和用电补偿设备；对扬尘点加装收尘设备和技术改造，减少无组织排放；大力发展散装水泥；加强能源精细化管理。

3. 淘汰落后工艺。

根据有关政策，关闭淘汰企业（生产线）的具体标准是：

——坚决取缔无生产许可证企业和工艺极其落后的土蛋窑、普立窑生产企业。

——国办发〔1999〕49号文关于淘汰小水泥通知下发后已列入关闭，而近年来又死灰复燃的企业和生产线。

——原国家经贸委第14号令《淘汰落后生产能力、工艺和产品目录（第二批）》发布后，1999年9月1日以后未经有

关部门批准新建的机立窑。

——国办发〔2003〕103号文关于防止水泥工业盲目投资、低水平重复建设的通知发布后，凡在2004年1月1日以后对机立窑扩径改造的生产线。

——按照国家发展改革委2005年第40号令《产业结构调整指导目录(2005年)》规定，淘汰窑径小于2.2米及以下机立窑、窑径2.5米及以下水泥干法中空窑(生产特种水泥除外)和直径小于1.83米以下水泥粉磨设备。

——按照国家发改委2006年第50号令《水泥工业产业发展政策》规定，淘汰各种规格干法中空窑、湿法窑等落后工艺装备，进一步削减机立窑生产能力，有条件的地区要淘汰全部机立窑，并依法关停并转规模小于20万吨、环保或水泥质量不达标企业。

(二)玻璃工业(略)

(三)砖瓦工业(略)

五、甘肃省建材工业节能减排保障措施

(一)严格执行相关政策和产业发展规划

认真执行国家关于建材工业的产业政策和发展规划，关于墙体材料革新的政策和甘肃省的有关规定。全面落实差别电价、水泥落后生产能力淘汰、水泥企业换发生产许可证等相关政策。在建材企业中普遍开展清洁生产、能源审计、企业能效水平对标、合同能源管理等活动。要针对甘肃省经济欠发达，许多地方交通不便，建材企业分布不均匀，生产工艺相对落后的实际，根据不同情况区别对待，对符合国家产业政策但能耗高、排放不达标的建材企业限期整改，对整改之后仍不达标、整改达标无望和不符合国家产业政策的建材企业依法关闭。

(二)建立节能目标责任制和评价考核体系

将"十一五"规划的节能减排目标逐级分解落实到各市州、县区以及耗能企业，实行严格的目标责任制。建立固定资产投资项目节能评估和审查制度。对未进行节能审查或未能通过节能审查的项目一律不得审批、核准，从源头上杜绝能源的浪费。

(三)扶持、鼓励重点耗能企业节能减排

地方政府和相关主管部门要制定有关优惠政策，扶持、鼓励建材企业特别是年耗能万吨标准煤以上的耗能大户大力开展节能减排工作，促进建材企业开展余热发电、煅烧技术优化、粉磨和收尘系统改造、砖瓦内燃法等节能减排技术改造，大力推广固体工业废渣综合利用工作。加强企业精细化用能管理，推广应用节能新技术，认真推行清洁生产。重点耗能企业要建立严格的节能管理制度和有效的激励机制，进一步调动广大职工节能降耗的积极性。要强化基础工作，配备专职人员，将节能降耗的目标和责任落实到车间、班组和个人，并加强监督检查。地方政府和有关部门要加强对重点耗能企业节能情况的跟踪、指导和监督，定期公布重点企业能源利用状况，确保重点耗能企业实现"十一五"节能减排目标。

(四)实行节能奖励制度

各市州、各部门要对在节能管理、节能科学技术研究和推广应用中做出显著成绩的单位及个人给予表彰和奖励。用能单位要制定科学合理的节能奖励办法，结合本单位的实际情况，对节能工作中作出贡献的集体、个人给予表彰和奖励，节能奖励计入工资总额。

(五)加强能源统计和计量管理

企业应满足《用能单位能源计量器具配备管理通则》(GB17167-2006)国家强制性标准对进出用能单位、主要次级用能单位和主要用能设备能源计量器具配备率及准确度等级的要求。

加强建材行业能源统计，完善统计制度，改进统计方法，建立能够反映市州能耗水平、节能目标责任和评价考核制度的节能统计体系。各建材企业尽快完善对生产过程主要能耗设备计量仪器的配置，加强能源计量管理。

(六)建立节能减排监督检测体系、加强执法监察力度

充分利用专业节能减排检测技术力量，开展节能减排监督检测工作，对节能减排成效进行量化考核，为政府部门行使职能提供有力的数据支撑。节能监察部门要切实加强对重点耗能企业和污染物排放企业的检查，加大节能检查执法力度，确保节能减排目标的实现。

(七)依托行业协会和科研设计单位指导企业开展节能减排技术改造 建材行业协会要协同政府主管部门参与行业相关工作，完善行业相关指标，结合行业和企业实际，研究提出分类指导意见，切实完成"十一五"期间建材行业的节能减排工作。建材行业科研设计单位要充分发挥技术优势，根据省内建材行业的具体情况，帮助企业寻找节能减排的技术突破口，制定切实可行的技术改造方案，配合政府部门和行业协会指导企业开展节能减排技术改造工作。

附件：

10户重点用能水泥企业目标分解

1. 永登祁连山水泥有限公司

"十一五"期间吨熟料标准煤耗降低12.1%，达到116千克/吨，由于永登海拔较高，采用"可比吨熟料标准煤耗"计算，乘以"海拔修正系数0.869"之后吨熟料标准煤耗为

100.8千克/吨，达到国内先进水平。吨水泥电耗降低6.0%，达到109千瓦时/吨。

永登祁连山水泥有限公司年度目标分解表

	2005年	2006年	2007年	2008年	2009年	2010年
吨熟料标准煤耗（千克）	132	128	120	119	119	116
吨水泥综合电耗（千瓦时）	116	112	111	110	109	109
万元产值标准煤耗（千克）	7.15	7.26	8.41	/	/	/

主要措施：

（1）2007年纯低温余热发电装置投入运行以及变频器的应用，对"十一五"企业节能减排目标的实现奠定了良好的基础。

（2）认真贯彻国家产业政策，逐步淘汰湿法生产线，对现有新型干法水泥生产线窑系统进行节能减排改造；应用大型高压变频器。

（3）能源管理实现合同制，将节能降耗的目标和责任落实到车间、班组和个人。

2. 兰州大通河水泥股份公司

"十一五"期间吨熟料标准煤耗降低10.7%，达到150千克/吨，吨水泥电耗降低14.5%，达到118千瓦时/吨，万元产值标准煤耗降低17.5%，达到9.00千克/万元。

兰州大通河水泥股份公司年度目标分解表

	2005年	2006年	2007年	2008年	2009年	2010年
吨熟料标准煤耗（千克）	168	160	158	155	152	150
吨水泥综合电耗（千瓦时）	138	130	120	119	118	118
万元产值标准煤耗（千克）	10.91	9.61	9.20	9.10	9.05	9.00

主要措施：

（1）淘汰高耗能设备，对部分工艺设备改造。

（2）采用高效节能风机，水泵、风机实现变频调速。

（3）对日产1 000吨和日产2 000吨窑系统进行节能改造，并针对日产2 000吨生产线安装纯低温余热发电装置。

3. 天水祁连山水泥有限公司

"十一五"期间吨熟料标准煤耗降低7.9%，达到140千克/吨，吨水泥电耗降低4.2%，达到115千瓦时/吨，万元产值标准煤耗降低18.5%，达到4.4千克/万元。

天水祁连山水泥有限公司年度目标分解表

	2005年	2006年	2007年	2008年	2009年	2010年
吨熟料标准煤耗（千克）	152	148	147	145	143	140
吨水泥综合电耗（千瓦时）	120	119	118	117	116	115
万元产值标准煤耗（千克）	5.4	5.2	5.0	4.8	4.6	4.4

主要措施：综合利用余热，淘汰高耗能设备，逐年投入节能改造资金对部分工艺设备和窑系统进行节能减排改造。

4. 金昌水泥集团水泥有限责任公司

"十一五"期间吨熟料标准煤耗降低9.1%，达到120千克/吨，吨水泥电耗增加8.7%，达到100千瓦时/吨，由于规划上2 500吨/日电石渣新型干法水泥生产线，新型干法线电耗较立窑高，所以电耗有所增加。万元产值标准煤耗降低20.1%，达到5.76千克/万元。

金昌水泥集团水泥有限责任公司年度目标分解表

	2005年	2006年	2007年	2008年	2009年	2010年
吨熟料标准煤耗（千克）	132	138	137	137	120	120
吨水泥综合电耗（千瓦时）	92	91	90	90	100	100
万元产值标准煤耗（千克）	7.21	6.61	6.55	6.40	6.00	5.76

主要措施：严格执行国家产业政策，新建日产2 500吨电石渣水泥生产线并配套纯低温余热发电系统，逐步关闭3条立窑生产线。

5. 甘肃寿鹿山水泥有限责任公司

"十一五"期间吨熟料标准煤耗降低20.0%，达到112

千克/吨，吨水泥电耗降低20.2%，达到91千瓦时/吨，万元产值标准煤耗降低20%，达到4.9千克/万元。

甘肃寿鹿山水泥有限责任公司年度目标分解表

	2005年	2006年	2007年	2008年	2009年	2010年
吨熟料标准煤耗（千克）	140	134	128	123	117	112
吨水泥综合电耗（千瓦时）	114	110	105	101	96	91
万元产值标准煤耗（千克）	6.12	5.9	5.6	5.4	5.1	4.9

主要措施：

（1）更进一步加强精细化管理，完善用能制度，加强节能减排指标兑现力度。

（2）依靠科技，挖潜改造，进一步优化生产工艺。

6. 甘肃高崖金城水泥有限公司

“十一五”期间吨熟料标准煤耗降低18.8%，达到143千克/吨，吨水泥电耗降低14.0%，达到104千瓦时/吨，万元产值标准煤耗降低17.7%，达到10.2千克/万元。

甘肃高崖金城水泥有限公司年度目标分解表

	2005年	2006年	2007年	2008年	2009年	2010年
吨熟料标准煤耗（千克）	176	170	163	156	149	143
吨水泥综合电耗（千瓦时）	121	116	114	110	106	104
万元产值标准煤耗（千克）	12.4	12.2	11.7	11.2	10.6	10.2

主要措施：2006年已对矿山、电网进行了节能改造，计划从2007年到2010年逐步进行生料磨1 000千瓦电机补偿改造，1、2号水泥磨节能改造，煤磨节能改造，生料喂料系统节能改造等一系列改造，确保到“十一五”末完成节能减排目标。

7. 张掖市山丹水泥集团有限责任公司

“十一五”期间吨熟料标准煤耗降低18.3%，达到111千克/吨，吨水泥电耗降低27.4%，达到106千瓦时/吨，万元产值标准煤耗降低20.3%，达到4.7千克/万元。

张掖市山丹水泥集团有限责任公司年度目标分解表

	2005年	2006年	2007年	2008年	2009年	2010年
吨熟料标准煤耗（千克）	136	128	123	119	115	111
吨水泥综合电耗（千瓦时）	146	104	108	107	106	106
万元产值标准煤耗（千克）	5.9	5.5	5.3	5.1	4.9	4.7

主要措施：

（1）已完成的节能改造有：预加水成球的改造降低电耗，链式输送机改空气输送斜槽降低能耗，风机节能改造，固体工业废渣的综合利用。

（2）计划完成的节能改造有：螺旋输送机改空气斜槽，回转窑筒体和分解窑进行隔热保温改造，通风设施采用变频调速，对旋窑系统安装纯低温余热发电装置。

8. 兰州甘草环保建材股份公司

“十一五”期间吨熟料标准煤耗降低22.4%，达到104千克/吨，吨水泥电耗降低22.4%，达到90千瓦时/吨，万元产值标准煤耗降低21.8%，达到4.3千克/万元。

兰州甘草环保建材股份公司年度目标分解表

	2005年	2006年	2007年	2008年	2009年	2010年
吨熟料标准煤耗（千克）	134	128	121	116	110	104
吨水泥综合电耗（千瓦时）	116	110	105	100	95	90
万元产值标准煤耗（千克）	5.5	5.3	5.0	4.8	4.5	4.3

主要措施：淘汰高耗能设备，逐年投入节能改造资金对部分工艺设备和窑系统进行节能减排改造，提高水泥熟料质量，大力开展综合利用固体工业废渣工作。

9. 平凉祁连山水泥有限公司

“十一五”期间吨熟料标准煤耗降低25.7%，达到130千克/吨，吨水泥电耗降低29.9%，达到103千瓦时/吨，万元产值标准煤耗降低24.7%，达到6.1千克/万元。

平凉祁连山水泥有限公司年度目标分解表

	2005 年	2006 年	2007 年	2008 年	2009 年	2010 年
吨熟料标准煤耗（千克）	175	153	140	136	132	130
吨水泥综合电耗（千瓦时）	147	108	106	105	104	103
万元产值标准煤耗（千克）	8.1	7.1	6.6	6.4	6.2	6.1

主要措施：安装高、低压补偿装置，新建原煤堆场，安装纯低温余热发电系统，大力开展综合利用固体工业废渣工作，加大城市生活垃圾处理量。

10. 酒钢集团宏达建材有限责任公司

“十一五”期间吨熟料标准煤耗降低 25.2%，达到 110 千克/吨，吨水泥电耗降低 20.0%，达到 100 千瓦时/吨，万元产值标准煤耗降低 22.6%，达到 4.8 千克/万元。

酒钢集团宏达建材有限责任公司年度目标分解表

	2005 年	2006 年	2007 年	2008 年	2009 年	2010 年
吨熟料标准煤耗（千克）	147	140	131	125	118	110
吨水泥综合电耗（千瓦时）	125	120	115	110	105	100
万元产值标准煤耗（千克）	6.2	5.9	5.6	5.4	5.1	4.8

主要措施：

（1）已经完成的节能减排技术改造项目有：新上 Φ3.0 × 14 米水泥粉磨系统以提高固体工业废渣掺加量，输送设备技术改造，电机设备电压补偿，喷煤嘴技术改造。

（2）正在实施和计划实施的节能减排改造项目有：自动化包装系统，现场原材料堆场入棚工程，纯低温余热发电装置，80 万吨冶金废渣处理项目，焚烧窑炉处理垃圾技术改造，生产污水零排放工程。

★2008 年 6 月由甘肃省经委以甘经能【2008】236 号文件印发。

领导关怀

Leader's Care

2008年

The year 2008

中国中材集团总经理谭仲明作为中方企业家代表参加中英工商峰会

1月18日，中英工商峰会在北京人民大会堂举行。

新年伊始，值此英国首相布朗访华之际，中英两国政府和企业家代表齐聚北京，就"创新促进合作"展开热议。而中国国务院总理温家宝和来访的英国首相布朗的出席，使于此间举行的中英工商峰会热度再升温，中英经贸前景看好。全国人大常委会副委员长成思危、商务部部长陈德铭和英国商业、企业与制度改革大臣赫顿以及中英企业界和相关各界人士出席了此次峰会。

作为中方企业家代表，中国中材集团总经理谭仲明应邀参加此次峰会，与两国工商企业界人士交流探讨进一步加强经贸合作问题。会议期间，谭总经理受到温家宝总理及布朗首相的亲切接见，并与总理及首相合影留念。

重庆市副市长马正其视察万州科华二期工程

1月27日，重庆市委常委、副市长马正其在万州调研产业发展和城市建设工作期间，专程到万州科华水泥有限公司视察二期工程建设情况。

马正其对科华集团情牵万州，心系移民，来万州投资兴业之举给予高度评价，并寄语万州科华加快二期扩建工程建设，早日建成重庆市目前最大的日产5 000吨新型干法水泥生产线，为破解库区产业空虚，做大做强万州工业、促进移民安稳致富做出更大的贡献。他同时表示，重庆市和万州区各级政府和部门将尽心竭力地为万州科华等重点企业做好服务工作，营造良好的发展环境，努力促进重点企业和重点项目在万州取得良好的发展成果。

天津市市委书记张高丽、市长黄兴国会见中材集团谭仲明总经理一行

2月20日，中共中央政治局委员、天津市委书记张高丽，市委副书记、市长黄兴国在迎宾馆会见了中国中材集团公司总经理谭仲明一行，就进一步拓展双方合作领域、加快推进中材集团在津投资项目建设等进行了深入交谈。

市委常委、常务副市长杨栋梁，市委常委、市委秘书长段春华，副市长李文喜，市政府秘书长何荣林，市政府副秘书长、办公厅主任柴中达，市委研究室主任王小宁，北辰区委书记袁树谦，北辰区区长马明基，北辰区政协副主席、科技园区管委会主任赵建华，中材集团副总经理刘志江、党委副书记张江，天津水泥院有限公司董事长兼总经理于兴敏、党委书记夏春光等参加了会见。

图为天津市市委书记张高丽(右)与中材集团总经理谭仲明(左)亲切握手。

张高丽在会见时指出，现在天津全市上下正在深入学习贯彻胡锦涛总书记考察天津工作时提出的"两个走在全国前列"、"一个排头兵"的重要要求，深入贯彻落实科学发展观，解放思想，干事创业，科学发展，努力开创天津各项工作的新局面。天津要千方百计引进更多技术水平高、投资规模大、带动能力强的大项目、好项目，加快构筑高端化、高质化、高新化的产业结构，推动滨海新区龙头带动、中心城区全面提升、各区县加快发展三个层面联动协调发展，实现经济社会又好又快发展。中材集团与天津有着良好的合作关系，希望充分发挥各自优势，积极探索新的合作方式和途径，拓展领域，提升层次，推动双方合作不断迈上新的台阶。天津水泥院有限公司是中材集团所属企业，在水泥行业很有影响，为天津的经济发展做出了很大贡献。天津市将发挥天津市特别是滨海新区的优势，大力支持中材集团在天津的发展。张高丽还邀请谭仲明等中材集团的领导方便时能来滨海新区参观考察。

黄兴国指出，中材集团集科研、设计、工程建设、国际贸易于一体，是我国惟一拥有系列核心技术和完整创新体系的科技型、产业型、国际型企业集团，科研实力雄厚，自主创新能力很强。中材集团积极参与天津现代化建设，努力推进全

方位的合作，是对天津经济社会发展和滨海新区开发开放的有力支持。天津要提供优质高效服务，创造良好环境，全力支持中材集团在津发展。相信通过共同努力，一定会把双方的合作提高到一个新水平。

谭仲明对天津市给予中材集团在津项目的关心支持表示感谢。他说，天津发展的潜力大、空间大。全市上下团结一心，求真务实，真抓实干，呈现出良好的发展态势。我们对在天津投资发展充满信心。中材集团将抓住机遇，发挥优势，在更多领域与天津开展合作，把更多科技成果转化为现实生产力，用核心技术提升重点产业，进一步增强企业的国际竞争力，更好地服务于天津经济社会发展和滨海新区开发开放。

中国中材集团公司是国资委管理的中央企业，是国务院首批56家大型试点企业集团之一，连续多年位居中国企业500强。集团拥有的玻璃纤维、复合材料、人工晶体、工业陶瓷、新型干法水泥生产工艺及装备、非金属矿深加工工艺与装备等六大系列核心技术代表着国内最高水平，部分技术在世界上处于领先位置。中材集团积极将高端项目引进天津，已经建成水泥生产新型节能技术装备产业化项目，发展节能环保产业，正在建设节能减排型水泥成套装备技术创新及产业化等项目。

辽宁省经委石光副主任视察大连水泥集团

3月20日，辽宁省经委党组副书记、副主任石光在市经委刘一丁副主任等陪同下，到大连水泥厂日产5 000吨新型干法水泥生产线进行了视察。

石光副主任一行首先视察了大连水泥厂矿山、原料立磨、中控室、余热发电等项目，并听取了金长毅总经理关于新线建设整体情况汇报，详细询问了工程进展以及资金状况，对水泥集团在建设新型干法水泥生产线的同时，上余热发电项目表示非常赞同，认为这是符合国家以节能减排为中心，积极推动产业结构调整和优化，大力发展循环经济，实现建材行业又好又快发展总的工作要求，希望水泥集团全力做好此项工作，为辽宁省建材行业节能减排工作做出贡献。

在视察和听取汇报后，石光副主任认为大连水泥厂这条新型干法水泥生产线，无论从设备装备水平到建设质量以及整条线的工艺技术，均为辽宁省以及东北地区同行业最先进的。

国务院驻集团监事会主席孙广运赴“中材汉江”调研

5月7日，国务院驻集团监事会主席孙广运、监事会秘书杨建奎，集团公司副总经理李建伦一行赴“中材汉江”进行调研。

调研组一行首先参观了公司日产2 000吨新型干法水泥生产线。在座谈会上，公司总经理王树生介绍了公司的历史沿革、生产经营情况以及日产2 500吨熟料生产线筹备建设进展情况。

在认真听取了公司领导的情况汇报后，集团领导对公司重组四年以来，在内部改革、解决历史遗留问题、剥离处置无效低值资产、贷款重组以及利润增长等方面取得的生产经营业绩给予了充分肯定。并希望公司发扬成绩，再接再厉，不断提升企业的竞争力和盈利能力，同时抓住机遇，加快日产2 500吨新项目的建设推进速度，扩大市场份额，进一步做大做强企业，实现跨越式发展。

石家庄市委书记考察北京水泥厂

5月26日下午，石家庄市委书记吴显国来到位于北京市昌平区的北京水泥厂有限责任公司，参观考察企业的节能减排和发展循环经济的做法和经验。双方就进一步加强交流与合作，促进石家庄市传统水泥生产企业向现代化环保企业转变交换了看法。

北京水泥厂有限责任公司是一家生产低碱高标号水泥的股份制企业，多年来，该公司凭借先进的生产工艺，严格的质量控制体系，确保出厂水泥合格率、富裕强度合格率、包装袋重合格率、均匀性实验合格率始终保持100%。同时，该公司重视环境保护和企业社会责任，坚持依托水泥主业，大力发展环保产业，走循环经济之路，在节能降耗、尾矿综合利用、中水回用、工业废弃物处置等领域取得了一系列成绩，是全国第一批循环经济试点单位。

吴显国参观考察了北京水泥厂有限责任公司的除尘设施、示范线废气排放在线监测和厂区环境，认真听取了该公司在污水处理、布袋除尘、工业废弃物的无害化、资源化处置等方面的经验和做法，就如何实现建材产业与环保产业紧密结合，资源开发与循环利用并举，进而实现可持续发展同企业负责同志进行了深入细致的探讨和交流。

对于北京水泥厂发展循环经济的做法及取得的成效，吴显国给予了高度赞赏。他表示，要实现水泥产业的可持续发展，就必须按照科学发展观的要求，发展循环经济，不断推进传统企业向现代化环保型企业的转变。北京水泥厂的做法和经验，为加快推进石家庄市水泥产业的发展具有十分宝贵的借鉴意义，希望今后两地的水泥生产企业能进一步加强交流与合作，实现互利双赢。

安徽省副省长黄海嵩到枞阳海螺公司参观考察

5月29日，安徽省副省长黄海嵩率省直有关部门负责同志，在安庆市市长肖超英、枞阳县县长汪恕东的陪同下，乘车来到枞阳海螺公司参观考察。股份公司副总经理汪鹏飞，枞阳海螺公司班子成员全程接待。

黄副省长一行来到现场，汪鹏飞副总陪同黄副省长一行边走边看，并简要汇报了股份公司、枞阳海螺公司的生产经营工作情况。在余热发电现场，黄副省长十分关心余热发电在环境保护、节能减排等方面发挥的效益。当看到枞阳公司四条熟料生产线全部配套建设了余热发电系统，并运行可靠、稳定、高效时，显得非常高兴和欣慰，对集团公司节能减排、发展循环经济，增强社会效益给予了高度评价。

广西壮族自治区副主席高雄率团考察“兴安海螺”

6月2日，广西壮族自治区副主席、桂林市委书记高雄和市长李志刚率参加“全市继续解放思想大讨论活动经验交流会”的市四大班子及各县（区）党委书记、县（区）长、相关部门主要领导100余人来到“兴安海螺”参观考察。

兴安海螺公司常务副总李世忠接待了高副主席一行，并陪同参观了正在建设的“兴安海螺”二期工程现场。参观过程中，李世忠向参观团一行详细介绍了二期熟料线、粉磨站及余热发电项目建设情况，尤其是在节能、环保技术运用方面所做的工作，以及二期工程建成投产后公司规模和效益情况。

高雄副主席听取介绍后高度赞扬了“兴安海螺”建厂以来短短五年时间里所取得的成绩和发生的变化。对企业在环保、节能减排以及推动桂林水泥行业结构调整方面所做出的努力给予高度评价，希望“兴安海螺”加快二期工程建设，力争早日投产，为推动桂林市经济发展做出更大的贡献。

河南省省委书记徐光春视察天瑞集团

6月3号，河南省省委书记徐光春赶赴河南天瑞集团汝州水泥有限公司进行了实地考察，“河南天瑞”的相关负责人热情地招待了徐光春书记一行。

天瑞集团水泥有限公司是河南省最大的新型干法水泥生产企业，是全国重点支持的十大水泥集团之一。2006年底，水泥生产能力达到1 800万吨，连续第八年保持河南省水泥产量第一。天瑞集团水泥企业全部采用国际先进的新型干法水泥生产技术，且具有明显的技术、管理、质量和成本优势。

山东省省委书记姜异康视察山水集团

6月6日，山东省省委书记姜异康在省委常委、秘书长王敏，省委常委、济南市委书记焉荣竹，市委副书记、市长张建国等的陪同下视察了山水集团。山水集团党委书记、董事长张才奎，副总经理李延民汇报工作。

在调度监控中心，看到现代化的监控设施和视频在线的下属生产企业井然有序的生产场面，姜异康频频点头赞许。他饶有兴致地逐一察看山水集团分布在外地的水泥企业，详细询问了资源能源综合利用情况。得知企业全部采用了余热发电和高压变频等节能技术，姜异康给予充分肯定：“你们的技术、管理、环境都是一流的。”在听取了企业今后的发展规划后，他勉励山水集团发挥优势，为山东水泥结构调整做出更大贡献。

国家财政部经建司到中国水泥厂公司调研

6月25日，国家财政部经建司邢朝虹一行在江苏省财政厅、南京市财政局领导的陪同下，调研中国水泥厂公司在能源、原材料、劳动力成本上涨、人民币升值等宏观经济形势下的生产经营和固定资产投资情况。

中国水泥厂公司相关负责人简要介绍了公司生产经营情况，特别是在2007年以来，随着能源、动力价格持续上涨，公司积极开展节能降耗活动，增加廉价资源的使用，科学降低生产成本，公司投资建设的余热发电工程即将建成投产，将显著缓解公司生产运营压力，提高产品的市场竞争力。

财政部经建司领导关心水泥产业的发展，通过企业调研，认为高耗能产业应该积极思变，海螺集团能够克服能源价格上涨等困难，坚持技术创新、走规模化发展之路，推动了整个产业的技术进步，尤其是纯低温余热发电技术的应用，为行业的节能减排做出了贡献。

浙江省副省长葛慧君一行来“三狮”调研

7月7日，浙江省委常委、副省长葛慧君一行来“长兴三狮”调研，详细了解了浙江三狮集团的生产经营、企业改制发展思路以及职工对企业改制的合理诉求等情况。

三狮集团董事长、党委书记、总经理姚季鑫就三狮集团的改革发展情况向葛慧君一行进行了详细汇报。

浙江省国资委主任陈正兴在会上说，葛慧君副省长分管国资委这条线之后，非常关心三狮集团的改革发展，今天来“三狮”也是省委省政府领导第一次专门到企业下访，这也是省委省政府对三狮集团的关心。由于国家宏观调控与市场因素的影响，三狮集团面临着企业生产经营困难的因素增加。要求大家要树立信心、共渡难关、群策群力、共谋发展；要加快改革、加大市场、加强思想政治工作，通过努力度过难关。

会上，浙江省委常委、副省长葛慧君首先对三狮集团近年来所取得的成绩予以充分肯定。她说，三狮集团作为大型国有企业，自建厂以来，逐步成为全国水泥行业的龙头企业，为地方经济建设、社会发展做出了重要贡献。

葛慧君表示，受水泥行业产业结构调整、地方经济发展变化、全国宏观经济形势趋紧等因素影响，如今企业在发展中遇到了困难，要认真分析严峻形势，积极采取措施妥善应对。

对三狮集团下一步工作，葛慧君提出四点要求：一是企业加快发展的干劲不能降。二是企业改革前进的步伐不能停。三是企业加强管理的力度不能减。四是企业领导班子的思想不能乱。

甘肃省政府副省长石军出席中国中材集团公司与甘肃省人民政府战略合作签约仪式

7月16日，中国中材集团公司与甘肃省人民政府战略合作签约仪式在甘肃省兰州市隆重举行。签约仪式由甘肃省委常委、省委秘书长姜信治主持。省经委主任李平和中材集团党委书记于世良在合作协议上签字。

根据协议，中材集团按照甘肃省“十一五”国民经济和社会发展规划、国家水泥工业结构调整意见，结合国家节能减排政策，利用当前国际先进的新型干法水泥生产技术，规划新建设若干条新型干法水泥熟料生产线，配套纯低温余热发电，通过积极实施节能减排和资源综合利用，加速推动甘肃水泥工业结构调整，实现水泥产业优化升级。中材集团充分利用其技术、资本、人才、管理优势，在甘肃加速发展相关产业，为甘肃省的经济发展做出应有的贡献。

甘肃省政府副省长石军在讲话中指出，中材集团是我国材料工业的龙头企业，符合甘肃省引大引强入甘战略，其主导产业与该省资源和工业布局相符合，要求各市州认真落实与中材集团签署的协议，把签约项目落到实处，及早产生效益。特别感谢中材集团在汶川大地震后进入甘肃，为甘肃省抗震救灾捐赠200多万元，大力推动灾后重建。此次合作坚持以科学发展观为指导，认真贯彻党的十七大精神，全面落实西部大开发战略，建立紧密的地企合作关系，拓宽合作领域，深化合作层次，提升合作水平，促进甘肃建材行业做大做强和甘肃省经济社会又好又快发展。通过合作，充分发挥双方优势，实现地方经济和中央国有企业共同快速发展。

陕西省省长袁纯清视察陕西冀东海德堡(泾阳)水泥有限公司

2008 年 8 月 8 日上午，袁纯清省长在省政府办公厅王红章副秘书长、省财政厅刘小燕厅长、省工交办蔡少林主任、省物价局张文波局长、省建材行办苗高社主任、省冶金行办郭战主任等有关部门负责人的陪同下，视察了陕西冀东海德堡(泾阳)水泥有限公司。在视察期间，袁省长一行实地察看了企业的生产情况，听取了省工交办蔡少林主任及有关部门负责人和企业领导的工作汇报，强调要挖掘生产潜力，增加有效供给，稳定市场价格，为灾后恢复重建提供有力保障。在冀东海德堡(泾阳)水泥有限公司，袁省长向企业详细了解了水泥的生产、销售和价格情况。他说，保证恢复重建的建材供应，是企业应当承担的社会责任，希望你们加强管理，提高效率，千方百计扩大生产，为灾后恢复重建做出应有贡献。对于因原材料涨价和流动资金紧张给企业带来的困难，各级政府也要想方设法予以解决。当企业反映，他们利用低温余热发电的上网电价偏低时，袁省长当即要求省物价局负责同志尽快与电力部门协商解决。袁省长指出，解决灾后恢复重建中的建材生产和供应问题，关键是要做到“四定”。一是定企业。由省工交办逐个落实水泥、钢材、墙体材料和玻璃等建材企业并组织生产；对汉中建材企业扩大生产能力方面的问题，由省发改委研究解决，加快建设进度，及早发挥效益，缓解从外调入带来的交通压力。二是定数量。要根据恢复重建实际，确定有关产品的生产计划，既要满足灾区需要，又要避免产品积压。三是定价格。要严格执行国家的价格政策，凡用于灾区农民建房、中小学校舍以及医院用房的建材，要确保价格稳定、质量合格；用于其他范围的建材产品，因原燃材料等涨价因素确需涨价的，按照有关规定实行提价申报制度。四是定政策。对定点企业，由省财政厅会同相关部门提出减免有关税费和实行贷款贴息等综合性扶持措施；由省工交办、金融办组织有关金融机构与企业进行协商对接，解决企业流动资金不足问题。

同日，袁省长又亲赴建材企业检查工作，这对全省建材行业和成立不久的省建材行业管理办公室来说，既是极大的鼓励，也是难得的机遇。推动本省建材工业实现又好又快的发展起到重要作用。

湖南衡阳市委书记一行访问中国建材集团

8 月 25 日，湖南衡阳市市委书记张文雄一行来中国建材集团公司访问，集团公司董事长宋志平会见张文雄一行，双方就玻璃和水泥等建材领域方面的合作进行了探讨。

会谈中，张文雄和市委常委、副市长段志刚分别介绍了衡阳市的资源、区位、政策以及人力资源等方面的优势和工业园区情况。衡阳市是湖南省主要矿产区之一，矿产资源丰富，素有“有色金属之乡”和“非金属之乡”之称；交通方便，物流顺畅；松木工业园基础设施完备，资源丰富，供应充足；同时在衡投资可享受如国土政策优惠、税收政策优惠、园区配套优惠等。市委、市政府将为集团在衡投资提供优质服务、创造优质环境以及提供科学决策给予全力帮助。

宋志平对衡阳市委、市政府给予集团的大力支持表示感谢，并指出湖南是集团公司的重点战略合作省份，将努力建设成为集团的重要基地。衡阳作为湖南传统的重要工业城市，集团将重点在水泥、玻璃等建材领域，积极推动双方合作，以公平优惠的条件，为地方经济做贡献。并强调了集团公司投资、合作坚持的四个坚定不移原则：一是坚定不移抓主业，即建材领域的投资和建设；二是坚定不移坚持资本运作和联合重组的低成本扩张道路；三是坚定不移走市场化机制运作路子；四是坚定不移地争取地方资源支持和为地方经济做贡献。

湖南省副省长陈肇雄到“双峰海螺”视察工作

9 月 16 日，湖南省副省长陈肇雄率省政府办公厅、省经委、省发改委、省国资委、省安监局、省财政厅及省信息产业厅等部门领导，在娄底市常务副市长田福德、副市长邓建和及双峰县委书记李大剑、县长彭爱华等人的陪同下，专程到“双峰海螺”视察工作。

陈副省长一行来到“双峰海螺”，先后参观了一期熟料生产线、二期工程现场和中控操作室，公司总经理李国友同志向陈副省长一行介绍了新型干法水泥生产工艺、余热发电项目及二期工程进展情况，之后又在中控楼二楼会议室向陈副省长汇报了“双峰海螺”近几年的生产经营状况及节能减排举措，并重点介绍了二期工程建成后的产能规模及集团公司在湖南区域的发展规划。

听完汇报后，陈副省长对“双峰海螺”短短几年的快速发展和为地方经济建设所做出的贡献给予了肯定，并十分高兴地说，像“双峰海螺”这样生产工艺先进、环境保护和节能减排工作到位的企业，各级政府部门要重点支持；同时希望“双峰海螺”发挥自身优势，抓住机遇，加速发展，进一步做大做强，扎实做好节能减排工作，为地方工业经济发展和环保建设做出更大的贡献。

全国人大代表调研组到黄河同力水泥公司调研

9 月 12 日，由全国人大代表王子亮、孔凡群、段玉贤、寇炳恩等组成的调研组同河南省委组织部副部长、河南省国资委党委书记申振君，在洛阳黄河同力水泥有限责任公司调研节能减排工作时指出，应用新技术实现企业节能减排。

全国人大代表调研组一行来到黄河同力水泥公司，首先听取了该公司总经理刘保强对企业节能减排工作的汇报。两年多来，黄河同力水泥公司在加强自身发展的同时，积极开展节能减排，在利用工业废气余热发电、工业废渣综合利用、清洁文明生产等领域，收到了良好效果，实现了经济效益和社会效益的双赢。公司纯低温余热发电项目建成投运、矿山石灰石输送皮带系统节能改造和水泥磨隔仓板改造，节约了电能，提高了台时产量。该公司工业废弃物脱硫石膏、硅尾粉、超细矿渣粉、采矿和选矿废渣等多项资源综合利用项目的实施，一方面解决了工业企业废弃物的排放问题，另一方面节约了生产资源，降低了生产成本，完全符合国家节能、环保、资源综合利用的法规和政策，产生了良好的社会效益、环境效益和经济效益。

代表们在听取了情况汇报之后，视察了黄河同力水泥公司余热电站，实地深入了解黄河同力水泥公司节能减排工作的开展情况。调研组对该公司节能减排工作充分肯定，认为黄河同力水泥公司积极推进节能减排工作，成效显著。他们还认为，企业在资源综合利用、设备改造上取得了成效，特别是纯低温余热发电项目，一方面给公司带来巨大效益，另一方面回收了水泥窑生产过程中的大量余热，减少了对环境的热污染和粉尘污染，社会效益极其显著，是一个典型的资源综合利用和节能工程。

商务部领导调研湖北省散装水泥发展情况

10月21至22日，商务部商贸服务管理司标准规划处处长、全国散装水泥办公室负责人李嘉建对湖北、河南两省散装水泥工作进行了为期两天的调研工作。重点调研了武汉市和咸宁市农村散装水泥及城市"禁现"发展情况。

10月21日，在咸宁市散装水泥发展调研过程中，李嘉建处长参观了华新水泥赤壁股份有限公司水泥生产和散装水泥发展状况，同时还调研了咸宁市农村散装水泥的发展情况。

当日，李嘉建处长一行还调研了武汉市江夏区散装水泥农村网点，了解了武汉市农村散装水泥推广使用情况。

10月22日，李嘉建又到武汉市商品混凝土管理站进行了调研。在调研座谈会上，省散装水泥办公室主任赵建平向李嘉建汇报了湖北省散装水泥发展的概况。李嘉建对湖北省散装水泥推广、城市"禁现"工作给予了充分的肯定。

四川省省委书记刘奇葆考察"蓥峰水泥"新线建设

11月24日，四川省省委书记刘奇葆在广安市委书记王建军、市长侯晓春，川煤集团广能公司董事长兼党委书记高正强、总经理曹善华等的陪同下，专程考察了四川省汶川大地震灾后重建重点扶持建设项目、一期总投资5.877亿元的四川省重点工程建设项目——川煤集团蓥峰水泥公司日产4 000吨熟料新型干法水泥生产线建设现场。刘奇葆听取了高正强等就项目建设等相关情况及散装水泥储存等工作情况的汇报。

四川省省长蒋巨峰考察四川"峨胜水泥"

12月初，四川省省长蒋巨峰在乐山市市委书记姜晓亭、市长蒋辅义等的陪同下专程来到四川峨胜水泥股份有限公司考察调研。

蒋巨峰一下车便深入车间一线，先后来到二、三期日产4 600吨水泥生产线技改项目工地、九里一车间、余热发电站，边看边听取四川峨胜水泥股份有限公司董事长熊建华的情况汇报.详细了解生产经营、项目建设及企业发展情况。

在看到井然有序的生产景象和如火如荼的建设场景时，蒋巨峰非常高兴，对公司在结构调整、节能减排、循环经济、促进就业等方面所做的工作和取得的成绩给予了充分肯定。

在听说公司二、三期项目将在半年内陆续建成投产和四、五期项目即将开工建设、明年将形成1 100万吨生产规模时，蒋巨峰连声称好，并希望公司抓住灾后重建和中央扩大内需的大好机遇，快速发展、做大做强。他要求四川省各级党委和政府相关部门一定要高度重视和大力支持企业发展，积极为企业提供帮助和服务，真正把公司打造成千万吨级的一流水泥企业。

人大代表团视察"湖北统领"扩建一期工程

12月10日，以襄樊市市委常谢豪斌为组长，市人大副主任罗琼玖、襄城区委书记贾石松等一行五级人大代表组成的考察团，对湖北统领科技公司的一期扩建工程项目施工现场进行了考察。此次考察团考察的重点是襄樊市境内亿元建设项目，第一站便是统领公司一期扩建工程现场。

考察现场，统领公司总支书王仕强向莅临现场考察调研的各位领导介绍了公司发展历程、发展方向、目标远景和规划，同时将统领集团工业园区建设的坚定性和迫切性进行了阐述。

在听取汇报后，考察团各位领导对公司选新址建总部，走集团化道路的战略发展思路纷纷给予了充分肯定和赞扬，希望公司把握和运用好此次政府招商引资的政策，抢抓机遇，把企业做强做大，争创一流企业，打造知名品牌，力争把企业早日做成上市公司。与此同时，考察团成员均表示会支持企业发展，优化投资环境，让企业能安心搞好经营。

中纪委、中组部巡视组一行到"铜陵海螺"参观指导工作

12月15日，由全国人大农业与农村委员会副主任委员、天津市市委原副书记、市人大常委原主任房风友，中央纪委、中央组织部巡视组副局级巡视员郭海华，中央纪委、中央组织部巡视组副处级巡视员闵国胜，中央纪委、中央组织部巡视组副处级巡视员梁博组成的中纪委、中组部巡视组一行，在安徽省委副秘书长、省委督查组组长张世平等培同下来"铜陵海螺"参观指导工作。

集团公司副总经理李顺安在中央控制室向巡视组一行详细介绍了海螺集团在实施和推广余热发电、节能立磨、垃圾焚烧等节能示范项目等基本情况。并介绍了水泥熟料生产工艺、余热发电基本工艺流程，参观中巡视组领导听得认真、看得仔细，并就所关心的海螺集团在落实科学发展观，促进节能减排方面的措施进行了深入细致的了解。

参观结束前，房副主任表示今天的海螺集团向我们展示的是一个现代化的"海螺"、高科技的"海螺"，深入落实可持续发展观、促进循环经济发展的"海螺"，并祝愿海螺集团不断发展，取得更大的成就。

媒体关注及行业热点

Media Focus and Industrial Hotspot

专题·众志成城　多难兴邦

Special topic：Concerted efforts to revitalize the country amid adversity

2008 年 5 月 12 日 14：28 分，一场突如其来的 8 级特大地震，袭击了四川省汶川等地，数万生命顷刻殒灭，上千万人失去了家园。强大的震波摇撼了大半个中国。西蜀地震，九州同悲！这是一场巨大的自然灾难，对中华民族来说，它是一次精神的洗礼。危难面前，我们的国家和人民经受住了重大考验，在党中央坚强领导下抗震救灾取得了重大阶段性成果。

“多难兴邦”，是温总经理在北川中学安置点的黑板上写下的 4 个字。灾难使我们更加坚强，我们不会被灾难压倒。国家多灾多难，将更加激励人民奋发图强，战胜困难，使国家强盛起来。

大爱无言，血浓于水。地震，震动了整个中国，更震动了亿万人民的心。地震也把中华民族的“坚韧、凝聚、博爱、奉献”精神推向一个新的高度。地震灾后，全国人民不分民族和地域，13 亿人同时伸出援手，捐钱、捐血、捐物……

全国水泥人关注着灾区，关注着灾区水泥企业，心中牵挂着他们的安危。中国水泥协会在震后第一时间向灾区水泥企业发出了慰问电，随后又号召全行业向灾区捐款、捐物支援灾区。全国水泥行业从国企、央企、民企、私企到台资、港资、外资，从董事长、总裁、厂长、经理到工程师、技术员、看火工、搬运工，从共产党员到普通员工，有钱出钱、有力出力，一次又一次地为灾区赈灾捐款。这是中国水泥人的一次总动员，这是中国水泥界吹响的一次集结号！

尽管中国水泥行业赈灾捐献的形式表达各有不同，捐款数额从个人的几十元到企业的上百万、上千万元不等，但水泥人的心愿只有一个，那就是——惊天惨烈的灾难面前，灾区人民绝不孤单，我们深深牵挂着你们，我们同舟共济，共度难关，恢复生产、重建家园，阔步走向更加辉煌的明天！

慰问电：中国水泥协会致地震灾区水泥企业

Condolence：From China Cement Association to cement enterprises in earthquake disaster area

四川地震受损灾区的水泥企业及全体员工：

汶川地区发生的强烈地震，波及范围极大，给人民群众生命财产造成了重大损失。由于通讯联系困难，暂时无法准确了解你们的现状，初步了解部分企业设施受到破坏、厂区断水、断电，生产受到严重影响。对此中国水泥协会全体工作人员、会员单位及和 100 多万全国的水泥行业员工都深感痛心、深为关切！至此中国水泥协会谨向你们及你们的家属表示诚挚慰问！向在抗震救灾第一线日夜奋战的同志们表示崇高敬意！天灾无情人有情，中国水泥协会及全国水泥行业和你们心连心。

我们相信，在党中央、国务院的坚强领导下，在全国人民的大力支持下，地震灾区水泥企业一定能够万众一心，众志成城，团结奋战，顽强拼搏，尽快战胜这场特别重大的地震灾害，恢复生产，重建美好家园。

中国水泥协会

2008 年 5 月 13 日

汶川巨震　水泥人心系灾区

Giant earthquake in Wenchuan, hearts of cement people tied with disaster area

摘自《中国水泥》杂志 2008 年 6 月期

地震发生后不久,国务院抗震救灾总指挥部生产恢复组成员中国水泥协会副秘书长、《中国水泥》杂志社社长庄春来深入震区了解水泥企业灾情,提供了第一手信息;杂志还从多种渠道获取了各种消息。我们得知强震无情地夺走了他们亲人、同事的生命;将他们多年呕心沥血经营的水泥企业毁之一旦,变成废墟,灾区水泥业遭受了巨大的损失;同样我们也得知坚强的水泥人在突如其来的、山崩地裂的考验面前没有趴下、没有畏惧,他们不顾个人和亲人的安危,抢救他人生命,维护国家、企业财产。他们很多人只是平凡的角色,在大灾面前却显示了水泥人的坚强与刚毅,他们是顶天立地的英雄;同时不断传来消息使我们得知,经历灾难后的很多水泥企业,一边抗震救灾一边争分夺秒修复受损设施和设备,尽快恢复生产,将地震的损失减到最小,以实际行动投入重建家园的战斗。下面就让我们共同回顾这一段刻骨铭心的日子……

多家水泥企业遭受重大损失

震灾最严重的主要在汶川、北川、都江堰、绵阳、绵竹、青山地区。震区中的落后窑型尤其是立窑企业受损严重,几乎没有保存完好的工厂,很多企业的厂房已经在地震中完全坍塌!除峨眉山水泥厂、川威水泥厂和四川金顶水泥厂等幸免于难外,灾区各水泥企业都受到不同程度的影响。让我们近距离观察水泥企业的震后写实。

●中材集团子公司中国建材工业地勘中心四川总队彭州亚东水泥厂工地伤亡惨重。死亡 3 人,重伤 2 人,轻伤 2 人,其余 30 人全部安全撤离。

●大灾来临德阳利森水泥厂 2 名员工遇难,7 名员工重伤、轻伤 20 余人。生料库钢筋严重倾斜、下沉、回转窑已弯曲变形。生产水泥的建筑、设备等都在地震中坍塌、断裂或者损毁。在公司门口,一辆满载水泥总吨位达 50 吨的大型水泥灌车被强烈的地震冲击波掀翻在地。这个厂是年产 150 万吨的新厂,2007 年刚刚建成投产,投资 3.5 亿元,现在因为地震不得不停工。大约需要半年至一年的时间才能全面恢复生产。据估计,仅工厂的生产设备和建筑等损失就达 1 亿元。

●江油涪江钢铁公司水泥厂有两台直径 2.5 米 ×42 米五级旋风预热器窑。一条生产线预热器塔架倾斜;窑筒体严重变形;三台生料磨、水泥磨轴线偏移;50 米烟筒 2/3 处径向开裂,整条生产线报废。另一条生产线由于检修未生产,设备轻微受损,厂房多处受损。损失合计 5 000 万元。

●江油市武都水泥厂、江川水泥厂 37 岁的总经理程黎军被无情的地震夺去了年轻的生命。他是四川浙江商会副会长,2008 年 4 月还被绵阳团市委授予“十大杰出青年企业家”称号。武都水泥厂共伤亡 5 人、受伤 2 人。经济损失达 1 500万元,江川水泥厂受损 130 万元。

●江油市盛马水泥有限公司直径 2.5 米 ×10 米机立窑生产线厂房、设备受损合计 832 万元。江油奔箭水泥厂有两台直径 3 米 ×10 米机立窑。生产线许多建筑物坍塌,两台球磨机完全震损。总计损失 1 100 万元。江油市蓉铁水泥有限公司有两台直径 3 米 ×10 米机立窑。建筑物坍塌,生料磨、水泥磨、窑基础等关键设备受损严重,总计损失 1 972 万元。江油市博晶水泥有限公司有一台直径 2.5 米 ×10 米机立窑。建筑物坍塌和厂房损失 807 万元。设备受损 14 台(套)折合 968 万元。

●江油市白洋水泥有限公司受灾损失折合金额 1 850 万元,江油市彰明水泥有限公司受灾损失折合金额 1 100 万元;江油市屹立水泥有限公司受灾损失折合金额 1 850 万元。这些厂家厂房、办公楼、职工宿舍等建筑物均受损严重。

●阿坝州共有 5 家水泥企业,其中 4 家集中在汶川,年产能 54.6 万吨。阿坝州雄峰水泥有限公司、阿坝四 A 水泥公司、汶川彩朋水泥有限公司都位于此次受灾影响严重的汶川县漩口镇。这几家企业在此次地震灾难中遭受重创。

●北川规矩特性水泥有限公司厂区受损非常严重,伤亡 5 人,受伤 28 人。日产 700 吨的旋窑和预热器出现轻微倾斜及裂缝,关键设备全部受损,生产线已经完全停工,损失惨重,总计约 1.75 亿元。北川县新峰水泥有限责任公司死亡 4 人,受伤 6 人。两台直径 2.5 米 ×10 米机立窑全部损毁。损失折合 3 600 万元。

●北川县两年前筹划上马一个日产 5 000 吨的现代化水泥厂,土地已经征用,准备开工,但投资方江苏溧阳人士在地震中遇难。地震当天几位股东在北川信用社大楼开会,瞬时发生的大地震将他们全部掩埋在里面。整座大楼坍塌。武警官兵们没有放弃,已经整整搜寻了 24 个小时。他们说,就是拼死也要把遇难者挖出来。

●绵竹进鑫化建 2 名员工死亡、3 人受重伤,两台年产 15 万吨的立窑窑体严重受损,所有圆库均有不同程度倾斜、倒塌,经济损失达 2 000 万元。

●德阳绵竹齐福水泥厂具有年产 16 万吨的立窑,地震后厂区内的水塔、墙体等多处出现裂痕,两台窑均受损,其中一台窑的情况尤为严重。估计两个月之内都将无法恢复生产。

●绵竹盘龙建化公司的立窑垮塌,窑体受损相当严重。处在安装阶段的新建生产线并没有受到很大的影响。

●绵竹桂兰水泥厂主体建筑的情况尚好,附属建筑出现裂痕,暂时停产。

●什邡新金河水泥有限公司整个水泥厂全部坍塌,厂区成了一片废墟,多名员工遇难。

●什邡科华水泥有限公司现有一台直径3米的机立窑。地震中圆库受损严重,完全报废。2名员工不幸遇难。暂时停产。

●什邡峨鹰水泥厂水塔倒塌,两间厂房坍塌,暂时停产。

●彭州供销社水泥厂距离汶川地震点仅50多公里,震感明显。地震给企业带来重大损失,两名金华籍管理人员下落不明。

●德阳汉旺船头水泥厂2名员工受伤,所有的建筑在经过地震之后都处于危险状态。暂时停产。

●禹森实业有限公司死亡8人,受伤多人。直径2.5米×10米机立窑厂房、关键设备全部受损,共计损失7 000万元。

●绵阳剑门水泥有限公司受灾损失约1 000万元。

●广旺集团水泥公司下属宝轮水泥厂两条生产线烟囱垮塌,预热器也受损,估计损失约2 000万元。全面恢复生产可能要近两个月时间,下属的天台厂能较快恢复生产。

大灾面前水泥人彰显英雄本色

Heroic temperament of cement people shone in the presence of severe disaster

大灾难可以夺去亲人的生命,却夺不走水泥人的坚强意志,我们的同仁们擦干眼泪,立即投入到与灾难的殊死斗争。他们抢救战友生命、抢救国家财产,书写了一个又一个真实的、感天动地的故事……

●地震时距北川仅十余公里的安县桑枣镇大风岩石灰岩矿勘探工地地动山摇,矿山多处崩塌,漫山遍野的飞石从山上倾泻而下,中材集团下属中国建材地质中心四川总队工地水泵房抽水工黄天成被飞石砸中头部当场死亡,李安应左腿骨折。钻探施工负责人黄培林(黄天成之子)奔赴现场组织施救,面对父亲遇难悲痛欲绝,考虑到余震不断,现场人员随时还有生命危险,他强忍悲痛仅将父亲尸体用床单简单遮掩,就组织现场人员抢运伤者迅速撤离。拦住一辆出租车并派专人护送伤者转往成都救治。由于强震后通讯中断,他特别交待护送人员在途中随时与总队联系报告灾情,使总队能迅速组织救援组赶往安县工地现场。此后黄培林仍留在桑枣镇寻找其他人员。当晚共聚集15人在桑枣镇外农田露宿避灾。正是黄培林同志在危难中这种先人后己、公而忘私的精神和表现避免了震灾现场更多人员的伤亡,也使得总队在第一时间启动了应急预案。

在危急关头,正在矿山施放钻孔的王本和、任文富和黄培林等人迅速赶回驻地,在废墟中用双手刨出了被掩埋的地质资料、电脑、gps、地质实物资料和采集的样品。保证了单位财产和资料的安全。

●“中材节能”正在执行“拉法基”都江堰余热发电总包项目。地点直线距离震中仅为50余公里。由于当时通讯中断,一直没能汇报给总部!直到下午才成功发送短信:“状况惨烈,项目部人员安好,水、电、通讯全部中断”。据此,“中材节能”迅速成立节能公司抗震救灾领导小组,安排部署抗震救灾并赴现场救援。公司与在川合作单位紧急联络,并派人与现场工作人员取得联系。现场同志还在积极组织和协助分包商撤离,并向“拉法基”业主进行情况通报。他们用实际行动履行了对企业的诺言:“我们会坚持到最后!”

●大地震使地处川东地区的中铁二十三局集团有限公司日产2 500吨技改工程项目建设受到严重影响。天津水泥院仕敏监理公司总监刘国炳和杨军、张立强、李长林不顾个人生命安危,冒着多次余震的危险积极组织参加抗震救灾保护施工现场,为建设单位和施工单位避免了人员伤亡和经济损失。

●震后不久,成都院派遣13名专家赴都江堰等地区进行工业企业房屋建筑安全咨询现场服务。

●灾难发生时浙商王国成说:“我的员工一个都不能少!救助其他灾民,是我的光荣。”他是浙江诸暨人,2004年在什邡市洛水镇开始利森水泥厂的投资建设。地震时,突然间觉得整个世界都在不停地摇晃动荡。好几分钟后他才醒悟过来。他第一时间冒着生命危险到各个厂房寻找自己的职工。通过排查,除了一名在矿山的工人被埋以外,其他都幸免于难。

随后他在洛水镇上转了一圈,发现很多人的房屋都倒塌了,立刻组织厂里的职工搭建帐篷,安置了100多人。随后,他给在绵阳、广安、达州的市场部打电话,让他们立即运送食品、衣服和饮用水。什邡市政府赶到洛水镇救助时,他马上将自己厂里的三辆装载机,一台挖掘机,一台面包车和一辆卡车贡献出来。其实他内心承受着巨大痛苦和压力。他的水泥厂厂房大部分建筑和设备已经损坏,每天直接经济损失达到260万元,但是他没有惊天动地的豪言壮语,却深情地说:“经济损失是可以通过努力来弥补的,我感到幸运的是,我的员工还活着,他们是我救助别人的动力。”

●突然发生的地震让外地的游子更加想念家人,他们也急着第一时间给家人报平安。虽然重庆科华水泥集团没有受到大的影响,但是作为浙江金华到四川创业的企业家,赵宝忠说:我们有责任帮助灾区人民重建家园。

●四川电视台的感人画面——患难夫妻在救援中重聚。

"……这位晕倒的妇女几年前一起和丈夫从江苏到北川开办水泥厂,地震发生时水泥厂被摧毁,丈夫也不知下落。几天来她一边寻找丈夫,一边参加抗震救灾,已经拯救了四个人的生命。当又发现幸存者时,她奔跑着去寻找抢险队救助。由于过度劳累,加之几天来没有正常进食和惦记丈夫安危,终于踉跄着晕倒在路上。最后她和丈夫在救灾的路上重逢。据他丈夫说,灾难发生后,他通过自救逃出废墟,一边心系妻子,一边参加抗震救灾。重逢的夫妻没有更多的言语,又互相搀扶着向救援现场走去。……"

●北川中学校长刘亚春说:"地震发生以后,给我印象最深的还有两位我不认识的人,后来听说是从江油来到北川,在一个水泥厂做工的人,带来他们做工的工具,可以氧焊切割钢筋,帮助我们抢救被埋的学生。"

●省质监技术服务队队长邢泽亮前往利州区国营五州水泥厂了解企业受损程度。在队中他年纪最大,但什么事都抢在前头。他说:"父亲的部队曾直接参与了唐山大地震的救援任务,如今轮到我来四川抗震救灾。"

●美国洛杉矶时报以"中国地震后英雄频出,悲剧中蕴藏机会"为大标题,报道了一名什邡某水泥厂柔弱女子舍家为他人的壮举。37岁的赵中华是一家水泥厂的职工,在房屋垮塌前跑了出来。还没来得及查看自己的家人,他就开始帮一位同事的妻子寻找其丈夫和母亲。她说:"我在瓦砾堆里挖了五个小时,他是我的同事和朋友。他的妻子在求助,我必须帮忙。"她手上和腿上也满是伤痕。在天黑之前,他们救出了那位母亲。

●汉龙集团1998年起在北川等地捐建五所希望小学,经历汶川大地震,依然矗立不倒,让整个建筑行业为之震惊。这要归功于曾担任水泥厂副厂长的汉龙集团办公室主任,他全程监理希望小学的建设。在水泥、钢筋、石子的选材和施工的每一个细节上严格要求,将建筑最核心的东西把握好。高度责任心的承建过程和优质的水泥,保全了这些学校师生的宝贵生命。

新型干法水泥厂经受了强震考验

New type dry process cement plant experienced strong earthquake test

灾区大型新型干法水泥厂迄今为止可谓凤毛麟角。"拉法基"和"亚东"在该地区具有规模最大的新型干法水泥厂。"拉法基"都江堰厂因距震中较近,在地震中受到了影响,同时也经受了考验。

●都江堰拉法基水泥厂是"拉法基"在中国27家工厂中最大的一家,也是西南地区最大的合资水泥厂,年产300万吨水泥,占成都水泥年消费量的20%。这个厂已开业6年,有400名员工。"拉法基"中国企业传播部门发布信息说:"地震发生后,所有员工都快速转移到了安全地带,公司16 000名员工在地震中没有发生重大伤亡事故。由于距震中比较近,都江堰和江油厂有约15名员工受伤,但身体状况稳定。关于工厂方面,都江堰厂和江油厂受到了影响,总体来讲,影响不大。目前,由于工厂部分设施受损以及当地缺乏基础设施供应,出于员工的安全考虑,两个工厂的生产暂时停止。"虽然受到地震的损害,但拉法基都江堰水泥厂依旧挺立,正在为早日恢复生产而努力。

●四川彭州亚东水泥厂在大地震中工厂并未受严重影响。他们在台湾1999年地震灾害中积累了丰富的经验,因此在建设新厂时,从土建、工艺、设备到每一个生产环节都进行大量的投入,认真实施防震处理。但位于彭州北部山区的矿山及长皮带运输机因强震造成山体滑坡、坍塌,部分设备有损坏。地震发生后,全厂员工仍坚守在各自岗位上。地震前厂区正在进行设备检修,震后由于供电限制,改为对设备进行全面的震后检修。灾后第三天的5月14日水泥磨已恢复正常运转,5月20日则全面恢复生产。现在厂区热火朝天,机器轰鸣,日夜兼程,为灾区重建家园多出优质水泥。同时,公司还投入11亿元加紧第二条生产线的建设,将于2008年11月底投产,届时水泥产量将翻一番,年产量将达400多万吨。

抗震救灾　水泥行业在行动

Earthquake disaster relief, cement industry on the move

大地震震动的不止是生命,不止是人心,也包括企业良知和社会责任。当这场突如其来的大地震发生不久,众多国内水泥企业(集团)和相关单位都自觉行动起来,无私地奉献出了自己的爱心。

中国建材集团公司

汶川地震发生后,集团领导迅速部署在四川等地受地震波及较大的所属企业抗震救灾,同时紧急部署集团公司各单位捐款捐物。各单位及广大员工积极响应号召,踊跃为受灾群众捐款捐物，为灾区人民送温暖、献爱心。连日来，集团公司党群部、办公室等部门接到要求捐款的电话此起彼伏。很多员工在捐款之后，又再次追加捐款，纷纷表示要为受难的同胞多出一份力，多减轻一些损失。姚燕总经理率领的集团抗震救灾指挥部深入灾区，协调抗震救灾工作，慰问企业干部员工，及时送去救灾款和物资，解决了受灾职工的急需。

此外，当宋志平董事长看到灾区房屋损毁严重、急需帐篷的消息后，当即指示为灾区捐出了价值300万元的100套轻型防震房屋。应国务院国资委要求，北新集团公司全力以赴加班生产，为地震灾区提供500套轻型防震房屋。中国建材集团共向灾区捐赠价值2 677万元款物。集团负责人还表示，为了进一步支援灾区重建，加大对成都市和青白江区的投资力度，将投资40亿元建设轻质住宅产业基地、新型干法水泥项目，为抗震救灾多尽一份力，为灾区恢复重建尽一份责。

中国中材集团公司

在汶川地震发生后中材集团立即启动应急预案，组织抗震救灾，并发动各单位捐款救助。目前，集团已经以各种方式向灾区捐助达2 300多万元。集团总经理谭仲明、党委书记于世良也于地震后第四天到达四川总队成都抗震救灾指挥部（十里店基地），看望了抗震救灾指挥部和十里店基地所在单位的工作人员，并表示慰问。

中材集团旗下所属的中材建设有限公司有上百名的职工和外派劳务人员来自四川都江堰、绵阳和江油等地震灾区，汶川地震直接牵动着他们的心。对此，公司领导十分关注，安排项目服务部、党群工作部和人力资源部，对四川籍职工和外派厄瓜多尔、南非、赞比亚和坦桑尼亚等项目的劳务人员家庭受灾情况，进行摸底调查，并要求海外项目部立即对受灾区域外派劳务人员给予安抚。

在坦桑尼亚项目现场，项目部管理层考虑到作业层劳务人员收入不高，本来捐款的事情不打算让他们参加，可夜晚下班后，民工听说项目部管理人员在为抗震救灾捐款，就自发地来到捐款现场踊跃捐款。

“拉法基瑞安”

董事长兼首席执行官乐峰（Bruno Lafont）5月16日前往位于汶川大地震灾区的“拉法基瑞安”都江堰工厂，慰问受灾员工和他们的家人，鼓励大家一定要有信心战胜这场自然灾害。

继向绵阳市捐赠500万人民币和向都江堰市捐赠1 000万人民币后，“拉法基瑞安”又在5月16日倡议所有员工向地震受灾员工捐款。

此外，“拉法基瑞安”成功协助安置绵阳市、江油市受灾居民3 000余人和都江堰市受灾居民300余人，并已向当地紧急捐助并运送了水、食物和帐篷以解燃眉之急。与此同时，“拉法基瑞安”还组织了100名员工加入当地灾区救援队，一起进行救灾抢险工作，并无偿提供生产工具和矿山作业设备用于解救受困灾民。

海螺集团

支援灾区募捐活动在海螺集团公司总部与华东、华南的九省一市90多家子公司分区域同步进行。集团机关部室集中开展了地震救灾捐款，在家的集团公司领导带头参加了现场捐款活动，在外地出差的公司领导，委托他人代为捐款。在开展募捐活动的同时，集团公司分别给受灾较为严重的有关地方政府发去慰问电，表示随着救灾工作的推进，将持续与社会各方面共同合作，积极为灾区重建做出应有的贡献，尽到大企业应尽的社会责任。集团各公司向灾区捐赠善款260万元。

山水集团

地震发生后，山水集团立即开展了“心系同胞、支援灾区”为主题的捐款活动，8 979名员工纷纷献出一份爱心。集团党委书记、董事长张才奎动情地说：受灾群众就是我们的兄弟姐妹，在他们最需要的时候，全国人民和他们在一起。我们山水集团将密切关注灾区情况，坚守岗位做好本职工作，努力创造更好的业绩，以实际行动为共同夺取抗震救灾斗争胜利做出应有的贡献。山水集团共向灾区捐赠善款600余万元。

三狮集团

5月15日，三狮集团各子公司在集团党委领导下纷纷组织了“向地震灾区捐款献爱心”活动，在爱心募捐箱前，三狮的干部职工在集团公司党委书记、董事长、总经理姚季鑫的带头捐款下纷纷慷慨解囊。来自四川的员工激动地说：“家乡的父老乡亲正在经受着灾难，心里无比悲痛，但是看到温家宝总理第一时间赶往了灾区，全国人民纷纷伸出了援助之手，相信一定能战胜灾难。”集团各公司共向灾区捐赠善款225万元。

华新公司

党委在灾情发生的第二天经过紧急研究，决定由公司政工部、公司办公室和公司工会办公室联合发出通知，号召公司全体干部员工，发扬“一方有难，八方支援”的精神，积极捐款，为帮助灾区人民走出困境尽一份绵薄之力。

与此同时，正在瑞士Holcim公司总部开会的公司总裁李叶青得知汶川地震后，对灾情十分关注，并迅速表示华新将捐款150万元支援抗震救灾，他还及时向公司大股东——Holcim高层介绍了灾情。Holcim董事会对地震给当地人民带来的灾难深表同情，在地震的第二天就决定向中国地震灾区捐款150万元，以“华新水泥”的名义为灾区提供帮助。

5月21日，华新水泥公司特向汶川大地震灾区发出了捐款通报。通报原文如下：

2008年5月12日14时28分，四川省汶川发生里氏8级强烈地震，这场突如其来的特大自然灾害，给灾区人民造成了无法估量的生命财产损失和精神创伤。

惊闻噩耗,我们万分悲痛。广大员工积极响应党中央、国务院的号召,发扬"一方有难,八方支援"的精神,踊跃参加公司组织的抗震救灾捐款活动,大家慷慨解囊,为帮助灾区人民渡过难关、重建家园尽一份绵薄之力。公司员工共计捐款446 890.1元。

公司将把这些善款和"华新"人的爱心,通过有关部门,如数送到灾区人民的手中。

"冀东水泥"

灾情发生后,"冀东水泥"积极组织发动所属各企业全体员工紧急行动起来,广大员工纷纷伸出援助之手,积极为四川汶川地震灾区捐款,献上"冀东水泥"员工的一片爱心,希望以自己微薄之力给那些正在遭受苦难的同胞带去一点温暖,帮助灾区人民早日渡过难关。5月16日,企业克服了新建项目多造成的资金匮乏不利因素,多方筹措资金100万元,公司党委书记董事长张增光代表企业亲自将捐款送到唐山市慈善总会。

亚泰集团

得知灾情后,集团总裁宋尚龙立即召开高层会议,要求各部门、各企业在扎实做好当前工作的同时,组织好赈灾援助工作。集团共向汶川地震灾区捐款535万元,其中现金500万元,组织调运、捐赠药品价值约20万元。

"大连天瑞"

以自发形式举行了向四川灾区献爱心活动。公司员工、家属、施工单位、保安等共427人踊跃参加,合计捐款32 313元。经公司办公会研究决定,公司捐款5万元,共计8万余元。并上交长兴岛临港工业区经发局并转交社会保障委员会集中捐往四川灾区。

红狮集团

灾情发生之后,红狮控股集团公司立刻面向全集团各个子公司员工紧急发起了捐款活动,活动中共向灾区捐善款200万元,定向捐给绵阳江油市100万元,阿坝州汶川县80万元,广安邻水县20万元。

"兆山新星"

董事长徐新喜带头踊跃捐款,并组织号召集团所有子公司大力开展抗震救灾捐款活动。共向灾区捐善款125万元,已通过当地慈善机构和红十字会转交灾区用于抗震救灾。

利万步森集团

灾情发生后,四川利万步森集团有限公司董事会决定向5·12地震严重灾害地区的四川德阳什邡市捐赠130万人民币,用于紧急购买赈灾必需品,并启动集团全体员工自发捐款活动,以帮助灾区人民共度难关。

尖峰集团

从这场灾难发生的一刻起,尖峰集团就开始关注灾区,尖峰人时刻牵挂着灾区人民。集团公司党委、行政、工会呼吁公司下属各单位干部、员工向灾民伸出援手,献出爱心,踊跃捐钱、捐衣、捐被,用实际行动声援、支援受灾地区和受灾群众,帮助他们渡过难关。集团共为灾区捐赠善款及药品价值达220万元。

虎山集团

5月19日下午,集团公司再次委派人员将34万余元爱心款送往市慈善总会,至此,虎山集团通过向慈善总会捐赠、慈善义演现场捐赠和红十字会捐赠等形式,共计向四川地震灾区捐善款36.6万元。

声威集团

"泾阳声威"在第一时间组织了"情系灾区、'声威'有爱"捐款活动,得到了广大员工的积极响应,慷慨解囊,踊跃捐献,展现声威人浓浓的情意,一片片爱心,情暖灾区人。有的员工将身上仅有的钱全部捐给灾区。集团所属各公司共向灾区捐善款6万余元。

华润集团

5月13日,华润集团向各下属利润中心下发《关于抗震救灾捐款事宜的通知》,截至5月16日,华润集团及其旗下企业累计捐款3 008万元人民币,捐献各类赈灾物资折合人民币超过510万元,捐款捐物总值逾3 500万。

一方有难,八方支援。华润集团于地震发生后的第二日做出决定,立即向四川省人民政府捐款500万,其中,四川省人民政府200万、成都市政府100万,绵竹市政府100万、遂宁和什邡政府分别50万。捐款已由集团抗震救灾小组于5月13日亲自送达四川省人民政府。

"襄樊统领"

5月13日,震灾当前,襄樊统领建材科技有限公司董事长李正国及总经理崔耀平呼吁公司职工:拿出我们的真诚,奉献我们的爱心,发扬"一方有难,八方支援"的传统美德,与我们伟大的国家和坚韧的同胞们一起共度难关!为四川祈福!包括四口之家二个残疾人的戚正明等全体员工共捐款60 105元,其中,董事长李正国个人捐款50 000元。

天津水泥院

5月14日,四川大地震发生后,天津水泥院有限公司迅速反应、积极行动。由土建、结构专家组成的地震灾害排查工作组已奔赴四川省都江堰拉法基水泥公司,协助受灾企业排查受损的厂房结构,并指导加固修复工程。天津水泥院质量与安全生产管理部门将跟踪专家组的工作进展,随时提供各种资源支持,包括组织增援人员。专家组收集到水泥生产线损毁情况后,天津水泥院帮助恢复生产的各专业工作组也将随时启动。

天津水泥院领导班子和各业务公司领导带头捐款,广大员工积极响应,出差外地的同志特意打电话要求捐款,在国内和海外项目现场的同志或请同事或让家人代为捐款,刚参加工作不久的年轻同志也慷慨解囊,200多名离退休老同志自发来捐款。公司及所属单位已向灾区捐款150多万元。

川威集团

5月14日,四川汶川地震灾难的牵动着国内外所有人的心,各行各业纷纷向灾区伸出援助之手。虽然川威集团本身也处于地震波及地区,但该集团在积极组织抗震自救,保持生产稳定的同时,更把关注的目光投向了重灾区的人们,向他们伸出了友爱之手。四川省川威集团有限公司向地震灾区捐款达520万元,同时连夜赶制救灾物资达30吨,并迅速送往抗震救灾现场,支援灾区救援,组织各种救灾用物资满足灾区人们生活所需。

"南京凯盛"

5月15日,南京凯盛水泥技术工程有限公司通过相关慈善机构向四川地震受灾地区捐款23.5万多元人民币,其中个人捐款13.5万多元,公司捐款10万元。

南京凯盛公司在地震重灾区有三个项目正在执行中,为了用实际行动支援和帮助灾区重建,公司已派出三批技术人员赶赴德阳、绵竹等建设现场,帮助受灾的水泥厂开展震灾评估,制定灾后重建措施,切实为灾区人民做出"凯盛"人的贡献。

青松集团

5月15日,青松集团举行捐款活动,全体员工积极主动、自觉自愿地捐款,收到捐款26 7002元;5月19日,青松集团党委、团委、工会组织社会募捐,广大离退休干部、社会人员踊跃捐款,收到捐款10 680.5元;5月23日,青松集团近600名党员,以交纳"特殊党费"的方式再次为灾区捐款,共收到"特殊党费"213 860元,其中交纳1 000元以上"特殊党费"的党员69人,共计82 250元;5月24日,青松集团工会、女工委再次发出倡议,号召工会会员、女职工为灾区捐款,青松集团掀起又一轮捐款热潮,收到捐款55 117.7元。

青松集团全体员工累计向灾区捐款达546 658.2元。全部款项已汇入红十字会、中组部、妇联等灾区捐款专设帐户,由上述机构代为转交灾区。

山东沂州集团

5月18日,在全国人民进行抗震救灾的大环境下,作为沂蒙山区水泥生产龙头企业,山东沂州集团通过当地教育部门与四川教育部门取得联系,决定捐出500万元,在汶川建一所"沂州集团希望学校"。沂州集团董事长张剑群说,建设期间,集团将派出专门的监理人员对该学校进行监理,确保新建"希望学校"抗震能力达到9级以上。

张剑群特别介绍说,学校建筑质量关系着广大师生的生命安全,一定要过硬再过硬。这次为灾区捐建希望学校,集团将派出专门的监理人员对该学校进行监理,确保新建的"沂州集团希望学校"抗震能力达到9级以上。

据了解,四川省教育部门已经反馈消息,"沂州集团希望学校"将纳入灾后重建工作中。

"铜陵上峰水泥"

5月19日,铜陵上峰水泥股份有限公司捐资50万元、该公司董事长俞锋个人捐赠50万元共100万元已通过安徽铜陵市红十字会捐往灾区,同时"浙江上峰水泥"与"铜陵上峰水泥"两公司员工捐款15万余元也已由两地慈善机构转往灾区。

据悉,铜陵上峰水泥公司在四川地震灾情发生后立即在企业内部积极开展赈灾募捐活动,首批员工捐助款22 050元已由铜陵市救灾办转往灾区;浙江上峰水泥集团公司员工也纷纷踊跃捐款,目前已有132 700元捐款。

上峰水泥公司董事长俞锋表示:"上峰水泥"的发展离不开社会和政府等各方面的支持,这次四川灾情严重,我们尽所能献上一份力以实际行动践行"创造价值,回报社会"的价值观。同时,我们还将通过结对认领孤儿、支援灾后教育设施重建等形式持续对灾区进行赈灾援助。

成都建材院

5月19日,汶川地震发生之后,成都建材院有限公司在恢复生产、继续为业主提供优质服务的同时,向全院干部、员工及离退休老同志发出了抗震救灾献爱心的倡议书,全院掀起了"一方有难八方支援""捐助灾区重建家园"的活动高潮。成都建材院有限公司及员工共向灾区人民捐款人民币100万元。

5月20日,中国建材集团总经理姚燕带领抗震救灾指挥部人员赴四川灾区协调部署抗震救灾工作。姚燕一行一下飞机就直奔在此次地震中损失和伤亡情况严重的中央企业东方电气集团公司,与董事长、党委书记王计率领的东方电气领导班子进行了会晤。双方立即就中国建材集团捐献和提供给东方电气的新型抗震快装房屋建设事宜进行了认真的协调商洽。此次捐献和根据国资委统一协调部署进一步提供的共600套新型快装房屋计24 000平方米,由在东南亚海啸灾害中具有援助房屋项目实施经验的北新建材集团有限公司连日加工,并将于10天内生产提供到位,用于东方电气受灾最严重、地质条件最为复杂、位处汉旺镇的东方汽轮机厂恢复重建与获救职工和家属灾后使用安置工作。

四川"国大水泥"

5月20日,四川汶川县发生强烈地震后,四川国大水泥股份有限公司坚决贯彻党中央、国务院的部署和国务院国资委的通知精神,紧急行动,迅速部署,及时号召员工向灾区人民和受灾单位捐款、捐物,全力支援灾区人民抗震救灾。国大水泥公司已捐出4 000顶赈灾帐篷,陆续送达灾区,同时,公司员工也已捐款近5万元人民币。

四川国大水泥股份有限公司是由上海国大建设集团投

资设立,计划在江油市含增镇新建一条日产5 000吨干法水泥生产线项目,目前各种审批手续已经完成,虽然项目还在筹建阶段,没有受到影响,但是原定6月开工的计划将不得不拖延了。

新疆“天山水泥”

5月22日,新疆天山水泥股份有限公司向四川灾区捐款发出公告。公告中称,为了帮助灾区人民渡过难关,公司发出了捐款倡议。截止5月21日,公司共捐款155.326 8万元人民币。其中本公司及其中本公司及所属单位捐款102.094万元人民币,员工捐款53.2 328万元人民币。目前,上述款项已通过有关部门捐往灾区。

江苏“金峰水泥”

5月25日,江苏金峰水泥集团捐款530万元人民币支援汶川地震灾区。江苏金峰水泥集团董事长徐贵生说:“‘金峰’是老区土地上脱颖而出的企业,我是老区人民培养的企业家,发扬传统,回报社会,是老区人的天职。大灾无情人有情,作为一名党员,我在交纳5万元特殊党费后,又以公司名义捐献500万元人民币,以表达老区对灾区的一份心意。”

江西“万年青”

5月26日,江西万年青水泥股份有限公司公布了向地震灾区捐款的公告。公告中称,在保证信息披露内容真实、准确、完整,没有虚假记载、误导性陈述和重大遗漏的情况下,公司积极倡议和组织开展了抗震救灾捐款活动,公司及全体干部职工共向灾区人民捐助347.888 75万元人民币善款。公司坚信,在党和政府的坚强领导下,全国人民万众一心,众志成城,共渡难关,必定会取得抗震救灾的最后胜利。

太原“狮头水泥”

5月26日,太原狮头水泥股份有限公司通过太原市救灾捐赠管理中心向“5.12”地震灾区捐款1 116 160元人民币(其中职工捐款116 160元人民币),支援灾区人民的抗震救灾工作。

陕西“富平水泥”

6月11日,陕西富平水泥有限公司执行总裁皮埃尔先生代表公司通过陕西省红十字会向地震灾区捐赠价值100万元的款物。省红十字会副会长惠战勤与陕西富平水泥有限公司签订了捐赠协议并接受了捐赠。陕西省商务厅厅长李雪梅代表陕西省政府出席了捐赠仪式。

5月12日中国四川汶川发生强烈地震后,意大利水泥集团总部和陕西富平水泥有限公司高层十分关注,多次就如何尽企业责任救灾济困进行商讨。期间,公司员工还通过工会自发地为灾区捐款捐物,奉献爱心。近期,经总部研究,在已经决定捐助富平县道路建设的500万元人民币和教学设施的100万元人民币的基础上,特别批准向地震灾区专项捐助价值人民币100万元的款物。这笔捐赠包括专项支持四川地震灾区的60万元人民币和陕西地震灾区20万元人民币和用于重建所需的1 000吨水泥。

陕西富平水泥执行总裁皮埃尔先生表示,作为第一次进入中国的欧洲第二、世界第五大水泥生产商,意大利水泥集团携陕西富平水泥有限公司不仅要将其先进的生产技术与可持续发展的生产理念带到中国,更希望以品质高、使用安全、环境友好的水泥产品服务中国。这次,通过与陕西省红十字会的合作,陕西“富平水泥”希望这些款物能够带去富骊人对地震灾区人民的关心和支持,为家园重建贡献自己的绵薄心力。

重庆市水泥协会紧急募捐倡议书

Urgent donation proposal by Chongqing Municipal Cement Association

伸出援助之手,贡献水泥人的一份力量!

重庆水泥企业、水泥装备企业及广大业界朋友:

2008年5月12日下午14时28分,四川省汶川县发生里氏7.8级强烈地震以来,许多房屋坍塌、村庄夷为平地,数以万计的生命突然终止,无数家庭深陷悲痛。四川地震灾害造成上万人遇难,数万人杳无音信,很多人被埋在废墟中生死未卜。这场突如其来的灾难震撼着每个中国人的心灵,中国人民在经历了不久前的冰雪灾害之后,面临着又一场严峻的考验!

目前,尽管各种力量正源源不断地向灾区提供救助物资,然而灾区食品、药品、帐篷、棉被等物资极其紧缺,救助工作仍在艰难地进行。在人民财产严重受损,身陷困窘之际,作为水泥行业而言,我们也有责任伸出援助之手,帮助灾区人民度过艰难。为积极响应国务院的号召,主动承担起企业对人民深深的责任和义务,奉献出水泥行业一片拳拳爱心,重庆市水泥协会向全市的水泥企业及广大员工、业内朋友发出呼吁:伸出你的援助之手,贡献水泥人的一份力量!真诚地希望大家行动起来,投身于抗击灾害的救援大军,踊跃捐款,以实际行动支援抗灾救灾活动和灾区重建工作。

重庆市水泥协会

二〇〇八年五月十四日

2008年5月22日，有21户水泥企业自愿捐赠地震灾区10 580吨水泥。其企业名单和数量公布如下：

附表：重庆市向四川灾区捐赠万吨水泥企业名单及数量

序 号	企 业 名 称	捐赠水泥数量(吨)
1	拉瑞	2 000
2	小南海	1 000
3	天助	1 000
4	富丰	1 000
5	科华	1 000
6	润江	500
7	金江	500
8	金九	500
9	国茂	500
10	富皇	300
11	弘扬	300
12	三磊	300
13	金铂	300

续表

序 号	企 业 名 称	捐赠水泥数量(吨)
14	夏强	300
15	青鹏	300
16	参天	200
17	鞍子	200
18	南特	200
19	巨立	100
20	渝桂	40
21	泰琦	40
合计：企业21家		10 580

5月12日四川汶川强烈地震，牵动着重庆水泥企业和职工的心。5月14日，重庆市水泥协会发出了"震灾募捐倡议书"后，全市水泥企业和职工积极踊跃解囊相助。截至5月26日，统计131家水泥企业共计向灾区捐款409.6059万元，其中：集体：332.182万元，个人：77.4239万元。

二〇〇八年五月二十六日

重庆市捐赠四川灾区万吨水泥首批运抵成都

The first batch of ten thousand tons of cement donated by Chongqing City to Sichuan disaster area has been transported to Chengdu

重庆6家水泥企业捐赠四川灾区的首批2 900.48吨水泥搭乘78辆散装罐运输车浩浩荡荡于2008年5月27日安全运抵成都，成为最早到达四川的省外援助水泥，拉开了重庆市水泥协会和重庆水泥企业向地震灾区捐赠万吨水泥的序幕。

重庆首批捐赠的水泥，分别是小南海1 000.8吨，金江502吨，金九500.05吨，天助481.01吨，富皇265.42吨，润江151.56吨，共计2 900.48吨水泥，在重庆市经委主任助理周青，重庆市水泥协会会长马泽民，秘书长、小南海水泥厂厂长邱沛阳的带领下，经过约7个小时的长途运输，相继运抵成都，并在成都建工成新混凝土工程有限公司举行了捐赠仪式。成都市经委领导在发表了充满感激之情的致词后，代表受震灾区向重庆市经委、重庆市水泥协会授牌。在捐赠仪式上马会长以"地震无情，协会有爱"为题，表达了协会不等不靠跟党走，地震灾害无小事，服务企业无终点的讲话；邱厂长代表重庆水泥捐赠企业发表了"川渝一家亲，重建新家园，水泥要先行"的讲话，表达了"向地震灾区捐赠水泥我们重庆水泥企业义不容辞"的决心，表达了重庆水泥企业与灾区人民心连心，与灾区人民共建美好家园"的心愿。重庆市水泥协会和重庆水泥企业捐赠万吨水泥行动，成为重庆轰动一时的新闻，5月28日《重庆日报》在第四版"众志成城，抗震救灾"专版中《渝军入川，火线驰援》为题，以头条新闻予以报道；重庆卫视晚间新闻对捐赠大军浩浩荡荡，非常壮观、感人的现场画面进行了近2分钟的报道；《数字水泥网》《水泥商情网》也在当天分别作了报道。

在"抗震援川"活动中，这些企业积极响应协会的募捐倡议，表现出了诚信、守信和自律，把承诺化作行动，把爱心变成决心，为行业做出了榜样。重庆市水泥协会于5月18日发出了致6家水泥企业的感谢信："心系灾区诚信无价，说到做到带了好头"。

二〇〇八年五月二十八日

海外同仁

Overseas colleagues

台泥公司董事长辜成允在最快时间给中国水泥协会发来慰问电，向蒙受5·12大地震灾害的水泥界同仁表达诚挚的关心和慰问，并向灾区同胞捐款500万元。

远东集团旗下在大陆的子公司四川"亚东水泥"也在震灾中蒙受损失，远东集团和"亚东水泥"联合捐赠1 000万元人民币与2 000公吨水泥帮助赈灾。远东集团董事长徐旭东表示，远东集团在台湾发生9·21大地震时，曾捐资并协助执行重建小学及建造组合屋，对于协助重建工作已有相关经验，希望这些经验能对四川的重建工作有所帮助。

5月16日下午，日本太平洋水泥(中国)投资有限公司新任董事长兼总经理加藤隆(Takashi Kato)来到中国水泥协会拜访雷前治会长，并将太平洋水泥集团向四川灾区捐款100万元情况进行了通报。

水泥人用自己的行动证明了，天道无情人有情！虽然我们中的大多数不能亲赴现场抗震救灾，但水泥人尽其绵薄之力为灾区救援和重建伸出了援手，贡献着力量。在天灾面前，我们挺起民族的脊梁坚强地面对灾难，这就是民族的凝聚力；在困难面前，我们不退缩，团结一致面对困难，这就是企业的凝聚力。愿我们的一份份爱心能够抚慰灾区人民的身心创伤，助灾区人民早日渡过难关，在一片废墟上重建美好家园！

震后专家系列谈

Series talk by experts after the earthquake

汶川大地震，千万座建筑倒塌，特别是坐满师生的教学楼整体坍塌，作为搞建筑的、做建筑材料的人来说，心情万分沉重。唐山大地震在我们心中留下的震撼，持续而久久难以离去。痛定思痛，我们应该从这次灾难中吸取什么教训？得到什么启发？今后从那些方面改进？中国水泥协会、《中国水泥》编辑部特别邀请了行业的一些知名专家，从建筑体系、建筑材料、产品标准、建筑垃圾、市场需求等多角度进行了分析。让我们来看看他们是怎么说的……

王燕谋(原国家建材局局长、留苏博士、水泥专家、中国水泥协会高级顾问)：

加快新型干法水泥发展

Speed up the development of new type dry process cement

汶川大地震给震中及其周围地区的立窑企业造成严重破坏。绵阳市损失立窑生产能力700万吨，德阳市损失100万吨，震中汶川县损失至少70万吨，估计在这次地震中四川省损失立窑水泥生产能力有1 000万吨。在灾后重建中，遭破坏的立窑水泥企业不应再恢复立窑生产，可以改造成水泥粉磨站、混凝土搅拌站，或联合起来建设新型干法水泥厂。不具备条件的只能转业。根据浙江和广东等省经验，政府拿出部分资金帮助立窑厂改产或转业，十分有效。四川省政府应利用重建的机会，拨出一定资金来帮助立窑企业，使他们顺利地改产或转业。淘汰立窑水泥而腾出的市场空间，可加快水泥新型干法的发展。

唐山大地震后，政府部门和设计院对启新水泥厂进行过调查研究，总结干法回转窑厂抗震经验与教训，四川汶川大地震对拉法基都江堰水泥公司等企业造成不同程度的影响。设计院安装和设备制造等单位都应深入现场，调查预分解窑新型干法生产线及其相应建筑物的抗震情况，新型干法企业也应检查自己在抗震中对保护人身安全与设备安全的应变能力。在调查和检查的基础上总结出经验和教训，防患于未然，以保障加快水泥新型干法的发展。

徐永模(博士后,研究员,中国建材联合会副会长,中国混凝土与水泥制品协会会长):

记住那些拿生命换来的教训!

Remember lessons traded by life and blood!

这次四川汶川发生的8级地震对建筑物的破坏范围之广,程度之大,人员伤亡之惨烈,在我们心中留下了永远的深深的痛。作为建筑材料行业的科技工作者,看着电视以及其他媒体上报道的各种破坏情景,不能不有所思、有所想、有所说。但是,由于对地震破坏实际情况的现场调查尚未结束,对一些具体问题尚不能肯定地下结论,例如全社会关注的豆腐渣房屋工程问题。应该说,对于过去20多年内建成的各种房屋建筑,豆腐渣工程不是有没有的问题,而是有多少,是哪些和严重程度多大的问题。豆腐渣工程的产生有许多原因,有人企图把所有责任归结到政府的建筑预算低,或按设计规范要求建造的抗震烈度低于这次地震的烈度,把责任统统划归自然灾害,以逃避责任。大家看到的事实是,同在一个震区,同样的设计规范,同样的甚至更低的造价预算,为什么有的房屋就未倒,有的是局部倒塌,有的是瞬间坍塌。豆腐渣工程问题如果不搞清楚,不严惩那些违法乱纪者,是不能给全国人民一个交待的。

当前,抗震救灾已开始进入灾区重建阶段,首先遇到的就是清理那些毁损房屋形成的建筑垃圾。从新闻媒体的画面可见,形成的主要建筑垃圾是钢筋混凝土、黏土砖、木材、砌筑砂浆等,还有内外装修用的瓷砖、石材等。许多材料是可回收的。目前钢材每吨已达6 000多元,当地一些人已经开始人工破碎钢筋混凝土,回收钢筋。对于废弃混凝土来说,应该进行回收处理,可以先对大块进行机械破碎、分筛,回收钢筋,制成符合混凝土要求的粗集料、细集料,要注意避免被泥土混杂污染,否则集料质量将达不到标准要求。对于破碎中形成的细颗粒和粉料,可以用来生产混凝土砌块和混凝土空心砖。形状完好的黏土砖应该回收利用,碎坏的黏土砖可以机械破碎成生产混凝土砌块或混凝土砖所要求的粉料尺度,煅烧黏土砖粉料具有一定的火山灰活性。至于碎陶瓷和石材,可以破碎后作为混凝土的集料使用。灾区重建需要大量的建筑材料,而重建也需要解决大量的建筑垃圾处理问题。如果最大限度地利用好建筑垃圾,不仅将减少填埋所占用的土地,减少建筑材料的生产、运输、节约材料资源和能源,保护生态环境。

徐德龙(中国工程院院士、硅酸盐工程专家。现任西安建筑科技大学校长、粉体工程研究所所长。兼任中国硅酸盐学会副理事长、中国颗粒学会副理事长、中国冶金建设协会副理事长、教育部生态水泥工程中心主任、国家保密技术专家组专家、美国化学工程师学会A级会员):

完善和重构城镇抗震建设新体系

Complete and restructure new system of city and town earthquake resisting construction

一、重构震区城镇建设选址和规划的科学原则

绵竹地区建筑抗震设防烈度为7度,5·12地震实际烈度为10~11度。

深入认识地震现象和区域及建筑物的抗震规律、重构建(构)筑物选址和规划的科学原则对震区的重建和全国城镇建设具有重要指导意义。在目前灾区重建中还必须认真处理好临时防震建设和长远社会、经济发展的关系,重新调整灾区各种产业和公共服务基础设施的关系,调整城乡的结构和城市的空间结构,建设一个高规格的抗震性能优越的新型示范区,变灾难为财富。对这样一件空前的大事,要抢速度,但切忌急功近利,不按科学规律办事。

二、完善我国抗震结构设计规范

专家团的现场检测和评估结果表明:凡2000年后严格按照抗震规范设计和建设的建筑设施虽经受反复余震,倒塌和损毁很少。这说明我国现行的抗震设计规范基本是科学和可行的。我国现行的各地区抗震设防标准是1990年修订的,时隔18年,鉴于当前的认识水平,有待重新修订。总之,通过深入研究汶川地震现象,完善我国抗震结构设计规范显

得十分紧迫和必要。

三、重视对公益性建筑的投入

本次汶川地震中损毁最严重、人员伤亡最大的部门是中小学、医院等公益性事业单位。这充分表明,改革开放以来,虽然我国经济得到了快速发展,但我们对关系百姓和祖国未来的公益性事业的重要性认识不高,重视不够,投入不足,建筑设计的标准不高,施工质量把关不严。这也从一个方面印证了建设和谐社会的迫切性。我们必须认真汲取此次地震教训,切实按国家发展规划和相关法律规定,逐步解决对教育、医疗等公益性事业的投入问题。对上述单位的建筑要组织专家通过专门研究制定特殊规范,从严把关,高质量地建设。

四、启动主要建筑材料的抗震性能研究

水泥、混凝土、钢材等是关键性结构材料,其性能决定了建筑物的抗震水平。一般金属材料有反映抗震性能的韧性指标,而绝大部分非金属材料没有反映抗震性能的韧性指标和相关的检测办法,只有反映强度和部分耐久性能的指标,过去在这方面的研究也几乎是空白。无机材料的强度和韧性又往往是一对矛盾,解决这样的矛盾需要开发新型的结构材料。因而,启动对主要结构和建筑材料的抗震性能研究,进而开发新型的高抗震性、高耐久性的结构材料就显得十分必要。

孔祥忠(教授级高工,中国水泥协会副会长兼秘书长):

灾区水泥市场缺口短期亟待弥补

The gap of cement market in disaster area needs to be closed urgently in a short period

灾后高标号水泥市场看好

1. 2007 年四川水泥产量 6 214.17 万吨,企业数 342 家,规模年产 100 万吨以上的企业仅 8 家,272 家都是年产 20 万吨及以下的小厂。大地震对震区的所有水泥企业都造成了不同程度的破坏,尤其是立窑企业基本不复存在,以成都、绵阳、德阳灾区 29 家中小规模(多数是立窑)企业 1 241.66 万吨能力计算,按 80%毁损就有 1 000 万吨缺口,再加 3 家大企业的短期不能生产,应该说灾区水泥市场缺口有 1 500 万吨,区域市场的供需平衡被打破。

2. 生存下来的大企业要全部恢复生产至少需要 3 ~ 5 个月,即使恢复生产仍有 1 000 万吨的市场缺口。

3. 从周遍地区调运灾区的水泥因长途运输势必增加水泥费用。

4. 灾区内水泥企业因修复矿山、设备检修、建筑构筑物维护,加之灾区道路待修复,原燃料运输成本会提升、供电难稳定致使设备运转率降低,也会增加生产成本。

5. 正新建的水泥生产线因震灾会推迟投产日期。灾后重建,水泥需求迅速增长,水泥供应缺口亟待弥补。

建议:

一、应关注灾区水泥企业恢复生产中的诸多急需解决问题

1. 对灾区内尚生存的企业在环保达标的情况下可以给予生产许可证的暂缓延长。

2. 对大集团从周边省份设立的水泥厂调运水泥前往灾区时交通部门可否在铁路车皮方面给予关照,以弥补大集团在灾区企业的损失。对所有运往灾区的水泥应取消路征收费。

3. 为了解决灾区重建水泥缺口问题,对新上水泥项目有必要缩短审批时间,但必须严格控制产能规模、掌握投资节奏。

4. 新上水泥工程在防震等级上是否要调整,急需有关部门给予明示;

5. 对灾区水泥企业在税收征费等问题上给予减免政策。

二、发挥新型干法水泥优势,为灾后重建提供优质水泥产品

灾后重建将会更加注重工程质量,高标号水泥市场看好,这将有利发挥新型干法水泥企业的优势。灾区和周边水泥上市公司将有较长时间的收益。

灾区水泥生产和运输成本的增加,尤其市场缺口短期难弥补,导致 2008 年下半年水泥价格的难免提升。处于政治和市场的因素,水泥价格大幅度提升是不可能的。

大地震使立窑企业自然淘汰,无意中加快改变了四川水泥工业结构调整,也会间接影响其他省份的淘汰落后产能的决策决心。

三、震灾将迫使建筑标准、规范完善与推动优质建材产品的使用

建筑结构的"肥梁、胖柱、厚墙"或许是震后增加伤亡人

数的因素之一。抗震等级的划分调整、高标号混凝土的采用、轻质墙体材料的应用、严格执行施工规范等是建筑部门需认真研究的问题。中国的水泥标准几经修改已逐步与国际标准接轨,能向建筑行业提供优质水泥。每年我国水泥企业按国外发达国家标准生产外销3 000多万吨水泥。

四、把混凝土作为水泥企业的最终产品是有必要的

在国外,大多是水泥企业直接向建筑商提供混凝土产品。而我国现行体制是混凝土搅拌站的建立和管理由建设部门负责,水泥行业只是间接向建筑行业提供产品。为了让混凝土搅拌站用好水泥,许多水泥企业在厂里增设混凝土试验室,混凝土的外加剂和水泥生产中的外加剂还往往出现不兼容的现象,这种社会资源的浪费提醒我们,为保证混凝土的质量,改变对混凝土行业的行政管理体制已势在必行。

颜碧兰(教授级高工,全国水泥标委会秘书长、中国建材研究总院科技部部长):

从灾后重建谈执行水泥新标准的重要性

Realize the importance of new cement standard implementation from the post - earthquake reconstruction

面对灾难,我们应该重视一个非常重要的问题,即建筑物安全性问题。房屋的设计、结构、材料、功能设置、施工管理、质量监督等各个环节都对其包括抗震性在内的安全性产生重大影响,因此只有各环节严格按照标准和规范进行,才能保证建筑物安全性达到预期目标。水泥作为关系建筑物安全性的重要原材料之一,水泥质量管理一直是建材行业非常重视的环节,从建国之初没有统一标准的落后状态,发展到今天已建立比较完整的水泥产品标准和测试体系,形成了我国水泥标准制定和修订科研队伍、审查体系和监督执行机制,为水泥质量的控制和监管提供了有力支撑。2007年中国建筑材料联合会对全国水泥质量状况进行了统计分析,从国家水泥质量监督检验测试中心及全国27个省、市、自治区水泥质量监督检验站上报的2007年质量监督抽查的统计数据可以看出:省级监督抽查的企业数为2 143家水泥企业,平均合格率为96.33%;国家监督抽查150家,合格率100%。抽检结果表明,大部分水泥企业的质量意识较强,对水泥产品生产过程进行了较好的质量控制,产品合格率较好。但是也可以看到仍有一些企业经营者质量意识淡薄,以降低产品质量换取收益并进行不正当竞争。

GB175－2007《通用硅酸盐水泥》将于2008年6月1日实施,标准中取消了P·O32.5水泥品种,解决了强度等级与混合材掺加量不匹配的问题,增加了对Cl^-限量的要求,增加了水泥组分应定期校核等内容,新标准的实施将有利于进一步规范水泥的生产和应用。

新标准实施后水泥中混合材掺量仍然是重要的生产控制指标并且必须在合格证和检验报告中明示混合材品种和掺量,只有这样水泥用户才能有效控制混凝土中掺合料的加入量,从而消除在材料环节可能给建筑物带来的安全隐患。

媒体关注水泥行业灾后重建

Media focusing on post-disaster reconstruction of cement industry

海螺水泥:三年内将把产能提高一倍

Hailuo Cement: it will double the capacity within three years

来源:华尔街日报【2008-6-6】

安徽海螺水泥股份有限公司(简称:安徽"海螺水泥"股份)声称,公司计划在未来三年将水泥产能扩大一倍,以满足中国地震灾区重建的强劲需求。

安徽海螺水泥股份执行董事郭景彬表示,安徽"海螺水泥”股份2008年计划投资人民币70亿元(10亿美元)用于扩大产能,并将在未来几年中每年投资人民币100亿元以上。按照产量计算,该公司是亚洲第一大水泥生产商,产能高达1亿吨以上。预计2008年公司销量将超过1亿吨,高于2007年的8 650万吨。鉴于地震之后的重建工作需要,公司盈利能力将有所提高。

他是在北京出席“海螺水泥”获得中国银行(Bank of China Ltd., 3988. HK)额外人民币50亿元贷款的新闻发布会间隙发表上述讲话的,该公司此前已经获得该行授予的人民币230亿元信贷额度。

中国银行的声明称,安徽“海螺水泥”2007年净利润人民币25亿元,运营收入人民币185亿元。该公司将利用额外贷款用于重建工程。他预计重建的水泥需求可能在未来三到五年达到1亿吨左右,尤其是对高质量水泥的需求巨大。他估计灾区大约70%的水泥生产能力使用落后的技术。

郭景彬表示,若政府不进行干预,地震灾区的水泥价格为每吨人民币1 000元,目前灾区水泥价格为每吨人民币600元,而未受灾地区的价格为每吨人民币300元左右。他的预期反映了政府对地震后原材料需求将加剧通货膨胀压力的担忧。他表示,国家发展与改革委员会(National Development and Reform Commission)计划限制包括钢材和水泥在内的大宗商品价格涨幅,但他尚未看到任何具体措施。

安徽“海螺水泥”计划在四川投资人民币40亿~50亿元建设三座工厂生产水泥。该扩建计划将在7月份开始,到2010年该公司四川产能将达到1 200万吨。该公司还在四川省省会成都市附近寻求新的投资机会。目前该公司正在为其重庆直辖市增产1 000万吨,以及甘肃省增产300万吨的计划寻找资金。这两个地区也受到地震的影响。据悉四川、重庆和甘肃的产能扩张计划是该公司2008年增加产能5 000万吨的整体计划中的一部分。

中国银行表示将继续向建筑材料、电网、天然气和运输以及基础设施行业提供人民币数十亿元的信贷额度。

三年之内“拉法基”四川主场或破

The Sichuan host site of "Lafarge" may be broken within three years

2008-5-26　信息来源:华夏时报

预期地震重建需亿吨水泥,将改变四川水泥竞争格局

尽管汶川地震灾后重建尚未大规模展开,但是一个多月后,以路桥、房屋修复为主的建设将带来水泥需求高峰已是板上钉钉。

按照风险评估公司AIR Worldwide的推算,中短期内,此次地震将直接带来逾1亿吨的水泥需求。而国都证券水泥行业分析师马琳娜坦言,四川周边水泥上市公司的产能,在今后的三年内将百分之百地释放,四川水泥市场的封闭式格局将从此被打开。

而事实上,各大水泥巨头觊觎四川已然剑拔弩张。中国主场就在四川的世界第一大水泥生产企业“拉法基”面临的并非只是本土水泥老大“海螺”的宣战,包括“中国建材”、“华新水泥”等国内水泥巨头也已向其出招。

地震扩增逾亿吨水泥需求

虽然完整的官方数据尚未出来,但根据AIR Worldwide推算,地震所造成的经济损失将超过200亿美元,地震已造成房屋倒塌312.8万间,房屋损坏1 560.9万间。

据此,国都证券水泥行业分析师马琳娜预计,其中受损建筑物和公路的总值将占到总损失的50%以上,在中短期内将直接带来逾1亿吨的水泥需求。虽然灾后一个月内,受灾地区对水泥的需求受到抑制,但是一两个月后,重建逐步展开,供需将陡然改变,水泥需求高峰也将接踵而至。

四川地质构造复杂,多山的地理环境给交通带来极大的不便,四川地区的水泥供应全部为本地生产,远远满足不了灾后重建的需要。

据国金证券提供的一组数据表明,截至2007年底,四川水泥的总体产能为7 900万吨,其中新型干法产能是2 100万吨,湿法窑600万吨,立窑和其他落后窑大约5 200万吨。从2007年6 214万吨的产量中看,新型干法的水泥大约1 600万吨,占比只有25%,新型干法水泥比例远低于全国。而由于当地的新型干法水泥比例不高,淘汰落后产能,进而影响供需格局,则成为主导四川水泥竞争格局的第二大主要因素。假定“十一五”末新型干法水泥的产销量比重为55%,低于全国平均70%的目标,则尚有1 700万吨淘汰量。

成都市政府2007年做出决定,当年年内关闭40余家立窑企业,成都市水泥价格在2007年的12月发生暴涨,一个月的时间,暴涨到了623元/吨,涨幅高达50.8%。这使原本供求就难以平衡的成都水泥市场,突然出现了超过500万吨的需求缺口。

而地震加剧了供需矛盾。“四川境内的大型水泥企业,如“双马水泥”、“亚东水泥”和“德阳利森”,其生产方面受到了不同程度的影响,而“都江堰拉法基”目前已经停止生产。”四川省水泥协会秘书长杨渝蓉在接受《华夏时报》记者

采访时说，“完全恢复起码也得一两个月。”

“这些天一直在忙着进行灾后评估，目前还没有进行准确的统计。”都江堰拉法基水泥有限公司副总经理葛冠军透露，“初步估计，我们自己停产的水泥产能将达到300万吨。”

“海螺水泥”入侵四川

四川水泥以往的主要格局是，以“拉法基”为主导，“台湾亚泥”、“四川金顶”、“峨眉山水泥”为辅的竞争态势。虽然“拉法基瑞安”目前充其量只占20%的市场份额，即使达到4 000万吨，也不过30%，但是在西南市场还看不到其有直接的对手。数字水泥网总裁刘作毅分析，这种格局很快将被打破，“拉法基”首先将迎来一个强有力的对手，那就是“海螺水泥”。

5月16日，“海螺水泥”发布公告，正式启动了115亿元的再融资计划。所融部分资金，将投向四川省、重庆市等区域，并分别新建一些水泥生产线。

“四川将是‘海螺’在西南市场里的重中之重。去四川投资，没有哪家公司具备‘海螺’的优势。”国内水泥巨头“海螺水泥”副总经理余彪在接受《华夏时报》记者采访时独家透露，“在四川，除了我们公告中将在达州上马3条生产线外，我们在广元的项目也已基本确定，就等着主管部门的审批文件了，相信不用多久，就会有正式公告出来。”

与“中国建材”以兼并重组为主的风格不同，“海螺水泥”更倾向于新建项目。

“现在地方政府已经不再是招商引资，而是招商选资。”余彪介绍，“民营企业缺乏资金，外资企业则缺乏政策支持。这样看来，一切都有利于‘海螺’进入四川。”

余彪透露，“海螺水泥”已经制定了详细的入川规划，除了达州和广元外，“海螺”还将在四川其他区域进行投资，“只是现在时间还不成熟，不方便对外公示”。

“中国建材”和“华新”亦将染指

看中蜀地的其实并非只有“海螺水泥”，包括“中国建材”、“华新水泥”等竞争对手也将介入这一市场。

“中国建材”在四川附近没有自己的水泥厂，亦未将西南市场纳入战略版图之内，但是并不愿意放弃灾后重建的绝佳机会。

“华新水泥”已经将一只脚踏入了蜀地。“四川将是‘华新’下一阶段重点发展区域。”华新水泥办公室一位负责人表示，“‘华新’已经决定在四川率先上马一条日产4 000吨的生产线。”

对于“海螺”等水泥大鳄的介入，原有的西南水泥市场霸主——世界上最大的水泥公司“拉法基”并未惧怕。“让他们来吧，市场经济就是需要竞争，我们有充分的准备。”都江堰拉法基水泥有限公司副总经理葛冠军在电话中对《华夏时报》记者明确表示，“公司目前还是按照既有的发展战略在四川发展，没有新的调整。”

据葛冠军介绍，“拉法基瑞安”在成都都江堰已投产两条线，正在申报第三条日产5 000吨生产线，在广安也有一条日产1 000吨生产线，同时在收购双马后，在北部绵阳和南部宜宾各有一条日产2 500吨生产线。

虽然有如此之多的竞争对手，但是按照目前的态势，刘作毅预测，四川区域未来将形成由“拉法基”和“海螺水泥”主导的区域竞争格局。马琳娜则认为，四川周边省市水泥企业将逐鹿蜀地。马琳娜的观点基于一个事实——交通运输部已向四川、陕西、甘肃和重庆等省市发出紧急通知，要求在抗震救灾期间，对各地有关方面组织向灾区运送抗震抢险救灾物资的运输车辆，一律免缴车辆通行费。从运费看，从重庆运到成都的水泥运费就高达200元/吨，几乎是2007年上半年成都水泥价格的一半。

关注受益灾后重建水泥股

Care for cement stocks benefited from post – earthquake reconstruction

摘自：《广州日报》5月15日

四川省汶川县发生7.8级地震，伴着灾后重建家园的预期，两市水泥类股表现出色，“福建水泥”（600802）、“四川金顶”（600678）、“华新水泥”（600801）、“祁连山”（600720）、“赛马实业”（600449）、“江西水泥”（600789）均连连涨停。

离灾区较近的公司受益

我们认为，与年初的雪灾相对比，地震灾害过后更侧重于灾后重建家园。震灾地区房屋、道路、桥梁、水库、矿山等受损严重，随着救灾工作的逐渐深入，灾后重建产生的需求必然促进基建、建材、钢铁、机械、电力设备和通讯设备等行业公司的业绩提升。与以往不同，这次受灾程度比较严重，灾后重建的规模将非常庞大，该地区的基建业务在未来相当长一段时间都会比较大。工程建筑公司因此会获得众多工程承包业务，尽管毛利率不会有多大提升，但业务量的扩张将会增加企业经营业绩。这还将产生对基建所需的建材、钢铁和机械的巨大需求。水泥、钢材等需求的扩大是显然的，附近地区的水泥企业和钢铁企业的销售量因此而提高。但是，我们认为，并非所有的相关行业公司都能在重建家园中一显身手，只有那些离灾区较近，而且自身能正常经营的公司才能显著受惠于订单的增加。

特别是对水泥行业而言，水泥产品资源消耗量大，是一种低附加值的基础原材料，具有量重价轻和储存时间较短等特点。在生产上，石灰石是水泥生产消耗量最大的原材料，1吨水泥熟料约需消耗石灰石1.21吨，且石灰石价值较低，运输不经济，故水泥企业生产布局很大程度上受石灰石资源分布的制约。在销售上，水泥产品由于货运成本等因素影响，有很严格的运输半径，一般公路运输半径约为200公里、铁路约500公里、水路可达1 500公里，且由于仓储时间不宜过长，销售很大程度上受到运输条件及运距的制约，因而呈现出以本地销售为主的特征。

当地水泥行业集中度不高

目前，四川省水泥有企业310家，平均企业规模20万吨，低于全国平均24万吨的规模，前十大企业产量占比为27%，企业数量众多、行业集中度不高、企业平均规模小，属于竞争相对激烈的区域。2007年新干法水泥产量占比33%，低于全国55%的水平，属于落后产能占比较大区域。由于成都2007年下半年加大落后产能的淘汰，成都市场水泥供求已经失衡，灾区的重建将加剧水泥市场的供求失衡程度，很可能导致水泥价格上涨。

有关资料显示，距离地震区汶川县最近的是"都江堰拉法基"、"＊ST双马"(000935)、"亚东水泥"和"德阳利森"，前两者部分设备受损、目前已经停产。由于川内大型水泥厂受灾，"四川金顶"(600678)以及周边地区水泥厂有望担负起更多的责任，比如甘肃的"祁连山"(600720)、湖北的"华新水泥"(600801)和"葛洲坝"(600068)、宁夏的"赛马实业"(600449)、四川的"科学城"(000975)、陕西的"＊ST秦岭"(600217)、西藏的"西藏天路"(600326)以及此前已经在西部有布局的"冀东水泥"(000401)。

相关水泥公司情况

"四川金顶"(600678)：公司是我国大型水泥生产企业，水泥产量曾一度在四川地区独占鳌头，并跻身全国10大水泥企业行列，在西南地区占据一定的竞争优势。其不久前公告拟通过定向增发收购大股东华伦集团拥有的四川金顶"广元水泥"98%股权，并投资建设"广元水泥"2条日产2 500吨熟料新型干法水泥生产线综合利用技改项目。公司目前公告并未在此次地震中遭受损失。

"华新水泥"(600801)：公司目前具有1 850万吨熟料、3 320万吨水泥产能。2008年公司将开工建设7条余热发电项目，其中武穴、阳新、襄樊、咸宁等4条在2008年实现投产，形成32兆瓦的发电能力，进一步降低水泥生产成本。年初公司成功实施对Holcim定向增发后，资金实力大增。值得关注的是，公司在川渝区域拥有一定的市场份额。

"科学城"(000975)：公司全资控股的子公司广汉星荣水泥公司在四川广汉拥有两条湿法回转窑生产线，年产水泥30万吨。因此我们认为，"科学城"(000975)旗下的"广汉星荣水泥"以其独特的地理优势，一旦其恢复生产后同样将明显受益于此次地震的灾后重建工作。

"祁连山"(600720)：公司是甘肃省最大的水泥企业和西北地区特种水泥生产基地。目前，公司已实现了由单一生产经营向多元化生产经营和资本运营综合一体化经营的转变。由于甘肃省也是此次地震的重灾区，因而作为当地水泥龙头企业的"祁连山"，自然也明显受惠。

"葛洲坝"(600068)：公司是全国最大的特种水泥生产基地。公司2007年12月公告拟控股组建兴山、宜城、老河口、嘉鱼四水泥公司，预计2008～2010年可以达到880万吨、1 500万吨、2 000万吨，届时，公司超过在湖北的主要竞争对手"亚东"、"新峰"和"华祥"等规模在150万～360万吨之间的企业，同时逼近对手"华新水泥"。

"西藏天路"(600326)：此前"西藏天路"将西藏高争建材股份有限公司的股权由原来的23.07%增加到40.74%；此后再由其吸收合并西藏高天水泥有限公司，并注资1 600万元用于单方增资扩股。而由于此次地震中心的汶川县正是位于紧邻西藏自治区的阿坝州，因而"西藏天路"可谓近水楼台。

四川省6月12日起建筑用水泥实行最高限价

Cement for construction in Sichuan Province will implement the highest price limit starting from June 12th

省内产水泥价格不得超过灾前水平，不执行临时价格干预措施的最高罚100万元

时间：2008-6-9《成都晚报》

6月8日，四川省物价局紧急向全省各地发文，就加强四川省对建筑用水泥实行价格干预措施提出意见，对建筑用水泥实行临时价格干预措施的范围、形式和成本监审等事项，做出了具体规定。本月12日起，对四川省生产的建筑用水泥的出厂价、销售价实行最高限价，对省外进入的建筑用水泥价格实行差价率控制。

四川物价局文件规定，从本月12日起至另行通知结束

期间，对四川省生产的建筑用水泥的出厂价、销售价实行最高限价，价格水平为5月11日各企业的实际执行价格。如企业所需的原材料价格有较大的普遍上涨，企业必须如实向所在地物价部门报告，各地物价局应在最短的时间内实施成本审核，并将结论上报省物价局，由省物价局采取确定加价率的措施。同时，对省外进入的建筑用水泥价格实行差价率控制，差价水平由销售区所在市（州）物价局确定并审批。

省物价局强调，为保障灾区灾后安置和重建工作的物资供应，省内各市（州）、各扩权试点县（市）都必须统一执行上述规定。此外，各灾区市（州）政府尚未启动砂石、砖瓦价格临时干预措施的，要及时启动。

5月23日，省物价局曾发出紧急通知，要求各市（州）物价局要根据省政府的授权，结合当地价格变动情况，在报请市（州）人民政府批准后，通过规定限价、限定差价率或者利润率、实行提价申报制度和调价备案制度等多种方式，适时启动对与抗震救灾密切相关的食品、药品、医疗用品、日用品、建筑材料、交通运输、燃料等灾后重建物资的临时价格干预，全力稳定灾区抗震救灾和恢复重建物资价格。同时，在现行灾区主副食品价格一日两报的基础上，根据国家发展改革委价格监测中心的安排和本省的实际情况，决定自5月27日起开展地震灾区建材价格应急监测工作。

另外，四川省还对实行临时价格干预措施的建筑材料类重要商品生产经营成本进行了调查。调查品种重点为钢材、水泥、砂石、砖瓦、石灰、玻璃、木材等建筑材料。初次调查内容重点为2008年1月至5月上旬生产成本，2008年5月12日出厂价格，年生产能力与销售量。

据悉，四川省建筑用水泥实行临时价格干预后，物价部门将对市场的水泥执行价格进行大检查。一旦发现厂、商家不执行价格干预措施的，将依法从严惩处，根据新的价格违法行为行政处罚规定，最高可予以罚款100万元，情节严重的将责令停业整顿。

灾后重建　水泥企业商机不一

Post – disaster reconstruction, different business chance for cement enterprises

来源:《证券时报》　周悦　2008年6月11日

汶川地震对当地的房屋和基础设施带来了巨大破坏，灾后重建给水泥行业带来很多遐想，相关企业在二级市场的股价一度连续涨停。随着四川灾后重建的启动，对水泥行业的影响逐渐明朗。

空缺产能将迅速被填补

对于四川水泥产能的空缺，并非只有当地几家水泥企业受益。种种迹象表明，多家行业“大腕”已经迅速行动，加快对四川的布局。空缺产能将迅速被填补，并形成新的竞争格局。

据初步统计，四川地震减少水泥产能1 000万吨左右，地震灾后重建对水泥的需求量在1亿吨左右。此前市场一致认为灾区当地的水泥企业，如“＊ST双马”和“四川金顶”（600678）、“祁连山”（600720）等将受益于灾区重建。

灾后重建将加大水泥需求，的确会在一定程度上提高相关公司的盈利水平。但由于建设周期较长，短期内重建需求的增长并不显著，加上价格会受到管制，对相关上市公司短期业绩的影响很有限。而大型企业的入驻将增加这些企业的竞争压力，改变区域竞争格局。

据新华网报道，6月3日中国银行（601988）与“海螺水泥”（600585）签署合作协议，中国银行在对“海螺水泥”的母公司——海螺集团提供230亿元授信基础上追加50亿元授信，专项用于支持“海螺水泥”参与汶川地震灾区灾后重建项目。公司执行董事郭景彬还对媒体表示，“海螺水泥”计划投资150亿元，以期在未来5年里中国西部的水泥年生产力增加5 000万公吨。

另据当地媒体报道，5月28日，“中国建材”也已经和成都市政府举行了项目签订，将投资40亿元建设轻质住宅产业基地和新型干法水泥项目。其中，约有20亿元将投资到彭州，建设两条新型干法水泥生产线，项目已进入实地选址阶段，目前，地址初步暂定在丽春镇，占地达到6 000亩。彭州市工业局翁昌荣局长介绍，建厂大约需要一年时间，投产后，年产量将达到400万吨，产值约20亿元。

周边企业或机会有限

地震改变的不仅仅是局部区域内的企业机会，周边水泥企业产能也将受到影响，全国的产业结构也将加快调整。

尽管重建高峰尚未来到，但四川省内已出现水泥供不应求的现象。由于成都2007年下半年加大落后产能的淘汰，成都市场水泥供求已经严重失衡，灾区的重建将加剧水泥市场的供求失衡程度。四川省绵阳巨海油脂有限公司总经理李四清曾对媒体表示，厂里的工作人员已经开始着手厂房的重建和修补了，但买不到砖和水泥。厂里的人已经考虑到四川以外的地方采购。

对此，四川及周边的水泥上市公司会受到重建的实质性影响，但具体影响程度也许不如预期。

如地处湖北的“华新水泥”（600801），在重庆的销量

2007年达到91万吨，市场占有率达到3.1%。“华新”的水路运输网非常发达，通过水路运送水泥到四川是可行的，而且水运价格相对较低，在1 000公里的范围内，每吨水泥的运输成本不超过40元。“华新水泥”对于灾后重建市场的计划被市场关注。

有分析人士预测，受灾情的影响，“华新水泥”销售区域将可延伸至四川省内部，这将拉动公司的水泥销量。但根据国都证券的调研报告，“华新”认为销往四川地区的水泥不会带来很高的利润，原因是灾后重建市场肯定会存在不同形式的政府调控。极端的政府调控甚至会带来负面影响，如果政府大量调运“华新”的水泥去灾区，“华新”就会面临得罪现有客户的局面。

国都证券分析师马琳娜指出，对于“华新”来说利润较低的华东市场是用于调剂产能的，最多相当于总产能18%的水泥可能会销往灾区，至于这一部分产能对华新的收入有怎样的影响与马上就要出台的国家灾区重建政策密切相关。

联合证券分析师周焕还认为，地震暴露的建筑质量问题应该会引起有关方面的高度重视，进一步加大对劣质小水泥企业的淘汰，这一措施甚至是全国性的。落后产能的大量淘汰为大规模新型干法水泥生产线的建设留出了广阔的空间，新型干法水泥比重将迅速提高，有利于企业中长期健康发展。

缺口巨大　灾区立窑缓退三年

Big gap, vertical kiln in disaster area slows and recedes for three years

来源:《中国证券报》【2008-6-12】

“灾后三个月到一年半这段时间的水泥需求的巨大缺口，是我现在最担心的。”刚刚从四川灾区调研归来的中国水泥协会副秘书长庄春来不无忧虑地告诉记者，由于恢复产能不能满足重建需求，新建产能又不能及时投产，致使灾后重建启动后四川水泥市场供需矛盾尖锐。

因此，水泥协会建议，为了缓和供需矛盾，填补一定的需求缺口，四川灾区立窑企业的淘汰退出应暂缓三年。

3 000万吨短期需求

据了解，此次地震影响的新型干法水泥的影响不大，预计灾后3个月内就可以恢复生产。而周围地区的立窑企业却遭到较严重的破坏。其中，绵阳市损失立窑生产能力700万吨，德阳市损失100万吨，震中汶川县损失至少70万吨，估计在这次地震中四川省损失立窑水泥生产能力有1 000万吨。

“我们去调研的时候，已经有一些民营小立窑恢复生产了。”庄春来表示，虽然部分生产能力可以在短时间内陆续恢复，但相比即将启动的大规模重建带来的巨大需求，单纯依靠恢复产能是远远不够的。

据水泥协会方面预计，灾后重建对水泥的需求将在8月中下旬启动，而在2008年8月至2009年底的重建第一阶段中，水泥需求量将至少在3 000万吨以上。记者了解到，2008年底只有800万吨的新建产能可以投产，2009年上半年还有300～400万吨的产能陆续释放。庄春来指出，即便有新产能可以逐渐投产放量，灾区重建仍需大量依靠外省水泥供给。

限价挡不住四川水泥涨势

此前，四川有消息称，从6月12日起，对四川省生产的建筑用水泥的出厂价、销售价实行最高限价，价格水平为5月11日各企业的实际执行价格。如企业所需的原材料价格有较大的普遍上涨，企业必须如实向所在地物价部门报告，最后由省物价局采取确定加价率的措施。同时，对省外进入的建筑用水泥价格实行差价率控制，差价水平由销售区所在市(州)物价局确定并审批。

然而，业内人士普遍认为，限价并不能挡住水泥价格的涨势。安徽“海螺水泥”股份执行董事郭景彬就曾表示，四川目前的水泥价格已经到了600元/吨，超过震前水平。

“如果说外省水泥进川已成定局，那么四川当地的水泥价格将由三个方面构成——供给当地水泥价格、运费仓储费用和企业的合理利润。”庄春来指出，目前能够入川的水泥主要来自于陕西、湖北、甘肃几省，这几个省区5月份的水泥价格都已经到了300元左右，其中陕西300元/吨、湖北279元/吨、甘肃346元/吨。再加上500公里以外铁路、公路长途运输要耗费300～400元/吨运费及仓储，四川水泥价格走高几乎已是板上钉钉的事了。

业内人士分析，即便政府对四川省水泥价格做出了严格的限制，周边各省企业也下发支持灾区重建的铁任务，但由于现有产能有限，四川一地的限价有可能掀起周边地区的价格联动效应，陕西、甘肃、湖北等地的水泥价格亦有可能受此影响上涨。

建议灾区立窑暂缓退出

四川水泥市场在震前就是国内利润最丰厚的一个地区，这主要得益于当地淘汰落后步伐的快速。2007年，仅成都就关闭了44条立窑生产线，900万吨落后产能出局，根据规划，今后3年内四川省仍将保持较高速度的淘汰落后进度。

一边是巨大的需求缺口难以满足，一边是四川省淘汰落后的步伐不减，双向压力加剧了灾后重建水泥的供需矛盾。

“为解恢复生产和灾后重建水泥供应燃眉之急，我们建议给予灾区落后生产能力退出延缓三年的政策，同时生产许可证换证工作三年后进行。”调研结束后，庄春来迅速向工业和信息化部抗震救灾指挥部做了汇报，并代表水泥协会提出了9条政策建议，其中之一正是延缓灾区立窑生产线的退出。

水泥协会的报告中算了这样一笔账——长途运输耗费大量石油、交通运输资源。公路运输1吨水泥每运输100公里，根据车辆吨位不同要消耗3～4升柴油，500公里要消耗15～20升柴油，外调1 000万吨要消耗1.5～2亿升柴油，需要4 000个专列(按一个专列运输2 500吨推算)，或33万辆运输车辆(按每辆载运30吨推算)，这将占用大量交通资源。

协会方面建议，保留仍然能够生产的灾区立窑企业直至新产能跟上供应后再做淘汰。

另外，中国水泥协会还提出了诸如开辟审批绿色通道促新建水泥生产线快速投产；给予受灾企业财政资金补贴支持；给予灾区企业税收政策支持、金融政策支持；给予进入灾区水泥救灾物资待遇，免征过路过桥费；建议提高商品混凝土使用比例等8项建议。

各路资金蜂拥而来

记者在水泥协会提出的8项建议中还看到这样一条——建议地方政府在审批新建项目时，要注重合理规划、合理布局，核准项目向有优势的大企业倾斜，提高水泥生产集中度。避免灾后重建完成后产能过剩，造成水泥行业恶性竞争，市场秩序紊乱。

“我去调研前，还没动身，就有好几家企业给我打电话表达了去灾区建新线的意向，在短期需求缺口之后，协会不希望看到爆发式的投资造成投资过热。”庄春来告诉记者，目前四川拥有完备审批手续、能在1～2个月开工的项目就有2 000万吨的产能，其中地处灾区的产能有大约1 000万吨，仅绵阳一地就有4条日产5 000吨的生产线等待上马。“海螺”、“华新”等大企业也都在此前抛出了庞大的四川新建、扩建计划，建材业两大央企也表现出对四川市场的浓厚兴趣。

然而，旺盛的市场需求和巨大的前景吸引来的不仅是这些有产业基础的水泥龙头，一些金融资本也伺机入川，抢占资源。据了解，上海的一家投资公司在灾区的一条新型干法线即将开工建设。

对于金融资本独立投资水泥实业，行业协会的态度显然是谨慎的。庄春来认为，金融资本既没有技术基础，又没有从业经验，到四川无非是为了圈资源倒手获利。这将直接影响到日后行业的整合成本，可能为四川水泥市场的整体发展设置新障碍。

水泥行业：灾后重建 水泥巨头争相入川

Cement industry：Reconstruction after disaster，cement magnates contend to enter Sichuan

每日经济新闻　2008-06-13

6月11日，国内水泥行业“老二”华新水泥(600801)在四川达州的新厂正式开建，这也是“华新水泥”首次落子四川。之前，国内水泥行业“老大”“海螺水泥”(600585)已经宣布，将分别在四川广元、达州建厂，而“中国建材”也表示将入川投资建厂。

巨头竞相入川的背后，是四川灾后重建对水泥的巨大需求。业内预计，四川灾后重建对水泥的需求量将高达1亿吨，川内现有产能无法满足需求。

巨头入川争抢市场

达州是川东传统的水泥产业基地，在石灰石来源、交通运输以及市场需求方面具备一系列优势。“华新水泥”的新厂位于达州市渠县，总投资15亿元，一期投资6.5亿元，设计产能为日产4 000吨，预计2009年7月竣工投产，建设工期将比平时提前7个月。

不仅仅是“华新水泥”，作为国内水泥行业老大，“海螺水泥”同样瞄准了四川。地震后，“海螺水泥”迅速作出反应，宣布将斥资40亿～50亿元，在四川广元和达州兴建水泥厂。除了广元和达州外，“海螺水泥”还计划在四川其他地区投资。预计两年后，“海螺水泥”在四川的产能将增至1 200万吨。

竞相入川的还包括“中国建材”。5月28日，“中国建材”与成都市政府签约，计划在彭州建设两条日产5 000吨新型干法水泥生产线。据了解，该项目已经进入实地选址阶段。除彭州外，“中国建材”还将在川内其他地区选址。

灾后重建水泥需求巨大

数据显示，2007年四川水泥的总体产量为6 200万吨，其中新型干法水泥所占比重只有25%，远低于全国平均水平。由于新型干法水泥比例不高，逐步淘汰落后产能早已列入计划，但这势必影响水泥市场的供需格局。

汶川大地震进一步加剧了供需矛盾。地震发生后，四川一些大型水泥企业，如“拉法基”、“亚东”、“双马”以及“利森”等，都受到不同程度的影响，有的企业甚至停产，这将导致川内水泥企业产能大约减少1 000万吨/年。

同时,本次地震造成超过300万座建筑物倒塌,大量公路、桥梁等基础设施受损,灾后重建任务艰巨,水泥面临巨大市场需求。业内预计,四川灾后重建对水泥的需求量将超过1亿吨。

而水泥历来是一个区域性很强的产业,运输半径在300公里以内,超过这个半径就会造成运输成本急增,这导致外地水泥难以入川。也正因为此,"海螺水泥"、"华新水泥"、"中国建材"等巨头干脆直接赴川投资建设新厂。

市场景气周期拉长

与此同时,尽管在地震中遭受了惨重损失,但"拉法基"、"金顶"、"利森"等川内水泥企业也纷纷在筹划进一步扩大产能。

据了解,"拉法基"已经计划在广元投资10亿元左右建设新的生产线。6月5日,"亚东水泥"也与彭州市政府签署了新型干法水泥三期生产线项目投资协议,总投资11亿元,预计2009年即可投产。此外,"四川金顶"(600678)、"德阳利森"等川内重点水泥企业也先后宣布将投资新的生产线。

由于新建一条新的水泥生产线至少需要1至2年时间,且一条生产线投资均以数亿元计,如果仅仅为了灾后重建设厂,其效益是否会难以保证?将来是否会造成产能过剩?

分析人士认为,这种担忧眼下没有必要。首先是近年来四川水泥市场一直存在缺口,并导致价格持续上涨;其次是落后产能正在淘汰,需要先进的产能来填补;再次,灾后重建工作一旦全面展开,市场对水泥的需求将大幅增长。

该人士认为,考虑到灾后重建至少要持续3~5年时间,这也将使水泥市场景气周期拉长。预计在未来几年时间内,川内水泥市场价格仍将维持在相对高位,并面临一定上涨压力。

专业分析师:四川水泥需求才刚刚开始

Professional analyst: The cement demand in Sichuan just starts

《华尔街日报》 2008-6-13

中国西南省份上个月遭遇地震,损失惨重,但从中也出现了一些投资机会。

分析师们表示,最具吸引力的投资机会就是水泥生产厂商的股票,随着受灾地区开始重建,水泥需求量预计会很大。

5月12日袭击四川省的里氏7.9级地震导致了逾500万座建筑物倒塌。另有约2 000万座建筑损毁严重,需要重建或修复。高速公路、普通公路和水库大坝也都遭到破坏。

为逾500万无家可归的受灾者修建房屋,同时还要重建或修复受影响的基础设施,这些工作将会需要大量水泥——据德意志银行(Deutsche Bank)估计,头三年的重建工作就需要近7 800万吨水泥。分析师们认为,如此规模的需求对于亚洲水泥(中国)控股公司(Asia Cement (China) Holdings Corp.)和安徽海螺水泥股份有限公司(Anhui Conch Cement Co.)等生产厂商来说会是个好消息。

德意志银行驻香港经济学家马骏说,重建工作预计将导致四川及其周边的水泥需求增长比震前12%的年增长率蹿升4倍多。马骏表示,重建可能在2008年第四季度到2009年6月期间达到顶点。

天相投资顾问(TX Investment Consulting)驻北京分析师徐永超说,灾后重建对水泥行业来说是个好消息。他说,考虑到政府的重建开支计划,水泥需求才刚刚开始。

分析师们认为,水泥行业要实现繁荣发展可能有两大障碍。其一是政府可能实行价格控制。中国政府已经表示,计划防止灾区水泥价格攀升过高。地震前,四川省会成都就已经是全国水泥价格最高的城市之一,此地的建筑热潮令高质量水泥供不应求。

第二大障碍与煤有关,后者是水泥生产的重要原料。煤价也一直在上涨,对水泥厂商来说这也是个问题。

中国负责制定产业政策的国家发展和改革委员会(NDRC)周三表示,地方政府应当依据实际情况,利用临时价格干预以限制和稳定水泥等商品的价格。

分析师们认为,假定水泥产业会出现繁荣,并不是所有的水泥厂商都能从中获得均等的收益。水泥的运输成本很高,因此离受灾地最近的供应商可能得益最多。

由于有迹象表明低劣的建筑质量令地震伤亡人数大大增加,中国可能会加快出台措施,提高建筑物标准。新的回转窑技术可生产更耐久、更安全的水泥,运用这种技术的公司也会具有优势。

亚洲水泥(中国)控股公司有望从水泥需求增加中得益。该公司是位于台湾的亚洲水泥股份有限公司(Asia Cement Corp.)在华中的分公司,上个月以独立实体的身份在香港上市。"亚洲水泥"仍拥有"亚洲水泥(中国)"约75%的股份,后者在四川及江西、湖北等省份都有业务。

5月20日"亚洲水泥(中国)"的股票开始交易时,该公司董事长徐旭东(Hsu Shu-tong)对记者表示,公司将扩充四川的产能,以满足预期的重建需求增长。但他表示,公司的举措会配合政府的重建计划。

里昂证券亚太区市场(CLSA Asia-Pacific Markets)驻香港分析师Ally Chen对"亚洲水泥(中国)"给出的12个月目标价为8.67港元(合1.11美元),比周三6.12港元的收盘价高出42%。

在香港和中国大陆两地均上市的“海螺水泥”也可能得到好处。该公司执行董事郭景彬在5月底与分析师们进行的电话会议上表示，“海螺水泥”将用驳船把水泥从华东沿长江水路运至与四川毗邻的直辖市重庆。该公司已经在四川和重庆修建工厂，郭景彬说这些工厂将在2009年年底前投产。

郭景彬还表示，震灾后全国上下对建筑质量的重视会推动优质水泥的消耗，令“海螺水泥”及其他顶级厂商面对产品质量不高的小型地方厂商时具备了优势。中国政府一直试图加快从所谓的立窑水泥向干法回转窑水泥的转变。

地震后，花旗集团(Citigroup)分析师托马斯·维格勒沃斯(Thomas Wrigglesworth)将“海螺水泥”的评级从“卖出”上调为“买进”，依据是该公司作为中国最大的水泥生产商，在需求强劲增长、水泥价格也节节上涨之际整体前景看好。他对“海螺水泥”给出的12个月目标价为87港元，比该股6月11日在香港的收盘价高40%。

自4月初以来，“海螺水泥”的股价上涨了25%左右。同一时期，恒生指数上涨了2.1%，而上证指数最近受经济担忧拖累，下挫了13%。

上海东方证券(Orient Securities)的分析师罗果说，虽然“海螺水泥”的前景似乎一片光明，但其整体业务太过庞大，灾后重建对其业绩的影响可能不如业务更多地向四川倾斜的小公司那么显著。他以当地厂商四川金顶(集团)股份有限公司为例，该公司仅在上海上市，因此外国投资者很难对其投资。

罗果对华新水泥股份有限公司(Huaxin Cement Co. Ltd.)也是青眼有加，后者在中国大陆上市，发行了允许外国投资者买卖的所谓B股。“华新水泥”的全部生产都已改用干法回转窑技术，还有两个工厂位于方便向四川发货的运程之内。瑞士水泥厂商Holcim通过代理持有“华新水泥”约40%的股份。

“海螺水泥”与中行签署灾后重建金融合作协议

6月3日，中国银行股份有限公司(以下简称“中国银行”)与安徽海螺水泥股份有限公司(以下简称“海螺水泥”)在北京举行了《共同支持汶川地震灾区灾后重建金融合作协议》签字仪式，中国银行党委委员陈四清、中行公司业务部总经理谢平，“海螺水泥”执行董事郭景彬、副总会计师朱忠平等出席了签字仪式。

根据双方签署的合作协议，中国银行将加大对“海螺水泥”的授信支持力度，拟在原有对其母公司230亿元人民币授信额度的基础上，追加50亿元人民币的各类授信，专项用于支持“海螺水泥”参与灾区灾后重建项目，以缩短“海螺水泥”项目的前期时间，加快项目的建设进度并充分保证资金的供应和融通，进而加快灾区重建速度，支持相关企业尽快恢复生产。

作为亚洲最大的水泥供应商，为配合地震灾区灾后重建计划，“海螺水泥”已决定斥资40亿~50亿元人民币，分别在四川省广元市兴建一家水泥厂，达州市兴建两家水泥厂，从而使“海螺水泥”在四川当地的产能在2010年增加至1 200万吨。按照“海螺水泥”的计划，此批项目将从2008年7月开始陆续动工。除此以外，“海螺水泥”亦计划在其他西部地区包括重庆、甘肃等地扩展业务。在地震灾区以及邻近地区之间建设水泥生产线，不仅可以加快灾区灾后重建速度，而且可以降低灾后重建成本。

中国银行党委委员陈四清表示：中国银行与海螺集团具有共同的理想和信念，双方都是具有强烈民族责任感和社会责任感的企业，此前双方已有良好的合作基础，今天共同的理想和信念使我们再次走到一起。

“海螺水泥”执行董事郭景彬在讲话中表示：此次中行和“海螺”就共同支持汶川地震灾区灾后重建的银企合作，不仅使双方的战略合作关系更加紧密，而且开启了银企合作的新模式和新机制，这使得我们能够更及时、恰当地为加快灾区的灾后重建工作多做贡献，为灾区人民早日重建家园提供应尽之力。

中行四川分行支持“拉法基”灾后重建

6月5日，中国银行四川省分行与都江堰拉法基水泥有限公司、拉法基瑞安(四川)投资有限公司在蓉签署了20亿元的灾后重建全面金融合作协议。据悉，这也是在川大型水泥建材企业灾后获得的首笔大额融资支持。

中行四川省分行相关负责人表示，该行将为这两家企业提供流动资金贷款、固定资产投资项目贷款、资金产品等金融服务和产品，全力支持其恢复生产、保证水泥供应。

重要文章

Important articles

非凡的历程 辉煌的成就★

纪念我国建材工业改革开放30周年

Outstanding course, glorious achievement

Commemorate the 30 Years anni Versary of Reformand Opening in building maferials industry

◎中国建筑材料联合会会长 张人为

By Zhang Renwei – Chairman of China Building Material Coalition

改革开放30年，是中国政治、经济、文化和社会生活发生巨大变革，取得历史性进步的30年，也是中国建材工业迅猛发展的30年。30年来，建材工业的发展坚持以邓小平理论、“三个代表”重要思想为指导，深入贯彻落实科学发展观，以服务于国民经济建设和提高人民生活水平为己任。在党中央的正确领导下，历届国家建材部、局党组和地方各级党委政府带领建材行业1 000多万名干部职工，解放思想，锐意改革，开拓进取，先进生产力获得极大发展，产业结构不断优化，体制不断创新，活力不断增强，走过了不平凡的历程，取得了辉煌成就，实现了历史性跨越。

历　程

建材工业30年的发展，经历了上世纪80年代、90年代和新世纪三个阶段。在这三个阶段里，建材工业始终围绕发展这个主题，从行业实际出发，开拓、创新，不断迈上新台阶。

上世纪80年代，集中力量解决供不应求矛盾，满足国民经济发展需要

党的十一届三中全会作出了改革开放的历史性抉择，国民经济开始恢复并呈现全面发展的新局面，集中迸发出对各种建筑材料的强烈需求，主要建材产品异常紧缺。针对这种状况，国务院及时指出，要把国民经济搞上去，建材工业必须先行。国家增加了对建材工业的投资。尽快扩大生产能力，解决供求严重失衡的矛盾，成为这一时期建材工业的主要任务。

建材部、局党组加强领导、统一规划、合理布局，加快了国家投资骨干项目的建设步伐，在资金十分紧张的情况下，先后完成了河北冀东、安徽宁国、江苏淮海三大水泥引进项目建设。

但是，只靠国家投资建设项目远远满足不了急剧增长的市场需求。1985年，在《中共中央关于经济体制改革的决定》的指引下，国家建材局制定了《建材工业发展纲要》，调动各方面积极性投资建材，扭转了水泥、玻璃等主要建材产品供不应求的被动局面。

在这期间，拥有我国自主知识产权的洛阳浮法玻璃技术通过鉴定、进行推广，引进了10余项国际先进的新型干法水泥主要设备制造技术，启动了墙体材料革新工作等，为我国建材工业迈向新的发展阶段奠定了初步基础。

上世纪90年代，转变经济增长方式，推动产业升级

进入上世纪90年代，建材产品供需日趋平衡，并且正在孕育着由卖方市场向买方市场的重要转折。由于先进与落后的各种生产力并行发展，建材工业的结构性矛盾日益突出，产业发展和能源承受力之间的矛盾也不断加深。因此，推进产业升级成为这一阶段的主要任务。

为适应产业发展的变化，国家建材局把“结构、节能、出口”列为“八五”计划的工作重点，并确定实施“冀东”日产4 000吨新型干法水泥生产线、“泰安”万吨玻纤池窑生产线等4个重点建设项目，以带动全行业技术进步。制定了沿江沿海（“T”型）水泥发展战略，以满足东部地区经济蓬勃发展对水泥的需求。

根据党的十四届五中全会提出的两个根本性转变的要求，国家建材局党组在认真分析建材工业实际状况的基础上明确提出：临近和进入21世纪，我国建材工业的发展要从以产量增长为主转到大力提高集约化生产程度、提高工艺技术装备水平、提高质量和配套能力的轨道上来，即以提高经济运行质量和经济效益为中心，把跨世纪的中国建材工业逐步建成具有国际竞争力的现代原材料和制品工业。在国务院领导同志的亲自指导下，集中行业内外专家和广大建材职工的智慧，深入剖析了我国建材工业“大而不强”的特征，于

1995年制定了“由大变强、靠新出强”的建材工业跨世纪发展战略，成为指导行业发展的纲领。

上世纪90年代中后期，建材工业在大力发展新型干法水泥、浮法玻璃、新型建筑材料等先进生产力的同时，围绕“控制总量、调整结构”，对水泥工业实施“上大改小”；对小水泥进行“限制、淘汰、改造、提高”；组织了国企3年脱困，以及淘汰“两小”攻坚战等。为了突破发展新型干法水泥项目投资过高的瓶颈，组织全国水泥设计研究单位和企业联合攻关，在“山水”和“海螺白马山”日产2 000吨新型干法水泥项目上实现了“低投资、国产化”。在这一时期还提出了将无机非金属新材料和非金属矿物材料及制品作为建材工业新的经济增长点。这一系列政策措施的制定和贯彻落实，对推进建材工业转变经济增长方式和产业升级发挥了重要作用。

进入新世纪，践行科学发展观，走新型工业化道路

党的十六大明确提出，我国工业要走新型工业化道路。建材工业认真贯彻落实这一要求，根据行业实际，以调整产业结构和节能减排为突破口，大力推广循环经济发展模式，沿着新型工业化道路大步前进。

进入新世纪，建材行业加快结构调整的进程，促进了建材工业的全面发展。水泥工业由于实现了“低投资、国产化”，新型干法工艺得到了迅速推广。2004年～2007年，其生产能力年均新增1亿多吨，2007年新型干法水泥产量占水泥总产量的比重达到54%。2001年～2007年共淘汰落后水泥能力约2亿吨。在水泥、平板玻璃、建筑卫生陶瓷、玻璃纤维等行业中，先进生产能力现已占据了主导地位，节能减排也由此取得明显成效。

近几年来，建材工业着力研究和推进循环经济发展模式，不但在理论上作了深入研究，在实践上也作了有益的探索。目前建材工业已被国家列为发展循环经济的重点行业。北京水泥厂、乌兰水泥集团公司、亚泰水泥集团公司、蒙西高新技术产业园进入了国家第一批循环经济试点行列。

建材工业30年的发展，始终践行在由小变大、由大变强的进程中，为到本世纪中叶实现我国建材工业现代化奠定了坚实基础。

成　就

改革开放的30年，使我国建材工业彻底告别了产品短缺、工艺落后、装备陈旧、结构单一、缺乏活力的历史，满足了国民经济发展、城乡建设和人民生活日新月异的需要。建材工业在物质文明和精神文明两大方面都取得了举世瞩目的辉煌成就。

生产规模跃居世界首位，成为名副其实的建材生产大国

我国的水泥、平板玻璃、建筑陶瓷和卫生陶瓷等主要建材产品年产量已先后跃居世界首位。2007年，我国生产水泥13.6亿吨，平板玻璃5.5亿重量箱，卫生陶瓷1.59亿件，建筑陶瓷产量56亿平方米，玻璃纤维161万吨，分别是1978年的21倍、31倍、68倍、1026倍和39倍。如今，全球近一半的水泥、平板玻璃和建筑陶瓷都在中国生产。

产品质量明显提高，门类品种日益丰富，配套能力显著增强。上世纪80年代，我们曾经把满足建设三星级宾馆所需建筑材料的品种、质量和配套作为追求目标，今天，我们不仅可以为五星级宾馆所需的建筑材料配套，还可以为航空航天、军工、高新产业等提供特种材料。

自主创新能力明显增强，主要产品、技术和装备达到或接近国际先进水平

改革开放30年来，我国建材主要产业在技术进步方面经历了以引进消化为主到引进和自主创新相结合，进而以自主创新为主的过程，主体技术和装备已经达到或接近国际先进技术水平，不仅满足了国内需求，还实现了出口。

我们已经建成日产4 000吨级及以上新型干法生产线171条，其中“海螺”建成的4条日产万吨生产线已经成功投产运行多年。日产4 000～6 000吨规模生产线的装备国产化率达到90%。具有自主知识产权的我国洛阳浮法玻璃技术日臻成熟，建成了多条日熔化900吨浮法玻璃生产线，在超厚和超薄浮法玻璃的生产技术方面取得了重大突破。电子工业用0.55毫米、0.70毫米超薄浮法玻璃产品拥有自主知识产权，产品质量达到国际先进水平。我国自主开发生产7 800吨陶瓷压砖机，打破了长期依赖进口的局面。超大超薄陶瓷板、多晶硅石英陶瓷坩锅研发成功并实现产业化。大吨位玻璃纤维池窑技术、全氧燃烧技术都达到了国际先进水平。新型建筑材料、树脂基玻纤增强复合材料、混凝土及制品、非金属矿材料和无机非金属材料及制品等行业，在工艺、技术和装备领域都取得了显著进步。我国2.0兆瓦级风力发电机玻璃钢叶片、年产千吨级的碳纤维项目均已投产。

信息化正在逐步与建材工业实现有机融合。计算机辅助研发、辅助设计、生产过程集散控制系统、企业资源计划系统、办公自动化、电子商务等，已先后在我国建材行业尤其是大企业集团中得到应用推广，并取得较好实效。

建材科研成果硕果累累，30年来共获得国家发明二等奖10项、三等奖11项；科技进步奖一等奖5项、二等奖54项；建材行业部级科技进步奖一等奖、二等奖、三等奖各36项、199项和406项。

多元化投资格局形成，企业组织和地区结构不断优化

改革开放打破了思想禁锢和体制障碍，激发了社会各界投资发展建材的积极性，除国有企业、集体企业外，中外合资、外商独资、乡镇企业、私营企业、股份制企业等各种所有制建材企业快速发展。“拉法基”、“豪瑞”、“海德堡”、“PPG”、“圣戈班”、“皮尔金顿”等国外建材大企业，“华润”、“台泥”、“亚泥”、“嘉新”、“台玻”等我国港台企业纷纷进入大陆；投融资渠道不断拓宽，国内外金融资本介入建材企业的并购重组之中。多元化投资格局的形成和发展，促进了产业结构优化升级，带动了技术进步，提升了企业经营管理水平。

据不完全统计，目前有近60家建材上市公司在沪深两市共募集资金500多亿元，其中仅水泥上市公司就实现融资约350亿元，有力地推动了自身发展和购并重组工作。2007年在各种建材所有制企业中，民营及民营控股企业资产总额所占比重已达50.9%，外商及港澳台控股企业占18.8%，国有及集体控股企业占30.3%。

30年来，我国建材工业涌现出了"中国建材"、"中国中材"、"安徽海螺"、"北京金隅"、"山东山水"、"拉法基瑞安"、"江苏华尔润"、"广东南玻"、"河北惠达"及"广东新明珠"、"广东东鹏"等一批行业骨干大企业。他们通过自身内生式滚动发展、外延购并重组等不同方式，迅速发展壮大，已成为行业的领军企业，在推进企业组织结构优化、提升产业竞争力等方面发挥着积极作用。

大企业的发展提高了行业生产集中度。截至2007年，17家年产千万吨级以上规模的大型水泥企业集团水泥熟料产量占全国总量的27%；6家年产2 000万重量箱以上的平板玻璃企业集团产量占总量的31%；3家大型玻纤企业集团产量占总量的52%；5家大型石膏板企业集团的产量占总量的41%。大企业集团的迅速成长，有效地促进了产业集中度的提高，市场资源配置得以优化，区域市场竞争更趋有序。

伴随着国家实施的中部崛起和西部大开发战略，我国建材工业的地区生产力布局出现了可喜变化，尤其是自2004年以来，东部地区建材工业资本和技术加快向中西部地区转移，促进了中西部地区加快发展。2007年中西部地区建材工业实现的工业增加值增长率高于东部地区20个百分点以上，中西部地区实现的建材工业增加值占到了全国的近40%。

对外贸易发生重大结构性变化，对外工程总承包成为新亮点

2007年我国建材产品进出口贸易总额达到231亿元，是1981年的71.3倍。可喜的是，出口结构也发生了重大变化，从单纯的产品贸易发展到产品、技术、装备和工程总承包等多个方面，尤其是工程总承包从无到有，并实现快速增长。

技术、装备出口和对外工程总承包堪称改革开放30年来建材工业对外贸易的最大亮点。我国企业已经屡屡在外成功承包包括日产万吨级在内的新型干法水泥生产线和日熔化900吨的浮法玻璃生产线，项目遍及新兴经济体和欧美等40多个国家和地区。2007年，仅"中材国际"在国际水泥工程承包市场就占到了25%的份额，跃居世界第二位。目前，我国已经能够为海外任何国家和地区出口具有自主知识产权的水泥等成套技术装备，并承包全部工厂建设工程。

节能减排成效显著，循环经济发展模式稳步推进

改革开放以来，通过结构调整和技术进步，建材工业节能减排取得显著成效，2007年建材万元工业增加值能耗比2000年下降了48%，二氧化硫和粉尘排放也大幅降低。

近几年建材工业在推广循环经济发展模式方面取得可喜成果，在利用工业固体废弃物、矿山尾矿、建筑废弃物和有毒有害废弃物等方面做出了许多有益的探索和贡献。2007年，建材工业粉煤灰的综合利用量占全国的30%以上，煤矸石的利用量占全国的50%以上，利用固体废弃物达到5.6亿吨，是2000年的2倍多。水泥工业已建成纯低温余热发电机组92台，总装机容量740兆瓦，年发电能力49.6亿千瓦时，相当于年节能182万吨标准煤，减排二氧化碳473万吨。实践证明，建材工业完全可以，也正在朝着资源节约型、环境友好型产业的方向迈进。

建材工业30年发展的巨大成就是在党的十一届三中全会以来改革开放方针指引下取得的，是全行业广大干部职工不断解放思想、不懈奋斗的结果，是全行业广大科技工作者、先进工作者和劳动模范无私奉献、开拓进取的结果，是全行业不断加强党的建设和社会主义精神文明建设的结果。

体　会

建材工业30年的大发展、大飞跃，是在思想大解放、观念大转变、体制大变革下取得的。期间虽历经起伏与调整，也不乏挑战与徘徊、挫折与教训，但建材工业仍克服了各种困难和障碍，取得了巨大成就，值得我们很好地深思与总结。现在回过头去看建材工业30年走过的不平凡历程，用科学发展观的理念去审视，我们认为，带有行业发展普遍指导意义的体会主要有5点。

一是坚持以市场需求特别是建筑业需求为导向，推动行业理性发展

坚持以市场需求为导向，首先就要求行业发展要接受国家的产业政策和规划指导。产业政策和规划是国家在统观国际国内政治经济和社会发展大局的基础上提出的，具有前瞻性的指导意义，遵循好产业政策和规划对实现行业理性发展是十分重要的。

其次是，要以建筑业（包括基础设施建设、土木工程和房地产等）的需求为主要导向。建筑业的发展离不开建材业，建材工业的发展同样要以建筑业的需求为主要导向，因为70%以上的建材产品是应用于建筑业的。研究表明，建筑业每增加1万元产值，将直接和间接地消耗0.35万元建材产品。目前我国的城镇化率是44.9%，低于发展中国家的平均水平，按照年均增加1个百分点计，到2020年我国还有近2亿人口进入城镇。而每新增一个城镇人口需要配套至少6万元的住宅、公共设施和市政设施投资。这是建材工业未来的最大市场需求所在。

坚持以建筑业需求为导向，要求我们不仅要研究城镇建筑业的具体需求，还要研究农村建筑市场和新农村建设带来的多种市场需求。在建设节约型社会的今天，尤其要注意研究建筑节能对建材业的新要求。目前，我国建筑能耗已经占到了全社会总能耗的28%，再过20年，这个比例将超过四成，成为我国最大的终端能耗大户，推进建筑节能已经刻不容缓。包括新型墙体材料、门窗、玻璃、保温隔热材料、采暖设施及许多新型材料、复合材料等，如何更好地满足建筑节能需求，还有许多研究开发工作要做。

坚持以建筑业需求为主要导向的同时，还要注意研究包括汽车工业、化工、冶金、新能源、航空航天、国防军工等相关产业发展及国际市场给建材工业带来的需求变化、趋势和机会。要注重发现需求，挖掘需求，引导需求，以全面满足国民经济建设和人民生活水平日益提高的需要。

实现行业理性发展，需要注意把握好速度和质量、效益的关系。进入建材行业的技术、资金门槛相对都不算太高，面对一时的需求拉动，极易导致过热发展。但过热的市场状态是不可能持久的，建材工业已不止一次地吃过重复建设的苦头。对此，我们必须要有清醒认识，热中要有冷思考，要处理好大与强的关系、速度与效益的关系，防止片面追求规模和速度，避免陷入市场的盲目性陷阱。当前，我们正处于经济社会转型的新起点上，与此相适应的是，包括建材工业在内的竞争性行业在完成了从卖方市场向买方市场的进程后，将告别过去的高增长历史，进入平稳增长时期。大企业更要立足行业全局，在引领理性发展方面发挥积极作用。

只有坚持尊重市场规律，以市场需求为导向，才能更好地推动我国建材工业的理性发展、良性发展。实践证明，偏离了市场需求，违背市场发展的基本规律，无论是滞后还是过度超前发展，行业发展都会出现问题，都不可能实现行业的健康发展。

二是坚持以节能为中心的结构调整，推动行业节约发展

原材料离不开矿产，生产离不开窑炉，“矿业加窑业”是建材工业的基本产业特征，没有资源和能源，建材工业的发展就成为“无米之炊”。过去建材工业长期存在的“小、散、差”，同时伴随着资源能源过度消耗的问题。可以毫不夸大地说，建材工业30年的发展过程，就是一个以节能为中心的产业结构调整过程，是一个不断摸索如何推进行业节约发展的过程。

我们一直坚持以节能为中心的技术结构调整，它有力地推动了行业的节约发展。我们可以设想，如果不以低能耗的大型新型干法水泥工艺替代高耗能的湿法工艺，水泥行业和企业必将在资源、能源瓶颈约束下无以为继，万元增加值能耗就不会是现在的不到5吨标准煤的水平，何以谈得上节约发展。我们只有依靠自主创新，不断开发节约资源、能源的新工艺、新技术，并依此持续地进行技术结构的调整，加快发展节能的工艺技术，加快淘汰落后的工艺技术，节约发展才能真正落到实处。

节约发展还有许多工作可抓，如大力发展加工制品业，完善产业体系的内部结构，推动建材工业向低能耗高附加值方向发展等。

我们尽管在节约发展的道路上取得了显著成绩，但是与世界先进水平相比，我国建材工业还存在不小差距。由于历史原因，一些高能耗设备还在运转，人们的节能意识还不强，节能管理还比较薄弱，许多建材产品的单位能耗与世界先进水平之间存在明显差距。比如，我国大型水泥企业的新型干法水泥工艺的综合电耗及浮法玻璃的平均能耗都要比国际先进水平高20%左右。同时，我国水泥总量中还有超过40%的产量是由立窑等落后工艺生产的，平板玻璃行业目前还有占总量10%以上的落后小玻璃，墙体材料中仍有近60%的实心黏土砖，建筑卫生陶瓷、砖瓦、玻纤等行业也都存有相当数量的能耗高、污染严重的落后企业。因此，推动行业节约发展，淘汰落后依旧是节能工作的主要抓手。

建材工业的节约发展涉及到从原料开采、运输、生产及市场等诸多环节，在大力推进经济发展方式转变的今天，发展低碳经济是产业未来的方向。全行业对此都要有清醒认识，要抓住机遇，坚持不懈地推进建材工业走与资源、能源、环境相协调的可持续发展之路。

三是坚持大力发展制品业，推动行业协调发展

国务院领导同志曾经指出，过去我们讲建材工业的发展，偏重于讲生产、讲产量，重制造轻加工，重生产轻应用，建材工业要向制品业方向发展。30年的发展成就充分证明这一指示是完全正确的。

建材工业的内涵早已不是单纯原材料制造业的概念。无论是水泥、玻璃还是陶瓷工业，每一个产业都是一个体系，它们的健康发展离不开自身产业链上的协调。我国水泥工业30年来之所以发生了巨大变化，是与水泥粉磨、散装水泥和混凝土等产业的快速发展密不可分的，这些环节都是水泥熟料制造业延伸、衔接市场应用的必不可少的环节。平板玻璃工业如果没有工业技术玻璃等深加工玻璃制品业的发展，它的发展就会缺乏载体，这是不可想象的。从行业整体角度看，我国水泥制造业工业增加值在建材全行业所占比重之所以会告别一业独大的历史，下降到2007年的30%，主要是因为建材其他产业，尤其是加工制品业的快速发展。今天建材工业的“百花园”，就是我们始终坚持了产业协调发展而培育的“百花园”。

“矿业加窑业”的基本产业特征并不代表建材工业的全部内涵。建材工业延伸产业链的结果是不仅有原材料制造业，还派生出加工制品业、物流业和商业，产业构成了一个比较完整的体系。在这个体系中，形成了每个行业的高、中、低端技术和产品结构，形成了大、中、小企业组织结构的相互匹配和协调发展，各有分工，各有侧重，相互配套，协调发展，构建了比较完整的建材工业体系，既较好地促进了行业协调发展，形成了良好的竞争与合作关系，又较全面地满足了不同市场、不同层次消费主体的需要。

建材工业要在社会分工和消费市场日益细分的新形势下，不断探讨、实践产业链的延长和交叉、细分，形成优势互补、全面协调的产业发展格局。大力发展加工制品业，发展部品、部件，走标准化、规范化和配套之路。要加强应用研究，才能使新产品有好的使用，以全面满足国民经济和社会生活对建材提出的新要求。当然，产业的协调发展是一个长期的动态的过程，不可能一蹴而就，既要符合产业发展自身规律，也要顺应当时当地的经济情势，还要与资源、能源、环境，尤其是市场需求和社会、经济、文化、生态发展水平相协调。

从原材料制造业到加工制品业，是一次重大提升。一个只重视制造，忽视发展加工制品的行业，就会出现“长板”或者“短板”现象，这样的“独舞”是无法演绎成为一台令人心动的大戏的。红花还需绿叶扶，坚持大力发展加工制品业的产业协调理念，不仅有利于改变单纯追求规模和数量的老套路，也有利于提升行业的整体竞争优势，实现行业的协调发展。

四是坚持循环经济模式，推动行业持续发展

建材工业是典型的资源、能源消耗型工业，没有资源、能源的支撑，建材工业的发展将寸步难行。建材工业在快速发展的过程中，面临着资源、能源的消耗和环境负荷的加重。尽管在30年发展的历程中，建材工业始终把节约资源、能源和减少污染排放作为行业的主攻方向，也取得十分明显的成效，但是严峻的现实告诉我们，如果不加快发展循环经济，将严重制约建材工业的可持续发展。

建材是工业领域中较早地开展发展循环经济研究的部门，并且在理论和行业实践的结合上做出了许多有益的实践，取得了比较显著的成果。这些成果不仅体现在建材企业自身废水、废气、余热、废渣利用等的小循环上，还体现在建材企业大量使用粉煤灰、高炉矿渣等工业废渣替代天然资源作为原料，利用电厂脱硫石膏生产石膏板，利用建筑垃圾代替砂石和骨料等建材与化工、电力、建筑等行业之间的中循环上，也体现在建材企业消纳、处理工业和生活废弃物、有毒有害废弃物并节省资源、利用热能等建材行业与社会之间的大循环上。这些都是我们不断探索循环经济发展模式，通过“三个循环”推动行业实现持续发展所做的有益尝试和实践。目前，建材工业已经成为国民经济体系中资源综合利用的关键环节和消纳固体废弃物的主要工业部门之一。而水泥工业和墙体材料工业则是建材全行业发展循环经济的重点。

建材工业发展循环经济具有得天独厚的优势，也具有十分广阔的前景。这些前景不仅孕育于我们已经成功开展的降低资源、能源消耗和提高利用率方面，孕育于广泛开展的对各种废弃物的再利用，产品质量、寿命的提高和性能的改善，以及对建筑垃圾再利用的深入推进等许多方面。建材工业发展循环经济还具有普遍性特征，无论是上、中、下游还是相关领域，都有很多文章可做。循环经济渐行渐近，建材工业没有时间等待，必须从现在起就大力发展循环经济，加强研究，深入实践，走以“减量化、再利用、资源化”为主要内容的发展模式，这既是我国建材工业面临的挑战，更是我们面临的重大发展机遇。我们要善于变压力为动力，在实践循环经济模式的过程中，不断创造新的发展空间。

五是坚持自主创新，推动行业科学发展

过去我国建材工业之所以长期发展不上去，除了资金和市场等约束外，自主创新能力薄弱，工艺、技术和装备的落后拖了行业发展的后腿。30年来，建材工业一个成功经验是，我们通过增强自主创新能力，突破了行业工艺、技术和装备落后的瓶颈。以水泥工业为例，我们在引进、消化和吸收的基础上，抓住了新型干法水泥投资高、效益差的主要矛盾，通过实施“科技创新、设计优化、国产设备、业主负责”的重大措施，实现了低投资，从而达到了加快发展的目的。今天，我国建材主要产业已拥有了许多具有自主知识产权的核心技术，使得我们的产业结构调整和升级从梦想变成了现实。30年的发展经验证明，坚持自主创新，实施“科教兴建材”战略，是推动行业实现科学发展的关键。

一个行业能否实现科学发展，要看其是否具备自主创新能力。我们过去常说的建材工业“大而不强”，实际就是自主创新能力不强。实现“由大变强”，就是要通过创新工艺、创新装备、创新产品和创新观念、创新机制等来实现。自主创新能力是行业实现“由大变强”、科学发展的关键。

经过30年的发展，建材工业以企业为主体的自主创新体系正在形成。要实现建材工业由大变强，就需建立以企业为主体、市场为导向、产学研相结合的技术创新体系，使企业真正成为研究开发投入的主体、技术创新的主体和创新成果应用的主体。当前，行业技术成果的来源正在从过去主要依靠科研院所和高校逐渐向大企业转移。转制为科技型企业的科研设计院所与产业结合也更为紧密，中小型企业的自主创新成果不断闪现。今后，我们要更好地巩固这个良好的局面，进一步增强建材工业的自主创新能力，为推动行业实现全面协调可持续的科学发展奠定坚实的技术基础。

回顾过去30年，我们感慨万千、无比自豪。展望未来前景，我们充满期待、信心百倍。我国建材工业还处于工业化的中期，既是传统产业，更是未来较长时期内的朝阳产业；既面临着前所未有的挑战，更面临着前所未有的发展机遇，总体上机遇大于挑战。我们要继续坚持改革开放方针，坚持以市场需求为导向，以结构调整为主线，以产业协调为基础，以循环经济为模式，以自主创新为动力，走中国特色的新型工业化道路，建材工业就一定会赢得更加美好的未来，实现“由大变强”。

总结30年来建材工业发展所取得的宝贵经验，对于开创建材工业实现又好又快发展的新局面具有指导意义。我们要高举中国特色社会主义伟大旗帜，深入贯彻党的十七大精神，以邓小平理论和“三个代表”重要思想为指导，全面贯彻落实科学发展观，紧密团结在以胡锦涛同志为总书记的党中央周围，不断开拓进取，为实现建材工业的新辉煌而努力奋斗。

★该篇文章发表于2009年第1期《中国水泥》杂志。

水泥工业巨大进步来之不易全行业都应倍加珍惜★

The great progress of cement industry is hard - won, the whole industry should value dearly

◎中国建筑材料联合会会长 张人为

By Zhang Renwei - Chairman of China Building Material Coalition

进入新世纪以来,我国水泥工业取得了巨大进步,突出表现在大型高效节能环保的新型干法水泥迅猛发展,仅2004年至2007年4年间,新型干法水泥熟料总产能就净增4.5亿吨,年均增幅达1亿吨以上。而且可喜的是,单线规模多为日产4 000吨及以上。预计到2008年末,新型干法水泥熟料所占比重将达60%以上,这是水泥乃至建材全行业翘首以待了几十年而终于梦想成真的大事。而始于上世纪末淘汰1亿吨落后小水泥产能后,淘汰落后工作的后续力度更为强劲,仅2007年至2008年8月就关停淘汰了立窑等落后水泥熟料产能1亿吨,从而使中国水泥工业的形象大为改观。新型干法水泥大幅增长和落后水泥产能的消减,带动了中国水泥工业的结构优化、技术装备提升、节能减排进展、大集团成长和生产集中度提高。所有这一切,得益于我国国民经济和城乡建设持续快速发展的强劲拉动,得益于党和国家方针政策的正确引导和各级政府的支持帮助,同时也是水泥行业全体干部职工共同努力、共同奋斗的丰硕成果。进步来之不易,全行业都应加倍珍惜。

我国水泥工业在取得巨大进步的同时,也还存在一些突出的矛盾和问题。其中之一是,生产规模小、技术装备落后、劳动生产率低、能源消耗高、质量不稳定、环境污染较大的中小企业,至今还是我国水泥企业的数量主体,产量仍占将近40%,水泥工业结构调整的目标远未实现。在能源、环境日益成为我国经济社会发展瓶颈的今天,水泥工业要成为资源能源节约型和环境友好型产业,完成节能减排任务,任重而道远。在当前形势下,我国中小水泥企业在生存发展上面临不少困难和问题。因此,由工信部中小企业司会同相关行业协会组织举办此次中小水泥企业论坛,由政府、企业和业内专家共同研讨其改革发展问题,体现了政府和行业协会对中小水泥企业的关注。

我国中小水泥企业,尤其是立窑企业在我国水泥供应紧缺,资金投入不足的历史时期,曾一度快速发展,为我国国民经济建设做出了很大贡献,至今在许多地区,它们仍在为经济发展和农村建设以及解决当地就业等方面发挥着作用。目前不少新型干法水泥企业也是在淘汰立窑的基础上逐渐发展起来的。但历史发展到今天,中小水泥企业正面临转型升级的客观现实也是不容置疑的。据中国建筑材料联合会水泥许可证审查办提供的数据,截止到目前,水泥机立窑企业共有4 000多家,产能约5亿多吨。如此众多的企业,其出路何在?如何生存与发展?如何在推进水泥工业进步与发展中寻找到自己的位置?确实值得研讨,并推进解决好。我想借此机会就中小水泥企业改革发展问题谈三点意见,供讨论参考。

我们认为,水泥行业首先应当认真贯彻落实国家近些年来颁布的《水泥工业发展专项规划》、《水泥工业产业发展政策》和《关于加快水泥工业结构调整的若干意见》等重要文件精神。这些文件中明确提出:要进一步消减机立窑生产能力,有条件的地区要淘汰全部机立窑。目前正在修订的《产业结构调整指导目录(2008年本)》中对淘汰机立窑提出了更高的要求。因此,我们要坚定不移地执行好这些政策。凡是列入各地淘汰名单的立窑企业要坚持予以淘汰。这是水泥工业技术进步和产业结构调整的需要,也是推进水泥工业节能减排的需要,全行业都应认真、自觉地全面贯彻执行。

第二,要支持有条件的立窑企业以区域市场需求为导向,和大企业联手等合资、合作方式,建设新型干法水泥生产线;要支持和鼓励大企业通过兼并重组等方式,实施产业整合,购并中小水泥企业,以提升产业集中度和竞争力。可以将具备条件的中小水泥企业改建为规模以上的粉磨站、中转库或预拌混凝土搅拌站等接替产业或者其他产业;我们和各地行业协会都有责任和义务,切实帮助被淘汰企业争取国家和地方相关政策的支持,给予职工妥善安置或合理补偿。这既是对那些为水泥工业的发展出过力、流过汗、目前再就业有困难职工应有的关心,也是社会稳定的需要,更有助于为顺利推进水泥产业结构调整创造有利环境和条件。

第三,大力发展新型干法是水泥产业发展政策所明确规定的结构调整方向。这一方向既为国家政策所明确、也在我国各地区为市场供求消长态势所印证,是正确的方向。从我国国情出发,未来一段时期、在一些地域范围内,立窑水泥完全淘汰退出市场会有一个长短不同的进程。在此暂存期内,在保证质量的前题下,以先进适用技术对部分有条件的立窑企业进行以节能降耗、保护环境,而不以扩大产能为目的的技术改造是十分必要的。

我们高兴地看到,南京建通官塘水泥有限公司董事长缪建通多年来投入了大量的人力、财力,致力于立窑技术的研发,在立窑的节能减排、稳定质量等方面取得了不少技术成果。他的审慎推广应用,使一些立窑企业获得了程度不同的受益。

对暂存期内的立窑企业采用包括JT技术在内的先进适用节能减排技术进行技术改造,应当把握"有条件"和"少量有限"的原则。"有条件"是指在交通不便、市场容量小和资源禀赋差、新型干法水泥暂时不能覆盖的地区,经有关政府部门批准的现存立窑企业中,适当推广应用各种立窑节能减排技术成果。

鉴于新型干法水泥建厂模式既可在又有原料又有市场的地区建设全能型干法水泥企业,也可在原料地建熟料厂,在市场区建粉磨站、中转库等多种方式,预期其未来的生产布局可近乎于星罗棋布,产销地之间的交通条件也在日趋改善中,所以市场能够留给暂存期立窑企业的空间不会大。再加上以先进适用的技术改造对立窑企业的管理水平和职工操作技能等方面要求较高,只适合少数基础较好的企业。综上所述,推广应用只能是"少量有限"的。当然所有这一切,最终都要在激烈的市场竞争中接受洗礼。要制定出推广应用的具体政策规定,切忌一哄而起,影响水泥行业发展全局和有关中小水泥企业自身的利益。

需要说明的是,我们认为,JT技术可以称为改进型的立窑技术。以它或其他先进适用技术对暂存期立窑进行改造,实现节能降耗、提高质量,是好事。但将其取名为新型半干法工艺,并不妥当,应审慎。新型干法水泥技术和立窑技术毕竟是不同层级的技术。要把大力发展新型干法水泥、淘汰落后水泥生产力和"有条件、少量有限"地用包括JT技术在内的先进适用技术改造暂存期立窑这几件事情统筹协调好,不能顾此失彼,更不能因小失大。

包括水泥行业在内的广大建材中小企业都是企业的数量主体,它们的改革发展问题,是摆在我们面前的一个重要课题。我们愿与大家一起共同努力,坚持以科学发展观为指导,积极探索,按照国家有关政策规定,为他们排忧解难,做好服务工作。

★该篇文章是中国建筑材料联合会会长张人为在2008年12月13日召开的首届中国中小水泥企业论坛上的讲话。

中小水泥企业的退路与出路★

The leeway and the way out for small and medium sized cement enterprises

◎中国水泥协会会长　雷前治

By Lei Qianzhi - Chairman of China Cement Association

在中国水泥工业结构调整进入关键时刻,由工信部中小企业司牵头,中国企联企业技术进步工作委员会主办,中国水泥协会协办的中小水泥企业论坛,专题讨论中小水泥企业的问题,是非常必要的和及时的。当会议通知在数字水泥网挂出去以后,无论是大企业还是中小企业,对这次会议都非常关注,许多大企业不断来人来电话询问会议有关情况,他们希望能把淘汰落后作为本次会议的主题,他们认为2008年以来,全行业完成投资800亿元,已经开工建设的PC窑238条生产线,这些投资的根本驱动因素是希望填补国家明令淘汰落后生产能力的市场空间,如果这个预期落空,不仅是投资难以收回,企业的资金链也会出现风险,后果不堪设想。来自60家重点企业以外特别是中小企业的报怨:国家只是公布了淘汰目标,具体政策迟迟没有到位,企业进退两难,他们期待这次会议能为淘汰落后生产能力和支持中小水泥企业可持续发展推出一些可操作的政策措施。

中国水泥协会一定密切配合,发挥好桥梁与纽带作用,做到下情上报不截留,上情下达不走样。

一、我国水泥工业的现状

1. 现状。

2007年,中国有水泥企业5 028家,比上年减少182家;产量13.6亿吨,比上年增长9.68%;国内消费水泥13.3亿吨,人均消费1 000千克;实现利润251亿元,吨水泥实现利润18.46元;出口水泥与熟料3 300万吨,约占世界贸易量的30%。把中国水泥工业放到世界水泥行业进行比较,有以下几个特点:

一是总量大。2007年,世界水泥产量约27.7亿吨,中国占49%。

二是发展快。进入本世纪以来,7年间平均年增长12.54%,尤其是PC窑,到2007年末,已经建成投产的有802条生产线,熟料产能6.2亿吨,平均年增长38.34%(见表1)。

表1　2007年末PC窑熟料产能与结构

窑的规格(t/d)	数量(条)	熟料产能(万吨)	比重(%)
10 000	4	1 240.00	2.02
5 000～9 000	142	22 589.70	36.88
4 000	20	2 530.30	4.13
3 000	32	3 146.50	5.14
2 000	275	20 531.30	33.52
1 000	283	10 192.80	16.64
700	46	1 027.65	1.68
Σ	802	61 258.26	100.00

三是生产集中度低。虽然前10强的生产集中度从2000年的8%提高到2007年的20%，出现了一批像“海螺”、“中国建材”等特大型企业，新型干法窑熟料产能超过1 000万吨的企业已经有11家，但企业数却从2000年的4 602家增加到2007年的5 028家，企业平均规模仍然只有27万吨。即使是新型干法窑企业，前10强的产能也仅占30.28%(见表2)。

表2　10强企业的PC窑熟料产能

序号	集团	2007年			2008年			
		生产线(条)	熟料产能(万吨)	比重(%)	生产线(条)	熟料产能(万吨)	比重(%)	产能增长(%)
1	海螺集团	47	7 233.00	11.79	57	8 773.00	10.27	21.46
2	中国建材	80	6 857.20	11.19	89	8 128.20	9.51	18.54
3	冀东水泥	15	1 674.00	2.73	22	2 712.50	3.17	62.04
4	华新集团	15	1 869.30	3.05	19	2 396.30	2.8	28.19
5	中材集团	21	1 577.90	2.58	28	2 283.90	2.79	51.08
6	山水集团	20	2 011.90	3.28	21	2 135.90	2.5	6.16
7	华润水泥	8	1 100.50	1.8	13	1 860.00	2.18	69.01
8	天瑞集团	9	1 255.50	2.05	13	1 829.00	2.14	45.68
9	拉法基瑞安	19	1 243.10	2.03	23	1 506.60	1.76	21.2
10	台泥水泥	4	666.5	1.09	9	1 472.50	1.72	120.93
	合计	238	25 478.90	41.59	294	33 197.90	38.84	30.3

四是经济效益差。2007年利润总额虽然创历史新高，但吨水泥创造的利润不仅比“海螺”低20%，还不到世界平均水平的一半。

五是发展不平衡。首先生产和消费。2007年全国人均消费水泥已经达到1吨，其中人均消费水泥超过1吨主要集中在沿海地区，广东、福建、浙江、上海、江苏、山东、天津等，上海市超过2吨。其余地区都在1吨以下，而黑龙江、贵州等地区还不足500千克；其次新型干法产能的地区差异更大，浙江人均熟料产能高达1 300千克，而黑龙江、贵州、四川等地尚不足200千克。

2. 面对世界金融风暴的挑战。

世界金融海啸对中国经济的影响究竟有多大？何时见底？经济学界众说纷纭，中国政府计划投资4万亿人民币救市的计划获得全球的尊重。在今天，各地各部门都纷纷行动起来，据11月24日中央台报道，江苏百企千亿元项目同时奠基；11月25日《中国建材报》报道，浙江省今明两年投入了500亿元扩大内需；11月25日中央台报道，交通部将推出1万亿元的建设计划，到今天为止，中央加地方计划投资已经超过10万亿元，这对水泥行业无疑是个福音。所以，我对中国水泥市场需求的增长始终持乐观态度，但期望还有较高速度的增长显然是不现实的。

2008年水泥产量增长速度逐月回落，全年平均增长速度预计在2%左右，产量14亿吨左右，这主要还是国内宏观调控的结果。世界金融海啸对中国水泥市场的直接影响不会太大，但需求下滑尚未见底，而2008年新建成投产的PC窑预计有78条生产线，新增熟料生产能力1.1亿吨，2008年已经开工建设，预计到2009年投产的PC窑还有130条生产线，新增熟料生产能力1.3亿吨，到2009年末，PC窑熟料总产能将达到8.5亿吨，大部分省区水泥供需基本平衡，有的地区将会出现过剩甚至严重过剩。

2008年1~10月出口水泥与熟料2 264万吨，全年预计2 717万吨，比上年下降3个百分点。2009年国际水泥市场不容乐观，出口将会继续下滑。

表3　2009年末PC窑熟料产能预期

大区	2007年新开工建设项目		※2009年末熟料产能（万吨）	2009年末人均产能（kg/人）
	数量（条）	新增熟料产能（万吨）		
全国	208	24 176.9	85 435.2	647
东北	19	2 380.8	6 023.3	310
华北	20	2 346.7	8 836.6	555
华东	40	5 378.5	32 376.4	853
中南	70	8 983.8	24 100.1	661
西南	46	3 847.1	8 779.2	450
西北	13	1 240.0	5 319.6	553

注：※2007年已经开工建设的项目全部投产形成的能力。由数字水泥网提供

表4　2003年东亚国家和地区的熟料产量

国家与地区	熟料产能（万吨/年）	人均产能（千克）	熟料产量（万吨）	窑运转率（%）	人均熟料产量（千克）
日本	7 570	610	6 690	85.20	540
韩国	6 188	1 406	5 158	83.30	1 172
中国台湾	2 823	1 344	1 847		880
泰国	4 683	821	3 081		540
印尼	4 443	234	3 263	73.00	172
马来西亚	1 780	962	1 522	85.50	823
菲律宾	2 192	348	1 250	57.03	198

注：根据第五届东亚水泥协会联席会议资料整理

二、中小水泥企业的退路和出路

1. 关于中小企业的界定。

由于水泥是资源遍在型和产品合理销售半径相对小的行业，目前大中小企业的界定还沿用1996年原国家建材局确定的标准，规模超过60万吨称大型企业，大于20万吨而小于60万吨称中企业，小于20万吨称小型企业。2007年，全国销售收入在500万元以上的水泥企业有5 028家，按这个划型标准，大型企业共496家，占9.8%，产量6.69亿吨，占49.65%，中型企业868家，占17.2%，产量占28.27%，小型企业3 664家，占72.87%，产量29 410万吨，占21.63%。

2005年新的产业政策出台以后，按这个划型标准来指导行业的发展显然是落后了。为了充分体现扶优扶强，2006年，国家发改委等三部门公布了60家重点水泥企业名单，得到许多经济管理部门和金融系统的广泛赞同与支持，对促进水泥工业结构调整发挥了积极的作用，受到全行业的肯定。为了比较明确我们的研究对象，在国家没有出台新的水泥企业划型标准之前，我提议：把列入60家重点企业名单的企业按大型企业来管理，有1条2 000吨/日以上，而又未列入60家名单的企业按中型企业管理，其余统称小型企业。按这个标准来界定，2007年列入60家名单的企业占企业数量1.19%而产量却占31%，中型企业146家占总数2.9%而产量占13.7%，小企业4 670家，占92.8%，产量约占55.3%。

2. 小型水泥企业的退路和出路。

按照2006年国务院颁布的《水泥工业产业发展政策》的标准，这些企业中除年产60万吨以上的粉磨站和特种水泥厂外，80%的生产线基本上属于落后生产能力，根据国家宏观调控已经出台的诸多政策、法规和专项规划，这些生产能力要分期分批予以淘汰，逐步退出市场，但国家要有政策帮助这些企业转产和发展。

浙江省在进入本世纪之初，还是以中小水泥企业为主的水泥大省，大大小小的立窑705台，湿法窑20条，企业404家，2000年产量4 256万吨，到2007年末，这些落后生产能力全部淘汰出局，退出市场，但这些企业朝着不同方向，都有不同程度的发展。特别是较早用集资、联合等方式发展新型干法窑的企业，实现了高速的发展，“三狮”、“红狮”等10家企业进入60家重点企业名单。

浙江的经验是在贯彻实施产业政策过程中，既要坚定不移地把落后生产能力淘汰出局，实现产业升级；又要以政策为先导，用行政和市场的办法，引导和支持这些企业发展起来，实现平稳过渡、繁荣经济、社会进步。

跟踪这些中小企业，发展方向主要有四个方面，一是发展新型干法窑，二是积极参加重组联合，分别进入国内外的企业集团；三是对粉磨系统进行改造，进入粉磨、中转、水泥深加工和建材物流领域；四是把原始积累与在淘汰过程中获得的补贴捆在一起发展其他产业。据浙江省经委重工处估计，前三类企业基本上还是留在行业内发展，大约占企业总

数的50%，转入其他行业的约占50%，在这个过程中除个别国有企业在改制时，少数职工为待遇问题出现过一些小的风波，而全行业没有一例到政府上访或投诉。

为实现落后生产能力尽快退出的同时中小水泥企业也得到快速发展，浙江的经验的精髓是在“区别对待，有保有压”宏观调控政策指导下，充分运用行政手段，充分发挥市场机制的作用。

为促使落后生产能力有序退出，中小企业又要可持续发展，参考浙江的经验，主要有以下几种途径：

A. 支持有条件的企业发展大型新型干法窑

重点企业名单公布以来，又有一批中小企业经过三年的发展，已经达到进入重点企业的标准，如“四川峨胜”、“海南”、“浙江金园”等10多家企业，他们不仅建设有大型新型干法窑，有的还跨地区发展，培育前景也不错。他们强烈要求对60家重点企业名单实行滚动管理，对这几年发展迅速、已经成为地方行业排头兵、符合进入重点企业条件的中小企业，尽快纳入重点企业名单管理；

B. 支持中小水泥企业的技术改造。

我国中小企业的新型干法窑的技术经济指标与“海螺”水平相比大致低20%左右，支持这些企业采用以纯余热发电和节能粉磨为主的节能减排技术、资源综合利用和环境保护技术、使用可替代原燃材料等先进技术对现有的新型干法窑进行技术改造，达到节能减排、优化环境、提高效益。

对新型干法窑产品尚覆盖不到的地区，支持用JT技术对尚未列入淘汰计划的立窑进行改造，实现降低消耗、改善环境、提高质量，全面提高企业的经济效益。但要求各省区市政府加强管理，严格审批，防止一哄而起。对单纯以提高产量为目的扩径改造应坚决予以制止。

C. 支持用小型PC、SP和少数立筒预热器窑发展特种水泥。

我国特种水泥从总体来说，生产企业规模小，生产工艺落后，能源消耗大，环境污染严重，品种少，产量约占总量的2%，远低于发达国家水平(5%～6%)。

由于特种水泥行业总体比较落后，多数企业很困难，他们恳请国家在信贷、税收、交通运输等方面予以政策优惠，增加特种水泥的品种、提高特种水泥的质量，全方位满足国民经济建设对特种水泥的需要；

D. 支持中小企业联合重组发展新型干法窑、大中型粉磨站、水泥中转站、混凝土搅拌站和建材物流，做长产业链；

E. 加大淘汰落后生产能力的力度，对被淘汰的落后生产能力予以适当的财政补贴，帮助这些企业转产。

3. 关于JT窑技术。

2004年以来，中国水泥协会曾先后对JT窑在全国推广运用的十多条生产线进行过考察与调研，结合嫩江工厂热工标定结果，又到实地组织研讨会，形成了一份调研报告。报告认为：

JT窑通过对立窑的结构、配料方案、预均化、环保及自动化等系列技术改造，把立窑技术提高到全新的水平。JT技术的内涵应包括JT窑、优化设计和企业精心管理三个部分，她是一个完整的体系，缺一不可。但JT技术的核心设备仍然是立窑，立窑的主要缺陷如规模小，管理难度大，熟料fCaO高等，因此在PC窑的产能已经达到8.5亿吨的今天，已经没有必要大面积推广。但在新型干法窑水泥覆盖不到的地方，可以用JT技术对尚未列入淘汰计划的立窑进行改造，达到大量利废、提高质量、降低消耗、减少排放等效果，促进这部分小企业提高效益。对单纯以提高产量为目的立窑扩径改造应该坚决予以制止。

三、期望和建议

成立工信部对工业行业来说无不欢欣鼓舞，正如许多企业老总说的，我们总算有了家和家长。尤其是弱小行业和中小企业，更感觉有了依靠。进入本世纪以来，新型干法窑得到高速发展，大型企业和企业集团快速成长，水泥技术、装备和产品在国际市场的竞争力日益增强，全行业正处在结构调整的关键时刻，全行业期望工信部能大有作为，为水泥工业可持续发展营造良好的政策环境。建议：

1. 保持政策的连续性。

对国家已经出台的一系列关于水泥工业宏观调控的政策、法规和措施，要加强检查、监督和加大执行的力度，对已经纳入淘汰的落后生产能力一定按计划执行，在严格贯彻执行产业政策的前提下，支持中小水泥企业的发展。

2. 严格控制水泥发展的总量。

不仅要坚决制止立窑的扩径改造，严格掌控新型干法窑发展的度已是刻不容缓，2008年开工的这批新型干法窑建成后，除黑龙江、四川、贵州、云南的三江流域和内蒙古与山西、陕西交界的煤炭基地等地还可适当发展，其他地区都要叫“暂停”。

3. 今后水泥工业发展的重点。

大规模新建新型干法窑的时代已经结束了，今后水泥工业发展的重点：一是支持那批尚未达到国际先进水平的新型干法窑的技术改造，实现节能减排、优化环境、提高效益；二是推动企业间的联合重组，努力提高生产集中度，提升中国水泥企业的国际竞争力；三是扩大资源综合利用，推进清洁生产，尝试可替代能源和城市垃圾处置项目，发挥水泥工业在循环经济中的作用，走水泥工业可持续发展道路。

★该篇文章是中国水泥协会会长雷前治在2008年12月13日召开的首届中国中小水泥企业论坛上的讲话。

沉着应对金融海啸变“危”为“机”保进发展★

Face with financial tsunami calmly, change "risk" to "chance" to guarantee development

◎国家发展和改革委员会产业协调司副司长 熊必琳

By Xiong Bilin – vice director of Industrial Coordination Department of National Development and Reform Commission

各位来宾,女士们,先生们:

阳春三月百花盛开,一年一度的中国国际水泥峰会如期召开,几百名中外宾客齐聚北京,共同研讨世界水泥工业发展的热点问题。中国水泥界也将抓住这个难得的机会与国际大家庭成员加强合作、充分交流经验、共同分享成果。我代表国家发展和改革委员会产业协调司对峰会的顺利召开表示热烈的祝贺!对来自五大洲的企业家、专家、学者表示热烈欢迎!

本次峰会的主题是金融危机下水泥行业的危机与挑战。这确实是当前水泥工业发展的主要课题。2009年是极不平凡的一年。在金融海啸冲击下,水泥工业面临前所未有的风险和挑战。如何变危机为机遇,是大家共同关注的焦点。因此,加强合作、沟通,必将有利于水泥工业度过难关,实现健康、持续发展。

中国水泥行业通过“十五”、“十一五”期间的高速发展,结构调整成效显著。2008年水泥产量达到13.9亿吨,新型干法水泥熟料比重已经达到61%。在国家产业政策支持下,大型水泥集团快速成长,区域市场逐步形成,行业的竞争能力得到加强;兼并重组步伐加快,产业集中度进一步提高;2008年淘汰落后产能约6 000万吨,已经有50%的新型干法水泥企业配置或计划配置余热发电技术,为国家节能减排任务的落实做出了贡献。2008年和2009年初胡锦涛主席分别视察海螺集团和中材国际在沙特承建的利雅得水泥公司,这是对水泥行业的极大鼓舞和业绩的肯定。

虽然2008年中国水泥工业已经取得了令世界瞩目的成就,但面临目前国内外的严峻形势、面临与发达国家的差距、面临继续做大做强的历史使命、面临灾后重建的艰巨任务,我们的水泥工业仍旧任重而道远。

为抵御国际金融危机对我国经济,特别是实体经济的冲击,中央政府从2008年下半年就出台扩大内需的多项政策,保证我国经济平稳较快发展。实施了4万亿的投资计划,方向和重点锁定在关注民生、关注“三农”,搞好基础设施建设,加强生态环境保护,做好节能减排工作;同时加快调整经济结构、转变经济发展方式。国家加大投资首先受益的是水泥行业,受益最大的也是水泥工业。大量的城市基础建设、农村城镇化、公共事业建设等对水泥的需求是刚性的。伴随着中央政府对投资的拉动和各项经济振兴、灾后重建计划的实施和推进,新一轮基本建设高潮即将到来,水泥行业也将迎来新的发展。预计2009年水泥消费量还将继续增长。水泥行业要牢牢把握住这个机遇,推进行业技术创新、发展循环经济、走水泥工业可持续发展道路。新形势下的并购重组将使得行业集中度迅速提高,前20家大型水泥集团的熟料产量将占到全国总产量的50%。对2009年新型干法水泥比重提高至70%,提前一年完成“十一五”,任务,我们是充满信心的。经过2008年世界金融危机的洗礼,我国海外承包集团公司也经受了锤炼和考验,各项服务能力提高,继续驰骋在国际市场,建功立业。

2009年我们将与世界水泥业同行共同携手,尽快排除金融危机的阴影,变“危”为“机”,促进水泥工业健康发展。我们愿意和与会各国代表进行广泛交流,认真听取大家的意见和建议。我们相信合作、互利就能共赢!

十一届人大二次会议确定2008年中国GDP增长的目标是8%,国家发改委将继续支持水泥大企业集团技术进步、兼并重组、走出国门,为实现国民经济的平稳较快发展做出贡献!以优异的业绩迎接建国60周年!

★该篇文章是国家发展和改革委员会产业协调司副司长熊必琳在“2009中国国际水泥峰会”的讲话。

中国水泥行业的巨变★

The huge change of Chinese cement industry

纪念改革开放三十周年

◎原国家建材局局长　王燕谋

By Wang Yanmou, previous director of National Building Material Bureau

改革开放使中国社会发生了深刻变化。从高度集中的计划经济体制转变为充满活力的社会主义市场经济体制，从对外的封闭、半封闭状态转变为全方位开放的状态，社会主义在中国焕发出前所未有的生命力。

随着社会经济体制转变和对外开放，水泥行业发生巨大变化，以一个崭新的姿态出现在世界东方，博得世人的众声称赞。水泥行业的巨大变化有以下八个方面。

一、水泥产量大幅增长

1978年以来，我国水泥产量的增长情况如表1所示。

表1　水泥产量与消费量增长情况

年份（年）	水泥年产量		人均消费量	
	产量（万吨）	增幅	消费量（千克/人）	增幅
1978	6 524		约65	
1990	20 971	约2.2倍	约200	约2.1倍
2000	59 700	约8.2倍	约460	约6.1倍
2007	136 000	约20.0倍	约1 000	约14.4倍

注：表中增幅均以1978年为基数。

从表1可看到，随着改革开放的进展，水泥产量的增长幅度迅速提高。与1978年相比，1990年增长了约2.2倍，2000年增长了约8.2倍，到2007年则增长了约20倍之多。同样，水泥人均消费量也快速增长。1990年提高了约2.1倍，2000年提高了约6.1倍，2007年提高更多，达到约14.4倍。特别要指出的是，1978年我国水泥人均消费量很低，仅约65千克，与世界人均消费量相比有很大差距。到2000年，我国水泥人均消费量约为460千克，已达到世界人均消费水平。2007年我国水泥人均消费量迅速提高到约1 000千克，为世界人均消费量的2倍。根据新兴工业国家经验，处于经济发展高增长期的国家，其水泥人均消费量都是在1 000千克左右。消费促进生产，生产保证消费，我国水泥人均消费量的增长说明改革开放给经济发展带来了欣欣向荣的大好局面。

二、产品标准与国际接轨

新中国成立之初，没有一个全国统一的水泥标准，东北地区各水泥厂采用日本标准，南方各水泥厂分别采用英国、美国和德国的标准。1953年实施了全国统一的以软练法为基础的产品质量标准。1956年，通过水泥强度检验方法标准由软练改为硬练，施行以硬练法为基础的产品质量标准，这就是过去统称的“三大水泥标准”，它在我国施行了长达24年之久。由于硬练法不能正确反映使用效果，于20世纪70年代，制定了软练强度检验方法标准GB177－77。1979年开始施行以新的软练法为基础的产品质量标准GB175－77与GB1344－77。

改革开放后，为适应经济发展新形势，我国水泥国家标准曾进行3次大的修订。

第一次修订的是产品质量标准，于1992年开始施行。在该标准中，将硅酸盐水泥分为I型和II型，I型水泥强度和各项性能指标采用美国ASTM标准，II型水泥采用英国BS标准。这样，我国通用水泥标准与国际水泥标准初步靠拢。第二次修订的内容主要是水泥强度检验方法标准，直接采用ISO679国际强度检验方法，制定出GB/T17671－1999水泥胶砂强度检验方法国家标准。在此基础上，按ISO国际标准，同时修改了产品质量标准，制定出GB175－1999、GB1344－1999和GB12958－1999等3个通用硅酸盐水泥国家标准。新制定的强度检验方法标准和产品质量标准同时于1999年开始施行。这次修订使我国水泥国家标准与国际标准实行接轨。第三次修订的是产品质量标准，将3个通用硅酸盐水泥标准合并成一个通用硅酸盐水泥标准GB175－2007，另外在水泥等级、混合材和外加剂等方面都作了修订。2008年开始施行新的《通用硅酸盐水泥》国家标准。

改革开放30年后的现行水泥国家标准与1979年实施的标准相比，有很大改进，主要不同点是我国通用水泥国家标准与国际水泥标准实行了接轨，提高了水泥实物质量，便于国际交流，促进我国水泥工业的发展。

三、生产技术结构调整初见成效

1949年新中国成立时，水泥生产技术结构是以湿法回转窑和干法回转窑为主的结构。在计划经济时期的水泥厂建设中，中央政府采用回转窑技术，地方政府主要采用落后的立窑技术。随着国民经济快速发展，中央政府管理和建设的回转窑厂水泥产量，远不能满足国家建设的需要。立窑水泥厂由于建设投资少，建设期短，得到迅速发展。表2列出1971～2000年我国水泥生产技术结构的变化情况。表中"大水泥"是指湿法和干法回转窑生产的水泥，"小水泥"是指90%以上立窑、10%以下小回转窑生产的水泥。从表2可看到，1973年水泥总产量中小水泥产量比例达53%，超过了大水泥，说明我国水泥生产技术结构由湿法和干法回转窑为主转变为以立窑为主。此后，小水泥比例不断提高，2000年竟达80%。立窑是比湿法和干法回转窑更为落后的生产技术，其产品质量差、资源消耗高、环境污染严重和劳动生产率低，在工业发达国家早已被淘汰，在新兴工业国家也早已不被选用。我国80%为小水泥的状况在世界上是非常落后的水泥生产技术结构。

表2　1971～2000年水泥生产技术结构的变化

年份（年）	大水泥（%）	小水泥（%）	年份（年）	大水泥（%）	小水泥（%）
1971	56	44	1975	41	59
1972	51	49	1980	32	68
1973	47	53	1990	19	81
1974	42	58	2000	20	80

20世纪70年代，我国起步开发比湿法和干法回转窑更为先进的新型干法技术。在对外开放的条件下，采用了自主开发与技术引进、消化吸收相结合的办法，加快了技术开发进程，并在较短的时间内取得成效。在计划经济体制转向社会主义市场经济体制的条件下，水泥企业进行体制改革，建立融资渠道，实行公司制治理。由于企业改制的到位和技术开发的成功，为新型干法技术进一步发展创造了条件。

安徽海螺集团公司解放思想、勇于创新，在它的带领下，在设计、科研和建设等单位的密切协作下，2000年到2002年先后攻克了日产2 500吨熟料和日产5 000吨熟料新型干法生产线建设低投资难关，使新型干法在我国能大规模推广。在政府有关部门的支持下，从2003年开始，我国新型干法水泥生产蓬勃发展。表3列出2001～2007年水泥生产技术结构的变化情况。表中"落后生产方法"是指立窑、湿法回转窑和干法回转窑生产的水泥。从表3可看出，2007年我国先进的新型干法产量在水泥总产量中的比例达到55%，超过了落后生产方法的水泥产量，由立窑为主转变为以新型干法为主，生产技术结构调整初见成效。这是一个历史性的进步，是我国水泥生产技术发展的重要里程碑。

表3　2001～2007年水泥生产技术结构的变化

年份（年）	新型干法产量（%）	落后生产方法产量（%）	年份（年）	新型干法产量（%）	落后生产方法产量（%）
2001	11	89	2005	40	60
2002	15	85	2006	48	52
2003	22	78	2007	55	45
2004	31	69			

四、国家重点企业推陈出新

中国共产党领导的人民政府，通过接管日伪资产、没收国民党官僚资本和改造私营工商业，在1956年拥有了20家水泥企业，这些企业都建成于新中国成立之前，属中央建材主管部门管理的国家重点企业，如表4所示。表中所列企业，除口泉水泥厂外，都采用回转窑技术，其中华新水泥厂和江南水泥厂单机规模较大、设备较新，其他企业都是设备陈旧、规模较小、工艺落后、厂房残破。然而，它们都是新中国水泥工业发展的起点。

表4　1956年国家重点水泥企业

序号	企业名称	年产量（万吨）	技术类型
1	启新水泥厂	58	干法回转窑
2	上海水泥厂	19	湿法回转窑
3	中国水泥厂	34	湿法回转窑
4	广州水泥厂	34	湿法回转窑
5	太原水泥厂	20	干法回转窑
6	重庆水泥厂	24	湿法回转窑
7	江南水泥厂	28	湿法回转窑
8	华新水泥厂	55	湿法回转窑
9	琉璃河水泥厂	42	干法回转窑
10	口泉水泥厂	3	机立窑
11	大连水泥厂	41	干法回转窑
12	鞍山水泥厂	16	干法回转窑
13	小屯水泥厂	20	干法回转窑
14	哈尔滨水泥厂	32	干法回转窑
15	牡丹江水泥厂	31	干法回转窑
16	本溪水泥厂	53	干法回转窑
17	工源水泥厂	13	干法回转窑
18	锦西水泥厂	33	干法回转窑
19	抚顺水泥厂	42	干法回转窑
20	光华水泥厂	0.2	白水泥干法回转窑

1953年开始第一个五年计划经济建设，水泥工业从此开始迅速发展。到1979年，国家重点企业，即产品归国家统配的企业，达到53个，如表5所示。从表5可以看到，国家重点企业中保留了1956年时的19个老厂（口泉水泥厂并入大同

水泥厂），此外，出现了一批新建厂。19个老厂经不同程度改造，更新了设备、改进了工艺、扩大了规模、改善了厂容厂貌。新建企业都采用当时国际流行的湿法长窑和立波尔窑。这些企业技术先进、布置合理、规模较大，是新中国水泥工业的新生力量。经过老厂改造和新厂建设，国家重点企业呈现出崭新的面貌，这是计划经济时期进行的一次推陈出新。

表5　1979年国家重点水泥企业

序号	企业名称	年产量（万吨）	技术类型	序号	企业名称	年产量（万吨）	技术类型
1	启新水泥厂	53	干法回转窑	28	耀县水泥厂	90	湿法回转窑
2	上海水泥厂	67	湿法回转窑	29	江山水泥厂	31	湿法回转窑
3	中国水泥厂	53	湿法回转窑	30	巢湖水泥厂	50	湿法回转窑
4	广州水泥厂	57	湿法回转窑	31	松江水泥厂	50	干法回转窑
5	太原水泥厂	27	干法回转窑	32	山东铝厂水泥厂	56	湿法回转窑
6	重庆水泥厂	44	湿法回转窑	33	柳州水泥厂	68	湿法回转窑
7	江南水泥厂	56	湿法回转窑	34	渡口水泥厂	29	湿法回转窑
8	华新水泥厂	95	湿法回转窑	35	湘乡水泥厂	74	湿法回转窑
9	琉璃河水泥厂	123	干法回转窑	36	邯郸水泥厂	120	干法回转窑
10	大连水泥厂	58	干法回转窑	37	开远水泥厂	29	湿法回转窑
11	鞍山水泥厂	24	干法回转窑	38	西卓子山水泥厂	43	干法回转窑
12	小屯水泥厂	42	干法回转窑	39	光化水泥厂	15	湿法回转窑
13	哈尔滨水泥厂	72	干法回转窑	40	峨眉水泥厂	86	湿法回转窑
14	牡丹江水泥厂	34	干法回转窑	41	水城水泥厂	48	湿法回转窑
15	本溪水泥厂	56	干法回转窑	42	胜利水泥厂	28	湿法回转窑
16	工源水泥厂	75	干法回转窑	43	永安水泥厂	47	干法回转窑
17	锦西水泥厂	68	干法回转窑	44	英德水泥厂	31	湿法回转窑
18	抚顺水泥厂	54	干法回转窑	45	荆门水泥厂	26	湿法回转窑
19	光华水泥厂	4	干法回转窑（白水泥）	46	江西水泥厂	46	湿法回转窑
20	大同水泥厂	74	湿法回转窑	47	青海水泥厂	10	干法回转窑
21	一冶水泥厂	24	湿法回转窑	48	山东水泥试验厂	10	干法回转窑
22	昆明水泥厂	35	湿法回转窑	49	新化水泥厂	41	湿法回转窑
23	永登水泥厂	75	湿法回转窑	50	金山水泥厂		湿法回转窑（在建）
24	新疆水泥厂	23	干法回转窑	51	武山水泥厂		干法回转窑（在建）
25	洛阳水泥厂	47	湿法回转窑	52	白马山水泥厂		湿法回转窑（在建）
26	江油水泥厂	70	湿法回转窑	53	长兴水泥厂		湿法回转窑（在建）
27	贵州水泥厂	35	湿法回转窑				

改革开放后，国家重点企业遇到两个历史性大挑战。一个是世界性生产技术更新换代的挑战，由湿法和干法回转窑转向更为先进的新型干法；另一个是全社会性的经济体制转换的挑战，由计划经济转向社会主义市场经济。在这两大挑战中，国家重点水泥企业有的迅速发展壮大，有的被兼并重组，有的陷入困境而无法自拔，进行了一次"大洗牌"。2006年年底，国家发改委、国土资源部和中国人民银行联合发布《发改运行（2006）3001号》文，公布了国家重点支持的全国性大企业，这是新时期大型水泥企业的一次定位，也可视作国家重点企业的一次重新排队，如表6所示。12个企业的发展经历有所不同，可分为以下6种类型。

1. 改革开放后新建的新型干法企业：海螺集团公司和冀东水泥股份公司。

2. 由1979年国家重点企业发展而成的企业：山水集团公司、三狮集团公司和祁连山水泥股份公司。

3. 由1956年国家重点企业发展而成的企业，仅华新水泥股份公司一家。

4. 政府部门改革后形成的企业：中联水泥公司、中材集团公司和金隅集团公司。

5. 被外行业兼并后发展起来的企业，即亚泰（集团）股份公司的亚泰水泥公司。

6. 民营立窑水泥企业转型而成的新型干法企业：天瑞集团公司和红狮控股集团公司。

表6　国家重点支持的全国性大型水泥企业

序号	企业名称	2007 年规模		基本技术类型
		产销量(万吨)	数据来源	
1	安徽海螺集团有限公司	熟料产能 6 900　水泥与熟料销量 8 652	上市公司年报	新型干法
2	山东山水水泥集团有限公司	水泥产能 3 484　水泥与熟料销量 2 170	上市公司招股书	新型干法
3	浙江三狮集团有限公司	熟料产能 1 023	数字水泥网	新型干法
4	湖北华新水泥股份有限公司	水泥销量 2 160　熟料销量 161	上市公司年报	新型干法
5	河北唐山冀东水泥股份有限公司	水泥销量 1 788	上市公司年报	新型干法
6	中国联合水泥有限公司	水泥销量 1 378　熟料销量 62	上市公司年报	新型干法
7	吉林亚泰(集团)股份有限公司	水泥与熟料销量 1031	上市公司年报	新型干法
8	中材科工集团有限公司	水泥销量 1 178　熟料销量 213	上市公司年报	新型干法
9	北京金隅集团有限公司	熟料产能 1 091	数字水泥网	新型干法
10	河南天瑞集团有限公司	水泥销量 821	公司管理层年报	新型干法
11	红狮控股集团有限公司	熟料产能 1 085	数字水泥网	新型干法
12	甘肃祁连山水泥股份有限公司	水泥与熟料销量 601	上市公司年报	新型干法

不同类型企业的发展有着各自的特点,例如:安徽海螺集团公司是第一条生产线于 1987 年建成投产的现代化新型干法企业,经过不断改革,独立发起组建了安徽海螺水泥股份公司。股份公司于 1997 年在香港成功发行 H 股,而后又在上海成功发行 A 股,保证企业长期持有良好的财务状况和发展所需资金。海螺水泥股份公司是国有控股、职工持股的股份制企业,建立了非常有效的激励机制和约束机制。该公司采取重组与新建相结合的发展方针,先后兼并重组了具有 80 多年历史、1956 年国家重点企业中国水泥厂;1979 年国家重点企业芜湖白马山水泥厂和湖南新化水泥厂;改革开放后新建的安徽铜陵水泥厂;还有一批立窑水泥厂(都改造成粉磨站)。历年来,股份公司新建了 3 个千万吨级、多个 500 万吨级和 300 万吨级熟料基地,以及众多水泥粉磨站,市场遍及上海、江苏、浙江、安徽、江西、湖南、广东和广西等省、市、自治区。在水泥行业,海螺水泥股份公司的销量和市值都占国内第一,世界第五。海螺集团公司的经济效益、环境指标和文化氛围都非常优秀。2008 年 1 月 12 日中共中央总书记胡锦涛同志视察了海螺集团芜湖水泥公司,事后他赞扬说:“海螺这几年的发展方式、发展道路,就是我们讲的怎么走中国特色的新型工业化道路。”海螺集团得到总书记如此高的评价,水泥行业全体员工都为之感到骄傲。

山东山水集团公司的前身是表 5 中的山东水泥试验厂,当时只有 1 条年产水泥 10 万吨的立筒预热器窑生产线,后来又扩建 1 条日产 700 吨熟料的旋风预热器窑生产线。在世界水泥技术大转变时期,山水集团有预见性地正确选择和坚持了预分解窑新型干法技术的发展道路。1994 年和 1997 年分别将两条预热器窑改造成预分解窑新型干法生产线,随即新建了潍坊、淄博和济南 3 个新型干法熟料基地。在发展中,山水集团兼并重组了潍坊水泥厂等一批立窑水泥厂,利用立窑厂一些条件发展新型干法生产。2007 年成功兼并重组了 1956 年的国家重点企业小屯水泥厂、本溪水泥厂和工源水泥厂,还兼并了在 21 世纪初新建的烟台东源水泥厂和康达水泥厂。通过改造、新建和兼并重组,山水集团迅速成长为一个水泥年产能力为 3 484 万吨的现代化新型干法大型企业。山水集团原是股权单一的国有企业,为适应社会主义市场经济体制,按国家规定进行了大刀阔斧的国有企业改革。在改革中,山水集团创造了水泥行业内的三个第一:第一个改制为职工控股企业;第一个利用财务资本进行资产重组;第一个作为红筹股在香港发行 H 股。2008 年 7 月,中国山水水泥集团公司在香港正式挂牌,成功发行股票,标志着企业改革取得阶段性成果。通过改革,建立了良好的激励机制和约束机制,接通了与国际资本市场连接的融资渠道,这些都为今后大发展奠定了坚实基础。

华新水泥股份公司 1945 年创建时就是股份制企业,曾发行过股票。在社会主义工商业改造中,通过没收官僚资本和赎买私人资本,改造成国有企业。改革开放后,国有企业改制成股份制公司,1994 年发行 A 股,同年又发行 B 股。1998 年瑞士 Holcim 公司购买了 B 股,2008 年又购买了定向增发的 A 股。从此,华新水泥股份公司股权结构发生根本性变化,在总股本的比例中,Holcim 占 39. 88%,成为第一大股东,国有股占 19. 64%,成为第二大股东,一个国有企业改制成为外资控股的股份制企业。华新水泥股份公司原是一个湿法回转窑大型企业,1994 年建成日产 2 000 吨熟料新型干法生产线,此后利用融资渠道取得的资金,加快建设新型干法生产线,至今已完成了由湿法生产向新型干法生产的转变。分析表 4 中 1956 年国家重点企业中,一些当年非常优秀的企业有的已被兼并;有的无法摆脱落后面貌,处境困难;唯独华新水泥股份公司继续焕发着活力,在中国水泥工业发展新型干法的道路上,依然发挥着骨干作用。

中国联合水泥公司的母公司是中国建材集团公司。该集团公司是以轻质建材起家的，后来将业务范围逐步扩大到其他建材产品领域。1999年建材集团公司建立中联水泥公司，开始发展水泥业务。2000年在政府部门机构改革中，集团公司承接了中央财政部“拨改贷”水泥资产，这为发展水泥业务提供了有利条件。中联水泥公司发展的特点是，除少量新建生产线外，主要采用资产重组的办法。通过利用国家政策和整合“拨改贷”资产，兼并重组了在改革开放后采用新型干法建设和改造的鲁南水泥厂和淮海水泥厂；通过国有资产划拨，兼并重组了南阳航天水泥厂和山东安厦水泥公司等；近期通过出资收购，兼并重组了一大批新型干法企业：如拥有日产万吨熟料生产线的徐州海螺水泥公司、山东日照港源水泥公司、泰山水泥公司、德州大坝水泥公司和河南淅川水泥公司等等。大规模的资产重组使中联水泥公司在近年内得到迅速发展，2007年熟料产量达到1 564万吨，一跃而成为中国水泥行业排名前列的大型企业。

考察企业发展过程后可以作出判断，它们成功因素的共同点是：①企业能正确把握技术方向，坚持发展预分解窑新型干法技术，在技术更新的挑战中取得了胜利；②企业能适应社会主义市场经济环境，坚持企业改革，建立融资渠道，进行资产重组，实现主体多元化和现代管理制度，在经济体制转换的挑战中取得了胜利。将表6所列企业与表5所列企业进行比较后可以得出，改革开放使国家重点企业经历了一场更为深刻的推陈出新，12个国家重点大型企业脱颖而出，其生产技术已全面更新，生产集中度大提高，表现出中国水泥行业前所未有的勃勃生机。

五、外资企业再现

表7列出了中国在清朝末期就有的外资水泥企业。中国第一个外资水泥企业是英国人于1886年创办的澳门青洲英坭厂。1887年清朝政府签署《中葡北京条约》，将澳门正式割让给葡萄牙，该厂从此不属于中国领土上的外资企业，澳门青洲英坭厂作为中国外资企业可以说是昙花一现。清朝甲午战争后，日本侵略势力大举入侵中国。随着入侵，日本产业资本进入中国，小野田洋灰制造株式会社于1905年创办大连支社，这是继青洲英坭厂之后中国的第二个外资水泥企业。

1911年辛亥革命胜利，推翻了满清封建统治，但未能赶走帝国主义侵略势力。1917年德国人在山东青岛创办了一个立窑水泥厂。第一次世界大战德国战败后，日本人接管该厂，改名为山东洋灰厂。“九·一八”事变后，日本军队侵占整个东北，日本水泥资本随之在东北地区全面扩张，在1931～1945年间创办了15个水泥厂，其名称列于表7。

表7　中国不同时期的外资水泥企业

时代	年份（历史事件）	外资国别	外企名称	基本技术类型
清朝	1886～1887（澳门被割让）	英国	澳门青洲英坭厂	立窑
	1905～1911（辛亥革命胜利）	日本	小野田洋灰制造株式会社大连支社	中空干法窑
民国	1912（民国政府成立）～1945（抗日战争胜利）	日本	“小野田”大连工厂	中空干法窑
		德国	青岛水泥厂	立窑
		日本	“小野田”鞍山工厂	中空干法窑
		日本	“小野田”泉头工厂	中空干法窑
		日本	“小野田”小屯工厂	中空干法窑
		日本	“小野田”哈尔滨工厂	中空干法窑
		日本	“小野田”牡丹江工厂	中空干法窑
		日本	“小野田”庙岭工厂	中空干法窑
		日本	盘城洋灰株式会社本溪工厂	中空干法窑
		日本	盘城洋灰株式会社本溪分厂	中空干法窑
		日本	盘城洋灰株式会社安东工厂	中空干法窑
		日本	盘城洋灰株式会社辽阳工厂	中空干法窑
		日本	浅野洋灰株式会社吉林工厂	中空干法窑
		日本	浅野洋灰株式会社锦州工厂	中空干法窑
		日本	浅野洋灰株式会社抚顺工厂	中空干法窑
		日本	华北洋灰股份有限公司	中空干法窑
		日本	蒙疆洋灰公司	立窑
	1945～1949（解放战争胜利）			
人民共和国	1949（共和国政府成立）～1978（改革开放开始）			

续 表

时代	年份(历史事件)	外资国别	外企名称	基本技术类型
人民共和国	1978～2008	日本	太平洋水泥公司	新型干法
		日本	烟台三菱水泥公司	新型干法
		韩国	大宇水泥(山东)公司	新型干法
		新加坡	龙岩三德水泥公司	新型干法
		法国	拉法基瑞安水泥公司	新型干法
		瑞士	华新水泥股份有限公司	新型干法

1945年抗日战争胜利,日本投降,日伪企业自此先后被国民政府和人民政府所接管,成为国有企业。1949年中华人民共和国成立后,这些企业都成为共和国的国有企业。于是,在1945～1949年和人民共和国年间的1949年到1978年,中国不存在外资水泥企业。1978年,政府开始施行改革开放政策,由封闭、半封闭经济状态转变为开放式的、逐步融入全球一体化的经济。水泥行业也不例外,其产品市场和资本市场都实行开放,允许外资进入中国新建或重组水泥企业。不过,此时创办的外资企业与历史上的外资企业有着根本性区别。中华人民共和国成立前的外资企业是外国占领者在被占领土地上开办的企业,是一种掠夺行为;改革开放后创办的外资企业是一个主权国家根据自身利益,依法对外开放的结果,是一种平等互利的商业行为。

改革开放后,日本太平洋水泥公司在大连、秦皇岛和南京等地各建1条日产4 000吨熟料新型干法生产线,目标市场是中国当地和海外。日本烟台三菱水泥公司在烟台建成1条日产3 200吨熟料新型干法生产线,销售市场也是设定在当地和海外。韩国大宇水泥(山东)公司在山东济宁市泗水县建了1条日产7 200吨熟料生产线,产品销售以海外市场为主,仅有少量在中国沿海和当地销售。新加坡三德水泥公司在福建龙岩建新型干法生产线,产品销往厦门和漳州一带。在外资企业中,法国拉法基公司最早进入西南地区,首先在四川都江堰建设生产线,占领成都市场;然后兼并重组重庆水泥厂,进入重庆市场;近期又与香港瑞安公司重组,成立拉法基瑞安公司,其生产规模迅速扩大到年生产能力近1 300万吨熟料,将市场拓展到贵州和云南,成为该地区水泥销量最多、占领市场份额最大的企业。瑞士Holcim公司控股的华新水泥股份公司,其产品市场分布在湖北、江苏、四川、云南和西藏等地,并在湖北省和武汉市占有最大的市场份额。可见,外资企业的水泥销售市场遍及我国东北、华北、华东、中南和西南等广大地区。改革开放后,中国水泥市场已成为一个包容四海、平等竞争的开放式市场。

六、先进生产力按市场机制进行布局

新中国成立时,水泥厂大都集中分布在东北和东南沿海地区。在五年计划经济建设时期,水泥厂建设是重要内容之一。当时代表水泥先进生产力的是湿法和干法回转窑生产线,即大中型水泥厂。中央建材主管部门负责对其进行布局和建设。早期按"每省、市、区至少建1个大中型水泥厂"进行布局。1965年中共中央作出关于"三线"建设战略决策,于是对大中型水泥厂建设布局作出调整,决定配合"大三线"、"小三线"进行新厂建设。因此,在这时期,大中型水泥厂建设主要集中在经济欠发达的中部和西部地区。这种生产力布局的主要弊端是社会经济效益低下。

改革开放后,先进生产力按市场机制进行布局,主要表现在以下4个方面。

1. 按经济发达程度进行地区布局。

改革开放后,水泥先进生产力更新为预分解窑新型干法,另外,国民经济发展的地区差别日益突出。地区经济发达程度愈高,水泥需求量愈大,在市场配置下新型干法生产的发展速度也就愈快。图1表示不同地区新型干法生产线数量的变化。从该图看到,2000年到2006年间新型干法生产线数量,东部地区每年都是多于中部和西部地区。2006年东部地区新型干法生产线达307条,占全国总数的44%,比中部地区高出12个百分点,比西部地区高出20个百分点。图2为不同地区新型干法水泥熟料产能的变化。在此可看出,2000年到2006年间东部地区新型干法熟料产能每年都是大于中部和西部地区。2006年东部地区新型干法熟料产能达24 490万吨,占全国总量的48%,比中部地区高出15个百分点,比西部地区高出29个百分点。图1和图2显示的数据充分说明,改革开放后水泥先进生产力按经济发展程度进行布局,从而发生了布局重点的战略转移,由中、西部地区转向经济较发达的东部地区。

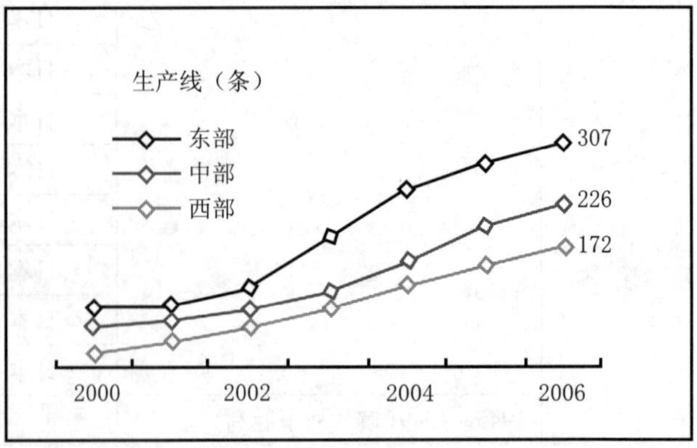

图1　不同地区新型干法水泥生产线数量的变化

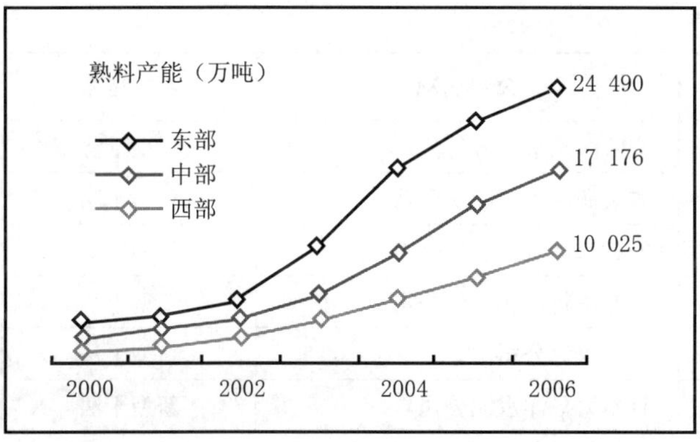

图2 不同地区新型干法水泥熟料产能的变化

注:图1、图2来源于《数字水泥网》刘作毅2007年国金证券投资策略年会报告

2. *沿江布局*。

水泥厂建设特点之一是厂区建在石灰石矿山附近,采用各种运输方式将产品与市场衔接。在计划经济时期,水泥厂的长途运输都采用铁路,建设新厂时必定先建铁路,铁路运输几乎成为水泥厂惟一的长途运输方式。众所周知,水运价格较铁路要便宜得多,如果说水泥铁路运输的合理半径为200公里~500公里的话,那么水路运输可在1 000公里以上。显然,水路运输较陆路运输有较大优势。因此,在具有石灰石资源的沿江地区布点设厂,成为水泥企业在市场经济条件下的必然选择。

沿江布点建设水泥厂的有三条江:长江、西江和富春江。长江中游沿岸有着丰富的石灰石资源,下游就是巨大的长江三角洲水泥市场。在中游地区建设的水泥企业,可通过廉价水运到下游地区销售产品。著名的安徽海螺水泥股份公司,其所以能取得成功,在很大程度上得益于以长江为主要运输干道的T型发展战略。在长江沿岸建厂的还有湖北黄石的华新水泥股份公司、江西九江的台湾亚东水泥公司和江苏镇江的台湾水泥公司等等。

西江上游水系沿岸有较丰富的石灰石资源,下游水系则通往全国经济最发达的珠江三角洲。广西境内西江水系沿岸的水泥企业沿着西江将产品运到珠江三角洲销售,其成本低,在市场上颇具竞争力。在西江上游水系沿岸设厂的有广西南平的华润水泥公司、广西贵港的台湾水泥公司和华润水泥公司等。

富春江运力虽比长江和西江要小得多,但水泥企业并没有放过这种机会。在富春江沿岸建厂的有桐庐的三狮集团公司和红狮控股公司、富阳的尖峰水泥股份公司和三狮集团公司等。这些公司将产品通过富春江运往杭州和绍兴等地销售。

沿江布局是改革开放后中国水泥工业发展中的一道靓丽风景线。

3. *按熟料基地—水泥粉磨站的组织结构模式进行分别布局*。

计划经济时期,水泥厂建设都采用全能的组织结构模式,在一个点上既建熟料生产线又建水泥粉磨生产线,向市场提供各个品种和各种标号的水泥。改革开放后,水泥厂建设发生了变化,在改变组织结构模式的基础上进行分别布点。在靠近石灰石矿山地区建设熟料基地,出售商品熟料,在市场附近建设水泥粉磨站,利用当地混合材制成水泥就近销售。现在全国采用这种分别布点的企业已很普遍,国家重点支持的新型干法大型企业几乎都采用了熟料基地和水泥粉磨站分别布点的模式,而且一个熟料基地往往配以多个水泥粉磨站。熟料运输方式有铁路、水路和公路。改革开放后,我国公路运输发展很快,高等级公路和高速公路已比较普及,发达的公路运输为水泥粉磨站的设置和布局提供了方便条件。分别布局的好处有:①节省混合材运力;②运输熟料比水泥方便;③提高企业保供能力;④增强市场对水泥品种与标号要求的适应性。这些都能提高企业的市场竞争力。

4. *沿海布局*。

20世纪90年代初,由于低投资难关尚未解决,我国水泥新型干法生产发展很慢。为了加快调整结构,中央建材主管部门决定利用改革开放条件,吸引外资来发展新型干法。以海内外两个市场为目标的企业都须在沿海布点设厂。

经国务院批准,当时有若干个外国产业资本在我国沿海建设水泥新型干法厂。进入21世纪后,低投资难关被攻克,我国水泥新型干法生产迅速发展,一些水泥企业选择国际市场作为营销目标之一,到沿海布点,建设水泥和熟料出口基地。到2006年,在中国沿海已形成一个出口水泥基地群,如表8所示。

表8 沿海地区的水泥出口基地群

序号	出口基地名称	专用码头所在地	公司名称	生产技术
1	大连小野田水泥公司	大连港	日本太平洋水泥公司	新型干法
2	秦皇岛浅野水泥公司	秦皇岛港	日本太平洋水泥公司	新型干法
3	冀东水泥厂	唐山港	河北唐山冀东水泥股份公司	新型干法
4	烟台三菱水泥公司	烟台港	日本烟台三菱水泥公司	新型干法
5	烟台东源水泥公司	烟台港	山东山水水泥集团公司	新型干法
6	山水日照港水泥粉磨站	日照港	山东山水水泥集团公司	新型干法
7	大宇日照港水泥粉磨站	日照港	韩国大宇水泥(山东)公司	新型干法
8	日照港源水泥公司	日照港	中国建材集团中联水泥公司	新型干法

续 表

序号	出口基地名称	专用码头所在地	公司名称	生产技术
9	泰州海螺粉磨站	泰州港	安徽海螺水泥股份公司	新型干法
10	海门海螺粉磨站	海门港	安徽海螺水泥股份公司	新型干法
11	张家港海螺粉磨站	张家港	安徽海螺水泥股份公司	新型干法
12	华新南通粉磨站	南通港	湖北华新水泥股份公司	新型干法
13	镇江京阳水泥公司	镇江港	台湾水泥公司	新型干法
14	南京江南小野田水泥公司	南京港	日本太平洋水泥公司	新型干法

从表8可看到,水泥出口基地群既有中资企业又有外资企业,都采用先进的新型干法,并且都有配套的专用码头。这样,不论是产品质量还是流通设施都能与国际水泥市场接轨,保证中国水泥成功进入国际市场。

改革开放后,水泥先进生产力布局由按国家计划改变为按市场机制,于是发生了重大调整:新厂建设重点移向经济发达地区;熟料生产与水泥粉磨进行分别布点;沿江、沿海大量建设新型干法生产线与相应的流通设施。这种布局最基本的好处是水泥行业社会经济效益大幅提高。

七、水泥出口与工程承包走向世界

在计划经济时期,我国水泥生产仅满足国内建设需要,除少量销往香港外,不考虑向国外出口。随着改革开放的深入和技术进步,水泥企业产品出口情况发生了显著变化,由出口数十万吨增加到数千万吨,1981年到2007年水泥与熟料出口量列于表9。从该表看出,我国水泥与熟料出口量有3个高峰期,这反映了我国沿海地区水泥工业结构调整的3个不同阶段。

表9 改革开放后水泥与熟料出口量的变化

年份	水泥与熟料出口量(万吨)	年份	水泥与熟料出口量(万吨)
1981	82	1995	819
1982	70	1996	1 180
1983	38	1997	1 169
1984	17	1998	820
1985	14	1999	636
1986	19	2000	606
1987	17	2001	621
1988	15	2002	518
1989	44	2003	533
1990	683	2004	704
1991	1074	2005	2 216
1992	645	2006	3 610
1993	245	2007	3 300
1994	452		

第一个高峰期是1990~1992年。那时,东南亚经济飞速发展,国际市场上水泥突然变得十分紧俏,拉动了中国水泥大量出口,由1989年的数十万吨大幅增加到1991年的上千万吨,主要出口地是韩国和东南亚各国。但这种出口形势并没有维持多久就出现了问题。外国水泥进口商强烈反映中国水泥质量差、袋装水泥不能用于大工程,纷纷要求退货和赔偿,甚至个别海轮上贴出"警惕××水泥"的巨幅标语,个别港口拒卸中国水泥,在国际市场上造成了很大负面影响。于是水泥出口量骤然下跌,由上千万吨下跌到1993年的200多万吨。这就是中国水泥史上的一次"出口风波"。经调查,采用袋装立窑水泥出口是这次风波的起因。在计划经济时期,能生产高质量水泥的回转窑生产线大都建在中、西部地区,东部沿海地区极少。改革开放后不久的水泥行业,按市场机制进行先进生产力布局尚未见效,沿海地区高质量回转窑水泥数量无法满足大量出口需求,只能用立窑水泥出口。另一方面,现代建筑施工须用散装水泥,为出口散装水泥,必须具备装卸水泥和熟料的专用码头设施。过去,水泥流通方式主要是陆路运输袋装水泥,沿江沿海都未建设水泥专用码头,所以只能用袋装水泥出口。"出口风波"充分暴露出当时我国水泥工业技术和流通结构与国际先进水平相比存在很大差距,不适应国际贸易的开展。

第二个高峰期是1996~1997年。在沿海建设新型干法生产线的水泥外资企业,如大连小野田、烟台三菱和山东大宇等,于1994~1997年间陆续投产,在打开中国市场之前,它们往往将产品销往国外,致使我国水泥与熟料出口量从1994年的452万吨猛增到1996年的1 180万吨。随着中国市场被打开,外资企业将部分产品在国内销售,使我国出口量有所减少,不过在此期间出口量都平稳维持在600万吨左右的水平上。在第二次出口高峰及以后的一段时期,水泥与熟料的出口量虽然不大,但出口产品的质量和流通方式已经根本改善,新型干法水泥取代了立窑水泥,散装水泥取代了袋装水泥。我国沿海地区水泥工业结构调整取得初步成果。

第三个高峰期是2005~2007年。海螺水泥股份公司、山水集团公司和冀东水泥股份公司等大型水泥企业在东部沿海地区建设的出口基地,到2005年其产能已充分发挥。水泥与熟料出口量迅速增加,2006年达3 610万吨,创历史新高，中国一跃而成世界水泥出口大国。海螺水泥股份公司2006年出口水泥与熟料1 400万吨，超过沿海外资企业水泥产能总和的65%，改变了过去一度主要由外资企业出口的格局。

2007年国家取消出口退税政策，水泥与熟料出口量下降到3 300万吨，估计2008年还会进一步下降。取消出口退税政策使企业利润降低，但企业不会因此而放弃水泥出口，仍会坚持国内、国外两个市场的营销策略，以扩大市场回旋空间，减少市场风险。

水泥出口情况的变化，从一个侧面反映出水泥工业的发展状况。沿海地区新型干法优质水泥产量已大幅增加，能保证大批量出口，我国沿海地区水泥工业结构调整取得了很大进展。

改革开放后，中国水泥行业在对外贸易方面发生的重大变化，除水泥大量出口外，还有工程承包业务的跨出国门、走向世界。

进入新世纪后，我国全社会固定资产投资高速增长，2002年开始逐渐形成水泥新型干法生产线建设热潮。就在这个时候，中国中材集团公司居安思危，有远见地开拓水泥厂建设工程国际市场，将包括成套设备在内的工程总承包推向世界。经过艰苦卓绝的努力，首先打开了中东市场，后又拓展到欧洲、非洲、亚洲、北美洲和南美洲等国家。在世界各地承包的日产5 000吨水泥熟料新型干法生产线屡获成功，还承包了阿联酋日产10 000吨水泥熟料生产线。这种规模的生产线，全世界有7条，其中3条在国外，4条在中国。阿联酋新建的是世界上第八条万吨生产线，也是中国在国外承包建设的第一条生产线。该生产线于2006年建成投产，2007年通过了由业主和咨询公司组织的全面考核，正式交付运行。通过考核后不久，国际竞争对手、世界著名水泥工程承包商和设备制造商云集阿联酋万吨线所在地，对该工程进行再次评估。经过百般挑剔，他们肯定中方在工程质量和施工期限都完成了合同要求，确认生产线各项技术、经济指标和环保指标都达到国际先进水平。阿联酋万吨生产线建设得到竞争对手首肯，中材集团技术和管理都很过硬。这在国际工程承包市场上产生良好反响，世界排名前5位水泥生产商都与中材集团签订水泥厂建设工程承包合同。在中材集团走向世界后，中国建材集团也很快开拓出水泥建设工程国际市场，在世界各国进行工程承包，取得了良好业绩。

中国企业承包海外水泥厂工程与外国企业相比，其造价降低25%～35%，工期缩短20%～30%，具有很强的竞争力。2006年中国企业在国际水泥厂建设工程承包市场所占份额为30%，2007年达到37%，使国际同行都刮目相看。

改革开放初期，我国为发展水泥新型干法生产，要从国外购置成套设备。例如，冀东水泥厂和宁国水泥厂购置日本设备、珠江水泥厂和柳州水泥厂购置丹麦设备、云浮水泥厂购置法国设备等等。如今我国带着国产成套设备到国外去承包水泥新型干法厂建设工程，而且达到如此高的市场占有率，这是中国水泥行业改革开放的又一重大突破，成果辉煌，同仁们无不为之感到自豪。

中国企业在水泥工程承包业务方面取得巨大成效的原因主要是：改革开放加快了我国水泥新型干法发展进程，成套设备国产化率迅速提高，生产线建设吨投资大幅下降，在全国获得普遍推广，并积累了建设和运行的丰富经验；在改革开放条件下，我国工业化水平有很大提高，确保水泥新型干法设备的配套和质量要求；通过改革，中国企业具有工程承包业务的强大集成能力，可提供“一条龙”优质服务；在改革开放大潮中，企业领导解放思想、开拓进取、精益求精，企业职工不断创新、吃苦耐劳、奋勇拼搏。

八、服务单位企业化改制和重组

新中国成立后，中央建材主管部门为生产和建设需要，建立了全套服务性企、事业单位，包括科研、设计、地质、建设和学校等。这些单位对新中国水泥工业的成长壮大发挥了重要作用。

改革开放后，服务单位和企业一样都面临必须适应市场经济体制的挑战。计划经济体制中的服务单位都是按计划开展各项工作，由政府部门安排与企业间的关系，与生产建设的结合点在政府部门。市场经济体制中的服务单位则按市场需求进行工作，通过招、投标等市场规则来取得各种项目，与生产建设的结合点下移到市场经济的基本单位——企业。为顺应这种历史性的转变，水泥服务单位必须按市场经济规律进行企业化改制和重组。改组的办法一般有两种，一种是自行独立改制成企业，另一种是进入现有的企业。

中央建材服务单位的全面改组是在国家建材局撤销的前一年，即2000年。当时建材局有两个直属企业：中国新型建筑材料公司和中国非金属矿工业总公司。除学校和公益性服务单位进入社会外，建材服务单位采取了进入现有企业的办法进行改组，按自愿原则分别并入这两家公司。新材料公司和非金属矿公司承接了这些服务单位后，其技术力量和经营范围得到了极大的充实和扩展，接着进行了多次改制和重组。至今，前者改组成中国建筑材料集团公司，后者改组为中国中材集团公司。在国资委的正确领导下，这两个公司都已发展成营业额超百亿、总资产在建材行业名列前茅的大型企业。

在建材服务单位的改组中，水泥科研单位、中国建材研究院和合肥水泥研究设计院都进入中国建材集团公司。该集团公司的水泥业务板块主要包括水泥生产和水泥工程服务两个方面。公司内从事水泥工程服务的单位有合肥水泥研究设计院、南京凯盛水泥技术工程公司和建材进出口公司。它们在技术开发和海内外工程服务等方面都作出了突出业绩，取得显著效益。建材集团公司于2003年加快了水泥生产业务的发展，利用中央企业在技术、融资和文化等方面的优势，搭建起困难水泥企业发展平台，通过资产重组，达到共同发展的目标。按这个理念,加速了中联水泥公司的扩张,还新组建了南方水泥公司,2007 年两家公司的熟料总产量达到 1 950 万吨。建材集团水泥生产业务已具很大规模,2007 年的营业额已达到集团公司总营业额的 45%,接近一半。

在改组中,水泥工程服务单位,包括设计院、矿山、建设和地质等单位都先后进入中国中材集团公司。天津水泥设计研究院、南京水泥设计研究院和成都建材设计研究院,以及唐山、苏州和邯郸等工程公司经重组后改制成中材国际工程股份公司,并在上海成功挂牌上市,成为长期被股民热捧的一只股票。中材国际工程公司集中了全国最雄厚的水泥技术开发和建设服务力量,能使水泥设备开发、设计、制造和成套,以及工厂设计、施工和试产进行高度集成,形成"一条龙"技术开发链和建设服务链,为不断创新技术和保证质量、节省投资、缩短工期创造了有利条件。目前在国际上尚无这样的企业能像中材国际这样的高度集成。中材国际在技术创新和市场开发方面都已取得惊人业绩,2007 年在工程服务市场上的占有率,国内为 90% 以上,国外达到 30% 以上。在中材集团公司 4 个业务板块中,设备和工程服务业有举足轻重的地位,2007 年其营业额占集团总营业额的 66%。中材集团公司 2003 年开始发展水泥生产业务,组建了中材水泥公司,兼并重组了新疆水泥股份公司,经过几年的发展,2007 年水泥生产业务的营业额占集团公司总营业额的 20%,已具不小规模。

在当代中国水泥工业技术发展过程中曾跨越两个重要门槛,一个是湿法回转窑成套设备的国产化,另一个是新型干法成套设备的国产化。这两个门槛的跨越成功,都与水泥科研、设计和建设等服务单位所做出的贡献密不可分。这次水泥服务单位的改组,使技术能力获得充分释放,工作效率得到很大提高,这必将大大加快水泥工业技术进步的步伐。

改革开放 30 年来,中国水泥行业在产品产量与质量、技术与流通结构、重点企业与外资企业、生产力布局、产品与工程承包出口,以及生产建设服务体系等方面都发生了巨大变化,取得了划时代的进步。水泥行业所取得的巨大成就归功于改革开放政策和广大员工的辛勤劳动。

在中共十七次代表大会上,以胡锦涛同志为总书记的党中央提出了"科学发展观"的指导思想。在我党历史上,"科学发展观"是继毛泽东的"农村包围城市"、邓小平的"改革开放"之后,又一个伟大的战略思想,必将引领中国社会经济发展走上一个新台阶。当前,美国次贷危机引发的金融海啸席卷全球,在中国也产生了一定影响。党中央、国务院正以"科学发展观"的理念,采取切实措施,积极应对,克服金融海啸对我国所造成的不利影响,同时为世界经济发展做出贡献,坚信一定能取得成功。让我们团结在以胡锦涛同志为总书记的党中央周围,在科学发展观的指引下,坚持解放思想、改革开放,努力创建资源节约型和环境友好型社会,走新型工业化道路,尽快实现复兴中华民族的宏伟目标。

★该篇文章发表于 2008 年第 9 期《中国水泥》。

致力于开创我国水泥市场健康新格局★

Committed to build the new structure of healthy cement market of China

◎中国建材股份有限公司董事局主席　宋志平

By Song Zhiping, chairman of directorate of China Building Material Co. Ltd.

2008 年以来,由美国次贷危机引发的金融危机席卷全球,对世界经济造成重大影响,中国作为世界第三大经济体,同样面临着前所未有的挑战和考验。

在这种情况下,中央政府沉着应对,及时调整宏观经济政策,果断作出一系列重大部署,其中投资 4 万亿元拉动内需,更是有力地提振了市场信心。金融危机的冲击和拉动内需政策的实施,对建材行业特别是水泥行业的发展产生了深远影响,也引发了我们对行业面临的形势和任务及如何促进行业健康发展等一系列问题的深入思考。

一、要倍加珍惜扩大内需给行业带来的历史机遇

2008 年既是金融危机暴发的一年,也是我国拉动内需方案全面实施的一年。"中国建材"认为,我们的行业既存在着严峻的挑战,也面临着巨大的机遇,机遇大于挑战。

一方面,我们存在着十分严峻的挑战。

挑战来自哪里?我认为,行业的挑战与其说是金融危机带来的,不如说是行业内部固有的,只不过是在金融危机中被放大了。

在金融危机中,许多出口企业遭遇了需求不足、消费信心下降的问题,国家最近出台专项振兴规划的十大行业中,像轻工、纺织、电子等对出口的依赖性较大。但水泥行业不是一个外向型行业,它的市场主要在国内。在拉动内需中,各地都在加大基础建设,当然房地产还没有复苏,但房地产需求只占水泥销量的 20% 左右,水泥更多是用于基本建设和市政民生工程等,这也是此次拉动内需的投资重点。2008 年上半年,我们还承受着煤炭等原燃材料价格大规模上涨的压

力，而现在能源的价格在向着合理良性的方向发展。

从行业内部来看，多年以来，我国水泥产业规模虽然大，但大而不强，市场运行不够健康；消耗了大量资源，给环境带来巨大负荷；虽然满足了中国经济快速发展对水泥产品的需求，但我们的行业利益没有得到应有的维护，企业没有获得应有的效益。从深层次分析，造成这种局面的原因，本质上是行业的结构调整不到位，布局不合理，市场竞争过度化，整个行业协同能力还比较弱，这些构成了当前水泥行业的最大挑战。

挑战是客观的，重要的是我们要看到水泥行业更面临着特殊的机遇。

为应对金融危机，国家大力拉动内需，并且4万亿元投资以基础建设为主，这给水泥行业带来了千载难逢的机遇。拉动内需主要举措是加大基本建设和民生工程建设，这对水泥工业是及时雨、雪中炭，水泥行业是最大受益者和最早受益者。对此，行业内已基本形成共识。

概括来说，我们面临的机遇：一是技术结构或者说产品结构调整的机遇；二是组织结构调整也就是联合重组的机遇。

我们应该倍加珍惜这难得的机遇，加快进行行业的内部调整：通过结构调整淘汰落后生产力，实现产业升级；通过联合重组提高集中度，控制区域市场，增加话语权，减少以损失行业整体利益为代价的恶性竞争；通过大企业的协同实现市场合理布局，通过行业自律维护市场健康，从而在根本上提升行业的整体价值。在机会面前，我们的水泥企业再不能为了自己的短期利益，像以前一样进行简单粗放的扩张，也不能因为有内需拉动就使得应该进行的结构调整裹足不前，甚至变相地去搞小立窑。

从整个行业来看，要有明确的发展思路和方向，要坚持科学发展观，用集约化发展和节能减排的思路，使行业得到健康发展，使行业利益得到充分维护，使企业自身效益得到提升。

二、水泥企业需要改变成长方式

1. 中国水泥行业的现状。

从全球来讲，水泥行业是一个非常重要的行业，水泥在国民经济中是非常重要的基础原材料。在国外，水泥是技术门槛高、专业化极强的重资产投资的产业，制造者多是为数不多的知名大公司，如世界水泥巨头“拉法基”、“豪西盟”年产量均过亿吨，各占海外水泥总量的约10%。而在中国却正好相反，2008年13.88亿吨的产量是由5 000家企业完成的，而前10家大企业的产量仅占总产量的21%，集中度很低。

这种局面的形成有其历史的原因。改革开放后，国家对水泥的需求量骤然放大，水泥行业还来不及培育一个健康的成长模式就形成了突然的市场高潮，引发了各行各业都来投资水泥。客观上看，水泥行业的这个发展过程有力支持了中国的经济建设，极大满足了国家建设的需求。但从另一方面看，也引发了不少问题，如对资源的浪费，对环境的污染，质量潜存的风险等。而最大的问题是，由于布局不合理和市场无序恶性竞争，水泥价格长期在低位运行，广大企业没有充分享受到我国房地产和基本建设高速发展的成果，行业没有获得应得的利益。这些年，房地产价格飙升，钢铁、有色金属等行业都赚了不少钱，但同属于基建原材料的水泥行业却步履维艰。在国际上钢铁和水泥的价格比通常为3比1，我国长期处在10比1。全球水泥业利润维持在吨水泥10美元左右，而我国则一直在吨水泥2～3美元左右徘徊。由此可见，我们的行业是以牺牲行业整体利益换取这么多年来的快速发展的。而经济效益的低下，使得行业内没有力量推动结构的调整，淘汰落后工作远远滞后于其他行业。

2. 通过改变企业成长方式来改变行业的现状。

“中国建材”认为，要从根本上改变我国水泥行业的这种局面，必须改变水泥企业的成长方式，第一是大力推动行业的联合重组，提高集中度。第二是用先进生产力淘汰落后生产力，实现产业升级。

我国水泥行业发展到现在，总量已经基本趋于稳定，正如中国水泥协会会长雷前治所言：“水泥行业量的高速增长时代已经过去了。”在这种情况下，我国水泥行业多年来形成的粗放增长模式已难以为继，经济转型与产业升级尤为迫切。在总量规模平衡的情况下，必须通过联合重组的方式把高度分散的企业联合起来，控制区域市场，增加集中度，提高企业的经济效益，提升企业的竞争力。通过联合重组，有效推动产业整合，实现结构调整，促进水泥行业从粗放式向集约化转变，淘汰落后产能，带动行业结构升级。

我们的水泥企业应该转变那种单纯依靠增加产能来达到企业规模增长的成长模式，代之以通过延伸产业链和提高水泥产品的附加值来实现企业效益的提升，从过去数量的增长走到现在的价值增长上来，迎接水泥可持续发展的新时代。

而在联合重组过程中，由于民营企业实力不够，外行业投资者专业能力不够，至于海外的行业投资者，由于水泥行业是一个运输半径较短的“短腿产品”，是高耗能行业，加上我国水泥技术的成熟和资金的充沛，更没有理由在水泥行业中用市场换资金和技术，因此这场重组就历史地落在“中国建材”等大型企业头上。

“中国建材”正是以行业利益和健康发展为己任，全力推动联合重组，在不增加行业总量的基础上扩大企业规模，通过提高对区域市场控制力，增加协同效益，实现做大做强。

三、行业利益高于企业利益，企业利益孕于行业利益之中

“中国建材”认为，大企业集团应该用自律的心态带头维护市场，推进市场健康化，提升行业利益。正所谓覆巢之下没有完卵，在发展过程中，行业的利益高于企业利益，企业利益孕育在行业利益之中。

首先,中国的水泥行业应形成大企业主导各自战略区域市场的格局,不同的大企业集团应有不同的战略区域,这既是大家现实的选择,也是大家理性的选择。其次,中小企业应该主动和大企业联合,不进行恶性竞争。再者,大企业要主动进行市场协同。恶性市场竞争是行业不成熟和企业家不成熟的表现,任何一家企业都不能包打天下,只有企业之间主动协同,共同培育一个健康的市场,共同维护这个市场,我们的水泥行业才能成为一个成熟的行业,企业家才能成为成熟的企业家。事实上,在水泥的区域市场中,大企业带头进行行业自律、主导市场的格局正在形成。

水泥市场是一个大的系统,只有系统健康了,每个个体才能健康发展。系统不健康,单个企业要健康发展是非常难的,所以我们着眼于把系统健康化,让系统良性化。2008 年"中国建材"在浙江和山东的市场协同就做得非常好,不只是"中国建材"系统内的企业协同,我们还与区域内其他企业协同,使水泥市场的价格得到恢复性上涨,特别是 2008 年下半年,受金融危机影响,浙江许多中小企业生存困难的情况下,浙江的水泥企业没有出现大的问题,证明市场协同起了重要作用。

现在,国家产业政策支持钢铁、水泥行业进行并购重组,提高行业集中度,提升资源配置效率,也是希望钢铁、水泥行业能在大企业主导下进行良性而有序的市场竞争,使行业健康发展。

四、合理布局是使市场竞争有序化的根本方法

长期以来,人们认为水泥的重要原料石灰石资源是稀缺的,现在随着勘查工作的不断进展,证明石灰石资源在我国分布广泛,蕴藏丰富,各省市几乎都分布有石灰石资源。因此可以说,在大多数地区,在合理运输范围内,石灰石资源是比较充足的,所以,那种以抢占资源为目标的建厂布局就失去了理论依据,合理布局才是使水泥市场健康化的根本基础。

这些年来,一些区域水泥厂的建设几乎是无序的。大家经常会看到:围绕着一座石灰石矿山,山前山后、山左山右都建有水泥厂。这种投资的盲目性一是源于地方的引资热情;二是源于其他行业过多地追求多元化而盲目进入水泥行业;三是水泥企业盲目地靠新建生产线追求规模。

这种情况下,要实现水泥的合理布局,应该关注以下几点。一是在现有区域里,在水泥生产线集中的区域,要积极淘汰落后产能,限制或禁止上新线,实现布局自我良性化。二是要限制建设大型熟料生产基地,如果一个地区熟料规模过大,本地市场消化不了,就会长距离辐射进入区域外市场,这样做的后果是容易搞乱市场、破坏市场秩序,带来恶性竞争。三是以日产 5 000 吨 ~ 日产 6 000 吨为主、日产 2 500 吨 ~ 日产 3 000 吨为辅、个别区域建万吨线的因地制宜的建线方式。经济学上有一个著名的定律,叫边际收益递减规律,作用到我们行业上,可以理解为:一般情况下,新型干法生产线的规模越大,能耗和生产效率等指标就越先进,但超过一个适度规模,情况会适得其反,投入产出的收益就会降低。四是对新型干法水泥产量欠缺的地区,应该由行业协会或宏观管理部门进行布局的监管。布局要进行听证,要科学化,布局后在哪个点位由谁来做,可通过市场竞争决定。

总之,科学合理的布局是维持水泥行业长治久安的一个方向,市场竞争要建立在合理布局的基础上,布局要根据区域的水泥需求量来确定,合理布局是使市场竞争有序化的有效方法。

这里,我也谈一下我对过度竞争的看法。我认为,市场竞争是一把双刃剑,竞争固然会带来效率的提高,但如果发展到过度竞争就会给行业带来巨大伤害,过度竞争会破坏资源、破坏环境、破坏消费者的利益,最终受到伤害的还是行业本身。这么多年来,我们的水泥企业在过度竞争中并没有受益。有些小粉磨站为在竞争中获利,不惜在水泥中大量增加添加剂,1 吨熟料生产 3 吨水泥,为建筑质量埋下了隐患。在西方反不正当竞争的目的是维护消费者的利益,行业垄断会损害消费者的利益,而如果企业以低价或超低价销售,会导致质量下降和掺假行为的发生,最终也会损害消费者的利益。

五、提升行业价值是可持续发展的关键

长期以来,我国的水泥工业是个微利行业。在社会价值体系中,水泥行业的利益长期受到挤压。以山东某企业为例,1993 年煤炭价格为 150 元/吨,电价 0.37 元/千瓦时,这家企业水泥平均售价 250 元/吨,而当时钢材价格为 3 000 元/吨。15 年后的 2008 年,煤炭价格涨到 820 元/吨,电价为 0.6 元/千瓦时,而水泥的年均价依然在 250 元/吨左右,而这时的钢材价格已涨到了年均价 5 400 元/吨,水泥价格没有跟着社会整体价值的提升而上涨。在过去水泥 200 元/吨时,房地产价格是 2 000 元/平方米;现在房地产价格涨到 1 万多元/平方米,水泥价格还是 200 多元/吨。由此可见,水泥企业一直沿用了一种扩大自身规模、压低生产成本的行业内部竞争思路,忽视了整个行业价值的提升,忽视了寻求提升行业价值的思路和方法。应该说,这样的发展是不可持续的。

由于水泥行业组织结构的调整,随着集中度的增加,我们对市场有了一定的话语权,使水泥价值的实现不再简单依赖于量的增加,而是能够提升到社会价值增长的平均值左右,也就是说,行业价值的提升使水泥的可持续发展成为可能。

水泥高度依赖资源和能源,对环境带来较大负荷,为了减少对环境的影响,水泥行业应该朝着集约化方向发展,提高行业的价值和产品附加值。要学习国外的先进经验,在水泥品种和产品结构上进行调整。一是推进高标号水泥的生产;二是大力推广特种水泥;三是大力开发水泥制品。在这方面,水泥行业应该和建设部门通力合作,进行生产试验和测试,大企业也应该在这方面做出贡献。

"中国建材"在发展过程中,始终得到政府、行业协会、投资者、媒体及行业内外的关注、支持与厚爱。在实施做大做强水泥战略过程中,我们始终坚持区域化市场战略,坚持与

行业伙伴和谐共赢的竞争策略，坚持以联合重组为主，新建、扩建为辅的发展策略。在推动资本运作和联合重组两个轮子过程中，我们的战略与文化得到加盟企业的认同，我们致力于推动水泥市场健康化的理念得到不少大型水泥企业的支持与响应。作为一个水泥行业的后来者，我们衷心地感谢创业者们为水泥工业发展作出的艰苦努力，为我们今天的事业打下的坚实基础，也感谢合作伙伴给予我们的信任与支持。"中国建材"愿与行业内的兄弟企业凝聚共识，通力合作，通过双赢、多赢和共赢，共同开创水泥市场健康发展的新格局。

★该篇文章是中国建材股份有限公司董事局主席宋志平在"2009 中国国际水泥峰会"的讲话。

水泥工业重组联合是结构调整的必然★

Restructure and combination in cement industry is the necessity of structure regulation

◎国家发展改革委产业协调司　刘　明

By Liu Ming, Industrial Coordination Department of National Development and Reform Commission

水泥行业正在积极落实科学发展观，按照循环经济理念，走新型工业化道路，加快水泥产业结构调整和促进产业升级，努力改变水泥工业产业结构不合理、整体竞争力不强的状况，实现水泥工业发展方式的转变。

经过多年的建设，我国水泥行业取得了巨大的发展和成就，2007 年水泥产量达到 13.6 亿吨，建成的新型干法水泥生产线有近 800 条，新型干法水泥比重已达到 55%，一批具有一定国际竞争力的大型企业集团正在崛起。重组联合、节能减排已经成为水泥行业发展主题。但同时必须看到，目前水泥行业存在的结构性矛盾还很突出，还有一半工艺技术落后、能耗高、环境污染严重、规模不大的企业需要淘汰，需要用新型干法水泥技术替代，已有的新型干法水泥生产线也还需要不断进行技术改造，提高能效，进一步提高环保效果。兼并重组联合是解决落后问题的最有效办法，只有企业做大做强，行业才能做大做强。只有独特的企业文化、企业品牌才能形成独特的企业风格，并购重组是让企业文化和品牌传播的最有效途径，也是提升行业整体素质最有效的办法，是水泥工业发展的必然。

有些问题在重组联合中必须引起高度重视，需进一步加强宏观引导，企业重组不能简单合并。

通过这些年的发展，水泥工业的基本构架已经搭建起来，从布局上看，有些地方存在过度建设的情况，有些地方还有新建项目布局不合理的现象。水泥工业发展必须依托现有企业，通过兼并重组，以市场为导向，以效益为中心，上大压小，提高竞争力。要优化结构，改变水泥工业散、乱、小的局面。为此，必须坚持以下原则：一是资源保障和合理利用的原则；二是技术进步的原则；三是环境和生态保护原则；四是规模效益原则；五是扶优扶强原则；六是有进有退原则；七是西部地区实行跨越式发展原则；八是上大水泥与区域结构调整结合的原则。

各地必须牢固树立科学的发展观和政绩观，按照全面建设和谐社会、人与自然和谐发展的原则，妥善处理好局部与全局、当前与长远利益的关系，在保证经济较快增长的同时，切实把工作的着眼点转到调整经济结构、转变发展方式、提高经济增长质量和效益上来，加快结构调整和产业升级，促进水泥工业健康发展。

一、把握好水泥结构调整最佳机遇期，做好企业组织结构调整

目前我国水泥工业集中度很低，企业过多是导致行业落后、无序竞争的主要原因。为此，应按照一定条件和标准，着力培育龙头企业，通过兼并重组，实行产业整合，提高竞争力。重点支持 60 家对行业有带动作用、对市场有引导作用、具有竞争力的大型企业集团的发展。省级投资主管部门不仅仅要执行产业政策，确定新建项目的准入门槛，还应该执行并购重组企业集团的准入门槛。如果 12 家大企业并购重组的准入门槛为 1 500 万吨，48 家骨干企业并购重组企业集团的准入门槛为 500 万吨，那么国家支持的 60 家企业的生产集中度就能达到 70%，到时我国水泥企业的数量可以控制在 300 家，每个省市平均 10 家左右，那样水泥工业并购重组的目标才算基本实现。

二、建立好淘汰落后水泥有效机制，促进水泥工业健康发展

水泥工业的发展必须加快用先进的新型干法替代落后工艺水泥，尽快让落后水泥退出历史舞台。实践经验表明，只有用市场的办法，优胜劣汰，才能淘汰落后水泥。

大企业集团可以收购有资源的小企业，利用其原有场地建设大的新型干法水泥生产线，这种兼并重组是淘汰落后水泥的最好方式。对确实不应该布点的小水泥厂，坚决拆除。通过技术进步，走资源、环境、效益协调发展的道路。一定要按照产业政策明确规定淘汰能耗高、污染大、资源消耗高、落

后的工艺水泥,2008年底前,各地要淘汰各种规格的干法中空窑、湿法窑等落后工艺技术装备,进一步消减机立窑生产能力,有条件的地区要淘汰全部机立窑。地方各级人民政府要依法关停并转规模小于20万吨环保和水泥质量不达标的企业。

三、按照合理布局的原则,防止高水平重复建设,避免盲目发展

结构调整、发展新型干法水泥必须要与布局调整和企业重组相结合,在有资源优势、有条件的企业里发展。防止借调整结构之际,不顾客观条件地盲目扩充产能,避免形成所谓的"高水平盲目建设"。

从现在实际情况看,省级投资主管部门的多头核准是导致水泥发展布局不合理的重要原因,有些地方出现了地方发展改革委和地方经贸委争着核准项目的情况。希望地方政府明确,不管谁审批,一定要执行好规划和产业政策。

四、坚持技术进步,不断提高技术装备水平,实现节能降耗减排

我国新型干法水泥技术与世界先进技术水平相比还有一定差距,我们还需要进一步解决大型国产化主机装备的可靠性、辅助设备安全性及环境保护等深层次问题;要解决大型主机设备的节能降耗问题;利用水泥窑废气余热发电问题;利用可燃废弃物作为水泥工业代用燃料及利用水泥回转窑处置已分类可燃垃圾问题。合理、高效利用资源是水泥工业可持续发展的要求。

我国水泥工业发展,只要在邓小平理论和"三个代表"重要思想指导下,贯彻落实科学发展观,走新型工业化道路,以市场为导向,以优化地区布局和结构调整为重点,以效益为中心,控制总量,大力发展循环经济,保护生态环境,依靠技术进步,推进企业联合重组就一定能够实现"十一五"规划确定的发展目标:到2010年,新型干法水泥比例达到70%,新型干法水泥技术装备、能耗、环保和资源利用效率等达到中等发达国家水平;到2020年,产业集中度达到较高水平,水泥工业基本实现现代化,并具有较强的国际竞争能力。

只要全行业在"十七大"精神指引下团结奋斗,水泥工业可持续发展就一定能实现,一定会为满足国民经济发展需要做出贡献,一定会为全面建设小康社会做出贡献。

★该篇文章发表于2008年第4期《中国水泥》杂志。

站在新起点把握新机遇实现水泥产业全面振兴

Step on new starting point, grasp new opportunity and realize all-round industrial development

◎国家发展改革委产业协调司　刘　明

By Liu Ming, Industrial Coordination Department of National Development and Reform Commission

2008年是极不平凡的一年。我国经济社会发展经受住了历史罕见的重大挑战和考验,改革开放和社会主义现代化建设取得了新的重大成就。面对国际金融危机的严重冲击,党中央国务院及时果断调整宏观经济政策,使得我国经济继续保持平稳较快发展,人民生活进一步改善,全面夺取抗击特大自然灾害的重大胜利,成功举办北京奥运会、残奥会,圆满完成神舟七号载人航天飞行。这些成就,标志着我国在中国特色社会主义道路上迈出了新的坚实步伐,极大地增强了全国人民战胜困难的勇气和力量。在全球经济放缓,国际水泥市场萎缩,内需不足的情况下,水泥行业经受了严峻的考验,通过全行业的共同努力,运行质量提高,发展方式正在转变,过去一年的成就来之不易。

一、水泥行业成绩显著

1. 产量适度增长,效益不断提高。

2008年,我国水泥产量13.9亿吨,同比增长3%,新型干法水泥的比重已达到65%,在经济下行的情况下,水泥产量仍保持适度增长,实属不易。全年水泥出口1 323.23万吨,同比下降了12.91%,熟料出口1 280.57万吨,同比下降了28.11%,全年水泥价格和上一年相比,有所上升。水泥行业整体运行质量提高,全行业实现利润280亿元,创历史新高。

2. 新型干法水泥生产线的建设达到新的阶段。

自"十五"以来,尤其是近几年坚定不移地执行国家颁布的《水泥工业发展专项规划》、《水泥工业产业发展政策》和《关于加快水泥工业结构调整的若干意见》等规定,积极发展新型干法水泥,行业面貌发生了根本性的变化,以立窑水泥为主的水泥工业已经变为以新型干法水泥为主导的现代水泥工业。到2008年年底,已投产新型干法水泥生产线922条,水泥熟料产能75 686万吨,2008年已开工建设的新线有208条,当年投产120条,新增熟料产能14 334万吨。预计到2009年年底,新型干法水泥熟料产能将达到99 863万吨,折合水泥产能14亿吨以上,新型干法水泥的总量满足国家经济建设对优质高标号水泥的需求已不成问题。

3. 行业重组联合达到新的水平。

在《水泥工业发展专项规划》和《水泥工业产业发展政

策》中“发展新型干法水泥生产工艺,淘汰落后生产工艺,着重培育大型水泥集团”的引导下,通过兼并、重组、联合,优化资源配置,生产集中度迅速提高,带动了水泥行业结构调整,大大改变了水泥工业整体面貌。“海螺”、“中国建材”、“山水”、“冀东”、“中国中材”、“华新”等大型水泥集团快速成长,加快了各自区域内乃至全国水泥企业组织结构的调整。“红狮”和“天瑞”异军突起,“金隅”、“亚泰”、“祁连山”及几家外资企业大的发展,使得我国千万吨级的水泥企业集团已经超过14家。2008年,我国18家大企业集团熟料产量已达到33 175万吨,占到37%的市场份额,水泥大企业集中度进一步提高。

二、水泥行业发展中存在的问题

1. 小水泥企业过多。

由于历史的原因,在中国水泥发展史上,水泥工业走的是一条以立窑为主的发展路线。长期以来,无论是数量还是产量,都是中小水泥企业占主导地位。据不完全统计,我国还有年产量小于60万吨的中小企业4 566家,占企业总数的90.8%。世界水泥产量28亿吨,我国水泥占全球水泥产量的一半,我国的13.9亿吨水泥产量,是由5 028家水泥企业生产的,企业平均规模还不到30万吨。全球其他国家的14亿吨水泥产量,是由1 500家水泥工厂生产,平均企业规模100万吨。规模结构不合理,小的落后企业太多仍是水泥工业的突出问题。进一步加大淘汰力度,联合重组中小水泥企业,积极引导中小水泥企业健康发展,已经成为一个不可回避的问题,必须通过技术进步和产业升级的方式,实现节能、降耗、环保、产品质量、劳动生产率等方面的全面提升,彻底改变落后面貌。

2. 各地新型干法水泥发展不均衡。

2008年全国人均消费水泥已经达到1吨,其中人均消费水泥超过1吨的主要集中在沿海地区,如广东、福建、浙江、上海、江苏、山东、天津等,其中上海市人均消费超过2吨,其余地区人均消费都在1吨以下,黑龙江、贵州等地区还不足500千克。新型干法发展还不平衡,浙江、河南已经全部淘汰了立窑水泥,但也还有12个省新型干法水泥比重还在50%以下。黑龙江、贵州、四川等地新型干法水泥人均产量尚不足200千克。

3. 局部地区产能过剩令人担忧。

2004年投资体制改革后,水泥投资项目由省级投资主管部门核准。在前几年水泥市场向好的拉动下,水泥投资项目纷纷上马,同时,由于地方发改委、经贸委分头审批,缺少统一协调管理部门,部分省份将水泥投资项目审批权下放到地市级,甚至县级,水泥投资项目的核准在一定程度上存在盲目性,是造成区域布局不合理、产能过剩等问题的主要原因。从现实情况来看,某些区域水泥项目过度投资的问题已经初现端倪,带来了供需关系的不平衡。为了保增长,国家出台了多项政策稳定经济发展,特别是4万亿元投资,用于加快铁路、公路、港口和机场重大基础设施建设等,有利于拉动疲软的水泥需求市场,但同时也可能刺激某些生产线盲目建设,如不加以正确引导,会造成极大的投资浪费。各地方投资主管部门,一定要考虑区域内的水泥合理规划布局,审慎地核准水泥项目。

★该篇文章发表于2009年第3期《中国水泥》杂志。

2008年水泥工业发展与技术进步

Cement industry development and technical progress in 2008

◎中国水泥协会副会长兼秘书长 孔祥忠 中国建筑材料联合会 周清浩

By Kong Xiangzhong, Secretary general and vice chairman of China Cement Association

Zhou Qinghao, China Building Material Coalition

一、前言

在2008年12月8日至10日召开的中央经济工作会议上,明确了要继续加大对节能减排、自主创新、先进装备制造业等方面的支持力度,按照产业结构优化升级和优胜劣汰的要求,着重缓解和消除发展的瓶颈制约,切实淘汰落后生产能力和加快产品更新换代,增强自主创新能力和产业竞争力,坚决防止高耗能、高污染、低水平重复建设,加快发展方式转变和结构调整,提高可持续发展能力。

水泥工业不仅仅是能源、资源高消耗型产业,也是在资源化利用和无害化处置工业固体废物,城市生活垃圾、下水道污泥处理方面不可或缺的产业。发展循环经济是水泥工业走新型工业化道路,发展节约型、环保型产业,实现经济增长方式根本性转变的必由之路。现代水泥工业对经济社会与生态环境和谐发展负有重要的现实责任和历史使命。

为了积极应对世界经济金融危机的局面,保障我国经济平稳增长,中央及时出台了扩大内需、促进经济增长十项措施,到2010年底前投资4万亿元,2008年第四季度增加中央投资1 000亿元。这笔投资可望带动4 000亿元社会投资,将对就业和相关行业产生积极的拉动作用，对我国水泥工业是利好消息。

二、2008年水泥科技进展

水泥工业近几年在自主创新、集成创新和引进吸收消化再创新上取得了一大批具有国际先进水平的重大科技成果，为行业的可持续发展提供了强有力的技术支撑。

一是产业结构调整效果明显、成效显著。从2007年以来，我国水泥工业技术结构调整加快，新型干法水泥比重快速提高，淘汰落后产能步伐加快。2008年新型干法水泥占总产量的比重达63%左右，全年淘汰落后产能6 000万吨。

二是自主创新能力增强。水泥工业坚持把增强自主创新能力作为科技发展的战略基点和调整产业结构、转变经济增长方式的中心环节，坚持自主创新、重点跨越，为日产5 000吨新型干法水泥配套的、我国自主研发、具有完全自主知识产权的立磨，已经在辽宁辽阳、浙江江山等水泥企业得到成功应用。

三是水泥技术装备在国际上的竞争力进一步加强。我国的水泥工业利用其成本低、施工周期短的比较优势，已经实现了从产品出口向技术装备出口的跨越，其先进性、可靠性受到好评。水泥成套技术装备及工程建设服务出口的规模逐年扩大，在国际水泥工程市场的份额已经超过1/3，这也是水泥工业在全国各工业行业中以成套技术与装备出口最成功的典范，也是水泥工作者引以为荣的得意之作。

四是具有竞争优势的大型企业集团不断增加。大型企业集团的形成是水泥工业做大做强的重要标志。近几年，海螺集团、金隅集团、山水集团、中材集团、"中联水泥"、"南方水泥"、"华新水泥"等大型企业集团发展迅速。大型企业集团的发展，改变了水泥工业的企业组织结构，改变了水泥工业的整体形象，同时，有力地支撑了我国国民经济快速、稳定、可持续发展，并以其影响或带动了建材行业的其它产业，为其它产业作出了榜样和示范作用。

（一）政策、法规、标准、规范的纷纷出台，为水泥行业的技术进步和自主创新保驾护航

1.《中华人民共和国循环经济促进法》于2009年1月1日起实施。

2008年8月29日《中华人民共和国循环经济促进法》在第十一届全国人民代表大会常务委员会第四次会议上通过，于2009年1月1日起正式实施。该法律把鼓励减量化、再利用、资源化的政策措施以法律的形式固定下来，对促进我国循环经济的发展，增强全社会环境意识，推进资源节约型、环境友好型社会建设，实现可持续发展，必将产生积极的影响。

2. 国家环境保护部《水泥工业除尘工程技术规范》颁布。

《水泥工业除尘工程技术规范》由中华人民共和国环境保护部2008年第20号公告。它规定了水泥工业除尘工程设计、施工、验收和运行的技术要求。适用于水泥工业新建、改建、扩建除尘工程从设计、施工到验收、运行的全过程管理和已建除尘工程的运行管理，可作为水泥工业建设项目环境影响评价、环境保护设施设计与施工、建设项目竣工环境保护验收及建成后运行与管理的技术依据。

3. 国家发展和改革委员会出台《关于鼓励利用电石渣生产水泥有关问题的通知》。

国家发展和改委员会在2008年4月下发的《关于鼓励利用电石渣生产水泥有关问题的通知》〔发改办环资（2008年）981号〕中指出：电石渣生产水泥是电石渣资源化最成熟、最经济的方法，既可节约水泥生产所用的天然石灰石资源，降低水泥成本，又可减少二氧化碳排放和废物堆存造成的污染，具有良好的经济效益、社会效益和环境效益，符合发展循环经济的要求。为鼓励电石渣综合利用，促进循环经济发展，国家将对全部利用电石渣替代天然石灰石生产水泥项目的规模和工艺放宽限制。

现有电石法聚氯乙烯生产装置配套建设的电石渣制水泥生产装置规模，不受产业政策所规定的规模限制，但须达到日产1 000吨及以上。新建、改扩建电石法聚氯乙烯项目，必须同时配套建设电石渣生产水泥综合利用装置，其电石渣生产水泥单条生产规模必须在日产2 000吨及以上。现有电石渣水泥生产线可以采用湿磨干烧生产工艺进行改造，新建电石渣水泥生产线必须采用新型干法水泥生产工艺。

利用电石渣生产水泥的企业，经国家循环经济主管部门认定后，可享受国家资源综合利用税收优惠政策。

4.《水泥工厂余热发电设计规范》国家标准出台。

水泥窑余热发电技术在我国已经发展到比较成熟应用的阶段，无论是技术水平还是装备水平都达到了比较高的程度。标准的制定，对水泥行业节能减排、资源节约和利用具有重要的意义。

5.《水泥助磨剂》国家标准制定工作即将启动。

由中国建筑材料科学研究总院水泥科学与新型建筑材料研究所提出的重新制定《水泥助磨剂》标准的申请，已获得国家标准化管理委员会的批准。2008年6月，《通用硅酸盐水泥》国家标准的颁布实施，使得2004年颁布实施的JC/T667－2004《水泥助磨剂》行业标准中的多处规定与新的水泥国家标准不一致。尤其是近4年来，水泥助磨剂产品的研发和应用已发生许多变化，这些都需要对原有标准进行修改或重新制定。

值得关注的是，本次起草制定的《水泥助磨剂》标准将由以前的行业标准上升为国家标准，我们坚信《水泥助磨剂》国家标准的出台，将为助磨剂行业提高产品质量、规范市场秩序、未来发展带来重要深远的影响。

（二）自主创新为水泥行业的可持续发展提供最有力的支撑

1. 河北燕赵水泥有限公司新型干法水泥生产线被推荐为节能减排示范线。

2008年6月中国建筑材料联合会组织水泥行业研究设

计院、高等院校和大型企业的专家，对河北燕赵水泥有限公司日产4 000吨新型干法水泥熟料生产线设计方案进行了评议。该生产线是天津水泥设计研究院有限公司承担国家发改委“2007年度国家重大产业技术开发专项”技术成果工程化应用的载体和集成，是实现水泥工业节能减排的示范线，该项目的建设将对提升我国水泥工业技术水平及节能减排起到引领和示范作用。

河北燕赵水泥有限公司日产4 000吨水泥熟料生产线项目是经河北省发改委核准的重点工程生产线，系统集成了天津水泥设计研究院有限公司自主创新研发的节能减排的先进新技术和装备，主要包括天津院有限公司承担国家发改委“2007年度国家重大产业技术开发专项”的新一代预分解系统、二档支承短窑、行进式稳流冷却机、高效燃烧器、低 NOx 排放技术、大型生料立式磨、烧成系统高效袋收尘器、大功率变频调速技术、余热发电技术；水泥窑协同处置工业废弃物和城市生活垃圾系统。该项目采用先进的技术和装备，比同等规模生产线熟料热耗降低约125千焦/千克、节电8千瓦时/吨，综合节能5%。每年节约标准煤5 300吨，节电992万千瓦时，余热发电可供电量4 960万千瓦时，二氧化碳减排2.48万吨。生产线还预留了能满足焚烧处理废弃物的装置。该示范线节能减排效果将居国内领先并达到国际先进水平。

2. 我国纯低温余热发电技术与装备走向海外。

2008年1月，天津水泥工业设计研究院有限公司与泰国水泥公司(Siam Cement)在泰国曼谷签订了“泰水泥”3条水泥生产线的纯低温余热发电项目工程总承包合同，开创了中国水泥行业将国产化水泥窑纯低温余热发电技术与装备推向海外的先河。

泰国水泥公司是泰国最大的水泥制造商，其年产量为2 400万吨，因是世界上最早拥有单机日产1万吨的生产线和先进的技术与良好的管理能力而闻名于世。此次，天津水泥工业设计研究院有限公司继2005年与泰国水泥公司签订日产2 500吨水泥生产线成套设备供货与工程设计合同之后，通过激烈的国际市场竞争，成功中标该公司3条水泥生产线纯低温余热发电工程总承包项目，不仅体现了天津水泥工业设计研究院有限公司在工程总承包方面的技术与管理实力，更重要的是让国际水泥同行分享中国水泥工业循环经济及可持续发展战略的成就。

3. 国产化余热发电技术与装备首次进军欧洲市场。

2008年7月，中材节能发展有限公司与Holcim集团泰国京都水泥公司签订两条万吨水泥线余热发电总承包合同后，8月在土耳其伊斯坦布尔，“中材节能”与德国海德堡(HEIDELBERG)集团土耳其Akcansa水泥公司签订了装机容量为15兆瓦的余热发电项目合同。

这是“中材节能”低温余热发电成套技术运用至欧洲水泥生产线的第一单，也是海德堡公司在其旗下水泥生产线上全面开展余热发电工程的第一个项目。该项目的顺利签订，开创了“中材节能”水泥窑纯低温余热发电技术与装备走向欧洲市场的新纪元。这是继我国水泥生产线成套技术与装备出口至北美、欧洲发达国家后又一个里程碑。这个余热发电项目合同的签订使我国水泥行业在世界水泥市场范围内，在技术创新、企业管理等方面进一步树立了良好的形象，为进军欧洲市场打下了坚实的基础。

4. 首条利用电石渣完全替代石灰石作原料的新型干法水泥生产线成功运行。

至2008年10月内蒙古亿利冀东水泥有限公司日产2 500吨熟料新型干法水泥生产线综合利用电石渣稳定运行9个月。这标志着国内第一条100%电石渣替代石灰质天然原料的新型干法水泥生产线成功运行，这条由新疆建材设计研究院独立完成设计、由内蒙古亿利冀东水泥有限责任公司投资建设的完全利用工业废渣的水泥生产线，平均日产熟料2 686吨，运转率达到94%。该生产线的运行标志着为氯碱工业的废渣处理和清洁生产开辟了新途径，也为水泥工业实现节能减排及资源综合利用探索出了方向。

5. 国内首条利用新型干法工艺处置污泥水泥生产线开工。

在国家发展改革委员会等政府部门的支持下，北京金隅集团所辖的北京新北水水泥有限责任公司日处理污泥500吨生产线于10月28日开工。项目获得政府近5 000万元的资金支持，可年处置污泥17万吨。项目采用了独创的先进技术，充分利用水泥回转窑的优势，首次将污水厂污泥干化及最终处置与新型干法水泥生产工艺全面结合，探索出了一条污泥处置产业化的最佳工艺路线，实现了污泥处置的资源化和无害化，走在了世界前列。

6. “水泥节能环保国家工程研究中心”成立。

2008年10月国家发展和改革委员会同意批准由天津水泥工业设计研究院有限公司联合有关单位共同筹建的水泥节能环保国家工程研究中心。该中心是水泥行业首家国家级工程研究中心，它的成立将围绕缓解我国水泥工业生产的高能耗、高污染问题，建立水泥节能环保技术的研发、系统集成和工程化试验平台。

工程中心的成立，对推动我国水泥行业的节能环保实施，可持续发展，对攻克我国水泥工业发展的共性关键技术难题和加速行业科技创新、成果转化，引领我国水泥行业科技进步，具有重要意义。

7. “中材国际”总承包埃及El Nahda Company for Industries 5 500吨/日水泥生产线。

2008年下半年以来，由于受全球金融危机影响，导致经济放缓，国外水泥行业滞缓了一批水泥开工项目，在这种大背景下，中材国际股份公司控股子公司天津水泥工业设计研究院有限公司和埃及El Nahda Company for Industries签署了5 500吨/日水泥生产线总承包合同，合同金额达1.64亿欧元。工程总承包合同范围包括从工厂石灰石破碎到水泥包装整条生产线。

8. 大型 TRM5341 生料立磨的研发与应用。

生料粉磨是新型干法水泥生产过程的一个重要环节，也是耗电的主要环节。天津水泥工业设计研究院有限公司研制的 TRM 型立磨采用平盘锥辊的结构形式。

TRM5341 立磨的基本设计参数如下：

磨盘直径 Φ5 300 毫米（磨盘外缘）

磨辊规格 4 - Φ2 450 毫米

装机功率 3 550 ~ 4 200 千瓦（根据物料的易磨性实验结果确定）

基准产量≥400 吨/时

生料细度 R_{80} 微米 = 12%

选粉机转子最高转速 80 转/分

选粉机功率 200 千瓦

TRM5341 立磨于 2008 年 9 月 1 日在辽阳富山水泥正式投入运行，喂料量稳定在 430 吨/时 ~ 445 吨/时，运行情况证明，TRM5341 生料立磨单位电耗达到进口立磨的同等水平，而且运行更加平稳，减速机底板的垂直振动只有 1.5 毫米/秒，成品细度控制非常灵活，对原料的粒度适应性很强，最大入磨粒度 120 毫米，个别粒度更大。但磨机价格仅为进口设备的 70% 左右，供货周期可以缩短 8 个月左右，完全可以替代进口设备用于日产 5 000 ~ 6 000 吨生产线的生料粉磨系统。

9. HRM4800 型原料立磨的研发及应用。

由合肥水泥研究设计院研制的 HRM4800 型原料立磨是一种技术性能优异的烘干兼粉磨设备，主要用于水泥生料的粉磨，主要技术参数：

主电机功率 3 800 千瓦

磨盘中径 4 800 毫米

磨辊直径 2 600 毫米

磨辊数量 4 个

磨辊转速 25.5 转/分

最大入磨粒度≤80 毫米

入磨物料水分≤8%

产品细度≤14% ~ 16%（0.08 微米）

设计产量 400 ~ 450 吨/时

产品水分≤0.5%

入磨风温 220 ~ 300℃

出磨风温 80 ~ 90℃

出磨风量 750 000 立方米/时

磨机压降 5 000 ~ 8 000 帕斯卡

液压系统工作压力≤10M 帕斯卡

振动值 <4 毫米/秒（实际值 <3 毫米/秒）、磨机总重量 96 000 吨。

10. MLX450 大功率双分流立磨减速机。

立磨减速机国外公司起步较早，目前，技术水平比较成熟。大型立磨所用减速机几乎为国外几家公司垄断，设备价格高、交货期很长，满足不了我国水泥企业新线建设的需求。

南京高精齿轮集团有限公司自主研发的 MLX450 大功率双分流立磨减速机，从根本上解决依靠国外进口大规格螺旋伞齿轮的困境，缩短了交货期、节约了成本，是目前国内自主设计的功率最大的立磨减速机，填补了国内空白，也为水泥行业技术装备实现国产化做出了巨大贡献。其各项主要技术性能指标达到国外当代同类产品的先进水平。

主要技术创新及难点

◆运用人字齿自动找中的特点，采用了两对螺伞分担受力，解决了大规格螺旋伞齿轮的难题；

◆输入轴两端采用内圈滑动的圆柱滚子轴承，便于自动找中；

◆所有分流级齿轮均采用齿形、齿向修形，齿轮精度为 5 级；

◆所有分流级齿轮均采用组装后做动平衡，精度为 G1.6 级；

◆前面输入小箱采用整体结构，方便拆装、检查；

◆输入小箱下面的支撑采用两侧对称支撑，调整后安装；

◆齿轴与太阳轮间采用鼓形齿联接，外齿磨齿，精度 6 级；

◆内齿圈的法向模数为 20，采用渗碳淬火、磨齿技术，齿面硬度 HRC57 ~ 62，齿面精度 6 级。

11. JLP400 大型立式磨减速机的开发。

该项目是重庆齿轮箱有限责任公司根据大型立式辊磨机工况的要求，按照需要传递的功率、转速、传动比等设计并制造出的大型传动装置。JLP400 减速机传动型式为锥齿轮 + 平行轴 + 行星齿轮传动，行星级采用功率四分流，其主要技术参数如下：

传递功率：3 800 ~ 4 200 千瓦

输入转速：980 ~ 995 转/分

传动比：39 ~ 46 : 1

输出扭矩：1 860 千牛顿·米

轴向静载荷：9 000 千牛顿

轴向动载荷：27 000 千牛顿

重量：104 215 千克

12. 辊压机水泥半终粉磨系统技术开发。

水泥粉磨是水泥生产的重要过程，也是电耗最高的工段，节能降耗、稳定运行、保证产品质量一直是水泥粉磨的重要内容。由天津水泥工业设计研究院有限公司开发的辊压机半终粉磨系统技术充分体现了这些方面的特点。

（1）本系统流程简化　传统的联合粉磨系统中辊压机和球磨机均采用闭路工艺，目的是保证高的粉磨效率，但是系统设备台数多，流程复杂，操作难度大。由于采用了专门开发的高效涡流选粉机，该系统将双闭路合二为一，即由一台系统风机给两台选粉机供风，减少了设备数量，流程得到简化，操作更加容易。

（2）粉磨效率提高　原系统中出辊压机经 V 选分离出的半成品中含有 50% 以上的符合水泥细度要求的细粉，该半成品被直接喂入球磨机再粉磨，影响了球磨机的粉磨效率，浪费电能。该系统中出辊压机的半成品首先要经过高效选粉机，细粉进入到成品，粗粉再入磨，降低了球磨机的过粉磨现象，从而提高了粉磨效率。

（3）消除风机磨损，提高了运转率　原系统中辊压机闭路采用循环风机供风，出 V 选的含有半成品的气体经过旋风收尘器后再进循环风机，受辊压机颗粒的特殊性和旋风收尘器效率的制约，循环风机、旋风收尘器和风管等磨损严重，影响运转率。本系统取消旋风收尘器和循环风机，出 V 选的含有半成品的气体经高效选粉机、袋收尘器入系统风机，消除了辅机设备的磨损问题，提高了系统运转率。

（4）系统可调性　球磨圈流操作，粉磨效率高，成品细度易于控制，适合生产多品种水泥；产品温度可以有效控制，避免石膏过度脱水，保证产品质量；球磨机单独设置收尘系统，便于调节磨机风速；系统风机出口至 V 选入口设置循环风管，便于调节系统温度，夏季或水分高时少循环风，以降低温度，冬季多循环风以提高系统温度，避免结露。

（5）系统流程可变　该系统可实现多种操作模式：常规的辊压机和球磨机圈流联合操作、球磨机单独圈流操作、辊压机单独圈流操作、辊压机圈流与球磨机开流联合操作，可适应不同状态的要求。

13. SCD1400、1600 型熟料槽式输送机的研发。

万吨级水泥生产线成套技术装备项目，代表着我国新型干法水泥生产的最高水平。但在上饶中材机械有限公司完成研制及应用 SCD1400、1600 型熟料槽式输送机以前，国内还没有日产万吨水泥生产线用槽式输送机的生产厂家。国外也仅有德国 AUMUND 一家生产。“海螺”建设的 4 条万吨级水泥生产线全部由 AUMUND 生产的 SCK1600 型槽式输送机配套。近年我国成套出口万吨级水泥装备日趋增加，自主研发该装备并能形成整条大规模新型干法水泥生产线的国产化，意义重大。

该项目填补了国内空白，可替代进口，性价比合理，而且能耗低，是目前国际上类产品功率最低的输送设备，能为大型新型干法水泥生产线配套。SCK1400、SCD1600 槽式输送机有以下特点：

（1）输送量大，能满足日产 10 000 吨水泥生产线的要求，最大输送量可达 1 000 吨/时，为国内最大机型，技术经济指标达到世界先进水平。

（2）结构设计合理、节距短，链轮为分体式，轮齿耐磨，槽板刚度大，密封性好。

（3）模块化设计，既节约又能最大限度满足用户的需求。

（4）能耗低。

（5）头部装置的双楔块调节定位装置，方便准确地解决了头部驱动轮组的精确定位，便于安装，保证了整机运行可靠性。

（6）槽子底板和侧板均冲有筋条，刚度好，尤其是中间垫板也冲有筋条，解决了易变形的缺点。

14. NC 型两支承短窑的开发与应用。

新型干法水泥回转窑普遍采用三支承窑，其长径比在 14 ~16 左右。与两支承短窑相比，三支承窑在适应性、建设投资、节能降耗等方面还存在不足。为采用创新技术填补国内空白，使水泥工程建设项目的适应性进一步提高、投资进一步降低和节能降耗，朝着比国外同类先进技术更具优势和特点的目标奋进，中材国际南京水泥设计研究院自主立项，开展了两支承短窑技术的研制工作，经过数年的攻关，终于取得了“NC 型两支承短窑”创新型成果。

相比国外同类技术，NC 型两支承短窑具有转速调节范围更宽、装机功率更低、重量更轻等多项技术性能优势，在节能降耗、运行可靠等方面也表现突出。NC 型二支承短窑的比较优势突出，在国内外市场的竞争力强，取代进口和出口创汇应用前景良好。

NC 型两支承短窑已成功应用于江苏联合水泥有限公司日产 5 000 吨级水泥熟料生产线上。该生产线自 2004 年 11 月 29 日投料生产至今，已逾三年，年均运转率达到了 91%，不仅实现了 100% 无烟煤燃烧，且熟料平均热耗低于 719.77 ×4.18 千焦/千克熟料，单位熟料电耗保持小于 52 千瓦时/吨熟料。

15. 水泥分解炉计算机辅助实验平台的开发及应用。

天津水泥设计研究院有限公司完成的该研究项目，通过对分解炉中的湍流流动、气固两相运动、燃料燃烧、物料分解、传热、传质等物理化学过程的数学模型进行了详细理论研究和推导，同时在自行开发的悬浮态实验台上，对煤粉燃烧和物料分解耦合作用下的燃烧和分解特性，进行了大量的实验研究，建立了适用于水泥窑用分解炉系统的、耦合作用下的石灰石分解模型和煤粉燃烧模型，以及燃烧和分解动力学特性参数计算方法。并建立相应的模型控制方程来描述分解炉内的物理化学过程，通过数值分析计算，求解表征分解炉工作特性的流场、温度场、颗粒场、气体组分场、燃烧效率、分解效率等，从而实现了对分解炉实际使用效果的预测，同时，该试验平台的后处理模块实现了分解炉内部煅烧工艺过程的可视化输出，实现了对分解炉设计和实际操作的指导与优化。

（1）首创了煤粉燃烧和生料分解特性的悬浮态实验研究方法，通过该实验方法能准确得到适用于分解炉燃烧计算和分解计算的原燃料动力学参数。并建立燃烧和分解耦合作用下的石灰石分解模型和焦炭燃烧模型。

（2）首次实现了对分解炉中出口的煤粉燃尽率和生料分解率等主要技术指标的控制。

(3)在平台的专家诊断系统中,首次引入人工神经网络、遗传算法和正交设计等技术,对分解炉进行设计与优化,通过正交设计确定优化实验方案,通过人工神经网络和遗传算法预测最优设计方案。

(4)解决了数值计算中圆柱坐标极点问题。

(5)首次实现了分解炉数值模拟的工程化应用及分解炉设计的优化。成功地将以上研究成果应用于工程实践上,用于指导高海拔分解炉的设计,用于煅烧无烟煤分解炉的开发与设计,用于分解炉的改造、用于新一代分解炉系统的设计与优化等。

16. 煤粉悬浮燃烧试验装置的开发与应用。

悬浮燃烧试验的前提是试样能形成稳定的悬浮。为建立这一前提条件,一般都在反应器结构上做文章,但往往不能收到满意的效果,这是因为反应器主体结构对底部喷口局部的流场没有明显的影响。天津水泥设计研究院有限公司完成的本试验装置,通过在喷口上设置浮子,直接对喷口局部的流场施加影响,使其中心射流受到强烈的抑制,周边风速得到显著的提高,防止了试样被射流高高场起,或沿喷口周边沉降下漏,从而能使试样在喷口附近形成集中稳定的悬浮。由于试样的悬浮状态稳定,试验的重复性很好,两次试验的曲线几乎重合。

煤的燃烧特性是水泥工业烧成系统特别是分解炉设计的重要依据,若不能加以掌握,分解炉设计就存在很大的盲目性,煤燃烧特性可通过试验来测定,但测定结果的可靠性取决于试验方法的合理性。以往采用的热分析方法由于样品呈堆积状态,不能很好地反映煤粉在分散状态的燃烧情况;为了充分反映煤粉的实际燃烧情况,试验条件需适当模拟工况。

国内外已有的煤粉燃烧试验装置,从试验原理、试验规模、制造条件、操作步骤和试验精度等几方面来看,都存在一定的不足,不能很好地满足工程设计的需要,因此针对水泥工业的特点,开发一种相对模拟分解炉热工条件的煤粉燃烧试验装置,为水泥工业烧成系统特别是分解炉的开发、设计、改造和优化,提供必要的技术支撑,对水泥工业的节能降耗和煤炭资源的综合利用有重要意义。

17. 同步分段喷吹袋式除尘器的研制及应用。

在发挥产学研各单位优势并密切配合下,从水泥回转窑烟气综合优化治理工艺入手,深入分析已有的水泥回转窑袋式除尘器大型化后,采用的滤袋为8~10米的长袋,存在清灰效果不佳、系统阻力大、投资高等问题,江苏中科节能环保技术有限公司开发了大型低阻高效袋式除尘器,以同步喷吹袋式除尘器为核心技术,形成具有完全自主知识产权的核心技术和产品,填补了国内外技术空白,质量与整体性能指标处于国际先进水平。

创新成果如下:

(1)采用同步分段脉冲清灰装置,清灰效果好、能耗低,适合长滤袋在线清灰,可采用8~10米长的滤袋。并可处理窑磨一体机的高浓度烟气,减少了除尘器的占地面积,便于工艺设计,减少投资。

(2)在除尘器的进气喇叭口和过滤室之间设计涡流聚集预除尘装置,能够处理700克/立方米高浓度的烟尘,加强了微细颗粒集聚结团,提高了除尘器的处理能力,采用低阻式的直通式结构,均风性能好,本体结构阻力小。

(3)采用滑动式喷吹装置,大大减少了脉冲阀的数量,节省投资,检修维护方便。

本项目在浙江尖峰登城水泥有限公司日产5 000吨的生产线上得到了成功的应用,可以实现在线监测、温度控制、压差检测等功能。经中国环境监测总站检测,用于窑尾的同步分段喷吹袋式除尘器的粉尘排放浓度为5.71毫克/立方米。

18. KDMC矿渣粉磨大型低阻袋除尘器的研发。

目前,我国已有多条矿渣微粉生产线投入运行。矿渣微粉制备系统中的产品均由系统中的大型袋除尘器收集,大型袋除尘器既是生产设备,又是环保设备。但许多矿渣微粉生产线,由于大型袋除尘器运行阻力过高(超过2 000帕斯卡),影响了系统的产量,增加了单位产品的电耗,运行6个月左右除尘器滤袋即开始破损,大型袋除尘器设计不合理,成为矿渣微粉制备系统中制约达产和达标的重要因素。

针对矿渣微粉的特性,合肥水泥研究设计院对除尘器内部结构进行了优化设计,最大限度地降低各部位气流速度,使除尘器结构阻力降至最低;同时,采用项目组研发、国内首创"梯级耙式均风导流板"创新技术,最大限度地增加粉尘惯性沉降量,降低滤袋粉尘负荷;采用项目组研发的国内首创"箱管结合脉冲清灰方式"创新技术,大大提高清灰效果,减少滤料粉尘吸附量,降低滤袋粉尘阻力。卸灰部位采用三道重锤式翻板阀,即提高了锁风效果,又节省了电耗。

三、我国水泥工业科技发展趋势分析

1. 建设创新型国家关键是企业成为创新主体。

党中央、国务院站在时代发展的高度,科学把握经济全球化和新科技革命趋势,确定了自主创新的国家战略,提出了到2020年把我国建设成为创新型国家的宏伟目标,把建立以企业为主体的技术创新体系作为加强自主创新、建设创新型国家的突破口和重大举措。以自主创新为中心环节,实现企业发展经营模式的重大转变,是加强自主创新的关键步骤,企业作为技术创新的主体是市场经济和科技发展的内在规律。建设创新型国家,关键是企业真正成为创新主体;成为研究开发的主体,美欧等发达国家主要的科技力量集中在企业。全球跨国公司拥有世界70%专利和2/3的研发经费。我国水泥企业成为水泥行业创新主体,首先要成为研究、开发、应用活动的骨干力量,成为凝聚人才的主体。由于人才的极端重要性,创新企业应把对人才的吸引和培养作为首要战略任务,必须首先成为创新人才的主要聚集地;成为创造知识产权的主体,在激烈的市场竞争中，知识产权某种程度上就是企业的生存权，关键是企业要大幅度提高知识产权创造能力；成为科技投入的主体，企业强大的创新能力和技术实力，来自于其雄厚的研究开发力量和高的研发投入，多数创新型国家70%的研究开发投入来自企业，企业特别是国有大企业应当在大幅度增加科技投入中发挥示范作用；成为管理创新的主体，从泰勒、福特式的管理到现代管理科学、创新管理等，世界几次重大管理革命都产生于企业。企业要真正成为技术创新主体，根本在于不断坚持制度创新，把建立创新机制、推行创新管理作为建立现代企业制度的重点内容。

2. 企业创新的关键是企业家，核心是企业家的创新精神。

百年工业化长河，众多中外企业家以创新的精神和卓越贡献，推动了现代文明进步。一是自主自强精神；二是要把技术创新作为企业发展的根本，把依靠技术创新开发新产品、采用新工艺、开拓新市场作为经营的中心环节；三是开拓创新的魄力，善于运用外部创新资源为企业创新服务，通过企业间技术联盟、产学研合作等形式，加强引进技术的消化吸收再创新和集成创新，形成更多的自主知识产权。四是敢于在技术前沿上创新，掌握更多核心技术和总体集成的知识产权。

世界500强企业认为，没有创新性的思维，没有勇于探索和创新的精神，领导者只能停留在原有水平上，就不可能在创新中发展，在开拓中前进。开发内在的潜能，可以使你的能力达到一个新的高度。只要有新的经营理念，采用新的构想，同时能创造新的经营理念，采用新的工作方法，才能更好地抓住机遇，扩大战果，事业才能更上一层楼。世界500强企业的总裁们说：创新是做大公司的惟一出路。没有创新，公司管理者肯定会毫无作战能力，也根本不可能有继续做大的可能。创新即突破常规，抓住机遇，找到新方法。有人问李嘉诚，为何几十年的成功积累还不如比尔·盖茨几年的暴富？他一方面感慨“后生可畏”的同时，一方面承认比尔·盖茨确实掌握了这个年代最为稀缺的资源：创新精神。

3. 创新能力建设已经成为企业生存和发展的紧迫任务。

经济全球化和知识经济对传统工业化模式提出挑战，决定产业竞争力的主要因素从自然资源条件和廉价劳动力，转变为创新能力、技术和管理优势。资源和劳动力成本只是短期优势，技术创新形成长期竞争能力。只有把资源和劳动力成本优势与创新能力相结合，才能真正形成长期竞争优势。因此，我们要变当前的危机为机遇，抓住时机，深入贯彻落实科学发展观，依靠技术进步和自主创新进行结构调整，提升产业技术水平，增强企业市场竞争力和抵御风险能力。进行技术改造，加强技术创新，提高发展后劲，变被动为主动。

4. 水泥行业要向着创新型行业迈进。

我国正处于社会主义初级阶段，经济社会发展水平还不高，特别是我们人口众多、资源不足、科技水平和世界先进水平差距较大，这个基本国情，决定了我们必须把科学技术置于优先发展的战略地位，从科技创新中寻找新的发展机遇和发展动力。切实把增强自主创新能力作为发展科学技术的战略基点，作为调整产业结构转变增长方式的中心环节。建设创新型行业的自觉性和实践能力的关键归纳为：抓住发展机遇，实现科技发展的重点跨越；转变发展观念，在科技发展中坚持以人为本和统筹兼顾；创新发展模式，推动经济增长从资源依赖型向创新驱动型转变；提高发展质量，依靠科技进步实现水泥行业稳定、协调、可持续发展。

5. 继续转变粗放型增长方式，坚持节能减排已成为十分紧迫的任务。

以提高资源利用效率为核心，以节能、节水、节材、节地，资源综合利用和发展循环经济为重点，大力发展循环经济。按照“减量化、再利用、资源化”的原则，促进资源循环式利用，大力推进能源节约。

我国水泥工业属于国民经济中资源、能源依赖型原材料工业。它的产业基本特征是原料离不开矿物、生产离不开热工窑炉，因此，节能减排，把水泥工业建成资源节约型、环境友好型产业始终是水泥行业发展的中心任务。

进入新世纪以来，水泥产业结构调整取得了积极成效。近几年，我国水泥工业中的新型干法水泥以年均近亿吨的速度增长，但落后的立窑水泥还占相当数量，环境负荷沉重。要充分利用余热资源，节约能源，进一步降低电耗成本，应用大型化、节能化和自动化的新型干法水泥技术，努力开发劣质能源、工业废弃物在水泥生产中应用的新技术、新工艺和新设备，积极利用各种固体工业废渣，有效消除城市生活和工业垃圾，使水泥生产向节能、利废、环保型方向发展。

6. 水泥工业落后产能要坚决予以淘汰。

当前，不能借金融危机之名，或以保护传统制造业、扩大市场内需、帮助企业过冬为由，为那些落后的产能寻求生存的理由与借口。对行业内的落后产能，只有坚决予以淘汰，才能逐步提升行业的发展水平，为行业发展注入新鲜的血液。另外，严格执行国家环保标准，加大环保监督检查执法力度。要严格执行国家环保政策和标准，对排放污染物超过规定的标准或超过重点污染物排放总量控制指标的企业，将依法给予经济处罚并限期停产整改，逾期仍达不到整改要求的，依法予以关闭。

国际金融危机给淘汰落后工作带来了一些困难，但同时也带来了机会。一方面应对国际金融危机，中央提出了扩大内需、促进经济增长的十项措施，对水泥需求会有所增长；另一方面，国际金融危机也成为水泥工业调整结构、转变发展方式的一个良好机会。

总而言之，当前国家已出台了一系列拉动内需促进经济增长的政策，预计还将出台刺激消费、鼓励出口、加大固定资产投资等措施，将会有效缓解水泥行业面临的一些困难和问题。我们相信，在党中央、国务院的正确领导下，通过全行业的共同努力，深入学习和实践科学发展观，着力把握水泥行业发展规律，创新发展理念，转变发展方式，坚定不移地坚持产业结构调整、推进节能减排、发展循环经济，水泥工业一定会继续保持平衡发展态势，一定能在新的起点上，实现更长时间、更高水平、更好质量的发展，为国民经济实现又好又快可持续发展做出应有的贡献。

★该篇文章发表于2009年第2期《中国水泥》杂志。

客观认识水泥形势　稳步推进结构调整★

Objectively cognize cement status and stably promote restructure

◎中华人民共和国工业和信息化部原材料司建材处　吕桂新

By Lu Guixin, Building Material Division of Raw Material Department of PRC Industry and Information Ministry

2008年，我国水泥工业认真贯彻落实科学发展观，全行业总体运行和发展情况良好。尤其是面对国内罕见的自然灾害、能源大幅涨价和国际金融危机日渐加深的影响，水泥工业各项主要经济指标要好于预期。2008年水泥工业形势集中表现为以下几个方面。

（一）产量增速回落，产值高速增长。统计快报显示，2008年全国水泥总产量13.9亿吨，较上年增长5.2%，增幅较上年回落了8.3个百分点。实现工业产值5 062亿元，同比增长24.7%，增幅比上年高2.3个百分点。

（二）市场销售旺盛，价格有所提高。统计规模以上水泥工业企业实现销售产值4 973亿元，增长24.2%，增幅比上年高1.1个百分点。预计全年实现主营业务收入4 650亿元，增长24%。全年平均产销率保持在98.2%的高水平。全国水泥平均出厂价格289元/吨，较上年提高35元。

（三）消化能源涨价因素，经济效益较大提高。2008年，水泥企业煤炭购进价格比上年上涨140多元/吨，电价平均上涨0.04元/千瓦时，仅此两项，水泥生产成本费用就提高350多亿元。但是，通过加强管理、挖潜降耗，水泥行业仍然取得了较好的经济效益。2008年1～11月，水泥工业企业盈亏相抵后，实现利润261亿元，同比增长31%，利润额较上年同期净增61亿元。预计全年水泥行业实现利润总额280亿元以上，再创历史新高。

（四）出口结构改善，国际竞争力增强。2008年，水泥工业累计出口水泥及水泥熟料2 604万吨，较上年下降21.1%。应该说，这是2007年下半年水泥出口退税政策调整和2008年日益加深的国际金融危机共同影响的结果。但是，由于我国水泥工艺和装备技术水平的提高，水泥装备出口和水泥工程总承包在国际市场份额继续扩大。

（五）自主创新取得突破，节能减排成效显著。由天津水泥院有限公司研发制造的国内首台大型生料辊式磨投入生产，标志着我国自主研发的日产5 000吨以上新型干法水泥生产线装备国产化取得重大突破。2008年年底，全国已经投产的水泥窑低温余热发电生产线达220多条，占全部生产线的比例达到25%。

（六）淘汰落后步伐加快，产业结构继续优化。2008年，全国通过拆除生产线，淘汰机立窑等落后水泥产能5 300多万吨，超额完成当年淘汰任务。新建成投产的大型新型干法水泥生产线120多条，新增产能1.4亿多吨。先进的新型干法水泥比例提高到61%多，较上年末提高了5个百分点以上。以国家重点支持的大型水泥企业集团为主的并购重组继续保持良好势头，产业集中度进一步提高。

国际金融危机对水泥工业的滞后影响逐渐显现。从2008年第四季度开始，水泥也出现需求增长减弱、生产增速回落的现象。例如2008年12月当月已经有16个省（直辖市、自治区）水泥产量出现下降。一些地方不但小企业关闭停产，大型水泥企业也出现被迫限产或停产的情况。

当前影响水泥工业健康发展的另一个突出矛盾，是局部地区的盲目投资和重复建设。2008年，水泥投资964.35亿元，同比增长69.84%。虽然这些投资项目大多数为国家产业政策支持的大型新型干法水泥生产线和余热发电项目，但其中有一部分属于重复建设。目前，水泥项目核准权在省级投资主管部门，但实际上是地方发改委、经委和外经委等多头审批。部分省将水泥项目核准权由省级下放到地级，甚至县级，导致盲目新上项目，重复建设问题十分突出。

为应对国际金融危机加深的影响，中央和地方政府将继续坚决采取一系列“保增长、扩内需、调结构”政策措施。特别是自2008年第四季度到2010年，中央新增1.18万亿元投资扩大内需，加上地方和社会投资总规模约4万亿元，重点支持基础设施建设和保民生的安居工程、灾后重建等，已经出台的十大产业调整和振兴规划也将得到逐步落实。但是，影响水泥发展的不利因素同样存在，特别是当前金融危机影响尚未见底，房地产投资明显下降，出口市场急剧萎缩，国内水泥产能总量过剩矛盾将日益突出，但2009年仍是我国水泥工业发展的好时机。

为增强我国水泥工业抵御国际金融危机的能力，2009年必须继续稳步推进结构调整的各项工作。

一是要严格控制新上扩能项目,控制好总量。特别是目前新型干法水泥比重已经很高的几个水泥投资热点地区,一定要按照国家制定的水泥工业发展规划和产业政策要求,严格控制新上扩能项目,防止盲目投资和重复建设。

二是加大淘汰落后,优化存量。要按照国务院工作方案的要求,继续落实好分年度、分地区淘汰落后水泥产能计划,公布具体淘汰落后企业和生产线名单,接受社会监督。要尽快建立和完善落后产能退出机制,通过淘汰落后为先进产能腾出市场空间。

三是加大技术改造,推动节能减排。重点支持水泥企业开展余热发电、粉磨系统改造项目和处理利用工业废弃物、城市污泥、垃圾等生产水泥的技术改造项目。支持水泥、矿山企业以提高资源综合利用率和保护环境为目的的技术改造。

四是支持企业做大做强,提高产业集中度。水泥工业规模经济效益明显。对国家重点支持的水泥工业大型企业(集团),继续在项目投资及重组兼并中的项目核准、土地审批、信贷投放等方面优先支持,尽快提高其产业集中度。

五是鼓励企业走出去,拓展国际市场。继续鼓励企业出口水泥成套装备和工程技术服务;鼓励有实力的大型企业集团直接到海外投资建厂。鉴于国际金融危机的不利影响还在蔓延,应考虑在适当时机恢复水泥出口退税政策。

★该篇文章是中华人民共和国工业和信息化部原材料司建材处吕桂新在“2009 中国国际水泥峰会”的讲话。

面对金融危机水泥行业的战略选择★

Strategic selection of cement industry in the face of financial crisis

◎华新水泥股份有限公司总裁　李叶青

By Li Yeqing, president of Huaxin Cement Co. Ltd.

2008 年美国金融危机波及全球,中国建材行业也未能独善其身。主要表现为国内房地产业低迷,水泥市场需求萎缩;国内货币政策紧缩,水泥产业投资增速回落、工业利润增长放缓。2008 年水泥需求增长小于 2.8%,其中 7、8、9 三个月增长率为 2.0%,为 2000 年以来同比最低值。国内外分析机构已将 2009、2010 年的水泥需求增长率调低至 3% ~4%(过去为 8%)。从水泥产量来看,2008 年 8、9、10 月份全国水泥产量低于上年同期(在产能大于上年水平的条件下),水泥产量增幅和上年同期相比,也呈下降趋势,11、12 月份全国水泥产量较上年同期略有增长。由于国家强力推行扩大内需政策,加快重点工程和基础设施建设,从 2008 年第四季度起,水泥行业开始出现复苏迹象。

据中国水泥协会初步统计,2008 年全国新型干法水泥生产线总投产 120 条新线,新增水泥熟料产能 14 334.4 万吨,其中日产 6 000 吨生产线 6 条,日产 5000 吨生产线 66 条,日产 3 000 吨生产线 5 条,≤日产 2 500 吨生产线 43 条,折算成水泥产能为 2 亿吨。国家统计局公布的数据显示,2008 年全国水泥产量 13.88 亿吨,比 2007 年增加 6 800 万吨,增速为 5.2%,而 2 亿吨的新增水泥产能比 2007 年增长 60.3%。假设 2008 年落后产能淘汰量为 6 000 万吨,则产能净增加 1.4 亿吨,过剩 7 200 万吨。2009 年,水泥产能仍呈上升趋势。

具体说来,2009 年水泥行业变化趋势将呈现以下特点:

一是整体市场需求下滑趋势得到一定程度遏制,但一些细分市场需求仍然不足。由于受美国金融危机的影响,金融市场受到严重影响,外需下降,致使 2008 年国内水泥市场需求急剧下降。2008 年第四季度,国家大力拉动内需政策逐步到位,水泥需求量有一定回升。但 2009 年第一季度为水泥行业传统淡季,受春节等传统节假日的影响,预计仍将延续疲软态势。1 月份,受春节长假、寒冷气候、物流不畅等因素影响,加上 2 ~3 月份阴雨天气影响,水泥市场形势不容乐观。从项目建设情况看,除重点工程水泥需求较大外,新开房地产项目巨降,前期的桩基础投入大幅下降;农村消费因外出农民工打工收入下降而放缓等现象已显现。

二是产业结构调整将带来新的发展机遇,但因产能扩张过快引起的市场失衡问题也已凸显。金融危机的影响客观上对水泥产业结构调整起到了推波助澜的作用,水泥产业结构的进一步升级、规模化生产、集约化经营将为优势水泥企业带来新的发展机遇,营造新的发展环境。优势水泥企业将通过增强自身实力,提高抵御风险的能力,赢得进一步发展的空间。但同时也应清醒地看到,区域产能扩张过快也带来了负面效应,给供需平衡造成了潜在的巨大风险,许多新建大型水泥企业已出现亏损。

三是煤、电及混合材资源价格上涨的压力仍然很大。2008 年第三季度,煤炭价格创历史新高,质量下降,给水泥生产带来严重威胁。电价上涨,对于高能耗的水泥生产企业,也带来了新的成本压力,煤电成本已达 160 元/吨,占制造成本的 75%之巨。同时,钢产量和发电量的下滑使混合材资源紧张,价格上涨,也进一步蚕食了水泥利润。预计煤电及混合材资源价格上涨仍将继续压缩水泥企业的盈利空间,使毛利润率继续下跌。虽然自 2008 年第四季度以来,国际煤炭、石油价格出现大幅回落,但国内煤炭价格未能同步下调,对水泥行业的传导远未到位,加之需求量增长乏力,水泥企业依然面临着十分严峻的成本压力。

在国际金融危机的大背景下，面对水泥市场需求萎缩、国内货币政策紧缩、水泥产业投资增速回落、工业利润增长放缓的严峻形势，由于国家采取扩大内需的政策，积极拉动内需，在很大程度上缓解了对水泥企业的压力，使水泥企业短期内仍然保持高速发展态势，但问题是两三年之后，或者经过更长的一段时间，水泥企业还能否呈高速发展态势？东部水泥产能过剩的窘况是否会在中西部复制？短期的暂时的发展中存在的问题是否会演变成长期的根本性的问题？如何避免金融危机带来的“陷阱”，理性发展，把水泥企业做大做强？这些都是水泥企业和投资者需要冷静客观对待，并予以认真解决的问题。

1. 理性投资，避免重蹈覆辙。

由于对水泥市场需求过于乐观的估计以及基于对落后产能被淘汰的地区会出现水泥短缺的判断，既激活了对水泥投资的热情，同时也导致部分地区出现产能过剩的局面。但因为水泥行业固定资产投资很大，生产设备专业化，环境影响巨大，退出壁垒非常高，所以，不顾市场容量，盲目扩大规模的做法是非理性的，要客观分析区域的市场需求，理性决策投资计划，避免新的过剩产能出现。必须树立“兼顾区域平衡的水泥人均需求量”的观念，在人均年产能达到1吨水泥的新形势下更要审慎地对待行业发展问题，不能重蹈钢铁、电解铝行业和东部地区水泥行业产能过剩的覆辙。目前，东部区域水泥企业过度投资的问题已显现，局部的恶性竞争将难以避免。一方面，作为水泥企业来说，不能仅仅把基建投资回收期作为整个水泥厂投资回收期，而要考虑如果不能发挥效益时的整个社会退出成本。另一方面，政府有关部门应高度关注水泥企业过度投资问题，并采取有效措施，在产能过剩区域的投资上做“减法”，综合考虑水泥企业分布的区域规划平衡，避免在现在平衡和略有缺口的中西部地区再次形成大的产能过剩，切实解决投资上的恶性循环问题。

2. 兼并重组，提高产业集中度。

2008年，全国完成水泥投资1 051.46亿元，同比增长60.76%，高出2007年同期近400亿元。2008年全国已开工建设的新水泥熟料生产线初步统计有208条，如投产将新增熟料产能24 177万吨。预计2009年末，新型干法水泥熟料的设计总产能为85 435万吨，实际产能可能突破9亿吨。按40%的42.5水泥，和60%的32.5水泥品种计算，可生产水泥14亿吨，总量已基本满足经济建设的市场需求。但国内水泥行业的特点是产业集中度不高，区域龙头企业产品市场占有率普遍较低，市场影响能力较弱，企业盈利水平不高。

2007年数据显示，一些发达国家水泥行业集中度已经达到80%，而我国的集中度仅为30%左右。提高产业集中度有两种基本的方式：一是实行完全竞争，包括“打价格战”，以此理清市场，让能力不足的企业自动退出；二是通过企业间联合重组，提高集中度。我认为，联合重组是提高产业集中度、培育大型水泥企业(集团)、节约社会财富最为有效的方式，应对大型水泥集团实行有效的政策扶持。

——支持和鼓励大企业通过兼并重组等方式，实施产业整合，购并中小水泥企业，以提升产业集中度和竞争力。

——加大对大型水泥企业集团兼并重组的政策支持力度，积极鼓励大型企业通过增发股票、公司债券等多种形式筹集资金。

——对产能规模大、经营业绩好、商业及财务信用好、负债率不高的大型水泥企业，银行应加大信贷支持力度，支持其做大做强。

3. 加快立窑及落后产能淘汰步伐，加大水泥企业技术升级的力度。

众所周知，生产规模小、技术装备落后、劳动生产率低、能源消耗高、质量不稳定、环境污染较大的中小企业，至今还是我国水泥企业的数量主体，产量仍占将近40%，水泥工业结构调整的目标远未实现。截止到目前，水泥机立窑企业共有4 000多家，产能约5亿多吨。虽然从我国国情出发，未来一段时期，在一些地域范围内，立窑水泥完全淘汰退出市场会有一个长短不同的进程，但要认真贯彻落实国家近些年来颁布的《水泥工业发展专项规划》、《水泥工业产业发展政策》和《关于加快水泥工业结构调整的若干意见》等重要文件精神，凡是列入各地淘汰名单的立窑企业要坚持予以淘汰。到2015年，立窑和落后产能应全部淘汰出局。

同时，支持有条件的立窑企业以区域市场需求平衡为导向，和大企业联手，以合资、合作等方式，建设新型干法水泥生产线。区域生产布局要根据区域的需求和经济半径来确立，而不能盲目地追求生产规模的超大型化趋势；在相对需求较小的区域，建立与水泥需求相匹配规模的生产线是可取的。即使是日产1 000～1 500吨的生产线，也应达到现代化生产线的要求，而且必须拥有自有的独立矿山，并在合理的范围之内(一般在3～5公里)，矿山能可持续地运行，具有经济合理的运输条件；产品质量、能源消耗达到国家要求的先进水平。

在做好立窑及落后产能淘汰的同时，要进一步推进水泥企业技术升级。据预测，到2010年，新型干法水泥占水泥总量70%，大约还有3 000家左右中小水泥企业存在。届时的中小企业基本由两类企业组成，主要是传统立窑水泥企业，其次是市场容量大的发达地区的日产1 500吨以下的新型干法(包括干法预热器窑)水泥企业。与先进的大型新型干法水泥企业相比，这些企业在能源消耗、环保、产品质量、劳动生产率等主要技术经济指标上都存在较大差距，不仅企业自身缺乏市场竞争力，也不符合节能减排和优化产业结构的要求。因此，面对强制淘汰和市场竞争双层压力的水泥企业，唯一出路是技术升级。政府应引导支持水泥企业按照能源消耗限额及环保、产品质量的统一标准，采用先进生产技术，进行脱胎换骨的升级改造。

4.“抱团取暖”，竞争合作。

目前，中国水泥行业盈利水平很低，整个行业的盈利只相当于前几年国外一家大型水泥集团的盈利水平。在市场经济条件下，水泥企业之间的竞争是必然的，但应在工厂运行质量上竞争，力争做到运转消耗低，成本低，运行效率高，环保质量高，而不应简单地打"价格战"。因此，主张"竞合"，即水泥企业要竞争合作，不要竞争残杀。而且，在国际金融危机带来的经济不景气的大环境下，更应该理性对待成本和市场问题，不能一味地采取低价竞争的方式，使整个行业的盈利水平下降，而应理性地"抱团取暖"，共度时艰。只有这样，企业才能满足社会环境的要求，更好地承担应尽的社会责任。

5. 运行环保，提高能源利用率。

目前，整体发展水平粗放、装备落后、布局不合理、恶性竞争激烈等现象较为普遍，劳动生产率比较低，落后生产能力比重大且资源、能源消耗高，污染严重，生态和环境压力大，企业管理与国际先进水平相比还有不小的差距，都是国内水泥企业在高速发展过程中存在的一些问题。虽然水泥工业为城市和基础设施的发展和现代化做出了贡献，但同时也消耗了大量的自然资源和能源，水泥工业在优化自然资源的使用和减少整体能源的消耗上仍有较大潜力，有许多工作需一步推进。

——不断通过技术创新和装备改造，使生产废气、粉尘排放浓度指标达到国家标准；并积极实施矿山植被恢复，达到生产基地和周边环境的和谐发展。

——大力推广兼具经济效益和社会效益的纯低温余热发电技术。用水泥生产中产生的废气余热作为热源的纯低温余热发电，不仅发电成本低，经济效益好，还可以缓解电力紧张的矛盾；同时，减少 CO_2 排放，对保护生态环境，起着积极作用。

——提高替代能源使用率，减少天然矿物燃料消耗。科学运用替代性原料（AFR）代替矿物燃料，既能减少废物对环境的影响，安全地处理危险性废物，减少废物处理费用，为水泥企业节约成本，同时也能减少 CO_2 的排放量及对环境的污染。

——加大工业废渣利用量，降低熟料消耗。通过改变传统的生产作业方式，充分利用本地和周边地区工业废渣，积极发展绿色建材事业，变污染型企业为环保型企业。

——水泥企业在其运行和发展中，要在更大程度和高度上表现出其应有的社会责任。

6. 科学发展，走循环经济之路。

为贯彻落实科学发展观，水泥企业应以资源的高效利用和循环利用为核心，以'减量化、再利用、资源化'为原则，对'大量生产、大量消费、大量废弃'的传统增长模式进行根本变革，努力实现低消耗、低排放、高效率，推动可持续发展。同时，政府相关部门也应进一步优化发展循环经济的环境，鼓励企业做大做强，尤其是鼓励大企业的发展。

——进一步在投资的硬件和软件上给予企业充分的支持，帮助企业解决周边环境问题、相关电力配套供应设施等问题。

——进一步加大淘汰落后产能的力度，对消耗高、环境污染大的水泥企业，采取有力的措施坚决予以关停。同时，各级主管部门也要采取相应措施，使小水泥退出市场的路径通畅，防止发生扰乱市场的行为。

——净化市场环境，做到公平公正。在产品质量、市场竞争秩序、交通运输监察执法、工商税收执法等方面要一视同仁，创造公平竞争的环境，加大环保执法力度，扶优扶强。例如，国家新的《水泥工业大气污染物排放标准》及产品质量新标准（尤其是外加剂的使用）已实施，各级环保、质检执法部门应按照标准规定严格执法，确保水泥企业达标排放。应对所有企业一视同仁，而不应对小水泥网开一面，实行地方保护主义。

——在税收政策上，可提高资源综合利用退税的标准，将水泥行业资源综合利用率、水泥质量与退税有机地结合起来。

——在环保、能耗政策上，应提高水泥工业大气污染物排放标准，严格实行排污许可证制度，对于不能达标排放的企业应坚决淘汰出局。其中特别是在资源政策上，应统筹考虑资源配置的均衡，比如加强石灰石矿产资源管理和建设项目审批，对于不能采用先进开采技术、合理开发利用资源的企业，应当责令其限期整改，不能整改到位的，收回其矿山开采权。

★该篇文章是华新水泥股份有限公司总裁李叶青在"2009 中国国际水泥峰会"的讲话。

金融危机下的全球水泥技术装备工程业★

Global cement technology and equipment engineering industry under financial crisis

◎中材国际工程股份有限公司总裁　王　伟

By Wang Wei, president of Zhongcai International Engineering Co. Ltd.

一、金融危机中的国际水泥技术装备工程业

2007 年下半年以来，美国次贷危机逐渐演变为金融危机，并逐渐向全球实体经济渗透，全球经济面临着严峻的考验。金融危机对全球水泥技术装备工程业的影响略有滞后，2008 年上半年行业市场仍延续了 2007 年需求旺盛的态势，

下半年，金融危机影响逐渐显现，总体影响较为明显。受金融危机影响，行业主要服务商大都出现了部分所签订合同被取消或缓建的情况，尤其以欧美市场为主要市场的服务商，所受影响可能更大些。这场危机对业内企业来讲既是场困境，也是场考验，只有真正能为业主提供"比较价值"服务的企业才会在危机中较好地存活甚至获益。在金融危机形势严峻的2008年，"中材国际"新签生效海外合同额327亿元（扣除受影响项目）同比增长了177%，按照国际知名研究机构近期公布的数据，"中材国际"2008年国际市场份额达35%，位居全球第一（见下图）。国际水泥技术装备工程业在金融危机中实现了竞争格局的转变。

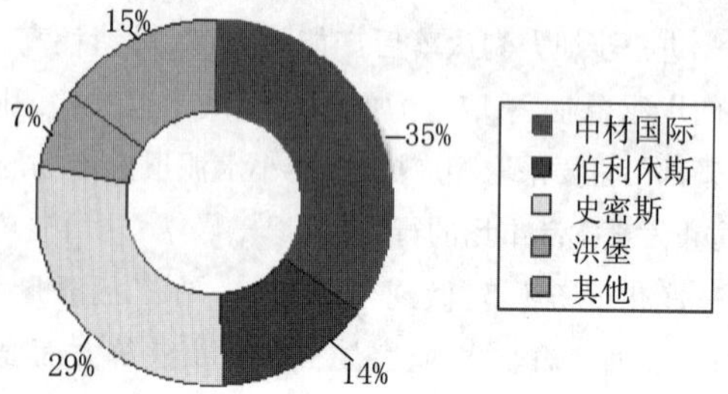

二、走向世界的"中材国际"

"中材国际"总部位于中国北京，是以中国中材集团公司为实际控制人的中国上市公司，专业从事大型水泥技术装备及工程服务业务，自主技术达到世界先进水平。目前公司国内市场占到近90%，国际市场超过30%。"中材国际"在金融危机中的市场快速增长，只是连续多年增长的一个延续。公司2004年大规模进入国际市场以来，新签订国际合同额以年均近乎翻番的速度增长，项目累计遍及美国、意大利、西班牙、法国、俄罗斯、阿尔巴尼亚、土耳其、多米尼加、巴西、印度、越南、沙特、埃及、阿联酋、阿曼、也门、伊朗、伊拉克、哈萨克斯坦、坦桑尼亚、埃塞俄比亚、南非、赞比亚、摩洛哥等欧洲、美洲、亚洲、非洲的47个国家，基本完成全球市场的布局。公司以EPC总承包和EP模式累计签订海外水泥生产线93条，涵盖日产1 000～10 000吨所有主流线型，其中日产5 000吨以上规模的42条，日产万吨水泥熟料生产线6条。目前这些生产线已有38条投产，其中日产10 000吨生产线3条。全部投产后，总产能大约占到全球（不含中国）水泥产量的9%。"中材国际"之所以能在国际市场取得快速发展，主要是所提供产品和服务较好地满足了业主的需求，获得了业主的认可。

"中材国际"拥有从水泥工程研发设计、水泥装备制造与成套、水泥工程管理、水泥工程安装直到水泥生产线调试及生产线维护与备品备件供应完整的产业链资源，可以以EPC或EP等模式为业主提供系统集成服务。全球能提供系统集成服务的公司并不单"中材国际"一家，而完全凭借自身产业链资源提供系统集成服务的公司在全球几乎只有"中材国际"一家。产业链完整，避免了去外部寻找和组织资源，也避免了外部资源和内部资源在系统中的不协调所造成的系统整体的低效，并且避免了对外部资源控制力弱所带来的风险。这也就是为什么"中材国际"可以用较为优惠的价格2～3年的时间交付给业主一条完整的水泥生产线，而一般国际供应商可能需要3～4年的原因。

（一）工艺技术

"中材国际"在水泥热工、粉磨、破碎、物化、装备、环保等技术领域内有近千名科研开发人员，在他们努力下，"中材国际"经历引进、消化、吸收到自主开发创新的历程，形成了自主知识产权的日产1 000～10 000吨新型干法水泥生产线技术，并且达到了国际先进水平。"中材国际"在推进新型干法水泥技术装备不断系列化、大型化、生态化的过程中一直没有停下脚步。应用"中材国际"工艺技术装备的中国第一条日产2 000吨国产化水泥生产线于1986年投产，第一条日产4 000吨国产化生产线于1996年投产，第一条日产5 000吨生产线于2003年投产，第一条出口到海外的日产万吨生产线于2006年投产。在对水泥生产线能耗、排放指标及生产线性能指标要求严格的欧美发达国家，公司已有3条生产线投产，业主对性能测试结果均表示满意。

（二）工程设计

"中材国际"设计过的国内外水泥生产线近800条，涵盖日产1 000～10 000吨各种规模，其中日产10 000吨生产线11条。"中材国际"在工程设计方面不套用其他生产线设计方案，而是针对业主工程的不同环境和个性化要求提供个性化的设计方案，强调工程设计的个性和优化。公司的项目在全球分布较为广泛，项目所在地自然环境、原料成分以及燃料种类差异较大，公司工程设计人员针对不同情况会提出不同设计方案。比如沙特项目，沙特温度高，年降雨量少，物料干燥，含水量较低，不需要过高的烟气即可烘干物料。因此公司在预分解系统设计过程中尽量地降低预热器系统的出口废气温度，一方面降低了熟料的烧成热耗，另一方面为收尘系统的安全创造了条件，避免了喷水降温问题。又如尼日利亚项目，尼日利亚原料中的水分较高，高达16%～20%。因此，在预分解系统的设计过程中，公司针对其具体的情况采用四级预热器系统设计，以提高出系统的废气温度，满足原料烘干的要求。再如，越南项目，该区域无烟煤资源丰富，项目采用的燃料均为难燃煤，由于其燃烧特性较差，公司工程设计时就配备满足特殊燃料要求的燃料预处理、燃烧器、预分解系统等。"中材国际"在个性化设计方面有大量的经验和技术，可以在较短的时间内完成个性化设计。

（三）装备制造

"中材国际"拥有自主知识产权的装备产品有多项技术达到国际先进水平。破碎机、堆取料机、立磨、选粉机、提升机、收尘设备、回转窑、篦冷机、管磨机、球磨机等专业设备年制造能力达30万吨。自主知识产权的第四代行进式稳流冷却机和日产5 000吨立磨已完全商业化地应用在了水泥生产线上。公司日产5 000吨辊磨具有结构紧凑、运行稳定、粉磨效率高、烘干能力强、成品细度调节灵活、对原料的适应性强等特点，相关指标可达到国际辊磨的同等水平，并且交货期比同类厂家有明显缩短。目前“中材国际”海外生产线自主生产制造主机装备的比例在70%～100%之间。

（四）工程建设与管理

“中材国际”数千名工程技术管理人员在全球各个项目上从事着电气、机械、建筑工程、自动化控制、风险控制、计划统计、工程管理、合同管理、物资管理、物流管理、预算管理、安全管理、质量管理、财务管理、信息工程、行政、翻译等方面的技术和专业管理工作。这些员工平均每人有着3～5个项目的技术管理和专业管理经验。公司将现代化的项目管理理念和方法应用到工程建设和管理上，丰富的经验和现代管理的有机结合保证了一个个项目的顺利实施。大批国际项目的操作提高了海外项目适应能力，除了要采用国际标准和适应业主各种不同要求外，还要面临项目所在地工业配套能力和服务匮乏、专业技术人员缺乏，以及政府部门服务效率、宗教文化差异，天气或自然环境等方面的各种困难，“中材国际”团队克服了种种外部不利影响，打造出了一支战斗力非常强的水泥工程建设大军。

三、“中材国际”海外市场典型案例：沙特项目

中国市场让“中材国际”打下了深厚的基础，具备了服务全球的能力。而沙特市场则是集中展示“中材国际”形象和服务能力的重要地方，是“中材国际”快速走向国际市场的重要一环，因此公司沙特项目有着典型意义。

“中材国际”是2004年底进入沙特市场的，自当年SPCC项目签订后，四年来在沙特一共签订了3条日产万吨水泥生产线和4条日产5 000吨水泥生产线，项目总金额17.5亿美元，约占沙特市场新增水泥产能的70%。目前有5条生产线已投产（包括两条日产万吨线），另2条生产线在建。“中材国际”沙特项目也面临了较大考验。其一，技术装备水平要求高。沙特虽然自身几乎没有水泥技术装备业，但在“中材国际”进入沙特市场以前，其水泥生产线技术装备主要来自于欧洲服务商，因此沙特市场对中国技术装备不了解，各种要求均比照欧洲标准。其二，项目多、规模大且集中实施。沙特项目7条线全部为日产5 000吨水泥熟料以上规模大型生产线，且集中在两三年内实施，没有足够的人力资源和雄厚的资金支持项目很难完成。其三，项目全部是以EPC交钥匙总承包模式承接，系统集成能力面临较大考验。其四，沙特特殊的地理、天气和人文环境给项目实施带来极大挑战。沙特夏季漫长，酷暑炎热，一年中有大部分时间气温超过40度，地表温度常常在60度以上，对施工极为不利。面对诸多困难，“中材国际”仍然顺利地完成了项目建设工作。2007年3条日产5 000吨水泥生产线相继投产，2008年两条日产万吨线（SCC项目）相继投产（其中一条已通过性能测试）。目前沙特RCC项目和CCC项目已经获得了最终验收证书（FAC），这在沙特市场是史无前例的，沙特SPCC项目也获得了临时验收证书（PAC）。鉴于RCC一线项目成功履约，2007年12月，业主又将RCC日产5 000吨二线项目交由“中材国际”总承包建设。目前，RCC二线已完工40%，总体进展顺利。而在SCC两条万吨线的示范效应下，公司2008年又签订了沙特YCC日产万吨线总承包项目，目前项目进展顺利。

★该篇文章是中材国际工程股份有限公司总裁王伟在“2009中国国际水泥峰会”的讲话。

科学分析发展形势　防止水泥过度投资

Analyze developing situation scientifically and prevent excessive cement investment

◎重庆市水泥协会会长　马泽民

By Ma Zemin, chairman of Chongqing Municipal Cement Association

我从事水泥、生产水泥、管理和服务水泥行业近40年。其间最难忘的是：2003～2004年和2007～2008年两次宏观调控。国家的出发点和着力点是把高耗能的钢铁电解铝水泥盲目投资降下来。但实践表明：水泥行业在宏观调控中高强度投资、跨越式发展。现就联系实际学习科学发展观和国办发〔2003〕103号《国务院办公厅转发发展改革委等6部门关于制止钢铁电解铝水泥行业盲目投资若干意见的通知》的精神，试用科学发展观分析重庆水泥，在国家两次宏观调控中形成的两次投资水泥大潮的背景、特点以及科学发展的支撑条件。以供投资者、企业和政府出台政策时参考。

一、2003～2004年与2007～2008年投资水泥大潮背景（详见表1）

表1　2003～2004年与2007～2008年投资水泥大潮背景比较表

	重庆投资水泥大潮时段	
	2003～2004年	2007～2008年
背景比较	1. 贯彻落实国办发〔2003〕103号文件精神。	1. 贯彻落实《国家水泥工业产业发展政策》和《水泥工业专项发展规划》。
	2. 重庆落后水泥产能多，新型干法水泥处于起步阶段（重庆市2003年底水泥产能2 348万吨，其中新型干法水泥产能290万吨、产量118万吨，分别占水泥总产能、总产量的12.3%和5.8%）。	2. 重庆落后水泥产能比重较大，发展新型干法水泥还有较大空间（2007年底，重庆水泥总产能3 900万吨，其中新型干法产能1 615万吨、产量1 410万吨，分别占全市总产能、总产量的41.4%和47%）。
	3. 新型干法水泥技术已经成熟、投资省。	3. 重庆"新起点"（即2007年3月14日总书记在重庆人大代表团所做的"导向定航"的讲话。6月7日国家批准重庆为全国城乡统筹综合实验区）效应，普遍看好重庆投资和难得的发展机遇。
	4. 重庆GDP快速发展，基础设施和房地产投资拉动水泥市场需求优质水泥。	4. 解放思想 扩大开放，招商引资、加快发展、首长负责前所未有（据初步统计，仅2008年3月至7月有14个区县政府与有关集团签约兴建新型干法水泥生产线24条，日产熟料114 000吨，总投资136亿元）。
	5. 原重庆水泥厂技改2 000t/d生产线"投产日就是亏损之日"的负面影响结束。	5. 四川淘汰落后产能和灾后重建水泥需求激增，重庆水泥入川，诱导了投资者。
	6. 国家宏观调控采取"有保有压"的稳健政策（2003年9月21日和2004年4月25日分别将银行存款准备金率由6%调整到7%和7%调整到7.5%）。	6. 国家宏观调控力度史无前例，"从紧货币"政策（2007年从1月15日至2008年6月25日，银行15次上调存款准备金率，由原来的9%调整到17.5%，并8次上调存贷款利率；2007年财政部发行特别国债1.55万亿元；实施重拳回收资金发行定向央票等）。目的是缓解信贷投资过度，抑制流动性过剩、降低贷款增速、防止物价通胀。
	7. 国际大环境不利因素对中国经济发展影响较小（2003年国内"非典"对旅游影响较大）。	7. 国际大环境不利因素集中爆发（美国次贷危机，全球金融动荡、房灾、股灾、油灾、经济不景气）对中国经济发展的影响不可低估。

注：①重庆"一小时经济圈"（简称"一圈"）"北翼"、"南翼"分别有23、11、6个区县；②2007年"一圈"、"北翼"、"南翼"的GDP分别占全市77.8%、16.7%、5.5%；③2007年"一圈"、"北翼"、"南翼"的固定资产投资分别占全市的77%、15.6%、7.4%；④2007年"一圈"、"北翼"、"两翼"的水泥产量分别占全市的76.6%、14.3%、9.1%。

二、2003～2004年与2007～2008年投资水泥大潮特点（详见表2）

表2：2003～2004年与2007～2008年投资水泥大潮特点比较表

	2003～2004年	2007～2008年
特点比较	1. 批准项目以小规模为主（全市技改和新建投产生产线14条，日产熟料30 000吨，1 200吨/日生产线和2 500吨/日生产线各占50%）。	1. 核准项目以大规模为主（全市2007～2008年9月3日止，共核准建线25条（其中5 000吨/日生产线13条）日产熟料100 000吨。
	2. 项目业主以本地为主引进为辅（本地业主占77%）。	2. 项目业主本地与外来业主相差5个百分点。
	3. 投资来源以贷款为主自筹为辅（建成的14条线总投资30亿元，自筹资金占25%左右）。	3. 投资来源自筹资金和银行贷款为四、六开（例如：在核准线中已投产1条，在建22条，总投资94亿元左右，业主自筹资金40%以上）。
	4. 产能布局合理以重庆"一小时经济圈"为主，"北翼""南翼"为辅。	4. 产能布局扎堆集中于重庆"一小时经济圈"及长江、嘉陵江沿岸。
	5. 市场销售范围以"一小时经济圈"为主、"北翼"、"南翼"和"周边"为辅。	5. 市场销售范围以"一小时经济圈"为主、"北翼"、"南翼"及彼邻四川、贵州、湖北、湖南、陕西为辅。

三、科学发展是水泥工业发展的必然规律

(一)水泥企业需要生产要素市场支撑

1. 水泥工业是国民经济的重要原材料工业,对能源、资源的依赖性特别高。

一般来说,生产1吨水泥熟料:需消耗1.5~1.6吨原料、0.15~0.20吨原煤,生产1吨水泥需要耗80~110千瓦时电量。以重庆2007年生产水泥3 000万吨为例,全年约消耗4 800万吨原料、312万吨标煤和27亿千瓦时电量。重庆石灰石虽然储量丰富,但可用于水泥生产的石灰石矿山并不多,"找米下锅"的企业与"定点"后再探矿的企业都有。煤炭长期处于"需求过剩"的环境,质次价高(据调研:9月初,8家新型干法水泥企业用煤均价870元/吨,最高980元/吨),有钱难买煤,水泥用煤价格突破每吨1 000元指日可待。用电高峰和枯水季节,水泥企业成了拉闸限电对象。能源、资源能否满足水泥生产需求?

水泥生产高成本的时代已经到来。2001~2008年,吨水泥生产成本平均上涨84%,煤炭从上年二季度起价格已经翻了一番以上。仅煤、电两项在水泥生产成本中已占70%左右。但水泥售价又不能及时把煤、电的涨价传递出去。水泥销售的利润空间遭受上下游挤压极为突出,暴利时代已不覆存在,水泥销售价格上升属理性回归。

2. 水泥生产需要管理人才和技术人才支撑。

新型干法水泥发展过快,企业人才跟不上需求,企业之间互挖技术和管理人才比较普遍。

3. 水泥生产需要流动资金支撑。

4. 水泥生产需要节能减排、清洁生产、循环经济支撑。

(二)水泥销售需要区域性市场支撑

1. 水泥产品具有同质性特征,准入门槛低。

水泥工厂生产的品种(除少量具有特殊性用途的特种水泥外)极易复制,客户选择产品时价格取向特别明显。若同一目标市场,几家知名企业都去布点建线,必然会出现投资过度、供求失衡、相互杀价、恶性竞争、资源浪费、投资难收。

2. 水泥产品体重、量大、低值,产品销售受运输半径制约。

目前水泥运输以公路为主(整顿超载等因素)销售半径最小(运价最高);水运的销售半径最大但运量不大;铁路运输量较少。

(三)水泥消费量需要投资市场支撑

水泥跟着社会固定资产投资市场走,没有投资就没有水泥消费量。随着调整投资结构、设计的创新,建筑施工工艺、装备技术的提升,水泥消费量呈现逐年下降的趋势(详见重庆市1995~2007年社会固定资产投资与水泥消费量关系图)。

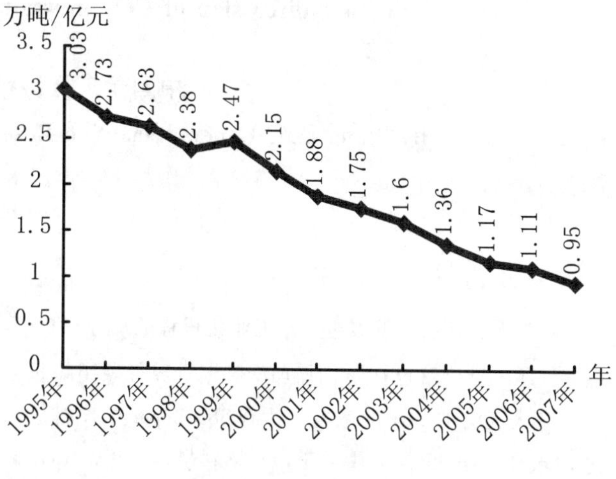

重庆市1995~2007年固定资产投资与水泥消费量关系图

(四)科学发展、理性投资需要政策支撑

川渝水泥本是一个区域市场,由因地理位置特殊,蜀道之难,所以水泥市场相对封闭。川渝两地经济欠发达,市场需求不如想象和感觉的好。从2007年11月起,重庆一批"PC"窑水泥入川,原因在于:产能过剩、四川(2007年四季度淘汰小水泥400余万吨,2008年"5.12"汶川地震)有短暂缺口、川渝一家公路运输距离短和重庆房地产景气欠佳。否则,2008年重庆水泥企业日子非常难过。

现在大量调查资料说明:2008年"5.12"大地震并未破坏四川水泥生产体系。汶川地震后,国内外知名企业先后入渝、进川签约投巨资铺摊建线,业内外人士惊呼:市场在哪里?能源、资源保障在哪里?短期集中投资建线可能播下的是投资不归的种子,未来产能集中释放可能结出的是恶性竞争的苦果。在重庆,非理性投资已经引起市政府高度重视。8月28日,市政府主要领导在一份报告批示中指出:"风物长宜放眼量,相信××区同志能忍痛割爱",砍掉2条日产5 000吨熟料生产线的招商引资项目。市政府"针对当前本市水泥新建项目发展过快的情况",责成"由市经委牵头会同市发展改革委等有关部门尽快研究制定水泥产业政策指导意见,报市政府批准后执行"。我们相信市政府出台政策,有关部门做好短期市场供应预案,长期防止产能过剩,狠抓控制新型干法水泥总量、调整结构、淘汰落后、合理布局,就能促进水泥工业科学发展。

二〇〇八年九月十五日

再论中国水泥工业 CO_2 的减排★

Further discussion of CO_2 emission reduction in Chinese cement industry

◎中国建筑材料科学研究总院　汪　澜

By Wang Lan, General Scientific Research Institute of Building Material of China

一、引言

随着人类社会的发展进步及工业化进程的加速，CO_2 等温室气体的排放量也在急剧增加中。据世界气象组织报告2006年大气层中 CO_2 的浓度已达到381.2ppm，CO_2 排放量比1990年高出35%，其中由于化石燃料燃烧产生的 CO_2 就达到84亿吨。CO_2 等温室气体的大量排放会引起气候变化，导致气温增高、海平面上升、极端天气与气候事件频发，进而对自然生态系统和人类生存环境产生严重影响。

为应对全球气候变暖给人类经济和社会带来的不利影响，1992年6月在巴西里约热内卢举行的联合国环境与发展大会上，150多个国家制定了《联合国气候变化框架公约》，并以将大气中温室气体浓度稳定在不对气候系统造成危害的水平为最终目标。目前已有包括中国在内的191个国家批准了该《公约》，即成为《公约》的缔约方。1997年12月《公约》缔约方又通过了《京都议定书》。在《京都议定书》的第一承诺期中，即从2008年到2012年期间，主要工业发达国家的 CO_2 等温室气体排放量要在1990年的基础上平均减少5.2%。（中国于1998年5月签署并于2002年8月核准了该议定书。2005年2月16日，《京都议定书》正式生效，这是人类历史上首次以法规的形式限制 CO_2 等温室气体的排放。根据“共同但有区别的责任”原则，作为发展中国家的中国在10年内没有减排义务。）但中国政府已主动采取了一系列政策措施，推进全社会的节能减排，并取得了显著成效。2007年6月中国国家发改委发布了《中国应对气候变化国家方案》，明确提出了到2010年中国应对气候变化的具体目标、基本原则、重点领域及其政策措施。

随着我国城镇化、工业化进程的不断加快以及居民用能水平的不断提高，对能源的需求及相应的 CO_2 等温室气体排放量都在快速增加中。2007年全国的煤炭消耗约为15.4亿吨标准煤，由于燃煤产生的 CO_2 等温室气体排放量约为40亿吨。可见，中国社会经济发展与 CO_2 等温室气体减排的矛盾较为突出。

在中国重要的产业部门中，水泥工业 CO_2 的减排有着举足轻重的作用。在我国现有技术水平条件下，每吨水泥生产的平均热耗为0.15吨标准煤，平均电耗为110千瓦时；水泥生产还伴随原料中碳酸盐分解，即 CO_2 的排放。依据统计分析（每生产1吨水泥会产生直接 CO_2 排放0.815吨，其中0.390吨是由于燃料燃烧产生的，0.425吨是由于原料中的碳酸盐分解产生的）；由于电力消耗，每生产1吨水泥还会产生间接 CO_2 排放约0.07吨。预计2007年中国水泥产量将接近14亿吨，由水泥工业产生的 CO_2 排放量也将达到12.17亿吨。因此，实现水泥工业 CO_2 的减排是中国应对气候变化的重要措施和基本内容，也是实现中国水泥工业可持续发展的重要保证。应该指出的是实现 CO_2 的减排是水泥工业进行产业结构调整，加强生产管理，提高能源、资源利用效率的综合体现。CO_2 的减排不仅是中国水泥工业面临的严峻挑战，同时也是中国水泥实现技术水平全面提升的重要机遇。

二、制定科学的统计方法，实行严格的排放管理

遵照“要建立科学、统一的节能降耗和污染减排统计指标体系、监测体系和考核体系”等指示精神，国家主管部门正牵头研究制定主要污染物总量减排统计、监测的考核办法。《中国应对气候变化国家方案》也明确提出进行应对气候变化能力建设，包括满足温室气体清单编制需求的统计体系，确定主要排放因子所需的测试数据，未来温室气体排放预测方法以及国家温室气体数据库等能力建设。

水泥工业 CO_2 排放占我国全社会 CO_2 总排放量的20%左右。在水泥工业率先制定科学的 CO_2 排放统计方法，实行严格的 CO_2 排放管理有多方面的重要意义。

2005年，世界资源研究所等机构联合制定并发布了《水泥行业二氧化碳减排议定书—水泥行业二氧化碳排放统计与报告标准》。该《统计与报告标准》已经被世界多个国家采用，并且得到《联合国气候变化框架合约》办公室的认可。近几年来，中国建筑材料科学研究总院与国际相关机构通力合作，依据中国水泥工业的基本现状和技术特点，致力于《水泥生产 CO_2 排放量统计计算方法》的国家标准制定，并得到了有关政府部门和水泥生产企业的支持。

水泥生产有较为复杂的工艺过程，包括原料开采及输送、生料和燃料制备、水泥熟料煅烧、余热发电或其他利用、水泥制备及发送、水泥生产辅助工艺过程、厂区外车辆运输、厂区内车输运输、生产管理等。所有这些工艺过程都需要消耗一定的能量，进而形成 CO_2 排放单元。水泥生产产生的 CO_2 排放又可分为直接排放和间接排放。直接排放是生产

企业拥有或控制的排放源的排放，例如原料碳酸盐的分解和燃料的燃烧产生的 CO_2 排放为直接排放。间接排放是生产企业活动所导致的排放，而实际的间接排放则发生在其他企业拥有或控制的排放源；例如生产工艺过程消耗的外部电力产生的排放即为间接排放。《水泥生产 CO_2 排放量统计计算方法》就是要针对水泥生产所有工艺过程，统计、计算各种直接排放和间接排放，成为科学的、可行的应用标准。

分析表明，水泥生产过程中 CO_2 排放源主要有：原料中碳酸盐分解、燃料的燃烧和各工艺设备的电力消耗。

原料中碳酸盐分解产生的 CO_2 排放量的计算相对较为简单，可以通过原料的用量及原料中碳酸盐的含量进行分析、计算，也可以通过水泥熟料的产量和熟料中 CaO、MgO 的含量进行分析、反求。但是，用原料量为基准分析，计算工作量大；用熟料量做基准，又有一些不确定性。因此拟定的《水泥生产 CO_2 排放量统计计算方法》将以生料量为基准，进行碳酸盐分解产生的 CO_2 排放量统计计算。

燃料燃烧产生的 CO_2 排放量的计算相对较为复杂。水泥生产过程中消耗的燃料包括多种燃煤，替代燃料和燃油等。在进行 CO_2 排放量的统计计算时，不仅要准确地统计各种燃料用量，而且要确定各种燃料燃烧产生 CO_2 的排放因子。

对于燃煤，确定排放因子一种直接的方法是分析燃煤中的有机碳含量，然后再推算出单位燃料消耗 CO_2 的排放量。另一种方法是，依据燃煤中有机碳的含量与热值的关系，研究确定排放因子。由于燃料的热值是生产中的常规检测项目，因此拟定的《水泥生产 CO_2 排放量统计计算方法》将采用后一种计算方法。

通过大量的基础性研究，中国建筑材料科学研究总院提出了依据热值计算的燃煤排放因子，见表 1。应该指出的是这些排放因子的最终确定还需要通过大量的研究验证。

表 1　煤炭燃料 CO_2 排放因子及排放量计算

燃料	低位热值（MJ/kg）	CO_2 排放因子（kg/MJ）	CO_2 排放量（kg/kg）
无烟煤	24.05	0.109	3.62
烟煤	24.29	0.098	2.38
次烟煤	18.80	0.101	1.90
褐煤	15.13	1.103	1.57

对于燃油燃气 CO_2 排放因子及排放量计算，目前可采用一些国际研究机构推荐的数值，见表 2。

表 2　燃油燃气 CO_2 排放因子及排放量计算

燃油、燃气	单位	CO_2 排放因子及排放量计算
汽油	Kg/L	2.346
柴油	kg/L	2.684
天燃气	Kg/m^3	1.933

水泥生产电力消耗产生的 CO_2 排放量的计算也需要准确的排放因子确定。由于发电采用燃料的不同及电厂能源效率的不同，国外研究机构推荐采用的排放因子也有较大的不同，主要在 0.80 千克 CO_2/千瓦时至 0.4 千克 CO_2 千瓦时之间。有统计数据表明，目前我国电力生产的平均能耗为 0.275 千克标准煤/千瓦时，产生的 CO_2 排放量为 0.7 千克 CO_2/千瓦时。这一排放系数还必须得到国家主管部门的确认。

《水泥生产 CO_2 排放量统计计算方法》的制定和实施为水泥生产企业 CO_2 排放管理提供必要条件，是水泥工业建立节能减排统计、监测和考核三体系的基本内容。企业还可以依据该标准，编制环境绩效、碳税收、排放交易等技术报告。中国建筑材料科学研究总院将在近期完成该标准的制定，以满足国家和企业开展减排工作的迫切需求。

三、应用清洁发展机制（CDM），促进 CO_2 显著减排

《联合国气候变化框架公约》是世界上第一个为全面控制 CO_2 等温室气体排放，以应对全球气候变暖给人类经济和社会带来不利影响的国际公约，也是国际社会在对付全球气候变化问题上进行国际合作的一个基本框架。《公约》各缔约国通过的《京都议定书》则具体规定了从 2008 年到 2012 年期间，主要工业发达国家的温室气体排放量要在 1990 年的基础上平均减少 5.2%。这就产生了主要工业发达国家对 CO_2 等温室气体排放许可权的需求，因此在全世界范围内引入了温室气体排放许可权的交易。

清洁发展机制（CDM）是《京都议定书》中制定的三种灵活减排机制之一。这是一种新型合作机制，即由发达国家提供资金和技术，在发展中国家境内实施 CO_2 等温室气体减排项目。清洁发展机制的目的一方面可以协助发展中国家实现节能减排和可持续发展，另一方面项目获得的温室气体减排量（可转化为“排放许可权”）可帮助发达国家实现《京都议定书》中减少温室气体排放的承诺。可见，清洁发展机制是一种能让发达国家和发展中国家都能有所收获的“双赢”机制。对中国而言，应用清洁发展机制对能源工业和高耗能行业的技术进步，可再生能源和清洁生产领域的可持续发展都会产生积极的影响。

水泥工业是能源依赖型工业，是 CO_2 等温室气体减排的重点行业；水泥工业巨大的减排潜力也一直为各方面关注。

在联合国 CDM 项目主管机构所颁布的 CDM 项目开发方法学中，一共包括四种与水泥生产有关的项目类型：

（1）利用水泥窑余热进行发电，减少从电网直接购电量，进而减少 CO_2 的间接排放。

（2）利用低 CO_2 含量的原料代替高含量碳酸盐的原料，减少生料中碳酸盐分解产生的 CO_2 的直接排放。

（3）利用替代燃料或生物质燃料代替水泥生产中采用的化石燃料，减少燃料燃烧产生的 CO_2 直接排放。

（4）通过在熟料中增加混合材掺量，以减少熟料的用量，进而减少水泥生产产生的 CO_2 排放。

余热发电是将水泥生产过程中由冷却机、预热器等主机设备排出的中低温废气引入蒸汽锅炉进行发电。通常，日产5 000吨的水泥生产线可配备15兆瓦的余热发电系统，年CO_2减排放量约为10万吨，排放交易年直接收益也可达到约100万美元。余热发电是目前中国水泥工业主要采用的项目类型。

水泥生料中碳酸盐分解产生的CO_2排放占水泥生产全过程CO_2总排放的50%以上。因此采用低碳酸盐含量的原料有显著的减排效果。目前可资源化利用的大宗原料有电石渣等，可替代石灰石用于水泥的生产。按年利用60万吨电石渣计，每年即可减少CO_2排放量达26万吨，排放交易年直接收益达260万美元。

替代燃料如果得不到应用，会由于自燃等情况产生一定量的CO_2排放，应用到水泥生产中，替代化石燃料，则会产生CO_2的直接减排。生物质燃料含有氢能，燃烧释放出的CO_2会明显降低。因此，水泥工业采用替代燃料或生物质燃料会获得直接减排或间接减排的效果。欧美一些水泥公司化石料燃料的替代率已超过60%，国内也有一些水泥生产企业尝试采用城市垃圾等作为替代燃料，并且取得了较好的经济效益。预计近期内水泥工业中替代燃料和生物质燃料的应用比重会明显增多，并为这一减排项目的实施奠定基础。

在目前已有的清洁发展机制项目类型中，通过增加熟料中混合材的掺量具有最大的CO_2减排潜力。以年产150万吨水泥的生产企业为例，将混合材年用量从10万吨提高到30万吨，即可产生CO_2的减排量16万吨。可见，在熟料中增加混合材掺量有着巨大的减排作用。

近几年来中国建筑材料科学研究总院在科研工作的基础上，通过与国际著名机构合作，在推进清洁发展机制应用方面开展了多方面的工作，主要包括：

（1）针对水泥窑炉余热发电技术的特点，制定项目设计文件；完成项目的国内审批和联合国注册；与国际买家签订《减排额采购协议》；通过CO_2等温室气体减排额的销售，实施清洁发展机制项目。

（2）结合电石渣替代石灰质原料的应用，研究在国内采用低碳酸盐替代原料方法的可行性，制定项目实施具体的路线图，组织进行项目的评审和申报，争取早日将这一方法在中国水泥工业中成功应用。

（3）研究发展水泥生产替代燃料技术，研究制定相应的应用技术标准，研究分析替代燃料的排放因子，确定应用替代燃料的减排潜力；研究生物质燃料在水泥生产中应用的可行性。

（4）研究多种高性能水泥熟料的生产技术，研究高性能水泥的施工、应用性能及长期耐久性能；确定高性能水泥中混合材的掺量基准及检测计算方法，进行该种清洁发展机制方法学应用的调研工作。

（5）研究开发以水泥生产工艺全过程为目标的新方法学；研究为适应合资企业利用清洁发展机制的项目工作程序和开发计划。

清洁发展机制的实施期间为2008年至2012年。目前，国际社会仍正为2012年后（后《京都议定书》时期）应对气候变化寻求新的合作方案。中国水泥工业应利用这前5年承诺期，充分利用清洁发展机制，实现CO_2的逐渐减排。

四、加速CO_2减排技术的研发，实现水泥产品的绿色制造

CO_2的排放主要是由于能源的消耗，能源的节约即可减少CO_2的排放，而科学技术的进步则是实现节能减排的重要保证。

近几年来国家先后发布了《节能中长期专项规划》、《水泥工业发展专项规划》、《水泥工业产业发展政策》以指导水泥工业的结构调整和科技发展。在我国，以预分解窑为核心的新型干法水泥生产技术已经得到长足的发展。采用预分解窑、新型粉磨等技术可使水泥生产热耗和电耗比传统的工艺分别降低50%和20%以上，生产过程中CO_2的排放量也会降低约15%。

水泥熟料煅烧技术仍在发展中，包括新一代预分解窑技术，高固－气比燃烧技术和熟料预烧成技术。通过研究分析国际上的短窑煅烧技术和沸腾煅烧技术，结合国家973项目“高性能水泥制备与应用的基础研究”的大量研究成果，中国建筑材料科学研究总院提出了“水泥熟料预烧成技术”这一重大、前沿研究课题。“水泥熟料预烧成技术”的关键是依据熟料形成过程的热、动力学特性提供所需的外部能源，进而产生最大的能量利用效果。前期研究表明，采用“水泥熟料预烧成技术”，可使吨熟料生产热耗低于2 800千焦/千克，窑炉单位体积产量增加35%，窑炉CO_2的排放也会降低约15%。

提高水泥熟料的性能、增加水泥中混合材的掺量是实现水泥工业节能减排的重要途径。目前国内的研究热点有：高性能硅酸盐水泥、高性能硅酸盐－硫铝酸盐复合水泥、高性能矿渣硅酸盐水泥等。高性能硅酸盐水泥的生产通过专利技术制备高强度水泥熟料并掺入大量的混合材。硅酸盐－硫铝酸盐复合水泥是依据适宜的生料组分和热工制度的改变，在水泥生产窑炉中烧成具有硅酸盐矿物和硫铝酸盐矿物的水泥熟料，进而也可以增加混合材的掺量。高性能矿渣硅酸盐水泥是通过组分的调整，在高矿渣掺量（70%）的条件下，保证水泥强度达到42.5兆帕等级的要求。这些新型水泥的研发和生产会显著地减少水泥生产CO_2的排放量。

尽管碳捕集和碳封存是减少CO_2排放量的后处理措施，但已经得到国内外研究机构的广泛重视。“碳捕集和碳封存”即是将化石燃料燃烧产生的CO_2捕集并长期封存在地质结构中。捕集的方法有燃烧后捕集、燃烧前捕集和富氧燃烧，具体的分离技术则包括化学吸收、物理吸收、吸附、膜分离和深冷分离。这项技术的应用可将大规模工业及燃煤电

厂的 CO_2 排放量降低 85% 左右。

我国水泥工业的集中度正迅速发展，有企业单一厂区内的水泥年产量超过 500 万吨，CO_2 年排放量也超过 400 万吨。因此，在水泥工业中开展"碳捕集和碳封存"的研究具有重大的意义，而"碳捕集和碳封存"技术的的研发和实施对水泥工业 CO_2 的减排有非常显著的作用。

五、结语

全球气候变化已经成为威胁人类可持续发展的主要因素。中国要"加强应对气候变化能力建设，为保护气候做出自己积极的贡献。"水泥工业是中国社会经济 CO_2 排放的主要门类，CO_2 减排是中国水泥工业面临的新课题。

解决气候变化问题的根本出路在于科技进步和创新。实现水泥工业 CO_2 的减排也在于科技进步和创新。通过发展循环经济，推动水泥工业的科技进步，实现水泥产品的绿色制造，中国水泥工业一定能在近期内实现 CO_2 的显著减排。

★该篇文章发表于 2008 年第 2 期《中国水泥》。

欧盟消纳可燃废物与城市垃圾的新动向★

New trend of treating combustible waste and city garbage by EU

◎中国水泥协会高级顾问　高长明

By Gao Changming, senior advisor of China Cement Association

——水泥工业烧废物的优势与潜力日益凸显

欧盟消纳可燃废物与城市垃圾的新动向新决策

欧盟各国对待全社会——工业、农业、服务业和居民生活各种废弃物的基本策略是，首先是要求企业和居民在生产与生活过程中尽可能地少产生或不产生废物；其次是对那些不可避免的废物（例如废金属等）则要求各行各业都要尽可能地回收循环利用；再次是对一些尚无法回收再利用的废物则由政府引导，采用市场运作方式，设法妥善处置之。各国都颁布了相关的法律和规章，保证上述基本策略的实施。

在那些目前尚无法回收并按原用途、原成分、原性能循环利用的废物中又可分为无机和有机的两大类，前者如粉煤灰、矿渣、夹层石、硫酸渣等，因其中不含有害环境的元素或成分，大都可以直接用于建材业或建筑业，妥善地消纳掉；而后者是含有若干有机质的废物，因其中多少都含有一些可燃质和某些有害成分，故又称为可燃废物。这就是本文所讨论的对象。

所谓可燃废物种类繁杂，固体的有：废塑料、废纺织品、废地毯、废纸、废玻纤、废橡胶、废轮胎、废服装、废家具、废皮革、城市生活垃圾、下水污泥、动物骨肉，医疗废物等；液体的有：废机油、焦油、酸碱渣液、废油墨、石化废液、化工废液、石腊液、沥青渣液、废油漆涂料、废溶剂等；气体的有：垃圾填埋场沼气、化粪池沼气、燃气化炉气体等。

过去 30 多年欧洲诸国处置消纳可燃废物与城市垃圾的主要技术路线有两条，一条是采用机械与生化方法，以填埋为主，辅以厌氧堆肥和制造再生固体燃料（RDF）；另一条是采用焚烧与热裂解方法，以焚烧发电为主。据有关资料统计，2006～2007 年，西欧和北欧可燃废物与生活垃圾的所谓无害化处置率已达 98% 以上，其中填埋占 40%、焚烧炉占 18%、水泥厂占 11%、堆肥占 10%、制造再生固体燃料占 18%（其中有一部分供水泥厂用），其他占 3%。同时，日本的上述处置率为 100%，其中焚烧发电占 85%，填埋、堆肥和其他各占 5%。

欧盟和日本在上世纪 80 年代中期，原本以为他们这样做就可以妥善地解决可燃废物与生活垃圾的处置消纳问题了。然而延续到上世纪 90 年代后期，欧洲和日本却相继发生了几起废物（垃圾）填埋场渗透液泄漏事故，以及日本垃圾焚烧炉残渣和飞灰的净化再处置难题。于是他们一方面修订并大幅提高了填埋场的防渗漏标准和技术规范；另一方面日本在 2002 年推出了"生态水泥"（JISR5124）新标准，企图把每年约 250 万吨的垃圾焚烧炉灰渣制造成水泥，解决其对环境的二次污染隐患。

这样又经历了 6～8 年，欧盟和日本都发现他们分别采取的两种不同的补救措施成本太高，收效不大，最主要的是不能根治二次污染之隐患。经过慎重而痛苦的反思和论证，自 2007 年至今，德、英、丹、荷、挪等国终于相继作出了新决策，而且已经开始付诸实施。那就是不再新建可燃废物与城市垃圾填埋场和焚烧炉厂；今后所有新产生的可燃废物和垃圾都要采取其他的更安全更经济的方法，尽可能地全部即时处置，一步到位，消纳干净，不留后患，尽量少用或不用填埋场和焚烧炉。有关的法规也正在研讨修订之中。

于是人们的目光很自然地被引导到厌氧堆肥、再生固体燃料制造和开发可再生能源及生物燃料等方面，同时对水泥工业消纳可燃废物与城市垃圾的前景也颇为看好。

欧洲水泥工业采用替代燃料的现状及其优势

近 20 年，欧洲水泥工业在实现熟料生产对天然化石燃料(煤、石油、天然气)零消耗方面成绩斐然。上世纪80年代,德国刚有两家水泥厂开始试验少量采用可燃废物作为替代燃料,尚属萌芽阶段。现今西欧和北欧诸国,水泥工业采用替代燃料,全国按热耗计的替代率已达60%~70%。实际上,水泥工业已经成为消纳可燃废物的生力军之一。同时在不断地实践与改进之中,各种可燃废物的预处理装备及其在水泥窑系统中的计量、喂料与燃烧装备均已相当成熟可靠。

十几年以前,如果说欧洲水泥工业烧可燃废物是为了节约天然燃料资源、协助社会消纳废物、保护环境的话,那么在天然燃料价格不断高涨的今天,水泥工业本身还能获得降低燃料成本的经济效益。显然,水泥企业能够采用的各种替代燃料越多,其致力于环保的公众形象就越好,经济收益也越多,何乐而不为。随着替代燃料(可燃废物)在欧盟水泥工业的全面普及,水泥界和社会各界已经提出了"今天的替代燃料,明天的工业标准"的口号。水泥工业各种固体、液体及RDF的替代燃料的工业标准均已基本定稿,正在逐步试行之中,预计2010年前即可颁布实施。

2002年,德国科技部、资源环境部会同水泥工业联合会向全世界通报,经过30年的跟踪监测与调查结果证明,德国水泥工业已经率先在重化工业领域中实现了对其周围生态环境(空气、水、土壤、动植物、微生物、食物链等)的零污染。

为了确保水泥企业烧废物时的环境质量安全,早在1998年,德国就专门颁布了水泥厂烧废料时各种污染物的允许排放标准(17. B l m S c h V)。其中新增了对二噁英与呋喃的控制值,并对20种重金属细化严格了控制值,对粉尘、SO_2、NO_X、TOC、HCl、HF、NH_3等均大幅严格了控制值,使这个排放标准远比原先水泥厂烧煤时的排放标准(T A –L u f t)严格得多,从而奠定了水泥工业采用替代燃料的环境保障、科学基础和法律准则。水泥厂只要采用可燃废物,无论其种类和数量多寡都必须遵守这个排放标准。2000年,欧盟批准了17. B l m S c h V标准并颁布实施(2000/761E G),这充分表明,欧盟在这方面的工作堪称科学严谨、全面系统,具有很高的信誉和权威。

长期大量的实践业已证实,现代新型干法水泥窑(P C 窑)系统与废物(垃圾)焚烧炉相比具有明显优势,概括如下:

1. 水泥工业可以消纳的可燃废物种类很多,适用范围广。无论是固体或液体的,块状、粒状或膏状的,一般的、有危险性或有毒性的,它们都可以在水泥窑或预分解炉内燃烧殆尽。

2. 按照各种废物的性能与特点,它们可以分别用作水泥工业的混合材、替代原料或替代燃料,使之物尽其用。

3. 水泥的消费量和生产规模很大,水泥窑的单机产能很高,所以水泥工业对各种废物的消纳量相当巨大,而且发展潜力可观。

4. 水泥窑对各种可燃废物有很强的适应能力,只要略作调整,烧废料就不会影响水泥熟料的正常性能和质量,也不会影响窑的正常操作运行。

5. 水泥窑内温度高(1 600℃),热容量和热惯性特大,废料在高温区的停留时间长(5~15秒),其中所含的有害成分均能被彻底分解烧尽,加之水泥窑系统中高浓度气固悬浮体及其碱性气氛对酸性有害成分的中和与吸附作用,致使窑废气中的重金属、氯化合物、二噁英、呋喃等含量远低于国家有关标准,确保环境安全,这一点在金隅集团北京水泥厂已有佐证。

6. 可燃废物在水泥窑内燃烧后的残渣,即使其中含有硫、氯或某些重金属等有害物质,这些残渣也都全部固熔在水泥熟料的晶格之中,在水泥混凝土中不能再逸出或析出,没有二次污染,一步到位,没有隐患,确保环境安全。对此,德国杜塞多夫水泥研究院和水泥工业联合会的长期跟踪研究报告提供了充分的证据。

7. 可燃废物在水泥窑内燃烧所产生的热能全部直接用于窑系统内的气固相或固熔相的热交换过程中,热能传递交换效率很高,至少是垃圾焚烧炉发电的6倍以上。

8. 水泥窑对可燃废物热值的适应范围相当大,尤其是对那些兼作替代原料和替代燃料的废物,例如下水污泥和矸石等,无论其热值多少,总之都能相应地充分利用。这是垃圾焚烧炉难望其项背的。

固然,水泥窑独特的工艺过程赋予了它一定的优势,但是必须指出,上述各项优势却并非PC窑水泥厂与生俱来的,而是欧盟水泥工业在充分发挥其固有特长的基础上,不断技改创新和装备配套逐步完善而收获的成果。这正是我国水泥工业需要加紧研发、迎头赶上的一个关口。要充分估计到攻关的艰巨性,更要有信心,相信我们的实力一定能行。

令欧盟水泥界自豪的是,水泥厂正在成为既能生产水泥,又能消纳社会废物的理想场所;水泥工业在社会上的口碑很不错,其公众形象与我国小水泥相比形成鲜明对照,令人汗颜。小水泥的阴影还殃及整个水泥工业,抹去阴影需要时日及我们加倍的努力。

我国水泥工业消纳可燃废物与城市垃圾的可行性

笔者从我国住房和城乡建设部、环境保护部和上海环卫设计院等单位获悉,我国现今的城市生活垃圾产生量每年约1.5亿吨(原生状态)。全国已投运的各种水平和规模的垃圾焚烧炉有50台套,处置量每年近1 400万吨。在建的焚烧炉为25台套。"十一五"计划新建垃圾焚烧炉82台套(含发电)和约200个垃圾填埋场等,用于处置城市垃圾的总投资为600亿元。预计到2010年,全国城市垃圾的处置率将由2007年的40%上升到70%,垃圾焚烧的处置率将由2005年的6%上升到18%,垃圾的正规填埋处置率将上升到总量的50%以上。

我国现在还要大力发展垃圾填埋场和焚烧炉厂吗?隐患如何处理?原来的规划要不要进行适当的修改调整?从全国长远利益考虑,恳请国家有关主管部门对这种技术路线进行复议；我国现有800多台PC水泥窑是否能够为此做出一些奉献，也敬请审酌。

兹以消纳城市生活垃圾为例，对我国PC窑水泥厂的技术经济可行性进行分析，如表1所列。

表1 我国PC窑水泥厂消纳城市垃圾的可行性分析

项目	单位	欧洲厂商对巴基斯坦某水泥厂的报价	按我国实情估算		备注
水泥厂规模	t/d	2 000	5 000		1）我国城市垃圾的情况与巴基斯坦相近，可供参照。 2）设定每年运转320天。 3）RDF厂的装备我国无需全套进口，故投资将酌减。 4）采用生活垃圾制成的RDF，每替代1吨煤，CO_2减排约0.5吨。 5）每吨RDF的生产成本是由欧元折算的。实际上不会这么高，故我国水泥厂的经济收益应较表列数据好。 6）对我国实情的估算只是一个方向性的引导。严格地讲，由水泥厂来建这个RDF厂，尚有待进一步探讨。 7）煤替代率达25%时，水泥厂烧废物的经济效益就可与余热发电媲美。
熟料热耗	kj/kg	800×4.18	750×4.18		
煤热值	kj/kg	8 000×4.18	5 500×4.18		
进厂煤价	欧元/t	80	RMB/t 600		
耗煤量	t/d, t/a	200, 64 000	680, 21.8万		
垃圾处置量	t/d	1 000	1 000	2 000	
制成RDF	t/d	200	200	400	
RDF热值	kj/kg	4 000×4.18	4 000×4.18	4 000×4.18	
RDF/煤	t/t	2:1	1.37:1	1.37:1	
替代煤量	t/d	100	146	292	
替代率	t/a, %	32 000, 50	46 720, 21.5	93 440, 43	
RDF厂投资	欧元	800万（全套进口）	RMB 6 000万元	1亿元	
RDF成本	欧元/t	20	RMB/t 200	200	
经济收益	欧元/a	128万	RMB/a 1 856万	3 712万	
投资回收	A	6.25	3.23	2.7	
CO_2减排	t/a	~16 000	~23 000	~46 000	

可以看出，即使是我国水泥企业自己投资建一个用垃圾制造再生固体燃料（RDF）的车间，在目前煤价平均600元/吨的条件下，投资回收期为3年左右。这里还未计入消纳垃圾的国家政策性补贴，所以在经济上是可行的。

其实我国众多的新型干法水泥厂，首先可以从当地和邻近地区已有的各种可燃废物着手，采用较简捷的技术装备，逐步开展试烧可燃废物的各项工作，监测排放，注意环保。当地有什么废料就烧什么，积累经验，逐步增加比例，提高替代率。这样，一次性投资也不会太大，便于新增设备的操作和人员的管理，比较现实。

我国一些外资和中外合资的大型水泥集团，例如“越秀”——“海德堡”、“华新”——“豪西盟”、法国“拉法基”等，他们在欧洲的技术与经验支撑下，已经拉开了在中国的水泥厂烧可燃废物的序幕。希望各地政府能支持并做好各项协调工作。这对我国生态环境与水泥工业的可持续发展都是有利的，符合中央政府的生态文明建设方针。

建议中国水泥协会报请有关部门，专门制定颁布一项《水泥厂烧可燃废物时的污染物排放标准》，使水泥企业有章可循，不必去借助套用别的排放标准。同时国家有关主管部门应该像对待垃圾焚烧炉发电一样，对水泥窑烧可燃废物予以相应的政策扶持。在处置废物（垃圾）量相同的情况下，利用现有水泥窑所需的基建投资估计仅为新建焚烧炉发电厂的1/4以下；其所替代而节省的煤量足以抵消垃圾焚烧炉的实际发电量；更主要的是水泥窑没有残渣的二次污染隐患，运行时能确保环境安全。

在我国各行各业都在寻求高效、经济、安全地消纳社会可燃废物与城市垃圾的历程中，利用水泥窑只是诸多手段中的一种，而且要在水泥厂中真正把这些废物烧尽用好，消纳干净，水泥界还有许多技术装备需要研发创新，在逐步落实到具体生产运转的过程中还有许多艰苦细致的工作要做。让我们共同努力，克服困难，只要大方向正确，中国水泥界有信心、有能力在协同消纳社会可燃废物的事业中做出更多的贡献。

★该篇文章发表于2008年9月15日《中国建材报》。

水泥总量外资不超30%是重大误解★

Big misunderstanding of foreign capital not exceeding 30% of total cement amount

◎中国国际工程咨询公司建材处处长　左振军

By Zuo Zhenjun, director of Building Material Department of China International Engineering Consultation Co.

——关于我国外资水泥比例结论的说明,兼谈对我国水泥国际并购的一些看法

近来,一些国内外水泥业内人士询问关于国内一些机构提到"中国国际工程咨询公司进行专题研究后提出:(在我国)外资企业水泥产量不超过总产量的30%时,不会产生国家经济安全问题"的事情。笔者认为,作为这一专题的参与者之一,对当时开展这个专题的背景、结论及其引用,有必要作一些说明。

作为国内最有权威、国家决策部门主要参谋机构的中国国际工程咨询公司(简称"中咨公司"),自1982年成立以来,进行过大量的行业专题研究。供国家决策部门参考。1996年,受当时国家计委委托,"中咨公司"开展的《"九五"我国水泥、平板玻璃工业外商直接投资合理规模研究》是其中之一。报告于1997年完成并上报国家计委。

开展项目的主要背景:经过大量深入细致的调查,当时我国水泥工业主要状况为:1995年水泥生产能力5.93亿吨,产量47 591万吨。其中:旋窑水泥生产能力约1.07亿吨,产量约为9 100万吨(约占总产量的19%);全国水泥企业平均生产规模约7万吨,旋窑平均单线生产规模近10万吨,新型干法窑单线平均生产规模42万吨;81%的生产能力为立窑工艺。按照《国民经济和社会发展"九五"计划和2010年远景目标纲要》提出的2000年的发展目标,旋窑水泥能力缺口5 500万吨左右,需投资约550亿元。外资水泥("三资"企业)的基本情况为:1995年来建成投产的旋窑生产线总规模1 222万吨,占全国旋窑能力的11%。加上立项、在建的所有"三资"企业项目在内的总生产能力约为3 466万吨,其中旋窑水泥企业42家,生产能力2 791万吨,中方与外方大致股份比例为30:70;立窑企业共20家,总生产能力为675万吨。

通过对当时国内水泥工业状况、"九五"水泥市场需求、利用外商直接投资的利弊、外汇平衡问题、合资股份比例问题、引进外资的主要用途及流向、合资对象的选择等的分析研究,明确了"九五"利用外资规模,既要考虑利用外资补充国内资金的不足,引进先进技术和先进管理经验,加大水泥工业结构调整力度,还要考虑当时我国水泥工业较落后、竞争能力较弱的现实,要适度、逐步开放水泥市场的基本思路。

主要结论:"九五"期间,水泥工业需继续利用外商直接投资,利用规模可控制在新增旋窑水泥1 000万吨左右,届时"三资"企业总规模约占全国旋窑水泥总生产能力的23%,占全国水泥总生产能力的6%,同时也提出:为确保我国水泥行业安全,发展民族水泥工业,利用外商直接投资的总规模,在宏观上应控制不超过全国旋窑水泥生产能力的30%。

应该看到,当时的结论是有其研究背景的:主要是以当时我国水泥工业现状作为基础,对"九五"期间利用外资的规模进行了研究:当时的外资是以"三资"企业形式投资建厂为主,并不像现在这样通过金融资本、产业资本的收购来进入我国水泥工业:制约我国新型干法水泥工业发展的瓶颈问题尚没有解决,因此与国外水泥企业相比尚缺乏竞争力:我国尚未加入WTO,对水泥这类的民族工业还可以作出一定的保护规定。

如今,我国水泥工业已经取得了长足的进步,竞争力大大增强,加入WTO的义务也已经全面开始履行。同时外资进入我国水泥工业的形式也出现了由通过"三资"企业投资建厂,向以通过资本市场对国内企业重组并购为主的转变。因此笔者认为,"中国国际工程咨询公司进行专题研究后提出:(在我国)外资企业水泥产量不超过总产量的30%时,不会产生国家经济安全问题"这种说法不是我们现时的结论。同时,由于当时研究的背景与现在的背景相比发生了巨大的变化,当时的结论不宜再简单地引用。

近年来,"中咨公司"通过对国际水泥工业并购状况进行分析,结合近年来外资在我国水泥工业进行的较大规模并购案例研究,对跨国水泥集团在全球各国水泥行业并购、跨国水泥集团并购国内水泥企业的目的及特点、外资并购我国水泥工业可能造成的主要影响、我国现行政策及法律法规的要求等进行研究分析后,向国家决策部门提出了建议性的意见。主要观点是:对今后我国水泥的并购(包括内资的并购),在转让方式、并购价格方面应建立统一规制:对国外公司在中国的收购应按照我国现行政策及相关法律、法令和法规客观对待,内外资的收购掌握尺度目前应该是一致的:对上市公司的收购可本着先协议(收购的股权比例在30%以下时),后要约(30%以上时应该履行要约收购,但中国证监会可根据条件决定是否豁免)的方式进行:协议收购价格(包

括对非上市公司的收购)要以企业的公允价值为基准。目前,“中咨公司”已经基本建立了一套与国际接轨的水泥项目并购评价体系,并已在一些项目评估中开始应用。

★该篇文章发表于2008年6月19日《中国建材报》。

2008年水泥工业在逆境中发展★

Cement industry developing in adversity in 2008

◎中国建材数量经济监理学会　周鸿锦

By Zhou Hongjin, China Building Material Quantity Economy Supervision Association

2008年水泥工业发展遇到极大挑战,产量增速大幅度下降,能源价格大幅度上涨,经济效益前高后低。在逆境中,水泥工业仍然延续了近年来健康发展趋势,产业结构继续改善,新型干法比例继续提高,大企业集团规模继续扩大,水泥工业地区布局继续趋向合理,循环经济继续蓬勃开展。面临2009年复杂多变的国际国内经济形势,水泥工业发展环境更加严峻,继续坚持产业结构调整和大力发展循环经济,是水泥工业持续健康发展的保证。

一、产量增速大幅下降

2003年以来,水泥工业进入快速发展时期,其显著特征是产业结构改善,产量快速增长。2003~2007年水泥产量年平均递增1.2亿吨,年平均增长速度13.4%。2007年全国水泥产量已达到13.61亿吨,增长速度从2006年的15.7%回落到10.1%(见图1)。我国水泥生产已达到相当规模,产量增速回落符合经济发展规律。然而,2008年产非正常因素和国际国内经济形势的逆转,加速了水泥产量增速的回落。2008年全国水泥产量13.99亿吨,比上年增长2.8%,是2000年以来最低增长速度(见图1)。

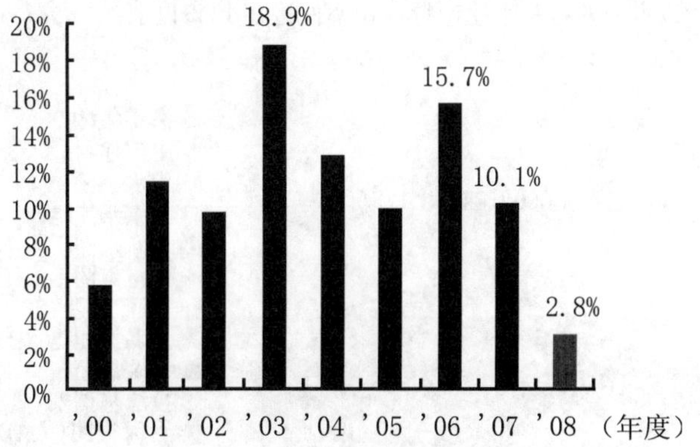

图1　历年水泥产量增长速度

1. 2008年水泥生产非正常因素。

年初南方冰冻雨雪灾害,湖南、贵州、安徽、湖北及广西、广东、江西部分地区停产水泥企业197家,水泥产量减产100万吨;部分停产企业861家,水泥产量减产1 017万吨。年初南方冰冻雨雪灾害损失水泥产量1 100多万吨;

汶川地震四川灾区受灾水泥企业78家,截止到年末,还有18家企业未恢复生产。全年因地震灾害损失水泥产量500万吨;

奥运期间北京、天津及河北的石家庄、唐山、秦皇岛、保定、张家口、廊坊停产水泥企业123家,减少水泥产量639万吨,奥运期间北京地区建筑工程停工,水泥需求量减少,北京周边地区水泥减产企业115家,减少水泥产量450万吨。奥运期间北京及周边地区水泥减产1 000多万吨。

2008年因非正常因素水泥产量减少约2600万吨,影响水泥产量增速近2个百分点。

2. 水泥产品出口下降。

受人民币升值和世界经济衰退影响,2008年水泥产品出口继续下降。2006年我国水泥和熟料出口曾经达到3 613万吨,占当年全国水泥总量的2.9%。2007年受取消出口退税影响,我国水泥和水泥熟料出口比2007年下降8.7%。2008年水泥和水泥熟料出口数量继续下降,全年出口2 604万吨,比2007年减少696万吨(见图2)。

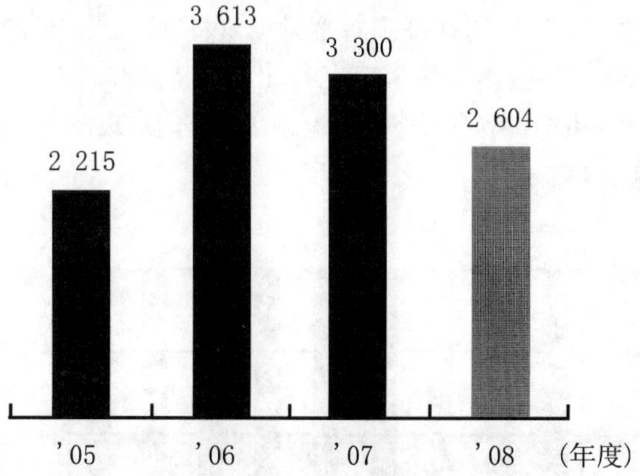

图2　历年水泥和水泥熟料出口(万吨)

3. 2008年8月份以后水泥生产零增长。

2008年的非正常因素和出口量减少使水泥产量增速减少2个百分点,而8月份以后国内经济形势逆转,水泥月产量同比增长速度陷入零增长(见图3),累计产量同比增长速度大幅度下降。

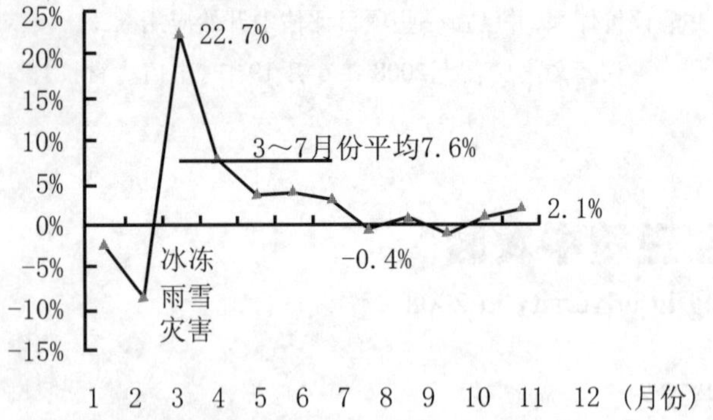

图3 2008年水泥月产量同比增长速度

尽管有年初的南方冰冻雨雪和汶川地震灾害，2008年截止到7月份，全国水泥产量累计比上年同期增长5%，其中3～7月份，全国月水泥产量平均比上年同期增长7.6%。8月份以后全国水泥月产量同比增长速度接近零增长，8～12月份，全国月水泥产量平均比上年同期增长0.6%（见图3），全年水泥产量增长速度跌落到2.8%。8月份以后全国水泥生产的停滞主要是需求的下降。全年全国水泥产销率98.03%，比上年下降0.52个百分点，水泥销量约13.7亿吨，仅比上年增长2.3%。而8～12月份全国水泥销量约6.3亿吨，比上年同期下降0.6%。

二、产业结构进一步改善

尽管2008年水泥生产大幅度下降，但新型干法水泥熟料、大企业集团和中西部地区产量仍保持较快增长速度，水泥工业产业结构进一步改善。

1. 新型干法比例进一步提高。

在高煤价的压力下，2007年以来立窑熟料生产一直在衰退中。据初步统计，2008年全国水泥熟料生产能力12.5亿吨，其中预分解窑熟料生产能力7.1亿吨，水泥生产能力19亿吨。2008年全国水泥熟料产量9.7亿吨，比上年增长1.1%；其中预分解窑熟料产量5.96亿吨，比上年增长12.3%；其他熟料产量3.74亿吨，比上年下降12.7%。2008年水泥生产新型干法比例61%，比2007年提高7个百分点（见图4）。

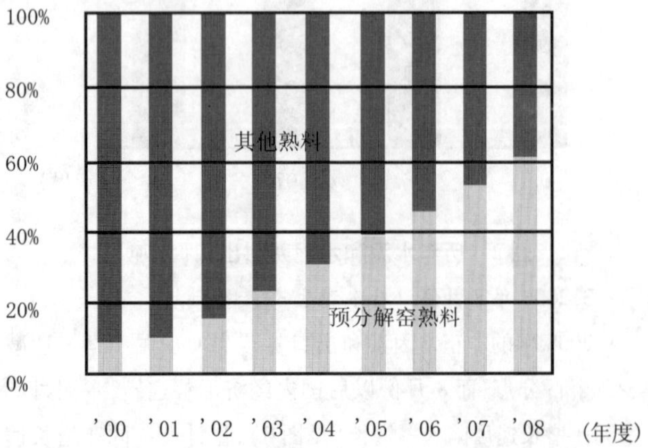

图4 预分解窑熟料占水泥熟料产量比重

新型干法生产本身也在趋向大型化。据初步统计，2008年全国运营的预分解窑生产线811条，其中日产2 000吨以下生产线288条，生产能力只占预分解窑熟料生产能力的15.02%；日产2 000～2 500吨生产线286条，生产能力占32.43%；日产4 000～5 000吨生产线181条，生产能力占41.06%。200条日产4 000吨以上生产线能力已占预分解窑熟料生产能力的47.43%（见图5）。

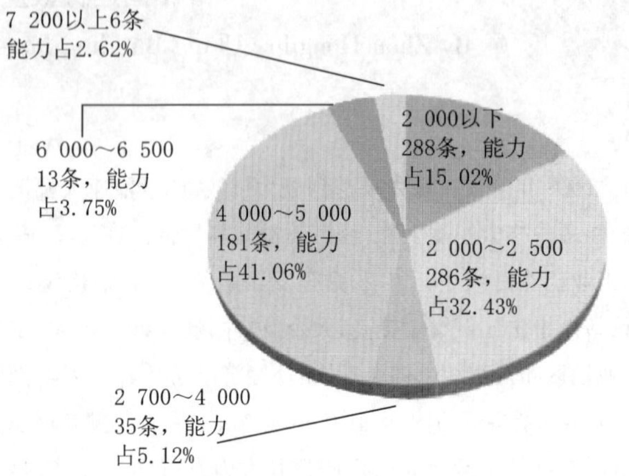

图5 2008年预分解窑日产能力（吨/日）比重

2. 企业集中度进一步提高。

2008年大型水泥企业产量平稳增长，而立窑企业和中小型水泥粉磨企业产量自5月份以后持续下降。2008年新型干法企业（集团）及年生产能力60万吨以上水泥粉磨企业水泥产量比上年增长10.4%，立窑企业和中小型水泥粉磨企业下降5.1%。

2008年全国年生产能力在300万吨以上水泥企业（集团）56家，水泥熟料产量占全国总量43.8%；其中年生产能力在1 000万吨以上水泥企业（集团）17家，水泥熟料产量占全国总量32.3%（见图6）。2008年千万吨级大型企业（集团）水泥熟料和水泥产量增长率保持在13%以上。

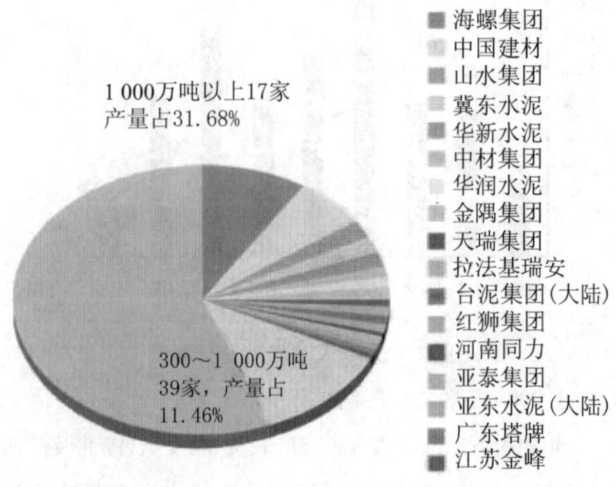

图6 2008年大型水泥企业（集团）水泥熟料产量比重

3. 水泥粉磨站大量涌现。

在水泥粉磨企业中：年生产能力在 100 万吨以上企业 121 家，产量占水泥粉磨企业总产量 37.07%；近十年来水泥工业发展的显著特征是熟料烧成和水泥粉磨分离，水泥熟料作为商品广泛进入市场，水泥生产向专业化和社会化发展。2008 年末全国有水泥粉磨企业 1 492 家（其中包括近两年关停熟料生产线企业），水泥产量 3.57 亿吨，占水泥总产量的 25.5%。

60～100 万吨企业 116 家，产量占 14.46%。237 家 60 万吨以上企业占水泥粉磨企业总产量 51.54%（见图 7）。至于 1 000 多家 60 万吨以下水泥粉磨企业，其中近年来关停熟料生产线的原立窑企业，仍保持着高能耗特征，这是水泥工业在结构调整过程中需要逐步解决的问题。

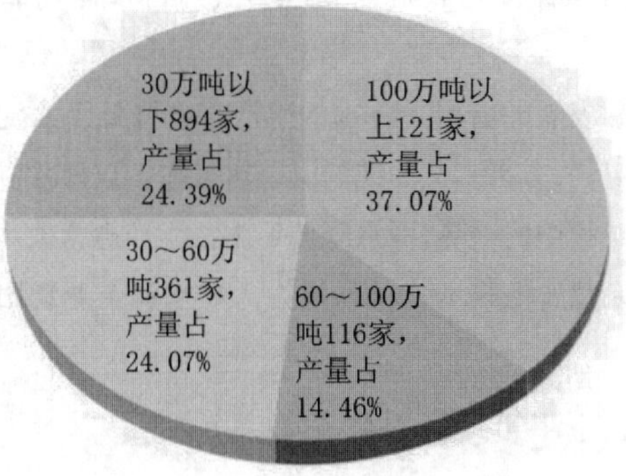

图 7　2008 年水泥粉磨企业产量比重

大型粉磨站伴随水泥企业集团化迅猛发展，在原燃材料产地建立熟料生产基地，在水泥消费地建立大型粉磨站，熟料生产基地和大型粉磨站又是企业集团化经营，实现资源和市场优化配置的合理选择。12 家 300 万吨以上特大型水泥粉磨站，全部隶属于“海螺”、“山水”、“红狮”等大型企业集团，集中于“长三角”、“珠三角”、山东等东部经济发达地区城市周边或水运交通枢纽。

4. 东部地区产量下降，中西部地区继续增长。

水泥工业产业重心向中西部地区转移。2008 年东部地区水泥熟料产量比上年下降 4.9%，中、西部地区分别增长 3.3% 和 9.9%；水泥产量东部地区下降 2.1%，中、西部地区分别增长 6.7% 和 9.1%。

“海螺”、“华新”、“天瑞”、“同力”、“亚泰”等大型企业集团原本就是从中部地区崛起的。“长三角”、“珠三角”地区经济发展水平较高，而高涨的煤炭和人工成本使当地已不适宜发展水泥熟料生产。水泥生产的集团化专业化经营，大型熟料生产基地和粉磨站的兴起，大型企业集团的先进生产技术和低能耗成本，东部和中西部地区的生产成本差距，使水泥产品能突破原有运输半径，水泥工业地区分布趋向合理。2008 年浙江、广东水泥生产下降，而周边的安徽、广西继续保持较快增长。

三、结构调整带来显著经济效益

2008 年上半年我国经济活动中使用最频繁的词汇就是“涨”，水泥企业的煤炭、电力购进价格大幅度上涨，煤炭电力价格上涨推动水泥产品价格上涨，水泥制造业产品销售收入和利润上升。据初步统计：2008 年水泥制造业完成销售收入 4 696 亿元，比上年增长 21.7%；实现利润总额 285 亿元，比上年增长 13.3%（见图 8）。

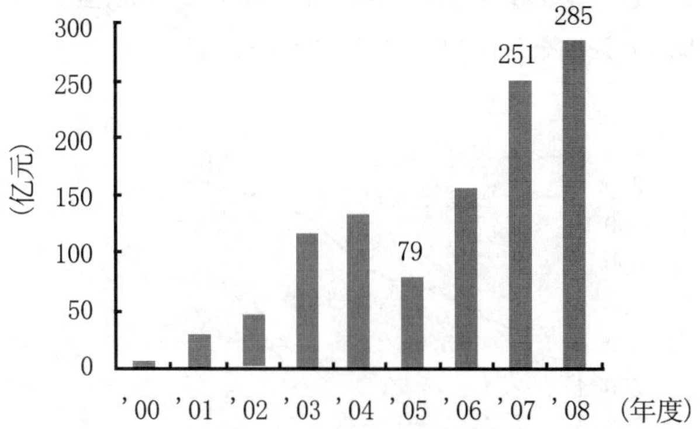

图 8　水泥制造业利润总额

1. 煤炭电力价格大幅度上涨。

2008 年 11 月份建材企业煤炭购进价格结束了长达 19 个月的上涨，11 月份建材企业煤炭购进价格平均每吨 594 元，比 10 月份下降 9 元。2007 年 3 月至 2008 年 10 月，全国建材企业煤炭购进价格平均每吨上涨了 237 元。10 月份建材企业煤炭平均购进价格每吨突破 600 元，达到平均每吨 603 元，浙江、北京、福建、安徽、海南、江苏建材企业煤炭购进价格每吨高于 800 元，其中浙江、北京高于 900 元，浙江金华建材企业煤炭平均购进价格每吨甚至超过 1 500 元。

2008 年全国建材企业煤炭购进价格平均每吨比上年同期上涨 147 元（见图 9），按 2008 年吨水泥实物煤耗 135 千克计算，吨水泥耗煤成本平均上升 19.85 元。

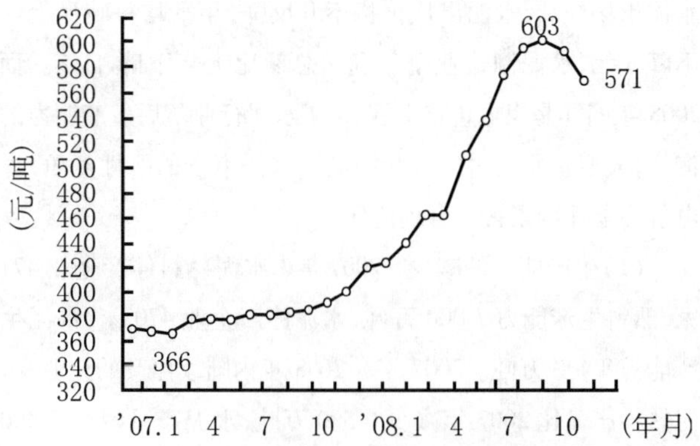

图 9　全国建材企业煤炭平均购进价格

2008 年末全国建材企业电力购进价格平均每千瓦时 0.63 元，吉林、江苏、重庆建材企业电力购进价格每千瓦时高于 0.7 元，广西、上海、安徽、福建、黑龙江、湖北、江西、海南、山东、辽宁、广东、湖南在0.65元以上。2008年建材企业电力购进价格平均每千瓦时比上年同期上涨4分，按2008年吨水泥综合电耗90千瓦时计算，吨水泥耗电成本平均上升3.6元。

2. 水泥产品出厂价格全年平均水平上涨。

全国水泥出厂价格总水平自2007年第二季度开始回升，2008年2月份经历了一次短暂的季节性回落，2月份至10月份连续8个月上涨，全年平均每吨比2007年同期上涨35元，其中强度等级42.5水泥全年平均比上年上涨36元，强度等级32.5水泥上涨33元(见图10)，水泥熟料上涨30元。

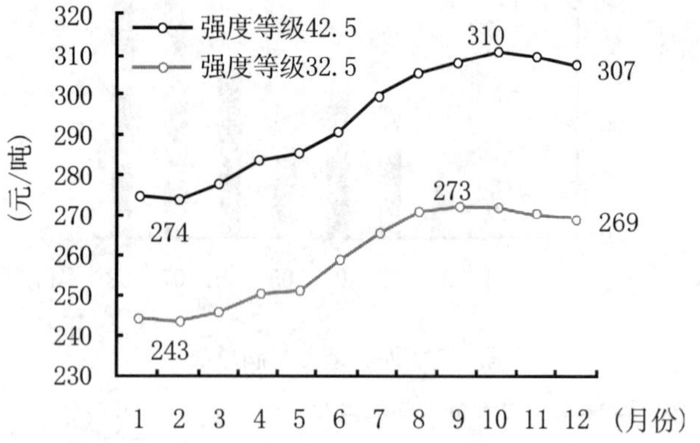

图10　2008年全国水泥平均出厂价格

3. 结构调整和技术进步是利润上升深层次的原因。

2008年全国吨水泥煤电成本平均上升23元，低于水泥出厂价格平均上升幅度。2008年水泥工业在面临自然灾害、能源价格上涨和水泥市场需求下降等诸多不利因素的情况下，实现利润总额仍能创造历史最好水平，表面上是水泥价格上涨造成的，深层次的原因是国家宏观调控下水泥工业产业结构调整的结果。2005年水泥企业煤炭购进价格年平均每吨比上年上涨65元，电力购进价格每千瓦时上涨3分，吨水泥煤电成本比上年上升12元，而当年水泥生产能力过剩，水泥市场饱和，水泥出厂价格不升反降，年平均每吨比上年下降5元，水泥制造业全年利润总额比上年下降41%。而2008年同样是煤电价格上涨，由于水泥行业落后生产能力的淘汰，大型企业集团的崛起抑制了水泥市场的恶性竞争，煤电价格上涨因素得到合理传导。

(1)生产能力的减少。2007年末水泥熟料停产企业471家，熟料生产能力7 000万吨；水泥停产企业470家，水泥生产能力8 400万吨。2007年和2008年内陆续停产的企业，水泥熟料产量比2007年减少6 500万吨，水泥产量减少7 400万吨。2008年前10个月山东、河南等地水泥价格的上涨主要是落后生产能力的淘汰和煤电价格的上涨。

(2)大企业集团市场调控能力增强。大型企业集团的崛起有效地抑制了水泥市场的恶性竞争，规范了市场秩序。2008年由于"南方水泥"对浙江水泥企业的整合，改善了浙江水泥市场经营环境，遏制了浙江水泥价格的大幅度下滑，2008年6~8月份浙江水泥出厂价格平均每吨回升35元，1~11月份全省水泥制造业利润总额6.86亿元，可以说如果没有南方水泥对浙江水泥企业的整合，2008年浙江水泥制造业经济运行形势将更糟。

(3)循环经济和节能减排提高了水泥企业盈利能力。需要强调的是水泥利润中有一部分与水泥生产有关而水泥价格无关的构成，即利用固体废物收益。在水泥利润中，补贴收入占20%~65%，其中主要是财政对利用量达30%以上固体废物的增值税返还(2006年以前含出口退税)，这实质上是水泥企业利用固体废物收益。在正常情况下，10元的吨水泥利润中，有5元是来自利用固体废物收益。2008年水泥企业利用固体废物收益约65亿元，约占水泥利润总额的23%。

迅猛发展的新型干法水泥生产工艺降低了水泥生产过程中的煤耗，方兴未艾的纯低温余热发电不仅回收利用了水泥生产过程中的余热，而且降低了水泥生产电力成本。出售纯低温余热发电技术装备已成为大型水泥企业集团新的利润增长点。

四、下半年经济效益下降

2008年8月份以后全国水泥价格上涨趋势放缓，11月份开始全面下降(见图10)。随着水泥价格的下降，水泥制造业经济效益也开始下滑。

2008年12月份全国水泥出厂价格每吨平均288.04元，比10月份下降2.81元；强度等级32.5水泥269.41元，比10月份下降3.17元；强度等级42.5水泥307.3元，比10月份下降2.52元；水泥熟料221.8元，比10月份下降4.35元。8月份以后浙江、山东、江苏、安徽、河南等水泥主要生产省份水泥出厂价格下降5~36元，水泥熟料下降7元。除上述省份以外，北京、天津、辽宁、黑龙江、上海、福建、江西、贵州、陕西、甘肃、青海、宁夏等省区市水泥价格全面下降。

2008年1~11月份，水泥制造业销售收入增长幅度比8月份下降1.3个百分点；利润总额增长幅度比8月份下降27.2个百分点。由于煤电价格仍处于高位和水泥价格的下降，水泥企业成本上升，盈利水平下降。1~11月份制造业产品成本比上年同期增长24.4%，高于销售收入增长率，成本高于收入增长使毛利率下降，1~11月份水泥制造业毛利率14.44%，比8月份下降0.85个百分点。应收账款增加，1~11月份水泥制造业应收账款351亿元，应收账款周转率13.82次，比8月份下降0.85个百分点。

★该篇文章发表于2009年第3期《中国水泥》。

关注水泥内生增长与行业整合★

Care about endogenous cement growth and industrial integration

◎中国银河证券建材行业高级分析师　洪　亮

By Hong Liang, senior building material industry analyst of China Galaxy Securities

核心观点：

内生增长有望延续

我们预计2008～2010年我国水泥产量的增速年均有望维持在10%左右。由于必须“先破”落后产能、“后立”新产能，因此，新增产能的增幅将有所放缓，并可能造成在区域市场出现阶段性水泥供给缺口。包括供求结构、煤电成本价格上涨等因素共同作用，水泥平均综合价格将稳步上涨。内生性增长维持行业获取稳定的经营业绩。

行业整合力度加大

2010年前强制性淘汰2.5亿吨落后水泥产能与对重点60家水泥企业扶持进一步落实，行业洗牌加速，整合力度加大。市场份额和行业利润将向优势企业集中。因此，以市场整合为主要特征的外生性增长带来行业的重组价值。

行业估值与投资建议：

考虑到市场整合将以脉冲方式推动龙头企业扩大经营规模，提高行业的集中度，通过规模效益提升行业毛利率水平，水泥行业的估值水平将进一步提升，预计这种脉冲式增长将贯穿于2008～2010年，因此，我们给予行业“维持推荐”的投资评级。

重点公司具有双重价值

随着内生增长继续维持与行业整合力度加大，市场份额和行业利润将向优势企业集中。上市公司业绩增长与股东回报率提高将超出市场预期。我们给予重点公司2008年30倍的市盈率、15倍的EV/EBITDA的估值水平。推荐有核心竞争力，特别是具有高成长性和市场整合能力的区域龙头水泥企业，重点关注“海螺水泥”（45.48，-0.11，-0.24%）（600585）、“华新水泥”（24.53，0.00，0.00%）（600801）、“冀东水泥”（15.20，0.03，0.20%）（000401）。

主要风险因素：

煤炭行业安全治理和运力不足有可能导致煤价的涨幅超出我们的预期，给水泥企业带来过大的成本压力，从而影响我们对重点公司的盈利预测和投资判断。

一、行业预测关键假设

（一）行业预测关键假设

内生增长与行业整合是2008年水泥行业投资的主线。2010年前强制淘汰2.5亿吨的落后产能，将为扩大新型干法水泥的产能开拓新的市场空间。在需求稳定增长与供给结构调整的共同作用下，2008～2010年我国水泥产量的增长将达到10%左右。我们预计2008～2010年国内煤炭价格在需求旺盛、运力不足和生产成本上升的影响下将分别上涨10%、7%和6%，但对水泥企业的影响有限。因为水泥企业用的煤炭价格早已是市场化了，其价格主要是市场调节。在水泥市场容量稳定扩大的经营背景下，区域龙头水泥企业可以通过提高水泥价格的方式将原燃料成本上涨的因素部分转嫁出去。水泥行业具有市场发展与行业整合带来的双重投资价值，行业未来逐步提升的盈利能力有望降低行业的估值风险，进一步凸现行业的投资价值。因此，我们给予水泥行业维持“推荐”的投资评级。推荐有核心竞争力，特别是具有高成长性和市场整合能力的区域龙头水泥企业，重点关注“海螺水泥”（600585）、“华新水泥”（600801）、“冀东水泥”（000401）。但提请注意的是，如果2008～2010年煤炭价格预计上涨幅度较大，超出我们的预期假设，则重点公司的盈利增速和盈利状况将存在下滑的风险。

此报告是基于对一系列行业驱动因素（内生性增长带来的业绩扩大的经营价值和外延式市场整合释放出的重组价值）的分析和预测，这些因素包括：需求增速、供给增速、煤、电价涨幅、余热发电对能耗的替代、强制性落后产能的淘汰将加速行业整合等因素，我们将在下文中详细讨论这些因素假设。

表1：行业预测关键假设

		2008	2009	2010
行业预测关键假设	需求（工业化、城市化的快速发展和居民生活水平的提高是主要驱动力，但在经济结构调整下需求弹性系数降低）	10%	11%	10%

续表

		2008	2009	2010
行业预测关键假设	供给(水泥产能扩涨速度将放缓,强制性淘汰落后产能为扩大新型干法水泥产能拓展了新的市场空间)	6%	7%	8%
	盈利能力(吨水泥利润保持增长)	20元	24元	28元
	煤价(国内动力煤价格在需求旺盛、运力不足和生产成本上升的影响下将上涨)	10%	7%	6%
	电价(生产要素应体现一次能源价值,呈上涨趋势,但CPI构成压力)	3.8%	2.0%	1.0%
	供能电耗(产业升级下持续降低)	-10%	-10%	-7%
	市场发展与行业整合交互作用(市场份额和行业利润将向优势企业集中,推动上市公司业绩增长、股东回报提高,并提升公司内在价值。)			

(二)内生增长与行业整合是水泥行业研究的出发点

水泥行业是产品同质化程度较高、竞争较为充分的重要的原材料制造行业。水泥业的经营和发展既受到其需求状况的制约,又受到国家宏观环境和相关产业政策的影响,产品价格的竞争是其主要竞争方式,因此,对水泥行业的研究首先要基于产品供求状况及其相互关系的发展趋势的判断;其次,行业以及行业内企业的经营状况主要依赖于价格成本的分析,因此,行业及相关企业盈利水平就立足于对其现有成本结构及其未来波动态势的分析。

水泥产品具有4个月的保质期,因此,水泥的产量一般就代表其实际的市场需求量。对未来经济发展的研究预测,是研究水泥产业未来发展的基础和条件。水泥产业平均增长率对GDP年均增长率的比值,称为水泥产业先行弹性系数,我国2000~2006年间的水泥产业先行弹性系数是1.101。因此,从我国水泥产量增长的速度来看,一般高于国民经济总的增长速度。而影响水泥需求增量的因素主要包括:未来GDP的增速、特别是包括房地产在内的固定资产投资的增速。有关水泥的进出口税收政策对水泥的净出口量的波动将产生明显的影响。国内水泥需求与外部需求决定水泥的总需求。

水泥的供给主要受国家的对水泥采取的政策,包括水泥产业政策、技术政策、信贷政策、土地政策、环保政策以及区域政策的影响。从量化的角度来看,水泥的供给由水泥产能决定,包括既有水泥产能的规模、由水泥投资带来的新增水泥产能以及落后水泥产能的淘汰规模共同决定。

水泥行业及行业内企业的盈利水平主要由收入成本来决定。理论上,由水泥供求决定的水泥价格应是水泥企业成本的上限,在价格作为市场约束条件的前提下,影响水泥企业盈利空间的主要因素将只能从产业链的上游去寻找。从成本构成来看,水泥的成本主要有石灰石、石膏、矿渣、黏土、铁粉、煤炭、电力以及设备折旧与人工成本。

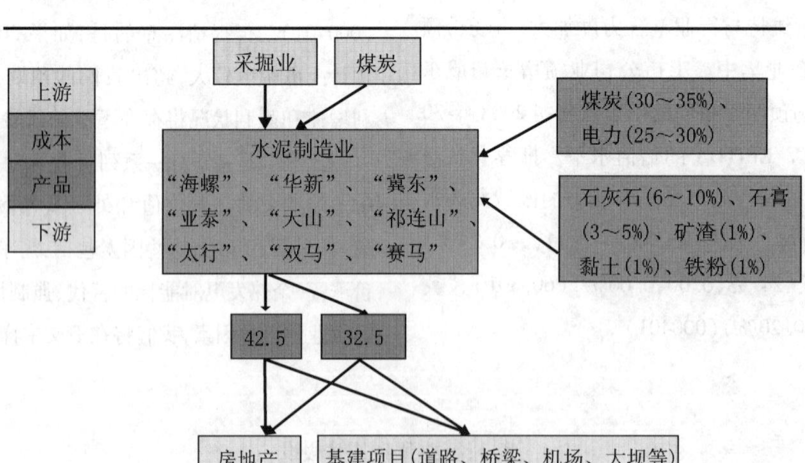

图1 水泥行业产业链结构图

在上述成本因素中,石膏、矿渣、黏土、铁粉因价值量上占比不大,影响不大;石灰石虽然从金额上占到6%~10%,由于水泥企业一般都拥有石灰石矿山资源,因此,也是相对稳定的因素,变化不大,而且企业能够完全控制;占比合计达到60%的煤电成本,近来受国际能源价格的影响呈逐年上涨态势,对水泥成本波动的影响越来越大,是分析水泥成本的重点。

二、内生性增长维持行业获取稳定的经营业绩

(一)水泥需求将继续稳定在10%的水平

2007年前10个月全国水泥产量达到12.38亿吨,同比增长14.2%。预计2007年全年水泥产量将超过13.5亿吨,其中新型干法水泥预计占全国水泥总产量的55%。

随着我国工业化、城镇化进程的推进,未来我国GDP与固定资产投资仍将保持稳定增长。预计我国城镇化率将由目前的44%提升到2010年的50%,城镇化水平的提高推动工业化进程的加速。工业化的加速发展将继续扩大对水泥需求。预计2008~2010年GDP增速将超过10%,固定资产投资增速将维持在25%。

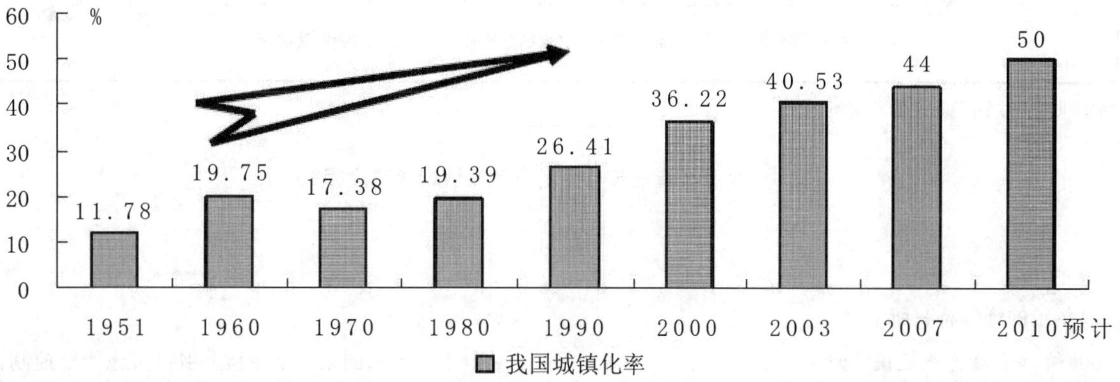

图2 我国城镇化率逐年提高

2007年前11个月我国累计进口水泥48.97万吨,同比下降30%,累计进口熟料9.15万吨,同比下降57%;累计出口水泥1 289.96万吨,同比下降22%,累计出口熟料1 614.87万吨,同比增长12%。预计2007年全年我国水泥及熟料净出口将超过4 500万吨。

受国内水泥价格上涨和2007年7月1日取消水泥商品出口退税的影响,下半年水泥出口量明显减少,同比下降超过10%以上。取消出口退税政策的影响在2007年只影响了半年时间,从2008年开始该政策将影响全年。为此,我们预计2008~2010年水泥净出口将维持在4 000万吨水平。综合国内水泥需求与对外水泥出口,预计2008~2010年间水泥需求将继续稳定在10%左右的增长幅度。

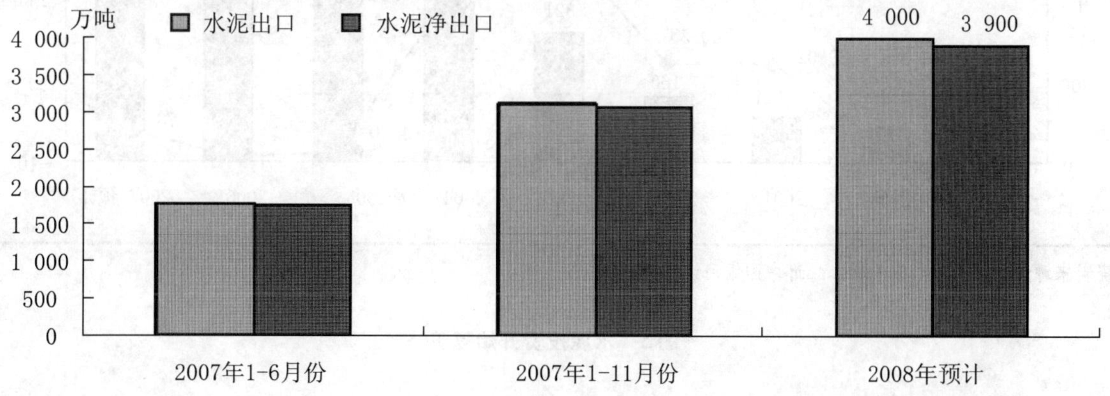

资料来源:http://www.cbminfo.com, 中国银河证券研究所

图3 我国2008~2010年间水泥(含熟料)出口将维持在4 000万吨范围

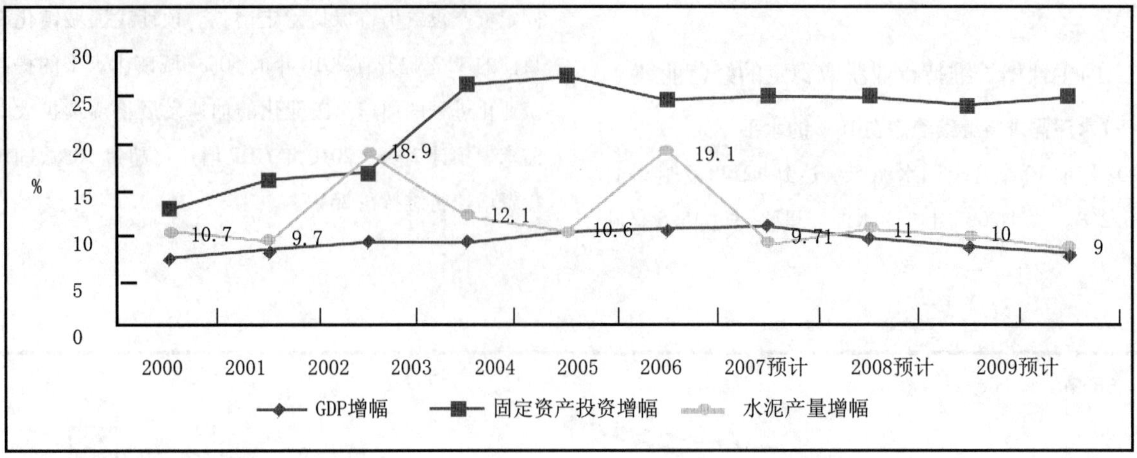

资料来源：中国银河证券研究所

图 4　水泥产量增长与固定资产投资增长高度相关

（二）供给的增幅将有所下降

1. 2008 年净新增产能规模不大。

预计 2007 年水泥行业全年完成固定资产投资约 540 亿元。受水泥结构调整加快、淘汰落后力度加大、节能减排压力增加等因素拉动，2007 年水泥制造业完成投资额增幅有所提高，预测达到 7.78%。其中，水泥生产在建、拟建余热发电生产线同比明显增加。2007 年上半年，仅天津水泥工业设计院上半年承担的余热发电项目 31 个，总投资 16 亿元，同比增长近 2 倍。

由于近年来国家对水泥新上项目实施严格控制，导致水泥行业投资在 2005 年和 2006 年同比分别下降 4.8% 和 6.36%，连续两年出现负增长，2007 年投资增长中的一部分源自于恢复性增长；加之水泥项目用地、钢材等原料价格持续上涨，导致项目造价增加 15% 左右，扣除价格因素，实际水泥投资增幅预计约为 6.62%。

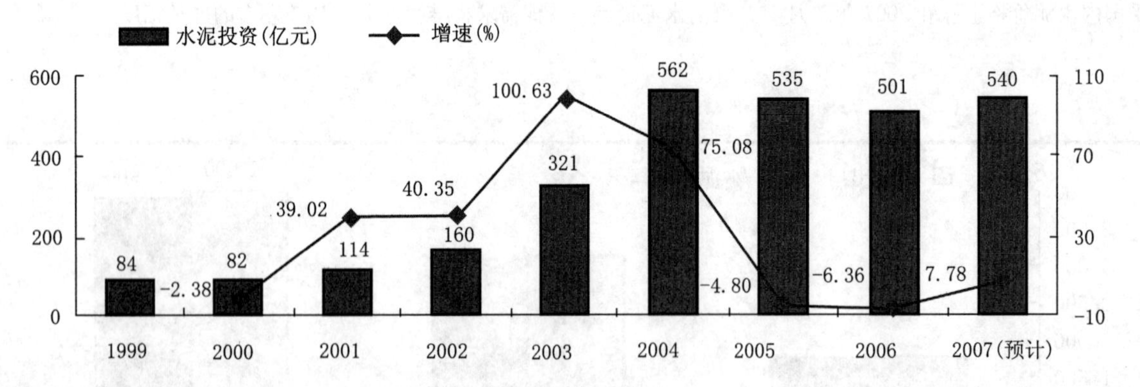

资料来源：http://www.dcement.com; 中国银河证券研究所

图 5　水泥投资开始复苏

2007 年上半年新建成投产新型干法水泥生产线 42 条，新增产能 4 120 万吨；2007 年全年新建成投产新型干法水泥生产线 44 条，新增产能 5 462.2 万吨，新型干法水泥产能达 57 153 万吨，新型干法水泥比例提高到 55%。

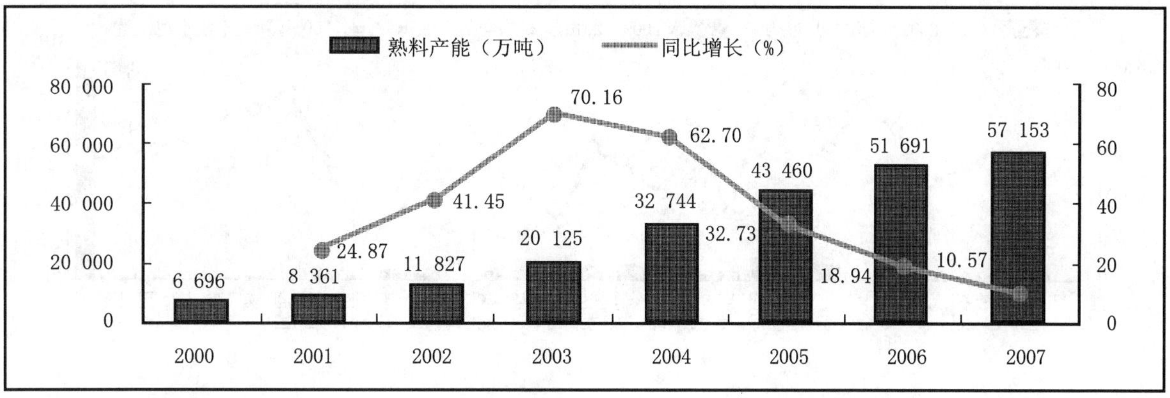

资料来源：中国银河证券研究所

图6　新型干法熟料产能增速放缓

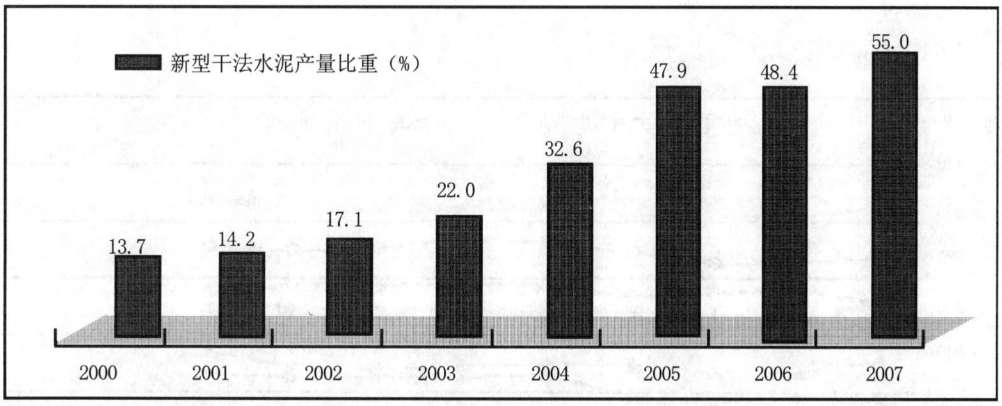

资料来源：中国银河证券研究所

图7　新型干法水泥产量占比提高

由于2010年之前要强制性淘汰2.5亿吨的落后产能，在目前新增水泥产能必须“先破后立”，在淘汰落后产能的前提下，才能同规模投资新的水泥生产线。因此，2007年的净新增产能对2008年贡献有限。

2. 2008年淘汰落后产能在区域市场将产生阶段性供给缺口。

按照《水泥工业产业发展政策》（国家发改委第50号令）、《水泥工业发展专项规划》（发改工业〔2006〕2222号）、《关于加快水泥工业结构调整的若干意见》（发改运行〔2006〕609号）的要求，2008年底前各地要淘汰各种规格的干法中空窑、湿法窑等落后工艺技术装备，进一步消减立窑生产能力，依法关停并转年产规模小于20万吨和环保或水泥质量不达标企业的生产能力。为此，国家发改委于2007年2月28日发出《关于做好淘汰落后水泥生产能力有关工作的通知》（以下简称：“淘汰落后产能通知”）制订淘汰落后水泥产能量化指标的时间表，与各省、自治区、直辖市签订淘汰落后水泥生产能力责任书，明确拆除时间、目标、要求，落实相关责任，并要求各省、自治区、直辖市投资主管部门在核准新建新型干法水泥项目时，要坚持上大压小、等量淘汰落后水泥原则，否则不得核准新建水泥项目。

按照“淘汰落后产能通知”的要求，2008年前强制性淘汰13 640万吨落后水泥产能，2009～2010年间再强制性淘汰14 810万吨落后水泥。2007年实际淘汰落后产能5 000万吨，而且大部分是在第四季度集中淘汰的。因此，为完成淘汰计划，2008年至少将淘汰落后产能达7 000万吨，保守的估计也应淘汰6 000万吨，2009年和2010年再各期淘汰7 000万吨，才能完成2010年其淘汰2.5亿吨落后水泥产能的强制性指标。考虑到新增新型干法水泥产能必须“先破后立”的制度安排，2008～2010年新型干法水泥产能增幅预计将为10%、9%和8%，并因淘汰落后产能的原因，将在区域市场呈现阶段性水泥供给缺口。2009～2010年，随着2.5亿吨落后产能的退出，水泥行业的供求矛盾将趋于平衡。

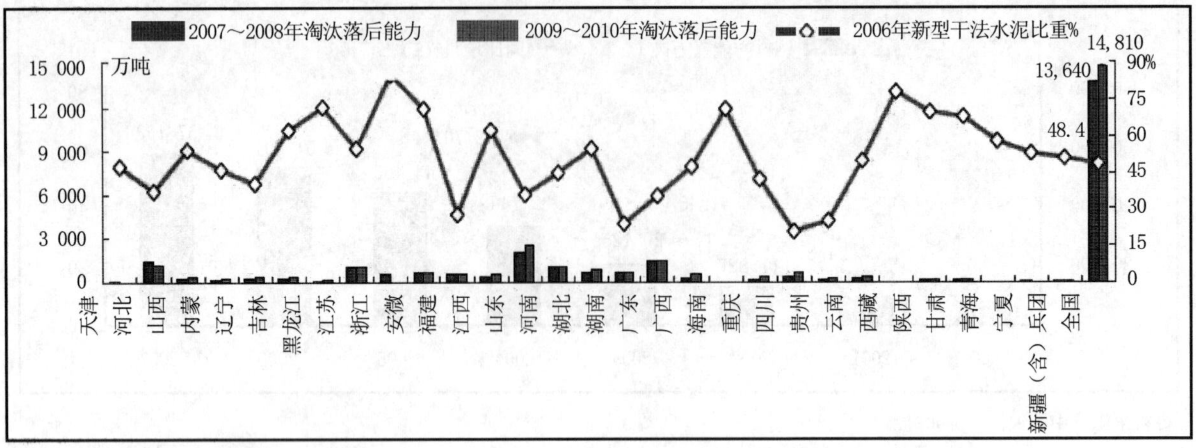

资料来源：中国银河证券研究所

图8　2010年前强制性淘汰2.5亿吨落后产能

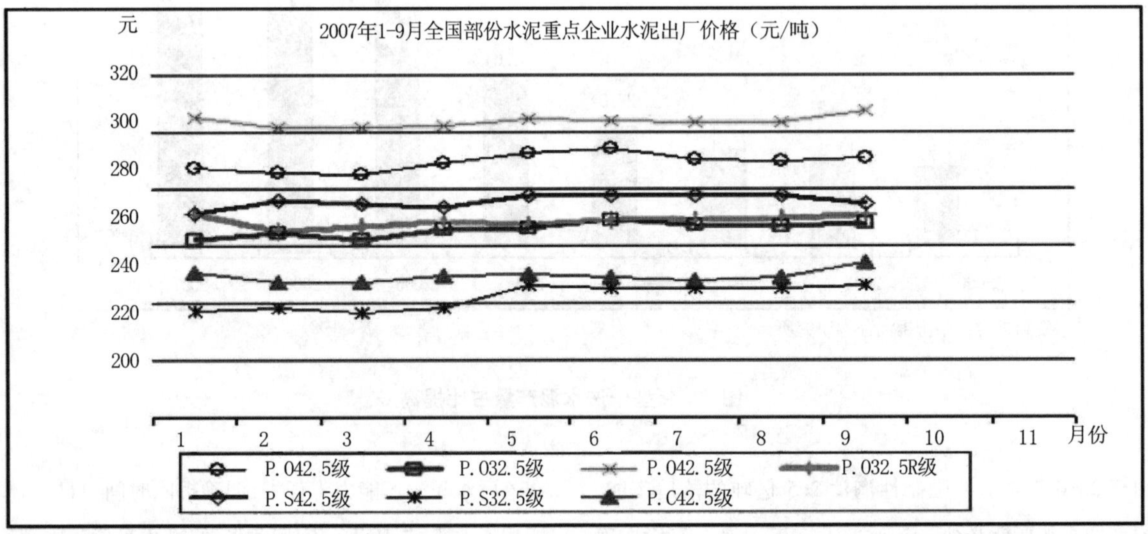

资料来源：中国建材总网

图9　2007年水泥价格稳步上涨

（三）年度综合水泥价格将持续上扬

1. 煤电价格将上涨推动水泥价格上扬。

2007年国内煤炭价格在国际能源价格大涨的推动下，维持在高位运行。煤炭价格的上涨与需求的增长，使煤炭内销更有利可图。2007年我国由煤炭出口国变成了净进口国。在国内煤炭需求持续增长的拉动下，国内煤炭供求趋于偏紧。在行业集中度提高的背景下，煤炭供求趋紧对煤炭生产企业的议价能力的提高给予了相当大的支撑，并使得成本转移能够得以实现。

人工成本、采矿权成本、资源税、环境成本的上升对煤炭价格的上升均起到推动作用。近一年来（2006年10月至2007年10月），秦皇岛普通混煤价格、大同优混价格和山西优混价格分别上涨了11%、13%和11%。由于2008年电煤合同价格的上涨，我们认为，2008年煤价的上涨已成定局。随着我国工业化、城市化进程的加速，国际能源价格比价的上涨预期，我们预计，在供求偏紧和成本上升的推动下，2008～2010年我国煤炭的平均价格将分别同比上涨10%、7%和6%。

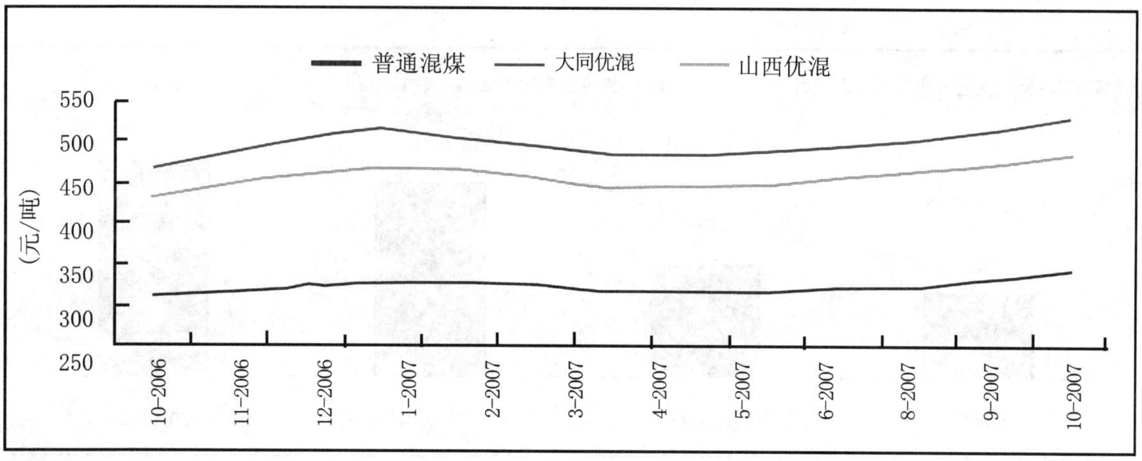

资料来源：WIND

图10　2006年10月至2007年10月煤炭价格震荡上行

电价将上涨。煤电联动有望再次启动。虽然近一年来煤价上涨幅度超过5%，基于平抑通胀的压力与稳定物价的考虑，上网电价水平却未相应的调整。我们认为2008年实施煤电联动的可能性非常大，核心理由是电力作为二次能源商品，包含了一次能源的价值。在经济结构调整中，通过提高资源类生产要素价格，还原资源价值，推动经济结构改善具有十分重要的意义。

石油、天然气、煤炭、土地、有色金属矿产等资源不可再生，具有极大的稀缺性。在我国，资源的稀缺性尤为突出。一方面，我国的工业化、城镇化进程持续加快，对能源、矿产、土地、水等资源的需求急剧增长；另一方面，我国资源禀赋有限，人均资源占有率低。需求的急剧增长和供给的有限产出造成了资源短缺，并成为制约我国经济可持续发展的重要瓶颈。在资源稀缺性的约束下，如何有效利用资源，是人类面临的核心问题。由于我国资源性产品的定价机制不完善，资源价值长期被低估，造成了我国经济增长在相当大程度上是依赖资源高投入实现的。

这种粗放式的经济增长方式严重影响了经济增长质量和潜力，到了难以为继的程度。因此，转变经济增长方式，建设节约型经济社会是我国面临的迫切任务。为了促使消费者节约资源，提高资源利用效率，电价理应充分反映一次能源的价值。因此，在资源价格改革中，电价将呈现长期上涨趋势。

进入2007年第三季度以来，煤价持续上涨对电力行业的影响集中体现出来，第三季度火电毛利率下降，利润总额同比增速下降。2008年电煤合同价格上涨已成定局，电力企业有上调电价的内在要求。从现实情况看，2007年9月以来，国家发改委相继上调了成品油、航油、液化气等资源品价格，提价幅度都在9%～10%之间。这些举措使电价与其他能源的比价差距进一步扩大，上调电价呈弦上之箭，随时待发。值得关注的是，国家发改委近日上调了黑龙江送辽宁的上网电价，上调的理由是煤炭价格上涨；同时，发改委还对山西、内蒙古送京津塘电网电价做出调整，调高了大容量、高参数机组的上网电价水平。这些事件也预示着区域性电价调整或将展开。

综合判断，我们认为2008年全国平均电价将上调3.8%（上调0.013元），如果2009、2010年煤炭价格继续上涨7%和6%，则电价将相应上调2%和1%。其中对水泥等高能耗行业的电价上调幅度会高于其他行业及居民用电。我们将煤电因素综合考虑，本着谨慎原则，认为2008年煤电成本将上涨10%，对水泥的生产成本提高6%（6% =60% *10%）。基于2008年水泥市场容量稳定扩大的市场环境下，区域龙头水泥企业有条件通过提高水泥价格的方式将原燃料成本上涨的因素部分转嫁出去，预计2008年因煤电价格的上涨推动水泥价格上涨5%左右。由于余热发电技术的普及，在水泥生产成本中，对煤炭需求的比重在上升，对外部购电的比重相当下降。因此，综合以煤炭价格的涨幅作为煤电成本的涨幅。预计2009、2010年煤电成本上涨7%和6%，对水泥的生产成本同比分别提高4.2%和3.6%。

2. 提高环境治理成本推动水泥价格的上涨。

由于节能减排，执行更加严格的环保排放标准，2007年上半年水泥单位能耗下降7%，水泥生产造成的粉尘及CO_2、SO_2排放有所下降。与此同时，包括投资余热发电配套设备在内的环境治理成本的增加将提高水泥的单位生产成本，推高水泥价格的上涨。2007年上半年，仅天津水泥工业设计院上半年承担的余热发电项目就有31个，总投资16亿元，同比增长近2倍。随着余热发电技术的普遍采用以及环境治理力度的加大，水泥企业的环境治理成本将持续增加，相应地水泥价格将因此上涨。预计2008～2010年间平均每年影响水泥价格达1%左右。

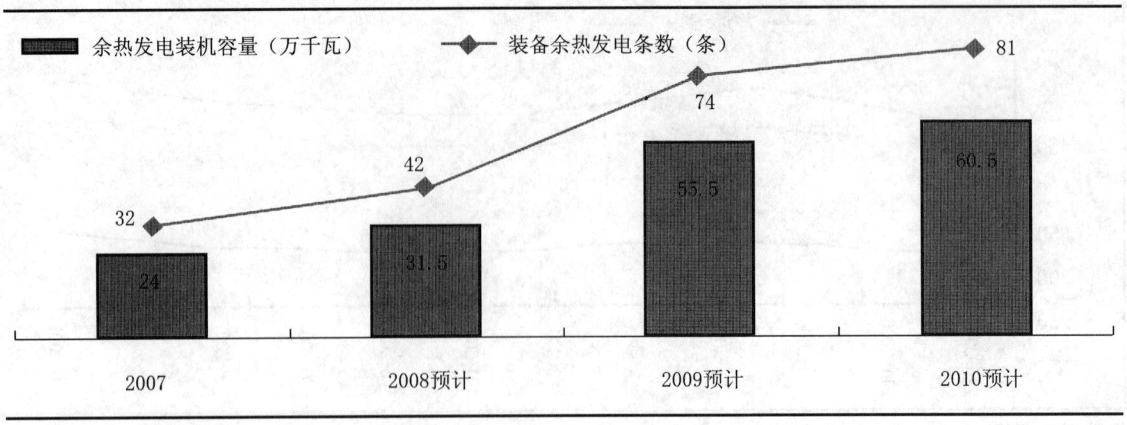

资料来源：中国银河证券研究所

图11　2007～2010年我国水泥行业余热发电投资进度

结论:综合煤电价格10%的涨幅与环境治理支出的增加,2008年平均水泥价格将上涨5%～7%。

（四）内生增长维持行业获取稳定的经营业绩

1. 节能减排带动生产成本下降。

“十一五”期间,我国提出单位GDP能耗同比下降20%的节能减排目标。为此,近日,国家建设部和国家质检总局联合发布了我国首个水泥行业节能设计标准《水泥工厂节能设计规范》(以下简称《规范》)。《规范》对水泥工厂的建筑节能、工艺节能、电力系统节能、矿山工程节能、辅助设施节能等方面的设计都作了详细规定,其中不少条款是国家强制性条款。《规范》将于2008年5月1日起正式实施。如果全面实施规范的设计要求,可实现节能25%。

由于煤电成本是水泥成本中最大的一项开支,而且,随着能源价格的上涨,这项支出也有越来越大的长期预期,因此,水泥余热发电作为节能减排的重要手段受到政府鼓励和支持。尽管余热发电配套设备的投资增加了水泥生产的一次性资本支出,但余热发电技术的普及应用能有效降低吨水泥三分之一的燃料成本,也为水泥企业应对煤电成本的上涨拓展了腾挪空间。考虑到“十一五”期间,我国单位GDP能耗同比下降20%的节能减排目标,那么,年度单位GDP能耗节能减排目标应为下降4%,考虑到2006～2007年节能减排年度目标没有完成,相应增加了2008～2010年节能减排的工作压力,对有利于节能减排目标实现的余热发电技术的推广力度会加大。我们预计全国水泥余热发电技术推广的时间表将在三年普及到包括已建和新建所有新型干法生产线上,因此,每年会在三分之一的新型干法水泥生产线上推广。结合煤电能耗成本占水泥生产成本的60%,一条余热发电配套设备将降低该水泥生产线吨水泥20%(=60%＊(1/3))的成本,预期2008～2010年三年内年平均降低7%(=20%＊(1/3))的水泥生产成本。

2. 行业集中度提高将带来产品成本下降的规模效益。

在过去的10年时间内,我国水泥行业集中度由1996年的不到3%提高到2006年的15%,增长了5倍。预计2007年水泥集中度达到16%。尽管水泥行业的集中度提高较快,但与国外发达国家相比仍有相当差距。我国排名前10位的大型企业集团水泥生产总能力也只相当于世界水泥工业第一位的法国拉法基集团(Lafarge)一家的产能。从国外水泥发展历史来看,水泥企业的平均生产规模都在60万吨以上;除中国水泥之外的国际前五大水泥集团的集中度达到42%。从水泥行业的发展规律来看,经营区域性特征明显的水泥产品,龙头水泥企业在区域市场中的市场份额只有达到60%以上,才能起到稳定区域价格的作用。目前,世界前50家水泥巨头的生产集中度已达到60%以上。我国较低的集中度是强化水泥市场价格波动性、以及引发低层次价格竞争的主要原因,而平均产能规模过低则会抑制行业规模效应的有效发挥。随着强制性淘汰落后产能力度的加大,通过内生性新扩建与外生性的并购重组,2008～2009年,我国水泥行业的集中度将进一步提高,预计分别达到18.1%和19.6%。

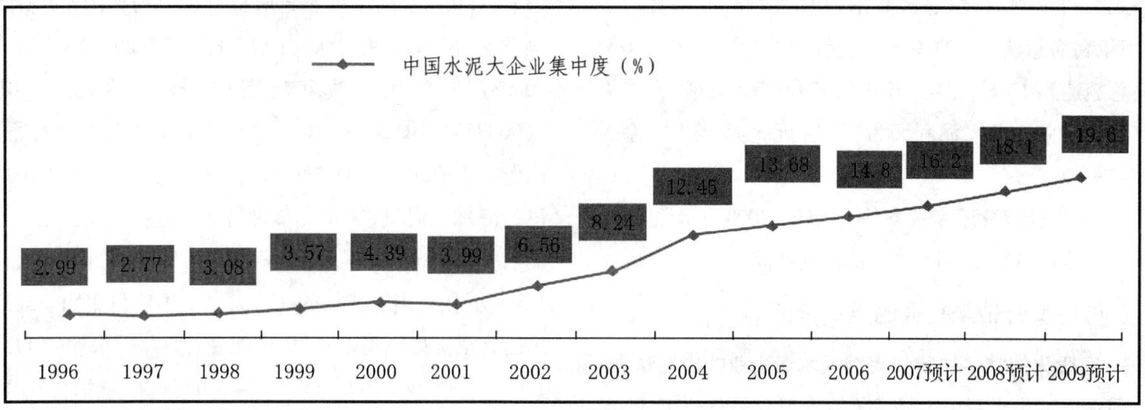

资料来源：中国银河证券研究所

图12 中国水泥业集中度逐步提高

水泥产业集中度的提高，将为行业的发展带来规模效益。首先，随着行业政策门槛的提高，我国水泥装备的大型化、国产化，新建规模以上水泥生产线将提高水泥生产的经营效率，此外，国产化水平的提高使水泥装备造价大幅降低。造价的降低使吨水泥的固定成本下降，带动企业整体成本的降低，保本点水平的下移；其次，产业集中度的提高，使龙头企业对上游供应商的议价能力和对下游客户的掌控能力提高，扩大了公司的盈利空间。

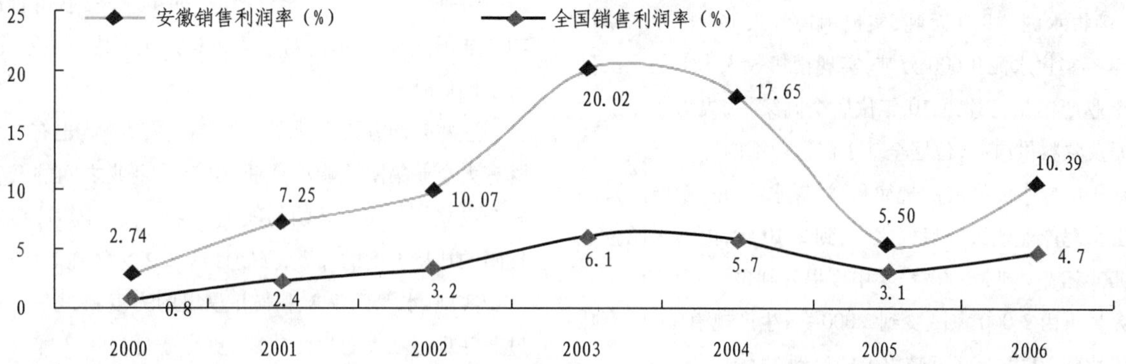

资料来源：中国银河证券研究所

图13 安徽水泥集中度提高带来规模效益

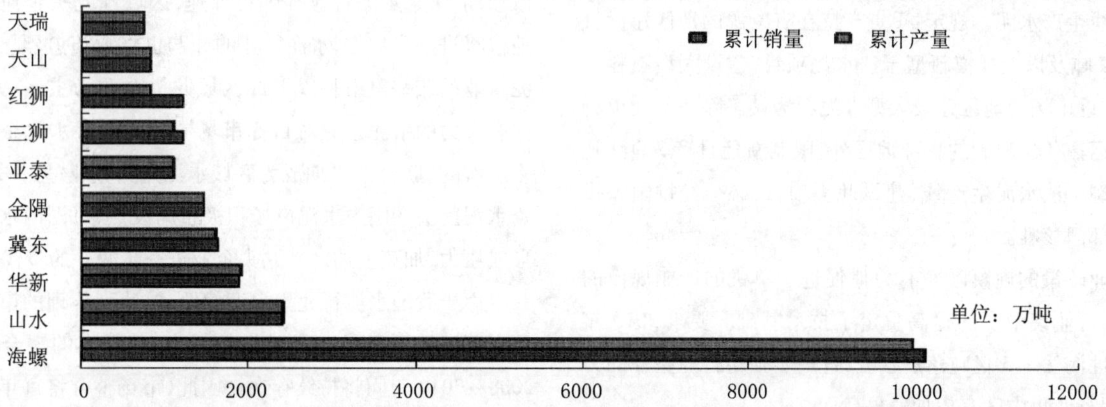

资料来源：中国银河证券研究所

图14 2007年前11个月全国水泥经营商排名

目前，我国水泥集中度高的省份应首推安徽省。海螺集团主要的水泥熟料生产基地设在安徽铜陵、宁国、枞阳、池州、芜湖、马鞍山等地，2006年其在安徽的水泥熟料产能在3 600万吨左右。“海螺”在安徽省占据了较大市场份额，基本控制了市场的话语权。受海螺集团高速扩张的带动，安徽省2001年起水泥产量、利润大幅增长，2003年水泥产量增长22.36%，利润总额增长209.58%，销售利润率达到20.02%，是安徽省水泥工业发展最快的一年。2005年受宏观调控，煤电价格上涨的影响,利润总额和销售利润率出现较大的下降,但当年利润总额仍实现 6.65 亿元,位居全国前列。2006 年利润总额达到 17.82 亿元,超过江苏位居全国第二,销售利润率为 10.79%,吨水泥利润为 36.44 元,均居全国(除西藏外)第一。

结论:在其他因素不变的条件下,预计 2008 年水泥行业内生性增长将维持行业 10% 左右的利润空间。

三、市场整合带来行业的重组价值

(一)同质化的特性决定扩大规模水泥企业的内在动力

我国水泥市场是一个市场竞争较为充分的竞争市场,水泥是同质化程度较高的商品。在人员、技术水平相当的情况下,其竞争方式主要以价格竞争为主。水泥同质化的特性决定扩大规模是水泥企业的内在动力,因此,通过扩大规模是获取有利竞争地位的主要方式。"海螺水泥"从安徽池州走出长江流域、走向全国,由 1996 年熟料年生产能力 200 多万吨的宁国水泥厂,发展成为 2006 年熟料产能 5 900 万吨,水泥产能 6 500 万吨,走的就是通过不断地并购重组,扩大规模,成就国内水泥的霸主地位。2007 年前 11 个月,"海螺水泥"共销售水泥 7 880 万吨,实现销售收入 164 亿元。预计 2007 全年销售水泥 8 600 万吨,实现销售收入 181 亿元。目前该企业产销量已连续 10 年位居全国第一,成为亚洲最大的水泥及熟料供应商,位居全球水泥行业第四。

基于世界水泥发展的规律和"海螺水泥"的成功经验,国家提出水泥产业政策的目标之一:到 2010 年,国内水泥企业由 5 000 家减少到 3 000 家,集中度提升到 30%;到 2020 年,企业数量再由 3 000 家减少到 2 000 家,生产规模 3 000 万吨以上的达到 10 家,500 万吨以上的达到 40 家。

(二)强制性淘汰落后产能将有效提高行业集中度

水泥产业政策要求水泥企业采用大型化的新型干法水泥生产线生产水泥。规定:重点支持在有资源的地区建设日产 4 000 吨及以上规模新型干法水泥项目,建设大型熟料基地;在靠近市场的地区建设大型水泥粉磨站。除一些受市场容量和运输条件限制的特殊地区外,限制新建日产 2 000 吨以下新型干法水泥生产线,建设此类项目,必须经过国家投资主管部门核准。

产业政策的规模限额有力地促进了单机的产能规模的扩大,为行业集中度的提高奠定了技术基础。要求 2010 年前强制性淘汰 2.5 亿吨落后水泥,进一步强化行业整合的力度,水泥行业集中度有望加速提高。

(三)市场整合在提高行业集中度的同时带来整合效益

现代水泥行业是一个规模效应非常明显的行业。规模的扩大不仅带动企业保本点水平的下移,公司盈利空间的扩大。正是由于规模效应显著,引导企业、特别是龙头企业对目标市场中有资源和市场份额的企业进行并购重组,在提高行业集中度的同时谋求 1+1>2 的整合效益。

近年来,在市场压力与产业政策的推动下,水泥行业并购浪潮风起云涌:中国非金属材料总公司(中国中材集团公司子公司)入主"天山股份"(14.29, 0.07, 0.49%)(000877),法国拉法基集团(Lafarge)收购"四川双马"(000935),HOLCHIN B. V. 增持"华新水泥"A 股,德国"海德堡"(Heidelberg AG)入股"冀东水泥"(000401)的子公司,"海螺水泥"(600585)牵手昌兴矿业投资有限公司入股"巢东股份"(600318),"徐州海螺"以 9.61 亿元现金、并承担 2.3 亿元银行借款担保的代价易主中国建材集团。北京金隅集团有限责任公司以 2.40 亿元受让"太行水泥"(11.64, -0.18, -1.52%)(600553)50.84% 的股权,爱尔兰 CRH 公司拟购买亚泰集团(600881)所属全部水泥企业 26% 的股权。中国中材集团公司控股"赛马实业"(28.08, 0.70, 2.56%)(600449),"中材国际"(34.32, 1.97, 6.09%)(600970)合并天津水泥设计院。"海螺水泥"(600585)参股"祁连山"(14.19, -0.09, -0.63%)(600720)。"中国建材"联手"江西水泥"(000789)"尖峰集团"(6.16, 0.04, 0.65%)(600668)、"虎山集团"、浙江水泥有限公司等企业组建南方水泥有限公司。中材料集团拟控股"冀东水泥"(000401)……特别是,"拉法基"全资控股"四川双马"获得批准,并成功登陆国内 A 股市场,标志着外资入主国内龙头水泥企业进入了倒计时。

这些并购方式多种多样,既有内资并购,也有外资并购;既有大企业集团并购小企业,也有大企业之间的转让;还有联合设立新公司。并购的案值越来越高。随着对重点水泥集团的扶持力度的加大,强制性淘汰 2.5 亿吨落后产能的进一步实施,水泥行业未来兼并重组的力度将进一步加大;通过兼并重组壮大的水泥集团,更有条件进一步兼并重组,加速产业集中度提高。

尽管并购的具体标的、方案和时点难以确切判断,但可以预期,未来水泥行业洗牌将加速,区域性龙头企业在行业地位将进一步加强,水泥行业的并购也将愈演愈烈。未来水泥行业的兼并重组将以形成区域龙头企业为主:一方面,国内有实力的水泥企业对目标市场周边的中小水泥企业进行多层次的"联合",以期成为区域水泥龙头企业;另一方面,外资水泥巨头在国内水泥市场积极布局设点,对国内水泥企业形成压力,加速上述区域龙头企业进一步兼并的步伐。

由于我国水泥行业集中度偏低,要达到合理的市场行业集中度还需要经过一段时间的努力,其带来的整合效益在 2008~2010 年间将持续存在。因此,市场整合将每年为行业业绩提供有效的贡献。

四、行业的估值水平较高

(一)我国水泥重点企业估值水平较高

将我国重点水泥企业的收益估值和收益增长情况与国外同类公司进行比较。数据显示,我国重点公司平均的预期市盈率为 27.54 倍,EPS 年复合增长率(2007~2009 年)为 56.94%;除台湾水泥企业外的国外企业平均的预期市盈率为

10倍,EPS年复合增长率(2007~2009年)为18.75%。与其他行业类似,我国公司总体上体现了高估值、高增长的特点。从收益增长的角度看,我国重点水泥企业具备估值吸引力。

从发达国家水泥产业的发展来看,水泥产业都有一个持续高速发展时期,当人均累积消费水泥在20吨左右时,水泥消费处于稳定或开始回落。美国的情况比较特殊,由于没有遭到战争的破坏,美国经济发展一直比较平衡,1949年人均累积消费量已达到5吨。因此,每年人均水泥消费量变化不大,均在350千克上下。截止到1999年,人均累计消费量已达到20.6吨。

美国、法国、德国在1972年人均累积水泥消费量分别达到11.9、10.4和10.5吨,当年人均消费量为353、566和680千克,之后水泥工业步入非常平衡的发展时期,到1995年人均消费量累积达到19.1、20.9和21.4吨。日本和中国台湾水泥工业发展速度的轨迹非常相似,均有一段高速发展时期,然后平稳发展或有回落。1950年日本人均累积消费量为91千克,到1979年日本人均水泥消费量达705千克,当年累计消费量为11吨。这30年间为高速发展时期,之后进入平稳发展期,每年水泥人均消费量在550~650千克之间波动,到1999年,人均累计消费量为23.5吨。台湾1950年人均水泥消费为25千克,到1993年人均消费量达到顶峰为1 350千克,此时累计消费量达到18.0吨,之后每年人均消费量开始下降,2001年人均消费量为745千克,累计消费量达25.8吨,居世界之首。

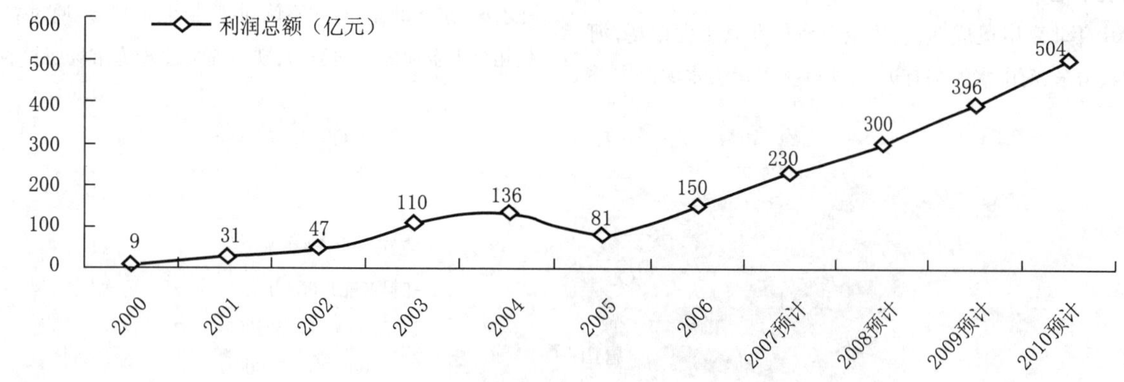

资料来源：中国银河证券研究所

图15　水泥行业利润总额逐年提高

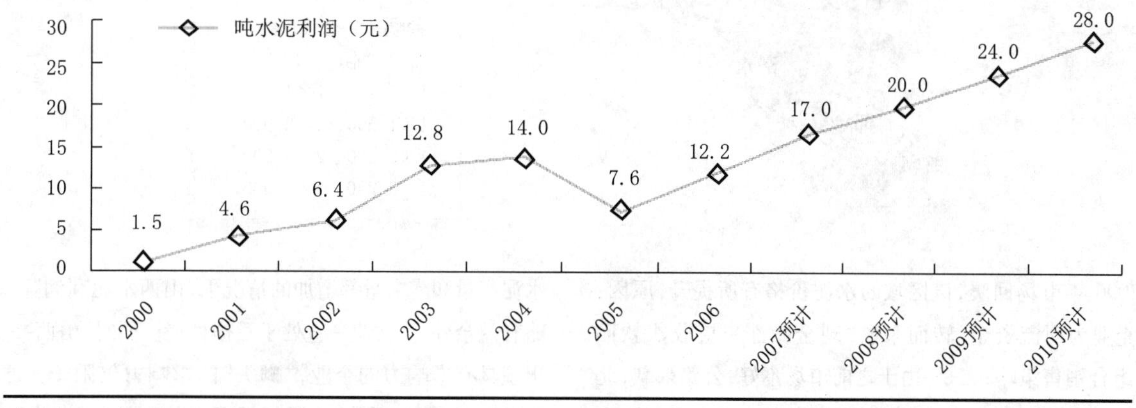

资料来源：中国银河证券研究所

图16　水泥行业吨水泥利润进入上升通道

(二)市场已部分体现了行业的投资价值

比较来看,我国重点水泥企业的估值水平较高,与目前人民币流动性过剩、国内证券投资品种较少导致的股价存在一定的"泡沫"有关,不仅水泥股票被相对高估,大多数股票都存在或多或少的高估。但从投资价值的角度来看,这也在一定意义上反映出市场部分体现了水泥行业的投资价值。

(三)未来存在估值提高的空间

在水泥行业内生性增长的基础上,并购重组的外生性增长将以脉冲方式推动龙头企业扩大经营规模,带动行业集中度的提高,并通过规模效益提升行业毛利率水平。随着行业毛利率水平的提高,水泥行业的估值水平将进一步提升,预计这种脉冲式增长将贯穿于2007~2009年。2007~2009年水泥行业利润总额分别为230亿元、300亿元和396亿元;吨水泥利润分别为17.0元、20.0元和24.0元。

★该篇文章发表于2008年第2期《中国建材》。

2008 年我国水泥区域市场解析*

Analysis of Chinese regional cement market in 2008

◎中国水泥协会数字水泥网　刘作毅　肖　强　沈利利

By Liu Zuoyi, Xiao Qiang and Shen Lili of Digital Cement Network of China Cement Association

华北区域:最具潜力的市场

华北区域是全国北方地区最大的水泥市场,水泥需求量占全国12%。"十五"期间除内蒙古,其他四省市市场需求动力表现不足。

2001 年北京申奥成功,周边企业看好北京水泥市场,河北、山西、山东、河南水泥都有进入,实际上奥运会水泥需求并没有大幅增加,造成市场水泥供大于求。价格在 2003 年"非典"后走低,市场持续低迷,企业间竞争加剧,被迫采取赊账销售。以北京为例,2004 年的应收账款净额达 14.85 亿元,一时间"赊账销售"成了北京水泥市场的主导。浙江民营企业"立马水泥"进入北京,对此不认同,坚持低价现金,通过立马水泥和几个大企业的共同努力,现金提货逐步为市场所接收。

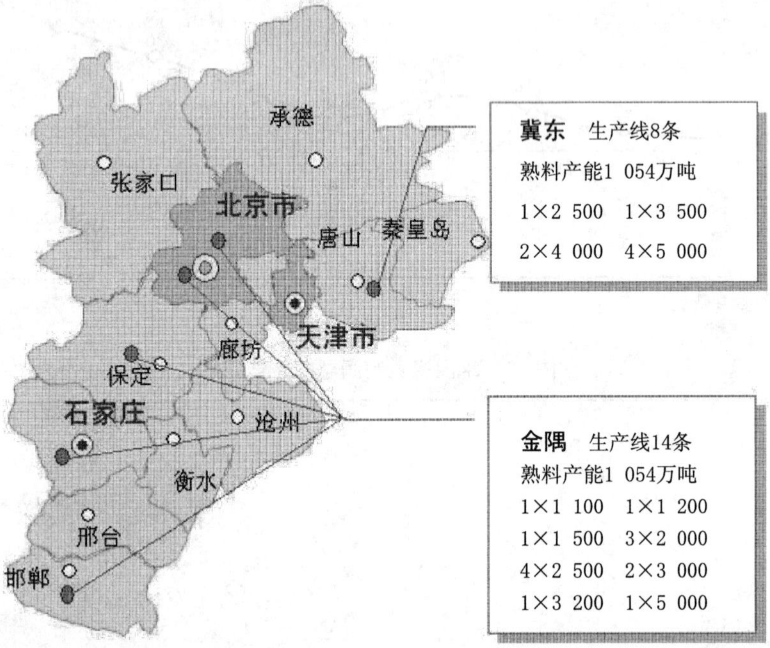

2006 年市场回暖,该区域的水泥价格有所提升,原因:一是,企业为回流资金,转而采取"现金微涨 + 应收账款回收"的组合销售策略;二是,由于之前市场不好,公路限载,北京市场的低价加赊账迫使"外地水泥"撤离北京市场;其三,这几年产能增长不大,市场供需关系逐渐趋于平衡。

河北:北京、天津都在河北境内,区域的优势并没有给河北省带来多大的发展机会。因此,几年内新投生产线有限,和近邻河南省欣欣向荣的水泥市场截然不同。2005 年北京"金隅"率先整合内部,又将触角伸向河北,先后将"太行"、"鼎鑫"纳入旗下,沿京广铁路连接北京 - 保定 - 石家庄 - 邯郸;有消息报道,"金隅"整体在香港上市已进入倒计时;"冀东"利用在京津唐优越的地理位置,在唐山再建 3 条日产 5 000 吨 生产线,保证在核心市场的绝对规模优势。

山西:近几年经济发展迅速,水泥需求不断加大。然而在水泥产量和需求量都增加的情况下,山西水泥利润除 2004 年略有盈余外,全行业一直处于亏损处境。同时,山西一直没有出现具有影响力的企业,"狮头"的影响力仅限于太原,北部"大同"和南部"晋牌"水泥都是当地老牌龙头企业,由于机制和经营问题,一直债务在身,两家的亏损直接影响了全省。

山西水泥市场封闭落后的局面在 2007 年被打破。先是 2007 年初,河南孟电集团投资建设一条日产 3 000 吨 生产线。近期,"冀东水泥"先后在山西省南部运城闻喜县和中部的忻州保罗县建设 4 条日产 4 500 吨生产线,在挺进山西中占了头筹。天瑞集团、海螺集团都曾调研过山西市场。《中国建材报》报道:"浙江金圆"要在山西建设四条生产线,可见,不远的将来山西又将成为水泥投资热土。

内蒙古:资源、能源优势成就了内蒙古成为华北地区经济增长的火车头,"蒙西"、"乌兰"的熟料产能都超过了 300

万吨，成为本地的龙头企业；“冀东”在呼和浩特和包头之间锲入了一个钉子（日产5 000吨生产线），是冀东集团内盈利能力最强的一条生产线，年净利润达到1.07亿元；2007年“亿利”日产2 500吨生产线投产后，也会保持很高的盈利水平，“冀东”在内蒙已具有较高的定价权，占据了内蒙古市场有利的位置。

水泥价格：低位运行

华北地区水泥平均价格低于全国水平，仅高于华东地区。内蒙古价格在华北表现最佳，石家庄是河北落后产能集中之地，产能过大，价格最低，也是全国价格最低地区。随着市场的启动，价格开始上行。

发展空间：潜在的最大成长性水泥需求市场

从企业来看：“金隅”在华北12条生产线，“冀东”已建5条生产线，在建3条，两大企业在北京市场起到主导作用。“中国中材”和“金隅”是战略合作伙伴，在控股“冀东”后，使这个区域局势更加明朗。

从市场来看：天津滨海新区、唐山曹妃甸科学发展试验区、南堡油田以及整个环渤海经济区的开发都处于前期的建设和规划之中，特别是2008年两会期间通过的——天津滨海新区综合配套方案，被认为是最具含金量的政策，将使其成为继深圳、浦东后的第三大特区。经济建设加速将带动水泥市场升温。

华北是我国潜在最具成长性的水泥市场。可以说，是“十一五”甚至是“十二五”期间最看好的水泥市场。

华东区域：市场动力不足

华东区域经济建设发展快于全国，是中国最大的水泥消费区，占全国40%。上海、江苏、浙江和山东在“十五”期间是全国水泥市场的火车头：上海市是全国最大的消费城市；年水泥消费量在2 500万吨左右；其他三省的消费量都超过1亿吨。但随着大规模基础设施的完成，该区域需求逐渐减弱，市场发出回落信号。

另一方面，华东“长三角”作为中国经济最发达、房价最高的区域，也是水泥价格水平最低的区域，形成了巨大反差。主要原因：由于市场完全开放，需求量大，交通便利特点等条件，吸引了众多投资者。2002年后大规模建线，新投入的供应量远超出市场需求量。尤其“长三角”，面对市场巨大压力，不仅本地供需关系失衡，只要价格上涨，周边地区水泥便会很容易地进入，致使价格一旦提升，便遭打压。

海螺生产线布局　单位：万吨

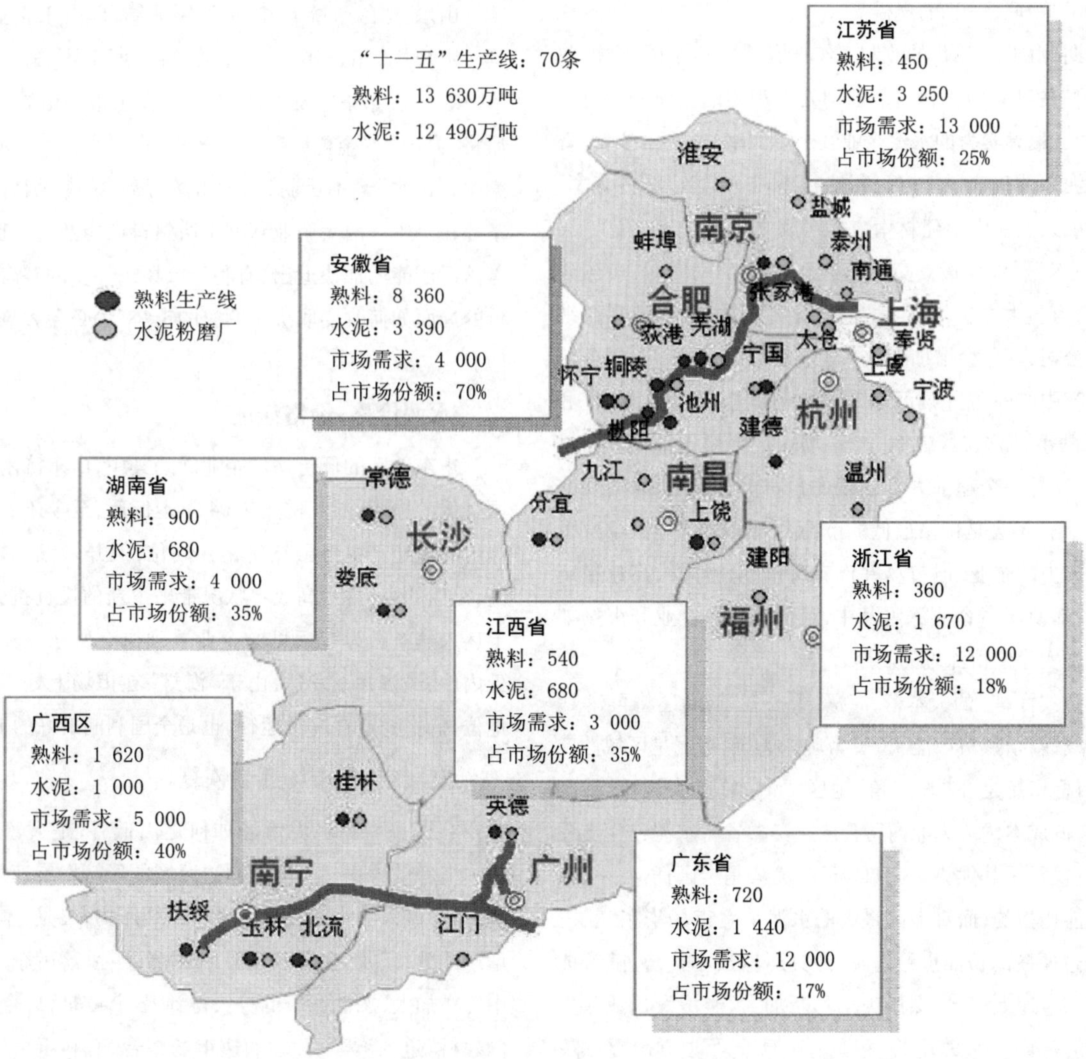

江苏："海螺"在江苏全境布局，产能达到3 000万吨，地处江苏的"盘固"似乎看到了经济发达地区生产水泥的潜在不利因素，重步"浙江上峰"之路，移师安徽巢东建线，是否为明智之举，有待时间考验；而江苏第一把交椅"金峰"走的是另一条路，高举大旗再建3条日产5 000吨生产线。苏南地区的巨大市场，诸侯割据的局面也让正在扩张的两大央企看到了市场整合的机会。"中国中材"已拿下"恒来"，上文说到苏南地区是"中国建材""淮海水泥"和"南方水泥"之间的飞地，"中国建材"不会轻易放弃对该区域的角逐，苏南地区企业间的洗牌正在紧锣密鼓地进行，值得关注。

浙江："浙江现象"的讨论已成为过去，但不时被人重新提起，作为市场沦陷的启示。为解决浙江持续低迷市场的困境，浙江被迫采取限产保价，以避免全行业亏损。可以说，该地区价格上涨面临巨大的产能释放压力。"中国建材"将浙江作为市场整合机会的切入点，作为"南方水泥"的核心区域进入，其市场整合理念迅速被本地企业所接受。一石激起千层浪，据不完全统计，有60家企业意向加盟，可见其势头。随之，业内及社会关于"中国建材"整合能力提出种种质疑。实际上，整合需要时间，只是刚刚开始，更大的考验在等待着"中国建材"。实际上，"中国建材"已积累了"中联水泥"在市场整合的经验，并不是新手，但"中国建材"的并购路线已远超出了"中联水泥"的规模。

近期，由于"三狮"的改制工作进展缓慢，"中国建材"收购"三狮"的计划暂被搁置。前期处于观望的企业开始有所动作，浙江最具实力的水泥企业红狮集团率先出手，参股"青龙山水泥"，明确表示按自己战略行事，扩大其市场占有率。业内权威人士在中国建材南方公司成立时曾指出：浙江"三狮"、"红狮"是浙江最具实力的企业，两家的动向对"中国建材"整合有重大影响，尤其是"三狮"。"三狮"若不能尽快纳入南方公司旗下，会增加变数。还清楚记得，2003年，国务院发展研究中心一位并购问题专家向笔者指出：若"海螺"和"三狮"联手，那么"长三角"的市场一定会属于他们。回过头来看，这是一个超前并未实现的预言。若真是那样，现在的"长三角"不会是价格最低的市场。"长三角"地区孕育了一批有实力的企业，但市场并没有象预期的那样，高速稳定地成长，却使众多企业深陷其中，难于自拔。企业和市场如何共荣确实是值得深思的问题。

安徽："海螺"的大本营，海螺"十一五"期间还将再建19条生产线，新增熟料产能4 000万吨。无疑，水泥是区域性产品，其目标市场是在"长三角"地区，"海螺"的大规模、精细化管理、低成本优势为业内所公认。安徽省将水泥作为支柱产业，越发显示其优势。资源与运输优势是全国任何一个地区所不能比拟的；面对中国最大的水泥消费市场华东"长三角"，通过便捷的长江水路运输，最具运输成本优势；随着能源成本的急速上涨，环保压力的不断加大，经济发达地区生产水泥的劣势将越发明显。正是上述原因，可以看出"海螺""十一五"期间增加产能的背景，必然会加大在其核心市场——"长三角"的市场份额，进一步加强市场的话语权。

福建："台湾水泥"通过福州已抢占了进军福建的桥头堡，其华南区域(福建、台湾、广东和广西)战略已初显端倪，福州是其重点市场区域。"台湾水泥"在福州的水泥二期工程已投产，水泥粉磨能力达到225万吨，位居福州第一，三期工程正在建设，投产后将形成水泥粉磨能力400万吨。"台泥"通过华东、台湾、广西多渠道的供应，将保证长期、稳定的熟料供应源，为大工程的连续施工提供可靠保证。"十五"期间迅速成长的"华润水泥"，它的跨产业、大物流理念将逐步显现其后发优势，福建是"华润"的重要的目标市场。"福建水泥"的去处为多家所关注，上门的"东家"都是有实力背景的集团，但"福建水泥"至今还是"独身"。台湾的政治形势已明朗，对福建水泥市场前景无疑是重大利好消息。

江西：江西"万年青"通过与"中国建材"的合作，使企业能力迅速提升，借助"万年、玉山、瑞金"三个水泥生产基地600万吨/年的水泥产能，并通过收购，迅速奠定了在江西全省的主导地位，是目前南方公司组建以来，进展最快的区域，这主要得益于江西"万年青"在该区域的良好背景。"海螺"、台湾"亚泥"也不会放过江西经济发展的机会，都在加紧建线，三足鼎立局面正在形成。

山东：全国产量大省，水泥巨无霸，但由于企业众多，都具一定规模，相持不下，水泥价格长期上不去。"山水"和"中联"在去年集中发力，极大地改变了市场格局，"中联"先后将"泰山"、"金鲁城"、"德州大坝"、"港源"、"东华"落入囊中；"山水"毫不示弱，三大市场青岛、济南、烟台的主导权掌控在手中。两大企业新型干法熟料产能已达全省65%，随着落后产能的加快退出，有利于市场进一步的整合。山东低价的局面如何改变取决于两家的走势，势必会影响到周边地区。

水泥价格：价格洼地

华东地区的低价格使企业深陷其中，山东济南一直是全国最低的地区，浙江杭州2004年走低后，至今还面临着限产保价的境地。福建虽然价格在高位，但开采、运输成本都很高，福建的高价格、高成本状况带来了新的投资机会，通过海上运入熟料已为有远见的企业看到机会所在。安徽虽然地处内地，经济并不发达，由于"海螺"在市场上处于绝对领先地位，价格稳定在高位运行，也是全国利润最好的地区之一。

发展空间：市场逐步恢复

"长三角"的水泥市场如何走出低谷，是大家关心的问题。笔者认为：一是，随着周边区域的经济发展速度加快，市场向好，流入的水泥逐渐减少将减缓压力；二是，本地企业新增产能放缓，加之受市场压力，适者生存，落后企业出局，集中度在加大，恶性竞争的势头得到遏制；三是，央企发力，"中国建材"进入浙江后，会加速市场整合，有利于市场的恢复；

四是,"中国建材"和"山水"2007年加大了对山东的整合力度,两家对市场的控制力加强。同时,山东省出台政策,将加大对落后产能的淘汰力度,山东市场的向好,必然影响到华东。可以看到,华东地区产能过剩的状态正处于逐步被消化的过程,市场在进入恢复的过程。

福建、江西、安徽三省经济的不断发展,成为华东地区的新增长点。特别是安徽市场发展势头迅猛,水泥企业不但立足于本地市场,同时供应"长三角"地区的上海、江苏、浙江三省市(随着原燃料的成本增加,社会压力加大,安徽省水泥生产的区域优势愈发明显),水泥产量会保持高位增长。

自"中国建材"组建"南方公司"后,企业间的并购整合将会加快。"海螺"是"长三角"水泥市场的领军者,市场的划分和企业的定位将会发生很大变化。

中南区域:市场稳步上行

中南区域是全国第二大水泥消费区,水泥消费量占全国的26%。

河南:地处中原的河南是一匹黑马,水泥需求增速连续4年冲高,2007年水泥产量增速为全国第三。河南北部产能已经过剩;郑州地区正在成为投资者角逐的市场,一旦新投产能全部释放,产需关系失衡,价格就会走低,这恐怕不会是耸人听闻,也是大家都不愿看到的,但确实是正在发展的事实。因为现在无作为,就不会保持规模优势,但企业的"规模优势"又和"市场容量"不相容。

在不久前召开的国际水泥峰会上,笔者有幸采访了几位河南水泥界领军人物和资深人士,他们表示有同感,认为若不对投资者浇盆冷水,踩踩刹车,第二个浙江指日可待。"同力"明确表示将退出郑州地区的投资竞争,郑州生产线建设计划搁浅。这实属明智之举,企业暂时的规模优势失去了,市场的容量空间保住了,但这又不是一家或少数几家企业所能控制的。因此,企业家呼吁政府主管部门对控制产能要有所为。中国水泥协会会长在本年度国际会议上再次强烈呼吁:地方在招商引资方面一定要慎重,要提高产业的准入条件。河南省计划主管部门表示:鉴于河南生产线项目大都集中在京广铁路沿线,尤其是新乡、平顶山、南阳三市周边地区,"十一五"末水泥产能将超过市场需求,因此,新立项目要适度控制审批。

河南是并购热点区域,12家中的几家都十分看好"同力"这块资产,看来"同力"的"退出"故事还未了结。"中国建材"核心企业"中联水泥"几度欲联手"同力",却失之交臂,在目前并购的形势下,不会甘居于南阳,可以说河南最后格局取决于"同力"的动向。

湖北:是"华新"的水泥大本营,截止到2007年底,已在湖北建设11条生产线,熟料产能超过1 500万吨,占该省新型干法产能60%以上,在该区域占有绝对优势;居第2位的是浙江民营资本——京兰集团,虽然在2005年成立,但发展迅速,成为鄂中地区最大的水泥生产企业,列入国家重点支持的水泥60强;本地老牌企业"葛洲坝水泥"焕发新春,启动新一轮发展战略,在宜昌的兴山和当阳、襄樊的宜城和老河口、孝感汉川、荆门建设6条生产线,产能将超过1 000万吨。江西起家的台湾"亚东"看准了湖北市场的前景,先在武汉建设粉磨站,2008年在黄岗动工兴建生产线。

湖南:继2006年鹞子翻身后,2007年水泥产量再次走高,增速为全国第六。市场的向好,使国内顶尖的企业集团"海螺"、"华新"、"冀东"、"中国建材"和"中国中材"都在此集结,"冲锋号"还未吹响,但"武装"都在加紧进行,"中国建材"在并购运作方面显然技高一筹,湖南一线企业"韶峰"、"兆山新星"、金磊先后加盟"中国建材",先拔头筹。

两广:"海螺"、"华润"、"台泥"凭借水路,在两广都建设了大型水泥生产基地,几年内已成为地区龙头企业;"中国中材"和本地企业"亨达利"联手整合广东西部市场,又有消息报"中国建材"进入广西;本地企业"塔牌"、"越秀"、"鱼峰"也不会就此沉默。

海南:海南老牌企业"国投"现有两条日产2 000吨生产线,准备再建一条日产5 000吨生产线,焕发新春;海南"华盛"做煤出身,因水泥厂欠款一头"栽进"水泥业,2005年建成海南第一条日产5 000吨生产线,而后,一发不可收,二线年内投产,三线开工,届时3条日产5 000吨生产线的规模将占据海南市场的主导地位。

水泥价格:高位运行

中南区域的波动较大,尤其是广东省,继2005、2006年的价格低潮之后,2007年很快回升,出现了多年没有出现的市场好光景,价格同比增长了11.76%。主要得益于广东在对"浙江现象"进行大讨论之后,及时刹车,放缓新增产能的速度,市场消化了前两年集中释放的产能,供需逐步平衡;加之2007年受电力供应吃紧、广西水泥通过西江流入受阻等原因,使市场水泥供应紧张,价格上扬。海南去年年底的吨水泥价格上冲到700元,以至政府出面限价。

发展空间:"十一五"期间最看好的水泥市场之一

河南、湖南、湖北是中南城市群建设的主要发展地区,经济发展加速,水泥需求将持续增加:其中河南水泥市场持续保持繁荣景象;湖南是新兴市场,特别是"长株潭"城市群成为中南发展引擎;武汉城市圈的建设将带动湖北经济建设加速。

珠江三角洲经济圈的进一步建设,拉动广东、广西两省水泥市场:广东淘汰落后产能速度加快;广西依靠资源、运输优势,面对两个市场——本地区和"珠三角",水泥投资、建设正在加速。又有消息报道:广东湛江、广西防城港的千万吨钢铁基地得以批准,再一次让我们领略了"海螺"战略的前瞻性。

东北区域:市场格局尚不明朗

东北区域水泥市场规模较小,仅占到全国6%,但水泥市场风云变幻:前几年以"亚泰"、"冀东"为主导的市场格局在2006年得到改变,"海德堡"、"CRH"等外资强势进入;不出一年格局再度变化，2007年"海德堡"退出东北市场，山东山水进入东北，终于圆了多年的梦；"亚泰"联手"CRH"可谓一步高招，既减少了一个强劲的竞争对手，又保证了资金来源，提高了抗风险能力。

辽宁：正处于群雄四起，进入圈地建设阶段。激烈的市场竞争，促使企业做大规模，加快布局。山东"山水"在辽宁区域强势推进，势在必得，"冀东"、"河南天瑞"、"香港昌兴"、辽宁"富山"都准备在辽阳建设日产2条5 000吨生产线；成为和南部湖南相呼应的兵家必争之地。

和湖南一样，众多企业的并购、扩张，布局和市场供求关系已引起业内人士所关注，业外媒体已毫不客气地指出，这种竞争格局不利于行业发展，势必造成产能过剩。

吉林、黑龙江："亚泰"联手"CRH"进一步巩固了在吉林和黑龙江的地位，已无太大悬念。"辽源金刚"、"宾州水泥"的去向值得关注，宾州水泥厂是浙江民营企业，在黑龙江建设的首条日产5 000吨生产线，于2005年投产，效益颇丰。但由于目前水泥工业发展所处的大环境，非常有利于大企业集团的发展，本打算建设的二线迟迟未开工，看来也在观察市场动向；"冀东"在吉林的地位显然被削弱，但"辽源金刚"的位置非常有玄机。最近，"中国建材"董事长宋志平明确表示："将在北方建立起1~2个中型的专业水泥公司。"可见，"中国建材"并未因收购"冀东"受挫而放弃"北方公司"的计划。

发展空间：

东北地区具有高度的产业集群，重化工业基础雄厚，国家对老工业基地调整改造高度重视，该区域市场已经启动。2007年国家发改委将东北地区等跨省区的经济区发展纳入国家层次的规划，列入"政策关照区"，2008年经济将进一步增长，带动水泥市场发展。

西南区域：利润最为丰厚的市场

西南区域由于地理位置、交通运输等原因，成为价格最好的水泥市场之一。主要得益于两个方面：一是固定资产投资加快，二是落后产能的退出。2007年底，成都关闭了44条立窑生产线，900万吨落后产能出局，造成供需关系紧张，价格迅速攀升。和内地形成强烈反差，内地企业扩张造成市场下滑，四川落后产能出局，价格扶摇直上。可以说，供需是价格浮动的先决条件。

西南地区的主导者是"拉法基瑞安"，在重庆、四川、贵州和云南的比重都超过了20%，贵州的份额最大，超过30%。"拉法基瑞安"表示，在中国的水泥产量将从2006年年底的2 000万吨发展到2012年的5 000万吨。

四川："拉法基瑞安"在成都都江堰已投产两条线，正在申报第3条日产5 000吨生产线；在广安1条日产1 000吨生产线；收购"双马"后，在北部绵阳和南部宜宾各有1条日产2 500吨生产线。

重庆：在南岸、合川和江津地区已投产建成4条生产线，熟料产能在300万吨以上，还将在永川、涪陵和江津再建三条生产线，产能达到800万吨。

贵州：在遵义、黔西南和六盘水已拥有三条生产线，在遵义将再建一条新线，择机在其他合适地方寻找新项目，在贵州要达到700万吨的规模。

云南：通过收购云南"国资"，熟料产能超过300万吨以上。2007年和云南省政府签订了框架协议，将达到1 000万吨水泥产能。

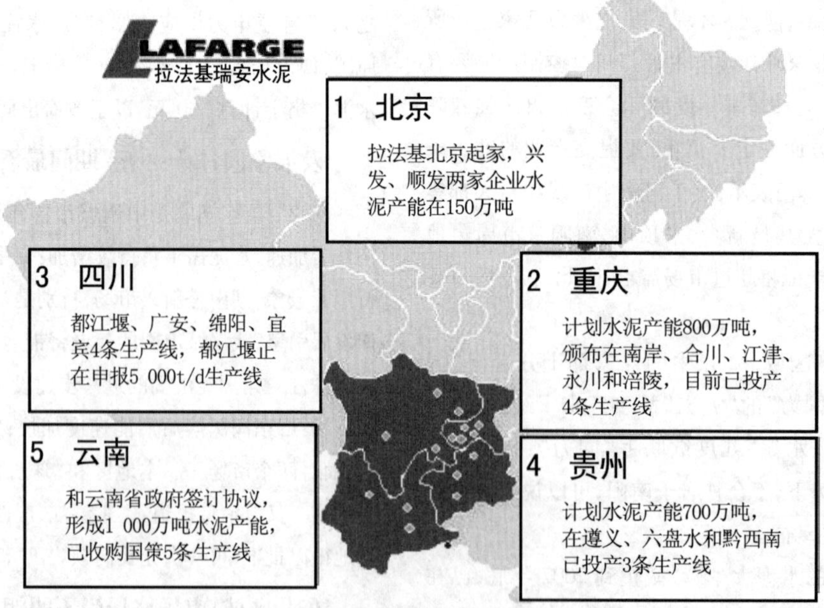

2007年四省的水泥产量接近15 000万吨，新型干法熟料产能5 000万吨，若"拉法基瑞安"的目标得以实现，一是促进了上述地区新型干法水泥的生产比重，同时也加大了对该地区的话语权。

民营企业在西南地区十分活跃,如重庆"小南海"、四川"峨眉山";本地老牌企业四川"金顶"、云南"昆钢嘉华";逆江而上的台湾"亚东"都占有一席之地。

水泥价格:全国之最

从价格上来看,西南区域近年的水泥价格位于全国之首,主要是由于法国"拉法基"在联手"瑞安"收购"四川双马"之后,成为区域霸主,占到20%的市场份额,四川和贵州价格都稳定在400元/吨;尤其是四川,目前价格仍保持在500元/吨以上,保守估计,该价格有望保持到年底;云南价格2007年走低后,在年末又回到400元/吨;一直处于低位的重庆,2007年价格终于有了突破,挑战400元/吨。究其原因,不难发现和新疆具有共同点:一是经济并非发达但区域相对封闭,二是挑战区域领先者的能力有限。

发展空间:高回报吸引新投资者

从市场来看:成渝经济区(成都、重庆)是中西部地区最大的都市经济区,凭借着良好的交通枢纽、资源基础、产业基础、城市基础成为西南经济区发展的亮点。成都市位于西部最富庶的川西平原,是成渝经济区的重要中心城市,其水泥市场对周围城市的经济发展具有带动功能和辐射作用,同时能够加速与"长三角"、"珠三角"和"环渤海"三大经济区相呼应的成渝经济区的崛起。成渝经济区在"十一五"期间将成为新的增长亮点。

从企业来看:随着"拉法基"收购"四川双马"的手续全部完成,其对西南区域的控制力将进一步增强,2007年10月"拉法基瑞安"和云南省政府签订战略合作协议,进一步打开了全面进入云南的通道;不久前和"中材"在国内生产线的签约,进一步表明"拉法基瑞安"将加快在中国水泥业的投资步伐。近期内终于听到了"海螺"、"华新"发出的声音,表示要进入西南地区,看来独占一隅的"拉法基瑞安"也要面临新的挑战,西南市场的高利润回报必将吸引新的投资者。

西北区域:市场利润前景看好

西北区域是我国最小的水泥消费市场,需求量占全国5%。地理位置偏远,建设落后于内地。但最大的特点是,区域较为封闭,这里的市场整合早于内地,大企业主导市场的能力较强,所取得的成效也非常明显。进入"十一五",西北经济启动开始加速,水泥需求增长速度加快。

陕西:陕西被国家列为能源基地,加快建设,市场需求旺盛,利润走高。随着"冀东"—"海德堡"生产线的相继投产,在陕西的地位将逐渐明显,紧随其后的是浙江民企"声威","秦岭"(已成为第二家被"华伦"收购的水泥上市公司),在英国上市的"陕西尧柏",2007年进军中国的"意大利水泥"通过收购"浙江水泥"进入西北陕西,央企"中国中材"在汉中也占有一席之地,陕西市场不大,但各种背景的水泥企业在这里悉数登场,如何上演大戏,还有看点。

甘肃:"祁连山"是甘肃地区的龙头企业,在2001～2005年,水泥销售价格每年都有十几元的下滑,究其原因,是业内竞争所至。2007年收购"大通河"后,逐步加强了对市场控制力,控制了兰州周边40%的市场,陇东南地区50%以上的市场。压成本、提价格将成为"祁连山"目前企业的两大主题。"祁连山"3月18日公告称:"中国建材"4.93亿入股"祁连山"。这一公告立刻引起证券界议论纷纷:"中国建材"北方概念;"中国建材"高价认购;"海螺"败走"祁连山"……,一时间各种评论沸沸扬扬。不出数日,一家媒体报道:总投资15亿元的"海螺集团"日产1万吨干法水泥生产线项目已签订投资框架协议,完成了项目选址,地点是甘肃省平凉市崆峒区。

宁夏:依照政府关于培育和发展大企业大集团的战略要求,由"赛马水泥"与"青铜峡水泥"重组,分北、中、南三个区域对市场进行整合;2006年通过收购宁夏瀛海建材集团,进一步确立了在宁夏市场的主导地位;2007年在央企发力的背景下,"中国中材"持有宁夏建材集团51%的股权,随着"中国中材"的入主,"赛马"在该区域的地位已牢固确立。

青海:青海的水泥市场规模小,仅有三条生产线,"祁连山"一直希望开辟第二战场,在甘肃收购"大通河"后,为进入青海也打下了伏笔,"大通河"在青海有条2 500吨/日生产线。同时"祁连山"计划在青海湟中再建一条2 500吨/日生产线,保证在规模上的领先地位。但"祁连山"将面临新的竞争对手,浙江民企"金圆"经过深度调查,决定将青海作为公司的水泥生产基地,建设两条3 200吨/日生产线。"金圆"在本世纪初进入青海,产品在市场已有很高的认知度。

新疆:新疆地广人稀、相对封闭,经济发展较为缓慢,导致水泥市场发展动力不足。但与国内大部分地区不同的是,新疆水泥的盈利能力并不完全依赖于市场发展,而与两大寡头企业——"天山"和"青松"的博弈步伐基本上保持一致:两大企业由平衡走向竞争再转向竞合,带动新疆水泥利润从高回报走向全行业亏损,再回暖的过程。"天山"借助"中国中材","青松"借助兵团建制背景,在2008年32号文件的实施背景下,结合疆内外的需求态势延续,同时由"天山"、"青松"主导的价格体系将继续发挥作用,新疆迎来新一轮发展。

如何整合区域市场需要谨慎抉择

从以上分析可以看出,全国不同的区域,水泥市场存在着较大的差别,其区域市场的形成和发展也有各自的特点。目前,发展水泥区域市场已成为大家的共识,企业并购重组将成为今后一个时期的主旋律。如何有针对性地,从市场自身特点出发,有效控制风险,有规划、分阶段地整合区域市场,是非常值得我们认真分析和研究的问题。

近两年,海螺集团、外资企业和央企都尝试了大规模的区域市场整合。

海螺集团通过实施"T"战略,拉开了水泥行业兼并重组序幕。海螺集团通过兼并沿海大中城市周边的小水泥企业,将其改造成粉磨站,通过沿江运送熟料,生产出优质、低成本的水泥，很快便进入了上海等大中城市，实现了海螺集团的跨区域发展，开创了国内水泥企业跨地区发展的先例。"十一五"期间，海螺集团将加大水泥熟料基地建设和粉磨站建设，占据华东"长三角"区30%的市场分额。海螺集团"T"战略是因地制宜，利用资源优势，准确定位目标市场，通过物流系统将其连接，有效地发挥各自的潜能，因而取得了巨大的成功，获得了国内外的公认。

2005年在国家宏观调控、国内水泥企业纷纷出现经营困难的大背景下，外资借机大举介入，对国内企业实施大规模的并购。典型的案例是"拉法基"兼并"四川双马"、"豪西盟"控股"华新水泥"。目前，随着水泥企业的估值升高，以及国家对外资并购出台政策的不断完善，外资的并购势头开始减弱。外资企业的进入，虽然给国内水泥企业带来了巨大的冲击，同时也给我们带来了先进的经营理念。

以"拉法基"为例，"拉法基"没有遵循国内企业的传统思维模式，去争夺中国三大高速发展地区的市场，即长江三角洲、珠江三角洲和环渤海地区。长江三角洲有"海螺"、"三狮"，"珠三角"有"海螺"、"台泥"和"华润"，环渤海有"冀东"、"金隅"，论"拉法基"的实力完全可以与这几家企业血拼一场。但是，"拉法基"的经营理念是不急于赚取眼前利润，而是要实现企业长期可持续的发展。实现企业可持续发展，最重要的一点就是把市场风险放在经营决策的第一位，要争做市场最后一个退出的人。基于这一理念，"拉法基"没有按照"常规"套路出牌，而是剑走偏锋，选择了企业实力不强，与外界又相对封闭，发展前景看好的四川成都建厂，这与三国时期诸葛亮三分天下的谋略不谋而合。正是有这样的经营理念，"拉法基"很快在四川站稳脚跟，并实现了高速发展。

2007年业内两大央企，在国资委《关于推进国有资本调整和国有企业重组的指导意见》出台的背景下，积极做大做强，大规模地出手并购水泥企业。"中国建材"集团投资百亿整合浙江市场，目标很明确，就是要做中国水泥的老大。"中国中材"集团也不甘落后，大手笔的拿下"冀东水泥"，试图做北方水泥市场的霸主。

此外，"中国建材"在山东收购"泰山"、"金鲁城"、"德州大坝"、"港源"、"东华"，整合山东市场；在湖南收购"韶峰"、"兆山新星"、"金磊"，力控湖南市场；在江西控股"江西万年青"，建设"万年"、"玉山"、"瑞金"三个600万吨/年生产基地，迅速掌控江西市场；在河南依托南阳分公司"航天水泥"，正在与"同力集团"谈收购事宜，试图拿下河南市场。近期又出资4亿多元，参与"祁连山"的定向增发，业内人士认为，此举是"中国建材"进军西北的前哨战……。

中材集团在控股"天山水泥"后，开始加快并购步伐，先后牵手"亨得利"建立粤西生产基地，拿下宁夏赛马实业的控股权，联合"冀东"进入湖南市场，并且在江苏大规模建线，同时染指华北、西北、华东、中南地区等多个地区。

上述案例中，海螺集团和"拉法基"在区域市场整合做得已很成功，两大央企能否成功，还有待于接受市场的考验。

2007年国家发改委、国土资源部和中国人民银行联合下发通知，公布了60家国家重点支持水泥工业结构调整大型企业(集团)名单。《通知》中明确，对列入重点支持的大型水泥企业，开展项目投资、重组兼并，国家有关部门应在项目核准、土地审批、信贷投放等方面予以优先支持。《通知》的发布，为国内大型水泥企业开展兼并重组，提供了政策上的保证。受此鼓舞，60家企业纷纷掀起区域市场整合的浪潮。

但是，应该看到在当前的区域市场整合浪潮中，存在着企业扎堆建设和高负债扩张两大突出问题。如果这两个问题不能得到及时解决，部分地区有可能会重蹈"浙江现象"。

前面说过国内众多企业主导经营理念就是占领中心城市市场，因为中心城市市场需求量大，市场容量大。在这个理念的驱使下，企业纷纷扎堆中心城市市场建线，浙江市场的陷落大家已知晓；千军万马会战湖南市场，是大家正在热议的话题；广东市场的大手笔建线，令人惊叹不已；广西西江水道价值突起，众多企业沿江大规模建线，目标直指广东市场。此外，河南、辽宁等地也正在掀起建线热潮，动辄便是十几条5 000吨/日规模的生产线，成败市场说话，建设规模实在堪忧。

占领中心城市的思想本身并没有问题，而且目前淘汰落后产能步伐加快，为发展新型干法水泥提供了很大空间，是大企业整合中心城市市场的良机。但是如果大家都集中到一个地方去整合市场，那就会出问题。国内企业在制定战略时，多是静态考虑市场发展空间，很少考虑竞争对手和新进入者的情况，可行性报告都是市场空间巨大，发展前景广阔之类过于乐观的结论。真正到投产时，市场已发生了重大变化。众所周知，与其他产品不同的是，水泥是短腿产品，要想进入一个地区，就要投入巨资在该地区大规模投资建厂或并购，像海螺集团那样能够利用水路运输的企业毕竟是少数，一旦市场发生逆转，企业要想撤出难度很大，只能血拼到底，或低价转卖，付出的代价是惨重的。因此，建议企业在进入新市场时，要客观评价目标市场的前景，以及自身的实力，这一点应该多学习外资企业。进入市场时要打提前量，不要扎堆凑热闹，市场发生实质性逆转前要及时收缩战线，保持良好的现金流，应对难关，必要时应尽早转让退出。

另一个问题也是值得注意的，就是目前许多企业的高负债扩张。部分企业认为国内外的并购行为多数是负债进行的，很少动用自有资金。现象是如此，但是应该看到事物的本质。国际跨国公司自身都有着稳健的财务状况和良好的现金流，杜邦公司曾保持过零负债的经营记录，香港地产四大天王"恒基兆业"、"新世界"、"新鸿基"、"长江实业"的资产负债率都在30%以下。因而，跨国公司可以大规模举债进行扩张，而不会使自身陷入资金链断裂的危机。即便是这样，这些企业在作出并购决策时，仍是非常谨慎的，不会进行四面出击式的兼并行动。像"拉法基"那样，决策时把风险放在第一位，在控制风险的情况下，要保证公司规定的必要投资回报率，低于该回报率是不干的。

国内企业在投资时就没有那么谨慎了，高负债扩张似乎成了企业做大做强的捷径。目前，大部分水泥企业的资产负债率在60%以上，有的已达到80%，而且现金流状况很差，部分企业靠还旧债借新债度日。近期国际、国内资本市场大幅波动，企业融资能力明显降低。刚刚闭幕的十一届人大，进一步强调了2008年国家将加大宏观调控力度，控制物价上涨，继续实施双紧货币和财政政策。预计从二季度开始银根将更加紧张。据悉，发改委已在制定进一步控制高耗能行业投资的政策。由此看来，水泥企业的银行贷款肯定会受到影响。因此，现阶段水泥企业进行大规模的扩张，资金链肯定会出现紧张，存在着较大的风险。

企业规模的庞大，并不代表真正意义上的强大，美国安然公司不是也在一夜之间倾覆了。只有企业具备了发展的内涵，有内在的驱动力，也就是使命感，才能驱动企业不断做大做强，这和单独做大规模有着本质的区别；只有这样的企业才能在快速发展中保持冷静，始终保持理性发展，走自己的发展道路；也只有这样的企业才能成就百年基业。

★该篇文章发表于2008年4月29日《中国建材报》。

浅谈水泥厂对固体废弃物的处理和利用★

Brief comment on treatment and utilization of solid waste by cement plant

◎河北建材职业技术学院　张丽霞　张向红　杨文利

By Zhang Lixia, Zhang Xianghong and Yang Wenli of Hebei Building Material Vocational and Technical Institute

随着城市化进程的加速，固体废弃物产生的危害越来越明显，如何处理和利用固体废弃物对于工业发展和建设环保型社会有着重要的意义。本文指出了固体废弃物的主要危害，从几个方面论述了水泥厂对固体废弃物的处理和利用。

固体废弃物是指在生产、建设、日常生活或其他活动中产生的废弃的、污染环境的固体、半固体物质，包括工业固体废弃物、矿业固体废弃物、城市固体废弃物（生活垃圾）、农业固体废弃物等。根据有关资料报道，目前我国每年产生生活垃圾1.5亿吨以上（其中约有4 000万吨以上为建筑垃圾），工业固体废弃物约10亿吨（其中化学品等危险废物近1 000万吨，矿渣1亿吨，钢渣4 000万吨，粉煤灰2亿吨，电石渣1 000万吨，煤矸石2亿吨等）。由于缺乏有效处理，我国历年的煤矸石积存量达40亿吨以上，垃圾积存量已超过66亿吨，从1996年到2003年全国危险废物累计储存量已达3 000多万吨，全国660多个城市中有2/3处于垃圾包围之中，城市垃圾、下水道污泥，工业废弃物、尾矿废品率物还在以一定的速度递增，形势相当严峻。如何处理和利用固体废弃物成为世界各国十分重视的问题，因此水泥厂对固体废弃物的处理和利用对全社会的环境保护和水泥工业的可持续发展具有十分重要的意义。

国家产业结构调整指导目录（2005）鼓励新型干法水泥生产消纳工业废弃物、城市垃圾和污泥的无害化资源化的关键技术及装备的开发。目前，我国水泥工业处置固体废物的主要用途有：

（1）用作水泥混合材，如煤矸石、粉煤灰、矿渣、钢渣、其他冶炼废渣、某些金属尾矿等。沸厂、石灰石、火山灰作为天然原料也常用于混合材。

（2）代替黏土组分配料，如粉煤灰、煤矸石、炉渣、赤泥、某些尾矿等。

（3）替代燃料和有毒有害物无害化处理，如废轮胎、废塑料、化纤、废木材、污泥、煤矸厂、城市垃圾、焦化残渣废油漆涂料、有毒有有化工废弃物等。

（4）用作水泥调凝剂（一般要通过改性处理），如磷石膏、盐田石膏、环保石膏、柠檬酸渣等。此外发电厂排烟脱硫的人造石膏也可以使用。

一、用作水泥的原料和混合材

发电、冶金等行业会产生大量的工业废渣，如钢铁工业的尾矿、高炉矿渣、钢渣、粉煤灰、煤矸石等，这些工业废渣如不进行及时处理，会占用大量的土地，还会污染环境，产生风沙。而水泥工业利用这些工业废渣作为水泥的原料和混合材，不但可以消化掉这些工业废渣，还能降低水泥的成本，提高经济效益。例如，郴州东江金磊水泥有限公司利用当地丰富的有色金属矿产资源产生的铅锌尾矿全部代替黏土原料和铁质校正原料，不仅降低了企业生产成本，提高了企业经济效益，而且实现了对资料的循环利用和保护环境，并且由于铅锌尾矿废渣不仅具有与黏土相近的化学成分，可以完全替代黏土和铁质校正原料，而且由于其含有少量的微量元素，可以改善熟料的易烧性，降低烧成温度提高熟料的强度和水泥的性能。又如，吉林亚泰明城水泥有限公司利用工业废物电石灰岩废石、铁矿石尾矿、硅废石和粉煤灰与石灰石配料生产出优质水泥熟料。

从组成上看,城市垃圾焚烧灰渣、淤泥等的化学成分与水泥原料中的黏土相近,可以替代黏土来配料,同时有些淤泥具有一定的发热量,可以降低热耗,达到节能的效果。1993年,日本小野田公司首次开展了用垃圾焚烧灰生产水泥的研究与设计工作,并建成了日产50吨的试验生产线,其烧成温度为1 000℃~1 300℃。垃圾焚烧灰渣打在利用之前须经过金属回收系统回收并分离其中的铜、铅、锌等金属成分,而污泥利用之前通常须作脱氯处理。

实践证明,采用城市垃圾焚烧成或污泥作原料生产水泥,可以彻底解决城市垃圾和污泥问题,是保护生态环境,实现零污染最为有效的途径。

二、利用可燃固体废弃物作为水泥厂替代燃料

大量试验证明,利用可燃固体废弃物作为替代燃料生产水泥,不仅技术上是可行的,对环境和水泥质量亦均无影响,而且节约了能源,实现资源的综合利用,降低了生产成本,实现了经济、社会、环境三个效益的统一。这些可燃固体废弃物主要是各种可燃工业废弃物,包括废轮胎、废塑料和可燃生活垃圾等。

1. 废轮胎。

估计到2020年全国的机动车辆保有量将达到1.4亿辆。随着车辆的增多,每年我国的废旧轮胎产生量也越来越多,2004年底的产生量已超过1.12亿条,约320万吨,预计到2010年可达2亿多条。将废旧轮胎完整地或切碎后作为水泥回转窑生产的替代燃料,结果证明可行,对环境无不利影响,可大大节约燃料,降低生产成本,提高经济效益。据统计,2006年欧洲的废旧轮胎中有30.5%用作水泥厂的替代燃料,奥地利和德国则已高达63%和53%。但在我国,水泥企业将废旧轮胎作为回转窑替代燃料技术还没有得到运用,仅在花都水泥有限责任公司和广州水泥有限责任公司进行了实验。实验证实了这一技术的可行性;不仅节约燃料,而且对熟料和水泥的质量没有负面影响。

2. 废塑料。

废塑料油化可以得到价值较高的液体燃料或化工原料,而其他热能回收和燃料化法只能提到煤或煤气的替代品,所以油化是日本政府规定的混杂废塑料的回收方法。既生产PVC又生产水泥的日本德山曹达公司将除去PVC的废塑料粉碎至25毫米以下的粒度,不作造粒处理,直接用于水泥窑取代煤粉用作燃料获得成功,处理能力已达到万吨以上。目前该公司又在试验研究含PVC的废塑料分解脱氯后用作水泥烧制燃料的系统,脱氯产生的HCI重用于PVC的制造。废塑料在窑中燃烧后的残渣留在水泥中起填料的作用。热固性树脂细碎也可用作水泥窑燃料。

3. 可燃生活垃圾。

我国城市生活垃圾年产生量已达1.5亿吨,年增长率达9%,少数城市已达15%~20%。这些数量庞大的生活垃圾严重污染着城市及城市周围的生态环境,给国民经济造成重大损失。在德国、日本等发达国家普遍采用将生活垃圾破碎、筛分等手段,将生活垃圾中的可燃物质分离出来并加以处理,作为水泥厂、钢铁厂、化工厂、发电厂的燃料,并以水泥厂利用率最高。可燃生活垃圾不仅替代了部分燃料,燃烧产生的灰渣还作为水泥原料被加以利用,因此利用水泥回转窑处理生活垃圾是最有效的处理方式。生活垃圾能提供给水泥烧成系统分解炉所需热量的1/3~2/3,生产每吨熟料可焚烧生活垃圾0.158~0.316吨,可替代热值22 000千焦/千克的煤0.032~0.064吨,可节省燃料成本10~20元。对于水泥生产中的成分为硫、氧化钠、氧化钾和氯离子,与生产水泥通常燃料相比,垃圾中硫含量较低,氧化钠、氧化钾含量偏高,氯离子含量要高出数倍。生活垃圾从分解炉以后的窑系统加入,大量的新生氧化钙和过渡性熟料矿物可能对有害物质的不良作用有抑制作用。

垃圾中还含有较多的重金属离子,这对提高熟料强度有利,同时,金属离子参与的多元体系能降低熟料的烧成温度。可以认为,垃圾中的重金属离子对熟料的烧成和产品质量无不利影响。

总之,水泥窑焚烧垃圾在每吨熟料处理量小于0.1吨时,对烧成系统影响很小;随着处理量的增加,应重视垃圾的均化和限制有害成分均含量,处理量超过0.15吨,应调整风量、阻力和配套设备;现行生活垃圾替代燃料的能量替代率不宜超过40%。提高生活垃圾的热值,降低水分和灰分有利于水泥工业对生活垃圾的利用。

4. 利用水泥回转窑焚烧危险废弃物。

焚烧是处理危险固体废弃物的一种比较理想的技术。从20世纪70年代开始,通过大量的研究和实践人们认识到水泥回转窑是得天独厚处理危险废弃物的焚烧炉。一是窑内温度高。回转窑内气体温度在1 350℃~1 650℃。甚至更高,在如此高温下,废料中主要有机物的有害成分焚毁率可达99.99%以上,即使很稳定的有机物也能被完全分解。二是水泥回转窑热容量大,工况稳定,不仅可以接受处理大量的废料,而且有均匀、稳定的燃烧气氛。三是燃烧气体在水泥回转窑中高温下停留时间长。燃烧气体在大于800℃下停留时间>8秒,高于1 100℃停留时间>3秒;湿法回转窑中,气体在1 400℃~1 600℃下停留时间为6~10秒。燃烧气体在回转窑中总停留时间在20秒左右,因而焚烧充分,不易产生不完全燃烧。四是水泥回转窑中为碱性气氛,一方面对燃烧产生的酸性气体,如HC1、SO_2、CO_2等能起到中和作用,使它们变成盐类固定下来,另一方面也能将废料中可能存在的重金属无素固定在氧化物固体中,毋需对含重金属焚烧灰渣再进行处理,因而水泥回转窑起到了尾气净化装置和重金属高温固化的双重作用。表1对水泥窑和焚烧炉内燃烧情况进行了对比,由表1可见,回转窑比焚烧炉更适合于处理危险固体废弃物。

表 1　水泥窑和焚烧炉燃烧情况比较

参数名称	水泥回转窑	焚烧炉
气体最高温度(℃)	2 200	1 450
物料最高(℃)	1 500	1 350
高气体在≥1100℃停留时间(s)	6～10	1～3
物料在≥1100℃停留时间(min)	2～30	2～20
气体的湍流度(雷诺氏指数)	>100 000	>10 000

利用水泥工业处理城市生活垃圾和污水污泥比单独建立垃圾处理厂省时、省力、省钱。利用现有水泥厂处理城市生活垃圾投资费用低于卫生填埋、焚烧发电等方式,仅是垃圾焚烧发电的1/10左右。新建水泥厂处理生活垃圾投资费用与新建垃圾焚烧发电厂投资差不多,而年产值比垃圾焚烧发电厂高出6.8倍,运行费用远低于其处理方式。

随着国家实施可持续性发展战略,全社会越来越重视环境的保护,固体废弃物的处理程度在保护环境的过程中起着非常重要的作用。在未来发展中,水泥工业将担负起工业生态革命的职责,由环境污染型变为循环经济中的环境保护型企业;有意识、有目的地利用水泥工业处理固体废物,实现资源的再利用。

★该篇文章发表于2008年7期《中国建材》杂志。

调整结构成绩斐然　控制总量值得反思

Outstanding achievement in restructure, gross amount control worth pondering

◎中国水泥协会数字水泥网　刘作毅　重庆市水泥协会会长　马泽民
By Liu Zuoyi, Digital Cement Network of China Cement Association
Ma Zemin, chairman of Chongqing Municipal Cement Association

国家提出:水泥工业要贯彻“调整结构、控制总量”的方针,刚好10个年头。简要回顾中国水泥工业“调整结构、控制总量”的历程,认真总结经验和教训,对于我们贯彻落实科学发展观,促进水泥工业现代化,科学制定国家《“十二五”水泥工业发展专项规划》,增强《规划》的指导性、可操作性以及预测中国水泥10～20年的长期战略控制目标将会产生重大影响。

调整结构　控制总量回眸

1998年9月,原国家经贸产业〔1998〕572号即国家经贸委关于印发《建材工业“调整结构、控制总量”若干意见》的通知中,明确提出:“九五”后“三年”,水泥总量目标:2000年水泥总产量控制在5.3亿吨,其中,旋窑水泥占总量的25%;2002年2月,原国家经贸委行业规划司、资源节约与综合利用司公布的《水泥工业“十五”规划》明确提出:2005年水泥产量发展目标6.0亿吨,其中:新型干法水泥产量1.2～1.3亿吨;2006年10月17日,国家发展改革委《关于印发水泥工业发展专项规划的通知》中,预测:2010年需求量为12亿吨;新型干法水泥比例达到70%以上;2020年水泥需求量也将基本维持在13亿吨左右。综上所述,国家分三个阶段确定了水泥工业控制总量、调整结构的目标。经过“九五”后“三年”、“十五”的五年和“十一五”的前两年实践验证:调整结构要歌颂,控制总量要反思。详见《调整结构、控制总量目标与实际产量对比图表》。

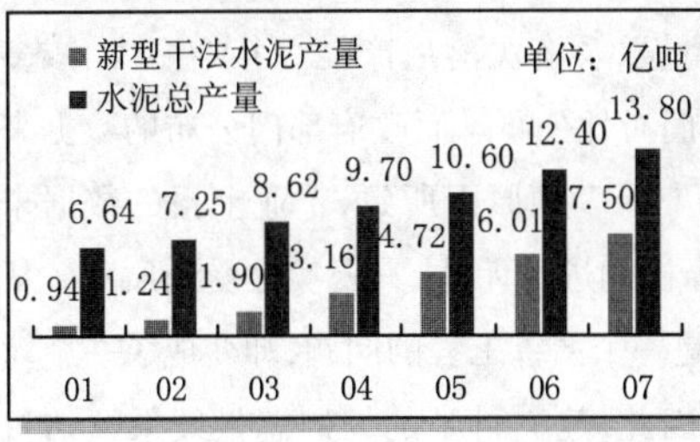

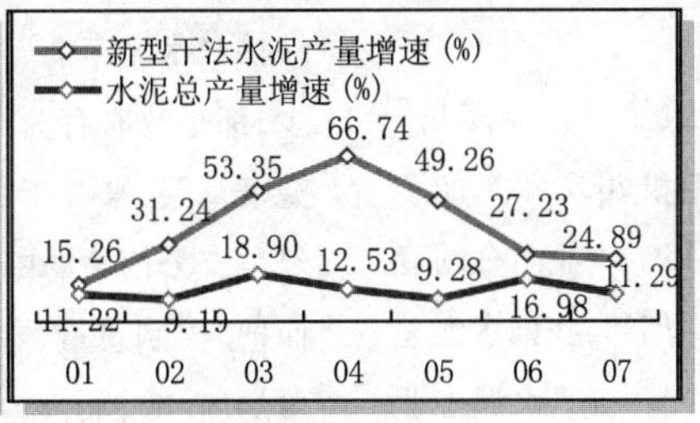

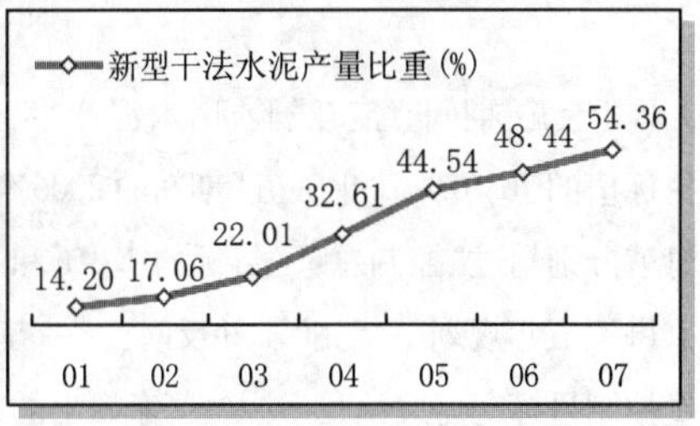

制总量目标与实际产量对比表　　　　单位:万吨

年度		水泥总量控制目标			实际水泥产量		
		水泥总量目标	其中		实际产量	其中	
			新型干法	新型干法比重(%)		新型干法	新型干法比重(%)
“九五”结束2000年		53 000	*13 250		59 700	8 178	13.70
“十五”结束2005年		60 000	13 000	21.67	106 000	47 211	44.54
“十一五”期间		120 000	84 000	70.00			
其中	2006年				124 000	60 065	48.44
	2007年				138 000	75 014	54.36

*旋窑,包括新型干法水泥

从表中数据可以看出:同样的十年历程,水泥工业调整结构成效显著值得歌颂,控制总量差距较大值得反思。

调整结构　成绩斐然

新型干法水泥超常规发展。2000年,全国新型干法水泥生产线128条,熟料产能6 700万吨;2007年,新型干法水泥生产线约790条,较2000年增加6.2倍,熟料产能60 000万吨,增长近9倍。

新型干法水泥产量大幅度提高。2007新型干法水泥产量已占全国水泥总产量13.80亿吨的54.36%;水泥企业数量大幅度下降。企业数量由2000年的7 000余家减到5 200余家,淘汰落后生产能力2亿吨左右;产能集中度有较大幅度提高。2007年,前10家集团企业产量已占全国水泥总量的18.75%,比2000年提高了14个百分点;水泥技术和装备出口大提高。2006年,中国水泥技术装备已占国际市场1/3的份额。水泥市场开放度大幅度提高,法国“拉法基”、瑞士“豪西盟”、“意大利水泥”、“爱尔兰CRH”、葡萄牙等实业资本,摩根士丹利、高盛公司、IFC等国际金融组织先后进入中国,控股或参股收购中国水泥企业。

水泥企业装备水平提高,新型干法水泥产量大幅度增长,使水泥综合能耗明显下降,2006年,水泥工业综合能耗为142千克标准煤,比2002年下降15%。

控制总量　值得反思

“十五”期间,经实践验证:水泥产量已超过“控制总量”目标值的76.67%;“十一五”期间的2006年和2007年水泥产量就分别超过“控制总量”目标的3.3%和15%。业内有的专家讲:“五年规划一年完”。并反问“十一五”期间,我国水泥总量控制目标究竟应该是多少?国家提出的“十一五”水泥工业“控制总量”目标已经成为过去。根据国家经济又好又快发展的态势和全面建设小康社会的需求,我们预测:到2010年,今后3年水泥产量平均每年按7%的增速,中国水泥总产量将突破17亿吨,新型干法水泥比重要达到70%,还需要增加4.4亿吨新型干法水泥,这个目标的实现看来问题不大;从2007年起,人均消费1 000千克水泥将维持10年左右。现在需要认真反思:水泥工业“控制总量”结果为何差距较大?

反思一:“十一五”水泥“总量目标”为何预测不足?国民经济高速发展:改革开放29年,GDP年均增长9.5%;固定资产高速投资:连续16年,年均增长22.14%。水泥需求旺盛,诱导资本市场向水泥工业增加投资,水泥工业高速发展,连续16年,年均增长11.2%。预测理论指标在前,实践检验滞后。在建筑结构以钢筋混凝土为主,在加快推进工业化、城乡一体化,全面建设小康社会的中国与国外发达国家有许多不可比的国情因素,故对水泥需求预测不足。因此,建立创新思维的预测水泥总量控制机制势在必行。

反思二:“十一五”期间水泥“控制总量”为何难落实?政出多门,多头管理,“上面千条线,企业一针穿”,这就是真实写照。政府有经委、发改委、工商、税务、财政、国土、环保、规划、建设、统计、物价、审计、质监、水利、公安、安全监察、劳动和社会保障、计划生育、卫生等19个以上部门,还有党委、工会、共青团、妇联等群团组织及行业协会都要按照有关法律法规章程对企业实施管理、监督和指导。水泥工业控制总量目标本是政府部门齐抓共管的大事,但在实践运行中,却变成了政府职能部门管理的事,职能部门管理的事又变成了有关处室办理的事。控制总量说易做难。因此,建立协调统一的控制总量的执行机制势在必行。

反思三:“十一五”期间水泥“控制总量效果”如何进行评估?水泥产能、产量以及淘汰落后产能每年增多少、减多少,都是政府有关部门对外公布。而政府部门公布的数据来源于基层、来源于企业。多种原因所致,企业上报的数据未经过有公信力的中介机构进行评估,其真实性受到质疑。从而把“控制总量”本是一个系统工程的问题,却变成了一个简单的加、减、乘、除。因此,建立科学的控制总量效果评估机制势在必行。

二〇〇八年一月二十八日

2008 年运行形势分析和 2009 年展望★

Analysis of operation situation in 2008 and expectation of 2009

◎中国水泥协会　庄春来　刘作毅

By Zhuang Chunlai and Liu Zuoyi of China Cement Association

2008 年是我国水泥行业不平凡的一年,年初的冰冻雨雪灾害,年中汶川大地震,再加上国际金融危机的冲击,使我国经济进入下行通道,伴随经济的下滑,水泥需求逐月走低,同时,煤、电、油、运价格飙升,使水泥生产成本大幅上升,在极不寻常的情况下,水泥行业经济效益再创历史新高,2008 年 1 ~ 11 月全行业利润总额达到 270 亿,在原材料领域可谓一枝独秀。

2008 年水泥工业运行情况及分析

1. 产量增长,增速逐月放缓。

1 ~ 11 月水泥产量 12.67 亿吨,同比增长 5.73% ,增速较同期减缓 8 个百分点。地区分布上,黑龙江、广西、陕西、内蒙古、安徽受区域内经济拉动,增速在 15% 以上,河南水泥产量达到 9 162 万吨,排名首次冲进全国三甲;7 个省出现负增长,产量大省山东、浙江、广东和河北均在其中(见表 1、2)。

表 1　2008 年 1 ~ 11 月度水泥产量排名

排名	地区	产量	增长(%)
	全国	126 693.59	5.73
1	山东省	13 067.75	-3.46
2	江苏省	11 838.64	8.19
3	河南省	9 162.08	13.86
4	浙江省	9 154.52	-2.29
5	广东省	8 399.83	-2.18
6	河北省	8 106.97	-3.03
7	湖北省	5 558.38	15.18
8	四川省	5 435.91	5.61
9	湖南省	5 325.34	6.16
10	安徽省	5 277.03	15.58

表 2　2008 年 1 ~ 11 月度水泥产量增速排名　　单位:万吨

排名	产量增速排名(前 10)			产量增速排名(后 10)		
	地区	产量	增速(%)	地区	产量	增速(%)
1	黑龙江	1 919.38	26.28	北京市	795.80	-26.35
2	广西区	4 478.04	21.59	山西省	1 947.88	-9.22
3	陕西省	3 216.96	19.03	山东省	13 067.75	-3.46
4	内蒙古	3 187.16	18.91	河北省	8 106.97	-3.03
5	安徽省	5 277.03	15.58	浙江省	9 154.52	-2.29
6	海南省	553.38	15.28	上海市	693.66	-2.20
7	湖北省	5 558.38	15.18	广东省	8 399.83	-2.18
8	河南省	9 162.08	13.86	贵州省	1 816.29	2.19
9	辽宁省	4 048.24	12.12	福建省	4 131.36	4.85
10	新疆区	1 643.45	11.90	四川省	5 435.91	5.61

分析水泥产量增速下降的主要原因,我们认为,全社会固定资产投资增速相对放缓是产量下降的主要原因;其次年初南方遭受百年不遇的冰雪灾害、年中的汶川地震、三季度北京方圆 500 公里内因奥运会期间部分水泥企业停产,造成水泥产量回落:三是 9 ~ 10 月份理应是水泥行业的收获季节,在金融危机和行业自身调整的双重压力下,今年却表现出旺季不旺,需求加速下滑的特点。进入 11 月以后,金融危机对中国经济的影响日益显现,由于中央、国务院及时出台了一系列"保增长"的政策和措施,坚定了全行业的信心,许多搅拌站和水泥经销商纷纷加大了水泥和熟料的储量,致使 12 月出现了产销两旺的局面。预计全年水泥产量有望突破 14 亿吨,水泥产量增速有望保持在 4% 左右,虽然增速放缓,但仍然保持了持续增长的态势。

2. 产量增速下滑,销售收入却快速增长。

1 ~ 11 月,水泥产业实现销售收入 4 399.18 亿元,同比增长 24.68% ,较 2007 年提高 2 个百分点。除北京由于奥运影响,是各省市中唯一的销售收入负增长区,其他省份的销售收入均出现不同幅度的提高。

销售收入增速前10名地区的增速都在30%以上:青海省销售收入大幅上涨73.98%,达到12.38亿元;四川在继2007年收入大幅增长的情况下,受灾后重建拉动,市场仍然向好,实现了200.42亿元的销售收入,同比增长45.07%(见表3~5)。

表3 全国1~11月水泥主要经济指标

年度	水泥销售收入		利润总额		销售利润率(%)	应收帐款周转率(%)	产品积压率(%)	应收帐款		销售利润率(%)	积压率(%)
	销售收入(亿元)	同比增长(%)	利润总额(亿元)	同比增加(亿元)				应收帐款(亿元)	同比增长(%)		
2003.11	1 588.76	22.73	84.26	48.60	5.30		6.71	301.41	7.13		6.62
2004.11	2 059.44	28.71	125.20	40.94	6.08	6.69	6.29	314.49	3.33	6.51	6.20
2005.11	2 349.71	16.21	60.32	-64.88	2.57	7.28	5.98	330.74	8.55	7.10	5.89
2006.11	2 867.87	24.10	122.38	62.06	4.27	8.77	4.95	323.31	-0.27	8.59	4.86
2007.11	3 502.93	22.82	206.55	84.17	5.90	11.25	4.58	327.28	1.79	11.07	4.49
2008.11	4 399.18	24.68	270.06	63.51	6.14	12.85	4.53	366.51	12.29	12.67	4.44

表4 1~11月度水泥销售收入排名

排名	地区	销售收入(亿元)	增长(%)
	全国	4 399.18	24.68
1	山东省	549.04	10.87
2	江苏省	394.46	24.56
3	广东省	308.20	24.01
4	浙江省	302.47	11.61
5	河南省	298.56	36.87
6	河北省	297.22	19.53
7	安徽省	237.23	28.75
8	四川省	200.42	45.07
9	湖北省	192.11	27.73
10	湖南省	178.09	28.27

表5 1~11月度水泥销售收入增速排名 单位:亿元

排名	水泥销售收入增速排名(前10)			水泥销售收入增速排名(后10)		
	地区	销售收入	增速(%)	地区	销售收入	增速(%)
1	青海省	12.38	73.98	北京市	24.37	-13.17
2	海南省	19.37	55.33	山西省	43.46	2.99
3	重庆市	83.62	46.70	西藏区	6.65	3.06
4	四川省	200.42	45.07	山东省	549.04	10.87
5	内蒙古	116.36	44.42	上海市	37.21	11.46
6	甘肃省	42.15	41.93	浙江省	302.47	11.61
7	辽宁省	136.18	41.22	吉林省	119.16	14.54
8	河南省	298.56	36.87	云南省	86.85	17.26
9	新疆区	53.61	36.74	河北省	297.22	19.53
10	广西区	121.58	36.01	福建省	136.55	20.63

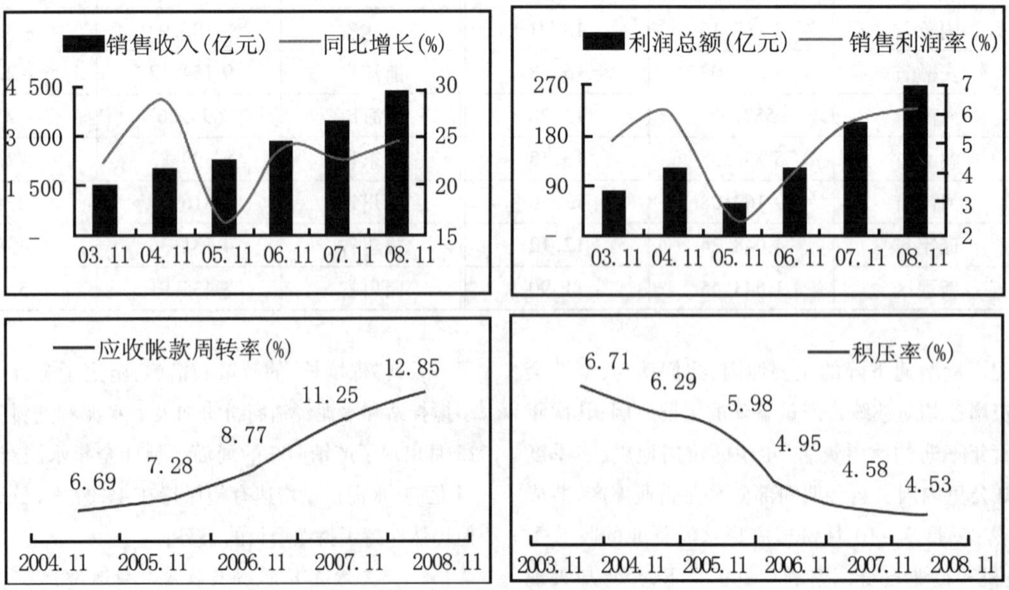

图1 全国1~11月水泥工业主要经济指标

山东、广东、浙江、河北四个产量大省，在产量出现不同幅度的下降，但仍保持了销售收入的增长：山东省继续保持全国第一的宝座，实现销售收入549.04亿元，同比增长10.87%；广东省实现308.20亿元销售收入，同比增长24.01%；浙江实现302.47亿元销售收入，同比增长11.61%；河北实现297.22亿元销售收入，同比增长19.53%。

水泥价格维持在相对高位，是销售收入快速增长的主要原因。

3. 水泥需求下滑，价格理性回归。

截止到2008年12月，根据数字水泥网对全国31个城市水泥价格的跟踪情况显示（见图2），全国水泥市场平均价格P·O42.5散装383元/吨，与2007年同期325元/吨相比，增长17.64%。增长幅度最大的是西宁、银川、重庆、兰州和济南，均在40%以上。

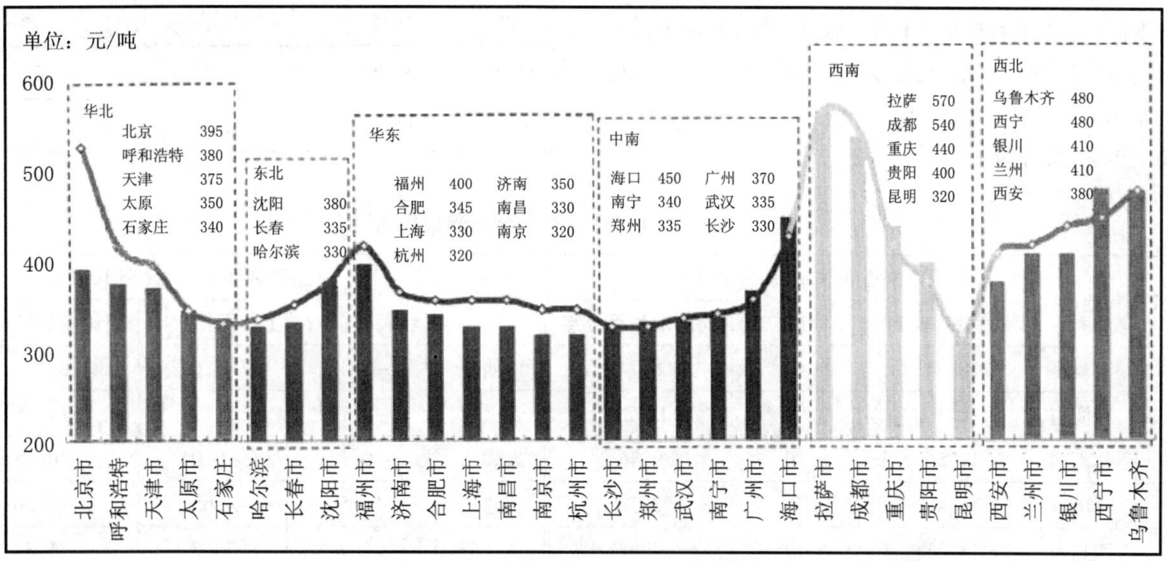

图2　2008年12月份全国P·O 42.5散装水泥市场价格

分析其原因，一是水泥行业已经探索和形成了一套价格传导机制。上半年，以煤炭为代表的原燃材料和运输价格上涨，使水泥生产成本快速上升，由于水泥行业技术进步带来的效益已经被前几年成本上升消耗殆尽，已无能力再靠内部挖潜消化生产成本的大幅度上升，所以，全行业才加紧探索和实践区域价格传导机制；二是前几年的水泥性价比本身就不合理，水泥价格多年在低位徘徊，使水泥在基本建设中的所占成本下降到只有3%～4%，水泥价格的波动对基本建设的影响甚微，价格有上升的可能和空间。

4. 生产成本上升，利润大幅提高。

2008年上半年，煤炭、石油价格暴涨，使水泥生产成本和运输成本大幅上升。成本上升推动了水泥价格走高，价格稳定是今年水泥行业效益较好的主要原因。

利润总额：如表6，1～11月，全国水泥利润总额创历史新高，达到270.06亿元，超出2007年同期64.52亿元，同比增长31.39%，大大高于销售收入涨幅，产业盈利继续向好。

表6　2008年1～11月度水泥利润总额排名　　单位：亿元

排名	水泥利润总额排名（前10）			水泥利润总额排名（后10）		
	地区	利润总额	上年同期	地区	利润总额	上年同期
1	全国	270.06	205.54			
2	山东省	38.08	27.90	山西省	-1.51	-1.14
3	四川省	27.67	8.34	云南省	-0.68	0.93
4	河北省	22.33	17.09	西藏区	0.82	0.88
5	安徽省	17.91	20.53	北京市	1.11	0.78
6	江苏省	17.84	14.39	上海市	1.28	0.62
7	湖北省	10.32	9.78	福建省	1.57	4.42
8	江西省	10.24	8.13	青海省	2.25	0.24
9	内蒙古	9.44	8.13	黑龙江	2.34	2.32
10	新疆区	9.41	3.10	贵州省	2.92	1.52

水泥利润前10名地区对全国利润总额贡献率达到67%。山东仍然是利润大省，利润总额38.08亿元，贡献率14.0%，大于产量贡献率；内蒙古、新疆凭借良好的区域运作，分别位列第9、10位。

1~11月份，全国仅山西、云南和天津三省亏损：山西产业集中度低，亏损额为1.51亿元；云南在2008年产能释放较大，供需关系紧张，亏损额为0.68亿元；天津亏损0.03亿元。

销售利润率：如表7、8，1~11月，全国水泥利润，2008年西北、西南的利润率表现要好于其他地区。主要是由于这些区域内受基础设施、能源基地建设等因素拉动，水泥需求旺盛；而华东、中南地区受成本上升、市场下行的影响，利润率较2007年略有所下降。

表7　2008年1~11月度水泥销售利润率

地区	销售利润率(%)	上年同期(%)	同比增长百分点
全国	6.14	5.90	0.24
华北	6.31	6.20	0.10
东北	4.54	5.82	-1.28
华东	5.14	5.70	-0.56
中南	6.00	6.75	-0.75
西南	9.19	4.45	4.73
西北	11.17	5.49	5.68

表8　2008年1~11月度销售利润率排名

排名	地区	销售利润率排名(前10)			地区	销售利润率排名(后10)		
		利润率(%)	上年同期(%)	同比增长百分点		利润率(%)	上年同期(%)	同比增长百分点
1	宁夏区	18.23	9.49	8.74	山西省	-3.47	-3.65	0.18
2	青海省	18.19	3.90	14.29	云南省	-0.79	0.79	-1.58
3	新疆区	17.56	8.10	9.46	天津市	-0.22	-0.04	-0.18
4	海南省	16.48	13.71	2.76	福建省	1.15	4.65	-3.50
5	四川省	13.81	6.19	7.62	浙江省	2.29	3.67	-1.37
6	西藏区	12.40	14.85	-2.45	广东省	3.03	3.85	-0.81
7	甘肃省	10.72	3.08	7.64	上海市	3.45	1.56	1.89
8	重庆市	10.06	4.07	5.98	辽宁省	3.61	3.81	-0.21
9	河南省	9.20	10.31	-1.11	黑龙江	4.12	4.75	-0.62
10	内蒙古	8.11	10.55	-2.43	江苏省	4.52	4.58	-0.05

1~11月全国水泥销售毛利率为15.15%，和2007年基本持平。可以说，2008年煤炭、燃油成本的大幅上涨被消化，转移到下游产业；经济形势下挫仍然没有阻止水泥产业盈利能力提高的脚步。毛利率排名前10中，除海南、内蒙古外，都分布在西北和西南；排名后10个地区中，华东地区占了5个。

1~11月水泥销售利润率为6.14%，同比提高0.24个百分点。六大区域中，西北地区销售利润状况最好，为11.17%，增幅也最大，同比提高5.68个百分点；西南次之，为9.19%；东北地区利润率为4.54%，同比下降1.28个百分点；华东和中南地区销售利润率略微下调，分别为5.14%和6%。

宁夏销售利润率最高，18.23%，同比增长8.74%，青海增幅最大，前10中，河南入围，贵州出局；山西、云南、天津销售利润率为负，山西的销售毛利率15.53%，处于中游，但销售利润率落在最后，主要是三项费用过高。

5. 产品积压率下降，应收帐款周转率提升。

1~11月的全国的水泥产品积压率延续近几年连续下降趋势，为4.53%，是自2003年以来的最好水平（见图3）。今年在市场需求减缓的情况下，很多地区主动采取限产保价措施，是产品积压率持续走低的最主要原因。

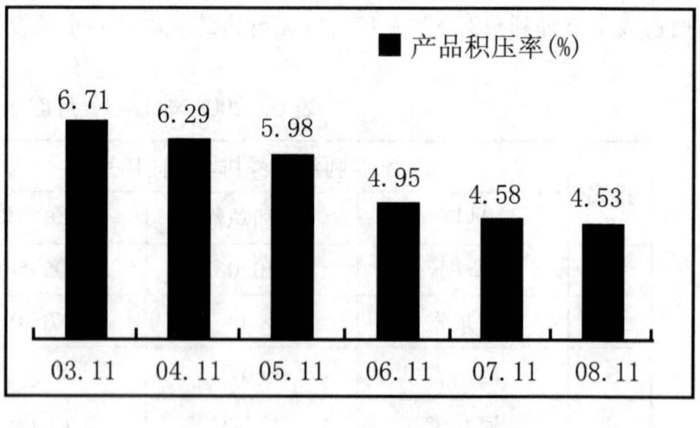

图3　1~11月水泥产品积压率

水泥产品积压率最低前10的地区均在4%以下，较上个季度又有所降低（见表9）：排名第一的重庆，获利于本地市场需求旺盛以及受四川灾后重建启动影响；而山东、安徽等很多地区的企业及时调整生产节奏，控制库存，面对市场下行的趋势有效地解决产品积压的问题。水泥产品积压率最高的前10地区中，山西省以积压率20.02%为最，比2007年同期微降1.10个百分点。

表9 2008年1～11月度产品积压率排名

排名	地区	产品积压率(前10)			地区	产品积压率(后10)		
		积压率(%)	上年同期(%)	同比增长百分点		积压率(%)	上年同期(%)	同比增长百分点
	全国	4.53	4.58	-0.06				
1	重庆市	2.69	4.28	-1.59	山西省	20.02	21.13	-1.10
2	江苏省	2.70	2.58	0.12	天津市	15.01	8.83	6.19
3	山东省	2.84	3.14	-0.30	甘肃省	9.38	5.16	3.85
4	安徽省	3.03	3.43	-0.40	云南省	9.01	5.16	3.85
5	海南省	3.15	2.08	1.07	北京市	7.61	6.48	1.13
6	河南省	3.16	3.69	-0.53	贵州省	7.20	8.61	-1.41
7	新疆区	3.18	3.63	-0.44	黑龙江	7.13	6.67	0.47
8	江西省	3.27	2.50	0.77	宁夏区	6.69	6.36	0.34
9	四川省	3.36	4.17	-0.81	广东省	6.33	4.57	1.76
10	河北省	3.82	4.60	-0.78	陕西省	6.18	8.17	-1.99

2008年市场发生了急骤变化,旺季不旺,没有出现产品大量积压的现象,有效地控制了产品积压率。这说明,水泥企业较前有了很大进步,市场需求的控制能力在增强。

应收账款周转率提升。随着销售收入的快速增长,1～11月应收账款有所上升,为366.51亿元,同比上升了12.09%,上升幅度在合理范围。应收账款周转率却较2007年同期加快1.6次,达到12.85次。在应收账款周转率排名前10的地区中(见表10),贵州的应收账款最低为5.41亿元,周转率29.20次,居全国首位;浙江和江苏的应收账款周转率较高,分别为23.52次和17.34次,说明沿海的水泥大省对资金回收非常重视。

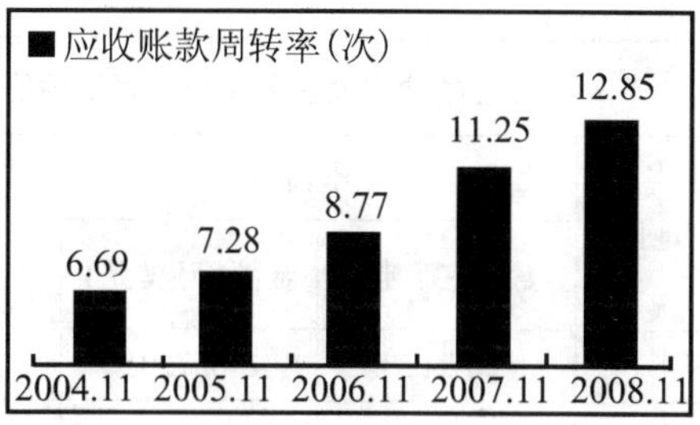

图4 应收账款周转率(次)

表10 2008年1～11月度水泥应收账款周转率排名 单位:次

排名	应收账款周转率排名(前10)			应收账款周转率排名(后10)		
	地区	周转率	去年同期	地区	周转率	上年同期
	全国	12.85	11.25			
1	贵州省	29.20	25.56	北京市	2.74	2.61
2	福建省	26.63	24.41	天津市	2.92	2.44
3	浙江省	23.52	19.50	上海市	3.51	3.14
4	内蒙古	23.20	17.70	新疆区	4.33	4.31
5	重庆市	19.22	17.66	河南省	4.50	2.94
6	陕西省	18.62	14.91	江西省	5.08	3.65
7	江苏省	17.34	10.52	湖南省	5.26	5.04
8	吉林省	17.12	22.80	山东省	5.85	7.15
9	云南省	16.89	15.15	黑龙江	5.98	4.75
10	甘肃省	16.31	10.15	四川省	6.13	5.87

6. 水泥、熟料出口下降。

金融风暴在全球愈演愈烈,世界经济衰退,出口表现最为明显。我国是水泥出口的主要国家,如美国、俄罗斯等国的经济均受到巨大动荡,对水泥的出口需求减弱。见表11,2008年1～11月,水泥、熟料出口比2007年同期都有所下降,熟料出口大幅下跌,同比减少达28.75%,水泥出口同比减少14.32%。

表 11　1 ~ 11 月水泥及熟料出口情况

品种	累计出口量		累计出口额		平均离岸价格(美元/吨)	
	数值(万吨)	增速(%)	金额(万美元)	增速(%)	2008.11	2007.11
水泥	1 214.95	-14.32	57 596.49	2.40	47.41	39.66
其中:硅酸盐水泥	1 132.99	-14.85	52 566.58	1.19	46.40	39.04
白水泥	9.74	-26.04	880.31	-5.67	90.39	70.87
水凝水泥	68.85	-4.19	2 415.81	7.68	35.09	31.22
矾土水泥	3.37	40.39	1 733.79	54.69	513.95	466.44
水泥熟料	1 209.16	-28.75	43 992.61	-14.95	36.38	30.48

见表 12,我国水泥出口地区主要是美国、非洲、俄罗斯和周边国家地区,美国仍然是我国最大的水泥出口国,但比 2007 年同期相比减少了近 300 万吨;俄罗斯 2008 年从我国水泥进口量急剧增加。熟料出口方面,1 ~ 11 月份,我国向阿联酋出口的熟料达到 308.98 万吨,已超过西班牙,跃居第一位;西班牙在国内新建生产线的投产,使 2008 年向其熟料出口急剧下降,与 2007 年同期相比,减少了近 500 万吨。

表 12　我国主要水泥及熟料出口国

1 ~ 11 月硅酸盐水泥主要出口国家及地区				1 ~ 11 月水泥熟料主要出口国家及地区			
国别/地区	出口		离岸价格(美元/吨)	国别/地区	出口		离岸价格(美元/吨)
	数量(万吨)	金额(万美元)			数量(万吨)	金额(万美元)	
美国	207.35	8 657.91	41.76	阿联酋	308.98	11 285.94	36.53
安哥拉	170.06	8 351.33	49.11	西班牙	291.51	9 942.63	34.11
俄罗斯联邦	101.70	6 047.25	59.46	科威特	113.41	4 018.28	35.43
尼日利亚	90.16	3 556.57	39.45	中国台湾省	112.07	3 680.72	32.84
中国台湾省	65.00	2 348.16	36.13	孟加拉国	89.03	2 762.11	31.02
蒙古	58.65	2 998.66	51.13	意大利	53.97	1 806.31	33.47
韩国	53.18	1 939.55	36.47	卡塔尔	50.19	1 943.22	38.72
刚果(布)	52.71	2 613.18	49.58	澳门	27.66	1 034.69	37.41
香港	41.03	1 674.36	63.69	马来西亚	23.03	754.62	32.76
哈萨克斯坦	31.39	1 887.12	60.12	比利时	19.67	651.84	33.13

见表 13,我国水泥、熟料出口地区集中在华东的安徽、山东和江苏。从水泥出口来看,出口量最大的江苏省较 2007 年同期减少了近 150 万吨;熟料出口方面,安徽省较 2007 年同期增加了近 150 万吨,山东省、上海的熟料出口出现大幅滑坡,分别减少了近 350 万吨、150 万吨。

表 13　我国国内水泥及熟料主要出口地区

国内 1 ~ 11 月硅酸盐水泥主要出口地区				国内 1 ~ 11 月水泥熟料主要出口地区			
地区	出口		离岸价格(美元/吨)	地区	出口		离岸价格(美元/吨)
	数量(万吨)	金额(万美元)			数量(万吨)	金额(万美元)	
江苏省	416.22	17 782.41	42.72	安徽省	901.96	30 969.13	34.34
山东省	379.20	17 463.77	46.05	山东省	171.61	6 510.54	37.94
内蒙古	53.55	2 710.55	50.62	广西区	50.11	1 710.37	34.13

续　表

国内1～11月硅酸盐水泥主要出口地区				国内1～11月水泥熟料主要出口地区			
地区	出口		离岸价格（美元/吨）	地区	出口		离岸价格（美元/吨）
	数量（万吨）	金额（万美元）			数量（万吨）	金额（万美元）	
广东省	49.43	2 045.34	41.38	上海市	39.38	1 181.64	30.01
安徽省	46.36	2 218.04	47.84	广东省	30.32	1 178.39	38.87
新疆区	37.32	2 131.00	57.10	浙江省	3.07	203.34	
广西区	27.57	1 438.74	52.18	贵州省	2.91	843.51	
河北省	22.42	960.81	42.86	山西省	2.15	227.50	
黑龙江	20.74	1 348.04	65.01	内蒙古	1.76	55.71	
辽宁省	18.89	852.63	45.13	河南省	1.68	393.44	

政策拉动水泥投资势头未减

受水泥产业政策、国家重点支持大企业参与结构调整政策、节能减排政策，以及2006和2007年水泥市场偏暖的推动，2008年水泥投资持续走高。1～11月水泥产业投资完成942.14亿元，同比增长65.05%（见表14、15）。

表14　2008年1～11月度水泥投资　单位：亿元

地区	水泥投资	增速（%）	比重（%）
全国	942.14	65.05	100.00
华北	122.91	107.04	13.05
东北	86.72	19.75	9.20
华东	193.66	61.21	20.56
中南	297.50	59.37	31.58
西南	171.41	72.34	18.19
西北	69.93	113.34	7.42

表15　2008年1～11月度水泥投资排名　单位：亿元

排名	水泥投资排名（前10）			水泥投资排名（后10）		
	地区	投资额	增速（%）	地区	投资额	增速（%）
1	四川	79.45	145.28	上海		
2	河南	77.13	18.99	北京		
3	广西	63.36	108.21	西藏	0.12	
4	湖北	60.01	141.51	天津	1.01	-10.76
5	湖南	59.81	70.82	宁夏	2.12	94.86
6	河北	57.61	207.34	甘肃	5.20	147.28
7	安徽	53.15	54.18	海南	6.61	634.72
8	辽宁	49.63	17.44	青海	7.49	661.66
9	内蒙古	39.54	75.35	黑龙江	16.06	18.17
10	福建	38.64	75.29	浙江	17.89	51.47

虽然华东、中南两大重量级区域的投资速度放缓，但从总量上看，仍是全国水泥投资的重点区域：中南地区已经超过华东地区，总额占到全国投资比重的31.58%，全国投资前5席中就占4位（河南、广西、湖北、湖南）；华东地区水泥投资同比增速低于全国近4个百分点，投资重心由山东等省转移到安徽、福建两省，后者进入全国投资前10。

西北地区是最看好的区域，新疆、宁夏、陕西等地区今后将是国家能源重点开发地区。受国家重点建设拉动，西北地区1～11月份水泥投资同比增长113.34%，但因基数较小，仅占总投资7.42%

从前10大水泥投资大省看：

连续多年排在全国首位的河南省在临近2008年底被最为看好的投资热点四川超出，应该在意料之中。四川灾后重建，企业积极性高涨，但也引起业内外对市场容量和布局的担忧。

广西水泥投资继续走强。一是，广西区内经济建设活跃；二是，广西拥有丰富的矿山资源，又可沿西江通过水路连接紧邻的经济发达地区广东“珠三角”市场，低成本的制造加工和物流优势使大企业集团对广西不断追加投资。

两湖地区是中部崛起的重要地区，继“长三角”、“珠三角”之后，又为众多大集团云集的战场，加紧新线建设。尽管中西部是国家重点投资地区，但由于密集的新产能投入和整体市场的下行，还有很大的市场不确定因素。

河北环渤海的建设是国家今后几年经济发展的热点，启动现象已经显现；安徽的资源和水路优势，已被业内所共识，在安徽建线运往江苏，取长补短；辽宁的生产线建设已进入中期阶段，2009年产能将投放；内蒙古、陕西、宁夏和新疆受能源建设拉动，是看好的投资热土；福建由于两岸政治形势的渐明朗化，受到海西经济区建设的拉动，被视为投资热土，“台泥”、“华润”、“塔牌”投巨资进入。

新型干法水泥发展再创新高结构调整又上新台阶

由于2008年水泥行业固定资产投资继2003年后，又达到新的高潮，新开工新型干法水泥项目238个，预计2008年投产项目70个，新增熟料产能1.1亿吨；初步统计2008年已淘汰落后产能超过6 000万吨，这一增一减使新型干法水泥比例大幅提高，预计2008年新型干法水泥比重提高6个百分点以上，也就是说达到61%以上不成问题。

企业间重组联合步伐加快

大企业发展态势良好规模和效益双提高

到2008年末，新型干法产能在1 000万吨以上的企业将达到14家，其中“海螺”、“中国建材”产能上亿吨，前10强的生产集中度提高到20%，大企业核心竞争力明显提高。

技术改造投资猛增节能减排成效显著

据统计资料显示，2008年投运的余热发电生产线149条，安装发电机组106台，装机容量975.2兆瓦，减排二氧化碳665万吨，创造的经济效益超过30亿元。预计2009年投运的余热电站装机总容量将超过历年的总和。

在需求下滑，成本上升，金融危机影响等内外部环境极其不利的情况下，2008全行业经济效益还创历史新高确实让人喜出望外，这应该归功于这几年水泥工业的结构调整，特别是生产集中度的提高，同时也标志着中国水泥市场逐步走向成熟。

★该篇文章发表于2009年第2期《中国水泥》。

第二篇

综 述

各省水泥工业概况

各省动态

各省水泥工业概况

Cement Industry Profile in Each Province

北京市

Beijing

【**水泥工业发展概况**】　2008年，全市有生产许可证的水泥企业25家，其中新型干法企业12家；普通回转窑企业4家；粉磨企业9家。全市生产熟料705万吨，其中：新型干法熟料产量684万吨，其他窑型熟料产量21万吨；水泥产量879.2万吨，其中：P·O 42.5强度等级水泥产量740.2万吨，P·O32.5强度等级水泥产量62.8万吨，P·S32.5强度等级水泥产量44.4万吨，其他品种的水泥产量31.8万吨；水泥销售量877.5万吨；其中：袋装水泥133.3万吨、散装水泥744.2万吨，水泥散装率达到84%以上。

协会主要工作：

1. 北京市水泥行业协会七届二次会员大会于2008年7月14～15日在北京市昌平区龙山度假村召开。杨希震作了题为《拓宽思路 开创协会工作新局面》的工作报告；会议还通过了推荐姜英武同志接替杨希震同志任北京市水泥行业协会秘书长的变更意见。

2. 配合市技监局完成对“琉璃河”、“新北水”、“兴发”、“双山”等8家水泥企业生产许可证现场评审工作。

3. 落实北京水泥行业的《北京市水泥行业节水方案》计划与实施。2008年北京水泥企业采取节水措施14项，节水58.6万吨。

4. 完成水泥企业化验室到期换证工作。2008年到期换证企业“前景”、“平二”、“双山”、“新港”等7家企业，完成了水泥企业化验室合格证的申请、审查、现场考核等换证工作。

5. 在首次职业资格认定培训的经验上，积极筹划组织水泥行业特种职业中、高级技工资格认定和破格选拔特种职业技师资格认定培训工作，培训人数63人，为行业产业提升奠定人才基础。

6. 完成了北京市水泥行业7家企业的“诚信企业”复审工作。北京市琉璃河水泥厂有限公司、新北水水泥有限责任公司、北京太行前景水泥有限公司、北京市燕山水泥有限公司、北京新港水泥制造有限公司、北京通达耐火技术有限公司6家企业获环渤海地区“诚信企业”称号；北京双山水泥集团获北京市“诚信企业”称号。

7. 根据北京市工业促进局京工促发“关于印发《北京市关于加快退出高污染、高耗能、高耗水工业企业的意见》的通知”(2007)123号文件精神，为北京市工业促进局编制完成了《北京市“高污染、高耗能、高耗水”小水泥企业有序退出实施方案》，制定了2008～2010年小企业退出的规划。

记　事

3月　在京沪高速铁路招标中，金隅集团琉璃河水泥有限责任公司、鼎鑫水泥有限公司分别中标B01北京至廊坊段、B02廊坊至天津段。两段工程水泥用量分别为28万吨、33万吨。

3月18日　金隅集团与河北省涿鹿县人民政府签署了《大水泥项目合作协议书》，拟建设一条日产4 500吨新型干法水泥生产线，为集团开拓张北地区水泥市场奠定了基础。

3月20日　经北京丰台出入境检验检疫局检验合格，金隅集团琉璃河水泥有限责任公司生产的水泥首次出口到俄罗斯。

6月1日　实施《通用硅酸盐水泥》GB1775－2007新的水泥标准。

6月7日　北京金隅集团组织所属企业琉璃河水泥厂连夜包装500吨“金隅”水泥紧急运往四川地震灾区。各级领导高度重视，亲临指挥，一线职工放弃休息，加班加点，保证了水泥的顺利发出。

7月15日　北京市水泥行业协会召开七届二次会员大会，选举姜英武同志为北京水泥行业协会秘书长。

7月20～9月20日　响应市政府号召，全力办好2008北京第二十九届奥运会，全市水泥企业(除新北水以外)全部停产。

9月25日　金隅集团与河北省保定曲阳县太行山水泥有限公司签约，建设一条日产4 500吨新型干法水泥生产线和配套余热发电项目。

9月30日　北京市政府发布了《关于第十五阶段控制大气污染措施的通告》，其中第十二条规定：淘汰年产能20万吨以下的水泥生产企业。

12月3日　美国环境保护总署署长史蒂文·约翰逊(Stephen Johnson)先生在中国可持续发展工商理事会(CBCSD)执行秘书长翟齐、环保部污控司处长于飞、北京市环保局办公室主任程英等领导的陪同下,到"新北水"考察。

12月9日　财政部、国家税务总局联合下发了《关于资源综合利用及其他产品增值税政策的通知》,对水泥产品退税政策进行了调整。

12月16日　由中国建筑材料研究科学总院和拉法基瑞安水泥北京兴发水泥有限公司联合举办的基准水泥十周年纪念与研讨会。

(北京市水泥行业协会　供稿)

天津市

Tianjin

【水泥工业发展概况】

1. 企业情况。

水泥作为基础建材,在建设工程中是不可或缺的。天津市共有23家水泥企业,包括"振兴"、"天水"两家知名企业。水泥粉磨站16家,其中60万吨以上的有16家。截止到2008年底,水泥产量689.1万吨,完成工业总产值20.7亿元,其中新型干法水泥产量236万吨,已占到34.2%。随着天津冀东水泥有限公司新型干法水泥生产线的投产,天津市日产2 000吨熟料生产线3条,日产1 000吨熟料生产线1条。

在2007年淘汰落后产能的工作的基础上,进一步对水泥企业进行取缔、关停等一系列措施,2008年共淘汰水泥生产线12条,生产能力125吨。

2. 市场需求。

国家发改委总体规划中规定:北京、天津市等中心城市,环保要求高,原则上不再发展水泥,需求由周边地区供给。而且天津市资源缺乏,所有生产原料和水泥成品都必须由周边地区运进。但是随着滨海新区的开发开放,工业投入、基础设施投入、现代服务业投入、社会事业投入、农业小城镇建设和土地资源开发的不断加大,天津市水泥市场呈现一片繁荣景象。但由于天津自身条件的薄弱,市场缺口近1 500万吨。目前天津水泥市场东有"冀东","西部"、北部有"金隅",南有"山水"和"中联",中间有"振兴水泥"。随着金隅集团成功收购"振兴水泥",之前已开始收购兼并混凝土企业,其已掌控天津水泥上下游企业,形成自己的产业链。而"冀东水泥"也在不断地扩充自己的实力,都在争相分夺天津这块大蛋糕。

【工作动态】

2008年,中国遭遇了历史罕见的雨雪冰冻灾害和"5.12"四川汶川特大地震灾害。在党中央国务院的正确领导下,全国人民万众一心、众志成城,战胜了艰难险阻,稳定了经济社会发展。我们全体会员企业在艰难的条件下,一边生产、一边支援灾区,也取得了重大胜利。天津市建材业协会水泥专业委员会的人员积极参加天津援建四川灾区后方指挥部工作长达三个月的时间,天津市建材业协会因此荣获"集体优秀组织奖"。

1. 艰难奋战,突破市场供应2 000万吨大关。

2008年是不平凡的一年,全球经济在美国金融风暴的影响下,遭受百年一遇的巨大损失和衰退。中国经济也受到一定的影响,中小加工、出口企业受到重创。冰冻天灾给中国经济带来损失326.7亿元,南方十三个省市电力设施瘫痪,煤炭资源供应紧张,煤价上涨,给水泥行业带来很大困难。"5.12"特大地震,直接造成经济损失8 451亿元,我们各企业在这种困难的情况下,高成本运营,一些企业甚至负债经营。8月份中国又成功举办奥运会,受到世界人民的关注和赞扬,但为保证安全,开山炸药受到管制;为净化环境,污染企业停止生产,一年来我们会员企业努力生产,保障供应,圆满完成2007年年会提出的1 700万吨指标,突破供应量2 000万吨大关。

2. 规模化经营模式已基本形成。

规模化经营,是通过联合重组,强强联合,上下游企业联接等方式组成企业集团,向规模化、集约化方向发展,提高企业集中度,是抵御市场风险的有效方式。

"冀东水泥"依托国家产业政策不断做大做强水泥主业,实现了跨地区发展。他们发展的战略是"巩固华北,挺进东北,开拓西北,进军川渝",已基本形成了京津唐、吉林、辽宁、陕西、内蒙、四川等六大地区的战略布局,形成了跨地区、跨所有制、跨行业的集团化企业。"十一五"期间,京津唐地区水泥产能将达到3 000万吨。金隅集团在巩固主业的基础上积极扩展上下游产业链,将许多商品混凝土和混凝土制品企业收为帐下,扩展产业链,做大做强。

3. 津冀两省市协会已达成协议,联手打造天津水泥市场。

天津市建材业协会与河北省建材工业协会在2007年水泥年会后,经多次洽谈,已于2008年9月17日在石家庄达成协议,决定凡进入天津市场的水泥产品必须向河北省建材工业协会提出申请,由河北省建材工业协会审核推荐,由天津市建材业协会审核确认备案，方可在天津市场销售，实现源头双控跟踪管理模式，保质保量，供应天津市场需求，共同为把天津建成国际港口大都市、北方经济中心和生态城市做出行业重大贡献。

4. 节能减排已形成企业家们的共识。

节能减排是企业生存的大事，是造福子孙后代的大事，是降低成本，增强企业市场竞争力的大事，每一位高明的企业家都应不惜一切代价，下大功夫做好这项工作。

天津"振兴水泥"将节能减排提高到企业生存的大事去抓，不惜投入6 650万元重金，组织实施。他们将节能减排列入企业重要议程，定项目，定指标，定人员，重点去抓。他们将节能减排列入企业现代管理机制常抓不懈，发动群众人人抓，处处抓，鼓励小改小革，小发明小创造，解决跑、冒、滴、漏问题，并取得重大成效，被评为天津市节能减排先进企业，总工韩晓光被报送全国水泥行业优秀总工程师；企业被评为全国建材行业先进企业。

"冀东水泥"已投产和开工建设14台纯低温余热发电机组。全部建成后，可使水泥综合耗电降低40%，每吨水泥降低成本24元。节能减排是企业生存的大事，是国家发展的需要，是社会进步的需要，希望各位企业家为企业的生存，为可持续地发展，全力抓好这项工作。

4. 加强产品质量管理是行业协会的重点工作。

一年来，协会从三个方面加强了产品质量的管理，一是津冀两省市行业协会对进津企业进行联合审查备案；二是源头跟踪抽查。每年由协会组织、建材质量监督第二十一站配合，对进津的河北、山东、北京、天津、辽宁五省市172家企业全部进行抽检，产品合格率98%；三是动态管理。在配合市建委现场检查中，对进入建筑现场的水泥产品进行复检，实施动态管理，取得了很好成效。

记　事

3月16日　进行2008年淘汰落后产能工作，与市经委、发改委一起召开工作会议，确定2008年淘汰任务的进度。

5月25日　"5.12"大地震后，响应市建委号召，展开抗震救灾活动，抽调人员组成抗震救灾后方指挥部，负责过渡安置房的生产、运输以及协调等一系列问题。

9月14日　与河北省建材工业协会达成协议，决定凡进入天津市场的水泥产品必须向河北省建材工业协会提出申请，由河北省建材工业协会审核推荐，由天津市建材业协会审核确认备案，方可在天津市场销售。

11月2日　启动抽检工作，协会与"21站"配合一起对进入天津市场的外埠水泥进行抽检。

12月22日　在蓟县渔阳宾馆召开水泥年会。

（天津市建材业协会水泥专业委员会　供稿）

河北省

Hebei Province

【水泥工业发展概况】　2008年，河北省入统水泥企业完成水泥产量8 953万吨，同比下降1.66%；完成水泥熟料产量4 041万吨，同比下降6.42%，其中，预分解窑熟料产量2 080万吨，同比增长5.52%；新型干法水泥比重为51.5%，同比提高8个百分点。熟料产量的下降主要是立窑等落后窑型熟料产量的下降，淘汰落后产能工作取得明显成效。

2008年河北省入统水泥企业完成主营业务收入295亿元，同比增长13.73%；实现利润总额21亿元，同比增长10.64%，实现利税34.6亿元，同比增长6.96%。

记　事

3月5日　河北省建筑材料工业协会召开2008年度上半年各市秘书长会议。会议主要对各市秘书处2007年的工作进行了总结，讨论了2008年的工作计划。会议还布置了全省水泥企业岗位培训和化验室年度评审考核等事宜。

3月17～5月15日　进行河北省水泥企业化验室年度评审考核。协会抽查了全省20%的水泥企业进行了现场评审考核。现场验收企业120家，通过42家，通过率35.0%；基本通过77家，基本通过率61.2%；不通过1家。

3月20～5月30日　河北省建筑材料工业协会组织开展了全省水泥企业化验室检验能力验证活动，此次活动由河北省建材产品质量监督检验站具体承办。

3月22～3月23日　河北省建筑材料工业协会组织召开了《通用硅酸盐水泥》新标准宣贯培训会议。会议还对水泥企业生产许可证换发证有关事项、企业需注意的问题以及有关新政策进行了讲解。

4月8～4月9日　河北省建筑材料工业协会第一次会长会议在平山县召开。会议研究讨论了协会2008年工作要点，并对有关事项进行了研究和讨论。

7月2日　河北省建筑材料工业协会与美国能源基金会

联合举办了全省重点水泥企业能效对标培训暨能效研讨会议。会议邀请了国内外知名水泥专家和能源专家,对国家节能政策和能耗限额标准进行了解读,对河北省水泥工业的能耗现状进行分析评价,提出在工艺、设备、管理等方面的差距以及应采取的措施等。会议同时还邀请了部分重点水泥企业对本单位的节能工作进行了经验交流。

10月8日 为加强河北省水泥企业销往天津的水泥产品的管理,天津市建材业协会与河北省建筑材料工业协会协商,凡进入天津市场的水泥产品必须到河北省建筑材料工业协会办理产品质量推荐手续,河北省建筑材料工业协会同时下发了《关于河北省水泥企业办理推荐进天津产品质量备案有关事项的通知》。

10月10日~2009年1月10日 协助中国水泥协会组织完成了评选2008年全国水泥企业优秀总工程师工作。

10月22~23日 河北省建筑材料工业协会第二次会长会议暨下半年秘书长会议联合在正定召开。会议通报了协会工作计划的落实情况,研究讨论了葛旭东会长年会讲话,并布置了2009年行业协会的主要工作。

10月29~30日 河北省建筑材料工业协会组织召开了《硅酸盐水泥熟料》、《水泥中氯离子的化学分析方法》新标准宣贯培训会议。此次会议由河北省建材产品质量监督检验站具体承办。

12月18~20日 河北省建筑材料工业协会年会暨应对金融危机对建材行业影响的对策高层论坛会在石家庄市召开。中国建材联合会副会长、中国水泥协会会长雷前治、中国建筑材料工业规划研究院院长刘长发,国家工业和信息化部吕桂新处长,河北省发改委工业运行局冶金建材处处长贾乐堂,河北省工经联副会长兼秘书长鲁俊芳等领导出席了会议。在这次会议上,雷前治会长做了"水泥企业目前存在的困难和问题以及金融风暴对水泥行业的影响"的专题报告。会议取得了圆满成功。

(河北省建材工业协会 供稿)

河北省建材工业协会简介

河北省建材工业协会成立于1989年,主要工作是调查研究、咨询服务、信息交流、化验室合格证管理,帮助企业解决生产、技术、管理、销售等方面的问题,并协助政府部门加强行业管理、提高企业管理水平,水泥产品生产许可证审查,贯彻产品新标准,推荐名牌优质产品、著名商标等工作,坚持为发展河北省的建材工业服务,为会员单位服务,为政府服务。

会　长:葛旭东

副会长:曹田平　张增光　王惠文　范国良　王长林
陈　鹰　李延明　王树林　赵秉龙　李竹林
宋社平　胡玉振　赵卷英　申庆山　武增海
许汉兴　梁占绪　江俊永　蔡汝强　赵士军
赫孟合　田海奎　杨拥民　田　文

监事会主席:冯志宏

秘书长:武增海(兼)

副秘书长:陈新顺　王铁军　武建伟　彭拥军

地　址:河北省石家庄市合作路129号

邮　编:050051

电　话:0311-87042331(兼传真)/85020038/85020039

山西省
Shanxi Province

【水泥工业发展概况】 2008年,尽管在外部经济环境持续转冷,国内宏观政策继续紧缩的形势下,山西省建材工业经济增长幅度受到一定的影响,但总的发展态势还是不错的。全省建材行业规模以上395户企业完成工业总产值164.15亿元,同比增长11.59%;工业增加值完成58.8亿元,同比增长3.2%;实现销售收入151.54亿元,同比增长10.06%;实现利税完成8.04亿元,同比下降10.2%;总资产258.01亿元,同比增长8.09%;全省建材工业固定资产投资完成79.9亿元,同比增长38.9%。其中省统计的151户规模以上企业水泥产量2 175.5万吨(全社会约2 900万吨),同比下降3.56%,其中新型干法水泥1 116万吨,同比增长1.9%。

【经济效益下降及成因】 2008年全省建材工业产品销售率完成95.56%,比上年同期的95.98%下降0.42个百分点;建材产品出口交货值完成8.29亿元,同比下降14.58%。不少企业生产成本与市场售价相比出现成本倒挂,全行业规模以上企业亏损户达139户,同比增加29户,增长26.36%,亏损企业亏损面为35.19%。亏损企业亏损额为4.8亿元,同比增长32.39%,全行业盈亏相抵后实现利润总额为-1.17亿元,而上年为盈利0.79亿元,降幅达249%。利税总额完成也比上年下降了10.2%,呈行业性亏损的局面。造成经济效益出现下滑的主要是水泥制造业和玻璃制造业,水泥制造业全行业亏损企业面达到39.7%,企业亏损总额达3.19亿元,占全省建材行业亏损总额的66.5%,利税下降幅度达35.1%。主要原因一是原燃材料价格上涨;二是受奥运及非煤矿山的停产整顿限制,企业开工不足,产量下降。

【推进结构调整,实现可持续发展】 认真组织贯彻实施国家及山西省围绕水泥、平板玻璃、墙体材料等产业结构调整和优化升级出台的一系列宏观调控政策措施,加大政策引导和监管工作力度。

水泥工业大力发展新型干法水泥,联合重组,扶优扶强,提高水泥生产集中度。积极开展招商引资,当年新建和技改新增投产新型干法水泥生产线3条,新增水泥产能290万吨,使新型干法水泥总产能达到1 900万吨,新型干法水泥产量占规模以上企业总产量的比重由上年的48.4%上升到51.4%。

【加大落后工艺产能淘汰力度,积极推进节能降耗】 根据《山西省水泥行业淘汰落后实施方案》和国家及全省对"十一五"期间淘汰落后工作的总体规划,严格执行政策规定,认真落实目标任务,严格考核奖惩,限期淘汰。同时发挥部门联动机制,密切配合,落实差别电价及停电、停水、停汽、停运、停贷等行政措施,协调落实淘汰落后补偿资金及时到位,综合运用经济、法律、行政等多种手段,积极推进淘汰落后工作。全年共淘汰落后水泥工艺设备70台套,淘汰落后水泥产能400万吨。

推进节能降耗,提高资源的综合利用,重点抓了宣传推广节能新技术、新设备的运用和省政府奖励政策的落实工作,同时还不断强化节能评价考核体系的建设,建立固定资产投资项目节能评估和审查制度。全省建材行业规模以上企业万元工业增加值综合能耗7.4吨标准煤,比上年下降5.2%,消纳利用固体废弃物1 250万吨。

【加强行业管理,提高产品质量】

1. 认真组织宣贯实施国家新标准。

认真对《通用硅酸盐水泥》、《水泥单位产品能源消耗限额》、《硅酸盐水泥熟料》、《用于水泥和混凝土中的粒化高炉矿渣粉》等国家新标准进行了宣贯落实。

2. 开展水泥企业化验室监督检查。

根据国家和省有关水泥企业质量管理及化验室管理的各项行业规章规定,组织对新建的15户水泥企业化验室进行了现场评审考核,对符合条件的化验室颁发了《水泥企业化验室合格证》。对266户水泥企业化验室进行了年度监督检查,241户企业年度检查合格,19户企业基本合格,6户企业不合格。对已经关闭、长期停产和列入省2008年淘汰落后水泥企业名单的19户企业注销其化验室合格证和检验报告专用章。不断强化对化验室的规范化管理。全省水泥企业化验室检验人员持证上岗率达到95%,化验室主任持证率也达85%。

3. 加强建材产品的监督抽查工作。

根据省质量技术监督局的安排,对全省129户水泥企业开展定期监督抽查,抽查批次合格率96.9%。

4. 提高职工队伍素质。

在提高产品质量的同时,更注重提高职工队伍的素质,举办了水泥企业化验室主任培训班、建材行业质量管理知识讲座、熟料煅烧工和中央控制室操作员上岗培训班、特有工种职业技能鉴定。同时,为激励动员全省广大建材战线职工努力拼搏、钻研科学技术,对全省建材行业改革开放30年代表人物和年度先进单位、先进工作者进行了大力表彰,很好地营造了一个比、学、赶、帮、超的良好和谐氛围。

5. 积极推广新技术。开展技术革新,促技术进步。

在综合利用工业废渣、循环经济、节能环保新技术等方面,大力开展职工群众性技术革新活动,开展技术学术交流,推动群众性质量管理活动深入进行,努力提高建材企业创新能力和市场竞争能力,极大地调动了广大科技人员和职工为建材行业创新奉献的积极性。

【存在问题】

1. 行业整体实力仍不够强。

山西建材工业结构性矛盾依然突出。一是建材企业规模普遍偏小,技术装备水平不高,大企业、大集团数量较少,主导产品新型干法水泥、新型墙材比重仍低于全国平均水平;二是产品结构不合理。一方面是传统建材产品在整个建材业中所占比重过大,新型建材产品、科技含量高、附加值高、非金属深加工及新材料产品较少。另一方面是低档次产品占较大比重,中高档产品发展速度滞缓。

2. 贯彻国家产业政策力度不够大。

目前仍有近百家水泥企业在无生产许可证的情况下生产、销售水泥,对这种严重违背国家政策的非法行为,查处力度不够。

3. 节能减排形势依然严峻。

水泥工业落后工艺产能仍占较大比重,单位产品能耗指标明显高于全国平均水平,因而节能降耗任务艰巨。

4. 原燃材料价格高,供应紧张,使企业经营困难。

石灰石、矿渣等主要原材料供应困难,煤电原燃材料价格不断上涨,引发生产、运输、人力成本上升,造成建材企业普遍资金短缺,企业亏损严重。

2008年度山西省前30位水泥企业产量　　单位(吨)

序号	单　位	地理位置	全年产量	占全省产量(%)	比上年增长(%)
1	太原智海集团有限公司	太原/晋中	1 700 000	7.81	123.54
2	太原狮头集团有限公司	太原/朔州	1 553 185	7.14	-5.76

续 表

序号	单　　位	地理位置	全年产量	占全省产量(%)	比上年增长(%)
3	山西亚美建筑工程材料有限责任公司	阳泉	957 193	4.40	-6.55
4	长治钢铁(集团)瑞昌水泥有限公司	长治	761 258	3.50	-6.62
5	山西晋牌水泥集团有限公司	长治	708 996	3.26	0.02
6	闻喜县第二水泥有限责任公司	运城	569 967	2.62	-13.33
7	山西海鑫鑫光水泥有限公司	运城	528 184	2.43	3.08
8	新绛县威顿水泥有限公司	运城	466 431	2.16	14.37
9	西山煤电集团公司	太原	441 200	2.03	-7.56
10	广灵精华化工集团绿川建材分公司	大同	439 766	2.02	-4.52
11	山西汾西矿业(集团)有限责任公司	晋中	400 000	1.84	25.0
12	山西吉港水泥有限公司	吕梁	400 000	1.84	- -
13	中阳县桃园水泥有限责任公司	吕梁	390 000	1.80	-15.77
14	山西中条山新型建材有限公司	临汾	366 373	1.68	74.18
15	大同市兴旺集团公司	大同	342 226	1.57	-167.3
16	天脊煤化工集团股份有限公司	长治	310 275	1.43	-1.30
17	河南孟电集团陵川水泥有限公司	晋城	281 765	1.30	13.22
18	山西双良水泥有限公司	太原	274 567	1.26	-34.45
19	山西孝义市东义煤电铝特种水泥有限公司	吕梁	255 025	1.17	56.75
20	山西中条山建筑有限公司	运城	249 634	1.15	1.26
21	山西省公路构件厂	太原	249 228	1.15	4.93
22	潞城市卓越水泥有限公司	长治	238 901	1.10	43.48
23	山西中盛水泥有限公司	吕梁	220 136	1.01	21.49
24	阳城县西城水泥厂	晋中	217 456	1.00	15.82
25	大同水泥集团有限公司	大同	215 021	0.99	-365.86
26	山西省运城市清华水泥厂	运城	205 150	0.94	3.43
27	侯马市汇丰建材有限责任公司	临汾	204 766	0.94	-29.64
28	山西卦山水泥有限责任公司	吕梁	200 388	0.92	-11.18
29	山西晋投夏工水泥有限公司	晋中	197 842	0.91	52.98
30	阳城县太岳水泥厂	晋城	189 450	0.87	4.99
合 计			13 344 933	61.37	-3.56

2008 年山西省名牌产品名单(水泥企业部分)

1. 阳泉天隆工程材料有限公司/快硬硫铝酸盐水泥
2. 山西亚美建筑材料有限公司/水泥
3. 长治钢铁(集团)瑞昌水泥有限公司/通用硅酸盐水泥

记　事

3 月 7 日　山西省建材行业工作座谈会暨省建材工业协会第四届五次理事会在太原召开,山西省经济委员会主任洪发科到会并做了重要讲话。来自全省各市建材行业主管部门及企事业单位代表参加了会议。会议根据全国建材工业会议和全省工业经济工作会议的部署,结合山西省建材工业实际情况及形势问题进行探讨研究,安排部署全年工作。并对山西省人事厅和山西省建材行业管理办公室组织评选出的全省建材行业 7 户先进集体、13 名劳动模范和 7 名先进工作者,以及山西省建材工业协会组织评选出的 2007 年度全省建材行业 33 户优秀单位、25 名行业管理卓越领导者和 24 名先进工作者进行了大会表彰。同时对在全省建材行业“狮头杯”建材质量控制工岗位职业技能竞赛中荣获山西省劳动竞赛委员会颁发“山西省五一劳动奖章”的两位同志进行褒奖。

4 月 12 ~ 14 日　山西省水泥行业产品检测质量工作会议在太原召开,全省各市建材主管部门领导和水泥企业负责人共 200 余人参加了会议,对 2007 年度全省水泥产品对比验证情况及全省水泥物理检测和化学分析大对比情况进行了总结通报，并对荣获2007年度全省水泥性能检测优秀单位和优秀化验室主任及全省水泥性能检测与化学分析大对比全合格单位进行表彰奖励。

4月29日　冀东海天水泥闻喜公司日产4 500吨熟料水泥生产线项目奠基仪式在运城市闻喜县隆重举行。该项目是山西省首条日产4 500吨熟料生产线。设计年产熟料155万吨、水泥230万吨，还将同步配套建设9兆瓦纯低温余热发电机组。

5月8日　同煤集团日产4 500吨新型干法水泥熟料生产线及7.5兆瓦余热自备发电项目在朔州市怀仁县开工奠基。中国水泥协会会长雷前治、中国水泥杂志社社长庄春来、中国建材工业经济研究会秘书长马秋中、国家建材工业质量认证中心副主任田源等领导出席奠基仪式。

6月18～28日　山西省建材工业协会在忻州市举办了三期水泥企业熟料煅烧工及中央控制室操作员上岗培训班，全省各水泥企业444名岗位操作工进行了学习培训，经考试合格，获得上岗操作证书。

8月18日　山西省水泥工业余热发电学术交流暨现场会在中条山新型建材有限公司召开，到会有15位专家及水泥企业领导，会后代表们参观了中条山新型建材有限公司生产现场和余热发电车间。

10月21日　山西广灵县富成水泥有限公司日产4 000吨熟料新型干法水泥生产线项目奠基，总投资4.3亿元，该项目的建设，对于改善广灵环境、提高资源综合利用将产生重要作用。

11月28日　唐山冀东水泥股份有限公司与山西省交城卦山水泥有限责任公司签定新型干法水泥生产线项目协议，出资完成卦山在建日产1 800吨熟料水泥生产线工程，并新建两条日产4 500吨熟料带纯低温余热发电水泥生产线。

12月10日　山西维高水泥制造有限公司日产4 800吨干法水泥生产线项目在高平市举行了隆重的奠基仪式，总投资3亿元。

（山西省建筑材料行业管理办公室　供稿）

山西省建筑材料工业行业管理办公室（简称省建材行业办）简介

主要职责：

1. 负责全省建材行业的规划、协调、管理与服务。

在省经委的领导下，贯彻落实国家和省有关方针、政策、法规；根据省经委确定的总体发展规划，研究拟定建材行业专业发展规划，促进行业结构调整，规划引导行业合理布局；组织制订行业规章和技术标准；协调行业内部关系，维护公平竞争秩序；研究行业发展中的重大问题，向有关部门提出政策建议；掌握和分析行业生产动态，汇集、分析和发布行业经济技术和市场信息，提供信息咨询服务；促进建材资源综合利用，负责全省墙体材料革新与推广、管理工作，推进新型建材及制品的开发和推广应用；指导国有企业改革和组织结构调整。

2. 省建材行业办下设2个部：综合部、行业管理部。

3. 核定省建材行业办行政编制6名。（略）

4. 设置建材离退休人员管理处，负责原建材局机关离退休人员的管理和服务工作，并对本行业离退休人员管理工作进行指导、协调、督促、检查。

（据山西省机构编制委员会晋编字〔2000〕8号《关于省经贸委行业管理办公室机构编制的通知》）。

（据山西省人民政府办公厅晋政办发〔2004〕63号《山西省人民政府办公厅关于印发山西省经济委员会职能配置内设机构和人员编制方案的通知》）。

山西省建筑材料工业行业管理办公室主任：郭世刚
副主任：顾俊忠
离退休人员管理处处长：张玲俐
地　址：山西省太原市红沟路129号
邮　编：030013
电　话：0351－4427640
传　真：0351－4425718

内蒙古自治区

Inner Mongolia Autonomous Region

【水泥工业发展概况】　2008年，全区水泥总生产能力达到3 900万吨，已投产的日产5 000吨水泥熟料生产线4条，日产2 000～2 500吨水泥熟料生产线12条，日产800～1 500吨水泥熟料生产线13条，新型干法水泥的生产能力达到2 800万吨，新型干法水泥的生产能力占水泥总生产能力的比重为71.8%。2008年水泥实际产量3 424.06万吨，同比增长23.3%；实现利润9.4亿元，同比增长16.11%；税金总额7.72亿元，同比增长28.26%；全行业从业人数22 117万人，总资产189亿元，基本形成了布局合理、健康有序的水泥工业发展体系。

根据自治区水泥工业三年发展规划，到2010年全区三年生产能力将达到6 000万吨以上，新型干法水泥的比重将达到90%以上，环境保护、节能减排达到国内先进水平。

2008年内蒙古自治区淘汰落后水泥产能200万吨，超额完成国家下达的淘汰落后水泥产能任务。

记 事

7月23～25日 自治区水泥协会与建材技术情报所、中国水泥技术网在呼和浩特共同举办了"新型干法水泥生产技术与管理讲座"。该讲座邀请了四个单位的四名既有理论基础又有实践经验的专家有针对性地对自治区部分重点水泥企业技术、生产管理人员、操作和维护技术人员进行了集中培训。

7月26～27日 中国水泥协会2008年秘书长会议在内蒙古自治区召开，中国水泥协会会长雷前治、自治区经委副主任白培珠到会做了重要讲话。

12月22日 中国建材集团与内蒙古自治区人民政府在呼和浩特签署了战略合作协议。双方正式建立友好战略合作伙伴关系，今后将根据中国建材集团的发展战略和内蒙古自治区资源区位优势，实现互利双赢，共同发展。

作为双方战略合作的重要组成部分，中国建材集团与内蒙古电力集团公司签署了关于乌兰水泥集团有限公司的股权转让协议，内蒙古自治区政府副主席赵双连和中国建材集团董事长宋志平出席了签字仪式。

内蒙古自治区政府副主席赵双连在签字仪式前介绍了内蒙古近几年的发展状况和未来的发展规划，并代表内蒙古自治区政府欢迎中国建材集团来内蒙投资。

中国建材集团董事长宋志平表示，中国建材集团十分支持并推动旗下核心业务板块在内蒙古发展，"中国建材"将充分利用内蒙古资源优势，通过新建、联合等方式，大力发展水泥、新材、新资源材料、新型节能房屋材料等产业。

中国建材联合会副会长、中国水泥协会会长雷前治代表中国建材联合会和中国水泥协会对合作双方表示热烈祝贺。他指出，双方的合作不仅将对内蒙古自治区的经济发展做出新贡献，也必将对整个建材行业的结构调整、资源和市场整合产生巨大的推动作用。

（内蒙古自治区水泥协会　供稿）

辽宁省

Liaoning Province

【水泥工业概况】 辽宁水泥工业在历史上曾经为新中国的建设做出了重要贡献，"大连"、"工源"、"本溪"、"锦西"、"小屯"和"抚顺"等水泥企业都曾是国家水泥生产的骨干企业。

2008年，是辽宁水泥工业发展的重要一年，辽宁省国民经济保持了较高的增长速度，连续几年固定资产投资高速增长，为水泥工业发展提供了良好机遇和广阔的市场容量。城乡基础设施及生活设施建设、房地产业的发展拉动了水泥工业的发展。2008年全省水泥工业实现持续增长，水泥产量达到4 074万吨，同比增长9.1%；水泥熟料产量2 413万吨，同比增长16.9%。

1. 企业数量与结构情况。

到2008年底止，辽宁省境内的水泥生产企业（含熟料厂和粉磨站）共有250家左右，其中规模以上水泥企业196家，企业平均规模25万吨（全国平均为20万吨）。新型干法企业33户，生产线38条；受国家节能减排和淘汰落后产能政策影响，干法中空窑和机械立窑生产企业明显减少，新型干法水泥比重明显上升。

2. 生产能力和产量情况。

到2008年底止，全省水泥生产能力已达6 000万吨，新型干法水泥生产能力3 800多万吨，超过全省水泥总生产能力的65%；产量占全国水泥总产量的3.01%，占东北三省总产量的52.12%，居全国第14位。

3. 企业分布情况。

受市场需求和资源分布的影响，全省水泥生产企业主要集中在辽宁中部（辽阳、本溪、抚顺、铁岭），南部（大连、鞍山）及西部（葫芦岛、朝阳、阜新）等地。生产能力、产量及生产能力发挥情况发展不均衡。

4. 工业结构调整和技术进步情况。

近年来，辽宁水泥行业积极推进新型干法水泥生产线的建设，大连水泥集团、铁煤集团、"阜新大鹰"、"辽阳恒威"、"朝阳东鑫"、"葫芦岛渤海"、"抚顺大伙房"、冀东集团和天瑞集团等水泥新型干法水泥生产线陆续竣工投产。山东山水集团、吉林金刚集团都已进入辽宁。截止到年底，全省33家企业已建成新型干法生产线38条，其中日产5 000吨新型干法生产线的8条。到2008年底，辽宁已经淘汰落后产能1 000多万吨，提前超额完成国家给辽宁的任务指标。在辽宁各市中，走在前列的是大连市，2007年底前就基本淘汰了全市的所有立窑，这一点大连市政府做得非常科学，在几年前就列出了水泥立窑退出的时间表，而且在立窑退出之前进行了补偿和奖励。

大连水泥集团和工源水泥集团已经进入国家重点支持60户水泥企业行列。经历了这一轮的改革和调整，全省新型干法水泥比例已超过60%。余热发电或热电联产已经成为新型干法水泥企业首选的节能减排措施。中小企业的技术进步也取得重大突破，截至2008年，辽宁省水泥企业平均规模达25万吨，风机变频、窑体保温和袋收尘等现代立窑环保节能技术得到广泛应用。企业经营者的社会责任感逐步增强，参政议政意识有所提高，协会理事中超过半数为县市区人大代表或政协委员。水泥企业正在由资源能源消耗型向环境友好型转变。

5. 企业兼并重组情况。

步"冀东"、"天瑞"、山水集团进军辽宁水泥市场的后尘，吉林金刚集团2008年收购了大连"天马水泥"的部分股权，在辽宁铁岭的项目获得核准。

记　事

3月28日　辽宁省水泥协会第六届一次会员代表大会在沈阳人民大厦召开。

3月26日　由苏州中材建设有限公司承建的大连水泥厂日产5 000吨新型干法水泥生产线项目工程顺利点火投产。

3月20日　辽宁营口天瑞水泥有限公司年产200万吨水泥生产线一期工程投产暨二期工程开工的庆典仪式隆重举行。

6月5日　辽宁省水泥行业重点企业厂长(经理)座谈会在大连召开。。

4月28日　大连金刚天马水泥有限公司的日产4 000吨水泥熟料生产线点火。

4月28日　天瑞集团在大连长兴岛的第二条日产5 000吨水泥熟料生产线建成点火。

9月7日　"辽阳银盛"水泥熟料生产线建成点火。

2008年全省重点水泥企业产量

单位名称	产品名称	计量单位	产量
大连水泥集团有限公司	水泥熟料	吨	1 156 455
抚顺水泥股份有限公司	水泥熟料	吨	407 553
辽宁工源水泥(集团)有限责任公司	水泥熟料	吨	1 545 300
辽阳千山水泥有限责任公司	水泥熟料	吨	679 314
辽宁渤海水泥(集团)有限责任公司	水泥熟料	吨	1 085 000
大连小野田水泥有限公司	水泥熟料	吨	1 5037 95
辽阳天瑞水泥有限公司	水泥熟料	吨	26 515
辽阳冀东水泥有限公司	水泥熟料	吨	98 8873
营口金地球水泥有限责任公司	水泥熟料	吨	88 800
阜新市大鹰水泥制造有限公司	水泥熟料	吨	607 000
大连水泥集团有限公司	水泥	吨	1 095 768
抚顺水泥股份有限公司	水泥	吨	549 282
辽宁工源水泥(集团)有限责任公司	水泥	吨	2 254 500
辽阳千山水泥有限责任公司	水泥	吨	982 536
辽宁渤海水泥(集团)有限责任公司	水泥	吨	1 113 000
大连小野田水泥有限公司	水泥	吨	1 764 493
沈阳冀东水泥有限公司	水泥	吨	1 422 602
营口金地球水泥有限责任公司	水泥	吨	549 107
阜新市大鹰水泥制造有限公司	水泥	吨	724 121
辽宁富山水泥有限公司	水泥	吨	5 000

(辽宁省经济信息委员会建材处 孟宪红　供稿)

辽宁省经济信息委员会建材处

地　址:沈阳市北陵大街45－2号辽宁省经济信息委员会建材处723房间

邮　编:110032.

电　话:024－86896290

邮　箱:mengxho@ sina. com

吉林省
Jilin Province

【水泥工业发展概况】 2008年,吉林省规模以上水泥企业67家,完成产量2 581.83万吨,同比增长13%,超过了2006年的2 524.98万吨最高产量。

2008年行业实现销售收入125.40亿元,首次跨越100亿元大关,同比增长39%;完成利润总额6.39亿元,增长-21%;毛利率为11.40%,大幅下降了7.49个百分点,创2001年以来的新低,较2006年的低点下滑了5个百分点;销售利润率5.66%,下降3.35个百分点,和毛利率水平一样为近年来的最低水平。吉林水泥行业实现了规模的快速增长,牺牲的却是行业的盈利能力,行业的发展之路值得各方思考。

吉林省水泥工业主要经济指标

指标名称	单位	年度排名					指标				
		04	05	06	07	08	2004	2005	2006	2007	2008
固定资产投资	亿元	24	21	17	16	14	1 169.10	1 741.09	2 366.05	3 651.36	4 997.74
房地产投资	亿元	21	22	23	20	19	159.93	195.73	310.47	490.08	625.43
水泥产量	万吨	20	19	17	19	19	1 376.31	1 598.50	2 524.98	2 275.80	2 581.83
水泥投资	亿元	20	9	14	16	20	7.08	17.04	14.92	19.48	19.61
企业数	个	23	23	23	23	23	64.00	67.00	63.00	65.00	67.00
企业平均规模	万吨	11	10	4	7	6	21.50	23.83	40.08	35.01	38.53
销售收入	亿元	16	16	16	15	16	42.88	48.66	65.75	89.96	125.40
*利润总额	亿元	8	7	9	14	16	4.62	3.53	4.80	8.11	6.39
销售毛利率	%	2	6	12	14	25	29.91	19.74	16.49	18.90	11.40
*销售利润率	%	4	5	7	6	17	10.77	7.26	7.30	9.02	5.66

企业规模:

吉林省67家水泥生产企业平均规模38.53万吨,高于全国的27.52万吨水平。100万吨以上企业产量985.20万吨,占38%的份额,其次是20～60万吨规模企业,产量817.33万吨。在企业数量方面20万吨规模以下的企业数量占比最大。

吉林省水泥企业规模结构　单位:万吨

规模	企业数(个)	产量	占产量(%)
全部	63	2 581.83	100
100以上	4	985.20	38.16
60－100	7	513.41	19.89
20－60	23	817.33	31.66
20以下	29	265.89	10.30

发展特点:

吉林省是东北三省中相对集中的市场,区域内的亚泰集团,“辽源金刚”,“冀东水泥”的规模都在百万吨以上,在市场中具有一定的引导力。亚泰集团联手CRH后,成为东北地区最强劲的水泥企业,正在极力整合东北三省的水泥企业,欲打造东三省大区域市场。

吉林省主要水泥企业产量　单位:万吨

序号	企业名称	2008年	增长率%	占全市比重(%)
1	吉林亚泰水泥有限公司	225.45	－36.49	19.06
2	吉林亚泰鼎鹿水泥有限公司	176.45	40.41	9.27
3	冀东水泥吉林有限责任公司	156.77	2.46	5.64
4	吉林金圆水泥有限公司	142.26	36.84	4.19
5	吉林龙潭水泥有限公司	141.05	－3.97	3.30
6	吉林省石岭水泥有限责任公司	139.66	13.89	3.14
7	四平红嘴水泥有限公司	114.31	－1.32	3.06
8	吉林省通化特种水泥集团股份有限公司	112.73	－0.23	2.88
9	辽源市金刚水泥厂	111.30	95.94	2.67
10	吉林德全水泥集团汪清有限责任公司	109.58	－16.20	2.50

记 事

1月9日　亚泰集团收购农安县电联水泥有限公司意向书签字仪式在农安举行。亚泰集团、农安电联水泥公司管理人员以及农安县委、县政府领导参加了签字仪式。这标志着亚泰集团收购农安县电联水泥有限公司资产迈出了实质性的重要一步,也标志着亚泰集团水泥产业发展又掀开了新的篇章。

根据收购意向,亚泰集团将在充分掌握市场资源和生产资源的基础上,对农安电联水泥公司进行技术改造和扩建,淘汰落后产能,提高生产效率,增强创利能力;通过注入机制、注入管理、注入资金,提高企业的管理水平和市场控制力,使农安电联水泥公司发展成为区域内环境友好型、资源节约型的水泥生产龙头企业,将农安建成亚泰集团在长春市北部地区的水泥粉磨基地。

1月30日　吉林亚泰(集团)股份有限公司(简称:亚泰集团)签署协议,CRH将收购亚泰集团旗下吉林亚泰集团水泥投资有限公司(Yatai Cement,简称:"亚泰水泥")26%的股权,同时投资总计人民币21亿元(合2亿欧元)用于"亚泰水泥"扩产项目。

根据协议,上述股权收购交易完成四年后,CRH有权继续购买"亚泰水泥"不超过23%的股权,将持股比例提高到49%。CRH将在"亚泰水泥"的财务和运营部门以及董事会派驻代表,并将积极参与公司管理。

"亚泰水泥"在中国东北吉林和黑龙江省拥有四家综合水泥厂和两家水泥粉磨站,目前水泥年产能约为900万吨。该公司扩产项目已经开工,定于2009年完成,届时水泥年产能将达到1 800万吨。

3月初　"九洲电气"成功签约吉林德全水泥集团汪清有限责任公司日产5 000吨水泥熟料生产线部分电气设备合同。该工程地点位于吉林省延吉市汪清县庙岭镇。延边州委、州政府对这项工程非常重视,吉林省委常委、州委书记邓凯,代州长李龙熙等曾亲临现场视察。汪清县委、县政府也积极为加快水泥生产线建设创造条件,确保工程按期完工。

3月25日　吉林亚泰(集团)股份有限公司持有的"鼎鹿"商标正式成为"中国驰名商标"。该商标是1994年注册并使用至今的吉林省著名商标,也是亚泰集团水泥产业现有的主要商标之一。

"中国驰名商标"是中国企业品牌的最高荣誉。"鼎鹿"的脱颖而出,标志着东北地区水泥产品在创建"中国驰名商标"方面零的突破。

4月29日　吉林亚泰(集团)股份有限公司收到哈大铁路客运专线有限责任公司致该公司的两份《中标通知书》,哈大铁路客运专线项目甲供物资邀请招标、哈大铁路客运专线项目甲供物资招标经评标委员会评审推荐并经哈大铁路客运专线有限责任公司确认,该公司被确定为中标人。中标物资名称为P·O32.5、P·O42.5、P·O42.5(低碱)型号水泥,中标金额分别为177 731 350元、101 761 100元,合计279 492 450元,占该公司2007年度营业收入的6.89%。

5月13日　亚泰集团黑龙江千万吨水泥项目首条日产4 000吨水泥熟料生产线举行了奠基仪式。中国水泥协会会长雷前治、黑龙江省、哈尔滨市党政主要领导、相关设计单位、建设施工单位、设备安装调试单位、项目监理单位和供应商代表、亚泰集团主要领导以及中直、省、市媒体记者数百人共同见证了这一历史时刻。以此为标志,亚泰集团在黑龙江省新一轮的提速发展拉开了序幕。也标志着亚泰集团黑龙江千万吨水泥项目的正式启动。

中国水泥协会会长雷前治在奠基仪式讲话中指出,黑龙江千万吨水泥项目的正式启动,预示着亚泰集团水泥产业的发展即将跃上一个新的台阶,它对于振兴东北老工业基地、加快传统产业的升级改造和结构优化,提高产业集中度和市场竞争力,推动地方经济发展都具有积极的现实意义和深远的历史意义。

亚泰集团向地震灾区捐款200万元。

5月14日　亚泰集团号召下属近30家企业向地震灾区捐款的倡议书发到每名员工手中,亚泰集团员工踊跃向灾区捐款,集团公司老总们也纷纷带头捐款,以实际行动表达对灾区人民的一片深情厚谊。截至当日15时30分,亚泰集团共计捐款达200万余元(其中,亚泰集团捐款120万元,亚泰集团近30家企业员工捐款80万元),长春市市长崔杰等有关领导出席了捐款仪式,并代表灾区接受了捐款。

5月30日　亚泰集团投资1.19亿元收购农安电联水泥公司签约仪式在长春举行。

根据发展规划,到2010年,亚泰集团水泥产能将超过3 000万吨,而收购农安电联水泥就是实现这一目标的重要举措。目前,亚泰集团已开始着手恢复企业生产的各项准备工作,恢复生产后,还将对其重新规划,适时推进,争取将其打造成为长春地区北部集水泥粉磨、销售及物流于一体的大型水泥产销基地。进一步提高水泥生产的集中度和产业贡献率,成为区域内的创利大户和经济支柱。

8月2日　在吉林省白山市,中国建材集团与白山市政府签署战略合作协议。根据集团公司发展战略和白山市资源区位优势,本着互惠互利的原则,双方建立友好战略合作伙伴关系,实现互利双赢,共同发展。

集团公司董事长宋志平和白山市委书记李伟在签字仪式上致辞,集团公司总经理姚燕和白山市代市长李晋修代表双方在战略合作协议上签字。

宋志平在讲话中对白山市委、市政府为中央企业提供的良好社会环境、投资环境和创业环境表示感谢，并希望今后能继续在白山市委、市政府及各有关部门的大力支持下，完成协议中的合作项目，实施产业整合，搞好企业经营，为提升白山及周边地区建材产业的技术含量、提高北方地区水泥产业集中度，做出积极重要的贡献。李伟表示，战略合作协议的签订不仅符合中国建材集团“善用资源”的核心理念和“大建材”的发展战略，也符合白山市资源转型、打造建材产业集群、建设白山工业强市的战略选择，符合双方的共同利益。

8月20日 吉林德全水泥集团汪清水泥有限责任公司日产5 000吨熟料生产线安装工程成功完成回转窑吊装，为北京奥运献上了一份贺礼。

9月4日 在美丽的松花江畔，“冀东水泥”吉林公司日产2 500吨熟料线配套的5兆瓦纯低温余热发电机组一次性成功并网发电。

项目自2007年10月底土建动工以来，在“冀东”吉林公司的合理组织与多方的配合下，施工进展顺利，2008年4月下旬土建交付安装，总体建设工期10个月，提前37天实现并网发电。

项目并网后，将为该公司创造了良好的社会效益和经济效益，同时，该项目也是安徽海螺川崎工程公司承担的众多东北项目中并网投运的第一台机组。

黑龙江省

Heilongjiang Province

【水泥工业发展概况】 2008年黑龙江省水泥工业继续保持经济运行的良好发展态势。全省水泥企业约110户（其中统计口径内规模以上企业77户），水泥生产能力3 570万吨，其中：新型干法水泥1 300万吨，其他窑型540万吨，粉磨站1 730万吨。新型干法水泥比例36.4%（新型干法水泥熟料比例70.7%）。2008年77户企业生产水泥1 968万吨，同比增长12.9%，其中新型干法水泥企业12户，预分解熟料产量689万吨，占熟料总产量比例为60.27%。2008年生产和市场形势均好于上年。但经济运行质量仍与全国平均水平有一定差距。

【经济运行的基本情况】

1. 工业增加值、工业总产值、销售产值、产品销售率同比分别增长26.46%、29.31%、32.99%和2.84%。

2. 主营业务收入、利税增幅较大，但利润有所下降。主营业务收入增长27.86%，利税总额增长19.80%，实现利润2.29亿元，同比下降8.49%。

3. 亏损企业数量、亏损面同比增长，亏损企业亏损额增幅较大。统计口径内77户水泥企业中有25户（实际应为23户）亏损，亏损面32.47%；亏损企业亏损额1.82亿元，同比增长78.43%。

4. 产成品、应收账款净额、三项费用有所增加，分别比上年同期增长77.43%、11.82%和16.88%。

5. 资产负债率略有增加。2008年水泥行业资产负债率62.64%，比上年同期的60.61%增加2.03个百分点。

各项经济指标完成情况详见附表一。

附表一 2008年水泥行业主要经济指标完成情况表

指标名称	单位	本年累计	上年同期	同比±%
工业增加值	万元	184 627	142 774	26.46
工业总产值	万元	615 835	476 230	29.31
销售产值	万元	597 743	449 451	32.99
主营业务收入	万元	607 572	475 192	27.86
主营业务成本	万元	533 589	409 773	30.22
管理费用	万元	36 927	33 822	9.18
利润总额	万元	22 875	24 996	-8.49
利税总额	万元	73 786	61 589	19.80
亏损企业数	个	25	18	38.9
亏损企业亏损额	万元	18 195	7 194	152.92
应缴增值税	万元	44 241	32 854	34.66
应收账款净额	万元	76 967	68 833	11.82
产成品	万元	44 781	25 238	77.43
流动资产平均余额	万元	374 577	325 727	15.00
资产合计	万元	947 253	835 909	13.32
负债合计	万元	593 331	506 674	17.10
资产负债率	%	62.64	60.61	3.35

【结构调整】

水泥结构调整进程加快。一是新型干法水泥发展速度加快。2008年全省有4条生产线开工建设（“亚泰哈水”5 000吨/日，牡丹江“天马水泥”、北疆集团“龙江水泥”2 500吨/日，“鸡西城海水泥”2 000吨/日），预计2009年投产，投产后，新增新型干法水泥产能530万吨。同时“亚泰哈水安达"（100 万吨/日）粉磨站和蒙西集团大庆粉磨站（100 万吨/日）均开工建设，新增水泥产能 200 万吨。二是水泥行业并购整合进程加快。陷入困境的国有大企业"牡丹江水泥"（2 条 2 000 吨/日生产线）被俄罗斯并购，"浩良河水泥"（2 000 吨/日生产线）被黑龙江西林钢铁公司并购。三是新一轮更大规模的水泥企业的整合并购将开始。中国建材集团"北方水泥"及爱尔兰 CRH 公司整合全省水泥的步伐正在加快。

【散装水泥】

全年完成散装水泥 770 万吨，比上年增加 148 万吨，增长 20%。水泥散装率 38.5%（与去年持平）。散装水泥铁路运输量完成 22 万吨，同比增加 2 万吨。2008 年共生产预拌混凝土 585 万立方米，比上年多 185 万立方米，同比增长 32%。

2008 年散装水泥办公室在抓好《黑龙江省促进散装水泥发展规定》贯彻落实的同时，重点抓了：1. 预拌混凝土的推广应用。到 2008 年末全省规模以上预拌混凝土生产企业达到 56 家，总生产能力突破 1 000 万立方米。同时还抓了规模预拌混凝土掺合料及外加剂的生产和供应。2. 组织开展农村散装水泥推广应用的试点。认真贯彻落实国家商务部《关于加快在农村推广散装水泥的指导意见》文件精神，一是通过梯级匹配的方式方法，有计划地将小吨位散装水泥运输车、移动式散装贮存设备向农村转移，促进农村散装水泥的推广应用；二是对确因运距过长，散装水泥贮存设备无法到达等原因，暂不能使用散装水泥的农民自建住房，必须使用袋装水泥的，可缓征散装水泥市场征收部分专项资金（每吨 3 元）。3. 全省完成散装水泥专项资金收缴 334 万元，完成计划的 167%，是上年的 4 倍。

【水泥进出口】

2008 年全省水泥出口 20.8 万吨，出口金额 1 363.61 万美元，同比增长 29.9%。水泥出口俄罗斯占 100%，出口水泥品种以 P · O42.5 水泥为主，包装以吨袋为主。出口价格较高，但以中间商为主，绝大多数水泥企业只是增加点销量。水泥出口数量预计逐年增长，但增幅不会太大。

记　事

1 月 8 日　由黑龙江省经委主办，省建材行业协会承办的"全省建材行业发展循环经济工作推进会暨研讨会"在哈尔滨召开。中国建材联合会会长张人为、秘书长孙铁石、副会长（中国建材规划研究院院长）刘长发、会长助理（国建联信认证中心董事长）张东壮出席会议。张人为会长在大会上作了"抢抓机遇、应对挑战，大力推进建材循环经济的发展"的讲话。黑龙江省政府副秘书长王大为同志代表省政府致词，黑龙江省经委主任陈长湧出席会议，并做了"坚持走新型工业化道路，大力推进建材工业循环经济发展"的讲话。黑龙江省建材行业协会会长于灵彦做了"认清形势、明确目标、创新工作、努力开创建材工业发展循环经济新局面"的报告。省财政厅、建设厅、环保局等部门领导，各地市经委有关负责人，全省重点建材企业的领导近 200 人参加了会议。会上"亚泰哈水"、"宾州水泥"、佳木斯鸿基集团、双鸭山东方墙材公司等九家发展循环经济试点企业做了典型发言。会议由省经委副主任高玉学主持，于灵彦会长做了会议总结。

1 月 14 日　召开全省水泥化验室主任工作会议。省建材行业协会副会长陈育群、魏杰，秘书长赵德刚、副秘书长李迎春，以及全省水泥企业化验室主任近百人参加了会议。会议对全省化验室工作进行了总结，通报了全省水泥工业 2007 年经济运行情况，展望了 2008 年生产经营形势。

3 月 7 日　全省水泥经济运行分析研讨会在哈尔滨召开。会议由省建材行业协会主持，省经委冶金建材黄金处孙萍处长应邀到会并讲话。全省 23 家大中型水泥企业负责人参加了会议。会上，协会通报了建材工业 2007 年经济运行情况，分析了 2008 年建材工业面临的形势及应该采取的对策措施，各企业交流了生产经营情况，存在的问题及价格自律情况。于灵彦会长做了会议总结。

7 月 30 日　俄罗斯香港东华投资有限公司投资约 2.2 亿元收购了牡丹江水泥厂，并更名为牡丹江建新水泥制品有限公司。俄罗斯收购"牡水"后进行了技术改造，2008 年生产水泥 91 万吨。

8 月 1 日　省建材协会主持召开了全省重点水泥企业经济运行分析研讨会。近 30 家大中型水泥企业的董事长或总经理参加了会议。建材行业协会总结通报了全省水泥行业经济运行情况，预测了后几个月水泥市场走势，提出了应对形势发展的要求。各企业交流了生产经营情况，取得的成绩、存在的问题。最后于灵彦会长做了总结发言。会议统一了认识、明确了方向，为维护后几个月水泥市场经济秩序，稳定市场价格奠定了基础。

10 月 11 日　黑龙江黑河市关鸟河水泥有限公司日产 2 500吨新型干法水泥生产线点火试生产。使全省及黑河周边地区水泥结构更加优化，布局更加合理。

11 月 11 日　省委书记吉炳轩、哈尔滨市长张效廉一行到黑龙江宾州水泥有限公司考察。省委书记吉炳轩一行上午在考察哈尔滨宾西经济开发区的同时，重点对宾州水泥公司进行了考察。听取了企业生产经营情况的汇报后，对取得的成绩予以充分肯定，对二线建设提了新的要求。吉书记一行还参观了日产 5 000 吨水泥生产线。

12 月 3 日　栗战书省长和哈尔滨市委书记杜雨新一行到宾州水泥有限公司考察。在参观日产 5 000 吨水泥生产线和听取企业汇报后，栗省长和杜书记分别肯定了"宾州水泥"生产经营中取得的成绩，并提了加快发展，为全省经济建设做出更多更大贡献的要求。

（黑龙江省建材行业协会　供稿）

上海市

Shanghai

【水泥行业发展概况】 上海水泥生产厂家有13家，熟料生产厂家4家，中转水泥厂家约12家。

2008年全年实现生产总值累计为13 698.5亿元，按可比价格计算上升9.7%，全社会固定资产投资总额完成4 429.46亿元，上升8.3%，其中城市基础设施投资1 733.18亿元，同比增长18。2%，工业投资1 418.02亿元，同比增长1.7%。

2008年全市生产水泥913.55万吨，同比减少3.01%（其中配制水泥5.88万吨，同比增加56.38%）。外省市进沪水泥1 478.797万吨，同比减少8.77%。中转水泥163.78万吨，同比增加46.52%。销售粉煤灰208.72万吨，同比减少8.11%。销售矿粉141.43万吨，同比减少16.23%。

【控总量、调结构】 2008年，上海水泥市场销售明显下降。1～10月，上海水泥市场累计销售水泥1 881.42万吨，与2007年同期的2 069.32万吨相比，下降了9.1%。2008年全年消费量为2 390万吨，同比下降6.65%。在2005～2007年连续3年超过2 500万吨的情况下，2008年下滑到2 500万吨以下，上海水泥出现拐点趋势。

上海水泥企业为13家，上年总产量达900余万吨。上海市政府对水泥行业定下了“控总量、调结构”的基调。上海水泥生产总量今后将逐渐下降到700万～600万吨，减产300万～400万吨。因此，上海今后不仅不会再投资任何水泥新产能，而是要加快落后产能及小型新型干法产能的退出；加快企业集中度的重组兼并与管理整合。由此预计，由于“长三角”地区新型干法水泥严重供过于求，今后上海应该尽可能以“废弃物利用申请”来保留水泥企业，成为今后发展的方向，即上海当地水泥企业将加大处理城市废弃物的力度。

目前上海每年城市废弃物量已达到2 300万吨。其中，一般工业废弃物1 200万吨，建筑垃圾400万吨，生活废弃物600万吨，危险废弃物和城市水处理污泥各50万吨。平均每天产生各类废弃物6万多吨。《上海市有害废物管理实施方案研究报告》中提到，上海现有不宜利用或回收的有害废物的基本处置方法，是利用水泥回转窑进行焚烧。水泥回转窑与一般焚烧炉相比，具有处理温度高、焚烧空间大、废弃物焚烧停留时间长、窑内呈碱性反应能中和酸性物质，使有害物质得到更彻底地降解优势。

上海建材集团与上海联合水泥有限公司正着手建设日产5 000吨的回转窑，以处理该地区脱硫石膏、粉煤灰、污泥、生活垃圾等为主的废弃物，项目建成后将成为国内水泥企业处理城市废弃物的样板工厂。

2008年2月，上海市政府就要求加大发展中转配置水泥力度，同时发展高效率的纯低温余热发电技术等节能减排新举措。在新的经济形势下，上海水泥行业的科技进步、节能减排仍然处于领先地位。

首先表现在上海市已率先完成了新型干法水泥为主的产业结构改造：浙江、上海的新型干法水泥比例已经达到100%；正在利用科技创新，向节能减排等新的结构改造纵深发展。

其二，资产联合重组力度在全国领先。从长三角地区上千家水泥企业争夺市场，发展到海螺、南方、金峰、红狮等千万吨以上规模的大型企业不断提高企业集中度，提高了市场的话语权。

上海水泥产业结构调整优化的效果，预计在华东经济发达地区的大中城市也将逐步显现。

记事

1月7日 协会向建筑建材业办公室反映九家生产企业2008年1月16日备案证明、生产许可证将到期的的问题。并将(08)第1号“关于建议部分水泥企业“备案证明”延期的紧急通知”分送到市建筑建材业办公室及受理服务中心，并与相关领导沟通，反映企业的实际情况。

1月15日 协会与建管办协调9家企业生产许可证1月16日到期（备案证明随之关闭）的相关事宜，得到建管办的大力支持，同意9家企业备案证明适当延期。

2月29日 市社团管理局与市建委法规处来协会调研跨地区行业协会筹建工作的相关事宜。

3月4日 协会向市建管办汇报本市6家企业（“奉贤海螺”、“万安”、“浦东”、“申金”、“港辉”、“海豹”）生产许可证换发工作已完成，有效期至2013年2月，并提出还有4家企业生产许可证换发正在进行过程中，可否继续延期问题。

3月12日 协会召开上海市水泥企业化验室主任、统计员会议，宣贯水泥新标准、生产许可证及备案证明换发的有关事项。一并召开重点水泥企业质量工作会议。宣贯市安质总站沪建安质监〔2008〕第019号文件，布置关于开展建设工程材料质量专项整治的实施步骤。

3月21日　协会常务副会长楼淑慧与博威展览公司同去日本住友大阪公司商讨2008年展览合作事宜。

4月1日　第九届中国国际水泥、混凝土技术及装备展览会在中国上海光大会展中心正式开幕。

协会全体人员前往光大会展中心参观中国国际技术装备展览会。

由国家发改委组织的国家重点大型水泥企业座谈会是以“交流情况，沟通信息，提出建议”为目的的务实会议，会议指出了水泥工业迅速发展、技术进步成绩瞩目的同时，水泥价格十多年持续低迷、效益长期达不到历史水平的现象，分析了原因，揭示了水泥工业发展中深层次的矛盾。上海市水泥协会会长诸葛培智应邀出席会议。

4月2日　2008中国国际水泥峰会隆重开幕《2008中国国际水泥峰会》在光大国际大酒店召开。峰会由中国水泥协会秘书长孔祥忠主持。国家发展和改革委员会经济运行局副局长林玉龙、中国建筑材料联合会会长张人为、国务院国资委国有大型企业监事会主席乔龙德、瑞士豪西盟集团 Tom Clough 在大会上致辞，中国水泥协会会长雷前治致《2008中国国际水泥峰会》开幕词。大会的主题是重组联合推动企业成长。上海市水泥协会会长诸葛培智应邀出席开幕式。

4月8日　协会与博威展览公司落实第三届上海国际水泥工业技术装备展览会及上海国际散装水泥(砼、预拌砂浆)技术装备和产品展览会暨论坛。

4月11日　协会配合上海市发展和改革委员会商请提供本市部分企业运行情况数据的函，以沪水协(2008)第006号文:“关于填报本市部分水泥企业经济运行情况数据的通知”，要求提供企业近三年经济运行数据的单位有13家。

4月11日　协会应上海市发展和改革委员要求，汇总提供了“部分水泥企业近三年经济运行数据表”。

4月19日　自该日起历时二周，协会参加市建设工程安质监总站组织的建材风暴现场检查。

4月25日　协会诸葛培智会长、楼淑慧常务副会长赴联合水泥厂调研了解循环经济、污泥利用、脱硫石膏应用情况及余热发电项目的可行性探讨。

5月9日　协会常务副会长楼淑慧、副秘书长余斌赴日立(中国)有限公司商讨移动式电收尘技术在国内应用与合作开发的相关事宜。

5月14~16日　协会常务副会长楼淑慧与检科所主任沈丽华到安徽、江苏等地水泥企业了解生产许可证发放及市场销售情况。

5月27日　协会以沪水协〔2008〕第9号文向市建筑业办公室发出“关于进沪水泥企业换发水泥产品生产许可证进程缓慢将影响本市水泥供应的情况反映“的文件。

5月29~30日　协会向市相关部门反映“全许办〔2008〕22号”文精神，建议“备案证明”的换发按“紧急通知”要求办理。

6月10日　应市经委要求，协会楼淑慧常务副会长、胡世伟工程师向经委产业结构办领导反映“本市水泥行业调整进展情况”

6月18日　协会组织中日新品种技术交流座谈会，由日方技术人员介绍“关于抗震超快凝水泥技术”，中方参加的有水泥协会、“SBM”、建材集团、上海水泥厂、设计院等单位。

6月30日　协会楼淑慧常务副会长参加市建委召开的“电厂脱硫废渣综合利用专题研讨会”，研究在水泥行业中如何应用的问题，如何制定相关鼓励政策等问题。

7月1日　国家审计署对上海水泥行业产业结构调整及实行差别电价情况进行检查，对上海市发改委、上海电力局、上海市水泥行业协会进行调研。协会诸葛培智会长接待了国家审计署特派员，并介绍了情况。

7月30日　协会会长诸葛培智与常务副会长楼淑慧接待了日本“太平洋水泥”上海办事处新任首席代表细田先生：就水泥厂处理城市废弃物技术进行了交流。

8月15日　上海市水泥协会党员赴三玻协会参加联合支部召开的支部活动，听取了市委九届四次会议的领导讲话及会议精神，增强了党性和与党中央保持一致的自觉性。

8月27日　协会常务副会长楼淑慧参加市建筑建材业市场管理总站召开的散装专项基金补贴与节能减排挂钩座谈会，并提出了协会对该项工作的建议和意见。

8月28日　协会会长诸葛培智与常务副会长楼淑慧、副秘书长余斌参加“‘长三角’地区散装水泥发展上海战略研究”第一次会议，对课题进行讨论。

9月1~2日　协会诸葛培智会长参加中国科协专家会。研究中国化学工程学科中，硅酸盐工程学科的发展状况。

9月4日　协会会长诸葛培智与常务副会长楼淑慧、副秘书长余斌出席由气体课题组成员参加的“散装水泥发展上海战略研究”会议，汇报课题框架构思、撰写提纲，听取了多方的意见，决定了课题的进程、调研对象等事宜。

9月10日　协会常务副会长楼淑慧参加市安质监总站召开的“上海市2008年上半年度建材质量专项根治讲评会”。根据沪建安质监(2008)080号文“2008年上半年度建材质量专项整治通报批评企业及工程名单”中，水泥企业有五家。

9月16~18日　协会会长诸葛培智与我国主要投资分析师，新加坡、香港和瑞士等著名投资分析师讨论我国水泥工业发展趋势。

9月19日　协会会长诸葛培智参加上海市政府关于河北水泥发展战略的专家咨询会。

10月6日　协会会长诸葛培智与市政协专家研究上海水泥行业处理城市废弃物课题。

10月8日　协会常务副会长楼淑慧与工程师王美华接待美国普莱克斯(中国)投资有限公司一行四人，了解了富氧气体在工业生产中的应用及合作意向。

10月9日　协会常务副会长楼淑慧参加市安质监总站召开的“上海市各建材行业协会秘书长”会议，听取了总站领导对抽检合格率的情况通报及今后质量管理的要求，会上公布了不合格企业名单，水泥厂4家，掺合料厂(粉煤灰、矿粉)

24 家。

10 月 10 日 协会会长诸葛培智与常务副会长楼淑慧赴共和国际商厦，调研“崛荣”被“南方公司”收购的情况及增补本协会副会长的意见。

10 月 21 ~ 22 日 上海市水泥协会常务副会长楼淑慧与副秘书长余斌赴崇明发改委和崇明散办了解新农村建设（公路、桥、农民新村、医院、学校等）使用水泥和项目情况。

10 月 31 日 协会五届四次理事会在上海市水泥集团公司召开，本次理事会应到理事 32 人，实到理事 24 人，出席的理事人数超过应到人数的三分之二，会议决议有效。会议主要讨论召开五届四次会员大会事宜，会议圆满结束。

11 月 4 日 协会会长诸葛培智、常务副会长楼淑慧赴常州市发改委、散办调研该地区水泥发展情况及进沪水泥量，并到会员单位“金峰”、盘固水泥有限公司实地考察学习。

11 月 20 ~ 21 日 协会常务副会长楼淑慧参加市建科院举办“水泥新标准及矿粉应用技术研讨会”并在会上作了“上海水泥市场分析”的讲话。

11 月 25 ~ 26 日 协会在上海宝丰联大酒店召开 2008 年五届四次会员代表大会、“长三角”地区部分水泥协会秘书长联席会。

参加会员大会的共有会员 100 多家。会议由诸葛培智会长作了：“2009 年上海水泥市场的调研与分析”的报告。会议审议通过了五届三次会员大会以来的工作总结及 2009 年的工作打算，审议通过了 2007 年 10 月 ~ 2008 年 9 月财务收支明细表，讨论通过部分理事、副会长人选调整和增补的提议，通过了 2007 年 ~ 2008 年新增协会会员的名单。浙江、杭州、常州、镇江、湖州等地区协会秘书长交流各地水泥市场情况，起到了相互沟通的作用。协会五届四次会员代表大会、“长三角”地区部分水泥协会秘书长联席会在各方的大力支持下，会议圆满成功。

12 月 9 日 协会常务副会长楼淑慧与杨淑娟参加市场管理总站召开的“上海市城市建设和交通委关于开展本市主要建材产品统计”工作会议，上海市水泥协会将承担“市建材 13 废 07 表：上海市水泥生产企业固体废弃物利用情况的季报”。

12 月 23 日 协会会长诸葛培智、常务副会长楼淑慧与秘书长余斌参加“散装水泥发展上海战略研究”课题的结题讨论会。

12 月 26 日 协会常务副会长楼淑慧参加市安质监总站召开的“上海市 2008 年下半年建材质量监督抽查通报会”。

（上海市水泥行业协会　供稿）

江苏省

Jiangsu Province

【水泥工业概况】 2008 年全省有水泥企业 304 家，其中新型干法水泥企业 29 家，立窑企业 51 家，粉磨站企业 221 家，特种水泥企业 3 家。全省规模以上水泥企业水泥产量 12 683万吨，比上年增长 7.6%，仍居全国第二，占全国总量的 9.14%。全省规模以上企业水泥熟料产量 5 931 万吨，其中新型干法水泥熟料产量大约占 76.3%。

1. 全省熟料产能及分布。

截至 2008 年底：全省有水泥熟料生产线 160 余条，其中新型干法生产线 51 条（其中：日产 2 000 吨（不含）生产线 11 条、日产 2 000 ~ 4 000 吨（不含）生产线 18 条、日产 4 000 吨以上生产线 22 条。全省现有水泥熟料产能约 6 500 万吨，其中：新型干法熟料产能（其中 2008 年新增水泥熟料生产线 5 条，新增产能 800 万吨）5 300 万吨，占熟料总产能的 81.5%。在建水泥熟料生产线 2 条，全部建成后又新增熟料产能 310 万吨，有 4 条日产 1 500 吨（含 ）以下的新型干法熟料生产线（大约有 160 万产能）几乎处于半停产状态。全省水泥熟料产能按地区分，主要集中在南京、无锡、常州、镇江、徐州五个市，其产能占全省水泥熟料总产能的 90% 以上；按企业产能分，“江苏金峰“、“中国海螺“、“常州盘固”、“徐州中联”、“淮海中联”、“宜兴青狮”、“宜兴天山”、“镇江鹤林”、“江苏磊达”、“句容台泥”等前十位企业熟料产能占全省熟料总量的 55%。2008 年省外及央企在江苏省企业熟料产能占全省熟料总量的 49%。

2. 水泥产能及分布。

2008 年全省有水泥粉磨能力 20 780 万吨，实际产量 13 375万吨，其中无锡、徐州、盐城、常州、苏州五个市的粉磨能力已分别超过 2 000 万吨以上，占全省粉磨能力的 68%，实际产量占全省总产量的 64%。省外及央企在江苏省的水泥粉磨能力占全省粉磨能力的 23%，实际产量占 27%，其中安徽海螺水泥公司粉磨能力占全省总产能的 11.2%，实际产量占总产量的 14.7%。

2008 年，全省出口水泥 276.54 万吨，主要集中在苏州、南京、无锡、镇江地区，其中：苏州 127 万吨、南京 75.24 万吨、无锡 37.6 万吨、镇江 36.7 万吨

3. 水泥结构调整。

为贯彻落实水泥工业发展产业政策，控制江苏省水泥总量的增长，省经贸委先后以苏经贸投资（2008）56 号“关于进一步加强水泥项目投资管理的通知”、苏经贸投资（2008）669 号“关于进一步加强全省‘十一五’后三年水泥项目投资管理的补充通知”，要求各市要加强“十一五”期间后三年水泥工业发展的管理。省经贸委和省财政厅以苏经贸环资（2008）753 号、苏财企（2008）160 号“关于组织申报 2008 年

省级节能减排(节能与循环经济)专项引导资金项目通知”,对淘汰水泥立窑和落后用能设备给与奖励,推进全省水泥立窑的淘汰。截至2008年底,全省已全部拆除中空干法窑和湿法窑,淘汰立窑130多座,日产1 000吨以下的新型干法窑已基本处于关闭或停产状态,淘汰落后水泥产能1 200多万吨。淘汰直径1.83、直径2.2水泥磨170余台。

4. 水泥行业自律。

为加强水泥质量管理,促进企业产品质量提高,省建材工业协会水泥分会依据《江苏省水泥行业自律工作管理办法》组织开展了全省水泥企业质量自律检查活动,共有251家企业参加了本次检查,占所查地区企业总数的87.5%。为减轻企业负担,在质量自律检查的同时,对企业化验室合格证到期的企业进行了监督检查。通过检查,对全省水泥企业基本情况进行了一次调查,增强了企业间的交流。

记　事

1月6日　宜兴市双龙水泥有限公司日产5 000吨新型干法水泥熟料生产线点火投产。

2月　徐州市龙山水泥厂日产5 000吨新型干法水泥熟料生产线立项。

4月　南京三龙水泥有限公司日产5 000吨新型干法水泥熟料生产线立项。

4月25日　对淮海中联水泥有限公司日产5 000吨新型干法水泥熟料生产线进行竣工预验收。

4月28日　江苏“汉天”2条日产4 500吨新型干法水泥熟料生产线一线开工建设。

7月4日　句容台泥水泥有限公司日产6 000吨新型干法水泥生产线二期扩建工程开工建设。

9月3日　“徐州中联”日产10 000吨新型干法熟料生产线配套的16兆瓦余热发电项目正式并网发电。

9月28日　江苏金峰水泥集团3条日产5 000吨新型干法熟料生产线点火,该企业已具有6条日产5 000吨和1条日产2 500吨水泥熟料生产线,已成为全省最大的水泥熟料和水泥生产企业,年熟料生产能力1 000万吨,水泥粉磨能力1 200万吨。

10月19日　江苏省建材工业协会水泥分会在南京召开水泥分会会长办公会议,会议主题是宣传贯彻落实国家和省水泥工业节能减排政策。

10月21日　中国水泥协会在南京举办“第十届亚洲水泥论坛”,中国水泥协会会长雷前治、江苏省副省长史和平、江苏省建材工业协会理事长聂长兰出席会议并致辞。

11月18日　江苏鹤林水泥公司日产6000吨新型干法水泥熟料生产线点火。

中国水泥厂3条新型干法水泥熟料生产线(24兆瓦)低温余热发电项目正式运行。

2008年,宜兴市“青狮”、“天山水泥”(原“恒来”)、“天盛”、“金墅”、“蛟桥”5家水泥企业的8条新型干法水泥熟料生产线低温余热发电项目正式运行,每年可节约标煤8万吨左右,节省用电2亿千瓦小时。

中国建材股份有限公司正式收购“溧阳汉生”、“宜兴双龙”、“宜兴天盛”、“江苏蛟桥”五家水泥熟料及水泥生产企业,被收购企业熟料产能550万吨,水泥产能500万吨。

江苏省质量技术监督局下达江苏省《水泥单位产品能源消耗限额》地方标准制订计划,由省建材工业协会负责组织起草,江苏省建工建材检测中心、江苏金峰水泥集团、江苏磊达股份有限公司、南京建通水泥有限公司参加标准的制订。

(江苏省建材协会水泥分会　供稿)

江苏省镇江市

Zhenjiang City, Jiangsu Province

【水泥工业发展概况】　2008年度镇江市水泥协会在中国水泥协会及江苏省建材工业协会水泥分会的指导下,接受省市有关部门的领导、积极贯彻国务院、国家发改委的产业政策,开展淘汰落后生产能力,节能减排等法规、条例,与全市广大会员单位一起克服种种困难,以科学发展观为导向,结合生产许可证的换发证工作,大力开展淘汰机立窑,改建粉磨站,推动科技创新,改善环境治理工作和节电、节能等措施,取得了一定的成效。坚持节能环保,优化工艺,发展循环经济,在劣境中求生存,在困难中求发展。

2008年,镇江辖区内、水泥生产总量比2007年略有下降,约在1 100万吨左右,减少100万吨左右,主要是低标号,32.5等级水泥,淘汰落后工艺(机立窑)所致。在2007年关、停11条机立窑生产线后,又先后关停了北固集团高兴分厂直径3.2×10米线一条;镇江江源公司直径3.2×10米生产线一条;船山二水的直径2.9×10米生产线一条;“嘉兴水泥”的直径2.9×10米生产线一条及京久公司的直径2.5×8.5米生产线,预计至2010年前机立窑生产线将全部退出市场。

2008年11月,江苏鹤林水泥公司的日产4 500吨新型干法线正式投产,当月达标取得预期效果。

2008年度“句容台泥”第二条日产5 500吨新型干法线

正式开工，预计2010年上半年竣工试产。

1. 积极宣贯国家及省市有关法规。

三月，镇江市水泥协会在丹阳召开了理事代表大会，结合国家水泥生产许可证换发证的要求，大力推动国家的节能减排及环境治理的法规、条例，向水泥生产企业逐条解释了“生产许可证”检查实施规则，并严格要求每条水泥生产线从原料破碎开始，必须密封，并配有收尘设备，直至水泥出厂，必须达到排放要求。并应“丹阳嘉山”、“丹阳美联”、“船山二水”、“镇江洋光”等企业的要求，到企业对生产现场，按照检查实施细则的要求，进行了具体的指导。此后镇江市水泥协会特别邀请国家“生产许可证办公室 ”水泥审查部高原主任和中国建材工业联合会科技部周清浩部长亲临镇江金山水泥厂生产现场作现场指导，其他十余家生产企业派员现场观摩、考察，受益匪浅。为顺利通过产许可证现场检查做好各种准备和迎检工作。

四月，按照江苏省建材工业协会水泥分会的要求，依据“江苏省水泥产品质量自律检查细则”及“水泥化验室合格证检查细则”两个文件对各水泥生产企业进行逐个、逐条对照检查，整个检查由会长、秘书长各率一个检查组，认真落实，并对生产现场进行具体指导、帮助，及时提出整改的方向，深受生产企业欢迎。

2. 积极配合省、市有关部门，宣贯节能，减排工作。

10月中旬，协会派员应邀参与江苏省经贸委和省国力公司“国家需求测”的全省节电项目水泥的评审工作，镇江市有江苏“鹤林水泥”的辊压机工艺和“江苏远东”水泥的变频项目，参加评选。

12月，参加市经贸委、市国电公司组织的对丹阳美联水泥有限公司“80万吨粉煤灰水泥”粉磨生产线的节能评价工作，并提出改进的建议。

（镇江市水泥协会　供稿）

浙江省

Zhejiang Province

【水泥工业发展概况】 2008年，浙江省水泥产量在持续十年的增长后首次出现负增长，年产量为10 207万吨，较2007年减产339万吨，产量降幅3.21%。自中国水泥工业产业结构调整以来，浙江省历年水泥产量和新型干法水泥产量的增长情况如表：

年　份	2001	2002	2003	2004	2005	2006	2007	2008
水泥产量(万吨)	4 791	5 793	7 168	8 773	9 129	9 947	10 546	10 207
增长速度(%)	12.54	20.90	23.74	22.39	4.06	12.42	6.02	-3.21
新型干法水泥产量(万吨)	154	780	2 394	5 032	7 860	9 606	10 371	10 077
增长速度(%)	48	406	207	110	56	22.2	8.0	-2.8
新型干法水泥比例(%)	3.2	13.5	33.3	61.4	89.0	96.6	98.3	98.7

浙江省水泥产量在全国排名由多年来的第三位，降至第四位，次于山东、江苏、河南三省。熟料产量列全国第四位。

2008年全省散装水泥量7 237万吨，列全国第三位，散装率首次突破70%，达到70.88%，连续8年在全国各省、区中排名第一。

2008年全省预拌混凝土产量7 815万立方米，较上年增长27.91%，产量居全国第二位。

2008年浙江省常住人口5 120万人，人均水泥产量达到1 994千克，较全国人均水泥产量1 045千克高出90%。

目前浙江省出省水泥约1 000万吨，进省水泥较少，净出省水泥约在600万吨左右。由此计算，人均水泥消费量约1 870千克左右。

建国以来全省累计水泥产量106 195万吨，以现有人口计算人均累积消费量20.74吨，参考发达国家和地区的相关数据，浙江省水泥产量已临近峰值。

2008年主要经济指标如表：

经济指标	2008年实绩	同比增长%	占全国比重%
水泥产量	10 207万吨	-3.21	7.35
熟料产量	5 972万吨	-11.68	6.41
新型干法熟料产量	5 945万吨	-10.75	
工业总产值	335.02亿元	9.89	
工业销售产值	311.92亿元	10.14	
工业增加值	71.35亿元	2.95	
利润总额	11.35亿元	-18.11	

续表

经济指标	2008 年实绩	同比增长%	占全国比重%
税金总额	16.38 亿元	0.85	
企业数	227 家	1.79	
亏损企业数	65 家	-1.51	
职工平均人数	42 865 人	-5.63	

【结构调整与生产能力】 浙江省在 2007 年已淘汰了全部水泥机立窑，2008 年尚剩 2 台生产通用水泥的干法中空窑，计划在 2009 年淘汰拆除。此外，尚有 4 台生产白色水泥的小型干法窑。2008 年新型干法水泥的比例达到 98.7%。

2008 年建成日产 5 000 吨新型干法生产线 6 条（其中 4 条于 2008 年正式投产，2 条试产）。新增年熟料生产能力 930 万吨。

2008 年底，全省共有新型干法水泥生产线 88 条，生产线规模、数量、熟料产能如表：

生产线	条数	设计产能 万吨/年	实际产能 万吨/年
1 500t/d	32	1 075.7	1 290.8
2 000～2 500t/d	35	2 697.0	3 236.4
5 000t/d	21	3 255.0	3 906.0
合　计	88	7 027.7	8 433.2
说　明		设计日产，年生产 310 天	设计产能超 20%，生产 310 天

目前生产线日产量普遍超过设计日产，平均超产约 20%，故实际熟料产能已达 8 433 万吨。

现有水泥磨 533 台，水泥粉磨能力达 1.63 亿吨。按磨机直径分类如表：

直径（m）	4.2	4.0	3.8	3.5	3.2	3.0	2.6	2.4	2.2	1.8
数量（台）	36	2	46	2	102	100	14	108	106	17

磨机中直径 2.4 米及以下的共 231 台，占磨机台数的 43.3%，按《浙江省制造业产业发展导向目录（2008 年）》规定应逐步淘汰。对直径 2.4 米以下水泥磨，各市将制定淘汰进度计划。

全省各市熟料、水泥的产能和 2008 年的产量如表：

地区	生产线数量（条）	熟料设计产能（万吨）	熟料实际产能（万吨）	熟料产量（万吨）	水泥磨数量（台）	水泥磨产能（万吨）	水泥产量（万吨）
全省	88	7 027.7	8 433.2	5 972	533	16 372	10 207
杭州市	17	1 798.0	2 157.6	1 619	89	2 802	1 764
湖州市	21	1 816.6	2 179.9	1 520	88	2 332	1 289
嘉兴市	6	232.5	279.0	287	91	2 243	1 623
绍兴市	10	554.9	665.9	573	51	2 020	1 185
金华市	14	1 044.7	1 253.6	862	86	2 150	1 356
衢州市	19	1 503.5	1 804.2	1 014	76	2 759	1 700
宁波市	1	77.5	930.0	97	27	1 190	813
台州市					7	308	205
丽水市					8	435	251
舟山市					2	73	11
温州市					1	60	10

2008 年新型干法水泥生产线的运转率仅 60%，水泥磨的运转率也很低。从产量和产能的比较显示，熟料和水泥都存在较大程度的产能过剩。

【企业兼并重组】 企业组织结构的调整是结构调整的另一个方面。一年来企业的重组整合进展很快。中国建材集团组建的南方水泥公司从 2007 年 9 月成立后，发展迅速。2008 年 8 月浙江省国资委将三狮集团国有股整体转让给中国建材集团。至此，南方水泥公司在浙江的企业约有 40 家，有新型干法水泥生产线 43 条，其中日产 5 000 吨生产线 13 条。红狮集团兼并了青龙山水泥有限公司，租赁了兰溪声威水泥有限公司。

企业兼并重组后，生产集中度大幅提高，2008 年水泥产量前 4 名占全省总产量的 44.7%。

【市场销售与行业自律】 2008 年水泥销售量趋于稳定。因为产能过大，又有新生产线投产，使水泥市场较长时期处于价格偏低、竞争激烈的状态。苏南和海螺集团的水泥和熟料进入浙江，使市场竞争更为激烈。一年来，我们不断开展行业自律，并逐步深化，取得显著成效。行业自律已逐步做到经常化，省水泥行业自律工作领导小组全年开会22次，商讨企业的生产、营销、质量方面的工作。上半年煤价不断上涨，8月份到厂煤价达每吨1 100元以上，其他原料也随之涨价，导致上半年水泥成本快速上升，企业出现亏损。在全省熟料、水泥生产能力超过市场需求的情况下，我们通过行业自律，控制产量来稳定市场，使水泥和熟料保持比较合理的价格水平。

下半年多数企业扭转了亏损，至年底，全行业利润虽低于上年，但仍保持了微利的水平。一年来，在春节施工淡季、梅雨高温季节和九月份销售淡季共实行全省性回转窑节能限产三次，共停窑58天。在回转窑停产同时，要求粉磨企业控制产量，只在低谷电时间生产。节能限产是在产能过剩情况下稳定市场、防止恶性竞争、维护行业健康发展的可行的好办法，还能有效地节约能源、资源，减排污染物，避免生产过剩的资源浪费。四、五月份，建德市的熟料企业对其熟料市场协商细分，其后，进入温州市的主要水泥企业也协商细分水泥市场，对避免争夺市场的恶性竞争有一定的效果。

【质量管理】

1. 贯彻《通用硅酸盐水泥》标准。

2008年6月1日起，GB175－2007《通用硅酸盐水泥》标准实施。为配合标准实施，了解实施初期的情况和存在的问题，浙江省水泥协会于6月底在杭州召开全省水泥企业化验室主任会议。会上对标准主要修改内容及企业应对策略再次进行宣贯讲解，交流企业的质量管理工作经验，组织参观了三狮水泥股份有限公司。会议期间，对水泥企业实施通用硅酸盐水泥标准的情况进行调查。从调查情况看：①企业及时停止了P·O32.5水泥的生产；②按标准要求进行出厂水泥氯离子含量的测定，所测结果都达到指标要求；③包装水泥袋重偏差已由不超过2%改为不超过1%进行控制；④凡掺用火山灰质混合材的水泥，都已测定流动度控制砂浆成型的水灰比；⑤个别企业还未对出厂水泥确认作出文件规定；⑥一部分企业还没有印制、提供出厂水泥合格证；⑦一些企业还未对水泥组分试验与校核作出规定。调查反映出有些化验室主任对出厂水泥控制程序、出厂水泥合格的"确认"还不够理解，同时他们还提出组分试验缺少简易可行、经济实用的方法。这些问题，协会向全国水泥标准化委员会及有关部门作了反映。

2. 修订《浙江省水泥质量统一表式》。

水泥质量统一表式使用已有十七年了。基于以下原因，表式需要进一步修改：适应产业结构调整后的情况，彻底去除还存在立窑痕迹的质量管理内容；适应现有企业类型众多（有全生产线的水泥企业、生产熟料销售的企业和外购熟料的粉磨企业）的情况；使表式内容完善化、合理化；配合GB175－2007《通用硅酸盐水泥》和GB/T21372－2008《硅酸盐水泥熟料》标准的实施。自5月份开始，从企业邀请6位有经验的质量主管人员组成表式修改工作小组。首先，小组成员分地区向企业广泛征求修改意见，经过两次讨论修改后，确定了最终的修改方案，共修订了31个表号39张表，同时相应地修改了表式使用规则。新的表式是第四版本修订版，将从2009年元月起启用。

为了使企业化验室应用好新的质量统一表式，省水泥协会于12月下旬召开全省水泥企业化验室主任会议，宣贯第四版本修订版统一表式，说明修改过程，讲解使用要点。

3. 出版《水泥标准汇编》。

省水泥协会2001年编印的《水泥标准及资料汇编》发行以来，深受水泥企业和有关部门的欢迎。时隔七年，所收集的标准和法规，多数已经修改。为了提供适用版本的标准和资料，在《通用硅酸盐水泥》标准实施之际，编印出版新的《水泥标准汇编》。《汇编》共收集66个标准、7个法规和11个相关法律。编印汇编历时一年半，现已发行至省内外水泥企业。

【节能降耗】

1. 进行水泥企业风机调速情况调研，推广先进调速技术。

目前水泥企业所用大型风机功率很大，日产5 000吨生产线的窑尾高温风机功率达2 500～2 800千瓦，不少风机没能完全发挥能力，随生产需要而调整风量。如用风阀调整，浪费能量很多，先进的方法是用高压变频或高频斩波调速，可以节省大量电能。我们推广大型风机变频调速列入省科协2008年重点学术活动项目。调查全省水泥企业大型风机调速装置情况，然后研讨推广变频斩波调速技术。调查结果已采用变频斩波调速的约1/3，用液力偶合调速的约1/3，还有近1/3是用风阀调速。研究后认为除少数风机已接近满负荷运转的以外，都可采用先进的调速技术。但是已用液偶调速的企业改用变频或斩波调速还需要花费相当的投资，企业从经济效益上考虑，还存在一定的顾虑。而对那些还在用风阀调速而不经常满负荷运转的风机须进行调速装置改造；接下去必须要对逐台风机算细账，促成这些已用液偶调速的电机改用变频或斩波技术。

2. 继续推广新型干法窑余热发电。

新型干法窑纯低温余热发电利用窑尾和熟料冷却机废气的余热发电，投资不大，效果好。浙江省水泥工业纯低温余热发电项目已开展三年，取得成效很大。2008年末，已有59条水泥生产线建成余热发电装置，装机容量254兆瓦，每年经济效益约10亿元。还有12条生产线正在建设余热发电装置。可以说浙江省水泥工业的余热发电已经普及，除了几条小生产线有可能停产不拟建设的以外，都已建成或在建、拟建余热发电。预计2009年全省能全部完成纯低温余热发电项目。余热发电每吨熟料发电量32～40千瓦时，约占水泥生产用电的40%，已成为降低水泥成本的一个重要因素，也是水泥工业最有效的节能减排措施。

应省科协要求，8月份，省水泥协会提交了《新型干法水泥生产低温余热发电的成果》材料。

3. 进行水泥企业节水情况调查。

国家发改委要了解高耗能行业节水工作情况，中国水泥协会要求省水泥协会对浙江省水泥企业节水情况进行调查。调查的结果表明，全省水泥企业在节水工作中做得很好，企业普遍使用循环水，用水循环率高，一般在95%～98%。有些企业能合理利用地形，将山水引入厂内使用；对水源进行监测，避免溢水；建设余热发电后，也能节省部分用水量；风机用变频调速代替液偶调速后，也有节水的效果。对平时的节水管理也比较重视。

4. 能耗指标。

熟料标准煤耗	熟料综合电耗	熟料综合能耗	水泥综合电耗	水泥综合能耗	粉磨企业水泥综合电耗
113.7千克标煤/吨	66.1千瓦时/吨	121.7千克标煤/吨	83.8千瓦时/吨	90.3千克标煤/吨	35.1千瓦时/吨

能耗与上年基本持平。

【污染物排放】　2008年新型干法企业回转窑污染物排放浓度平均值如表：

颗料物浓度	二氧化硫	氮氧化物	氟化物
39.7毫克/标立方米	110.1毫克/标立方米	483.9毫克/标立方米	2.0毫克/标立方米

粉磨企业水泥磨颗粒物排放浓度平均值30.9毫克/标立方米。

回转窑都已安装在线监测仪。58家新型干法企业对照GB4915－2004的要求，有1家颗料物超标，2家氮氧化物超标，5家氟化物超标。统计77家粉磨企业，水泥磨排放气体的颗料物浓度有4家超出对现有企业标准的要求，有39家超出对新建企业的要求。

【教育与培训】　为提高水泥行业职工技能和人员素质，继续开展新型干法水泥特有工种职业技能培训鉴定工作。共培训鉴定32名，其中技师9名、高级工16名、中级工6名、初级工1名。为做好职业技能鉴定培训工作，协会参加了中国建材联合会8月份召开的全国建材行业职业技能鉴定工作会议。

3月份，举办全省水泥企业统计员培训班，对统计员进行统计基础知识和工业统计、质量统计、能源统计的培训。有91名统计员参加培训，其中59人经考试合格，核发了《浙江省水泥企业统计员证》。年末全省共有196名统计员做到持证上岗。

【协会建设与其他工作】

①召开一次会员代表大会、二次理事会。五月份召开的五届四次会员代表大会，审议工作报告和财务报告，讨论当前经济形势下行业发展的各项工作和行业自律工作，增补副会长一名。

由于协会工作取得一定的成绩，被省经贸委评为2007年度先进行业协会。在11月份浙江省民政厅举办的全省行业协会秘书长培训班上，以“落实科学发展观，促进浙江省水泥工业的健康发展”为题介绍了协会工作经验。

②为纪念党的十一届三中全会召开30周年，协会撰写了《浙江省水泥工业30年发展成就》，提供省经贸委出版纪念专集。

③作为全国水泥标准化技术委员会的委员，参加水泥及有关的国家标准和行业标准的审定。

④参加省科协的各项活动，开展水泥工业的学术活动，组织科技人员听学术报告。

⑤调研包装袋使用，对包装水泥中纸袋包装与编织袋包装的市场需求情况进行分析比较，找出当前市场上偏重接受纸袋包装的主要原因是废纸袋回收价格较高，废编织袋无回收价值，将调研情况提供给有关部门和水泥企业参考。

⑥调研浙江省水泥行业粉煤灰利用情况和工业副产石膏利用情况，供有关部门为做好资源利用作参考。

⑦受省经贸委和省统计局委托，承担行业统计工作。由“浙江省水泥统计专用网”操作，完成了2008年逐月的定期报表和2007年年报，并按要求增加了能耗统计。10月份，协会参加了中国建材联合会、工业和信息化部运行监测协调局在南京联合召开的2008年全国建材工业统计工作会议。在会上被评为“2008年度建材统计工作先进集体”。11月，召开全省水泥工业统计工作会议，传达全国建材工业统计工作会议精神，总结2008年全省统计工作，布置2008年年报和2009年定期报表。会上表彰10名优秀统计工作者，表扬20家统计工作做得较好的企业。

记　事

1月4日　浙江省水泥协会召开五届五次理事会、省水泥行业自律工作领导小组联席会议，分析市场形势，研究行业自律工作，决定春节前后，全省回转窑节能限产停窑28天。

1月28日　省水泥协会在对全省新型干法水泥企业纯低温余热发电状况调研后，写出《新型干法水泥生产线纯低温余热发电调研报告》，提交省科协和有关部门。

2月16日　浙江省科协召开节能减排座谈会，省水泥协会等十个学会、协会参加会议，讨论节能减排工作。

3月4～6日　举办全省水泥企业统计员培训班，参加培训的统计员共91名，其中59人经考试合格，获得《浙江省水泥企业统计员证》。

3月11日　省水泥协会去桐庐三狮建材有限公司调研节能节水工作情况。

3月19日　对“浙江红狮”、“桐庐三狮”、“宁波科环”、“建德海螺”等企业调查了解后，写出水泥企业节水情况调研报告，提交中国水泥协会。

3月24日　统计、分析全省水泥企业粉煤灰利用情况和工业副产石膏利用情况。

4月1日　浙江省列入全国性重点水泥企业集团的“三狮”、“红狮”和列入区域性重点水泥企业集团的“虎山”、“尖峰”、“浙江水泥”、“红火”6家企业和浙江省水泥协会参加了在上海召开的国家重点支持60家水泥企业集团座谈会。

4月2日　省经贸委召开行业协会工作会议，省水泥协会获得2007年度先进行业协会表彰。

4月11日　召开市、县水泥协会工作会议，传达省经贸委行业协会工作会议精神，分析市场形势，交流工作经验。

4月14日　浙江省科协公布2008年度学术活动计划，浙江省水泥协会上报的“水泥工业大型风机变频调速”被列入重点学术活动项目。

5月5~8日　省水泥协会调研新型干法水泥企业和大型粉磨企业的大型风机调速现状。

5月7日　省水泥协会到台州市调研水泥企业现况和台州水泥市场的供销状况，考察了“台州海螺”、“台州世建”、“三门绣山”等粉磨企业。

5月12日　浙江省安全科学研究所开会讨论《水泥企业安全生产基本要求(试行稿)》，省水泥协会参加会议。

5月26日　省水泥协会了解、统计水泥行业为四川地震灾区捐款情况，上报中国水泥协会和省经贸委。至5月25日，一百多家水泥企业及职工捐款超过1 000万元。5月26日，省水泥协会向全省水泥企业发出“灾害无情人有情，为广元市的重建出份力”的通知，要求全省水泥企业和广大职工为浙江省重点对口支援对象四川省广元市提供支援，希望有条件的企业去广元市考察，考虑投资建厂。

5月27~28日　省水泥协会召开五届四次会员代表大会和五届六次理事会，会议通过工作报告和财务报告，增补一名副会长，表彰优秀统计工作者和奖励优秀科技论文。

6月1~4日　参加中国建材联合会在舟山市召开的建材行业经济运行形势分析暨信息交流座谈会。

6月10日　《浙江省水泥质量调查资料(2007)》编审完成，报送有关部门，向全省水泥企业发放。

6月15日　由浙江省水泥协会编印的《水泥标准汇编》出版，向水泥企业征订。

6月16日　浙江省人民政府对口支援地震灾区四川省广元市，无偿援助水泥5 000吨。

6月26~28日　召开全省化验室主任会议，总结2007年度水泥质量，调查《通用硅酸盐水泥》标准实施情况，交流质量管理工作经验，参观三狮水泥股份有限公司。

7月5~6日　第二届水泥浙商大会在杭州市召开。中国建材联合会会长张人为、中国水泥协会副会长兼秘书长孔祥忠、国家发改委经济运行局建材处处长吕桂新、中国建材集团董事长宋志平和浙江省有关部门负责人出席大会。参加会议的水泥浙商和各地水泥企业家约200人。

7月7日　省水泥协会在尖峰登城水泥有限公司调研节能工作及窑尾高温风机使用斩波调速的效果。

7月8日　省科协召开节能项目座谈会，省水泥协会参加会议，汇报节能项目实施情况。

7月18日　浙江省经贸委在岱山县召开建材冶金煤炭行业经济运行分析会。

7月31日　省水泥协会参加中国建材联合会在满州里召开的全国建材职业培训鉴定工作会议。

7月下旬~8月上旬 省水泥协会去之江水泥有限公司、萧山浦阳江水泥有限公司、浙江赤龙水泥有限公司、萧山建材厂、杭州佳力水泥有限公司、富阳登城水泥有限公司、诸暨福利水泥有限公司、浙江双鹰水泥有限公司、浙江巨峰水泥有限公司、桐乡龙翔水泥有限公司、桐乡振大水泥有限公司、海盐沈荡水泥制造有限公司、菱湖三狮水泥有限公司、南浔圣船水泥有限公司等十余家不同规模的水泥粉磨企业进行调研，了解粉磨企业装备、生产经营状况。

8月13日　浙江省水泥质量统一表式修改小组召开会议，讨论收集到的修改意见，提出修改稿。

8月19日　中国建材集团与浙江省国资委在杭州签署浙江三狮集团有限公司国有股权转让正式协议。浙江省省长吕祖善、副省长金德水分别同中国建材集团董事长宋志平一行会面。出席签约仪式的有浙江省副省长葛慧君、中国水泥协会会长雷前治、中国建材集团董事长宋志平、中国建材集团总经理姚燕、中国建材股份有限公司总裁曹江林、浙江省国资委主任陈正兴、浙江省水泥协会会长李辛龙、三狮集团董事长姚季鑫等。

8月27日　省水泥协会去金华、衢州两市的浙江虎鹰水泥有限公司、浙江双狮建材有限公司、浙江立马水泥有限公司、浙江豪龙建材有限公司、浙江杜山集团有限公司、浙江青龙山建材有限公司调研，了解企业生产经营和节能限产工作。

9月2日　浙江省水泥质量统一表式修改小组召开会议，商定表式第四版本修订版，定稿付印。

9月4日　全省98家水泥企业联名报告省发改、省经贸委，在浙江省水泥产能严重过剩、水泥市场出现恶性竞争情况下，要求停止审批在温州建设水泥粉磨站的项目。

9月22日　浙江省安全科学研究所召开研讨会，讨论《水泥行业安全生产要求》和《浙江省水泥行业安全生产标准化企业评定办法》，省水泥协会和“三狮股份”、“尖峰登城”、“长广水泥”等企业的安全生产主管人员参加讨论。

9 月 24 日　浙江省经贸委在湖州市召开建材冶金煤炭行业经济运行分析会。

10 月 8 日　南方水泥有限公司浙北营销中心在长兴县成立。“南方水泥”在浙北区域共有 12 个生产基地，17 条新型干法水泥生产线。

10 月 19 日　省水泥协会崔小明秘书长参加浙江省能源集团天达公司粉煤灰、脱硫石膏综合利用项目可行性报告审定。

10 月 20 ~ 24 日　省水泥协会举办新型干法特有工种职业技能培训班。共培训鉴定 32 名，其中技师 9 名。

10 月 21 ~ 23 日　中国建材联合会、工业和信息化部运行监测协调局在南京召开 2008 年全国建材工业统计工作会议。省水泥协会和重点企业参加了会议。

10 月 29 日　浙江省经贸委召开行业协会工作会议，布置节能工作。

11 月 5 日　省政府召开全省经济保稳促调暨工业转型升级电视电话会议，省委书记赵洪祝、省长吕祖善作重要讲话，省水泥协会、三狮集团参加了主会场的会议。

11 月 12 ~ 14 日　省民政厅举办全省行业协会秘书长培训班，省水泥协会崔小明秘书长参加培训，并介绍工作经验。

11 月 16 日　浙江省人民政府咨询委员会第 15 期《委员建议》刊登李辛龙、吴子荣两位专家的《对浙江省水泥工业可持续发展的几点建议》。《委员建议》报送省委、省政府领导，省委、省政府、省政协的有关部门。

11 月 19 ~ 21 日　全省水泥工业统计工作会议在杭州召开，会议传达全国建材工业统计工作会议精神，总结 2008 年全省水泥工业统计工作，布置 2008 年统计年报和 2009 年定期报表，表彰 10 名优秀统计工作者、20 家统计工作做得较好的企业。

11 月 20 日　浙江省政府吕祖善省长、陈敏尔常务副省长偕同省发改委等部门领导到访中国建材集团，与集团宋志平董事长、中国建材股份有限公司曹江林总裁等深入会谈，共同探讨在浙江省新增投资拉动经济增长过程中的进一步合作。

11 月 25 日　“长三角”地区水泥协会秘书长联席会在上海召开，省水泥协会崔小明秘书长参加会议。

12 月 24 日　省水泥协会召开全省水泥企业化验室主任会议，宣贯第四版本修订版《浙江省水泥质量统一表式》，布置 2008 年度质量调查工作。

12 月 24 日　财政部、国家税务总局 12 月 9 日发出《关于资源综合利用及其他产品增值税政策的通知》，对享受增值税优惠政策的废渣目录作了调整。浙江省广大水泥企业要求继续将石煤、石煤渣、煤渣列入目录。省水泥协会认为将这几种废渣列入目录是合理的要求，向中国水泥协会提出了《关于要求对水泥生产中利用石煤、石煤渣实行免税政策的报告》。

12 月 26 日　原省政府咨询委员、省水泥协会李辛龙会长和省建材科研所吴子荣副所长联名向省政府咨询委员会提出《关于严格控制新增水泥产能的建议》，咨询委员会章猛进主任批示：转请金德水副省长阅示。

12 月 29 日　浙江省人民政府金德水副省长就水泥产能过剩作了批示：“全省水泥产能过剩，要明令暂停新上项目。对直径 2.4 米及以下的水泥粉磨设备，要按《浙江省制造业发展导向目录》制定计划，分步分期淘汰。请省经贸委会同省发改委研究落实。”

（浙江省水泥协会　供稿）

浙江省水泥行业主管部门简介

机构名称：浙江省经济贸易委员会建材冶金煤炭行业管理办公室

职　责：

1. 组织实施建材、冶金、有色金属、黄金、煤炭工业产业政策，研究提出促进我省建材冶金煤炭行业发展的经济、技术政策，监督、检查产业政策实施情况。

2. 研究制定相关的行业发展规划和提出全省产业发展的方向、重点和合理布局，推进行业结构调整。

3. 抓好行业经济运行分析和产业信息发布的具体工作，加强行业的宏观协调。

4. 研究建材、冶金、煤炭行业发展中的重大问题，并提出建议。

5. 指导建材冶金煤炭行业体制改革；指导全省建材冶金煤炭行业大企业大集团、行业龙头企业和重点骨干企业的培育工作；具体负责联系杭钢集团公司、长广集团公司、三狮集团公司。

6. 推进新型建材及其制品的开发和推广应用。

7. 负责煤炭经营秩序整顿、煤炭经营企业资质认证管理工作。

8. 提出行业内企业固定资产投资项目的初审意见，具体负责项目实施过程中的管理；参与协调相关工业（园）区的管理工作。

9. 提出行业内企业技术创新重点项目的初审意见，协助项目实施过程中的管理。

10. 指导和联系建材、冶金、煤炭行业协会等社会中介组织。

11. 负责全省煤炭生产许可证的颁发管理工作。

12. 承担委领导交办的其他事项。

主　任：戴迪荣

地　址：浙江省杭州市体育场路 479 号

邮　编：310007

电　话：0571 - 87058092

传　真：0571 - 87058139

安徽省

Anhui Province

【水泥工业概况】 水泥产业是安徽省的优势产业，具有良好的发展前景。安徽省沿江流域蕴藏有上百亿吨的水泥用石灰石资源，为安徽省大力发展新型干法水泥，在沿江建设大型新型干法水泥熟料基地提供了条件。安徽省水泥工业发展循环经济已有不少成功的实践。从能源和资源两方面利用各种废弃物，如利用粉煤灰、高炉矿渣等工业废渣做原料取代天然资源，利用工业和生活垃圾等可燃废弃物作原料和燃料，减轻了环境负荷，减少了化石类资源的消耗；在水泥制品和混凝土行业，利用工业废渣作掺和料，已经得到了较为广泛的应用。在新型干法水泥生产方面，海螺集团已经跻身世界最先进水平的行列，具有明显的技术优势。多年来，海螺集团坚持科技创新，通过加强集团国家级技术中心的建设，成功地运用了一大批拥有自主知识产权的新技术，增强了集团引进、消化、吸收新技术的能力，实现了在确保新型干法水泥生产线技术水平前提下的低投资，推动了中国新型干法水泥的发展，改写了中国新型干法水泥生产线的投资标准；在水泥熟料生产线纯低温余热发电领域已走在国内前列。合肥水泥研究设计院围绕新型干法水泥生产，开展节能、环保、废渣综合利用的研究开发取得成效，粉磨、热工、收尘、计量、输送等技术和装备处于国内先进水平，有的达到国际先进水平。

2008 年，全省水泥产量 6 006 万吨，同比增长 11.2%；水泥商品熟料产量 8 811 万吨，同比增长 14.8%，其中新型干法水泥熟料产量 7 763 万吨，同比增长 13.1%；水泥排水管 31.3 万米，同比增长 139.3%；水泥电杆 12.0 万根，同比增长 0.3%；水泥混凝土桩 173.9 万米，同比增长 82.4%；商品混凝土 1 334 万立方米，同比增长 37.5%；完成散装水泥2 849.93 万吨，同比增长 35.06%，散装水泥外销量 1 100 万吨，比上年净增 340 万吨，全省水泥散装率 48.18%，同比提高了 6.8 个百分点。主要出口商品有：水泥熟料 966.21 万吨，同比增长 24.98%；水泥 49.14 万吨，同比增长 104.63%；水泥熟料平均每吨价格 34.57 美元；水泥平均每吨价格 48.31 美元。

2008 年全省共淘汰落后小水泥生产能力 331 万吨，对全省落后水泥企业已拆除的机立窑 21 家情况进行现场检查验收，防止已关闭的落后小水泥生产线死灰复燃，促进了全省水泥工业结构的优化。截至 2008 年底，全省累计建成新型干法水泥熟料生产线 70 条，形成水泥熟料生产能力 8 300 万吨。通过大力发展新型干法水泥和淘汰立窑等落后生产能力，使安徽省新型干法水泥比重达到 90% 以上。新型干法水泥熟料生产线全面推广应用纯低温余热发电技术，推动了产业升级。自全省 16 个省辖市（除宣城市）和部分县出台混凝土“禁现”政策以来，2008 年，肥西等 7 县陆续出台混凝土“禁现”政策；全省预拌混凝土生产企业由 2007 年的 111 家发展到 163 家，预拌混凝土已迅速向县城发展；全省全年预拌混凝土供应量 2 038 万立方米，增长 52.4%，直接使用散装水泥624 万吨，利用粉煤灰 122 万吨，废石尾矿 26 万吨，其他工业废渣 67 万吨。

【重点水泥生产线项目建设情况】 2008 年建成投产 9 条新型干法水泥熟料生产线，“池州海螺”日产 4 500 吨、“荻港海螺”日产 4 500 吨、“瀛浦金龙”2 条日产 4 500 吨、“安徽盘景”日产 4 500 吨、“安徽海昌”日产 4 500 吨、“郎溪苏特”日产2 500吨、“安徽润基”日产 2 500 吨、“巢湖威力”日产 2 500吨，新增水泥商品熟料生产能力 1 138.5 万吨。2008 年新开工项目有：海螺集团世界首条特大型日产 12 000 吨新型干法水泥熟料生产线在铜陵开工，以及 18 条日产 4 500 吨新型干法水泥熟料生产线在各市陆续开工建设。中国最大的白水泥项目阿尔博安庆白水泥有限公司年产 40 万吨白水泥熟料生产线在安庆开工建设。六安海螺水泥有限公司年产 330 万吨、铜陵海螺水泥有限公司年产 320 万吨、合肥东华建材有限公司年产 240 万吨、芜湖宜柏粉磨有限公司年产 140 万吨、泾县石山水泥有限公司年产 120 万吨、芜湖荣伟建材有限公司年产 120 万吨、巢湖凯运水泥有限公司年产 120 万吨、定远双龙水泥有限公司年产 100 万吨、繁昌金狮水泥有限公司年产 100 万吨、芜湖峨城粉磨有限公司年产 100 万吨、固镇固集建材有限公司年产 60 万吨等大型水泥粉磨站在各市陆续开工建设。

【2008 年获安徽省级科技进步奖的项目】

①项目名称：高掺电石渣煅烧水泥熟料新型干法工艺的研究

完成单位：合肥水泥研究设计院

完成人员：唐根华、丁奇生、卫耕、包先法、马林、田之文、纵振海、肖其中

获奖等级：科技进步类二等奖

②项目名称：石灰－石膏法烟气脱硫新工艺及关键装备的研究

完成单位：合肥水泥研究设计院

完成人员：孙礼明、王浩明、毛志伟、彭毅、童庆、王琦

获奖等级：科技进步类三等奖

③项目名称：大型低耗气力输送设备研究开发

完成单位：合肥水泥研究设计院

完成人员：唐来永、许晓东、陶鸿、李淑慧、刘栓金、鲁幼勤

获奖等级：科技进步类三等奖

记　事

1月11日　安徽省人大朱先发副主任率有关部门负责同志，赴怀宁海螺水泥公司考察。

1月12日　中共中央总书记、国家主席、中央军委主席胡锦涛率中央书记处书记、中央办公厅主任令计划、中央书记处书记、中央政策研究室主任王沪宁，中央财经领导办公室主任朱之鑫等领导同志，亲临海螺集团视察，安徽省委书记王金山，省长王三运，省委副书记王明方，省委常委、省政法委书记徐立全，省委常委、芜湖市委书记詹夏来等陪同视察。总书记视察了芜湖海螺水泥有限公司新建的4条日产5 000吨水泥熟料新型干法生产线。

3月10日　芜湖海螺公司一期2条日产5 000吨生产线配套的18 000千瓦余热发电机组投入运行。

4月10日　国家质检总局质量管理处处长董乐群、安徽省质量技术监督局副局长汪韧、省质量协会秘书长赵永涛等一行，在海螺水泥股份公司总经理助理吴斌、品质部常务副部长章嗣福、海螺型材股份公司总经理助理王杨林的陪同下到“芜湖海螺”考察；董处长等一行先后参观了熟料生产线、中央控制室，芜湖海螺公司常务副总经理周正友详细介绍了集团的发展规划、水泥生产工艺流程、城市垃圾焚烧、余热发电项目、水泥熟料产品等，董处长一行对“芜湖海螺”优美的环境赞不绝口，尤其对综合能源利用及节能减排方面取得的成效给予了高度评价。

4月11日　安徽省倪发科副省长率省直有关部门领导赴芜湖海螺水泥公司考察。

4月11日　安徽省水泥产业政策宣贯暨生产许可证现场检查交流会在铜陵市五松山宾馆召开，全省上百余名水泥企业代表参加会议，国家质监总局水泥生产许可证审查部主任高原、铜陵市副市长叶萍出席会议。

5月29日　安徽省黄海嵩副省长率省直有关部门领导赴枞阳海螺水泥公司考察。

7月18日　安徽省委常委、常务副省长孙志刚同志率省直有关部门领导赴枞阳海螺水泥公司考察。

7月27日　安徽省经委组织召开了《安徽省2007～2015年水泥及非金属优质材料工业发展规划》专家论证会。参加会议的专家有国家发改委、中国建筑材料研究总院、省发改委、省经委、省建材工业协会、合肥水泥研究设计院、蚌埠玻璃工业设计研究院、安徽海螺集团等单位的有关人员。

9月27日　安徽省人大朱先发副主任率有关部门负责同志，赴枞阳海螺水泥公司四期项目工程建设工地考察。

10月17日　在安徽省委、省政府召开的“全省推进自主创新暨建设合芜蚌自主创新综合配套改革试验区动员大会”上，海螺集团以其多年来在管理创新、技术创新方面取得的突出成就，被省委、省政府授予“安徽省创新型企业”称号。会上，省委书记王金山发表了重要讲话；省委副书记、省长王三运主持会议并作重要讲话；省领导王明方、段敦厚、臧世凯、刘春良、詹夏来及有关方面负责人共300多人出席会议。副省长倪发科宣读了省委、省政府的表彰决定，对“安徽省创新型企业”、重大科技成就奖及2007年度科技进步奖进行了大会表彰。

11月7日　全国人大副委员长华建敏在全国人大常委会委员、财经委委员吕薇，全国人大常委会财经委委员李卫和安徽省人大副主任郭万清、省长助理梁卫国等陪同下，赴海螺集团调研。

11月25～27日　中国建材联合会张人为会长率联合会有关部门领导赴安徽省建材工业协会、合肥水泥研究设计院、安徽海螺集团进行深入学习实践科学发展观活动考察调研。

11月26日　安徽省黄海嵩副省长率省直有关部门领导赴宣城海螺水泥公司考察。

12月1日　经安徽省人民政府同意，《安徽省2007～2015年水泥及非金属优质材料工业发展规划》正式印发至各市、县人民政府，省直有关部门，有关行业协会，有关重点骨干企业。

12月28日　世界上第一条特大型新型干法水泥熟料生产线——“铜陵海螺”日产12 000吨新型干法水泥熟料生产线项目正式开工。铜陵海螺水泥有限公司成立于1995年，是目前世界上单厂规模最大的熟料生产基地之一。继2005年成为国内首个千万吨级熟料基地后，产销量已连续三年突破千万吨，规模效益进一步显现。此次开工建设的日产12 000吨水泥熟料生产线总投资12亿元，是海螺集团为认真贯彻落实科学发展观，增强企业自主创新能力，提升中国水泥工业的核心技术和竞争力，通过广泛调研和充分论证做出的重大举措。主要建设内容包括石灰石矿山、原燃料储备系统、日产12 000吨主生产线及配套余热发电系统等。项目建成投产后，销售收入将增加8～10个亿，上缴各类税收将达到5个亿。

（安徽省建材工业协会　李江北　供稿）

安徽省水泥工业主管部门机构情况简介

1. 机构名称：安徽省建材工业协会。

2. 主要职责：

(1)建立行业信息统计网络，开展行业统计调查，进行整理分析和研究，提供统计信息。

(2)参与行业规划、重大技术改造、技术引进、利用外资、投资与开发项目的前期咨询论证。

(3)参与本行业企业集团组建和改革方案的调研、编制、论证工作，以及本行业大型企业集团管理方面的咨询、诊断、指导，帮助企业改善和加强管理。

(4)配合有关部门参与质量管理与质量监督工作，在本行业内开展产品质量的改进和提高活动，收集或反馈质量信息，为提高产品质量提供诊断、咨询服务。

(5)承担制定本行业贯彻国家行业标准的具体实施办法，报政府有关部门批准后组织实施。

(6)受有关部门委托，参与本行业新产品鉴定、产品认证和质量体系认证。

(7)受有关部门委托，参与行业生产、经营许可证发放，出口配额、进口许可证管理，行业职业技能鉴定及专业资质评定等有关工作。

(8)承担省经信委和有关部门委托的其它工作和任务。

3. 协会领导：分党组副书记、副会长（主持工作）：申晓林，联系电话：0551—2621787。

4. 内设机构：协会内设机构3个（综合处、经济监测管理处、经济技术合作处）。

(1)综合处。处长：李江北，电话：0551—2621482；副处长：胡兵，电话：0551—2622423。

(2)经济监测管理处。副处长：刘功顺，电话：0551—2622423。

(3)经济技术合作处。处长：刘成信，电话：0551—2621786。

地　址：安徽省合肥市益民街17号富华大厦五楼
电　话：0551—2621516（值班室）、2621482（传真）
邮　编：230001

福建省

Fujian Province

【水泥工业发展概况】 2008年，福建省水泥行业认真贯彻落实科学发展观，按照“保增长、扩内需、调结构”的要求，以市场需求为导向，以产业结构调整为主线，以控制总量、节能减排、达标排放、淘汰落后、技术改造、优化布局为重点，进一步转变增长方式，加快发展循环经济，促进资源综合利用。通过结构调整增强行业竞争实力，推动水泥产业优化升级和产业集中度的提高。

1. 生产保持平稳增长，产销衔接良好。

2008年全省规模以上水泥工业总产值154亿元，增长14.2%；完成销售产值151亿元，增长17%；实现利税8.9亿元；水泥产量4 531万吨，增长2%，其中新型干法水泥2 082万吨，增长40.7%，散装水泥产量1 768万吨，增长21.9%，水泥散装率39%，提高6.4个百分点；产销率98.2%，提高0.5个百分点。

2. 技术进步步伐加快，结构调整成效明显。

全面贯彻和落实《福建省人民政府批转省经贸委发展改革委关于加快水泥工业结构调整实施意见的通知》（闽政文〔2006〕608号）和国家八部委印发《关于加快水泥工业结构调整的若干意见的通知》（发改运行〔2006〕609号）精神，加强水泥产业结构调整，加速淘汰落后机立窑水泥，推进水泥产业升级。2008年全省新建成投产新型干法水泥生产线7条，新增水泥产能678万吨，淘汰落后机立窑水泥产能739万吨，累计淘汰落后机立窑水泥产能1 657.9万吨，新型干法水泥产能比重达到48%。

【加快水泥工业结构调整的主要措施】

1. 切实落实淘汰落后水泥产能工作。

各地按照《关于加快水泥工业结构调整的实施意见》（闽政文〔2006〕608号）的要求，完成年度和“十一五”淘汰落后水泥产能工作目标。对淘汰的落后产能，其主体设备及时进行拆除，防止死灰复燃。各设区市对淘汰的落后装备拆除情况进行督查验收。对于未按计划拆除主体设备的企业，有关单位不得为该企业的现有生产能力出具符合国家产业政策的证明文件，质监部门不予换发新的生产许可证。

2. 各设区市政府制定和完善水泥结构调整的配套政策和措施，妥善处理淘汰落后产能企业的善后工作。

严禁企业将落后生产产能转产品质落后的水泥替代品。在闽政文〔2006〕608号文件下达前已经关闭淘汰的水泥企业，其产能不得重新计入各地淘汰落后水泥产能指标，不得享受淘汰落后水泥产能资金补助；不得计入“上大压小”建设新型干法水泥项目淘汰任务。对纳入淘汰计划之外的水泥企业要求实施淘汰的，可于上一年度提出淘汰申请，由设区市政府确认并对外公布后补充上报省有关部门，并执行淘汰落后产能差别电价政策。

3. 继续贯彻落实国家有关差别电价政策。

供电企业严格按照有关文件做好差别电价征收工作。省级电网部门及各设区市加强对趸售县供电企业差别电价征收工作的监督检查。差别电价全额返还各设区市用于水泥结构调整工作。

4. 从严核准新建新型干法水泥项目。

从2008年起，原则上不再核准新布点的新型干法水泥项目。对现有企业改、扩建新型干法水泥项目（含粉磨站项目），由省经贸委、省发展改革委员会签核准建设，项目核准文件的有效期为2年。对新型干法水泥项目要进一步严格准入条件：

（1）项目所在的设区市必须完成年度淘汰落后水泥产能目标任务进度，并已按要求拆除落后水泥产能主体设备。对仍有落后水泥产能的地区，采取等量淘汰或淘汰不低于建设项目产能50%的落后水泥产能，作为项目核准的必要条件。

（2）对于上报请求核准的项目，投资管理部门会同环保、国土等部门深入项目厂址实地核实项目建设条件。

（3）建设项目必须具有可开采30年及以上的石灰石矿山资源并已取得矿山开采许可证。项目单位需提交经有资质的矿产资源储量评审机构评审的矿山资源储量详查报告。

（4）水泥建设项目必须配套建设纯低温余热发电，矿山开发应符合环境保护、尾矿资源综合利用要求，开采后进行生态环境恢复工作，减少污染物排放，保护环境。

5. 加强水泥粉磨站建设布局管理。

根据福建省沿海城市的市场容量、交通条件、混合材资源、合理布局建设粉磨站。加强水泥粉磨站建设布局管理，支持水泥熟料生产企业在省内水泥消费集中地区投资建设年产120万吨及以上的水泥粉磨站；各地上报招商水泥粉磨站项目必须符合全省布局管理要求。原则上不允许落后水泥产能生产企业改造为粉磨站。

记　事

1月18日　福建省经济贸易委员会印发《新型干法水泥生产工艺导引（试行）》，指导和规范全省新型干法水泥的生产，进一步发挥新型干法水泥生产技术的优势，提高新型干法水泥生产企业的管理水平，推进全省水泥工业的可持续发展。

1月22日　福建省经济贸易委员会召开全省水泥工业结构调整工作座谈会，部署淘汰落后水泥产能工作，研究解决水泥工业结构调整中的困难和问题。

5月21日　福建省人民政府办公厅发出《关于加强总量控制引导水泥行业健康发展的通知》，进一步加强水泥工业结构调整工作。

5月30日　福建省建材工业协会召开第三次会员代表大会，总结第三届理事会工作，选举产生新一届理事会理事、常务理事、副会长、会长、秘书长。

10月29日　福建省经济贸易委员会召开水泥行业质量工作座谈会，研究分析水泥行业质量管理工作。

11月21日　福建省建材工业协会召开全省新型干法水泥企业座谈会，研究水泥工业结构调整、质量管理及水泥市场等工作。

12月13日　全省新型干法水泥企业在《福建日报》上向全省水泥企业发出倡议书，倡议全省水泥企业加强行业自律，诚信经营，确保产品质量，维护企业品牌，为全省建设工程提供优质的水泥产品。

（福建省建材工业协会　供稿）

福建省龙岩市

Longyan City, Fujian Province

【水泥工业发展概况】　龙岩是福建省水泥工业主要生产基地，其水泥产能约占全省的50%。2008年，全年水泥产（销）量完成2 225万吨，比上年增长7.1%，高出全省增幅5个百分点；完成工业产值71.5亿元，占全市规模工业产值的8.78%。其中新型干法水泥产量1 220万吨，比上年增长52.5%，占全市水泥总产的55%，比上年提高15.7个百分点。全年供应散装水泥610万吨，占总产的27.4%，比上年增长27.1%。

1. 龙岩市积极推进水泥工业结构调整。

2008年内共建成投产3条日产2 500吨熟料新型干法水泥生产线，（即漳平市振鸿水泥公司一线、福建春驰集团新丰水泥公司二线和新罗区蓝田水泥厂一线）和1条单线年产60万吨水泥粉磨生产线（即上杭县能群建材年产120万吨水泥一期项目）。年内还建成投产了"漳平红狮"和"春驰新丰"各一个装机容量9兆瓦纯低温余热发电项目。截止到2008年底，全市仍有在建日产5 000吨熟料新型干法水泥生产线3条，分别是"漳平红狮"二线，武平县"塔牌水泥"一线，新罗区"紫金恒发"生产线，预计于2009年内建成投产。与此同时，龙岩市加快落后水泥产能的淘汰。全年关闭落后水泥产能企业28家，削减产能企业2家，关闭机立窑34座，淘汰落后水泥产能441万吨(其中粉磨能力53万吨)。加上2007年淘汰的落后产能,龙岩市已超额完成‘十一五’省政府下达的淘汰落后水泥产能任务。

2. 龙岩市继续推进水泥工业实施品牌战略。

2008年增加了永定县闽福建材有限公司“闽福牌”水泥获评“福建省名牌产品”和“国家免检产品”,使龙岩市水泥行业继续保持在全市工业中获得“省名牌产品”和“国家免检产品”最多的行业(获“国家免检产品”6个、“福建省名牌产品”7个)。

2008年是龙岩市水泥企业换发生产许可证最集中的一年,在龙岩水泥同业商会的重视、协调指导,以及省、市有关部门的支持下,全市65家水泥企业顺利通过审查,取得了新一轮生产许可证。

记 事

1月中旬 上杭县、永定县政府分别出台了县“水泥工业结构调整配套政策”,明确了鼓励机立窑企业关闭奖励补偿标准。

2月16日 市水泥同业商会召开第二届第三次会员大会,市领导黄玲、市政府副秘书长谢民键等领导到会并讲话,市质监局分管领导到会宣讲《水泥产品许可证实施细则》。

2月18日 龙岩市委、市政府召开“全市民营企业家新春恳谈会”,市委书记张健作重要讲话。龙岩水泥同业商会30名常务理事出席恳谈会。

2月中旬 市人事局发文通告2007年度获评中级专业技术职务任职资格人员名单,全市水泥行业29人获评工艺、电气、机械工程师。

4月14~17日 全市水泥行业80多名企业中层干部参加“龙岩市车间主任提升管理培训班”。

5月14~16日 福建省水泥质量监督检验三站、龙岩市质检所于龙岩沁都大酒店会议中心举办水泥新标准培训班,全市90余家水泥企业200余人参培。

5月15~16日 市安办在龙岩长城宾馆举办“立窑窑工安全生产技术培训”,110多名窑工参培。

5月18日 龙岩市水泥同业商会副会长单位龙岩三德水泥建材公司在云南投资建设的三德大理水泥公司鹤庆日产2 500吨熟料水泥生产线点火投产。

5月21日 福建省政府办公厅以闽政办〔2008〕89号文发布《关于加强总量控制,引导水泥行业健康发展的通知》。

5月23、29日 龙岩市水泥同业商会召开全市水泥企业贯彻水泥新标准座谈会。

5月14日~6月10日 龙岩市水泥同业商会组织水泥行业为四川汶川大地震赈灾捐款,共有44家水泥企业,总计捐款112万余元。

5月30日 福建省建材协会召开第四届会员代表大会,龙岩市水泥同业商会15名代表出席,龙岩市水泥企业家许沂炎、邱景河、徐剑冰当选副会长。

6月9日 龙岩蓝田水泥厂日产2 500吨熟料新型干法生产线点火投产。

6月16日 龙岩市人大常委会副主任卢泉昌率重点产业调研组到龙岩市水泥同业商会召开龙岩市建材产业发展研讨会。

6月18日 龙岩市水泥同业商会组织全市8家新型干法企业参加福州第六届中国海峡项目成果交易会布展,被省工商联授予“优秀组织”奖。

6月20日 福建春驰集团新丰水泥公司二期日产2 500吨熟料生产线正式投产。

7月10日 中共龙岩市委常委、统战部长黄海英到龙岩市水泥同业商会参加会长扩大会议,并作指示。

8月3日 龙岩市水泥行业工会联合会成立暨第一次代表大会于长城宾馆召开,会议选举黄育荣为工会主席,王发荣、宋杰为副主席。

8月7日 龙岩市经贸委、发改委、环保局、工商局、质监局联合发出《关于严禁落后水泥产能转产胶结材的通知》。

8月8日 龙岩市水泥企业家许沂炎、章益深、吴林炎、陈天瑞等6人在市政协副主席、市工商联主席黄玲率领下,在北京亚洲大酒店会见了前来出席北京奥运会开幕式的菲律宾总统阿罗约及随从官员。

9月22日 福建省经贸委主任周联清在龙岩市副市长温锡浩陪同下视察了福建龙麟集团。

9月28日~10月5日 龙岩市水泥同业商会组织由会长许沂炎,副会长章益深、吴林炎、陈智、张劲松等8人组成的龙岩水泥企业家考察团赴菲律宾作投资考察。与菲国工商部长、总统投资贸易特使及菲律宾中国商会进行了商洽。

11月1日 杭州宏基立磨投产现场推介会在龙岩市蓝田水泥厂举行。

11月11日 来龙岩市调研工业发展情况的福建省副省长李川,在龙岩召开全市工业企业座谈会。龙岩市水泥同业商会呈送了《关于请求减轻水泥企业负担,促进水泥产业稳定和发展的建议》并发言。

福建春驰集团新丰水泥公司与漳平红狮水泥公司先后投建的9兆瓦纯低温余热发电项目,分别于10月20日和11月12日投产发电。

11月19日 菲律宾中国商会代表团在参加“中国龙岩投资项目洽谈会”活动后,到福建龙麟集团参观考察。

11月 龙岩市水泥同业商会被龙岩市人民政府授予“可持续发展试点单位”。

12月23日 华润水泥控股有限公司就投资龙岩市新罗区岩山日产4 500吨熟料水泥生产线项目与新罗区政府签约。

(福建省龙岩市水泥同业商会 供稿)

江西省

Jiangxi Province

【水泥工业发展概况】　2008 年，全省水泥产量实现 5 271.6万吨，同比增长 6.4%；完成工业增加值 62.0 亿元，同比增长 21.0%；实现主营业务收入 177.4 亿元，同比增长 25.2%；实现利税总额 23.0 亿元，同比增长 21.3%；实现利润 13.0 亿元，同比增长 22.8%。

2008 年，江西省新型干法水泥生产规模达到 4 900 万吨，立窑生产规模为 1 400 万吨，新型干法水泥占全省水泥生产能力的比重达到 77.8%，比 2007 年提高了 5.3 个百分点，比全国平均水平高出 22.8 个百分点。

2008 年水泥企业平均规模达到 30.7 万吨，日产 4 000 吨以上熟料新型干法水泥生产线 8 条、日产 2 500 吨熟料新型干法水泥生产线 21 条、日产 1 000 ~ 2 000 吨熟料新型干法水泥生产线 13 条。其中，“万年青水泥”以“南方万年青”为平台，整合“江西水泥”存量资源，产能达到 1 200 万吨；“亚东水泥”产能为 600 万吨；“海螺水泥”产能 700 万吨。“万年青”、“亚东”和“海螺”三家企业总产能达到 2 500 万吨，占全省水泥产能的 37.9%。

【淘汰落后积极推进】　2008 年共淘汰落后水泥产能 228.8 万吨，拆除机立窑生产线 25 条，完成年度计划的 101%。累计已完成“十一五”淘汰落后水泥产能 987.8 万吨目标的 56.6%，三年完成的具体情况如下：2006 年全省实际共淘汰落后水泥生产线 14 条产能 73.8 万吨；比国家下达任务超额完成 18.8 万吨，比省下达计划超额完成 7.4 万吨；2007 年全省实际共淘汰落后水泥生产线 29 条产能 276.4 万吨，比国家下达任务超额完成 76.4 万吨，比省下达计划超额完成 33.4 万吨；2008 年全省实际共淘汰落后水泥生产线 27 条产能 248.8 万吨，比国家下达任务超额完成 48.8 万吨，比省下达计划超额完成 21.4 万吨。

【节能减排、兼并重组】　2008 年，全省建材工业万元工业增加值综合能耗 10.13 吨标煤，同比降低 1.06 吨标煤。全省现有 12 条新型干法水泥熟料生产线采用纯低温余热发电，建立了 11 座总装机容量为 66.5 兆瓦的余热发电站，每年可发电 2.6 亿千瓦时，节标煤 10.5 万吨。

2008 年，南方万年青水泥有限公司成功重组国兴水泥公司，中材集团重组萍乡正大水泥公司，中材集团与江西锦溪水泥有限公司合作的水泥生产线余热发电工程项目也在顺利进行中。由此形成了中国水泥三大巨头（海螺集团、中国建材集团、中材集团）整合江西水泥产业的态势，这有利于推进江西省内及邻近区域市场水泥整合和结构调整，提高产业集中度，通过发挥协同效应，改变无序竞争的状况，促进地方水泥行业的健康发展。

记　事

4 月　江西省经贸委综合行业管理办公室组织省建材集团、各设区市建材行业管理部门、各建材质检站、各水泥企业召开全省水泥新标准宣贯会，会上就《通用硅酸盐水泥》（GB175 – 2007）进行了深入学习。

6 月　江西省经贸委综合行业管理办公室出台《江西省新型干法水泥企业管理规范》（试行），以促进江西省新型干法水泥企业的科学化、规范化管理。

7 月　《江西省促进散装水泥和预拌混凝土发展条例》由江西省第十一届人民代表大会常务委员会第二次会议于 2008 年 5 月 29 日通过，自 2008 年 7 月 1 日起施行。

7 月　为做优水泥产业，促进区域水泥企业协调发展，江西省建材工业协会以“协调发展、和谐共赢”为主题召开赣东北与浙西部分重点水泥企业座谈会。

9 月　江西省经贸委综合行业管理办公室召开全省水泥企业化验室分级管理评审考核办法宣贯会，布置全省水泥企业化验室分级管理评审考核工作。

10 月　第二届泛珠三角水泥峰会在昆明召开，会议以“区域发展、市场动向、节能减排”为主题，江西省建材工业协会派员参加并在峰会上作交流发言。

（江西省经贸委综合行业管理办公室建材处　供稿）

江西省水泥主管部门简介

江西省经贸委综合行业管理办公室承担行业管理职能，内设秘书处和建材、石化、纺织、冶金、医药等五个工业处。省经贸委党组成员刘保朝同志为江西省经贸委综合行业管理办公室主任，傅爱军同志任江西省经贸委综合行业管理办公室副主任并分管建材处，刘文斌同志为建材处处长。

其主要职责是：

1. 研究拟定建材行业发展战略和规划，促进建材行业结构调整，引导建材行业合理布局。

2. 研究提出建材行业发展的政策和规律；组织制定建材

行业规范、技术标准、协调建材行业内部关系,维护公平竞争秩序;研究提出建材行业发展中的重大问题,向有关部门提出政策建议。

3. 掌握、分析建材行业生产经营动态,汇集、分析、发布建材行业经济技术和市场信息,提供信息咨询服务。

4. 研究提出建材行业体制改革的政策措施,指导国有企业改革和结构调整,建立现代企业制度;指导建材行业的国有企业扭亏解困、减员增效和实施再就业工程。

5. 承办省政府和省经贸委交办的其他事项。

江西省经贸委综合行业管理办公室建材处

地　址:江西省南昌市省政府大院北二路100号

邮　编:330046

电　话:0791－6222363

传　真:0791－6257245

山东省

Shandong Province

【水泥工业发展概况】 2008年山东省规模以上水泥企业346家,生产水泥1.34亿吨,比上年降低4.03%;实现工业增加值140.42亿元,同比降低1.39%;主营业务收入完成546.40亿元,同比增长10.93%;实现利税67.21亿元,同比增长21.81%;利润总额38.23亿元,同比增长39.94%;出口水泥458.9万吨,同比降低3.2%,创汇2.15亿美元,同比增长19.36%;出口熟料177.6万吨,同比降低69.9%,创汇0.68亿美元,同比降低62%。

1. 结构调整和产业优化升级取得新的进展。

全年淘汰关停立窑水泥生产线200多条,淘汰熟料产能1 458万吨。建成投产新型干法水泥线6条,新增熟料产能840万吨。新型干法水泥产量达到8 100万吨,同比增长12.26%,比例达到58%,比重首次超过立窑水泥。山东省水泥生产快速向大型化集中,向专业化方向发展,生产的集中度大幅度提高。山水集团和"中联(山东)水泥"两大集团新型干法水泥的产量占全省的比重达到66%。

2. 自主创新能力和行业整体素质有了新的增强。

在中国建材联合会和中国机冶建材工会开展的第三届"全国建材行业技术革新奖"活动中,"东华水泥"、"德州晶华"等企业的三个项目获得二等奖,山水集团、"东华水泥"两个项目获得三等奖;举办了全省水泥企业质量检验工技能竞赛,80余家企业的160多名选手参加了化学分析工和物理检验工两个工种的决赛,10名选手分获一等奖、16名选手分获二等奖、24名选手分获三等奖;有20名同志获得2008年度"建材行业首席技师"称号,海汇集团的李习花荣获"山东省首席技师"称号;山水集团的石文芬被国家人力资源和社会保障部授予"全国技术能手"称号;全行业有265人获得各类各级职业技能资格证书。

3. 节能减排工作和经济增长方式有了新的转变。

水泥单位综合能耗达到105千克标准煤/吨,同比降低4.5%;全年推广散装水泥8 809万吨,同比增长6.97%,散装率达到63.44%,同比提高12.8个百分点,节约标煤81.78万吨,减少大气粉尘排放34.8万吨,减少二氧化碳排放311.35万吨,实现综合经济效益31.35亿元;通过调查研究向省政府提报了《关于全省水泥窑纯低温余热发电情况的调查报告》;全年有9座纯低温余热发电站建成投产,全省已累计建成投产新型干法水泥纯低温余热发电机组23座,总装机容量232兆瓦,吨熟料发电35千瓦时以上,节约标煤14.4千克,年综合节约标煤57万吨,减少二氧化碳排放186万吨。

记　事

1月27日　全省建材工作会议在济南召开。山东省建筑材料工业协会会长王福江做了《转变增长方式 实现又好又快 努力开创我省建材工业科学发展的新局面》的工作报告。

2月29日　山东省人民政府办公厅印发了《山东省关停和淘汰落后水泥产能工作实施方案》(鲁政办发〔2008〕8号),方案中公布了2007～2010年各市关停和淘汰落后立窑熟料产能工作任务表和第一批建设新型干法水泥熟料生产线布局重点企业名单。

3月27日　枣庄市沃丰水泥有限公司日产5 000吨熟料生产线投产。

3月　"泰山水泥"成功实施余热发电CDM项目交易,3月份首批减排交易额顺利到帐,成为国内第一个获得联合国减排收入的余热发电项目。

4月10日　全省节能工作暨建材工业发展循环经济现场会在济南召开,总结推广了山水集团的经验,省经贸委副主任安勇坚出席会议并讲话。

4月19日　龙口泛林水泥有限公司日产5 000吨水泥生产线投产。

5月28日　山东东华水泥有限公司第二条日产5 000

吨水泥熟料生产线投产。

5月30日　山东省建材工业协会顺利完成换届选举工作。第三届理事会设水泥等八个专业委员会，山东省建筑材料工业协会副会长胡伟担任水泥专业委员会主任委员。

6月18日　山东省人民政府表彰山东省节能奖获奖单位和获奖成果，山东山水水泥集团有限公司荣获节能突出贡献企业奖，获奖金100万元；山东榴园水泥有限公司、山东金鲁城有限公司荣获节能先进单位称号，获奖金5万元。

7月4日　山水水泥集团有限公司成功在香港联交所主板上市，成为山东省第一家上市的水泥企业，中国水泥行业第一家在香港红筹股上市的企业。

8月8日　安丘山水水泥有限公司第二条日产5 000吨熟料生产线投产。

11月15日　山东山铝水泥有限公司第二条日产3 000吨熟料生产线投产。

12月9日　山东省建材工业协会水泥专业委员会2008年年会在济南召开。国家工业和信息化部建材处吕桂新处长出席会议并讲话。

12月29日　费县沂州水泥有限公司日产5 000吨水泥生产线投产。

（山东省建材工业协会　供稿）

河南省

Henan Province

【水泥工业发展概况】

2008年河南省水泥工业生产继续保持快速健康发展态势，产业结构调整和节能减排积极推进，经济运行质量和效益稳步提高，产品价格平稳，产销率逐步提高。全省水泥生产企业230家，12月产量完成968万吨，全年产量10 318万吨，增长9.95%，继山东（13 998万吨）、江苏（12 757万吨）之后，位居全国第三位；全年完成工业总产值336.22亿元，比上年同期增长34.24%；工业增加值131.80亿元，同比增长21.99%；销售产值332.57亿元，同比增长34.01%；产品销售率98.92%；固定资产投资完成84.49亿元，同比增长7.18%，投资额在全国排名位居第二（四川第一，86.70亿元），占全国比重8.76%；1～11月完成利税总额42.09亿元，同比增长24.23%；利润总额25.83亿元，同比增长25.08%，位居山东（35.92亿元）、四川（27.62亿元）之后，在全国排名第三位，占全国比重9.88%。企业亏损29个，企业亏损额1.28亿元，同比下降29.28%；

【协会工作】

2008年协会在省发改委、省民政厅、省质量技术监督局等部门领导和各会员单位的支持下，积极发挥协会服务政府、服务企业、服务行业的职能作用，克服困难，积极工作，在贯彻国家相关方针政策，促进企业有序竞争，加强调查研究，推进行业技术进步和结构调整，为政府和企业开展“双向”服务等方面，开展了探索性实践，组织了相关工作和活动，圆满完成了以下工作：

1.协助省发改委开展建材行业监控和运行协调。

协会秘书处以行业监控和企业监控为重点，围绕企业在发展中遇到的问题开展调查研究，向省发改委提出有价值的产业发展和政策导向意见；以统计分析为基础，结合掌握适时情况，每季编写行业运行分析报告，为政府提供调控决策依据。特别进入9月份以来，因受世界金融风暴的影响，全省工业也出现了较大波动，一些行业出现了产品价格大幅下降，销售不畅，库存上升，经济效益下降等情况。为了及时掌握重点行业、重点企业的生产经营情况，省发改委要求对重点企业实现旬报、月报制度，由协会负责收集汇总后报发改委。

2.开展河南省水泥工业原料消耗及能耗专项调查。

为更好地贯彻国家可持续发展的国策，落实国家循环经济发展和节能减排降耗政策，为相关政府部门制定产业发展政策和规划提供真实详尽的决策依据，推进行业节能减排的科学发展，协会对省内规模以上企业进行了水泥产量和配比的专项调查。从中选择了部分重点企业的复合水泥、火山灰水泥、矿渣水泥和粉煤灰水泥的熟料及水泥单位产品能耗、生料消耗量及生料、熟料品质的调查，并写出调查报告。

3.组织企业技术人员赴澳新参观考察。

随着我国经济的强劲发展，积极拓展对外贸易和国际合作，使河南省建材企业和贸易体系与国际接轨，进一步提升建材经济的外向度，借鉴和学习澳大利亚、新西兰的先进经验，协会组织了河南省建材行业考察团于2008年3月12日赴澳大利亚、新西兰进行考察学习，重点考察了两个国家的建材企业循环经济、节能减排新技术、新工艺，寻求与国际同行业的交流及合作。

4.开展职工培训与职业技能鉴定工作。

培训部根据国家职业标准及建材行业特有工种职业技

能鉴定培训教材，结合企业实际，采取到工厂就地办培训班的办法，在职业技能培训鉴定工作中，始终坚持专业化、专家化、实用化方式，保证质量，宁缺毋滥，严格把关。专家亲临企业授课，使企业人员感到能够实实在在学到不少技术，使得全省职业技能培训鉴定工作走到一个良性循环的路子上来。虽然目前在职业技能培训鉴定工作中还存在着一些不规范竞争，但我们始终坚持专业化、专家化、实用化、权威化的路子，在近几年的职业技能培训鉴定工作中取得了较好的成绩。

2008年共培训、鉴定企业技能工人200多人。先后对三门峡建方水泥公司、郑州金龙水泥公司、新乡平原同力水泥公司、郑州长城特种水泥公司、河南省中联水泥公司、商丘天瑞水泥公司、许昌天瑞水泥公司、新乡中电龙源水泥公司、平顶山辰龙水泥公司、光山天瑞水泥公司、河南锦荣水泥公司、南召天瑞水泥公司、周口天瑞水泥公司、洛阳玻璃集团公司、许昌中电龙源水泥公司、襄县隆博建材公司等企业进行了职业技能培训及鉴定。

5. 开展建材行业专项安全生产检查活动。

根据河南省安全生产监督管理局文件豫安监管一〔2008〕137号《关于支持冶金建材等行业开展专项安全生产检查的通知》，为积极配合全国安全生产百日督察专项行动，充分发挥行业协会和专家作用，增强行业自律意识，协会组织开展了以自查为主、抽查为辅的行业专项安全生产检查活动。天瑞集团水泥有限公司、河南省同力水泥股份有限公司等二十多家建材企业报送了自查报告。

6.《2007年中国建筑材料工业年鉴》和《2007中国水泥年鉴》编制工作。

《2007年中国建筑材料工业年鉴》是由中国建筑材料联合会组织编纂的一部全面反映我国建筑材料、非金属矿及其制品和无机非金属新材料三大领域的发展历程、改革成果和发展成就，提供建材行业各类完整数据和详实资料的大型权威性、工具性期刊。协会根据联合会的要求，紧密结合我省建材工业的实际情况，实事求是和全面正确地评述了我省建材工业2007年的改革、发展情况，重点介绍了全省建材工业结构调整、技术改造和技术进步、企业经济效益、建材产品市场销售等方面情况。

中国水泥协会组织编纂了《中国水泥年鉴》(2007年卷)。协会根据中国水泥协会的要求，结合河南水泥工业的实际情况，积极组织编写了《中国水泥年鉴》(河南篇)，它客观真实地再现了2007年河南水泥工业发展面貌和取得的成就，是对行业发展史的真实记录。

7.《河南建材信息》的编辑及协会网站的维护工作。

协会各部按时编写了《河南建材信息》双月会刊，及时向会员单位传达了上级的文件精神和要求，进行政策引导，发布行业新技术、新设备信息，通报行业统计资料和经济指标分析，对企业在改革、发展和生产经营过程中的重大决策、先进的经验等进行及时报道，对全省建材生产企业互相沟通生产经营及市场信息起到了较好的作用。

协会网站是为河南省广大建材企业提供Internet信息服务，向国际市场展示河南省建材企业形象。2008年协会及时对网站进行了更新改版及扩容，使网站更趋于完善，全年共新增容量60兆，及时上传发布协会各项活动，报道省内外建材行业的新动向、新经验、新成果。

8. 积极组织和推荐全国各项评奖活动。

①开展"同力杯"全省建材行业技术革新奖评选工作。

为表彰建材行业生产企业在生产工艺、材料、技术、装备、器具、产品和质量管理等方面的技术革新活动中做出实质性贡献的单位和个人。协会与冶金建材工会组织开展了2008年度"同力杯"河南省建材行业技术革新奖评选活动。

河南省"同力杯"建材行业技术革新奖共评出一等奖11名、二等奖及三等奖各3名。由河南省冶金建材工会和河南省建筑材料工业协会颁发获奖证书，并在河南省建筑材料工业协会网站和《河南建材信息》等媒体公示。

一等奖项目由河南省建筑材料工业协会和河南省冶金建材工会推荐参加全国"建材行业技术革新奖"评选。最终有9个项目获得了国家级的技术革新奖，在北京人民大会堂得到了表彰。协会被国家建材行业技术革新奖奖励办公室授予"优秀组织奖"称号。

② 开展全国水泥企业优秀总工程师推荐工作。

根据《全国水泥企业总工程师联合会工作细则》规定，为了表彰总工程师在企业的技术创新和节能减排方面所做出的贡献和业绩，为了宣传和交流水泥企业走循环经济和可持续发展道路的经验，协会积极推荐"天瑞"、"同力"、"南阳天泰"三家企业的总工程师参加2008年全国水泥企业优秀总工程师的评选活动。

③开展全国建材行业改革开放30年代表人物推荐工作。

为深入贯彻落实科学发展观，全面总结和展示改革开放30年建材行业发展的巨大成就和成功经验，激励动员广大建材干部职工坚持走中国特色社会主义道路，继续解放思想，坚持改革开放，推动科学发展，建设和谐社会，协会配合中国建筑材料联合会决定评选建材行业改革开放30年代表人物。经企业推荐、协会评审考核推荐河南"同力"张浩云等5位同志参加全国建材行业改革开放30年代表人物评选活动。

④组织开展节能减排竞赛活动。

为进一步贯彻落实党中央、国务院及河南省人民政府关于节能减排工作部署，根据河南省总工会、河南省发展和改革委员会、河南省环境保护局《关于在重点企业组织开展节能减排竞赛活动的通知》（豫工发〔2008〕12号）要求，动员和组织广大职工为实现河南省"十一五"和2008年节能减排目标多做贡献，决定在煤炭、轻工、电力、电石、石化、有色金属、钢铁、建材等重点高污染、高耗能行业联合开展节能减排竞赛活动，有天瑞集团水泥有限公司、河南省同力水泥股份有限公司、登电集团水泥有限公司、焦作坚固水泥有限公司、河南孟电集团水泥有限公司、济源市太行水泥有限公司等十多家水泥企业参加了竞赛活动。

9.协会日常工作。

为了更好地为会员单位服务，及时地把协会社团法人登记证、代码证、收费许可证进行了年检和换证。

今后，协会要加强多边的信息交流和情况沟通，定期或不定期将有关资料、期刊、行业信息及时上传下达；加强多边的交流与合作，组织企业和相关性产业相互进行学习考察，取长补短；积极为企业和行业发展服务，尤其是涉及市场准入、价格竞争、兼并重组等重大情况和问题，协会有积极参与、沟通协调、正确引导、磋商解决的责任和义务。

【组织召开的重要会议】

1.举办《水泥工厂节能设计规范》、《通用硅酸盐水泥》、《通用硅酸盐水泥单位产品能源消耗限额》学习研讨班。

国家发布了《通用硅酸盐水泥》和《水泥工厂节能设计规范》新标准，为配合河南省节能降耗工作的全面实施，积极将节能降耗活动落到实处，按照省发改委部署，协会承担了河南省地方标准《通用硅酸盐水泥单位产品能源消耗限额》（征求意见稿）的制定工作，这些规范和标准涉及到企业的产品质量和节能降耗工作。为了让广大技术及管理人员更好地学习、准确理解并掌握新标准的要求，协会于4月8～10日在平顶山举办了《水泥工厂节能设计规范》、《通用硅酸盐水泥》、《通用硅酸盐水泥单位产品能源消耗限额》学习研讨班。受到150多名到会人员的好评。

2.召开《通用硅酸盐水泥单位产品能源消耗限额》河南省建材行业地方标准审查会。

10月14日是世界标准日，河南省发展和改革委员会节能技术中心在郑州市主持召开了《通用硅酸盐水泥单位产品能源消耗限额》河南省建材行业地方标准审查会。由省发改委资源处、省技术质量监督局标准处、省建材工业协会、省资源综合利用与节能协会、郑州大学、河南理工大学、省"同力股份"、天瑞水泥集团等十几位专家组成的标准审查委员会对标准进行了认真的审定工作。

会上标准主要起草单位河南省建材工业协会汇报了标准制定原则、省内外相关标准的调查研究及与国家相应标准的对比情况等。这个标准主要是参照国家标准GB16780—2007《水泥单位产品能源消耗限额》，总结省内外标准的先进经验、考虑河南省建材行业实际生产情况而制定的。

与会专家对提交的《通用硅酸盐水泥单位产品能源消耗限额》（审议稿）进行了认真、细致的评审。认为这个地方标准制定依据充分、科学，并对标准审议稿提出如下修改意见：

①规范标准计量单位；

②补充完善规范性引用文件；

③调整个别低于国家的能耗指标。

会议要求标准起草单位尽快按上述意见进一步修改、补充、完善这个标准，并进行适当的文字修饰后．形成标准报批稿。

审查会经认真审议后，一致通过了该标准的审议稿．建议作为河南省建材行业的地方标准正式报批，及早发布实施。并希望在实施过程中，各有关部门加强宣贯工作，使标准在河南省的节能减排和能源管理工作中充分发挥作用。

3.召开河南省重点水泥企业营销高管座谈会。

为应对金融风暴对实体经济的冲击，准确把握全省水泥工业发展面临的形势，协会和河南同力水泥股份有限公司于11月20日在郑州召开了营销高管座谈会，与会十一家重点水泥企业领导就河南省水泥工业生产经营、发展建设、市场销售等问题进行了认真、热烈、坦率的发言和讨论。

会议首先向与会代表传达了10月27日由国家工业和信息化部原材料工业司召开的全国重点建材企业高管座谈会的会议精神，建议政府强制布局，新建核准权限上交，困难时期重组整合需要强有力的新政策支持。

各企业负责人对本厂近期水泥生产与经营的情况分别进行了通报，呼吁各地区重点水泥企业不要盲目单纯追求水泥产量，以不亏损为目标"限产保价"，提高行业整体运行水平。

会议建议政府有关部门加大对全省目前有水泥生产企业尤其是其中水泥粉磨站的产品质量监督，防止水泥产品质量问题成为第二个"三鹿奶粉事件"。

会议倡议各重点水泥企业要负起社会责任，优化行业组合，加强省内水泥企业重组联合、提高市场集中度，形成有序竞争,保护省内水泥企业良性发展;同时应继续以省内重点水泥企业联谊会的方式友好协调,维持全省水泥价格的相对稳定。

协会秘书长王爱贞通报了国家和省内已出台新的宏观调控政策,省内高速公路、铁路、水利、电力、煤矿等重点工程和城市基础设施的建设近期有望快速启动,水泥市场在短期内能出现好转,各企业要坚定信心,自觉规范市场经营行为,保护行业稳定发展。

4.举办《水泥化学分析方法》等国家新标准宣贯培训班。

《硅酸盐水泥熟料》、《水泥化学分析方法》、《水泥比表面积测定方法(勃氏法)》、《用于水泥和混凝土中的粒化高炉矿渣粉》等10项国家标准已经修订,新的国家标准已于2008年7月1日后陆续实施。为使生产企业及相关单位尽快了解掌握新标准的有关内容,及时采用新标准,协会特邀有关标准起草人、中国建材研究总院张大同教授于2008年12月22~25日在郑州市举办国家新标准宣贯培训班,全省水泥、混凝土生产、科研、试验、施工等单位积极响应,有91家单位100多人参加了学习,系统学习了新标准的相关条款,针对重点难点问题进行了答疑,取得了预期的效果。

【河南省大中型水泥企业重大活动】

1."中联水泥"与"南阳恒新"水泥签定重组协议。

3月3日,"中国联合水泥"与南阳恒新水泥有限公司联合重组协议签字仪式在南阳宾馆举行。这是2007年南阳市政府与中国建材集团签订战略合作框架协议后的又一重大成果,标志着南阳市政府与中国建材集团合作迈出了实质性一步。

"中国联合水泥"将利用自身资金、技术、经营管理等优势,使投资双方获得满意的经济利益;同时,双方的成功合作必将对南阳经济发展和水泥工业结构调整起到促进作用,是企业做大做强的需要,对提高产业集中度将产生积极而深远的影响。希望双方加强沟通,取长补短,在环境治理、节能减排和发展循环经济上做文章,力争获得更好更大的效益,为南阳经济发展作出新的贡献。

2.中国建材集团与河南安阳市人民政府签署战略合作协议。

6月27日,安阳市委书记张广智,安阳市委副书记、市长张笑东率安阳市代表团一行到中国建材集团公司访问,中国建材集团公司董事长宋志平会见张广智一行。双方就加强水泥、建材装备、玻璃、轻质建材等领域的合作达成共识并签署战略合作框架协议。

安阳市是河南省重要的工业基地,具有较好的交通区位优势、资源优势和产业基础,中国建材集团十分愿意与安阳市在建材领域进一步加强合作,实现双赢。双方将充分发挥各自的优势和特色,建立长期战略合作伙伴关系,在水泥、成套装备制造、新型墙体材料等领域展开全方位的合作,同时加强科技研发成果转化的深层次合作,促进安阳市产业结构的优化升级,重点推进集团所属安阳机械厂、海工水泥厂在安阳项目的建设。

3."中电投河南"成立建材公司主营水泥及制品。

中电投河南分公司为加快综合产业发展,经报请集团公司同意,于10月24日成立中电投河南建材有限公司。中电投河南建材公司为中电投集团公司全资三级企业,主要经营范围为水泥及其制品的生产与销售、技术研发与推广、粉煤灰综合利用与开发等,注册地点在郑州市。该公司下设技术研发中心、新乡分公司、许昌分公司。

4."同力水泥"放弃"郑州同力"投资以规避需求下降风险。

在固定资产投资增长趋缓的当前形势下,"同力水泥"将"郑州同力"第一期出资和第二期出资义务转让给郑煤集团,以规避未来市场需求不足的风险。"同力水泥"9月25日发布公告称,公司拟将郑州同力水泥有限责任公司的第一期已到位出资2 068万元和第二期出资义务8 272万元转让给郑州煤炭工业(集团)有限责任公司,郑煤集团受让2 068万元出资并履行8 272万元的出资义务,享有出资人的权利。

随着宏观调控和全球经济放缓的影响,国内房地产市场萎缩,2008年前7个月水泥需求增长下降至8%左右,远低于2006年和2007年同期的20%和15%左右的两位数增长,北方水泥巨头"冀东水泥"已暂缓东北的扩张。在水泥需求可能下降的背景下,公司将"郑州同力"的投资转让给郑煤集团,能规避未来市场需求不足的风险。

5."南阳中联"二期日产6 000吨熟料生产线环境保护工程通过验收。

11月11日,以国家环境保护部科学技术委员会委员罗国桢为组长的环境保护竣工验收组,在"中国联合水泥"副总经理、"南阳中联"总经理任振河等领导的陪同下,对"南阳中联"二期日产6 000吨水泥熟料生产线环境保护进行了验收。

验收组一行深入现场实地察看了该公司环境保护设施的管理和运行情况,并认真察看了企业周边环境,听取了"南阳中联"的环境保护执行报告和中国环境监测总站的工程竣工环境保护验收监测报告的汇报,审阅并核实了有关材料,最终验收组一致认为,该工程落实了环评及批复中的各项环保措施,主要污染物达标排放,符合建设项目竣工环境保护验收条件,验收组同意通过环境保护验收。

(河南建筑材料工业协会 供稿)

湖北省

Hubei Province

【水泥工业发展概况】　2008年，湖北省水泥工业克服了年初的雪灾、年中原材料价格大幅上涨、年末的金融危机等诸多困难，全行业广大职工克难奋进，积极进取，努力维持行业健康持续发展，并取得较好成绩。全行业呈现出企稳回升和稳定增长态势，行业发展特点主要如下：

1. 行业经济运行呈现两头低中间高。

一季度，受雪灾的影响，省内水泥行业部分企业停产，生产受到较大影响，工业总产值、工业增加值等主要经济指标下滑较大。进入二度季，生产情况逐渐恢复，到三季度工业总产值、工业增加值、增长速度达到峰顶，四季度，受金融危机影响9、10月份出现快速下滑，11、12月份受国家出台4万亿投资政策影响，对全省水泥行业拉动较为明显，行业较快地实现恢复性增长。

2. 水泥产量保持较快增长。

2008年全省规模以上水泥生产企业166家，其中熟料生产企业121家，粉磨站企业45家，从业人数4.4万余人；完成工业总产值201.2亿元，同比增长32.37%；完成工业增加值71.8亿元，同比增长20.14%，在中部六省排第4位。2008年，实现利润11.5亿元，同比增长11.2%，产销率99.9%。2008年全省水泥生产能力6 600万吨，产量6 220万吨，同比增长10.3%，占全国总产量4.44%，在全国排第7位，在中部六省排第2位；其中新型干法水泥熟料2 513万吨，同比增长28.8%，新型干法熟料比重达到65%，比上年提高了10个百分点。

3. 水泥销价大幅波动。

一季度，受雪灾影响，市场需求下降，价格大幅下滑，库存增加，部分企业停产。二季度，市场需求明显好转，价格快速上涨，但原材料价格大幅上涨。三季度，原本进入水泥销售旺季，应当量价齐升，但受金融危机影响，水泥行业旺季不旺，价格变化不大，尤其是东部地区水泥企业受房地产和重点工程需求下降影响，与同期相比价格和销量下滑较为严重；中西部地区水泥企业由于受到四川灾后重建和农村建房需求拉动影响，价格和销量保持较好。进入四季度，受国家加大投资力度政策影响，重点工程加快和房地产信心有所恢复，对水泥行业的拉动较为明显，价格和销量有所恢复，情况明显好转。

4. 新型干法发展较快。

截止到2008年底，湖北省已建成投产的新型干法水泥生产线40条，其中日产2 000吨级以上的有25条，新型干法熟料产能达到3 240万吨。2008年投产6条新型干法生产线，主要包括华新(鹤峰)水泥有限公司日产1 300吨、远安花林水泥有限公司日产2 500吨、松滋市双七水泥有限责任公司日产2 500吨、湖北京兰集团三源水泥有限公司日产3 200吨、葛洲坝水泥厂子陵生产线日产5 000吨、大冶尖峰水泥有限公司日产5 000吨新型干法水泥生产线，新增水泥熟料产能610万吨。

5. 大企业不断发展壮大。

华新集团实施“十字发展战略”，东西沿长江一线，南北沿京广铁路方向，进行生产布局，扩大了华新集团在湖北境内的市场占有率，确立了其在湖北的主导地位，同时北向河南、南向湖南、西向西藏、云南、重庆延伸，形成了具有较强实力的大型水泥集团。2008年该公司水泥生产能力达3 800万吨，其中在湖北省建成13条新型干法水泥生产线，主要分布在黄石、黄冈、宜昌、襄樊、咸宁、恩施等地，水泥总产能达2 250万吨，占湖北省水泥总产能34%。该公司目前在建的项目主要有“华新咸宁”(二期)日产4 000吨新型干法水泥生产线；准备建设的项目有“华新武穴”(三期)日产6 000吨和“华新恩施”(二期)日产2 000吨新型干法水泥生产线；葛洲坝水泥厂在湖北省内已建成8条新型干法水泥生产线，形成水泥产能1 100万吨，在建的水泥生产线2条，扩建水泥粉磨站5个，到2010年，该厂将形成水泥熟料生产能力1 285万吨，水泥粉磨能力2 150万吨。产能规模居全省第2位；湖北亚东水泥有限公司已建成年产200万吨水泥粉磨站和一条日产4 200吨新型干法水泥生产线，在建的有2条日产4 200吨新型干法水泥生产线，最终将形成年产700万吨水泥产能；湖北京兰集团已建成日产1 500吨、日产2 000吨、日产2 500吨、日产3 200吨、日产3 200吨共5条新型干法水泥生产线，在建的还有1条日产4 000吨新型干法水泥生产线，最终将形成年产800万吨水泥产能。这4家企业目前水泥产能占全省水泥产能比例超过50%。到“十一五”末，此4家企业水泥产能占全省水泥产能比例将超过80%。

6. 产业结构调整进一步加强。

近几年，根据国家和省有关部门的要求，湖北省建材行业加大结构调整力度，加快发展新型干法水泥，同时淘汰落后水泥产能，优化产业和产品结构，提高产业集中度。2008年，全省新型干法水泥项目建成投产6条生产线，新增水泥产能610万吨，淘汰小水泥产能635万吨，新型干法水泥产能占水泥总产能比例达到65%，高于全国平均水平，产业结构明显改善。2008年前10家水泥企业产量占全省水泥总量

45.45%,产业集中度明显提高。

【受金融危机影响相对较小】 自2008年9月份,全球爆发金融危机以来,湖北省建材工业也不同程度地受到影响。2008年1~8月份全省建材规模以上工业企业完成工业总产值427.41亿元,同比增长42.86%,完成工业增加值151.95亿元,同比增长41.59%;9月份完成现价工业总产值60.46亿元,工业增加值21.48亿元,分别同比增长40.83%和39.75%;10月份完成现价工业总产值58.73亿元,工业增加值20.9亿元,分别同比增长25.71%和25.9%;11月份完成现价工业总产值77.34亿元,工业增加值27.68亿元,分别同比增长58.65%和59.08%。从这些数字不难看出,10月份为建材工业的低点,进入11月中旬,情况有所好转。水泥行业受国家加大投资力度政策影响,重点工程加快和固定资产投资加大,对水泥行业的拉动较为明显,受金融危机影响较小;9~12月份,产量分别为555万吨、542万吨、617万吨、607万吨,同比分别增长8.91%、2.87%、12.75%、12.99%,12月份水泥产量创全年新高。

【继续加大小水泥淘汰力度】 2007年3月26日,省人民政府(鄂政发(2007)21号)下发《关于做好环境保护四个专项治理工作的意见》。文件要求立即取缔无工商执照、无生产许可证的违法水泥生产企业,淘汰土(蛋)窑、普通立窑、窑直径2.2米及以下机械立窑生产线、窑直径2.5米及以下干法中空窑、直径1.83米及以下水泥粉磨设备;2007年底前关闭生产工艺、条件、环保整治不达标的生产企业以及2003年12月23日后新建和扩建机立窑、干法中空窑、立波尔窑、湿法窑企业(或生产线、生产设备);2008年底前淘汰各种规格的干法中空窑、湿法窑等落后工艺技术装备,有条件的地区要淘汰全部立窑;2010年底前关停年产20万吨规模以下和环保或水泥质量不达标企业的生产能力。继2007年,全省关停小水泥企业91家,生产线93条,淘汰水泥产能901万吨,2008年,全省关停小水泥企业45家,淘汰水泥产能635万吨。

【行业招商引资成果丰硕】 2008年,湖北省建材行业进一步加大招商引资力度。2008年,全省建材行业有20多个重点项目建成投产,完成固定资产投资40多亿元。其中水泥引进大冶尖峰水泥有限公司日产5 000吨、湖北京兰集团三源水泥有公司日产3 200吨两条新型干法水泥生产线投产,完成固定资产投资约10亿元。

(湖北省水泥工业协会　供稿)

湖南省

Hunan Province

【水泥工业发展概况】 2008年湖南省水泥行业克服年初冰灾的严重影响,全省规模以上水泥企业351家,完成水泥产量6 043.88万吨,比上年增长7.1%;完成工业总产值211亿元,同比增长29.5%;实现利润10.67亿元,较上年增长16.61%,亏损企业49家,较上年增加9家。新型干法熟料产量1 446万吨,增长11.1%,占全部熟料的35.1%,比上年提高11个百分点。淘汰落后产能600万吨。

散装水泥推广量进一步提升,全年散装水泥供应量2 490吨,水泥散装率41.20%,增长4.56个百分点。

资源综合利用取得新进展,全年消纳各类工业废渣和固体废弃物2 000万吨以上,占全省综合利用工业废渣总量的85%以上,推动循环经济的快速发展。

【结构调整】 全行业完成固定资产投资额68.7亿元,增长73.54%,高于全国行业平均水平。开工建设项目26个,先后有"隆回南方"、"张家界巨日"、"中材株洲"、"中材常德"、"石门海螺"、"湖南特种"、"湖南玉山"、"怀化华中"(二期)、等8条,日产1 500吨~日产5 000吨新型干法水泥生产线相继点火投产。全省已投产的新型干法水泥生产线达到30条,新型干法熟料产能达到2 320万吨,产能比例已提高到37%以上。正在建设的还有韶峰水泥有限公司(三线)、华新株洲水泥有限公司、华新郴州水泥有限公司、"九嶷骄阳水泥"、"双峰海螺"(二期)、"临澧冀东"、"雪峰海螺"、湖南宁乡南方水泥公司、怀化金大地材料股份有限公司等17条日产2 500吨~日产5 000吨新型干法水泥生产线,将新增熟料产能2 128万吨,届时新型干法熟料产能达4 448万吨。"十一五"末湖南新型干法水泥产能比例达到70%的目标可提前实现。

【行业整合】 企业整合迅速推进。湖南南方水泥有限公司作为整合发展本土水泥的平台初见成效,产能已达到近1 000万吨。"中材株洲"、"中材常德"两条新型干法生产线已投产,湘潭线也即将投产,届时产能达年产500万吨。"海螺"、"华新"、"冀东"等上市水泥公司进一步在湖南扩张,加大投资力度。2008年海螺集团在湖南先后开工建设了4条日产5 000吨生产线的基础上,在建的线还有3条,同时又与地方政府签约4条日产5 000吨生产线,产能将达1 000万吨。"华新"在建有两个大型粉磨站的基础上,3条在建的熟料生产线即将投产,产能将达465万吨。"冀东"在湖南已投产的一条日产5 000吨生产线基础上,又与地方政府签约再建生产线。五大公司的竞争进入白热化。

存在的主要问题：　2008 年全省水泥产量虽然超过 6 000万吨，但新型干法水泥比例仍低于全国平均水平，落后产能淘汰慢、产品质量不稳定、生产技术水平落后、环境污染严重等问题仍十分突出；技术结构、产品结构和企业结构严重不合理，仍是制约湖南省水泥工业发展的主要问题。

1. 结构性问题突出。

调整任务艰巨、立窑等落后生产能力仍是全省水泥生产的主体。尽管近两年湖南省新型干法水泥已取得了突破性发展，但由于历史的积淀，2008 年立窑等落后生产能力仍占水泥总产量的 60%。

2. 行业整体水平离产业现代化目标尚远。

全省水泥产量虽连续 10 年居全国第 9，但水泥工业总体上“大而不强”。如：全省规模以上纳入省统计企业 351 家，平均产量约 18 万吨，比全国平均水平低 15 个百分点。全省大多数水泥企业装备水平低，存在能耗高、粉尘污染严重等问题。

3. 行业自我调节、控制能力弱。

由于近两年水泥市场好转，需求增长，立窑等落后生产方式淘汰缓慢的同时，新型干法水泥的投资热情达到空前的程度，国内水泥行业排前十位的央企、上市公司纷纷来湖南投资建厂，兼并收购。而且部分地区新上项目过于集中；新的矛盾开始凸现，产能过剩就在眼前。

记　事

年初，湖南遭遇突如其来的低温，雨雪冰冻天气造成交通运输受阻，省内多条输电线网瘫痪，水管爆裂，全省绝大部分水泥生产企业停产，时间长达 60 天左右，估计全省共少生产水泥 200 万吨左右。

1 月 12 日　中国建材集团与兆山新星集团在长沙华天大酒店举行签约仪式，就双方在湖南的水泥产业进行战略合作。

1 月 15 日　“湘潭”中材牛力日产 5 000 吨水泥生产线奠基。

1 月 16 日　“华新郴州”日产 4 500 吨水泥生产线开工。

2 月 1 日　中国第一个省级发展散装水泥地方性法规—《湖南省散装水泥条例》施行。

3 月 15 日　郴州金磊水泥有限公司日产 2 500 吨生产线 4.5 兆瓦余热发电并网施行。

4 月 1 日　召开全省水泥工作会议，宣贯了国家通用水泥新标准和水泥能耗标准；给水泥企业一、二级化验室授牌。

4 月 29 日　华新岳阳公司二期生产线正式投入运行。

5 月 12 ~ 26 日　5.12 汶川地震灾害后，湖南水泥企业心系灾区，积极参与抗震募捐活动。据不完全统计，湖南省水泥协会部分会员单位捐款达 300 万，其中捐款 10 万元以上的企业（含员工个人募捐）有：

兆山新星集团湖南（浏阳）公司 129 万元

郴州金磊水泥有限公司 27.36 万元

怀化金大地材料股份公司 24 万元

韶峰水泥集团有限公司 20 万元

新生水泥厂 20 万元

辰溪华中水泥有限公司 16 万元

祁东洪城水泥有限公司 15 万元

湖南云峰水泥有限公司 13 万元

湖南省建材研究设计院 9.45 万元

5 月 18 日　张家界巨日水泥有限公司日产 2 000 吨新型干法生产线点火投产。

5 月 24 日　安徽海螺集团与临湖市政府就“临湘海螺”项目正式签约。

5 月 28 日　湖南“临澧冀东水泥”日产 4 500 吨水泥生产线工程奠基。

5 月 28 日　由长沙创普房地产开发有限公司投资控股的“湖南江华”日产 2 500 吨水泥生产线开工。

6 月 3 日　湖南省质量技术监督局发布了“湖南省水泥工业单位产品能耗限额及统计方法”（DB43/399 - 2008）。

6 月 7 日　长沙印山台水泥有限公司 10 000 千瓦余热发电机组并网发电。

6 月 11 日　湖南玉山水泥有限公司引爆破 77 米高烟筒，自行拆除落后水泥生产线。

6 月　结合水泥新标准的实施，省建材行业管理办公室组织开展了全省水泥行业质量大检查及化验室合格证年检工作。

7 月中旬　张家界市开展水泥生产环境保护专项检查，对市内三家水泥企业环保未达标下达限期整改通知书。

7 月 30 日　湖南韶峰水泥有限公司日产 2 000 吨、日产 2 500 吨熟料生产线纯低温余热发电一次性发电成功。

9 月 6 日　常德市鼎城区人民政府与湖南南方水泥有限公司举行签约仪式，总投资约 6 亿元的“常德南方水泥”日产 5 000 吨的水泥生产线正式落户鼎城区。

9 月 17 日　石门海螺水泥公司首条日产 5 000 吨水泥生产线点火投产。

9 月 24 日　中国（湖南）水泥工业区域发展及建材工业资源综合利用高峰论坛在长沙举行。

9 月 25 ~ 26 日　中国建材联合会副会长、中国水泥协会会长雷前治视察兆山新星集团湖南水泥公司、湖南云峰水泥有限公司。

9 月 29 日　“双峰海螺”，18 000 千瓦余热发电机组成功并网运行。

10 月 2 日　湖南玉山水泥有限公司日产 2 500 吨新型

干法水泥生产线达产达标。

10月17日 组队参加昆明"第二届泛'珠三角'水泥峰会"。

10月30日 "中材株洲"日产5 000吨水泥生产线点火投产,省委副书记、省长周强出席点火仪式。

10~11月 对全省96家重点水泥企业资源综全利用现场审查和抽样,基本掌握了全省水泥企业资源综合利用现状。配合省质量技术监督局对水泥企业生产许可证换发进引审查,现已有172家企业获新换许可证。

12月14日 经省政府批转,省经委下发了《湖南省水泥产业中长期发展规划》。

12月25日 "华新道县"日产4 000吨新型干法水泥生产线开工。

12月28日 常德中材牛力有限公司日产2 500吨新型干法水泥生产线点火投产。

12月28日 辰溪华中水泥有限公司日产1 500吨新型干法水泥生产线点火。

12月29日 嘉禾县南岭水泥有限公司日产4 000吨新型干法水泥生产线开工。

12月30日 湖南省质量技术监管局批准发布《湖南省水泥企业安全生产规范》,2009年1月20日开始实施。

2008年湖南省水泥产量排位

排位	市、州	总产量(万吨)	增长(%)	散装量(万吨)	企业(前十五位)	产量(万吨)	增长(%)	占全省总量(%)
1	长沙市	1 112.69	3.54	557.14	兆山湖南水泥	331.07	-4.81	5.16
2	常德市	615.19	19.81	238.30	长沙印山台水泥	220	17.77	3.61
3	郴州市	553.2	-9.57	266.78	金磊南方水泥	195.75	-2.47	3.21
4	娄底市	500.4	23.02	231.25	韶峰水泥	191.50	-8.7	3.18
5	益阳市	479.11	-4.85	145.55	双峰海螺	185.50	-21.86	3.08
6	湘潭市	464.91	11.4	279.54	怀化金大地	130	-4.96	2.16
7	衡阳市	463.71	40.61	120.44	益阳东方	126.5	43.75	2.10
8	怀化市	428.48	-4.47	131.34	郴州良田	93	-16.96	1.52
9	邵阳市	417.80	16.62	146.24	长沙坪塘南方	92	10	1.52
10	永州市	414.81	17.01	120.30	岳阳华新	90	17.84	1.49
11	株洲市	240.54	15.24	103.95	湖南云峰	78.18	73.73	1.30
12	岳阳市	163.99	-28.06	83.95	石门特种	55.18	0	0.91
13	自流州	108.19	-7.89	30.30	辰溪华中	44.34	25.71	0.73
14	张家界市	80.86	3.57	35.25	祁东洪城	44	0	0.73
15					永州莲花	44	100	0.73
	合计	6064.88	6.9	2490.37	合计	1901.35		31.45

注:兆山湖南水泥有限公司产量含浏阳公司产量

(湖南省水泥协会 供稿)

湖南省水泥行业主管部门机构简介

湖南省水泥行业主管部门为"湖南建材行业管理办公室"。该机构2002年2月23日经湖南省人民政府办公厅批准成立,其职责为:制定全省建材行业规划和行业政策,进行行业管理,引导行业产业结构调整,维护行业竞争秩序,引导国有建材企事业单位的改革、改制和重组联合,以及企业的扭亏解困,减员增效和实施再就业工程,建立现代企业制度。促进建材资源的合理开发,综合利用和环保安全,推进新型建材及制品的开发和推广应用,加快墙体材料革新和散装水泥推广工作,指导建材行业协会、学会、研究等社团组织工作。

领 导:樊家生 主 任 党组书记

姚建洲 副主任 党组成员

柳 毅 副主任 党组成员

地 址:长沙市劳动西路499号(6楼)

邮 编:410007

电 话:0731-85530126

传 真:0731-85535183

广东省

Guangdong Province

【水泥工业发展概况】

1. 产能。

到2008年12月底,全省共有水泥生产企业367家。其中,水泥熟料生产企业318家,水泥熟料生产能力10 132万吨,其中,新型干法水泥熟料生产能力4 362万吨,占水泥熟料总生产能力的43.05%。水泥粉磨生产企业49家,水泥生产能力3 170万吨。

2. 实际产量。

水泥熟料:2008年广东省水泥熟料产量为7 880万吨,在全国排第三位。其中新型干法水泥熟料产量4 072万吨,占熟料总产量的51.68%。

水泥产量:2008年,广东省水泥产量为9 524万吨,在全国排第五位。

3. 水泥销售。

2008年全省共消耗水泥约11 000万吨,珠江三角洲地区水泥消费量约占全省总消费量的70%;外地水泥输入广东约1 500万吨,主要来源于广西壮族自治区。产品结构主要以32.5等级的通用硅酸盐水泥为主,占总消费量的60%以上。全省水泥销售总额358.4亿元,出口交货值1.76亿元。

4. 落后水泥产能退出取得可喜的进展。

2008年全省共淘汰落后水泥产能2 684万吨,"十一五"期间已累计完成4 123万吨,提前完成《国家发展改革委办公厅关于做好淘汰落后水泥生产能力有关工作的通知》中下达给广东3 200万吨和本省计划淘汰3 804万吨的任务。珠三角地区的广州、佛山、东莞、深圳、中山、珠海等市的落后水泥产能已全部关闭退出。

记 事

1月9日 协会四届四次会长办公扩大会在惠州召开,50多人与会,会议总结了2007年协会工作和2008年工作安排,行业经济运行分析;通报2007年协会财务结算和2008年财务预算,增补"光大"为副会长单位,并由戚旺桃出任副会长,变更"台泥"吕克甫担任常务理事。

1月18日 省经贸委在广州召开"2008年创新中小企业融资体系高峰论坛",陈访国副秘书长参加。

1月22日 省人民政府办公厅以粤府办【2008】5号印发广东省淘汰落后水泥生产能力实施方案的通知。通知中计划"十一五"广东淘汰落后水泥产能3 804万吨,并把指标分解到市。

2月18日 省经贸委环资处召开广东省千家能耗重点企业审查工作部署会议,协会李黎常务副会长、许日昌秘书长参加。

4月9日 受省发改委委托省水泥协会组织召开了华润水泥(封开)有限公司9兆瓦纯低温余热发电工程(一线)专家评审会。

5月4~5日 省水泥协会在广州东山宾馆举行《水泥单位产品能源消耗限额》和"广东省水泥能耗标准宣贯会",共170从人参会。

5月24日 由中国水泥协会主办的"首届中国水泥企业总工程师论坛暨水泥总工联谊会成立大会"在广州碧桂园凤凰城举行。

6月11日 广东省预拌混凝土行业协会在花都华钜君悦酒店宣告成立,122个单位170多人参会。首批会员83个,第一次会员代表大会选举产生协会第一届理事会,投票选举许小安任会长,聘任陈访国为秘书长。混凝土协会秘书处和省水泥协会秘书处合署办公。

6月12日 省水泥协会受省发改委委托组织召开了新丰越堡水泥有限公司2条日产4 500吨新型干法水泥生产线节能及2×9兆瓦纯低温余热发电工程专家评审会。

6月18~25日 广东省水泥行业协会受台湾水泥同业公会邀请,一行8人前往交流考察,陈访国副秘书长参加。

6月24~25日 省水泥协会在广州华泰宾馆举办《水泥企业袋式除尘器安全管理规范》地方标准宣贯会,200多人参会。

7月7日 省水泥协会派陈跃勋工程师随省经贸委到四川省汶川县映秀镇现场考察灾后重建情况。

7月26~31日 中国水泥协会在内蒙古召开全国秘书长联席会,省协会李黎常务副会长、许日昌秘书长参会。

8月28日 受省发改委委托省水泥协会组织了中材罗定水泥有限公司日产4 500吨新型干法水泥生产线节能和余热发电项目专家评审会。

9月18日 省经贸委《印发关于加快广东省水泥工业结构调整的实施意见的通知》(粤经贸工业〔2008〕700号)。

9月24~25日 广东省2008年水泥与混凝土行业年会在珠海度假村酒店召开,省水泥协会四届四次理事扩大会同时召开。

10月7日　省政府组织召开"省淘汰落后水泥生产能力工作会议",省政府林英副秘书长主持会议,佟星副省长作重要指示。会上,省经贸委杨建初主任受省政府委托与广州、佛山等九个市政府签订淘汰落后水泥生产能力责任书。

10月14日　省水泥协会组织有关人员前往东莞、深圳调研水泥异地包装和配制情况。

10月16日　省水泥协会分别向省政府办公厅、经贸委、建设厅、国土厅、交通厅、工商局、地税局、环保局、安监局、南方电监局等部门呈报"非法水泥配制窝点调查报告",引起省政府领导和各有关部门重视,掀起一阵打假浪潮。

10月17日　由"泛珠"区域的广东、海南、四川、广西、福建、江西、湖南、贵州、云南、重庆、香港、澳门等10省2区水泥(建材)协会联合主办的"第二届泛珠三角水泥峰会"在云南昆明召开,省水泥协会组织了部分水泥企业共28人参会。

10月19日　省政府林英副秘书长和佟星副省长对省水泥协会提交的"非法水泥配制窝点调查报告"作专项批示。

10月24日　"中材罗定"日产4 500吨新型干法线奠基。由此广东水泥工业发展三个基地中的粤西基地建设迈出了新的步伐。协会李黎常务副会长、许日昌秘书长参加。

10月　梅州市塔牌集团蕉岭鑫达旋窑水泥有限公司 获国家发改委2008年第一批节能技改财政奖励资金324万元。

11月4日　省经贸委召集省水泥协会、省散装水泥办公室及部分水泥企业召开专题会,了解非法水泥配制情况,研究解决办法。

10月18日　省水泥协会秘书处召开老同志座谈会,商讨水泥协会成立20周年庆祝活动事宜。

10月28日　省水泥协会在东莞召开了大中型水泥企业座谈会,讨论修改"广东省水泥市场分析调研报告"并研究了协会工作,分析2009年广东水泥市场。

12月4日　省水泥协会秘书处召集"塔牌"、"华润"、"石井"、"越秀"、"和兴"等企业技术人员,讨论《广东省水泥产品能耗限额标准》和《广东省水泥行业清洁生产技术标准》两标准草案。

12月13~14日　国家工信部,中国水泥协会在北京召开《首届中国中小水泥企业论坛》。李黎常务副会长携部分水泥企业代表参会。

12月22日　省经贸委在广州国际会议中心召开"中日节能环保合作论坛",协会陈跃勋部长参加。

12月23日　广州智光电气股份有限公司在广州中国大酒店召开大容量高压变频调速新产品新闻发布会。

(广东省水泥行业协会　供稿)

广东省水泥主管部门

到2008年底止,广东省水泥主管部门仍是广东省经济贸易委员会工业处,联系人梁荣英副处长。

地　址:广州市吉祥路100号

邮　编:510030

电　话:020-83133292

传　真:020-83133324

广西壮族自治区

Guangxi Zhuang Autonomous Region

【水泥工业发展概况】　2008年广西水泥工业坚持以科学发展观为指导,认真贯彻国家产业政策,取得良好的效果。

1.基本情况。

2008年全区水泥总产量4 674.97万吨,比上年增加20.44%,其中旋窑水泥产量3 151.39万吨,比上年增加43.34%,占2008年水泥总产量的67.4%(旋窑产量比例首次突破全区水泥产量的65%);立窑水泥产量1 515.02万吨,比上年下降9.98%,占2008年水泥总产量的32.4%(立窑产量明显萎缩)。熟料总产量4 166万吨,比上年增加16.67%,其中旋窑熟料产量2 960.81万吨,比上年增加35.95%,占2008年熟料总产量的71.07%;立窑熟料产量1 205.22万吨,比上年下降13.47%,占2008年熟料总产量的28.93%。水泥区外销量1 036.8万吨,出口销量10.6万吨。

2.出厂水泥质量。

随着新型干法水泥生产线的投产和立窑水泥生产新技术的不断推广和应用,广西区出厂水泥质量有了较大的提高。企业抓管理、重质量,按照《水泥企业质量管理规程》要求,严格控制水泥的各项质量指标,从而确保了出厂水泥的实物质量。2008年,全区出厂水泥质量合格率和28天抗压强度合格率分别达到了100%和99.99%;强度等级42.5以上高标号水泥产量为3 319.21万吨,占全年出厂水泥总量的70.99%,比上年略有提高。

3.能源消耗及废料综合利用。

2008年,全区熟料标准煤耗118.05千克标煤/吨,比上年下降了9.4%,水泥综合电耗86.85千瓦时/吨、比上年上升6.69%,水泥综合能耗为104.33千克标煤/吨,比上年下降了19.37%。全区平均能源消耗符合GB16780-2007标准要求。在工业废料综合利用方面，水泥企业严格按国家政策和标准要求，在保证产品质量的前提下，合理利用工业废料，全年共计使用各种废料 717.3 万吨，占全年水泥产量的 15.3%，极大缓解了工业废料排放带来的压力，为社会环境治理做出了应有的贡献。

4. 经营状况

2008 年，全区水泥企业经营状况有所改善，实现销售收入 120 亿元；利润总额 10.14 亿元；利税总额 15.918 7 亿元，除利税稍有下降外，其余均比上年有较大幅度的提高。

【结构调整和优化】

2008 年 4 条日产 6 000 吨新型干法水泥生产线投产。6 条日产 4 500 吨新型干法旋窑水泥生产线开工建设，2 条日产2 500吨新型干法旋窑水泥生产线开工建设，1 条日产 5 000吨新型干法旋窑水泥生产线开工建设。1 条日产4 000吨新型干法旋窑水泥生产线开工建设。

记　事

3 月　南方水泥（恭城）有限公司第一条日产 4 500 吨熟料新型干法旋窑水泥生产线建设项目开工建设。

3 月 29 日　锦江集团武鸣水泥有限公司第一条日产 4 500吨熟料新型干法旋窑水泥生产线建设项目开工建设。

5 月　柳州正菱鹿寨水泥有限公司日产 2 500 吨熟料新型干法旋窑水泥生产线建设项目开工建设。

5 月 15 日　广西水泥协会向全区会员及水泥企业发出支援四川灾区人民的倡议书，到 20 日止据不完全统计全区 76 家水泥企业和干部已向灾区捐资 1 584 099 元，献血 9 000 毫升。

6 月　柳州鹿寨金利水泥有限公司日产 2 500 吨熟料新型干法旋窑水泥生产线建设项目开工建设。

6 月 12 日　台泥（贵港）水泥有限公司第一条日产6 000吨新型干法线项目正式投产。

7 月 14 日　台泥（贵港）水泥有限公司第二条日产6 000吨新型干法线项目正式投产。

8 月 29 日　华润水泥（上思）有限公司第一条日产4 500吨熟料新型干法旋窑水泥生产线建设项目开工建设。

9 月 27 日　华润水泥（富川）有限公司第一条日产4 500吨熟料新型干法旋窑水泥生产线建设项目开工建设。

11 月 30 日　台泥（贵港）水泥有限公司第三条日产 6 000吨新型干法线项目正式投产。

12 月 5 日　广西登高集团第二条日产4 000吨熟料新型干法旋窑水泥生产线建设项目开工建设。

12 月 5 日　广西虎鹰水泥有限公司第一条日产5 000吨熟料新型干法旋窑水泥生产线建设项目开工建设。

12 月 9 日　华润水泥（田阳）有限公司第一条日产4 500吨熟料新型干法旋窑水泥生产线建设项目开工建设。

12 月 22 日　台泥（贵港）水泥有限公司第四条日产 6 000吨新型干法线项目正式投产。

12 月 26 日　华润水泥（南宁）有限公司第一条日产 4 500吨熟料新型干法旋窑水泥生产线建设项目开工建设。

（广西水泥协会　供稿）

海南省

Hainan Province

【水泥工业发展概况】　2008 年，全省规模以上建材企业数为 43 家，其中水泥制造企业 19 家。2007 年完成工业总产值 43.555 5 亿元，同比增长 161.4%；工业销售产值 42.720 5 亿元，同比增长 160.8%；工业增加值 12.9 亿元，同比增长 165.4%；产销率 98.1%，同比上升 0.1%。主要产品水泥产量完成 718 万吨，同比增长 15%。

2008 年国际金融危机暴发，从资本市场影响到实体经济，建材特别是水泥和玻璃两大行业反映各异，海南省水泥由于国家采取积极的财政政策，加快公用、民生工程的建设，如海南的城市列车、国家第四个卫星发射基地加快了建设步伐，加上海南国际旅游岛的建设，水泥行业成为拉动内需的主要力量。

【节能减排再上新台阶】　海口、三亚通过政府规章禁止在市区现场搅拌混凝土。全省散装水泥比例由上年 24% 提升到 30%，商品砼厂家由上年的 14 家上升为 18 家，商品砼量由上年的 128 万立方米，提高到 350 万立方米。“华盛”和“国投”水泥厂继 2007 年安装纯低温余热发电后，2008 年又分别建设两台 8 000 千瓦纯低温余热发电机组，每年节省标煤 6 万吨，减排温室气体二氧化碳 20 万吨。

【重点项目进展顺利】　2008 年，已获准在建的“华盛”三期、“国投”三期和“叉河”一期等 3 条新型干法水泥生产线进展顺利，华盛水泥公司在二期生产线 8 月份投产后，马上进行第三期生产线的建设，完成工程量的 40%，预计 2009 年底就可投产，“国投”三期和“叉河”一期等水泥生产线，也加快建设步伐，也将在 2009 年的 8 月份和 3 月份投产。

（海南省建材工业协会　供稿）

重庆市

Chongqing City

【水泥工业发展概况】

1. 水泥产量和效益明显提高。

2008 年,重庆水泥产能 4 000 万吨,同比增长 2.6%;其中新型干法产能 1 960 万吨,同比增长 22.5%;水泥产量 3 320万吨,同比增长 10.7%。全行业各项经济指标全线飚红,全年完成工业总产值 102.39 亿元,同比增长 46.42%;行业利润突破 10 亿大关,同比增长 4.05 倍;上缴税金 7.55 亿元,同比增长 66.30%。

2. 企业应变能力明显增强。

2008 年水泥产量比上年增长 10.7%。在煤、电、油、运能源价格大幅波动的情况下,企业销售收入保持了较高的增速。既有淘汰落后产能、四川地震灾害带给企业的机遇,也有水泥行业控制成本及在实践中形成的传递上游产品价格变动机制能力的增强。

3. 产业结构明显优化。

新型干法水泥发展较快。2008 年新型干法水泥生产线投产 2 条,新增水泥产能 330 万吨;全市新型干法水泥生产线已达到 25 条,新型干法水泥产量达到 1 780 万吨,占全年水泥总产量的 53.6%,首次超过立窑企业产量。新型干法水泥的高速发展有效地抑制了落后产能的增长,重庆市水泥工业步入了新型干法水泥发展的快车道。

4. 产业集中度明显提升。

企业并购重组、大型化、规模化、集团化,已经成为行业发展新趋势。2008 年底,重庆市水泥行业涌现了“拉瑞”、“科华”、“小南海”、“天助”、“富皇”、“富丰”、“润江”、“金江”、“金九”、“国茂”等一批水泥企业集团。无论是国家重点支持的大企业中,还是重庆市重点扶持的大企业中,均以外资、民企、个人参股的形式做强做大,使重庆市水泥企业组织结构发生了深刻变化,上述十大企业集团生产集中度达到 53.9%,同比提高 5 个百分点。

5. 节能减排取得明显成效。

水泥作为高耗能行业之一,其节能减排备受国家和重庆市政府高度重视。一方面国家和市政府出台了鼓励措施,另一方面煤、电、油资源短缺,狠抓节能减排已刻不容缓。2008 年“天助”、“拉法基”、“金九”等水泥公司余热发电投入营运,3 户企业 5 条生产线一年可节标煤 5.5 万吨,减排二氧化碳 15 万吨;风机变频调速改造、磨机节能改造;采用助磨剂、节煤剂;水泥窑年处置城市淤泥 3 万吨项目已经起步;大力开展资源综合利用,全年消纳城市废渣和垃圾达到 800 万吨以上,粉煤灰、煤矸石等工业废渣已经成为水泥工业的稀缺资源。据统计,2008 年吨水泥综合标煤耗为 110 千克左右,比上年下降 15 千克左右。

6. 淘汰落后步伐明显加快。

2000 ~ 2005 年淘汰落后水泥产能 438 万吨,而 2006 ~ 2008 年淘汰落后产能 632 万吨。其中,能耗特别高的干法中空窑,于 2008 年底已全部退出历史舞台。

重庆水泥工业对重庆经济建设作出的突出贡献,得到各级政府和人民群众的认可:“小南海”、“科华”、“富丰”、“润江”、“天助”、“三磊”、“茂田”、“渝溪”、“南方”等 9 户企业的法人代表、技术骨干分别被选为重庆市第三届政协委员和人大代表;涌现了“小南海”、“富皇”两个全国建材行业先进集体,刘贵兴、赵宝忠、徐玉仁等 3 人被评为全国建材行业劳动模范;邱沛阳和董瑞葆同志被重庆市授予改革开放 30 周年“企业改革突出贡献企业家”称号;刘洪田、江冰、朱远清、刘志林等 4 名水泥企业家被中共重庆市委评为优秀共产党员;邱沛阳、刘洪田、杨永知、江涛等分别被重庆市授予“重庆市首届优秀民营企业家”、“优秀社会主义事业建设者”和“创业优秀企业家”称号;重庆拉瑞公司 2007、2008 年连续两年被重庆市评为百强企业。

【认真履职 尽心服务 开创协会新局面】 协会认真履行“维权、自律、服务”的职能,在增强协会的凝聚力,创新力和知名度上下功夫、做文章。

1. 发挥桥梁和纽带作用,努力完成和参与政府有关部门委托事项。

先后代拟了《关于加快推进水泥工业结构调整的若干意见》和《关于重庆市淘汰落后产能的若干建议》并报市经委;

代拟了《重庆市水泥企业用电限额标准》,并上报市三电办获得认可;

撰写了《重庆市水泥工业发展形势调查报告》上报市经委,为渝办发〔2008〕353 号即《重庆市人民政府办公厅转发关于促进水泥工业结构调整的实施意见的通知》奠定了基础;

参与了重庆市技改和新建的新型干法水泥生产线的节能评估;

完成了每年一次水泥质量和行业调研工作。

为当好政府参谋,撰写调研论文引起政府出台政策关注。先后撰写论文报送给政府部门的是:《对重庆市新型干法水泥发展的阶段性研究》和《科学分析发展形势,防止水泥过度投资》等,保证了协会发挥桥梁和纽带作用的有效性。

2. 发挥协会优势，为企业尽心服务。

①坚持政策引导，搞好宣传服务。编印重要宣传学习资料，促进企业和会员单位学好政策法规，落实科学发展观，转变经济发展方式。2008年，协会编辑重要资料和政策法规2本（其中：16开版本和32开版本各1本），共计近497页，约45万余字。编入国家政策法规42个，水泥标准5个。

②坚持教育培训，为提高素质服务。2008年举办各类教育培训班4期，培训员工达280余人次。聘请国内知名水泥专家、教授、科技工作者、企业优秀管理工作者等当教员，把新技术、新工艺、新成果、新经验、新设备等传授给企业。通过各类人员培训，提高了企业技术管理能力、应变能力、决断能力和实际操作能力。更为可喜的是，协会充分运用人才、技术、信息优势，开始依靠自己力量开展培训的尝试，并取得较好效果；组织有关企业的领导和专业技术人员外出考察和学习1次，学习人员7人次；组织相关企业互相参观学习、交流经验4次，学习人员19人次。

③坚持产销分析，引导行业自律。实施行业自律是协会的重要职责，根据各个时期水泥市场的变化，协会不失时机地召开各种形式的市场分析会，引导企业领导和营销人员保持清醒头脑，分析市场变化，尽力帮助企业把握市场主动权。一年来，协会组织了5次有140余人次参加的产销分析会，共商策略，共研办法，共议发展，增强了行业自律性，确保了市场供需平衡，稳定了市场价格，促进了企业在市场变化中正确应对，确保企业合理利润，基本解决了一些企业低价倾销、垫资销售等问题。

④认真办好会刊，搞好信息服务。《重庆水泥》会刊是协会惟一的综合性内部刊物，在传播经验、传递信息、宣传行业新人、新事、新面貌等有着较大影响力。《重庆水泥》会刊刊名由原市人大副主任周建中于2004年5月亲笔题词。2008年，编印出版《重庆水泥》6期，共计376页，共约45万余字，刊出政策法规共25个，专家文章12篇，环境保护、节能降耗、经营谋略、应用技术等38篇，企业动态和经验推广35篇（条），协会工作39余篇（条），各种综合信息近75篇（条）。

⑤做到诚心诚意，为企业办实事。为7户企业撰写“市场分析报告”、“项目建议书”、“可行性研究报告”、“新建项目申请报告”等；协会与重庆中国银行、交通银行、建设银行、农业银行、重庆银行、重庆农村商业银行、中信银行、民生银行、华夏银行、兴业银行、三峡担保公司等，建立了“伙伴协商关系”。一年来，不定期与他们协商、对话、咨询、座谈等，并为4户企业牵线搭桥，融资近亿元为企业新建项目资金短缺和缺乏流动资金解了燃眉之急；协会利用丰厚的信息资源，向20多户企业推荐“优质价廉”的各种先进设备、仪器、设施等被采用，不但为企业节约投资，而且，提高了设备运转率，节能降耗，减排增效成效明显。

3. 反映会员诉求，坚持维权服务。

本届协会在广泛深入调研基础上，以函件、论文和调研报告等各种形式向有关部门反映会员诉求，收到积极回应和较好效果。

2008年3月针对有关部门规定企业在换发生产许可证前水泥产品印制“试制品”的担忧，向市有关部门作了紧急反映，得到圆满解决和答复；5月针对不够理性开始疯狂投资新型干法，多数会员和企业产生担忧时，立即撰写了《投资水泥风险潜在，当务之急用心调控》等引起市有关部门高度重视并采纳；7月提出的《关于拟建JT窑示范线的建议》被市有关部门采纳；12月向市财政局、市国税局反映立窑企业的诉求，建议财税〔2008〕156号《通知》于2009年1月1日执行，被有关职能部门采纳，全市多数水泥企业被返回3～6个月税费。

4. 川渝一家亲，抗震救灾献爱心。

2008年“5.12”汶川大地震，震惊了世界，震惊了中国。“一方有难，八方支援”。重庆水泥协会做了两件事：一是发出倡议献爱心。汶川大地震后第二天，发出了《震灾募捐倡议书》，全行业积极响应，截至5月26日，全市131户企业向灾区捐赠善款410万元；二是动员企业捐赠水泥。21户企业主动自报捐赠水泥数量达10 580吨。5月27日，第一批6户企业捐赠灾区水泥2 900吨，搭乘78辆散装罐运输车，浩浩荡荡运抵灾区，成为最早到达四川的省外援助水泥。截止10月底，捐赠水泥工作基本结束。

5. 加强自身建设，增强协会活力。

①努力拓展市场，增加服务功能。根据协会与山东经纬项目咨询管理公司签订合作协议，并在协会的参与下已为2户企业签订了《主机设备招标技术经济咨询服务协议》、《项目管理合同》等，为企业节约了大量资金。

②加强作风建设，增强协会话语权。协会履行职能的前提是广泛接触企业、了解企业、熟悉企业、贴近企业、服务企业、获得企业知情权，增强协会的发言权和话语权。本届协会形成了“从企业中来，到企业中去”的工作制度，深入企业调研，或与企业共同探讨如何改进管理、搞好技改、节能降耗、减排增效、淘汰落后、产销分析、企业换证等。协会主要人员除每年5月至8月深入企业集中行业调研和质检调研外，其余50%以上时间均在企业共谋发展，共商办法，共解疑点。深入企业，熟悉企业，协会人员成为企业知心朋友，成为水泥行业的“活地图”、“活字典”。同时，协会为当好会员企业“娘家”和“娘家人”，凡到协会办事的会员企业，均能做到“一张笑脸相迎，一杯热茶暖心，一把椅子请坐，一片热心办事，一餐便饭相请，一声再见走好”。协会有了知情权，与企业和谐相处凝聚力增强，而且在市级有关部门有了发言权和话语权。

③探索新机制，增强协会活力。协会在体制上推行了企业家兼任秘书长的工作机制，为水泥协会逐步从传统的退休干部和协会聘任机制转到企业家办会积累了宝贵经验。

④试行激励机制，提高集体战斗力。协会秘书处建立和

完善了学习、会议、调研、培训、保密、信息发布、咨询服务等十一项工作制度。一年来，召开会长办公会、秘书处会16次，做到协会人员学习政策在前，确保工作有武器、有底气；协会坚持上下班考勤、深入企业服务登记制度，秘书处工作做到规范化、制度化、办事程序化，“个个头上有指标”，人人有事做，事事有人做；不定期开展谈心交心，做到心往一处想，劲往一处使；“有为才有位，有为就生存”、“会员单位是协会的衣食父母”成为协会座右铭，服务，服务，再服务，成为协会的宗旨；协会还试行了激励机制，每年年终进行工作述职，并实施以民主测评为基础的“末位淘汰制”。协会工作人员爱岗敬业，勤奋工作，乐于奉献。

⑤按照章程办事，坚持民主议事。按照协会章程和市委有关文件要求，协会召开理事会2次、常务理事会2次，会员大会1次。到2008年底统计，全行业水泥企业入会的会员单位124户，设备厂家21户。

通过努力，协会凝聚力增强了，影响力扩大了，知名度提高了。2007年12月，马泽民会长当选第六届中国水泥协会副会长；2008年10月在昆明召开的第二届泛“珠三角”水泥峰会上，重庆市水泥协会获得2010年第三届泛“珠三角”水泥峰会的承办权；2008年，重庆市水泥协会还被被市经委评为优秀社会团体。

【提升行业地位】 重庆市第三届人民代表和第三届政协委员选举，于2007年底结束，重庆市水泥行业9户企业的法人代表、技术骨干分别当选重庆市第三届人大代表和第三届政协委员。他们的当选是全行业职工的荣耀，揭示了重庆市水泥工业升级已成为历史的必然，证明了政府和人民对水泥行业在国家基本建设上的认可度，说明了重庆水泥工业在国民经济建设中地位的提升。

当选重庆市第三届政协委员、人民代表如下：

重庆市第三届政协委员：

重庆小南海水泥厂　厂长：邱沛阳

重庆市第三届人大代表：

重庆万州科华水泥有限公司　董事长、总经理：赵宝忠

重庆北碚富华水泥公司旋窑车间 值班主任：彭天礼

重庆市巴南南方水泥公司　董事长、总经理：李德志

重庆长寿润江水泥公司　董事长、总经理：江　涛

重庆江津天助水泥公司　董事长、总经理：刘贵兴

重庆秀山三磊水泥公司　董事长、总经理：洪忠进

重庆彭水茂田水泥公司　董事长、总经理：游兴茂

重庆巫溪渝溪水泥公司　董事长、总经理：谭传平

记　事

1月2～9日　秘书处内部分工，在各司其职基础上，写出2007年度协会工作总结和2008年工作建议：总结突出以“服务”为中心；工作建议以节能减排为重点；搞好行业主要经济指标和数据的统计、计算、分析；应《中国建材报》和《水泥数字网》之约，撰写修改论文《调整结构成绩斐然，控制总量值得反思》。

1月10日　协会召开部分区县联络员座谈会，来自江津、涪陵、九龙坡、沙区、南川、巴南等区县经委、中小企业局有关部门负责人参加了会议，整个座谈会气氛热烈、和谐共勉。代表们一致表示，增进友谊，共搭平台，互相支持，服务企业。

1月21日　召开第二届五次常务理事会暨市三届人大代表、政协委员座谈会，会议审议通过了：2007年工作总结和2008年工作建议；水泥行业十大新闻；中国水泥协会第六次会员代表大会会议精神；讨论决定2008年会员大会召开的时间、地点、人员；理性认识发展新型干法的报告；邀请国务院参事室副主任蒋明麟参会并作报告。到会常务理事35人，占应到人数的75%。市人大代表、政协委员到会7人，何红处长参加会议并讲话。

1月23日　协会同“南桐特种水泥”共同商讨在换证工作中应特别注意改进的问题以及加强管理的探讨。

同日　协会经过不懈努力，为黔江弘扬水泥公司融资8 000万元，解决了企业日产2 500吨建设资金短缺之难。

1月28日　重庆市副市长马正其视察万州科华二期日产5 000吨建设现场。

1月29日　参加由市经委建材处、中小企业局和水泥质检站召开的联系会，共同协商召开二届五次会员大会暨行业工作会议各项议程、内容、文件、资料以及准备，并就职责、分工进行了讨论。

1月30日　协会同“万州科华”、“綦江科华”、山东经纬公司负责人共同商讨在新一年里如何相互做好协调配合和服务工作。

2月15日　以重水协【2008】04号文件回函巫溪渝溪水泥公司《关于拟定在巫溪县渝溪水泥公司建设重庆市第一条年产40万吨熟料“JT”窑示范生产线的复函》。

2月27～28日　第二届五次会员大会暨行业工作会议在建设宾馆举行。马泽民会长作2007年协会工作总结，市经委建材处何红处长作工作报告，国务院参事室副主任蒋明麟就节能减排作专题报告。到会近300人，其中水泥企业142户、区县经委29个、设备厂家12户，是本届协会人数最多、人员最齐一次盛会，特别是参会的法人代表创历史之最。

3月9日　以重水协〔2008〕07号文件给金铂水泥公司《关于拟定在合川区重庆金铂实业（集团）有限公司厂区内进行节能减排技改建设年产40万吨熟料JT窑示范生产线的批复》。

3月11日　会同市经委建材处、水泥质检站、市中小企业局等有关领导协商关于共同搞好2007年度调研质检工作。经过协商此次调研质检抽调13人，其中协会4人、经委

2 人、质检站 4 人、中小企业局 1 人、区县经委 1 人组成 6 个组，全市 36 个区县分为 6 个片区。

3 月 20 日　重庆小南海水泥厂日产 3 200 吨新型干法水泥熟料生产线建成投产。

3 月 22～31 日　根据部分企业强烈要求，由协会组织在小南海招待所举办第七期机立窑看火工培训班。24 个企业，95 名看火工参加了培训。随后对考卷进行阅卷，并办理"培训上岗证"。

4 月 3 日　应邀到重庆泰琦水泥公司关于对该企业第三条机立窑生产线投产时间与区经委进行协商，并代企业向沙区陈家桥镇政府写出《关于恳请重庆市沙坪坝区陈家桥镇人民政府为我厂第三条机立窑生产线补发批文的报告》。

4 月 9 日　参加在市经委召开的水泥工业发展研讨会并发表了"重庆近阶段新型干法水泥发展的阶段性研究"以及"发展阶段应掌握的'度'的研究"的发言，并提出了发展水泥"用心调控"的具体意见。

5 月 9 日　陪同国务院参事室副主任蒋明麟赴江津天助水泥公司进行调研，并主动汇报了重庆水泥工业发展应掌握的"度"的意见，并递交了书面材料。

5 月 14 日　协会向水泥企业和设备厂家发出"抗震救灾紧急募捐倡议"。

5 月 15 日　驻会人员伸出援助之手，支援灾区、献爱心，马泽民会长在党支部已经捐款 300 元基础上，再带头捐 400 元；并决定协会从有限的经费中拿出 3 000 元进行捐助，其他同志每人自愿捐助 300 元，协会捐款 5 200 元，于当日就送到重庆红十字会。

5 月 16～22 日　分别深入企业，宣传《募捐倡议书》，并及时把水泥行业抗震救灾动态传达给企业。

5 月 18 日　以重水协〔2008〕09 号文件向市经委递交了《关于加快淘汰落后水泥产能的若干政策措施的建议》。

5 月 22～23 日　召开 21 户水泥企业"支援四川地震灾区重建家园会议"，动员企业捐赠 1 万吨水泥支援灾区。参加企业自愿捐赠水泥 10 580 吨，并具体落实到位。

5 月 24～25 日　撰写向四川灾区捐赠万吨水泥的"新闻发布稿"和向成都经委"捐赠水泥仪式讲话稿"。

5 月 26 日　召开第一批捐赠成都水泥的协调会和部署会，6 户企业的有关人员参加了会议。

同日　水泥行业 113 户企业向四川灾区共捐赠 410 万元，其中单位 322 万元，个人 78 万元已全部送到当地红十字会。

5 月 27 日　协会带队，满载重庆水泥行业的一片爱心，载着 78 辆罐车的第一批 2 950 吨捐赠水泥浩浩荡荡运抵成都，成为第一个省外援助水泥单位，拉开了万吨捐赠水泥的序幕，受到成都市经委的热烈欢迎。上午 11 时，举行了隆重的捐赠仪式，马泽民会长以"地震无情，协会有爱"发表了讲话，邱秘书长代表企业捐赠水泥以"川渝一家亲，重建新家园，水泥要先行"为题发表了讲话。

5 月 28 日　召开办公会，总结首批捐赠水泥的组织、指挥、协调、运输、卸货、交接以及如何保护捐赠企业的积极性和依法享受有关捐赠优惠政策的总结和分工。

5 月 29～30 日　与未完成捐赠水泥数量的企业进行协商，如何分批分期进行捐赠。还主动深入企业帮助"弘扬"、"三磊"用现金购买水泥进行捐赠予以协调和调配落实。

6 月 3 日　以重水协〔2008〕10 号文件发出"恳请成都市经委跟踪反馈重庆市捐赠万吨水泥最终用户的建议"。

同日　《中国建材报》第一版刊发了《重庆市水泥企业捐赠水泥运抵成都》的报道。

6 月 4 日　捐赠四川灾区第二批水泥 200 吨，由成都自己组织车队进行运输，开始了捐赠水泥由成都自行运输的范例。

6 月 9～10 日　接待并陪同中国水泥协会秘书长孔祥忠到"南桐特种"考察，第二天共同参加拉法基水泥公司在"特种"召开的"安全与健康"现场展示会。

6 月 13 日　参加市经委建材重点企业座谈会和重点水泥企业产销座谈会。

6 月 18 日　会同市经委建材处与市物价局在市经委会议室，召开贯彻渝价〔2008〕240 号文件关于"限价"协商对话会，维护了企业的利益。

6 月 27 日　参加市环保部门对富丰水泥公司日产 5 000 吨新线进行环评论证。

同日　到市公安局三处对奥运前后"火工产品"实行严管、停供进行协商和反映，为保证重庆主城区部分企业正常生产提出建议，收到较好效果。

7 月 4 日　重庆天助水泥公司余热发电并网运营，成为重庆市首条余热发电项目。

7 月 8 日　富丰水泥公司新型干法熟料生产线二线日产 5 000吨奠基开工仪式。

7 月 10 日　以重水协〔2008〕13 号文件向市经委报告"重庆市水泥行业用煤情况的报告"。

7 月 11 日　湖北冀东水泥集团与璧山县政府签署协议，投资 6 亿元在该县河边镇建一条日产 5 000 吨新型干法水泥熟料生产线。

7 月 15 日　参加市经委召开的贯彻渝办发〔2008〕160 号文件，即"重庆市政府办公厅关于印发重庆市单位产品限额使用能源收费管理办法的通知"。会议委托协会代拟重庆市水泥单位产品电力消耗限额标准。

7 月 18 日　协会召开制订"重庆市水泥单位产品用电消耗限额标准征求意见座谈会"，15 户企业法人代表和统计人员以及市有关部门三电办、节能中心、资源综合处、建材处有关领导共计 40 余人参加讨论。

7 月 24～25 日　在国防宾馆召开二届六次常务理事会，32 名常务理事单位代表（占应到代表 76.2%）参加会议，马泽民会长总结了上半年工作和经济运行情况。与会代表经过热烈讨论，在通过协会总结报告基础上，围绕销售市场、节能减排、煤炭基金和无序发展进行分析和献计献策。

7月29～30日 协会与四川《水泥商情网》在国防宾馆举办"新型干法水泥技术培训班"，历时2天，到会学员22人，全市新型干法水泥企业均派员参加了培训。

8月14～15日 在国防宾馆举办"水泥产品能耗培训班"。市节电中心宋站长宣讲了重庆市水泥产品能耗超限额加价收费管理办法，马泽民会长以投影形式，图文并茂宣讲了企业最关心、最直接的"水泥单位产品能源消耗限额"和"水泥工厂节能设计规范"两个标准并分窑型和规模分别讲解了能耗计算的13个公式以及每一公式理解和内容的问题。

8月18～19日 参加市经委环综处和节能中心关于确定水泥重点企业能耗考核会议，协会提出水泥重点企业能耗考核名单、产品能耗标准等。

8月21～27日 应市经委之邀深入到列入市能源考核的20多户水泥企业进行检查和能耗考核。

9月5日 接待"拉瑞"重庆公司新任总裁凯米乐·薄先生，双方就加强相互支持进行了友好面谈。

9月6日～10月12日 配合市经委有关部门共同深入22个区县经委和有关企业，对新型干法水泥在建、拟建、签约项目，进行核查和调研。

9月25日 香港昌兴矿业600万吨新型干法水泥项目在合川奠基，副市长黄奇帆、协会马泽民会长出席了奠基仪式。

9月27日 协会召开办公会，学习市经委关于印发第一批超限额用电收费产品和考核企业名单的通知（渝经环资〔2008〕52号）；学习和讨论了国家发改委、民政部等9部委联合下发的发改产业〔2008〕2351号"关于印发规范行业协会、市场中介组织服务和收费行为专项治理工作的实施意见的通知"，并进行了自查。

同日 "拉瑞"重庆公司南山工厂余热发电和城市淤泥处置正式运营。

10月6～12日 马泽民会长带队组织重庆"科华"、"富丰"、"润江"、"三磊"和"利万步森"等企业有关领导一行七人赴山东、内蒙、安徽等省区的"山水"、"乌兰"、"海螺"等国内知名大型企业参观学习节能减排和循环经济的经验并形成"考察报告"。

10月7～12日 配合市经委建材处赴秀山、黔江、武隆、涪陵等区县对已核准的新型干法项目进行调研，最终代市经委撰写超过五千字的《重庆水泥工业发展形势调查报告》。

10月16～21日 率重庆2户大型企业领导共计6人赴云南昆明参加泛"珠三角"第二届水泥峰会，并作了大会发言，协会并获得2010年第三届泛"珠三角"水泥峰会的承办权。

10月21～23日 马泽民会长受邀给重庆银行宣讲有关水泥工业的政策、发展空间、发展潜力等进行备课，并制成光碟和投影。

10月25～26日 中国水泥协会秘书长孔祥忠、中国农业银行客户部徐晓军经理一同前往"忠县海螺"水泥项目现场进行参观调研，重庆水泥协会受"农行"和"海螺"要求，对该项目提供市场信息和技术支撑。

10月29日 应重庆银行信贷部之邀马泽民会长对包括该行各区县的客户经理22人，以投影方式，现场宣讲了水泥工业政策、重庆水泥工业现状和发展态势，宣讲有事、有理、有据、有图，使参会人员不但消除了对水泥工业的"误解"，而且，原先准备的许多提问均全部化解，增强了参会人员信贷水泥行业的信心和决心。

10月30日 协会召开大型企业法人代表和分管销售工作的负责人产销分析会，百万吨以上企业领导30多人参加会议，经过讨论，形成共识：在房地产投资下滑，水泥需求减慢，企业靠天吃饭的历史逐渐淡去形势下，企业要稳住市场秩序，稳定水泥价格，保持水泥市场供需平衡。

10月31日 重庆民生银行与水泥协会建立伙伴协商关系，共同讨论和分析重庆水泥发展态势、市场需求、产业政策、四川灾后重建对重庆水泥工业的影响等。

11月4日 协会召开办公会，共同讨论国家宏观调控的三次变化以及国家应对金融危机的处置措施，分析了从四季度开始，重庆固定资产投资加大、基本建设加速的可能性，以便引导企业确保水泥供应的力度。

11月5日 协会深入梁平县天生水泥公司，了解企业发生垮塌，造成伤亡事故的缘由，帮助企业分析原因，查找管理和措施漏洞，共商加强安全生产的办法和措施；还深入垫江县荣中水泥公司，帮助企业查找和分析技改后的不足，共商加强后续工作措施，力争年底前换证核查成功。

11月10日 协会召开办公会，学习国务院为应对国际金融危机提出扩大内需的10条措施和到2010年底投资4万亿元的计划精神，提高了大家对水泥工业的信心。表示掌握好钢材、煤、水泥的价格变化，确保水泥保持产销平衡。

11月11日 在合川金九公司主持和组织水泥产品流向地震灾区的"拉法基"、"天助"、"小南海"、"富皇"、"富丰"、"金江"、"金九"等7户大型企业产销分析会，共商赴川水泥确保质量的方法和措施，共议行业自律。

11月12日 参加市节能监测中心关于开展对水泥企业2008年用电限额的检查办法的讨论，共商检查时间、单位和办法。

11月16日 国务院授予重庆富丰水泥集团公司二分厂农民工彭天礼"全国优秀农民工"称号。

彭天礼1994年从北碚区农村招聘到重庆富丰水泥厂（重庆富丰水泥集团公司二分厂）当看火工，因善于学习，勤于钻研，几年来，为企业节约成本300多万元，2007年获重庆市十佳农民工"提名奖、北碚区'五．一劳动奖章'"；2008年3月当选重庆市第三届人大代表。

12月5日～10日 撰写整理资料上报推荐邱沛阳、刘洪田2人全国建材行业改革开放30周年代表人物的"评选";向中国水泥协会推荐"天助"的廖兴德、祝海明和"小南海"的邱沛云等3人为全国建材行业优秀工程师。

12月8日~9日　根据企业向地震灾区捐赠水泥的免税要求,多次与市民政局和市经委进行联系和反映,出具相关证明材料。

12月16日　组织大型企业召开产销分析会,由"利万步森"安排在成都金牛山庄召开。总结一年生产经营工作,分析预测2009年生产经营和市场情况,讨论行业自律。

12月28日　重庆金江水泥公司二线日产5 000吨建成投产,成为重庆首条日产达5 000吨最大的生产线。

（重庆市水泥协会　供稿）

四川省

Sichuan Province

【水泥工业发展概况】　几年来,四川省认真贯彻省委"工业强省"和"又快又好发展"的战略决策,2008年又抓住灾后重建和国家扩大内需的历史机遇,四川省经济进入了加快发展的快车道。2008年,全省生产总值达到12 506亿元,增长9.5%;全省固定资产投资6 340.50亿元,增长25.7%;项目计划总投资16 525.14亿元,增长32.2%;新开工项目计划总投资4 724.17亿元,增长77.20%;"5·12"汶川大地震,灾后重建三年内,年增加水泥需求约3 000万吨左右。由此拉动水泥需求快速增长,水泥行业销售十分旺盛,价格处于高位,全年销售收入和利润大幅度增长,经济效益明显高于全国平均水平。

1. 产量。

2008年,全省水泥产量为6 067万吨,受地震影响,同比仅增长4.63%,占全国水泥总产量的4.37%,位居全国第八。四川省主要城市2008年水泥产量如下表:

四川主要城市2008年水泥产量

地区	2008年产量（万吨）	企业数（个）	平均产量（万吨）	同比增长（%）
乐山	985.94	37	26.65	16.25
内江	601.39	29	20.74	9.91
宜宾	521.22	29	17.97	8.59
广安	502.05	15	33.47	8.28
达州	451.50	17	26.56	7.44
成都	444.00	6	74.00	7.32
眉山	383.85	19	20.20	6.33
绵阳	335.79	25	13.43	5.53
德阳	309.69	34	9.11	5.10
凉山	267.44	19	14.08	4.41

2. 经济效益。

2008年,全省311户规模以上水泥生产企业销售收入223亿元,比上年增加55亿元,增长45.1%;盈亏相抵后的利润总额为32.5亿元,比上年增加20.3亿元,增长184.19%,高于上年36.14个百分点,高于全国153.39个百分点。全省企业数322个,平均每个企业产量为18.84万吨。

3. 新型干法水泥比重提升。

2008年,全省水泥产能8 000万吨,其中新型干法水泥产能2 670万吨,占全省水泥产能的33%,比2007年增加7个百分点。2008年,全省投产的新型干法生产线5条,峨胜公司日产4 600吨生产线2条、亚东公司日产4 200吨1条、攀枝花"钢城瑞丰"日产2 500吨1条、四川永祥公司日产2 000吨一条。

4. 大企业优势进一步显现。

2008年,全省水泥产量上100万吨的企业(集团)8户,生产水泥1 877万吨,占全省水泥产量的31%,比2007年上升4个百分点。8户企业(集团)中,拉法基瑞安公司在川企业总产量422万吨,华伦集团控股在川企业总产量285万吨,峨胜公司284.39万吨,亚东公司250万吨,利万步森公司在川企业总产量206万吨,星船城公司在川企业总产量186万吨,佛光公司138万吨,犍为宝马公司109万吨。销售收入上亿元的独立核算企业56户,比上年增加18户,销售收入总额127亿元,占全行业销售收入的57%,2户企业销售收入超过10亿元,企业实现10亿元销售收入是四川省水泥行业历史上的第一次。利润上亿元的独立核算企业7户,比上年增加5户,利润总额17亿元,占全行业净利润的52.3%,这7户企业全为年产量上100万吨企业。

5. 水泥供不应求。

2008年,四川省水泥市场价格,以P·O 42.5散装水泥为例(下同),每吨513元,比全国同期水泥市场平均价每吨352.44元,高160.56元(数据来源于"数字水泥")。2008年,四川省水泥市场价格高的原因是水泥产品供不应求。2007年10月份起,成都市淘汰境内所有机立窑,减少产能400多万吨,造成了成都市场水泥脱销,从而推动水泥价格进入上升快车道。"5·12"汶川大地震影响水泥产能1 000多万吨,其中震毁水泥产能250多万吨,更加加剧了市场供不应求的局面。而抗震救灾、灾后重建使四川水泥市场在三年内年增加需求3 000万吨左右;四川省紧紧抓住了国家扩大内需的历史机遇,固定资产投资明显加快,水泥需求量进一步提高。以上两个原因造成四川省水泥供不应求,价格持续高位运行,邻省、市水泥大量入川。

6. 结构调整面临全新态势。

2008年,四川省水泥高价格使投资者取得了丰厚回报,两年前投产的生产线,几乎全都收回了投资。高利润吸引业主投资四川省水泥工业热情,国内水泥巨头——“海螺”、“中联”、“华新”等招之即来,斥巨资建大型水泥项目;与此同时扎根于四川省的水泥企业——“峨胜”、“拉法基瑞安”、“亚东”、“利万步森”、“星船城”、川煤集团等纷纷建日产4 000吨以上新线,数以十条计新线将在2009年建成投产。已建成、在建、拟建新型干法生产线超过100条,2009年新型干法水泥比重将超过50%,2010年新型干法水泥比重超过70%指日可待,极大地推动了水泥工业产业结构优化升级,为全省水泥工业加快走新型工业化道路打下了扎实的物质基础。四川省新型干法水泥产能将快速扩张,且集中释放,又由于汶川大地震水泥产品供不应求,淘汰落后产能推迟三年。因此,四川省水泥产能适度过剩已不可避免,优胜劣汰的市场竞争条件将形成,产品价格将降至近几年历史低位,落后产能将在市场竞争中淘汰出局。

记 事

1月4日 红狮控股集团与四川省邻水县人民政府举行年产300万吨新型干法水泥项目签约仪式。

2月24日 安徽海螺集团与四川省达州市政府签订了投资建设新型干法水泥项目合作意向书。海螺集团发展部部长杨培林、达州市副市长杨钢代表双方在协议上签字。

3月10日 四川省水泥协会召开二届一次理事长会,李川理事长主持了会议。会议审议通过了杨瑜蓉秘书长代表协会秘书处所作的《四川省水泥协会2007年度工作总结》的报告及关于2008年工作的建议。会议着重讨论了协会提出的《促进四川水泥工业持续发展的研究报告》,对报告提出的四川水泥工业应该有序健康发展,要充分考虑当地的市场容量、资源、能源及交通运输条件,要吸取国内个别省新型干法水泥发展过猛的教训,避免发生恶性竞争,新核准项目必须十分慎重,要提高准入门槛等进行了认真讨论。会议责成秘书处根据讨论意见将《研究报告》修改后上报省经委、省发改委等领导部门。

3月17日 位于安县境内的绵阳市首条淘汰机立窑水泥生产线成功实施爆破,它标志着绵阳市水泥行业在建材价格居高不下的红火时节,落实国家“节能减排、淘汰落后”的号召拉开了序幕。

3月18日 “拉法基瑞安双马“江油水泥厂举行了3号湿法生产线拆除仪式。至此,这条日产熟料600吨的湿法生产线正式结束了历史使命。

3月18日 随着省经委巡视员、四川省水泥协会会长李川同志的一声“启爆”,武都水泥有限公司落后生产线成功爆破。

3月28日 省水泥协会经组织专人到市州、到企业经过一年多时间的认真调研,向省经委、省发改委等政府有关部门上报了《促进四川水泥工业持续发展的研究报告》,对省水泥工业持续发展提出了富有建设性的意见、建议,供政府部门决策时参考,得到政府部门的重视,对促进了行业可持续发展创造了良好的环境。

5月1日 南威水泥厂日产2 500吨水泥生产线在南江县东榆镇破土动工。

5月27日 四川省物价局发出紧急通知,要求四川全省各市(州)根据各地情况启动临时价格干预措施,加强灾后重建物资价格监测,加强市场价格监督检查,确保市场价格稳定。

5月28日 中国建材集团与成都市人民政府在成都市锦江大饭店举行轻质住宅产业基地、新型干法水泥项目合作签约仪式。四川省委常委、成都市委书记李春城,成都市市长葛红林、市委副书记唐川平、副市长白刚,中国建材集团董事长宋志平,中国建材报社社长谢镇江,中国建材集团董事、”中国建材股份“总裁曹江林,副总经理马建国等领导出席。

6月5日 中国银行四川省分行与都江堰拉法基水泥有限公司、拉法基瑞安(四川)投资有限公司在蓉签署了20亿元人民币的灾后重建全面金融合作协议。据悉,这也是在川大型水泥建材企业灾后获得的首笔大额融资支持。

6月5日 德阳利森水泥有限公司与四川省什邡市政府签署协议,决定2008年在什邡市投资12亿元人民币建设水泥生产线。这是汶川大地震重灾区之一的什邡市灾后重建中民营企业投资的最大项目。这一新型干法水泥生产线年产量可达400万吨,预计2010年上半年建成投产。

6月11日 总投资15亿元的华新水泥股份有限公司渠县日产4 000吨熟料新型干法水泥项目在渠县卷硐乡开工建设,这是目前四川省东部地区投资建设的最大水泥厂,也是灾后四川首个重大水泥建设项目。

6月17日 协会向全省水泥企业发出了“水泥界同仁行动起来,为抗震救灾重建家园、同心协力生产出更多优质水泥的倡议书”,会刊《四川水泥动态》出版了“5·12”四川汶川大地震特别报道专刊,促进企业为灾后重建提供更多急需的水泥产品。协会号召水泥企业“一方有难,八方支援”,省内水泥企业及员工纷纷主动捐款捐物支援灾区,特别值得赞扬的是峨胜公司多次为地震灾区捐赠水泥,并多次受到省有关领导的表扬。协会作为省灾后重建物资调配小组成员单位,派出工作人员一人到物资调配小组工作,主动、积极协助省经委调剂水泥供应灾区,同时协助中央、省及市州政府有关部门与灾区联络,收集有关灾后信息,为政府部门及时获得灾后信息做好服务工作。

6月19日　总投资22亿元的四川省雅安市雨城区20万吨聚氯乙烯(PVC)、200万吨水泥和30万吨碳化钙项目，在该区草坝工业集中发展区内奠基开工。这是震后雅安市开工建设的第一个承接产业转移大项目。

6月23日　宜宾市屏山县人民政府与唐山冀东水泥股份有限公司举行总投资7.5亿元人民币、日产4 500吨熟料水泥的生产线投资签约仪式。

7月8日　"华新万源"年产120万吨新型干法水泥生产线项目签约仪式在四川达州市市委会议室隆重举行。

8月12日　"广元海螺"2条日产4 500吨新型干法水泥项目在广元市朝天区举行隆重开工奠基仪式。四川省政协常务副主席晏永和、广元市委书记罗强、市长马华、海螺集团副总经理余彪等人出席了仪式。

8月24日　攀钢钢城企业总公司投资3.6亿元人民币新建的攀枝花市首条日产2 500吨新型干法水泥生产线，一次性投料点火成功。

9月10日　由上海国大集团投资兴建的四川国大水泥股份有限公司2条日产4 000吨新型干法水泥生产线一期工程在江油含增镇破土动工。

9月18日　四川省省长蒋巨峰在乐山市委书记姜晓亭、市长蒋辅义、峨眉山市委书记陈忠义等的陪同下专程到四川峨胜水泥股份有限公司考察调研。蒋巨峰一下车便深入生产车间和技改项目工地，边看边听取四川峨胜水泥股份有限公司董事长熊建华的情况汇报。

在看到井然有序的生产景象和如火如荼的建设现场时，蒋巨峰非常高兴，对该公司在结构调整、节能减排、循环经济、促进就业等方面所做的工作和取得的成绩给予了充分肯定，

当听说公司日产4 600吨项目二三期将在半年内建成投产和四五期项目即将开工建设、形成1 120万吨生产规模时，蒋巨峰连声称好，希望公司加快发展、做大做强。他要求四川省各级党委和政府相关部门一定要高度重视和大力支持峨胜公司发展，积极为企业提供帮助和服务，真正把公司打造成全省首个千万吨级的一流水泥生产基地。

9月19～20日　省水泥协会与水泥商情网联合举办《2008·四川水泥产业发展形势与对策研讨会》。就"5·12"汶川大地震后，省水泥行业面临的机遇与压力并存、危机与发展同在的新形势、省水泥行业规划布局、如何找到新建项目与水泥需求的平衡点，研讨对策和发展战略。与会企业界代表200多人参加。研讨会上，省经委、省建设厅、省质检局等相关领导在会上分别讲话，省内知名经济学家、专家、教授就水泥行业形势与对策作演讲报告，"中国联合水泥"、利森水泥集团等大企业老总作了精彩发言，省水泥协会秘书长作了题为"坚持结构调整，促进四川水泥工业持续发展"的报告。会后，企业代表都表示这为企业办了一件好事、实事、大事，对水泥行业从形势分析到政策解读、趋向预测、对策制订等都得到了启示。省政府有关部门通过研讨会宣传贯彻了国家有关水泥工业方针政策，促进了省水泥工业在科学发展观指导下合理布局，沿着新型工业化道路又好又快发展。

10月5日　四川峨胜水泥股份有限公司日产4 600吨熟料生产线12兆瓦纯余热发电项目正式并网发电。这是中国西部最大的水泥窑纯低温余热发电项目，装机容量是国内外单条日产4600吨熟料生产线装机容量最大、实际发电量最大的余热电站。

10月8日　中国建材集团与广元市人民政府在北京签署战略合作框架协议。

10月15日　都江堰拉法基水泥有限公司举行了第二条生产线复产、第三条生产线奠基仪式。国家工业和信息化部产业政策司副司长辛仁周、中国水泥协会秘书长孔祥忠、拉法基集团执行副总裁兼水泥分支联合总裁米安达、拉法基集团首席执行官华顾思等出席了仪式。

10月18日　四川省永祥股份有限公司日产2 500吨电石渣生产线点火投产，项目总投资3.7亿元人民币，年产能100万吨。

10月31日　因工作需要，协会秘书长杨瑜蓉同志调回成都建材工业设计院工作。为保证秘书处工作正常进行，经报告理事长并征求副理事长意见后决定：四川省水泥协会秘书处工作暂由四川省经济委员会刘道君同志负责。黎继忠等同志参加协会秘书处日常工作。

11月3日　川煤集团芙蓉公司日产4 000吨新型干法水泥项目在宜宾市筠连县巡司镇开工建设。

11月24日　四川省委书记刘奇葆在广安市委书记王建军、市长候晓春、川煤集团产能公司董事长兼党委书记高正强、总经理曹善华等的陪同下专程考察，汶川大地震灾后重建重点扶持项目，川煤集团蓥峰水泥公司日产4 000吨新型干法水泥生产线建设现场。该项目2008年9月6日开工建设，总投资5.877亿元人民币，已累计完成投资2.1亿元人民币，力争2009年6月底建成投产。

11月29日　四川峨胜水泥股份有限公司二期日产4 600吨熟料生产线顺利点火，12月5日窑系统投料成功进入试生产。

11月29日　攀枝花钢城集团日产4 000吨新型干法水泥项目在宜宾市兴文县古镇开工建设。

12月28日　长江中游地区及四川地区主要的综合水泥生产商亚洲水泥(中国)控股公司("亚泥(中国)"或"集团")宣布，其位于中国西南的四川亚东公司二号新型干法旋窑正式落成投产。

（四川省水泥协会　窦瑞林　供稿）

四川省水泥协会联系方式：

地　址：成都市锣锅巷67号二楼(原四川省建材局办公楼二楼)

电话和传真：028—86750301

邮　编：610017

贵州省

Guizhou Province

【水泥工业发展概况】

1. 窑型及产能(截止到2008年12月31日)。

窑型	新型干法	小干法	湿法	机立窑	合 计
生产线(条)	17	3	12	220	252
产能(万吨)	1 120	30	224	1 916	3 290
产能比例	34.04%	0.91%	6.81%	58.24%	100%

2. 产能分布。

产能的分布主要依市场大小而定。目前,贵阳市的水泥产能最大,占全省1/4左右;遵义市其次,占全省1/5左右。其余依次为黔南州、黔西南州、六盘水市、毕节地区、安顺市、黔东南州、铜仁地区(会因新线的投产而变动)。

3. 粉磨站。

目前,贵州大型水泥企业太少,加上物流成本较高,所以粉磨站小且少,均为上世纪留下的。铜仁大龙、纳雍县和盘县各有一个10万吨左右的粉磨站。

4. 产量。

2008年全省水泥产量为2 049万吨,较2007年增长5.95%。

【市场动态】

多年来,贵州省水泥市场供需基本平衡,全省各地,因燃煤供应及重点工程地域所在,略有差异,水泥售价虽有起伏,但无大起大落。进入2007年后,煤、电、油、运四项费用急剧上涨,水泥生产成本大增,在经历了一段时间的烦恼与困惑后,水泥企业只有提高出厂价格,向下游产业传递。

贵州是发展中的西部省区,水泥的需求在逐年增加,但2006年没有一条新线投产,2007年仅两条线在年底点火试运行,加上2007年淘汰落后产能100万吨,供需严重失衡,导致水泥价格大幅上扬,周边省、市、区(云南、重庆、湖南、广西)的水泥及熟料从四面八方涌进贵州。

2008年5月21日,在昆明召开的第二届"泛珠"水泥峰会筹备会上,广西水泥协会的赖秘书长估计2007年有200万吨水泥及熟料运入贵州。贵州水泥市场火爆,吸引了省外及境外投资机构的注意,不断派员入黔考察;地方政府和本土企业,也纷纷招商引资,新建水泥生产线的浪潮迎面扑来。2~3年后,水泥企业将面临市场的严峻考验。

记 事

7月8日 黔西南州泰安水泥有限公司日产3 200吨新型干法水泥生产线点火。

8月11日 省经贸委、省水泥工业协会以黔经贸传〔2008〕42号明传电报,通知召开全省水泥工业企业座谈会。主要内容为:项目前期工作情况(土地、环保、规划选址、节能等相关手续办理、资金筹措)、形象进度(土建、设备及投资完成情况)及项目存在的问题和困难。各市(州、地)经贸委(局)分管领导、技改处长(科长)和企业主要负责人出席会议。

8月18日 贵州科特林水泥有限公司日产2 500吨新型干法水泥生产线点火。

10月8日 贵州兰花水泥有限公司二线日产2 500吨新型干法水泥生产线点火。

10月28日 贵州六矿瑞安水泥有限公司日产2 500吨新型干法水泥生产线点火。

11月12日 贵州省水泥工业协会第五届三次会员大会在贵阳市召开。全议主要内容为:

(1)第二届泛"珠三角"水泥峰会情况通报;

(2)全省水泥工业近期发展概况及所批项目情况通报;

(3)全年协会工作总结及财务收支汇报。

11月27日 遵义县双龙水泥厂日产2 500吨新型干法水泥生产线点火。

12月11日 贵州省经济贸易委员会和贵州省质量技术监督局以黔经贸节能〔2008〕63号文,委托贵州省水泥工业协会组织研究制订《贵州省水泥生产企业节能降耗考核及评分标准》。

12月19日 贵州省水泥工业协会多次向省经贸委和省质监局汇报:2006~2008年贵州省新型干法水泥生产线建设滞后,加上贵州凝冻灾害和四川汶川地震灾后恢复重建,造成水泥供不应求,特别是优质水泥和特种水泥缺口较大,建议延缓淘汰9家企业的12条湿法窑。省经贸委请示国家工业和信息化部同意后,于2008年12月19日下发黔经贸行二〔2008〕22号文,同意适当延缓,2010年前淘汰湿法窑。

(贵州省水泥工业协会　供稿)

云南省

Yunnan Province

【水泥工业发展概况】 2008 年，全省有水泥企业 254 户，分布于全省 16 个州市。水泥生产能力 7 014.7 万吨，企业平均生产规模 27.6 万吨，水泥实际产量 4 011.98 万吨，同比增长 13.3%，产能利用率为 57.19%；水泥熟料生产能力 5 261万吨，其中新型干法水泥熟料生产能力 3 381 万吨，占全省水泥熟料生产能力的 64.3%。

2008 年，发放散装水泥 902.7 万吨，占水泥总产量的 22.5%，散装率比上年增加 2.16 个百分点。

2008 年云南各州市水泥产量表（单位：万吨）

排　序	州市名称	产　量
1	曲靖	705.85
2	昆明	646.91
3	玉溪	561.53
4	大理	514.72
5	红河	284.09
6	昭通	254.19
7	文山	227.41
8	普洱	194.97
9	保山	158.45
10	丽江	133.66
11	楚雄	117.45
12	德宏	101.36
13	临沧	58.21
14	西双版纳	32.70
15	迪庆	17.0
16	怒江	3.47
合计		4 011.98

2008 年底建成投产和已开工建设的日产 1 000 吨以上规模的新型干法水泥生产线（不完全统计）：

州市名称	至 2008 年底已投产生产线（条）	至 2008 年底已开工建设生产线（条）
昆明	9	3
曲靖	11	2
玉溪	7	3
大理	13	1
红河	2	3
昭通	2	1
文山	4	3
普洱	4	2
保山	1	1
丽江	5	0
楚雄	0	0
德宏	2	2
版纳	0	0
迪庆	1	0
怒江	0	0
临沧	0	0
合计	61	21

2008 年，规模以上水泥企业完成工业总产值（现价）106.53 亿元，同比增长 20.16%，占全省建材行业工业总产值的 82.92%。然而，截至 11 月底，规模以上水泥企业有 120 户亏损，占当年全省 254 户的 47.24%，比上年新增 15 户，亏损 0.7 亿元。造成亏损的主要原因是煤炭涨价，各项费用不断升高，新增产能过快加剧了供求矛盾。一些企业为了扩大市场份额，不惜降价销售，缩减了赢利空间。

【淘汰落后产能】 近年来，各地、各部门认真贯彻落实《云南省水泥政府办公厅关于做好淘汰落后水泥生产能力工作的通知》（云政办发［2007］135 号）精神，加大了淘汰落后水泥生产能力工作力度，已基本实现"十一五"前两年淘汰目标。截至 2008 年底，列入淘汰计划涉及 88 户企业的落后熟料生产能力 864 万吨，已淘汰（拆除或废毁）821 万吨，占计划的 95% 以上。

2008 年，全省在建的新型干法水泥生产线 20 余条，建成投产 10 条，规模最大的为日产 3 000 吨熟料，共计新增熟料生产能力 660 万吨。

2008 年，涉及全省 14 个州市 32 户企业的 42 条落后生产线，在规定期限内全部关停并拆除，年度淘汰 411 万吨落后熟料产能的目标任务顺利完成。新增产能扣除已淘汰的落后产能，实际新增249万吨熟料产能。

【职称评审、职业技能培训与鉴定工作】 2008年，云南省建材行业职业技能培训站共培训水泥制造业6个工种技术工人1 327人，通过职业技能鉴定，有1 125人分别获得不同等级的国家职业等级征书。

2008年，云南省建材工业行业协会根据省人事厅相关要求组成了2008年度省建材工程高级专业技术职务评审委员会，并于2008年9月24日召开评委会，按照相关程序对三名申报人进行了客观、公正的评审，通过公示后无人提出异议，报省人事厅批准，三人获高级职称。

另外，按照省人事厅年度评审计划的统一安排，经云南省建材工程中级专业技术职务评审委员会于2008年11月13日进行评审，有14人取得工程师任职资格。

【协会工作】

1. 成功地承办了第二届泛“珠三角”水泥峰会。

每两年一届的泛“珠三角”水泥峰会，旨在构建区域交流平台，促进行业科学发展。该届峰会由广东、海南、四川、广西、福建、江西、湖南、贵州、云南、重庆、香港、澳门等省、市、区(特区)水泥(建材)协会主办，云南省建材工业行业协会承办。来自上述省、市、区(特区)的170多位嘉宾出席本届盛会。该届峰会的主题是“区域发展、市场动向、节能减排”。10月17日峰会在昆明隆重召开。中国建材联合会会长张人为、中国水泥协会会长雷前治，国家工业和信息化部原材料司建材处处长吕桂新、中国建材联合会秘书长孙铁石、云南省人民政府副秘书长叶燎原、云南省建材工业行业协会会长马列、云南省经济委员会副主任周赤等领导出席峰会。张人为、叶燎原、马列在开幕式上致词。雷前治、吕桂新就我国水泥工业发展情况作了专题报告。峰会由中国水泥协会副会长兼秘书长孔祥忠、云南省建材工业行业协会副会长缪沾主持。相关省市区水泥(建材)协会代表在会上交流了情况。

2.《建材发展导向》编辑出版工作。

经有关部门批准，《建材发展导向》于2008年8月由双月刊改为月刊，同年12月新批准改为半月刊。《建材发展导向》为全国建材行业(包括水泥企业)提供了大量的政策、管理与技术信息。2008年刊出水泥工作者的文章30余篇。

3. 相关工作。

2008年，云南省建材工业行业协会受省政府委托，完成了《云南省建材工业现状及可持续发展建议》，重点讲解水泥产业发展报告；完成了省清洁生产办公室委托的《云南省水泥行业清洁生产合格单位评价指标体系》的修订、审核。

【出口水泥】

云南省商务厅统计，2008年云南出口水泥和熟料共计178 553吨，创汇982万美元，比上年增长2.3%。

记　事

1月 省政府对列入淘汰落后节能名单的水泥企业，从2008年1月1日起执行差别电价，在限期内未完成整改的停止供电。

1月 云南省颁布的《矿渣微粉混凝土(砂浆)技术规程》于2007年12月11日发布，自2008年1月1日实施。

1月12～15日 省建材协会组团(11个水泥企业的15人)赴南京参加全国中小水泥企业节能减排经验交流会。

3月3日 副省长和段琪一行亲临省建材工业行业协会检查指导工作。

3月5日 省建材工业行业协会对《云南省水泥工业“十一五“发展结构调整专项规划(2008年修订)》(征求意见稿)提出修订意见。

3月14日 云南省散装水泥工作会在景洪市召开，各州市散装水泥办公室负责人及相关领导出席。

3月27日 云南省经委正式印发《云南省水泥工业“十一五“发展结构调整专项规划(2008年修订)》。规划确定，2010年云南新型干法水泥比重要提高到80%以上。

3月28日 云南省硅酸盐学会第七次会员代表大会在昆明召开。学会所属专业委员会中的水泥及耐火材料专委会挂靠在省建材工业行业协会行业管理处。

4月23～25日 云南省建材工业行业协会2008年工作会议在昆明召开。其中一项内容是表彰先进：全国建材行业先进集体2个(水泥企业)、先进个人和劳动模范10名(其中水泥行业9名)；云南省建材行业先进集体5个(均为水泥行业及相关行业)、先进个人22名(其中水泥行业19名)；建材行业技术革新奖奖项中有两户水泥企业获鼓励奖。

4月28日 云南省第十九届劳动模范和先进工作者表彰大会隆重召开。省建材工业行业协会党组书记、会长马列获得了“云南省先进工作者”荣誉称号，省委书记、省人大常委会主任白恩培向马列授奖。

5月9日 全国节能减排检查考评组在省经委、省统计局等领导的陪同下，莅临云南国资水泥海口有限公司，对该公司2007年节能减排工作进行了检查、考评。

5月22日、28日 由省、市政府相关部门组成的考核组，分别对云南国资水泥昆明有限公司2007年度能源消耗、资源综合利用效率、淘汰湿法生产线落后产能等项工作完成情况进行考核。

5月21日 云南省建材行业第二十五次QC成果发表会在禄丰召开，水泥行业有24个成果获奖。

5月21～31日 “5.12”汶川大地震发生后，云南省建材工业行业协会在组织捐款的同时，按照省政府要求派出调研组，到昭通市受震灾破坏的6个区(县)建材企业调研，重点了解了6个水泥厂1个粉磨站的情况，并向省政府提交了书面报告。

5月22日 第二届泛“珠三角”水泥峰会筹备会在昆明召开，相关省市区水泥（建材）协会秘书长参加。中国水泥协会副会长兼秘书长孔祥忠到会指导。本届峰会由云南省建材工业行业协会承办。

6月10日 北京奥运圣火在云南丽江传递。云南丽江永保水泥有限责任公司董事长兼总经理谭国仁光荣地成为第192棒火炬接力手。

6月26日 云南省职工经济技术创新工人表彰大会在昆明举行。受表彰的优秀职工中，有本省水泥行业物理检验工技能大赛的前十名选手。他们是安微、吴天荣、张玉、杨俊才、黄燕、俞仁林、李榆、许笑笑、杨武章、陈石文。

6月28~29日 云南省硅酸盐学会组团(6人)赴江苏南通参加中南十省市混凝土技术交流会。云南谭洪光、杜庆檐的论文《混凝土裂缝产生的原因与防治》，唐祥正、张月波的论文《云南省混凝土掺合料的应用概况》参加了交流。

7月9日 中共云南省委常委、昆明市委书记仇和，在相关领导陪同下视察了云南瑞安公司富民水泥建设项目。

7月23日 日本住友大阪水泥株式会社上海代表处首席代表助理本多·真拓一行8人，在省硅酸盐学会秘书长李兴仁陪同下参观了云南官房混凝土搅拌站、昆明预达制管有限责任公司生产现场。中日双方相关科技人员就如何加强混凝土、水泥制品质量管理进行了交流。

10月17~18日 第二届泛“珠三角”水泥峰会在昆明召开。来自广东、海南、四川、广西、福建、江西、湖南、贵州、云南、重庆、香港、澳门等省、市、区(特区)的170余位嘉宾出席峰会。本届峰会的主题是：“区域发展、市场动向、节能减排”。峰会组织代表参观了位于云南沾益县境内的“珠江源”。

11月14日 云南国资水泥红河有限公司3号、4号湿法生产线开始拆除。

11月20~22日 云南省建材工业行业协会及云南省建材工会举办的云南省建材行业磨机工“创兴杯”技能大赛决赛在昆明和易门两地举行。来自全省相关水泥企业的30余名优秀先手参加了决赛。

12月11日 2008年云南省建材统计工作会在玉溪召开，包括水泥企业代表在内的65人出席会议。会议除表彰先进，总结、部署工作、传达相关会议精神外，还结合统计工作讲解了2008年6月1日正式实施的国家标准——《水泥单位产品能源消耗限额》。

12月12日 云南省建材工业行业协会受省工业和信息委员会委托，协助怒江州编制的《怒江州建材工业中长期发展规划》，通过专家评审会的评审。

12月22日 云南国资水泥昆明有限公司3号~5号湿法回转窑生产线开始拆除。

12月27~29日 云南省混凝土协会成立20周年纪念大会暨2008年学术年会在昆明召开，160余人出席大会。大会表彰了云南混凝土行业20年来做出贡献的先进集体和先进个人。

（云南建材工业行业协会 李兴仁 供稿）

云南水泥主管部门机构情况简介

宏观调控部门：

云南省工业和信息化委员会

云南省发展和改革委员会

行业管理部门：

云南省建材工业行业协会。

该协会是省政府直管部门，负责对全省建材工业（包括水泥行业）进行指导服务和管理。具体有五项职能：①围绕建材行业调研并提出相关意见和建议；②组织制定行规行约，建立行业自律机制；③对全省建材行业开展信息、技术、管理和人力资源开发服务及组织行业交流；④接受相关授权和委托参与制定行业规划，实施行业指导；⑤管理直属（挂靠）企事业单位。

云南省建材工业行业协会党组书记、会长：马列

地　址：昆明市北京路南段昆前路2号

邮　编：650011

电　话：0871－3101618

传　真：0871－3101606

西藏自治区

Tibet Autonomous Region

【水泥工业发展概况】 水泥工业是西藏自治区建材工业的龙头。2008年，西藏水泥工业以科学发展观为统领，继续保持国有、股份、民营等多种经济成分并存的局面。根据区党委“一产上水平、二产抓重点、三产大发展”的指导思想；认真落实国家产业政策，优化产业结构，推进技术进步；积极化解生产经营中的不利因素，克服拉萨“3·14”事件对西藏建材工业生产经营带来的不利影响，努力提高经济运行质量，实现了行业经济较好的发展。

2008年底，全区现有各类水泥工业生产企业13家，从业人员4 500余人，产量达到163万吨、产值8.3亿多元、增加

值3.54亿元。

主要产品有：硅酸盐水泥、普通硅酸盐水泥、中热硅酸盐水泥、道路硅酸盐水泥4个品种，以及根据用户定货要求生产的高标号或专用水泥，产品质量和技术性能全部达到国家新颁发的GB175—2007《通用硅酸盐水泥》新标准。

【水泥产业结构调整】

1. 建立立窑水泥淘汰机制。

为进一步贯彻落实国家、自治区产业发展和规划政策以及创建拉萨生态园林城市，国家环境保护模范城市，从2008年开始逐步淘汰落后生产能力的立窑水泥企业。立窑企业新建、改扩建新型干法水泥项目，在项目竣工验收时，必须淘汰落后工艺。2007年12月13日，自治区人民政府再次召开专题会议（〔2008〕9号）会议纪要）要求：在高天二线建成投产后，关闭西藏高争建材股份有限公司在拉萨市内的旋窑厂和西藏远大建材有限责任公司水泥厂。

2. 限制立窑水泥使用范围。

根据国家发展和改革委员会等八部委《印发关于加快水泥工业结构调整的若干意见的通知》（发改运行〔2006〕609号）的规定，全面禁止立窑水泥进入高速公路、机场、桥梁、涵洞、高层建筑等重点工程和建筑结构工程。

【存在的主要问题】

1. 能源短缺。水泥企业是区内用电大户，近年每到生产旺季，特别是拉萨地区电力十分紧缺，常常拉闸断电，企业开机不足，严重影响企业的经济效益。

2. 检测手段落后。全区建材产品的检测设备陈旧，检测机构数量少，许多新型材料的检测还处于空白，对建材假冒伪劣产品的识别和防治工作带来较大的难度；专业人才短缺，技术力量薄弱，难以保证建材产品的质量和安全生产。

3. 企业规模小。区内水泥企业有待于进一步规模化、集团化的重组改造，以利于提高效益、减少污染、改善环境，实现规模化经营。

记事

3月　达赖集团策划的拉萨"3.14"事件对全区的生产、生活秩序等都有较大影响，区内建材、特别是水泥生产企业也未能幸免，导致员工、原材料不能按时到位，企业停产近一个月，直接经济损失过亿元。

8月8日　自治区政府办公厅向全区转发了自治区经委、建设厅、质监局《关于实施GB175－2007<通用硅酸盐水泥>国家新标准有关问题的通知》（藏政办发〔2008〕10号），根据西藏实际情况安排部署从2009年1月1日起实施。

11月　区经委、质监局下发了《关于开展水泥生产企业化验室合格证换发工作的通知》（藏经发〔2008〕84号），同时制定了实施细则。

12月1日　西藏高争建材股份有限公司举行"二线"扩建工程竣工试生产点火仪式，自治区主席向巴平错出席并启动点火。"高争二线"工程是自治区"十一、五"规划项目，也是西藏自治区"二产抓重点"建设项目之一。该项目总投资2.84亿元，于2007年4月动工，生产线采用目前国际最先进的新型干法生产技术。

12月　根据自治区发展改革委、经委《关于同意华新水泥（西藏）有限公司日产2 000吨新型干法水泥生产线项目核准的批复》，山南地区华新水泥（西藏）有限公司日产2 000吨新型干法水泥生产线项目获得批准。

12月　根据自治区经委《关于同意日喀则地区雪莲工业贸易公司技改搬迁日产2 000吨新型干法水泥生产线项目进行前期工作的复函》，雪莲公司技改项目前期工作正式展开。

（西藏自治区发展改革委工业处　供稿）

陕西省

Shanxi Province

【水泥工业发展概况】　2008年，全省规模以上水泥生产企业159户，从业人数3.7万人，资产总计143亿元。全行业实现工业总产值114亿元，实现利润5.1亿元。水泥产量3 608.61万吨，同比增长19.8%，新型干法水泥占比61%；产量占全国水泥总产量2.6%，居第14位。全省水泥企业平均产量规模22.7万吨。

【具备的产业特点】

1. 石灰石资源丰富，具备发展水泥产业的良好条件。

本省水泥用石灰石探明储量约65亿吨，位居全国第一，主要分布于关中、陕南地区。陕北地区石灰石储量少，新型干法水泥产业发展受到很大制约。但是，陕北地区用于水泥生产的工业废弃物较多，又为发展水泥工业提供了一定条件。

2. 区域龙头企业和优势企业已初步形成。

国家重点扶植支持发展的60户水泥企业中，本省"秦岭"、"声威"名列其中。"冀东"、"尧柏"、"声威"等企业快速发展，企业优势已经初显，为陕西省水泥产业发展起到了带动作用。

3. 新型干法水泥产业体系已经初步形成。

已经建成新型干法水泥生产线38条，生产能力4 010万吨，新型干法水泥已占主导地位，淘汰落后产能成效显著。

4. 水泥产能分布和区域市场不协调。

根据水泥产品具有的区域特性，本省水泥总体产能尚不能完全满足市场需求，局部区域水泥产能供需矛盾还较大，还有一定市场空间。同时，存在潜在的短期水泥供给量过剩和长期水泥需求量旺盛的矛盾以及局部的产能过剩和局部市场供给不足的问题。

【淘汰落后】 根据省发改委《关于印发2008年淘汰落后生产能力计划的通知》（陕发改产业〔2008〕991号），2008年，计划淘汰的落后水泥产能798.2万吨，其中，省政府批复计划内淘汰386万吨，计划内企业申请提前淘汰207.4万吨，计划外淘汰204.8万吨。

【行业管理及工业保增长】

1. 组织开展全省建材工业现状调研。

陕西省建材行业管理办公室接受行业管理职能后，为了准确掌握全省建材行业的现状，把握发展趋势，建立有效行业管理体系，改善和提高行业管理质量，为政府决策提供依据，引导本省建材工业快速、健康地发展，行管办在省工交办的指导下，在省发改委、质量技术监督局、环保局等部门的配合支持下，组织开展了对全省建材行业现状以及存在问题的调研活动。

从4月中旬开始，分别对陕北、关中、陕南等地进行调研。这次调研，先后参与人员20余人，历时近20天，走访了10个地市、80余户建材企事业单位，基本摸清了陕西建材工业的基本情况。

在调研基础上，结合学习实践科学发展观，深入分析研究陕西建材工业的现状以及西部大开发和建设西部经济强省所带来的发展机遇及挑战，提出陕西建材工业今后一个时期的发展思路、发展方向和工作措施，形成了《关于加快我省建材工业发展的思路和建议》。

2. 提出陕西建材促内销、保增长的有关政策措施建议。

受全球金融危机冲击，为保证全省建材行业实现平稳快速增长，提出促内销、保增长的具体政策措施建议，主要包括：①延长灾区重建水泥供应时限和适当增加供给量。建议继续执行省工交办、省财政厅、省物价局《关于加强地震灾区恢复重建水泥供应有关问题的通知》（陕工交发〔2008〕147号）中对地震灾区重建使用水泥等建筑材料的补贴政策，并适当扩大供给量，保证灾区恢复重建对水泥等建筑材料的供应。②为供给陕北区域的水泥设立奖励政策。陕北作为本省的能源化工基地，基本建设投资比较大，为建材产品提供了很大的市场。由于陕西的建材企业和大宗建材产品集中在关中，当地资源十分有限，大量依靠从外地调入。为提高省内水泥在陕北地区的市场占有量，对关中地区用于陕北国家重点建设项目所需要的水泥，建议由政府给予水泥企业一定额度的补贴。

3. 协助解决本省水泥余热发电电价及并网问题。

新型干法生产线配套建设余热发电项目，具有明显的节能效果。但是，本省关于余热发电电价问题没有出台相关支持政策，如果不能很好地解决上下网电价问题，将挫伤企业建设余热发电的积极性，对节能减排工作推进造成不利影响。依据国家有关政策，结合兄弟省份的做法，陕西省建材行业管理办公室起草了《关于解决水泥余热发电电价及并网问题的报告》，上报省工交办。省工交办据此和有关部门协调，基本解决了这一问题。

【地震灾后重建工作】 “5.12”地震发生后，省委省政府及时做出了灾后恢复重建安排部署，特别是根据灾后重建对建材产品需求紧张的实际，决定向本省受灾地区调运66万吨特供水泥，支持灾区恢复重建。为了做好这项工作，省政府确定，由省工交办牵头，省财政厅、省物价局共同组织实施（省工信厅成立后，该项工作移交工信厅牵头负责）。省建材行业管理办公室、宝鸡、汉中两市以及宝鸡市陈仓区、宁强、勉县、略阳高度重视，组织有力班子积极实施。先期确定的水泥供应单位有陕西秦岭水泥（集团）股份有限公司等8家关中地区水泥企业，后又增加汉中地区4家水泥企业，他们全力配合，采取各种措施向灾区发运水泥。同时，考虑到水泥企业生产原燃材料涨价的因素，省政府确定供给四县（区）重建工程的水泥，由省级煤炭价格调节基金给予定点供应企业水泥每吨80元的补贴政策，以缓解因原燃材料涨价带来的生产成本大幅上升的压力。灾区特供水泥的举措，有效地缓解灾区恢复重建对水泥的需求，平抑灾区水泥市场价格上涨，为本省地震灾区灾后恢复重建做出了重要贡献。

行业管理部门

陕西省工业和信息化厅原材料工业处（省履行《禁止化学武器公约》工作办公室）

地　　址：西安市新城广场省政府前大楼8楼8076、8114、8118室。

主要职能：陕西省工业和信息化厅原材料工业处承担全省钢铁、有色、黄金、石化、化工（不含煤制燃料）、建材等行业的管理工作；研究国内外、省内外原材料市场情况并提出建议；负责办理国家履行《禁止化学武器公约》在陕事务；承担农业化学物质行政保护等相关工作。

（陕西省工信厅原材料工业处　赵益民供稿）

甘肃省

Gansu Province

【水泥工业发展概况】 2008年,甘肃水泥行业经济运行质量明显提高,全行业经济运行和发展总体呈现出又好又快的势头。9月份以来,随着国际金融危机影响加深和整个国民经济增速减缓,甘肃省经济出现下滑,许多行业、企业亏损。而国家出台多项政策扩大内需,加大了对西部的投入,增加铁路、公路和机场建设,加大民生工程和基础设施建设,水泥市场需求呈现持续增长,水泥工业经济效益稳步提高,带来了水泥工业结构调整和发展的极好机会。甘肃省水泥工业积极应对国际金融危机带来的挑战和机遇,贯彻落实科学发展观,推进结构调整和节能减排工作,大力加强企业管理和市场营销,克服上游产品价格不断上涨等制约因素,经济效益进一步提高,为拉动甘肃建材工业整体发展,作出了显著成绩。建材工业仍以16%的增速发展,盈利大幅增加,增长速度仅次于煤炭工业名列全省工业行业第二,实现利润总额增长幅度在全省重点支柱行业排名第一,成为全省经济发展的亮点。

【经济运行稳定向好】 2008年,甘肃省建材工业保持上年发展势头,生产和销售继续稳步增长,尤其是建材工业的主行业水泥制造业形势较好,水泥市场需求旺盛,产品供不应求,水泥价格继续稳中有升,企业效益稳步提高,从而带动整个建材工业效益提升。水泥工业固定资产投资高速增长,新型干法水泥生产线建设开始加速。全省规模以上建材工业企业实现总产值75.2亿元,累计完成工业增加值27.44亿元,同比增长15.87%,其中水泥企业完成工业增加值18.21亿元,同比增长14.97%;生产水泥1 596万吨,增长3.63%;生产商品混凝土144万立方米,同比增长8.33%。

2008年,甘肃省建材工业主营业务收入69亿元,同比增长35%,实现利税11亿元,同比增长86%,其中利润总额5.6亿元,同比增长207%。在主营业务收入中水泥制造业46亿元,同比增长42%,水泥制造业实现利税9.3亿元,同比增长114.5%,占建材工业利税总额的84.5%,实现利润总额4.9亿元,同比增长330%,水泥工业实现利润占全省建材工业利润的87.5%,为整个建材工业经济效益的大幅提高做出主要贡献。

【大型水泥集团迅速成长】 水泥工业是甘肃省建材工业的主导产业,工业增加值占全省建材工业增加值近70%。2008年底,已颁发生产许可证水泥生产企业118户(2007年破产1户),熟料生产能力1 750万吨,新型干法水泥熟料生产能力690万吨,占全省水泥熟料生产总能力的39.4%。甘肃祁连山水泥集团进入国家重点支持水泥工业结构调整的12个全国性重点企业行列后发展更快,通过改造、新建和收购重组,形成了"永登"、"天水"、"平凉"、"青海"四大生产基地,生产能力由2000年的120万吨增加到680万吨,综合效益明显提高;酒钢宏达建材有限责任公司、金昌水泥(集团)有限责任公司、王岘水泥厂、甘肃寿鹿山水泥有限公司、甘肃省饮马实业集团公司等一批水泥骨干企业稳健成长。

【新型干法水泥项目建设步伐加速】 2006~2008年三年甘肃省没有新型干法水泥生产线建成投产。2008年开始,建设和拟建新型干法水泥项目迅速增多,水泥工业发展势头强劲,在建的甘肃祁连山水泥集团青海湟中日产2 500吨和金昌水泥集团公司日产2 500吨新型干法水泥生产线项目进展顺利,2009年上半年即将建成投产。2008年四川旺苍金旗水泥实业有限公司武都水泥厂年产100万吨水泥生产线项目、成县"祁连山"日产3 000吨、海螺水泥集团在平凉的日产4 500吨、王岘水泥厂日产2 500吨水泥熟料项目、临夏金德物业公司太子山水泥厂日产2 500吨水泥熟料生产线、夏河安多水泥有限责任公司日产2 500吨水泥熟料项目、甘谷祁连山日产3 000吨新型干法水泥生产线等相继开工建设。2009年底甘肃省水泥生产能力将达到2 300万吨,2010年底可能接近3 000万吨,产能大于需求,将形成优胜劣汰的市场竞争局面,有利于调整结构和淘汰落后。同时部分区域也存在水泥产能潜在的过剩问题。还有已核准或获得前期工作函项目的熟料生产能力1 200万吨,申报开展前期工作项目的熟料生产能力720万吨。这些项目是全省水泥产能总量过剩的潜在因素,如果全部实施建成投产,水泥总量将出现严重过剩。

【节能减排取得明显成效】 全行业节能减排意识进一步提高,企业节能减排管理机构逐步健全,整章建制、加强基础管理工作成效显著。企业采用节能减排新技术的积极性不断增长,积极采取各种节能减排措施,水泥工业增加值单位能耗、粉尘及二氧化硫排放量继续下降。日产2 000吨以上新型干法水泥项目利用余热发电已成为企业自觉行动。资源综合利用意识进一步增强,水泥企业利用工业废渣生产水泥的积极性在国家税收优惠政策引导下更加高涨。2008年27户水泥企业的44种水泥产品被甘肃省资源综合利用认定委员会认定为资源综合利用产品,享受国家税收优惠政策。永登祁连山水泥公司积极采用合同能源管理模式进行节能技术改造;积极采用水泥助磨剂,降低水泥单位电耗,提高水泥台时产量；推行精细化管理，“各项指标赶先进、各项工作上台阶”，实现管理节能，在抓好工艺、设备等专业管理的同时，将进一步提高主机设备的整体运行效率作为节能日常工作的重点来抓；开展节能降耗劳动竞赛，引导职工投身节能降耗工作。红古祁连山水泥公司在公司内大力倡导“抬头看是否在冒，低头看是否在流，转头看是否上锁，回头看是否在亮”的良好风气，从“长明灯、长流水、跑、冒、滴、漏”等开始，按月、季考核；组织技术人员破解难题，彻底解决生产经营过程中能耗居高不下的问题；推行班组成本核算，实行用能与节能并举，节约优先的原则；大力进行技术改造，提升主机设备运转率和台时产量，降低能耗等。列入国家千家重点耗能企业的永登祁连山水泥公司和红古祁连山水泥公司完成了省上下达的2008年和“十一五”阶段性能耗下降目标。金昌水泥集团公司进入金昌市循环经济体系。西部水泥公司已初步形成相互关联、相互配套、下游产品及废料就地消化增值的循环经济产业链。永登祁连山水泥公司、金昌水泥集团公司等企业通过了省经委、省环保局组织的清洁生产验收。酒钢宏达建材公司年产80万吨冶金废渣资源综合利用工程建成投产。

【存在的主要问题】 水泥工业成本上涨压力依然存在，产业结构不合理的状况没有根本改变，淘汰落后生产工艺步履艰难，能源消耗和环境污染形势仍然严峻。

1. 煤、电、运输价格持续上涨，使水泥生产成本费用提高，短期盈利能力受到制约，行业经济效益提高和水泥企业再发展面临更大压力。

进入四季度，原煤价格有所降低，但也比2007年同期高。2008年市场劳动力价格上涨明显，造成部分聘用季节临时工较多的水泥企业招工困难，一定程度上影响了生产进度，甘肃省最低工资标准较大幅度提高以后，预计影响面会继续增大，成本上涨压力依然较大。

2. 水泥工业产业结构不合理的状况没有根本改变。

目前甘肃省还没有日产4 000以上大型新型干法水泥生产线，只有3条日产2 500吨、11条1 000吨和4条700吨新型干法水泥生产线，小型生产线偏多，相对劳动生产率不高；整个水泥工业产业集中度低，企业规模偏小，布局过于分散，新型干法水泥比重太低，落后产能仍占到60%，比重大、淘汰难，节能减排任重道远；产品比较单一，高标号水泥和特种水泥不多，水泥生产技术水平较低，能耗指标普遍偏高，企业竞争力和水泥工业整体实力不强，在全省工业中占比太低，市场话语权不多。也处于社会产业链条中效益分配的低端，发展后劲不足，由此而更加制约了自身成长壮大的能力。甘肃经济社会发展水平较低，也使得我们行业的发展进步和经济运行经常体现出相对于东中部地区滞后多年。

3. 能源消耗和环境污染形势依然严峻。

甘肃省水泥工业节能减排工作取得进展，固体废弃物利用量不断增加，单位产品能耗和主要污染物排放强度继续下降，但降低幅度减缓，节能减排形势依然严峻。单位产品能耗和主要污染物排放强度与国际国内先进水平相差较大。水泥熟料标煤耗国际先进水平97千克/吨，国内先进水平101千克/吨，甘肃省先进水平129千克/吨，平均148千克/吨；水泥综合电耗国际先进水平85千瓦时/吨，国内先进水平90千瓦时/吨，甘肃省先进水平92千瓦时/吨，平均120千瓦时/吨；水泥工业是个耗能行业，加强管理能够实现的节能降耗是有限度的，靠现有的工业结构和生产技术，完成“十一五”后几年节能降耗指标任务一年更比一年困难，能源消耗和环境污染问题也难以根本改变。节能减排要着力突破技术和装备的瓶颈约束，用先进生产工艺替代落后生产能力，进行大的结构调整。

【推进水泥工业发展的建议】 面对国家大规模的投资，水泥行业迎来了新的发展机遇，我们要紧紧抓住极好的发展时机，一定要更加坚定地继续落实科学发展观，按照建设节约型社会和发展循环经济的要求，发展新型干法水泥生产能力，加快淘汰落后水泥生产能力，实现水泥工业“做大做强”的转变。借机推进水泥产业结构调整、联合重组和共同发展，调整产品结构，整合组织规模结构，坚持科学发展。在发展过程中要重视水泥工业的合理规划布局，特别在这新一轮发展新型干法水泥热潮中要防止区域市场供需矛盾严重失衡。在项目建设中要重视矿山建设，保证原料供给的同时，大力提高矿山资源的回采率和尾矿回收利用率。甘肃省水泥工业企业多数集中于市、县，基础薄弱，面临结构调整、产业优化升级及淘汰大量落后产能的现实问题，迫切需要产业政策引导和专业技术支持。

(一)加快调整和优化水泥工业

结构。节能减排、发展循环经济、实现水泥工业可持续发展要依靠调整结构。一要整合企业组织结构。逐步发展和完善水泥、水泥制品等工业的主体，建设对水泥行业发展起导向作用的大公司、大集团，提高规模效益和增强集团化运作能力。形成以大型水泥骨干企业为主导，中小型水泥企业为补充，部分中小水泥企业实行专业化生产的企业组织结构。二要提升技术结构，着力引进和推广新技术、新工艺、新产品，推进水泥工业技术进步与创新，加速提高水泥工业的技术有机构成，实现水泥工业节能减排和可持续发展。三要适应市场发展的需要，逐步提高新型干法水泥比重，提高水泥熟料标号，增加水泥品种，优化水泥产品结构，开发水泥工业新的产业和特种水泥品种，最终由新型干法水泥取代机立窑等落后水泥。同时建立从熟料生产——水泥制造——商品砼骨料的完整产业链，促使水泥集团和商品混凝土企业整合重组，建设商品砼骨料基地。通过水泥产业业务一体化产生的显著协同效应，进一步提高行业的整体盈利能力。

(二)水泥工业以加速发展新型干法水泥和淘汰落后水泥生产能力同时推进。

“十一五”期间力争实现新增900万吨新型干法水泥熟

料生产能力和淘汰落后水泥生产能力500万吨的目标，同时引导有条件的机立窑企业转产，使新型干法水泥熟料比重在2010年提高到60%以上。支持中央企业及外省优势企业对甘肃水泥企业进行整合重组和共同发展。支持祁连山水泥集团在近几年内通过项目发展和兼并重组成为产能1 800万吨的龙头企业。鼓励市州优势水泥企业实施跨地区兼并重组，在甘肃省东、中、西部形成若干户150～300万吨的骨干企业，提高水泥行业集中度和区域市场话语权。目前甘肃省新型干法水泥太少，机立窑等落后的水泥产能太多，需要淘汰。立窑作为落后的生产能力终将淘汰，我们不能存有侥幸心理。因此，继续加大淘汰落后生产能力的力度，完善落后产能退出的配套措施，为先进生产能力的发展创造更大的市场空间是甘肃省水泥工业发展需要解决的问题。政府继续采取淘汰落后产能的财政补贴鼓励政策，依靠行政、法律手段和市场淘汰相结合，加速淘汰水泥工业的落后生产能力。在有资源优势、有条件的地区和企业发展新型干法水泥，防止盲目扩充产能，防止区域市场供需失衡。

（三）抢抓机遇，科学发展，推进循环经济。

推进水泥工业科学发展，在石灰石矿产开采及水泥产品生产的整个过程全面推进资源节约、环境保护和余热、废气及固体废物的综合利用，实施清洁生产，推进水泥工业向生态环保型产业发展。在省政府有关部门的指导下，做好水泥工业发展循环经济的试点示范工作。祁连山水泥集团股份有限公司、金昌水泥（集团）有限责任公司、酒钢宏达建材有限责任公司等水泥企业积极探索发展循环经济的先进模式，为水泥产业加快发展循环经济提供示范和借鉴。各市州优势水泥企业根据各自特点，积极探索发展循环经济的途径和方式，培育发展循环经济的重点企业和园区，充分发挥水泥工业在利用和处置工业废弃物及生活垃圾方面具有的优势。

（四）维护水泥市场良好的竞争秩序，坚持共同发展理念。

近两年水泥行业实现的利润增长，是在原来长期低效益的基础上，上游产品价格持续上涨的情况下，水泥企业在盈亏边缘上苦苦挣扎了多年后取得的，历史欠账太多，水泥市场良好的竞争秩序实为来之不易。因此，维护好有序的水泥市场竞争秩序，加强行业自律，坚持行业企业共同发展已成为共识。水泥同行不仅是竞争对手，更要成为合作伙伴，不能再走压价倾销、赊销和恶意竞争的老路，抓住机遇，共同发展。

记 事

1月中旬 张掖市以山丹水泥（集团）有限责任公司为依托，联合该市其他水泥企业，在山丹县东乐乡南滩村，共同出资建设日产5 000吨新型干法水泥生产线项目，前期工作已开始进行。

3月18日 甘肃祁连山水泥集团股份有限公司与中国建材股份有限公司就其作为战略投资者认购祁连山定向增发股份事宜签署了协议。

4月11日 甘肃省经济委员会下发《关于下达淘汰落后产能中央财政奖励资金的通知》。其中水泥行业有金昌水泥（集团）有限责任公司、平凉市太统水泥有限责任公司、崇信县水泥厂、夏河安多水泥有限责任公司、舟曲县源通水泥有限责任公司、渭源县水泥厂、靖远矿务局水泥厂、景泰金沙水泥厂、靖远县水泥厂等9户企业，淘汰立窑、湿法窑等落后水泥生产线共12条、80万吨生产能力，财政奖励资金1 000万元。

4月14～15日 省资源综合利用认定委员会召开甘肃省2008年第二次资源综合利用产品认定会议，对金昌水泥（集团）公司等15户建材企业的27种产品，认定为资源综合利用产品。并向社会进行公告后由甘肃省经济委员会公布：

甘肃省2008年第二批资源综合利用企业产品名单（水泥部分）

<table>
<tr><th>序号</th><th>企业名称</th><th>认定产品名称</th><th>认定有效期限</th><th>认定证书编号</th></tr>
<tr><td rowspan="2">1</td><td rowspan="2">榆中县水泥厂</td><td>32.5R普通硅酸盐水泥</td><td>2008年4月至2008年5月</td><td rowspan="2">甘综证书2008第014号</td></tr>
<tr><td>42.5普通硅酸盐水泥
32.5R复合硅酸盐水泥</td><td>2008年4月至2010年3月</td></tr>
<tr><td>2</td><td>兰州甘草环保建材股份有限公司</td><td>42.5R普通硅酸盐水泥
32.5复合硅酸盐水泥</td><td>2008年4月至2009年12月</td><td>甘综证书2008第015号</td></tr>
<tr><td>3</td><td>兰州皋兰水泥有限责任公司</td><td>42.5普通硅酸盐水泥
32.5复合硅酸盐水泥</td><td>2008年4月至2010年3月</td><td>甘综证书2008第016号</td></tr>
<tr><td rowspan="2">4</td><td rowspan="2">兰州红古祁连山水泥股份有限公司</td><td>32.5、32.5R复合硅酸盐水泥</td><td rowspan="2">2008年4月至2010年3月</td><td rowspan="2">甘综证书2008第017号</td></tr>
<tr><td>32.5、32.5R粉煤灰硅酸盐水泥</td></tr>
</table>

序号	企业名称	认定产品名称	认定有效期限	认定证书编号
5	兰州五泉山水泥有限责任公司	32.5 复合硅酸盐水泥	2008 年 4 月至 2009 年 6 月	甘综证书 2008 第 018 号
6	金昌水泥(集团)有限责任公司	32.5 复合硅酸盐水泥(一厂)	2009 年 1 月至 2010 年 3 月	甘综证书 2008 第 019 号
		32.5、42.5 复合硅酸盐水泥	2008 年 6 月至 2010 年 3 月	
		42.5 普通硅酸盐水泥		
7	张掖市三闸水泥厂	32.5 复合硅酸盐水泥	2008 年 4 月至 2010 年 3 月	甘综证书 2008 第 020 号
8	临泽县生源实业有限责任公司水泥厂	32.5 普通硅酸盐水泥	2008 年 4 月至 2008 年 5 月	甘综证书 2008 第 021 号
9	武威市石门河水泥有限责任公司	32.5 复合硅酸盐水泥	2008 年 4 月至 2010 年 3 月	甘综证书 2008 第 022 号
10	永靖县金河顺发建材有限责任公司	42.5 普通硅酸盐水泥 32.5 复合硅酸盐水泥	2008 年 6 月至 2010 年 3 月	甘综证书 2008 第 024 号
11	夏河安多水泥有限责任公司	42.5 普通硅酸盐水泥	2008 年 9 月至 2010 年 3 月	甘综证书 2008 第 025 号
		32.5 复合硅酸盐水泥	2008 年 4 月至 2010 年 3 月	
12	临潭县建华水泥有限责任公司	42.5 普通硅酸盐水泥 32.5 复合硅酸盐水泥	2008 年 4 月至 2010 年 3 月	甘综证书 2008 第 026 号
13	岷县兰岷水泥有限责任公司	32.5 普通硅酸盐水泥	2008 年 4 月至 2008 年 5 月	甘综证书 2008 第 027 号
		32.5 复合硅酸盐水泥	2008 年 4 月至 2010 年 3 月	
14	白银市白银区武川水泥厂	42.5 普通硅酸盐水泥 32.5 复合硅酸盐水泥	2008 年 6 月至 2010 年 3 月	甘综证书 2008 第 028 号

6 月 12 日　中国建材集团公司与兰州市人民政府在宁卧庄宾馆正式签署战略合作框架协议。双方表示,今后将通过各种形式,在玻璃及其他建材产品的制造、销售和新技术开发等方面展开全方位合作。

6 月 12 日　四川旺苍金旗水泥实业有限公司武都水泥厂年产 100 万吨水泥生产线项目奠基开工,计划投资 3 亿元。

6 月 14～16 日　中国中材集团公司相继与甘肃省兰州、白银、定西、临夏、甘南、天水、武威等 7 个市州签署战略合作框架协议,中材甘肃水泥有限公司分别与秦州区政府、武山县政府、天水永固水泥有限公司、甘肃古浪峡水泥有限责任公司签署有关建设新型干法水泥项目合作协议。

6 月 18 日　省建材工业协会编制的《甘肃省建材工业“十一五”节能减排实施方案》,经甘肃省政府原则同意并以甘政办函〔2008〕61 号文件批复,由省经委以甘经能〔2008〕236 号文件印发。

6 月 25 日　甘肃省经济委员会确定 6 个试点城市、10 个试点园区、32 家试点企业为全省循环经济试点单位,予以公布。其中甘肃祁连山水泥集团股份有限公司和酒钢集团宏达建材有限公司被列入甘肃省循环经济试点企业。

6 月 25 日　成县祁连山年产 120 万吨新型干法水泥生产线开工建设,计划投资 4.28 亿元。

7 月 1 日　由甘肃电力投资集团公司、甘肃火焰山水泥有限公司、白银石晋矿业有限公司 3 家企业联合投资建设日产 2 500 吨水泥熟料项目在白银举行开工奠基仪式,计划投资 2.68 亿元人民币。

7 月中旬　海螺水泥集团平凉 2 条日产 4 500 吨新型干法水泥生产线项目第一条生产线开工建设。

7 月 17 日　经中国建材联合会审定,全国建材工业第二十三次质量管理活动代表会议通过,对全国 129 个优秀小组和 98 名先进个人进行了表彰。其中,省建材科研设计院、兰州蓝天浮法玻璃股份有限公司、酒钢(集团)宏达建材有限公司、平凉祁连山水泥有限公司分别有两个小组被评为优秀质量管理小组;两个班组被评为质量信得过班组;一户企业被评为质量认证活动优秀企业;两名领导个人被评为质量管理小组活动卓越领导;一名个人被评为质量管理活动优秀推进者;一名个人被评为质量管理先进个人。

7 月 26 日　按照协会章程规定,甘肃省建材行业协会于 7 月底召开甘肃省建材行业协会一届三次理事会议,共同协商建材行业改革发展、节能减排等工作。

7 月下旬　金昌水泥集团公司日产 2 500 吨新型干法水泥生产线项目土建工程完成 70%,已开始安装设备,预计在 2009 年一季度建成投产。

9 月 8 日　甘肃祁连山水泥集团青海湟中日产 2 500 吨新型干法水泥生产线项目开工建设。

10月12～13日 省资源综合利用认定委员会召开甘肃省2008年第四次资源综合利用产品认定会议。对甘肃省寿鹿山水泥有限公司等19户建材企业的24种产品，认定为资源综合利用产品，并向社会进行公布：

甘肃省2008年第四次资源综合利用企业产品名单(水泥部分)

序号	企业名称	认定产品 名 称	认定有效期限	生产许可证号
1	玉门老君庙特种水泥有限责任公司	42.5普通硅酸盐水泥 32.5复合硅酸盐水泥	2008年10月至2010年9月	XK23－201－06404
2	甘肃西部水泥有限责任公司	通用水泥熟料	2009年1月至2010年12月	XK23－201－07544
3	甘肃锦世化工有限责任公司	32.5复合硅酸盐水泥	2008年10月至2010年9月	XK23－201－06479
4	兰州中山水泥厂	32.5复合硅酸盐水泥	2008年10月至2010年9月	XK23－201－04590
5	静宁县水泥(集团)有限责任公司	32.5复合硅酸盐水泥	2008年10月至2010年9月	XK23－201－06412
6	天水祁连山有限公司	42.5R普通硅酸盐水泥 32.5R复合硅酸盐水泥 32.5R粉煤灰硅酸盐水泥	2009年1月至2010年12月	XK23－201－04575
7	文县玉丰水泥有限公司	32.5复合硅酸盐水泥	2008年10月至2010年9月	XK23－201－06826
8	甘肃省康县富康水泥厂	32.5复合硅酸盐水泥	2008年10月至2010年9月	XK23－201－04561
9	西和县晚峡水泥有限公司	32.5复合硅酸盐水泥	2008年4月至2010年9月	XK23－201－04562
10	甘肃省寿鹿山水泥有限责任公司	42.5、42.5R普通硅酸盐水泥 32.5、32.5R复合硅酸盐水泥	2009年1月至2010年12月	XK23－201－05984
11	甘肃旌达水泥有限责任公司	42.5普通硅酸盐水泥	2009年1月至2010年6月	XK23－201－06193
12	甘肃大成金属有限责任公司银城水泥厂	42.5普通硅酸盐水泥	2008年10月至2009年12月	XK23－201－04570
13	靖远北福泉水泥有限公司	32.5普通硅酸盐水泥	2008年10月至2009年12月	XK23－201－06237

10月22日 工信部原材料工业司公示2008年度应予淘汰的落后水泥产能企业名单，其中甘肃省共11户企业，13条生产线。

2008年甘肃省应予淘汰的落后水泥产能企业名单

序号	生产企业名称	落后窑型	生产线	淘汰方式
1	甘肃省榆中县甘草水泥厂新营分厂	φ2.2×8m机立窑	1	拆除生产线
2	兰州甘草环保建材股份有限公司	φ1.8m机立窑	1	拆除生产线
3	敦煌市水泥厂	φ2.3×8.5m干法中空窑	1	拆除生产线
4	永登祁连山水泥有限公司	φ3.5/3.3/3.0×118m湿法回转窑	3	拆除或转产
5	红古区上海石村水泥厂	φ1.7×7m机立窑	1	关闭
6	平凉太统水泥有限责任公司	φ3×45m干法旋窑	1	关闭
7	平凉太统水泥有限责任公司	φ3×11m机立窑	1	关闭
8	静宁县威戎水泥厂	φ1.7×10m机立窑	1	关闭
9	高台县兆丰水泥制造有限公司	φ2.5×10m机立窑	1	关闭
10	景泰金砂水泥厂	φ1.9/1.6×40m干法中空窑	1	关闭
11	临夏县双城水泥厂	φ2.2×8.5m机立窑	1	关闭

10 月 22 日　总投资 12 亿元,涉及建材、电力、畜牧三大产业的夏河安多循环经济园区一期工程开工奠基,其中规划建设日产 2 500 吨新型干法水泥生产线 1 条,标志着甘南藏族自治州在发展循环经济方面迈出了坚实步伐。

11 月 28 日　根据省委组织部通知,省经委宣布甘肃省建筑材料工业协会会长张一诚同志退休,由副会长刘志强同志全面负责协会工作。

11 月 29 日　祁连山水泥集团甘谷 120 万吨新型干法水泥生产线(带低温余热发电)项目在甘谷举行开工奠基仪式。项目总投资预计 4.5 亿元人民币,由甘肃祁连山水泥集团股份有限公司出资建设。

12 月 10 日　为了支持陇南地震灾区尽快恢复重建,甘肃祁连山水泥集团股份有限公司积极响应甘肃省委省政府支援灾区恢复重建的号召,切实履行大型企业的社会责任,决定 2008、2009 年共向甘肃陇南重灾区以现金方式捐款 900 万元人民币,帮助灾区人民渡过难关、重建家园。

12 月 15 日　省建材行业协会召开 2008 年会长会议,会议以如何应对这次金融危机对甘肃建材工业的影响为主题,交流 2008 年甘肃建材企业经济运行情况,分析预测 2009 年发展趋势,并提出建议和自律要求。

12 月 20 日　来自全省各地的数十家建材业界的代表,在兰州共同庆祝甘肃省建材科研设计院建院 30 周年。

12 月 28 日　中材集团甘肃天水 2 条日产 2 500 吨新型干法水泥熟料生产线项目奠基仪式在天水市秦州区举行。

12 月 29 日　中材集团公司投资建设的白银日产 4 500 吨水泥项目在白银市白银区奠基。

12 月下旬　由甘肃祁连山集团募集资金投资建设的陇南日产 3 000 吨新型干法水泥生产线、平凉 4.5 兆瓦纯低温余热发电项目和青海日产 2 500 吨新型干法水泥生产线,通过国家环境保护部的环保核查。

2008 年甘肃省规模以上水泥工业企业分地区水泥产量

产品名称	累计产量(吨)	累计增长率(%)	企业个数(个)
水泥(吨)	15 960 458	3.63	78
兰州市	4 858 686.4	9.86	11
嘉峪关市	1 037 681	5.94	4
金昌市	1 249 190	12.79	2
白银市	2 010 799	-3.72	13
天水市	1 732 980.7	2.56	8
武威市	436 293	1.11	5
张掖市	1 112 547.7	1.73	10
平凉市	1 363 394.3	-2.99	4
酒泉市	296 598.4	4.12	4
庆阳市	134 766	11.29	1
定西市	400 985	2.04	3
陇南市	207 549	1.46	7
临夏回族自治州	265 474.37	-6.62	4
甘南藏族自治州	496 213	18.15	2

(甘肃省建材工业协会　供稿)

甘肃省建材工业协会联系方式

地　址:甘肃省兰州市广场南路 51 号统办一号楼 10 层
邮　编:730000
邮　箱:gsjcxbb@126.com
电　话
刘志强副会长:0931-8850667
秘　书　处:0931-8960233
行业工作处:0931-8960235　8850622
综　合　处:0931-8850541

青海省

Qinghai Province

【水泥工业发展概况】　2008 年,青海省统计规模以上的水泥企业 20 家,水泥产量 457.75 万吨,较上年增长 5%。行业实现销售收入 13.75 亿元,同比增长 65%;完成利润 2.26 亿元,增长 31.42 倍。销售毛利率 26.50%,增长 13.57 个百分点,全国排名从 2007 年的 27 位上升到了第 4 位;销售利润率 18.35%,提高 17.51 个百分点,位居全国第一。

青海省水泥工业主要经济指标

指标名称	单位	年度排名					指标				
		2004	2005	2006	2007	2008	2004	2005	2006	2007	2008e
固定资产投资	亿元	30	30	30	30	30	289.20	329.81	384.61	482.84	565.22
房地主投资	亿元	30	30	30	30	30	26.24	29.11	31.18	34.21	50.38
水泥产量	万吨	30	30	30	30	30	342.81	370.62	371.32	436.84	457.75
水泥投资	亿元	31	29	27	27	24	0.58	0.37	0.49	1.03	7.49
企业数	个	28	27	29	29	29	24.00	24.00	21.00	20.00	20.00
企业平均规模	万吨	21	19	19	19	20	14.28	15.44	17.68	21.84	22.89
销售收入	亿元	30	30	31	30	30	6.51	6.28	6.62	8.35	13.75
*利润总额	亿元	25	22	27	29	24	0.39	0.51	0.06	0.07	2.26
销售毛利率	%	7	5	30	27	4	21.83	20.06	10.11	12.93	26.50
*销售利润率	%	11	4	26	29	1	5.98	8.16	0.88	0.83	18.35

企业规模:

青海省20家水泥生产企业平均规模22.89万吨,低于全国的27.52万吨水平。青海是全国仅有的两个没有100万吨以上规模企业的地区之一。青海水泥产量主要集中在20~60万吨规模企业,产量占总产量的50.3%。

青海省主要水泥企业产量　　(单位:万吨)

序号	企业名称	2008年	增长率%	占全市比重(%)
1	青海水泥股份有限公司	80.01	7.92	17.48
2	青海乐都华夏水泥有限公司	61.58	13.89	13.45
3	民和祁连山水泥有限公司	38.01	23.21	8.3
4	青海泰宁水泥有限公司	34.29	-6.31	7.49
5	青海海西蒙西联化工建材有限公司	33.74	8.11	7.37
6	青海金圆水泥有限公司	32.20	3.04	7.03
7	青海鼓楼特种水泥有限公司	24.96	-1.65	5.45
8	浙江蒲峰集团青海民和水泥有限公司	24.67	43.94	5.39
9	青海大通回族土族自治县元朔水泥有限公司	22.21	5.63	4.85
10	青海省新型建材工贸有限责任公司	20.27	9.86	4.43

发展特点:

青海水泥市场是西北五省中最为封闭和落后的市场,企业规模小且较为分散。主要以本地以及临近省份的水泥企业为主导,其中"青海水泥"与"华夏水泥"均分别占了15%左右的市场份额;甘肃"祁连山"、"海西蒙西"、"金圆水泥"分别将水泥产业从本省拓展到青海。

记　事

2008年3月　青海互助金圆水泥有限公司一期工程日产3 200吨新型干法熟料生产线项目于正式开工。建设工期一年,预计2009年4月正式投产。

青海互助金圆水泥有限公司总投资人民币3.5亿元,一期工程下设二个生产基地,分别是:日产3 200吨熟料生产线,地处互助县东和乡黑庄村;年产150万吨水泥粉磨生产线,地处互助县塘川镇三其村。

根据青海省目前只有一条日产1 000吨和2条日产1 500吨旋窑生产线的实际,为加快产业结构调整步伐,浙江金圆控股集团有限公司注资成立了青海互助金圆水泥有限公司,是集团公司"扩大区域水泥产能、做大做强水泥主业"之布点企业,是集团公司三年发展规划的重大举措。将加快青海省水泥行业的产业结构调整的步伐,实现规模化生产经营和节能环保的目标。

2008年6月,青海省最大的水泥技改项目——海西化工建材股份有限公司年产100万吨水泥技改项目开始实施。计划于2009年5月建成。

该项目对原日产700吨熟料湿法生产线进行技术改造，成为日产2 500吨熟料新型干法生产线。项目总投资将达到2亿元。这个项目建成后，不仅可实现年销售收入19 000万元；利润4 058万元；税收2 047万元。还可以节煤35%，节水10%，节电46%。同时，能够消化吸收周边企业产生的100万吨以上的各种工业废渣，成为德令哈市工业园区工业垃圾的集中处理点。项目的实施，对于减少海西工业发展对环境造成的污染，推动海西循环经济的发展将起到重要的推动作用。

6月16日 上午9时30分，青海省环保部门和西宁市政府在甘河工业园区青海水泥有限公司对原湟水水泥厂18万吨落后生产线现场实施爆破拆除。随着青海省委副书记、省长宋秀岩一声令下，青海湟水水泥有限公司年产18万吨干法回转窑水泥生产线轰然倒地，结束了其20多年的生产历史。这是省委、省政府实施总量控制、推进节能减排的又一重要举措，是青海省污染减排攻坚战打响的第一炮，标志着青海省落实节能减排措施取得重大进展。

6月30日 中材集团与青海省人民政府在西宁市签订了战略合作协议，这标志着双方将认真贯彻落实党的十七大精神，坚持以科学发展观为指导，深入推进西部大开发战略，建立紧密的政企合作关系，拓宽合作领域，深化合作层次，提升合作水平，做大做强青海建材和非金属产业，实现优势互补，共同发展，具有重要的意义。

协议规定，中材集团将利用当前国际先进的新型干法水泥生产技术，对青海现有立窑进行技改，建设配套纯低温余热发电的新型干法水泥熟料生产线，提高青海水泥工业节能减排和资源综合利用水平，推动产业结构调整，实现水泥产业优化升级。

8月1日起 青海省开展水泥企业能效水平对标活动。这是为切实提高青海省重点耗能企业能源利用效率，确保"十一五"节能目标的实现，根据《青海省经济委员会关于转发〈国家发展改革委关于重点耗能企业能效水平对标活动实施方案的通知〉的通知》要求，青海省节能监测中心结合青海省实际情况制定了企业能效水平对标活动实施方案。之前，青海省节能监测中心与省建材协会、祁连山水泥有限公司、青海水泥股份有限公司、青海金圆水泥有限公司等单位就企业能效水平对标活动实施方案进行座谈形成共识，一致认为，在青海企业实施能效水平对标活动，对于企业找准节能的努力方向，充分挖掘企业节能潜力，促进节能工作上新台阶，提高企业竞争力，确保实现节能预期目标具有重要的意义。

11月14日 青海省政府在乐都华夏水泥有限公司召开水泥行业环境污染整治现场观摩会，组织各州（地市）政府和有关部门及20家水泥生产企业负责人，学习借鉴乐都华夏水泥公司在环境管理、污染治理方面的经验。

青海省环保局局长赵浩明在观摩会上说，各地环保部门和水泥企业要以推进水泥工业结构调整为突破口，以加快环保设施建设为重点，综合运用法律、经济、行政手段，严格执行国家产业政策，把好环评准入关，采用先进除尘设备，淘汰落后工艺技术。通过大力发展循环经济，有效提高资源利用率，形成集中有序的新格局。

青海省政府副秘书长鸟成云针对全省水泥行业老企业居多、技术装备落后、绝大部分水泥企业环保设施不完善等问题，要求各级环保部门进一步加大水泥行业污染防治工作力度，认真落实国家产业政策和行业准入条件，加快淘汰水泥企业落后产能。在2008年底前，淘汰湿法窑及直径1.83米以下的水泥粉磨设备；2009年底前，淘汰直径3米（包括3米）以下的机立窑；2010年底前，淘汰所有机立窑。同时，改造和完善粉尘污染治理设施，要求2009年6月底前必须全面完成水泥企业粉尘污染治理，实现粉尘稳定达标排放。

12月30日 "中材青海"2条日产2 500吨新型干法水泥奠基仪式隆重举行。中国中材集团公司党委书记兼中国中材股份有限公司总裁于世良、青海省省委常委、西宁市市委书记王建军，副省长、西宁市市长骆玉林，西宁市市委常委、副市长姚琳，中材集团总工程师、中材水泥有限责任公司董事长王广林，中国中材股份有限公司副总裁隋玉民等领导出席了奠基仪式。

" 青海"2条日产2 500吨新型干法水泥配套纯低温余热发电项目将建成为在环保、节能、资源综合利用等方面达到国际先进水平的示范生产线。项目总投资6亿多元，规模为年产高标号优质水泥200万吨，项目建成后年可消化利用电石渣、粉煤灰、磷废石膏、矿渣等工业废渣80多万吨，将带动地方经济的发展和水泥工业结构的调整，具有良好的社会效益和经济效益。

宁夏回族自治区

Ningxia Hui Autonomous Region

【水泥工业发展概况】 2008年，自治区水泥行业深入贯彻落实科学发展观，紧紧抓住"五十大庆"重点工程建成、宁东基地重点项目快速推进、新农村建设以及区外市场旺盛带来的机遇，努力克服成本大幅度提高等困难，积极开拓市场，大力发展生产，着力优化产业结构，全行业呈现良好的经济运行态势。2008年水泥产量为885万吨，增长9.5%。全区新型干法水泥生产能力占全部水泥生产能力63%，高于全国平均水平。主要经济指标达到历史最好水平。基本没有受到全球金融危机冲击，持续维持较高的行业景气度，实现又好又快发展。

1. 龙头企业全年产销两旺，水泥产品价量齐升。

2008年水泥企业积极走出去，抓住甘肃等周边省区大工程加快施工的机遇，使得区外水泥销售量增加约30%。尽管年初起制造成本大幅度增加，但由于行业景气度高，企业在全部消化涨价因素的基础上，水泥产品逐月调整价格，利润水平达到历史最好水平。宁夏建材集团一直最大限度地生产熟料和水泥，在三季度末，全球金融危机波及宁夏大多数工业行业，但水泥产品持续旺销，特别是水泥由于熟料短缺一度供应紧张。

2. 项目建设。

4月8日，中卫市胜金水泥公司日产2 500吨新型干法熟料生产线和配套建设的6兆瓦纯低温余热发电项目举行了盛大的奠基仪式。该项目投资3亿元，其中纯低温余热发电配套项目投资3 000万元。建设周期为一年。10月29日，石嘴山金力实业公司隆重举行了年产100万吨水泥粉磨站项目开工奠基仪式。该项目是石嘴山市“上大压小、循环利用”的重点项目。另外，“瀛海”、青水股份公司、“盐池萌生”日产2 500吨熟料新型干法生产线先后开工；宁夏建材集团在宁东的100万吨粉磨站和60万吨商品混凝土站等大批项目开工建设。

3. 淘汰落后产能。

石嘴山“金力”炸毁2台立窑15万吨，“青铜峡水泥”股份淘汰3台立窑20万吨，“八号泉”淘汰2台立窑8万吨。“赛马实业”淘汰2台湿法窑45万吨。全年淘汰88万吨产能。自2006年以来累计三年淘汰125万吨，提前两年完成国家下达给宁夏回族自治区“十一五”淘汰落后水泥120万吨产能任务。宁夏“赛马实业”淘汰全部落后产能，水泥熟料生产线新型干法比例达到100%。

4. 节能减排。

水泥产品中工业废渣的资源综合利用率提高了5个百分点。完成12家建材企业和建材产品的资源综合认定复审工作。青铜峡水泥股份有限公司建成纯低温余热发电系统。“建成建材”引进能源合同管理办法进行先进节能技术改造。“青水股份”等7家水泥企业完成节能评估。行业龙头“赛马实业”节能工作突出，被自治区评为2007年节能先进企业，被国家发改委和中国水泥协会定为首批能源标杆管理试点企业之一。宁夏首座水泥纯低温余热电站－青铜峡水泥股份有限公司6兆瓦纯低温余热电站，经宁夏电力公司批准，银南供电局验收，该公司余热电站进入并网发电阶段。

5. 引进巨额投资。

“赛马实业”进一步做大做强，2008年从资本市场融资7亿元，新设了甘肃、青海、内蒙分公司。四季度，中国中材股份有限公司向宁夏建材集团注资5.7亿元。宁夏建材集团和赛马实业股份公司融资总计近13亿元。

6. 行业先进。

宁夏建材集团被中华全国总工会授予全国“五一”劳动奖状。宁夏水泥行业龙头企业宁夏建材集团有限责任公司荣获“宁夏改革开放30年行业功勋奖”单位，宁夏建成建材有限责任公司董事长张宝军荣获“行业特别贡献人物”。宁夏水泥行业管理办公室赵德海同志被中国建材联合会和国家统计局工交统计司评为2008年度建材统计工作先进个人。

记　事

1月28日　建材行办和宁夏建材质检站组织召开了全区水泥质量工作座谈会。

4月8日　中卫市胜金水泥公司日产2 500吨新型干法熟料生产线和配套建设的6兆瓦纯低温余热发电项目开工。

5月1日　宁夏建材集团被中华全国总工会授予全国“五一”劳动奖状。

5月8日　石嘴山金力公司炸毁15万吨立窑水泥生产线。

8月2日　宁夏水泥行业龙头企业宁夏建材集团有限责任公司荣获“宁夏改革开放30年行业功勋奖”单位，宁夏建成建材有限责任公司董事长张宝军荣获“行业特别贡献人物”。

9月27日　全区首家新型干法油井水泥生产线——宁夏青铜峡水泥股份有限公司日产4 000吨新型干法油井水泥生产线，配套纯低温余热发电综合利用项目获批。

10月10日　中国中材股份有限公司（以下简称“中材股份”）与宁夏共赢投资有限责任公司（以下简称“共赢公司”）签署了“共赢公司”向“中材股份”转让其持有宁夏建材集团股权的《股权转让协议》，“共赢公司”拟将其持有的宁夏建材集团30.4%的股权全部转让给“中材股份”；“中材股份”与中国中材集团公司、“共赢公司”签署了“中材股份”向宁夏建材集团增资的《增资协议》，“中材股份”拟以现金57 000万元人民币向宁夏建材集团单方增资，本次增资完成后，宁夏建材集团注册资本由56 087.86万元人民币增加至78 171.13万元人民币。

10月29日，石嘴山金力实业公司年产100万吨水泥粉磨站项目开工建设。

（宁夏水泥行业管理办公室　赵德海供稿）

宁夏水泥行业管理办公室简介

宁夏水泥行业管理办公室成立于2000年9月，是根据转变政府职能和深化企业改革，将原宁夏建材工业总公司撤消后，其行业管理职能划入自治区经贸委。是自治区经贸委的内设机构之一。2003年机构改革，自治区经贸委改组为自治区经济委员会，建材行办仍为自治区经济委员会内设机构。其主职能是：研究拟定自治区建材工业发展战略、行业规划，促进水泥行业结构调整，引导行业整体布局；协调行业内部关系，维护公平竞争秩序；研究行业发展中的重大问题，向有关部门提出政策建议；掌握、分析水泥行业生产动态，提供信息咨询服务。

主　任：马忠林
地　址：宁夏银川市解放西街361号自治区政府办公大楼609室
邮　编：750001
电　话：0951－5036906、5014858
传　真：0951－5014858
邮　箱：nx6880@163.com

新疆维吾尔自治区

Xinjiang Uygur Autonomous Region

【水泥工业发展概况】　水泥完成1 720万吨，同比增长12%，新型干法水泥比重占55%，比上年提高11个百分点，散装水泥完成651万吨，占水泥产量的38%，比上年提高3个百分点；因受金融危机影响水泥出口比上年减少0.6亿美元，水泥出口43.40万吨，下降49.91%。

1. 重点项目建设项目。

2008年开工建设项目：青松建化股份公司日产3 000吨熟料生产线、"伊犁南岗"日产2 500吨熟料生产线、天山股份公司塔什店日产2 500吨熟料生产线。

2. 产业结构调整。

5个新型干法水泥项目投产，新增水泥生产能力365万吨，新型干法水泥比重提高了11个百分点，达到55%，已接近全国平均水平。淘汰落后水泥窑19座，落后产能108万吨。

3. 节能减排。

编制完成《新疆建材企业节能工作考核办法》和《主要建材产品单位能耗限额》，由新疆自治区经贸委批转各地执行。

4. 散装水泥推广。

水泥散装量达651万吨，可节约包装纸3.9万吨，折合优质木材21万立方米（若以使用塑编袋测算，可节约石油3万吨）；减少水泥损失29万吨；降低粉尘排放3万吨；创综合经济效益3亿元。

5. 技术进步。

3个项目获"2008年度全国建材行业技术革新奖"：伊犁南岗建材（集团）有限责任公司采用"三废"资源研发G级油井水泥项目获技术开发类二等奖，新疆东湖水泥厂无铁配料（用石膏、煤矸石替代铁粉）和新疆青松水泥有限责任公司液体电阻启动器在新疆气候条件下的应用获技艺工法类三等奖。新疆建筑材料研究院长刘晓莉、新疆建材设计研究院总工程师侯向群被评为"自治区第九批有突出贡献专家"。

2008年建成投产生产线

项目序号	企业名称	熟料规模	年生产能力（万吨）		所在地区
		t/d	熟料	水泥	
1	天山米东水泥有限责任公司	1 600	48	50	乌鲁木齐市
2	博乐南岗建材有限责任公司	2 000	60	70	博乐
3	新疆天业股份有限公司3号线	2 000	60	70	石河子
4	博兰水泥有限公司	2 000	60	70	博乐
5	新疆青松建化股份有限公司	3 000	90	105	阿克苏
	合计	10 600	318	365	

2008年水泥商品出口数量及金额

商品名称	出口商品数量			出口商品金额（万美元）	
	数量	本年	累计	本年	累计
	单位	累计	增长率（%）	累计	增长率（%）
新疆维吾尔族自治区	——	0	0	4 647.98	－3.95
水泥	吨	391 755	－49.91	2 398.99	－36.68

续表

商品名称	出口商品数量			出口商品金额(万美元)	
	数量	本年	累计	本年	累计
	单位	累计	增长率(%)	累计	增长率(%)
水泥建筑用砖及砌块	吨	7 346	-49.86	1 268.33	117
水泥砖瓦	吨	3 189	381.57	779.68	314.89
水泥熟料	吨	14 851	18.15	62.46	19.81
水泥构件	吨	3 310	-59.19	51.49	-70.23
石棉水泥瓦楞板	吨	426	157.23	43.76	-11.67
石棉片、板、砖、瓦及类似品	吨	368	-53.93	43.27	-8.7

2008 年度"金隅杯"全国建材行业技术革新奖获奖项目

技术开发类二等奖

采用"三废"资源研发 G 级油井水泥

伊犁南岗建材(集团)有限责任公司(2008-B2-15-D01)

赵建新(2008-B2-15-G01)

车蜀涛(2008-B2-15-G02)

方仁玉(2008-B2-15-G03)

龙玉琼(2008-B2-15-G04)

魏四花(2008-B2-15-G05)

技艺工法类三等奖

无铁配料(用石膏、煤矸石替代铁粉)

新疆维吾尔自治区东湖水泥厂(2008-C3-02-D01)

韩思甜(2008-C3-02-G01)

宗亮(2008-C3-02-G02)

刁文娟(2008-C3-02-G03)

技艺工法类三等奖

液体电阻启动器在新疆气候条件下的应用

新疆青松水泥有限责任公司(2008-C3-09-D01)

王战海(2008-C3-09-G01)

陈卫民(2008-C3-09-G01)

记事

2月22日 自治区建材行办召开自治区建材行业工作座谈会,向各企业发出做好 2008 年以"稳定价格,共建和谐"为主题的八条工作倡议,得到了参会企业的积极响应。

3月中旬 中铁外服有限公司组织了首批 25 节哈萨克斯坦散装车皮(新疆目前没有散装水泥列车)进入阿拉山口中方口岸,装运新疆博兰水泥有限公司散装水泥,共运输水泥 3 000 吨,这是第一次周边国家散装列车进入新疆成列拉运散装水泥。

4月21日 组织召开全区水泥企业化验室主任工作会议。

4月22日 博乐南岗建材有限公司日产 2 000 吨熟料新型干法生产线正式投产。

5月13日 中国建筑材料联合会陈国庆副会长一行飞抵乌鲁木齐,开始为期 9 天对新疆维吾尔自治区建材行业的考察。陈国庆副会长一行先后出席了"2008 年丝绸之路(新疆)国际建筑建材博览会"开幕式和"2008 中亚(新疆)石材产业发展论坛"。考察了"天山股份"、"国统管道"、"今日安全玻璃"、"新雅泰建材"、鄯善县石材工业园区和鄯善"汇宇石业"等建材企业。还远赴南疆重镇喀什考察了飞龙水泥有限责任公司、远东陶瓷有限公司。

5月14日 由自治区建材行办与中国国际贸易促进委员会新疆分会、英国 ITE 国际贸易展览集团共同主办为期 3 天的"2008 丝绸之路(新疆)国际建筑建材展览会"开幕,这也是第二届丝绸之路国际建筑建材展。来自区内外的 150 多家建材企业和中亚各国的 200 多家建材采购商,参加了本次展会。

5月15日 新疆建材行办召开向四川地震灾区献爱心捐款动员大会。行办系统职工第一批捐款 4.76 万元人民币,第二批捐款 22 646.05 元人民币。截至 5 月 19 日,行办系统单位及个人累计捐款达 270 246.05 元人民币,其中新疆建材设计研究院单位捐款 20 万元人民币。截至 5 月 23 日,行办系统党员共缴纳"特殊党费"71 337 元人民币,机关工会集体及个人捐款共计 2 690 元人民币。

5月31日~6月3日 召开新疆建材行业第二十一次质量管理小组代表会议。来自全疆建材企业的约 50 名代表参加了会议,30 个 QC 成果在会上发表。通过评委的认真评选,向全国建材工业第二十三次质量管理活动代表会议推荐优秀 QC 小组 20 个、质量"信得过"班组 1 个、质量管理活动优秀企业 10 个、质量管理活动优秀推进者 9 名。向自治区第二十九次优秀质量管理小组代表会议推荐优秀 QC 小组 3 个、质量管理活动优秀企业 1 个。同时,会议评选出自治区建材行业质量管理活动优秀企业12家、优秀QC小组7个、质量活动卓越领导者13名、优秀推进者12名、优秀发表者3名。

6月4日　行办带领“天山股份”、“青松建化”两家企业负责人与乌鲁木齐国际机场改扩建工程指挥部协调工程用水泥供应，要求企业全力克服一切困难，支持自治区重点工程，满足乌鲁木齐国际机场三期改扩建工程指挥部提出的每天500吨低碱水泥（特种水泥）的供应量。

6月23日~7月4日　自治区建材行办联合自治区质量技术监督局、新疆建筑材料研究院以及各地州（市）经贸委、质量技术监督局组成联合检查小组，对全疆水泥企业贯彻执行《通用硅酸盐水泥》（GB175－2007）新标准情况进行了抽查。本次检查的对象为全区水泥生产企业，涉及14个地、州、市，共抽查水泥企业36家，占全区水泥企业的43%。检查主要内容为水泥企业的生产控制、检验设备、出厂检验和包装标识等，同时对水泥企业在新标准执行过程中遇到的问题进行了解答。

9月17日　自治区建材行办吕志坚主任、孙存稳副主任、规划发展处孟宪平处长、行业管理处董燎原处长、规划发展处调研员张银葵赴新疆天业（集团）有限公司调研。天业集团是国家循环经济试点企业。该公司坚持走发展循环经济道路，经过努力，天业循环经济产业链已初步形成了煤—电—化—水泥几大产业间的循环模式，公司建设的几大产业间有机循环体的同时，对各产业内部按照“减量化、再利用、资源化”的原则，大力推行清洁生产，节能降耗，实现资源循环式利用。

9月26日　全国混凝土与水泥制品行业年会在乌鲁木齐召开。自治区建材行办党委书记、主任吕志坚介绍了新疆混凝土和水泥制品发展情况。

10月20日　为全力支持自治区盐化工产业的发展，合理地配置资源，进一步优化建材工业产业结构，自治区建材行办紧密结合学习实践科学发展观活动的开展，组织召开了“水泥回转窑生产线转产石灰技术交流研讨会”。会议特邀中国冶金学会石灰专业委员会副主任、鞍山市华杰建材技术开发有限公司总经理、石灰窑炉技术专家蔺德中先生和山西省建材院的技术专家讲解了“水泥回转窑生产线转产石灰技术”。

10月30日　伊犁沪新水泥有限公司日产3 000吨熟料及4 500千瓦纯低温余热发电水泥生产线项目在国家级伊宁市边境经济合作区奠基。设计年生产水泥150万吨及余热发电2 325万千瓦时。该项目总投资38 387万元人民币，其中固定资产投资34 622万元人民币，自有资金14 622万元人民币，占总投资的42.23%，申请银行贷款15 935万元人民币。

11月6日　哈密南岗建材有限公司年产75万吨新型干法水泥生产线及纯低温余热发电项目奠基。项目建成后，可日产水泥熟料2 000吨，年产水泥75万吨，年发电1 750万度，项目总投资3.19亿元。预计2009年10月可建成投产。

12月31日　新疆维吾尔自治区科技奖励暨有突出贡献优秀专家命名表彰大会在乌鲁木齐举行，新疆建筑材料研究院长刘晓莉、新疆建材设计研究院总工程师侯向群被评为“自治区第九批有突出贡献专家”。

（新疆建材行业管理办公室　供稿）

新疆维吾尔自治区建筑材料行业管理办公室简介

主要职责：

（一）研究拟定自治区建材工业发展战略和行业规划，提出发展自治区建材行业的方针、政策；推进行业结构调整，引导行业合理布局。

（二）研究提出自治区建材工业的行业法规，组织制定行业管理规章、技术标准；汇集、分析和发布行业经济技术信息，提供信息咨询服务。

（三）协调行业内部关系，维护公平竞争秩序；掌握、分析自治区建材行业生产动态，向有关部门提出政策建议；促进建材资源综合利用，推进新型建材及制品的开发的推广应用；组织有关的自治区建材行业经济技术合作与交流。

（四）指导直属国有建材企事业改革和结构调整，指导自治区国有建材企业扭亏解困、减员增效和实施再就业工程。

（五）负责自治区发展散装水泥、新型墙材和建筑节能工作；协助有关部门做好自治区非金属矿资源勘察、开采的监督管理工作。

（六）承办自治区人民政府和自治区经济贸易委员会交办的其他事项。

地　址：新疆乌鲁木齐市光明路26号建设广场写字楼11号楼
邮　编：830002
电　话：0991－8860708
传　真：0991－8860713

各省动态

Provincial trend

北京：加快推进小水泥企业调整退出

2月21日，北京市政府公布了该市《第十四阶段控制大气污染措施》通告。通告称，北京市将通过执行更严格的污染控制措施，最大限度减少污染物排放，以确保全年“好天”达到70%的目标。

通告中称：在12月底前，北京市将关停40家高污染、高耗能企业，加快推进年生产能力低于20万吨的水泥企业调整和退出。

天津：五大措施促节能减排

天津市发改委根据国家发展循环经济的要求，围绕该市发展循环经济的总体目标，确定了严格控制高耗能、高污染项目等五大节能减排措施。

这五大措施包括：一是严格控制高耗能、高污染项目。二是加快淘汰落后生产能力。三是推进重点节能减排工程。四是加快节能减排技术的开发与产业化。五是实施节能减排全民行动。

河北：“曲寨水泥”CDM项目注册成功

2008年2月，由河北曲寨水泥有限公司与瑞典碳资产管理有限公司合作的“9 000千瓦余热回收发电项目”在联合国清洁发展机制项目执行理事会注册成功，2008年正式进入实施阶段。该项目是河北省水泥行业第一家纯低温余热发电项目。据统计，该公司目前平均月发电量已达487万千瓦时，预计年发电量将达5 850万千瓦时，每年可以减少二氧化碳排放52 878吨。

山西：引导落后产能提前“退市”

在部署2008年的经济工作时，山西省把节能减排作为全省的一大攻坚任务。在2007年大规模淘汰落后产能的基础上，该省注重多管齐下，引导未来三年的落后产能提前“退市”。其中水泥行业要求关停淘汰落后产能200万吨。山西省政府已经制定“淘汰落后产能补偿资金管理办法”，据此制定各行业淘汰落后产能补偿实施方案。各市也将拿出一定的资金用于淘汰落后产能的补偿，全面建立落后产能退出补偿机制。

山西：加快淘汰水泥落后产能步伐

山西省要求各地确定水泥和造纸两个行业2009年的淘汰落后产能名单。11月22日，据山西省经委介绍，两行业2009年淘汰落后产能要加快步伐，争取在2009年上半年年底前完成当年的淘汰任务。

全省水泥和造纸行业中，中小企业数量较多。这些企业生产技术落后，缺乏环保设施，带来的能耗和污染都比较严重。山西省将两行业确定为节能减排和淘汰落后产能的重点行业。2008年以来，全省水泥和造纸行业淘汰落后工作总体进展较快。目前，全省淘汰落后水泥产能已达到396万吨，淘汰落后造纸产能达到9.5万吨。不过，根据省经委近期调查情况，仍有部分列入2008年第一批和第二批淘汰落后名单的工艺设备没有按要求予以淘汰，个别市淘汰工作进度较慢。针对这一情况，省经委要求，各市要对本市列入淘汰名单的企业进行全面排查，逐户跟踪落实淘汰情况。对没有按要求拆除、废毁落后设备的企业，要采取严厉措施，确保按规定时间完成淘汰计划。同时，各市要按照国家和山西省关于水泥、造纸行业淘汰落后的政策，提前确定2009年的淘汰计划和企业、设备名单。而且，2009年淘汰落后产能要加快进度，争取在上半年年底前完成全年任务。

辽宁：省水泥协会完成换届选举

3月26日，辽宁省水泥工作会议暨辽宁省水泥协会第六届会员代表大会在沈阳召开。中国水泥协会秘书长孔祥忠到会介绍2007年中国水泥工业经济运行情况并对2008年水泥发展情况做出展望。辽宁省经委副巡视员唐忠敏出席会议，辽宁省经委建材处处长王世明到会并讲话。会议选举辽宁交通水泥有限公司总经理王友春同志任辽宁省水泥协会六届理事会会长，阜新大鹰水泥有限公司董事长边宏光等15位同志当选为副会长，鞍山三冶建材公司总经理赵春庆同学等57位同志当选为理事、常务理事。

辽宁：提前实现淘汰落后水泥产能目标

辽宁省积极贯彻落实国家淘汰落后产能的政策，采取强有力措施推进节能降耗减排目标的实现，提前超额完成国家下达的到2010年年末淘汰700万吨和全省淘汰903万吨落后水泥产能的指标任务。

辽宁省主管部门的主要领导高度重视加快水泥工业结构调整、淘汰落后产能的工作，责成有关单位牵头，相关行业处室具体负责。在2008年年初召开的全省工业经济会议上对全年工业结构调整、加大淘汰落后产能工作进行了安排和部署，将水泥行业确定为淘汰落后产能的重点，制定了工作实施方案，建立了工作目标责任制，并提出淘汰落后水泥产能要有新突破的要求。

一是坚持“上大压小”和“等量淘汰”。即要求各市在新型干法水泥项目核准时要相应淘汰落后产能。二是依据产业政策出台了《全省高耗能行业实行差别电价的通知》，按鼓励、限制和淘汰3类采取了不同的销售电价。三是省经委等4部门在《关于印发辽宁省鼓励的资源综合利用认定管理办法的通知》中，对生产规模小于20万吨的水泥企业和存在违规行为的建设项目不再享受税收减免的优惠。同时，对大型水泥企业和水泥集团的重点水泥项目给予财政贴息支持。

“辽宁省本溪市水泥工业发展专项规划”通过专家论证

11月26日，《本溪市水泥工业发展专项规划》正式通过专家论证，即将进入实施阶段。

为深入贯彻落实科学发展观，指导本溪市水泥工业在“十一五”末期至“十二五”期间，加快结构调整和产业升级，合理利用资源，保护生态环境，促进水泥工业可持续发展，依据国家《水泥工业发展产业政策》，结合本溪实际发展需要，本溪市政府有关部门编制了《本溪市水泥工业发展专项规划》。中国水泥协会、辽宁省经济委员会、辽宁省水泥协会、辽宁省建材设计院等科研院所的专家对本溪市编制的水泥工业发展专项规划进行了论证。专家们一致认为《本溪市水泥工业发展专项规划》能够从本溪市水泥工业发展的现状入手，从发展优势、指导思想、发展原则和目标、保障措施等几个方面进行了充分的论述。所提出的发展思路和发展目标基本可行，具有前瞻性，符合本溪未来经济发展的方向和目标，对提升本溪市水泥工业整体水平，加快结构调整和产业升级，促进水泥工业可持续发展具有十分重要的意义。

中国水泥协会秘书长孔祥忠、辽宁省经济委员会建材处副处长孟宪红、本溪市政府和本溪市经济委员会的有关领导参加了论证会。

安徽：对“小钢铁、小水泥”停止供电

为贯彻全国煤电油运保障工作电视电话会议精神，进一步落实钢铁、水泥行业淘汰落后产能的有关政策，安徽省经委下发通知，要求供电部门从2008年2月1日起对高耗能、高污染的小钢铁、小水泥企业停止供电。

根据通知要求，对2007年底前应淘汰的落后水泥产能，未在规定期限内淘汰的企业，供电部门应从2008年2月1日起全部停止供电；对2008年6月底前应淘汰的企业，要列入错峰限电第一序列进行调度。

安徽：对落后水泥痛下“撒手锏”

2008年5月，安徽省经济委员会印发了《关于“十一五”期间全省水泥工业淘汰落后生产能力推进结构调整的实施意见》的通知，要求全省各市经委认真贯彻实施。《意见》指出，“十五”期间，安徽省积极贯彻落实国家产业政策，加大淘汰落后产能力度，共取缔、关闭和淘汰小水泥生产企业278户，淘汰落后水泥生产能力1 125万吨，同时发展了一大批符合国家产业政策的新型干法水泥生产线。

《意见》中明确，安徽全省“十一五”期间淘汰落后水泥产能和结构调整的目标任务为：淘汰1 539万吨落后水泥产能。到2008年年底，各市、县要全部淘汰干法中空窑、湿法窑等落后工艺技术装备，进一步削减机立窑生产能力，加快关闭、淘汰城市市区内或靠近旅游景点、交通要道附近的机立窑生产企业，有条件的地方全部淘汰机立窑生产线。到2010年年底，依法全部关停并转规模小于年产20万吨的水泥企业。

湖北：力推水泥结构调整促进节能减排

到2008年年底关闭小水泥企业135家，淘汰落后产能1 560万吨，减少能源消耗172.9万吨标煤，减少粉尘排放23.43万吨。

2008年是完成“十一五”节能减排约束性目标的关键一年。为积极推动节能减排工作，湖北省建材行业将节能减排的工作重点锁定在了水泥结构调整上。到2008年年底，湖北省建材行业关闭小水泥企业135家，淘汰落后产能1 560万吨，减少能源消耗172.9万吨标煤，减少粉尘排放23.43万吨。

据湖北省发改委工业处李继伟介绍，“十一五”期间，湖北水泥工业虽然取得了较快发展，但仍然存在结构不合理、污染严重、能耗高、产业集中度低等突出问题。2006年，在187家规模以上水泥企业中，新型干法水泥企业只有10余家，其余均为立窑及其他落后工艺水泥企业，相当一部分机立窑企业工艺技术不完善、装备落后、环境污染严重、产品质量不稳定、能源消耗高，成为影响全省经济可持续发展和社会和谐的突出因素。

为了加快湖北水泥工业淘汰落后生产能力的步伐，实现节能减排和可持续发展的目标，根据湖北省委、省政府的统一部署，从2007年开始，全省开展了小水泥专项治理工

作。由于2008年上半年只落实了10家企业、落后水泥产能87.5万吨的淘汰任务，因此下半年的淘汰任务仍然十分艰巨。

2008年湖北省建材行业淘汰落后产能的任务十分艰巨，其中淘汰任务排在全省17个市州前三位的是宜昌市、鄂州市和黄石市，共计389.3万吨，占全省总淘汰量的58.9%。要完成2008年的淘汰任务，必须做好以下三方面的工作：一是要硬性关闭44家企业、661.9万吨落后水泥产能。二是部门联动，密切配合。小水泥专项治理工作政策性强，涉及面广，各地要组织工商、环保、质监、供电、公安、监察、安监、水利等部门联合执法，配合作战，推动此项工作的有序进行。三是无情治理，有情操作。按照无情治理，有情操作的要求，省属市、州、直管市已经把此项工作纳入了年度目标考核，实行"一票否决"。尤其是对那些经济困难的县市，主要领导更要深入企业做好稳定工作，结合省里的补助政策，当地财政要积极配合，保证关闭落后工艺水泥企业的工作顺利进行。

广东：加快推进淘汰落后水泥产能工作

广东省加快推进淘汰落后水泥产能工作，"十一五"以来，该省已累计淘汰落后产能2 470万吨，占"十一五"计划淘汰总量的65%。

2008年以来，为确保完成国家下达广东省2008年淘汰落后水泥生产能力的任务目标，广东省政府坚持"发展和淘汰"并重齐抓，大力推进全省淘汰落后水泥产能工作。"十一五"以来，广东省已累计淘汰落后产能2 470万吨，占"十一五"计划淘汰总量的65%，其中东莞、深圳、中山、珠海等市的落后水泥产能已全部淘汰，广州、佛山市计划在2008年年底前将落后水泥产能全部淘汰。

10月7日，广东省政府召开了全省淘汰落后水泥产能工作会议，省经贸委主任杨建初代表省政府与广州、佛山、韶关、河源、梅州、惠州、肇庆、清远、云浮9个地级以上市签订了淘汰落后水泥产能责任书。当前，广东省各地、各有关部门正在认真贯彻落实党中央、国务院及广东省委、省政府关于节能减排的决策部署和要求，制定相关措施，统筹协调、扎实推进落后水泥产能的淘汰工作。

主要措施如下：一是明确工作任务。各地要把淘汰工作完成情况作为领导干部政绩考核的一项重要内容，在2008年年底前淘汰各种规格的干法中空窑、湿法窑等落后工艺技术装备，进一步消减机立窑等落后生产能力，依法关停规模小于年产20万吨、环保或水泥质量不达标的企业。二是落实工作措施。严格执行差别电价政策，严格执行环保政策，严格新上项目核准程序，加强质量监督，强化税收监管和信贷管理，建立落后水泥生产能力退出激励机制。三是培育发展大型企业集团。扶持企业向规模化、集团化方向发展，通过强强联合、兼并重组、互相持股等方式进行战略重组，提高水泥生产集中度，争取在"十一五"内培育2~3个年产水泥超1 000万吨的大型水泥企业集团。

重庆：2008年重庆淘汰落后产能113.8万吨

《国和院关于印发节能减排综合性工作方案的通知》提出，"十一五"期间，中国将淘汰落后水泥产能2.5亿吨。2007年应予淘汰落后水泥生产线共有1 474条，涉及福建、陕西、河南等共27个省份。重庆市"江津地维"、合川特种水泥厂等10家企业的18条生产线被列入其中，到2007年年底，已经全部淘汰。2007年全市总共淘汰落后水泥产能231.6万吨。2008年重庆市计划淘汰落后水泥产能113.8万吨，涉及6家企业10条生产线。

四川：海螺集团与四川达州市政府签订合作意向书

2月24日，安徽海螺集团与四川省达州市政府签订了投资建设新型干法水泥项目合作意向书。海螺集团发展部部长杨培林、达州市副市长杨钢代表双方在协议上签字。

据了解，2月22日至24日，海螺集团考察组一行3人在达州市、县有关部门负责人陪同下，先后在万源、大竹、开江、达县4个县(市)有水泥资源的6个点进行了考察。海螺集团发展部部长杨培林表示，达州的投资环境、发展水泥产业的资源以及便利的交通条件，吸引了海螺集团进入达州拓展市场，加强合作，共谋发展。

云南：新型干法水泥比重将提高到80%以上

2008年5月，云南省经委正式印发了《云南省水泥工业“十一五”发展结构调整专项规划（2008年修订）》。规划确定，2010年云南新型干法水泥比重要提高到80%以上。为此，中国建材联合会副会长、中国水泥协会会长雷前治等，对云南省水泥工业发展现状进行了调研。

新修订的规划确定了云南省水泥工业发展目标，到2010年，全省水泥工业实现销售收入117亿~134亿元，工业增加值51亿~59亿元；水泥熟料生产能力6 200万~7 200万吨，水泥生产能力8 000万~9 300万吨，水泥产量4 800万~5 800万吨，新型干法水泥比重提高到80%以上，累计淘汰落后水泥熟料生产能力2 000万吨以上，水泥散装率达到40%以上。

青海：进一步加强水泥行业污染防治工作力度

青海省针对全省水泥行业老企业居多、技术装备落后、绝大部分水泥企业环保设施不完善、不同程度上存在粉尘超标排放的问题，要求各级政府和环保部门进一步加强水泥行业污染防治工作力度，认真落实国家产业政策和行业准入条件，加快淘汰水泥企业落后产能，在2008年底前，淘汰湿法窑及直径1.83米以下的水泥粉磨设备；2009年底前，淘汰直径3米以下的机立窑；2010年底前，淘汰所有机立窑。同时，改造和完善粉尘污染治理设施，要求2009年6月底前必须全面完成水泥企业粉尘污染治理，实现粉尘稳定达标排放。

新疆：公布首批水泥企业淘汰名单

2008年2月，新疆维吾尔自治区建材行办公布了全区11家淘汰落后产能水泥企业名单。

其中，6家拆除生产线企业为：兵团建工师红雁水泥厂、乌市燕儿窝水泥有限公司、昌吉天龙矿业股份有限公司、喀什红旗水泥有限责任公司、伊犁南岗建材有限责任公司卡山奇水泥厂（伊宁县水泥厂）、哈巴河阿山水泥有限公司；

5家关闭企业为：新疆天楼建材有限公司、木垒金磊水泥制造有限公司、阿克陶县昆仑建材厂、霍城县霍尔果斯股份公司、阿勒泰光明水泥厂。

第三篇

标准、专利、科技成果

水泥标准

水泥专利

科技成果

水泥标准

Cement standard

2008年

中华人民共和国国家发展和改革委员会公告

Bulletin of PRC National Development and Reform Commission

2008年　第9号

根据《标准化法实施条例》的规定，我委组织对已实施5年以上的行业标准进行了复审，决定废止 JB 10145－1999《压铸机 安全要求》等436项行业标准（具体标准编号、名称及废止理由见附件），其中机械行业标准253项、轻工行业标准37项、纺织行业标准18项、黑色冶金行业标准20项、有色金属行业标准1项、化工行业标准3项、建材行业标准30项、石化行业标准2项、石油天然气行业标准58项、电力行业标准1项、汽车行业标准13项，现予公布，自公布之日起生效。

^附件：废止436项机械、轻工、纺织、黑色冶金、有色金属、化工、建材、石化、石油、电力、汽车行业标准编号及名称（节选水泥部分）

中华人民共和国国家发展和改革委员会

二〇〇八年一月二十三日

	建材行业		
1	JC/T 215－1978(1996)	铝酸盐自应力水泥物理检验方法	已被 JC/T 453－2004 含盖。
2	JC/T 218－1995	自应力硅酸盐水泥	该品种水泥目前主要是水泥制品厂生产工艺中的中间产品，不适合作为行业标准，企业可根据需要制定企业标准。
3	JC/T 219－1979(1996)	硅酸盐自应力水泥（制管用）物理检验方法	该标准方法已经落后，不再适用于自应力水泥的物理检验。
4	JC/T 416－1991(1996)	快硬高强铝酸盐水泥	该品种水泥已没有生产厂家，被市场淘汰。
5	JC/T 419－1991(1996)	型砂水泥	该品种水泥已没有生产厂家，被市场淘汰。
6	JC/T 436－1991(1996)	膨胀铁铝酸盐水泥	该品种水泥已没有生产厂家，被市场淘汰。
7	JC 715－1996	自应力硫铝酸盐水泥	已被 GB 20472－2006 含盖。
8	JC/T 739－1987(1996)	膨胀硫铝酸盐水泥	已被 GB 20472－2006 含盖。
9	JC/T 741－1988(1996)	无收缩快硬硅酸盐水泥	该品种水泥已没有生产厂家，被市场淘汰。
10	JC/T 819－1987(1996)	水泥工业用 CXBC 系列袋除尘器	此种产品已被市场淘汰，不再生产。

水泥专利

Cement patent

2008年水泥专利

Cement patent in 2008

200810007184 大型水泥窑烟气治理工艺及其装置
200810010641 高性能矿物添加剂
200810015890 一种液体无氯型水泥助磨剂及制备方法
200810015891 一种固体无氯型水泥助磨剂
200810017238 水泥熟料煅烧用节煤脱硫增效添加剂
200810017719 一种水泥厂粉磨过程优化控制方法
200810018099 用脱硫石膏替代天然石膏生产水泥缓凝剂的方法
200810018379 一种用高钙粉煤灰制备高钙粉煤灰水泥的方法
200810018546 高效低漏料低磨损充气梁篦冷机
200810018547 节能型篦冷机篦板
200810020667 高速公路用环保型缓凝水泥
200810022115 提高新型干法水泥生产效率和质量的煤粉制备方法
200810023786 风量调节阀
200810023922 一种固化重金属的方法及其专用土壤聚合物复合水泥
200810025258 水泥高温熟料冷却机
200810030651 在水泥生产中的脱硫石膏制浆配料法
200810030708 立窑利用干法乙炔电石渣两级配料生产水泥熟料的新工艺
200810031667 水泥的生产方法及其工艺
200810031985 一种防辐射水泥、硫酸的生产方法
200810031986 一种高镁中热硅酸盐水泥及其生产方法
200810033235 一种硅酸盐抗渗水泥
200810034799 带生活垃圾焚烧炉的水泥窑外分解窑
200810036926 一种利用垃圾焚烧飞灰烧制的低碱硫铝酸盐水泥及其制备方法
200810041134 一种预处理垃圾焚烧飞灰成为水泥原料的工艺方法
200810042005 一种梳型聚合物消泡剂
200810042342 一种垃圾焚烧飞灰无害化处理的方法与装置
200810042641 高纯度水泥及其制备方法和应用
200810045345 一种在机立窑上煅烧的水泥熟料及其制备方法
200810046130 用磷石膏废液生产水泥缓凝剂的工艺及装置
200810046201 一种改性磷石膏水泥缓凝剂及其制备方法
200810046565 一种水泥干法回转窑的点火升温方法
200810046581 物理泡沫固井水泥
200810047905 水泥立窑环保节煤剂
200810049118 一种高效复合水泥球磨助剂
200810049561 一种复合水泥
200810049851 氟石膏制备硫酸联产水泥的生产方法
200810058525 一种用石膏生产硫酸和水泥熟料的方法
200810059507 一种水泥回转窑筒体散热回收利用装置
200810066683 新型水泥立窑联合机组及其应用方法
200810068709 双电机驱动立轴式冲击破碎机的功率平衡调节方法及装置
200810069676 水泥熟料及其制备方法
200810070292 利用电解锰渣生产类硫铝酸盐水泥及其制备方法
200810071416 一种导电水泥及其制备方法
200810072854 干排电石渣100%替代天然石灰质原料生产水泥熟料工艺方法
200810079339 一种聚羧酸盐水泥分散剂及其制备方法
200810082836 粉体状水泥分散剂
200810089498 一种高化白水泥
200810089499 一种抗裂白水泥
200810101971 聚羧酸系高性能减水剂、其组合物及制备方法
200810102368 酞菁彩色水泥中间体的制造方法及酞菁彩色水泥中间体
200810102985 一种水泥添加剂的制备方法
200810102986 一种水泥添加剂
200810102987 一种水泥添加剂的应用方法

200810117753　一种高性能膨胀性水泥熟料及其制备得到的系列膨胀剂
200810119302　磁铁石英岩型铁尾矿制备高性能混凝土专用水泥的方法
200810122504　水泥立磨机的磨辊轴承润滑系统
200810122610　一种液体水泥助磨剂及其制备方法
200810122812　连续制备高效水泥外加剂的方法
200810123058　内筛分辊式立磨
200810123059　一种工业窑炉用的烧嘴砖
200810124206　连续制备高效水泥助磨剂的方法
200810124319　水泥窑机械操作臂装置
200810124326　一种液体水泥助磨剂
200810124512　污水泥渣式水泥及其制备方法
200810134410　一种高性能海工水泥及其制造方法
200810136801　一种水泥转窑协同生活垃圾焚烧烟气净化处理方法
200810136904　复合水泥用助磨改性剂
200810138684　低温低水化热固井水泥体系
200810139085　碳化养护废弃物制成的再生骨料
200810140427　一种氟石膏制备硫酸联产水泥的生产工艺
200810146978　水泥窑用镁铝尖晶石抗结皮浇注料
200810147404　一种新型低碳复合水泥
200810154976　链式流量自动调节器
200810154978　水泥熟料冷却机的熟料输送装置
200810154979　水泥熟料冷却机的熟料输送机构
200810155879　一种液体水泥助磨剂及其制备方法
200810157063　一种采用造纸废渣白泥生产水泥熟料的方法
200810159285　水泥回转窑烧成工况综合识别方法
200810162345　一种生产水泥熟料的方法
200810162346　煤矸石和金属尾矿代粘土配料生产水泥熟料的方法
200810166908　一种硅酸盐水泥
200810166909　一种利用镁渣制造水泥的方法
200810166910　一种利用镁渣制造白水泥的方法
200810166911　一种白硅酸盐水泥
200810168176　回转窑炉用双端面接触双方向补偿式高温密封
200810169822　一种水泥助磨增强剂
200810181184　水泥窑外分解窑窑头收尘零排放系统
200810182541　宽粒径分布的高效选粉机
200810183088　竖窑
200810196306　一种水泥窑窑尾余热锅炉受热面悬挂结构及其振打装置和振打方法
200810196307　一种水泥窑余热发电系统沉降室预除尘装置及其预除尘方法
200810197319　矿渣硫酸盐水泥及其制备方法
200810197940　镍铬铁合金渣超硫酸盐水泥及其制备方法
200810197941　钢渣超硫酸盐水泥及其制备方法
200810199156　利用生活垃圾焚烧炉渣生产硅酸盐水泥熟料的方法
200810199157　利用生活垃圾焚烧飞灰生产硅酸盐水泥熟料的方法
200810208173　利用湿粉脱硫石膏作为缓凝剂制备水泥的方法
200810222706　一种长寿命、节能的离心式引风机叶轮表面耐磨处理方法
200810223028　一种三次风余热锅炉烟灰的输送装置及方法
200810225907　一种复合助磨剂及其制备方法以及其应用
200810226689　一种油井水泥降失水剂
200810227131　利用工业废渣制备用于水泥或混凝土的硫铝酸钙类膨胀剂
200810230411　一种粉煤灰水泥的制备方法
200810233359　一种赤泥制造快硬型铁铝酸盐水泥加工方法
200810233558　干法水泥余热利用中窑头余热锅炉取风工艺的控制方法及其装置
200810233560　一种提高水泥窑熟料煅烧温度的富氧燃烧工艺方法及其装置
200810234100　一种建筑用硬石膏水泥及其生产方法
200810238000　一种醇酯型水泥助磨剂及其制备方法
200810243401　水泥窑窑口、喷煤管专用浇注料及其制备方法
200820010533　一种水泥工业用推动篦式冷却机上的强制导向装置
200820016365　全陶瓷预热器内筒
200820016833　一种水泥回转窑辐射热热交换机组
200820019712　水泥回转窑三次风闸板
200820019713　耐磨陶瓷三次风闸板
200820032298　高效低漏料低磨损充气梁篦冷机
200820032299　节能型篦冷机篦板
200820032643　一种回转窑
200820032644　回转窑
200820032647　一种生产水泥用回转窑
200820032648　生产水泥用回转窑
200820033019　水泥窑纯中低温余热发电系统窑头锅炉
200820033251　液压辊式细碎机
200820034519　内选粉筛分复合式水泥磨
200820034738　风量调节阀
200820034898　高细水泥生产装置
200820035778　水泥高温熟料冷却机

200820036350	一种水泥熟料辊式破碎机
200820037152	水泥立磨机的磨辊轴承润滑装置
200820039737	水泥窑机械操作臂装置
200820052675	熟料余热热水成球的热水系统
200820052678	无动力水泥生料双向循环均化库
200820054919	一种利用水泥回转窑筒体余热的热水器
200820065589	用于传输带材的新型炉辊
200820069035	CO2 工质水泥厂余热发电装置
200820069936	一种选粉双筛球磨机
200820075076	水泥熟料冷却机篦板
200820078158	三角推动块式高温散状物料的输送和冷却装置
200820081553	静态还原法分解磷石膏制硫酸、发电联产水泥的设备
200820081786	煤种普适性水泥煅烧装置
200820082799	一种水泥回转窑筒体散热回收利用装置
200820087859	篦冷机的篦床密封结构
200820093558	一种新型水泥立窑
200820096339	带有功率平衡系统的立轴式冲击破碎机
200820099702	水泥干法生产线中预热器的高温耐磨内筒
200820108921	一种双凹球面研磨体
200820122470	一种用于三次风余热锅炉的除尘器
200820122685	一种用于三次风余热锅炉烟灰的输送装置
200820132743	一种新型多功能焙烧反应装置
200820133327	一种水泥熟料煅烧系统
200820136251	一种利用炼镁废渣生产水泥的设备
200820136252	一种利用炼镁废渣生产水泥的设备
200820148019	一种水泥窑用的旋风预热器内筒
200820161823	一种用于水泥烧成的燃料分级燃烧装置
200820164550	一种篦冷机
200820164551	算冷机水泥熟料冷却模块
200820167714	配置蒸汽过热器的水泥窑窑头冷却机废气余热发电系统
200820167715	用于余热发电的水泥窑窑头冷却机多级取废气系统
200820172251	一种用石膏生产硫酸与水泥的装置
200820176062	窑炉余热利用装置
200820178518	一种利用炼镁废渣制造硫磺水泥的设备
200820180972	一种镁渣水泥制造设备
200820184999	水泥窑余热发电系统沉降室预除尘装置
200820185242	一种多进风脱氮型分解炉
200820185243	一种带预燃室式多进风脱氮型分解炉
200820189447	一种立窑烧制水泥所采用的生料
200820190042	高可靠性立式磨
200820190049	一种钢渣水泥基料的制备装置
200820191097	卧式水泥湿磨机
200820199061	一种采用生物固体作为燃料的镁渣水泥制造设备
200820199613	＝交叉弧面开式静压轴承无尘节能水泥球磨机
200820221224	水泥回转窑窑尾余热利用系统
200820221225	用于干法水泥生产的生料均化库底充气系统
200820224417	一种高效节能环保石灰窑炉

科技成果

Scientific and technical payoffs

2008 年

Year 2008

2008 度建筑材料科学技术奖获奖项目(水泥部分)

Award winning items of building material technical prize in 2008 (cement division)

科技进步类

序号	项目名称	授奖等级	主要完成单位及证书编号	主要完成人及证书编号
10	高掺电石渣煅烧水泥熟料新型干法工艺的研究	二	合肥水泥研究设计院(2008 - J - 2 - 01 - D01)	唐根华(2008 - J - 2 - 01 - R01)、丁奇生(2008 - J - 2 - 01 - R02)、卫　耕(2008 - J - 2 - 01 - R03)、包先法(2008 - J - 2 - 01 - R04)、马　林(2008 - J - 2 - 01 - R05)、田之文(2008 - J - 2 - 01 - R06)、纵振海(2008 - J - 2 - 01 - R07)、肖其中(2008 - J - 2 - 01 - R08)、崔冬梅(2008 - J - 2 - 01 - R09)、周宏建(2008 - J - 2 - 01 - R10)
11	水泥分解炉计算机辅助实验平台的开发及应用	二	天津水泥工业设计研究院有限公司(2008 - J - 2 - 02 - D01)华中科技大学(2008 - J - 2 - 02 - D02)	胡芝娟(2008 - J - 2 - 02 - R01)、余锦辉(2008 - J - 2 - 02 - R02)、陆继东(2008 - J - 2 - 02 - R03)、黄　来(2008 - J - 2 - 02 - R04)、刘瑞芝(2008 - J - 2 - 02 - R05)、王世杰(2008 - J - 2 - 02 - R06)、陶从喜(2008 - J - 2 - 02 - R07)、彭学平(2008 - J - 2 - 02 - R08)、吴军琪(2008 - J - 2 - 02 - R09)、朱金波(2008 - J - 2 - 02 - R10)
14	NC 型两支承短窑	二	中国中材国际工程股份有限公司南京水泥设计院(2008 - J - 2 - 05 - D01)	包道金(2008 - J - 2 - 05 - R01)、赵美江(2008 - J - 2 - 05 - R02)、陆银坤(2008 - J - 2 - 05 - R03)、夏敬贤(2008 - J - 2 - 05 - R04)、郑宁峰(2008 - J - 2 - 05 - R05)、潘　沛(2008 - J - 2 - 05 - R06)、潘　涧(2008 - J - 2 - 05 - R07)、潘　斌(2008 - J - 2 - 05 - R08)

续表

序号	项目名称	授奖等级	主要完成单位及证书编号	主要完成人及证书编号
15	JLP400 大型立式磨机减速机	二	重庆齿轮箱有限责任公司(2008-J-2-06-D01)	颜克君(2008-J-2-06-R01)、赵俊渝(2008-J-2-06-R02)、杨才兴(2008-J-2-06-R03)、杨有生(2008-J-2-06-R04)、刘　阳(2008-J-2-06-R05)、陈金虎(2008-J-2-06-R06)、胡昭南(2008-J-2-06-R07)
16	大型低耗气力输送设备研究开发	二	合肥水泥研究设计院(2008-J-2-07-D01)	唐来永(2008-J-2-07-R01)、许晓东(2008-J-2-07-R02)、陶　鸿(2008-J-2-07-R03)、李淑慧(2008-J-2-07-R04)、刘栓金(2008-J-2-07-R05)、鲁幼勤(2008-J-2-07-R06)、毛晓俊(2008-J-2-07-R07)、周宏建(2008-J-2-07-R08)、许　涛(2008-J-2-07-R09)、陈晓红(2008-J-2-07-R10)
28	KDMC 矿渣粉磨大型低阻袋除尘器	三	合肥水泥研究设计院(2008-J-3-03-D01)	胡建鹏(2008-J-3-03-R01)、侯大刚(2008-J-3-03-R02)、毛志伟(2008-J-3-03-R03)、梁显文(2008-J-3-03-R04)、邹海峰(2008-J-3-03-R05)
31	煤粉悬浮燃烧试验装置的开发与应用	三	天津水泥工业设计研究院有限公司(2008-J-3-06-D01)	倪祥平(2008-J-3-06-R01)、狄东仁(2008-J-3-06-R02)、胡芝娟(2008-J-3-06-R03)、余锦辉(2008-J-3-06-R04)、刘瑞芝(2008-J-3-06-R05)

注:根据《中国建筑材料联合会、中国硅酸盐学会建筑材料科学技术奖管理办法》的规定,2008 年 12 月 10 日经评审委员会评审通过了 2008 年度"中国建筑材料联合会、中国硅酸盐学会建筑材料科学技术奖"建议授奖项目,其中基础研究类三等奖 1 项;技术发明类一等奖 1 项;科技进步类一等奖 9 项、二等奖 16 项、三等奖 8 项。

2008 年度"金隅杯"全国建材行业技术革新奖获奖项目(水泥部分)

Award winning items of "Jinyu Cup" national building material industry technical innovation prize in 2008 (cement division)

A 类:技术改造类

序号	项目名称	主要完成单位	主要完成人
一等奖			
1	利用水泥窑焚烧处置工业废液系统	北京金隅红树林环保技术有限责任公司	蔡金山、李建杰、贾春利、马　忠、韩海东

续表

序号	项目名称	主要完成单位	主要完成人
		二等奖	
3	HXDT 型系列高效斗式提升机	华新水泥股份有限公司	李叶青、李永忠、陶守宝、胡贞武、汤良安
		三等奖	
1	高落差皮带机控制装置	洛阳黄河同力水泥有限责任公司	乔铜柱、王占京、刘　林
2	电机节能改造及系统优化项目工程	天瑞集团水泥有限公司	赵睿敏、刘海峰、侯彦芳

B 类:技术开发类

序号	项目名称	主要完成单位	主要完成人
		一等奖	
1	10 000t/dCDC 水泥熟料煅烧预热预分解系统	成都建筑材料工业设计研究院有限公司	陈　涛、艾晗松、王向明、栗晨香、蔡顺华、金志胜、程雪云
2	水泥窑低温废气余热发电系统	中材节能发展有限公司	张　富、董兰起、魏连友、葛立武、李　勇、祝　强、罗志兰
3	新型干法水泥生产线余热发电关键技术的开发	北京市琉璃河水泥有限公司	赵向东、赵虎奎、关生林、王贵生、李　强、周治平、刘继涛
		二等奖	
1	核电站 42.5 级硅酸盐水泥开发与应用	大连水泥集团有限公司	程子敏、刘吉廷、刘圣忠、王丽娜、王桂香
2	10 000t/d 水泥熟料煅烧回转窑	成都建筑材料工业设计研究院有限公司	陈　涛、艾晗松、王向明、何明生、张茂花
12	油井水泥在新型干法生产线的生产	陕西秦岭水泥(集团)股份有限公司	和立新、赵军盈、韩长安、杨向锋、张永谋
16	低钙高游离硅($f-SiO_2$)灰岩用作水泥原料的技术开发	中材天山(云浮)水泥有限公司	武新贤、王军梅、沈　欣、姚旭明、朱太新
29	基于数字图像处理技术的水泥回转窑烧成带温度场测量及可视化应用研究	山东东华水泥有限公司	王少林、韩曙光、董凤波、王进虚、陈佩茹
		三等奖	
6	5 000t/d 水泥熟料生产线纯低温余热发电技术(6MW)的应用研究	山东东华水泥有限公司 天津水泥工业设计研究院	韩曙光、王　勇、明文湖
9	水泥设备管理系统	山东山水水泥集团有限公司	白代生、赵庆东、刘守忠

注:12 月 21 日,中国建筑材料联合会、中国机冶建材工会全国委员会联合举办的 2008“金隅杯”全国建材行业技术革新奖表彰大会在人民大会堂河南厅召开。会上宣读了 2008 年度“金隅杯”全国建材行业技术革新奖获奖名单。技术革新奖是按照全国《建材行业技术革新奖管理办法》的有关规定,经项目完成单位申报,各省、自治区、直辖市建材主管部门和建材工会、全国建材行业各个专业协会、国务院国资委直属大型企业集团等单位推荐,评审委员会评审,并在“中国建材报”、中国建筑材料联合会和中国机冶建材工会全国委员会网站等媒体上公示及异议处理,经全国建材行业技术革新奖奖励委员会批准后颁发的。其中技术改造类:一等奖 3 项、二等奖 6 项、三等奖 8 项;技术开发类:一等奖 17 项、二等奖 32 项、三等奖 20 项;技艺工法类:二等奖 10 项、三等奖 11 项(节选水泥部分)。

建材行业第七次优秀工程咨询成果奖项目、单位和主要人员获奖名单表★(水泥部分)

Award winning list of the seventh excellent project consultation achievement prize items, units and main staff in building material industry (cement division)

(一等奖 9 项)

申报单位	项目名称	主要人员名单
天津水泥工业设计研究院有限公司	阿尔博安庆白水泥有限公司 40 万 t/a 熟料白水泥生产线建设工程项目申请报告	于兴敏、何小龙、高　文、赵　李、白　波、刘保良、赵国强、张　平
天津水泥工业设计研究院有限公司	汉中尧柏水泥有限公司 4 000t/d 熟料水泥生产线建设工程项目申请报告	王芳协、陈增福、宋立平、杨恒波、张连众、何卫红、刘永刚、王晨光
合肥水泥研究设计院	淮北矿业集团有限责任公司 3×4 500t/d 水泥熟料生产线可行性研究报告	徐　宁、姚　强、刘永丽、张华伟、吴和香、陆树标、朱淮生、吴剑华
河南建筑材料研究设计院有限责任公司	辉县市路桥水泥有限公司 4 500t/d 熟料带纯低温余热发电水泥生产线项目申请报告	许文杰、付振洲、朱向红、刘宏伟、巫　山、王　琦、侯　羽、马　玲
中国中材国际工程股份有限公司	荥阳天瑞水泥有限公司 10 000t/d 熟料水泥生产线(带余热发电)项目申请报告	夏　晖、熊建华、潘　洞、蔡爱龙、张　峰、吕满根、杜　黎、潘立群
中国中材国际工程股份有限公司	台泥(英德)水泥有限公司 2×6 000t/d 带余热发电熟料水泥生产线(二期工程)可行性研究报告	李冬梅、吕文平、宋顺利、程立明、贺　烽、闫振龙、张祥龙、高红缤
新疆建材设计研究院	内蒙古亿利冀东水泥有限责任公司综合利用工业废渣 2 500t/d 熟料新型干法水泥生产线可行性研究报告	侯向群、李洪洲、俞晓英、吴新辉、史　涛、胡　凯、方美荣、顾　明
成都建筑材料工业设计研究院有限公司	四川华蓥山广能集团蓥峰水泥公司 4 000t/d 熟料新型干法水泥生产线资源综合利用与环境保护技改工程项目申请报告	骆　渝、廖泽君、任　刚、曹　华、张克帅、贾如平、睢鞠蓉、张　勤
安徽海螺建材设计研究院	唐山冀东水泥公司马头山、马蹄山 25MW 水泥余热利用工程项目申请报告	张长乐、夏贤清、周金波、司家年、梅世江、戎　斌、李大明、陈　园

(二等奖 14 项)

申报单位	项目名称	主要人员名单
天津水泥工业设计研究院有限公司	阿荣旗蒙西水泥有限公司 4 800t/d 熟料生产线二期工程项目申请报告	徐培涛、宋立平、何卫红、刘孔军、白　波、陈冬珍、郭丽荣、谢宪忠
天津水泥工业设计研究院有限公司	互助金圆水泥有限公司 3 200t/d 熟料生产线(含 6MW 纯低温余热电站)项目申请报告	徐培涛、高　文、王万生、孙延泽、白　波、丁云才、杨路林、洪　卓
天津水泥工业设计研究院有限公司	亚泰集团哈尔滨水泥有限公司资源综合利用技术改造(4 000t/d 二期)项目申请报告	王芳协、刘运水、王建平、谢宪中、白　波、付金凤、刘　辉、洪　卓
合肥水泥研究设计院	贵州顶效瑞安水泥有限公司 2 500t/d 熟料水泥生产线可行性研究报告	姚　强、张钊锋、刘召春、徐萍丽、丁奇生、赵玉明、王江涛、周　磊
合肥水泥研究设计院	宿迁中国联合水泥有限公司年产 100 万吨水泥粉磨生产线项目申请报告	吴恒金、成　建、沈晋国、刘越洲、武青山、范利平、王伯河、孙嘉茹
河南建筑材料研究设计院有限责任公司	昊华宇航化工有限责任公司电石渣综合利用项目环境影响报告书	查少翔、王才梅、张伟伟、程　浩、鲁然英、刘　冬、严昭君、娄广辉
中国中材国际工程股份有限公司	安徽盘景水泥有限公司 2×4 500t/d 熟料水泥生产线(带纯低温余热发电)项目申请报告	张三红、熊建华、单学军、蔡爱龙、张红松、邓　勇、陶　琍、贾源森

申报单位	项目名称	主要人员名单
中国中材国际工程股份有限公司	华新水泥股份有限公司株洲 4 500t/d 熟料新型干法水泥生产线(带余热发电)项目申请报告	倪建忠、熊建华、程立明、侯清发、耿　丽、陈　燕、陶　琍、李　俊
中国中材国际工程股份有限公司	安徽珍珠集团凤阳中都珍珠水泥有限公司 2×4 500t/d 熟料水泥生产线(带纯低温余热发电)可行性研究报告	应　悦、熊建华、林钟云、宋顺利、潘立群、陆红梅、池圣汉、祁彦立
成都建筑材料工业设计研究院有限公司	河北省武安市新峰水泥有限责任公司日产 4 800 吨新型干法熟料水泥生产线项目申请报告	毛胜荣、孙仁广、李　洪、唐　敏、唐　伟、吕　欢、黄　平、朱秀丽
安徽海螺建材设计研究院	唐山冀东水泥公司丰润区 12 MW 水泥余热利用工程项目申请报告	张长乐、夏贤清、周金波、司家年、梅世江、戎　斌、葛志勇、杨劲松
安徽海螺建材设计研究院	唐山冀东水泥公司古冶区 8 MW 水泥余热利用工程项目申请报告	张长乐、夏贤清、周金波、司家年、梅世江、戎　斌、葛志勇、杨劲松
北京凯盛建研建材工程设计有限责任公司	乌兹别克斯坦别卡巴德水泥厂 2 500t/d 水泥熟料生产线可行性研究报告	迟法春、王　琪、赵九如、齐溪浙、巢江咏、叶海东、周晓明、李彦云
北京凯盛建研建材工程设计有限责任公司	吉尔吉斯 Kyrgyz Joint - Stock Company Yuzno - Kyrgyzskiy Cement Plant2500t/d 水泥生产线可行性研究报告	迟法春、王　琪、赵玲彩、聂　臻、齐溪浙、巢江咏、武　力、杨临风

★中国建材工程建设协会评审委员会根据《建材行业优秀工程咨询成果奖评选办法》的规定对各单位申报的 53 个项目进行公平、公正、严谨、认真的评审，评审结果 2008 年 9 月 8 日以中材建协发〔2008〕26 号进行公示。

2008 年中国建材工程建设优秀工程勘察奖获奖单位和个人名单表★(水泥部分)

Award winning unit and individual list of Chinese building material project and construction excellent project survey prize in 2008 (cement division)

一等奖:(1 项)

单位名称	获奖项目名称	参加人员名单
建材广州地质工程勘察院	云浮天山水泥有限公司 5 000t/d 水泥熟料生产线项目详细勘察	龙燕明、吴超源、王伟东、成华雄、刘志鹏

二等奖:(4 项)

单位名称	获奖项目名称	参加人员名单
武汉建材地质工程勘察院	华新水泥股份有限公司赤壁 4 000t/d 熟料水泥生产线新址岩土工程勘察报告	何传聪、王友军、李永秋、严少堂、黄如生
武汉建材地质工程勘察院	华新水泥股份有限公司襄樊 4 000t/d 生产线技改工程岩土工程勘察报告	何传聪、李永秋、王友军、张畅辉、汪作辉
中材上饶地质工程勘察院	江西玉山万年青水泥有限责任公司纯低温余热发电工程	葛　宏、李国栋、叶忠东、王　浩
西安建材地质工程勘察院	陕西尧柏特种水泥股份有限公司 2*2 500t/d 蓝田厂址 2 号生产线岩土工程地质勘察	吴景龙、范百鸣、张学岭、郑　帅

三等奖:(1 项)

序号	单位名称	获奖项目名称	参加人员名单
9	中国建材地勘中心山东总队	山东安厦水泥集团 5 000T/D 旋窑熟料生产线技改工程岩土工程勘察报告	韩发森、雷家彦、杨根龙、孙曰昌、刘海泉

★2008 年度中国建材工程建设优秀工程勘察奖于评选工作 2008 年 8 月 7 日全部结束。中国建材工程建设协会评审委员会根据《中国建材工程建设优秀工程勘察奖评选办法》，对所申报的项目由评审专家组进行了公平、公正、严谨、认真的审查，评选结果已于 2008 年 7 月 23 日以中材建协发〔2008〕20 号文进行了公示。

建材行业第十四次优秀工程设计奖获奖项目和单位名单表★(水泥部分)

The list of award winning item and unit of the fourteenth excellent project design prize in building material industry (cement division)

(排名不分前后)

一等奖(13 项)

项目名称	设计单位	参加人员名单
青州中联鲁宏水泥有限公司6 000t/d熟料生产线工程	南京凯盛水泥技术工程有限公司	李东风 朱晓彬 杨振军 杜纪俊 王 安 邱贤枣 王 东 孙小萌 高 辉 冯 琴 吴军夫 丁 杰 毛丽娟 吴行秋 杜宇丹 曾 剑 周 玲 吴志根
Akcansa Cement Company CNK – Line2 Project(土耳其6 000t/d)熟料水泥生产线工程	南京凯盛水泥技术工程有限公司	冯建华 朱晓彬 李安平 徐玉成 王 安 黄义大 蔡震宇 王爱莲 吴军夫 丁 杰 李惠忠 张 焱 吴行秋 曾 剑 徐 靖 张 军 吴荫尹 龙应平
淮海中联水泥有限公司5 000t/d熟料生产线余热发电工程	南京凯盛水泥技术工程有限公司	宋纪元 侯宾才 方 明 陈树建 杨宏宜 杭松华 李 帧 孙振军 刘木堂 高 辉 刘晓娜 林宣伟 屠正瑞 王 静 王 勇 周东海 汤依顺 张友斌
沙特阿拉伯南方省水泥公司(SPCC) 5 000t/d熟料水泥生产线工程	中国中材国际工程股份有限公司	武守富 邢 涛 赵小亮 潘 闯 易建荣 张三红 张 健 徐天生 李宏林 刘利忠 徐旻昊 殷东良 黄 玫 卢仁红 田加杰 王 庆 郭伟峰 丁难燕
沙特利雅得水泥公司(RCC)5 000t/d熟料水泥生产线工程	中国中材国际工程股份有限公司	武守富 夏之云 尚 粮 季尚行 侯清发 董维标 潘 洞 池圣汉 丁晓龙 张 峰 汪光宁 陆红梅 陶 琍 潘 沛 方 荣 李 黎 舒 曼 蒋海涛
鞍山冀东水泥有限责任公司利用“三废”生产熟料工程	中国中材国际工程股份有限公司	倪建忠 潘 洞 孙德群 贺 烽 李建军 杨国华 秦淑秀 王桂凤 曹烈英 付立宁 殷东良 沈公望 熊建华 易建荣 周 蕾 宋 伟
沈煤集团辽宁公路水泥厂5 000t/d新型干法水泥生产线技改工程	成都建筑材料工业设计研究院有限公司	吴 宏 苑春雨 黄向东 曹 华 付家伟 贺顺荣 刘国玖 陈建军 王树英 冯惠兰 刘其云 戴力立 黄 敏 向继东 赵建涛
安徽铜陵海螺水泥公司30 500KW水泥纯低温余热发电工程	安徽海螺建材设计研究院	郭文叁 余 彪 张长乐 夏贤清 何承发 屈 军 鲍文华 李家发 徐 刚 李大明 余 生 田素勤 梅世江 江 斌 刘明同 李晓娟 盛赵宝 李群峰
摩洛哥 Settat4 000t/d 水泥生产线工程	河南建筑材料研究设计院有限责任公司	陆庆珩 许文杰 卢文运 高国防 郭腾云 季 娟 王志杰 万 朋 曹德生 刘宏伟 巫 山 程晓东 张 超 储 峰 孙伟通 李忠文 李士超 穆义文
华润水泥(南宁)有限公司(4 000t/d)熟料水泥技改工程	天津水泥工业设计研究院有限公司	宋立平 赵国东 陈增福 李 江 张 进 肖秋菊 吴振华 王光荣 黄东方 程姝丹 杨爱香 崔兆君 张万昌 周杰华 郭丽荣 于浚哲 李若梅 钱秋兰
山东丛林集团有限公司(4 000t/d)熟料水泥生产线及纯低温余热发电工程	天津水泥工业设计研究院有限公司	王芳协 宋立平 陈 刚 陈增福 袁玉兰 程姝丹 何卫红 刘永刚 张 进 王 薇 张云霞 张志忠 崔兆君 陶翠林 时玉珍 肖秋菊 廖华涛 姚丕强
沙特 Najran 水泥公司 6 000t/d 熟料水泥生产线工程	合肥水泥研究设计院	徐 宁 姚 强 朱大来 姚 瑶 王仕群 许京法 胡知群 朱文兵 单钜程 徐泽泉 张华伟 朱 兵 刘万常 杨清峰 蔡华锋 陈 刚 张 华 吴德雨

项目名称	设计单位	参加人员名单
中国联合水泥集团有限公司南阳分公司6 000t/d熟料水泥生产线工程	合肥水泥研究设计院	周云峰 朱大来 张平洪 朱 兵 胡知群 蔡赣婴 谢定芬 徐泽泉 张华伟 刘 蕙 许京法 吴恒金 杨清峰 王仕群 褚海霞 张 华 汤铁松 蔡华锋

二等奖(20项)

项目名称	设计单位	参加人员名单
江苏金峰集团5 000t/d熟料生产线技改工程	南京凯盛水泥技术工程有限公司	朱光喜 李安平 邱贤枣 吴军夫 张 焱 李惠忠 于 红 倪 健 徐 文 刘 津 何洪普 顾积峰 孙小萌 张辉江 卜 阳 胡小庆 马小峰 李春辉
德阳利森水泥有限公司3 200t/d水泥生产线技改工程	南京凯盛水泥技术工程有限公司	冯建华 李东风 吴秀生 王国成 黄义大 顾积峰 王 安 吴军夫 林宣伟 钟海波 刘 津 张 焱 屠正瑞 吴荫尹 倪 健 李 波 勒武士 郑爱中
广州珠江水泥有限公司5 000t/d熟料生产线余热发电工程	南京凯盛水泥技术工程有限公司	宋纪元 侯宾才 方 明 陈树建 杨宏宜 杭松华 李 帧 孙振军 刘木堂 高 辉 刘晓娜 林宣伟 王 静 屠正瑞 王 勇 周东海 汤依顺 张友斌
枣庄市沃丰水泥有限公司5 000t/d水泥熟料生产线工程	中国中材国际工程股份有限公司	周贤光 陈 燕 刘 华 贺 烽 边田中 沈 蕾 陈怀亚 蔡爱龙 张世才 唐 剑 晏 宁 邓 勇 周 蓉 温广进 吕文平 朱忠民 唐风清 王大海
河南省大地水泥有限公司5 000t/d熟料新型干法水泥生产线工程	中国中材国际工程股份有限公司	于 洋 蔡爱龙 徐国军 沈 蕾 吴昌义 杨肖峰 马永跃 倪晓奋 周 惠 潘立群 朱忠民 卢仁红 刘 华 罗潘东 吴伟伟 王 伟 邓 勇 张 河
广东塔牌集团有限公司惠州龙门分公司2＊4 500t/d熟料水泥生产线工程	中国中材国际工程股份有限公司	李连君 陈大伟 徐旻昊 孙德群 姚 云 吴玉辉 舒 曼 付立宁 陆 平 倪群芳 殷东良 马永跃 胡观利 姬洪宇 邱伟军 刘延东 李锦标
内蒙古天皓水泥有限公司日产2 500吨新型干法水泥熟料生产线改扩建工程	内蒙古建材科研设计院	王景平 李树军 闫俊斌 陈君峰 王威祥 王美英 李俊清 贺小明 樊 磊 邬华强 叶福君 赵晓玲 姜彦海 贠 启 郝德全 胡洪涛 高 翔 马 健
云南红塔滇西水泥股份有限公司四号窑技改工程(3 000t/d)	成都建筑材料工业设计研究院有限公司	吴 宏 王善修 徐以华 袁曙光 刘国歧 任 刚 黄文刚 康 麟 栗晨香 王向明 董世群 王亚维 刘晋蜀 王慧生 徐海清 戴力立 蔡顺华 李鹏斌
云南昆钢嘉华水泥建材有限公司保山施甸3 000 t/d水泥生产线工程	成都建筑材料工业设计研究院有限公司	苑春雨 孙仁广 郭 敏 任 刚 邹 旭 李 燕 陆庆惠 康 麟 陈文卓 侯鸿文 刘 建 向继东 杨建辉 牛国瑞
重庆小南海水泥厂日产3 000吨(熟料)新型干法水泥生产线工程	成都建筑材料工业设计研究院有限公司	骆 渝 徐以华 阙德蓉 徐文一 李 洪 吴玉萍 陈文卓 唐宇军 栗晨香 丁时万 翟 静 岳一民
江苏八菱海螺水泥公司300万t/a水泥生产线工程	安徽海螺建材设计研究院	余 彪 张长乐 张中健 夏贤清 周金波 张新生 周贤葆 汪克春 李家发 徐 刚 陶逸海 李东祥 田文刚 汪 瑛 盛赵宝 詹家干 梅世江 许庚友
中国水泥厂2 000t/d熟料线综合技改工程	安徽海螺建材设计研究院	张长乐 周长华 汪克春 盛赵宝 张中建 徐 刚 刘明同 岳 鑫 李家发 郎曼奇 张春辉 刘永涛 李祥超 赵 鹏 师美高 梅世江 李晓波 戎 斌
广西兴安海螺水泥公司30万吨穹顶网架熟料储库工程	安徽海螺建材设计研究院	张长乐 周金波 李家发 周长华 郎曼奇 孙静莉 周贤葆 张中建 赵必胜 邓立超 王其辉 刘明同 戎 斌 汪克春 张春辉 倪和平 李世忠 郑役文

项目名称	设计单位	参加人员名单
安徽郎溪县苏特水泥有限公司2 500t/d熟料生产线工程	江苏省建筑材料研究设计院有限公司	顾允中 蔡钟东 陈 明 李海豹 孔秀珍 桂璐璐 徐 萍 孙立萍 黄永平 王 群 蒋松武 谢 军 高 伟 郁 超 史 红 周 俊
大连天瑞水泥有限公司水泥生产二线工程	天津水泥工业设计研究院有限公司	徐培涛 雷 鸣 刘志强 雷书清 尹志成 王建群 李金海 付金凤 杨东华 熊忠良 冯绍新 谢 蓉 赵 辉 蔡荣辉 刘 芳 宋泽俊 刘 晔 徐自强
国投新登郑州水泥有限公司(4 500 t/d)熟料水泥生产线工程	天津水泥工业设计研究院有限公司	于兴敏 雷 鸣 杜继平 杨 毅 赵国强 杨路林 周杰华 钱秋兰 陈冬珍 徐世凤 耿学红 杨红梅 吴俊萍 王建群 赵东岚 王 薇 宣轶群 郭 立
安徽皖维高新材料股份有限公司6 000t/d熟料水泥生产线工程	合肥水泥研究设计院	徐 宁 朱大来 张平洪 姚 强 姚 瑶 许京法 刘万常 陈 刚 朱 兵 王仕群 胡知群 徐泽泉 唐 玮 洪承兴 陆树标 蔡华锋 温 杰 张 华
龙元建设安徽水泥有限公司2 500t/d熟料生产线工程	合肥水泥研究设计院	周云峰 张自力 阮宏松 彭克金 丁奇生 章明朗 刘万常 曹隆祥 徐泽泉 唐 玮 林 成 朱文兵 方 明 许 琼 刘永丽 唐徐宁 张晓飞 范五一
拉法基智利水泥有限公司蒙特20万吨/年超细水泥粉磨站建设工程	合肥水泥研究设计院	郑 青 刘 昊 李邦宪 王 飞 王晓梅 唐 玮 何 敏 郑 翔 陆树标 孙 峻
巴基斯坦MCL油改煤水泥技改工程	北京凯盛建研建材工程设计有限责任公司	佟贵山 王业华 谢吉优 赵九如 赵玲彩 杨临风 武 力 苏 钢 叶海东 时红霞 申庆旭 陈翠霞 邢 玉 程希禄 付根茂 李曙光 马建新 杨红彩

三等奖(7项)

项目名称	设计单位	参加人员名单
福建春驰集团新丰水泥有限公司2 500t/d熟料新型干法生产线工程	南京凯盛水泥技术工程有限公司	李建东 何仲宛 倪永明 邱贤枣 李安平 王 安 陈新平 张歌昌 季玉春 刘海云 于 红 吴行秋 何洪普 吴志根 张辉江 胡小庆 王 东 冯 琴
平阴山水水泥有限公司2×5 000t/d熟料生产线纯余热发电工程(16MW)	中国新型建筑材料工业杭州设计院	唐金泉 方 亮 何荣贵 唐兆伟 邹丽雅 陈光亮 付琳琳 豆文举 张维辉 柴思龙 羊 洲 姜晶春 金晶波 徐海波 杨 霄 赵武生
江西分宜海螺水泥公司2 500t/d 水泥熟料生产线技改工程	安徽海螺建材设计研究院	张长乐 周金波 赵峰娃 张中建 汪克春 司家年 田素琴 孔圆圆 徐 刚 倪和平 李永志 屈 军 张春辉 盛赵宝 江 斌 田文刚 刘宏春 方 均
安徽蚌埠海螺水泥公司240万t/a水泥生产线工程	安徽海螺建材设计研究院	张长乐 王怀伟 张中健 周金波 汪克春 夏贤清 郎曼奇 徐 刚 陶逸海 李东祥 屈 军 张春辉 周贤葆 刘明同 李永志 梅世江 司家年 王德年
拉法基赞比亚CHILANGA2 000t/d新型干法水泥生产线工程	河南建筑材料研究设计院有限责任公司	许文杰 朱向红 闫光启 王 强 李银保 杜会柱 解少红 刘 冬 张国富 潘世全 颜 妍 陈 磊 侯 羽 陈贺义 马 玲 杨高平 王 琦 杨 健
缙云红狮水泥有限责任公司年产200万吨水泥粉磨站建设工程	合肥水泥研究设计院	王虔虔 许瑞康 董哲武 胡俊亚 周 强 唐 玮 孙 蓉 王志凌 王 庆 余智军 江海涛 徐从战 王 青
土耳其ASCIM水泥厂粉磨站工程	北京凯盛建研建材工程设计有限责任公司	马明亮 迟法春 赵九如 佟贵山 金永学 陈为尚 赵玲彩 何世葆 申庆旭 王志宇 任宇霞 杨临风 苏 钢 凌学敏 陶春广 齐溪浙 吴明远 胡水杉

★建材行业第十四次优秀工程设计奖评选工作,于2009年3月底全部结束。中国建材工程建设协会工程建设评选委员会依据《建材行业优秀工程设计奖评选办法》,对所报来的项目进行了认真、仔细的评选,评选结果于2009年4月8日以中材建协发[2009]12号文进行了公示。最终审定结果为:一等奖30项、二等奖39项、三等奖15项。

2008年最热门的十大技术(水泥部分)

The most popular ten major techniques in 2008(cement division)

1. 立磨装备及技术

伴随着新型干法水泥技术的发展,中国立磨技术取得了飞速的发展,现代立磨是根据料床粉碎原理,代替传统球磨机,具有粉磨、烘干一体化的特点,其电耗低、工艺简单,是粉磨新技术、新装备。

立磨技术得到水泥行业的重视,并已研发出具有自主知识产权的专有技术,广泛应用于新型干法水泥生产线上。目前,天津院仕名粉体公司研发了TRM系列立磨,2008年自主研发的立磨TRM5341在辽宁富山水泥有限公司投产运行,该立磨是专为日产5 000吨水泥生产线配套开发的重要设备,可以替代进口设备,提高了国际竞争力。合肥院中亚建材装备公司的HRM3400、HRM3700立磨已被“冀东”、“华润”等广泛应用于日产2 500吨、日产3 000吨熟料生产线中,此外,HRM立磨在水泥厂煤粉制备、矿渣超细微粉加工、非金属矿超细加工、高炉喷煤、电厂煤粉制备等领域得到广泛应用,已累计销售700余套,出口巴基斯坦、越南、印尼、印度等国家。与日产5 000吨配套的HRM4800立磨也已于2008年在浙江虎山集团投入运行,系统产量450吨/时,系统电耗13.5千瓦时/吨,为水泥工业节能降耗做出突出成绩。其标志着我国科技人员已经掌握了立磨的核心关键技术,解决了我国大型水泥生产线关键装备国产化问题。“中信重机”、“沈重”也在生产不同品种、规格的立磨,应用于水泥行业。

2. 第四代篦式冷却机

水泥行业共同关注着新型干法熟料冷却机技术的提高,该项技术关系到节能降耗,提高熟料质量,降低水泥生产成本,提高企业的经济效益。

天津院从丹麦Fons公司引进并联合重新开发、优化设计的第四代行进式稳流篦式冷却机,该冷却机采用标准模块化设计,具有流量自动控制调节功能,水平式篦床无漏料设计,四连杆传动机构-水平推料输送易于维护。2008年天津院自主研发、设计、制造的TCFC3500型第四代行进式稳流篦式冷却机在“江西圣塔”投产运行,烧成系统产量3 800吨/时,工艺性能达到国际先进水平,具有节能、高效的优势。

成都院自主研发的S型篦式冷却机,具有第四代篦式冷却机的关键技术。通过不同数量的标准模块的组合,可以组合成不同规模的篦冷机,能覆盖从日产2 500吨到日产10 000吨的各种生产规模的生产线,S型篦冷机能够降低单位熟料冷却风量,减少单位熟料电耗,节能效果显著。

3. 水泥窑纯低温余热发电技术

水泥行业是耗能大户,要想进一步节能降耗,提高水泥行业运行的效率和经济效益,就必须推广纯低温余热发电技术。目前,经过10多年的引进、消化、吸收,国产化的纯低温余热发电技术已经取得很大进展,投资成本大幅下降,吨熟料发电量逐步提高。在“中材节能”、“大连易世达”、“中信重机”、“海螺川崎”、“南京凯盛”和“杭锅”、“杭汽”等设备厂家的共同合作之下,我国自主开发的纯低温余热发电技术已经成熟。目前建成和新建的新型干法水泥生产线上配置了纯低温余热发电系统,使企业大幅度降低生产成本,同时也为国家节约了能源,保护了环境,为企业取得显著经济效益,为水泥工业可持续发展作出了巨大贡献。

4. 水泥烧成节能新技术

水泥烧成节能新技术是新型干法水泥生产线节能技术之一。多年来,南京院研发和推广应用了新一代新型干法烧成节能技术。在新型超短窑的开发与应用方面,日产5 000吨水泥生产线配套的Φ5.2米×61米采用NC型两支承短窑,2004年在江苏“联合水泥”投运,其运转率达到97%,实现100%烧无烟煤,熟料热耗719.77千卡/千克熟料,熟料电耗52千瓦时/吨熟料,熟料产能日产5 446吨。NC型两支承短窑可烧劣质烟煤或劣质无烟煤,节能降耗方面成果显著。由南京院自主开发的6级预热器万吨线,成功用于沙特两条万吨线的总承包工程,该技术已经达到国际先进水平;旁路放风新技术方面,采用CFD新技术,并自主研发NC型旁路放风系统,确保生产平稳运行,提高了对原燃料的适应性。

天津院、南京院、合肥院、成都院,随着我国水泥工业装备向大型化发展,在水泥烧成节能技术上又有新的突破。

5. 水泥窑协同处置废弃物技术

近年,节能减排、工业和城市生活垃圾以及危险废弃物的资源化利用和无害化处置已成为我国可持续发展中共同关注的重点,在国内水泥行业正在大力开展对工业和城市垃圾以及危险废弃物的技术研究和装备的开发,逐步形成完整的具有自主知识产权的技术体系,促使水泥工业向生态环保型产业发展。目前,工业废弃物,可以作为水泥工业替代原料,如,粉煤灰、电石渣,磷石膏、高炉矿渣、硫酸渣等;可以作为水泥工业替代燃料的是含有一定热值的工业固体废物和废油、废溶剂;还有一部分有毒、有害废料可以利用水泥烧成系统处理,利用水泥窑的高温分解或固化在熟料中。利用水泥烧成系统处理生活垃圾分为直接燃用和不可直接燃用等两部分,分别作为水泥生产的替代燃料和替代原料。

多年来,天津院、南京院、合肥院、中国建材研究总院、北京金隅集团在废弃物处置方面做了大量工作。近期合肥院在四川天台水泥厂利用处置城市生活垃圾产生的热量,用来分解水泥生料,替代原煤,垃圾灰渣可直接入窑作为水泥生产的原料或作为水泥混合材,从而达到了节能减排,清洁生产的目的。

6. 辊压机粉磨系统

辊压机是用于大型化生产、能够提高粉磨系统产量和降低能耗的新型节能粉磨设备。辊压机采用高压料层挤压粉碎原理,采用两只相向转动的辊子对物料进行挤压,是迄今为止对于脆性物料而言被认为粉碎效率最高的粉磨设备。目前被广泛应用于水泥熟料和水泥成品粉磨,也被用于金属和一些非金属矿脆性物料的粉碎,高炉矿渣超细微粉加工等。

合肥院挤压粉磨工艺主要由HFCG系列辊压机、SF系列打散分级机、HFV型气流分级机、HES、DS高效选粉机与球磨机组成各种不同的粉磨工艺,包括:开路联合粉磨、闭路联合粉磨、半终粉磨和终粉磨等。目前单机配套能力P·O42.5达到180吨/时以上,电耗可控制在30千瓦时/吨以内;较传统球磨机增加产量100%~200%,吨水泥节电达8~10千瓦时。辊压机被“冀东”、“海螺”、“台泥”、“亚东”、“红狮”、“华润”、“天瑞”、“拉法基”等大集团所选用,并出口巴基斯坦、越南、沙特、印尼等国家。

7. 水泥工业除尘技术

随着人类对环境质量的要求日益提高,环境污染治理的新技术、新装备不断推出和完善,国家制订《水泥工业大气污染物排放标准》的内容也越来越严格,高效袋式除尘和电除尘技术及装备被广泛地应用。其应用趋势:袋式除尘器逐步取代电除尘器;单台设备大型化应用;在混合流程工艺条件下的应用;采用大型脉冲袋式除尘器;采用袋式除尘和电除尘结合;专用型袋式除尘器和专用型电除尘器的应用。其中大型及高效的趋势占主导地位。

新型滤料的研制及应用和清灰技术不断发展,各种新型除尘器在水泥工业得到应用。(1)对于破碎机、水泥磨、包装等,主要采用FGM气箱脉冲袋除尘器、XMC型脉冲喷吹袋除尘器和DMC单机脉冲袋除尘器。(2)对于煤粉制备系统粉尘治理,主要采用煤磨专用的抗静电、防燃、防爆袋除尘器。(3)对于烘干机粉尘治理,主要采用LFEF(Ⅲ)型烘干机袋除尘器和GMC型高温脉喷烘干机袋除尘器。(4)对于窑头、窑尾系统粉尘治理,主要采用高效袋除尘器和电除尘器。

8. 耐磨材料技术

耐磨材料是新材料领域的核心部分,是世界各国新材料领域研究发展的重点。在水泥工业中,我国每年要消耗370万吨金属材料,因此为了降低金属材料的高消耗,更好地提高水泥机械部件的耐磨性,必须研发高性能耐磨材料和先进的抗磨技术。随着水泥生产规模的大型化和新型干法水泥生产工艺的发展,粉磨设备发生变化,其中易损件的磨损机理和失效方式也相应改变,各种先进实用的非铸造类耐磨材料和抗磨技术得到更广泛的应用。目前,水泥技术装备大量出口,高性能耐磨材料和技术的应用带来了发展机遇。

对于立磨辊、盘、弯头,辊压机辊面,选粉机风管、导风叶、撒料盘,料仓等铸造耐磨材料的应用受到限制,而非铸造类耐磨材料和抗磨技术体现了更大的优越性,如耐磨钢板、复合钢板、硬面堆焊、耐磨陶瓷片、耐磨陶瓷涂料、环纳复合板等。目前,根据企业生产工况条件及其磨损机理,要合理选择性能指标适用的耐磨材料,才能达到节能降耗的目的。

9. 高压变频调速系统

高压变频调速系统适用于水泥行业风机的节能变频调速改造,以达到节电目的。目前,“智光电气”和“利得华福”的高压变频调速系统已经广泛用于水泥行业。“智光电气”成功研制超大容量高压变频器,将打破高压大容量变频调速系统长期被国外品牌占据市场的格局,并为后续发展带来了新的增长点。这项技术是对国内大功率高压电机实行节能改造的一项重大举措。

10. 水泥助磨剂

随着水泥生产技术的不断发展,粉磨技术的提高,助磨剂在水泥工业应用日益广泛,越来越多水泥企业重视助磨剂对水泥性能的影响。水泥企业要科学使用助磨剂,就必须在选用助磨剂之前,首先要了解助磨剂的特性和使用范围,然后确定哪种助磨剂适合企业粉磨系统,真正做到提高水泥产品质量,提高粉磨效率,达到节能降耗的目的。为了让选用水泥助磨剂有章可循,国家标准正在制定,这将对推动和规范水泥助磨剂行业健康发展具有深远的意义。目前客户使用格雷斯助磨剂,反映良好。

第四篇

先进集体及先进个人

2008 年最抢眼的十大人物

2008 年先进集团及先进个人

2008 年最抢眼的十大人物

The most eye - catching ten people in 2008

水泥泰斗　百岁寿星

陆宗贤(原中国建材规划研究院总工程师)

2008 年 10 月 10 日,陆宗贤老人在家人及亲朋好友的簇拥下,度过了一个难忘而快乐的百岁寿辰。中国建材联合会、中国水泥协会及中国建材规划院的主要领导均出席了这个难忘的庆典仪式。陆老一生热爱水泥,是我国水泥技术界的先驱和奠基者。

1933 年,陆宗贤怀着实业救国的梦想,前往当时水泥科技领先的德国深造。在那里,他主持完成了当时世界上还没有的新品种水泥 - 道路水泥的研制。1936 年他回到祖国,积极投身到国内部分水泥厂的筹备创建工作。1948 年,陆宗贤参与过琉璃河水泥厂的复工筹备工作;1952 年,他调往新疆支援新疆军区筹建水泥厂,并在那里筹建了当时属于先进水平的以干法中空窑为煅烧设备的新疆水泥厂,他出任总工程师;1978 年陆宗贤调回北京,在建材研究院任副总工程师,在完成分管业务工作的同时还参与了新法烧成水泥熟料等课题研究工作;1980 年调任建材规划院任总工程师,为规划院的创建和发展作出了突出的贡献。

陆老一辈子的事业,似乎都在做着三件事:学习水泥、生产水泥、研究水泥。在百岁高龄之时,陆老生活基本自理,思维清晰,言谈风趣。当年陆宗贤和王涛曾被并称为“南北水泥大王”,如今陆老在安享晚年之余,仍不忘关注中国水泥行业的发展。

水泥高管　最擅并购

曹江林(中国建材股份有限公司总裁)

外表貌似粗犷,不拘小节的曹江林在业内可谓有名的谈判高手。一项涉及数亿元资金的合约,从谈判到签约曹江林带领他的团队只用了 26 分钟便将其顺利拿下。在集团公司宋志平董事长的正确决策部署下,“中国建材”用这样的速度,在 4 个月内完成了 18 家水泥企业的谈判,南方水泥公司也得以登场。

凭借丰富的“治企”经验,曹江林采取了一系列强有力的措施,调整战略、强化治理、倡导企业文化、推动重组,使“中国建材”作为一家上市公司树立起了良好的市场形象。经济效益与社会效益取得长足进展。

国际上重组并购的实际成功率只有 30% 左右,而“中国建材”从 2005 年 3 月成立到现在,几乎都是重组整合过来的。在曹江林看来,其实整合也不困难,跟每个合作对象谈判的时候,都会谈三个大原则:未来的投资要集中;销售要协同、统一;采购要协同、统一。整合也主要是从这三个方面着手。曹江林深知,整合的核心是要有一个非常清晰的战略,要做一个专业化的公司,做到可持续发展。

成功上市　如虎添翼

张才奎(山水水泥集团董事长)

从 1990 年接过“山水”的前身——山东水泥试验厂“帅印”至今,张才奎执掌“山水”已经超过了 18 个年头。

在他的带领下,一个连续亏损 13 年的企业稳稳坐上了中国水泥行业第二把交椅。张才奎是业内有名的“拼命三郎”,越是遭遇挫折,越是坚韧乐观,自言“人不倒、志不灭、事竟成”。他无论做什么都追求卓越、拒绝平庸。这种不服输的劲头也深深影响了“山水”。坚强的领导班子加上能征善战、亲密无间的管理团队,使得“山水”从一个默默无闻的企业脱颖而出、后来居上。

2008 年 7 月 4 日,“山水”在香港成功上市,公司名称“山水水泥”。据悉,这是中国水泥行业的第一只红筹股。按照每股 2.8 港元的发行价计算,上市共集得约 20 亿元港币,这就为“山水”下一步实现产业升级、规模扩张提供了足够的资金支持。

尽管要得到一贯挑剔的“摩根士丹利”的青睐并不容易,然而,一旦“牵手”成功,那就是如虎添翼。2008 年 9 月,“山水”公布的中期年报显示,仅 2008 年上半年,“山水”累计实现销售收入 33.72 亿元,同比增长了 87.83%;实现净利润 1.55亿元,同比增长了 123.33%。

百年老店　再创辉煌

李叶青(华新水泥股份有限公司总裁)

时至今日,“华新水泥”已走过了 100 年的风雨历程。李叶青进入这个“百年老店”已有 20 多个年头了。

李叶青积极推进传统产业的高新化进程,通过自主开发,先后完成了47项重大科研成果,实现了工艺装备结构和产品结构的升级换代,确立了市场竞争中的优势地位,经营指标连年翻番。近10年来"华新水泥"的产能增长了10多倍,总资产由13亿元增至近百亿元。

Holcim控股公司后,其发展理念也逐渐影响到"华新"。公司积极延伸产业链,加大节能降耗投入,积极探索实施水泥工业与节能减排核心技术与区域资源循环利用的新途径,自觉担当起建设资源节约型和环境友好型社会排头兵的角色。

面对未来,李叶青充满信心:3年内,"华新"将进一步打造完整的产业链,力争水泥年总产量超过8 000万吨,始终保持规模、技术、环保、效益在全国同行业的领先地位。"华新"能否再创百年辉煌,我们将拭目以待。

看好大陆　问鼎华南

辜成允(台湾水泥公司董事长)

2008年12月5日,"台泥"广西贵港厂竣工庆典隆重举行。据统计,随着"台泥"贵港厂4条日产6 000吨水泥熟料生产线的顺利竣工,"台泥"在大陆的产能已突破2 400万吨,加上台湾"和平"、"苏澳"和花莲厂1 060万吨的产能已稳坐华南第一。

当年辜成允投资大陆,在公司内部是有分歧的,但他坚定信念,力排众议,布局华南,投资近百亿人民币。辜成允坚定地将自己"下一个舞台定在大陆"。

深耕华南是"台泥"赖以成功的基石,贵港厂的竣工也意味着"台泥"华南布局日臻完善,如期实现了三年前提出的2008年问鼎华南的目标。

在做大产能的同时,辜成允也深知,卓越的"品质和服务"才是赢得客户信赖的关键。"台湾水泥"从一进入大陆市场就以"坚持品质,一以贯之"的准则要求自己,提供客户国际化水准的产品而赢得赞誉。

年初,"台泥"对外发布公告完成对另一家台湾地区水泥企业"嘉新水泥"的收购。这一举动也格外引人瞩目。目前"台泥"在华南、华东都已布局,一系列重大决策足以体现辜成允的聪明才智和胆略魄力。

关于未来,辜成允有自己的想法:做水泥就要有长期考虑,台泥的投资是看未来的15至20年,市场景气的时候,我们会抓住机遇加速发展;市场低迷的时候,我们也会坚守下去。

战略转型　加速扩张

张增光(河北冀东水泥集团董事长)

从引进、吸收、成功运行中国第一条日产4 000吨熟料水泥新型干法生产线,到建成中国第一条自行设计、制造、安装的日产4 000吨熟料水泥新型干法生产线,"冀东"人在实干家张增光的带领下接连谱写出了艰苦卓绝的创业篇。

在行业形势发生剧烈变化的情况下,作为企业决策层领导,张增光深知企业发展战略的重要性。2008年,张增光进一步加快了在全国布局的脚步。在国内其他水泥巨头试图进入山西市场都无功而返后,"冀东"却在半年内接连在山西的闻喜、交城、大同沿"大运"高速线三个地方"落子",其战略布局和建设思路体现出了前所未有的清晰。山西市场的占领为"冀东水泥"把河北、陕西、内蒙古市场连接成片打通了关隘。

"5·12"四川地震之后,为了抢占灾后重建制高点,经历过唐山大地震和震后重建的"冀东"人,在向灾区人民捐款125万多元之后,又迅即在四川、重庆相继设立分公司,谋划了震动同行业的"挥师南下"战略。

2008年5月28日,"临澧冀东水泥"2条日产4 500吨熟料水泥生产线项目一期工程奠基,预计一期工程建设于2009年5月完成,建成后年产水泥将达到200万吨。可以说这是"冀东"迈出"三北战略"区域的第一步,但这绝不是唯一的一步。6月23日,唐山冀东水泥股份有限公司与四川宜宾屏山人民政府签约,根据合同,"冀东水泥"将在当地建一条日产4 500吨熟料水泥生产线。8月上旬,"冀东水泥"宣布将再建5条线,其中有3条是在川渝地区。对于这样的布局转移变化,有业内人士认为这是意料之中,也是情理之中的事情。张增光及时把战略目标市场往南转移,不失为一个与时俱进、顺应市场变化做出战略调整的好决策。

如今,由于"冀东水泥"所拥有的区位、战略、资源、管理、实力等诸多不可复制的优势,在水泥行业内,有"在中国北方,得'冀东'者得天下"的说法。这大概是对"冀东水泥"近30年发展成就的最形象的衡量。

德"财"兼备　民企精英

章小华(红狮控股集团有限公司董事长)

"红"在中国人的印象中是很吉利的一种颜色;而"狮子"是一种很强悍,但又不张扬的一种动物,章小华认为这与企业的发展理念十分吻合。所以,"红狮"会一直本着这样的精神,扎扎实实做好自己的本行工作。

"红狮"创立时,公司内部对产品质量问题曾经有过争论:一种观点认为,在高成本的竞争年代,质量只要与行业企业同等水平就行了。董事长兼总经理章小华却认为,"红狮"的质量至少要比别人高一个等级。跟"红狮"有生意来往的有上百人,无论是做煤炭的,还是销水泥、搞设备的,从未与"红狮"发生过纠纷,而且还有1/4的人由贸易伙伴变成了战略合作伙伴。

2008年10月7日,红狮控股集团和高盛战略控股公司合资合作项目获国家商务部正式批准。11月18日,“高盛”入股“红狮”的1.2亿美元(折合人民币8.16亿元)顺利到位。在当前国际金融风暴愈演愈烈的经济形势下,这么大规模的外资入股“浙江红狮”,是外资公司看好红狮集团乃至中国经济发展的结果,也为当地工业经济发展注入强大活力。章小华表示,与“高盛”合资合作后,“浙江红狮”会加速推进中西部水泥结构调整,做精、做强水泥主业,不断提升集团整体竞争力。

作为一名精明的浙商、优秀的民营企业家,章小华以10亿元的财富列“2008胡润富豪榜”第727位。在对待财富的问题上,章小华曾对某媒体坦言,“财富并不是最重要的,社会责任才是第一位。具体地说,就是企业每年依法上缴国家税收;坚决贯彻执行国家政策法规以及帮助国家解决就业困难;维护和促进社会稳定;采用新技术新工艺,加强环保建设,充分合理使用资源,实现可持续发展等,这些都是每个企业家应该履行的义务。所以一个人的财富越多,他的社会责任感就应越强”。

西部航母　整装待发

杨　皓(甘肃祁连山水泥集团股份公司董事长)

自1968年进入永登水泥厂,杨皓一干就是40年。在这40年的工作经历中,他没有大起大落的曲折,也没有跳跃式升迁的幸运。他几乎经历了到达他现在职位所要经历的所有岗位。他在自己成长与成功的路上一步一个脚印,一步一个台阶,每一个脚印和台阶上都清晰地留下了他奋斗的艰辛和辉煌的业绩。

近年来,杨皓准确把握水泥行业发展规律,创新发展理念,转变发展模式,破解发展难题。通过巧打组合拳,实现企业跨越式发展,保持了年均30%以上的扩张速度。2008年11月29日,集团投资4.5亿元新建的年产120万吨水泥生产线奠基,这是“祁连山”做大做强水泥主业又一重大战略举措。“甘谷”项目将于2010年3月建成投产,届时祁连山集团产能将超过1 000万吨,跻身全国千万吨级水泥企业集团行列,50多年打造西部千万吨级水泥航母的梦想将得以实现!

2008年祁连山终于可以给投资者交上一份满意答卷了,一贯低调的杨皓难以抑制自己内心的喜悦和骄傲。前两年,每股收益都是在一分钱上下,不仅投资人不满意,“祁连山”自己也很无奈。但是公司上下一直都秉承对投资者高度负责的态度认真地做事,终于迎来了丰收年。机会永远是留给有准备的人,正因为杨皓为祁连山集团多年来潜心发展、“强身健体”打下了坚实的基础,做好了迎接市场机遇的充分准备,才能够在市场需求转旺之时抓住机遇、赢得发展。

以人为本　安全至上

乐峰(Bruno Lafont,拉法基集团董事长兼首席执行官)

“5·12”汶川大地震后,“拉法基”首席执行官乐峰于灾后不久即前往位于地震灾区的拉法基瑞安都江堰工厂,慰问受灾员工及家属,拉法基瑞安公司在震后立即开始修建“拉法基家园”用于安置受灾员工。

自2006年1月正式升任为拉法基集团首席执行官的乐峰,其高效的工作作风使“拉法基”在中国的业务得到快速发展。在关注生产的同时,我们也看到,安全、环境保护、节能减排、淘汰落后、支持中西部地区发展等工作“拉法基”无不走在前面。2008年6月,集团在全球各运营单位同时启动大规模安全月活动,大力号召全体员工乃至全行业关注安全。在拉法基集团发布的“2012年可持续性发展远景”规划中,再次重申企业对可持续发展的承诺。乐峰代表集团在新闻发布会上表示,“拉法基”在中国所有业务的运营都强调对于可持续发展的承诺,并主要关注五个方面:安全、员工、节约能源和环境保护、客户和企业社会责任。从这些事情,我们感受到了一个负责任的跨国公司,一个将“以人为本”、“安全至上”真正落到实处的洋老板。

职场变故　扑朔迷离

肖家祥(天瑞集团有限公司总裁,原天瑞集团水泥有限公司总经理)

40岁出头的肖家祥有着不同于常人的丰富的经历和实践经验,受过采矿、财务管理、企业管理、资本营运等多个专业的学习培训,从贵州水城水泥厂开始起步,后来在华新水泥公司担任副总经理。2001年至2005年从政,担任湖北省大冶市市长、市委书记一职。2006年受聘于天瑞集团,担任天瑞集团水泥有限公司总经理。据当地媒体称,肖到天瑞集团走马上任第一天,市里四大班子领导为他接风,可谓风光一时。肖家祥一上任就提出并全力推进“实施水泥业务战略重组、战略布局调整和与国际顶尖机构战略合作,建设国内一流水泥企业”的进程,“天瑞水泥”由此初步发展成为资本国际化、管理现代化的全国性大型水泥集团。

2008 年先进集团及先进个人

Advanced group and individuals in 2008

2008 年全国五一劳动奖状获得单位(水泥部分)

Diploma wining units of National May Day Labor Prize in 2008 (cement division)

宁夏建材集团有限责任公司

2008 年全国五一劳动奖章获得者(水泥部分)

Medal winners of National May Day Labor Prize in 2008 (cement division)

李国军 泰来水泥制品有限责任公司工人

廖小平 天门市五华水泥公司工人

胡凤贵 佳木斯鸿基集团副总工程师

全国建材行业改革开放30年代表人物评选公示名单

Representatives in national building material industry for 30 years of reform and opening - up

(按地区、姓氏笔画排序)

北京市

王　东,男,汉族,1965 年 8 月出生,中共党员,研究生,公共管理(MPA)硕士,高级工程师,北京金隅集团原党委书记、董事长。

冯运生,男,汉族,1956 年 2 月出生,中共党员,研究生,高级经济师,现任北京市陶瓷厂有限责任公司党委书记、总经理,北京通达耐火技术股份有限公司董事长、总经理。

付秋涛,男,汉族,1970 年 6 月出生,中共党员,大学本科,高级经济师,现任北京水泥厂有限责任公司总经理。

李毓福,男,汉族,1954 年 11 月出生,中共党员,研究生,现任北京榆构有限公司董事长。

张宝贵,男,汉族,1950 年 7 月出生,工艺美术大师,现任北京市宝贵石艺科技有限公司总经理。

张　毅,男,汉族,1942 年 12 月出生,中共党员,大学本科,高级经济师,北京金隅集团(原北京建材集团)原党委书记、董事长。

赵建国,男,汉族,1951 年 4 月出生,研究生,现任北京集美家居市场集团董事长、总裁。

上海市

李亮佐,男,汉族,1962 年 8 月出生,工商管理硕士,教授级高级工程师,现任上海耀华皮尔金顿玻璃股份有限公司总经理。

陆海平,男,汉族,1937 年 11 月出生,中共党员,大学本科,教授级高级工程师,现任上海市建筑材料行业协会会长。

郭　鹿，男，汉族，1956年6月出生，中共党员，硕士研究生，高级工程师，现任上海华源复合新材料有限公司总经理、总工程师。

天 津 市

尹靖华，男，汉族，1952年5月出生，中共党员，大专，高级经济师，现任天津振兴水泥有限公司党委书记、总经理。

沈　钢，男，汉族，1943年11月出生，中共党员，大专，工程师，现任天津市禹红建筑防水材料有限公司董事长。

重 庆 市

刘洪田，男，汉族，1963年11月出生，中共党员，工商管理硕士，经济师，现任重庆富皇水泥（集团）有限公司董事长、总经理。

邱沛阳，男，汉族，1946年10月出生，大专，经济师，现任重庆小南海水泥厂厂长。

唐志尧，男，汉族，1958年11月出生，大学本科，高级工程师，现任重庆国际复合材料有限公司董事长。

黑龙江省

王学双，男，汉族，1952年11月出生，中共党员，高级经济师，现任黑龙江北疆集团股份有限公司党委书记、董事长。

佟兆启，男，汉族，1959年9月出生，中共党员，大学本科，高级工程师，现任双鸭山新时代水泥有限责任公司党委书记、董事长。

赵　君，男，汉族，1957年10月出生，中共党员，大学本科，高级策划师、高级政工师，现任佳木斯鸿基集团有限公司董事长、总经理。

樊佳磊，男，汉族，1965年5月出生，中共党员，研究生，高级工程师，现任亚泰集团哈尔滨水泥有限公司总经理。

吉 林 省

李建杰，男，汉族，1952年9月出生，中共党员，研究生，高级经济师，现任冀东水泥吉林有限责任公司董事长、总经理。

张传军，男，汉族，1964年2月出生，中共党员，工商管理硕士（EMBA），高级工程师，现任辽源金刚水泥（集团）有限公司董事长。

徐德复，男，汉族，1953年3月出生，中共党员，研究生，高级工程师、高级经济师，现任吉林亚泰（集团）股份有限公司副董事长、副总裁。

辽 宁 省

王友春，男，汉族，1962年11月出生，中共党员，研究生，高级工程师，现任辽宁中北水泥（集团）有限责任公司总经理。

苏国富，男，汉族，1956年9月出生，中共党员，研究生，高级工程师，现任沈阳水泥机械有限公司董事长、总经理。

金长毅，男，汉族，1949年3月出生，中共党员，大专，会计师，现任大连水泥集团有限公司党委书记、董事长、总经理。

河 北 省

王长林，男，汉族，1955年2月出生，中共党员，博士研究生，高级工程师、高级政工师，现任晶牛微晶集团董事局主席。

王惠文，男，汉族，1943年9月出生，中共党员，高级经济师，现任唐山惠达陶瓷（集团）股份有限公司董事长。

杜金弘，男，汉族，1946年1月出生，中共党员，大学本科，高级工程师，河北省冀东水泥集团有限责任公司原总经理、唐山冀东水泥股份有限公司原董事长。

张增光，男，汉族，1959年10月出生，中共党员，工程硕士，高级工程师，现任河北省冀东水泥集团有限责任公司党委书记、董事长。

胡玉振，男，汉族，1951年8月出生，中共党员，高级经营师，现任鹿泉市曲寨水泥有限公司总经理。

山 西 省

冯建新，男，汉族，1962年2月出生，EMBA研究生，现任智海企业集团董事长、总经理。

内蒙古自治区

罗振华，男，满族，1956年12月出生，中共党员，硕士研究生，高级经济师，现任内蒙古乌兰水泥集团有限公司总经理。

陕 西 省

石社会，男，汉族，1957年2月出生，大专，经济师，现任陕西社会水泥有限责任公司董事长。

贾韵梅，女，汉族，1950年12月出生，中共党员，大专，高级经济师，现任陕西华特玻纤材料（集团）有限公司董事长

青 海 省

张居安，男，汉族，1942年12月出生，中共党员，高级工程师，茫崖石棉矿原党委书记、矿长。

甘 肃 省

田炫宏，男，1968年10月出生，中共党员，研究生，高级工程师，现任兰州宏建建材集团有限公司党委书记、董事长。

杨　皓，男，汉族，1949年7月出生，中共党员，研究生，高级经济师，现任甘肃祁连山水泥集团股份有限公司董事长、党委副书记。

新疆维吾尔自治区

甘　军，男，汉族，1954年12月出生，中共党员，大学本科，高级政工师、高级企业管理师，现任新疆青松建材化工（集团）股份有限公司党委书记、董事长。

张　翼，男，汉族，1963年9月出生，中共党员，研究生，高级工程师，现任新疆建材设计研究院院长。

山东省

王　刚，男，汉族，1959年11月出生，中共党员，研究生，高级工程师，现任金晶集团董事长。

王兴农，男，汉族，1958年10月出生，大学本科，现任山东耿瓷集团有限公司董事长。

张才奎，男，汉族，1951年3月出生，中共党员，研究生，高级经济师、教授级高级政工师，现任山东山水水泥集团有限公司党委书记、董事长、总经理。

张昭珩，男，汉族，1959年10月出生，中共党员，研究生，高级经济师，现任威海蓝星玻璃股份有限公司董事长。

赵洪义，男，汉族，1963年6月出生，中共党员，MBA硕士，研究员，现任山东宏艺科技有限公司董事长、总经理。

崔洪章，男，汉族，1963年4月出生，中共党员，大学本科，高级政工师，现任山东华兴机械股份有限公司党委书记、总经理。

江苏省

王家安，男，汉族，1957年8月出生，中共党员，大专，高级工程师，现任江苏省鹏飞集团股份有限公司董事长。

陈惠南，男，汉族，1949年2月出生，中共党员，大专，高级政工师，现任江苏华尔润集团董事长、总经理。

徐贵生，男，汉族，1966年1月出生，中共党员，大专，经济师，现任江苏金峰水泥集团党委书记、董事长。

缪昌文，男，汉族，1957年8月出生，中共党员，大学本科，教授级高级工程师，现任江苏省建筑科学研究院有限公司党委书记、董事长。

缪建通，男，汉族，1953年2月出生，中共党员，高级工程师，现任南京建通水泥有限公司董事长

浙江省

杜自弘，男，1939年12月出生，中共党员，高级经济师，现任浙江尖峰集团股份有限公司党委书记、董事长、总经理。

邱兴祝，男，汉族，1941年1月出生，中共党员，大专，高级经济师，现任宁波浙东建材集团党委书记、董事长。

张毓强，男，汉族，1955年9月出生，中共党员，研究生，教授级高级工程师。现任中国玻纤股份有限公司总裁，巨石集团有限公司董事长、总裁。

林建伟，男，汉族，1966年4月出生，硕士，高级经济师，现任浙江力宝高新建材股份有限公司董事长。

蒋尔忠，男，汉族，1947年10月出生，中共党员，大专，高级经济师，原浙江省散装水泥办公室主任。

蒋梦兰，男，汉族，1937年10月出生，中共党员，大专，高级经济师，现任浙江联丰股份有限公司董事长。

滕增寿，男，汉族，1938年6月出生，中共党员，大专，高级经济师，浙江东方集团公司原党委书记、总经理、浙江东日股份有限公司董事长。

安徽省

高允连，男，汉族，1958年11月出生，中共党员，大专，高级经济师，现任安徽珍珠水泥集团股份有限公司董事长。

郭文叁，男，汉族，1954年10月出生，中共党员，大学本科，高级工程师，现任安徽海螺集团有限责任公司董事长、总经理、安徽海螺水泥股份有限公司董事长。

徐　宁，男，汉族，1957年8月生，中共党员，硕士，教授级高级工程师，现任合肥水泥研究设计院党委书记、院长。

江西省

叶　青，男，汉族，1960年11月出生，大学本科，经济师，现任江西锦溪水泥有限公司董事长。

福建省

王建业，男，汉族，1965年4月出生，中共党员，工商管理硕士（EMBA），高级工程师，现任辉煌水暖集团有限公司董事长、总经理。

吴国良，男，汉族，1952年12月出生，大专，经济师，现任福建华泰集团有限公司董事长。

曹德旺，男，汉族，1946年出生，现任福耀玻璃工业集团股份有限公司董事长。

河南省

张浩云，男，汉族，1960年8月出生，中共党员，大学本科，高级工程师，现任河南同力水泥股份有限公司总经理。

范清荣，男，汉族，1937年4月出生，中共党员，高级政工师，现任河南孟电集团董事长。

高学明，男，回族，1958年1月出生，中共党员，大学本科，高级工程师，现任洛阳北方玻璃技术股份有限公司董事长。

湖北省

李叶青，男，汉族，1964年2月出生，中共党员，博士研究生，教授级高级工程师，现任华新水泥股份有限公司党委书记、总裁。

湖南省

徐新喜，男，汉族，1968年1月出生，大专，高级经济师，现任兆山新星集团湖南水泥有限公司董事长。

彭忠喜，男，汉族，1955年10月出生，中共党员，工商管理硕士（MBA）在读，高级经济师，现任湖南金大地材料股份有限公司董事长、总经理。

广东省

边 程，男，汉族，1964年1月出生，中共党员，硕士研究生，高级经济师，现任广东科达机电股份有限公司董事、总经理。

叶德林，男，汉族，1956年2月出生，大专，经济师，现任广东新明珠陶瓷集团有限公司董事长、总裁。

许景新，男，汉族，1948年11月出生，现任中山建华管桩有限公司董事长。

吴一岳，男，汉族，1947年8月出生，中共党员，本科，高级工程师，原广州越秀水泥集团有限公司党委书记、董事长，现任广东省建筑材料协会会长。

李贤义，男，汉族，1952年6月出生，现任信义集团（玻璃）有限公司董事局主席。

何新明，男，汉族，1955年10月出生，中共党员，大学本科，现任广东东鹏陶瓷股份有限公司董事长。

钟烈华，男，汉族，1949年10月出生，中共党员，大学本科，工程师，现任广东塔牌集团股份有限公司董事长。

曾 南，男，汉族，1944年10月出生，中共党员，大学本科，高级工程师，现任中国南玻集团股份有限公司董事长。

鲍杰军，男，汉族，1962年7月出生，工商管理硕士（EMBA）、在读博士，现任广东佛山欧神诺陶瓷股份有限公司董事长。

云南省

缪 沾，男，汉族，1957年8月出生，中共党员，硕士，教授级高级工程师，现任云南省建材工业行业协会副会长。

四川省

王春鸣，男，汉族，1949年2月出生，中共党员，大专，高级工程师，现任四川国栋建设集团有限公司董事长。

熊建华，男，汉族，1963年9月出生，中共党员，大专，高级工程师，现任四川峨胜水泥股份有限公司党委书记、董事长、总经理。

海南省

来振兴，男，汉族，1955年9月出生，中共党员，大学本科，高级工程师，现任海南华盛天涯水泥有限公司总经理。

中国建筑材料集团公司

任桂芳，女，汉族，1949年10月出生，中共党员，大专，高级工程师，现任连云港中复连众复合材料集团有限公司董事长。

宋志平，男，汉族，1956年10月出生，中共党员，管理学博士，高级工程师，现任中国建筑材料集团公司党委书记、董事长。

张国良，男，汉族，1956年9月出生，中共党员，大学本科，教授级高级工程师，现任中复神鹰碳纤维有限责任公司党委书记、董事长。

杜惠丽，女，汉族，1934年10月出生，中共党员，大学本科，教授级高级工程师，原中国无机材料实业（集团）公司总工程师、原国家建材局军工办总工程师。

姚季鑫，男，汉族，1955年5月出生，中共党员，博士，高级经济师，现任南方水泥有限公司总裁、浙江三狮集团有限公司党委书记、董事长、总经理。

姚 燕，女，汉族，1957年12月出生，中共党员，大学本科，教授级高级工程师，现任中国建筑材料集团公司总经理、党委副书记、中国建筑材料科学研究总院院长。

贾同春，男，汉族，1960年2月出生，中共党员，研究生，教授级高级工程师，现任泰山石膏股份有限公司党委书记、董事长、总经理。

黄大能，男，汉族，1916年8月出生，中共党员，大学本科，教授级高级工程师，原中国建筑材料科学研究院副院长。

黄安中，男，汉族，1963年7月出生，硕士学位，中共党员，高级经济师，现任中建材集团进出口公司总经理兼党委书记。

曹江林，男，汉族，1966年9月出生，中共党员，工商管理硕士，高级会计师，现任中国建材股份有限公司总裁。

阎盛慈，男，汉族，1935年11月出生，中共党员，大专，教授级高级工程师，原中国建筑材料科学研究院院长。

彭 寿，男，汉族，1960年8月出生，中共党员，硕士学位，教授级高级工程师，现任蚌埠玻璃工业设计研究院党委书记、院长，中国建材国际工程有限公司董事长、总经理。

葛铁铭，男，汉族，1945年5月出生，中共党员，大学本科，高级工程师，原中国新型建筑材料（集团）公司党委书记、总经理。

中国中材集团公司

于世良，男，汉族，1954年2月出生，中共党员，研究生结业，教授级高级工程师，现任中国中材集团公司党委书记、中国中材股份有限公司总裁。

王广林，男，汉族，1958年1月出生，中共党员，大学本科学历，高级经济师，现任中材水泥股份有限公司党委书记、董事长，宁夏建材集团公司党委书记、董事长。

王 伟，男，汉族，1956年1月出生，中共党员，大学本科，教授级高级工程师，现任中国中材国际股份有限公司总裁。

尤振根，男，汉族，1951年8月出生，中共党员，大学本科，教授级高级工程师，现任中国高岭土公司党委书记、总经理。

邬友英，女，汉族，1939年1月出生，中共党员，大学本科，教授级高级工程师，原国家建材局玻璃钢研究设计院院长。

刘志江，男，汉族，1957年1月出生，中共党员，大学本科，教授级高级工程师，现任中国中材集团公司副总经理、中国中材国际工程股份有限公司董事长。

张志法，男，汉族，1953年3月出生，中共党员，大学本科，教授级高级工程师，现任中国中材股份有限公司副总裁、泰山玻璃纤维有限公司党委书记、董事长。

张丽荣，女，汉族，1956年3月出生，中共党员，研究生，高级经济师，现任新疆天山水泥股份有限公司总裁。

李新华，男，汉族，1964年7月出生，中共党员，大学本科，教授级高级工程师，现任中国中材股份有限公司副总裁、中材科技股份有限公司董事长。

侯宝荣，男，汉族，1935年7月出生，中共党员，大学本科，教授级高级工程师，天津水泥工业设计研究院原院长。

徐永平，男，汉族，1964年5月出生，中共党员，研究生，高级经济师、高级会计师，新疆国统管道股份有限公司董事长。

谭仲明，男，汉族，1953年8月出生，中共党员，博士，教授级高级工程师，现任中国中材集团公司总经理、中国中材股份有限公司董事长。

薛同祖，女，汉族，1937年11月出生，中共党员，大学本科，高级工程师，原中国建筑材料工业建设总公司总经理。

注：根据中国建筑材料联合会《关于开展建材行业改革开放30年代表人物评选活动的通知》（中建材联办发〔2008〕182号）的评选范围、评选条件等要求，在省市建材协会、有关中央企业等单位遴选推荐工作的基础上，经中国建筑材料联合会组织评审，产生了共计110名代表人物。代表人物尽量体现改革开放30年来，在不同地域、不同业务领域为建材行业改革发展、科技创新等方面作出重大贡献、具有较高社会知名度、业界影响力和行业代表性。

第五篇

企业篇

企 业 篇

Enterprises

企业明星录

Record of star enterprises

行业内利润增速最快的企业——中国中材集团公司

Enterprises with most rapid profit growth in the industry – China Zhongcai Group Co. (SINOMA)

【企业概况】中国中材集团公司(简称:中材集团)组建于1983年,是国务院国资委直接管理的中央企业,是我国惟一在非金属材料业拥有系列核心技术和完整创新体系的,集科研、设计、制造、工程建设、国际贸易于一体的科技型、产业型、国际型企业集团。中材集团拥有“三大主导产业”:非金属材料制造业、非金属材料技术装备与工程业、非金属矿业。支撑集团产业发展的有“六大系列核心技术”——玻璃纤维技术、复合材料技术、人工晶体技术、先进陶瓷技术、新型干法水泥生产工艺及装备技术、非金属矿深加工工艺与装备技术。这些技术代表着中国在该领域的最高技术水平,部分技术在世界上处于领先地位。

目前,“中材集团”拥有13家国家级科研设计院所,拥有4个国家级企业技术中心,4个国家级工程研究中心,5个国家级产品质量监督检验中心,8个国家级计量认证测试单位,9个国家标准化技术委员会及标准技术归口单位;还拥有一批以中国工程院院士、全国工程设计大师领军的高素质人才队伍,包括国家有突出贡献的中青年专家、享受国务院特别津贴专家及教授级高级工程师500多名。

2008年,中材集团实现营业收入比上年增长30%,实现利润比上年增长54%,集团固定资产总额超过500亿元,提前两年完成预定指标。

(一)核心竞争力明显增强

最大主业保持国际先进水平,品牌和竞争力持续提升。2008年,集团的营业收入接近50%来自境外,新签境外合同超670亿元,技术装备工程业稳居全球第一。水泥余热发电、风电叶片和太阳能多晶硅关键材料等新能源产业发展迅猛,成为集团的新亮点。“中材节能”发展迅速。纯低温余热发电技术更加完善,全年签约合同金额超过15亿元,国内国外市场份额双超60%。“SINOMA”已成为国际知名品牌。

中材集团主要企业“中材国际”沙特SCC双万吨线、摩洛哥菲斯日产4 000吨生产线等一大批重大项目相继竣工投产,运行良好,“中材国际”2008年以突出的经营业绩入选首届中国资本榜及“2008年度中国上市公司综合竞争力第9位”;天津院有限公司建立了国内首家行业备件中心,营业收入和利润总额达到历史最好水平;成都院有限公司重点开拓西南、西北区域市场,新签项目合同总额同比增长201%,创历史新高;装备有限公司进一步拓展国际市场,先后签约了土耳其日产6 500吨熟料生产线、阿联酋UCC煤粉输送系统、阿曼OCC等项目;“南水院”、“中材建设”、“苏州中材”以良好的水平和业绩赢得海内外业主的认可,先后签约多个EPC项目。

(二)勇于承担社会责任

2008年,中材集团向南方雨雪冰冻灾区和汶川地震灾区捐款捐物总计超过3 000万元,并出资430万元在新疆、贵州援建了一批希望小学。

(三)积极应对金融危机

2008年,中材集团年初预判了全球金融危机对实体经济的影响,因此加强现金管理,加大收款力度,1~11月集团货币资金余额已达到184.6亿元,是2007年同期的2.5倍。有效地保证了集团正常运营。

(四)装备制造业再上新台阶

装备制造业不断提高性能及质量,规模水平再上新台阶。“中材国际”在完善唐山、徐州、淄博、成都、常熟、天津等制造基地的同时,启动溧阳和扬州基地建设。天津院研发和运行成功大型生料辊式磨、大推力燃烧器,天津院、成都院分别开发成功第四代冷却机等,“上饶中材”万吨级系列链斗机继续扩大国内外市场份额。

(五)科学布局 快速发展

水泥制造业把握形势,在优势地区新建、并购生产线,产能达到3 200万吨,已形成新疆、宁夏、粤西、湖南、江苏五大水泥和熟料生产基地。株洲、常德生产线点火投产,成功收购江西正大水泥公司,“长株潭”制造基地格局基本形成。“天山股份”继续巩固和扩大市场,高标号水泥在新疆市场占有率达80%以上,经济效益创新高。“宁夏建材”在银川、青铜峡各开工建设一条日产2 500吨水泥熟料生产线,在宁东建设年产100万吨水泥粉磨站,经济效益大幅提高,区域市场优势加强。

中国水泥工业排头兵——河北省冀东水泥集团有限责任公司

The Vanguard of Chinese cement industry – Hebei Jidong Cement Group Co.

【企业概况】河北省冀东水泥集团有限责任公司(下称公司)是中国建材行业的大型骨干企业之一,是中国水泥行业国家政策重点支持的12家全国性大型水泥集团之一,总资产100多亿元人民币,水泥年产能4 000万吨。公司先后荣获“全国优秀企业(金马奖)”、“全国‘五一’劳动奖状”、“国家资源利用先进单位”、“全国文明单位”、“环境优美工厂”、“国家精神文明建设先进单位”、“全国企业文化建设先进单位”等荣誉称号。

河北省冀东水泥集团有限责任公司前身河北省冀东水泥厂,是中国改革开放后第一个成功引进当时国际最先进工艺技术的全套新型干法水泥生产线企业,是1996年9月在河北省冀东水泥厂的基础上经河北省人民政府批准、按照现代企业制度组建的国有独资公司,始建于1979年。建厂以来,公司积极推动国内新型干法水泥的发展,致力于新型干法水泥生产线工艺和装备的研究与应用。第一个成功引进了当时国际最先进工艺技术的全套日产4 000吨熟料新型干法水泥生产线,并且成功地消化和驾驭了国内第一条全套引进的现代化新型干法生产工艺技术;第一个建成了中国第一条日产4 000吨熟料新型干法水泥国产化示范线,填补了国内自行设计、制造、安装日产4 000吨熟料新型干法水泥生产线的空白。同时为中国水泥行业培养和造就了一大批顶尖人才,为中国新型干法水泥工业发展起到了重要的示范和带动作用,被誉为“中国水泥工业排头兵”和“中国新型干法水泥工业的摇篮”。

目前,公司集水泥生产、装备制造、工程设计与建设、混凝土、房地产等多种经营为一体,已经发展成为横跨中国“三北”大地、并向国际化发展的大型综合企业集团。

(一)水泥板块

唐山冀东水泥股份有限公司是集团公司的核心企业、中国北方规模最大的水泥上市企业。公司以著名的“盾石”牌硅酸盐水泥为主导产品,其中包括:中标、英标、美标等通用硅酸盐水泥,道路、油井、博格板超早强等专用水泥,中热/低热、抗硫酸盐等特种水泥,三个系列几十个品种,产品享誉中国华北、东北、西北地区以及亚洲、北美、中东、非洲等国家和地区。2005年公司“盾石”商标被中国工商总局认定为“中国驰名商标”,也是中国建材行业最著名的品牌之一。首都国际机场、秦沈客运专线、京沪高速铁路、京津铁路客运专线、曹妃甸港口、北京奥林匹克中心等国家重点工程均应用了“盾石”水泥。

冀东水泥股份公司以国家建材产业政策为导向,在保持水泥主业竞争优势的同时,积极促进产品、产业优化升级,于2000年组建唐山盾石干粉建材有限责任公司,引进奥地利90年代国际先进的干粉砂浆生产线,年产全系列环保型“盾石”干粉砂浆15万吨,是中国最大的干粉砂浆生产企业。于2003年组建唐山冀东水泥外加剂有限责任公司,年产5 000吨水泥助磨剂、20 000吨混凝土外加剂,是国内为数极少的具有自主创新研发能力和自主知识产权助磨剂配方的助磨剂生产企业之一,也是全国最大的液体助磨剂制造商。

目前,股份公司正在快速发展,现已形成了以中国国内京津唐、吉林、辽宁、陕西、内蒙古五大区域为主的战略布局,在中国“三北”地区发展成为拥有30余家成员企业、总资产100多亿元、水泥年产能4 000万吨的跨地区、跨所有制和跨行业经营的集团化企业。公司综合竞争力持续走在行业最前列。企业的资源配置力、市场影响力、掌控力、整合力、成长性及抗风险力显著提高。预计到2010年底,公司水泥年产能将达到8 000万吨以上。到2012年底,水泥年产能预计将达到1.3亿吨,年产值400亿元以上,跻身世界前五大水泥集团行列。

(二)技术装备工程板块

唐山盾石机械制造公司是冀东水泥集团全资子公司、中国最大的水泥机械制造企业之一,其前身——唐山水泥机械厂始建于1910年,是中国创建最早、规模最大的水泥机械生产企业之一,曾研制了中国第一台水泥工业用回转窑、大功率减速机、鄂式破碎机、烘干机等产品,1985年制造出中国第一条日产2 000吨水泥生产线主机设备,使中国水泥生产设备国产化得以实现,被誉为“中国水泥机械的摇篮”。2001年,该公司进入冀东水泥集团后,按照现代企业制度深化了改革,加大了内部管理力度,运用新的经营理念正在不断发展壮大。目前,该公司年装备制造能力8万吨(成套能力10万吨),以日产2 500~10 000吨水泥生产线主机设备为主,涵盖冶金、化工、港口、环保、电力、矿山等行业设备,产品覆盖全国市场,并出口到美国等二十多个国家和地区。该公司被中国权威部门认定为水泥机械产品和全国环保设备产品定点企业及中国建材机械行业“龙头企业”，主导产品获“中国品牌”称号。

唐山盾石电气有限责任公司是冀东水泥集团控股子公司，总投资1.1亿元，其中一期投资6 000万元，产值2.6亿元，二期计划投资5 000万元，产值将达到6.8亿元。作为本公司和西门子制造工程中心有限公司的战略合作平台，引进西门子公司在电气自动化系统方面的最新技术和先进的管理经验，通过自主研发、设计，以国际先进的质量标准生产制造电气成套设备。公司经营范围包括：智能控制中心、电气控制中心、自动化控制系统装置、交直流传动设备、集装箱控制站、建材及其他工业领域电气自动控制系统等方面的设计、制造、安装、调试及服务。

集团公司在做大、做强、做优水泥主业的同时，充分利用产业优势、技术优势、人才优势、管理优势，优化资源配置，强化系统集成创新与服务，大力发展水泥工程产业。目前已拥有具备国内、国际工程总包资质的专业化的工程公司和河北建材设计研究院。公司相继承揽了“冀东海德堡扶风”二期日产5 000吨水泥熟料生产线总包项目和海德堡印尼水泥公司年产200万吨水泥粉磨生产线EP工程项目。公司在水泥生产线从工艺设计到装备研发制造、工程建设、安装调试“一条龙交钥匙”工程方面具备了雄厚的实力。

到2012年，公司装备制造能力达到35万吨、具备年承揽8条日产5 000吨以上水泥熟料生产线工程总包能力、1.5～3兆瓦风力发电机组制造能力达到1 000台套，实现工业总产值超过140亿元，成为具有国际知名的装备制造旗舰企业。

当今的“冀东水泥”是一个极具成长性的战略平台。公司秉承“共创、共赢”的核心价值观，以“让生活的基础更坚实”为宗旨，以“团结、创新、诚信、敬业”的企业精神，“紧扣市场、追求高效”，力求“为你做的多一点、细一点”。实现国有企业的可持续发展的战略目标，为国家经济腾飞做出新贡献。

【发展战略】冀东水泥集团以振兴中国水泥工业为己任，在持续推动中国水泥工业健康发展的同时，坚持以“可持续发展、开拓进取、走向世界”为战略目标，瞄准国际市场，制订并实施了“以水泥生产为主题，多元化发展为架构”的战略布局，致力于实现中国水泥工业的腾飞和中华民族的伟大复兴。到2012年底，水泥年产能预计将达到1.3亿吨，年产值400亿元以上，跻身世界前五大水泥集团行列。

2008年，股份公司完成熟料产量1 764万吨、水泥产量2 051万吨，同比分别提高28%和17%；销售水泥及水泥熟料2 063万吨，同比增长15%。实现净利润5.24亿元，同比提高24%。

2008年，水泥产能达到4 000万吨，实现了60%的大幅增长。公司在牢牢巩固北方市场领先地位的前提下，战略布局又拓展到了山西、湖南、重庆、山东等区域，发展范围扩大到了全国10个省(自治区、直辖市)，公司的区位、规模、资源等方面的比较优势进一步显现。

【专注研发　领先科技】一丝不苟，孜孜以求，“冀东”科研人员用精益求精的态度开发着每一款产品。

心诚所至，金石为开，国家级的科研资质正是“冀东水泥”的实力验证。

公司具备承担日产5 000吨以下生产线的工艺和电气自动化设计能力，在冀东水泥集团发展过程中，配合国内工程设计院先后完成了滦县公司日产5 000吨熟料线等十几条设计任务。

集团公司现有科研设计人员320人，研发领域涵盖水泥工艺、新型建材、机械、电气自动化、土建工程、金属和非金属材料工程等，集中全公司各专业顶尖人才，支持重大科研项目和工程设计项目。

公司拥有具备工程咨询甲级资质、工程设计乙级资质的河北省建筑材料工业设计研究院和成立于1990年的技术开发中心。

配合国内工程设计院于1996年建成了“冀东水泥”日产5 000吨第二条生产线，这是一条全套装备65%达到国产化的国内示范线。同时又对第一条日产4 000吨生产线进行技术改造，生产能力提高到了日产4 800吨。

物理检验

【协作共赢　强强汇聚】

“冀东”人以构建和谐社会的理念，视发展为己任，肝胆相照，实现共创共赢，与合作伙伴共同成长，一道迎接历史的发展机遇，营造美好的未来！

国内合作：

■ 在水泥行业与中国鞍钢集团合资组建了鞍山冀东水泥公司；

■ 与首钢京唐钢铁公司合资建设年产500万吨矿渣超细粉磨项目；

■ 与新加坡协宇集团签定了战略合作协议，在市场开拓、技术支持、设备供货方面进行合作。

国外合作：

■ 与俄罗斯科技生产力中心签订了战略合作协议，从设计装备制造、成套安装建设、生产运行调试等方面的合作已经全面展开；

2006 年与俄罗斯国家建筑科技生产中心签字仪式。

■ 与德国海德堡集团合资组建了冀东海德堡（扶风、泾阳）公司；

■ 与德国西门子公司签订了战略合作协议；

2003 年与德国西门子合作。

■ 与英国气候变化资本集团共同开发余热发电 CDM 项目；

■ 与日本株式会社共同开发电石渣 CDM 项目。

■ 与伯利鸠斯公司合作，作为其在亚洲的设备加工基地；

■ 与里海工程公司合作，在哈萨克斯坦建设水泥熟料生产线。

2004 年与哈萨克斯坦里海工程公司合作

■ 与印度尼西亚合作，承揽印度尼西亚水泥公司粉磨生产线 EP 工程合同。

2005 年与印度尼西亚水泥公司合作。

【企业的社会责任】2008 年，冀东水泥股份有限公司作为国家千家企业节能行动成员单位、河北省“双三十”节能减排承诺单位，积极响应国家政策和唐山市“创建全国首个科学发展示范区和人民群众满意的幸福之都”的号召，把建设资源节约型、环境友好型企业作为落实科学发展观、实现可持续发展的首要工作，按照国务院下发的《节能减排综合性工作方案》的有关要求，全面推广“绿色建材”模式，节能减排工作取得显著成效。公司吨水泥综合能耗达到 111.15 千克标煤，吨水泥可比综合能耗为 102.78 千克标煤，全年实现节能 6 598 吨标煤；减排二氧化硫 540 吨，双双超额完成年度考核指标。由于成绩突出，2009 年 3 月 19 日，中共河北省委、河北省人民政府下发了《关于 2008 年度“双三十”单位节能减排目标考核结果的通报》（冀字〔2009〕8 号），冀东水泥股份有限公司被评为 30 家被考核企业中惟一一家“节能减排目标考核优秀单位”。

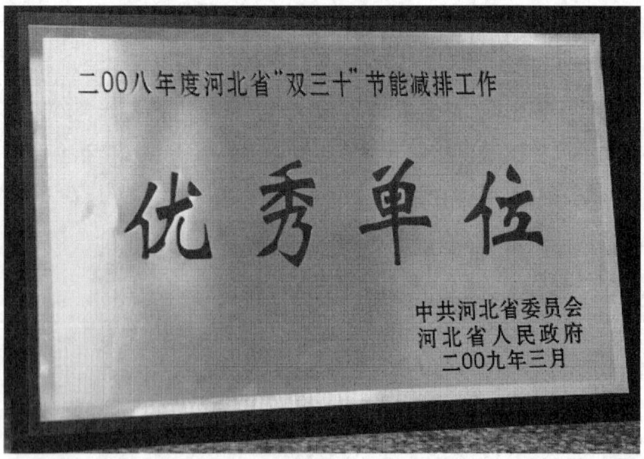

荣誉来自于扎实的工作。近三年来，公司先后投入8 000万元用于节能减排技术改造。主要实施了纯低温余热发电改造、低压电机节电改造、钢渣、矿渣配料、生产线窑尾密封改造等重点节能技改项目。可年节约标煤 3.1 万吨、减少二氧化硫排放 1 080 吨，实现节电效率 8% ~25%。公司充分利用新型干法水泥在生产工艺上的优势，最大限度地利用工业废弃物。矿山通过科学开采和优化配料方案，实现了剥离废石利用率100%。2008年，全公司消化钢渣、矿渣、粉煤灰等工业废渣900万吨；到"十一五"末，全公司年处理工业废渣量将达到2 000万吨以上，真正使水泥企业成为循环经济产业链上的重要一环，使水泥产业成为工业城市的"清道夫"。

淮海经济区最大水泥生产企业——中国联合水泥集团有限公司

The largest cement producing enterprise in Huaihai economic zone – China United Cement Group Co.

【企业概况】中国联合水泥集团有限公司（简称"中联水泥"）成立于1999年，它是中国建筑材料集团公司四大制造业板块之一，是中央企业最大的从事水泥生产制造的专业化公司。近年来通过联合、重组、技改、建设等发展方式，从成立之初仅有一家年产130万吨的水泥企业，成长为跨越山东、江苏、河南、河北、安徽等省，拥有代表世界先进水平的日产10 000吨级和多条代表国内先进水平的日产6 000吨级、日产5 000吨级新型干型水泥生产线的30余家水泥企业。截止到2008年底，中国联合水泥集团已拥有18家水泥熟料生产企业，20多家水泥粉磨企业，资产规模达到150亿元，水泥年产能突破4 000万吨，是国家重点扶植的大型水泥集团之一。

"中联水泥"作为在香港证券交易所H股上市公司——中国建材股份有限公司（HK3323）的重要业务板块，集水泥熟料生产基地、水泥粉磨生产基地、商品混凝土生产基地为一体。所属企业以统一的"CUCC"中联品牌和一体化的质量、环境、安全、计量认证标准，向客户提供一致性的产品品质和服务，并更好地为股东创造价值。

"中联水泥"致力于人与自然的和谐统一，愿与更多的有识之士、客户、供应商、科研设计方和行业同仁在多个领域合作共赢，推动水泥行业的健康发展。

发展目标：秉承"中国建材""善用资源、服务建设"的理念，以技术创新、管理创新和体制创新为核心，推动区域市场整合，把"中联水泥"建设成中国水泥行业的联合舰队。

2008年，是中国水泥行业继续加快结构调整、推进区域规模整合的重要一年，也是中国联合水泥集团有限公司（以下简称"中国联合水泥集团"）在"中国建材""善用资源、服务建设"的核心理念指引下，以"快速发展和利润实现"为目标，加快联合重组步伐的一年。根据"中国建材"战略部署，中国联合水泥集团积极推进联合重组，产能规模迅速提升，在山东、河南、苏北等目标市场的影响力和控制力显著提高。

"中联水泥"2008年大事记

2008年1月26日 中国联合水泥集团与华盛江泉集团有限公司山东江元水泥有限公司签订股权转让协议，重组设立临沂中联水泥有限公司。

2008年1月30日 中国联合水泥集团与曲阜市国有资产管理局签署股权转让协议，重组山东金鲁城水泥有限公司。

2008年3月3日 中国联合水泥集团与南阳恒新水泥有限公司联合重组协议签字仪式在南阳举行。

2008年4月1日 中国联合水泥集团光荣当选"2007年中国水泥界最具影响力中国水泥企业"。

2008年4月21日 重组安阳中联水泥有限公司。

2008年5月5日 "徐州中联"万吨线回转窑连续稳定高产运行已超过105.5天，平均日产10 700吨，创造了建成投产以来回转窑连续稳定运行新的历史记录。

2008年5月7日 中国联合水泥集团与即墨市双春水泥有限公司签署了《关于设立即墨中联水泥有限公司的出资协议书》，出资设立了青岛即墨中联水泥有限公司。

2008年7月1日 中国联合水泥集团与登封电厂集团有限公司签署协议，重组设立登封中联登电水泥有限公司。

2008年7月3日 "枣庄中联"日产5 000吨水泥熟料生产线奠基。

2008年7月12日 中国建材集团与北川羌族自治县战略合作框架协议签字仪式暨"中国联合水泥""北川中联"年产200万吨水泥项目开工仪式在四川省北川羌族自治县擂鼓镇举行。

2008年8月6日 "洛阳中联"日产4 500吨熟料水泥

生产线奠基仪式在汝阳隆重举行。

2008年8月7日　“徐州中联”第二条日产10 000吨新型干法水泥熟料生产线带配套余热发电节能环保综合项目合作框架协议签字。

2008年8月25日　中国联合水泥集团与山东方大工程有限责任公司签署《关于山东东华水泥有限公司的股权转让协议》，“中国联合水泥”与淄博矿业集团签署了《关于山东东华水泥有限公司的增资扩股协议》，联合重组山东东华水泥有限公司。

2008年8月25日　中国联合水泥集团与淄博矿业集团埠村煤矿工会委员会签署《关于济南万华水泥有限公司的股权转让协议》，联合重组济南万华水泥有限责任公司。

2008年8月29日　中国联合水泥集团与香港浩万有限公司签署《关于河南天广水泥有限公司的股权转让协议》，联合重组郏县中联天广水泥有限公司。

2008年9月10日　中国联合水泥集团与安县浮山水泥有限公司、签署《合作框架协议》，重组设立安县中联水泥有限公司。

2008年11月1日　中国联合水泥集团篮球代表队获得中国建材集团首届“巨石杯”男子篮球比赛冠军。

2008年11月28日　“青州中联”日产12 000吨水泥熟料生产线二期工程奠基仪式在“青州中联”隆重举行。

2008年12月25日　中国联合水泥集团重组莒县日广水泥熟料有限公司。

“中国联合水泥”众志成城支援抗震救灾

“中国联合水泥”2008年支援抗震救灾情况

2008年5月12日　四川汶川县发生8.0级强烈地震，造成了巨大的经济损失和人员伤亡。时间就是生命，抗震救灾，人人有责。中国联合水泥集团有限公司（以下简称“中国联合水泥”）本部及所属近20家重点企业积极响应党中央、国务院、国资委、“中国建材”支援四川灾区抗震救灾的号召，迅速行动起来，公司领导、共产党员积极带头，广大员工踊跃参加，充分发扬了一方有难，八方支援的中华民族传统美德，大家纷纷献出爱心，捐出善款，帮助地震灾区群众渡过难关，重建家园。

在这次的募捐活动中，截止到2008年5月28日，“中国联合水泥”本部单位捐款60万元，所属企业单位捐款90万元；“中国联合水泥”本部及各所属企业以个人的名义捐款789 235.5元（其中：公司本部46名员工捐款34 450元；各所属企业8 868名员工，捐款754 785.5元），总计金额2 289 235.5元。

2008年5月23日　“中国联合水泥”党委、各所属企业党委、党总支、党支部按照国资委、中国建材集团党委及地方党组织的通知精神，又在全体共产党员中开展了交纳“特殊党费”支援抗震救灾活动，“中国联合水泥”全体党员积极参加，踊跃交纳“特殊党费”。“中国联合水泥”党委及各企业党组织共有1 486名党员同志交纳了“特殊党费”，总计金额292 107元（其中：交纳1 000元以上的党员82名，交纳金额120 610元）。

“中国联合水泥”及各所属企业在积极做好为四川地震灾区募捐和交纳“特殊党费”等工作的同时，还及时按照“中国建材”5月24日会议精神，认真研究“中国联合水泥”能为地震灾区的恢复和重建做哪些工作。公司董事长、党委书记崔星太要求“中国联合水泥”各企业党组织和全体员工积极行动起来，在灾区的恢复和重建工作中，做出我们应有的贡献。他指出：首先，要全力以赴，积极援助救灾，按照“中国建材”的统一部署，发挥各企业在技术上的优势，根据需要积极为灾区同行业企业免费提供技术服务和人员支持；其次，要积极协助灾区的水泥企业恢复生产，包括对水泥窑炉的砌筑和加固，对机电设备的检修等维护保障支持服务工作。

为支援四川地区抗震救灾，支持灾后重建工作，为灾后重建提供高质量的建筑材料，地震发生后不久，中国联合水泥集团按照“抗震救灾，建材先行”的总体工作要求，着手规划在受灾较严重的北川县、安县各建一条日产4 800吨水泥熟料生产线，在成都青白江区建设一座以消耗废矿渣及废粉煤灰为主的资源综合利用水泥粉磨项目。2008 年 7 月 12 日，中国联合水泥集团在北川县擂鼓镇举行了“北川中联”日产 4 800 吨水泥熟料生产线项目开工仪式，奏响了北川灾后重建的序曲。“北川中联”日产 4 800 吨新型干法水泥项目是绵阳市第一条年产 200 万吨水泥生产线，也是整个“5. 12”地震极重灾区开工新建的第一条新型干法水泥生产线，该项目将于 2009 年 10 月建成投产，投产后对保证北川灾后重建顺利进行具有重大现实意义。按照计划，安县中联水泥有限公司日产 4 800 吨新型干法水泥熟料生产线、成都中联水泥有限公司资源综合利用项目将于 2009 年相继开工建设。

中国西南地区水泥行业领军企业——拉法基瑞安水泥有限公司

The leading enterprise of cement industry in south west China - Larfage Ruian Cement Co. Ltd.

拉法基瑞安水泥有限公司(下称“拉法基瑞安”)于 2005 年 11 月 9 日正式成立，它集合了世界建筑材料行业的领袖企业拉法基集团和香港瑞安建业有限公司各自在中国的水泥资产，从而成为中国西南地区水泥行业新的领军企业。

公司总部位于北京，下属北京、重庆、四川、贵州和云南 5 个运营单位，拥有 21 家水泥厂、2 400 万吨年生产能力及约 10 000 多名员工。公司的目标是成为员工和客户首选的公司以及社区受欢迎的伙伴。

【“拉法基瑞安”的行动与承诺——可持续发展】

“拉法基”认为，只有走可持续发展之路，真正关注环境并受到公众的认可，才能不断取得成功。为此，拉法基集团在 170 多年的发展中，始终坚持在可持续发展战略的基础上寻求发展，实现企业发展与环境保护的和谐统一，成为连续 5 年荣登“全球百家最具可持续发展公司”的惟一建材公司。2007 年，拉法基集团在全球开始推行“2012 可持续发展远景”，包括致力于在中国坚持可持续发展。一脉相承拉法基集团在可持续发展方面的理念，“拉法基瑞安”始终将实现经济效益、社会责任、资源利用以及环境保护的协调一致作为公司可持续发展的核心。与拉法基集团“2012 可持续发展远景”一致，“拉法基瑞安”在可持续发展方面有六个关键领域——关注安全、员工发展、节能减排与矿山恢复、优化生产、关注客户及企业社会责任，并在每个方面都提出了明确目标，对每个环节进行了全面细致的规划。“拉法基瑞安”希望通过在以上六个关键领域的努力工作成为中国建材行业内坚持可持续发展的典范。

主要关注点：

一、关注安全

安全是“拉法基瑞安”的核心价值，是重中之重，是企业文化的基石，也是公司实现可持续发展的首要任务。所有“拉法基瑞安”工作的员工都有权获得安全、健康的工作环境，同时也必须为营造这一环境负责。

自成立以来，“拉法基瑞安”始终将安全放在首位，零事故是所有工厂应予实现的目标。公司首先对所有工厂进行了安全评估，建立了包括总部、运营单位及工厂等各个层面在内的安全管理团队，并制订了一套完整而详细的安全规则加以实施。“拉法基瑞安”还为每个员工配备了个人安全防护用品及安全手册，并针对所有员工进行了大量的安全培训以提高他们安全技能和安全意识。自 2005 年成立至今，公司在安全方面取得了显著的成效，事故发生率降低幅度超过 70%。并且，已有 5 家工厂实现了连续一千天无损工时事故的纪录。

为了提高员工的安全意识，加强安全文化，“拉法基”从 2008 年起将每年的 6 月份定为集团的“安全月”，在全球业务范围内开展安全文化推广活动。在 2008 年安全月期间，“拉法基瑞安水泥”以“我关注我们的安全”为主题，在所有工作场所(包括工厂、分公司和总部)组织了形式多样，丰富多彩的各种活动，共有约 10 000 名的员工以及员工家属、合同方、合作伙伴、政府官员和其他利益相关方参与了公司“安全月”的相关活动，并通过参与各种活动，对“拉法基”的安全理念和安全价值观有了更深层次的理解。

2008年1月25日,公司对获得2007年度最佳安全团队进行表彰。

作为公司的核心价值,“拉法基”的安全理念不只是关注生产和工业安全,还涉及公司员工及家庭成员、合同方、社区伙伴等一切与“拉法基”相关的对象,体现出了“拉法基”安全文化的社会内涵。

2008年1月25日,公司对获得2007年度最佳员工进行表彰。

2008年1月12日,公司对业绩突出的员工颁发“2007年度安全之星奖”。

2008年1月12日,公司对做出杰出贡献的员工和团队进行表彰并颁发“2007年突出贡献奖”。

2008年1月29日,“拉法基瑞安水泥”重庆BU新春团拜会暨表彰大会对获得2007年度安全优秀员工、优秀管理人员和创新贡献奖的36名员工进行表彰。

二、员工发展

员工是“拉法基瑞安”最珍贵的财富,具有专业技能和能动性的员工团队是“拉法基瑞安”成功的关键。秉承拉法基集团多元本土化管理的理念,“拉法基瑞安”大力启用本地管理人员(其中包括工程师和技术人员),各分公司的主要管理人员中本土人才的比例更是达到90%。本土人才对本土市场和文化背景的深度理解,为公司带来了业务发展上的优势。公司还为员工创造在相互信任、尊重、对话和团队合作的基础上全面参与、互相支持的工作环境,并赋予员工激励性、挑战性的责任。

为了促进员工的职业发展和集团业绩的增长,“拉法基”一直以来将培训看作是公司的长期投资,在提高员工工作技能的同时,加强员工适应外界迅速变化的能力,最终培养拉法基未来的领导人。“拉法基”提供的培训项目丰富多样,如获得集团“最佳员工参与项目”奖的“融入集团”、“集团人才库最佳贡献奖”的学校工厂等,这些培训带动了管理人员、技术人员以及一线员工工作技能的提高和发展,同时也增强了员工的积极性。以2008年为例,为员工提供培训的总时长达16.5万个小时,用于培训的费用更是达到700多万人民币。

三、节能减排和矿山恢复

长期以来,“拉法基瑞安”秉承拉法基集团环境方针,承诺保护环境和人类健康,积极贯彻中国政府节能减排政策,发展循环经济,努力减缓气候变化,保护自然,并在“2012可持续发展远景”中设立了具体的环境管理目标。

为了实现保护环境和人类健康的承诺,2005~2008年间,“拉法基瑞安”共关闭了38条高耗能、高污染的立窑、湿法窑落后生产线,同时投资36亿元人民币用于技术更新和兴建新型干法生产线。水泥厂吨熟料的粉尘、氮氧化物、二氧化硫的排放量分别削减了76%、39%和60%。

为了实现减缓气候变化、发展循环经济的承诺,“拉法基瑞安”按照中国《循环经济促进法》和《应对气候变化国家方案》对水泥工业的要求，积极发展新型干法窑外分解技术，采用节能粉磨设备和水泥窑余热发电技术，淘汰立窑、湿法窑等落后水泥生产工艺，利用可燃废弃物替代矿物燃料，综合利用工业废渣和尾矿，积极协助地方政府利用水泥窑协同处置市政污泥。

“拉法基瑞安”的矿山恢复计划，是让矿山在开采后依然可以恢复到原有的自然状态，重新焕发勃勃生机。“拉法基瑞安”还承诺到2010年，为85%的矿山制订矿山恢复计划，在严格执行拉法基集团标准的同时，主动征求地方政府的意见，并根据计划每年预留相应的资金用于计划的实施。

四、优化生产

改造落后生产设备，采用新技术，不仅能够节约资源（燃料、电力等），还能对生产过程中产生的粉尘、废气、废水等实现有效控制，是实现可持续发展的关键点。

“拉法基瑞安”非常注重生产环节的设备改造和技术升级，因为改造落后生产设备，采用新技术，不仅能够节约资源，还能对生产过程中产生的粉尘、废气、废水等实现有效控制，是实现可持续发展的关键点。其目标是在2012年将水泥年产能扩大到6 000万吨，优化生产是实现这一目标的重要手段。

提高干法窑运转率是优化生产的一个重要指标。与传统的回转窑和立窑技术相比，新型干法窑具有生产能力大、自动化程度高、产品质量高、能耗低、工业废弃物利用量大等优点。干法窑能够实现余热发电，这与“拉法基瑞安”注重节能环保的理念不谋而合，是“拉法基瑞安”打造可持续发展的企业模式的再次体现。

“拉法基瑞安”通过对原“瑞安”下属水泥厂的有效整合，关闭了几十条落后生产线，并大规模采用新型干法水泥生产线，节能减排效果突出。

据统计，从2006年到2008年，“拉法基瑞安”的干法窑可靠性系数从91.5%提高到了97.5%。在能耗方面，每年可节省标准煤8 845吨，相当于减少二氧化碳排放22 000吨，同时每年还可节约用电2 000万千瓦时。

“拉法基瑞安”通过技术改进以优化生产，一方面是为了进一步满足市场需求，另一方面也为公司履行企业社会责任、贯彻节能环保的可持续发展理念提供了坚实的基础。

五、关注客户

“拉法基瑞安”不仅承诺为客户提供可靠的、创新的、高性价比的产品，同时希望成为客户的合作伙伴，与他们一同关注安全和环境保护。

“拉法基瑞安”良好的品牌美誉度来自于产品的高标准和高品质，其产品的稳定性、耐久性、适应性等指标始终是同类产品的翘楚。为了保障这些优势的一贯性，“拉法基瑞安”特别成立了业界首家混凝土实验室，产品出厂不但做水泥的相关试验，还要做混凝土试验，以预见在预拌混凝土时产生的波动，并及时通知客户调整配合比。“拉法基瑞安”还是混凝土外加剂性能检验的专用材料——基准水泥的惟一生产厂家。此外，“拉法基瑞安”还是国内第一家设立技术支持经理职位的企业。通过分享“拉法基”跨国集团的技术、服务及经验，经过多年的运作经营，“拉法基瑞安”已在国内确立了良好的品牌知名度，参与了诸多大型项目的建设，包括天安门广场改造，北京2008奥运会主会场－鸟巢工程，中央电视台新办公楼，北京电视台新办公楼，四川省紫萍铺大坝，重庆希尔顿酒店等。

“拉法基瑞安”旗下的所有分公司每年还为客户举办一次安全研讨会，与客户探讨安全的重要性。公司还通过每年一次的“客户满意度”了解客户需求以及对公司的期望。与此同时，公司还不断帮助客户认识和使用能够在生产过程中较多利用混合材的水泥产品，并积极进行产品研发，与客户共同进行新产品测试和应用探讨。

六、企业社会责任

“拉法基瑞安”在环保方面的努力，无疑是其担负社会责任的最重要的表现；但在防治艾滋病、保护野生动物、推动教育等方面，也做了大量工作。2006年以来，相关赞助费已超过2 000万元人民币。“拉法基瑞安”在四川汶川大地震后的表现更是承担企业社会责任的具体表现。在汶川大地震之后的第三天，拉法基瑞安水泥有限公司宣布向在5月12日遭受严重地震灾害的四川都江堰市和绵阳市分别捐赠1 000万元人民币和500万元人民币，用于紧急购买赈灾必需品。同时为帮助四川受灾员工，公司还立刻启动了面向在中国的11 000名员工的自发捐款活动，并承诺会继续追加与员工捐款数额相等的款项，以帮助他们渡过难关。“拉法基瑞安”还在抗震自救的同时，还组织员工积极加入到当地社区的救援工作中，不但为国家减少了损失，还挽救了更多的生命，为保证当地居民的正常生活做出了积极贡献。都江堰厂和江油厂厂长也因此分别获得了“都江堰市抗震救灾先进集体”和“5.12抗震救灾先进个人”的称号。

与此同时，“拉法基瑞安”还以最快的速度开展了灾后重建的工作。拉法基瑞安公司都江堰工厂大部分员工的住房

在"5 · 12 地震"中损毁，为了减轻政府的负担，并让员工能够早日恢复正常的生活，"拉法基瑞安"在震后立即开始修建"拉法基家园"用于安置受灾员工。经过两个多月的努力，完工的"拉法基家园"内共包括 300 多套安置房，房间总面积超过 7 000 多平米，每套安置房内均有独立的卫生间和厨房，并配备了基本生活用品，可满足其员工的基本生活需求。此外，园区内还配备了篮球场，乒乓球台等活动设施以丰富员工的业余生活。"拉法基家园"内所有安置房均符合防震、防火、防风、防雨、防寒要求，使用期限在三年以上。

"拉法基瑞安"还致力于文物保护的工作，都江堰拉法基水泥厂共先后投资了 620 万人民币用于保存在施工中发掘出的一座距今 800 多年的宋代瓷窑文物，并修建了一所博物馆，现博物馆已对外开放。

与此同时，"拉法基瑞安"还联合商务部，为四川省仪陇县朱德故乡的两所希望小学捐款捐赠 63 万元用于改善学校的教学设施；连续 3 年赞助重庆大学生绿色夏令营；投资 100 万元与重庆当地社区共同开办就业与再就业培训班，帮助提高当地人员的再就业能力。此外，公司还连续 5 年为四川龙溪虹口大熊猫基地捐款等一系列的公益事业，为构建和谐社会贡献了自己的力量。

七、创新，发展的原动力

创新是企业不断发展的原动力，只有创新才能使"拉法基"在行业和市场上始终处于领先的地位。

建在法国里昂的研发中心是拉法基集团的技术智囊所在，同时拉法基集团在马来西亚首都吉隆坡设有亚洲技术中心。目前"拉法基"已在北京建立了亚洲技术中心的分支机构，能够将最新的研究成果第一时间传递到中国，提供最新的产品研发信息，满足市场需求。亚洲技术中心的北京分支机构、充分体现了"拉法基"对创新的不懈追求，以及对中国市场及用户的高度重视与承诺。

"拉法基瑞安水泥"自成立以来，始终坚持以客户为中心、重视员工的成长、注重与各利益相关方及股东共同发展为首要原则。凭借拉法基集团优秀的工业体系、先进的研发和生产技术、管理经验，"拉法基瑞安水泥"将为飞速发展的中国市场构筑一道厚重的建筑基石。

四川省最大规模水泥生产基地——四川峨胜水泥股份有限公司

The largest scope cement producing base in Sichuan Province – Sichuan Ersheng Cement Co. Ltd.

【企业概况】四川峨胜水泥股份有限公司(简称公司)始建于 1985 年 2 月，现有资产 30 亿元，员工 2 600 余人，年产水泥 720 万吨，是四川省内最大规模的水泥生产企业。自 2000 年转型发展新型干法水泥以来，公司已建成投产 5 条新型干法生产线，是四川省水泥行业结构调整示范单位和新型干法水泥优秀企业。目前，公司正在建设两条日产 4 600 吨熟料新型干法水泥生产线，计划 2009 年年底和 2010 年 3 月投产。公司先后被评为全国建材行业先进集体、四川省质量管理先进企业、四川省质量信用 AAA 级企业、四川省优秀诚信企业；通过了 ISO9001 质量管理体系、ISO14001 环境管理体系和 GB/T28001 职业健康安全管理体系认证；是四川名牌和四川省著名商标获得单位；连续两年被评为四川省支持国家重点工程建设优秀供应商，是省内通用水泥和大坝水泥最大供应单位。

【工作综述】

1、经济效益再创新高

2008 年，公司秉承"合力奋进，艰苦创业，务实求效，勇于争先"的企业精神，坚持"一手抓经营，一手抓技改"，在全体员工的共同努力下，克服各种困难，创造性地开展工作，不断深化改革和加强企业管理，生产经营取得良好成绩，技改项目顺利推进，企业步入又好又快的发展之路。2008 年，公司累计销售水泥和熟料 284.39 万吨，比上年增加 79%，实现销售收入 11.089 6 亿元，比上年增加 70%，利润 3.353 9 亿元，比上年增加 385%，上缴税金 1.491 4 亿元，比上年增长 219%。

各项指标表明，随着公司生产规模的扩大，公司生产经营业绩快速提升，已具备很强的运营能力和盈利能力，为打造千万吨级规模水泥企业奠定了良好的经济基础。

已投产的3条日产4 600吨新型干法水泥生产线

2、产能快速增加

公司积极响应国家产业调整政策，淘汰落后产能，建立新型干法水泥生产线。从2006年起，在三年时间内建成投产了3条日产4 600吨新型干法水泥生产线。

2008年，公司认真分析研究国际国内金融危机形势，科学调整发展战略，瞄准中央扩大内需和灾后重建大好机遇，全力以赴加快三、四、五期日产4600吨新型干法水泥生产线建设进度。目前，三期工程已点火投产，四、五期工程已开工建设，预计在2009年12月和2010年3月建成投产。届时，公司产能将达1 100万吨，成为西南地区最大规模水泥生产基地。

四、五期2条日产4 600吨新型干法水泥项目开工仪式

3、节能减排和循环经济成效显著

水泥工业是资源主导型基础原材料工业，其工作重点是资源利用和环境保护。公司自成立以来以资源综合利用为中心，在发展循环经济、促进企业可持续发展方面积极探索。

公司充分利用新型干法水泥生产线技术优势，大力开展资源综合利用，现有的5条生产线每年可消化周边地区的煤矿、钢铁、火电厂等工矿企业生产煤矸石、矿渣、粉煤灰等固体废物100万吨。每条日产4 600吨干法水泥生产线上，公司均配套建设了全国同规模生产线最大的纯低温余热发电站，年发电8 060万千瓦时，解决生产线35%以上用电，直接创收4 000万元人民币。目前，公司余热发电站规模已达35兆瓦，年发电2.4亿千瓦时，2010年将达58兆瓦。年发电4亿千瓦时。在4.7公里矿山输送皮带上，公司还利用500米自然高差进行势能发电，每小时发电功率约为1 500~1 750千瓦，年可发电868万千瓦时，待二期皮带建成后，年发电量将达1 700万千瓦时。

一期灰石输送皮带

4、技术水平快速提升

公司技术中心成立于2005年3月28日。中心设主任1名，由公司董事长、总经理(高级工程师)熊建华担任，设常务副主任1名，副主任3名，由公司相关分管领导及部门负责人担任。固定技术类员工79人(参与科技活动人员可达426人)，占公司职工人数的3.64%，成员中包括工艺、质量、机械、电气、自动化等方面的专业人才，此外聘请国内知名科研院所、高校资深专家、教授作为有力后盾。

目前，“峨胜”技术中心已成为公司高层次、高水平的技术开发和研究机构，已被认定为省级企业技术中心，是四川省内水泥行业最先进的技术中心。“峨胜”技术中心以自主创新为本，努力服务于公司工程建设和企业发展，求真务实，开拓创新，不断地增强企业市场竞争力，推动节能减排技术发展做出贡献。

5、社会效益日益显著

“峨胜”的发展带动和促进了周边机械、汽配、物流、第三产业等相关行业和地方经济的腾飞，取得了显著的社会效益。

“5·12”汶川特大地震发生后，公司积极组织爱心捐款活动，主动克服水泥供应紧张困难，主动“限价”，稳定水泥市场，响应上级号召和指挥，积极提供救灾援助，全力支持抗震救灾和灾后重建，得到了各级领导的高度认可，赢得了社会各界的广泛赞誉。地震发生后，公司和员工累计捐款88万余元。地震发生后的一个月内，公司向灾区无偿援助水泥近千吨。为此，公司获得了由四川省人事厅、四川省工商行政管理局、四川省个体私营经济协会联合授予的“四川省抗震救灾先进私营企业”。

同时，公司还创建了帮扶和助学基金，每年均会定期开展帮扶助学活动，积极支持社会主义新农村建设。

【战略发展目标】

公司发展战略清晰。目前短期目标是完成四、五期2条日产4 600吨新型干法水泥生产线的建设，打造西南地区千万吨级水泥生产基地；中期目标是深入研发中热水泥、低热水泥等特种水泥，建设六、七期大坝水泥生产线，做“中国最好的大坝水泥”生产企业；长期目标是以提升技术水平和技术进步为依托，实现企业的可持续发展，打造百年“峨胜”。

2008 年全国投产新型干法水泥生产线(按规模排列)

New type dry Cement process production line put into production in China in 2008 (arranged per scale)

总序号	序号	企业名称	建设地点	建设规模(t/d)	熟料产能(万 t/年)	投产日期
	一	5 000t/d 规模及以上				
1	1	江苏鹤林水泥有限公司二线	江苏宜兴	6 000	186.0	2008.11
2	2	台泥(英德)水泥有限公司二期四线	广德清远英德	6 000	186.0	2008.01
3	3	台泥(贵港)水泥公司一期 A 线	广西贵港市覃塘区黄练镇	6 000	186.0	2008.06
4	4	台泥(贵港)水泥公司一期 B 线	广西贵港市覃塘区黄练镇	6 000	186.0	2008.07
5	5	台泥(贵港)水泥公司二期 C 线	广西贵港市覃塘区黄练镇	6 000	186.0	2008.11
6	6	台泥(贵港)水泥公司二期 D 线	广西贵港市覃塘区黄练镇	6 000	186.0	2008.12
7	7	河北奎山水泥集团有限公司二期	河北临城县盘石岗	5 000	155.0	2008.06
8	8	冀东水泥丰润公司三期一线	唐山丰润刺山	5 000	155.0	2008.10
9	9	冀东水泥丰润公司三期二线	唐山丰润刺山	5 000	155.0	2008.11
10	10	冀东水泥丰润公司三期三线	唐山丰润刺山	5 000	155.0	2008.12
11	11	鹿泉市曲寨水泥有限公司	河北鹿泉	5 000	155.0	2008.12
12	12	阿荣旗蒙西水泥有限公司一期	内蒙呼伦贝尔市阿荣旗	5 000	155.0	2008.11
13	13	内蒙乌兰水泥有限公司	内蒙乌兰察布集宁区	5 000	155.0	2008.08
14	14	大连水泥集团公司搬迁项目	大连金州区七顶山乡	5 000	155.0	2008.04
15	15	大连天瑞水泥有限公司二线	大连长兴岛临港工业区	5 000	155.0	2008.04
16	16	辽阳天瑞水泥有限公司一线	辽宁辽阳	5 000	155.0	2008.11
17	17	辽宁交通水泥有限公司(公路水泥厂)	辽宁本溪火连寨	5 000	155.0	2008.03
18	18	辽宁恒威水泥集团二线(富山水泥集团?)	辽宁辽阳西大窑镇上缸窑村	5 000	155.0	2008.08
19	19	亚泰水泥有限公司 2300 万吨扩建一线	吉林双阳	5 000	155.0	2008.11
20	20	吉林亚泰明城水泥有限公司二线	吉林明城	5 000	155.0	2008.12
21	21	宜兴市双龙水泥有限公司	江苏宜兴	5 000	155.0	2008.01
22	22	溧阳市金峰集团宏峰水泥有限公司五线	江苏溧阳	5 000	155.0	2008.09
23	23	溧阳市金峰集团宏峰水泥有限公司六线	江苏溧阳	5 000	155.0	2008.09
24	24	溧阳市金峰集团宏峰水泥有限公司七线	江苏溧阳	5 000	155.0	2008.09
25	25	浙江水泥长兴有限公司二线(中国建材)	浙江长兴	5 000	155.0	2008.01
26	26	浙江水泥常山有限公司二线(中国建材)	浙江衢州常山	5 000	155.0	2008.09
27	27	浙江虎山集团水泥公司	浙江衢州	5 000	155.0	2008.12
28	28	浙江桐庐红狮水泥有限公司一期	浙江桐庐	5 000	155.0	2008.12
29	29	浙江长兴锦龙水泥公司二线	浙江长兴	5 000	155.0	2008.03
30	30	池州海螺水泥公司(三期)五线	安徽池州	5 000	155.0	2008.03
31	31	荻港海螺水泥有限公司四线	安徽芜湖繁昌荻港	5 000	155.0	2008.04
32	32	巢湖海昌水泥股份有限公司一期	安徽巢湖银屏镇	5 000	155.0	2008.12
33	33	盘景水泥有限公司一线	安徽巢湖和县石杨镇	5 000	155.0	2008.12
34	34	安徽赢浦金龙水泥有限公司一线	安徽巢湖	5 000	155.0	2008

续 表

总序号	序号	企业名称	建设地点	建设规模（t/d）	熟料产能（万 t/年）	投产日期
35	35	安徽赢浦金龙水泥有限公司二线	安徽巢湖	5 000	155.0	2008
36	36	戈阳海螺水泥有限公司一线	江西戈阳县	5 000	155.0	2008.07
37	37	高安红狮水泥有限公司二线	江西高安	5 000	155.0	2008.11
38	38	山东丛林集团水泥有限公司二线	山东龙口	5 000	155.0	2008.04
39	39	山东申丰水泥集团(枣庄沃丰公司)	山东枣庄西王庄乡	5 000	155.0	2008.03
40	40	淄博矿业集团东华水泥公司二线	山东淄博	5 000	155.0	2008.05
41	41	沂州水泥集团费县项目一线	山东费县	5 000	155.0	2008.12
42	42	卫辉天瑞水泥有限公司二线	河南新乡市卫辉	5 000	155.0	2008.03
43	43	天瑞集团光山水泥有限公司一线	河南信阳光山县马畈镇	5 000	155.0	2008.11
44	44	河南郑州新登集团一期	河南登封市宣化镇	5 000	155.0	2008.03
45	45	河南锦荣水泥有限公司三门峡一线	河南三门峡陕县张茅乡	5 000	155.0	2008.05
46	46	华新信阳水泥有限公司	河南信阳	5 000	155.0	2008.08
47	47	卫辉春江水泥有限公司	河南辉县唐庄工业园区	5 000	155.0	2008.04
48	48	葛洲坝荆门水泥有限公司一线	湖北荆门东宝区子陵镇	5 000	155.0	2008.11
49	49	隆回县雪峰水泥有限公司	湖南隆回县	5 000	155.0	2008.01
50	50	石门海螺水泥有限公司(一期)一线	湖南常德石门新关镇	5 000	155.0	2008.10
51	51	中材株洲水泥有限公司一线	株洲荷塘区仙庾镇	5 000	155.0	2008.10
52	52	塔牌集团惠州龙门二线	惠州龙门萍陵镇	5 000	155.0	2008.08
53	53	广西华润水泥南宁公司二线	广西南宁双定镇	5 000	155.0	2008.12
54	54	华盛天涯昌江水泥有限公司二线	海南昌江	5 000	155.0	2008.10
55	55	重庆金江水泥有限公司二期	重庆铜梁县	5 000	155.0	2008.12
56	56	四川峨胜水泥有限公司 5 000×5 二期	乐山峨眉山市	5 000	155.0	2008.11
57	57	陕西安康尧柏水泥有限公司	陕西安康旬阳县柏柳镇	5 000	155.0	2008.12
58	58	冀东海德堡(泾阳)水泥有限公司二线	陕西泾阳县王桥镇	5 000	155.0	2008.11
59	59	冀东海德堡(扶风)水泥有限公司二线	陕西扶风县天度镇	5 000	155.0	2008.11
		59 条生产线		301 000	9 331.0	
	二	**4 000t/d 规模及以上**				
60	1	亚东四川水泥公司二线	四川彭州	4 200	130.2	2008.12
61	2	大连金刚天马水泥公司	辽宁大连瓦房店市炮台镇	4 000	124.0	2008.05
62	3	江西赣州圣塔水泥有限公司二线	江西赣州信丰	4 000	124.0	2008.10
63	4	江西锦溪水泥有限公司二线	江西景德镇	4 000	124.0	2008.11
64	5	河南安阳湖波水泥公司三线	河南禹州市	4 000	124.0	2008.11
65	6	安阳海煌水泥有限公司	河南安阳市	4 000	124.0	2008.05
66	7	邓州花洲建材有限公司	河南南阳松潘县	4 000	124.0	2008.05
67	8	京兰集团三源水泥有限公司二线	湖北长阳县	4 000	124.0	2008.11
68	9	曲靖师宗昆钢嘉华水泥项目	云南曲靖师宗	4 000	124.0	2008.12
		9 条生产线		36 200	1 122.2	
	三	**3 000t/d 规模及以上**				
69	1	江西万年青股份有限公司 5#窑	江西万年县	3 000	93.0	2008.10
70	2	山东铝业公司水泥厂二线	山东淄博	3 000	93.0	2008.12

续 表

总序号	序号	企业名称	建设地点	建设规模（t/d）	熟料产能（万 t/年）	投产日期
71	3	中联淅川水泥厂	河南南阳淅川县	3 000	93.0	2008.05
72	4	重庆小南海水泥厂三线	重庆大渡口区跳蹬镇	3 000	93.0	2008.02
73	5	兴义市泰安水泥有限公司	贵州兴义市郑屯镇	3 000	93.0	2008.07
74	6	贵州大龙（韶奉）科特林水泥有限公司	贵州玉屏县	3 000	93.0	2008.09
75	7	云南红塔滇西水泥股份有限公司四线	云南大理	3 000	93.0	2008.06
76	8	青松建化阿克苏水泥项目	新疆阿克苏	3 000	93.0	2008.12
		8 条生产线		24 000	744.0	
	四	**2 000 ~ 2 500t/d 规模**				
77	1	京隅集团赞皇县水泥项目一线	河北赞皇县五马山工业园	2 500	77.5	2008.07
78	2	河北蔚县基弘水泥有限公司	河北蔚县	2 500	77.5	2008.11
79	3	河北抚宁县信合水泥厂	河北秦皇岛市抚宁县石门寨	2 500	77.5	2008.07
80	4	山西吉港宝石水泥有限公司一线	山西文水县开栅镇	2 500	77.5	2008.05
81	5	阳泉亚美水泥有限公司	陕西阳泉市	2 500	77.5	2008.06
82	6	辽宁银盛水泥有限公司	辽宁灯塔市	2 500	77.5	2008.07
83	7	黑河海豹水泥有限公司一线	黑龙江嫩江多宝山矿区	2 500	77.5	2008.10
84	8	郎溪苏特水泥有限公司	安徽郎溪	2 500	77.5	2008.05
85	9	安徽润基水泥有限公司二线	安徽含山	2 500	77.5	2008.08
86	10	春驰集团（新丰）水泥公司二线	福建龙岩	2 500	77.5	2008.05
87	11	福建漳平振鸿水泥有限公司一线	福建龙岩漳平县	2 500	77.5	2008.05
88	12	龙岩蓝田水泥厂	福建龙岩新罗区	2 500	77.5	2008.06
89	13	永安万年水泥公司一期	福建永安市曹远镇	2 500	77.5	2008.08
90	14	福建水泥股份公司 8#窑工程	福建顺昌	2 500	77.5	2008.11
91	15	福建永春美岭水泥厂	福建泉州	2 500	77.5	2008.11
92	16	江西分宜海螺水泥有限公司二线	江西分宜县	2 500	77.5	2008.10
93	17	国兴集团东方红于都旋窑水泥公司	江西于都	2 500	77.5	2008.07
94	18	宜昌花林水泥有限公司	湖北宜昌远安县花林寺镇	2 500	77.5	2008.10
95	19	松滋市双七水泥有限公司	湖北荆门松滋市刘家场镇	2 500	77.5	2008.12
96	20	湖南郴州玉山水泥公司一线	郴州玉山	2 500	77.5	2008.10
97	21	常德中材牛力水泥有限公司一线	湖南常德	2 500	77.5	2008.12
98	22	南方水泥（长沙坪潭）有限公司二线	湖南长沙	2 500	77.5	2008
99	23	广东春潭阳江水泥有限公司	广东阳江	2 500	77.5	2008.01
100	24	广东三水北江实业有限公司	广东佛山三水	2 500	77.5	2008.12
101	25	广西鱼峰集团有限公司四线	广西柳州	2 500	77.5	2008.10
102	26	重庆天助水泥有限公司二线	重庆江津络璜	2 500	77.5	2008.06
103	27	乐山永祥树脂有限公司	四川乐山	2 500	77.5	2008.11
104	28	广安桂兴水泥生产技改工程	四川广安	2 500	77.5	2008.12
105	29	六矿畅达瑞安水泥有限公司一线	贵州六盘水六枝特区木岗镇	2 500	77.5	2008.09
106	30	贵州遵义乌江双龙水泥公司	贵州遵义市德江县	2 500	77.5	2008.12
107	31	贵州清镇兰花水泥有限公司二期	贵州清镇市站街	2 500	77.5	2008
108	32	大理三德水泥有限公司	云南大理鹤庆县辛屯镇	2 500	77.5	2008.06

续　表

总序号	序号	企业名称	建设地点	建设规模(t/d)	熟料产能(万 t/年)	投产日期
109	33	金珠水泥有限公司	云南宜良	2 500	77.5	2008.05
110	34	青松建化和田水泥公司	新疆和田	2 500	77.5	2008.01
111	35	河南天广水泥有限公司二线	河南平顶山郏县	2 000	62.0	2008.03
112	36	石门特种水泥厂	湖南常德石门	2 000	62.0	2008.10
113	37	宣威宇恒水泥有限公司二线	云南宣威市	2 000	62.0	2008.06
114	38	博乐南岗建材有限公司	新疆博乐塔拉蒙古自治州	2 000	62.0	2008.04
115	39	新疆博兰水泥有限公司	新疆博乐塔拉蒙古自治州	2 000	62.0	2008.10
116	40	新疆天业水泥有限公司三线	新疆石河子市	2 000	62.0	2008.08
117	41	西藏高争建材高天水泥有限公司二线	西藏日喀则	2 000	62.0	2008.12
		41 条生产线		99 000	3 069.0	
	五	700～1 800t/d 规模				
118	1	江西泰和玉华水泥有限公司	江西泰和	1 700	52.7	2008
119	2	天山米东水泥有限公司一线	新疆昌吉屯河米东区	1 600	49.6	2008.04
120	3	四川德阳金八角水泥有限公司	四川德阳	1 600	49.6	2008.05
121	4	鑫天山水泥公司	内蒙阿鲁克尔沁旗	1 500	46.5	2008.12
122	5	丹东赛马水泥厂	辽宁丹东	300→1 500	46.5	2008.05
123	6	张家界巨日水泥有限公司	湖南张家界	1 500	46.5	2008.04
124	7	华中水泥厂	湖南	400→1 500	46.5	2008
125	8	南阳天泰水泥有限公司	河南南阳市	1 400	43.4	2008.03
126	9	吉林天鑫水泥有限公司	吉林四平	600→1 300	40.3	2008.06
127	10	鸡西成海水泥公司	黑龙江鸡西	500→1 300	40.3	2008.07
128	11	山西天石水泥有限公司	山西临猗县	1 200	37.2	2008.12
129	12	内蒙哈河水泥公司	内蒙赤峰	600→1 200	37.2	2008.05
130	13	淄博绿源建材有限公司	山东淄博	1 000	31.0	2008.06
131	14	山东海洋水泥厂	山东海阳县	600→1 000	31.0	2008.06
132	15	湖北鹤峰县长宏水泥有限公司	湖北鹤峰县	1 000	31.0	2008.12
133	16	临潭县建华水泥有限公司	甘肃临潭县	300→700	21.7	2008.03
		13 条生产线		21 000	651.0	
总计		133 条生产线		481 200	14 917.2 万吨熟料/年	

国外建设项目

Foreign construction projects

“天津院”总承包柬埔寨 KCC 水泥厂正式投产

1 月 14 日，由天津院有限公司成套设备供货的柬埔寨 KCC 水泥厂举行正式投产庆典，柬埔寨王国政府总理洪森亲王在多位高官陪同下亲临剪彩。

KCC 水泥厂于 2006 年初开始动工建设，建设周期 20 个月。该生产线投产后年产水泥 96 万吨，可提供目前柬埔寨国内需求的 40%。柬埔寨工业部长在致词中指出，由于国内房地产业的兴起和基础设施建设的需要，柬埔寨水泥的需求量不断增加，水泥用量 2005 年为 108 万吨，2006 年为 140 万吨，2007 年为 150 万吨，预计 2008 年柬埔寨将需要水泥 200 万吨，而 2012 年则增加至 270 万吨。KCC 水泥厂的投产将缓解柬埔寨从国外进口水泥的需求。

“中材国际”签约 28 亿美元尼日利亚 Dangote 水泥项目

2 月 29 日，中国中材股份有限公司（中材股份，1893. HK）旗下的中国中材国际工程股份有限公司（以下简称"中材国际"）和尼日利亚 Dangote 集团在钓鱼台国宾馆举行了 7 条日产 6 000 吨水泥生产线总承包项目签约仪式暨 4 条日产 6 000 吨和 2 条日产 3000 吨水泥生产线意向书签约仪式。

尼日利亚总统特别代表、财政部部长，交通部部长，国家计划部部长，石油部部长等尼日利亚政府官员，Dangote 集团董事长 Dangote 先生，董事 Edwin 先生，中材集团总经理、“中材股份”董事长谭仲明，中材集团党委书记、“中材股份”总裁于世良，中材集团副总经理、“中材国际”董事长刘志江，中材集团党委副书记、“中材国际”党委书记张江，“中材国际”总裁王伟、名誉董事长司国晨、副总裁夏之云等出席了签约仪式。中材集团副总经理、“中材国际”董事长刘志江先生和尼日利亚 Dangote 集团董事长 Dangote 先生共同在 7 条日产 6000 吨水泥生产线总承包合同上签字。中材集团党委书记、“中材股份”总裁于世良先生、Dangote 集团董事长 Dangote 先生、“中材国际”总裁王伟先生、分别致辞。签约仪式由“中材国际”副董事长、常务副总裁武守富主持。

本次签订合同的项目为 7 条日产 6 000 吨的新型干法水泥生产线，其中在尼日利亚建设 6 条，在塞内加尔建设 1 条，合同总金额 16 亿美元。为防范汇率风险，项目采用锁定汇率的方式结算，合同额的 88% 为美金，对应人民币汇率 1： 7. 4；12% 为欧元，对应美金汇率为 1：1. 48。项目建设方式采用国际通行的 EPC 模式。工程的全部技术及主要装备由“中材国际”提供。此外，还签订了 4 条日产 6 000 吨水泥生产线和 2 条日产 3 000 吨水泥生产线的意向书。这 6 条生产线分布在非洲的民主刚果、赤道几内亚、埃塞俄比亚、坦桑尼亚和赞比亚等国家，项目也将全部采用 EPC 模式建设，意向总金额为 11. 772 亿美元。

“中材建设”与“拉法基”签署 6 条生产线总承包框架协议

3 月 5 日，中材建设有限公司与法国拉法基集团在北京钓鱼台国宾馆共同签署了全球框架合作协议。本次签订的全球框架协议包括 6 条水泥生产线交钥匙工程，协议项目总金额超过 6 亿欧元，预期所有项目将在 2011 年年底前完成。拉法基集团的目标是在 2006 年至 2010 年之间新增产能 4 500万吨，本协议中的项目将是该计划的重要一环。

“天津院”与“台湾幸福水泥”签订辊式磨供货合同

3 月 6 日，中材集团旗下天津水泥工业设计研究院有限公司，与台湾幸福水泥股份有限公司越南日产 5 000 吨水泥生产线用 7 台原料、熟料及煤粉辊式磨供货合同签字仪式，在天津举行。此次供货合同的签订，是天津水泥院有限公司继在国内将国产化的日产5 000吨级熟料生产线原料辊式磨成功推向市场之后，再一次将自主研发的国产化日产 5 000 吨级辊式磨成功推向海外。

“海螺”承建泰国水泥余热发电机组投运

3 月 20 日，泰国暹罗水泥集团在集团所属的 KK 工厂现场，举行了首套余热发电机组并网庆典仪式。该项目是泰国暹罗水泥集团 KK 工厂 6 号日产 5 500 吨熟料线（简称 KK6）配套的纯低温余热发电系统，由海螺集团总承包，装机容量为 9.1 兆瓦，热力系统和设备采用了“海螺川崎”的专有技术。

“中材国际”总承包沙特 HOFUF 水泥厂日产 10 000吨生产线顺利点火

4 月，中材集团旗下“中材国际”总承包沙特水泥公司 HOFUF 水泥厂 8 号线日产 10 000 吨生产线顺利点火。SCC 两条万吨水泥熟料生产线是全球规模最大，采用欧洲标准和 EPC 模式建设的项目，项目单笔合同额达 5.8 亿美元。在项目建设过程中，“中材国际”充分发挥自身强大的项目集成优势，保证了项目建设的顺利进行，工程质量受到业主及相关方面的高度评价。

“成都院”签约俄罗斯日产 5 000 吨水泥生产线工程

4 月 4 日，成都院与俄罗斯亚洲水泥公司（Asia Cement Ltd.）签订了日产 5 000 吨水泥生产线工程总承包合同，该项目位于俄罗斯 Penza 州，合同范围包括生产线的工程设计、设备供货、土建、安装、调试、考核、技术服务等。

俄罗斯亚洲水泥公司日产 5 000 吨水泥生产线将全部采用中国自主研发和生产的水泥装备，其烧成系统将采用成都院 CDC 型预热预分解系统。CDC 型预热预分解系统是成都院在长期的理论研究基础之上，通过反求、建模、试验等手段，自主开发的适宜多种燃料的预热预分解系统。该系统已在国内外近百条日产 1 000 ~ 10 000 吨熟料生产线上成功运用。

“苏州中材”签约越南“福山水泥”二线日产 5 000 吨项目总承包

苏州中材建设有限公司与越南福山水泥公司签署了日产 5 000 吨水泥熟料生产线（年产 155 万吨熟料）生产线工程总承包合同，项目建设地点位于 Kinh Mon，Hai Duong，合同范围包括从原料仓进料至熟料出库的土建（桩基工程另估）、设备采购、设备监造、运输（运至施工现场）、安装工程、调试、试运转、配合达产达标。合同金额为 8 000 万美元（按美元兑人民币固定汇率 7.5∶1 折合人民币 6 亿元），合同自收到预付款之日起生效，合同工期 360 天。

“天津院”与哈萨克斯坦水泥公司签署生产线承包合同

4 月 14 日，天津水泥工业设计研究院有限公司与哈萨克斯坦欧亚集团公司在北京长城饭店正式签署了日产 1 500 吨水泥生产线承包合同（不包括土建施工以及设备安装），合同总价为 1 992 万欧元。天津水泥工业设计研究院有限公司副总经理徐培涛和哈萨克斯坦欧亚集团公司总裁 Turdakhunov. Mukhamedjan 分别代表各自公司在合同上签字。

工厂位于哈萨克斯坦西北部鲁德内市，合同范围包括粘土破碎至水泥包装车间的工程设计、设备供货、技术服务及生产调试，合同总工期为 28 个月，合同在天津院收到预付款后生效。

本合同的签订，是天津水泥院有限公司继南方石油项目和“海德堡”项目后在哈萨克斯坦地区承揽的第三条水泥生产线项目，预示着天津水泥院有限公司在哈萨克斯坦的市场日趋成熟，其顺利实施将对哈萨克斯坦及整个中亚地区产生积极的作用。

“中材节能”与“拉法基”签订海外纯低温余热发电 EP 合同

4 月 22 日中材节能发展有限公司又与“拉法基”菲律宾 TERESA 水泥公司签订低温余热发电项目 EP 合同。这是“拉法基”第一次在其中国以外的水泥制造工厂实施低温余热发电，也表明“拉法基”对“中材节能”余热发电技术的充分信任。

中材集团副总经理、“中材国际”董事长刘志江、“中材节能”董事长张奇等与“拉法基”菲律宾地区总裁 SAMIR 先生、副总裁 PAVEL 以及“拉法基”亚洲技术中心的专家共同见证了这个历史时刻。

作为全球第一大水泥制造商，在重庆和都江堰余热发电项目顺利实施的情况下，“拉法基”已经决定在其所属的所有水泥工厂逐步实施低温余热发电项目，在菲律宾项目上继续选用中国技术和装备意味着“拉法基”对中国技术和装备成熟性的认可；选择“中材节能”作为更进一步合作的承包商表明“拉法基”对“中材节能”二十多年来在节能领域尤其是低温余热发电技术方面不断探索所积累经验的肯定，同时也表明“拉法基”对“中材节能”作为其合格承包商的充分信任。

SAMIR 先生代表“拉法基”对“中材集团”在水泥制造业和余热发电领域与拉法基的全方位合作表示了高度的敬意。对中材节能公司扎实、诚信的作风给予了肯定。并表示在项目实施过程中给予全力配合。

“中材国际”伊拉克日产 5 300 吨生产线开工

5 月 5 日，由“中材国际”承接的伊拉克 SCP 日产 5 300 吨水泥生产线项目现场正式开工，以分包单位苏州开普公司桩基开钻为起点标志着该工程全面启动，象征着本工程经过里程碑式的跨越进入一个新的发展阶段！

以 Shakir Sherief 项目总经理为代表的业主方、“苏州中材”项目部管理人员为代表的总承包方、苏州开普公司、镇江四建等分包方共同出席开工奠基仪式。中伊两国企业合作者用不同语言共同祝愿本工程顺利圆满完成，现场的欢声笑语和工人们忙碌的身影冲淡和化解了项目前期所遇的困难、挫折及付出的汗水。

“中国建材”进入国际水泥工程高端市场

5月6日，由中国建材国际工程有限公司南京凯盛水泥技术工程有限公司以EP方式完成的土耳其恰那卡莱日产5 000吨水泥熟料生产线竣工投产，这条生产线设计及装备全部采用欧洲技术标准，以石油焦为燃料，设有35个自动控制回路，技术水平达到国际先进技术水平。中国建材集团董事长宋志平、中国凯胜国际工程公司总经理彭寿、南京凯盛水泥技术工程有限公司总经理冯建华等应邀出席竣工仪式。

这条生产线设计能力为日产6 000吨水泥熟料，其土建设计与施工和机电装备安装由土耳其公司承担。其EP工程合同于2006年5月24日签署，2006年6月合同正式生效，2008年3月3日水泥熟料生产线点火。

“中材节能”与巴基斯坦公司签订五条生产线余热发电项目EP合同

5月7日，中材集团旗下中材节能发展有限公司与巴基斯坦LUCKY水泥公司签订了两个工厂5条水泥生产线的余热发电项目EP合同。

此合同签订，是继4月份与拉法基菲律宾TERESA水泥公司签订纯低温余热发电项目EP合同后，又一个EP合同。这也是中材节能发展有限公司在巴基斯坦的第二个水泥生产线余热发电项目合同，两个余热发电项目合同的签订使中材节能发展有限公司在巴基斯坦逐步树立了良好的企业形象，为公司在东南亚的市场开拓，打下了坚实的基础。

“中材建设”总包塞浦路斯日产6 000吨水泥线项目

5月22日，中材集团旗下中材国际中材建设有限公司与塞浦路斯Vassiliko水泥公司签订了日产6 000吨水泥熟料生产线总承包合同。

该项目由意大利水泥集团、塞浦路斯教会和当地水泥公司共同投资建设，位于塞浦路斯南部城市利马索尔附近，是目前中塞两国间最大的合作项目，将于2010年建成投产。项目合同金额8 380万欧元，合同范围包括工程设计、设备供货和现场安装施工，合同总工期31个月。

“天津院”总承包“阿尔博”安庆白水泥项目开工

5月29日，天津院有限公司总承包“阿尔博”安庆白水泥有限公司年产40万吨熟料白水泥生产线举行项目开工典礼。该项目是目前全球单线规模最大的新型干法白水泥生产线，标志着天津院有限公司携手国际著名白水泥制造商，共同进入白水泥行业高端领域。

意大利水泥集团所属阿尔博波特兰集团是全球白水泥市场的领先者，“阿尔博”安庆白水泥有限公司是目前国内最大的白水泥生产商之一，该项目的建设充分显示了项目业主的综合实力与显著优势以及在中国市场发展战略的前瞻性，再一次证明了天津院有限公司作为中国水泥工业技术与装备的引领者，成功地把中国水泥工艺技术和成套装备推向国际市场并得到了国际高端客户的高度认可。

“合肥院”成为俄罗斯国家级建设项目总承包商

5月28日，俄罗斯国家级建设项目——日产5 000吨水泥厂项目在列宁格勒州奠基，中国合肥水泥研究设计院成为项目总承包商。该项目为俄罗斯国家级项目，由现任总统梅德韦杰夫直接监管。

“中材国际”沙特RCC二期日产5 000吨项目开工

5月25日，由中国中材国际工程股份有限公司以EPC模式承揽的沙特利雅得水泥厂RCC二期日产5 000吨水泥生产线项目现场正式开工，进入土方开挖阶段，标志着本项目现场施工拉开了序幕。

现场地质情况较好，首先开挖的是烧成窑尾（基础深6米）和烧成窑中（基础深3米至4米），土质层仅1米左右，其余是风化岩石层。

按照“中材国际”统一部署，南京水泥设计研究院负责实施EP（设计、采购）部分，苏州中材建设有限公司实施C（现场施工，包括土建和安装）部分。

“苏州中材”沙特RCC项目部将秉承公司的一贯的优良传统，在“中材国际”的领导下，在南京水泥设计研究院的通力配合和支持下，通过自身努力，确保本工程按期圆满完成，继续扩大“中材国际”在沙特水泥市场的优势地位。

“中国建材工程”哈萨克日产3 000吨水泥生产线开工

5月27日，中国建材国际工程有限公司总承包的哈萨克斯坦江布尔水泥公司日产3 000吨水泥生产线开工仪式在巴尔喀什湖畔举行。该项目工期为20个月，是“中国建材工程”与世界知名水泥公司合作共赢和实施走出去战略的又一成果。

“邯郸中材”承建巴基斯坦日产5 000吨水泥项目点火

6月7日，由“邯郸中材”承建安装的巴基斯坦BESTWAY二期日产5 000吨熟料生产线顺利点火。BESTWAY集团部分领导，对外公司现场代表及“邯郸中材”驻BESTWAY现场骨干参加了点火仪式。

巴基斯坦BESTWAY二期项目部自组建以来，克服了人力资源短缺，当地政局混乱等不利因素，起用当地外协体及雇工，经过不懈的努力终于迎来了这激动人心的一刻。此次点火前，BESTWAY二期水泥磨及包装车间已正式投入运营，标志着巴基斯坦BESTWAY二期项目已圆满完工。

“中材国际”签约土耳其日产6 500吨水泥项目

6月11日，中材国际公司控股子公司中国建材装备有限公司与土耳其企业PLATO MAD. INS. TUR. CIM. SAN. TIC. ANO. SIR签署了日产6 500吨水泥熟料生产线设计、设备和技术服务合同，合同价款6 084.70万欧元，相当于6.51亿元人民币。该合同自收到预付款之日起生效，合同工期为27个月。

“中材国际”公告显示，“中材国际”是通过其控股子公司中国建材装备有限公司获得这一合同的。该项目位于土耳其Tavasanli。根据合同，“中材国际”将为土耳其PLATO MAD. INS. TUR. CIM. SAN. TIC. ANO. SIR公司提供包括从石灰石破碎至熟料出口的工艺电气自动化设计、全厂设备供货、土建及安装监督管理、调试、人员培训等服务。

“中材建设”HOLCIM摩洛哥项目竣工

6月13日，由中材建设有限公司总承包的HOLCIM集团摩洛哥SETTAT日产4 000吨水泥生产线项目竣工仪式在摩洛哥隆重举行，中材集团总经理、“中材股份”(1893.HK)董事长谭仲明、“中材国际”总裁王伟等和HOLCIM集团董事Mr. Benoit Koch、北非中东区总裁Mr. Javier de Benito、摩洛哥工业与贸易大臣、中国驻摩洛哥大使龚元兴、参赞齐建伟、瑞士驻摩洛哥大使出席仪式。

该项目位于摩洛哥SETTAT省，由全球第二大跨国建材集团瑞士HOLCIM集团投资建设，中材建设有限公司总承包承建，于2005年签订合同，其核心技术和装备全部由国内提供。该项目2007年7月投产，2007年底完成全部性能考核和测试，各主要指标全部优于合同标准。

Holcim集团董事Mr. Benoit Koch对项目的成功建设表示高度满意，并表示将进一步加强与中材集团的合作，深化双方合作关系，尤其是在后续项目上将全面推进双方在全球范围的合作。摩洛哥工业与贸易大臣对中材集团参与摩洛哥的现代化建设以及取得的成功深表感谢和赞赏，并表示希望中材集团继续参与摩洛哥的现代化建设。

合肥院承建的沙特日产3 000吨水泥熟料生产线点火

6月15日，由合肥院承建的沙特Najran二线日产3 000吨熟料生产线于当地时间下午1点18分点顺利点火成功。业主、承包商及现场项目部、各施工单位及驻场人员参加了此次点火仪式。

沙特Najran一线日产6 000吨熟料生产线点火成功，标志着合肥院和中国建材集团国际化进程迈入了一个新的阶段，Najran二线的点火成功，更大增强了大家对项目成功的信心，坚定了必胜的信念。

“中技公司”伊朗日产3 300吨项目正式签约

中国技术进出口总公司位于伊朗拉夫桑贾和萨马干的两个日产3 300吨水泥厂项目分别于7月11日和7月26日正式签约。

拉夫桑贾水泥厂项目合同金额4 154.4万欧元，其中设备款3 917.4万欧元，设计和技术服务费237万欧元。该项目中国成分为80%，建设期2年，由中国贷款解决部分项目融资问题。

萨马干水泥厂项目合同金额2,720万欧元，其中设备款2 585万欧元，设计和技术服务费为135万欧元。该项目中国成分为80%，建设期2年，资金全部由业主自筹。

“中材国际”签下沙特日产10 000吨水泥生产线总包合同

7月30日，中材国际公司和沙特阿拉伯YANBU CEMENT COMPANY LIMITED签署了日产10 000吨水泥生产线EPC工程总承包合同。合同总金额4.42亿美元，项目位于沙特阿拉伯吉达以北400公里的港口城市Yanbu市附近。

公司披露,该合同范围包括从石灰石破碎至水泥包装发运的整条生产线,包括工程设计、设备供货,工程建设与生产调试等。按照合同,工期为33个月,合同自收到预付款及信用证之日起开始计算工期。

"中材节能"新签水泥余热发电大单

七月底,"中材集团"旗下中材节能发展有限公司与HOLCM集团签订了泰国京都(SIAM CITY)水泥公司的两条万吨水泥线余热发电总承包合同,是国内水泥余热发电企业在国际上的第一大单,总装机容量2×16兆瓦。

"中材节能"签约海德堡土耳其水泥余热电站项目

8月29日,在土耳其伊斯坦布尔,"中材节能"与德国海德堡(Heidelberg)集团土耳其Akcansa水泥公司签订了装机容量为15兆瓦的低温余热电站项目合同。

这是"中材节能"低温余热发电成套技术运用至欧洲水泥生产线的第一单,也是海德堡公司在其旗下水泥生产线上全面开展余热发电工程的第一个项目。该项目的顺利签订,开创了"中材节能"水泥窑纯低温余热发电技术与装备走向欧洲市场的新纪元。这个余热发电项目合同的签订使中材节能发展有限公司在世界市场范围逐步树立了良好的企业形象,为公司进军欧洲市场打下了坚实的基础。

"中材国际"签50亿元水泥生产线"大单"

9月,中材集团控股子公司中材建设有限公司和天津水泥工业设计研究院有限公司分别签署了3个水泥生产线承包合同,合同总金额约合50亿元人民币。

中材建设和叙利亚ABCC集团签署了2条日产5 000吨熟料、年产320万吨水泥生产线项目总承包合同。该项目位于叙利亚首都大马士革东北80公里处。合同总金额约合4 915亿美元,其中包括3.76亿美元和7 366万欧元。合同范围包括从石灰石破碎车间到水泥包装出厂的两条完整的水泥生产线的设计、供货、现场施工、调试、培训等。合同工期为合同生效之日起37个月,合同自收到业主预付款之日起生效。

"中材建设"和Holcim(Maroc)S. A. 签署了摩洛哥FES水泥厂技改扩建总承包项目,改造后的产能由日产1 400吨提升至日产2 800吨。该项目位于摩洛哥FES市郊区,厂区距市中心约15公里。合同总金额6 260万欧元,其中欧元部分60 296 223欧元,当地货币26 263 053摩洛哥迪拉姆。合同范围包括工厂石灰石破碎、原料系统和烧成系统的设计、供货、电气设备安装和生产调试、指导、培训等。合同工期为合同生效之日起27个月,合同自收到业主预付款之日起生效。

天津院和拉法基都江堰水泥有限公司签署了拉法基都江堰水泥有限公司都江堰3线日产5 000吨水泥生产线总承包合同。该项目位于都江堰市蒲阳镇金凤村拉法基都江堰水泥有限公司,合同金额886 884 256元人民币。合同范围包括从石灰石破碎至水泥包装整条生产线。合同自收到预付款之日起生效,履行期限为23个月。

"中材国际"签"拉法基"集团乌克兰日产5 000吨水泥项目

10月6日,中材国际公司控股子公司中材建设有限公司和拉法基集团签署了MYKOLAIV日产5 000吨熟料水泥生产线项目总承包合同,该项目位于乌克兰西部利沃夫州南部的MYKOLAIV市,合同金额166 736 342欧元。

公司表示,合同范围包括从石灰石破碎车间到水泥包装出厂的一条完整水泥熟料生产线的设计、供货、施工、调试等全部工作,但不包括场平和桩基工程。

根据2008年3月5日中材建设和拉法基集团(LAFARGE SA)签署的总承包项目框架协议的约定,至此,在框架协议项下已签署了重庆永川日产5 000吨项目、尼日利亚日产5000吨项目和乌克兰日产5 000吨项目,尚有3条日产5 000吨水泥生产线工程项目尚未签署工程承包合同。

中材建材签约豪西盟阿塞拜疆日产4 000吨水泥项目

10月6日,中材建设有限公司与阿塞拜疆卡拉达戈水泥厂改造项目的投资控股方—瑞士豪西盟公司签署了该项目总承包协议。协议总金额1.7亿欧元,施工工期28个月。协议为EPC方式,中材建设公司是项目总承包商,负责项目的建设、设备采购和安装调试。

项目主要内容:在现有的卡拉达戈水泥厂(Garadagh)原址新建一条日产4 000吨的干法水泥生产线,用于取代原有的4条日产650吨湿法生产线,以降低能耗和空气污染。

卡拉达戈水泥厂位于巴库市西南34公里处,始建于1950年代。阿独立后实行私有化,被世界第二大水泥生厂商—瑞士豪西盟公司控股。近年来引进新股东后,欧洲复兴开发银行和阿塞拜疆国家投资公司分别持有该厂10%的股份。该厂现年产熟料85万吨,水泥120~140万吨,占阿水泥销售市场50%以上份额。改造项目完成后该厂熟料年产能力将提高到150万吨,水泥年产能力180万吨。

"成都建材院"签约叙利亚水泥公司30亿元大单

10月20日,成都建筑材料工业设计研究院有限公司和叙利亚Al Rajhi水泥公司叙利亚有限公司签署了《叙利亚

ARC 2 条日产 6 000 吨水泥厂 EPC 工程总承包合同》。合同总金额为 3.804 亿美元 +0.8 亿欧元。

项目位于叙利亚 Hisyah 地区。合同范围包括该生产线的工程设计、设备供货、土建、安装、调试、考核、技术服务。合同履行期限:1、2 线的熟料线和水泥磨分别为 27~27.5,28~29 个月生产出熟料或水泥(到期后有 1 个月的宽限期)。合同自收到业主预付款之日起生效。

“中材建设”承建赞比亚首个现代化水泥厂竣工

11 月 14 日,由中材建设在赞比亚承建的“拉法基”赞比亚 CHILANGA Ⅱ日产 2 000 吨熟料生产线举行竣工典礼。这是中国企业在赞比亚建成投产的首个现代化水泥厂,也是目前赞比亚最大、最先进的工厂。

“中材国际”签下 1.6 亿欧元海外订单

12 月 2 日,中材国际工程股份有限公司宣布,其控股子公司天津水泥工业设计研究院有限公司和埃及 El Nahda Company for Industries 签署了日产 5 500 吨水泥生产线总承包合同,合同金额为 1.6 亿欧元。工程总承包合同范围包括从工厂石灰石破碎到水泥包装整条生产线。合同自签字之日起生效。合同履行期限为 30 个月。

“中材建设”厄瓜多尔“拉法基”日产 1 500 吨项目一次点火成功

厄瓜多尔当地时间 2008 年月 12 月 11 日上午 11 时 18 分,经过全体人员的共同努力,“中材建设”有限公司承建的厄瓜多尔“拉法基”日产 1 500 吨 Llama 项目回转窑一次性点火成功,各项数据指标正常。点火成功标志着中材建设有限公司在南美洲第一个总承包项目向前迈出了最为坚实的一步,是公司项目建设的又一个里程牌。

在回转窑点火之前,项目部在办公区精心布置,举办了隆重的点火祈福仪式和签名祝福。大家伴着声声爆竹写下了对项目成功点火、顺利竣工的祝福。同时,业主“拉法基”也给予该项目极高的重视,业主各级管理人员都参加了庆祝仪式,并向项目部表示热烈祝贺。

2008年签约新建部分大型水泥生产线项目

Partial newly built large cement production line projects with contract signed in 2008

金隅集团与河北赞皇县签约日产7 500吨水泥项目

1月9日，一项投资8亿元人民币的大水泥项目正式签约，签约双方为赞皇县人民政府和北京金隅集团有限公司，该项目不仅将在经济上为双方带来双赢，而且，还有望在环保方面为石家庄市的水泥行业提供一个典范。

该大型水泥项目为日产7 500吨的水泥熟料生产线项目，总投资8亿元人民币，其中，第一条日产2 500吨熟料生产线计划于2008年6月底前完成，2009年底前计划完成第二条日产5 000吨熟料水泥生产线建设，达到年产水泥300万吨的规模。

"冀东水泥"14亿元项目落户湖南临澧

1月10日，唐山冀东水泥股份有限公司与湖南省临澧县人民政府签定两条日产4 500吨熟料水泥生产线项目。该项目投资14亿元，占地面积500亩，分两期建设2条日产4 500吨熟料带纯低温余热发电的水泥生产线。

湖南"雪峰水泥"200万吨项目点火投产

1月10日，湖南省湘西开发重点项目——隆回县雪峰水泥有限公司年产200万吨新型干法水泥生产线，顺利实现点火投产。这是目前邵阳市建成的规模最大的水泥生产项目。

雪峰干法水泥生产项目于2005年11月动工，总投资4.5亿元，一年可产水泥200万吨、发电上亿千瓦时，创产值5亿元、利税5 000余万元，安置1 000余人就业。

"华润"2条日产4 500吨项目落户广西武宣

1月10日，广西武宣县与华润水泥控股有限公司签订了2条日产4 500吨新型干法水泥生产线项目投资意向合同，标志着该项目正式落户武宣县。

该项目总投资13亿元，选址于武宣县桐岭镇四安村，占地面积1 000亩，是迄今武宣县最大的招商引资项目。项目分两期实施，施工期两年。投产后，项目实现产值将达到7亿元，可提供利税1亿元、就业岗位500多个。

湖北当阳"葛洲坝"日产5 000吨项目开工

1月15日，湖北当阳葛洲坝水泥有限责任公司日产5 000吨熟料新型干法水泥生产线项目开工奠基。

该项目总投资5亿元，年生产水泥能力将达到300万吨，年实现销售收入7亿元，年可上缴国家税金5 000万元，安置职工250人。该项目的开工建设，对宜昌市乃至渝东鄂西地区水泥工业的健康发展将产生积极影响。

湘潭"中材牛力"日产5 000吨水泥生产线奠基

1月15日，湘潭中材牛力水泥有限公司日产5 000吨水泥生产线顺利奠基，标志着"中材水泥"进入湖南市场后又一个大型水泥生产线开工。同时也拉开了"中材集团"与湖南本土企业合作的序幕，对湖南水泥产业结构调整、推动新型工业化进程、促进长株潭"两型"社会建设具有重要意义。该项目预计于2008年10月水泥粉磨投产，2009年5月竣工点火，正式投入生产运行。

"华新郴州"日产4 500吨熟料项目开工

1月16日，"华新郴州"日产4 500吨熟料新型干法水泥生产线项目开工仪式在湖南省郴州市北湖区保和乡举行。公司领导陈木森、纪昌华、周家明、柯友良同郴州市市委书记葛洪元、副书记谭平等市、区主要领导出席了开工仪式。

该项目是公司"十一五"规划的重点项目，总投资6.2亿元，项目建设配套9 000千瓦纯低温余热发电系统，是集高效、节能、环保于一体的熟料新型干法水泥生产线。建设工期13个月左右，建成投产后将年产250万吨优质高标号水泥，实现销售收入5亿多元，创利税超亿元。同时还将推动湖南省水泥工业结构调整、整合水泥市场、拉动该地区其他的产业发展。

"台泥"(英德)二期D线顺利点火

1月21日，"苏州中材"承建的"台泥"(英德)二期D线顺利点火。

"台泥"(英德)水泥有限公司计划投资30亿元人民币在英德兴建水泥生产基地，一期项目主要有：2条日产5 000吨新型干法熟料水泥生产线和与之配套的清水径——井口面山石灰石矿山开发，北江350米长的岸线码头及6.63公里铁路专用线。二期项目主要有：2条日产6 000吨新型干法熟料水泥生产线，与之配套的大杷山——猴岩山石灰石矿山开发及2套15 000千瓦余热发电站。

小南海水泥厂日产3 200吨新型干法线3月下旬竣工投产

2月20日，小南海水泥厂第三条日产3 200吨新型干法熟料生产线正式点火，进行试运行一个月，已于3月20日正式跻身高端水泥生产行列。该项目，投资2.68亿元，占地200亩，新线投产后，将开始进行余热发电项目建设。

“台泥”增投14亿英德又建新线

2月25日,英德市政府与台泥集团签约,台泥(英德)公司增投14亿建设第三期两条日产6 000吨新型干法水泥熟料生产线。

辽宁“交通水泥”日产5 000吨生产线成功点火

3月1日,由“苏州中材”承建的辽宁交通水泥有限责任公司日产5 000吨水泥生产线烧成系统成功点火,该系统的点火标志着辽宁“交通水泥”进入试生产阶段。

辽宁“交通水泥”是由沈煤集团和辽宁能源投资公司共同投资兴建的东北地区较大的水泥生产线,是东北地区为数甚少的日产5 000吨生产线之一,该公司的目标是在较短时间内发展成为日产万吨水泥生产线。

黄冈“亚东”日产4 200吨项目动工

3月4日,台商在湖北省黄冈市最大的投资项目黄冈亚东水泥有限公司第一条(日产4 200吨)生产线破土动工。

该公司是由台湾亚州水泥公司控设的新加坡亚东工业投资私人有限公司、亚东投资有限公司及武汉亚东水泥有限公司投资设立的台资企业。厂区占地面积614亩,现有石灰石矿山储量约为1.64亿吨。黄冈亚东水泥第一条生产线,系采用国际领先水平的预热预分解短窑系统,采用先进的新型干法窑外预分解烧成工艺,生产线日产水泥熟料4 200吨。

项目符合国家水泥工业的产业发展环境要求,属于国家鼓励类项目,项目总投资7.7亿元,年生产能力200万吨水泥,计划用18个月时间完成工程建设并投产。

中材建设总公司签大单

3月5日,中材建设总公司在北京举行“拉法基”6条日产5 000吨生产线总承包项目合作框架签字仪式。这6条生产线3条在国内,分别建在重庆的永川、江津和涪陵;3条国外生产线分别建在俄罗斯,乌克兰和尼日利亚。

“池州海螺”三期第二条日产4 500吨生产线点火

3月7日,池州海螺公司三期项目第二条日产4 500吨水泥熟料生产线一次性成功点火。池州海螺公司领导、中层以上管理人员、三期项目设计单位、各施工、安装单位、监理公司等负责人及员工代表参加了点火仪式。目前,该条生产线大窑正处在稳步升温阶段,预计将在4天后投料。

新登集团日产4 500吨熟料生产线点火

3月9日,由天津水泥工业设计研究院设计的郑州新登集团日产4 500吨熟料水泥生产线联动试车仪式成功点火,该系统的点火标志着郑州新登集团日产4 500吨熟料水泥生产线进入试生产阶段。

郑州新登集团日产4 500吨熟料水泥生产线位于河南省登封市宣化镇石沟村,是郑州市、登封市2007年第一批重点工程,建设规模为2条日产4 500吨熟料水泥生产线,分别配套建设装机容量为9兆瓦纯低温余热电站,项目总投资10亿元。其中一期工程于2006年7月开工建设,总投资5.2亿元,年产水泥熟料139万吨,其中商品熟料70万吨。水泥100万吨,年发电6 000万千瓦时,该生产线采用国际先进的新型干法窑外预分解水泥生产工艺和纯低温余热发电技术,具有技术先进、生产可靠、节约能源、降低环境污染等特点。主要生产P·C32.5、P·O42.5、P·O52.5型号水泥。

“华润”2条日产4 500吨生产线落户广西武宣

3月13日,华润水泥(武宣)有限公司日产4 500吨熟料新型干法水泥生产线配套纯低温余热发电项目合同签字仪式在广西武宣县举行,“华润水泥”落户广西来宾市武宣县。

该项目规划投资约13亿元人民币,分期建设两条日产4 500吨熟料新型干法水泥生产线配套余热发电工程。其中一期工程建设一条日产4 500吨熟料新型干法水泥生产线及配套余热发电工程,年产水泥熟料150万吨,年发电量6 000万千瓦时,投资约7亿元人民币;在具备条件的前提下,再建设相同规模的二期工程。

重庆合川打造西南地区最大水泥生产基地

3月14日,香港昌兴矿业控股有限公司3条日产4 600吨水泥熟料项目在重庆合川正式签约。该项目的建设,将使合川实现年产1 200万吨水泥目标、从而打造成为西南地区最大的水泥生产基地。该项目总投资约18.8亿元人民币,建设3条日产4 600吨水泥生产线。其中:一期建设2条日产4 600吨新型干法水泥熟料生产线、配套年产400万吨水泥粉磨系统及纯低温余热发电项目和专用码头,预计于2008年8月动工,2009年底建成投产;二期再建设1条日产4 600吨新型干法水泥熟料生产线、配套水泥粉磨系统、纯低温余热发电项目及混凝土搅拌站。

“南方水泥”广西恭城建新线

3月15日,由中国建材南方水泥有限公司等4家联合,总投资6.36亿元的广西银峰水泥有限公司两条日产4 000吨熟料新型干法水泥生产线一期工程在恭城瑶族自治县虎尾工作区正式开工。

“中国建材”大西南首个水泥项目奠基

3月16日,中国建材集团进入广西和大西南地区的首个水泥项目——－广西银峰水泥项目在恭城瑶族自治县西岭乡的虎尾工业集中区开工奠基。自治区副主席、市委书记高雄与中国建材集团董事长宋志平、中国建材集团总裁曹江林等,一起为工程培土奠基。

银峰水泥项目一期工程计划建设一条日产4 000吨熟料新型干法水泥生产线,固定资产投资5.82亿元,预计2009年9月建成投产。

该项目是在国家水泥行业结构调整和促进企业节能减排的政策背景下,按照国家水泥行业发展专项规划,以推进企业重组为目标,通过采用新技术、新工艺、新装备对桂林恭城财茂水泥有限公司现有装备进行升级、改造,淘汰落后产能而实施的一项重点工程。项目的建设对于优化桂北乃至湘粤桂水泥行业布局,促进地方经济发展均有重要意义,被列为今年自治区层面统筹推进的重大项目。

青海互助"金圆"一期日产3 200吨水泥生产线开工

3月17日,青海互助金圆水泥有限公司日产2×3 200吨新型干法水泥熟料生产线一期工程项目进行开工奠基典礼。

青海互助金圆水泥有限公司日产2条日产3 200吨新型干法水泥熟料生产线一期工程总投资人民币3.5亿元,下设二个生产基地,分别是:日产3 200吨新型干法水泥熟料生产线,地处互助县东和乡黑庄村;年产150万吨水泥粉磨生产线,地处互助县塘川镇三其村。

一期项目建成后,将新增工业产值3亿多元,推动了青海省水泥行业产业结构调整的步伐,加快了实现规模化生产经营和节能环保目标,为青海省、海东地区、互助县的经济发展作出了新的贡献。

山东"申丰水泥"沃丰日产5 000吨生产线投产

3月17日,山东申丰水泥集团枣庄沃丰公司日产5 000吨水泥熟料生产线一次点火成功,标志着申丰集团的第二条日产5 000吨生产线建成投产。

该项目坐落在枣庄市市中区西王庄乡境内,距离申丰日产5 000吨生产线约20公里,项目总投资4.6亿元。年可生产优质水泥熟料200万吨,创利税4 000余万元。生产线采用超大型预均化库,整体引进丹麦史密斯立磨等大型主机设备,整条生产线的工艺过程采用先进的DCS系统进行集散控制,生产线整体装备达到国内一流、国际领先水平。沃丰项目的建成投产将进一步壮大申丰集团的实力,集团的区域竞争优势将更加明显。

"红狮"300万吨水泥项目落户贵州龙里

3月25日,红狮控股集团与贵州龙里县人民政府在龙里举行了年产300万吨新型干法水泥项目签约仪式。

该项目距贵阳市区仅20公里,交通便捷、资源丰富。项目包括2条日产4 000吨新型干法水泥生产线并配套余热发电项目,总投资约10亿元。项目投产后,年产水泥300万吨,每年可利用当地炉渣和钢渣20万吨、粉煤灰90万吨、矿渣60万吨。

"大连水泥"日产5 000吨水泥生产线顺利点火投产

3月26日,由苏州中材建设有限公司承建的大连水泥厂日产5 000吨新型干法水泥生产线项目工程顺利点火投产。

该项目自开工到竣工,得到了大连水泥集团的一直好评和充分肯定,为苏州中材公司在东北地区进一步提升知名度打下了扎实的基础。

广西北海首条日产5 000吨生产线动工

3月26日,由北海太平洋集团投资兴建的北海首条新型干法水泥生产线在合浦县公馆镇正式开工建设,该项目的开工建设,将填补北钦防三个沿海城市的空白,同时也标志着北钦防促进产业结构优化升级、淘汰落后生产能力,迈出了传统经济向循环经济转轨的第一步。

开工建设的北海太平洋集团新型干法水泥生产线位于广西合浦县公馆镇(原合浦县南方水泥厂),厂区占地面积300亩,石灰石矿山8 000亩,黏土矿山500亩,厂址距325国道、合河铁路、盐田码头约2公里,具有资源丰富,水陆交通便利的优势。

该项目总投资6.8亿元,项目建成投产后年销售收入6.9亿元,为国家创造税收5 000多万元,同时将解决就业人员1 000多人。

青松集团日产3 000吨水泥生产线举行开工典礼

3月28日,新疆青松集团本部日产3 000吨熟料干法水泥生产线带低温余热发电项目举行了开工典礼,这标志着目前新疆地区单线规模最大的新型干法水泥生产线正式开工建设。

该条日产3 000吨、年产120万吨新型干法水泥生产线配套纯低温余热发电项目是青松集团加快水泥主业结构调整、升级,立足南疆、巩固南疆,加快南疆战略布局,做强、做大主业的重要战略规划,也是2007年增发募投的项目之一。该项目总投资4.3亿元,年内将建成投产。生产线建成后将成为青松集团第五条新型干法水泥生产线,也将是西北地区目前单线规模最大的新型干法水泥生产线,青松集团水泥总产能将达到530万吨,新型干法水泥产能比重将达到75%。

"冀东水泥"保德日产4 500吨熟料水泥生产线正式签约

3月29日,"冀东水泥"保德日产4 500吨熟料水泥生产线签约仪式在忻州隆重举行。

项目计划分两期建设,一期建设一条日产4 500吨熟料水泥生产线,规划预留二期第二条日产4 500吨熟料水泥生产线建设用地。建设地址位于保德县窑洼乡,紧邻建设中的高速公路,主要建设内容有石灰石矿山开采、运输、破碎及输送工程;从石灰石碎石进厂预均化储存至水泥包装及散装发运为止的一条日产4 500吨熟料(同时预留一条)及其必要的辅助生产设施、生活设施;配套建设12兆瓦纯低温余热电站工程。该项目建成后可年产水泥185.26万吨,设计纯低温余热发电功率11 600千瓦,装机功率12 000千瓦。该项目总投资68 917万元,建设投资64 823万元,建设利息1 624万元,流动资金2 470万元。工程项目建成投产后,将实现销售收入43 109万元,增值税3 761万元,利润10 556万元。

"冀东水泥"山西闻喜日产4 500吨项目开工

4月8日,冀东水泥集团与闻喜海天商贸集团共同投资

7 亿元建设的“资源综合利用日产 4 500 吨熟料水泥生产线项目”在闻喜县开工建设。该项目综合利用当地丰富的镁渣、钢渣、粉煤灰等多种工业废料，还同时配套建设利用纯低温余热发电设施，建成后将是山西省最大的清洁环保型水泥生产项目。

该生产线是国家政策支持的水泥行业生产项目，投产后每年可利用当地镁渣 35 万吨，炉渣、钢渣 10 万吨，粉煤灰 20 万吨，矿渣 60 万吨等工业废渣作为生产用的替代原料和混合材料，发挥新型干法水泥工业“城市清道夫”的作用。

“冀东水泥”葫芦岛日产 4 500 吨生产线项目签约

4 月 16 日，冀东水泥股份有限公司日产 4 500 吨熟料水泥生产线项目签约仪式，在美丽的海滨城市辽宁葫芦岛市举行。葫芦岛市委书记陈晓理、常务副市长崔枫林、市人大常务副主任毕玉坤，市发改委、经委、国资委、环保局、工商局等有关部门及杨家杖子经济开发区有关部门领导出席签约仪式，冀东水泥股份有限公司董事长张增光，总经理于九洲，副总经理于宝池、龚天林等出席签约仪式。

冀东水泥股份有限公司经与葫芦岛杨家杖子经济开发区协商，拟建设两条日产 4 500 吨熟料水泥生产线，同步配套建设 2×12 兆瓦纯低温余热发电机组。项目全部建成后，年产熟料 310 万吨、水泥 500 万吨。正式签约的一期工程，是在杨家杖子经济开发区黑鱼沟村先建设一条日产 4 500 吨新型干法熟料水泥生产线。项目位于辽宁五点一线沿海重点发展区腹地，石灰石资源丰富，生产水泥所需的主要原燃料均可就地取材。

云南曲靖“雄业”日产 5 000 吨水泥熟料生产线奠基

4 月 17 日，曲靖“雄业”水泥技改新线建设项目——日产5 000吨的水泥熟料生产线奠基仪式在麒麟区三宝镇隆重举行。

据介绍，曲靖“雄业”水泥技改新线建设项目——日产5 000吨的水泥熟料生产线的建设落成后，集团计划再投 5 亿元，填补滇东北无特种水泥生产的空白，充分利用工业废弃物，发展循环经济，高起点、高标准建设，可实现年生产水泥熟料 150 万吨，新增工业产值 6 亿多元，实现利税 1.6 亿元，解决 600 余人的就业问题。

奠基仪式现场，该集团还向云南省光彩事业促进会捐赠 1 680 万元人民币，用于支持曲靖市发展教育、建设新农村和关爱老年人事业。

“香港时富”在重庆建 150 万吨水泥线

4 月 20 日，香港时富国际投资集团与重庆市垫江县成功达成年产 150 万吨干法水泥生产线投资协议，目前项目已顺利开建。按照协议，香港时富国际投资集团将注资 3.8 亿元，分两期在该县三溪镇建设一条年产 150 万吨干法水泥生产线。这将成为该县首条干法水泥生产线，同时也是重庆市渝东北地区最大的干法水泥生产线之一。

该生产线占地 150 亩。整个生产线将分别于 2009 年 5 月和 2010 年 5 月建成投产。项目还将配套建设一座纯低温余热电站。

“大连天瑞”二期日产 5 000 吨熟料生产线顺利点火

4 月 28 日，大连天瑞水泥有限公司二期日产 5 000 吨熟料生产线点火成功。

大连天瑞水泥有限公司，是天瑞集团在大连长兴岛临港工业区投资兴建的两条日产 5 000 吨新型干法水泥生产企业，是大连市招商引资项目，注册资金 31 950 万元人民币，工厂占地 600 亩。生产线采用当今世界水泥工业成熟先进的窑外分解新型干法生产工艺装备，拥有国内最先进的生产、检验、检测技术和完善的质量管理体系，不久将建成一座技术先进、环保节能的花园式现代化工厂。工程分两期建设，一期 5 000 吨生产线已于 2007 年 5 月建成投产。“大连天瑞”建成后年产高品质熟料 310 万吨、优质高等级水泥 400 万吨，是大连市中长期发展规划重点支持发展的四大新型干法水泥企业之一，将在辽宁省、大连市水泥工业结构性调整中发挥重要作用。

大连金刚天马水泥公司日产 4 000 吨生产线投产

4 月 28 日，辽宁大连金刚天马水泥有限公司日产 4 000 吨水泥熟料生产线成功点火投产。该项目是在大连市淘汰水泥落后生产工艺、拆除 52 座立窑的基础上改扩建，是金刚水泥集团在辽南地区第一条大型新型干法水泥熟料生产线项目。

内蒙古“西水”日产 4 600 吨水泥熟料生产线开工

5 月 6 日，内蒙古西水创业股份有限公司日产 4 600 吨水泥熟料工程举行奠基仪式，这是西水公司继日产 2 500 吨新型干法水泥熟料生产线上马后的又一重大举措，它标志着西水公司壮大企业实力、走科技兴企之路实现了关键性突破。

西水公司日产 4 600 吨水泥熟料工程采用我国自行开发设计的熟料新型干法水泥生产工艺，达到当今世界先进水平。工程在国家“控制总量、调整结构”的产业政策指导下，采用新技术、新工艺改造传统产业，达到优化产业结构、产品质量升级和节能减排的目的。工程投产后可年产优质高标号水泥熟料近 230 万吨，生产水泥 300 万吨，实现利润 6 000 万元、税金 7 000 万元，将成为自治区现代化水泥企业的典范。

内蒙古西水创业股份有限公司是自治区最大的水泥生产企业之一，也是自治区惟一一家建材行业上市公司。公司处于内蒙古小“金三角”经济开发区，有着得天独厚的资源优势、广阔的市场潜力、悠久的品牌优势、便捷的交通条件，日产 4 600 吨水泥熟料工程被列为自治区工业重点项目和“十一五”规划建设项目，工程预计总投资 3.6 亿元，有效工期 15 个月。

同煤集团日产 4 500 吨水泥熟料项目开工

5 月 12 日，山西省“十一五”规划的重点项目——同煤集团日产4 500吨新型干法水泥熟料生产线，全面开工建设。此项目的开工预示：到2009年10月，一座晋北地区规模最大、技术最先进、综合实力最强的新型水泥企业将屹立在世人面前。

同煤集团日产4 500吨新型干法水泥熟料生产线项目位于朔州市怀仁县何家堡乡悟道村，初步设计估算总投资7.7亿元，生产工艺采用国内先进的预分解中空干法回转窑技术，粉磨设备为日本进口的具有国际先进水平的立式磨机。该项目同步配套建设低温余热发电系统，设计容量为7.5兆瓦，可解决本生产线30%左右的用电量。工程建成后，年产优质、低碱、高标号水泥240万吨，可实现年销售收入4.5亿元，年利润总额1.4亿元。据了解，该项目建成后，每年将消化电厂粉煤灰60多万吨，消化钢厂废渣100多万吨。

湖南“南岭水泥”200万吨水泥熟料项目启动

5月17日，湖南省嘉禾县南岭水泥有限公司与沈阳重型冶矿机械制造公司六厂正式签订了年产200万吨新型干法水泥熟料生产线的工程总承包合同，标志着郴州市最大的单条新型干法水泥生产建设在嘉禾正式启动。此次合同签订仪式是在沈阳皇朝万豪酒店举行的。嘉禾县南岭水泥有限公司总经理李自成和沈重六厂总经理谢镇崃代表合作双方在合同上签字。

南岭水泥有限公司年产200万吨熟料新型干法水泥生产线，其工厂设计、设备成套及设备安装工程全部由沈重六厂负责完成，工期为16个月，工程总造价达3.8亿元。南岭水泥有限公司完成技改后，可年产水泥熟料200多万吨，年产值达7亿元，年创利税2亿多元，成为该县规模最大的环保产业。

科华集团3条日产5 000吨项目落户重庆

5月18日，由水泥浙商——浙江科华集团投资的年产600万吨新型干法水泥项目合作协议签字仪式在重庆石柱土家族自治县举行。

该项目合同引资18亿元，在石柱建设3条日产5 000吨新型干法水泥生产线，年总产能600万吨，整个项目建成投产后，实现年销售收入20亿元，利税4亿元，可提供就业岗位1 500余个。其中，一期项目投资6亿元，建成1条日产5 000吨新型干法水泥生产线，年产能200万吨，实现年销售收入6.5亿元，利税1.3亿元，直接提供就业岗位600余个。

青海日产2 000吨特种水泥熟料生产线技改项目开工

5月22日，日产2 000吨特种水泥熟料生产线技改项目在大通县北川工业园开工建设。

日产2 000吨特种水泥熟料生产线技改项目是由青海新型建材工贸有限责任公司投资兴建，是2008年大通县重点工业项目之一，也是全省重点技改项目之一。项目总投资1.35亿元，将新建特种水泥熟料生产线一条，设计能力为日产2 000吨，预计可实现年工业总产值1.8亿元。项目的投产，将使企业的生产规模得到进一步扩大，为园区内建材产业园的发展奠定坚实的基础。同时，也将有效缓解青海省优质结构水泥和特种水泥短缺的难题，对促进产业结构优化，发展循环经济具有十分重要的意义。

“中材国际”签约句容“台泥”

5月23日，中材集团旗下“中材国际”与句容台泥水泥有限公司签署了《句容台泥水泥有限公司二期日产5 000吨熟料水泥生产线工程总承包协议书》，协议总金额为79 768万元。

根据协议约定，“中材国际”为句容“台泥“以EPC总承包方式建设一条日产5 000吨熟料水泥生产线，工程范围包括从石灰石破碎到水泥散装的整条水泥生产线的工程设计、土建施工、设备供货、安装施工、人员培训、生产调试和技术服务等，正式总承包合同工期为自收到预付款之日起18个月。

海螺集团临湘日产5 000吨项目签约

5月24日，湖南临湘市与海螺集团就“临湘海螺”水泥项目正式签约。该项目由海螺集团投资8亿元，建设一条日产5 000吨新型干法水泥熟料生产线，并配套建设水泥粉磨系统和余热发电项目。

临澧“冀东水泥“2条日产4 500吨一期项目奠基

5月28日，湖南省常德市临澧县目前最大的工业招商项目——临澧冀东水泥2条日产4 500吨熟料水泥生产线项目一期工程奠基仪式在这里隆重举行，这标志着投资14亿元的该项目正式进入开工建设阶段。

临澧冀东水泥有限公司是唐山冀东水泥股份有限公司的全资子公司。唐山冀东水泥股份有限公司经过充分的市场调研和科学分析论证，看中了临澧县丰富的石灰石资源，决定选择临澧县作为公司在南方进行产业布局的第一站。2008年1月10日，公司与临澧县签订项目建设合作协议，决定投资14亿元分两期建设2条日产4 500吨熟料水泥生产线带纯低温余热发电项目。该项目位于临澧县新安镇龙凤山脚下，占地315亩。3月24日，一期1条日产4 500吨熟料水泥生产线带纯低温余热发电项目进行首次爆破作业，目前完成了场地平整工程。预计一期工程建设于2009年5月完成，建成后年产水泥将达到200万吨，年实现税收8 000多万元，为临澧县的发展注入强大的活力。

“湖南江华“日产4 500吨水泥项目开工

5月28日，长沙创普房地产（集团）开发有限公司投资控股的“创普水泥日产4 500吨工程项目在江华瑶族自治县工业园区开工。该项目总投资3.5亿元，一期工程投资2.6亿元，计划2009年7月竣工投产。

“河南锦荣”日产4 500吨水泥熟料生产线点火

5月29日，由苏州中材承建的“河南锦荣”日产4 500吨水泥熟料生产线项目成功点火，标志着“河南锦荣”日产4 500吨水泥生产线已进入试生产阶段。

河南锦荣水泥有限公司是杭州锦江集团与河南峭山水泥集团合作成立的股份有限公司。该公司干法水泥项目设计日产4 500吨熟料生产线2条，总投资约11亿元。其中，一期工程投资约5.5亿元，年产熟料139.5吨，可生产水泥180万吨，余热发电量6 000万千瓦时，预计2008年5月建成投产，年可新增销售收入4.6亿元，实现利税1.7亿元。

“甘肃白银”年产300万吨新型干法水泥生产线

6月3日，由甘肃电力投资集团公司、甘肃寿鹿山水泥有限责任公司与白银王岘水泥厂合资的甘肃火焰山水泥有限公司、白银石晋矿业有限公司等3家企业共同投资建设的年产300万吨新型干法水泥生产线项目，在甘肃白银市顺利签约。投资各方协议以资产为纽带，以项目为载体，组建新的企业法人，联合投资建设日产2 500吨和日产5 000吨新型干法水泥生产线。

该项目概算总投资8.04亿元，由甘肃省电力投资集团公司控股。其中，一期工程投资2.68亿元，正式投产后年产高强度等级水泥100万吨，预计年销售收入达到3亿元以上，年利润达到4 000万元；二期工程投资5.36亿元。项目按照一次规划，两期完成的步骤分步实施：一期项目为一条日产2 500吨生产线，同时配套建设4.5兆瓦纯低温余热发电站。目前，项目初步设计已经完成，计划于2008年6月正式开工建设，2009年11月建成投产。二期项目为一条日产5 000吨生产线，配套建设9.0兆瓦纯低温余热发电站。

“三德”200万吨水泥项目在云南弥渡开建

6月7日，新加坡三德集团投资兴建的年产200万吨水泥生产项目，在弥渡县寅街镇正式奠基。

该项目是云南省2007年在昆交会上招商引资的重点项目之一，总投资概算近7亿元，占地400亩，建设年产200万吨新型干法水泥生产线，预计2009年6月竣工。按目前水泥市场价格计算，项目达产后年产值近8亿元。

河北奎山集团二期日产5 000吨水泥熟料项目点火

6月9日，由“邯郸中材”承建安装的河北奎山集团二期日产5 000吨水泥熟料生产线顺利点火成功。河北奎山集团举行了隆重的点火仪式。

“邯郸中材”奎山临城项目部自组建以来，在领导和各部门的大力支持下，项目部全体员工经过8个多月的辛勤施工、艰苦紧张的安装，克服了种种困难，终于迎来了这一激动人心的时刻。这一刻凝聚了项目部全体员工的智慧和汗水，凝聚了公司全体人员的心血，这一刻也是邯郸中材建设有限公司企业精神的最终体现。

此次点火仪式标志着邯郸中材建设有限公司又一个项目圆满顺利完工，在公司的业绩上又浓墨重彩地添了漂亮的一笔。

“华新水泥“渠县日产4 000吨项目开建

6月11日，总投资15亿元，年产水泥200万吨的华新水泥股份有限公司日产4 000吨熟料水泥生产线在渠县卷硐乡正式开工建设。此项目建成后将成为目前四川东部地区集中投资建设的最大水泥厂，也是震后四川首个水泥重大建设项目。

华新水泥公司渠县项目总投资15亿元，一期投资6.5亿元，是渠县引进的最大生产型项目。该项目位于渠县卷硐乡，项目矿区石灰石保有储量7 800万吨，可采储量6 626万吨，可满足项目30年以上服务年限。项目计划于2009年7月竣工投产。项目建成后，年产水泥熟料128万吨，年产水泥177万吨，实现年销售收入4.4亿元，利税1.65亿元。

甘肃武都水泥厂100万吨生产线开建

6月12日，甘肃省陇南市武都区水泥厂百万吨干法水泥生产线正式开工建设。这是汶川地震甘肃重灾区震后开工建设的第一个工业项目。这标志着甘肃灾区灾后重建工作全面铺开。在7月底前，年内确定要开工建设的45个新项目将全部上马，其总投资达34.5亿元。

据介绍，这次开工的100万吨干法水泥生产线建设项目，是武都区近年来最大的招商引资工业项目，投资3亿元开工建设。该项目的建成，将会极大地缓解武都区水泥供应紧张的市场状况，为顺利推动全区灾后重建提供必需的建材物资保障。

“台泥”(贵港)2条日产6 000吨熟料水泥生产线点火

6月12日，由苏州中材建设有限公司承建的台泥(贵港)水泥有限公司一期工程2条日产6 000吨熟料水泥生产线A线顺利点火，进入试生产阶段。

在项目建设期间，“苏州中材”项目部一如既往秉承公司“周到及时、优质高效、合作双赢、贯穿始终”的服务宗旨，不断推进各项工作，在创新中追求卓越，坚持履行承诺，充分发挥公司专业优势，最终实现点火目标，赢得了各方的好评。

山西“福龙水泥”两条日产5 000吨生产线奠基

6月12日，山西福龙水泥有限公司两条日产5 000吨熟料新型干法水泥生产线奠基仪式隆重举行，吕梁市领导聂春玉、董洪运、张九萍、刘明勇、张中生、刘本旺、梁来茂，市政府秘书长李月勤以及省工商联副主席王建华参加了此次奠基仪式。

山西福龙水泥有限公司2条日产5 000吨熟料新型干法水泥生产线项目是山西省“两区开发”暨吕梁市“双百双千”项目之一，项目总占地面积1 210.439亩，一二期共投资24.5亿元人民币。

项目由山西联盛能源投资有限公司出资建设，由南京凯盛水泥设计研究院设计，项目一期工程预计2009年10月建成投产，投产后，年生产52.5级普通硅酸盐水泥180万吨，42.5级普通硅酸盐水泥180万吨。实现年销售收入12亿元人民币，年利润3亿元人民币，年上缴利税1亿元人民币，同时，可安排近600人就业，带动2 000人的相关产业，该项目的实施将对拉动区域经济快速发展，对联盛产业结构的转型具有十分重要的意义。

"冀东水泥"日产4 500吨生产线落户四川宜宾

6月23日，四川省宜宾市屏山县人民政府与唐山冀东水泥股份有限公司举行总投资7.5亿元、日产4 500吨熟料水泥的生产线投资签约仪式。宜宾市委常委、常务副市长徐进出席签约仪式并讲话。

该项目是屏山县到目前为止承接产业转移的最大项目。项目以屏山金沙水泥有限公司迁建技改方式立项，由唐山冀东水泥股份有限公司（上市公司）高比例控股，与金沙水泥有限公司合资建设。项目选址于屏山清平乡冒水村，占地300亩，总投资7.5亿元，年产值8亿元。项目将于2008年9月正式动工建设，预计2009年10月正式投产。建成投产后，将实现年税利3.5亿元以上，提供固定就业岗位200余个，有效带动运输业等相关产业的发展。

"中联水泥"签约彭州建2条日产4 500吨生产线

6月25日，中国联合水泥集团有限公司正式与四川彭州市政府签约，将总投资约人民币20亿元，在彭州建设年产400万吨新型干法水泥项目，彭州建材产业发展因此迈出了至关重要的一步。

据悉，双方签约的项目名称暂定为彭州中联水泥有限公司2条日产4 500吨水泥熟料生产线项目，厂址已初步选于桂花镇，用地总面积约600亩。投资兴建方"中联水泥"是中国建材集团的核心企业之一，是国家重点支持的12家重点水泥企业，也是央企中最大的从事水泥生产的专业化公司，目前新型干法水泥总产能4 000万吨/年，居全国水泥行业第二位。

"祁连山"甘肃成县日产3 000吨水泥生产线开工

6月25日，由甘肃祁连山水泥集团投资的成县120万吨新型干法水泥生产线正式开工。这是甘肃省震后建材领域投资额最大的项目，为灾后重建家园建材供应提供了有力的保障。

该项目位于陇南市成县抛沙镇，总投资4.28亿元，占地310亩；项目工期约11个月，建成投产后可实现年销售收入2.7亿元。据介绍，此项目采用先进的新型干法预分解生产工艺，将建设矿山开采、熟料煅烧、水泥包装等生产线，建成后将形成日产3 000吨新型干法水泥的规模。

"北流海螺"二期日产5 000吨熟料生产线开工

6月28日，北流海螺公司第二条日产5 000吨熟料生产线开工仪式在北流海螺公司二期工程建设现场隆重举行。

"北流海螺"二期工程预计将于2009年5月建成投产，投产后将形成360万吨熟料、180万吨水泥的年生产能力。同时一期18兆瓦余热发电机组将于2008年7月份并网发电，能源将得到充分的利用，实现经济效益和环保效益的双丰收，届时，将进一步优化全市工业结构，促进当地水泥产业升级，推进新型工业化建设，促进北流社会经济新的发展。

"冀东水泥"内蒙日产10 000吨生产线一期工程奠基

6月28日，"冀东水泥"阿巴嘎旗日产1万吨熟料水泥生产线工程奠基仪式在内蒙古锡林郭勒盟德力格尔工业园区隆重举行。

"冀东水泥"阿巴嘎旗日产1万吨熟料水泥生产线项目是"冀东水泥"在内蒙投资建设的第三个水泥项目。先期开工建设的一期工程为日产2 500吨熟料水泥生产线，年产水泥120万吨，预计2009年10月份建成投产。项目将同步配套建设6兆瓦纯低温余热发电机组，生产自供电率达到50%以上，可实现水泥生产余热资源的循环利用。

"枣庄中联"日产5 000吨水泥熟料生产线奠基

7月3日，"枣庄中联"日产5 000吨水泥熟料生产线奠基典礼仪式在枣庄中联水泥有限公司举行。该项目的奠基标志着枣庄中联水泥工业生态园项目和日产5 000吨水泥熟料生产线项目全面开工建设。

"枣庄中联"日产5 000吨水泥熟料生产线项目建设和水泥工业生态园的开工建设，是贯彻落实党的十七大精神，完成"节能减排"目标，在2007年爆破拆除安厦水泥9条立窑生产线后经过半年多场地平整的基础上建设的，该项目与枣庄中联水泥工业生态园、余热发电项目同步建设，工程计划总投资7亿元，建设工期12个月，项目可节约土地500余亩，项目投产后，可年增水泥产量200万吨，年发电7 000万千瓦时，年节约标煤2.5万吨，减少二氧化碳排放约4万余吨，将大大改善企业周边环境。届时，枣庄中联公司生产规模可达到600万吨，成为枣庄地区规模最大的水泥生产企业。

贵州："泰安水泥"日产3 000吨生产线点火投产

7月8日，黔西南州泰安水泥公司日产3 000吨熟料新型干法回转窑水泥生产线项目，点火投产并举行了隆重的投产庆典仪式。中国水泥网特派记者参加报道。

该项目于2006年12月25日经贵州省发展与改革委员会（黔发改工业〔2006〕1612号文件）核准批复，经贵州省第十届人民代表大会第五次会议审议通过，列入贵州省2007年省级重点项目、贵州省新型干法水泥循环经济样板示范项目，黔西南州、兴义市政府"十一五"规划的重点建设项目，兴义市建市20周年献礼项目。生产线自2007年6月18日正式动工建设，历时12个月建成。

“邻水红狮”日产4 000吨水泥生产线正式开工

7月8日，红狮控股集团支援四川灾后重建的第一个大型水泥项目——邻水红狮日产4 000吨水泥生产线正式开工。

红狮控股集团是一家专业从事水泥生产的大型民营企业，是国家重点支持的十二家大型水泥企业之一。近年来，国家加快推进西部大开发战略，实施成渝经济区建设，为水泥行业提供了良好的发展机遇。为此，红狮集团将邻水项目作为中西部发展的重要布点之一。该项目规划建设2条日产4 000吨新型干法水泥生产线，分两期实施，总投资10亿元。其中一期建设1条日产4 000吨生产线及配套纯低温余热发电项目，工艺和技术装备在国内同行业中处于领先水平。一期建成后年产水泥160万吨，实现销售收入5.5亿元，利税1.5亿元。

邻水项目开工后，红狮集团将加快建设进度，保证项目质量，把项目建成设备先进、工艺合理、环保一流的精品工程，力争早日点火投产，以实际行动支持四川灾后重建工作。

“华润水泥”2条日产4 500吨生产线落户陆川

7月7日，广西陆川县政府与华润水泥控股有限公司在玉林市举行项目签约仪式，这标志着华润水泥（陆川）有限公司两条日产4 500吨新型水泥熟料生产线项目及配套的低温余热发电项目正式落户陆川。这是2008年该县招商引资的重大成果之一。

华润水泥（陆川）有限公司水泥生产线项目将采用先进的窑外预分解技术、中央控制系统和先进的环保治理技术进行生产。厂址选在陆川县北部工业集中区，占地面积50公顷。投资项目分二期进行，首期投资7亿元人民币，建设一条日产4 500吨水泥熟料生产线及配套余热发电工程，发电装机容量9 000千瓦，计划年产水泥熟料150万吨。在首期工程投产后计划再建设相同规模的二期工程。首期工程计划在2008年10月份开工建设，2009年10月30日建成投产。可解决劳动就业人员500人。该项目前期工作推进较快，现已向自治区有关部门申请作为全区统筹推进的重大项目，项目用地750亩。

浙江投资广汉日产4 600吨水泥生产线项目签约

7月8日，四川广汉高坪镇政府、浙江双超运动器材有限公司、广汉市招商局三方本着互惠、互利、共同发展的原则，在平等、协商的基础上，就“浙江双超”兴办日产4 600吨熟料新型干法水泥生产线项目举行签约仪式。

该项目选址广汉市高坪镇金九村，占地300亩，投资总额约5亿元人民币。项目建成投产后，预计年产水泥100万吨，销售收入预计可达8亿元，实现税金5 000万元。

“北川中联“年产200万吨水泥项目开工

7月12日，“中国联合水泥”“北川中联”年产200万吨水泥项目在北川县擂鼓镇开工。该项目由中国建材集团公司投资6亿元，是北川县建国以来引进的最大工业项目，标志着北川灾后重建工作全面展开。

中国建材集团公司副总经理马建国与北川羌族自治县县长经大忠签署了战略合作框架协议。

中国建材集团董事长宋志平表示，中国建材集团根据国家发改委和国务院国资委有关要求，以“灾后重建、建材先行”为指导，努力为灾区在新型干法水泥生产、新型建材产品制造、轻质新型抗震房屋建设等方面做贡献。

目前，四川省水泥产业结构亟待调整。2007年全省新型干法水泥比重仅占27%，低于全国55%的平均水平。“中国联合水泥”“北川中联”年产200万吨水泥生产线建成后，将采用新型干法窑外预分解生产工艺，填补绵阳市的这一空白。

“金圆水泥”2条日产4 000吨生产线山西阳曲奠基

7月14日，金圆控股集团太原金圆水泥有限公司两条日产4 000吨熟料新型干法水泥生产线在阳曲县东黄水镇举行奠基仪式，这标志着目前生产规模最大的水泥生产项目正式落户阳曲。

金圆控股集团有限公司是以生产水泥为主业的大型民营股份制企业。太原金圆水泥有限公司新建的两条日产4 000吨熟料新型干法水泥生产线，采用目前国内最先进的水泥生产工艺，符合国家环保要求。计划一期工程总投资3.5亿元，建设期为12个月；二期工程总投资约7亿元。投产后，其水泥生产能力每年可以达到300万吨，为现有全省水泥行业生产规模最大的企业。

项目建成投产后，将推动阳曲县工业新型化基地建设的步伐，进一步加快山西省水泥工业结构的调整。

新疆“大唐鼎旺水泥”400万吨项目开工

7月26日，一座年产400万吨规模的水泥厂在奇台县三个庄子乡开工建设。它建成投产后将成为离中国最大煤田——准东煤田最近的水泥厂。该工程总投资12亿元，将分两期实施，第一期工程将于2009年8月建成投产，年产水泥160万吨；第二期工程将于2010年建成投产。该工程第一期、第二期全部建成后年产水泥将达400万吨。

“玉华水泥”日产4 200吨生产线落户江西安福

7月31日，江西安福县人民政府和江西玉华水泥公司举行旋窑水泥项目合作协议签约仪式，日产4 200吨旋窑水泥项目正式进驻安福，填补了该县建设大型旋窑水泥项目的空白。

该项目总投资5.5亿元，年产水泥200万吨，建成投产后年实现产值7亿元，税收6 000万元，拟于2009年初开工，2010年中期建成投产。该项目的建成投产将使得吉安市水泥产业中的旋窑水泥产能比重从目前的50%左右提升到90%以上，大大高于全省、全国的平均水平，这对吉安市水泥行业结构调整产生根本性的影响。配套的余热发电项目投产后，每年将节约标煤1.8万吨，减排二氧化碳4.2万吨，减排二氧化硫50余吨，对节能减排、保护环境将作出较大贡献。

“弋阳海螺”首条日产5 000吨水泥熟料生产线点火

7月31日，弋阳海螺公司日产5 000吨熟料生产线点火成功。

弋阳海螺公司日产5 000吨水泥熟料生产线是海螺水泥股份公司在江西区域首条日产5 000吨熟料生产线，是“海螺”“十一五”规划的重点项目之一。成功点火投运后，会缓解江西区域粉磨站熟料供应紧张的局面，缩短熟料运距，节省中间费用，降低运输成本，提升区域各公司整体运营质量。同时也结束“海螺水泥”在江西区域没有大型熟料基地的历史，大大增强了“海螺水泥”对江西区域资源、市场的整合能力，提升了“海螺水泥”在江西的竞争实力。

洛阳“中联黄河水泥”日产4 500吨生产线奠基

8月6日，河南洛阳中联黄河水泥有限公司首条日产4 500吨水泥熟料生产线奠基仪式在杜康酒的故乡——汝阳隆重举行。

洛阳“中联黄河”第一条日产4 500吨新型干法水泥熟料生产线标志着“中国联合水泥”在洛阳的发展迈出了重要一步。洛阳中联黄河水泥有限公司将按照我国水泥行业“调整结构、上大压小、走新型工业化发展道路”的指导思想，依托“中国建材”的资金优势、技术优势、设备优势，发挥洛阳的市场优势、资源优势、人才优势，坚持科学发展观，运用先进的现代化管理理念，促进洛阳水泥工业装备和工艺技术的升级换代，帮助洛阳实现水泥工业结构调整的总体目标。

“虎鹰水泥”与象州县签订日产4 000吨生产线投资意向协议

8月12日，广西象州县与浙江虎鹰水泥有限公司签订投资意向协议，将共同建设日产4 000吨的熟料全干法水泥生产线。该项目计划总投资10亿元，建成后，可年产水泥160万吨，将填补象州县没有大型干法水泥生产线的空白。

“广元海螺”水泥项目奠基开工

8月12日，“广元海螺”隆重举行两条日产4 500吨熟料生产线及440万吨粉磨站项目开工奠基仪式。四川省政协常务副主任晏永和，广元市委书记罗强、市长马华，朝天区委书记向成军、区长赵文峤，海螺集团副总经理余彪、股份公司副总经理汪鹏飞，川渝区域管理委员会主任、“广元海螺”总经理柯秋璧，以及四川省部分省直部门领导，广元市、朝天区四套班子，市直、区直部门负责人，“广元海螺”前期人员和当地干部群众代表600余人出席了仪式。

四川治权集团投资建2条日产4 600吨生产线

8月16日，四川省治权集团有限公司总投资15亿元的新型干法水泥生产线项目在四川崇州签约。该项目设计日生产能力为9 200吨，2009年建成投产。

崇州市2条日产4 600吨水泥生产线位于怀远镇和平村，川西旅游环线贯穿南北，华怀路崇州段横贯东西，与都江堰、汶川、彭州、温江、邛崃、大邑等地紧紧相连。崇州市2条日产4 600吨水泥生产线采用当今世界最先进的新型干法窑外预分解工艺及DCS中央控制系统，厂区占地面积为500亩。主要原料石灰石将利用崇州丰富的石灰石资源，并采用皮带封闭运输的方式从矿山直接运输至厂区。

“华新”(信阳)日产4 500吨新型干法水泥项目投产

8月18日，经过14个月的紧张施工，华新(信阳)日产4 500吨新型干法水泥建设项目胜利竣工并举行隆重的投产点火仪式。

华新水泥公司是我国水泥行业具有百年历史的龙头企业，是国家重点支持的水泥专业生产企业，也是一家A、B股同时上市公司，有“中国水泥工业摇篮”之称。华新(信阳)日产4 500吨新型干法水泥项目总投资6亿多元，投产后年产水泥200万吨，年销售收入可达4.34亿元，年实现利税1.56亿元。值得一提的是，该项目采用当今世界先进的水泥生产工艺，经济环保、高效节能。

贵州“科特宁水泥”年产120万吨新型干法水泥点火

8月18日，贵州科特宁水泥有限公司年产120万吨新型干法水泥熟料生产线正式点火生产。

该项目自2006年开始建设，建设总投资近4亿元，预计年产优质高标号水泥120~150万吨，年产值将达到4.5亿元。该项目投产后，可利用废渣、粉煤灰达505.5万吨，实现资源有效地循环再利用。同时为国家和地方年创收可达4 500多万元。此外，项目投产后，将使公司年运输量突破270万吨，仅运输费可达到8 000余万元，并且为当地直接和间接提供1 000多个就业工作岗位。

攀枝花市首条干法水泥生产线投料成功

8月24日，攀钢钢城企业总公司投资3.6亿新建的攀枝花市首条新型干法水泥生产线一次性投料成功。晚11时，随着生产线上第一批水泥熟料顺利出炉，标志着攀枝花市只能依靠落后的机立窑和湿法旋窑生产水泥的历史由此结束。

该水泥生产线采用了当今国际先进水平的生产工艺，生产全过程应用集散智能、自动化计算机系统(DCS)控制，具有单位容积产量高、电耗低、污染小、产品质量稳定、规模经济效益良好等特点。与同规模机立窑和湿法旋窑生产线相比，每年可减少外排二氧化硫2 113.9吨、烟(粉)尘228.51吨、氨氮68.72吨，年节约能源折合标煤可达6.2万吨。

“大同冀东水泥”2条日产4 500吨生产线奠基

8月26日，“大同冀东水泥”2条日产4 500吨熟料水泥生产线奠基。这标志着大同市招商引资工作又结丰硕成果。

此次奠基的2条日产4 500吨熟料水泥生产线技改工程项目，是根据国家产业政策，按照公司整体规划及山西省建材工业“十一五”规划的要求，利用自身技术优势和资金优势，结合当地矿产资源优势，采用新型干法预分解生产工艺，利用一定量的工业废渣，实现综合利用，符合循环经济发展模式。该项目总投资7.7亿元，项目建成后可年产熟料148.5万吨、水泥200万吨，可实现年产值约4.4亿元，年利润总额1.17亿元。同时，为保证节能降耗和发展循环经济的需要，项目将同步配套建设9兆瓦纯低温余热发电机组，生产自供电率达到30%以上。

中国水泥协会会长雷前治应邀参加了奠基仪式。他说，该项目建成后，对于山西淘汰落后水泥生产能力，提高新型干法水泥比重，加速水泥产业结构优化升级，必将发挥积极的推动作用。希望大同冀东水泥有限责任公司在各级政府的大力支持与协调下，努力将该项目建成循环经济、节能减排、集约发展的示范项目，为山西省水泥产业结构调整和地方经济发展做出重要贡献。

陕西汉中“尧柏水泥”、“胶东水泥”生产线开工

8月27日，陕西省灾后恢复重建第一个工业项目——汉中尧柏公司日产4 000吨熟料水泥生产线在洋县开工，项目总投资6.7亿元，建成后，可年产优质水泥180万吨。

汉中尧柏水泥有限公司日产4 000吨熟料干法水泥生产线是利用洋县境内探明储量达2.8亿吨的石灰石而建设的，该项目的开工建设，不仅使洋县优势资源加速转化为经济优势，也满足了灾后重建原材料紧缺的需要。

27日同时开工建设的还有汉中胶东水泥有限公司日产2 500吨、年产100万吨熟水泥生产线，项目总投资2.1亿元。该项目被列入陕西省重大科技创新项目和陕南突破发展项目。

“华润水泥”（上思）2条日产4 500吨生产线一期工程开工建设

8月28日，广西防城港市上思县思阳镇弄怀村统筹推进的重大项目——华润水泥（上思）有限公司新型干法水泥熟料生产线一期工程正式开工建设。这意味着上思县的项目建设、工业经济发展实现了重大突破。

上思县矿产资源丰富，特别是石灰石的碳酸钙含量很高，储量达数十亿吨以上。该项目总投资13.5亿元，拟建设两条日产4 500吨新型干法水泥熟料生产线，同时配套两台9兆瓦纯低温余热发电项目和水泥粉磨站项目。一期工程计划于2009年10月份投产，二期工程计划于2010年投产，一期工程投产后年产水泥熟料150万吨、水泥200万吨，产值5亿元，年可缴纳税金5 000多万元，可提供500多个就业岗位。华润集团还规划上马三、四期工程，即再建设两条同等规模的水泥熟料生产线，届时产能将达到年产熟料600万吨、水泥800万吨。

“乌兰水泥”集宁日产5 000吨生产线投产

8月29日，乌兰水泥集团在乌兰察布市集宁基地的日产5 000吨新型干法水泥生产线点火投产，该公司的总产能将稳步增长。

目前，内蒙古乌兰水泥集团新型干法水泥生产线年生产熟料产能接近450万吨。

“南方水泥”日产5 000吨生产线落户常德鼎城

9月6日，由湖南南方水泥有限公司总投资约6亿元人民币，日产5 000吨熟料新型干法水泥项目，正式与鼎城区人民政府签约。该项目厂址选定在常德“工业走廊”里的鼎城区石板滩镇，石灰石矿山选址在该区的雷公庙镇。

投产后，年产优质熟料155万吨，优质高标号水泥220万吨，年销售收入6.6亿元，年利税总额近2亿元。同时，还可利用生产线窑头窑尾余热废气配套，建设装机容量为9兆瓦的纯低温余热发电站。

四川“国大水泥”2条日产4 000吨项目开工

9月10日，四川国大水泥股份有限公司2条日产4 000吨新型干法水泥熟料生产线奠基开工仪式在四川省江油市隆重举行。

该项目总投资为15亿元人民币，一期工程2008年9月开工，计划用一年时间建成投产；二期工程2010年建成投产。届时，水泥熟料总产能将达到450万吨/年，实现产值20亿元。项目的实施将极大地带动周边地区经济的可持续发展，建成投产后，“国大水泥”将成为川西北建材行业的骨干企业。目前，该项目已列为四川省2008年重大项目计划和四川省灾后重建项目。

该项目位于江油市含增镇内302省道旁，占地400余亩，自备矿山距厂区1 300米，优质石灰石储量2亿吨左右。

海螺集团400万吨水泥项目落户贵阳

9月11日，清镇市政府与安徽海螺集团、盘江煤电集团就年产400万吨水泥熟料项目正式签约。这一拟投资金额达16亿的项目，将带动余热发电、环保、装备制造等后续产业的开发和推动贵阳市循环经济发展。

据了解，该项目是一项循环经济生态工业项目，通过消化粉煤灰等工业废渣来进行水泥生产。项目选址位于清镇市站街镇与卫城镇交界处的青山村，厂区占地面积为750亩。

甘肃“平凉海螺”日产4 500吨水泥生产线开工建设

9月13日，甘肃省第一条日产4 500吨水泥熟料生产线在平凉市崆峒区举行了开工奠基仪式。项目的建设将对平凉市的资源优势转化为经济优势，对加快推进区域内水泥工业结构调整和节能减排起到重要作用。

在项目建设中，采用窑外分解新型干法水泥生产工艺，具有单机生产能力大、热效率高、产品质量高、环保、节能等特点。全线采用集散控制系统，自动化水平高；同时，纯低温发电系统的建设具有资源综合利用、节能减排和环境保护的示范意义。

项目分两期建设，一期项目计划2009年9月16日投

产。项目全部建成后,每年可提供优质水泥440万吨,年发电1.54亿度,可减排二氧化硫、二氧化硫废弃物13.2万吨,实现年产值17.6亿元,实现税收2.12亿元。该项目已被列入甘肃省重点建设项目。

阿荣旗"蒙西"日产5 000吨生产线点火

9月17日,阿荣旗蒙西水泥有限公司年产500万吨熟料基地一期工程点火暨二期工程和100万吨水泥粉磨项目举行开工奠基庆典仪式。自此,本项目一期工程日产5 000吨熟料生产线建成投入试生产,二期工程及100万吨水泥粉磨工程进入建设阶段。该项目是天津水泥院有限公司与蒙西集团的第一次合作,一期工程日产5 000吨熟料生产线的顺利竣工点火,对于双方来说都有着十分重要的象征性意义。

该项目是蒙西集团深入贯彻落实科学发展观,遵照"淘汰落后、上大关小、节约能源、合理利用资源"的产业政策,在"十一五"期间规划的重大项目。项目由3条日产5 000吨新型干法线和1条年产100万吨水泥粉磨生产线组成,总投资25亿元,分3期建设,2011年全部建成。项目建成后,将大大缓解呼伦贝尔市及其周边地区水泥供需矛盾,有力支持东北老工业基地的建设。投产后,可实现销售收入15亿元,实现利润2.5亿,实现税收2亿多元,安排就业一千余人;同时还可以拉动当地运输、物流等第三产业快速发展。因此,该项目的建设,无论是对蒙西集团还是对地方经济的发展都具有十分重要的意义。

湖南"石门海螺"水泥首条日产5 000吨生产线

9月17日,海螺集团旗下湖南"石门海螺"水泥首条日产5 000吨熟料生产线点火投产仪式在石门县新关镇举行。

"石门海螺"水泥项目规划投资建设2条日产5 000吨新型干法水泥熟料生产线,水泥粉磨能力为320万吨,配建1.8万千瓦低温余热发电系统及10万吨石膏中转站,项目总投资12亿元。该项目被列入湖南省2007年重点建设项目和湖南省推进新型工业化"双百"工程项目,项目的建设将大力推进湖南水泥行业结构调整,其投资效应、联动效应、品牌效应将给石门乃至常德经济发展注入新的活力。

"南方水泥"浙江水泥公司常山基地熟料二线点火

9月25日,"南方水泥"浙江水泥有限公司常山基地内,日产5 000吨新型干法水泥熟料生产线二线项目点火仪式隆重举行。

"昌兴矿业"投资重庆建设3条日产5 000吨生产线

9月25日,由香港昌兴矿业控股有限公司全资投资18.8亿元、年产600万吨的大型新型干法水泥项目在合川盐井镇奠基。该项目采用先进的水泥生产工艺,机械化程度高,基本上不会对周边环境造成污染,是国家水泥产业政策支持和鼓励建设的重点项目。

该项目是2008年4月重庆市党政代表团赴浙江引进的24个经贸合作项目之一,也是重庆今年重点招商引资的外资项目。该项目除规划建设3条年产200万吨的新型干法水泥熟料生产线外,还配套建设水泥粉磨系统及余热发电系统,水泥产能规模600万吨,预计建成后年销售可达20亿元,年利税约4.5亿元,可解决800人就业。

投资方将充分利用原地形地貌,精简工艺布局,将主生产区建立在荒坡区域,保留原地形并移栽树苗,形成厂区与外界隔离的自然绿化景区。

该项目自4月签约后,仅用10天时间完成选址,4个月开工,5个月奠基,是24个经贸合作项目最早落地项目之一,将带动重庆市水泥建材产业的长足发展。

"华润水泥"(富川)一期工程奠基

9月27日,华润水泥(富川)有限公司一期工程在广西贺州富川瑶族自治县白沙镇黑山村举行奠基仪式。

该公司规划建设2条日产4 500吨水泥熟料新型干法生产线,工程总投资约13亿元人民币,项目分两期完成。

怀宁"上峰水泥"一期日产4 500吨熟料生产线奠基

9月28日,怀宁上峰水泥公司一期日产4 500吨新型干法水泥熟料生产线项目在安徽省安庆市怀宁县隆重举行奠基仪式。

上峰水泥有限公司怀宁项目总投资将达到12亿元人民币,一期工程两条日产4 500吨新型干法水泥生产线计划于2009年起陆续建成投产,并将配套余热发电。

安徽省怀宁县具有丰富的石灰石资源,上峰水泥有限公司新型干法水泥熟料生产线在这里兴建,使当地石灰石资源得到充分合理利用,推动节能减排工作。受环保和资源的限制,怀宁将基本淘汰现有的落后水泥产能。

上峰水泥有限公司新型干法水泥熟料生产线的建设,将推动安徽怀宁的水泥产业在原有基础上再上一个台阶。对进一步落实科学发展观和淘汰落后生产力、促进节能减排、特别是对怀宁的经济建设都将具有十分重要的意义 。

湖南"玉山水泥"日产4 000吨新型干法线一期投产二期开工

10月1日,湖南玉山水泥有限公司日产4 000吨水泥熟料生产线一期工程实现一次性投料成功和顺利投产。

该项目是湖南省建材工业发展的重点技改建设工程,首期投资近2亿元,兴建一条日产2 500吨水泥熟料生产线。据介绍,为了将工厂建设成为一个现代化水泥企业,玉山水泥公司还主动淘汰了一条年产15万吨水泥的湿法旋转窑生产线,投资1.5亿元,开工建设了日产4 000吨水泥熟料生产线项目二期工程。二期工程包括一条水泥熟料生产线和纯低温余热发电节能环保项目,预计2009年6月建成投产。两期工程全面完成后,该公司将形成年产300万吨水泥生产能力,成为湖南省名副其实的水泥骨干企业。

"天津院"签订"拉法基"遵义三岔日产4 600吨

EPC 总承包项目

10月15日，贵州省"拉法基"遵义三岔日产4 600吨EPC总承包合同签字仪式及项目开工典礼在遵义县三岔镇项目现场举行，天津水泥院有限公司董事长兼总经理于兴敏与"拉法基瑞安水泥"首席执行官司华顾思（Cyrille Ragoucy）分别代表各自公司在总承包合同上签字。该生产线预计于2010年初正式投产，日产水泥熟料4 600吨，水泥年生产能力超过200万吨，其配套的余热发电项目预计发电能力达9兆瓦。

葛洲坝荆门水泥公司日产4 800吨水泥生产线投产

10月16日，葛洲坝荆门水泥有限责任公司日产4 800吨水泥熟料干法水泥生产线点火投产。

"葛洲坝荆门"日产4 800吨水泥熟料干法水泥生产线是湖北省重点工业建设项目。该生产线年产水泥200万吨，采用当今国际最先进的新型干法水泥生产工艺，技术装备精良，环保设施配置优化，节能降耗和资源综合利用效率处于行业领先水平，投产后，每年可消化荆门及周边地区粉煤灰、炉渣、硫石膏等废弃物40万吨，是葛洲坝集团严格按照"规模型、区域控制型、安全型、效益型、环保型、低耗型"和"标准化、规范化、程序化"建设目标投资兴建的第一个水泥项目。它的建成投产，标志着葛洲坝集团在建设绿色环保型水泥生产企业，加快水泥板块发展上迈出了关键的一步。

"高安红狮"二期日产4 000吨水泥项目点火投产

10月18日，红狮集团高安红狮水泥有限公司二期日产4 000吨新型干法水泥生产线宣告点火成功。高安市领导，项目设计单位、设备厂家、施工单位的代表，红狮集团和各子公司的相关领导参加了点火仪式。

该项目是宜春市重点工业建设项目，总投资为4.5亿元，采用先进的新型干法水泥生产工艺，并配套7.5兆瓦纯低温余热发电项目，节能降耗和资源综合利用等处于行业先进水平。投产后，年产水泥200万吨，销售收入5亿元，利税0.5亿元。项目自2007年10月份正式开工建设以来，在当地各级党委、政府的大力支持下，在各设备厂家、施工单位的共同努力下，仅用1年的时间即建成投产。该项目的建成投产，不仅使高安红狮形成400万吨年产能力，并对加快江西省水泥工业结构和产品结构的调整、加速江西省建材工业的战略发展有十分重要的意义。

广汉"三星堆水泥"日产5 000吨一期生产线开工

10月19日，四川广汉三星堆水泥有限公司日产5 000吨（一期）新型干法水泥熟料生产线在广汉高坪镇举行了开工奠基仪式。中国水泥网与西部水泥网受邀参加了奠基庆典活动。

广汉三星堆水泥有限公司日产5 000吨（一期）新型干法水泥熟料生产线是四川省、德阳市、广汉市"5·12"地震灾后招商引资、重建家园的重大建设项目之一，总投资4～5亿，一期建设日产2 500吨 生产线一条，计划建设工期为11个月，计划2009年10月投产。该生产线的土建、安装、设计等项目由四川南方建设工程有限公司总承包。

山西："富成水泥"日产4 000吨生产线项目奠基

10月21日，总投资4.3亿元的山西广灵县富成水泥有限公司日产4 000吨熟料新型干法水泥生产线项目，在该县蕉山乡杜庄村奠基。这是该县坚持大开放主导战略，全力招商引资取得的重要成果。

新奠基的日产4 000吨熟料新型干法水泥生产线，建设期为1年，项目达产达效后，可年产熟料124万吨，年产水泥186万吨，年消化广灵及周边地区的矿渣、粉煤灰60余万吨，淘汰落后机立窑水泥产能20万吨，年创产值5.28亿元，实现利税1.8亿元。与此同时，余热发电作为该项目的资源综合利用配套建设项目，装机总量7.5兆瓦，可年发电4 500万千瓦时。该项目的建设，对于改善广灵环境、提高资源综合利用将产生重要作用。

"中材罗定"水泥日产4 500吨熟料水泥生产线开工

10月24日，中材罗定水泥有限公司日产4 500吨熟料水泥生产线项目奠基仪式举行。

中材集团高度重视在广东的发展，中材罗定日产4 500吨熟料水泥生产线项目是中材集团在水泥项目建设方面的技术、资金和管理优势与罗定地区的资源优势有机结合。该项目的动工建设，也标志着中材集团在云浮地区的第二轮发展已经启动，必将加速罗定市水泥工业结构调整和落后水泥工艺淘汰的进程，促进罗定市经济发展。

"京兰三源"水泥160万吨生产线长阳投产

10月24日，湖北京兰集团三源水泥二期年产160万吨新型水泥生产线在湖北长阳经济开发区顺利投产。来自全国各地的客商、省市县领导和当地群众1 000余人现场分享了这一发展盛事。据悉，这是对口支援湖北省三峡库区暨承接发达地区产业转移的合作项目之一。

该项目总投资达3.8亿元，采用集科技、节能、环保、高效、利废为一体的新型干法回转窑生产工艺。项目建成投产后，企业年生产能力将达到220万吨，可实现年销售收入5亿元以上，税收5 000万元左右，直接安置就业500人以上。同时，拉动电力、运输、采矿及第三产业的快速发展。

"天瑞水泥"日产4 500吨生产线安徽萧县开工

10月26日，天瑞集团萧县水泥有限公司日产4 500吨新型干法水泥熟料生产线项目正在这里隆重举行。宿州市领导吴旭军、张冬云、孟宪会，天瑞集团水泥有限公司董事长李和平、总经理郭志伟等为项目奠基，市委常委、副市长张冬云热情致词。

河南"天瑞水泥"在萧县投资兴建的日产4 500吨新型

干法水泥熟料生产线项目及其配套工程总投资约12亿元，一期工程年产熟料140万吨，同时建设余热电站及年产100万吨的水泥粉磨系统，计划投资7.5亿元。

宁夏年产100万吨水泥粉磨站项目奠基

10月29日，作为宁夏首批清洁生产单位和循环经济试点企业的宁夏石嘴山金力实业集团有限公司，建设年产100万吨水泥粉磨站项目举行开工奠基仪式。该项目建成后，年可综合利用所处工业园区及周边地区工业固体废物近40万吨，比传统粉磨工艺年节电700万千瓦时。

该项目采用国内先进的联合粉磨工艺、宁夏最大的直径4.2米×13米双仓管式球磨机等先进设备，运用公司自行研发的"微硅粉内掺法在水泥生产中的综合利用"技术，这在宁夏水泥行业尚属首家。

伊犁"沪新水泥"日产3 000吨生产线开工建设

10月30日，伊犁沪新水泥有限公司日产3 000吨水泥熟料生产线及配套4 500千瓦低温余热发电项目在伊宁市北郊举行开工奠基仪式。"沪新水泥"建成投产后将使伊犁河谷的水泥年产量超过400万吨。

伊犁沪新水泥有限公司日产3 000吨水泥熟料生产线及配套4 500千瓦低温余热发电生产项目，符合国家发改委关于加速淘汰落后工艺，大力发展新型干法水泥的宏观调控政策要求。项目的开工奠基对伊宁市扩张工业经济总量，拉动经济的快速增长和可持续发展都具有较大的和深远的意义。

"中材株洲"日产5 000吨水泥生产线投产

10月30日，中材株洲水泥有限公司日产5 000吨熟料水泥生产线正式投产。

中材集团株洲水泥生产线项目是湖南省、市重点建设工程。项目选址在荷塘区仙庾镇黄塘村和双泉村结合部，计划投资10亿元，建设年产400万吨优质水泥生产基地。

该项目分两期建设，2007年5月开工的一期工程投资5.6亿元，建设一条日产5 000吨熟料、年产高标号水泥207万吨的新型干法水泥生产线。熟料干法水泥生产线为国家重点推广项目，生产工艺成熟，达到国际先进水平，执行欧洲环保标准。该公司同时追加投资，配套建设一套发电系统，利用废气进行余热发电，年发电量达5 550万千瓦时。据介绍，一期投产后，预计年实现销售收入5亿元以上，每年将向市、区两级财政上缴税收3 709万元。

"贵州乌江"日产3 200吨生产线技改项目开工

10月30日，由"苏州中材"总承包(EPC)的"贵州乌江"日产3 200吨新型干法水泥线技改工程项目正式开工，"苏州中材"党委书记蒋士清、副总经理周扬铭应邀出席了开工奠基仪式。

开工典礼仪式上，贵州乌江水泥有限责任公司董事长卢守建首先致辞，他说"苏州中材"有着丰富的水泥厂建设经验，并在以往创造了诸多优良的业绩，希望双方都能够加强沟通，严格按照工程标准进行施工，争取此次工程项目能够高质量、高效率的如期完工。他对与"苏州中材"合作充满了信心！周扬铭副总经理代表公司发表了热情洋溢的讲话，对项目开工表示衷心祝贺，他表示，公司将一如既往地强化项目施工现场管理，加强与乌江水泥有限责任公司的沟通，认真听取多方建议与意见，尽全力把"贵州乌江水泥"新型干法水泥生产线节能技改工程建设成为贵州省样板工程。

河北省"康达"(承德)第一条水泥生产线点火成功

10月30日，康达(承德)水泥有限公司第一条年产150万吨水泥生产线点火成功。这为承德项目取得最终的胜利，迈出了最为坚实的一步。

康达(承德)水泥有限公司是菲律宾康达水泥集团投资在承德市的一家外商独资企业，"邯郸中材"承建全厂的机电设备安装。这条生产线绝大部分设备都是从国外进口，其主机选用国际先进的莱歇立磨，冷却系统采用德国洪堡公司的篦式冷机，自动化系统分别采用了美国、日本、新加坡的先进设备。预计第一条生产线正式运行后，可实现年产值6亿元，实现利税1亿元。

四川川煤集团筠连日产4 000吨水泥项目开工

11月3日，川煤集团芙蓉公司筠连日产4 000吨水泥项目在筠连县巡司镇举行开工典礼。该项目总投资概算约8亿元，计划建设工期14个月，采用新型干法预分解生产工艺，附带9 000千瓦纯低温余热发电，年产熟料200万吨。

年产75万吨新型干法水泥生产线落户新疆哈密

11月6日，哈密南岗建材有限公司年产75万吨水泥生产线带纯低温余热发电项目奠基仪式在二道湖工业园区隆重举行。

该项目采用先进的新型干法窑外预分解带纯低温余热发电技术，年发电1 750万千瓦时，总投资3.19亿元，每年可以处理镁渣近20万吨，实现了资源综合利用，发展了循环经济，在降低企业生产经营成本的同时，也从根本上解决了严重的环境污染问题。

天瑞集团"光山水泥"日产4 500吨项目点火投产

11月15日，投资5.47亿元的河南省信阳市天瑞集团光山水泥有限公司日产4 500吨水泥生产线历经8个月的精心组织，科学施工，正式竣工点火投产。

天瑞集团光山水泥有限公司日产4 500吨水泥生产线于2007年12月5日奠基开工，项目投产后，年生产新型干法水泥200万吨，销售收入5亿元，创利税1.2亿元，可安排300多人就业。

江苏"鹤林水泥"日产6 000吨生产线点火

11月18日，由"中材国际"南京水泥工业设计研究院设计的江苏鹤林水泥有限公司日产6 000吨燃烟煤水泥生产线顺利点火，11月22日一次投料成功，通过2008年11月

27 日 8 时至 11 月 30 日 8 时连续 72 小时的运转考核，熟料累积生产 18 600 吨，各项指标均达到设计要求。

江苏“鹤林水泥”日产 6 000 吨生产线的顺利达标，是江苏“鹤林水泥”与南京院成功合作的成果。

“冀东海德堡”两条日产 4 500 水泥生产线点火

11 月 26 日，“冀东海德堡”（扶风、泾阳）在西安举行二期工程两条日产 4 500 吨生产线点火仪式。投产后该公司在陕西的水泥年产能会实现由百万吨向千万吨的大跨越。中国建筑材料联合会副会长、中国水泥协会会长雷前治出席开幕式并致贺词。

四川“江油红狮”日产 4 000 吨水泥生产线开工

11 月 28 日，红狮控股集团江油红狮日产 4 000 吨新型干法水泥生产线正式开工。

该项目投资 6 亿元，建设 1 条日产 4 000 吨新型干法水泥生产线及配套纯低温余热发电项目，采用国际先进的新型干法技术，关键设备从国外引进，建设周期 15 个月，建成后可年产高标号水泥 175 万吨，实现销售收入 5.5 亿元，利税 2 亿元，具有良好的经济效益和社会效益。

“冀东水泥”:2 条日产 4 500 吨水泥熟料生产线落户山西交城

11 月 28 日，山西交城县人民政府与唐山冀东水泥股份有限公司就建设 2 条日产 4 500 吨水泥熟料生产线项目暨冀东水泥交城有限责任公司组建正式签约。

根据协议，该工程一期新建项目位于交城县覃村，二期项目位于交城县西社镇。协议签署之后，7 个月内完成在建的日产 1 800 吨熟料水泥生产线工程，新建的一期日产4 500 吨生产线在得到核准证书后 14 个月内竣工投产，二期项目根据市场情况适时开工建设。项目计划总投资 18 亿元，项目建成后年产熟料 402 万吨、水泥 551 万吨、发电 1 亿千瓦时。

此项目为循环经济示范项目，也已被列入省“两区开发”项目，可年利用各种工业废渣千万吨。项目建成投产后，有望实现年销售收入 10 8854 万元，为当地的经济发展做出贡献。

江西圣塔集团二期日产 4 000 吨熟料生产线点火试生产

11 月 28 日，江西圣塔集团二期日产 4 000 吨水泥熟料新型干法水泥生产线点火试生产。

该生产线由大型生料辊式磨、高效燃烧器、高效收尘器、第四代预分解系统和全国首台第四代行进式控制流篦式冷却机等高效率、高节能设备组成，项目总投资 3.8 亿元，项目配套建设 9 兆瓦低温余热发电站，工艺、环保性能设计优化，降低有害废气的排放，是低热耗、低排放新型干法水泥生产线。达标达产后可新增水泥年产能 200 吨，圣塔集团年水泥生产能力增加到 350 万吨，新增产值 43 825 万元，税利 4 600 万元。该生产线还配套建设 9 兆瓦低温余热发电站，年发电量 6 300 万千瓦时，折合节约标准煤 2.07 万吨，将为赣南的水泥工业结构调整和节能减排以及社会经济发展做出更大贡献。

攀钢集团新建日产 4 000 吨水泥生产线

11 月 29 日，攀钢集团日产 4 000 吨水泥生产线在四川宜宾兴文古宋镇开工，该灾后重建项目总投资 8.6 亿元，主体生产线占地 368 亩，工期 14 ~ 18 个月。这是攀钢集团在攀枝花市以外投资最大的工业项目。

四川“峨胜水泥”二期日产 4 600 吨熟料生产线投产

11 月 29 日，由苏州中材建设有限公司承建的四川峨胜水泥股份有限公司二期日产 4 600 吨熟料生产线顺利点火，12 月 5 日窑系统投料成功进入试生产。

二期项目自开工以来，经历了四川汶川大地震，在公司领导的高度重视和指导下，在项目经理的带领下，项目部全体员工面对灾难，团结一心，坚守岗位，在做好安全生产工作的同时，确保按时推进项目进度。项目经理认真组织项目部人员编制好技术方案，精心组织施工，认真抓好安全生产工作，积极组织人力、物力，确保工程进度。在全体员工的共同努力下，克服连续阴雨等各种困难，最终按期实现了该熟料生产线的顺利点火，赢得了业主充分肯定，塑造了苏州中材企业品牌的形象。同时，也为公司进一步拓展四川市场奠定了良好的基础。

甘肃甘谷“祁连山水泥”120 万吨生产线开工

11 月 30 日，天水市甘谷祁连山水泥有限公司年产 120 万吨新型干法水泥生产线正式开工。

该项目总投资 4.15 亿元，有效建设工期一年，建成后甘谷祁连山水泥公司水泥产能规模将达到 150 万吨；同时利用余热配套建设一套装机容量 6 000 千瓦的纯低温余热发电机组，年发电量超过 3 800 万千瓦时，可满足整条生产线 30% 的用电量。该项目的投产，不仅有力地提升了祁连山集团的经营规模、资产质量和综合竞争力，同时也有利于改善甘谷县的产业结构，增强区域经济实力。

该项目总投资 45 468 万元，35% 的资本金由公司自筹，以增资扩股的方式注入，该项目建成后预计可实现年销售收入 3.15 亿元，占公司 2007 年营业收入 12.57 亿元 25%，而该项目预计可实现年利润 9 582 万元。

“冀东水泥”凤翔日产 4 500 吨熟料水泥生产线开工

11 月 30 日，陕西凤翔县田家庄镇河北村“冀东水泥”凤翔日产 4 500 吨熟料水泥生产线及纯低温余热发电工程开工仪式在当地举行。

由唐山冀东水泥股份有限公司与陕西天柱水泥制造有限责任公司携手合作的“冀东水泥”凤翔日产 4 500 吨熟料水泥生产线及纯低温余热发电工程，一期项目总投资 7.5 亿元。工程位于凤翔县田家庄镇河北村，占地300亩。项目建成后将年生产水泥200万吨，年新增产值7亿元、利税1亿元。年消耗粉煤灰、硫酸渣、工业炉渣、硅石尾矿等工业废渣60余万吨，这对发展循环经济、促进节能减排将起到很大的推动作用。同时也可以满足关中地区的水泥市场需求，还将为振兴县域经济发展、带动陕西水泥行业起到积极的推动作用。

广西“东泥股份”200万吨水泥生产线开工

12月5日，广西田东县开工建设投资5亿元、年产200万吨的新型干法旋窑水泥生产线，为自治区成立50周年再献礼。

这条新型干法旋窑水泥生产线每年可实现销售收入5亿元，上缴税金3 955万元，实现利润1亿元。配套建设的发电项目每年可节约用煤2万多吨。

“华润水泥”陆川、田阳日产4 500吨生产线开工

12月8日，广西自治区成立50周年前夕，华润水泥(陆川)有限公司2条日产4 500吨生产线一期工程开工仪式在陆川举行，华润水泥控股有限公司董事长周俊卿、总经理周龙山、公司领导孙明权、潘永红、唐俊、王军祥、余忠良、曾繁荣、董斌、郑青宏和玉林市市委书记文明、市长金湘军为首的四套领导班子成员出席了开工庆典。

华润水泥(陆川)日产4 500吨水泥熟料生产线及配套余热发电工程项目总投资15亿元人民币，建设2条日产4 500吨水泥熟料生产线，配套余热发电工程。

华润水泥陆川项目总体规划建设两条生产线，这次开工建设的是一期日产4 500吨水泥熟料生产线项目，投资6.5亿元，年产水泥160万吨，同时投资6 000万元建设低温余热发电项目。项目建成后年产值5亿元，上缴税金5 000万元，安排就业500多人。

山西“维高水泥”日产4 800吨熟料生产线奠基

12月10日，山西维高水泥制造有限公司日产4 800吨干法水泥项目在高平市举行了隆重的奠基仪式。

据了解，山西维高水泥制造有限公司日产4 800吨干法水泥生产线项目由兴高能源股份有限公司、北京中京力诺投资有限公司和高平市部分煤矿企业共同筹资建设，总投资3亿元。该项目建成后，年实现销售收入3亿元，实现利润5 000万元，实现利税3 000万元，解决200余人劳动就业，同时也标志着兴高能源集团向多元化发展迈出了关键一步。

安徽“盘景水泥”首条日产4 500吨生产线竣工投产

12月15日，安徽“盘景水泥”首条日产4 500吨水泥生产线项目在石杨镇“盘景水泥”工地举行了点火仪式，这标志着和县最大的工业招商引资项目正式投产。

该水泥生产项目是被列入安徽省861行动计划，全国著名的国家级大型水泥生产企业盘固水泥集团投资建设。“盘景水泥”项目一期工程占地面积400多亩，总投资为9.8亿元人民币，建设2条日产4 500吨水泥熟料生产线。该项目采用新型干法水泥生产技术，生产过程全部由中央控制系统控制，各生产环节由最先进的数字电子系统自动控制，产品质量、能源消耗和环境保护均处于全国同行业领先地位。整个项目建成后，对加快和县水泥建材业发展，进一步提高工业化水平，将起到积极的推动作用。

河北“曲寨水泥”日产5 000吨熟料生产线(三线)竣工点火

由邯郸中材建设有限公司承建的鹿泉市“曲寨水泥”日产5 000吨熟料生产线(三线)工程竣工，于2008年12月15日9点58分举行了点火仪式。

陕西“阳山庄水泥”日产4 500吨水泥熟料生产线奠基

12月16日，陕西阳山庄水泥有限公司成立暨日产4 500吨熟料新型干法水泥生产线项目开工仪式隆重举行。

该项目总投资5.9亿元，建设周期一年半。项目每年可利用煤矸石、粉煤灰、水渣80万吨，吨水泥综合电耗下降10千瓦时以上，废气排放不含二氧化硫，一氧化氮含量降低30%。项目投产后，3年可收回全部投资，安置300人就业，而且废矿石、煤灰、水渣等三废利用率达到20%至30%，成为循环经济的一个亮点。该项目采用徐德龙院士发明的拥有我国自主知识产权的高固气比预热分解技术和高压辊式粉磨技术，使水泥、钢铁、电力工业有机融合，综合处理韩城地区的工业固体废弃物，这对陕西省优化水泥工业结构、节能减排、发展循环经济，具有十分重要的意义。该项目充分发挥了陕西高校的科技优势，推进了产学研结合的发展，是校企合作的典范。

贵州“紫江水泥”120万吨磷渣水泥项目开工

12月16日，贵州开阳紫江水泥有限公司年产120万吨新型干法磷渣水泥生产线项目正式开工建设。据悉，该项目预计于2010年6月建成投产，投产后每年可“吞掉”黄磷废渣60万吨。

“紫江水泥”120万吨磷渣水泥项目是贵州省2008年重点建设项目，计划总投资近2亿元。作为磷化工与建材工业的有机结合，该项目充分利用开阳县磷化工企业排放的黄磷渣、硫酸渣和当地丰富的石灰石资源为主要原料，采用新型干法回转窑生产工艺进行水泥生产，以达到促进节能减排、发展循环经济，最大限度减少黄磷废渣对环境污染的目的。

该项目建设规模为年产磷渣硅酸盐水泥120万吨，水泥产品中工业废渣掺加量为45%，投产后每年可利用60万吨黄磷废渣。

重庆“石柱科华”日产4 800吨熟料生产线正式开工

12月18日，浙江科华集团在石柱投资18亿元建设新型干法回转窑水泥生产基地首期工程正式开工。据悉，这是石

柱县目前为止最大的招商引资项目,该工程将于2009年底建成投产。该项目一期工程投资6亿元,一期工程投产后将年产水泥200万吨,实现销售额7.5亿元。

泸州"赛德水泥"日产4 600吨生产线开工

12月18日,四川泸州市总投资达58亿元的四个重大建设项目,在泸州合江县榕山镇举行了集体开工典礼。

据了解,此次正式开工的四个重大项目分别是,泸州赛德水泥(中国)控股有限公司投资7亿元的日产4 600吨新型干法水泥生产线项目;四川化工控股集团投资30亿、年产6万吨的丁三醇和年产4.6万吨的聚四氢呋喃项目;四川化工集团投资13亿元的21.5亿立方米的煤气化项目;北方化学工业公司的投资8亿元年产7万吨有机硅项目。其中赛德水泥年产150万吨熟料新型节能环保干法水泥生产线,是赛德水泥集团在川投资的第一个项目。

"青州中联"日产12 000吨熟料生产线二期工程奠基

12月初,"青州中联"日产12 000吨水泥熟料生产线二期工程奠基仪式在青州中联厂区隆重举行。

"青州中联"二期工程的奠基标志着"中国联合水泥"与青州政府的合作正逐步走向深入,标志着潍坊市和山东省水泥结构调整取得了新的进展,标志着"中国联合水泥"实施发展战略、打造国家级水泥平台和推进产业升级迈出了新的一步。"中国联合水泥"将一如既往地支持所属企业在山东更好更快地发展,按照"中国建材""五化"+"KPI"的管理模式,搞好企业经营,共同推动中国水泥行业的健康成长。

"邯郸中材"承建越南西宁日产4 000吨项目点火

12月20日,由天津水泥设计院有限公司总承包、邯郸中材公司承建的越南西宁日产4 000吨熟料生产线项目点火成功。

重庆"南桐特种水泥"220万吨矿渣水泥生产线开建

12月22日,目前重庆市最大的资源综合利用水泥项目在万盛区南桐特种水泥公司开建。该项目竣工后,将形成煤、电、化、建材一体的地区循环经济产业链,预计年产值将超过7亿元,利润超过1亿元。

该项目由重庆能源集团南桐矿业公司与重庆建工集团共同出资7亿多元,在南桐特种水泥公司原有厂址上扩建一条带配套纯低温余热发电系统、年产220万吨水泥的新型干法生产线,南桐矿业公司控股,计划建设工期一年半。项目建成后每年可将矿井煤矸石、电厂炉渣、粉煤灰、脱硫石膏等200多万吨工业废渣变废为宝,年产88万吨普通硅酸盐水泥,132万吨复合硅酸盐水泥,经济、社会和环境效益非常可观。

四川"雅森"200万水泥项目二期开工

12月22日,四川洪雅县"雅森"200万吨干法水泥二期建设项目隆重开工。

该项目由四川省洪雅禾森电力有限责任公司投资建设,总投资5.8亿元,是四川省灾后重建重点项目和重点技改项目。该项目分两期建设,一期工程投资3.2亿元,2008年4月动工,目前已完成投资3亿元,土建工程完成95%,机器设备安装接近尾声,预计2009年春节前建成投产;二期工程投资2.6亿元,预计2009年10月前建成投产。两期工程全部建成投产后,可年产水泥200万吨以上,销售收入10亿元,税金1亿元,解决劳动用工1 000余人。

该项目还将配套建设两台4 500千瓦纯低温余热发电机组,年发电量6 000万千瓦时,属循环经济利用项目,每年可消化处理洪雅县境内的工业废渣30余万吨。"雅森"水泥项目建设,对促进该县建材产业实现集群式发展、支援全省灾后重建具有重要意义。

"重庆海螺"4条日产5 000吨线开工

12月22日,中国水泥龙头企业海螺水泥集团投资36亿元,建设年产1 000万吨水泥生产线在重庆忠县破土动工。

"重庆海螺"水泥项目由安徽海螺集团投资建设,总投资36亿元,拟建4条日产5 000吨水泥熟料生产线,并配套年产440万吨的水泥粉磨系统、36兆瓦的纯低温余热发电系统及年吞吐量达1 500万吨的专用码头。

"台泥"(贵港)2条日产6 000吨C线点火投产

12月22日,由苏州中材建设有限公司承建的"台泥"(贵港)水泥有限公司二期工程2条日产6 000吨熟料水泥生产线C线顺利点火投产。

在项目建设期间,项目部一如既往秉承公司"周到及时、优质高效、合作双赢、贯穿始终"的服务宗旨,精益求精,争创精品工程,坚持履行承诺,发挥"苏州中材"的优良传统,按期实现点火目标。

"华新水泥"昆明东川熟料基地新的生产线开工

12月23日,"华新水泥"(昆明东川)有限公司年产100万吨新型干法水泥熟料生产线开工庆典仪式在项目建设地云南省昆明市东川区铜都镇龙潭村隆重举行。

"华新水泥"东川项目由华新水泥股份有限公司投资兴建,厂址位于水电、矿产资源丰富的"天南铜都"东川,占地200余亩,投资3.5亿余元(含余热利用),计划12个月内建成投产。生产线全部采用新型干法预分解工艺生产,不仅能充分采用当地的石灰石、砂岩等矿产资源,也能较好地利用当地工业废渣等二次能源。建成后的水泥产品将主要用于白鹤滩、乌东德两座国家级大型水电站的工程建设,届时将为东川区贡献3 000万元以上的财政税收,提供近300个就业岗位。

"南方水泥"虎山集团日产5 000吨线点火投产

12月23日,浙江虎山集团日产5 000吨新型干法水泥生产线点火,并举行了隆重的投产仪式。

参加仪式的领导有中国水泥协会会长雷前治、中国水泥协会秘书长孔祥忠、浙江水泥协会会长李辛龙、中国建材联合会行业办公室副主任贺军、中国建材联合会科技部主任周清浩等，地方领导有衢州市市委书记孙建国、衢州市市委常委秘书长姜汛波、江山市市委书记傅根友、江山市市长陈锦标等。

中国建材集团到场的领导有集团董事长宋志平、中国建材股份有限公司副总裁李谊民、董事长助理光照宇。乌兰水泥集团总经理罗振华也应邀出席本次仪式。

“华新道县”日产4 000吨新型干法水泥生产线开工

12月25日，“华新道县”日产4 000吨新型干法水泥生产线项目开工典礼在华新建设工地隆重举行。

“华新道县”日产4 000吨新型干法水泥生产线项目是永州市招商引资的重点项目，也是道县工业的最大项目，项目总投资5亿元，占地271亩，建成后将年产优质高标号水泥165万吨，并有效地带动永州市的水泥结构调整，从根本上改善周边的生态环境，促进当地的经济发展。

山东沂州集团费县2条日产5 000吨项目一期投产

12月26日，由山东沂州集团投资10亿元兴建的2条日产5 000吨新型干法水泥生产线项目一期投产二期奠基仪式在费县隆重举行。

“沂州水泥”是临沂市最大的水泥生产企业，2005年年底建成首条日产2 500吨新型干法水泥生产线，填补了临沂干法水泥的空白，同时也开始了自身水泥结构调整。费县与临沂市区接壤，石灰石资源丰富，“沂州水泥”费县项目计划建设2条日产5 000吨水泥熟料生产线，第二条生产线预计2009年10月投产。2条生产线均配套余热发电项目。

雅安“二郎山水泥”200万吨生产线动工

12月27日，四川省天全县二郎山水泥厂200万吨新型干法旋窑水泥技改项目在始阳镇破土动工。作为四川省灾后重建的重点项目之一，该项目总投资预计7.2亿元，一期工程预计一年建成，年产水泥100万吨，同时配套建设一组6 000千瓦纯低温余热发电装置；二期工程在2010年年底前投产。

四川“亚东水泥”二号线点火投产

12月28日，中国西南部的四川亚东厂二号新型干法旋窑正式落成投产。

新生产设施的额定年产能达到138.6万吨熟料（实际熟料生产量约为168万吨），实际水泥生产量约为200万吨，使四川亚东厂熟料的总额定年产能提升至277.2万吨（实际熟料生产量约为336万吨），实际水泥生产量约为400万吨，成为四川地区前三大水泥制造商之一。四川亚东厂设有熟料及水泥综合生产设施，可生产熟料自用及向其他水泥生产商销售，新生产设施可兼容高卡煤及低卡煤的应用，使集团能更灵活地控制煤成本。该厂与主要交通干道连接，与集团水泥产品的主要市场成都，相距仅约30公里，能快捷方便地取道公路运输往目标市场。

“铜陵海螺”日产12 000吨生产线正式开工

12月28号，世界上第一条特大型新型干法水泥熟料生产线——铜陵海螺日产12 000吨新型干法水泥熟料生产线项目正式开工。

铜陵海螺水泥有限公司成立于1995年，是目前世界上单厂规模最大的熟料生产基地之一。继2005年成为国内首个千万吨级熟料基地后，产销量已连续3年突破千万吨，规模效益进一步显现。此次开工建设的日产12 000吨水泥熟料生产线总投资12亿元，是海螺集团为认真贯彻落实科学发展观，增强企业自主创新能力，提升我国水泥工业的核心技术和竞争力，通过广泛调研和充分论证做出的重大举措。主要建设内容包括石灰石矿山、原燃料储备系统、日产12 000吨主生产线及配套余热发电系统等。项目建成投产后，年销售收入将增加8到10个亿，上缴各类税收将达到5个亿。

湖北荆州首条干法水泥生产线投产

12月28日，荆州首条干法水泥生产线，在松滋市刘家场镇投产。这条生产线也是松滋市双七水泥公司的一条新生产线。

干法水泥是国际先进的一种先产工艺。与传统工艺比较，干法工艺生产的水泥，具有节能、环保等特点，且水泥质量更高。这条生产线投产后，年产水泥120万吨，年销售收入4亿元，利税8 000万元。

“桐庐红狮水泥”日产5 000吨熟料生产线项目投产

12月28日，桐庐红狮水泥有限公司日产5 000吨新型干法熟料生产线项目点火成功，并正式投人生产。县领导徐小林、濮明升、方志远、俞建华参加了点火仪式。

桐庐红狮水泥有限公司是红狮控股集团的全资子公司，位于桐君街道坞泥口村，注册资金为10 080万元，占地面积459亩，一期工程总投资为4.5亿元。

该条生产线投产后，将形成年产高标号水泥熟料160万吨的生产能力，可实现年销售收入3.5亿元，具有良好的经济效益和社会效益。此外，项目设备先进、工艺领先、环保一流，生产工艺采用国际先进的新型干法技术，关键设备从丹麦、德国等国的世界一流公司引进，生产控制采用DCS集散自动控制系统，自动化和清洁化程度较高，工艺和技术装备在国内同行业中处于领先水平。

“中材牛力”100万吨水泥生产线投产

12月28日，常德中材牛力水泥有限公司年产100万吨新型干法水泥生产线投产。“中材牛力”既是湖南省的循环示范企业，又是湖南省的建材龙头企业之一，该项目的投产为常德市的新型工业化又增添了一名生力军。

该项目采用国内先进的纯低温余热发电技术，余热发电量最大可达生产用电量的30%以上，吨熟料成本可降低10～12元左右，实现资源综合利用，提高经济效益。该项目计划总投资8亿元建成年产300万吨新型干法水泥的生产线，现首期已投产，二期年产200万吨水泥生产线也正在立项申报。

陕西安康"尧柏水泥"日产4 000吨生产线竣工点火

12月28日，陕西安康市尧柏水泥有限公司日产4 000吨熟料水泥生产线竣工点火。

该项目配套建设7.5兆瓦低温余热发电站，项目于2007年8月动工建设，项目总投资66 066万元（含43万美金），其中建设投资64 468万元，建成投产后，可年产熟料124万吨，高品质水泥180万吨，可实现年销售收入45 566万元，投资利润率30.41%，投资利税率39.08%。

重庆"金江水泥"两百万吨干法水泥线投产

12月28日，重庆金江水泥有限公司二期项目——200万吨新型干法水泥生产线正式点火投产。该公司的铜梁生产基地总投资13亿元，分三期实施，随着二期工程的投产，该水泥基地的年产能力已达到300万吨，也成为目前西南地区已投产的最大单体水泥生产基地，并为当地解决了近千个就业岗位。该公司正加快第三条年产200万吨水泥生产线的建设，预计2010年可全部建成投产。

"中材甘肃天水"2条日产2 500吨熟料水泥生产线奠基

12月28日，"中材甘肃天水"2条日产2 500吨熟料水泥生产线项目奠基仪式举行。

该项目开工标志着中材集团在甘肃的投资建设项目已全面进入实施阶段，中材集团将立足于发展循环经济，采用当前国内外先进的新型干法水泥生产和纯低温余热发电技术，把本项目建设成为环保、节能、资源综合利用等方面达到国际先进水平的示范生产线，为甘肃省水泥工业结构调整，产业优化升级做出更大的贡献！

"中材白银"日产4 500吨新型干法水泥项目签约

12月29日，"中材甘肃白银"日产4 500吨新型干法水泥项目签约暨开工仪式隆重举行。

"白银"日产4 500吨新型干法水泥配套纯低温余热发电项目将建成为在环保、节能、资源综合利用等方面达到国际先进水平的示范生产线。项目总投资6亿元，规模为年产高标号优质水泥200万吨，项目建成后年可消化利用铜矿渣、粉煤灰、氢氟酸渣等工业废渣90多万吨，节能、环保水平达到国际先进水平，具有良好的社会效益和经济效益。

"巢东水泥"首条日产5 000吨生产线竣工点火

12月29日，"巢东水泥"首条日产5 000吨点火仪式隆重举行。

"巢东水泥"日产5 000吨生产线点火，不仅是巢东水泥股份公司发展史上具有纪念意义的一件大事，为加快发展奠定了坚实的基础，也为巢湖全市工业企业抓好项目，调整结构树立了榜样。

"东方红水泥"年产100万吨项目开工

12月29日，四川东方红水泥有限公司年产100万吨熟料新型干法水泥生产线建设项目举行奠基开工仪式。

东方红水泥有限公司年产100万吨熟料新型干法水泥生产线建设项目，总投资3.4亿元，计划工期为10个月。项目采用世界上最先进的新型干法工艺技术，实行DCS集散控制；其中，设备投资1.9亿元，处于世界领先水平；项目建设在不破坏原有水系和植被的基础上，按照花园式工厂布置，实现人与自然的和谐统一，环保投入达总投资的26%；生产过程中，能源消耗指标最低，粉尘排放量控制在30毫克/立方米以内，达到国际先进水平。项目建成后，可实现年销售收入3亿元、利税8 000余万元，解决社会就业500人。

黄河"同力"二期日产5 000吨水泥熟料生产线点火

12月29日，洛阳黄河同力水泥有限责任公司二期日产5 000吨水泥熟料生产线点火。

洛阳黄河同力水泥有限责任公司，是由河南省建设投资总公司、洛阳市建设投资公司、宜阳虹光工贸中心、洛阳黄河水泥集团共同组建的大型新型干法水泥制造企业。公司位于洛阳市宜阳县城东工业区，距宜阳县城5公里，距洛阳市区28公里。厂区南邻洛宜铁路，可与陇海、焦枝铁路干线相连；有洛宜北路、郑卢、南阎等省级公路与周边县市相通，区域内有"龙羽宜电"提供充沛电能，交通便利，通信发达，地理位置十分优越。并且有自己的石灰石矿山，矿山储量达2.6亿吨，居河南省首位。

"中材青海"2条日产2 500吨熟料水泥生产线奠基仪式隆重举行

12月30日，"中材青海"2条日产2 500吨新型干法水泥奠基仪式隆重举行。

"青海"2条日产2 500吨新型干法水泥配套纯低温余热发电项目将建成为在环保、节能、资源综合利用等方面达到国际先进水平的示范生产线。项目总投资6亿多元，规模为年产高标号优质水泥200万吨，项目建成后年可消化利用电石渣、粉煤灰、磷废石膏、矿渣等工业废渣80多万吨，将带动地方经济的发展和水泥工业结构的调整，具有良好的社会效益和经济效益。

湖南"南岭水泥"日产4 000吨熟料生产线开工

12月29日，郴州市重点建设项目——嘉禾县南岭水泥有限公司日产4 000吨水泥熟料生产线项目在嘉禾县举行了开工庆典仪式。

为拉动内需，加大对基础设施建设和新农村建设的投入，嘉禾县南岭水泥有限公司决定投资3.86亿元，建设1条日产4 000吨水泥熟料生产线，建设周期14个月。建成后可年产水泥150万吨，可实现利税3.2亿元左右，年贡献税收6 000万元以上。

2008年余热发电项目

Electric power generating projects with remnant heat in 2008

余热发电技术在中国水泥行业节能减排中的贡献

The contribution of electric power generating with remnant heat technique to Chinese cement industry in energy saving and emission reduction

中国水泥协会副会长、秘书长　孔祥忠

By Kong Xiangzhong, secretary general and vice chairman of China Cement Association

一、水泥生产和低温余热发电

1. 水泥生产中的能源消耗和环境影响

水泥生产过程需要消耗大量的能源(煤或油)和天然矿物,而这些资源是不可再生的。如何降低水泥生产过程中原燃料的消耗是保证水泥工业可持续发展的最有效措施。水泥熟料煅烧过程需要较高的煅烧温度,消耗大量的天然能源——煤炭,每生产一吨水泥熟料约消耗120千克标煤,以2008年生产新型干法水泥熟料76 000万吨计,年消耗约9 120万吨标煤;每生产一吨水泥熟料约消耗电力80千瓦时。在整个水泥生产成本中电费接近总成本的1/3。

除了能源消耗,在环境污染方面也带来一定的影响。粉尘排放量占我国工业行业粉尘排放总量的30%,CO_2的排放量占我国CO_2排放总量的20%,SO_2排放占全国的2.6%。

2. 用余热发电技术降低生产成本和改善环境

水泥生产过程中由窑头熟料冷却机和窑尾预热器排掉的350℃以下废气,其热量约占水泥熟料烧成系统总热耗量的30%以上。而充分利用这部分低温废气进行余热发电改造,已经成为目前国内水泥工业节能降耗的有效途径之一。低温余热发电是指在水泥回转窑的烧成系统,利用窑尾低温锅炉和熟料冷却机锅炉收集低温余热废气,通过汽轮机和发电机组进行发电,其发电成本0.15元/千瓦时,仅是电网电价的25%。整个发电过程既不增加任何新的燃料消耗,还减少了废气排放,改善了环境,降低了生产成本。

在世界金融危机的背景下,余热发电技术在水泥行业的推广应用不仅降低了生产成本和减少了环境污染,也大大增强了水泥企业的市场竞争能力,为水泥工业在节能减排方面做出了重大贡献,同时还带动了一大批余热发电装备制造产业。

二、国内外水泥行业的余热发电

1. 国外纯余热发电应用情况

余热发电技术在发达国家从上世纪60年代末期即开始研制,到70年代中期,无论是热力系统还是装备都已进入实用阶段,此项技术的应用到80年代初期达到了高潮,尤其是日本,技术较为成熟,不但在本国所有二十几条预分解窑水泥生产线上全部应用,并且出口到台湾、韩国等一些国家和地区。

2. 中国水泥行业余热发电技术和装备情况

1995年日本新能源产业技术开发机构委托日本川崎重工业株式会社向中国全国水泥厂无偿提供一套技术成熟的中低温纯余热发电技术和设备,用于日产4 000吨水泥熟料生产线,发电机装机容量6 480千瓦。1998年投入运行,吨水泥熟料发电量达到33千瓦时。2002年,NEDO又向我国广西鱼峰集团柳州水泥厂提供了第二条示范项目,该项目利用日产3 200吨水泥窑余热建设装机容量为5 700千瓦的低温电站,运行后平均发电功率为5 910千瓦,吨熟料发电量达到35.6千瓦时。

2005年之前,中国水泥工程技术人员和锅炉行业一直进行低温发电的工艺技术研发和提高装备制造能力,余热发电技术和装备也在国内煤电能源价格急速攀升的背景下日趋完善,其市场也在新型干法水泥产能比重提高到35%情况下初步形成,大型水泥企业从增强市场竞争能力和节能减排的需要,主动积极应用余热发电技术。2005年8月底,我国开始有6座全部国产化技术和装备的水泥窑低温余热发电站投入运行。此后,技术迅速得到企业的大量应用,电站运行后,吨熟料发电量在28~38千瓦时,少部分达到38千瓦时以上。

具有自主知识产权的中国余热发电技术和装备，无论在产品质量、技术经济指标上都接近国际先进水平，部分已达到国际领先水平，不仅满足了国内需要，成套技术和装备还成功出口国外。2009 年中国将帮助国外建设并投入运行 30 多条水泥生产线的余热发电项目。

目前，国内约有 15 家专门从事水泥余热发电技术工程设计和装备加工的企业。

三、中国水泥行业余热发电现况

1. 水泥的产量、规模

截止到 2008 年末，我国水泥总产量约 14 亿吨。中国水泥的产量已连续多年占世界水泥总量的 50%。这其中先进的新型干法水泥量约 8.4 亿吨，占总量的 60%，其余为落后生产工艺的产量。按照人均年水泥消费量和市场需求预测，中国水泥最高总量约 15 亿吨。随着行业结构调整和淘汰落后水泥产能政策的推进，新型干法水泥产量的比重将占到总量的 90% 以上。中国国家统计局最新数字显示，2008 年全国完成水泥投资达 1 051 亿元，增幅高达 60.8%，其中，四川省以全年累计 89.78 亿元的投资额度位列全国水泥投资排名之首，比上年同期增长 145%。

2. 新型干法水泥生产线和规模分类

余热发电技术只能在新型干法水泥生产线上使用，日产水泥熟料生产线规模越大，经济效益和环境效益越可观。

到 2008 年底，初步统计我国新型干法水泥熟料生产线情况：

生产线规模(t/d)	700 – 1 800	2 000 – 2 500	3 000 – 3 200	4 000 – 4 200	5 000 – 6 000	10 000	合计
生产线数(条)	337	319	42	37	192	4	931
熟料能力(万 t/a)	11 513.4	23 780.1	4 017.6	4 653.1	30 417.2	1 240	75 621.4
占熟料总产能比%	15.22	31.44	5.31	6.15	40.22	1.64	100.00

日产 2 000 吨以上 594 条生产线，加上日产 2 000 吨以下 337 条生产线中的点 80% 的日产 1 000 吨以上的 270 条，共 864 条新型干法水泥熟料生产线是可以进行余热发电项目的，涉及的熟料产能达 7.33 亿吨。

3. 纯低温余热发电技术的应用情况

截止到 2008 年有 263 条新型干法熟料生产线装有余热利用电站，装机总容量达到 1 662 兆瓦。从 2006 年开始，余热发电技术在水泥企业的应用呈加速之势，从国内设计、加工和施工的现有能力分析，今后每年最多完成投运生产线 150 ~ 170 条是有可能的。

截止到 2008 年底已投入运行的纯低温余热电站表

年份	生产线(条)	机组(台)	装机(MW)	熟料设计产能(万吨/年)
1997 – 2005	13	14	50	1 119
2006	15	14	65.5	1 460
2007	86	59	571	10 109
2008	147	106	975.2	15 899
小计	263	193	1661.7	28 587

四、水泥行业低温余热发电的效益分析和前景预测

1. 经济效益估算

余热发电项目投资为每千瓦装机约 7 000 元。低温余热发电的供电成本通常在 0.12 ~ 0.16 元/千瓦时，外购电价普遍在 0.5 ~ 0.65 元/千瓦时。余热发电的供电可满足水泥生产用电的 1/3 ~ 1/4，吨水泥成本可降低 12 ~ 15 元。投资回收期在 3 ~ 4 年。

以单条日产 5 000 吨水泥熟料生产线为例：

年设计水泥熟料产能 150 万吨，以现有平均吨熟料发电 34 千瓦时计算，年发电 5 100 多万千瓦时。扣除系统自耗电 7%，年可供电 4 700 万千瓦时，相当于节约标煤 1.9 万吨(按供电煤耗 385 克标煤/千瓦时计算)，减少 CO_2 年排放约 4 万吨，年减少 SO_2 排放约 40 吨，年减少 NOx 排放约 140 吨。按电网电价 0.55 元/千瓦时，余热发电成本 0.15 元/千瓦时计，单条生产线年电价差：1 880 万元，以项目投资 6 500 万元计算，投资回收期约 3.5 年。

按吨水泥熟料平均发电 34 千瓦时计算，2008 年底投运的 263 条生产线，在不考虑当年新投产生产线运转率打折的情况下，28 587 万吨水泥熟料当年余热发电 97 亿千瓦时，扣除系统自耗电 7%，年可供电 90.21 亿千瓦时，相当于节约标准煤 365 万吨，减少 CO_2 排放约 765 万吨，年减少 SO_2 排放约 7 623 吨，年减少 NOx 排放约 26 800 吨，企业节约电费 38.8 亿元。

2. 社会效益预测

2008 年，我国新型干法水泥熟料产量 7.56 亿吨，有可能改造余热发电项目的 7.33 亿吨，如果有 80% 的新型干法水泥生产线进行低温余热发电改造，则年发电量约 199 亿千瓦时，按照电站自用电率 7% 计算，其年供电量约为 185 亿千瓦时，如按供电煤耗 385 克标煤/千瓦时计算，相当于年节约 712 万吨标煤，为水泥生产企业带来约 80 亿元经济效益。可

见，水泥行业在新型干法水泥熟料生产线上实施低温余热发电具有很好的环保、社会效益，对我国实现节约型社会具有重要的现实意义。

3. 低温余热发电的 CDM 项目开发

水泥行业 CDM 项目的开发主要集中在余热发电领域，截至 2009 年 2 月 6 日，中国水泥行业已有 24 个项目在联合国清洁发展机制执行理事会（CDM EB）获得注册，而中国国家发展改革委批准的水泥行业 CDM 项目更是多达 167 个。其中有 152 个项目是余热发电。

中国水泥行业 CDM 项目统计

		低碳燃料	原料替代	增加混合材	余热发电	降低能耗	
EB 注册项目	个	--	--	--	24	--	
EB 注册项目年均减排量	万吨 CO_2	--	--	--	205.4	--	
EB 注册项目签发减排量	万吨 CO_2	--	--	--	9.8	--	
发改委批准项目	个	--	14	1	152	--	
发改委批准项目年均减排量	万吨 CO_2	--	292	8.8	1095	--	

五、对水泥行业纯低温余热发电支持的政策和建议

1. 低温余热回收发电是国家节能环保产业支持项目，是符合国家关于节约资源、保护环境及可持续发展的方针政策的。国家并且规定，对于容量大于 1 000 千瓦的余热电站，应该无条件上网并给予优惠上网电价。国家发改委在 2008 年 5 月颁布的《国家重点节能技术推广目录（第一批）》文件中又一次明确提到《水泥窑低温余热发电技术》。如果能增加国家财政部门和环保部门的政策支持，将更有利于水泥企业投资余热发电技术的积极性，与企业、行业和国家都有利。

2. 财政部、国家发改委 2007 年 8 月 10 日财建〔2007〕371 号出台的《节能企业改造财政奖励资金管理办法》，根据《办法》规定，节能量达到 1 万吨标准煤以上的节能改造项目才可获得中央财政的奖励，每节约 1 吨标准煤将获 200 ~ 250 元奖励。此项政策虽然鼓励了企业投资改造老生产线，而对新线建设同时上余热发电项目并没有支持和奖励，不能体现对余热发电的整体技术支持。

3. 中国水泥协会对行业的规划、许多项目的实施长期有着跟踪调查研究，定期公布每月的行业经济运行报告，推广各种水泥节能技术，与国际上同业有着广泛的交流，仅推广低温余热发电技术就召开过全国两次现场经验技术交流会。协会有能力为政府部门在支持余热发电方面提供全方位的服务。建议政府部门有必要委托协会对已完成纯低温余热发电改造的总体情况进行一次全面评估，以便核实政府支持水泥行业纯低温余热发电技术后的成果，为下一步的支持提供基础数据。

4. 就纯低温余热发电项目的实施过程中，各地企业普遍反映在并网时都遇到一定的问题。诚然，这是行业之间利益的矛盾。为能更顺利地支持水泥行业的纯低温余热发电节能项目，国家发改委、财政部有必要会同电网部门联合下文，进一步明确支持水泥行业的纯低温余热发电技术推广。

5. 对于可能进行余热发电的新型干法水泥生产线，加上今后几年新线的建设，水泥行业的余热发电至少还要 6 年以上的持续投入。因此，对水泥行业纯低温余热发电的政策支持应该继续延续。

6. 在日产 5 000 吨水泥生产线上采用粉磨节能技术改造，年节电也可达到 2 800 万千瓦时，相当年节约标准煤 1.13 万吨，应该也享受国家节煤奖励。

2008年余热发电项目

Electric power generating projects with remnant heat in 2008

广西华润水泥(贵港)公司最大纯低温余热发电项目建成投产

1月4日,总投资1.2亿元的华润水泥(贵港)有限公司纯低温余热发电项目正式建成投产,该项目于2006年11月开工建设,利用2条日产5 000吨五级预热器带分解炉的新型干法水泥生产线窑尾预热器和窑头熟料冷却机排出的废气余热进行纯低温发电,装机规模为:4台余热锅炉加1台汽轮发电机组,发电装机容量为18兆瓦,是目前广西新型干法水泥熟料窑纯低温余热发电站单台装机容量最大的机组。

该项目的建成投产,可回收和循环利用水泥窑废气,提高水泥生产线的整体资源利用水平,每年可减少外购电量1亿多千瓦时,按广西平均供电煤耗每千瓦时390克计算,相当于节约标煤42 768吨,年减少二氧化碳排放10.73万吨,对于推进节能减排、发展循环经济具有重要意义。

海螺白马山水泥厂12 000千瓦余热发电机组成功并网运行

1月24日,白马山水泥厂12 000千瓦余热发电机组成功并网发电。这是工厂继余热供暖后又一项节能降耗项目的成功投运,也是2008年"海螺"并网投运的第一条水泥余热发电生产线。

工厂充分依托和发挥集团优势,积极响应国家节能减排号召,持续发展循环经济、推进节能减排,于2007年3月18日动工兴建余热发电工程项目。该项目为一条日产2 500吨和一条日产4 000吨熟料生产线配套的余热发电工程,装机容量为12 000千瓦。

该工程自动工以来,得到了当地政府、集团公司、相关部室的大力支持和协助,得到了设计、监理、施工单位和设备厂家的密切配合。厂党委、厂部超前谋划、精心组织、周密部署,层层落实责任,动员一切可以动员的力量,利用一切可以利用的资源,并认真吸取和借鉴兄弟公司的成功经验,派员到兄弟公司学习余热发电技术,提高员工技能。全厂员工在"团结、创新、敬业、奉献"的"海螺"精神感召和激励下,顺利实现了并网发电目标。

该项目成功投入运行,谱写了白马山水泥厂推进节能降耗,发展循环经济,打造节约型工厂、环保型工厂、精品工厂的新篇章。

江苏常州"盘石水泥"余热发电项目成功并网

2月8日,江苏常州"盘石"9 000千瓦机组余热发电机组全部调试完毕,江苏省启动委员会即将启动对该套机组的最后一次检查,并网胜利在望。这是海川公司2008年按计划并网的第二套机组,该项目自2007年2月17日安徽海螺川崎工程有限公司与业主进行接触,到2008年2月8日全部调试完毕,工时358天,比合同工期提前40天。

该项目在实施过程中,海川公司和海螺设计院严格遵守江苏省发电项目建设程序和规范,与业主一起积极配合江苏省建设和电力部门并网前的各项审核和审查,为实施好江苏省内其他项目提供了经验。

"宣城海螺"18 000千瓦余热发电机组提前成功并网运行

3月1日,"宣城海螺"余热发电现场礼炮齐鸣,"宣城海螺"18 000千瓦余热发电机组提前25天一次性成功并网发电。

"宣城海螺"充分依托集团优势,积极响应国家节能减排号召,持续发展循环经济、推进节能减排。该项目于2007年5月开工建设,为两条日产5 000吨熟料生产线配套的余热发电工程,装机容量为18 000千瓦。

项目动工以来,在集团公司、相关部室的大力支持和帮助下,在"宣城海螺"全体员工的共同努力下,公司超前谋划、精心组织、凝心聚力,克服了雪灾等困难,顺利提前并网发电。

该项目的成功投运,掀开了"宣城海螺"发展循环经济、推进节能减排的新篇章。

华润水泥(南宁)公司7.5兆瓦余热发电机组成功并网发电

3月9日,由苏州中材建设有限公司承担施工的华润水泥(南宁)有限公司日产5 000吨熟料生产线7.5兆瓦余热发电项目工程一次性成功并网发电。项目自开工以来,公司在土建交工迟,设备材料到货晚的情况下,超前谋划、精心组织、凝心聚力,克服了春节期间的天气寒冷等各种困难,顺利成功并网发电。

"芜湖海螺"首套18 000千瓦余热发电机组成功并网运行

3月10日,随着现场一片欢呼和隆隆的鞭炮声响起,芜湖海螺公司一期2条日产5 000吨生产线配套的18 000千瓦余热发电机组可靠投入运行。

一期生产线配套余热发电项目建设过程中,芜湖海螺公司克服了种种困难,全公司上下凝心聚力、超前谋划、精心组织,抓实现场协调会,多层次分析和研究,详细制订倒排施工节点进度计划，使工作计划落到实处。同时完善了安装和土建各项规章制度，并对各参建单位实行动态奖惩措施，有力调动了各施工单位的积极性。抽调技术骨干力量，专人跟踪施工质量，在确保施工质量受控的同时，锻炼和储备了一批技术能手，确保了首套18 000千瓦机组成功并网发电，并为机组可靠运行打下了坚实的基础。

该项目成功投运，标志“芜湖海螺”发展循环经济、推进节能减排目标实现、建设环保友好型企业又迈出了一大步，同时将成为公司新的经济增长点。目前，机组发电功率已达15 000千瓦。

冀东三友水泥有限公司7.9兆瓦余热发电机组成功并网

4月15日，由安徽海螺川崎工程有限公司总包的冀东三友水泥有限公司日产3 000吨熟料线配套的7.9兆瓦纯低温余热发电机组一次性并网成功。

该项目于2007年3月20日签约，自2007年7月19日土建动工以来，在冀东集团的大力帮助和“冀东三友”的大力支持下，施工进展顺利，质量优良，并于4月15日一次性并网成功，建设总工期9个月。

河北唐山冀东水泥股份有限公司为响应国家节能减排的要求，在2007年初决定在现有水泥熟料生产线上大规模配套建设纯低温余热发电机组，新建的水泥熟料生产线也将同步配套建设纯低温余热发电机组。冀东三友水泥有限公司7.9兆瓦余热发电机组是上述首套并网投运的机组，其他项目2008年将陆续并网发电。

“曲寨水泥”纯低温余热发电项目运行成功

4月中旬，鹿泉市诞生了河北省水泥行业首家纯低温余热发电项目。该项目一年就可为曲寨水泥公司节约标准煤2万多吨，减少二氧化碳排放量52 875吨，减少熟料生产成本3 000多万元。

2007年该公司投资建成一条日产4 000吨新型干法水泥熟料生产线，原来水泥熟料烧成所产生的大量低温废气仅部分经增湿降温后用于生料立磨干燥物料，其余部分全向空气中排放。这样，既浪费了大量热能，又增加了温室效应，造成环境污染。于是公司与瑞典碳资产管理有限公司合作，在这条生产线上建设了“9 000千瓦余热回收发电项目”。该项目在联合国清洁发展机制项目执行理事会注册。

“中材节能”与“锦溪水泥”余热发电项目举行签字仪式

4月18日，中材节能发展有限公司与江西锦溪水泥有限公司共同签署2条日产2 500吨水泥生产线余热发电工程总承包合同。

该项目装机规模为9兆瓦，兼顾生料系统用风温度偏高等因素，“中材节能”凭借强大的技术优势，为此量身订做了一套适合该企业特点的发电系统，在保证水泥正常生产的前提下，最大化提高了余热回收效率。

“东华水泥”9兆瓦纯低温余热发电机组成功并网

6月30日，山东东华水泥有限公司第二条熟料生产线9兆瓦纯低温余热发电机组一次并网发电成功。这也是该公司继2006年11月山东省首家建成6兆瓦新型干法水泥纯低温余热发电机组的水泥企业之后，建成的第二个纯低温余热发电机组。

该纯低温9兆瓦余热发电项目由天津水泥工业设计研究院设计，于2008年1月6日开工建设。建设期间，该公司充分借鉴一期余热发电工程的建设经验，通过倒排工期，落实责任，强化监督和考核，保证了项目的工程质量，缩短了项目的建设工期。5月31日，9兆瓦余热发电项目汽轮机一次冲转成功，6月30日实现一次并网发电。整个项目建设工期不到6个月时间，比首个余热发电机组工期缩短了3个月。9兆瓦余热发电机组的并网发电，标志着该公司已形成年发电1亿千瓦时的生产能力。

“大地水泥”低温余热电站建成试运行

7月7日，河南省大地水泥有限公司，投资5 200万元的低温余热电站工程建成试运行。

该工程是利用窑头和窑尾的两个余热锅炉，产生低温低压蒸汽，推动气轮机旋转，带动发电机发电。这项工艺技术属国内领先水平。该企业窑炉每小时实际废气(余热)排放量53万标准立方米，每小时实际利用废气52.319 8万标准立方米，每小时发电量至少在8 500千瓦时以上。这个项目投入运行后，利用生产余热每年可发电6 120万千瓦时，不仅可节约大量的标准煤，而且企业每年可减少3 078万元的电费支出。同时余热利用后大大减少了粉尘、二氧化硫、氮氧化合物的排放。窑头的篦冷机和窑尾的增湿塔所需要的大量冷却水全部节省，实现了经济效益和社会效益的双丰收。

重庆第一条水泥窑余热发电并网运营

7月14日，重庆天助水泥公司2条日产2 500吨水泥窑余热发电机组并网发电，并一次通过验收，这是重庆市第一条水泥窑纯低温余热发电机组成功运营，标志着重庆市水泥行业投资余热发电项目进入全面推进阶段。

重庆天助水泥公司有2条日产2 500吨新型干法生产线，约耗电10 938千瓦时，年耗标煤9.3万吨。为了响应国家节能减排号召，他们主动与重庆市经委签署每年节能1.2万吨标煤节能降耗责任状。为做到“增产不增能，扩建不扩能，增效靠节能”，投资6 500多万元，对现有的2条水泥生产线同时进行余热发电项目技改，利用水泥窑头、窑尾的废气余热推动汽轮机和发电机组发电。为生产供电，新建成了装机容量为9兆瓦的余热电站。项目自2007年10月开建，比原计划提前两个月发电并网运营。

该工程投产后，年最高发电量达9 054万千瓦时，平均发电功率在7 500～9 600千瓦之间，吨熟料发电量达36～42千瓦时，达到国内先进水平。

经核算，电站每年可向水泥生产线供电7 884万千瓦时，相当于每年节约标煤23 029.8吨，减少二氧化碳排放量68 460.7吨，每年为企业直接增加经济效益2 000多万元。节能降耗增效也正在成为水泥企业自觉的行动。

"荻港海螺"二期18 000千瓦余热发电机组成功并网

7月29日，"荻港海螺"二期18 000千瓦余热发电机组并网运行成功。

自2008年3月份启动安装二期2条日产5 000吨生产线配套的18 000千瓦余热发电机组以来，"荻港海螺"与安装公司相互协作，争分夺秒以求早日完成安装、接口、并网、运行。4个多月的安装与调试，克服了地势复杂、人员短缺、设备进厂困难、高温酷暑等诸多难题，众心归一齐努力，通过超前策划，精心组织，抓实现场协调会，多层次分析和研究，详细制订进度节点计划，狠抓落实。为该项目一次性并网发电成功打下了坚实的基础。同时，也标志着"荻港海螺"在推进节能减排，大力发展循环经济，建设环保友好型生态企业的征程上又迈上了一个新的台阶。

江西玉华集团第二个纯低温余热发电机组并网运行

8月2日，江西玉华集团泰和玉华水泥有限公司日产2 500吨熟料新型干法旋窑生产线配套建设的3.0兆瓦纯低温余热发电机组成功并网发电，这是该集团并网运行的第二个旋窑水泥生产余热发电项目，标志着该集团在循环利用、节能减排上又迈上了一个新台阶。

江西玉华集团为履行环保责任、降低生产成本、增强企业实力，积极响应国家节能减排号召，在降低能耗上寻求新路子，在减少排放上实施新技术。继2006年3月在江西省非外资水泥企业率先建设纯低温余热发电项目并成功并网发电以后，于2007年8月又投资4 400万元人民币建设日产2 500吨熟料新型干法旋窑生产线配套的3.0兆瓦纯低温余热发电项目。至此，该集团现有的两条新型干法旋窑生产线已全部配套了纯低温余热发电机组。

该条余热发电项目，预计年发电量为2 500万千瓦时，年节约标煤超过1万吨，废气排出温度和粉尘排放浓度进一步大幅度降低。这在能源供应日益紧张、环境保护倍受重视的今天，意义很大。

福建首个水泥窑纯低温余热发电机组并网运营

8月11日，福建水泥股份有限公司4号窑窑尾余热锅炉成功并炉入网发电，这标志着该公司于2007年开工的4号、5号窑纯低温余热发电技改项目已全面建成投产．这也是福建省首个水泥窑纯低温余热发电机组投入并网运营。

"福建水泥"依据行业发展总趋势和自身发展的需要，于2007年8月率先在公司的炼石水泥厂开工建设纯低温余热发电项目，主要利用4号、5号窑生产过程中的窑头、窑尾的废气余热推动汽轮机和发电机发电，为生产供电。新建成的余热电站装机容量为7.5兆瓦，项目总投资5 000余万元，工程主要包括主厂房、循环水泵房及冷却塔、一套汽轮发电机组和4台余热锅炉等设备，以及5号窑窑尾增湿塔。

项目投产后，吨熟料发电量可达32千瓦时，年发电总量可达5 361万千瓦时，按现行电价计算，在扣除发电成本后，年可直接增加经济效益2 000余万元。年总发电量相当于节约标煤1.84万吨，减少二氧化碳排放量6.1万吨、二氧化硫排放275吨，节能减排效果十分显著，"福建水泥"已具备了开发CDM交易机制获取相应经济收益的条件。

徐州中联公司日产10 000吨熟料生产线余热发电项目成功并网

9月3日，徐州中联水泥有限公司日产10 000吨水泥熟料生产线配套的16 000千瓦余热发电机组成功并网发电。

徐州中联水泥有限公司是中国建材建团公司下属中国联合水泥集团有限公司的全资子公司，是该集团的标杆水泥企业，为了进一步缓解工厂电力供应的紧张状况，降低生产成本，提高公司的运营水平，2007年8月，"徐州中联"经过多轮谈判和交流，最终选择和安徽海螺川崎工程有限公司签约，由"海螺川崎"为该公司的日产10 000吨熟料生产线配套总承包建设16 000千瓦纯低温余热发电机组。该项目2007年11月18日土建开工，2008年3月份开始设备安装，7月底完成系统调试。

该项目在实施中，严格遵守江苏省建设、电力主管部门制订的规定和要求，工程实施全过程都通过了严格而规范的审核，8月29日江苏省启动委员会批准该机组并网。

该项目的顺利并网将为"徐州中联"带来良好的经济和社会效益，成为该公司的又一经济增长点，大大提高其市场竞争力，同时还有利于带动地方经济的发展，提高地方水泥行业的技术水平。

"冀东吉林"日产2 500吨熟料线配套余热发电项目成功并网

9月4日，冀东水泥吉林公司日产2 500吨熟料线配套的5兆瓦纯低温余热发电机组一次性成功并网发电。

该项目2007年9月24日签约，由"海螺川崎"负责项目设计和设备供货。因为该日产2 500吨熟料线的预热器废气不需要烘干物料，对锅炉出口温度没有要求，所以为了最大限度吸收窑尾废气中的余热，该项目的PH锅炉带有省煤器，锅炉出口的温度可以降至130℃。

项目自2007年10月底土建动工以来，在冀东吉林公司的合理组织与多方的配合下，施工进展顺利，2008年4月下旬土建交付安装，总体建设工期10个月，提前37天实现并网发电。

项目并网后，将为该公司创造了良好的社会效益和经济效益，同时，该项目也是安徽海螺川崎工程公司承担的众多东北项目中并网投运的第一台机组。

“拉瑞”重庆公司南山工厂余热发电和淤泥处置正式运营

9月27日，“拉瑞”重庆公司在国庆节前召开庆祝大会，热烈庆祝该公司南山工厂余热发电和城市淤泥处置项目开始正式运营，兑现了拉瑞公司在节能环保方面的承诺。

南山工厂余热发电项目运营后，每年可节约发电约4 500万千瓦时，年减排二氧化碳7万多吨；与重庆市环保局共同投资650万元人民币的城市淤泥处置项目，预计每年可处置淤泥36 000吨，不仅服务了当地社区，也为工厂减少了煤炭消耗，降低了二氧化碳排放。

“双峰海螺”18 000千瓦余热发电机组成功并网运行

9月29日，湖南省双峰海螺公司与2条日产5 000吨熟料生产线配套的18 000千瓦余热发电机组成功并网运行。这标志着“双峰海螺”在落实国家节能减排政策、大力发展循环经济方面又迈出了重要一步。

该项目的顺利投运，有效地缓解了地方供电压力，进一步推进了企业的节能减排工作，降低了生产成本，提高了市场竞争力，成为“双峰海螺”新的经济增长点。同时，也将为推进新型工业化进程，促进地方经济发展做出更大的贡献。该项目自2007年12月开工以来，公司与施工安装单位团结一致，精心组织，坚持每天召开协调会，及时处理建设过程中出现的问题，抓好每一个节点控制，认真学习兄弟公司余热发电项目的成功经验，完成了锅炉的水压试验、碱煮炉、蒸汽吹管、单机调试和联动试车等各项准备工作，为项目的顺利投运提供了保障。

山东“鲁南中联”举行日产5 000吨生产线纯余热发电项目并网仪式

10月1日，“鲁南中联”日产5 000吨生产线纯余热发电项目并网仪式在鲁南中联举行。

“鲁南中联”日产5 000吨生产线纯余热发电项目自2007年10月28日开工建设已经完成了设备安装和土建主体工程的建设，设备单机试运、联动试车、整套启动前的各项静态实验与检查均已完工，2008年9月28日进行整套启动、机组冲转并网发电一次成功。

该项目在枣庄新时代监理公司、南京凯盛水泥技术工程有限公司、迪尔机电安装工程公司、山东宏海建筑安装有限公司对公司纯余热发电项目的建设的大力支持下项目的参与者付出的辛勤劳动的结果。

四川峨胜水泥公司纯余热发电项目成功并网发电

10月5日，四川峨胜水泥股份有限公司日产5 000吨熟料生产线纯余热发电项目正式并网发电。这是中国西部最大的水泥窑纯低温余热发电项目，装机容量11.5兆瓦，是国内外单条日产5 000吨熟料生产线装机容量最大、实际发电量最大的余热发电站。

在2008年10月5日正式并网发电后的调试期内，在窑况正常的条件下(窑的熟料产量为日产5 700～5 800吨、窑尾预热器出口废气温度为315～325℃、熟料热耗为735千卡/千克)，余热发电站实际发电功率最大为12兆瓦、平均在10.5兆瓦以上，吨熟料发电量达43千瓦时以上。该项目成功运用了大连易世达能源工程有限公司第二代水泥窑纯低温余热发电7项专利技术中的4项专利技术。

由于该电站项目设置了生料烘干废气温度、窑尾电收尘废气湿度及温度调节装置，减少了窑尾废气系统阻力，不仅最大限度地提高了发电量，而且使得窑尾高温风机电耗降低10%，经济效益十分显著。

“兴安海螺”一期熟料生产线余热发电机组成功并网运行

10月12日，广西省兴安海螺公司一期熟料生产线配套余热发电机组成功并网运行。

兴安海螺公司余热发电项目于2007年12月28日开工建设，规划建设2条日产4 500吨熟料生产线配套的余热发电机组，建设四台锅炉及一套汽轮发电机组，总装机容量为18兆瓦。目前投运的是一期生产线的两台锅炉及发电机组。该项目从开工到建成投运，历时9个多月，工程建设者们为项目建设洒下了辛勤的汗水。

“兴安海螺”一期熟料生产线余热发电项目的成功投运，为二期项目建设积累了经验，也为“兴安海螺”发展循环经济、推进节能减排目标的实现奠定了坚实的基础。

“扶绥海螺”18兆瓦余热发电机组成功并网发电

10月22日，扶绥海螺公司18兆瓦纯余热发电机组并网发电。

该项目自2007年12月正式动工建设以来，经过公司工程电气、机修技术人员以及安装人员的共同努力下，经过10个多月的建设，成功实现了并网发电的目标。

“扶绥海螺”在建设和发展过程中，一直高度重视节能减排和环境保护工作，认真贯彻执行国家节能降耗的方针政策，大力发展循环经济，依托集团公司的资金和技术优势，投资建设余热发电项目，利用新型干法回转窑窑头和窑尾的废气余热，降低废气、热气排放，实现节能、环保的目的。

投入运行的余热发电机组年发电量近1.3亿千瓦时，每年节约生产成本4 000多万元，节约标准煤4万多吨，减少二氧化碳排放近12万吨，实现了良好的经济效益、社会效益和生态效益。它的运行也标志着"扶绥海螺"推进节能降耗，发展循环经济，打造资源节约、环境友好的现代大型水泥企业进入了一个新的阶段，"扶绥海螺"的节能环保工作提高到了一个新的层次。

南阳"中联水泥"纯低温余热发电项目建成

10月23日，"中联水泥"南阳分公司16 000千瓦水泥窑纯低温余热发电项目建成并网发电。南阳分公司窑纯低温余热发电项目自2007年11月开工建设以来，项目部全体人员积极采取有效措施，主动协调解决建设中出现的各种难题，科学组织，精心施工，从严把关，积极推进，确保了质量和安全，圆满完成了施工任务。

窑纯低温余热发电项目是河南省节能减排重点工程，是南阳市工业"发动机计划"重点项目，也是南阳市水泥行业第一个余热发电项目，项目投产运行后，对优化水泥产业结构，缓解电力供应压力，改善生产环境，降低水泥生产成本，提高经济效益具有重大意义；该项目的运行标志着该公司在落实科学发展观，推进节能减排和资源综合利用方面又跃上一个新的台阶。

北流海螺水泥公司余热发电并网

"北流海螺水泥"纯低温余热发电项目采用国际先进的低温余热发电技术和关键设备，通过高效余热锅炉将废气热转化为蒸汽，进入汽轮机带动发电机组发电。项目经过一年多建设，于10月26日正式并网发电，年供电量12 850万千瓦时，这是广西水泥行业利用国产设备余热发电第一个成功并网运行的项目。

北流海螺水泥公司总经理卜华松说："纯低温余热发电是新型干法回转窑利用窑头窑尾废气进行纯低温余热发电的一项新技术，无需消耗原材料，发电过程不增加任何污染。我们把余热发电项目当作"北流海螺"重点发展工程，投资1.3亿元人民币建成。项目的建成，相当于节约标准煤5.2万吨，减少二氧化碳排放量5.4万吨，每年实现税利4 000多万元人民币。"

"漳平红狮"一期9兆瓦纯低温余热发电项目竣工投产

11月12日，福建省漳平红狮水泥有限公司一期9兆瓦纯低温余热发电项目正式竣工投产。该项目的正式投产，标志着红狮集团在依靠技术进步、增强企业竞争力方面又上了一个新的台阶。

漳平红狮水泥有限公司一期9兆瓦纯低温余热发电项目总投资5 517.73万元人民币，预期年发电量将达到6 120万千瓦时，年新增经济效益1 581.25万元人民币。项目自2007年开始筹建以来，福建省各级政府和部门的大力支持。在和广大工程技术人员和全体员工的辛勤努力下，"漳平红狮"克服施工过程中多雨等种种困难，终于如期投产。

公司将继续坚持"凝聚成就未来"的核心理念，发扬"敬业奉献、追求卓越"的红狮精神，恪守"诚信为本、合作双赢"的经营理念，使漳平红狮真正成为"设备先进、工艺合理、环保一流"的现代化大型水泥生产企业。

"池州海螺"28 600千瓦纯低温余热发电项目通过竣工验收

11月22日，安徽省经济委员会受国家发展改革委员会委托，在"池州海螺"召开"池州海螺"28 600千瓦纯低温余热发电项目竣工验收会。

由来自相关部门的20余人组成的专家验收组一行首先察看现场，随后在会议室里认真听取"池州海螺"17 000千瓦+11 600千瓦两套余热发电机组建设过程和投入运行情况汇报，设计、施工、安装、监理单位也一一进行了汇报，专家组通过资料查阅、现场提问、专家组成员发表意见、讨论等形式，最后由专家验收组组长穆志萍宣读验收意见："池州海螺"28 600千瓦纯低温余热发电项目，已实现了投资目标，达到了预期的效果，符合国债专项资金技改项目验收办法的相关要求，同意通过综合验收。

"池州海螺"17 000千瓦+11 600千瓦两套余热发电机组是集团首次获得国家国债资金补贴的项目，项目已分别通过环保、消防、安全等单项验收及财务决算审计，为了做好国债项目竣工验收准备工作，池州海螺公司严格按照《国债专项资金技改项目验收办法》有关要求，公司安排专人负责进行了资料收集整理，确保了验收会议顺利进行，同时也为下一步公司《能量系统优化改造项目》的国家财政资金奖励项目的竣工验收积累了经验。

"海螺"中国水泥厂24兆瓦余热发电工程成功并网发电

12月19日，安徽海螺集团公司中国水泥厂24兆瓦余热发电工程在南京落成，并成功并网发电。

该工程投资1.75亿元，工程年设计余热发电量达1.6亿千瓦时，利用工厂低温废气进行余热发电，不需补充燃料或消耗多余燃料，不产生任何污染，每年可节约大量标煤和水，减排大量二氧化碳，该工程已达到国际先进水平。

在11月9日,江苏省电力质监中心组织对中国水泥厂24兆瓦余热发电工程进行了第四次质量监督检查。此次检查分为质保资料组、一次设备组、二次通讯组和综合组四个组,分十大项进行检查,分别对受电范围内的一、二次回路进行检查;控制保护和信号系统检查;直流系统调试检查;直流系统监控(遥控)检查;环境、安全警示、隔离措施和消防设施检查;受电技术方案、安全技术措施检查;生产准备、电力管理检查;主要设备合格证检查、接地保护定值检查及图纸会审、技术交底记录检查。

检查结束后,检查组一致认为该工程参建各方资质与承担的项目相符,组织机构健全,该公司作为建设单位在工程建设中能认真执行电力工程质量验评标准,积极做好组织协调工作,对工程质量进行了有效监督,各项检查均顺利通过。

广东"云浮天山"9兆瓦纯低温余热发电机组成功并网发电

12月28日,广东"云浮天山"9兆瓦纯低温余热发电机组一次性并网成功,多项技术指标均达到国内领先水平。

中材节能发展有限公司("中材节能")是国家重点支持的节能减排领域全方位服务商,一直致力于工业余热、余压的技术开发、综合利用和产业化。"云浮天山"余热电站是"中材节能"在云浮投资建成的第一个项目,也是中材节能发展有限公司投资的第一个BOT项目。该余热电站建成后年发电量近6 000万千瓦时、每年减少二氧化碳排放5万多吨,降低水泥企业的生产成本,达到资源综合利用之目的。该项目总投资额为6 000万元。

第六篇

记事篇

中国水泥改革开放30年大事记
2008年最瞩目的十件大事
2008年大事记
环球信息

中国水泥大事记

Memorabilia of China Cement

中国水泥改革开放30年大事记

Memorabilia of 30 years of cement reform and opening - up in China

1978年

3月 工团国家建委向余秋里、谷牧、李先念呈送了《关于立即着手加速发展建材工业的报告》。李先念批示:要大力提倡就地取材;水泥不仅国家集中办、地方办,而且一些有条件的部也可以办;原来的投资可能不够,可考虑加点投资;要搞好综合利用,要节约土地等。

3月 国家建材总局在太原召开全国大、中型水泥企业老厂改造座谈会,提出用新型干法预分解新工艺改造现有湿法老厂。

5月 国家建材主管部门向国家计委提出从西方国家进口两套预分解窑新型干法设备申请当月即获批准。年中组团考察后成立了引进办公室。最后确定冀东水泥厂购买日本石川岛播磨重工株式会社的成套设备。宁国水泥厂购买三菱重工株式会社的主机设备。由此开启了一拨引进设备的热潮。

7月 国务院批转国家计委《关于加速发展水泥工业的报告》,同意追加水泥工业基本建设投资。国家建材总局下达了追加计划。

10月 由联合国工业发展组织和中国硅酸盐学会联合举办的水泥技术区域间讨论会在北京举行。亚、非、欧18个国家40多位代表参加。

10月 上海新建机器厂、朝阳重型机器厂、武汉建材机械厂、信阳建材设备厂、西安矿山机械厂、秦皇岛建材机械厂由国家建材总局归口管理。

1979年

1月 建筑材料工业规划院在北京成立。

4月 五届人大第七次常委会决定成立建筑材料工业部,内设水泥局。加强了对水泥工业发展的集中领导。

4月 建材部恢复成立地质公司。

改革开放初期建材部立即着手把下放到各地的科技人员聚拢起来,加强水泥工业的科研设计队伍的建设。陆续组建了天津水泥工业设计院、合肥水泥研究院、南京水泥设计院和成都建材设计院等科研设计单位。

7月 中国水泥开始实施新标准。水泥种类分为硅酸盐水泥、普通水泥、矿渣水泥、火山灰水泥和煤灰水泥;水泥强度标号检验方法由原来干硬性胶砂的硬炼法改为塑性胶砂的软炼法;水泥的新标号为:225号、325号、425号、525号、625号。

1982年

9月 国家经委通知:将原国家建委散装水泥办公室改为国家经济委员会散装水泥办公室,设在国家建材局内,由该局处理日常工作。

1983年

8月 新疆水泥厂采用预分解窑工艺装备日产700吨熟料的3号窑通过国家验收。这是中国第一条烧煤的新型干法生产线。

1984年

4月 国家重点建设项目,中国自行设计的第一条日产2000吨熟料的预分解窑生产线,在江西水泥厂正式动工兴建。

10月 由联合国开发署和国家建材局共同举办的"亚太区域水泥讨论会"在北京、天津召开。

12月 冀东水泥厂建成,经国家验收合格,正式投入生产。

国家建材局在制定的《建材工业技术政策要点》中明确提出水泥工业要发展预分解新型干法生产线,一般情况下不再扩建和新建湿法和老的干法生产线。自此,结束了长期以来水泥界的"干湿"之争,指明了中国水泥工业发展的方向。

1985年

7月 国家经委散装水泥办公室在河南郑州召开全国散装水泥工作会议。会议讨论修改了《加快发展散装水泥实施办法》和《散装水泥专项资金的收取、使用、管理办法》,要求各地编制规划,拟订措施,加快散装水泥的推广。

11月 宁国水泥厂正式建成投入试生产。

1986年

2月 江西水泥厂日产2 000吨熟料预分解窑生产线建成投产,这是中国自行设计,主要采用国产设备的第一条日产2 000吨新型干法生产线。试生产过程非常困难、既有工艺问题,又有设备问题尤其是设备问题,事故频繁,无法正常运转。江西厂和天津院对其进行三次重大改造,历经3年调试终于使生产运行状况达到国家科技攻关要求的指标,通过了国家验收。

11月 国家经委和国家建材局在山东淄博召开全国地方水泥工作会议,讨论制定"七五"期间发展地方水泥的指导思想、任务和技术政策。

1987年

5月 为提高水泥产品质量,维护消费者利益,中国开始实施水泥生产许可证制度。

1988年

1月 中国开始实行水泥质量认证制度。这是把标准制定与贯彻实施紧密结合起来,促进企业加强管理维护消费者利益的一项有力措施。

9月 峨眉水泥厂向社会公开发行股票,这是水泥行业第一家发行股票的公司。

"七五"期间,国家建材局将日产2 000吨熟料窑外预分解窑生产线列为国家重大吸收的12条"龙"之中,"一条龙"管理方法就是把攻关、开发、引进技术改造、基本建设有机结合起来,把人、财、物统筹管理、集中众多科研设计单位及设备制造厂家,分工合作共同攻关。

1989年

4月 中日合资建设大连华能—小野田水泥有限公司签字仪式在北京人民大会堂举行。决定该公司建设一条日产4 000吨水泥熟料的新型干法水泥生产线。国务委员邹家华出席了签字仪式。

12月 中国自行设计、制造、施工的江西水泥厂日产2000吨熟料干法生产线工程竣工及其科技攻关项目同时通过国家验收。标志着中国大型干法工艺成套技术装备已从引进、单项技术开发进入自己开发阶段,是中国水泥技术发展史上的一个重要里程碑。

1990年

4月 国家技术监督局批准备同意中国水泥产品质量认证标志。

在国家建材局和物价局的共同努力下国务院先后批准六大区国家重点水泥企业水泥价格并轨,由于价格放开,国家重点大中型水泥企业在1992～1995年间获得丰厚利润,积累了可观的资金。全国老厂改造在14个老厂基础上全面展开。

1991年

1月 国家税务局发出通知,从1991年1月1日起,对散装水泥暂减按12%的税率征收增值税。这一优惠政策的实施,有利于加快发展散装水泥,支持墙体材料改革。

3月 经国务院批准,国家建材局、国家物价局联合发出通知,自1991年4月1日起,对统配水泥企业水泥价格并轨,实行计划内外统一出厂价。水泥价格在重要生产资料中率先并轨,是价格改革的重大突破,对强化水泥价格管理,增强大中型水泥企业活力,促进水泥工业发展具有积极作用。

3月 "七五"期间国家重点科技攻关项目"大型水泥窑体分解生产线技术及装备开发"在天津市通过国家验收。

6月 国家技术监督局批准发布了《复合硅酸盐水泥》国家标准,使通用水泥品种由原来的五大水泥变为六大水泥。

11月 中共中央总书记江泽民视察了全国建材行业红旗企业——安徽巢湖水泥厂,对该厂清洁优美的环境表示十分赞赏。

1992年

7月 国家物价局、国家建材局联合发出《关于扩大水泥价格浮动幅度的通知》。通知规定,自7月10日起,水泥出厂价格的浮动幅度由原来的±5%扩大到±25%,企业有权在规定的幅度内制定具体品种、标号的出厂价格。

11月 安徽铜陵水泥厂举行开工庆典大会。铜陵水泥厂是中国建材行业的大型现代化股份制企业,是中国水泥工业第一个使用世界银行贷款的大型水泥项目。它的开工建设标志着中国水泥工业沿江、沿海"T"型发展战略的具体实施。

大连华能小野田水泥有限公司日产4 000吨熟料新型干法生产线建成投产,这是第一条吸引外资建成的新型干法生产线。

1993年

2月28日 尖峰集团在上海证券交易所上市,这是水泥行业第一家上市公司。

3月 国家建材局、国家物价局联合发布《关于进一步改革统配水泥价格管理的通知》。通知决定从4月1日起,将部分统配水泥和部分特种水泥定价权下放企业,适当调整中央管理的统配水泥出厂价格。白色硅酸盐等7个品种的特种水泥价格全都放开。

6月 五大通用水泥新标准(GB175－192、GB1344－92)正式实施。

1994年

5月 中国建材技术装备总公司、南京水泥工业设计研究院与巴基斯坦幸运水泥有限公司签署第二条日产2000吨水泥熟料生产线出口项目。这是中国首次向巴基斯坦出口的最大的成套水泥技术装备合同。

12月 国家"八五"重点工程北京水泥厂经过26个月的艰苦奋战,一次点火成功,创造了中国水泥工业日产2000吨熟料生产线建设史上的最快速度。国家建材局局长张人为、副局长李俭之出席点火试车典礼。

山东鲁南水泥厂当年验收,当年达产达标,年产130.3

万吨水泥。

双阳水泥厂日产2000吨生产线将“一条龙”的13项开发成果应用上去并取得成功，建成投产后3个月就达标达产。它标志着中国自主开发的预分解窑技术已经成熟。

1995年

1月　国家工商行政管理局批准成立中外合资安徽海螺水泥有限公司。

5月　京化工大学材料科学与工程系博士生导师、水泥化学专家唐明述教授等当选为中国工程院院士。

9月　国家建材局生产许可证办公室和建材产品生产许可证联合办公室发出《关于安徽省濉溪县供电局水泥厂重大质量事故处理的通报》，宣布立即注销该厂水泥生产许可证，责令其立即停产整顿，水泥生产许可证复查换证审查不予通过。该厂1994年10月将安定性不合格的废品水泥运往上海销售，造成上海锦海花园工程锦普大厦部分拆除重建，损失达数百万元。《通报》要求，今后各地建材生产许可证办公室一经发现本地区出现水泥质量问题，应立即了解情况，及时上报国家建材局生产许可证办公室作出处理。

1996年

4月　国家计委、国家建材局此前就进一步放开统配水泥价格，向各省、自治区、直辖市及计划单列市物价局（委员会）、建材局（公司）发出通知。《通知》决定，自4月1日起，放开现有国家管理的22家统配水泥厂的水泥产品价格，由企业根据生产成本和市场供求情况自主定价。目前由地方管理的统配水泥价格也可相应放开。这22家水泥企业是“启新”、“冀东”、“邯郸”、“琉璃河”、“西卓子山”、“大同”、“太原”、“平顶山”、“光化”、“华新”、“耀县”、“新川”、“宁夏”、“永登”、“武山”、“一冶”、“昆明”、“开远”、“贵州”、“水城”、“柳州”和“黎塘”水泥厂。

7月　中共中央总书记、国家主席、中央军委主席江泽民到冀东水泥厂视察。江总书记参观了该厂第一条日产4 000吨水泥生产线后，又亲临新建的第二条日产4 000吨生产线大窑点火现场，并祝贺大窑点火一次成功。

8月24日　安徽海螺集团有限责任公司正式成立。海螺集团所属宁国水泥厂和白马水泥厂先后新建一条日产2 000吨新型熟料干法生产线，分别于1996年和1998年投产，其投资分别为3.4亿元和3亿元，取得了低投资建设新型干法生产线的重大突破。

1997年

9月　中共中央总书记，国家主席江泽民，国务院总理李鹏等党和国家领导人观看“辉煌的五年——十四大以来经济建设和精神文明建设成就展”。在建材展区，江泽民总书记和张人为局长亲切握手，仔细听取了建材工业辉煌5年的成就汇报，并参观了冀东日产4 000吨水泥窑外预分解国产化示范线。

10月　冀东水泥集团有限责任公司兼并了中国第一家水泥生产企业启新建材集团有限责任公司。兼并后，新组建的冀东水泥集团将以560万吨的水泥年生产能力成为大型企业集团。

1998年

9月　国家经贸委发出关于印发《建材工业“控制总量、调整结构”若干意见》的通知。

1999年

3月2日　国家建材局发出《关于制止部分地方盲目重复建设的紧急通知》。《通知》要求，坚决贯彻国家经贸委第6号令，淘汰水泥、玻璃、砖瓦等方面的落后生产能力、工艺和产品。严禁巧立名目对已列入淘汰目录的立窑进行扩径改造。

6月　中国联合水泥有限责任公司成立。开始了大规模资产重组的浪潮。

9月21日　根据《国务院办公厅转发国家经贸委关于清理整顿小玻璃厂、小水泥厂意见的通知》精神，国家经贸委公布了第一批取缔、关闭、淘汰企业，其中：小水泥厂2569家企业，包括1999年予以关闭的2005家企业，2000年予以关闭的564家企业。

10月31日　中国建材行业最大的兼并案——中国新型建材（集团）公司、山东省国际信托投资公司等单位联合兼并山东鲁南水泥厂圆满完成，以多元化投资主体成立的山东鲁南水泥有限公司宣告成立。

2000年

2月1日　中共中央政治局常委、中央书记处书记、全国总工会主席尉健行到冀东水泥集团公司视察，亲切慰问了生产第一线职工。

6月1日　都江堰拉法基水泥厂工程在都江堰市举行开工典礼。该项工程由拉法基集团投资1.59亿美元（折合人民币13.2亿元），由中国建材唐山安装工程公司总承包，建设一条年产140万吨水泥生产线。该项工程是国家实施西部大开发战略以来，西部地区建设的和外商投资的最大的项目。

8月29日　吴邦国副总理在国家建材局局长张人为就加快发展新型干法窑外分解水泥问题的来信上批示：“水泥产量不少，但小水泥太多，好水泥不多，有个结构调整问题。”

11月17日　国务院办公厅转发建设部等10部、委、局关于中央所属工程勘察设计单位体制改革实施方案，将建材四大水泥玻璃设计研究院划归新的主管部门管理。天津水泥工业设计研究院被交由中央管理。南京水泥工业设计研究院、成都建材工业设计研究院进入中国非金属矿工业（集团）总公司，蚌埠玻璃工业设计研究院进入中国新型建材集团公司。

2001 年

2月5日　国家经贸委正式下发《关于2001年建材行业总量控制的实施意见》，提出了5条措施。一是抓好水泥行业的结构调整，把淘汰和发展有机结合起来。二是加大清理整顿建材“两小”工作力度，狠抓已出台各项措施的落实。三是加大水泥新标准贯彻实施和检查力度。四是进一步加大制止重复建设的力度。五是切实加强领导，建立健全工作责任制。

4月　施行按ISO国际标准水泥强度检验方法，修改GB175 - 1999、GB1344 - 1999和GB12958 - 19993个通用硅酸盐水泥国家标准，使中国水泥国家标准与国际标准实行接轨。

8月25～27日　中国水泥协会在安徽芜湖市召开新型干法水泥技术改造高级管理人员研讨会。

12月　中材国际工程股份有限公司经国家工商总局批准成立。

2002 年

2月3日　由中国建材唐山安装公司总承包的都江堰拉法基年产140万吨新型干法水泥生产线一次点火投料成功。这是中国水泥工业建设史上第一个完全遵循国际惯例采用国际通行的交钥匙总承包方式招标的项目。

3月30日　被业界誉为“中国水泥工业的里程碑”的铜陵海螺水泥有限公司国内首条日产5000吨熟料国产化示范线，由中国非金属矿业集团总承包建设完成。整个建设周期仅为13个月，项目投资2.56亿元人民币，设备国产化率已达96%以上，日产水泥熟料达5600吨以上。

6月28～7月12日　中国水泥协会组织部分水泥企业和设计单位赴欧洲考察水泥工厂焚烧垃圾有关情况。

8月27日　国家经贸委经济运行局和中国水泥协会共同组织在新疆召开了全国重点水泥企业座谈会。会议就加快水泥工业结构调整，促进企业集团发展，充分发挥大型水泥企业和集团在结构调整中的作用；总结推广海螺集团、“天山股份”等企业经验；分析今后中国水泥发展走势，如何防范水泥集团快速发展中的风险等议题进行了座谈。

8月28日　天津水泥工业设计研究院和台湾幸福水泥公司签署在越南海洋省建日产5 000吨水泥生产线项目的合同。标志着经过近20年水泥工业的快速成长，在顺应国际水泥产业发展潮流的进程中，中国的水泥技术与装备水平已具备了一定的国际竞争实力。

10月18～19日　中国水泥协会在北京组织召开利用水泥窑焚烧垃圾技术研讨会。

2003 年

1月1日　《中华人民共和国清洁生产促进法》(2002年6月29日由中华人民共和国第九届全国人民代表大会常务委员会第二十八次会议通过公布并施行)正式实施。该法是推动中国经济走可持续发展道路的重要法律之一。

3月14日　中材国际工程股份有限公司与越南福山水泥公司签订由苏州中材建设有限公司承建一条日产5 000吨熟料新型干法水泥生产线的工程建设总承包协议书(通称“交钥匙”工程)。

3月16日　经国家工商总局核准，中国新型建设材料(集团)公司更名为中国建筑材料集团公司，在北京正式挂牌。

6月3日　全国人大常委会委员长吴邦国，全国人大常委会副委员长王兆国，全国人大常委会副委员长兼秘书长盛华仁等一同视察了都江堰拉法基水泥有限公司，对都江堰拉法基水泥厂采用当今世界最先进的生产工艺、技术装备、环境保护措施给予了充分肯定，并高度评价了这一生态友好型水泥厂。

8月29日　国内首条特大型生产线——池州海螺公司日产8 000吨生产线顺利投料生产出第一批合格熟料，突破了8 000吨设计能力，日产达8 010吨。

9月初　第18次国际水泥大会在北京中国大饭店隆重开幕。中共中央政治局委员、国务院副总理曾培炎，全国人大副委员长傅铁山，国务院国有资产监督管理委员会副主任黄淑和，国家发展和改革委员会副主任欧新黔，中国建筑材料工业协会会长张人为出席大会。

12月23日　国务院办公厅转发了发改委等部门《关于制止钢铁电解铝水泥行业盲目投资若干意见的通知》(国办发【2003】103号文)，《通知》中指出，“严格禁止新建和扩建机立窑、干法中空窑、立波尔窑、湿法窑水泥项目”。

2004 年

5月26日　国内第一条日产万吨熟料生产线——铜陵海螺首条万吨生产线一次点火成功。

10月　山水集团与济南市政府正式签署国有资产转让协议，整体改制为股份制公司，彻底打破了制约集团发展的体制瓶颈。

11月11日　西藏第一条日产2 000吨级熟料新型干法生产线正式投产。

11月19日　中国材料科工集团与北京金隅集团战略合作签约仪式在金隅集团举行。该协议的签署标志着分别由国务院国资委和北京市国资委所监管的两家大型国企通过战略合作，互相参股改制，建立现代企业法人治理结构的序幕正式拉开；它标志着两家综合实力位居中国建材行业前列的企业集团开始战略合作，实现强强联合、资源优化配置。

2005 年

3月10日　中国建材股份有限公司创立大会在北京召开。5家股东单位代表签署创立大会决议，中国建材集团用半年多时间倾力打造的中国建材股份有限公司正式浮出水面。这标志着中国建材集团在做大做强的道路上迈出了重要一步。

3月28日　中国建材集团与泰安市政府战略合作协议签约仪式暨北新建材投资山东泰和集团新闻发布会在北京钓鱼台国宾馆举行。

4月20日　中材料集团和天津水泥院领导班子在中材料集团总部举行会议，由国资委有关部门领导到会向中材料集团和天津水泥院领导班子宣布了“关于中国材料工业科工集团公司与天津水泥工业设计研究院重组的通知”。经国务院批准，天津水泥院与中材料集团正式实施重组。

8月27日　新疆天山水泥股份有限公司董事会宣布：新疆屯河投资股份有限公司持有的公司6 120万股法人股(占公司股份的29.42%)已正式过户给中材料集团。

12月14日　中材国际工程股份有限公司和沙特水泥公司举行了Hofuf水泥厂两条日产万吨水泥生产线总承包签约仪式。“中材国际”SCC总承包项目合同金额5.8亿美元，是世界水泥工业装备制造与供货、工程建设行业历史上单笔金额最大的项目，也是中国工程业在海外取得的最大的工程总承包项目之一。

2006年

4月13日　国家发改委等八部委以发改运行【2006】609号文联合发布了关于加快水泥工业结构调整的若干意见。

5月16日　山东山水水泥集团有限公司与世界银行集团国际金融公司贷款5 000万美元项目在北京正式签字。这是IFC投向中国水泥企业的第一笔贷款，此笔贷款将主要用于建设余热发电项目，发展循环经济。

7月1日　中国建材行业的两大企业集团，中国建材集团与安徽海螺集团在徐州举行建立战略合作伙伴关系暨海螺集团向中建材集团移交徐州公司签字仪式。

10月17日　国家发展和改革委员会以第50号令发布了水泥工业产业发展政策。

10月17日　国家发展和改革委员会以发改工业【2006】2222号文发布了水泥工业发展专项规划。

12月31日　国家发改委、国土资源部、人民银行联合发布了《关于公布国家重点支持水泥工业结构调整大型企业(集团)名单的通知》。确立了60户大型水泥企业(集团)为国家重点支持水泥工业结构调整的企业。

2007年

2月6日　中国建材装备有限公司与阿拉伯联合酋长国联合水泥公司(UCC)成功签署日产10 000吨水泥熟料生产线项目总承包合同。这是中国企业首次出口包括工程设计、成套装备供应、土建及安装等在内的日产10 000吨水泥熟料生产线项目。

2月18日　国家发改委发布了《关于做好淘汰落后水泥生产能力有关工作的通知》，要求2008年底前各地要淘汰各种规格的干法中空窑、湿法窑等落后工艺技术装备，进一步削减立窑生产能力，有条件的地区要淘汰全部立窑。地方各级政府要依法关停并转年产规模小于20万吨和环保或水泥质量不达标企业的生产能力。并明确到2010年末，全国完成淘汰小水泥产能2.5亿吨。

5月15日　中国中材国际工程股份有限公司在北京举行签约美国佛罗里达SCC日产4 000吨水泥生产线总承包(EF)项目新闻发布会。“中材国际”美国佛罗里达SCC项目的签订在中国水泥行业发展历史进程中具有里程碑的意义，它是中国在世界最发达国家承接的第一个大型水泥技术装备和工程项目，也是中国为数不多的以自主技术装备成套出口到美国的项目之一。

9月26日　由中国建材股份有限公司联合湖南省国资委、浙江省的水泥龙头企业尖峰集团、江西省的水泥龙头企业“江西万年青水泥”等共同设立的南方水泥有限公司正式成立。

11月7日　“枣庄中联”对原山东安厦水泥集团9条产能90万吨的机立窑生产线实施集中爆破拆除，一声巨响宣告了中国水泥工业发展史上一个时代的结束，此举被誉为“中国水泥第一爆”。

2008年

1月12日　正在安徽视察的中共中央总书记、国家主席、中央军委主席胡锦涛，率中央书记处书记、中央办公厅主任令计划，中央书记处书记、中央政策研究室主任王沪宁，中央财经领导小组办公室主任朱之鑫等领导同志，亲临海螺集团视察。安徽省委书记王金山，代省长王三运等陪同视察。胡锦涛殷切希望“海螺”的同志们继续努力，把“海螺”建成国际知名品牌。

2月29日　中材国际工程股份有限公司和尼日利亚Dangote集团在钓鱼台国宾馆举行了7条日产6 000吨水泥生产线总承包项目签约仪式暨4条日产6 000吨和2条日产3 000水泥生产线意向书签约仪式。该次签订合同的项目为7条日产6 000吨的新型干法水泥生产线，其中在尼日利亚建设6条，在塞内加尔建设1条，合同总金额16亿美元，这是中国海外水泥工程最大的出口项目。

7月12日　中国建材集团与北川羌族自治县战略合作框架协议签字仪式暨“中国联合水泥”“北川中联”年产200万吨水泥项目开工仪式在四川省北川县擂鼓镇举行。开工仪式是北川县“挺起北川不屈的脊梁”主题活动的一部分。该项目是北川灾后重建工程启动的第一个大型项目。

8月19日　中国建筑材料集团公司与浙江省国有资产监督管理委员会在杭州签署了浙江三狮集团有限公司国有股权转让正式协议。此次中国建材集团与三狮集团的联合重组对“南方水泥”的发展具有决定性的战略意义，也是中国水泥行业具有里程碑意义的一件大事，不仅会极大地推动水泥企业进步，也将对浙江省水泥产业的健康发展起到积极的带动作用。

2008年最瞩目的十件大事

Ten most eye – catching events in 2008

1　产业集中度大幅提高

关键词:并购

2008年大企业集团飞速发展,各大集团利用水泥市场下行机会加速整合,产业集中度大幅提高。海螺集团上半年熟料、水泥销量4 510万吨,5.12四川大地震后迅速入川、甘建新线,并持有“冀东水泥”和“祁连山”股份,水泥产能超过1亿吨。中材集团水泥产能3 000万吨,目标是成为北方最大的水泥制造商。其水泥产业以西部为主,2008年在新疆市场占有率约50%,宁夏60%。“中国建材”8月与浙江国资委签署三狮集团国有股转让协议;12月收购“乌兰水泥”85%股权。重点布局的东南经济区和淮海经济区已经拥有30%以上的市场份额,在浙江市场的占有率超过50%,水泥产能激增到1.2亿吨。金隅集团产能1 600万吨,“祁连山”2008年新增产能240万吨。2007年我国新型干法产能比例为55%,2008年已增至63%。1~11月份18家大集团企业的水泥产量已经达到33 476.66万吨,占全国总产量的26%。水泥行业兼并重组还在继续演绎。8月1日起实施的《反垄断法》会更好地维护市场的公平竞争。

2　产量增长减速 效益创历史新高

关键词:健康

2008年中国水泥业发展驶过快车道,但生产依然保持增长态势。中国水泥协会数据显示:1~11月水泥产量12.669 358亿吨,比上年同期增长5.73%,增速较同期减缓8个百分点,全年产量预计14亿吨;水泥利润总额达到270.06亿元,超出2007年同期64.52亿元,同比增长31.39%;水泥产业投资942.14亿元,同比增长65.05%;销售收入4 399.18亿元,同比增长24.68%,较2007年提高2个百分点。2007年底新型干法生产线798条,2008年又投产78条新线,增加熟料产能1.1亿吨。西部借国家政策和能源价格优势,发展速度明显加快,“祁连山”1~9月净利润增长约500%。新疆、宁夏水泥价格飙升,新疆每吨曾达600多元。2008年水泥产业逆势而上,取得了令人瞩目的业绩。

3　众志成城 多难兴邦 四川水泥业重生

关键词:感动

5月12日汶川大地震震惊华夏、震撼世界。水泥界同仁每一分钟都心系灾区,中国水泥协会始终与灾区保持沟通,及时将情况通报全行业。在大灾之际中外水泥企业纷纷伸出援手,捐款捐物,奏响了一曲全行业抗震救灾的凯歌。体现了企业的良知和社会责任感。他们中有中国建材集团、中国中材集团、“拉法基瑞安”、“亚东水泥”、山水集团、“亚泰水泥”、金峰集团、台湾水泥公司、“江西万年青”、华新集团、海螺集团、三狮集团、尖锋集团、红狮集团、“利万布森”、“兆山新星”、“铜陵上峰”、冀东集团、太平洋水泥集团……。灾区同仁奋力抗震救灾。“亚东”灾后第二天即恢复生产。6月10日前受灾较重企业均恢复生产,为重建家园日夜兼程生产水泥。“拉法基”老线复产、新线开工;7月12日“北川中联”年产200万吨水泥生产线开工;“海螺”、“华新”等众多企业纷纷入川建新线。年底国务院灾后重建投资规划更加刺激了企业的建厂热潮。在灾难面前,水泥人表现的是坚强、团结、奋斗,这是一种坚不可摧的民族精神,它使我们无往而不胜。

4　淘汰落后 继续推进 成果显著

关键词:超前

1月发改委公布上年应予淘汰的落后水泥产能的企业名单;5月初再度发布相关分析报告强调:“2008年底前各地要淘汰各种规格的干法中空窑、湿法窑等落后工艺技术装备,进一步消减机立窑生产能力,有条件的地区要淘汰全部机立窑。地方各级人民政府要依法关停并转规模小于20万吨、环保和水泥质量不达标的企业。”财政部发文规定,2008年7月1日起,以立窑法工艺生产的水泥(包括水泥熟料),一律不得享受增值税即征即退政策。雷前治会长说,中国水泥协会对立窑扩径改造坚决“亮红牌”。各省市纷纷出台对落后产能“断后路”的多项措施,双管齐下,一方面大力发展新型干法,挤占水泥市场份额;一方面加快落后产能淘汰步伐,多数省、市、地区已完成淘汰落后指标。初步统计2007~2008年全国计划淘汰1.36亿吨的指标已提前完成。

5　熊市中水泥股表现依然很牛

关键词:独秀

2008年上证指数由2007年的6 000点狂跌至1 700点以下,从最高点跌去了70%,排名世界历史股市跌幅前十名,比同期深陷于美国金融危机的道琼斯、标准普尔、纳斯达克还要高。有些A股全军覆没。在这种大熊市中,多数水泥股却表现不俗。虽然也在震荡中沉浮,但在固定资产投资不减、落后产能淘汰和集中度提升的背景下仍保持高速增长态势,整体盈利能力看好。几次出现多只水泥股涨停的局面,表现明显优于大盘。山水集团也在港成功上市。

水泥上市公司业绩优异是股价上升的内在因素。即使2008年上半年受能源紧缺等因素的制约，水泥行业凭借良好的内部发展经营，仍然实现了资本扩张和盈利能力的提高。水泥股的内在价值是股价在大盘复苏背景下迅速反弹的坚强支撑点。因此无论短期还是长期水泥业总体景气指数都较好。"大通摩根"中国首席经济学家龚方雄说"大宗商品只看好水泥"。

6　国产技术装备走向世界 业绩辉煌

关键词：品牌

中国水泥业在国际上从崭露头角到大举占领海外市场仅用了短短几年的时间。2008年中国水泥业在海外市场进入收获年，业绩辉煌，喜讯不断：阿联酋日产万吨项目成功投产、沙特利雅得RCC日产5 000吨生产线日产熟料稳定在5 500吨以上，获得了业主颁发的最终验收证书、赞比亚CHILANGAⅡ日产2 000吨生产线竣工，赞比亚总统为项目剪彩；印尼日产3 600吨水泥厂重建项目现场工作顺利完成60%……。中材集团、"中国建材"等几大集团已占有国际上40%的水泥技术装备工程服务市场，成为世界最大的水泥技术装备与工程服务提供商。在全球树立了良好的声誉。风云突变，受金融危机冲击，"中材国际"与尼日利亚签订的几十亿美元大单，在综合因素影响下对方无法正常履行合同。"中材国际"处变不惊，积极应对，及时调整项目计划，表现了对国际市场的应变能力。即使在金融海啸的寒潮中，我国几家主要公司还在不断与国外签单。

7　节能减排 进展快 方法多 前景好

关键词：拓展

节能减排是每一个企业必须承担的社会责任和义务。2008年节能减排进展快，方法多。到11月底国家发改委批准的水泥企业CDM项目141个，估计年减排CO_2当量773万吨，减排类型从单一的"节能和提高能效"（余热发电技术）增加了"水泥生料替代"和"降低熟料含量"两种。10月水泥节能环保国家工程研究中心项目落户天津院，将开展水泥窑炉和粉磨节能、石灰石矿产资源综合利用、污染物减排、过程智能化控制等关键技术与装备的研究开发和系统集成，并加速创新成果的工程化和产业化等技术，持续不断地为行业提供成熟的技术、产品和装备。10月份金隅集团获国家发改委5 000万元资金支持，启动日处理污泥500吨生产线，年处理污泥17万吨。临近年底财政部等发文明确，采用采矿选矿废渣、冶炼废渣、化工废渣和其他废渣可享受增值税优惠政策。这些政策措施都为推动水泥工业资源综合利用、节能减排、实现可持续发展开拓了新路。

8　行业新标准出台 促水泥业健康发展

关键词：规范

2008年初国家标准化委员会等发布GB175－2007《通用硅酸盐水泥》和GB16780－2007《水泥单位产品能源消耗限额》两个强制性新标准，6月1日开始实施。前者将以前的三项国家标准合而为一，在技术要求、混合材品种和掺量、合格判定等方面做了较大的变动，特别是在水泥品种划分、混合材种类限定、取消P.O32.5、增加水泥出厂合格证内容等方面做了详细规定。《水泥单位产品能源消耗限额》则是对原GB/J16780－1997的修定。两个新标准更加科学、合理。它的实施将有利于进一步规范水泥的生产和应用、推动水泥行业节能减排和技术进步，对所有水泥企业的生产都会产生影响。

9　刺激内需政策 水泥业机遇再现

关键词：跌宕

为应对金融海啸的影响，国务院11月初出台刺激内需10项新政，2008年新增1 000亿元中央投资用于交通基础设施方面有280亿元。其中铁路150亿元，高速公路50亿元，农村公路50亿元，中西部机场30亿元。目前投资计划已全部下达。最大限度地照顾中西部地区利益，新增中央投资安排中西部占61%。2008年水泥行业新增的2.15亿吨产能将在2009年释放。2009年增值税转型减轻企业负担；煤炭价格回落增加利润空间；余热发电等节能减排技术降低生产成本并有望获取CDM收益，这些都是利好因素。除去淘汰的落后产能，2009年大约新增有效产能1.8亿吨。从需求看2009年固定资产投资规模将超20万亿元，水泥需求量约为16亿吨，新增需求量约为1.4亿吨，产能利用率仍然能够维持在90%以上。水泥作为基础设施建设的′粮食′，将成为国家扩大内需、拉动投资政策的最大受益者，水泥市场中长期前景依旧向好。

10　反映诉求 双向服务

关键词：架桥

2007年底中国水泥协会完成换届工作，产生第六届理事会。2008年新一届领导班子在全行业的支持下做了大量卓有成效的工作，成功组织了多项活动，包括国际间的学术、技术交流。召开两次国家重点支持企业座谈会，贯彻国家大政方针，总结业绩，听取企业诉求。1月和发改委联合主办"中国水泥工业节能减排和清洁发展国际培训研讨会"；3月召开《水泥工厂节能设计规范》宣贯及《水泥行业节能协议活动的组织和协调》研讨会；4月成功举办享誉世界的2008中国国际水泥峰会；5月举行首届中国水泥企业总工程师论坛；9月召开水泥助磨剂分会年会，同月举办第二届水泥行业设备润滑技术交流会；10月15日举办水泥原料破碎设备技术研讨会，20日第十届亚洲水泥论坛拉开帷幕；12月召开HRM4800原料立式磨新闻发布会……。中国水泥协会在政府和企业间架起桥梁，积极推广新工艺新技术、推动节能减排，竭诚为企业服务。2008年协会工作勤奋努力，业绩斐然。

2008年大事记

Memorabilia in 2008

一月

4日　中材水泥有限责任公司与广东省罗定市人民政府签定了《共同合作建设水泥熟料基地协议书》。中材集团在罗定投资15亿元人民币，建设3条日产5 000吨水泥熟料生产线，再形成年产600万吨的水泥产能。

8日　“华新水泥”(600801)获得中国证监会通知，核准公司向Holchin B. V.非公开发行股票不超过16 000万股，该核准通知下发之日起6个月内有效。同时，中国证监会核准豁免Holchin B. V.因认购公司本次向其定向发行股票而应履行的要约收购义务。

9日　中国建材集团与上海建材集团战略合作协议”在上海举行签字仪式。

11日　中国水泥协会邀请协会在京部分高级顾问、副会长和业内专家举办2008年新春座谈会。会长雷前治、副会长兼秘书长孔祥忠与陆续到达的嘉宾热情握手，互致问候，彼此祝福。参加座谈会的领导、专家有：王燕谋、乔龙德、蒋明麟、李俭之、甘智和、胡中甲、高长明、徐永模、姚燕、崔星太、李建伦、周海红、蒋卫平、姜德义，袁克兰、司国晨、左振军、林承桢、方芳、杨希震等；中国水泥协会副秘书长及部门负责人出席了座谈会。座谈会的中心议题是“中国水泥走向世界”。大家畅所欲言，从各个层面和角度总结了中国水泥工业开拓国际市场的巨大成绩，同时也高瞻远瞩地展望了继续努力和提升水平的方向。

12日　中共中央总书记、国家主席、中央军委主席胡锦涛率中央书记处书记、中央办公厅主任令计划，中央书记处书记、中央政策研究室主任王沪宁，中央财经领导小组办公室主任朱之鑫等视察海螺集团旗下的芜湖海螺水泥公司。安徽省委书记王金山，代省长王三运，省委副书记王明方，省委常、省政法委书记徐立全，省委常委、芜湖市委书记詹夏来等陪同视察。

胡锦涛还察看了“芜湖海螺”生产运营情况，并对“海螺”准备新上的日产12 000吨生产线国产化率能达到80%以上表示满意。胡锦涛鼓励说：“希望‘海螺’的同志们继续努力，把‘海螺’建成国际知名品牌！”

海螺集团董事长郭文叁汇报了集团改革发展情况和三大产业板块的基本情况及芜湖海螺公司的基本情况，并就胡锦涛关心和询问的一些问题做了介绍和解答。

21~24日　由国家发改委和中国水泥协会联合主办、中国建材科学研究总院承办的“APP水泥最佳范例中心”(CoE)成立大会在北京隆重举行，大会由中国建筑材料科学研究总院副院长隋同波博士主持。亚太清洁发展和气候伙伴关系(APP)的成员国包括亚太地区美国、澳大利亚、日本、韩国、印度和中国6国，水泥行业为APP八大工作领域之一，“APP水泥最佳范例中心”(Center of Excellence，CoE)为水泥工作组行动计划中的三个旗舰项目之一。CoE项目由澳大利亚和中国政府共同资助建立，秘书处设在中国建筑材料科学研究总院。

澳大利亚政府代表——澳大利亚驻华使馆公使Graham Fletcher先生、来自APP成员国美国、澳大利亚、日本及印度及国际机构世界可持续发展工商理事会的政府代表和专家，国家发展与改革委员会工业司副司长熊必琳和副处长刘明、中国水泥协会会长雷前治和秘书长孔祥忠等有关领导出席了本次大会，来自国内外水泥行业的30余家大中型企业代表参加了本次大会。

“APP水泥最佳范例中心”，是亚太清洁发展和气候伙伴关系(APP)水泥工作组为应对气候变化而建立的一个有建设性的合作项目，是伙伴国携手推进清洁发展，最终实现和谐发展的积极举措。该中心将为中国水泥节能技术提供指导与交流平台，促进中国和其他APP成员国对于水泥节能减排先进理念和技术的交流，从而促进这些清洁生产技术得以在占世界一半产量的中国水泥工业中应用，为全球的可持续发展做出积极贡献。

“节能减排和清洁发展”培训是中国水泥工业结构调整与节能减排的重要举措，也是在水泥行业推行能源和环境效率标识工作的基础。本次培训将为参加培训人员颁发APP CoE培训证书。由APP各成员国派遣国际水泥节能环保专家来华授课，采用国际通用教材和实例，对首批学员进行“节能减排和清洁发展”培训，以期提高企业对于节能减排国际通行方法和工具的理解和认识，掌握应用方法，并用以提高企业能源环保效率。

21日　新颁布国家标准——《水泥工厂节能设计规范》宣贯会在大连召开。中国水泥协会副会长曾学敏、建设部标准管理司标准处杨瑾峰处长、中国终端能效项目管理办公室李玉琦博士、国家发改委能源研究所熊华文博士、国家建材工业定额总站吴佐民站长出席会议并做技术报告。海螺建材设计院受邀在会上做了水泥粉磨站应用《水泥工厂节能设计规范》的示范设计方案介绍。参加会议的还有天津院、南京院、合肥院以及Holcim等35家水泥设计和生产企业的46位代表。此次宣贯会由中国水泥协会主办、大连易世达能源工程有限公司协办，会议得到了豪西盟公司的独家赞助。通过此次贯标会，代表们对中国节能形势、节能政策和节能法规有了系统认识，充分认识到节能规范的重要性。此次贯标会的成功召开为下一步的规范执行奠定了良好基础。

1月21日，水泥工厂节能设计规范宣贯会在大连召开

21日　河南省发改委省环境保护局联合发布消息，全省机械化立窑水泥生产线全部关停，率先在全国完成关闭立窑水泥生产线的任务，比国家提出的目标提前了两年。立窑水泥生产线效能低下，污染严重。新乡辉县市、南阳蒲山镇、许昌无梁镇一些水泥企业高度集中的区域，曾经是“出门捂脸、吃饭盖碗，一年吃块儿水泥板”。河南省自2005年起开始对规模小、生产工艺落后的机械化立窑水泥生产线实施关闭，“十七大”召开后，这项事关民生和科学发展的工作步伐进一步加快，共关闭510条生产线，淘汰落后水泥产能5 500万吨。

23～25日　中国建材集团在珠海召开2008年工作会议。中国建材集团董事长宋志平透露，2008年中国建材集团营业收入要继续保持50%的增幅，达到500亿元。这种增幅已保持了3年。

31日　中国建材股份有限公司在香港举行新闻发布会，董事局主席宋志平、总裁曹江林宣布，附属公司“南方水泥”和“中联水泥”已合计签订了17项目重组协议，将为公司新增水泥产能5 400万吨。至此，“中国建材”的水泥总产能已达8 400万吨。

中国建材股份有限公司同时宣布，“南方水泥”已签署61个谅解备忘录，涉及产能（包括现有和新建）9 000万吨，所有谅解备忘录中的项目在2008年年内正式签订协议。“中国建材”的水泥总产能在2008年年内达1.6亿吨，将成为中国最大、位居全球第二的水泥生产商。

二月

20日　中共中央政治局委员、天津市委书记张高丽，市委副书记、市长黄兴国在天津市迎宾馆会见了中国中材集团公司总经理谭仲明一行，就进一步拓展双方合作领域、加快推进中材集团在津投资项目建设等进行了深入交谈。

张高丽表示，中材集团与天津有着良好的合作关系，希望充分发挥各自优势，积极探索新的合作方式和途径，拓展领域，提升层次，推动双方合作不断迈上新的台阶。天津水泥院是中材集团所属企业，在水泥行业很有影响，为天津的经济发展做出了很大贡献。天津市将发挥天津市特别是滨海新区的优势，大力支持中材集团在天津的发展。

23日　广西合浦县人民政府与香港华润水泥控股有限公司在广西北海市正式签署了《“华润水泥”合浦项目合作合同》，项目选址于广西合浦县公馆镇。

根据双方约定，“华润水泥”将在三年内投资约13亿元，在广西合浦县分两期建设2条日产4 500吨新型干法熟料生产线和年产400万吨水泥粉磨生产线，并配套建设2×7.5MW纯低温余热发电项目和2个万吨级以上泊位。

24日　安徽海螺集团与四川省达州市政府签订了投资建设新型干法水泥项目合作意向书。海螺集团发展部部长杨培林、达州市副市长杨钢代表双方在协议上签字。

22～24日　海螺集团考察组一行3人在达州市、县有关部门负责人陪同下，先后在万源、大竹、开江、达县4个县（市）有水泥资源的6个点进行了考察。海螺集团发展部部长杨培林表示，达州的投资环境、发展水泥产业的资源以及便利的交通条件，吸引了海螺集团进入达州拓展市场，加强合作，共谋发展。

25日　“中材集团”与宁夏建材集团管理对接大会在宁夏银川举行。中国中材集团公司总经理谭仲明、党委书记于世良率中材集团高管及各部门负责人与宁夏建材集团有限公司进行了管理工作对接。

25日　英德市政府与台泥集团签约，台泥（英德）公司增投14亿建设第三期2条日产6 000吨新型干法水泥熟料生产线。台泥（英德）公司还举行二期生产线竣工典礼暨余热发电工程动工仪式。

26日　由中建材集团进出口公司总承包的日产6 000吨水泥熟料生产线——沙特北方水泥厂如期竣工并顺利投产，投产后生产运营全面达到设计要求。

29日　中国中材股份有限公司旗下的中国中材国际工程股份有限公司(以下简称“中材国际”)和尼日利亚Dangote集团在钓鱼台国宾馆举行了7条日产6 000吨水泥生产线总承包项目签约仪式暨4条日产6 000吨和2条日产3 000吨水泥生产线意向书签约仪式。尼日利亚总统特别代表、财政部部长，Dangote集团董事长Dangote先生，董事Edwin先生，中材集团总经理、“中材股份”董事长谭仲明先生，中材集团党委书记、“中材股份”总裁于世良先生，中材集团副总经理、“中材国际”董事长刘志江先生等出席了签约仪式。中材集团副总经理、“中材国际”董事长刘志江先生和尼日利亚Dangote集团董事长Dangote先生共同在7条日产6 000吨水泥生产线总承包合同上签字。“中材国际”总裁王伟先生和Dangote集团Edwin先生共同在4条日产6000吨和2条日产3000吨水泥生产线总承包意向书上签字。中材集团党委书记、“中材股份”总裁于世良先生、Dangote集团董事长Dangote先生、“中材国际”总裁王伟先生分别致词。签约仪式由“中材国际”副董事长、常务副总裁武守富主持。

本次签订合同的项目为7条日产6 000吨的新型干法水泥生产线，其中在尼日利亚建设6条，在塞内加尔建设1条，合同总金额16亿美元。为防范汇率风险，项目采用锁定汇率的方式结算，合同额的88%为美金，对应人民币汇率1∶7.4；12%为欧元，对应美金汇率为1∶1.48。项目建设方式采用国际通行的EPC模式。工程的全部技术及主要装备由“中材国际”提供。此外，还签订了4条日产6 000吨水泥生产线和2条日产3 000吨水泥生产线的意向书。这6条生产线分布在非洲的民主刚果、赤道几内亚、埃塞俄比亚、坦桑尼亚和赞比亚等国家，项目也将全部采用EPC模式建设，意向总金额为11.772亿美元。

三月

5日　中国中材集团旗下“中材国际”控股的中材建设有限公司(以下简称“中材建设”)与法国拉法基集团在北京钓鱼台国宾馆共同签署了全球框架协议。协议项目总金额6亿多欧元(约10亿美元)，包括6条水泥生产线交钥匙工程，预期所有项目将在2011年底前完成。拉法基集团的目标是在2006至2010年之间新增产能4 500万吨，本次协议中的项目是该计划的重要一环。

中国建材联合会会长张人为、法国大使苏和、拉法基集团执行副总裁兼水泥分支联合总裁卡洛斯、中国中材集团公司总经理谭仲明分别致辞。

中材建设有限公司董事长、总经理彭建新和法国拉法基集团执行副总裁卡洛斯在协议上签字。

中央政治局委员、重庆市市委书记薄熙来，国务院国资委副主任王勇，国务院国有大型企业监事会主席乔龙德，拉法基瑞安水泥有限公司首席执行官华顾思，中国中材集团党委书记于世良，中材国际工程股份有限公司董事长刘志江等150余人出席了协议签约仪式。

7日　中国建筑材料科学研究总院召开了《水泥生产协同处置废弃物技术规范》研讨会，标志着这一重要技术标准制定工作正式启动。来自国家行业协会、环保部门、生产企业及研究院所近30名专家代表参加了研讨会。专家代表一致认为制定科学的、严格的、可行的《水泥生产协同处置废弃物技术规范》非常必要、非常及时，标准的制定和实施对于规范处置水泥生产过程、推动处置技术的发展、实现水泥工业可持续发展无疑有极大的作用。

12日　中国中材集团公司与招商银行在北京签署了战略合作协议。根据协议约定：自2008年至2010年，招商银行向中国中材集团公司提供60亿元战略合作授信额度。在签约仪式上，集团总经理谭仲明与招商银行总行张光华副行长分别致辞。集团党委书记于世良、招商银行北京分行副行长王良分别代表双方签署了战略合作协议。

18日　“拉法基瑞安”四川分公司双马厂举行了拆除湿法水泥生产线的仪式，现场将3号湿法窑拦腰截下一段，从生产线上卸了下来，这意味着该厂逐步拆除湿法水泥工艺生产线工作正式启动。

21～23日　由中国终端能效项目办公室主办、中国水泥协会承办的《水泥工厂节能设计规范》宣贯及《水泥行业节能协议活动的组织和协调》研讨会在海南省海口市召开，众多大中型水泥企业和设计研究院出席了研讨会。

《水泥工厂节能设计规范》于2008年5月1日实施，备受企业关注。该《规范》是工程建设领域的一项重要节能标准，是实现中国水泥工业节能减排目标的重要举措。《水泥行业节能协议活动的组织和协调》已于2007年11月正式启动，为期22个月。其内容是组织水泥企业进行能效对标，编制水泥企业能效对标指南及对标参数，使水泥行业的节能减排工作，学习有榜样、实施有措施、验收有标准。

25～26日　中国共产党中国建筑材料集团公司第一次代表大会隆重召开。

党委书记、董事长宋志平在报告中用大量的数字总结了集团公司几年来取得的主要成就，概括了6条基本经验，客观地分析了当前形势，明确提出了今后4年工作的指导思想、奋斗目标和主要措施。他提出，要深入贯彻落实科学发展观，转变发展观念，创新发展模式，提高发展质量，转变增长方式，努力创建“创新绩效型、资源节约型、环境友好型、社会责任型”的“四型企业”，实现又好又快发展；要把中国建材集团打造成中国规模最大、实力最雄厚、效益最好、技术最先进、管理最优秀、社会(公众)形象最佳、国际竞争力最强的中国建材排头兵企业，实现年营业收入800亿~1 000亿元、利润50亿元的目标，为早日跻身世界500强行列而努力奋斗。

30日　2008第四届中国水泥纯低温余热发电峰会顺利落幕。来自水泥生产、设计院所、设备制造及投融资机构的400余名各界代表参加了本届峰会。原国家建材局局长、中国水泥协会高级顾问王燕谋、国家发展和改革委员会原副秘书长甘智和、中国建筑材料联合会副会长徐永模等行业专家和地方领导出席了峰会开幕式。

四月

1日　国家发改委经济运行局、中国建材联合会、中国水泥协会在上海光大会展中心联合召开国家重点大型水泥企业负责人座谈会。这是2006年底国家发改委联合国土资源部、中国人民银行共同发文确立国家重点支持结构调整的60户大型水泥企业(集团)名单后召开的第二次座谈会。业界高度重视本次会议。国家发改委经济运行局副局长林玉龙，中国建材联合会会长张人为，中国建材联合会副会长、中国水泥协会会长雷前治，中国建材联合会副会长陈国庆，中国水泥协会副会长兼秘书长孔祥忠等出席会议。来自国家重点支持结构调整的60户大型水泥企业(集团)和地方大企业的老总们，以及各省行管办、经委、发改委的负责人共计百余人参会。这次会议主要内容是交流2007年国家重点大型水泥企业(集团)发展和运行情况；分析2008年水泥行业运行形势，以及存在的突出矛盾和问题；听取企业家们提出意见和建议。

1日　第九届中国国际水泥技术及装备展览会(CEMENTTECH)在上海光大会展中心隆重开幕。展览是由中国水泥协会和中国国际贸易促进委员会建筑材料行业分会共同主办。在主办方和广大设备制造商的共同努力下展览会已经逐渐成为国际知名的行业盛会，并继续作为水泥行业的交流、贸易平台为国内外水泥相关企业提供广阔、高效、优质的综合服务。展品涉及矿山机械、水泥窑、立磨、给料传送、装卸运输、除尘环保、自动化控制、轴承传动、耐火材料、成套设备设计、余热发电等水泥行业全部生产流程和技术工艺。参展商既有丹麦史密斯公司、德国西门子公司、皮拉德公司、戈尔公司等国外装备企业，也有“中材国际”、北京通达耐火技术公司、营口青花耐火材料公司、上海电气集团等国内工程建设及装备企业。

1~3日　2008中国国际水泥峰会在上海召开。由中国水泥协会、中国国际贸促会建材分会主办的此次峰会汇集了来自国家发改委、商务部的官员，学者及国内外大型水泥集团、科研院所、国内外水泥装备制造商、金融投资机构、行业协会及国内外相关媒体等600余位代表。

中国水泥协会把“重组联合 推动企业成长”作为本次峰会的主题，意在搭建一个交流平台，推动水泥行业的兼并重组，促进全行业健康持续发展。国家重点支持的60家大型水泥企业领导与世界水泥十强中的“拉法基”、“豪西盟”、“西麦克斯”、“海德堡”、“意大利水泥”、“爱尔兰CRH”、“太平洋水泥”等大企业集团借此平台，加强相互之间的了解，交流重组联合经验。

8日　沙特阿拉伯纳杰兰省省长夏米尔王子在中国建材集团合肥水泥研究设计院总承包建设的纳杰兰水泥厂揭牌仪式上，将一块感谢牌匾庄重地赠予专程前来的中国建材集团董事长宋志平。

纳杰兰水泥项目由中国建材集团合肥水泥研究设计院以工程总承包(EPC)方式承接，工程总价2亿多美元。主要建设项目是1条日产6 000吨熟料水泥生产线、1条日产3 000吨熟料水泥生产线和1个大型粉磨站。其中，日产6 000吨生产线已于2007年10月21日投产，日产3 000吨生产线已进入联动试车阶段。

9日　江苏中科万能环保技术有限公司自主研制的同步分段喷吹袋式除尘器在北京通过中国建材联合会组织的成果鉴定。会上以清华大学教授、中国工程院郝吉明院士为首的专家组认定该项目总体技术达国际先进水平，经济效益和社会效益显著。

16日　中国建材股份有限公司与民生银行总行营业部在北京签署战略合作协议。根据协议规定，民生银行总行营业部在3年内向中国建材提供90亿元人民币的授信额度，以及相关的金融服务。

16日　由中国机械工程学会磨损失效分析及抗磨技术专业委员会主办的《2008全国耐磨材料暨水泥、矿山应用技术交流会》在春城昆明举行。来自全国耐磨材料暨水泥、矿山界的200多名专家学者和企业界人士出席了这次会议。

18日　中材节能发展有限公司与江西锦溪水泥有限公

司共同签署了2条日产2 500吨水泥生产线余热发电工程总承包合同,装机容量为9兆瓦。

22日 中材节能发展有限公司与“拉法基”菲律宾TERES水泥公司签订低温余热发电项目EP合同。这是“拉法基”第一次在中国以外的水泥制造工厂实施低温余热发电,也表明“拉法基”对中材节能余热发电技术的充分信任。

29日 《水泥工厂余热发电设计规范(讨论稿)》审查会在北京召开。

会议由国家建筑材料工业标准定额总站吴佐民站长主持,建设部标准定额司杨谨峰处长、中国工程建设标准化协会建材专业委员会曾学敏主任、中材集团于国波副总经理、中材节能发展有限公司张奇董事长等领导对《规范》编制的意义和程序提出了具体的要求和殷切期望。中材节能发展有限公司汇报了《规范》编制情况及各章节主要内容,与会专家代表就《规范》的内容进行了认真的讨论,提出了许多建设性修改意见。

参加会议的单位有:建设部标准定额司、中国水泥协会、中国中材集团、中国中材国际股份有限公司、北京凯盛建研建材工程设计有限责任公司、南京凯盛水泥工业设计研究院、合肥水泥研究设计院、中国节能(香港)有限公司、上海电气电站集团、华润水泥集团、海螺集团、大连易世达能源工程有限公司、中信重工机械股份有限公司、北京市琉璃河水泥有限公司、中材节能发展有限公司。

会议建议增加中信重型机械股份有限公司、海螺建材设计研究院、大连易世达能源工程公司、南京凯盛设计有限公司作为参编单位。征求意见稿将于6月底前完成,预计该规范将于2009年颁布实施。

30日 芜湖海螺公司二期18 000千瓦余热发电机组成功并网发电,这是该公司继2008年3月10日一期18 000千瓦余热发电成功并网后传来的又一喜讯。

芜湖海螺充分依托集团优势,积极响应国家节能减排号召,持续发展循环经济、推进节能减排,全力推进余热发电工程建设。该项目为2条日产5 000吨熟料生产线配套的余热发电配套机组,装机容量为18 000千瓦。

在项目建设过程中,得到装备部、设计院、自动化所、专家组的大力支持,公司克服了雪灾等困难,多次召开研讨分析会,明确各节点建设进度。认真吸取一期余热发电项目的成功经验,完成了设备安装、单机调试、联动试车和试生产准备等工作,于4月30日一次性并网成功。

二期余热发电机组成功并网运行,成为芜湖海螺公司的又一经济增长点,进一步降低了生产运营成本,提高了市场竞争力,为芜湖海螺公司创造更大的经济和社会效益。公司员工信心十足,正认真做好运行监控与维护,努力确保机组可靠、稳定、高效运行。

五月

6日 发改委发布的一份报告表示,目前中国水泥行业集中度较低、企业过多是导致行业落后,无序竞争的主要原因。报告认为,应按照一定条件和标准,着力培育龙头企业,通过兼并重组,实行产业整合,提高竞争力。

报告建议,应重点支持发展60家对行业有带动作用,对市场有引导作用,具有竞争力的大型水泥企业集团。省级投资主管部门不仅仅要执行产业政策,确定新建项目的准入门槛,还应该执行并购重组企业集团的准入门槛。

6日 中国中材股份有限公司旗下天津水泥工业设计研究院有限公司所属中天仕名科技集团有限公司徐州仕名公司举行了首台第四代冷却机出厂仪式。

新一代冷却机出厂,标志着中国新型干法水泥技术重大设备国产化又上了一个新台阶,对进一步满足国内外客户建设节能、高产、高效水泥生产线具有重要意义。

13日 中国水泥协会向四川地震灾区发慰问电,电文如下:

四川地震受损灾区的水泥企业及全体员工:

汶川地区发生的强烈地震,波及范围之大,给人民群众生命财产造成了重大损失。由于通讯联系困难,暂时无法准确了解你们的现状,初步了解部分企业设施受到破坏、厂区断水、断电,生产受到严重影响。对此中国水泥协会全体工作人员、会员单位及和100多万全国的水泥行业员工都深感痛心、深为关切!至此中国水泥协会谨向你们及你们的家属表示诚挚慰问!向在抗震救灾第一线日夜奋战的同志们表示崇高敬意!天灾无情人有情,中国水泥协会及全国水泥行业和你们心连心。

我们相信,在党中央、国务院的坚强领导下,在全国人民的大力支持下,地震灾区水泥企业一定能够万众一心,众志成城,团结奋战,顽强拼搏,尽快战胜这场特别重大的地震灾害,恢复生产,重建美好家园。

13~15日 亚太地区清洁发展和气候合作伙伴(Asia - Pacific Partnership on Clean Development & Climate ,APP)水泥工作组第5次会议在美国南卡拉罗莱那州查尔斯顿举行。美国国务院、美国环境保护署(EPA)、波特兰水泥协会(PCA)作为东道主承办了本次会议。

共有来自包括新加入该组织的加拿大在内的7个成员国(加、澳、中、印、日、韩、美)的65名代表及观察员参加了此次会议。由国家发展改革委工业司刘明、中国国际工程咨询公司左振军、中国建筑材料科学研究总院隋同波、豪西盟(中国)王焕忠、金隅集团琉璃河水泥有限公司关生林组成的APP中国水泥工作组一行5人出席了会议。

14日 中国水泥协会向四川地震灾区发出抗震救灾捐款倡议书,内容如下:

中国水泥协会各会员单位及全国水泥企业:

5月12日,四川汶川县发生里氏8.0级地震,灾情震撼着全国人民的心灵。胡锦涛总书记要求尽快抢救伤员,保证灾区人民生命安全,温家宝总理也亲临灾区指挥抗震救灾工作。全国人民正在党中央的坚强领导下,全力投入抗震救灾。

一方有难、八方支援。中国水泥协会全体工作人员已积极参与了中国建材联合会组织的抗震救灾活动并踊跃捐款。国家重点支持的60家大型水泥企业也纷纷组织向灾区捐助活动:安徽海螺集团、“拉法基瑞安”、“台湾水泥”、中国建材集团、中国中材集团、“吉林亚泰”、红狮集团等企业以各种形式组织捐款、捐助活动,向灾区伸出了援助之手。日本“太平洋水泥”通过协会向灾区水泥企业发出了慰问电。中国水泥协会的数字水泥网积极刊登和报道了行业内捐助活动。

中国水泥协会呼吁我们的会员单位和水泥企业,向四川灾区开展抗震救灾捐款活动,为灾区献上一份爱心,尽我们的最大努力帮助灾区人民克服困难,尽快战胜这场特别重大的地震灾害,早日恢复生产,重建美好家园。

15日 南方水泥有限公司在浙江杭州召开联合重组报告会。中国建材集团董事长、中国建材股份有限公司董事局主席宋志平在会议上指出,以这次会议为标志,“南方水泥”今后的工作重点将全面进入管理整合阶段。

会议提出,“南方水泥”的发展思路是通过联合重组取得规模,通过市场协同抑制恶性竞争,通过技术进步和管理改进,实现节能减排、降低成本的目标,通过资本市场创造回报。

会议明确并强调了“南方水泥”管理整合阶段的核心任务。各层级在管理方面的定位是:“南方水泥”总部为投资中心、各区域公司为利润中心、各企业为成本中心。下一步,“南方水泥”将全面推行“三五”经营管理模式,即五N(五化运行模式——一体化、模式化、制度化、流程化、数字化),五C(五集中管理模式——市场营销集中、采购集中、财务集中、技术集中和投资决策集中),五I(五类关键经营指标——净利润、售价、成本费用、现金流及资产负债率)经营管理模式。

16~17日 应山西联盛能源集团的邀请,中国水泥协会副会长兼秘书长孔祥忠在山西省建材行管办副主任、山西省建材工业协会副会长顾俊忠的陪同下,前往山西福龙水泥有限公司考察,孔祥忠一行参观了山西福龙年产360万吨熟料新型干法生产线建设工地。

5月16~17日,中国水泥协会秘书长孔祥忠应邀考察山西“福龙水泥”

20日 国家税务总局发出通知,从6月至8月,对水泥生产企业实施纳税评估;同日,税务总局还发出通知,延长出口企业提供出口收汇核销单期限。

对水泥生产企业实施纳税评估的内容包括,水泥生产企业应税收入的真实性、完整性评估;水泥生产企业取得的各类进项抵扣凭证是否符合政策规定的评估;水泥生产企业享受资源综合利用税收优惠政策的评估等。对发现存在偷税嫌疑的企业,基层税务机关应按有关规定,及时移交稽查部门进行查处。

25日 由中国水泥协会主办的“首届中国水泥总工程师论坛”在广州举行。论坛围绕水泥工业发展与技术进步、水泥企业总工的职责与作用、水泥新标准与推动行业技术结构调整的关系、节能减排及水泥工业最新技术、筹备成立中国水泥企业总工联谊会、讨论设立行业优秀总工程师奖等事宜展开。

在首届中国水泥总工程师论坛上,“首届中国水泥企业总工程师联合会”宣告正式成立。

经大会推荐,并经全体总工代表表决,选举出了水泥企业总工程师联合会的第一任组织机构。会长:中国水泥协会副会长兼秘书长孔祥忠;副会长:合肥水泥研究设计院总工程师包玮等;秘书长:中国水泥协会技术中心主任王郁涛。

总工程师在水泥企业中是最为重要的技术中流砥柱,对于推动行业技术发展,提高企业管理水平,起着重要作用。总工联合会的成立,将极大地便利总工之间的信息互通和技术交流,为整个水泥行业的发展具有示范意义。水泥企业总工程师联合会将不断吸收优秀的水泥企业总工程师,水泥企业总工程师联合会的成立为水泥工业发展史平添了一抹亮丽的色彩。

27日 随着山东枣庄文昌水泥厂年产8.8万吨3米×11米的机立窑轰然倒地,龙泉街道打响了山东省枣庄滕州市2008年节能减排、淘汰落后水泥生产能力企业的“第一爆”,圆满完成了市政府下达的淘汰落后产能任务。

30日 厄瓜多尔总统拉斐尔·科雷亚参加由CBMI承建的、“拉法基”投资的厄瓜多尔Llama水泥厂的水泥磨系统剪彩仪式,中国大使馆政务参赞顾家平、商务参赞俞福荣代表中国大使参加了整个仪式,CBMI项目经理曾思军、现场经理胡小军应邀出席。

拉斐尔·科雷亚总统在剪彩仪式上发表了即兴演讲,并对由CBMI承建的厄瓜多尔Llmama水泥厂做出了良好评价。

六月

3日 中国银行股份有限公司与安徽海螺水泥股份有限公司签署合作协议,中行在对“海螺水泥”的母公司——海螺集团提供230亿元授信基础上追加50亿元授信,专项用于支持“海螺水泥”参与汶川地震灾区灾后重建项目。

6日 中华人民共和国国家环境保护部发布了《水泥工业除尘工程技术规范》(编号为HJ 434-2008)国家环境保护标准。这项标准自2008年9月1日起实施。

“水泥工业除尘工程技术规范”适用于水泥工业新建、改建、扩建除尘工程从设计、施工到验收、运行的全过程管理和已建除尘工程的运行管理,可作为水泥工业建设项目环境影响评价,环境保护设施设计与施工、建设项目竣工环境保护验收及建成后运行与管理的技术依据。

12日 四川省生产的建筑用水泥的出厂价、销售价实行最高限价。为了保障四川省灾后安置和重建工作的顺利进行,省发出紧急通知,对建筑用水泥实行临时价格干预措施的范围、形式和成本监审等事项,作出具体规定。价格水平为5月11日各企业的实际执行价格。省物价局相关负责人表示,如企业所需的原燃材料价格有较大的普遍上涨,企业必须如实向所在地物价部门报告,各地物价局应参照《定价成本监审一般技术规范(试行)》及价格干预相关要求,在最短的时间内实施成本审核,并将结论报告上报省物价局,由省物价局采取确定加价率的措施。

12日 甘肃省兰州市人民政府与中国建材集团在兰州签订了战略合作框架协议,此举标志着中国建材集团与兰州市人民政府正式开展合作,也标志着兰州市在引进中央企业与市属国有企业进行战略合作方面取得了重要成果。

在甘肃省政协副主席、兰州市长张津梁,副市长姚国庆,中国建材集团董事长宋志平等领导的见证下,市长助理、兰州高新技术产业开发区管委会主任、市政府国资委主任牛向东,中国建材集团副总经理、总会计师申安秦分别在《战略合作框架协议》上签了字。此次签署战略合作框架协议,是中国建材集团在兰州及中国西部对国有企业实施战略联合重组、加快建材行业整合的一个良好开端。

14~16日 中材集团相继与甘肃省兰州市、临夏州、甘南州、定西市、白银市、天水市、秦州区、武山县、武威市等政府以及天水永固水泥有限公司、甘肃古浪峡水泥有限责任公司等公司签署战略合作框架协议,在当地设立新公司,建设相应的配套有纯低温余热发电设施的新型干法水泥生产线。这标志着甘肃省在“5.12”大地震以后的第一个大灾后重建合作项目正式诞生,也标志着甘肃省与中央直属单位进行实质性合作过程中又迈出了重要的一步。

这些项目的签约建设,开启了“引强入甘”的新局面,必将为优化甘肃省工业经济结构,提升工业发展水平和“5.12”汶川地震的灾后重建做出重大贡献。

15日 中国建材集团与黑龙江省人民政府合作协议签字仪式在哈尔滨市举行.集团公司总经理姚燕和黑龙江省副省长孙尧代表双方签署了合作协议。黑龙江省省长栗战书出席签字仪式,并亲切会见了姚燕总经理一行。根据协议,中国建材集团未来3年将加大投资力度,通过联合、重组、改制、合作研发等方式,对黑龙江建材行业,包括新型干法水泥、新型建材、建材成套装备及新能源、新材料等领域进行战略性重组整合及项目建设。

19日 经中国机电产品进出口商会推荐、商务部审核,中材集团旗下中材节能发展有限公司获发对外承包工程经营资格证书,这也是国家商务部审批的节能减排领域的第一家。

27日 安阳市委书记张广智,安阳市委副书记、市长张笑东率安阳市代表团一行到中国建材集团公司访问,中国建材集团公司董事长宋志平会见张广智一行。双方就加强水泥、建材装备、玻璃、轻质建材等领域的合作达成共识并签署战略合作框架协议。

宋志平首先对安阳市委市政府一直以来给予中国建材集团在安阳企业的支持与帮助表示感谢。他说,安阳市是河南省重要的工业基地,具有较好的交通区位优势、资源优势和产业基础,中国建材集团十分愿意与安阳市在建材领域进一步加强合作,实现双赢。张广智表示,安阳市委市政府将为中国建材集团提供各项招商引资优惠政策,制定一系列配套扶持政策,提供优质高效服务,为中国建材集团在安阳的发展打造良好投资环境,确保双方合作持续、健康发展。

会见结束后，中国建材集团公司副总经理郭朝民与安阳市市委常委、副市长陈明今代表双方签署战略合作框架协议，中国联合水泥副总经理杨振军与安阳县县长徐慧前及有关企业负责人代表各方分别签署合作协议和合作意向书。根据协议，双方将充分发挥各自的优势和特色，建立长期战略合作伙伴关系，在水泥、成套装备制造、新型墙体材料等领域展开全方位的合作，同时加强科技研发成果转化深层次合作，促进安阳市产业结构的优化升级，重点推进集团所属安阳机械厂、海工水泥厂在安阳项目的建设。

6月27日，安阳市与中国建材集团公司签署战略合作框架协议。

30日　中材集团与青海省人民政府在西宁市签订了战略合作协议，中材集团利用当前国际先进的新型干法水泥生产技术，对青海现有立窑进行技改，建设配套纯低温余热发电的新型干法水泥熟料生产线，提高青海水泥工业节能减排和资源综合利用水平，推动产业结构调整，实现水泥产业优化升级。

30日，交通银行与海螺集团在上海举行《全面战略合作协议》的签约仪式。

交通银行与海螺集团签署银企全面合作协议，缔结双方长期友好的战略伙伴关系，这是符合双方共同利益和发展战略的一件有意义的事，也是双方合作的一个里程碑，预示着极具发展活力和良好前景的海螺集团与极具改革创新精神和较强服务能力的交通银行的强强合作进入了一个新的阶段，这必将为海螺集团事业的发展、也为交通银行自身的改革与发展注入新的活力，带来新的机遇。交通银行将把海螺集团作为最重要的客户和最信任的朋友，一如既往地为企业提供卓越的金融服务。

30日　随着指挥长的一声令下，已有67年历史的辽阳千山水泥厂立波尔窑生产线被拆除，这也是全国最后一条立波尔窑生产线被拆除。在这个废墟上，一条日产4 000吨熟料生产线将在废地而起。与其配套的年发电1.2亿千瓦时的纯低温余热发电建设也将展开。

6月30日，交通银行与海螺集团在上海举行《全面战略合作协议》的签约仪式。

七月

4日　中国山水水泥集团有限公司(HK691)正式在香港交易所挂牌上市，全球发售65 084万股，首日股票收市价为3港元，较2.8元的发行价上涨7.14%。

世界著名的投资机构“摩根士丹利”、“瑞士信贷”、“建银国际”为山水集团上市保荐人。山水集团由此成为山东省第一家上市的水泥企业，也是中国水泥行业第一家在香港红筹股上市的水泥企业。

4日　中材集团旗下中国中材国际工程股份有限公司、天津水泥工业设计研究院有限公司与徐州经济开发区举行“大型节能建材机械装备制造项目”签约仪式。该项目计划总投资14亿元，设计产能10万吨。项目建设完成后，形成年产400余台套大型节能环保型水泥生产线主机设备，水泥备品配件及其他循环经济产品，日产6 000吨，产值16亿元，利税2亿元的生产能力。

5~6日　在杭州举行的第二届水泥浙商大会上，中国建材股份有限公司水泥业务板块中的核心企业之一南方水泥联合重组与整合模式成为与会者关注的热点。中国建材董事局主席宋志平出席大会并致辞，曹江林总裁与与会代表作了专题对话。

中国建材联合会会长张人为、中国水泥协会秘书长孔祥忠、国家发改委经济运行局建材处处长吕桂新、浙江省经贸委副主任凌云、浙江省经贸委建材冶金煤炭行业管理办公室副主任姚志权、浙江省水泥协会会长李辛龙等参加了大会。瑞银中国创业投资有限公司、瑞银证券有限责任公司、法国巴黎资本(亚洲)有限公司、西班牙依莎集团(Excem Group)、澳大利亚 Protea International Ltd、英国 Adelaide Brihten Ltd，以及德意志银行等近10家国际著名金融投资机构的代表也参加了会议。

11 日　受国家发改委委托，中国水泥协会在北京召开“水泥节能环保国家工程研究中心项目”专家论证会。与会专家听取申报单位天津院、中天仕名科技集团有限公司的项目申请报告，经质询讨论专家组一致同意推荐申报单位组建“水泥节能环保国家工程研究中心”。

12 日　中国建材集团与北川羌族自治县人民政府战略合作框架协议签字仪式暨北川中联水泥有限公司水泥年产200万吨生产线开工。国家发改委工业司副司长熊必琳、处长刘明，国务院国资委规划局副局长白英，国家工业与信息产业部产业政策司处长袁克兰，中国建材联合会副会长、中国水泥协会会长雷前治，中国建材集团董事长宋志平，四川省发改委副主任曲木史哈，绵阳市副市长黄正良，北川县县委书记陈光春等出席了签字暨开工仪式。北川县羌族籍县长经大忠、中国建材集团副总经理马建国代表双方签署了战略合作框架协议。

14 日　中材节能发展有限公司与杨忠礼集团临安金圆水泥有限公司就9兆瓦余热发电项目总承包签约仪式在浙江临安市举行。此次签约标志着“中材节能”与杨忠礼集团、“金圆水泥”真诚合作、发展共赢的开始。

15 日　“北京水泥行业协会第二次会员大会暨2008年水泥行业年会”在北京昌平召开。中国水泥协会、北京市工业促进局、北京市建委、北京市建材协会、北京金隅集团、“冀东水泥”、“拉法基瑞安水泥”、广州“智光电气”等40多个单位、70多名代表出席了该次会议。

16 日　中国中材集团公司与甘肃省人民政府战略合作签约仪式在甘肃省兰州市隆重举行。签约仪式由甘肃省委常委、省委秘书长姜信治主持。省经委主任李平和中材集团党委书记于世良在合作协议上签字。

根据协议，中材集团按照甘肃省“十一五”国民经济和社会发展规划、国家水泥工业结构调整意见，结合国家节能减排政策，利用当前国际先进的新型干法水泥生产技术，规划新建设若干条新型干法水泥熟料生产线，配套纯低温余热发电，通过积极实施节能减排和资源综合利用，加速推动甘肃水泥工业结构调整，实现水泥产业优化升级。中材集团充分利用其技术、资本、人才、管理优势，在甘肃加速发展相关产业，为甘肃省的经济发展做出应有的贡献。

18 日　“中材”曹妃甸产业基地项目奠基仪式在唐山市曹妃甸工业区隆重举行。

21 日　温家宝总理签署中华人民共和国国务院令第527号：《对外承包工程管理条例》2008年5月7日国务院第八次常务会议通过，予以公布，自9月1日起施行。

23 日　中国建筑材料集团公司与浙江省人民政府国有资产监督管理委员会在杭州签署了浙江三狮集团有限公司国有股权转让框架协议。浙江省省委常委、副省长陈加元，中国建材联合会副会长、中国水泥协会会长雷前治，中国建筑材料集团公司董事长宋志平，浙江省国资委主任陈正兴，中国建材集团董事、中国建材股份有限公司总裁曹江林，浙江水泥协会会长李辛龙，浙江三狮集团有限公司董事长、总经理姚季鑫出席了会议。曹江林、陈正兴代表双方签署协议。该协议的签署，标志着“南方水泥”的发展又进入了一个新的阶段。

24 日　山西阳泉市人民政府与北京金隅集团有限责任公司战略合作框架协议签约仪式在阳泉市阳泉宾馆举行。金隅集团董事长蒋卫平、阳泉市市委书记谢海等领导出席签约仪式。阳泉市副市长李体柱与金隅集团总工程师邓广均在战略合作框架协议书上签字。

山西阳泉市占地面积4 570平方公里，距北京400公里，是中国重要的煤炭基地之一，充裕的电力资源和铝矾土资源使当地电力、铝业得到迅速发展，同时围绕煤炭、电力、铝矾土资源的综合利用也在积极筹划和实施。但由于发展的局限性，阳泉市的经济结构存在过度倚重煤炭资源的特征，并伴生出环境污染、资源浪费等问题。金隅集团所涉及的领域及发展战略，与阳泉市的发展思路和方向高度吻合，双方有广泛的合作空间。金隅集团所拥有的技术、人才、市场优势，对双方实现强强联合、优势互补、和谐共荣，有着强烈的现实意义。同时，通过与阳泉市的合作，对于建立金隅集团资源基地，实现金隅集团的长期稳定发展有着重要的战略意义。

26 日　由中国水泥协会主办，内蒙古自治区经委、内蒙古自治区水泥协会协办，内蒙古乌兰水泥集团、内蒙古蒙西水泥股份有限公司、内蒙古冀东水泥有限公司、南京建通水泥技术开发有限公司赞助的“各省市区水泥协会秘书长联席会议”在呼和浩特市召开。

28 日　CCTV新闻联播报道：华新水泥武钢公司的一墙之隔是武钢炼铁厂，炼铁所产生的废弃物水渣通过皮带输送进厂成为水泥生产的原料。这家水泥厂计划3年内投资10亿元，在武汉城市圈内建6个废物预处理工厂，利用新技术让城市污泥、工业废料成为创造财富的资源。华新矿物原料和替代原燃料事业部总经理王焕忠说：大约一年消纳50吨城市污泥，工业废弃物每年100到200万吨。

29 日　拉法基瑞安水泥有限公司为“5.12地震”受灾员工投资兴建的“拉法基家园暨5.12地震安置小区”在都江堰

市蒲阳镇正式落成并投入使用。

八月

1日 中国建材科研人员独立研发并拥有自主知识产权的第四代S型篦式冷却机在成都建筑材料工业设计研究院有限公司研制成功,并投入批量生产。

新型S篦式冷却机与第三代产品相比,单位篦面产量提高15%~20%,单位熟料冷却风量降低10%~15%,换热效率提高2%~5%,单位熟料电耗减少15%,出冷却机的熟料温度控制较低,热能利用率提高,系统的土建费用更省,可覆盖从日产2 500吨到日产10 000吨的各种生产规模。

2日 在吉林省白山市,中国建材集团与白山市政府签署战略合作协议。根据集团公司发展战略和白山市资源区位优势,本着互惠互利的原则,双方建立友好战略合作伙伴关系,实现互利双赢,共同发展。

集团公司总经理姚燕和白山市代市长李晋修代表双方在战略合作协议上签字。监事会主席崔世安、38办主任张义,集团公司外部董事姜均露、林锡忠、曹德生、王振侯、张健、郭建堂,董事曹江林、郝振华,副总经理许金华,职工董事熊吉文,董事会秘书光照宇以及白山市政府、白山市经济开发区有关领导参加了签约仪式。

"中国建材"董事局之席宋志平在讲话中对白山市委、市政府为中央企业提供的良好社会环境、投资环境和创业环境表示感谢,并希望今后能继续在白山市委、市政府及各有关部门的大力支持下,完成协议中的合作项目,实施产业整合,搞好企业经营,为提升白山及周边地区建材产业的技术含量、提高北方地区水泥产业集中度,做出积极重要的贡献。白山市委书记李伟表示,战略合作协议的签订不仅符合中国建材集团"善用资源"的核心理念和"大建材"的发展战略,也符合白山市资源转型、打造建材产业集群、建设白山工业强市的战略选择,符合双方的共同利益。

6日 湖南"天壕韶峰"余热发电站并网发电竣工庆典在湖南韶峰水泥集团举行。这是湖南水泥行业首个引进国际战略投资兴建的CDM项目。该项目总投资6 000多万元,装机容量为8兆瓦,年发电量可达6 000多万千瓦时,年节约标煤2万多吨,年减排二氧化碳等废气5万多吨,是一个节能减排、绿色环保的示范项目。

7日 江苏徐州市贾汪区政府与中国联合水泥集团有限公司共同签署了"徐州中联"第二条日产10 000吨新型干法水泥熟料生产线配套余热发电节能环保综合项目合作框架协议。徐州市领导李坚,中国建材股份有限公司副总裁、中国联合水泥集团有限公司董事长崔星太出席签约仪式。

李坚指出,此次战略合作是徐州市工业经济发展中的一件大事,对贾汪区构建工业大区有着重要作用。市政府将一如既往地全力支持"中国建材"、中国联合水泥集团参与徐州市的开发建设、积极提供优质高效的服务,保持并继续深化良好的合作关系。

9日 阿尔巴尼亚总理贝里沙在北京中国大饭店会见了中国中材集团公司总经理谭仲明和"中材国际"名誉董事长司国晨。外交部欧洲司参赞马立辉,"中材建设"顾问马维茂、总经理办公室主任刘贞华和阿尔巴尼亚驻华大使马忠·佩卡出席见面会。

10日 鹿泉市河北燕赵水泥有限公司日产4 000吨水泥熟料生产线项目,通过了中国建筑材料联合会专家组的评议,被确定为国家新型干法水泥熟料生产节能减排示范线,成为国内第一条将节能减排新技术综合利用到一起的水泥工业项目。

河北燕赵水泥有限公司日产4 000吨新型干法水泥熟料生产线项目,是经河北省发展与改革委员会核准的重点工程,项目由天津水泥院有限公司进行设计,其技术与装备水平先进,采用了目前国内最先进、最成熟的节能减排新技术,实现了资源的综合利用和节能减排。

该项目仅节能减排资金投入就达到了1.41亿元,占该项目设备总投资的53%,确保了节能减排效果。另外,该项目设计熟料热耗小于2 969千焦/千克,熟料电耗小于58千瓦时/吨,吨熟料的余热发电40千瓦时,噪音优于环保要求指标,比同规模生产线热耗降低约125千焦/千克、节电8千瓦时/吨,综合节电5%,每年可节省标煤5 300吨,节电992万千瓦时,余热发电可供电量4 960万千瓦时,可削减二氧化碳24 800吨,预留了能焚烧处理废弃物的设置。由于采用了先进的技术和装备,该项目节能减排效果达到国际先进水平。

10日 塞浦路斯总统季米特里斯·赫里斯托菲亚斯(H. E. Demetris Christofias)及夫人,率塞浦路斯教育部部长、新闻发言人、总统办公室主任及夫人,以及塞浦路斯驻中国大使一行,来到中材集团所属的中材建设有限公司参观访问。

中材建设有限公司目前正在塞浦路斯建设日产水泥熟料6 000吨的Vassiliko水泥生产项目,它是中塞两国间目前最大的合作项目,投产后将成为欧盟国家产能最大的水泥生产线。该项目对于塞浦路斯的社会发展和经济建设意义重大,备受塞浦路斯国内各界关注。

11日 福建水泥股份有限公司4号窑窑尾余热锅炉成功并网发电,这标志着该公司在2007年开工的4号、5号窑纯低温余热发电技改项目已全面建成投产，这也是福建省首个水泥窑纯低温余热发电机组投入并网运营。

新建成的余热发电站装机容量为7.5兆瓦，吨熟料发电量可达32千瓦时，年发电总量可达5 361万千瓦时。年总发电量相当于节约标煤1.84万吨，减少二氧化碳排放量6.1万吨、二氧化硫排放275吨，节能减排效果十分显著，“福建水泥”已具备了开发CDM交易机制获取相应经济收益的条件。

19日　中国建材集团与浙江省国资委在杭州签署浙江三狮集团有限公司国有股权转让正式协议。浙江省委副书记、省长吕祖善，副省长金德水分别与中国建材集团董事长宋志平一行亲切会面，就浙江省建材工业的发展进行了深入探讨。浙江省委常委、副省长葛慧君，中国建材联合会副会长、中国水泥协会会长雷前治，浙江省政府副秘书长、办公厅主任俞仲达，国资委主任陈正兴，中国建材集团董事、总经理姚燕，中国建材集团董事、中国建材股份有限公司总裁曹江林，中国建材报社社长陈才来，浙江三狮集团有限公司董事长、总经理姚季鑫，浙江水泥协会会长李辛龙出席了签约仪式。

21日　中国建材集团与湖南韶峰水泥集团项目合作签字仪式在长沙举行。在签字仪式上，中国建材股份有限公司总裁曹江林、湖南韶峰水泥集团有限公司董事长肖小高分别与湖南省国资委兴韶有限公司的代表和湖南省兴湘有限公司的代表签署了有关对接合作协议。这一系列协议的签署，标志着湖南省政府与中国建材集团一年前签署的《战略合作框架协议》进入实质性的收获阶段，也标志着中国建材集团重组湖南韶峰水泥集团有限公司进入实质性操作阶段。

27日　中国节能(香港)有限公司与北京金隅水泥有限公司旗下的河北太行水泥股份有限公司、河北太行和益水泥有限公司举行余热发电投资协议签字仪式。北京金隅水泥有限公司总经理范国良、副总经理郑宝金、邯郸分公司总经理张永生、太行和益公司总经理王昭，中国节能(香港)有限公司董事长陈作涛、CEO王坚军、CFO王翊等参加了签约仪式。

北京金隅水泥有限公司总经理范国良表示：这两个项目的签约拉开了金隅集团与“中国节能(香港)”进行金隅所属水泥企业纯低温余热发电项目建设的序幕，双方将以此为合作起点，争取用一两年时间将“金隅水泥”的所有余热发电项目建成投产。中国节能(香港)有限公司董事长陈作涛表示：“中国节能(香港)”一定不辜负金隅集团的重托，力争用最短的时间和优良的品质树立“金隅水泥”余热发电的样板工程。

河北太行水泥股份有限公司及河北太行和益水泥有限公司均是以生产水泥为主业的国有控股大型水泥生产企业。协议约定：由中国节能(香港)有限公司为这两家企业全额投资建设两座纯低温余热电站，并负责电站的运行及维护。

28日　“中国建材”旗下“南方水泥”与国家开发银行上海市分行订立金融合作框架协议，据此，开发银行上海市分行同意向“南方水泥”及其附属公司提供在2008年至2013年授信额度150亿元人民币。

此外，开发银行上海市分行同意向“南方水泥”提供改革及业务发展等全方位的金融服务，包括为南方水泥实施的水泥产业整合、资产并购重组、基础建设和技术改造、节能减排项目以及其他经营性业务提供长期稳定的金融支持。

30日　由中国企业联合会和中国企业家协会评选的2008中国企业500强在银川发布。这是中国企业联合会、中国企业家协会在全国企联系统和有关企业的支持下，按国际惯例第七次向社会公布中国企业500强年度排行榜。

其中，华润(集团)有限公司(37名)、安徽海螺集团有限责任公司(141名)、中国中材集团公司(209名)、中国葛洲坝集团公司(317名)、四川省川威集团有限公司(323名)、北京金隅集团有限责任公司(368名)和吉林亚泰(集团)股份有限公司(470名)榜上有名。

九月

1日　环保部领布“水泥工业除尘工程技术规范”等3项国家环境保护标准正式实施。

“水泥工业除尘工程技术规范”适用于水泥工业新建、改建、扩建除尘工程从设计、施工到验收、运行的全过程管理和已建除尘工程的运行管理，可作为水泥工业建设项目环境影响评价、环境保护设施设计与施工、建设项目竣工环境保护验收及建成后运行与管理的技术依据。

2日　中国水泥协会会长雷前治在北京会见来访的葡萄牙诚通(中国)水泥有限公司董事长那泽礼先生。参加这次会谈的还有中国水泥协会副会长兼秘书长孔祥忠，葡萄牙诚通(中国)水泥有限公司总经理柯雄，榴园水泥的张振水总经理。

7日　中国水泥协会水泥助磨剂分会首次年会在沈阳召开。中国水泥协会副会长兼秘书长孔祥忠、辽宁省经委建材处处长王世明、辽宁省水泥协会会长王友春、国家建材工业技术情报研究所所长王政、中国建材联合会粉体技术分会秘书长盖国胜、抚顺佳化聚氨酯有限公司董事长曲亚明、国家水泥质检中心副主任王雅明以及来自水泥助磨剂及其相关行业的200多名代表出席了该次年会。

9月初　经河北省发展和改革委员会核准，河北宙石水泥有限公司日产4 500吨新型干法水泥熟料生产线及余热发电项目正式动工。

该项目总投资45 021万元，建设规模为年产水泥熟料139.5万吨，配套9兆瓦纯低温余热电站(年发电量6 652万千瓦时)。该项目建成后，将成为晋、冀、豫3省交界最大的熟料生产基地，利用纯低温余热所发出的电力将实现公司的自给自足。

18日　第二届水泥设备润滑及维护管理技术交流会在广东珠海召开。中国水泥协会副会长兼秘书长孔祥忠、广东水泥行业协会秘书长许日昌、"顺益体系"总裁张建新出席会议并致辞。出席会议的嘉宾还有：上海交通大学李柱国教授、上海润凯油液监测有限公司周洪澍总经理、广东机械科学研究院贺石中副所长、"西班牙老鹰"技术顾问刘至诚、中国设备管理协会全面生产维护委员会主任委员李葆文、广州大学信息与机电工程学院郑文教授。近200名来自水泥企业、设计院、润滑油及润滑服务公司以及水泥设备制造企业的代表参加了会议。

第二届水泥设备润滑及维护管理技术交流会由中国水泥协会主办，广东水泥行业协会、广州厚诚润滑油有限公司协办，并得到了铁姆肯(中国)投资有限公司和珠海欧美克科技有限公司的大力支持。广东电视台、珠海电视台、《珠海特区报》、油品导购、《中国建材报》、《中国水泥》等媒体对会议予以全面报道。

24日　中国(湖南)水泥工业区域发展暨建材工业资源综合利用高峰论坛在湖南长沙举行。

25日　中国建材集团与常山县人民政府战略合作签约暨"南方水泥"常山基地熟料二线点火仪式在常山举行。

此次"浙江水泥"常山二线的建成投产，是"南方水泥"进行市场合理布局的重要一步，不仅使常山基地水泥熟料产能达到日产10 000吨，也对推进区域水泥结构调整、实施节能减排战略、促进区域经济发展具有重大意义。

26日　南方水泥有限公司管理层和骨干企业负责人隆重庆祝公司成立一周年。

中国水泥协会会长雷前治，中国建材集团董事、中国建材股份有限公司董事局主席宋志平，浙江水泥协会会长李辛龙，"中国建材"总裁、南方水泥有限公司董事长曹江林出席会议并讲话。

28日　中国水泥协会发文颁布"关于水泥产业区域荣誉称号认定暂行管理办法"。为了体现水泥产业在地方经济发展中的整体竞争实力，决定对国内部分区域进行认定水泥产业荣誉称号。

十月

8日　中国建材南方水泥有限公司浙北营销中心在浙江长兴成立。

"南方水泥"浙北区域有水泥企业7家，其中有12个生产基地、17条熟料生产线，熟料年生产能力达2 000万吨，水泥年生产能力达550万吨。

10日　中国建材联合会、中国水泥协会和中国建材规划研究院在北京共同举办了"陆宗贤先生百岁寿辰庆典。"

11日　伴随着邢台三鹿乳业有限公司沙河分公司封存的两吨问题奶粉被倒入熊熊燃烧的水泥窑中，由冀中能源集团金牛股份公司水泥厂承担的1 000吨问题乳制品销毁任务由此展开。

根据河北省政府办公厅《河北省生产企业问题乳制品销毁办法》的要求，全省生产企业封存的问题乳制品销毁工作，必须在10月20日前彻底全部销毁，不留任何隐患。按照河北省政府和邢台市政府生产企业问题乳制品销毁方案，从本月11日~20日每天将有上百吨的问题奶粉运往沙河，使用金牛股份公司水泥厂熟料生产线进行销毁。

13~15日　第三届全国水泥工业用耐磨材料技术研讨会在无锡召开。

15日　"拉法基瑞安"都江堰工厂举行二线复产暨三线奠基典礼。

都江堰工厂三号生产线对"拉法基瑞安"来说意义重大，不仅能够帮助其实现发展战略，即通过建设节能高效的高科技水泥工厂实现其水泥产能在三年后翻番，同时也是"拉法基瑞安"对四川人民的承诺。该生产线投产后，"拉法基瑞安"都江堰工厂年产量将达到540万吨，势必为灾后基础建设重建工作做出重大贡献。

15日　国家发展改革委、工业和信息化部和住房和城乡建设部联合发布《关于做好汶川地震灾后恢复重建建材生产供应和价格监督管理的指导意见》。其中提到，鼓励大型企业集团到灾区投资兴办、兼并重组建材企业，增强水泥、墙体材料生产供给能力；保障灾区水泥及墙体材料生产企业正常运营。水泥行业暂停执行差别电价一年。鼓励商业银行对有利于增强灾区建材生产能力的合规项目建设和企业生产贷给予所需流动资金。

16~17日　由中国水泥协会主办、常熟仕名重型机械有限公司承办的以矿山设备节能为主题的水泥原料破碎设备技术研究会在常熟市召开。

17 日　由广东、海南、四川、广西、福建、江西、湖南、贵州、云南、重庆、香港、澳门等省、市、区（特区）水泥（建材）协会主办，云南省建材工业行业协会承办的“第二届泛珠三角水泥峰会”在昆明举行。来自上述 12 个省区的水泥（建材）协会及企业的 170 多名代表参加了此次盛会。

中国建材联合会会长张人为、中国水泥协会会长雷前冶、国家工业和信息化部原材料司建材处处长吕桂新、中国建材联合会秘书长孙铁石、云南省政府副秘书长叶燎原、云南省经济贸易委员会副主任周赤、云南省建材工业行业协会会长马列等出席会议。会议由中国水泥协会副会长兼秘书长孔祥忠主持。

17 日　2008 中国水泥除尘技术高峰论坛在杭州召开。论坛以节能减排为主题，对水泥除尘标准的制定、除尘技术的发展和应用进行了深入探讨。

20～21 日　由中国水泥协会任东道主的“第十届亚洲水泥论坛”在南京隆重举行，来自亚洲各国（地区）和中国代表出席论坛。部分国家的代表团由于签证延迟未能如期成行，但都依照惯例向论坛提交了 2007 年国民经济、水泥工业发展的国家报告，与各国代表交流。

本次论坛吸引了 30 余家国内各大集团的高度关注。“中材国际”副总裁吴选民，中国联合水泥集团有限公司总经理张金栋，中国建材国际工程公司（北京凯盛）总经理马明亮、副总经理王统寿，天津院党委书记夏春光，南京院总工程师季尚行、南京凯盛总经理冯建华、合肥院总工程师包纬，中国建材研究总院所长崔琪等领导悉数到会；墨西哥“西麦斯”、瑞士豪瑞公司、日本“太平洋水泥”等外企在华高管出席会议。

国内外企业家聚首南京，共同研讨亚洲经济发展趋势，各抒己见，热议亚洲水泥应对金融“海啸”的良方。

21 日　应联合国工业发展组织（UNIDO）邀请，中国中材集团总经理谭仲明、“中材国际”总裁王伟、“中材建设”董事长兼总经理彭建新、“中材节能”副总经理张富一行到达联合国工业发展组织维也纳总部，与联合国工业发展组织（UNIDO）就合作问题举行会谈。联合国工业发展组织（UNIDO）副总干事 Mr. Andrey V. Lazykin 会见谭仲明一行并主持会议，执行干事 Mr. Pradeep Monga、隋罕女士及联合国节能领域相关官员和专家出席会议。

谭仲明首先简要介绍了集团的组织结构、业务范围和经营状况，重点介绍了集团的“三大主导产业”和“六大系列核心技术”，以及在余热发电、新能源、新材料等领域技术开发方面取得的成功经验。谭仲明表示，中材集团作为国际一流的非金属材料装备技术与工程系统集成服务商和全球知名的高品质非金属材料制造商，作为全球契约成员之一，节约能源，保护环境，是义不容辞的责任，愿意与全世界的同行一起分享我们的技术。

10 月 21 日，应联合国工业发展组织（UNIDO）邀请，中国中材集团总经理谭仲明一行到访联合国工业发展组织维也纳总部

联合国工业发展组织官员对中国中材集团代表团的到访表示非常感谢，对中材集团拥有的先进技术和取得的业绩表示充分的肯定和赞赏，并表示对双方的合作前景充满信心。最后联合国工业发展组织（UNIDO）与 SINOMA 探讨了双方在 SINOMA 总部建立联合国工业发展组织（UNIDO）与 SINOMA 节能减排合作中心的可能性，并将在以后进一步讨论具体实施细节，以求在全球推广 SINOMA 在该领域的成功经验。

22 日　为完成《国务院关于印发节能减排综合性工作方案的通知》（国发〔2007〕15 号）提出的“十一五”时期淘汰落后水泥产能 2.5 亿吨目标，根据各地经委（经贸委）、发改委、工业和信息产业局上报的 2008 年度应予淘汰落后水泥产能的企业名单，原材料工业司进行了汇总，工业和信息化部公告发布。

25 日　山东东华水泥公司 6 兆瓦余热电站项目顺利通过国家发改委的专项稽察。国家发改委对该公司 6 兆瓦余热项目给予了充分肯定。

26 日　中丰集团申丰公司日产 5 000 吨熟料水泥生产线低温余热发电项目举行了奠基仪式，标志着申丰集团两座低温余热发电项目目前已全部开工建设。该生产线低温余热发电项目装机容量为 9 兆瓦。

28 日　北京金隅集团北京新北水水泥有限责任公司为处置污水厂污泥工程项目举行了隆重的开工典礼。仪式由北京金隅集团总经理李长利主持，国家工业信息化产业政策司辛国斌司长、节能与综合利用司周长益副司长等国家部委及北京市发改委、水务局、环保局等委办局相应负责人出席了开工仪式。这是北京金隅集团第一次系统化、规模化地发起破解污泥处置难题的一场攻坚战。

在国家发改委、北京市发改委、北京市财政局、北京市水务局等部门批准的将近5 000万元资金的支持下，一座日处理污泥500吨的生产线进入建设阶段，年可处置污泥17万吨。

28日　浙江诸暨市八方水泥公司纯低温余热发电项目奠基开工。这标志着集团节能减排、降低能耗工作迈上了一个新的台阶。

29日　江西万年青水泥股份有限公司建厂50周年庆典举行。庆典仪式由公司总经理江尚文主持，江西万年青水泥股份有限公司董事长刘明寿致欢迎辞。江西省人民政府副省长洪礼和，中国水泥协会会长雷前治等领导出席了仪式并讲话。

江西万年青水泥股份有限公司始建于1958年，是1997年9月2日由江西水泥厂作为独家发起人创立的江西省建材行业首家上市公司。生产的“万年青”牌系列硅酸盐水泥广泛用于机场、高楼、桥梁、隧道、高等级公路等国家大型重点工程建设中。“万年青”品牌在岁月的考验和市场的洗礼下，历久而弥新：2001年列入国家首批质量免检产品名录，2007年被授予“中国驰名商标”。

“江西万年青”根据江西省委省政府推进产业经济“十百千亿工程”总体部署，以做优水泥产业为己任，加强与中央优势企业合作，积极融入中国建材集团“大建材”战略，参股南方水泥有限公司，并合资成立江西南方万年青水泥有限公司。未来三年的时间里，“万年青”将通过新建、联合、并购等途径，提高行业集中度，完善产业结构，实现业态升级和企业规模扩张，使年水泥生产能力达到3 000万吨左右，在江西省内形成区域控制力和市场话语权，同时辐射湖南、福建、广东3省，带动盈利能力的快速提升，确保公司做大做强做优。

30～31日，“中国建材”在杭州举办了水泥企业高级管理人员培训班。

这次培训是在国际金融海啸爆发对全球经济造成严重影响的特殊时期，是在“中国建材”深入推进管理整合的重要阶段，是在“南方水泥”各企业加快实施市场协同营销的关键阶段举办的。对“中国建材”水泥企业未雨绸缪，积极应对市场变化，明确当前任务，树立必胜信心，做好各项工作，都具有十分重要的意义。

十一月

7日　中国中材集团天津水泥工业设计研究院有限公司在辽宁省辽阳市举行国内自主研发最大辊式磨（TRM5341型）投产运行新闻发布会。中国建材联合会副会长徐永模、中国中材集团公司总经理谭仲明、国家发改委产业协调司建材处处长刘明、工业与信息化部产业政策司建材处处长袁克兰、中国水泥协会秘书长孔祥忠、“中材国际”副总裁吴选民、以及辽宁发改委、辽阳市、灯塔市等领导纷纷到会祝贺。

11月7日，国内自主研发最大辊式磨投产运行新闻发布会在辽阳召开

13日　第32届东盟水泥制造商联盟理事会会议在文莱举行。来自东盟各国水泥制造商协会及生产企业的代表讨论了目前金融危机对东盟国家水泥行业的严重影响。

16～17日　中国可持续发展工商理事会（CBCSD）、世界可持续发展工商理事会（WBCSD）在北京举行了“水泥可持续发展倡议研讨会”。研讨会有来自政府主管部门、企业界和学术界的主要利益相关方共同参与，就这些研究发现展开讨论。主要议题包括：水泥行业温室气体减排，水泥工业的创新和技术发展，未来水泥行业模型构想等。

18～20日　国家发改委产业协调司和中国水泥协会联合主办的第二次中国水泥工业节能减排和清洁发展国际研讨培训会在珠海召开。议题是：“水泥企业节能减排实践及建议。”澳大利亚、日本、美国、印度政府代表以及世界可持续发展委员会、世界资源研究所、日本“太平洋水泥”可持续发展执行官、美国劳伦斯实验室、CRH公司、“中国建材”、“拉法基”（中国）、“冀东水泥”、“中材水泥”、“北京金隅”、“吉林亚泰”、“广东越堡”、“广东珠江”等水泥企业40名技术负责人、中国建材研究总院、合肥水泥院相关研究人员参加。培训人员获得了APP COE的颁发培训证书。

20日　浙江省省长吕祖善带领浙江省常务副省长陈敏尔及省发改委、衢州市政府主要领导一行专程到访中国建材集团。浙江省领导与中国建材集团董事长宋志平、中国建材股份有限公司总裁曹江林等进行了深入会谈，共同探讨在浙江省新增投资拉动经济增长过程中的进一步合作。

21～23日　天津水泥工业设计研究院有限公司主编的国家标准《水泥工厂环境保护设计规范》（送审稿）及送审报告、《水泥矿山工程设计规范》大纲及编制工作报告审查会在天津召开。国家住房和城乡建设部标准定额管理司标准处副处长吴路阳、建材标准委员会工程建设标准委员会主任委员兼中国水泥协会副会长曾学敏、国家建筑材料工业标准定额总站站长吴佐民、天津水泥工业设计研究院有限公司党委书记夏春光、总工程师俞为民、院长助理韩长凯等领导出席会议。主编及参编单位:中国中材国际工程股份有限公司、“北京凯盛”、“南京凯盛”、中材国际南京水泥院以及冀东集团、北京水泥厂、拉法基水泥集团、海德堡集团等业内知名企业17家的专家领导及天津水泥院专家领导共30余人参加会议。

审查会由国家建筑材料工业标准定额总站站长吴佐民主持。

建设部标准定额司标准处吴路阳副处长首先做了重要讲话,他从宏观方面对国家标准编制工作的重要意义进行了阐述,并对标准编制工作提出了具体要求。会议对两个规范进行了认真审查,天津水泥院有限公司《水泥工厂环境保护设计规范》编写组对规范的编制、征求意见和采纳情况做了详细汇报,《水泥矿山工程设计规范》编写组对大纲的编写情况做了详细汇报。与会专家对《水泥工厂环境保护设计规范》送审稿和《水泥矿山工程设计规范》大纲进行了充分讨论,并达成一致意见。

23日 中国建材股份有限公司旗下南方水泥有限公司管理层及有关成员企业负责人聚集长沙,召开“南方水泥”管理整合现场交流会。会议期间,还举行了湖南南方水泥集团有限公司揭牌仪式,中国建材集团董事长、“中国建材”董事局主席宋志平与“中国建材”总裁曹江林为湖南南方水泥有限公司揭牌。

从2007年9月27日“南方水泥”在上海举行挂牌仪式到现在,仅仅1年多时间,“中国建材”以联合重组的崭新企业成长模式,打造了“南方水泥”这个年产能超亿吨的中国东南经济区最大的水泥企业集团,推动了所在区域的行业整合。

湖南省作为“南方水泥”的重要战略区域,“中国建材”在这一区域的水泥业务联合重组得到省政府及省国资委等各部门的大力支持,进展十分顺利,先后联合重组了“长沙坪塘”、“韶峰建材”、“郴州金磊”、“兆山湖南水泥”等区域内优势企业,湖南南方水泥集团有限公司应运而生。目前,“湖南南方”的新型干法水泥年产能已经达到1 100万吨,占据湖南新型干法水泥的半壁江山,湖南成为“南方水泥”构建的五大核心利润区之一。根据规划,到2010年底,“湖南南方”的总产能将达到3 500万吨。

11月底 国家发展和改革委员会批准,同意由天津水泥工业设计研究院有限公司(以下简称天津院)联合有关单位共同筹建水泥节能环保国家工程研究中心。该中心是水泥行业首家和惟一的国家级工程研究中心,将围绕缓解中国水泥工业生产的高能耗、高污染问题,建立水泥节能环保技术的研发、系统集成和工程化试验平台。

十二月

3日 美国环境保护总署署长史蒂文·约翰逊先生来到“新北水”参观访问。“新北水”公司总经理付秋涛、常务副总经理赵启刚等领导参加了座谈。

付秋涛就“新北水”开展节能减排、循环经济以及环境保护等方面所做的工作进行了讲解。约翰逊先生对“新北水”在环境保护方面所做的工作和极力推进可持续发展给予了高度评价。

5日 “台泥”广西贵港厂竣工庆典隆重举行。广西壮族自治区主席马飚、海协会副会长李炳才、中国水泥协会会长雷前治、副会长兼秘书长孔祥忠以及各级政府官员、协会代表、业界伙伴、媒体记者和台泥客户悉数到场,共同见证台泥投资大陆又一里程碑。

“台泥”贵港厂计划总投资36亿元,目前已完成投资26.35亿元,随着该厂4条日产6 000吨水泥熟料生产线的顺利竣工,“台泥”在大陆市场的规划产能已突破2 400万吨。

8日 北京市琉璃河水泥有限公司迎来了它解放60周年的生日,中国建筑材料联合会会长张人为、金隅集团党委书记兼董事长蒋卫平、金隅集团总经理李长利、金隅集团水泥分公司经理姜德义等领导及该公司离退休同志和各方面代表共计100余人参加了庆祝仪式。

张人为会长在致辞中说,北京市琉璃河水泥有限公司是全国建材行业一类大型水泥企业,是中国水泥工业的摇篮之一,也曾经是全国水泥产量最大的企业之一。几十年来,为首都的城市建设做出了重要贡献,为新中国水泥事业的发展输送了大批人才。近年来,北京市琉璃河水泥有限公司大力发展循环经济,积极开展对外技术服务和承包生产。企业具有自主知识产权的6兆瓦低温余热发电项目,获国家实用新型技术专利和国家发明专利,自2007年投入运行以来,各项经济技术指标达到国际领先水平。为水泥企业利用回转窑余热发电提供了成功的典范。2008年“琉水”成功中标沙特两条日产10 000吨新型干法水泥生产线的调试和承包生产,为中国水泥工业争了光。希望北京市琉璃河水泥有限公司充分利用自身的优势,保持和发扬光荣传统,再攀新高峰,再创新佳绩,为首都建设做出更大贡献!

同日　中国建筑材料联合会召开代管协会会长秘书长座谈会，会长张人为，副会长孙向远、徐永模、陈国庆、叶向阳出席。秘书长孙铁石主持会议，陈国庆传达了张德江副总理关于发挥行业协会作用的讲话精神。

23个代管协会的负责人向联合会汇报了各自行业的最新情况。中国水泥协会秘书长孔祥忠在汇报时说，新型水泥干法的比重2008年可达到61%，并建议大型水泥企业在市场状况不好的时候，可集中精力进行技术改造。

12日　福建省谋成水泥发展有限公司纯低温余热发电项目开工。该项目总投资4 000万元，装机容量为4.5兆瓦，项目竣工发电后年可发电3 280万千瓦时。

13～15日　由工业和信息化部中小企业司、中国企业联合会企业技术进步工作委员会、中国水泥协会主办，中国企业技术进步网承办的“首届中国中小水泥企业论坛”在北京京丰宾馆正式开幕。

12月13日，在北京京丰宾馆联合举办“首届中国中小水泥企业论坛”。

本届论坛以探讨中小水泥企业的发展形势、对策、出路为主题。论坛上，工业与信息化部副部长欧新黔委托工信部产业政策司司长辛国斌发表了题为《国际金融危机对中国工业经济的影响》的重要讲话。中国建材联合会会长张人为、工信部中小企业司司长王黎明、国家发改委原副秘书长甘智和、工信部产业政策司处长袁克兰、中国水泥协会会长雷前治、原国家建材局副局长李俭之、中国水泥协会副会长曾学敏、中国水泥协会高级顾问高长明等领导专家到会并发表演讲。第十届全国人大常委李明豫也委托曾学敏在会议上发表了题为《对中小水泥企业在结构调整中遇到的几个问题的思考》的重要讲话。

在论坛上，专家们围绕“中小水泥企业的发展形势、对策、出路”的主题就当前国内经济形势、国家近期颁布的持续推进中小企业稳定发展的政策、中小企业获得国家鼓励中小企业发展的政策支持的方法和途径、当前水泥工业发展的形势和热点、中小水泥企业通过技术进步实现产业升级的新途径等问题发表了演讲。有关专家还就中小企业关注的JT立窑生产技术和应用情况作了详细的报告。

16日　由中国建筑材料科学研究总院和“拉法基瑞安水泥”北京兴发公司联合举办的基准水泥10周年纪念与研讨会在京召开。基准水泥是统一检验混凝土外加剂性能的专用材料，是由符合品质标准要求的硅酸盐水泥熟料与二水石膏共同粉磨而成的强度等级大于42.5的硅酸盐水泥。基准水泥指定由北京兴发水泥有限公司生产，采用“拉法基”水泥质量控制系统，新型质量管理回路、严格的过程质量控制、完善的质量保证体系和出厂水泥管理。

根据国家标准GB8076和行业标准JC473、JC474、JC475、JC476、JC477的规定，检测普通减水剂、高效减水剂、早强减水剂、缓凝高效减水剂、缓凝减水剂、引气减水剂、早强剂、缓凝剂、引气剂、泵送剂、防水剂、膨胀剂、防冻剂、速凝剂等14种混凝土外加剂均应该使用专用的基准水泥。

19日　中国建筑材料联合会在京召开“建筑材料行业改革开放30周年技术进步回顾和建材行业‘十二五’科技发展规划”座谈会。中国建筑材料联合会副会长徐永模主持会议。

座谈会上，各位代表围绕产业发展需要国家重点支持，科技中心和实验中心的建设，下一个五年计划应着力研究的基础理论、新工艺技术、设备研发、自动化技术、节能减排、新能源开发使用、标准制定、新产品开发等方面的问题提出许多建议。

20日　首份“中国改革开放30年经济百人榜”发布，中材集团总经理、“中材股份”董事长谭仲明荣登榜单。

“百人榜”评选活动由《中国经济周刊》发起主办，《人民日报海外版》、人民网特别协办，并联合全国一流经济学术机构以及知名媒体共同参加的在全国经济界极有影响的一个评选活动。《中国经济周刊》“百人榜”以“影响力、推动力、创新力”为评判标准，经过3个多月的数据分析、问卷调研和专家论证后正式发布。

21日　由中国建筑材料联合会在中国机冶建材工会全国委员会联合主办的2008年度“金隅杯”全国建材行业技术革新奖表彰大会在北京人民大会堂隆重举行。水泥企业在此次评选中获得了不俗的成绩，三大奖项中均有提名。

22日　中国建材联合会副会长、中国水泥协会会长雷前治，中国建材集团董事长宋志平，中国建材股份有限公司总裁曹江林一行赴内蒙古自治区，与自治区政府副主席赵双连及自治区国资委、发改委等部门的领导进行会谈，并签署了战略合作会议纪要。双方正式建立战略合作伙伴关系，今后将充分发挥各自优势，实现互利双赢，共同发展。

作为双方战略合作的重要组成部分，中国建材集团与内蒙古电力集团公司签署了关于乌兰水泥集团有限公司的股权转让协议。

乌兰水泥集团是内蒙古自治区内最大的水泥企业，也是第一批国家确定的循环经济试点企业。现有新型干法水泥生产线5条，水泥产能500万吨，并有3条在建生产线。

23日 由中国水泥协会主办，浙江虎山集团和合肥水泥研究设计院共同承办的“南方水泥”浙江虎山集团日产5 000吨生产线点火仪式暨合肥院大型原料立磨推介（新闻发布）会在浙江省江山市隆重召开。

中国水泥协会会长雷前治、合肥水泥研究设计院院长徐宁、衢州市委书记、市长孙建国，江山市委书记傅根友等领导参加了点火仪式并致词。此次合肥院HRM4800立磨正式投入生产，结束了中国不能自主生产大型原料磨的历史，标志着自此以后国内大型水泥生产线不再依赖进口的原料立式磨。

23日 中国中材集团公司2009年工作会议在北京召开。会议的主要任务是深入学习贯彻党的十七大、中央经济工作会议及中央企业负责人会议精神，总结集团2008年工作，分析形势，谋划对策，部署集团2009年工作任务，与各单位签订2009年经营目标责任书。

中国建材联合会会长张人为，国务院驻集团监事会主席孙广运，中材集团总经理谭仲明、党委书记于世良，中材集团副总经理刘志江、张海、李建伦、于国波、周育先，中材集团党委副书记张江、总会计师徐卫兵出席会议。

24日 在机器的轰鸣声中，铜川秦岭水泥公司4台“服役”半个世纪的湿法回转窑被成功拆除。它们都曾有过“亚洲第一窑”的美誉，但随着技术的进步和环保的要求，最终因为工艺落后、能耗高、污染大而彻底退出历史舞台。

25日 中国中材集团公司与北京银行在北京举行银企战略合作协议签字仪式。中国中材集团公司总经理、中国中材股份有限公司董事长谭仲明，中国中材集团公司党委书记、中国中材股份有限公司总裁于世良，中国中材集团公司总会计师徐卫兵，北京银行行长严晓燕，北京银行副行长许宁跃等出席了签字仪式。

中国中材集团公司与北京银行的此次合作是基于双方致力于发展业务的共同期望，为发挥双方在各自领域的资源和运营优势，建立战略合作关系，达到强强联合的双赢目的。根据本次协议，中国中材集团公司与北京银行将从十四个方面开展业务合作。

中国中材集团公司总经理、中国中材股份有限公司董事长谭仲明先生在致辞中对北京银行一直以来给予中材集团的大力支持表示感谢，对中材集团的快速发展和金融危机形势下中材集团采取的应对措施进行了介绍，并祝愿北京银行在海外业务的发展越来越好。此次银企战略合作协议的签署，标志着双方的合作又迈上一个新的台阶，进入了一个新的发展阶段。

28日 “中材节能”云浮天山余热电站竣工并网典礼在中材天山（云浮）水泥有限公司举行。该项目是“中材节能”发展有限公司在云浮市云安县投资建设的9兆瓦纯低温余热发电项目，是“中材节能”在云浮投资建成的第一个项目，也是中材节能发展有限公司投资建成的第一个BOT项目。该余热电站建成后年发电量近6 000万千瓦时、每年减少排放二氧化碳5万吨。

“中材节能”云浮天山余热电站的建成并投产对中材节能发展有限公司具有里程碑的意义，标志着公司的BOT模式成功地迈出了关键性第一步。同时也标志着中材集团发展节能减排产业战略正式跨入了实质性实施阶段。

30日 广西鱼峰集团50周年华诞盛典拉开了序幕。庆典之日，集团历任领导、劳模代表、股东代表和近2000名员工欢聚一堂。集团董事长韦宁回顾了50年的历程。在过去的50年中，鱼峰集团水泥年产能从60万吨发展到450万吨。中国水泥协会在贺电中评价：历经风风雨雨，今天的鱼峰集团已经成为中国西南地区最具影响力的重点骨干企业之一，“鱼峰”品牌也已成为中国水泥行业最具市场号召力的品牌之一。

30日 南方水泥有限公司杭州营销中心成立，这是继浙北、嘉兴、苏南、上海营销中心后，“南方水泥”组建的第五家区域营销中心。南方水泥公司副总裁陈银中说，杭州区域已有近十家水泥企业聚在“南方水泥”旗下，至此，杭州区域的“南方水泥”企业生产的熟料总量为800万吨、水泥总量为1 300万吨。

环球信息

Global information

环 球 信 息

Global information

卡塔尔水泥供应严重短缺黑市交易猖獗

为遏制建材价格过快上涨，卡塔尔政府2008年6月对水泥和钢材等建材价格实施了为期3年的最高限价，但这一举措导致卡市场上的水泥供应短缺，而黑市则借机哄抬物价。

据卡塔尔《半岛日报》30日报道，政府规定的水泥最高销售价格为每袋(50千克)12.5里亚尔(约合25元人民币)，但这个价格在市场上很难买到水泥。与此同时，黑市价格则上涨了约5倍，达到每袋60里亚尔。

报道说，水泥的短缺使一些工程承包商怨声载道，一些工程的施工进度可能受到影响。卡塔尔国家水泥公司负责人说，由于投资扩产需要周期，目前的水泥短缺问题在短时间内很难得到解决。

卡塔尔水泥年产量约为150万吨。该国每年还要从沙特进口部分水泥才能满足需要。但一个月前，沙特由于国内需求增长而停止了出口。

孟加拉许多水泥厂面临关闭

由于生产成本不断增加和需求减少，孟加拉国越来越多的水泥厂，尤其是小厂，面临关闭的境地。根据孟水泥制造商协会介绍，在孟投资委员会注册的123家水泥公司中，只有73家投入运营，而其中至少有23家在2007年关闭。孟加拉水泥业的原材料完全依靠进口，每年从泰国、印尼、马来西亚和菲律宾进口约500～600万吨水泥熟料，熟料的价格在一年内上涨了30%。此外，孟水泥生产目前处于饱和状态，年生产量2 100万吨，但需求量只有800万吨。

委内瑞拉宣布推进水泥企业国有化

委内瑞拉总统乌戈·查韦斯8月17日发表讲话说，委内瑞拉将继续推进外国水泥公司的国有化进程。

该进程主要涉及墨西哥水泥公司、法国拉法基水泥公司和瑞士豪西盟水泥公司。委政府就国有化赔偿一事与这三家公司进行为期60天的谈判，查韦斯发表讲话当日是谈判结束的前一天。

查韦斯在其每周一次的广播电视讲话中说：“国有化相关法律规定的谈判期即将结束，所以明天我们将着手水泥行业国有化并重振该行业。”

查韦斯并未宣布对外国公司的赔偿细节，也没有透露政府在8月18日采取何种行动。他在6月18日颁布的国有化法令中曾表示，控制权转让必须在12月31日前完成。

据悉，委政府的国有化目标是控制水泥企业至少60%的股份。查韦斯8月17日表示，国有化将有助于委内瑞拉加快公共住房建设并实施其他建筑项目。

俄罗斯水泥企业呼吁政府提高水泥进口关税

俄罗斯水泥生产厂商联盟呼吁俄政府提高水泥进口关税到20%。

俄罗斯水泥生产厂商联盟总经理吉谢廖夫表示，俄罗斯水泥生产厂商联盟呼吁政府将水泥进口关税提高20%。有关此问题的建议已向俄罗斯外贸保护措施和关税政策委员会提出。

吉谢廖夫说，这一措施对保护水泥生产厂商免受大幅进口土耳其和中国水泥之害十分必要。由于2008年年初俄政府取消水泥进口关税，俄罗斯进口水泥大幅增加。据俄海关总署统计，2008年上半年水泥进口达到470万吨，进口增长了近20倍。这给俄罗斯水泥生产厂商带来了巨大冲击，大大降低了水泥行业的投资吸引力。

伊朗水泥产量突破6 000千万吨 居中东国家之首

据伊媒体报道，伊朗水泥年产量已经达到6 000万吨，居中东地区之首。而在1998年，伊朗水泥产量只有800万吨。目前，伊朗国内共有50多个水泥厂，8个在建水泥项目。预计这些项目建成投产后，伊朗的水泥产量将达到6 400万吨。

据悉，2008年，伊朗的年人均水泥消费量将达到600千克，较两年前增长了278千克。

巴西用甘蔗渣制水泥

巴西科研机构成功研发一项新技术，可以使用甘蔗渣和稻壳等农业废料为原料生产环保、价廉的“绿色”水泥。

水泥制造业堪称污染最为严重的产业之一，其二氧化碳排放量占人类二氧化碳排放总量的5%至7%。新研制的水泥原料是甘蔗渣经焚烧后的残留物，在水泥中所占比例最高可占20%，可大幅减少温室气体排放量。由于加工甘蔗渣的过程相对简易、快捷，耗能量低，这种"绿色"水泥的生产成本只有传统水泥的十分之一，其使用寿命比传统水泥长，质地也更细密。

巴西盛产甘蔗，其甘蔗年产量和出口量均居世界首位。如果按甘蔗渣残留物在水泥混合物中的比例为15%计算，巴西每年可减少排放约300万吨二氧化碳。

马来西亚公布取消水泥进口关税

马来西亚副总理兼财长拿督斯里纳吉11月4日公布了增加公共开销、扩大国内消费、增加可支配收入等多项配套稳定经济措施，其中包括取消钢铁和水泥进口关税，废除长形铁进口准许证，以刺激建筑业增长，提高建筑行业竞争力。此外，马政府还拨12亿马币兴建廉价房、花2亿马币启动搁置房屋，也对建筑业发展有积极意义。

俄罗斯水泥进口关税由零关税调高至5%

俄水泥进口关税自2008年10月26日起自动由零关税调高至5%。2007年，由于市场供不应求，俄国内水泥价格一路飙升，价格涨幅超过7成，最高达到6 000卢布/吨(约合250美元/吨)。

为缓解国内供求矛盾，俄政府于2008年1月25日颁布政府法令，在未来9个月中临时取消水泥进口关税，至2008年10月25日。受此带动市场俄2008年前9个月进口水泥达650万吨，远超2007年全年100万吨的水平。目前俄国内水泥价格已回落至2 800～3 000卢布/吨水平(不含增值税、运费价格)。俄政府关税委员会曾计划将零进口关税政策延长一年，但在目前全球金融危机的背景下，俄建筑业出现明显放缓，水泥供大于求，俄本国水泥生产企业陷入困境，因而延长零关税的政策未获俄有关部门和行业的支持，水泥进口关税自10月26日起自动恢复至5%。如果俄国内水泥生产企业经营状况持续恶化，预期水泥进口关税将进一步提高至10%～15%。

菲律宾临时取消水泥等产品进口关税

菲律宾总统阿罗约11月签署两项行政令，决定短期取消水泥和小麦产品的进口关税，以压低国内建筑材料和部分食品的价格。

按照这两项行政令的规定，水泥和小麦产品进口零关税的政策于12月中旬开始实施并执行6个月。据报道，这是菲律宾近年来首次将小麦的关税降至零，菲律宾主要从美国、中国、加拿大和澳大利亚进口小麦和面粉。

目前，菲律宾食品等级小麦的进口关税为3%，饲料等级小麦的进口关税为7%；由东盟国家进口水泥的关税为3%，由东盟以外国家进口水泥的关税为5%。

阿罗约说，取消小麦产品的关税有利于稳定菲律宾国内的面包等主要食品的价格，同时，由于饲料等级的小麦产品关税的取消，菲国内的禽类食品的价格也会随之降低。目前，菲国内25千克一袋的面粉价格大约为930比索(约合18.6美元)。

此外，取消水泥产品的关税有利于在政府大兴基础设施工程之际稳定国内的建筑材料价格并确保充足的货源。

印度取消水泥出口禁令

随着国内水泥价格逐渐平稳，印度政府昨日宣布撤销出口限制。这让渴望从国内疲软的建筑部门获取订单而不能的印度水泥行业倍感欣慰。

2008年4月份，印度水泥价格急剧飙升，给建筑业及其他行业造成严重冲击，为此，印度政府下令严格限制水泥出口。

近月来，印度通货膨胀率已经降到10%以下，工业景气度下降，政府更担心制造业和就业形势的恶化。

印度水泥工业年产水泥1.75亿吨，每年出口量不到全年产量的5%，且出口大多集中在古吉拉特邦。

受信贷危机和高利率的双重影响，房地产业和建筑行业的水泥需求量急剧下滑。尽管银行降低了住房贷款利率，但是根据专家预测，水泥需求回暖仍需很长时间。

"取消出口禁令是好事情，但是其效果不大，因为印度四分之三的水泥出口是在古吉拉特邦，而政府早就放宽了对该地区的水泥出口限制。"水泥制造者协会会长H. M. Bangur说。

Bangur建议，在当前国内需求不景气的环境下，政府应该限制水泥进口。

约旦水泥价格每吨上涨3约第

据约旦时报8月13日报道，约旦水泥工厂公司(JordanCementFactoriesCompany，简称JCFC)宣布从8月13日起，水泥出厂价每吨提高3约第。该公司将涨价原因归结为油价上涨，称上个月燃油价格每吨上升了32约第，而水泥生产成本中的70%来自能源消耗。

俄罗斯增加从中国进口水泥

据俄罗斯联邦政府新闻办披露，最迟到2009年10月份俄罗斯实施进口水泥零关税。这一消息已经导致俄罗斯水泥企业产量下降，同时增加水泥的进口，首先是从中国进口。此前，俄罗斯实行5%的水泥进口关税，从2009年1月1日起将取消9个月的水泥进口关税。

东盟水泥业研讨应对金融危机

文莱《联合早报》：11月13日第32届东盟水泥制造商联盟理事会在文莱举行。与会代表认为，席卷全球的金融危机已使东盟水泥业面临巨大挑战。尤其受到市场需求下降以及煤炭价格上涨导致生产成本增加的双重打击。东盟水泥制造商应当加强交流合作,携手应对全球经济放缓带来的不利影响。

韩国投资350亿非郎在喀麦隆建水泥厂

《喀麦隆论坛报》1月16日报道,喀麦隆近几年水泥严重短缺,需求严重大于供给。2008年喀麦隆由减债资金及减债发展资金支持的项目可能翻倍,喀麦隆水泥缺口加大。

目前喀麦隆仅有的一家水泥厂生产能力有限,尽管到2008年年底其生产能力可能由现在的日产1 000吨达到日产1 600吨,仍满足不了日益增长的需求。喀麦隆政府多次强调放开水泥生产及进口,但收效甚微。所以为了解决目前水泥短缺问题,达到持久发展的目的,只有新建水泥厂。

1月12日,韩国的一个投资团来喀麦隆考察,准备重新启动喀麦隆西南省林贝市的水泥厂项目,投资大约350亿非郎,三个月后开始基础设施建设。

也门2008年有两座水泥厂竣工

据也门通讯社报道,也门2008年有两座水泥厂正式竣工并投入生产。

报道说,由也门最大家族企业赛义德集团和沙特投资者联合投资2亿美元在南部拉赫杰省兴建的水泥厂已于2007年年底投入试生产,并计划在近期竣工并正式投入生产。该厂除主体建筑外,还包含一个40兆瓦的发电站,两个容积为3.5万吨的原料仓库和粉尘过滤装置,年生产能力为150万吨。

此外,位于也门东部哈德拉毛省省会穆卡拉的阿拉伯水泥厂也已完成所有基础设施建设,大部分机器安装完毕,预计2008年年底正式竣工。阿拉伯水泥厂耗资2.6亿美元,建设资金主要来自沙特投资者,年生产能力将达到150万吨。

尼日利亚政府解除袋装水泥进口禁令

据尼报报道,尼日利亚工商部长表示,1月14日尼总统亚拉杜瓦已经签署文件,解除袋装水泥的进口禁令。

尼日利亚水泥年需求量为1 800万吨,尼本地供应量约为650万吨,由于尼日利亚禁止袋装水泥的进口,尼水泥市场不足量高达1 150万吨,导致水泥高价,严重影响了建筑业的发展,因此,政府最终签署了解除袋装水泥进口的禁令。

外国投资者青睐突尼斯水泥业

据突尼斯媒体报道,葡萄牙水泥工业集团决定投资1.17亿美元,用于扩建突尼斯东南部的卡比斯水泥厂。西班牙一家集团公司将同突尼斯一家水泥公司合作在加比斯兴建年生产能力为120万吨的新水泥厂。此外,另一家西班牙公司已于2007年年底投资2亿美元兴建一家水泥厂。

突尼斯拥有7家水泥厂,年生产能力为370万吨,过去几年已有5家实行私有化,分别被意大利、西班牙和葡萄牙的公司收购。据悉,突尼斯政府将在2008年年底前对第六家水泥厂即比塞达水泥厂实行私有化。

俄罗斯大幅提高水泥生产能力

据俄罗斯《国际文传电讯社》报道,俄罗斯斯摩菱斯克州政府宣布,该州将投资2.5亿美元新建一座年产120万吨水泥的生产企业。

该企业将采用丹麦和德国的生产设备,预计将在2011年投产。此前,俄罗斯图拉、科斯特罗木斯克和梁赞州等地也计划在未来4年内建设大型水泥企业,预计这些新建水泥企业总投资将超过10亿美元,年产水泥将达到1 000万吨。

阿尔巴尼亚兴起水泥厂投资热

阿尔巴尼亚水泥生产原材料较丰富,一些国家投资商纷纷到阿尔巴尼亚投资建设水泥厂。

希腊Titan水泥集团阿尔巴尼亚分公司在阿尔巴尼亚中部克鲁亚投资建设的水泥厂已于2008年2月底动工,总投资为1.7亿欧元。该公司在水泥生产设备方面将同中国公司合作。该工程预计于2009年年底竣工投产,年产水泥150万吨。

此外,全球第五大水泥生产商意大利的Italcementi集团近日表示,将投资2 500万欧元在阿尔巴尼亚都拉斯附近建水泥厂,年产水泥45万吨。其他还有,Fassa&Berberi公司将投资2亿欧元在阿尔巴尼亚西北部建水泥厂,西班牙Aricam集团的一家公司也将投资2亿欧元在阿尔巴尼亚中部建水泥厂,等等。以上水泥厂建成后,除可满足阿尔巴尼亚国内需求外.还可大量出口。

阿联酋出现水泥黑市交易

据阿联酋有关媒体报道,由于阿联酋国内水泥短缺,导致了水泥黑市交易的出现,这将直接威胁到阿联酋国内的建筑项目。

水泥黑市交易价格每吨高达400迪拉姆(109美元),比水泥厂官方价格高100多迪拉姆(27美元)。近几年,建筑承包商忙于按期完成项目,急需水泥,因此水泥黑市应运而生。

阿联酋在2004年就出现过类似的水泥黑市。当前,阿联酋水泥官方价格是每吨295迪拉姆(80.6美元),但是仅仅有几家公司可以按此价格购买。一些水泥厂正在从中国、印度尼西亚和印度进口水泥。

赞比亚将从津巴布韦进口水泥

据赞比亚《每日邮报》报道,赞比亚已与津巴布韦政府达成协议,从津进口5.5万吨水泥以缓解国内水泥短缺的局面。

随着赞比亚经济和国内建材市场的迅速发展，赞比亚国内水泥极缺，迫使该国不得不从坦桑尼亚等邻国进口水泥。

尼日利亚水泥需求量大增

据尼日利亚通讯社报道，尼日利亚工商部长查尔斯·乌古向媒体透露，由于国内各项目基础设施建设日益升温，在未来几年内，尼日利亚的水泥需求量将由现在的1 800万吨增至4 000万吨。

尼联邦政府决定与相关地方政府及外国投资者合作，利用当地大量的石灰石和高岭土提高本地水泥的产量。

沙特市场水泥短缺现象加剧

据海湾媒体报道，沙特阿拉伯水泥市场出现供不应求现象。

沙特全国许多地区大兴土木，导致水泥市场需求量大增。与此同时，一些阿拉伯国家也因本国面临同样状况而减少或停止向沙特出口水泥，从而导致沙特市场的水泥短缺现象加剧。

喀麦隆进口水泥

《喀麦隆论坛报》报道，喀麦隆商务部长姆巴尔加·阿坦加纳·吕克·马瓜尔在回答记者提问时说，作为喀麦隆惟一的水泥生产厂，Cimencam的水泥一直供不应求，因此，该公司从2008年以来一直要求提高水泥价格，但喀麦隆政府采取坚决措施稳定水泥价格，使该国50千克袋装水泥价格一直保持在4 960非郎。

与喀麦隆周边国家，如赤道几内亚、乍得、中非、安哥拉等国家相比，喀麦隆水泥价格相对较低。自2007年11月，进口水泥限制放开后，喀麦隆许多进口商欲进口国外水泥，但担心进口关税等其他费用会使成本增加，因此，进口水泥一直没有进入喀麦隆市场。为此，喀麦隆商务部做了大量工作，积极寻求银行的支持，预计不久将有进口水泥进入喀麦隆市场。同时，人们期盼投资者在喀麦隆建设更多的水泥厂。

印度增加水泥进口数量

印度政府4月26日表示，印度正在考虑增加水泥进口数量以改善国内不平衡的供需关系，平抑快速上涨的价格。

负责工业的国务部长库马尔在印度工商联合会会议上说："印度已经批准从巴基斯坦进口水泥，而且可能会进口更多水泥以改善国内不平衡的供需关系，平抑物价。

肯尼亚水泥需求量大幅下降

由于2008年年初政治危机，肯尼亚水泥行业的收入在2008年大幅下降。

《肯尼亚时报》引用了东非水泥公司代总经理卡吉奥·恩代格尔的话说，肯尼亚建筑业在第一季度未达到预期发展业绩，原本预计国内第一季度的水泥需求量在230万吨左右，但实际会减少10%～15%，而需求可能会在2009年年初恢复。

越南实施水泥熟料进口零关税

越南财政部颁布第29号决定，从2008年5月26日起，水泥熟料进口关税下调为零关税。

据越南建设部统计，越南2008年水泥需求量为4 000万吨，国内水泥熟料产量为3 500万吨，需要进口350～450万吨。目前，国际市场水泥熟料价格居于70～75美元/吨高位，越南从东盟以外国家进口水泥熟料进口税率为10%。限制了其进口。因此，越南建设部下调水泥熟料进口税率，确保水泥生产和市场稳定。

卡塔尔钢材、水泥价格将3年保持不变

据科威特《政治报》6月11日报道，卡塔尔政府决定从6月10日起固定钢材、水泥类建筑材料价格，并为期3年不变，以及将燃料补贴延期1年。

越南2015年前停止审批水泥投资项目

据越南建设部2008年6月发布消息，根据施工进度安排，2008年越南有11个水泥项目投产，总产能为1 228万吨，2009年有17个水泥项目投产，总产能为1 943万吨。到2009年，全国水泥总产能逾5 620万吨。

越南现在每年水泥需求量仅为4 000万吨，生产能力明显过剩，需要出口。为发挥现在水泥项目的生产能力，越南建设部向14个省市发文，提议从现在起到2015年，停止审批水泥投资项目。

苏丹政府采取措施降低水泥价格

据苏丹使馆商务处消息，苏丹政府联手民营企业联合会，通过减免收费等措施，降低不断上涨的进口水泥价格。参与制定此项措施的部门包括：财政部、外贸部、苏丹银行、海关总署、港口管理局、质量标准检验局和民营企业联合会。

尼日尔水泥短缺

据当地媒体报道，西非国家尼日尔出现水泥短缺。

导致尼日尔水泥短缺的原因：一是尼日尔当地水泥产量低，尼日尔水泥公司（SNC）年产水泥为8万吨，只能满足国内需求的三分之一，尼日尔希望世界银行提供资金，把该厂年产量提高到25万吨。二是多哥和贝宁本国水泥需求增加，导致出口减少。尼日尔每年需要的水泥70%来自这两个邻国，约30万吨。尼日尔市场上销售的水泥目前已达到每吨12万～18.5万西非法郎（约合288～444美元）。

贝宁政府提高水泥价格

贝宁政府决定自2008年7月1日起将水泥限价由原来的每吨69 000西非法郎提高到80 000西非法郎。

综合分析水泥供应紧张状况，可以看到，目前贝宁水泥供应紧张主要由两方面原因引起：一是政府为大力发展基础设施建设实施了许多大型工程，二是个体经营者及普通民众建设自用住宅。初步统计供求差每年达100万吨。

喀麦隆水泥紧缺局面略有缓解

《喀麦隆论坛报》7月29日报道，喀麦隆水泥紧缺局面略有缓解，在喀麦隆雅温得市中心的几个工地，工人们正抓紧时间施工。从记者了解的情况看，进口水泥已经进入喀麦隆市场，主要来自中国和中东地区，喀麦隆当地生产的水泥供应仍然紧张，而且价格较高。

刚果（布）水泥价格飙升60%

刚果（布）水泥价格不断飙升，从当初每袋（50千克）3 300非郎（1美元约合400非洲法郎）上涨到目前的5 500非郎，上涨幅度达60%。刚果（布）国内市场水泥短缺，迫使这个国家从国外进口一部分水泥来满足国内市场需要。

卢旺达投资5 000万美元建新水泥生产线

卢旺达惟一的水泥厂——CIMERWA公司投资274亿卢郎（合5 000万美元）建设新的水泥生产线。该公司于2008年6月与中国江苏鹏飞集团公司签订总承包合同，由鹏飞集团负责新水泥生产线的设计、设备供应、安装和技术支持。

近年来卢旺达水泥需求不断增加，本国水泥无法满足国内需求，越来越多地依赖进口。2007年卢建筑行业和公共工程的增长速度达15.2%，是经济增速的两倍，不得不每月从乌克兰和中国进口500吨水泥。

秘鲁水泥价格呈上升趋势

据秘鲁《经营报》消息，一项基于2007～2008年的市场调查显示，秘鲁市场水泥价格呈上升趋势。最高价从6.83美元/包（50千克）上升至8.00美元/包（50千克），最低价从5.84美元/包（50千克）上升至6.56美元/包（50千克），分别上涨17.1%和12.3%。

越南水泥价格年底上涨30%

据越南快讯网8月21日消息，越南建设部同意越南水泥总公司制定2008年水泥价格调整具体方案。根据越南水泥总公司的建议，水泥价格的调整在2008年下半年分两次进行，每次上调15%。

利比亚意大利合作建水泥厂

8月22日，利比亚国家矿产公司与意大利水泥公司签署水泥生产原材料投资协议。协议规定，意大利将在布特南省图卜鲁格以西53公里的地方投资兴建一个水泥厂，年产400万吨黑水泥和50万吨白水泥。

越南拟建日产万吨水泥线

据《越南经济时报》报道，越南坚江省计划投资厅表示，该省政府已向越南Holcim公司颁发大型水泥熟料项目的投资许可证。

该生产线为越南Holcim公司在HonChong水泥厂的第二条生产线，设计规模为日产1万吨水泥熟料。该项目总投资为6.56亿美元，投产后将水泥厂生产规模扩大至年产700万吨水泥。预计上述项目将于2009年1月开工。

马拉维企业积极投资水泥业

据马拉维《民族》报报道，由于不断上涨的水泥价格促使一批马拉维企业家决定斥资3 200万美元新建一座水泥工厂，这家名为Bwanje水泥有限公司的工厂计划在未来两年内建成投产，初期的雇员人数将超过250人，为一条日产4 000吨水泥生产线。

目前马拉维每年的水泥需求量约为40万吨，每年需要额外从赞比亚、津巴布韦、南非和东欧进口水泥来满足本国的市场需求。

印尼2008年消费水泥增一成

据印度尼西亚商报报道，2008年前11个月，印度尼西亚水泥市场消费量达3 496万吨，比2007年同期的3 105万吨增长了12.6%。

印尼水泥协会总主席蒂穆尔约诺表示，该国国内水泥需求的增长主要出现在2008年的上半年，需求量同比增长了12%。但从2008年10月份开始，印尼的经济情况逐渐走下坡路。同时，该国进入了雨季，一些地区不断出现水灾，也导致建筑工程减少。这些因素使印尼市场对水泥的需求开始减少。据悉，11月份，印尼水泥市场消费量仅为326.5万吨，同比2007年减少了约2.4%。同时，该国水泥出口量同比降低了37.4%。

拉法基集团拟在马拉维新建水泥厂

拉法基（马拉维）水泥公司主席汤姆·坎尤卡，12月17日在布兰太尔向新闻界透露法国拉法基集团将斥资2亿美元，在马拉维南部城市巴拉卡建设新的水泥工厂，他同时表示，“拉法基”在赞比亚的子公司也将新建一家年产量80万吨的水泥厂。

莫桑比克政府为稳定水泥价格免除水泥进口附加费

莫桑比克《新闻报》12月24日报道，经过莫部长会议第31次例会讨论通过，为了保持莫国内水泥市场价格稳定，从

23 日开始 2 年内免除水泥进口附加费，根据市场反应 2 年后再作调整。

韩马财团将投资建设刚果（布）第二个水泥厂

据刚果（布）官方通讯社布拉柴维尔快报报道，韩国马来西亚财团与刚政府工业发展部长 2008 年 2 月 7 日在布拉柴维尔签署正式协议，3 月起由韩马财团在刚布昂扎省建设第二个水泥厂，该项目意向书于 2007 年 10 月在韩国首尔签署。

依据协议内容，该水泥厂的设计生产能力为年产 50 万吨 450 号水泥，生产年限为 50 年。该财团与工业发展部还就水泥厂建设和生产过程中可能遇到的问题一致达成如下协议：水泥厂使用市电和市水，在运输方面，工业发展部将通过大洋铁路、加强有关陆路和桥梁的建设协助韩马水泥厂的原料运输，但韩马水泥厂的成品储运由水泥厂自己与大洋铁路方面协调。

黎巴嫩水泥价格上调

黎巴嫩官方公布，自 2 月 25 日起，袋装水泥出厂价格上调 8 美元，达 91 美元/吨，散装水泥自 3 月中旬起，也由目前的 72 美元/吨，调至 80 美元/吨。

斯里兰卡水泥供不应求

政府考虑批量进口水泥随着多个大项目的兴建，斯里兰卡水泥市场的水泥供应日趋紧张，水泥价格也随之攀升。为满足水泥需求，尤其是为稳定水泥价格，斯里兰卡政府决定通过国际招标方式，批量进口水泥，并通过新近成立的国家贸易批发公司按控制价格出售。

越南规定水泥价格由国家调控

据越南《人民网》11 月 18 日报道，越南财政部规定 15 类商品和服务由国家调控价格。

报道称，根据越南财政部有关文件通知，这 15 类商品及服务包括：成品油、原油，水泥，建筑钢材，液化气，化肥，植物保护药，兽药，盐，奶，食糖，稻谷，籼米，预防类药品，铁路客运硬座服务费以及部分饲料。

韩国发明无水泥混凝土减温室气体排放

韩国教育科学技术部 11 月 3 日说，韩国科学家发明一种无水泥混凝土，有助于减少温室气体排放。

韩国联合通讯社报道，韩国全南大学教授宋镇圭（音译）负责的研究小组利用鼓风炉矿渣和细小尘土代替水泥。这种水泥替代品只需混合微生物和轻而结实的材料，便能制成混凝土。

牙买加延长半年时间对水泥进口免除关税

9 月 25 日牙买加媒体报道消息，牙工商部长萨姆达 9 月 24 日对牙新闻界透露牙政府决定在未来 6 个月里将继续对水泥进口实行免除关税政策，在这 6 个月时间里预计牙将进口 24 万吨水泥。萨表示上述决定是牙工商部与本国的加勒比水泥公司、水泥进口商和其他与水泥工业相关部门磋商，为确保牙水泥继续保持平稳供应而采取的措施。

为了解决水泥短缺问题，牙在 2006 年宣布取消对水泥的 40% 反倾销进口税，有效期为 2 年，该措施在 2008 年 9 月 9 日已到期。

第七篇

统计数据

编制说明

工业增加值和主要财务指标统计范围为规模以上企业，即全部国有企业和年销售收入在500万元以上企业。

固定资产投资统计范围为项目计划总投资在50万元以上的建设项目。

空格或“—”表示无该项指标。

“…”表示数值不足最小单位数。

年平均增长率采用累计法计算。

Compilation Description

Statistics scope of industrial added value and main financial index is that of above - scale enterprises, namely overall state enterprises and enterprises of annual sale income over RMB 5 million.

Statistics scope of fixed assets investment is construction projects with planned total project investment over RMB 0. 5 million.

Blank or "——" indicates that there is no such index.

"…" indicates the value is less than the minimum unit number.

Annual average growth rate uses accumulating method for calculation.

产品产量与生产能力

Product output and capacity

1 -1 水泥产量

Cement output

1978～2008年全国水泥产量(亿吨)

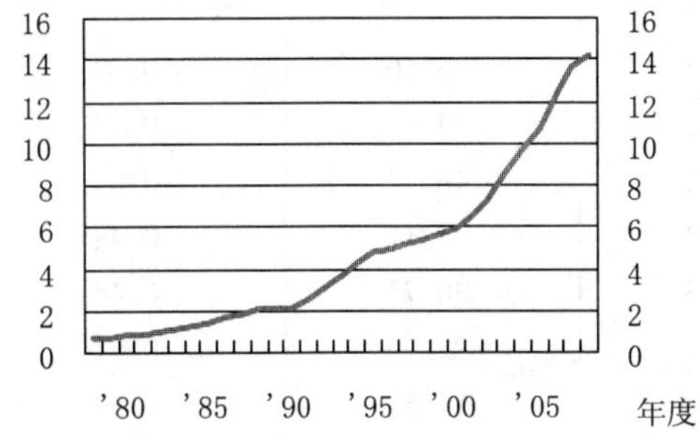

2008 年全国水泥产量 14.2 亿吨

各时期全国水泥年平均增长率

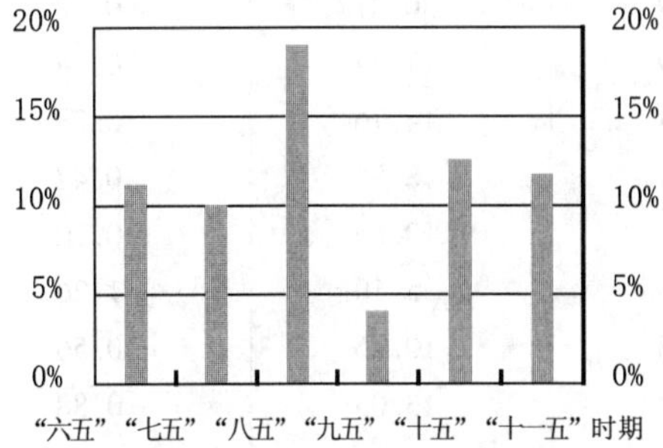

2008 年全国水泥年增长率 4.33%

2000年以来全国水泥年增长率

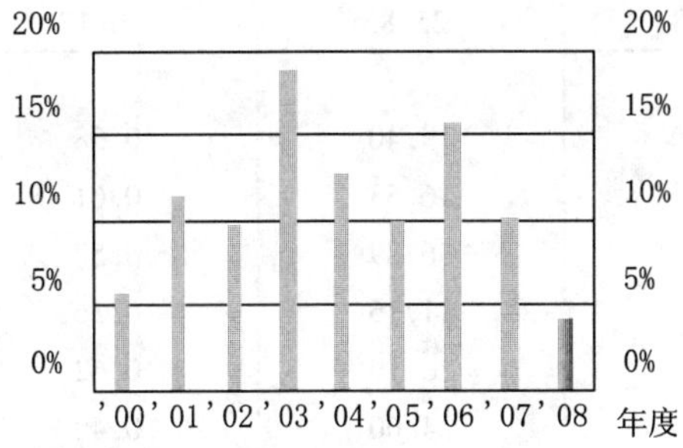

产量单位:万吨

年 度	产 量	增长率(%)	年 度	产 量	增长率(%)
1949	66		1986	16 606	13.78
			1987	18 625	12.16
1950	141	113.83	1988	21 013	12.82
1951	249	77.04	1989	21 029	0.08
1952	289	16.18	1990	20 971	-0.28
1953	388	34.17	1991	25 261	20.45
1954	460	18.47	1992	30 822	22.01
1955	450	-2.11	1993	36 333	17.88
1956	639	41.97	1994	42 119	15.92
1957	686	7.26	1995	47 591	12.99
1958	930	35.63	1996	49 212	3.41
1959	1 227	31.94	1997	51 276	4.19
1960	1 565	27.57	1998	52 706	2.79
1961	621	-60.35	1999	56 105	6.45
1962	600	-3.37	2000	59 319	5.73
1963	806	34.39	2001	66 104	11.44
1964	1 209	50.03	2002	72 535	9.73
1965	1 634	35.11	2003	86 271	18.94
			2004	97 300	12.78
1966	2 015	23.29	2005	106 885	9.85
1967	1 462	-27.42			
1968	1 262	-13.7	2006	123 611	15.65
1969	1 829	44.92	2007	136 117	10.12
1970	2 575	40.8	2008	142 010	4.33
1971	3 158	22.63	年平均增长率:		
1972	3 547	12.33	1949 ~ 2008 年		14.49
1973	3 731	5.18	1978 ~ 2008 年		11.03
1974	3 709	-0.58			
1975	4 626	24.73	1950 ~ 1952 年		76.09
			"一五"时期		20.54
1976	4 670	0.93	"二五"时期		12.45
1977	5 565	19.17	1963 ~ 1965 年		39.80
1978	6 524	17.24	"三五"时期		3.77
1979	7 390	13.27	"四五"时期		12.84
1980	7 986	8.07	"五五"时期		11.16
			"六五"时期		11.21
1981	8 290	3.81	"七五"时期		10.08
1982	9 520	14.84	"八五"时期		19.01
1983	10 825	13.71	"九五"时期		4.07
1984	12 302	13.64	"十五"时期		12.57
1985	14 595	18.64	2005 ~ 2008 年		11.70

1－2 水泥与全社会固定资产投资增长对比

Growth comparison of cement with society wide fixed assets investment

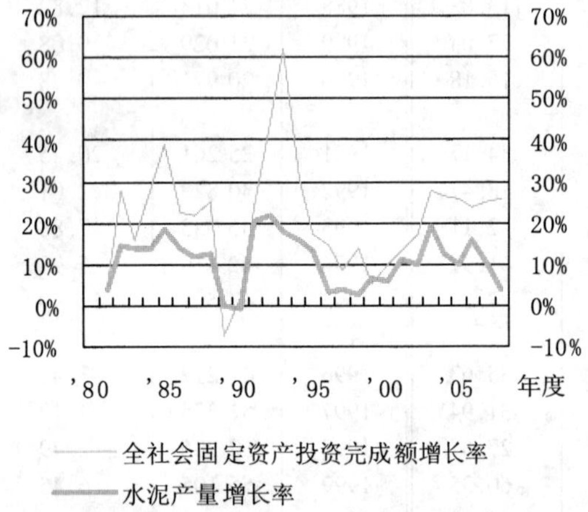

2008 年全社会固定资产投资完成额增长25.85%，与水泥产量增长率的比率为 0.17，即全社会固定资产投资完成额增长 1%，水泥产量增长0.17%。

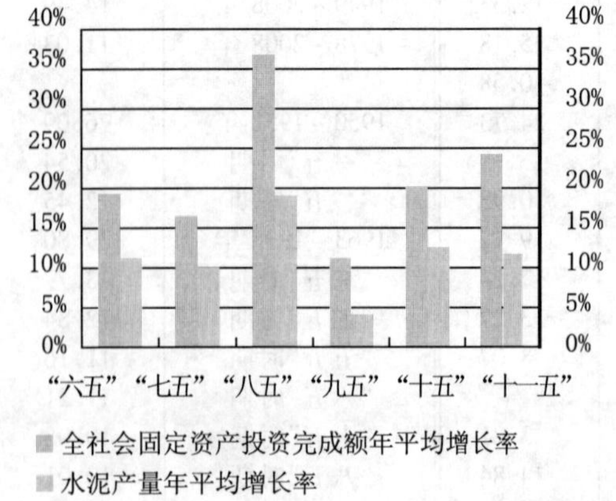

年 度	全社会固定资产投资完成额(亿元)	全社会固定资产投资完成额增长率(%)	水泥产量增长率与全社会固定资产投资完成额增长率比率
1980	911		
1981	961	5.50	0.69
1982	1 230	28.03	0.53
1983	1 430	16.23	0.84
1984	1 833	28.17	0.48
1985	2 543	38.75	0.48
1986	3 121	22.70	0.61
1987	3 792	21.51	0.57
1988	4 754	25.37	0.51
1989	4 410	−7.22	−0.01
1990	4 517	2.42	−0.12
1991	5 595	23.85	0.86
1992	8 080	44.43	0.50
1993	13 072	61.78	0.29
1994	17 042	30.37	0.52
1995	20 019	17.47	0.74
1996	22 914	14.76	0.23
1997	24 941	8.85	0.47
1998	28 406	13.89	0.20
1999	29 855	5.10	1.26
2000	32 918	10.26	0.56
2001	37 214	13.05	0.88
2002	43 500	16.89	0.58
2003	55 567	27.74	0.68
2004	70 477	26.60	0.48
2005	88 773	25.72	0.38
2006	109 998	23.91	0.65
2007	137 324	24.84	0.41
2008	172 828	25.85	0.17
年平均增长率:			
	"六五"时期	19.40	0.58
	"七五"时期	16.53	0.61
	"八五"时期	36.89	0.52
	"九五"时期	11.16	0.36
	"十五"时期	20.19	0.62
	2005～2008 年	24.60	0.48

注：全社会固定资产投资完成额引自国家统计局《2008 年中国统计年鉴》。

1－3　全社会固定资产投资构成

The structure of society wide fixed assets investment

亿　元

年　度	全社会投资完成额				
	总　计	城　镇	其中:房地产开发	其中:建筑安装工程	农　村
1995	20 019	15 644	3 149	9 395	4 376
1996	22 914	17 567	3 216	10 604	5 346
1997	24 941	19 194	3 178	11 626	5 747
1998	28 406	22 491	3 614	13 752	5 915
1999	29 855	23 732	4 103	15 176	6 123
2000	32 918	26 222	4 984	16 346	6 696
2001	37 214	30 001	6 344	18 739	7 212
2002	43 500	35 489	7 791	21 963	8 011
2003	55 567	45 812	10 154	28 091	9 755
2004	70 477	59 028	13 158	36 519	11 449
2005	88 774	75 095	15 909	46 154	13 679
2006	109 998	93 369	19 423	57 099	16 629
2007	137 324	117 464	25 289	71 595	19 859
2008	172 828	148 738	31 203	90 362	24 090
构成%					
1995	100	78.14	15.73	46.93	21.86
1996	100	76.67	14.04	46.28	23.33
1997	100	76.96	12.74	46.61	23.04
1998	100	79.18	12.72	48.41	20.82
1999	100	79.49	13.74	50.83	20.51
2000	100	79.66	15.14	49.66	20.34
2001	100	80.62	17.05	50.36	19.38
2002	100	81.58	17.91	50.49	18.42
2003	100	82.44	18.27	50.55	17.56
2004	100	83.75	18.67	51.82	16.25
2005	100	84.59	17.92	51.99	15.41
2006	100	84.88	17.66	51.91	15.12
2007	100	85.54	18.42	52.14	14.46
2008	100	86.06	18.05	52.28	13.94

注:引自国家统计局《2008 年中国统计年鉴》

1－4 水泥产量地区分布

Regional distribution of cement output

东中西部水泥产量

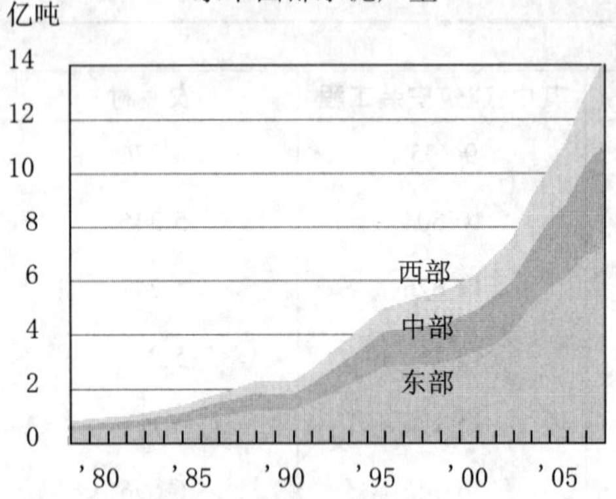

东中西部水泥年平均增长率

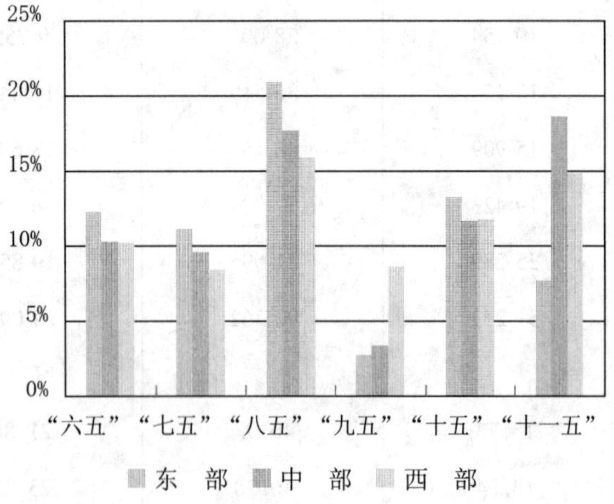

2008年水泥产量省区市分布

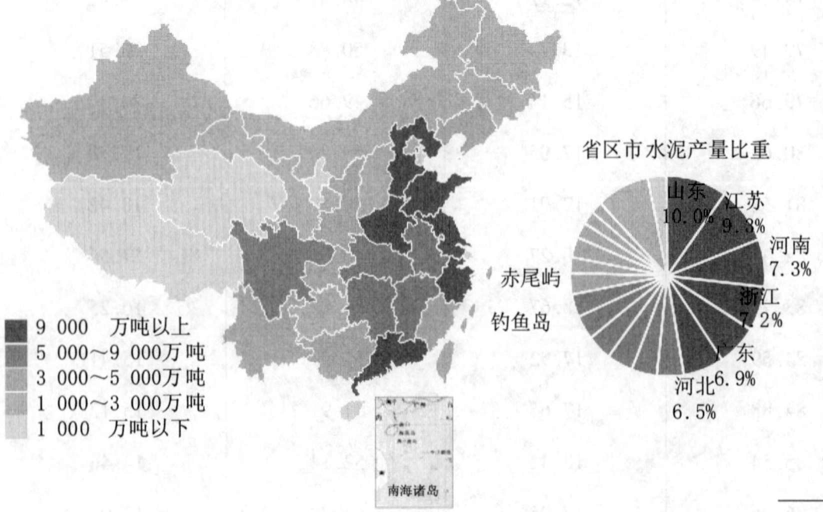

2008 年分省区市水泥产量

产量单位:万吨

省区市	水泥产量	增长率%	比重%
全 国	142 010	4.33	
东 部	68 329	－0.11	48.12
中 部	40 903	8.18	28.80
西 部	32 778	9.64	23.08
北 京	885	－24.24	0.62
天 津	556	－9.63	0.39
河 北	9 264	－2.26	6.52
山 西	2 483	－10.72	1.75
内蒙古	3 262	13.63	2.30
辽 宁	4 125	5.45	2.90
吉 林	2 342	12.42	1.65
黑龙江	2 131	22.19	1.50
上 海	808	－15.73	0.57
江 苏	13 249	11.81	9.33
浙 江	10 218	－1.83	7.20
安 徽	6 172	14.24	4.35
福 建	4 653	3.40	3.28
江 西	5 352	5.03	3.77
山 东	14 142	－5.64	9.96
河 南	10 358	10.37	7.29
湖 北	5 899	4.62	4.15
湖 南	6 168	8.53	4.34
广 东	9 768	－1.29	6.88
广 西	5 246	20.59	3.69
海 南	661	4.37	0.47
重 庆	3 271	9.03	2.30
四 川	6 280	－1.50	4.42
贵 州	2 076	0.83	1.46
云 南	4 110	15.16	2.89
西 藏	169	5.83	0.12
陕 西	3 672	15.62	2.59
甘 肃	1 635	6.18	1.15
青 海	462	5.82	0.33
宁 夏	903	6.70	0.64
新 疆	1 691	11.73	1.19

1-5 2008年水泥熟料产量

Cement clinker output in 2008

产量单位:万吨

省区市名称	水泥熟料			预分解窑熟料			
	产量	增长率%	与水泥比例%	产量	增长率%	占水泥熟料比例%	上年占水泥熟料比例%
全国总计	97 701	2.13	68.80	61 836	20.16	63.29	53.79
东　部	41 730	-3.36	61.07	27 346	11.72	65.53	56.68
中　部	31 228	3.34	76.35	21 888	22.16	70.09	59.29
西　部	24 743	11.13	75.49	12 603	38.97	50.94	40.73
北　京	707	-18.17	79.88	685	-17.23	96.91	95.81
天　津	196	-35.71	35.32	170	-26.26	86.62	75.53
河　北	5 041	-7.98	54.42	2 662	5.80	52.81	45.93
山　西	1 573	-15.13	63.36	894	20.47	56.84	40.04
内蒙古	1 903	6.32	58.32	1 327	17.59	69.75	63.07
辽　宁	2 521	7.13	61.13	1 783	64.59	70.73	46.04
吉　林	1 987	10.41	84.85	1 532	8.70	77.11	78.33
黑龙江	1 095	-9.55	51.41	755	-0.69	68.91	62.76
上　海	172	-9.14	21.31	171	-9.61	99.48	100.00
江　苏	6 130	3.63	46.27	4 817	16.62	78.58	69.83
浙　江	5 745	-6.85	56.23	5 680	-5.92	98.87	97.89
安　徽	8 689	9.79	140.79	7 882	15.00	90.71	86.60
福　建	3 591	4.11	77.16	1 511	45.65	42.07	30.07
江　西	4 077	12.81	76.18	2 686	27.50	65.89	58.29
山　东	9 157	-6.30	64.75	5 402	21.26	59.00	45.59
河　南	5 571	-13.78	53.78	3 987	35.54	71.57	45.53
湖　北	3 982	12.90	67.50	2 611	27.82	65.57	57.92
湖　南	4 254	10.81	68.97	1 541	45.26	36.22	27.63
广　东	7 981	-3.12	81.70	4 146	12.86	51.95	44.59
广　西	4 423	27.68	84.32	2 816	50.47	63.66	54.02
海　南	489	8.47	74.03	318	7.98	64.92	65.21
重　庆	2 503	6.23	76.53	1 195	28.30	47.73	39.52
四　川	4 634	4.96	73.80	1 195	44.27	25.78	18.76
贵　州	1 655	1.59	79.72	297	15.13	17.96	15.85
云　南	3 045	10.31	74.08	1 947	66.07	63.94	42.47
西　藏	128	4.73	75.96	69	3.97	53.46	53.86
陕　西	2 781	19.10	75.73	1 830	38.89	65.83	56.45
甘　肃	1 285	8.70	78.56	700	32.44	54.49	44.72
青　海	366	4.96	79.11	135	15.13	36.98	33.71
宁　夏	683	-0.45	75.63	473	4.49	69.29	66.01
新　疆	1 337	13.59	79.08	619	56.11	46.28	33.68

1－6 水泥制造业固定资产投资完成额

The completed amount of fixed assets investment in cement manufacturing industry

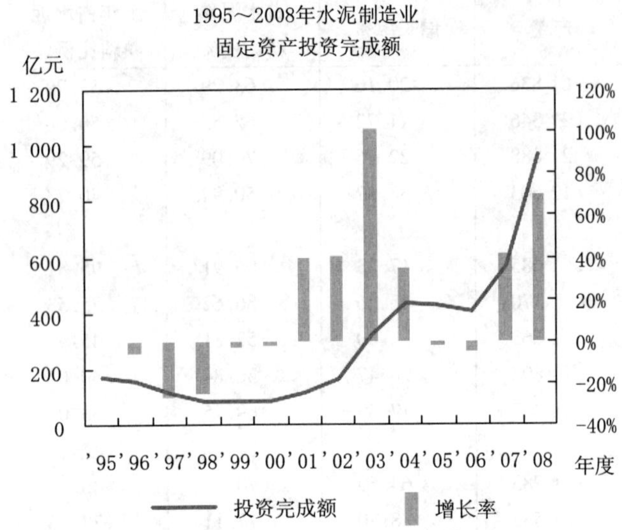

年　度	固定资产投资完成额（亿元）	年增长率（%）
1995	167	
2000	82	-2.43
2001	114	39.53
2002	160	40.01
2003	321	101.22
2004	433	34.99
2005	423	-2.33
2006	403	-4.85
2007	568	40.97
2008	964	69.64
年平均增长率：		
1995～2008年		8.14
“九五”时期		-15.13
“十五”时期		45.75
2005～2008年		22.59

2008年水泥制造业完成固定资产投资额964亿元，比2007年增长69.64%。

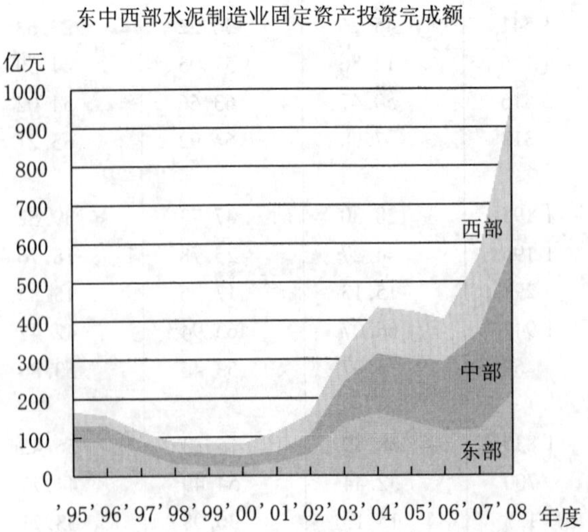

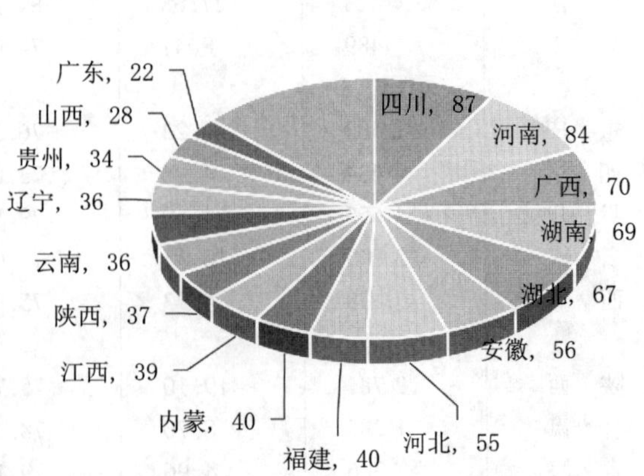

1 -7 水泥制造业按地区分固定资产投资完成额

The completed amount of fixed assets investment by region in cement manufacturing industry

地区名称	投资完成额(亿元)			2008年比2007年增长率%	"十五"时期年平均增长率%	投资完成额比重(%)		
	2008年	2005年	2000年			2008年	2005年	2000年
东部沿海	210.09	139.74	22.27	77.09	57.08	21.79	33.01	27.26
中部地区	378.73	160.99	30.34	49.96	42.81	39.27	38.03	37.15
西部边远	375.53	122.55	29.07	91.01	38.33	38.94	28.95	35.59
北　京		0.91	1.75		-16.66		0.21	2.14
天　津	1.21	0.22	0.17	188.96	60.18	0.13	0.05	0.21
河　北	54.60	16.08	7.11	222.43	29.57	5.66	3.80	8.70
山　西	28.28	9.12	2.12	46.37	39.13	2.93	2.15	2.59
内蒙古	39.90	19.41	1.76	68.78	62.50	4.14	4.58	2.16
辽　宁	36.00	13.15	0.89	17.21	79.19	3.73	3.11	1.10
吉　林	19.05	16.77	2.39	5.42	46.08	1.97	3.96	2.92
黑龙江	16.39	9.67	2.05	-6.06	34.81	1.70	2.28	2.50
上　海		0.02	0.14		65.83			0.17
江　苏	18.41	16.49	2.02	219.11	72.11	1.91	3.90	2.48
浙　江	10.55	7.37	3.63	121.27	42.66	1.09	1.74	4.44
安　徽	55.84	28.62	7.99	43.95	40.28	5.79	6.76	9.79
福　建	40.33	9.09	1.51	74.94	45.48	4.18	2.15	1.85
江　西	39.32	23.11	6.71	200.41	33.67	4.08	5.46	8.22
山　东	19.48	32.00	4.04	34.66	75.38	2.02	7.56	4.95
河　南	84.49	41.04	1.83	7.18	86.06	8.76	9.70	2.24
湖　北	66.63	19.30	6.33	143.13	22.12	6.91	4.56	7.75
湖　南	68.72	13.36	0.93	73.54	86.95	7.13	3.16	1.14
广　东	22.16	39.30	0.99	3.31	115.86	2.30	9.28	1.21
广　西	70.22	33.82	0.61	113.52	128.90	7.28	7.99	0.75
海　南	7.34	5.11	0.02	715.82	223.68	0.76	1.21	0.02
重　庆	37.14	14.39	1.08	169.66	81.69	3.85	3.40	1.33
四　川	86.70	14.27	6.15	139.46	22.37	8.99	3.37	7.53
贵　州	33.70	3.93	2.75	164.20	19.39	3.49	0.93	3.37
云　南	36.49	11.59	3.07	-14.62	42.43	3.78	2.74	3.75
西　藏	2.11	2.36	0.50	608.41	52.43	0.22	0.56	0.61
陕　西	37.23	13.41	5.21	125.34	23.74	3.86	3.17	6.38
甘　肃	5.66	2.24	1.76	167.01	31.24	0.59	0.53	2.15
青　海	7.39	0.45	0.54	675.13	30.15	0.77	0.11	0.66
宁　夏	3.15	2.47	1.27	155.00	32.24	0.33	0.58	1.55
新　疆	15.82	4.20	4.37	17.47	8.33	1.64	0.99	5.35

1－8　2008 年全国新投产窑外分解窑数量

The quantity of outside kiln decomposing kiln newly put into production nationwide in 2008

2008 年全国新投产窑外分解窑生产线 134 条，新投产生产线平均日产规模 3 701 吨。新投产生产线中：日产 2 000～2 500 吨生产线 46 条，日产能力占新增能力 22.06%；日产 4 000～5 000 吨生产线 68 条，日产能力占新增能力 65.36%。

2008 年全国新投产窑外分解窑数量

按水泥熟料日生产能力分组	生产线数量(条)	熟料日生产能力	
		生产能力(吨)	比重(%)
总计	134	496 000	
2 000 吨以下	9	11 200	2.26
2 000～2 500 吨	46	109 400	22.06
2 700～4 000 吨	5	15 200	3.06
4 000～5 000 吨	68	324 200	65.36
6 000 吨	6	36 000	7.26

数量单位：条

地　区	生产线数　量	日产能力(吨)	日产能力比重(%)	按熟料日生产能力(吨/日)分生产线数量				
				2 000 以下	2 000～2 500	2 700～4 000	4 000～5 000	6 000
全　国	134	496 000		9	46	5	68	6
河　北	9	36 500	7.36		3		6	
山　西	1	2 500	0.50		1			
内蒙古	5	17 400	3.51		3		2	
辽　宁	8	38 000	7.66				8	
吉　林	2	9 000	1.81				2	
黑龙江	2	4 500	0.91		2			
江　苏	6	31 000	6.25				5	1
浙　江	6	30 000	6.05				6	
安　徽	7	29 000	5.85		2		5	
福　建	5	14 500	2.92		4		1	
江　西	6	20 500	4.13		3		3	
山　东	6	26 000	5.24	1			5	
河　南	17	64 400	12.98	3	2		12	
湖　北	8	24 500	4.94	1	4	1	2	
湖　南	8	23 200	4.68	1	5		2	
广　东	2	10 500	2.12				1	1
广　西	5	26 500	5.34		1			4
海　南	2	7 500	1.51		1		1	
重　庆	2	8 000	1.61			1	1	
四　川	5	17 900	3.61		2		3	
贵　州	4	10 000	2.02		3	1		
云　南	8	19 000	3.83		7	1		
西　藏	1	2 000	0.40		1			
陕　西	4	14 000	2.82	1			3	
甘　肃	1	1 000	0.20	1				
新　疆	4	8 600	1.73	1	2	1		

1-9　2008年水泥熟料和水泥生产能力

Cement clinker and cement capacity in 2008

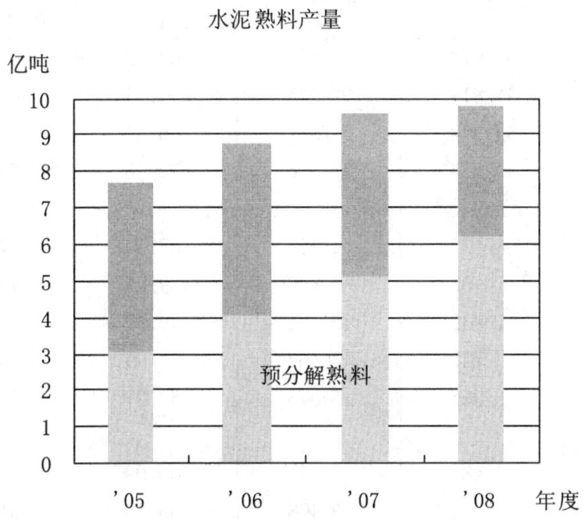

2008年全国水泥熟料产量9.77亿吨，水泥熟料占水泥产量比例68.8%；预分解窑熟料产量6.18亿吨，占水泥熟料产量63.29%。

2008年末全国水泥熟料生产能力12.94亿吨，其中运营的预分解熟料生产线913条，生产能力8.15亿吨，其他熟料4.79亿吨。预分解熟料占水泥熟料生产能力62.97%。

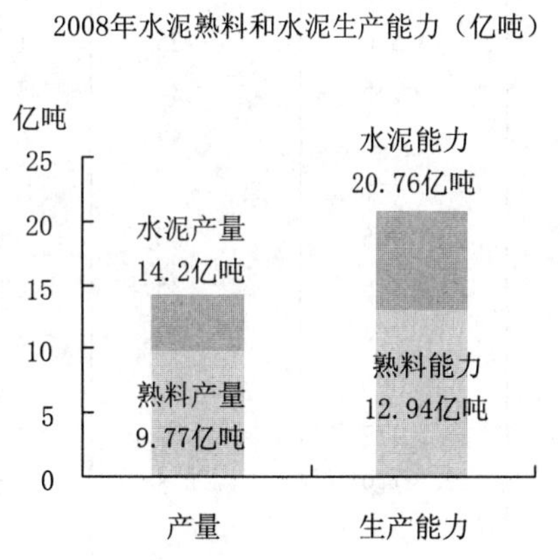

2008年末全国水泥生产能力20.76亿吨，水泥熟料生产能力占水泥生产能力比例62.33%。

1－10 2008 年省区市水泥熟料和水泥生产能力

Cement clinker and cement capacity of each province, region and city in 2008

能力单位:万吨

省区市名称	年末水泥熟料生产能力				年末水泥生产能力	熟料与水泥生产能力比例%	预分解熟料占熟料生产能力比例%
	总计	预分解窑熟料		其他熟料			
		生产能力	生产线(条)				
全国总计	129 375	913	81 462	47 914	207 553	62.33	62.97
东部	54 015	353	35 203	18 811	98 375	54.91	65.17
中部	39 626	299	27 777	11 848	59 671	66.41	70.10
西部	35 735	261	18 481	17 254	49 506	72.18	51.72
北京	910	13	858	52	1 355	67.14	94.31
天津	246	3	185	62	829	29.71	74.92
河北	6 799	39	3 867	2 932	13 601	49.99	56.88
山西	2 486	30	1 358	1 128	4 362	56.99	54.61
内蒙古	2 661	27	1 996	665	5 043	52.77	75.00
辽宁	4 490	31	3 001	1 489	7 473	60.09	66.84
吉林	2 341	22	1 915	426	3 408	68.68	81.80
黑龙江	1 533	19	1 139	394	3 428	44.71	74.28
上海	180	5	180	0	982	18.33	100.00
江苏	7 775	47	5 846	1 930	19 349	40.19	75.18
浙江	7 738	89	7 509	229	15 063	51.37	97.04
安徽	9 695	67	8 663	1 032	8 448	114.77	89.35
福建	4 526	25	1 978	2 548	6 981	64.83	43.70
江西	4 935	37	3 336	1 599	7 449	66.25	67.59
山东	10 538	57	6 208	4 330	18 374	57.35	58.91
河南	7 995	60	6 020	1 976	15 935	50.17	75.29
湖北	4 516	35	2 954	1 563	7 795	57.94	65.40
湖南	6 124	29	2 395	3 729	8 845	69.24	39.10
广东	10 093	39	5 034	5 059	13 536	74.56	49.87
广西	5 977	27	3 706	2 271	7 960	75.09	62.01
海南	719	5	538	182	832	86.43	74.75
重庆	3 329	20	1 386	1 943	4 349	76.54	41.63
四川	7 101	25	2 261	4 840	9 814	72.36	31.84
贵州	2 738	13	731	2 007	3 304	82.88	26.71
云南	4 901	60	3 263	1 637	6 590	74.37	66.59
西藏	226	3	151	75	216	104.24	66.95
陕西	3 888	28	2 450	1 437	5 614	69.25	63.03
甘肃	1 706	20	835	871	2 198	77.61	48.95
青海	442	4	169	273	563	78.53	38.23
宁夏	878	12	500	378	1 379	63.64	56.97
新疆	1 889	22	1 033	857	2 476	76.31	54.65

1－11　2008 年末全国窑外分解窑数量和生产能力

Quantity and capacity of outside kiln decomposing kiln nationwide at the end of 2008

2008年末各窑型日生产能力比重

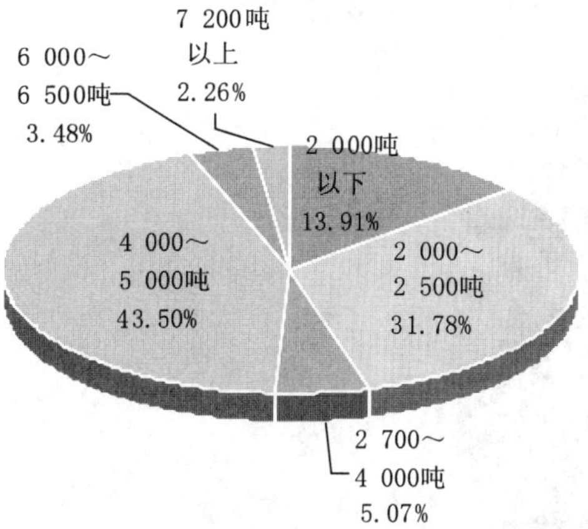

2008 年末全国窑外分解窑数量

按水泥熟料日生产能力分组	生产线数量（条）	熟料日生产能力	
		生产能力（吨）	比重(%)
总　计	913	2 440 260	100.00
2 000 吨以下	307	339 360	13.91
2 000～2 500 吨	325	775 500	31.78
2 700～4 000 吨	40	123 600	5.07
4 000～5 000 吨	221	1 061 600	43.50
6 000～6 500 吨	14	85 000	3.48
7 200 吨以上	6	55 200	2.26

2008年全国窑外分解窑熟料生产能力地区分布

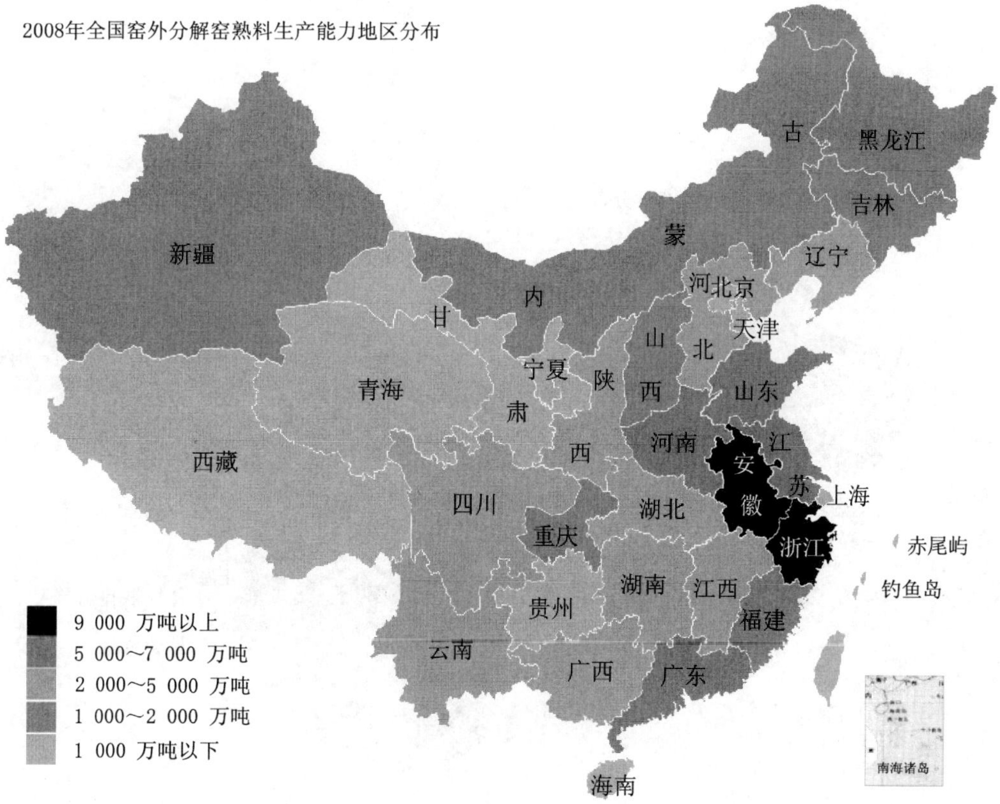

1-12　2008年末全国水泥产品生产能力地区分布

Regional distribution of cement product capacity nationwide at the end of 2008

2008年全国水泥熟料生产能力地区分布

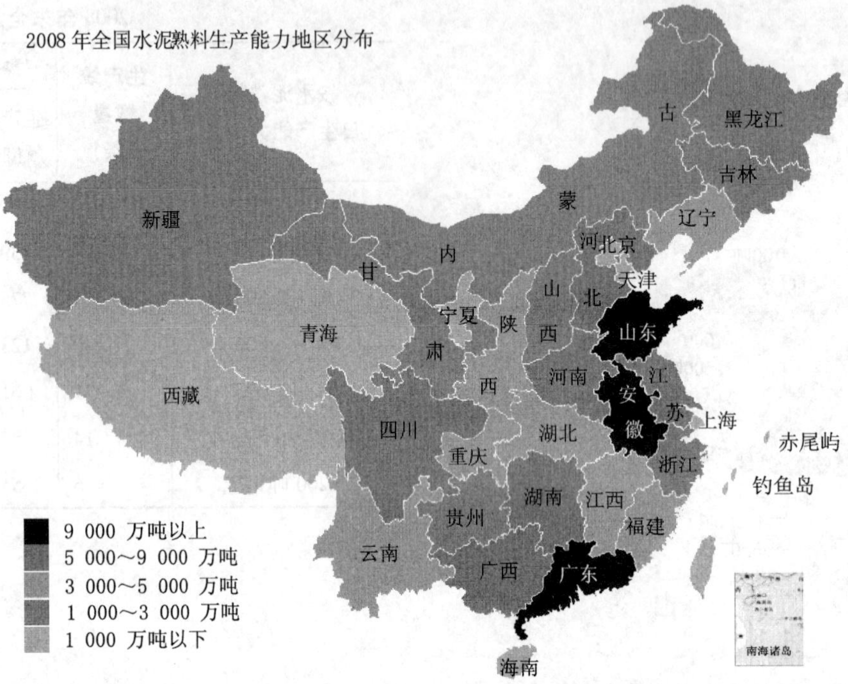

2008年全国水泥生产能力地区分布

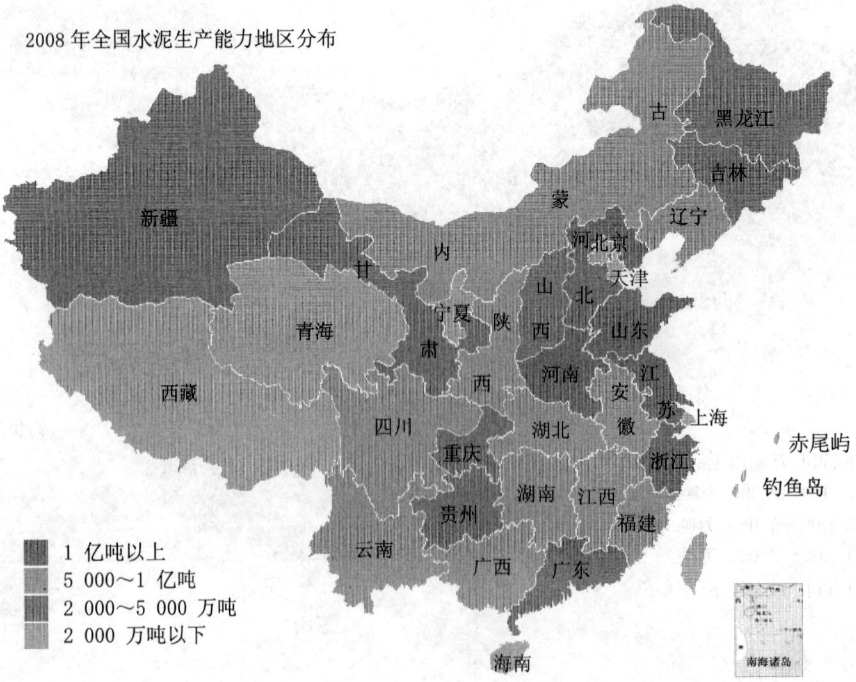

水泥及水泥制品进出口

Import and export of cement and cement product

2－1　历年水泥和水泥熟料出口

Export of cement and cement clinker in past years

1981～2008年水泥和水泥熟料
出口数量(万吨)

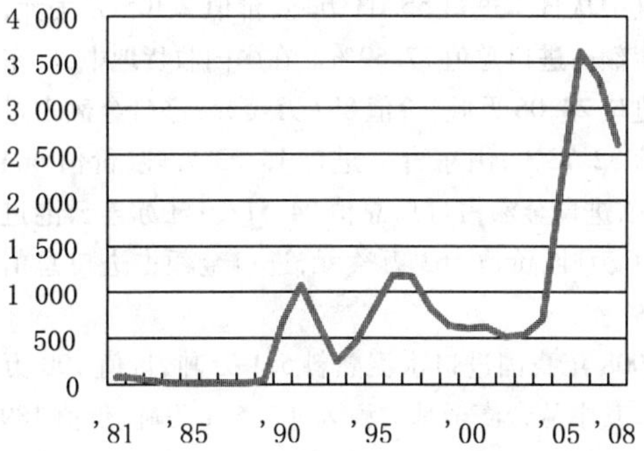

1992～2008年水泥和水泥熟料
出口数量(万吨)

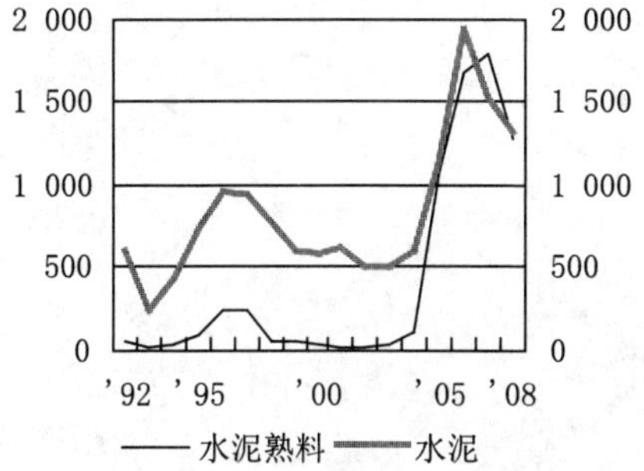

水泥和水泥熟料出口

数量:万吨　金额:万美元

年度	数量	增长率%	金额	增长率%
1985	14.23	-18.20	591	-27.90
1990	682.94	1 464.63	25 735	1 392.38
1995	818.95	81.06	29 807	90.00
2000	605.90	-4.68	18 996	-5.45
2005	2 215.73	214.54	68 460	197.14
2006	3 612.97	63.06	118 062	72.45
2007	3 300.75	-8.64	115 043	-2.56
2008	2 603.80	-21.11	109 879	-4.49

数量:万吨 金额:万美元

年度	水泥出口				水泥熟料出口			
	数量	增长率%	金额	增长率%	数量	增长率%	金额	增长率%
1995	726.23	69.68	26 914	79.40	92.72	281.56	2 893	321.98
2000	582.46	-2.21	18 427	-3.45	23.44	-41.43	569	-43.47
2005	1 137.25	89.01	40 602	100.99	1 078.49	949.66	27 858	881.38
2006	1 940.71	70.65	72 479	78.51	1 672.26	55.06	45 584	63.63
2007	1 519.34	-21.71	60 488	-16.54	1 781.41	6.53	54 555	19.68
2008	1 323.23	-12.91	63 056	4.25	1 280.57	-28.11	46 823	-14.17

2－2 历年水泥和水泥熟料进口

Import of cement and cement clinker in past years

水泥和水泥熟料进口

数量:万吨　金额:万美元

年度	数量	增长率%	金额	增长率%
1985	365.76	11.95	15 255	3.34
1990	39.66	－67.83	1 759	－69.79
1995	31.36	－76.62	1 933	－73.23
2000	142.58	185.36	3 475	135.22
2005	116.35	－56.41	4 048	－47.77
2006	111.64	－4.05	3 925	－3.03
2007	65.12	－41.67	2 612	－33.46
2008	61.71	－5.24	2 900	11.02

2008 年我国进口水泥 56.6 万吨,价值 2 709 万美元。其中从日本进口 55.03 万吨,价值 2 105 万美元,进口金额占进口总值 77.69%。在国内收货地中,广东深圳进口 24.06 万吨,价值 887 万美元,进口金额占进口总值 32.73%;山东青岛进口 15.53 万吨,价值 664 万美元,进口金额占进口总值 24.51%;江苏连云港进口 15.6 万吨,价值 563 万美元,进口金额占进口总值 20.79%。

2008 年我国进口水泥熟料 5.1 万吨,价值 190 万美元。其中从台澎金马关税区进口 5.1 万吨,价值 189 万美元,进口金额占进口总值 99.04%。在国内收货地中,福建福州进口 5.1 万吨,价值 189 万美元,进口金额占进口总值 99.04%。

数量:万吨　金额:万美元

年度	水泥进口				水泥熟料进口			
	数量	增长率%	金额	增长率%	数量	增长率%	金额	增长率%
1995	28.73	－78.17	1 807	－74.31	2.63	6.09	126	－33.54
2000	3.63	－37.03	559	39.97	138.96	214.32	2 916	170.53
2005	82.08	－25.62	3 162	－20.05	34.27	－78.11	886	－76.66
2006	77.05	－6.13	2 991	－5.40	34.59	0.93	934	5.46
2007	53.87	－30.09	2 293	－23.33	11.25	－67.46	319	－65.91
2008	56.60	5.08	2 709	18.13	5.10	－54.64	190	－40.21

2－3　水泥和水泥熟料出口价格变动趋势

Export price floating trend of cement and cement clinker

1992～2008年水泥出口
年均离岸价格(美元/吨)

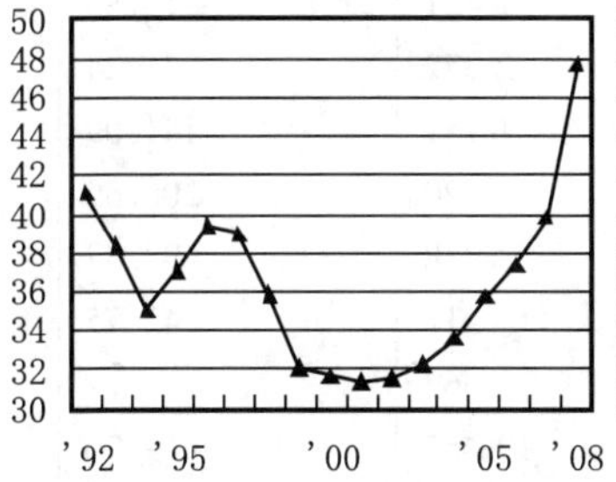

年　度	水泥年均离岸价格(美元/吨)
1992	41.06
1993	38.34
1994	35.05
1995	37.06
1996	39.38
1997	38.94
1998	35.84
1999	32.04
2000	31.64
2001	31.35
2002	31.54
2003	32.23
2004	33.57
2005	35.70
2006	37.35
2007	39.81
2008	47.65

1992～2008年水泥熟料出口
年均离岸价格(美元/吨)

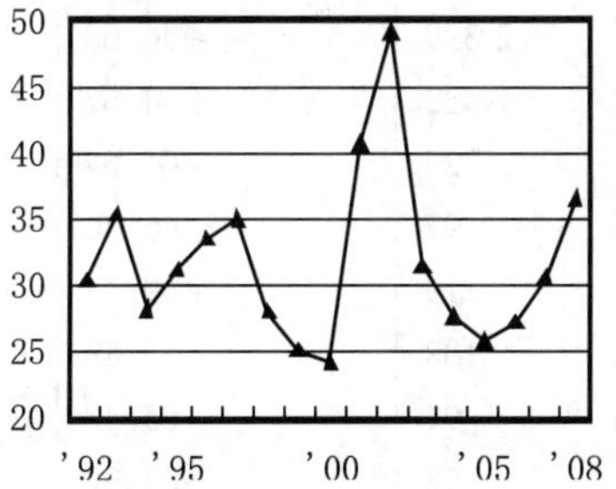

年　度	水泥熟料年均离岸价格(美元/吨)
1992	30.43
1993	35.38
1994	28.21
1995	31.20
1996	33.47
1997	35.00
1998	28.01
1999	25.14
2000	24.26
2001	40.70
2002	49.04
2003	31.47
2004	27.63
2005	25.83
2006	27.26
2007	30.62
2008	36.56

2-4-1 2008年水泥出口主要发货地

Main consignment location for cement export in 2008

数量:吨 金额:万美元

地 区	数量	增长%	金额	增长%	金额比重%
总 计	13 232 277	-12.91	63 056	4.25	100.00
山东省	4 589 231	-3.20	21 459	19.36	34.03
其中:龙口	1 941 233	50.28	9 421	97.86	14.94
日照	1 807 779	-28.26	7 451	-15.85	11.82
烟台	493 089	-37.87	2 372	-32.24	3.76
淄博	153 386	185.61	1 151	141.09	1.83
临沂	96 286	135.92	520	206.59	0.82
枣庄	44 203	442.87	238	597.47	0.38
青岛	20 336	26.05	119	42.75	0.19
平度	11 064	–	63	–	0.10
江苏省	4 510 053	-29.81	19 462	-19.76	30.87
其中:张家港	1 062 751	-25.39	4 342	-5.55	6.89
泰州	1 014 843	-25.60	4 145	-19.67	6.57
南京	862 041	-25.57	3 811	-22.03	6.04
无锡	485 440	369.05	2 226	430.16	3.53
镇江	539 973	-65.66	2 148	-63.82	3.41
苏州	292 840	-42.96	1 470	-32.46	2.33
南通	228 636	-7.36	1 176	29.88	1.87
内蒙古自治区	546 902	68.03	2 780	91.34	4.41
其中:二连	426 816	90.66	2 158	133.39	3.42
乌兰察布	61 125	38.44	286	38.30	0.45
呼伦贝尔	16 951	-19.83	112	-11.24	0.18
阿拉善	12 010	247.26	62	324.54	0.10
满洲里	10 772	-38.74	61	-38.98	0.10
河北省	662 155	12.04	2 412	7.78	3.82
其中:唐山	595 914	16.52	1 851	13.27	2.94
石家庄	53 717	-19.83	480	-2.65	0.76
新疆维吾尔族自治区	391 755	-49.91	2 399	-36.68	3.80
其中:乌鲁木齐	203 939	-20.20	1 423	4.67	2.26
伊宁	59 709	-68.12	324	-61.64	0.51
博乐	35 695	-52.99	197	-46.46	0.31
喀什	27 308	-45.12	119	-49.33	0.19
克孜	25 428	36.38	108	57.48	0.17
阿勒泰	15 395	-73.40	91	-65.48	0.14
塔城	11 891	-84.23	58	-84.32	0.09
安徽省	491 403	104.63	2 374	132.25	3.76
其中:马鞍山	328 131	420.96	1 644	492.23	2.61
广东省	569 043	-24.38	2 362	-14.10	3.75
其中:东莞	256 054	26.58	981	35.41	1.56
广州	188 902	-24.51	779	-7.56	1.23
肇庆	56 260	-33.32	299	-10.96	0.47
珠海	42 001	-69.09	188	-62.39	0.30
深圳	24 551	300.91	103	264.80	0.16

2-4-2 2008年水泥出口主要发货地

Main consignment location for cement export in 2008

数量:吨 金额:万美元

地 区	数量	增长%	金额	增长%	金额比重%
广西壮族自治区	336 270	24.37	1 805	61.75	2.86
其中:南宁	161 342	85.45	914	169.06	1.45
柳州	159 599	3.65	784	26.23	1.24
黑龙江省	208 464	53.18	1 364	87.04	2.16
其中:黑河	60 849	20.93	417	62.16	0.66
哈尔滨	50 801	172.05	306	219.67	0.49
佳木斯	38 802	126.07	265	174.90	0.42
天津市	30 631	-5.29	1 338	31.17	2.12
云南省	177 075	7.12	984	5.12	1.56
其中:保山	72 622	259.03	407	308.71	0.65
思茅	38 553	68.49	201	100.00	0.32
临沧	29 254	17.21	144	37.31	0.23
德宏	17 700	-78.70	139	-75.50	0.22
辽宁省	189 524	-38.22	861	-29.91	1.37
其中:大连	167 010	-43.74	703	-40.55	1.11
北京市	103 745	595.82	744	876.98	1.18
陕西省	113 627	1 870.50	614	1 031.72	0.97
其中:西安	113 627	1 870.50	614	1 031.72	0.97
上海市	92 409	200.26	494	254.03	0.78
甘肃省	67 152	40.28	421	43.48	0.67
其中:兰州	59 892	57.56	391	66.44	0.62
四川省	18 931	56.53	270	95.07	0.43
其中:成都	9 770	3 823.69	157	3 393.44	0.25
乐山	7 091	-40.14	92	-30.88	0.15
河南省	14 718	119.61	256	134.39	0.41
其中:郑州	7 514	33.96	187	103.46	0.30
许昌	5 000	-	28	-	0.04
浙江省	38 400	-75.98	226	-63.42	0.36
其中:湖州	13 303	-	68	-	0.11
宁波	6 501	-85.64	56	-63.17	0.09
杭州	6 850	-45.20	44	-15.42	0.07
金华	7 860	-90.66	39	-88.90	0.06
吉林省	45 457	19.47	206	33.75	0.33
其中:浑江	20 094	93.91	80	120.78	0.13
延边	11 679	-9.96	64	4.80	0.10
珲春	8 306	86.06	33	120.62	0.05
福建省	30 000	177.13	188	340.93	0.30
其中:南平	30 000	-	188	-	0.30
湖北省	1 945	-97.42	22	-91.03	0.04
其中:荆门	1 380	72.73	15	75.38	0.02
荆州	300	-21.05	4	34.41	0.01
山西省	2 830	-84.66	11	-84.38	0.02
其中:晋中	2 830	380.14	11	332.11	0.02
宁夏回族自治区	500	-40.48	4	31.99	0.01
其中:银川	500	-40.48	4	31.99	0.01

2-5 2008 年水泥熟料出口主要发货地

Main consignment location for cement clinker export in 2008

数量:吨 金额:万美元

地 区	数量	增长%	金额	增长%	金额比重%
总 计	12 805 740	-28.11	46 823	-14.17	100.00
安徽省	9 662 062	24.98	33 398	45.66	71.33
其中:芜湖	3 121 936	211.16	11 288	306.37	24.11
池州	1 489 507	1 073.46	5 384	856.57	11.50
铜陵	1 568 865	-50.34	5 334	-46.03	11.39
安庆	1 147 764	35.57	4 054	83.04	8.66
山东省	1 776 349	-69.92	6 779	-62.09	14.48
其中:日照	1 054 303	-46.94	4 186	-31.63	8.94
枣庄	177 799	-84.90	588	-83.27	1.25
潍坊	120 754	206.39	577	403.81	1.23
淄博	131 671	-81.17	491	-76.63	1.05
泰安	127 759	-62.68	446	-56.76	0.95
烟台	94 733	-84.43	319	-82.65	0.68
青州	68 007	-44.90	165	-55.50	0.35
广西壮族自治区	506 443	-41.93	1 726	-33.10	3.69
其中:南宁	261 191	-36.33	933	-24.27	1.99
贵港	107 560	33.73	291	71.11	0.62
柳州	68 816	-78.31	254	-74.17	0.54
广东省	303 576	-41.31	1 183	-20.04	2.53
其中:清远	173 935	-21.68	657	4.11	1.40
广州	94 706	-39.40	379	-7.66	0.81
云浮	28 877	-25.22	117	-11.98	0.25
上海市	393 777	-83.87	1 182	-83.88	2.52
贵州省	29 534	60.99	861	145.31	1.84
其中:贵阳	29 474	60.67	859	144.92	1.84
天津市	15 654	13.82	613	30.74	1.31
河南省	18 436	-48.83	438	-22.43	0.94
其中:郑州	14 311	-44.95	333	-16.32	0.71
山西省	23 811	110.16	251	105.11	0.54
其中:阳泉	1 049	374.66	15	460.65	0.03
浙江省	30 700	15 215.70	203	1 462.94	0.43
其中:嘉兴	21 924	7 308 033.33	137	5 487 688.00	0.29
新疆维吾尔族自治区	14 851	18.15	62	19.81	0.13
其中:吐鲁番	6 760	-6.29	26	-10.19	0.05
博乐	4 725	221.43	22	91.68	0.05
乌鲁木齐	2 730	100.56	14	90.00	0.03
内蒙古自治区	17 760	-22.61	56	-9.56	0.12
其中:二连	17 760	-15.66	56	5.99	0.12
河北省	923	-77.37	15	-66.84	0.03
其中:唐山	826	-24.91	14	55.34	0.03
云南省	5 070	1 814.96	15	2 209.52	0.03
其中:文山	4 830	1 724.31	14	2 082.87	0.03
辽宁省	1 215	255.15	15	748.05	0.03
其中:营口	1 140	504 324.78	15	987 900.00	0.03
重庆市	692	-	14	-	0.03
北京市	360	236.15	7	-16.35	0.01
吉林省	4 480	-13.88	4	-68.83	0.01
其中:珲春	4 480	-13.88	4	-68.83	0.01

2-6-1 2008 年水泥出口主要收货地

Main destination location for cement export in 2008

数量:吨 金额:万美元

国家或地区	数量	增长%	金额	增长%	金额比重%
水 泥	13 232 277	-12.91	63 056	4.25	100.00
安哥拉	2 053 867	96.64	10 242	166.54	16.24
美国	2 218 005	-57.52	9 476	-54.84	15.03
俄罗斯联邦	1 097 791	175.58	6 505	234.13	10.32
尼日利亚	1 211 558	-0.48	4 674	21.74	7.41
蒙古	599 011	52.95	3 091	77.66	4.90
刚果	594 960	455.59	2 941	564.20	4.66
台澎金马关税区	724 881	4.30	2 732	11.61	4.33
韩国	684 170	-51.93	2 713	-47.09	4.30
哈萨克斯坦	326 532	-58.84	2 072	-47.95	3.29
中国香港	482 365	-7.01	1 989	5.02	3.15
南非	282 634	-41.01	1 500	-25.78	2.38
日本	151 296	-4.61	1 175	12.80	1.86
澳大利亚	192 232	60.01	1 057	57.15	1.68
加蓬	194 477	21.23	1 009	60.48	1.60
缅甸	174 719	8.02	993	7.63	1.57
喀麦隆	176 571	-	856	-	1.36
马达加斯加	150 839	37.76	757	64.99	1.20
纳米比亚	156 100	2.51	712	7.33	1.13
中国澳门	149 671	-56.85	648	-48.18	1.03
莫桑比克	98 036	-10.49	494	15.23	0.78
苏丹	86 533	-23.51	481	-16.71	0.76
新加坡	173 476	251.25	421	193.59	0.67
几内亚	77 274	-22.23	407	22.35	0.65
牙买加	85 851	6.02	397	18.04	0.63
阿曼	92 889	746.83	385	891.24	0.61
西班牙	97 999	-45.41	370	-42.55	0.59
新西兰	79 034	29.71	367	37.99	0.58
塔吉克斯坦	55 201	471.44	358	496.19	0.57
波多黎各	77 856	51.77	323	65.61	0.51

2-6-2 2008年水泥出口主要收货地

Main destination location for cement export in 2008

数量:吨 金额:万美元

国家或地区	数量	增长%	金额	增长%	金额比重%
朝鲜	65 589	-18.98	297	-2.78	0.47
阿拉伯联合酋长国	82 480	-73.48	284	-65.19	0.45
利比里亚	66 044	10.99	277	47.38	0.44
吉尔吉斯斯坦	60 009	24.80	273	45.45	0.43
土库曼斯坦	15 442	5 064.40	235	4 274.24	0.37
秘鲁	33 000	659 900.00	213	120 018.51	0.34
民主刚果	33 555	-	209	-	0.33
文莱	33 647	1.08	182	26.53	0.29
埃塞俄比亚	34 343	-20.00	180	11.96	0.28
科摩罗	37 072	42.58	173	63.61	0.27
罗马尼亚	44 993	-	165	-	0.26
印度	2 478	20.76	149	30.65	0.24
乌兹别克斯坦	6 822	119.15	122	210.93	0.19
也门共和国	28 680	1 334.00	108	1 651.62	0.17
越南	14 235	-46.67	108	-28.63	0.17
菲律宾	15 784	-66.81	106	-52.34	0.17
卡塔尔	29 009	3.44	102	4.92	0.16
泰国	2 687	43.23	93	138.94	0.15
印度尼西亚	2 393	19.45	89	8.43	0.14
赤道几内亚	17 000	41.67	85	74.35	0.13
马约特岛	17 941	263.10	81	295.14	0.13
马来西亚	1 271	83.82	74	83.75	0.12
巴布亚新几内亚	6 440	191.32	47	160.62	0.07
坦桑尼亚	7 772	284.82	40	302.74	0.06
尼日尔	2 100	-	37	-	0.06
毛里求斯	7 540	-91.35	26	-90.86	0.04
吉布提	4 230	2 014.93	25	1 916.49	0.04
土耳其	405	-	22	-	0.03
老挝	4 296	-42.44	21	-42.26	0.03
伊朗	543	72.66	17	216.47	0.03
法国	1 081	10 528.80	12	18 211.61	0.02

2-7-1 2008年水泥熟料出口主要收货地

Main destination location for cement clinker export in 2008

数量:吨 金额:万美元

国家或地区	数量	增长%	金额	增长%	金额比重%
总 计	12 805 740	-28.11	46 823	-14.17	100.00
阿拉伯联合酋长国	3 266 142	6.10	12 018	34.98	25.67
西班牙	3 053 898	-62.13	10 421	-59.01	22.26
台澎金马关税区	1 268 072	48.33	4 247	90.49	9.07
科威特	1 134 133	3.64	4 018	33.37	8.58
孟加拉国	1 042 219	-5.83	3 341	14.21	7.14
卡塔尔	501 913	1 529.55	1 943	1 968.53	4.15
意大利	539 679	-49.34	1 806	-44.80	3.86
中国澳门	276 589	-22.75	1 035	7.27	2.21
比利时	242 308	7.18	816	25.91	1.74
马来西亚	243 041	307.73	806	335.30	1.72
多米尼加共和国	182 813	2 275.12	648	2 632.97	1.38
巴西	151 455	82.51	641	158.06	1.37
俄罗斯联邦	125 277	3 126.53	506	912.74	1.08
中国香港	135 522	13.80	405	33.12	0.86
土耳其	34 453	-86.59	303	-62.38	0.65
法国	7 968	-93.94	286	-53.26	0.61
印度	10 073	102.73	254	162.48	0.54
美国	23 514	-64.97	252	-26.98	0.54
南非	44 143	1 836.25	240	243.46	0.51
荷兰	8 538	-22.51	234	4.81	0.50
多哥	64 246	141.70	211	185.97	0.45
塞拉利昂	57 500	-	209	-	0.45
科特迪瓦共和国	50 200	-52.60	178	-40.62	0.38
埃塞俄比亚	24 616	-	152	-	0.33

2-7-2 2008年水泥熟料出口主要收货地

Main destination location for cement clinker export in 2008

数量:吨 金额:万美元

国家或地区	数量	增长%	金额	增长%	金额比重%
塞内加尔	40 601	-49.20	144	-39.41	0.31
越南	21 331	-48.00	143	-14.66	0.30
马达加斯加	29 973	1 338 002.59	142	49 587.15	0.30
加拿大	7 070	-29.57	139	2.66	0.30
澳大利亚	26 851	-50.27	96	-46.74	0.21
埃及	2 571	851.42	94	993.03	0.20
贝宁	30 000	-8.00	92	-3.90	0.20
莫桑比克	28 532	-	91	-	0.20
加纳	23 268	55.02	87	109.15	0.19
印度尼西亚	2 764	415.96	87	847.13	0.19
墨西哥	1 968	-71.49	86	-49.36	0.18
日本	3 543	-0.51	81	67.16	0.17
伊朗	11 034	-91.09	79	-78.23	0.17
利比里亚	18 000	-	68	-	0.14
利比亚	19 727	-	67	-	0.14
哈萨克斯坦	14 611	16.24	62	17.96	0.13
蒙古	17 760	-21.80	56	-4.74	0.12
吉布提	5 964	-	50	-	0.11
德国	763	251.67	36	260.53	0.08
韩国	1 181	-61.35	32	-31.37	0.07
泰国	866	-37.52	31	0.29	0.07
英国	608	-62.52	21	-28.88	0.05
葡萄牙	1 152	-72.92	21	-66.00	0.04
芬兰	373	-	18	-	0.04
瑞典	504	-99.16	14	-92.94	0.03

2-8-1　2008年水泥出口主要流向

Main flow of cement export in 2008

国内发货地	收货国家或地区	出口数量（吨）	数量增长率（%）	出口金额（万美元）	金额增长率（%）	金额比重（%）	年平均离岸价格（美元）
山东龙口	安哥拉	1 038 774	9.69	4 901	44.07	7.77	47.18
江苏南京	美国	725 330	-23.60	3 130	-22.07	4.96	43.15
山东日照	台澎金马关税区	658 365	9.27	2 400	18.32	3.81	36.46
山东龙口	刚果	472 176	644.62	2 373	829.28	3.76	50.25
山东日照	俄罗斯联邦	370 132	292.54	2 151	400.45	3.41	58.12
内蒙古二连	蒙古	425 024	92.07	2 149	135.16	3.41	50.56
江苏泰州	尼日利亚	507 794	-4.32	2 022	23.31	3.21	39.81
江苏泰州	美国	381 693	-54.19	1 623	-53.89	2.57	42.53
山东烟台	美国	325 122	-53.80	1 520	-51.47	2.41	46.76
江苏镇江	美国	371 013	-72.86	1 431	-72.30	2.27	38.57
山东日照	尼日利亚	377 316	1.10	1 364	12.25	2.16	36.15
江苏无锡	安哥拉	253 640	1 309.11	1 129	1 451.30	1.79	44.51
山东日照	韩国	299 317	-60.12	1 067	-60.10	1.69	35.63
新疆乌鲁木齐	哈萨克斯坦	143 700	-41.17	985	-22.62	1.56	68.55
江苏张家港	尼日利亚	253 666	10.61	969	36.75	1.54	38.22
江苏张家港	美国	236 048	-49.00	928	-43.71	1.47	39.33
河北唐山	韩国	266 371	-32.33	883	-30.70	1.40	33.16
广东东莞	中国香港	209 704	38.49	810	45.57	1.28	38.61
安徽马鞍山	安哥拉	156 379	-	791	-	1.25	50.59
广东广州	中国香港	179 828	9.64	731	34.23	1.16	40.66
广西南宁	安哥拉	107 849	1 248.20	667	1 468.74	1.06	61.86
辽宁大连	美国	160 942	-44.42	666	-41.93	1.06	41.38
江苏无锡	加蓬	133 996	108.11	655	155.16	1.04	48.85
山东龙口	喀麦隆	138 200	-	650	-	1.03	47.07
陕西西安	安哥拉	113 516	2 170.32	608	2 621.13	0.96	53.54
山东龙口	俄罗斯联邦	85 131	182.56	475	245.96	0.75	55.77
山东淄博	俄罗斯联邦	79 991	219.94	443	259.25	0.70	55.38
江苏无锡	刚果	97 804	363.92	442	389.67	0.70	45.24
江苏张家港	澳大利亚	90 848	-	424	-	0.67	46.71
黑龙江黑河	俄罗斯联邦	60 849	20.93	417	62.16	0.66	68.55
云南保山	缅甸	72 622	259.03	407	308.71	0.65	56.09
广西柳州	苏丹	79 029	-17.07	400	-3.39	0.63	50.65
山东烟台	牙买加	85 829	211.70	397	252.38	0.63	46.27
河北唐山	新加坡	172 768	254.67	380	265.33	0.60	22.00
江苏苏州	南非	79 568	-57.55	369	-55.35	0.59	46.41
江苏张家港	安哥拉	65 454	-	366	-	0.58	55.96

2－8－2 2008 年水泥出口主要流向

Main flow of cement export in 2008

国内发货地	收货国家或地区	出口数量（吨）	数量增长率（%）	出口金额（万美元）	金额增长率（%）	金额比重（%）	年平均离岸价格（美元）
江苏镇江	新西兰	78 948	46.63	361	48.87	0.57	45.75
山东临沂	俄罗斯联邦	58 046	276.99	330	409.61	0.52	56.82
山东烟台	俄罗斯联邦	59 554	1 885.12	330	2 203.22	0.52	55.34
甘肃兰州	哈萨克斯坦	56 157	47.74	326	39.08	0.52	58.12
山东日照	波多黎各	77 856	51.77	323	65.61	0.51	41.45
山东淄博	日本	7 301	14.25	315	35.71	0.50	431.84
江苏南通	纳米比亚	67 540	–	314	–	0.50	46.56
江苏苏州	日本	70 287	–50.01	300	–45.34	0.48	42.63
广东肇庆	中国香港	56 092	–32.61	299	–9.96	0.47	53.22
黑龙江哈尔滨	俄罗斯联邦	49 425	177.61	298	226.13	0.47	60.34
广西柳州	安哥拉	52 142	1 203.37	295	881.36	0.47	56.57
江苏泰州	阿曼	71 972	–	291	–	0.46	40.48
北京海淀区	安哥拉	46 855	–	288	–	0.46	61.49
江苏张家港	西班牙	77 608	–48.70	285	–46.34	0.45	36.75
河北唐山	阿拉伯联合酋长国	82 280	–	283	–	0.45	34.43
内蒙古乌兰察布	蒙古	59 022	34.05	277	34.87	0.44	46.99
新疆乌鲁木齐	塔吉克斯坦	42 809	1 069.95	277	790.84	0.44	64.73
江苏张家港	日本	61 538	1 390.39	273	1 520.99	0.43	44.38
新疆伊宁	哈萨克斯坦	54 313	–70.79	272	–67.50	0.43	50.15
河北石家庄	韩国	29 094	–3.23	268	25.62	0.43	92.11
黑龙江佳木斯	俄罗斯联邦	38 802	126.07	265	174.90	0.42	68.25
江苏南京	澳大利亚	50 384	–46.49	263	–37.47	0.42	52.12
山东龙口	马达加斯加	51 170	–38.62	248	–28.57	0.39	48.52
江苏苏州	安哥拉	39 892	149.33	247	237.44	0.39	62.04
天津塘沽区	南非	3 895	1 802.12	246	1 884.05	0.39	631.16
广西南宁	中国澳门	52 218	–28.17	241	–14.26	0.38	46.09
天津塘沽区	日本	3 843	5.98	241	5.96	0.38	626.19
江苏南通	南非	52 150	–38.13	240	–25.19	0.38	46.00
江苏张家港	韩国	69 169	–70.65	237	–67.80	0.38	34.29
江苏苏州	纳米比亚	50 400	–66.90	233	–64.93	0.37	46.14
江苏南通	莫桑比克	41 124	–20.92	230	15.02	0.37	56.00
安徽省	南非	52 744	–28.62	224	–26.99	0.35	42.39
江苏南通	秘鲁	33 000	–	213	–	0.34	64.50
上海卢湾区	安哥拉	38 220	19 010.00	212	20 449.85	0.34	55.54
云南思茅	缅甸	38 553	69.30	201	101.07	0.32	52.06
山东龙口	加蓬	34 950	–51.69	199	–30.32	0.32	57.00

2 - 8 - 3 2008 年水泥出口主要流向

Main flow of cement export in 2008

国内发货地	收货国家或地区	出口数量（吨）	数量增长率（%）	出口金额（万美元）	金额增长率（%）	金额比重（%）	年平均离岸价格（美元）
广东珠海	中国澳门	41 999	-69.09	188	-62.40	0.30	44.75
福建南平	安哥拉	30 000	-	188	-	0.30	62.50
江苏南京	尼日利亚	35 212	-	187	-	0.30	53.00
安徽马鞍山	南非	42 501	4.17	185	5.73	0.29	43.50
河北石家庄	美国	17 671	-50.02	176	-33.59	0.28	99.44
山东淄博	马达加斯加	27 876	406.84	172	603.23	0.27	61.74
山东龙口	科摩罗	36 572	265.72	172	294.87	0.27	46.97
广东东莞	中国澳门	46 350	-7.11	172	4.33	0.27	37.01
天津塘沽区	澳大利亚	2 583	46.43	170	45.47	0.27	658.62
江苏苏州	俄罗斯联邦	26 552	119.44	165	276.38	0.26	62.23
新疆博乐	哈萨克斯坦	30 202	-59.35	157	-56.64	0.25	51.84
江苏张家港	台澎金马关税区	44 806	-	151	-	0.24	33.72
江苏苏州	加蓬	25 000	-	150	-	0.24	59.99
天津塘沽区	印度	2 431	62.46	148	57.16	0.23	607.15
云南临沧	缅甸	29 254	17.21	144	37.31	0.23	49.06
山东淄博	安哥拉	29 441	83.07	141	65.22	0.22	47.89
云南德宏	缅甸	17 700	-78.70	139	-75.50	0.22	78.33
安徽马鞍山	俄罗斯联邦	23 783	981.06	134	1 627.93	0.21	56.50
安徽省	莫桑比克	30 000	-47.83	134	-41.61	0.21	44.50
山东龙口	利比里亚	32 500	-45.38	133	-29.21	0.21	41.00
安徽省	几内亚	26 866	-	132	-	0.21	49.00
河北唐山	南非	27 000	-	129	-	0.20	47.77
江苏张家港	喀麦隆	22 732	-	128	-	0.20	56.49
江苏张家港	罗马尼亚	34 999	-	124	-	0.20	35.50
天津塘沽区	韩国	1 974	-13.52	124	-13.39	0.20	628.87
山东龙口	几内亚	21 000	-12.50	123	28.86	0.19	58.50
北京海淀区	哈萨克斯坦	5 844	1 639.29	121	3 774.57	0.19	206.66
四川成都	土库曼斯坦	8 070	3 140.96	119	2 552.61	0.19	147.32
安徽马鞍山	文莱	19 850	-	117	-	0.19	59.07
安徽省	纳米比亚	27 200	-	116	-	0.18	42.80
江苏镇江	尼日利亚	34 072	-	115	-	0.18	33.75
安徽马鞍山	澳大利亚	20 150	-	111	-	0.18	55.00
内蒙古呼伦贝尔	俄罗斯联邦	16 503	-12.53	109	-4.68	0.17	66.08
江苏张家港	南非	24 776	20 208.20	107	20 308.20	0.17	43.21
安徽马鞍山	莫桑比克	22 000	-	107	-	0.17	48.50
新疆克孜	吉尔吉斯斯坦	25 000	34.08	106	54.58	0.17	42.29

2-8-4 2008年水泥出口主要流向

Main flow of cement export in 2008

国内发货地	收货国家或地区	出口数量（吨）	数量增长率（%）	出口金额（万美元）	金额增长率（%）	金额比重（%）	年平均离岸价格（美元）
江苏张家港	也门共和国	27 652	-	102	-	0.16	37.00
北京宣武区	安哥拉	15 000	-	98	-	0.15	65.00
广西贵港市	越南	13 730	-44.69	95	-28.61	0.15	69.06
黑龙江鹤岗	俄罗斯联邦	16 140	481.26	95	590.81	0.15	58.73
天津塘沽区	台澎金马关税区	1 512	-28.70	94	-28.62	0.15	624.74
辽宁朝阳	俄罗斯联邦	11 774	-	94	-	0.15	80.00
江苏张家港	阿曼	20 917	-	94	-	0.15	45.00
江苏镇江	民主刚果	16 500	-	91	-	0.14	55.00
新疆喀什	吉尔吉斯斯坦	21 702	-6.86	90	-4.04	0.14	41.55
山东临沂	安哥拉	19 000	-	89	-	0.14	47.00
广西柳州	中国香港	28 429	-29.06	88	-19.46	0.14	31.07
江苏南通	俄罗斯联邦	16 800	-	88	-	0.14	52.21
山东青岛	俄罗斯联邦	15 755	96.93	86	139.57	0.14	54.87
黑龙江大庆	蒙古	8 129	8.40	85	37.54	0.14	105.05
上海浦东	西班牙	20 387	-27.77	85	-24.84	0.14	41.74
江苏南通	几内亚	16 500	-	84	-	0.13	51.00
江苏南京	利比里亚	19 248	-	83	-	0.13	43.00
山东枣庄	俄罗斯联邦	14 962	131.88	83	195.30	0.13	55.20
山东日照	民主刚果	13 331	-	82	-	0.13	61.52
广东深圳	安哥拉	21 000	-	80	-	0.13	38.00
吉林浑江	朝鲜	20 094	93.91	80	120.78	0.13	39.63
山东龙口	赤道几内亚	16 500	-	79	-	0.12	47.67
山东枣庄	埃塞俄比亚	16 678	886.86	78	1 158.82	0.12	46.94
新疆乌鲁木齐	乌兹别克斯坦	4 744	135.32	78	177.95	0.12	163.39
天津塘沽区	印度尼西亚	1 218	-1.69	77	0.51	0.12	631.88
江苏泰州	刚果	14 998	-	77	-	0.12	51.25
江苏张家港	俄罗斯联邦	13 514	357.96	72	489.23	0.11	53.04
四川乐山	苏丹	5 795	-50.97	70	-47.91	0.11	120.16
江苏南京	马达加斯加	14 000	-	69	-	0.11	49.00
江苏泰州	卡塔尔	19 295	-	68	-	0.11	35.00
天津塘沽区	马来西亚	1 071	76.17	67	76.26	0.11	627.66
山东龙口	马约特岛	14 000	-	67	-	0.11	47.58
安徽省	文莱	13 797	-16.89	65	-15.03	0.10	47.03
甘肃兰州	土库曼斯坦	3 675	-	64	-	0.10	172.82
山东枣庄	安哥拉	10 000	-	63	-	0.10	63.14
山东平度	俄罗斯联邦	11 064	-	63	-	0.10	57.00

2－8－5　2008年水泥出口主要流向

Main flow of cement export in 2008

国内发货地	收货国家或地区	出口数量（吨）	数量增长率（%）	出口金额（万美元）	金额增长率（%）	金额比重（%）	年平均离岸价格（美元）
内蒙古阿拉善	蒙古	12 010	247.26	62	324.54	0.10	51.25
安徽马鞍山	利比里亚	14 272	－	61	－	0.10	43.00
黑龙江牡丹江	俄罗斯联邦	10 171	32.33	61	－5.14	0.10	60.19
山东烟台	韩国	6 300	－38.99	61	－14.25	0.10	96.33
新疆阿勒泰	蒙古	9 816	－38.20	60	－23.19	0.09	60.68
河南郑州	泰国	1 995	42.03	59	111.92	0.09	298.02
山东烟台	朝鲜	15 700	－52.13	59	－44.09	0.09	37.56
新疆塔城	哈萨克斯坦	11 794	－84.18	57	－84.31	0.09	48.47
吉林延边	朝鲜	10 381	－19.28	57	－5.56	0.09	54.86
浙江宁波	俄罗斯联邦	6 501	6 500 900	56	402 088.57	0.09	86.61
北京海淀区	埃塞俄比亚	9 833	－	56	－	0.09	56.55
云南昆明	缅甸	10 235	246.30	51	281.46	0.08	49.90
安徽马鞍山	几内亚	10 000	－	51	－	0.08	51.00
河北唐山	澳大利亚	22 917	－	50	－	0.08	22.00
新疆乌鲁木齐	蒙古	8 013	204.54	50	229.71	0.08	62.44
广东广州	中国澳门	9 070	－89.45	47	－83.98	0.08	52.26
山东临沂	马达加斯加	9 778	63.79	47	149.39	0.07	48.00
河北沧州	蒙古	5 700	－20.48	46	－39.06	0.07	80.00
江苏镇江	台澎金马关税区	10 440	－86.85	45	－81.23	0.07	43.37
安徽马鞍山	纳米比亚	10 000	－	45	－	0.07	44.85
河北唐山	蒙古	11 922	－54.69	43	－55.56	0.07	36.26
上海浦东	罗马尼亚	9 994	－	40	－	0.06	40.50
浙江金华	马达加斯加	7 860	45.82	39	41.46	0.06	50.00
山东临沂	喀麦隆	7 321	－	39	－	0.06	53.48
河北唐山	俄罗斯联邦	8 282	914.95	39	1 094.19	0.06	47.01
四川成都	乌兹别克斯坦	1 700	－	38	－	0.06	221.68
黑龙江伊春	俄罗斯联邦	5 400	2 025.98	37	3 311.46	0.06	69.00
北京西城区	尼日尔	2 100	－	37	－	0.06	175.00
内蒙古巴彦淖尔	蒙古	7 993	170.19	37	184.12	0.06	45.69
辽宁大连	俄罗斯联邦	6 000	－15.45	36	6.02	0.06	60.00
天津塘沽区	新加坡	546	－3.70	36	－2.59	0.06	650.57
江苏张家港	菲律宾	7 301	－	35	－	0.06	48.50
江苏南京	安哥拉	8 952	347.60	35	402.63	0.06	39.30
新疆伊宁	土库曼斯坦	1 942	－	35	－	0.06	180.00
江苏镇江	马达加斯加	10 194	－	35	－	0.06	34.00

2-9-1 2008年水泥熟料出口主要流向

Main flow of cement clinker export in 2008

国内发货地	收货国家或地区	出口数量（吨）	数量增长率（%）	出口金额（万美元）	金额增长率（%）	金额比重（%）	年平均离岸价格（美元）
安徽芜湖	阿拉伯联合酋长国	1 105 352	834.14	4 099	1 118.42	8.76	37.09
安徽铜陵	西班牙	893 228	-57.90	3 068	-56.81	6.55	34.35
安徽芜湖	西班牙	648 139	131.80	2 293	176.87	4.90	35.38
山东日照	阿拉伯联合酋长国	490 595	19.26	2 131	68.00	4.55	43.44
安徽省其他地区	西班牙	650 469	-3.27	2 105	2.49	4.50	32.37
安徽芜湖	科威特	522 716	172.75	1 895	260.97	4.05	36.26
安徽池州	台澎金马关税区	424 323	-	1 521	-	3.25	35.84
安徽池州	阿拉伯联合酋长国	398 687	523.78	1 460	603.02	3.12	36.63
安徽省其他地区	孟加拉国	373 754	-29.47	1 109	-20.48	2.37	29.67
安徽安庆	孟加拉国	282 374	-	966	-	2.06	34.22
安徽省其他地区	台澎金马关税区	341 612	-34.46	965	-29.33	2.06	28.26
安徽铜陵	阿拉伯联合酋长国	300 358	-12.78	926	-0.23	1.98	30.83
广西南宁	阿拉伯联合酋长国	248 212	-	869	-	1.86	35.02
安徽芜湖	孟加拉国	258 273	32.54	858	71.16	1.83	33.22
安徽省其他地区	阿拉伯联合酋长国	242 712	73.87	809	103.64	1.73	33.35
安徽安庆	台澎金马关税区	209 468	467.43	761	716.62	1.63	36.34
山东日照	西班牙	218 094	-83.22	751	-81.54	1.60	34.41
安徽省其他地区	意大利	218 767	13.32	697	-1.72	1.49	31.84
安徽芜湖	台澎金马关税区	204 025	74.81	693	132.69	1.48	33.94
广东清远	中国澳门	173 935	12.00	657	46.28	1.40	37.80
安徽安庆	阿拉伯联合酋长国	203 995	-50.04	649	-38.62	1.39	31.81
山东日照	卡塔尔	153 684	-	644	-	1.38	41.90
安徽安庆	西班牙	176 630	907.01	635	1 157.05	1.36	35.95
山东潍坊	阿拉伯联合酋长国	120 754	-	577	-	1.23	47.76
安徽省其他地区	科威特	144 442	38.85	507	72.07	1.08	35.08
安徽池州	意大利	143 197	-	492	-	1.05	34.38
安徽池州	西班牙	136 669	116.87	490	37.93	1.05	35.84
安徽池州	科威特	119 021	-	452	-	0.97	38.00
安徽池州	马来西亚	121 664	-	410	-	0.88	33.72
安徽芜湖	比利时	109 027	-	393	-	0.84	36.00
安徽省其他地区	卡塔尔	119 635	288.41	388	312.99	0.83	32.43
上海浦东	西班牙	122 317	-85.23	377	-85.54	0.80	30.80
山东枣庄	卡塔尔	107 257	-	362	-	0.77	33.73
山东日照	科威特	106 431	-	356	-	0.76	33.49
安徽安庆	科威特	94 809	-66.46	348	-52.89	0.74	36.75

2-9-2 2008年水泥熟料出口主要流向

Main flow of cement clinker export in 2008

国内发货地	收货国家或地区	出口数量（吨）	数量增长率（%）	出口金额（万美元）	金额增长率（%）	金额比重（%）	年平均离岸价格(美元)
广东广州	中国澳门	93 992	-39.55	346	-10.95	0.74	36.79
安徽铜陵	多米尼加共和国	93 787	-	332	-	0.71	35.38
安徽安庆	巴西	74 967	-	328	-	0.70	43.78
安徽芜湖	多米尼加共和国	89 026	-	316	-	0.68	35.50
广西贵港	中国香港	106 630	32.57	287	68.69	0.61	26.92
安徽铜陵	卡塔尔	62 664	-	282	-	0.60	45.00
安徽铜陵	台澎金马关税区	73 516	-14.78	265	24.58	0.57	36.07
安徽芜湖	卡塔尔	58 541	-	263	-	0.56	45.00
上海浦东	阿拉伯联合酋长国	88 564	-88.71	259	-88.63	0.55	29.29
广西柳州	西班牙	68 816	-74.11	254	-69.36	0.54	36.90
上海浦东	科威特	86 052	-75.57	241	-76.25	0.51	28.00
安徽芜湖	意大利	63 363	-	238	-	0.51	37.50
山西省	美国	22 755	129.41	236	126.22	0.50	103.88
广西南宁	阿拉伯联合酋长国	66 876	8.39	234	31.95	0.50	35.00
山东泰安	俄罗斯联邦	63 244	-	227	-	0.48	35.85
山东泰安	意大利	64 515	-52.58	219	-44.53	0.47	34.00
山东烟台	西班牙	68 398	-88.76	219	-88.08	0.47	32.00
安徽铜陵	科威特	60 662	-50.32	218	-32.38	0.47	36.00
安徽省	比利时	62 545	3.59	197	19.47	0.42	31.43
山东淄博	科特迪瓦共和国	50 200	-	178	-	0.38	35.50
安徽省	马来西亚	60 499	-	174	-	0.37	28.70
山东青州	西班牙	68 007	20.07	165	-3.39	0.35	24.30
安徽池州	孟加拉国	45 495	-	164	-	0.35	36.13
山东淄博	多哥	49 499	-	163	-	0.35	33.00
河南郑州	荷兰	6 816	24.18	161	89.06	0.34	236.01
山东日照	巴西	43 468	300.52	158	333.65	0.34	36.43
贵州贵阳	法国	5 252	108.47	156	105.65	0.33	297.52
安徽池州	巴西	33 000	-	153	-	0.33	46.50
贵州贵阳	土耳其	3 984	1 196.88	148	1 363.55	0.32	370.92
安徽安庆	比利时	44 258	-52.44	146	-42.40	0.31	33.00
安徽池州	塞内加尔	40 601	-	144	-	0.31	35.50
山东淄博	马达加斯加	29 973	-	142	-	0.30	47.23
贵州贵阳	印度	5 275	15.19	141	56.34	0.30	267.35
贵州贵阳	加拿大	7 070	-29.57	139	2.66	0.30	196.30
山东枣庄	南非	42 010	-	134	-	0.29	32.00

2-9-3 2008年水泥熟料出口主要流向

Main flow of cement clinker export in 2008

国内发货地	收货国家或地区	出口数量（吨）	数量增长率（%）	出口金额（万美元）	金额增长率（%）	金额比重（%）	年平均离岸价格(美元)
浙江嘉兴	埃塞俄比亚	20 952	-	129	-	0.28	61.71
安徽铜陵	马来西亚	42 218	-	125	-	0.27	29.66
安徽铜陵	孟加拉国	42 432	-74.06	117	-71.60	0.25	27.63
广东云浮	中国香港	28 877	-25.22	117	-11.98	0.25	40.52
天津市	法国	2 300	-38.65	111	-34.20	0.24	480.74
天津市	印度	4 550	1 538.01	109	2 428.03	0.23	238.77
天津市	南非	2 122	91.07	106	112.34	0.23	498.10
山东烟台	俄罗斯联邦	26 335	-	100	-	0.21	37.90
安徽池州	澳大利亚	26 850	-	96	-	0.21	35.80
上海浦东	意大利	29 481	-46.34	93	-46.06	0.20	31.50
安徽省	土耳其	29 149	9.42	92	21.33	0.20	31.60
安徽省	贝宁	30 000	-	92	-	0.20	30.50
山东枣庄	莫桑比克	28 532	-	91	-	0.20	32.00
安徽芜湖	加纳	23 268	-	87	-	0.19	37.50
安徽安庆	塞拉利昂	23 000	-	86	-	0.18	37.50
山东日照	孟加拉国	25 556	-59.24	84	-52.25	0.18	32.80
贵州贵阳	印度尼西亚	2 412	-	81	-	0.17	335.01
上海浦东	比利时	26 478	-63.56	81	-64.87	0.17	30.50
河南郑州	日本	3 260	20.30	77	105.12	0.16	236.38
安徽芜湖	马来西亚	18 267	146.65	74	244.46	0.16	40.50
安徽省	塞拉利昂	20 000	-	68	-	0.15	34.00
安徽安庆	利比里亚	18 000	-	68	-	0.14	37.50
安徽省	利比亚	19 727	-	67	-	0.14	34.00
安徽安庆	意大利	20 263	-	66	-	0.14	32.50
广西南宁	越南	12 979	26.59	63	-3.44	0.14	48.85
天津市	土耳其	1 320	29.16	63	35.25	0.13	475.71
山东日照	俄罗斯联邦	16 475	-	62	-	0.13	37.41
天津市	墨西哥	1 172	-29.06	56	-19.47	0.12	480.56
内蒙古二连	蒙古	17 760	-15.66	56	5.99	0.12	31.58
安徽芜湖	塞拉利昂	14 500	-	54	-	0.12	37.50
天津市	荷兰	994	86.77	47	98.25	0.10	471.31
安徽省	俄罗斯联邦	13 370	-	46	-	0.10	34.50
贵州贵阳	埃及	1 450	1 712.50	46	2 041.75	0.10	314.32
上海浦东	孟加拉国	14 335	-90.79	43	-90.26	0.09	30.00
上海浦东	台澎金马关税区	15 122	-68.50	42	-70.83	0.09	27.63

2-10-1　2008 年水泥及水泥制品出口总表

General list of cement and cement product export in 2008

商品名称	数量(吨)	数量增长率(%)	金额(万美元)	金额增长率(%)
水泥	13 232 277	-12.91	63 056.36	4.25
1. 白色硅酸盐水泥	102 088	-28.85	925.76	-7.44
2. 硅酸盐水泥	12 378 461	-13.15	57 833.70	3.73
3. 铝酸盐水泥	35 176	30.25	1 805.08	41.62
4. 其他水泥	716 552	-7.00	2 491.82	1.31
水泥熟料	12 805 740	-28.11	46 823.10	-14.17
水泥建筑用砖及砌块	656 223	40.44	8 108.35	109.68
水泥砖瓦	314 537	33.44	14 110.47	90.23
1. 人造石制砖、瓦、扁平石	188 254	70.85	11 971.25	109.70
2. 水泥或混凝土制砖、瓦、扁平石	126 283	0.61	2 139.22	25.20
水泥构件	1 007 295	-29.77	11 742.89	-9.00
1. 混凝土管、杆、板、桩等	574 888	-33.42	6 612.68	-2.48
2. 其他混凝土预制结构件	432 406	-24.26	5 130.20	-16.22
水泥轨枕	41 575	131.87	596.05	136.4
其他水泥制品	293 647	6.17	16 151.79	18.55
石棉水泥瓦楞板	6 356	26.36	214.58	44.84
石棉水泥片、板、砖、瓦	15 364	-41.17	406.68	-39.47
石棉水泥管子及管子附件	154	-45.10	16.19	3.35
其他石棉水泥制品	8 992		576.50	
纤维素水泥瓦楞板	455	28.27	12.58	33.94
纤维素水泥片、板、砖、瓦	88 461	31.30	2 639.85	50.85
纤维素水泥管子及管子附件	47	121.46	8.22	90.25
其他纤维素水泥制品	24 422	13.97	1 538.58	26.93

2-10-2 2008 年水泥及水泥制品进口总表

General list of cement and cement product import in 2008

商品名称	数量(吨)	数量增长率(%)	金额(万美元)	金额增长率(%)
水泥	566 043	5.08	2 709.33	18.13
1. 白色硅酸盐水泥	6 750	-15.81	179.04	-11.57
2. 硅酸盐水泥	550 847	5.21	2 061.46	24.15
3. 铝酸盐水泥	7 030	20.34	386.51	9.16
4. 其他水泥	1 416	15.98	82.31	7.76
水泥熟料	51 049	-54.64	190.43	-40.21
水泥建筑用砖及砌块	2 309	-5.21	114.31	-18.59
水泥砖瓦	17 422	-19.61	1 763.24	10.78
1. 人造石制砖、瓦、扁平石	13 609	-30.37	1 564.52	9.47
2. 水泥或混凝土制砖、瓦、扁平石	3 812	79.44	198.73	22.35
水泥构件	1 200	-56.56	81.36	-55.84
1. 混凝土管、杆、板、桩等	298	-71.84	21.18	-67.66
2. 其他混凝土预制结构件	902	-47.08	60.17	-49.32
水泥轨枕				
其他水泥制品	6 706	-5.40	637.00	17.11
石棉水泥瓦楞板	60	27 614.75	0.98	1 621.62
石棉水泥片、板、砖、瓦	586	-86.52	103.49	-89.36
石棉水泥管子及管子附件	5	96.35	7.53	-64.32
其他石棉水泥制品	20		15.34	
纤维素水泥瓦楞板				
纤维素水泥片、板、砖、瓦	1 526	6.98	424.25	455.15
纤维素水泥管子及管子附件	1	-54.08	0.19	-55.41
其他纤维素水泥制品	22	-61.35	1.26	-71.14

2－11　历年水泥制品出口

Cement product export in past years

1992～2008年水泥制品
出口数量(万吨)

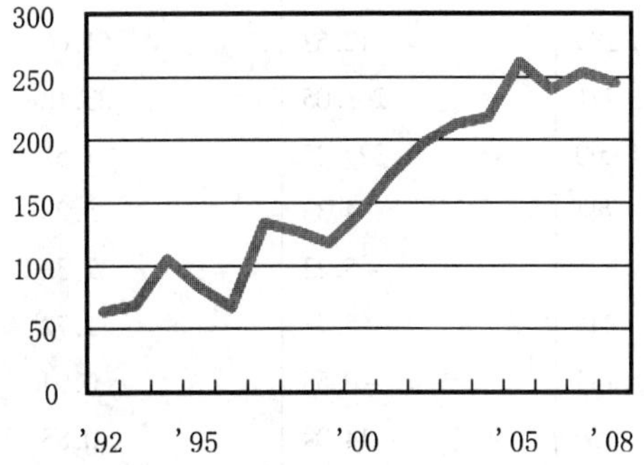

1992～2008年水泥砖瓦和构件
出口数量(万吨)

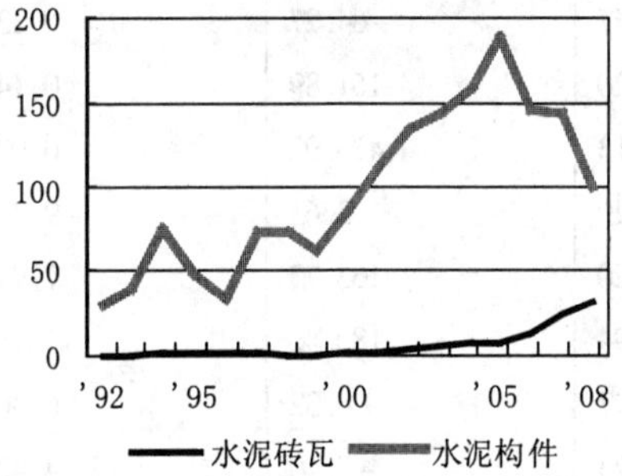

水泥制品出口

数量:吨 金额:万美元

年度	数量	增长率%	金额	增长率%
1995	831 766	－21.07	3 657	－23.31
2000	1 416 504	19.96	7 730	28.45
2005	2 620 528	20.09	24 102	36.90
2006	2 402 519	－8.32	28 436	17.98
2007	2 538 675	5.67	41 083	44.47
2008	2 457 528	－3.20	56 123	36.61

数量:吨 金额:万美元

年度	水泥砖瓦出口				水泥构件出口			
	数量	增长率%	金额	增长率%	数量	增长率%	金额	增长率%
1995	14 340	24.92	216	157.01	477 550	－36.77	1 758	－44.04
2000	15 004	317.59	106	40.11	853 373	39.66	4 900	21.22
2005	62 324	－0.82	2 192	40.64	1 885 622	18.71	12 766	27.76
2006	120 959	94.08	3 757	71.38	1 453 565	－22.91	11 181	－12.42
2007	235 710	94.87	7 418	97.43	1 434 333	－1.32	12 904	15.42
2008	314 537	33.44	14 110	90.23	1 007 295	－29.77	11 743	－9.00

2-12 2008 年水泥砖瓦出口主要发货地

Main consignment location of cement block and tile export in 2008

数量:吨 金额:万美元

地 区	数量	增长%	金额	增长%	金额比重%
总 计	314 537	33.44	14 110	90.23	100.00
广东省	181 242	34.49	7 289	112.52	51.66
其中:深圳	85 460	47.11	3 271	201.05	23.18
云浮	9 002	181.97	1 060	329.25	7.51
佛山	13 324	40.48	744	94.33	5.28
汕头	3 533	-15.80	331	-5.23	2.35
广州	4 759	218.91	243	65.46	1.72
顺德	2 145	483.71	133	-0.55	0.94
南海	824	24.74	120	14.99	0.85
揭阳	974	-16.82	118	-11.63	0.83
中山	43 704	65.75	99	89.51	0.70
东莞	844	-42.06	63	-41.41	0.45
肇庆	456	-56.42	47	-64.27	0.33
番禺	113	119.85	20	161.89	0.14
河源	180	990.69	13	1 473.92	0.09
上海市	8 602	-8.84	1 329	3.63	9.42
福建省	24 437	174.83	1 120	163.73	7.94
其中:泉州	23 985	190.37	1 094	180.46	7.75
江苏省	27 927	-16.57	897	-4.32	6.36
其中:南京	23 318	-18.82	623	-7.40	4.42
连云港	3 853	16.79	222	32.58	1.57
泰州	224	-41.03	25	-40.50	0.18
黑龙江省	9 421	1 762.98	829	7 041.53	5.88
新疆维吾尔族自治区	3 189	381.57	780	314.89	5.53
其中:乌鲁木齐	2 754	429.86	698	287.09	4.95
山东省	18 805	32.68	695	49.01	4.93
其中:威海	1 246	2.14	183	19.72	1.29
青岛	5 091	-1.76	162	22.00	1.15
平度	5 227	20.91	146	59.48	1.04
即墨	4 581	382.16	89	223.94	0.63
聊城	899	415.00	63	3 221.33	0.45
胶州	1 164	-0.67	36	14.37	0.25
江西省	7 162	214.48	397	207.77	2.82
其中:九江	5 404	142.78	368	192.06	2.61
天津市	5 126	-16.57	179	4.97	1.27
辽宁省	16 203	3.81	164	29.21	1.16
其中:大连	15 216	3.16	123	21.92	0.87
沈阳	568	-16.64	33	60.22	0.23
北京市	4 072	160.25	142	190.11	1.01

2－13　2008年水泥构件出口主要发货地

Main consignment location of cement component export in 2008

数量:吨 金额:万美元

地　区	数量	增长%	金额	增长%	金额比重%
总　计	1 007 295	-29.77	11 743	-9.00	100.00
广东省	759 815	-31.08	8 628	-12.48	73.48
其中:深圳	417 428	-20.42	4 545	-2.65	38.71
顺德	58 621	151.89	1 338	174.95	11.40
东莞	91 395	-64.01	1 030	-66.12	8.77
中山	95 022	-23.55	672	12.01	5.72
珠海	39 509	-42.11	436	-1.50	3.71
广州	30 837	-62.17	293	-37.01	2.50
惠州	7 517	4 330.43	154	5 568.90	1.31
江门	9 009	-64.35	96	-21.78	0.82
番禺	10 258	1 291.80	58	280.61	0.49
上海市	82 763	17.71	767	22.27	6.53
浙江省	48 046	86.22	743	55.90	6.33
其中:嘉兴	5 672	77.09	501	68.85	4.26
宁波	42 354	88.77	235	47.07	2.00
北京市	17 691	415.75	363	266.33	3.09
江苏省	17 016	-88.61	215	-72.36	1.84
其中:无锡	3 137	-45.25	71	-17.53	0.61
南通	6 064	-95.11	26	-95.37	0.22
海南省	20 341	15.29	181	42.48	1.54
其中:海口	9 351	-	73	-	0.62
辽宁省	10 046	12.63	167	-23.14	1.42
其中:大连	8 624	6.24	150	-26.54	1.28
河北省	8 501	-18.95	163	-3.15	1.39
其中:沧州	7 544	7.07	138	2.42	1.18
内蒙古自治区	6 004	-55.44	123	-28.14	1.05
其中:包头	1 518	-67.89	53	-26.71	0.45
呼和浩特	917	-77.42	23	-53.44	0.19
兴安盟	1 028	-	20	-	0.17
巴彦淖尔	1 145	3 170.00	13	4 714.62	0.11
二连	1 160	-63.19	10	-67.83	0.09

2-14　2008年水泥砖瓦出口主要收货地

Main destination location of cement block and tile export in 2008

数量:吨 金额:万美元

国家或地区	数量	增长%	金额	增长%	金额比重%
总　计	314 537	33.44	14 110	90.23	100.00
美国	19 265	-6.64	2 031	40.47	14.40
韩国	34 958	16.42	1 501	33.99	10.64
中国香港	76 493	37.06	1 023	21.15	7.25
哈萨克斯坦	2 977	185.50	715	219.65	5.07
阿拉伯联合酋长国	15 098	285.00	706	333.85	5.01
印度	13 503	259.96	695	361.62	4.92
日本	22 452	17.03	693	19.33	4.91
马来西亚	8 787	32.97	630	226.26	4.46
西班牙	9 836	396.91	582	225.92	4.13
俄罗斯联邦	4 665	-4.14	481	67.12	3.41
台澎金马关税区	9 003	-40.52	363	-15.73	2.57
新加坡	7 456	-5.63	272	64.70	1.93
沙特阿拉伯	4 269	176.57	252	436.50	1.79
英国	2 290	90.31	232	344.46	1.64
泰国	4 459	17.03	228	-1.46	1.62
多哥	2 936	-23.94	204	130.97	1.45
阿曼	3 241	311.00	203	234.63	1.44
加拿大	3 999	288.24	185	428.77	1.31
希腊	3 456	340.61	169	751.24	1.20
巴西	1 933	84.18	146	293.98	1.03
澳大利亚	2 940	180.60	134	49.55	0.95
摩洛哥	904	821.51	127	11 004.10	0.90
意大利	2 199	105.44	123	84.30	0.87
南非	1 978	73.26	118	155.64	0.83
伊朗	2 309	140.99	115	343.00	0.82
巴拿马	3 138	236.92	104	116.85	0.74
蒙古	4 757	31.33	100	101.31	0.71
安哥拉	1 805	689.54	98	3 133.25	0.70
黎巴嫩	2 171	544.02	94	259.96	0.67
埃及	1 113	320.84	88	3 201.94	0.62
菲律宾	4 299	733.64	85	147.78	0.60
卡塔尔	397	37.08	84	1 249.00	0.59
吉尔吉斯斯坦	515	2 247.93	83	2 907.25	0.59
巴基斯坦	2 307	56.29	79	41.72	0.56
印度尼西亚	1 250	148.26	75	312.57	0.53
科威特	1 584	-29.10	75	145.43	0.53
几内亚	1 575	66.70	75	171.07	0.53
伊拉克	916	14.64	72	907.22	0.51
新西兰	2 707	-2.11	61	32.48	0.43
加纳	1 181	96.58	55	368.11	0.39
利比亚	749	12.07	53	557.17	0.38
土耳其	1 019	218.78	53	254.85	0.38
约旦	1 333	13 031.56	51	2 404.07	0.36
法国	1 031	136.03	50	80.34	0.35

2-15　2008 年水泥构件出口主要收货地

Main destination location of cement component export in 2008

数量:吨 金额:万美元

国家或地区	数量	增长%	金额	增长%	金额比重%
总　计	1 007 295	-29.77	11 743	-9.00	100.00
中国香港	588 918	-21.19	6 541	-16.09	55.70
中国澳门	118 838	-66.18	1 544	-22.66	13.14
日本	26 073	-26.51	827	3.45	7.04
韩国	105 915	-38.14	604	-21.78	5.14
越南	46 986	235.29	379	393.29	3.23
澳大利亚	14 430	2 397.49	289	1 078.79	2.46
蒙古	10 505	-54.72	205	-23.42	1.75
新加坡	20 467	11.54	183	32.51	1.56
美国	2 578	147.42	138	126.55	1.17
菲律宾	15 829	-60.91	129	-51.66	1.10
巴布亚新几内亚	13 859	2 471.68	119	1 786.61	1.01
赤道几内亚	7 587	430.78	106	32.03	0.90
台澎金马关税区	3 834	-58.14	83	-22.23	0.71
西班牙	4 111	-21.37	71	-32.15	0.60
阿拉伯联合酋长国	2 818	1 190.15	69	2 661.91	0.59
乌克兰	3 453	74.61	68	96.89	0.58
加拿大	3 950	12 451.35	61	9 202.06	0.52
安哥拉	2 359	165.78	60	168.07	0.51
马来西亚	5 789	4 772.99	59	2 798.34	0.50
加纳	912	0.00	27	0.00	0.23
俄罗斯联邦	1 460	14.60	21	65.20	0.18
爱尔兰	476	253.12	19	158.01	0.16
帕劳共和国	1 098	-	15	-	0.13
伊朗	410	-	15	-	0.13
印度尼西亚	186	-85.36	13	-69.43	0.11
丹麦	73	723.86	7	638.13	0.06
哈萨克斯坦	908	-75.95	7	-94.19	0.06
缅甸	848	-22.87	7	-46.03	0.06
保加利亚	20	-	7	-	0.06
沙特阿拉伯	107	396.64	7	656.32	0.06
德国	296	484.61	6	183.10	0.06
刚果	48	5 319.03	6	2 683.77	0.05
比利时	63	-46.53	4	5.59	0.04
泰国	181	3 289.06	4	561.29	0.03
吉尔吉斯斯坦	228	830.19	4	239.39	0.03
朝鲜	359	-10.21	3	-50.50	0.03
挪威	74	63.01	3	-16.46	0.03
伊拉克	53	200.00	3	254.27	0.03
瓦努阿图	100	365.50	3	326.04	0.03
英国	87	-11.68	3	13.71	0.02
危地马拉	105	-	2	-	0.02

2-16-1 2008年水泥砖瓦出口主要流向

Main flow of cement block and tile export in 2008

国内发货地	收货国家或地区	出口数量（吨）	数量增长率（%）	出口金额（万美元）	金额增长率（%）	金额比重（%）	年平均离岸价格（美元）
新疆乌鲁木齐	哈萨克斯坦	2 390	365.64	626	251.44	4.43	2 618.08
上海青浦	韩国	4 047	2 622.13	580	2 252.89	4.11	1 434.00
广东云浮	美国	3 118	610.86	540	581.97	3.83	1 732.09
广东深圳	中国香港	20 259	5.43	305	17.68	2.16	150.55
江苏南京	美国	6 593	-49.28	288	-40.21	2.04	437.29
广东深圳	西班牙	4 918	786.77	263	3 293.42	1.86	534.14
广东深圳	马来西亚	4 117	108.53	243	664.45	1.73	591.38
广东深圳	俄罗斯联邦	755	-61.95	233	82.61	1.65	3 090.04
广东汕头	中国香港	2 399	0.68	228	27.86	1.62	951.90
福建泉州	印度	5 369	169.28	225	151.44	1.59	418.94
广东深圳	阿拉伯联合酋长国	8 351	498.00	222	755.19	1.58	266.40
广东深圳	美国	1 580	33.96	195	418.72	1.38	1 234.26
上海青浦	美国	6 38	-20.34	187	-24.13	1.32	2 925.92
山东威海	韩国	1 246	6.14	183	20.46	1.29	1 466.16
江苏连云港	美国	1 030	34.36	171	35.47	1.21	1 657.64
广东云浮	印度	1 716	227.23	163	505.87	1.16	952.41
黑龙江省	马来西亚	1 424	-	161	-	1.14	1 133.66
福建泉州	台澎金马关税区	3 971	44.92	161	36.25	1.14	405.14
福建泉州	希腊	3 067	1 321.28	149	1 460.62	1.06	486.91
广东深圳	新加坡	5 482	-18.72	147	49.99	1.04	268.13
广东佛山	阿拉伯联合酋长国	2 004	126 427.90	147	185 481.19	1.04	733.36
广东省	马来西亚	1 674	95.99	139	622.29	0.98	829.02
山东平度	韩国	4 935	19.46	137	57.45	0.97	278.22
黑龙江省	西班牙	1 622	-	137	-	0.97	844.45
广东深圳	韩国	1 384	691.64	128	2 823.58	0.91	925.61
天津武清县	日本	3 032	-0.47	127	10.62	0.90	417.84
广东佛山	泰国	2 378	34.90	126	46.99	0.89	528.66
广东省	西班牙	2 073	142.77	122	316.74	0.87	589.46
江苏南京	日本	6 448	113.29	119	131.44	0.84	183.90
广东云浮	中国香港	1 788	207.23	118	223.39	0.84	662.10
广东揭阳	美国	885	-24.42	110	-17.50	0.78	1 240.24
广东佛山	印度	1 852	1 387.91	102	1 826.40	0.73	553.33
广东深圳	多哥	1 772	-53.08	101	16.60	0.72	570.35
黑龙江省	多哥	937	-	97	-	0.68	1 029.97
广东佛山	中国香港	4 143	33.35	96	1.16	0.68	230.58
广东佛山	美国	529	565.53	94	1 063.68	0.66	1 771.57
江苏南京	加拿大	2 770	14 774.30	93	15 167.01	0.66	335.87
广东中山	中国香港	43 674	65.64	92	77.43	0.65	21.12

2－16－2 2008年水泥砖瓦出口主要流向

Main flow of cement block and tile export in 2008

国内发货地	收货国家或地区	出口数量（吨）	数量增长率（%）	出口金额（万美元）	金额增长率（%）	金额比重（%）	年平均离岸价格（美元）
广东深圳	沙特阿拉伯	2 732	262.13	92	593.65	0.65	337.14
山东青岛	韩国	2 744	72.46	92	69.98	0.65	335.32
广东深圳	英国	603	254.80	91	3 509.60	0.65	1 513.33
江西九江	美国	1 304	175.63	91	284.17	0.65	699.79
上海黄浦区	日本	624	25.69	90	38.05	0.64	1 446.18
广东省	沙特阿拉伯	810	98.92	90	1 237.44	0.64	1 106.20
山东即墨	韩国	4 581	382.16	89	223.94	0.63	193.91
广东省	阿曼	1 443	603.79	88	93.07	0.62	608.76
广东省	阿拉伯联合酋长国	1 434	－16.28	85	8.42	0.60	589.67
广东深圳	印度	2 611	413.61	84	2 624.31	0.59	320.68
上海青浦	台澎金马关税区	328	－45.44	80	－36.06	0.57	2 451.75
广东深圳	卡塔尔	284	25.94	79	2 711.75	0.56	2 763.10
北京昌平	蒙古	2 441	298.37	73	218.17	0.51	297.20
辽宁大连	日本	4 627	17.07	72	36.57	0.51	156.67
新疆乌鲁木齐	吉尔吉斯斯坦	364	5 556.41	72	3 060.76	0.51	1 989.24
福建泉州	韩国	1 170	19.56	72	29.39	0.51	615.50
广东深圳	伊拉克	916	14.64	72	907.22	0.51	781.47
广东深圳	南非	1 271	162.08	69	1 014.96	0.49	544.67
福建泉州	黎巴嫩	1 576	2 151.01	68	1 922.57	0.48	429.05
黑龙江省	安哥拉	193	－	67	－	0.48	3 500.01
广东省	俄罗斯联邦	1 081	21.37	65	－35.01	0.46	600.18
广东深圳	阿曼	1 370	134.91	65	327.15	0.46	472.61
山东青岛	日本	2 151	－31.11	61	－4.62	0.43	284.36
黑龙江省	阿拉伯联合酋长国	801	－	59	－	0.42	742.26
广东深圳	菲律宾	3 653	1 536.10	57	242.86	0.40	156.21
福建泉州	美国	775	495.50	56	182.23	0.39	716.07
广东深圳	摩洛哥	236	140.96	55	4 707.68	0.39	2 334.02
广东广州	中国香港	2 253	762.70	55	337.99	0.39	243.09
广东省	美国	778	45.40	54	387.87	0.39	698.62
广东省	巴拿马	1 455	87.26	53	21.96	0.37	361.03
广东省	埃及	251	－	52	－	0.37	2 087.92
广东深圳	科威特	1 245	－39.87	51	187.60	0.36	412.83
广东顺德	印度	934	－	51	－	0.36	542.70
黑龙江省	阿曼	427	－	50	－	0.36	1 180.05
江苏连云港	日本	2 777	9.65	50	21.77	0.36	180.65
浙江杭州	日本	946	63.47	49	60.94	0.35	518.87
广东深圳	利比亚	636	－1.95	48	596.19	0.34	757.05
辽宁大连	韩国	10 421	5.91	48	13.17	0.34	46.14

2-17 2008年水泥构件出口主要流向

Main flow of cement component export in 2008

国内发货地	收货国家或地区	出口数量（吨）	数量增长率（%）	出口金额（万美元）	金额增长率（%）	金额比重（%）	年平均离岸价格(美元)
广东深圳	中国香港	382 075	-3.18	4 328	5.93	36.85	113.27
广东东莞	中国香港	90 307	-64.05	1 006	-65.85	8.56	111.37
广东顺德	中国澳门	31 732	498.29	741	360.84	6.31	233.38
广东顺德	中国香港	26 319	46.50	579	84.26	4.93	219.93
广东珠海	中国澳门	39 440	-42.14	435	-1.50	3.71	110.35
浙江嘉兴	日本	3 181	35.67	365	48.06	3.10	1 145.99
北京东城区	澳大利亚	14 050	-	272	-	2.31	193.39
广东中山	中国香港	57 356	-1.89	234	-2.49	1.99	40.72
浙江宁波	韩国	42 293	-	231	-	1.97	54.61
广东中山	越南	22 893	-	219	-	1.86	95.63
广东深圳	中国澳门	34 096	-73.66	177	-69.06	1.51	51.96
上海普陀区	韩国	32 451	-	174	-	1.48	53.51
广东中山	中国澳门	10 882	-83.47	162	-55.17	1.38	148.52
辽宁大连	日本	8 624	43.71	150	22.08	1.28	174.04
广东惠州	中国香港	7 137	7 452.00	143	11 884.62	1.22	200.81
广东广州	中国香港	14 152	-41.04	138	-26.64	1.17	97.27
浙江嘉兴	美国	2 492	190.18	136	170.52	1.16	546.55
上海市其他地区	韩国	24 011	-41.10	124	-30.72	1.06	51.76
广东广州	菲律宾	15 611	-	124	-	1.05	79.14
上海奉贤	日本	6 680	-21.58	116	15.66	0.99	173.83
海南省其他地区	新加坡	10 990	-37.71	107	-15.36	0.91	97.63
江苏省其他地区	赤道几内亚	7 547	-	106	-	0.90	140.03
福建福州	越南	16 984	132.91	99	251.70	0.84	58.23
上海南汇	日本	3 473	-54.58	98	-40.97	0.83	281.94
广东江门	中国香港	7 368	35 681.26	90	15 995.69	0.77	122.19
海南海口	新加坡	9 351	-	73	-	0.62	78.41
上海市其他地区	巴布亚新几内亚	6 572	-	71	-	0.60	108.08
河北沧州	西班牙	4 109	-19.97	71	-30.53	0.60	172.21
江苏无锡	台澎金马关税区	3 004	-47.56	63	-27.42	0.53	208.69
广东中山	加拿大	3 890	-	58	-	0.49	149.20
河北沧州	乌克兰	2 952	56.32	58	75.48	0.49	194.98
上海市其他地区	马来西亚	5 700	-	57	-	0.48	99.55
内蒙古包头	蒙古	1 518	-67.89	53	-26.71	0.45	346.44
天津市其他地区	巴布亚新几内亚	7 286	1 296.14	48	733.66	0.41	65.68
广东番禺	越南	6 390	-	45	-	0.39	70.94
上海黄浦区	日本	1 847	-7.02	45	8.67	0.38	243.98
湖北武汉	阿拉伯联合酋长国	1 951	2 714.91	42	8 804.20	0.36	215.04
新疆阿勒泰	蒙古	2 403	-	34	-	0.29	143.06
北京西城区	安哥拉	1 005	26.04	30	43.72	0.26	302.13
上海闵行区	韩国	448	-	28	-	0.23	615.03
广东深圳	加纳	912	-	27	-	0.23	296.04
江苏南通	韩国	6 055	-95.12	26	-95.38	0.22	42.28

出厂价格

Ex – factory price

3 –1 全国水泥平均出厂价格变动趋势

Floating trend of average nationwide ex – factory price of cement

全国水泥和水泥熟料平均出厂价格

(元/吨)

年　季	水泥	水泥熟料
2004 年第一季度	238.66	172.50
第二季度	234.55	173.03
第三季度	228.61	167.19
第四季度	227.32	163.82
2005 年第一季度	227.63	160.03
第二季度	227.26	164.20
第三季度	226.35	162.86
第四季度	228.31	164.59
2006 年第一季度	231.62	162.82
第二季度	232.73	165.21
第三季度	233.12	169.46
第四季度	240.31	176.62
2007 年第一季度	238.33	173.56
第二季度	238.90	177.65
第三季度	241.13	181.19
第四季度	248.25	184.91
2008 年第一季度	259.00	190.27
第二季度	269.13	201.97
第三季度	287.34	223.46
第四季度	290.38	224.04

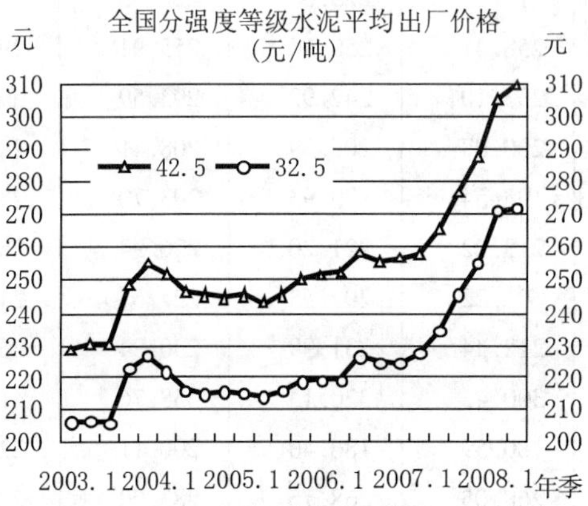

全国分强度等级水泥平均出厂价格

(元/吨)

年　季	32.5	42.5
2004 年第一季度	226.58	254.59
第二季度	221.70	251.15
第三季度	216.18	245.67
第四季度	214.78	244.91
2005 年第一季度	215.71	244.17
第二季度	215.11	244.87
第三季度	214.10	242.99
第四季度	215.90	244.97
2006 年第一季度	218.72	249.67
第二季度	219.26	250.94
第三季度	219.22	251.78
第四季度	226.47	257.69
2007 年第一季度	224.59	254.95
第二季度	224.42	256.03
第三季度	227.51	257.27
第四季度	234.53	265.23
2008 年第一季度	245.38	276.42
第二季度	254.49	287.45
第三季度	270.86	305.06
第四季度	271.64	309.51

3－2 历年12月份全国水泥平均出厂价格

Average nationwide ex－factory price of cement in December in past years

元/吨

品种和强度等级	2003年	2004年	2005年	2006年	2007年	2008年
水泥	239.69	226.64	229.50	242.06	251.82	288.04
其中:回转窑水泥	243.50	231.92	235.11	245.75	254.09	289.51
立　窑水泥	227.03	211.34	211.82	225.69	239.05	272.14
强度等级32.5水泥	228.03	214.22	216.95	228.42	238.88	269.41
强度等级42.5水泥	254.84	243.93	246.26	259.30	268.80	307.30
强度等级52.5水泥	307.08	291.16	293.42	314.56	324.32	371.25
水泥熟料	168.53	162.45	166.06	180.52	187.50	221.80
分品种强度等级水泥						
硅酸盐水泥	270.83	275.89	260.37	270.66	304.87	328.96
强度等级42.5	248.25	257.43	255.44	263.70	291.75	326.21
强度等级52.5	331.03	340.47	272.08	297.10	335.50	335.16
普通硅酸盐水泥	244.02	227.47	230.17	243.16	254.69	290.17
回转窑 普通硅酸盐水泥	248.13	233.63	236.71	247.88	256.98	
强度等级32.5	234.80	221.13	224.73	235.28	244.74	
强度等级42.5	264.19	248.27	250.47	262.77	270.94	309.51
强度等级52.5	301.41	294.70	308.72	327.16	325.36	381.10
立窑 普通硅酸盐水泥	234.28	213.44	214.34	229.77	246.59	
强度等级32.5	229.53	206.21	207.59	220.94	240.07	
强度等级42.5	245.51	233.58	234.37	255.49	267.61	307.71
低碱水泥	341.07	333.88	321.20	329.90	331.79	404.93
矿渣硅酸盐水泥	213.47	214.49	215.48	221.68	224.33	256.95
回转窑 矿渣硅酸盐水泥	222.10	222.09	224.89	230.67	233.78	268.11
强度等级32.5	219.67	214.48	217.25	225.51	226.53	255.29
强度等级42.5	227.15	249.54	258.41	250.11	255.91	293.23
强度等级52.5	283.50	225.08	233.10	242.92	293.59	392.50
立窑 矿渣硅酸盐水泥	196.20	201.12	200.07	205.39	208.41	239.28
强度等级32.5	193.84	198.71	195.54	199.93	203.70	234.63
强度等级42.5	206.10	208.68	213.22	221.20	226.94	260.17
粉煤灰水泥	171.08	178.22	192.22	202.53	224.67	242.35
复合硅酸盐水泥	227.96	208.39	212.44	231.99	230.84	266.94
特种水泥	286.29	290.73	300.43	320.13	338.76	411.90
砌筑水泥	185.46	175.48	180.59	186.40	200.11	222.40
道路用水泥	269.51	258.61	268.05	268.75	283.00	275.00
白色水泥	371.33	393.54	398.11	402.41	420.43	485.25
快硬水泥	364.53	343.66	345.33	337.92	371.60	467.00
大坝水泥	313.89	292.50	289.61	296.93	293.06	347.96
铝酸盐水泥	346.38	348.38	442.81	520.50	800.00	1197.67

3－3 省区市水泥平均出厂价格

Average ex－factory price of cement in each province, region and city

元/吨

省区市	2003 年 12 月	2008 年 12 月
全　国	239.69	288.04
北　京	210.43	305.19
天　津	201.60	262.14
河　北	188.47	250.03
山　西	192.39	261.24
内蒙古	232.96	294.46
辽　宁	222.72	269.85
吉　林	263.80	288.15
黑龙江	274.59	315.28
上　海	329.06	278.99
江　苏	290.57	251.30
浙　江	332.81	246.11
安　徽	274.03	272.47
福　建	304.99	281.36
江　西	280.97	278.46
山　东	213.56	250.41
河　南	207.18	314.55
湖　北	227.50	279.44
湖　南	265.11	303.27
广　东	293.40	304.78
广　西	235.07	293.69
海　南	286.00	367.28
重　庆	206.36	318.17
四　川	196.98	361.46
贵　州	233.76	350.77
云　南	238.20	270.70
西　藏		497.57
陕　西	233.57	298.11
甘　肃	240.05	297.81
青　海	252.55	310.84
宁　夏	222.27	298.57
新　疆	261.17	354.29

2003年12月省区市水泥平均出厂价格对比

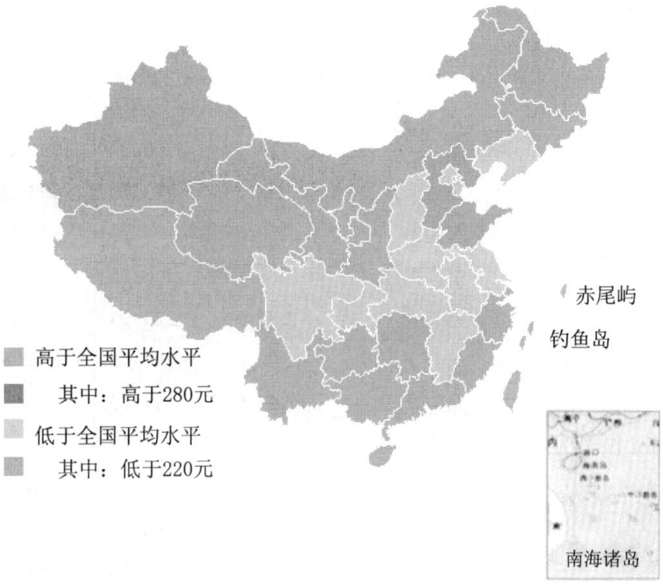

2008年12月省区市水泥平均出厂价格对比

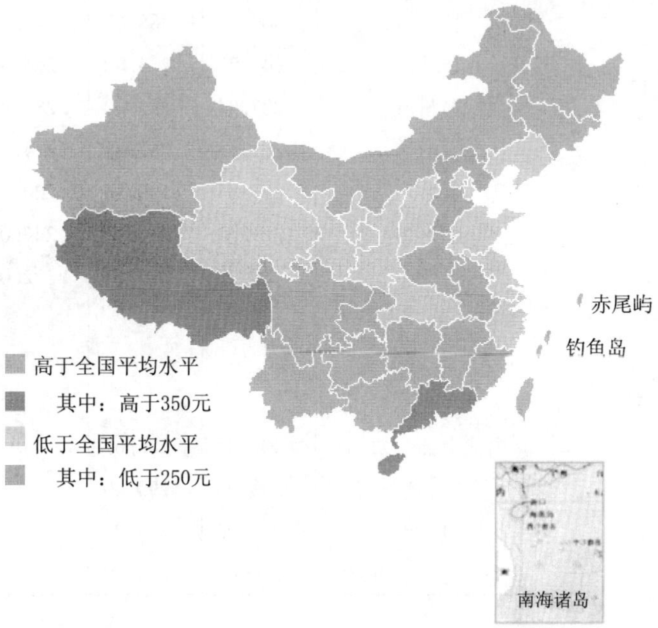

3－4　2008年末华北地区水泥平均出厂价格

Average ex－factory price of cement of north China at the end of 2008

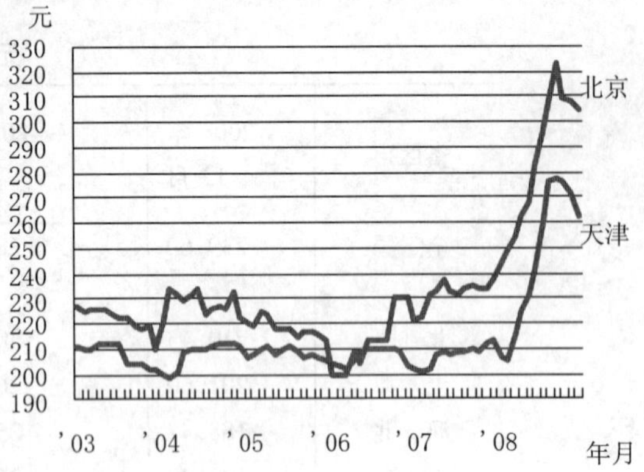

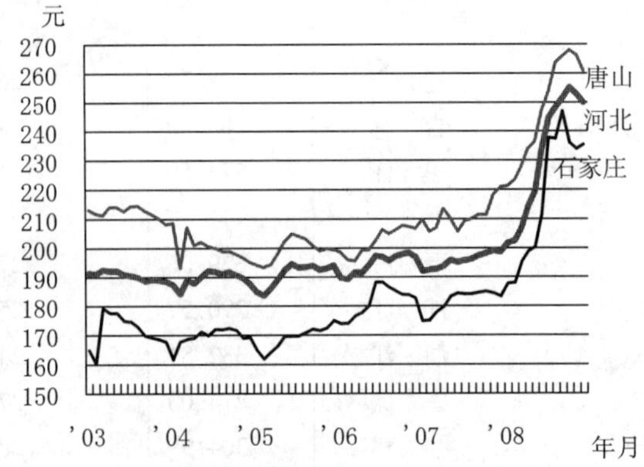

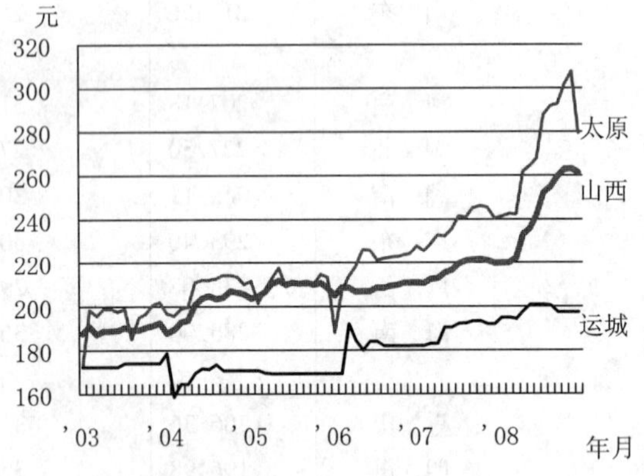

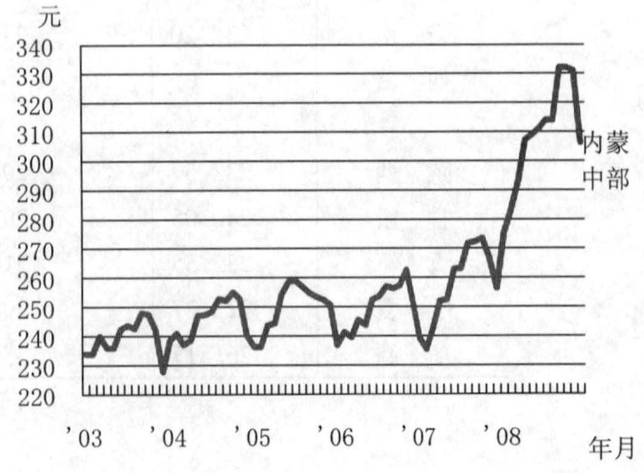

元/吨

地区名称	平均价格	其中:强度等级	
		32.5	42.5
北京市	305.19	252.54	314.47
天津市	262.14	219.38	326.29
河北省	250.03	226.84	296.81
石家庄市	235.38	193.60	293.88
唐山市	260.89	206.23	327.06
秦皇岛市	286.90	266.25	314.44
邯郸市	234.56	226.94	265.01
邢台市	200.09	191.06	233.20
保定市	253.93	257.73	
张家口市	291.21	267.58	384.60
承德市	321.52	292.02	410.00
廊坊市	370.94	288.89	
衡水市	245.42	224.50	350.00
山西省	261.24	250.26	285.22
太原市	279.26	255.68	326.43
大同市	287.68	273.27	316.50
阳泉市	259.26	235.04	307.69
长治市	302.00	288.67	342.00
晋城市	246.20	233.00	266.00
朔州市	287.34	325.00	281.96
晋中市	268.53	267.43	274.14
运城市	197.34	199.56	220.00
临汾市	229.10	217.17	247.00
吕梁市	289.33	256.67	322.00
内蒙中部	306.25	286.67	
呼和浩特市	290.00	290.00	
包头市	295.00	295.00	
乌兰察布市	320.00	275.00	

3－5　2008 年末东北地区水泥平均出厂价格

Average ex－factory price of cement of northeast China at the end of 2008

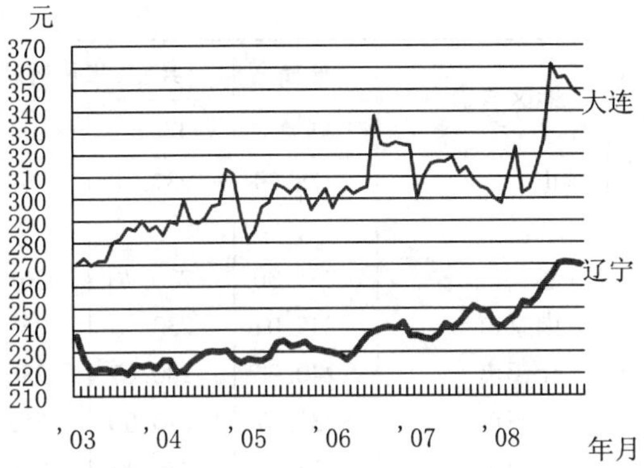

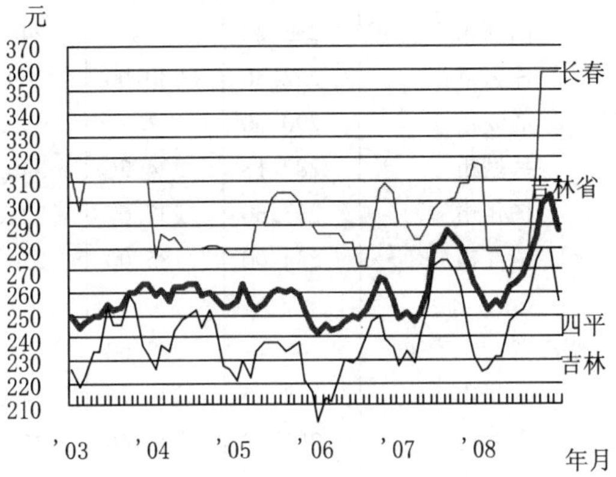

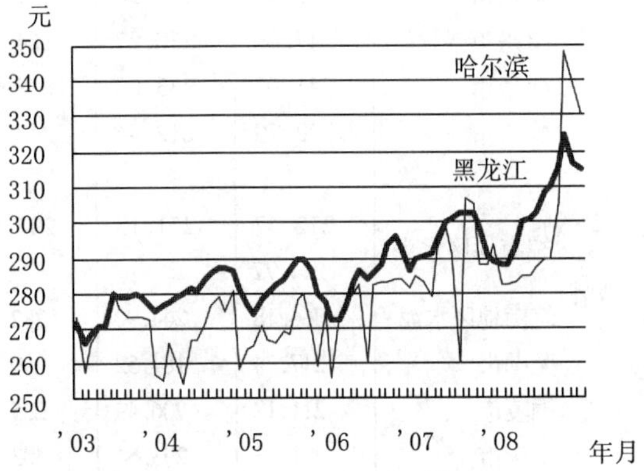

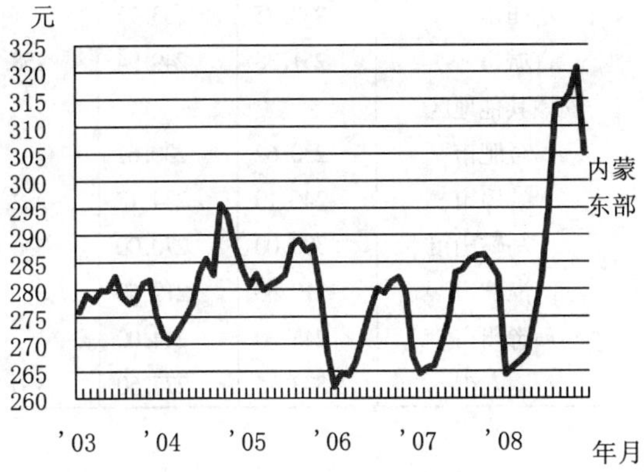

元/吨

地区名称	平均价格	其中:强度等级	
		32.5	42.5
辽宁省	269.85	253.70	306.68
沈阳市	262.50	230.00	
大连市	347.23		330.45
鞍山市	255.62	238.47	307.69
抚顺市	321.76	294.74	380.73
本溪市	280.54	252.61	336.41
丹东市	288.67	265.00	319.00
营口市	247.67	239.06	273.50
铁岭市	285.25	285.25	
朝阳市	251.26	236.24	276.03
葫芦岛市	244.33	236.50	260.00
吉林省	288.15	269.59	299.87
长春市	358.55	309.25	337.21
吉林市	258.50	257.20	282.00
四平市	252.92	249.17	
辽源市	306.67	306.67	
通化市	254.77	254.77	
白山市	225.00	225.00	
松原市	292.50	0.00	292.50
延边州	321.00	325.00	313.00
黑龙江省	315.28	292.79	314.20
哈尔滨市	330.04	265.33	297.50
齐齐哈尔市	297.72	286.32	320.51
鸡西市	282.26	287.86	290.39
双鸭山市	260.26	260.26	
大庆市	293.28		285.00
佳木斯市	308.00	288.00	328.00
牡丹江市	282.24	271.37	293.11
黑河市	331.67	327.50	340.00
内蒙东部	305.01	298.98	336.07
赤峰市	275.27	340.00	267.78
通辽市	290.00	290.00	
呼伦贝尔市	329.06	307.69	350.43
兴安盟	268.12	267.23	
锡林郭勒盟	353.33		390.00

3－6－1 2008年末华东地区水泥平均出厂价格

Average ex－factory price of cement of east China at the end of 2008

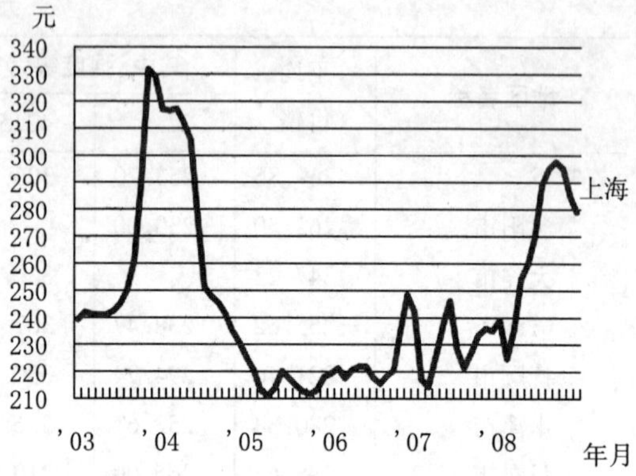

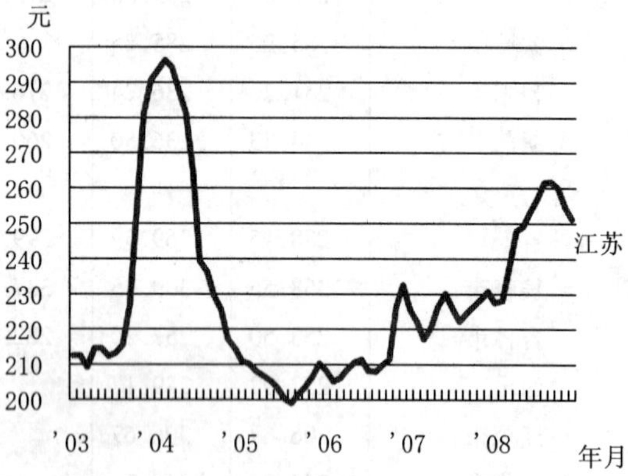

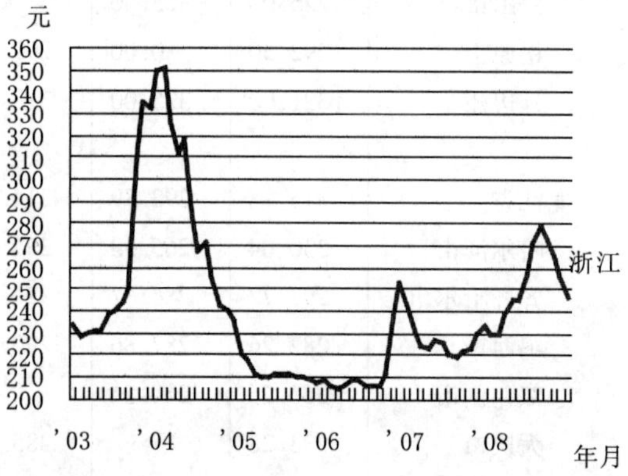

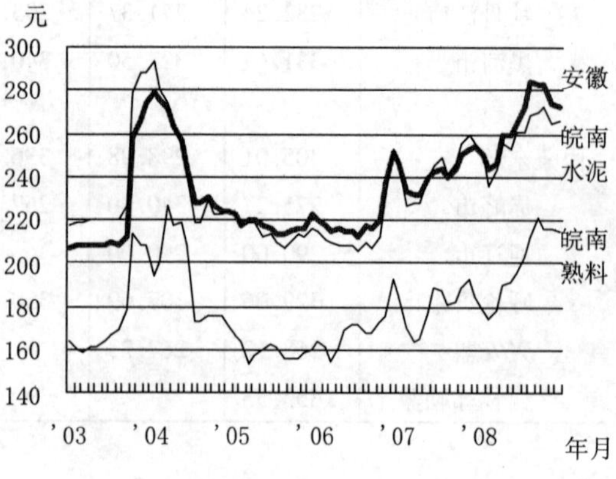

元/吨

地区名称	平均价格	其中:强度等级	
		32.5	42.5
上海市	278.99	237.18	292.57
江苏省	251.30	236.70	265.91
南京市	245.04	230.43	256.39
无锡市	240.96	230.67	286.32
徐州市	231.07	210.00	252.14
常州市	256.88	250.42	276.25
苏州市	266.62	253.68	292.50
南通市	233.22		248.75
连云港市	252.38	230.00	269.75
淮安市	290.00		290.00
盐城市	282.18	224.36	340.00
扬州市	232.60	237.67	224.99
镇江市	234.00	185.00	250.33
浙江省	246.11	228.60	254.74
杭州市	238.36	236.26	243.14
宁波市	251.82	238.46	264.75
嘉兴市	236.61	231.64	252.31
湖州市	242.41	233.30	257.60
绍兴市	247.09	230.27	264.89
金华市	241.07	233.00	268.00
衢州市	222.79	212.44	243.78
安徽省	272.47	251.13	295.96
皖南地区水泥熟料	214.77		
皖南地区水泥	266.18	244.90	282.21
芜湖市	217.74	184.52	249.51
铜陵市	211.12	206.49	225.00
安庆市	291.73	293.54	303.84
巢湖市	271.30	261.44	298.50
池州市	233.75	233.75	
宣城市	251.38	249.94	258.39
安徽其他地区			
合肥市	230.62	230.62	
蚌埠市	246.10	234.12	282.05
马鞍山市	300.00	270.00	330.00
淮北市	219.50	219.50	
滁州市	244.00	244.00	
六安市	303.75	277.50	360.00

3-6-2　2008年末华东地区水泥平均出厂价格

Average ex-factory price of cement of east China at the end of 2008

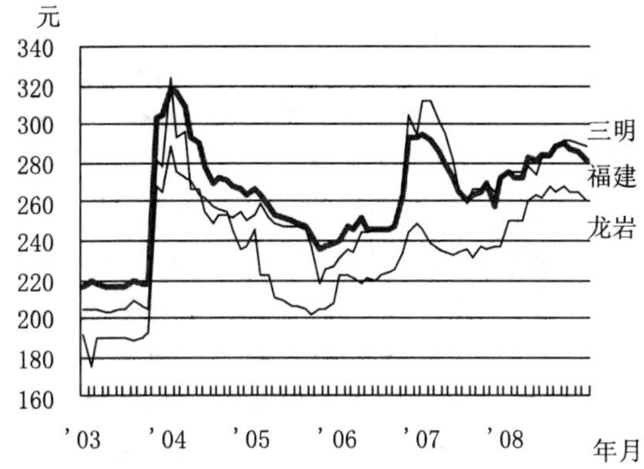

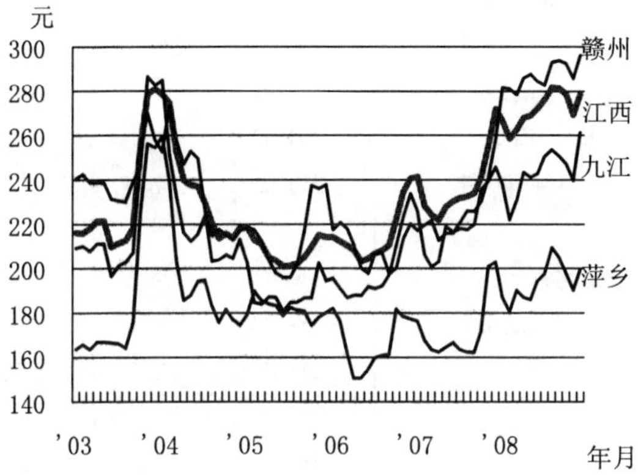

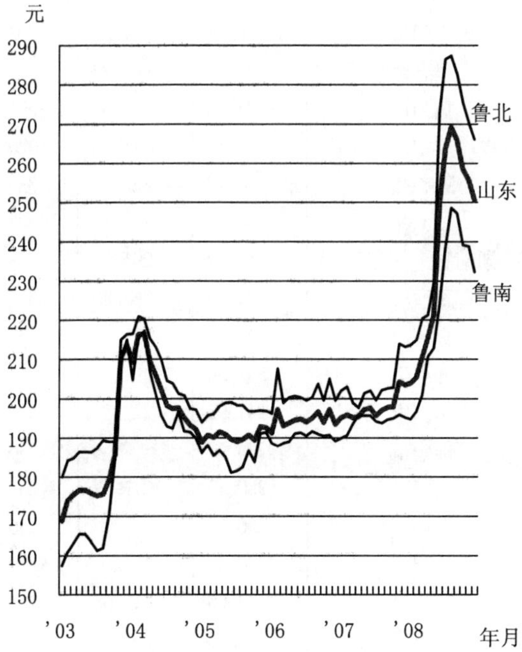

元/吨

地区名称	平均价格	其中:强度等级	
		32.5	42.5
福建省	281.36	275.48	287.86
厦门市	312.50	310.00	315.00
三明市	287.97	282.03	300.02
南平市	292.88	279.10	306.66
龙岩市	261.22	256.84	265.60
江西省	278.46	267.98	303.75
南昌市	314.00	271.00	342.50
景德镇市	244.20	244.20	
萍乡市	199.79	199.79	
九江市	261.14	260.68	264.43
新余市	316.67	306.25	337.50
赣州市	296.01	296.01	
吉安市	279.23	280.92	267.36
宜春市	285.92	244.55	
抚州市	280.00	266.67	320.00
上饶市	260.00	251.25	295.00
山东省	250.41	227.98	279.10
鲁北地区	266.09	237.09	281.63
济南市	217.07	196.25	283.25
青岛市	222.22	222.22	0.00
淄博市	246.78	230.43	279.49
东营市	256.07	240.50	297.25
烟台市	243.33	247.30	231.39
潍坊市	260.77	255.45	297.50
威海市	309.32	306.50	
德州市	268.67	242.94	285.83
滨州市	268.55		257.30
鲁南地区	232.33	222.25	271.77
枣庄市	218.80	195.05	267.57
济宁市	248.63	244.28	261.67
泰安市	230.90	193.86	305.00
日照市	212.14	212.14	
莱芜市	214.13	192.50	279.00
临沂市	222.58	222.58	
聊城市	233.00	220.00	270.00
菏泽市	255.25	238.67	305.00

3-7-1 2008年末中南地区水泥平均出厂价格

Average ex-factory price of cement of mid-south China at the end of 2008

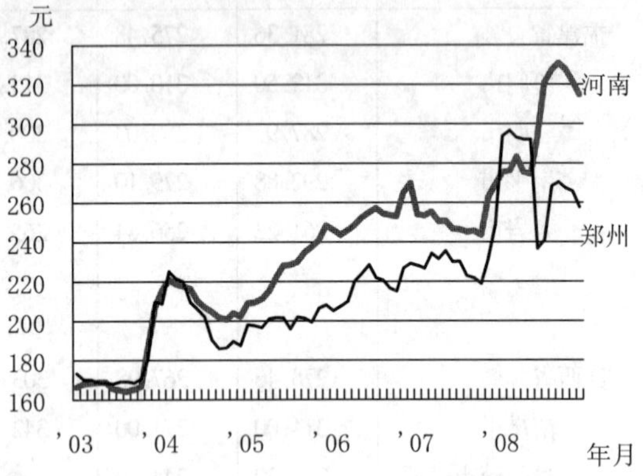

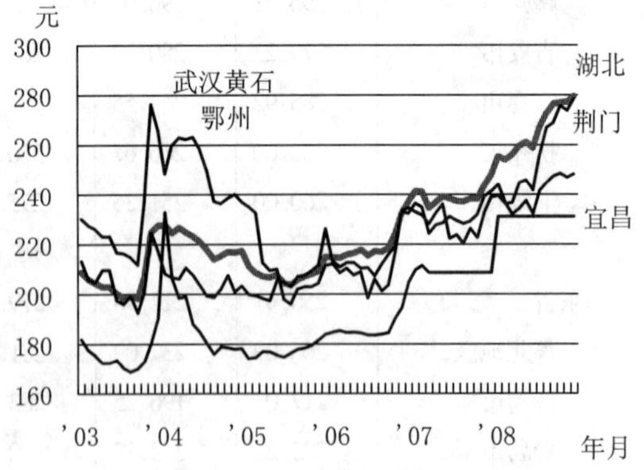

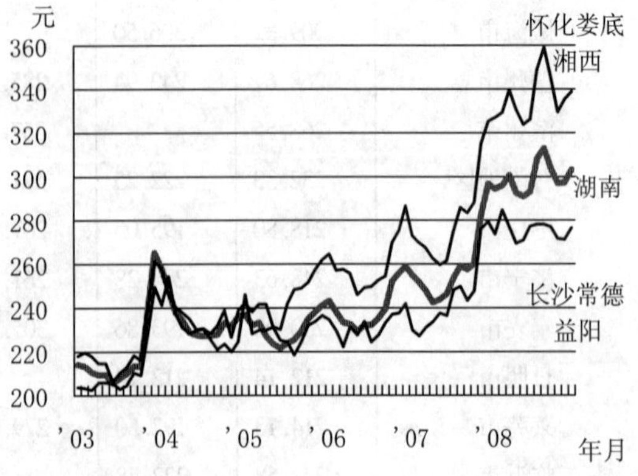

元/吨

地区名称	平均价格	其中:强度等级	
		32.5	42.5
河南省	314.55	248.90	275.56
郑州市	257.56	256.74	0.00
洛阳市	259.15	263.59	252.48
平顶山市	238.04	222.22	256.41
安阳市	188.00	188.00	0.00
鹤壁市	276.00	266.00	286.00
新乡市	205.13	192.31	217.95
焦作市	259.14	257.00	281.00
濮阳市	205.00	0.00	205.00
三门峡市	252.14	239.32	264.96
南阳市	261.04	251.67	304.06
信阳市	380.00	0.00	380.00
驻马店市	260.50	248.50	283.50
湖北省	279.44	274.60	284.14
武汉市	268.32	251.07	294.20
黄石市	247.03	235.79	267.01
十堰市	297.29	297.50	284.57
宜昌市	231.12	230.10	236.68
襄樊市	290.58	283.20	316.48
鄂州市	224.25	221.20	249.00
荆门市	278.36	271.27	303.00
孝感市	302.72	302.72	
黄冈市	274.50	276.00	273.75
咸宁市	267.50	315.00	220.00
恩施州	324.70	322.35	333.33
湖南省	303.27	295.22	313.68
长沙市	284.75	263.80	312.68
株洲市	249.33	237.00	255.50
湘潭市	352.50		352.50
衡阳市	241.92	227.89	270.00
邵阳市	286.67		286.67
岳阳市	280.13	277.67	287.50
常德市	250.00		256.50
益阳市	270.00		270.00
郴州市	272.65	213.68	271.37
永州市	298.75	291.30	336.00
怀化市	328.38	311.89	361.35
娄底市	334.00	320.00	390.00
湘西州	345.83	343.75	350.00

3-7-2 2008年末中南地区水泥平均出厂价格

Average ex-factory price of cement of south China at the end of 2008

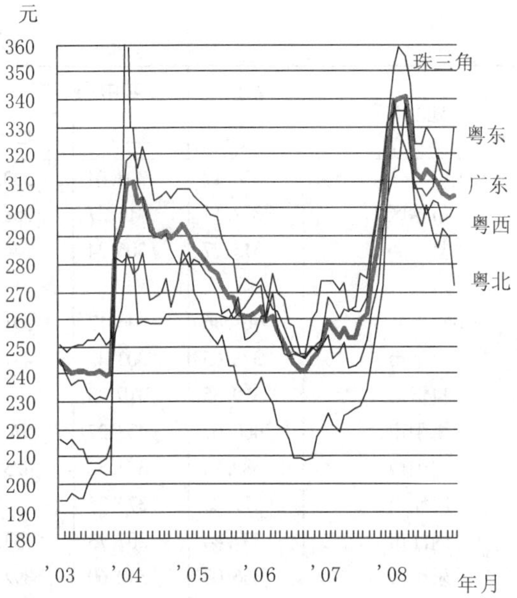

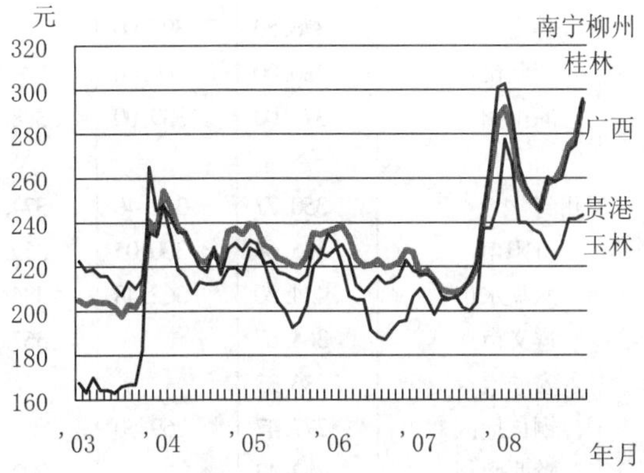

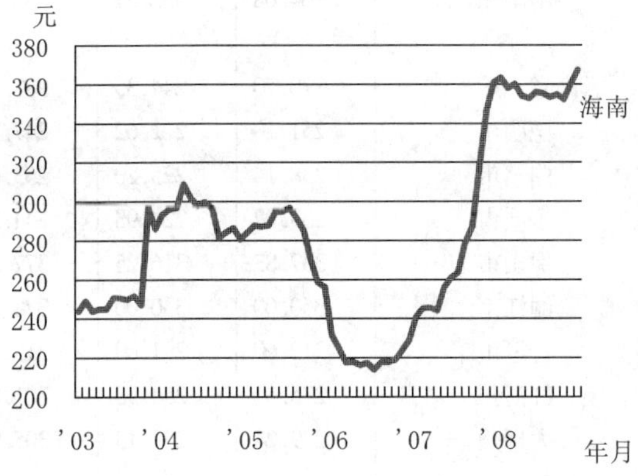

元/吨

地区名称	平均价格	其中:强度等级	
		32.5	42.5
广东省	304.78	301.85	316.30
珠三角地区	309.72	333.88	308.75
广州市	322.33	636.79	283.99
佛山市	316.50	290.83	355.00
江门市	264.00		264.00
惠州市	313.33	290.00	360.00
东莞市	284.76	247.86	
粤北地区	271.95	261.34	298.50
清远市	310.00		310.00
韶关市	265.61	261.34	287.00
粤东地区	330.06	304.83	363.69
梅州市	329.88	279.17	363.69
河源市	330.50	330.50	0.00
粤西地区			
湛江市	350.00	340.00	360.00
茂名市	292.50	292.50	
肇庆市	306.18	302.24	314.07
阳江市	292.57	292.57	
云浮市	264.33	248.00	272.50
广西壮族自治区	293.69	259.28	302.25
南宁市	281.16	265.00	282.33
柳州市	308.96		306.79
桂林市	310.70	275.70	329.26
钦州市	290.60		290.60
贵港市	240.00	240.00	
玉林市	250.00		250.00
百色市	345.00		345.00
河池市	390.00		390.00
崇左市	265.00		265.00
海南省	367.28	360.14	388.67
三亚市	376.25	376.00	377.00
省直辖县	362.79	352.22	394.50

3－8　2008 年末西南地区水泥平均出厂价格

Average ex－factory price of cement of southwest China at the end of 2008

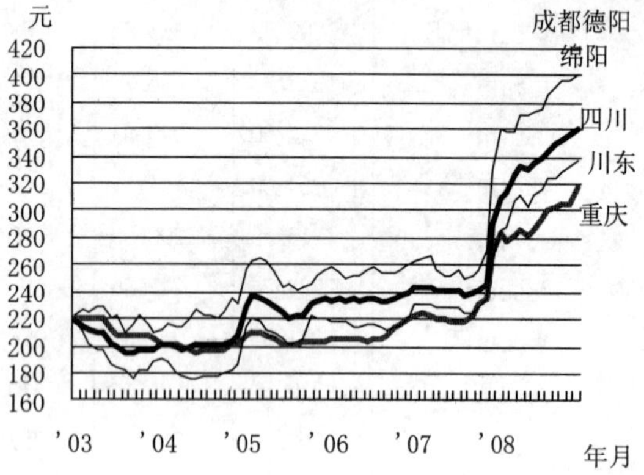

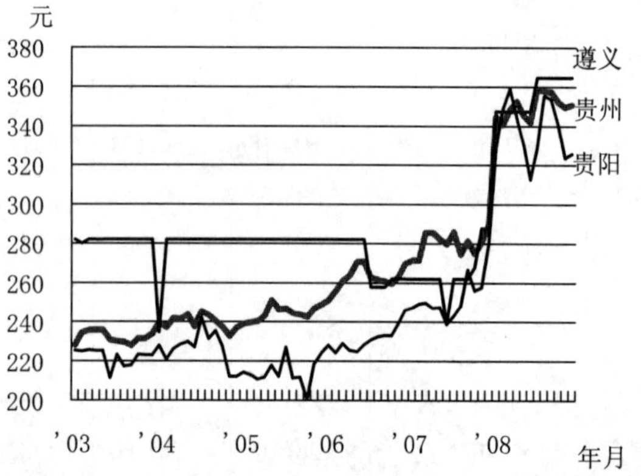

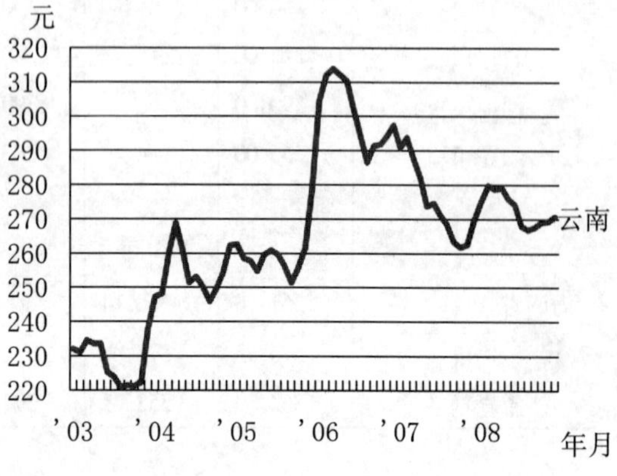

元/吨

地区名称	平均价格	其中:强度等级	
		32.5	42.5
重庆市	318.17	308.04	353.74
市辖区	322.17	310.27	358.64
县	313.77	306.34	344.77
四川省	361.46	346.17	391.40
成都市	378.65	303.42	437.84
自贡市	319.35	319.35	
德阳市	460.62	433.27	570.00
绵阳市	389.24	374.52	425.40
广元市	379.25	379.25	
内江市	297.44	307.73	333.31
乐山市	356.03	340.60	392.03
眉山市	358.00		358.00
宜宾市	361.29	342.96	371.00
广安市	295.00	270.00	320.00
雅安市	376.50	395.00	
资阳市	380.00	380.00	
凉山州	373.00	339.00	388.67
贵州省	350.77	312.48	374.67
贵阳市	325.68	300.05	359.85
六盘水市	424.20	362.48	384.86
遵义市	364.67		367.50
安顺市	286.33		
铜仁地区	277.47	269.50	
黔西南州	282.43		302.35
毕节地区	419.00		453.00
黔东南州	376.82	274.97	458.00
黔南州	364.68	352.57	388.90
云南省	270.70	244.35	287.87
昆明市	251.18	222.62	247.75
曲靖市	238.14	225.20	253.68
玉溪市	239.22	224.98	244.31
保山市	337.83	316.25	377.33
丽江市	350.00	330.00	370.00
普洱市	312.60	291.00	315.50
红河州	275.37	254.98	301.86
大理州	279.24	237.13	305.02
西藏自治区	497.57	433.75	474.00

3-9-1　2008 年末西北地区水泥平均出厂价格

Average ex-factory price of cement of northwest China at the end of 2008

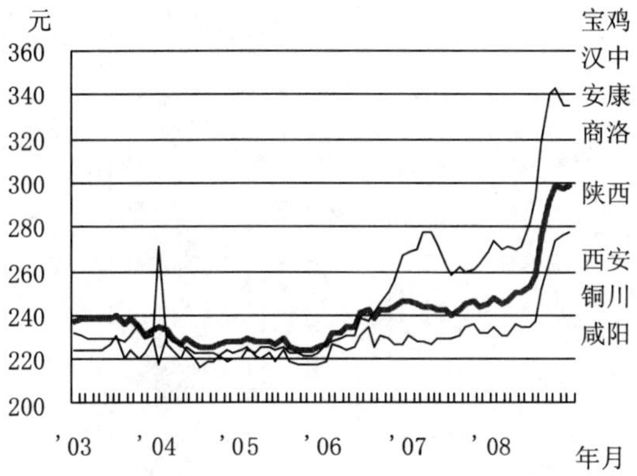

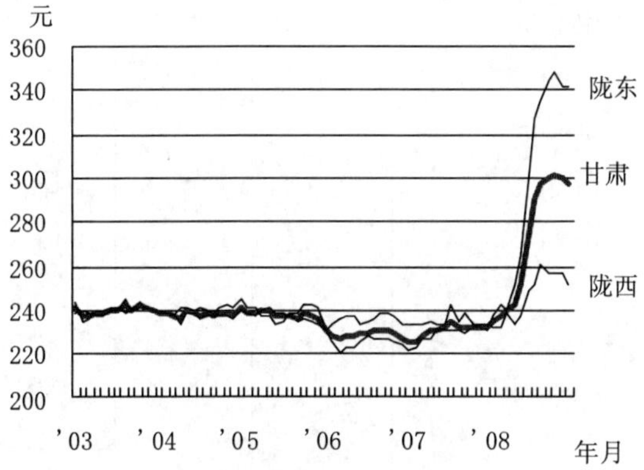

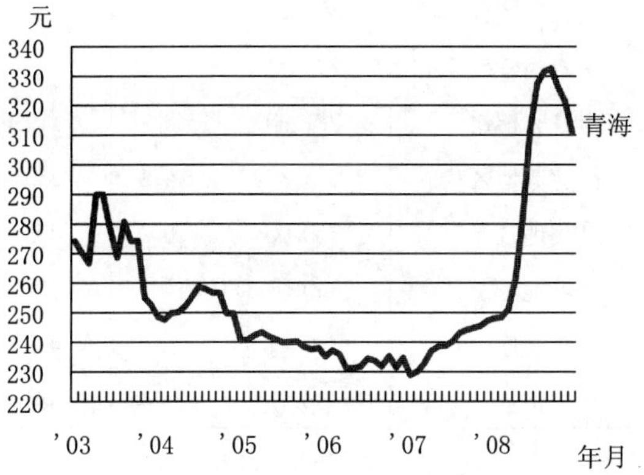

元/吨

地区名称	平均价格	其中:强度等级	
		32.5	42.5
陕西省	298.11	291.23	302.18
西安市	273.67	288.90	263.22
铜川市	267.74	258.16	291.10
宝鸡市	327.03	307.69	320.65
咸阳市	291.00	264.00	345.00
汉中市	358.20	358.94	356.00
榆林市	278.75	265.00	292.50
安康市	346.54	410.00	283.07
商洛市	319.62	280.00	344.24
甘肃省	297.81	297.75	299.49
陇东地区	342.11	345.83	335.52
兰州市	335.85	325.37	349.83
白银市	303.39	300.47	306.30
天水市	336.95	326.95	356.94
平凉市	430.00	430.00	
庆阳市	390.00	390.00	
定西市	268.33	270.00	267.50
陇南市	350.00		350.00
临夏州	406.67	425.00	370.00
甘南州	372.50	365.00	380.00
陇西地区	252.17	249.67	260.69
嘉峪关市	211.83	204.50	224.33
金昌市	294.67	266.18	351.65
武威市	241.06	243.43	236.33
张掖市	257.14	264.00	240.00
酒泉市	294.80	267.50	313.00
青海省	310.84	286.01	340.30
西宁市	321.94	313.40	316.83
海东地区	281.88	261.07	331.33
海南州	343.28		343.28
海西州	390.10	348.60	431.60

3-9-2 2008 年末西北地区水泥平均出厂价格

Average ex-factory price of cement of northwest China at the end of 2008

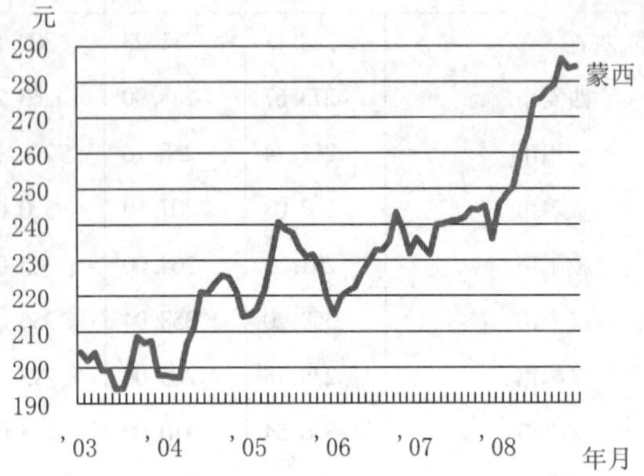

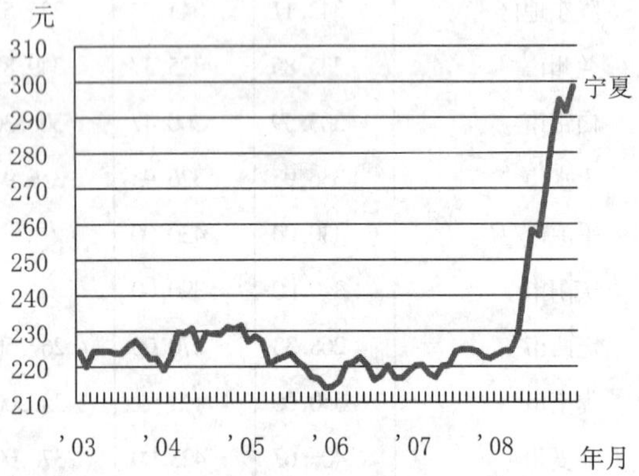

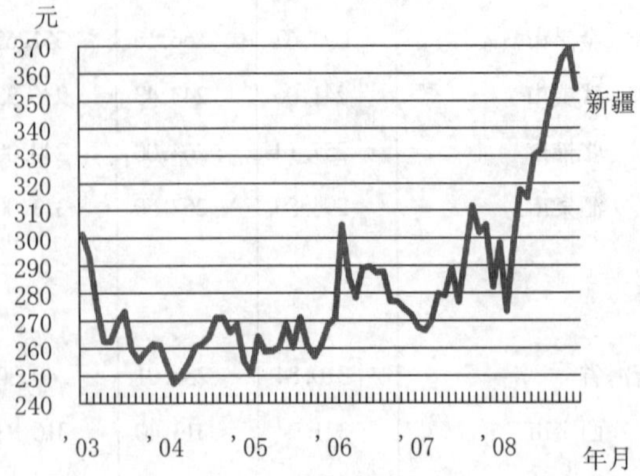

元/吨

地区名称	平均价格	其中:强度等级	
		32.5	42.5
内蒙西部	284.23	254.00	300.29
乌海市	272.40	235.00	320.00
鄂尔多斯市	317.00	273.00	350.00
巴彦淖尔市	222.50	242.99	202.00
阿拉善盟	268.67	246.00	280.00
宁夏回族自治区	298.57	246.37	313.70
银川市	305.17	230.04	320.76
石嘴山市	254.98	220.07	324.80
吴忠市	355.56		355.56
固原市	293.93	276.76	345.42
中卫市	288.77	248.46	298.58
新疆维吾尔自治区	354.29	322.03	407.35
乌鲁木齐市	392.17	339.15	431.38
吐鲁番地区	355.00		430.00
哈密地区	402.78		448.72
昌吉州	328.54		
巴音郭楞州	381.80	343.94	419.67
阿克苏地区	313.39	294.87	350.43
和田地区	360.00	300.00	420.00
塔城地区	340.03		365.48
阿勒泰地区	345.41		429.94
区直辖县	336.72	325.48	380.43

能源购进价格

Energy purchasing price

4－1　水泥企业煤电平均购进价格变动趋势

Floating trend of average coal and electricity purchasing price for cement enterprises

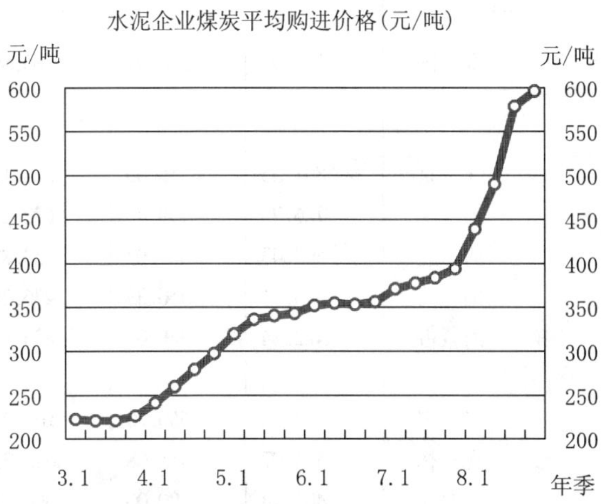

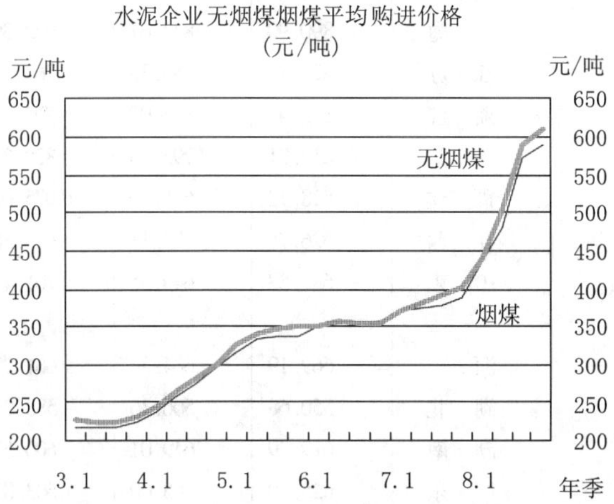

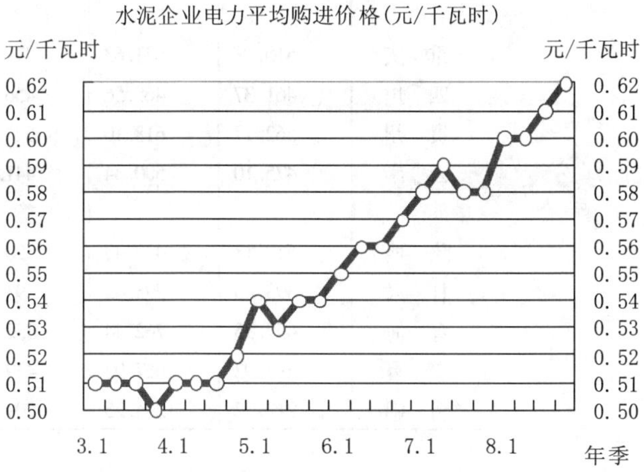

水泥企业煤炭平均购进价格

元/吨

年　季	煤炭平均购进价格		
	平均价格	无烟煤	烟煤
2005 年第一季度	319.43	325.34	315.54
第二季度	335.99	340.02	333.21
第三季度	340.14	346.87	335.60
第四季度	342.98	351.17	337.52
2006 年第一季度	351.71	351.93	351.57
第二季度	354.47	356.65	353.09
第三季度	352.96	353.88	352.38
第四季度	355.99	355.55	356.28
2007 年第一季度	370.44	371.86	369.60
第二季度	376.92	381.41	374.30
第三季度	382.99	390.78	378.50
第四季度	393.46	401.91	388.62
2008 年第一季度	438.63	440.63	437.44
第二季度	490.01	504.81	481.48
第三季度	578.63	590.14	571.94
第四季度	596.14	608.96	588.99

水泥企业电力平均购进价格

元/千瓦时

年　季	平均价格
2005 年第一季度	0.54
第二季度	0.53
第三季度	0.54
第四季度	0.54
2006 年第一季度	0.55
第二季度	0.56
第三季度	0.56
第四季度	0.57
2007 年第一季度	0.58
第二季度	0.59
第三季度	0.58
第四季度	0.58
2008 年第一季度	0.60
第二季度	0.60
第三季度	0.61
第四季度	0.62

4－2 2008年12月份水泥企业煤炭无烟煤、烟煤平均购进价格

Average coal purchasing price for cement enterprise in Dec. 2008

2008年12月省区市水泥企业煤炭平均购进价格对比

高于全国平均水平地区		低于全国平均水平地区
高于800元	低于800元	
北　京	海　南	贵　州
上　海	天　津	湖　北
江　苏	广　西	陕　西
福　建	山　东	重　庆
安　徽	河　南	宁　夏
浙　江	江　西	云　南
	广　东	四　川
	湖　南	青　海
	辽　宁	山　西
	河　北	内蒙古
		吉　林
		黑龙江
		甘　肃
		新　疆

元/吨

省区市	煤　炭	无烟煤	烟　煤
全　国	572.95	586.91	565.59
北　京	891.55	1 255.00	528.10
天　津	726.75	799.43	672.25
河　北	593.43	561.07	633.88
山　西	444.31	456.33	436.29
内蒙古	422.84	346.03	433.82
辽　宁	594.70	550.20	621.20
吉　林	414.07	415.08	413.35
黑龙江	401.18	490.00	396.51
上　海	890.90	843.67	922.39
江　苏	824.44	953.33	769.20
浙　江	803.41	825.02	795.74
安　徽	812.21	795.55	820.20
福　建	818.12	646.86	1 075.00
江　西	626.75	624.11	629.38
山　东	687.58	649.55	701.41
河　南	669.19	684.36	661.22
湖　北	550.68	506.36	583.03
湖　南	619.49	649.01	600.57
广　东	625.10	685.00	603.03
广　西	697.11	658.30	728.53
海　南	785.35	698.99	828.53
重　庆	510.88	531.63	497.97
四　川	461.37	465.56	456.67
贵　州	562.17	618.10	524.89
云　南	475.10	500.34	441.08
陕　西	519.18	470.49	520.85
甘　肃	393.83	395.42	393.60
青　海	457.55	762.44	332.82
宁　夏	498.92	667.92	439.27
新　疆	219.72	284.25	209.39

4-3-1 2008年12月建材企业煤炭无烟煤、烟煤平均购进价格

Average coal purchasing price for building material enterprise in Dec. 2008

地区名称	煤炭	无烟煤	烟煤	地区名称	煤炭	无烟煤	烟煤
北京市	891.55	1 255.00	528.10	大连市	835.60	890.00	835.60
市辖区	971.45	1 255.00	404.34	鞍山市	864.53	744.00	1 105.60
市辖县	651.86		651.86	抚顺市	601.66	608.50	598.24
天津市	726.75	799.43	672.25	本溪市	540.83	679.49	471.50
河北省	593.43	561.07	633.88	丹东市	517.24	331.63	702.86
石家庄市	562.59	570.14	550.00	锦州市	489.00	445.00	533.00
唐山市	541.00	541.00	314.71	营口市	738.17	561.91	738.17
秦皇岛市	529.00	529.00		阜新市	327.33		327.33
邯郸市	709.00	732.50	709.00	辽阳市	1 140.00	1 780.00	500.00
邢台市	669.00	568.00	770.00	盘锦市	300.00		300.00
张家口市	602.50	620.00	585.00	铁岭市	419.00	416.67	422.50
承德市	394.33		394.33	朝阳市	408.11	347.00	425.57
沧州市	727.50	953.75	576.67	葫芦岛市	720.00	732.50	720.00
廊坊市	608.65		608.65	吉林省	414.07	415.08	413.35
衡水市	848.33	950.00	797.50	长春市	408.89	417.50	402.00
山西省	444.31	456.33	436.29	吉林市	437.67	441.20	420.00
太原市	433.33	740.30	433.33	四平市	432.50	432.50	
大同市	460.61	460.61	553.33	辽源市	407.50	415.00	407.50
阳泉市	380.87	501.30	140.00	通化市	363.33	763.25	363.33
长治市	654.50	470.00	839.00	白山市	350.00	240.00	405.00
晋城市	465.00	465.00	465.00	松原市	207.00		207.00
朔州市	212.00		212.00	白城市	860.00		860.00
晋中市	456.69	396.88	516.50	延边州	380.00		380.00
运城市	401.00	650.00	338.75	黑龙江省	401.18	490.00	396.51
忻州市	320.00		320.00	哈尔滨市	490.00	490.00	476.42
临汾市	485.00	441.00	540.00	齐齐哈尔市	475.00		475.00
吕梁市	1 015.00	560.00	1015.00	鸡西市	377.51		377.51
内蒙古自治区	422.84	346.03	433.82	鹤岗市	387.13		387.13
呼和浩特市	372.50	425.00	372.50	大庆市	447.19		447.19
包头市	410.00	727.87	410.00	伊春市	341.67		341.67
乌海市	182.00	473.30	182.00	佳木斯市	400.00		400.00
赤峰市	405.67	352.07	459.27	牡丹江市	580.00		580.00
通辽市	324.17		324.17	上海市	890.90	843.67	922.39
鄂尔多斯市	196.00	580.00	196.00	江苏省	824.44	953.33	769.20
呼伦贝尔市	247.84	395.44	247.84	南京市	764.00	827.33	764.00
巴彦淖尔市	350.00		350.00	无锡市	979.81	1 031.67	824.25
乌兰察布市	765.00		765.00	徐州市	611.10		611.10
兴安盟	430.58	380.00	440.70	常州市	783.50	680.00	783.50
锡林郭勒盟	305.00		305.00	苏州市	799.00	933.83	799.00
阿拉善盟	300.00	300.00	300.00	南通市	807.80	690.27	822.50
辽宁省	594.70	550.20	621.20	连云港市	901.82		901.82
沈阳市	730.00	730.00	589.99	淮安市	547.50		547.50

4-3-2 2008年12月建材企业煤炭无烟煤、烟煤平均购进价格

Average coal purchasing price for building material enterprise in Dec. 2008

地区名称	煤炭	无烟煤	烟煤	地区名称	煤炭	无烟煤	烟煤
盐城市	664.00	620.00	693.33	景德镇市	486.88	755.65	352.50
扬州市	1 150.00	1 150.00	719.00	萍乡市	773.63	440.00	884.83
镇江市	760.00		760.00	九江市	568.42	648.17	488.67
泰州市	745.00	600.00	817.50	新余市	735.94	735.94	0.00
宿迁市	884.33	1 260.00	884.33	鹰潭市	860.00	860.00	608.22
浙江省	803.41	825.02	795.74	赣州市	669.41	638.96	710.00
杭州市	766.47	688.00	792.62	吉安市	663.63	556.00	771.25
宁波市	658.46	944.50	658.46	宜春市	600.17	664.75	503.32
温州市	708.33	801.03	708.33	抚州市	506.67		506.67
嘉兴市	746.89	885.00	712.37	上饶市	601.00	530.00	885.00
湖州市	1 097.10	1 203.00	1 061.80	山东省	687.58	649.55	701.41
绍兴市	853.47	820.00	870.21	济南市	490.00	495.00	485.00
金华市	1 367.00	1 367.00	877.73	青岛市	336.28	831.98	336.28
衢州市	735.29	651.04	772.73	淄博市	657.00	620.00	666.25
舟山市	790.86	841.00	778.32	枣庄市	720.36	962.23	720.36
台州市	741.65	811.10	695.35	东营市	766.67	840.00	730.00
丽水市	879.00	884.00	877.75	烟台市	607.05	446.67	607.05
安徽省	812.21	795.55	820.20	潍坊市	801.07	640.83	892.64
合肥市	927.00	848.36	927.00	济宁市	531.96	439.00	573.28
芜湖市	684.68	929.11	623.57	泰安市	755.60	1 300.00	710.23
蚌埠市	900.82	1 060.00	874.29	威海市	380.00	380.00	665.96
淮南市	873.40	1 080.25	873.40	日照市	780.28	818.35	761.25
马鞍山市	721.40	534.00	752.63	莱芜市	823.33	945.00	762.50
淮北市	756.75	730.00	783.50	临沂市	775.33	697.50	797.57
铜陵市	929.20	929.20	618.98	德州市	504.03	558.07	450.00
安庆市	820.54	928.35	777.42	聊城市	769.90	639.71	835.00
黄山市	850.00		850.00	滨州市	700.00	848.33	700.00
滁州市	808.64	718.75	868.57	菏泽市	511.16	462.31	560.00
阜阳市	1 210.00	767.34	1 210.00	河南省	669.19	684.36	661.22
宿州市	650.00	872.00	526.67	郑州市	671.16	576.43	781.68
巢湖市	682.50	580.00	733.75	开封市	600.00	910.00	600.00
六安市	811.25	710.00	845.00	洛阳市	610.50	671.67	610.50
亳州市	951.11	900.81	1 102.00	平顶山市	500.17	388.79	522.45
宣城市	650.04	577.88	758.30	安阳市	954.00	1 400.00	731.00
福建省	818.12	646.86	1 075.00	鹤壁市	636.50		636.50
福州市	770.15	681.81	829.04	新乡市	678.92	636.75	700.00
厦门市	724.79	705.50	734.44	焦作市	750.00	788.33	635.00
三明市	730.56	581.11	880.00	濮阳市	701.19	776.13	663.72
泉州市	729.42	663.99	860.29	许昌市	460.00	610.67	460.00
漳州市	876.49	679.74	1 270.00	漯河市	645.00	490.00	800.00
江西省	626.75	624.11	629.38	三门峡市	621.97	655.46	555.00
南昌市	689.00	700.00	678.00	南阳市	638.59	636.25	640.93

4-3-3　2008年12月建材企业煤炭无烟煤、烟煤平均购进价格

Average coal purchasing price for building material enterprise in Dec. 2008

地区名称	煤炭	无烟煤	烟煤	地区名称	煤炭	无烟煤	烟煤
商丘市	1 107.92	1 200.00	1 015.83	肇庆市	790.00	790.00	597.00
信阳市	812.50	889.50	812.50	惠州市	600.00	868.00	600.00
周口市	667.39		667.39	梅州市	400.00	720.62	400.00
驻马店市	557.50	838.33	557.50	河源市	750.00		750.00
湖北省	550.68	506.36	583.03	阳江市	650.00	650.00	
武汉市	716.13	478.00	750.14	清远市	700.00		700.00
黄石市	625.47	654.18	568.04	东莞市	750.47	825.00	738.05
十堰市	458.33	425.00	475.00	中山市	810.00	851.83	747.26
宜昌市	437.55	354.32	473.22	揭阳市	405.00	405.00	
襄樊市	484.68	362.50	576.32	云浮市	803.33	680.00	865.00
鄂州市	587.00	480.00	658.33	广西壮族自治区	697.11	658.30	728.53
荆门市	726.58	713.07	758.09	南宁市	617.22	622.70	613.56
孝感市	590.00	600.00	587.50	柳州市	722.07	807.90	722.07
荆州市	612.50	616.25	607.50	桂林市	751.09	650.00	784.79
黄冈市	642.33	589.67	695.00	梧州市	717.27	850.00	708.98
咸宁市	786.63	600.00	848.83	北海市	1 080.00	1 048.50	1 080.00
随州市	560.00	600.00	550.00	防城港市	280.00	280.00	860.00
恩施州	435.66	413.06	473.33	钦州市	680.00	680.00	741.67
省直辖县	633.33	700.00	600.00	贵港市	550.00	550.00	610.71
湖南省	619.49	649.01	600.57	玉林市	832.93	830.00	835.28
长沙市	671.30	600.00	689.13	百色市	715.00	715.00	441.82
株洲市	636.50	619.00	654.00	贺州市	788.26	1 450.00	677.97
湘潭市	665.00	730.58	665.00	河池市	580.00	580.00	714.33
衡阳市	606.25	450.00	658.33	来宾市	621.49	578.07	650.44
邵阳市	428.40		428.40	崇左市	640.50	640.50	
岳阳市	647.31	654.50	643.00	海南省	785.35	698.99	828.53
常德市	687.17	1 111.50	475.00	海口市	812.42		812.42
益阳市	435.00	607.68	435.00	省直辖县	776.33	698.99	838.20
郴州市	613.75		613.75	重庆市	510.88	531.63	497.97
永州市	552.14	517.00	640.00	市辖区	551.82	532.50	559.88
怀化市	614.80	680.00	562.64	市辖县	457.33	530.96	383.69
娄底市	530.00	530.00	687.20	四川省	461.37	465.56	456.67
湘西州	699.81	705.79	687.86	成都市	532.85	390.00	580.46
广东省	625.10	685.00	603.03	自贡市	397.81	496.00	348.71
广州市	646.02	650.92	646.02	攀枝花市	348.10	351.21	340.83
韶关市	612.32	672.95	612.32	泸州市	416.67	300.00	475.00
深圳市	425.10		425.10	德阳市	430.08	501.50	389.27
汕头市	645.00		645.00	绵阳市	591.39	611.20	472.50
佛山市	435.75	557.50	314.00	广元市	210.00	210.00	451.42
江门市	630.00	630.00	762.70	遂宁市	656.52	553.00	673.77
湛江市	731.94	570.00	755.07	内江市	448.85	408.60	470.81
茂名市	405.00		405.00	乐山市	510.00	670.00	510.00

4-3-4 2008年12月建材企业煤炭无烟煤、烟煤平均购进价格

Average coal purchasing price for building material enterprise in Dec. 2008

地区名称	煤炭	无烟煤	烟煤	地区名称	煤炭	无烟煤	烟煤
四川省							
南充市	510.00	510.00	551.73	金昌市	335.00	390.00	321.25
眉山市	285.00	285.00	373.17	白银市	366.86	296.00	395.20
宜宾市	395.92	395.92	537.87	天水市	525.00	600.00	450.00
广安市	324.29	587.50	324.29	武威市	354.26	486.25	354.26
达州市	628.33	717.50	450.00	张掖市	288.33	332.50	288.33
雅安市	463.43	457.25	471.67	平凉市	329.00	238.00	420.00
巴中市	495.00		495.00	酒泉市	279.78	207.96	303.71
资阳市	939.00	489.95	939.00	庆阳市	207.25	925.00	207.25
凉山州	374.00	321.00	480.00	定西市	340.00		340.00
贵州省	562.17	618.10	524.89	陇南市	306.67		306.67
贵阳市	613.57	692.00	570.00	临夏州	616.75		616.75
六盘水市	571.26		571.26	甘南州	655.00		655.00
遵义市	546.67	500.88	546.67	青海省	457.55	762.44	332.82
安顺市	394.30	318.59	470.00	西宁市	422.20	1 300.00	324.67
铜仁地区	606.67	670.00	575.00	海东地区	647.10	837.00	419.23
黔西南州	372.58	358.48	386.67	海北州	290.00	260.00	320.00
毕节地区	596.33	624.00	541.00	海南州	337.50	280.00	356.67
黔东南州	743.75	922.50	565.00	果洛州	586.25		586.25
黔南州	519.41	636.25	402.58	海西州	228.50	606.25	228.50
云南省	475.10	500.34	441.08	宁夏回族自治区	498.92	667.92	439.27
昆明市	462.04	496.00	411.10	银川市	494.23	1 070.00	398.27
曲靖市	481.48	440.00	536.79	石嘴山市	347.54	690.00	298.62
玉溪市	528.18	512.24	560.06	吴忠市	358.50	1 035.90	358.50
保山市	457.50	610.00	305.00	固原市	415.17	415.17	498.13
丽江市	440.00	500.00	440.00	中卫市	550.27	846.00	484.56
普洱市	404.33	496.00	221.00	新疆维吾尔自治区	219.72	284.25	209.39
红河州	480.22	476.67	482.89	乌鲁木齐市	150.55	170.00	150.55
文山州	348.00		348.00	吐鲁番地区	121.00		121.00
大理州	418.84	468.26	320.00	哈密地区	274.50		274.50
陕西省	519.18	470.49	520.85	昌吉州	227.56	220.00	227.56
西安市	467.45	505.00	465.11	博尔塔拉州	238.54		238.54
铜川市	549.39		549.39	巴音郭楞州	194.41	200.00	191.62
宝鸡市	545.38	858.00	545.38	阿克苏地区	280.00	285.00	270.00
咸阳市	459.38	435.98	461.98	克孜勒苏州	380.00		380.00
渭南市	604.50	1 096.67	604.50	和田地区	215.00		215.00
延安市	620.30	490.33	620.30	伊犁州	134.13	109.00	141.32
汉中市	644.20	1 210.70	644.20	塔城地区	193.89		193.89
榆林市	370.04		370.04	阿勒泰地区	186.70	285.00	186.70
安康市	837.50	442.67	837.50	区直辖县	278.49	367.00	234.23
商洛市	472.00		472.00				
甘肃省	393.83	395.42	393.60				
兰州市	574.85	740.00	556.50				

4-4 2008年12月水泥企业电力平均购进价格

Average electricity purchasing price for cement enterprise in Dec. 2008

水泥企业电力平均购进价格高于全国平均水平地区

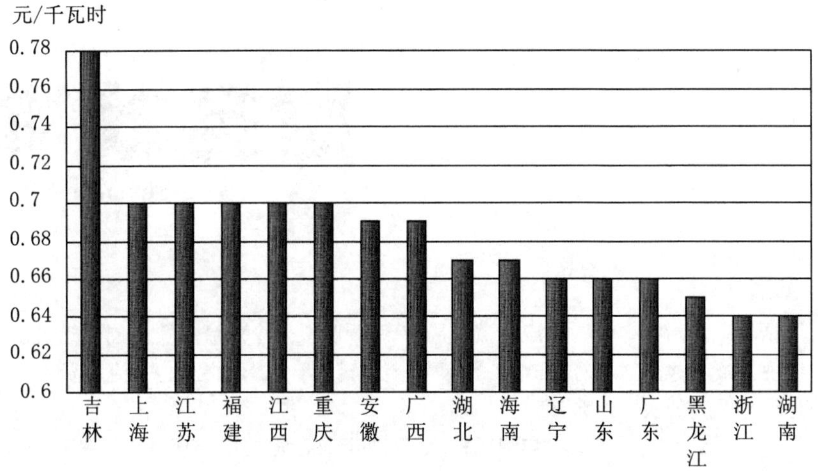

水泥企业电力平均购进价格低于全国平均水平地区

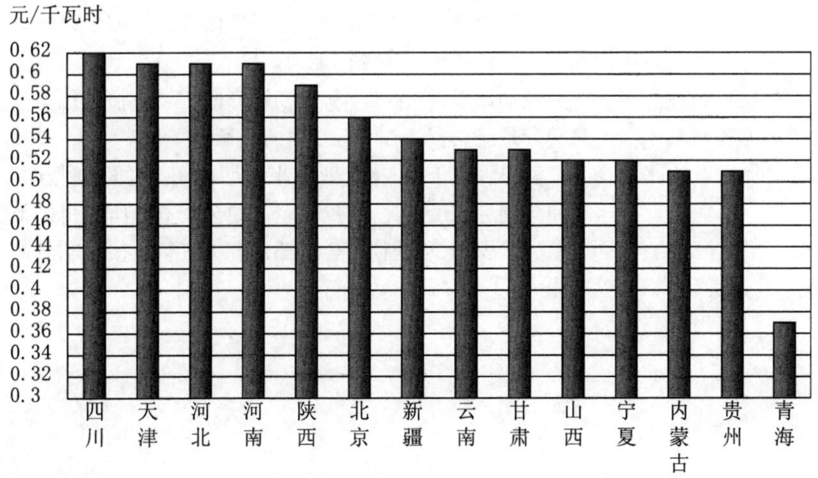

元/千瓦时

省区市	2008年12月
全　国	0.63
北　京	0.56
天　津	0.61
河　北	0.61
山　西	0.52
内蒙古	0.51
辽　宁	0.66
吉　林	0.78
黑龙江	0.65
上　海	0.70
江　苏	0.70
浙　江	0.64
安　徽	0.69
福　建	0.70
江　西	0.70
山　东	0.66
河　南	0.61
湖　北	0.67
湖　南	0.64
广　东	0.66
广　西	0.69
海　南	0.67
重　庆	0.70
四　川	0.62
贵　州	0.51
云　南	0.53
陕　西	0.59
甘　肃	0.53
青　海	0.37
宁　夏	0.52
新　疆	0.54

财务状况

Financial Status

净资产收益率:也称权益净利率或投资报酬率,是指企业报告期内的净利润与平均净资产的比率,体现投资者投入企业的自有资本获取净收益的能力,表明投资与报酬的关系,反映企业资本运营的综合效益。

总资产贡献率:指报告期内利税总额、利息支出之和与平均资产总额的比率,综合反映行业或地区全部资产获取收益的水平和投入产出状况。

总资产报酬率:指企业报告期内获得的报酬总额(利润总额与利息支出之和)与平均资产总额的比率,表示企业全部资产获取收益的水平,全面反映企业的获利能力和投入产出状况。

主营业务利润率:即毛利率,指企业报告期内主营业务利润同主营业务收入净额的比率,表明企业的单位销售收入所获的销售利润,反映企业主营业务的获利能力。

销售利润率:指企业报告期内利润总额与主营业务收入的比率,表明每百元主营业务收入的获利比率,反映企业盈利总水平。销售利润率体现了企业综合盈利能力和获利水平。销售利润率高,说明企业成本和费用低,总体获利水平高。

总资产周转率:反映企业全部资产效率。计算公式为:总资产周转率 = 主营业务收入/平均资产总额

流动资产周转率:反映投入企业流动资金周转速度。计算公式为:流动资产周转率 = 主营业务收入/流动资产平均余额

存货周转率:反映企业存货的周转速度。计算公式为:存货周转率 =(主营业务成本 + 营业费用)/存货平均余额

应收账款周转率:反映企业应收账款的收款期,也是企业应收账款变现速度的指标。计算公式为:应收账款周转率 = 主营业务收入/应收账款平均余额

资产负债率:指企业期末负债总额同资产总额的比率,表示企业总资产中通过负债筹集的数量,反映企业利用债权人提供的资金从事生产经营的能力,是衡量企业负债水平及风险程度的重要判断标准。

流动比率:指企业本年流动资产同流动负债的比率,表明企业资金流动速度,反映企业短期债务到期前可以转化为现金用于偿还流动负债的能力。

速动比率:指企业本年速动资产同流动负债的比率。速动资产是流动资产扣除存货后的差额。

利息保障倍数:指企业在报告期内利润总额、利息支出之和与利息支出的比值,反映企业经营收益是所支付的债务利息的多少倍,从偿债资金来源角度考察企业债务利息的偿还能力。

财务状况

Financial status

5－1　工业增加值和主营业务收入

Industrial added value and main business income

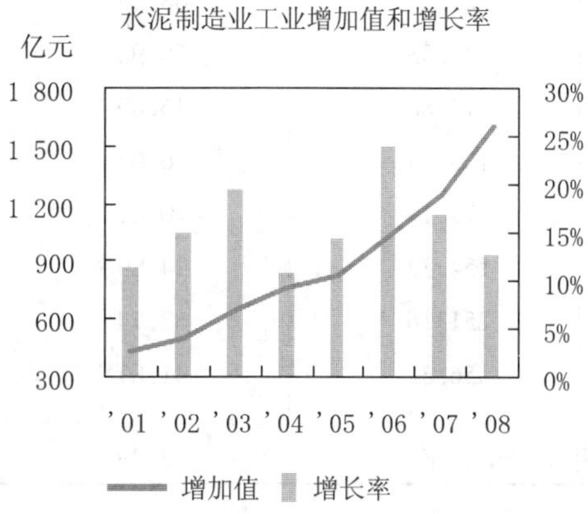

年　度	工业增加值（亿元）	年增长率（%）
2000	396	5.35
2001	433	11.31
2002	492	15.02
2003	639	19.47
2004	760	10.83
2005	822	14.60
2006	1 035	23.86
2007	1 254	16.72
2008	1 063	12.61
年平均增长率		14.83

注：工业增加值按当年价格计算，增长率和平均增长率按可比价格计算。

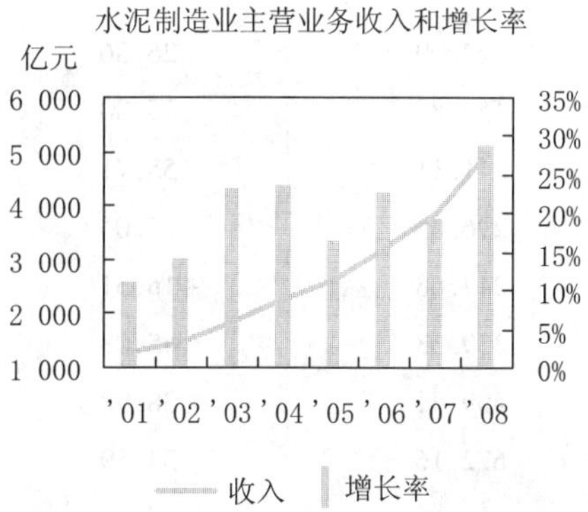

年　度	主营业务收入（亿元）	年增长率（%）
2000	1 168	3.18
2001	1 296	10.95
2002	1 479	14.10
2003	1 825	23.40
2004	2 256	23.62
2005	2 631	16.66
2006	3 228	22.65
2007	3 859	19.57
2008	4 977	28.97
年平均增长率		18.44

2008 年水泥制造业主要财务指标

金额单位：亿元

指标名称	指标值
企业个数（个）	5 156
亏损企业（个）	1 171
企业亏损率（%）	22.71
工业增加值	1 602.78
主营业务收入	4 977.26
主营业务成本	4 094.44
主营业务税金及附加	43.16
营业费用	133.61
管理费用	210.16
财务费用	106.70
其中：利息支出	97.14
利润总额	356.32
亏损总额	356.32
利税总额	672.16
应交所得税	47.25
净利润	309.06
本年应交增值税	272.68
本年进项税额	467.64
本年销项税额	730.87

5－2　利润和利税总额

Profits and total profits and taxes

水泥制造业利润总额

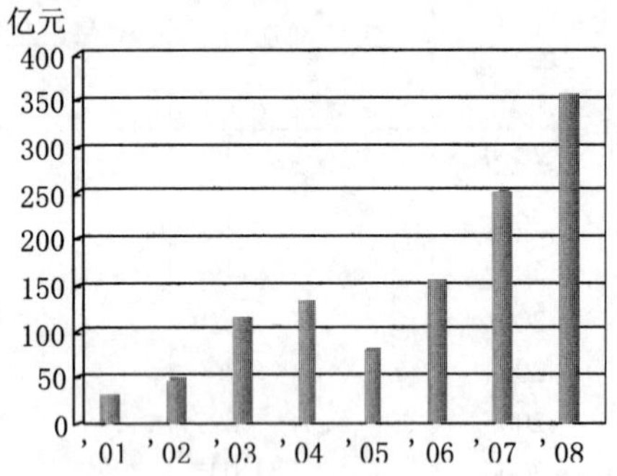

年　度	利润总额（亿元）	年增长率（%）
2000	6.33	－223.63
2001	29.64	368.25
2002	46.53	56.98
2003	114.88	146.89
2004	133.34	16.07
2005	79.19	－40.61
2006	154.33	94.89
2007	251.16	62.74
2008	356.32	41.87
年平均增长率		72.49

水泥制造业利税总额

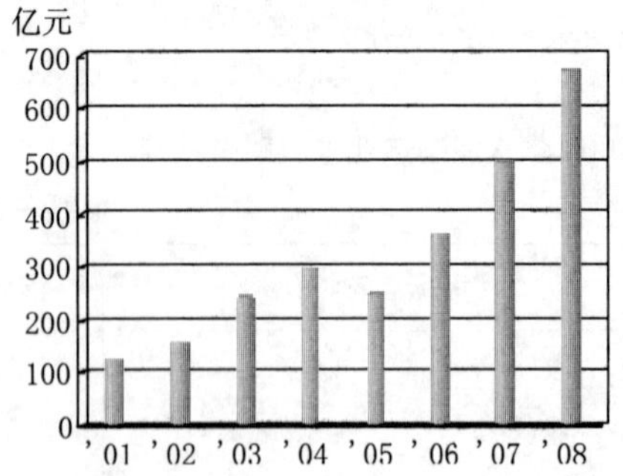

年　度	利税总额（亿元）	年增长率（%）
2000	97.03	20.43
2001	123.09	26.86
2002	154.85	25.80
2003	241.11	55.71
2004	296.65	23.04
2005	247.68	－16.51
2006	359.33	45.08
2007	499.41	38.98
2008	672.16	34.59
年平均增长率		26.68

水泥制造业利润构成中的补贴收入

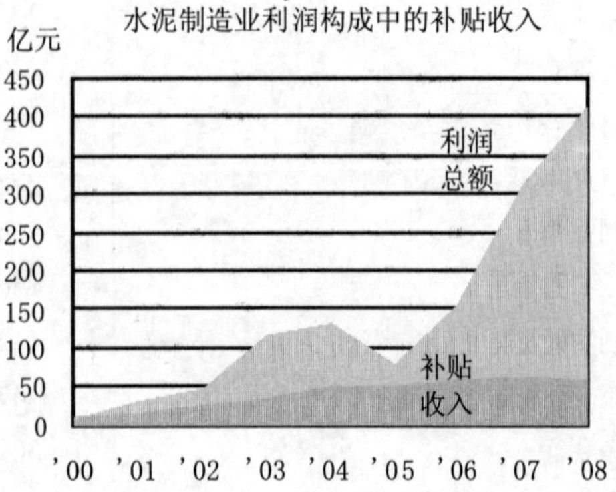

2008 年水泥制造业利润构成　金额单位:亿元

指标名称	指标值
主营业务利润	839.66
其他业务利润	9.29
费用总额	450.47
营业利润	324.30
投资收益	7.39
补贴收入	59.39
营业外收入	42.92
营业外支出	0
利润总额	356.32

5－3 资产和负债总额

Total assets and liabilities

水泥制造业资产总额

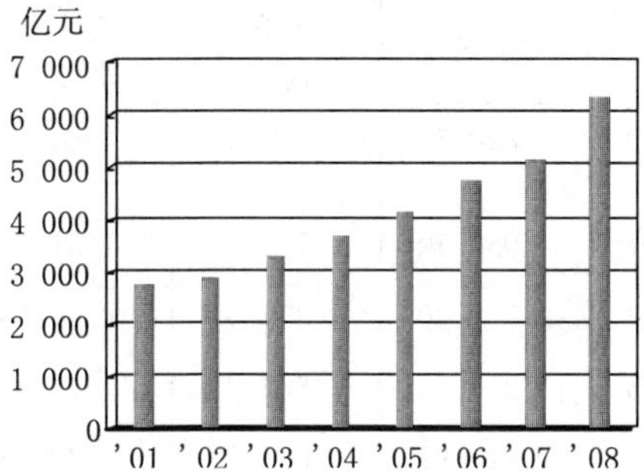

金额单位:亿元

年　度	资产总额 （亿元）	年增长率 （%）
2000	2 598.49	-0.90
2001	2 746.31	5.69
2002	2 847.96	3.70
2003	3 261.17	14.51
2004	3 697.40	13.38
2005	4 130.72	11.72
2006	4 720.30	14.27
2007	5 113.83	8.34
2008	6 316.00	23.51
年平均增长率		10.10

水泥制造业负债总额

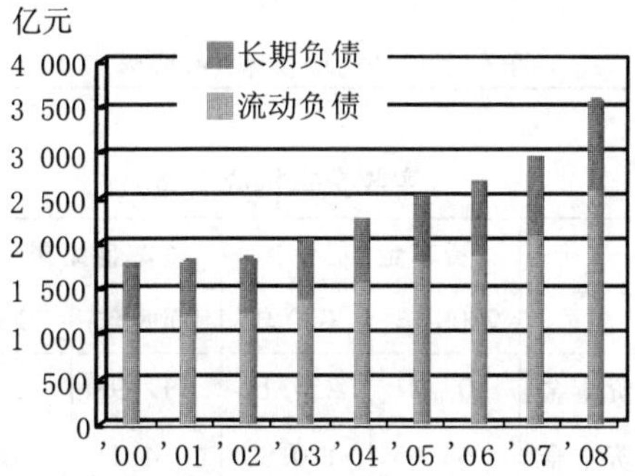

2008 年水泥制造业资产

金额单位:亿元

指标名称	指标值
流动资产	2 145.08
其中:应收账款	340.24
存货	509.16
其中:产成品	154.93
固定资产	3 275.98
固定资产原价	4 249.39
累计折旧	1 315.37
无形及递延资产	894.93
资产总额	6 316.00

亿元

年度	负债总额	流动负债	长期负债
2000	1 773.58	1 151.25	602.32
2001	1 791.16	1 175.17	594.54
2002	1 828.15	1 236.36	577.49
2003	2 029.33	1 371.63	630.07
2004	2 272.68	1 567.49	680.63
2005	2 548.45	1 780.87	735.67
2006	2 722.69	1 860.33	810.78
2007	3 020.11	2 088.64	863.55
2008	3 694.00	2 585.90	976.32

2008 年水泥制造业负债

金额单位:亿元

指标名称	指标值
流动负债	2585.90
其中:应付账款	579.47
长期负债	976.32
负债总额	3694.00
净资产	2622.00

5 –4 净资产

Net assets

年 度	净资产(亿元)		实收资本占净资产比重(%)
	总 计	其中:实收资本	
2000	824.32	700.24	84.95
2001	950.79	775.65	81.58
2002	1 015.30	807.97	79.58
2003	1 231.83	882.73	71.66
2004	1 421.92	1 005.80	70.74
2005	1 576.30	1 095.80	69.52
2006	1 997.61	1 180.98	59.00
2007	2 093.62	1 364.01	65.15
2008	2 622.00	1 594.27	60.80

净资产年平均增长率 14.83%

水泥制造业净资产

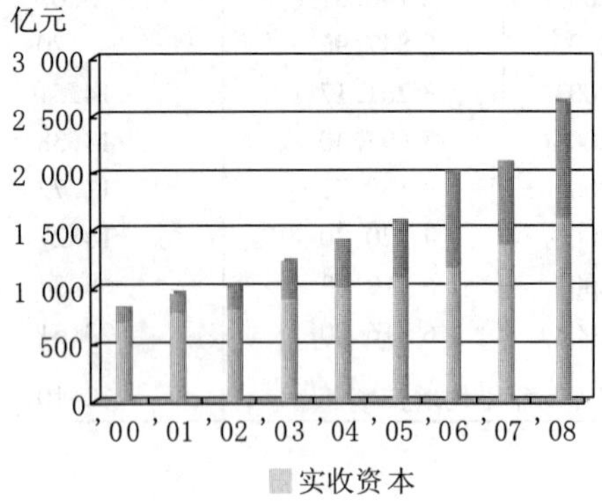

实收资本构成

分 类	资本金(亿元)		资本金比重(%)	
	2008 年	2000 年	2008 年	2000 年
国家资本金	207.01	259.18	12.98	37.01
集体资本金	65.66	110.80	4.11	15.82
法人资本金	661.06	152.55	41.46	21.79
个人资本金	361.79	75.58	22.69	10.79
港澳台资本金	137.26	41.45	8.60	5.92
外商资本金	161.49	60.68	10.12	8.67

水泥制造业实收资本比重

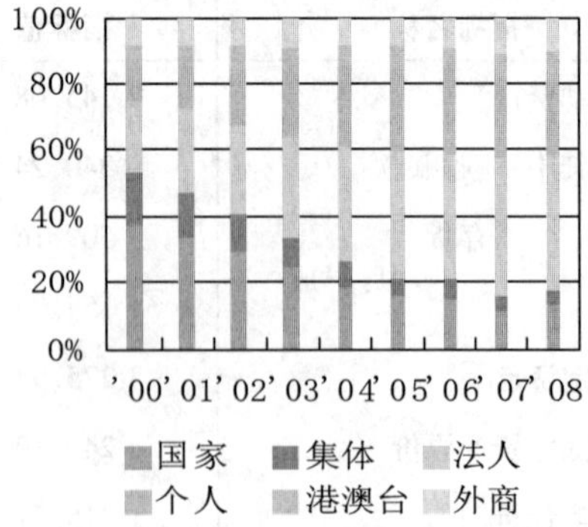

2008年水泥制造业实收资本比重

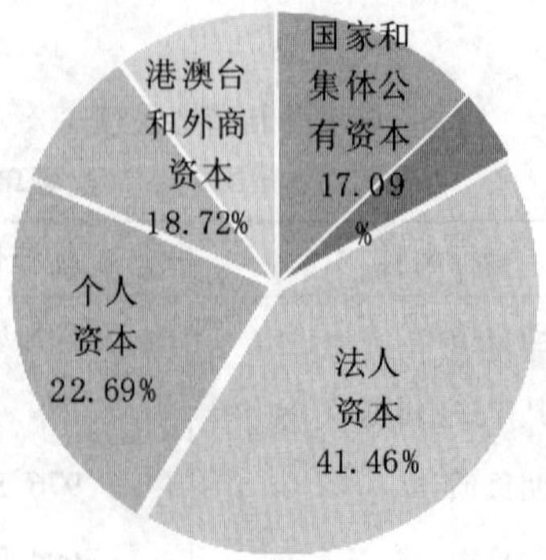

2000年水泥制造业实收资本比重

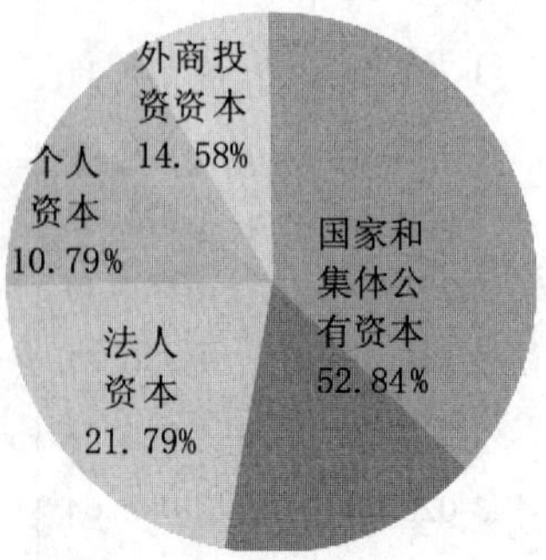

5-5　资本投入产出和盈利水平分析指标

Analysis index for capital input and output and profit level

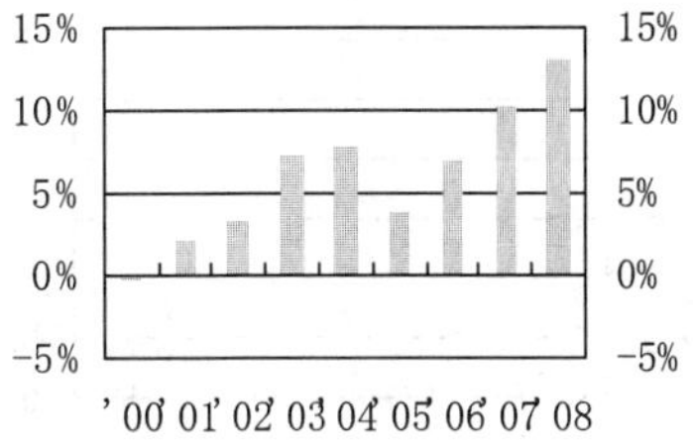

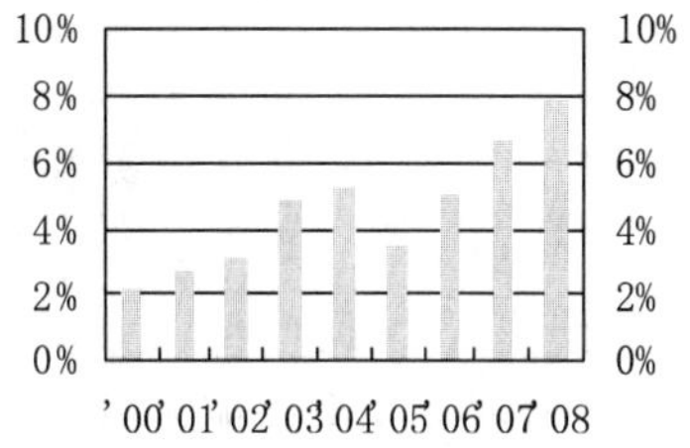

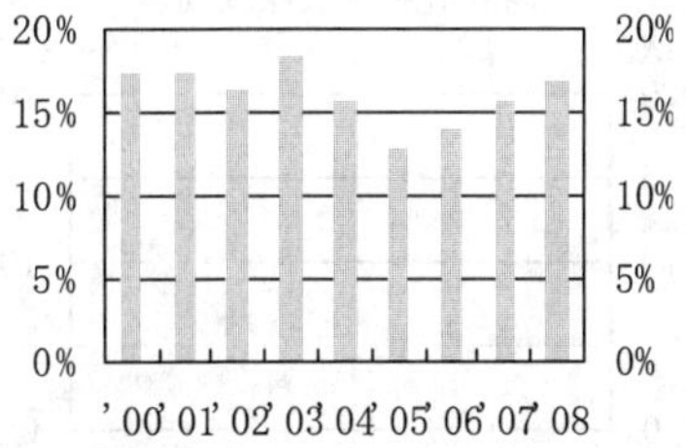

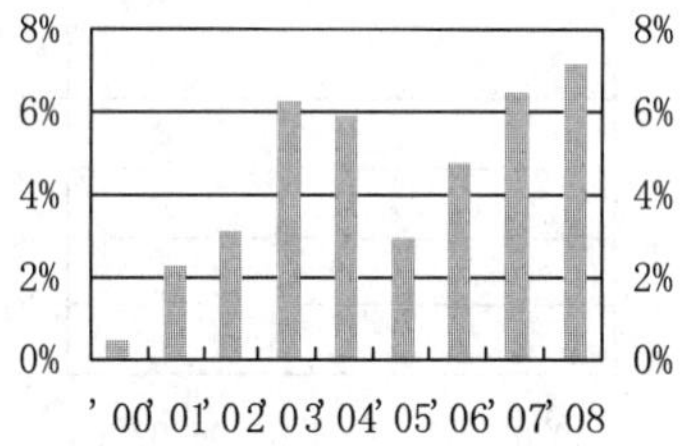

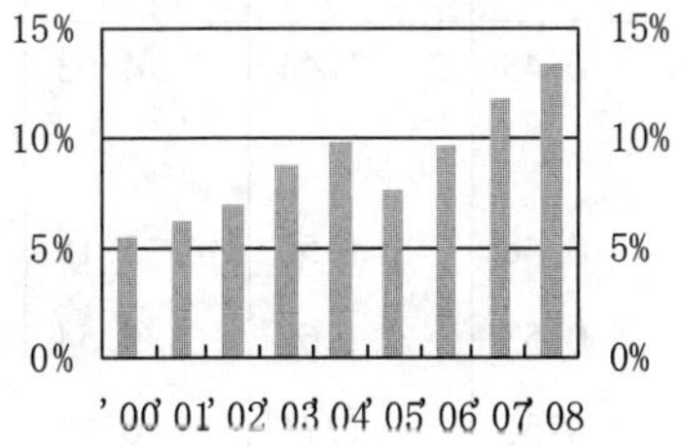

%

年　度	总资产贡献率	净资产收益率	总资产报酬率	毛利率	销售利润率
2000	5.60	-0.18	2.12	17.35	0.54
2001	6.26	2.18	2.76	17.37	2.29
2002	7.03	3.41	3.16	16.47	3.15
2003	8.79	7.41	4.92	18.53	6.30
2004	9.95	7.82	5.26	15.85	5.91
2005	7.74	3.93	3.44	12.81	3.01
2006	9.72	7.00	5.08	14.17	4.78
2007	11.78	10.36	6.74	15.83	6.51
2008	13.46	13.11	7.93	16.87	7.16

5-6 资本运营分析指标

Analysis index for capital management

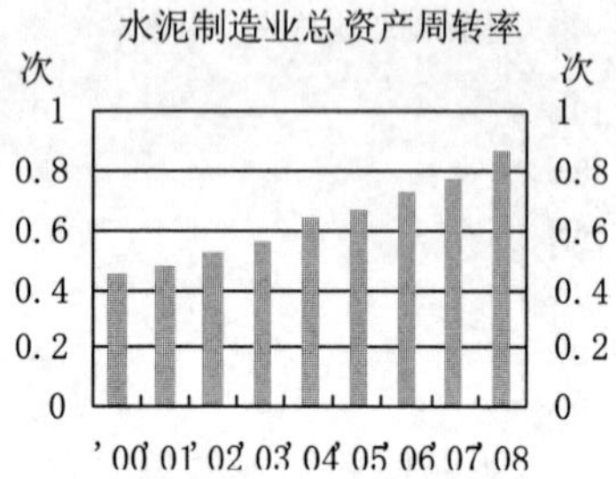

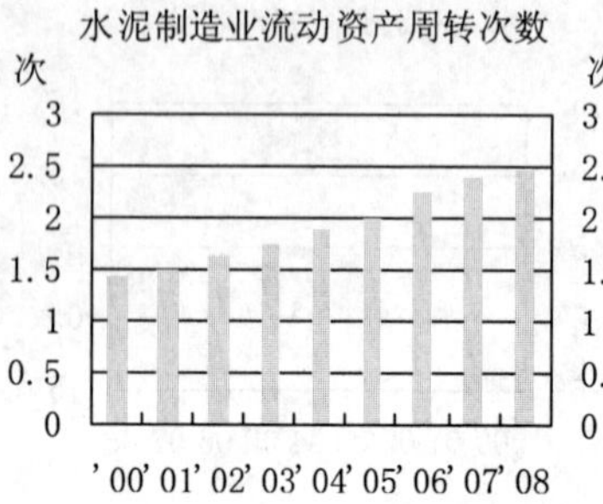

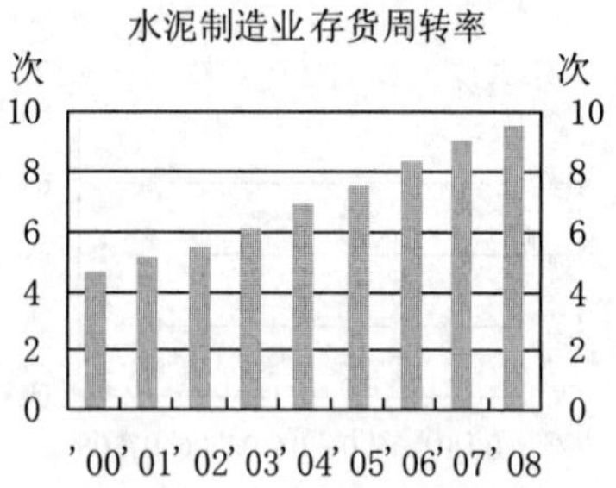

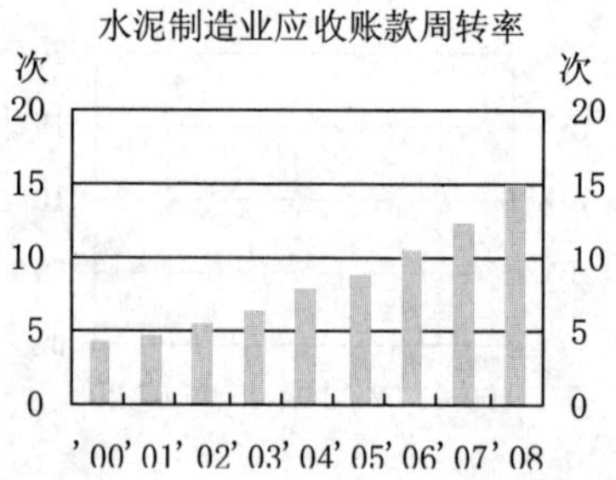

次

年度	总资产周转率	流动资产周转次数	存货周转率	应收账款周转率
2000	0.45	1.44	4.63	4.25
2001	0.48	1.52	5.15	4.81
2002	0.53	1.63	5.54	5.55
2003	0.56	1.74	6.11	6.53
2004	0.65	1.91	6.95	7.91
2005	0.67	1.99	7.47	8.76
2006	0.73	2.26	8.33	10.55
2007	0.78	2.39	9.03	12.39
2008	0.87	2.46	9.52	15.05

5－7　资产负债分析指标

Analysis index for assets and liabilities

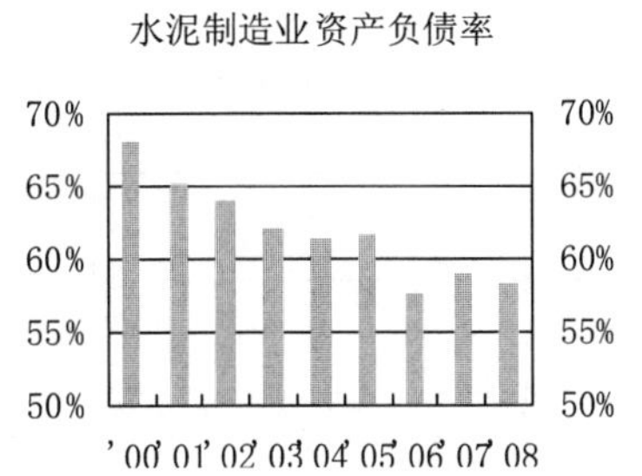

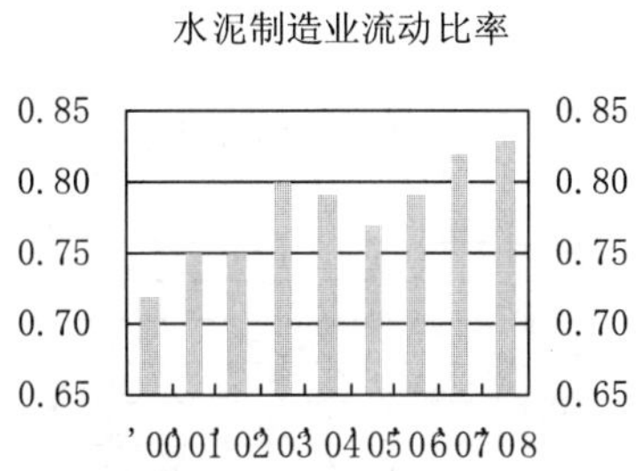

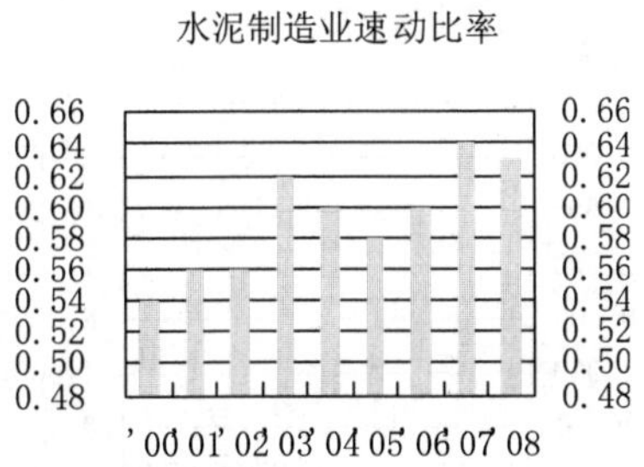

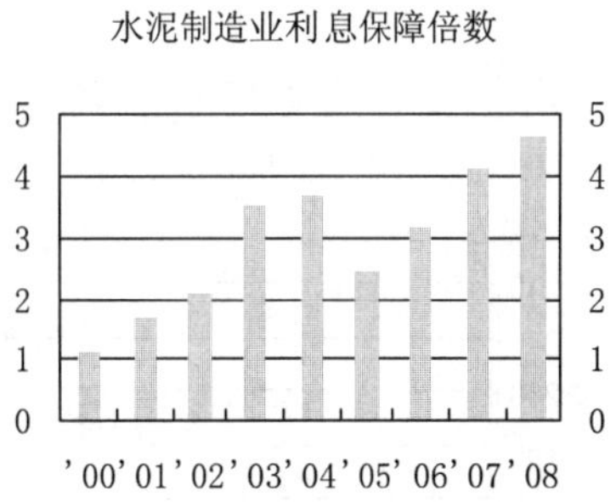

年　度	资产负债率（%）	流动比率	速动比率	利息保障倍数
2000	68.25	0.72	0.54	1.13
2001	65.22	0.75	0.56	1.67
2002	64.19	0.75	0.56	2.11
2003	62.23	0.80	0.62	3.52
2004	61.47	0.79	0.60	3.68
2005	61.70	0.77	0.58	2.43
2006	57.68	0.79	0.60	3.18
2007	59.06	0.82	0.64	4.14
2008	58.49	0.83	0.63	4.67

5－8 劳动生产率和人均工资福利费

Productivity and per capita wage and welfare cost

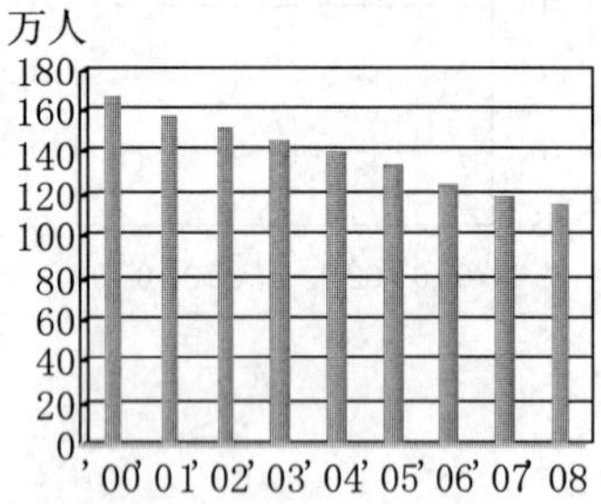

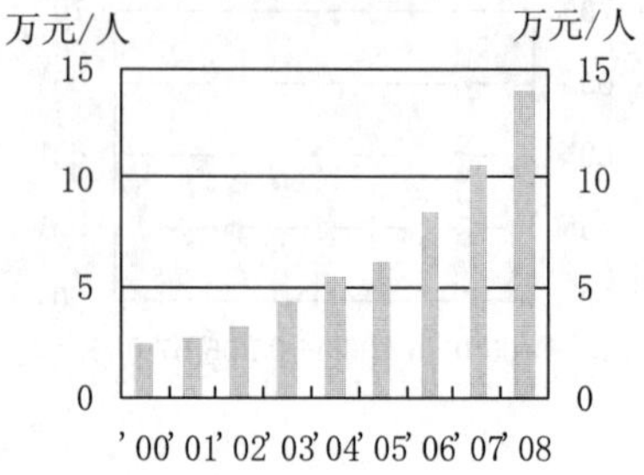

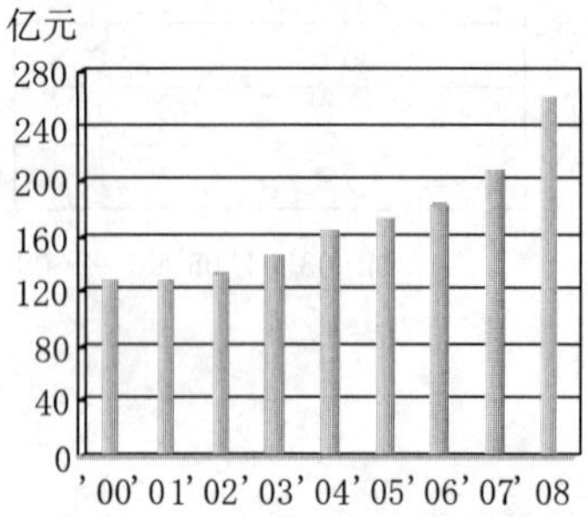

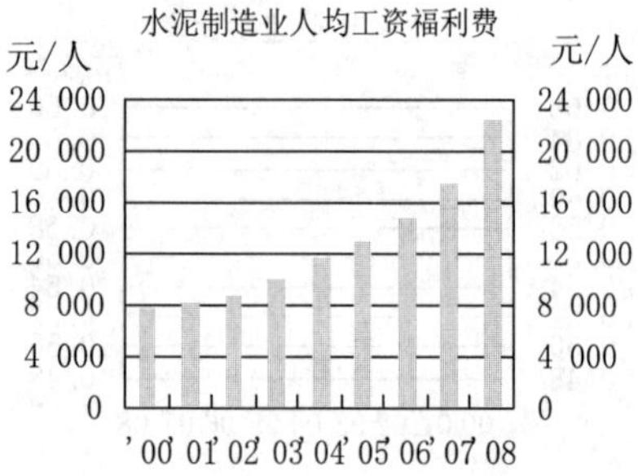

年　度	从业人员（万人）	工业增加值全员劳动生产率（元/人）	工资和福利费总额（亿元）	人均年工资福利费（元/人）
2000	166.95	23 737	128.29	7 684
2001	156.02	27 760	127.92	8 200
2002	150.22	32 725	132.30	8 807
2003	145.30	43 961	146.26	10 066
2004	139.83	54 323	162.99	11 656
2005	133.05	61 774	172.46	12 962
2006	123.44	83 811	182.28	14 766
2007	118.22	106 037	206.82	17 495
2008	115.27	139 046	260.69	22 616

5－9 水泥制造业经济类型构成

Economic type composition in cement manufacturing industry

水泥制造业主营业务收入构成

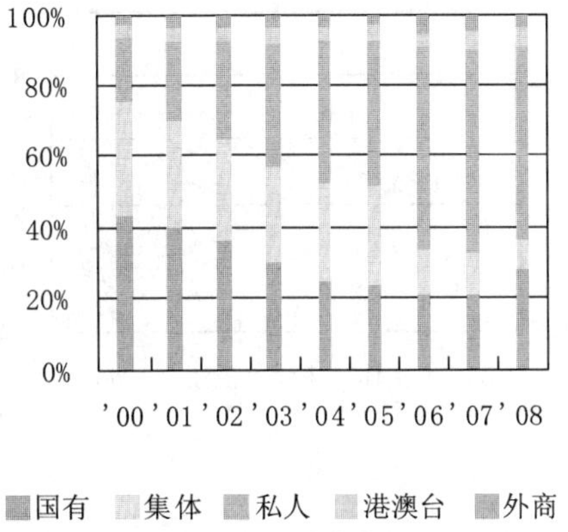

水泥制造业资产总额构成

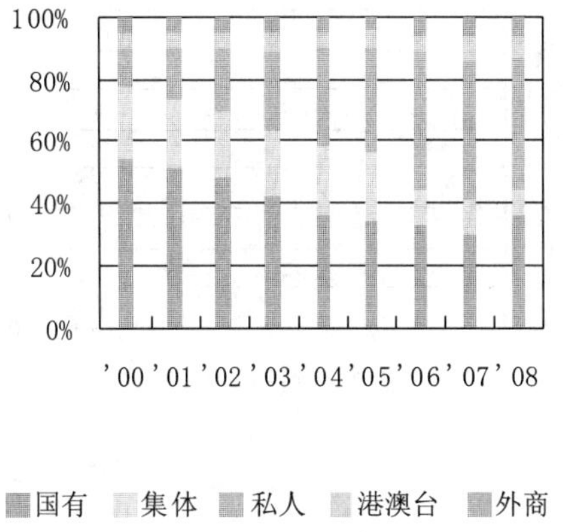

2008年水泥制造业
主营业务收入构成

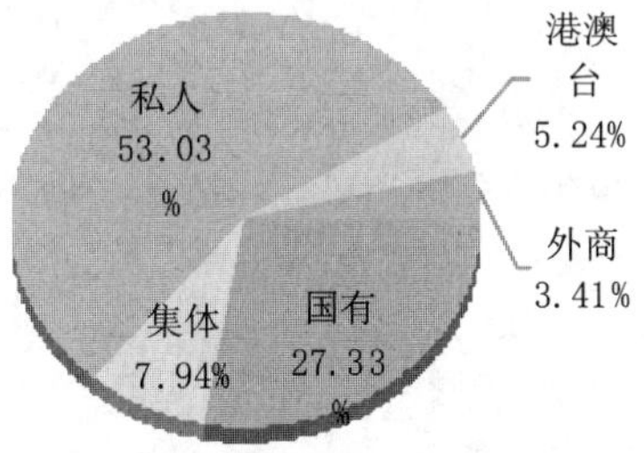

2008年水泥制造业
资产总额构成

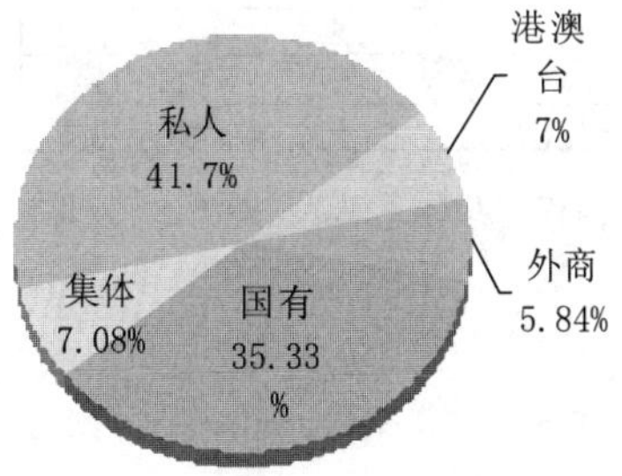

2008 年水泥制造业各经济类型主要统计指标

金额单位:亿元

经济类型	企业户数	从业人员(万人)	主营业务收入	利润总额	利税总额	资产总额
水泥制造业	5 156	115.27	4 977.26	356.32	672.16	6316.00
国有控股企业	529	23.74	1 360.45	99.37	189.31	2 231.33
集体控股企业	530	12.00	395.27	27.48	52.55	447.06
私人控股企业	3 714	69.39	2 639.25	184.13	347.87	2 633.59
港澳台商控股企业	93	3.04	260.79	21.49	37.06	441.87
外商控股企业	78	2.77	169.55	14.4	25.29	368.73

5－10 水泥制造业经济类型资本投入产出和盈利水平对比

Comparison of economic type capital input and output and profit level in cement manufacturing industry

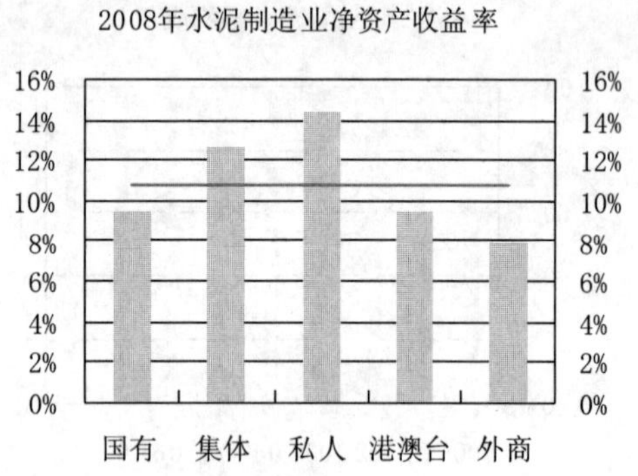

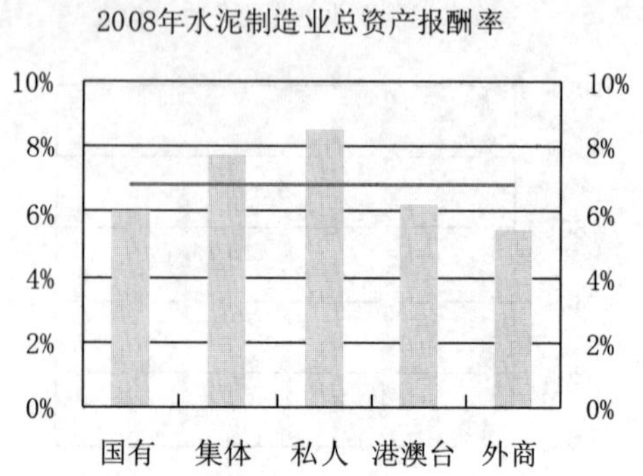

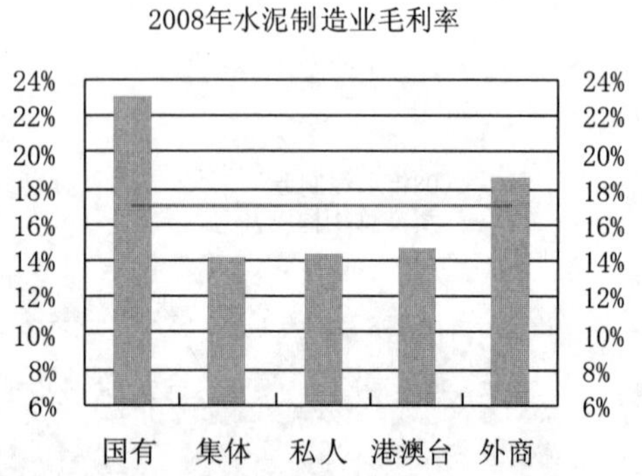

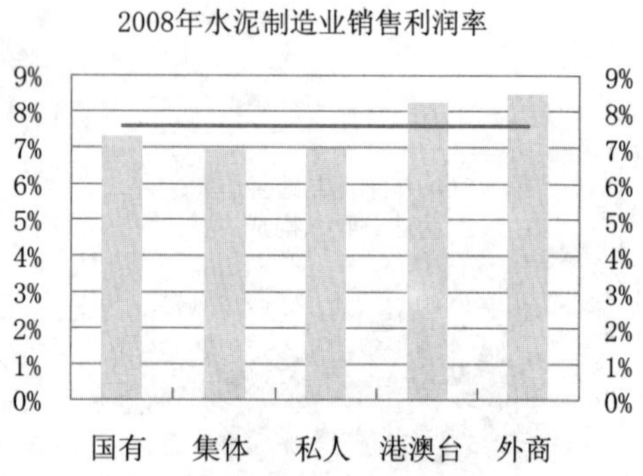

2008 年水泥制造业经济类型资本投入产出和盈利水平对比

%

经济类型	净资产收益率	总资产报酬率	毛利率	销售利润率
平均水平	10.79	6.8	17.01	7.59
国有控股企业	9.51	6.06	23.13	7.3
集体控股企业	12.65	7.7	14.11	6.95
私人控股企业	14.46	8.49	14.37	6.98
港澳台商控股企业	9.43	6.27	14.76	8.24
外商控股企业	7.93	5.49	18.71	8.49

5－11　水泥制造业经济类型生产效率和人均收入对比

Comparison of economic type productivity and per capita income in cement manufacturing industry

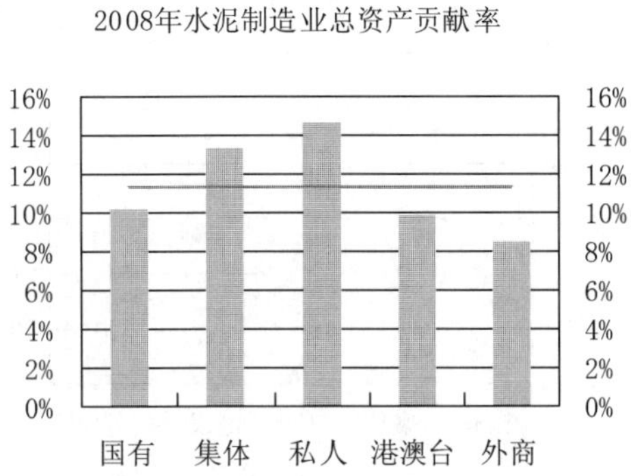

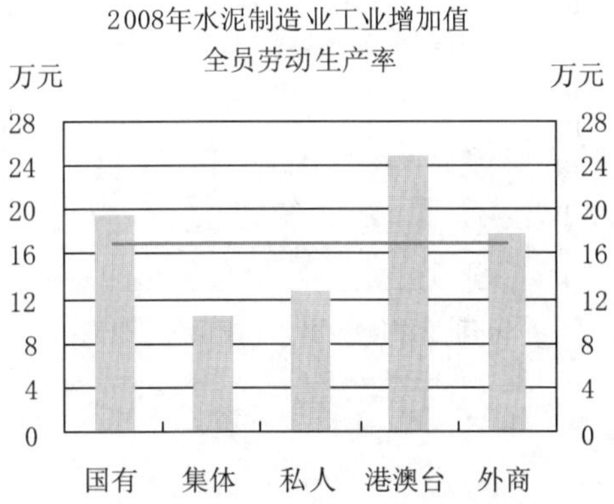

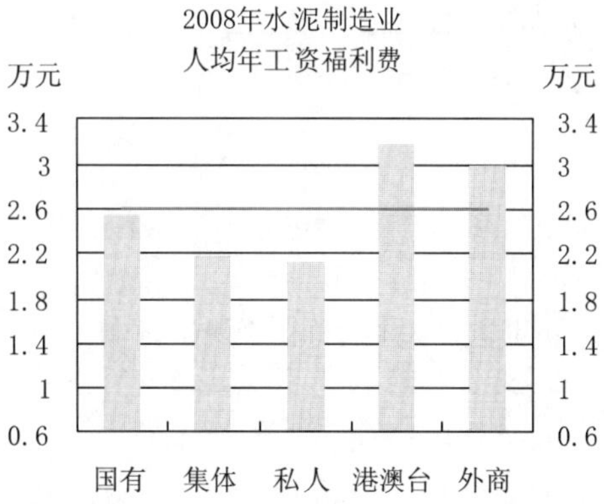

2008 年水泥制造业经济类型生产效率和人均收入对比

经济类型	总资产贡献率(%)	工业增加值全员劳动生产率(元/人)	人均年工资福利费(元/人)
平均水平	11.27	170 800.00	26 076.00
国有控股企业	10.09	194 333.21	25 382.64
集体控股企业	13.31	105 597.97	21 883.74
私人控股企业	14.71	126 636.61	21 244.80
港澳台商控股企业	9.80	249 040.03	31 873.22
外商控股企业	8.45	178 770.19	30 000.14

5-12 水泥制造业经济类型资本运营对比

Comparison of economic type capital management in cement manufacturing industry

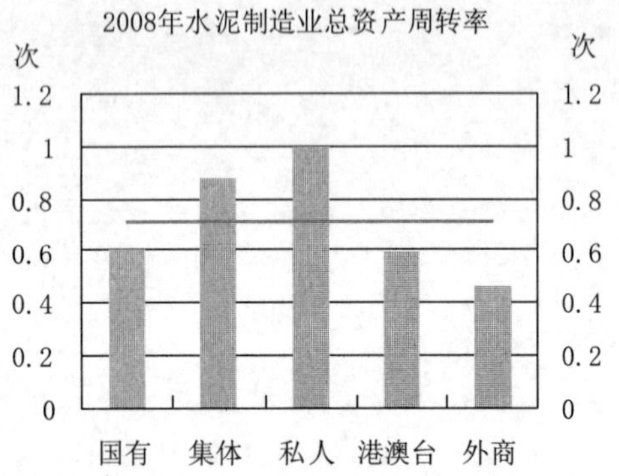

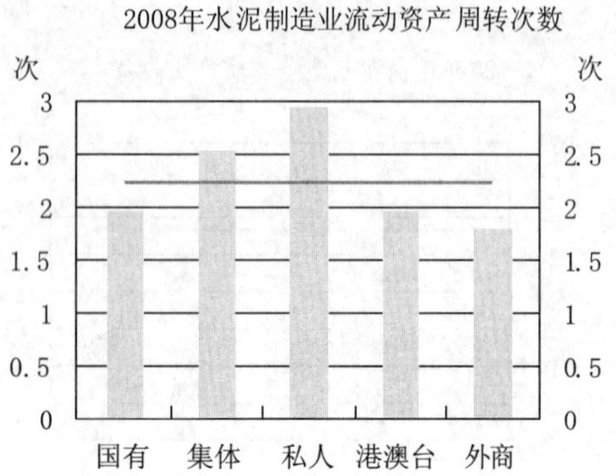

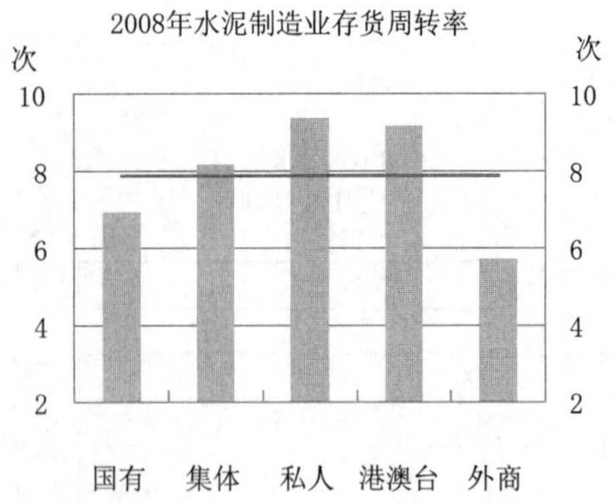

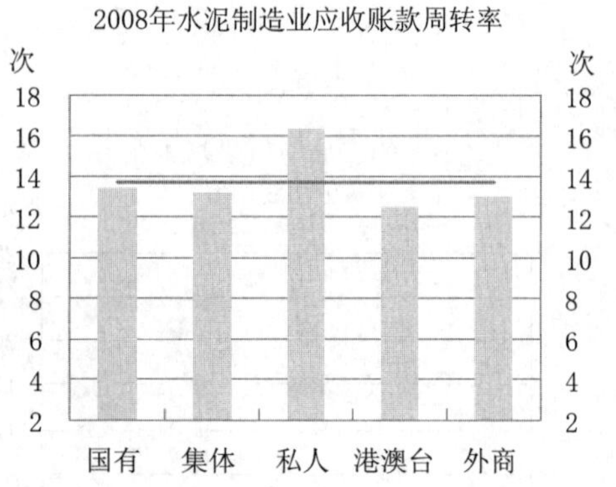

2008 年水泥制造业经济类型资本运营对比

次

经济类型	总资产周转率	流动资产周转次数	存货周转率	应收账款周转率
平均水平	0.71	2.24	7.87	13.70
国有控股企业	0.61	1.97	6.94	13.42
集体控股企业	0.88	2.52	8.16	13.21
私人控股企业	1.00	2.94	9.38	16.37
港澳台商控股企业	0.59	1.98	9.17	12.49
外商控股企业	0.46	1.79	5.71	13.00

5－13　水泥制造业经济类型资产负债对比

Comparison of economic type assets and liabilities in cement manufacturing industry

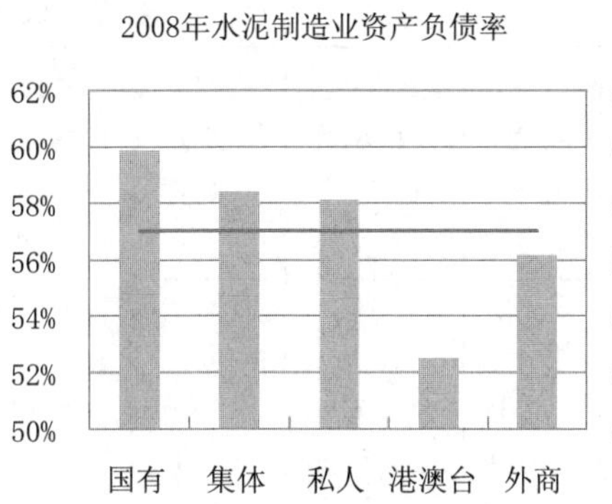

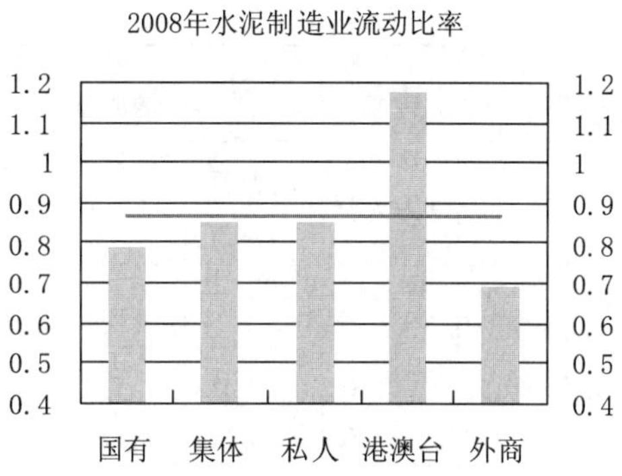

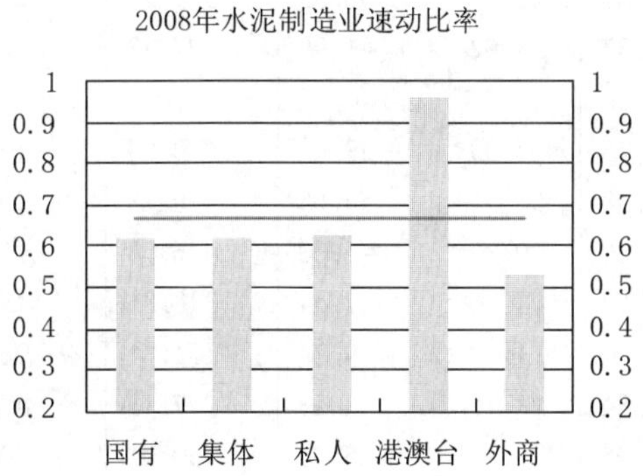

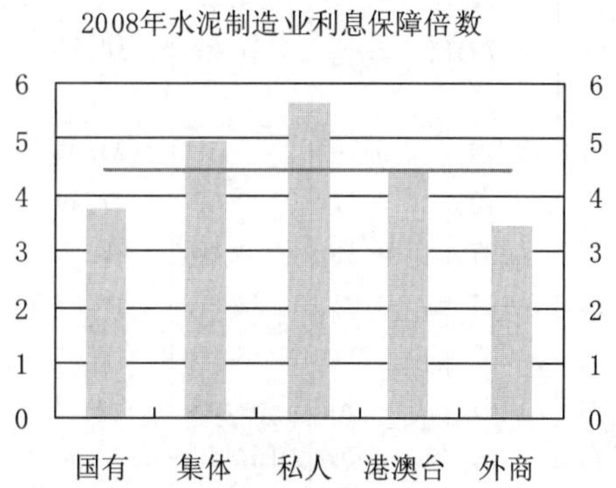

2008 年水泥制造业经济类型资产负债对比

经济类型	资产负债率（%）	流动比率	速动比率	利息保障倍数
平均水平	57.02	0.87	0.67	4.47
国有控股企业	59.89	0.79	0.62	3.78
集体控股企业	58.40	0.85	0.62	4.96
私人控股企业	58.14	0.85	0.63	5.65
港澳台商控股企业	52.50	1.18	0.96	4.45
外商控股企业	56.18	0.69	0.53	3.46

5-14-1 省区市水泥制造业主要财务指标

Main financial index of cement manufacturing industry of each province, region and city

金额单位:亿元

省区市名称	企业户数	从业人员(万人)	工业增加值	增加值增长率(%)	主营业务收入	利润总额	利税总额	利税总额增长率(%)	资产总额	资产总额同期增长率(%)
全　国	5 156	115.27	1 602.78	12.61	4 977.26	356.32	672.16	34.59	6 316.00	23.51
北　京	25	0.70	8.12	5.22	36.39	1.96	4.65	57.96	139.72	136.39
天　津	22	0.29	3.80	-16.92	15.97	0.16	0.91	-20.26	25.68	-21.22
河　北	315	7.01	102.31	1.41	297.16	21.08	35.05	5.22	372.21	22.94
山　西	128	3.11	16.61	2.1	49.11	-1.52	2.43	-5.80	125.89	5.15
内蒙古	108	2.28	46.82	13.18	116.56	10.43	19.92	35.91	166.59	-11.80
辽　宁	212	4.13	48.48	31.62	138.27	8.49	16.38	55.50	220.07	43.49
吉　林	72	3.39	54.86	55.58	273.68	11.85	21.53	56.33	339.59	124.82
黑龙江	79	2.46	21.52	38.75	62.74	2.37	8.02	41.95	97.73	7.21
上　海	19	0.39	7.38	-24.05	33.45	1.75	3.03	89.74	30.84	-16.21
江　苏	318	6.21	122.62	27.49	427.70	25.98	51.37	54.65	438.18	20.37
浙　江	237	4.26	74.44	-7.55	343.67	12.60	29.83	-1.00	496.53	11.88
安　徽	177	3.85	82.83	11.53	262.19	21.57	40.46	7.54	348.86	15.82
福　建	232	3.17	38.60	-1.84	148.51	4.30	11.98	-29.74	151.41	26.20
江　西	191	4.30	64.59	9.27	180.06	15.84	28.19	42.53	227.13	47.76
山　东	359	11.76	167.57	2.44	567.43	39.95	70.42	25.75	450.05	0.76
河　南	281	6.01	129.43	11.13	323.63	34.09	54.18	24.06	362.18	20.13
湖　北	191	4.94	88.35	48.15	231.42	16.43	34.27	50.11	336.37	51.25
湖　南	354	6.52	66.11	11.51	206.61	12.57	27.78	38.50	179.72	32.03
广　东	390	7.45	100.69	-4.66	355.72	21.88	41.65	10.08	392.74	-0.21
广　西	243	4.63	53.92	11.02	148.02	10.72	21.00	19.66	220.99	46.71
海　南	20	0.49	4.88	11.94	25.02	3.76	5.72	46.04	41.36	67.25
重　庆	140	3.21	39.04	34.46	96.57	10.62	18.34	105.09	145.96	30.10
四　川	323	7.41	102.60	8.6	232.99	35.97	54.84	117.37	283.95	39.88
贵　州	175	3.47	20.56	7.55	57.97	3.02	8.18	47.21	88.04	26.95
云　南	190	4.16	32.01	15.09	100.13	2.81	10.73	14.42	210.63	18.73
西　藏	10	0.33	2.71	-14.34	6.87	0.82	1.61	-16.83	18.83	-2.64
陕　西	164	3.51	40.84	26.08	99.98	5.84	14.82	76.66	145.38	15.95
甘　肃	79	2.49	20.41	29.46	46.01	5.07	9.65	151.24	68.50	5.68
青　海	18	0.58	6.84	66.04	14.07	2.51	3.94	497.61	19.93	20.94
宁　夏	27	0.77	10.64	26.04	24.11	4.19	6.57	106.30	50.17	39.15
新　疆	57	2.01	23.20	29.36	55.23	9.22	14.71	128.45	120.78	25.77

5 -14 -2　省区市水泥制造业主要财务指标

Main financial index of cement manufacturing industry of each province, region and city

单位:%

省区市名称	总资产贡献率	净资产收益率	总资产报酬率	毛利率	销售利润率	工业增加值全员劳动生产率(元/人)	人均年工资福利费(元/人)
全　国	13.46	13.11	7.93	16.87	7.16	139 046	22 616
北　京	6.37	3.51	3.67	15.25	5.40	116 425	29 198
天　津	4.58	0.43	1.99	8.56	0.97	129 796	22 941
河　北	12.51	12.46	8.37	16.04	7.09	145 981	19 371
山　西	4.13	-6.43	0.91	15.17	-3.10	53 471	14 664
内蒙古	12.35	12.16	7.02	15.48	8.95	205 759	21 077
辽　宁	10.21	9.54	5.98	14.70	6.14	117 339	23 232
吉　林	9.92	9.22	5.97	41.13	4.33	161 685	21 190
黑龙江	9.35	4.20	3.37	12.58	3.78	87 460	18 543
上　海	9.50	6.71	5.70	7.50	5.22	190 676	35 992
江　苏	14.85	13.57	8.52	13.55	6.07	197 419	27 802
浙　江	8.43	5.69	4.76	8.86	3.67	174 859	27 787
安　徽	14.26	14.30	8.45	17.93	8.23	215 014	24 972
福　建	10.53	6.34	4.87	10.92	2.90	121 927	23 308
江　西	16.61	15.83	10.13	16.01	8.79	150 245	27 306
山　东	17.54	19.21	10.74	14.26	7.04	142 441	22 548
河　南	17.81	20.30	11.75	16.53	10.53	215 515	17 500
湖　北	14.31	12.53	7.92	16.72	7.10	178 673	25 593
湖　南	18.96	16.18	9.33	17.17	6.08	101 421	24 890
广　东	11.87	13.05	6.84	13.18	6.15	135 187	24 557
广　西	12.53	11.76	7.00	15.11	7.24	116 483	19 106
海　南	17.98	21.23	12.04	22.71	15.03	100 278	18 200
重　庆	16.46	20.89	10.49	23.26	11.00	121 700	22 277
四　川	23.98	28.48	16.23	21.17	15.44	138 430	23 222
贵　州	11.37	7.29	4.82	18.48	5.22	59 176	17 608
云　南	7.36	3.13	3.28	14.55	2.81	76 930	18 901
西　藏	8.94	5.47	4.81	23.84	11.92	81 856	21 021
陕　西	13.19	11.64	6.55	16.14	5.84	116 432	23 048
甘　肃	16.70	17.46	9.83	28.01	11.02	81 897	22 300
青　海	22.99	23.24	15.12	28.72	17.85	118 545	19 157
宁　夏	17.66	15.52	12.12	28.16	17.36	138 926	23 734
新　疆	15.29	17.03	10.22	24.87	16.70	115 592	24 625

5-14-3 省区市水泥制造业主要财务指标

Main financial index of cement manufacturing industry of each province, region and city

省区市名称	总资产周转率(次)	流动资产周转次数(次)	存货周转率(次)	应收账款周转率(次)	资产负债率(%)	流动比率	速动比率	利息保障倍数
全国	0.87	2.46	9.52	15.05	58.49	0.83	0.63	4.67
北京	0.37	0.62	5.86	6.22	55.27	1.04	0.93	2.16
天津	0.55	1.31	3.33	3.23	49.71	1.17	0.78	1.37
河北	0.88	2.11	8.98	19.51	54.74	0.94	0.72	3.94
山西	0.40	1.07	3.13	4.24	78.62	0.79	0.54	0.42
内蒙古	0.66	2.67	7.76	19.01	63.38	0.73	0.49	6.12
辽宁	0.74	2.35	7.09	10.93	57.26	0.68	0.43	4.17
吉林	1.12	2.44	7.63	13.11	54.74	0.83	0.60	5.23
黑龙江	0.66	1.62	4.94	7.30	60.82	0.88	0.63	3.91
上海	0.99	2.05	12.86	5.01	42.46	1.52	1.33	10.53
江苏	1.07	2.87	13.17	16.92	60.01	0.79	0.63	4.16
浙江	0.73	1.91	10.78	11.60	60.42	0.77	0.65	2.29
安徽	0.81	2.51	14.72	13.39	62.51	0.79	0.67	4.66
福建	1.09	2.84	12.56	11.29	58.95	1.04	0.82	2.87
江西	0.95	2.69	10.23	34.42	53.23	0.84	0.64	5.59
山东	1.27	3.70	12.63	25.60	58.68	0.93	0.68	5.87
河南	0.98	2.75	11.18	23.47	57.88	1.01	0.77	7.94
湖北	0.83	2.89	10.35	25.69	54.62	0.80	0.60	3.88
湖南	1.31	4.17	14.92	24.99	58.26	0.72	0.52	6.79
广东	0.90	2.76	10.11	17.27	59.76	0.87	0.65	5.36
广西	0.80	3.06	9.54	16.14	55.87	0.67	0.48	5.69
海南	0.76	1.94	6.57	39.86	53.28	1.41	1.12	18.12
重庆	0.75	2.26	8.30	18.42	64.90	0.70	0.53	4.65
四川	0.96	2.64	10.64	20.66	55.15	0.85	0.67	11.11
贵州	0.74	1.99	7.94	12.24	57.31	0.87	0.67	4.91
云南	0.52	1.61	5.76	7.50	63.86	0.66	0.48	1.79
西藏	0.36	0.95	2.49	5.28	32.82	1.58	0.95	9.15
陕西	0.74	2.49	6.36	12.52	65.40	0.61	0.38	2.92
甘肃	0.69	1.71	4.76	6.02	61.39	0.75	0.49	4.42
青海	0.77	1.96	4.16	7.59	49.07	0.93	0.61	11.44
宁夏	0.56	1.64	5.11	6.38	37.80	1.20	0.91	5.03
新疆	0.51	1.46	5.32	12.57	57.43	0.85	0.64	5.97

5－15－1 2008 年水泥制造业地区经济效益分析

Analysis of regional economic benefit of cement manufacturing industry in 2008

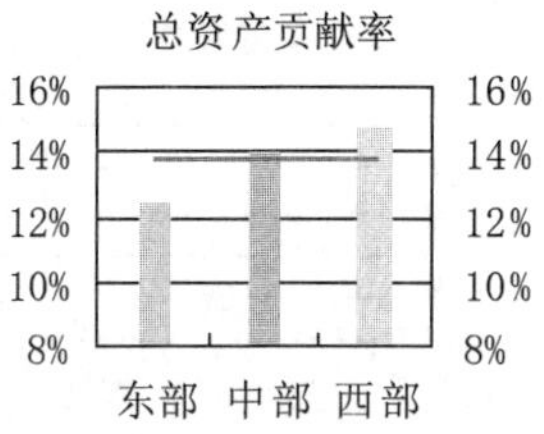

较高地区：四川、青海、湖南、海南、河南

较低地区：山西、天津、北京、云南、浙江

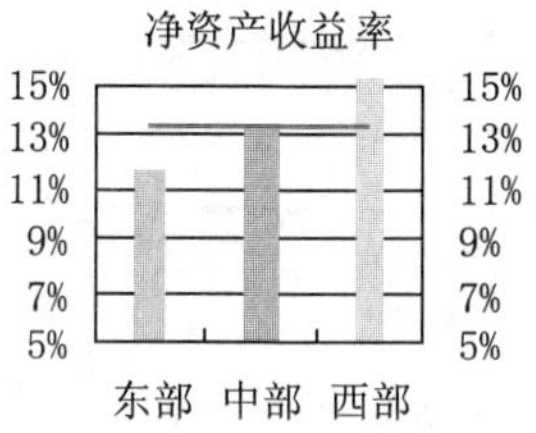

较高地区：四川、青海、海南、重庆、河南

较低地区：山西、天津、云南、北京、黑龙江

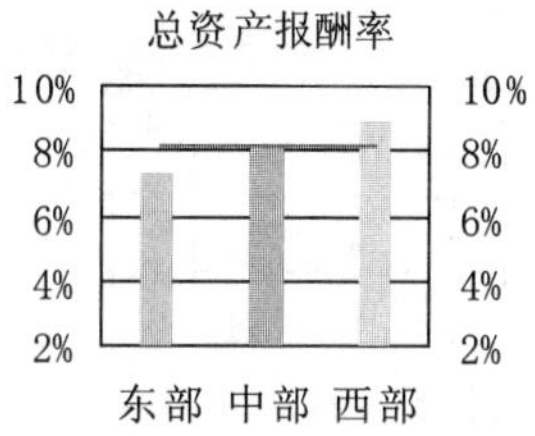

较高地区：四川、青海、宁夏、海南、河南

较低地区：山西、天津、云南、黑龙江、北京

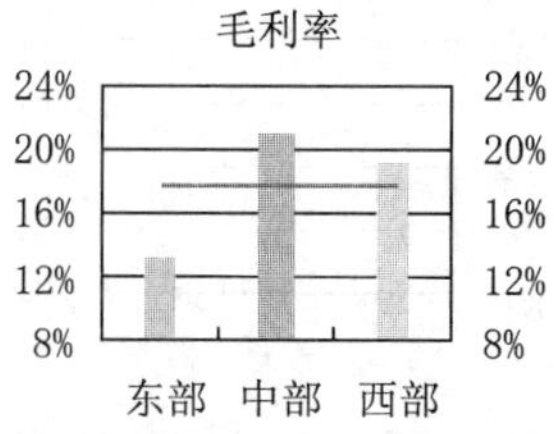

较高地区：吉林、黑龙江、宁夏、甘肃、新疆

较低地区：上海、天津、浙江、福建、黑龙江

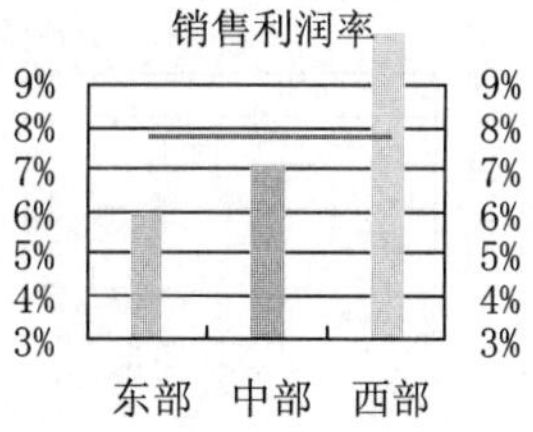

较高地区：青海、宁夏、新疆、四川、海南

较低地区：山西、天津、云南、福建、浙江

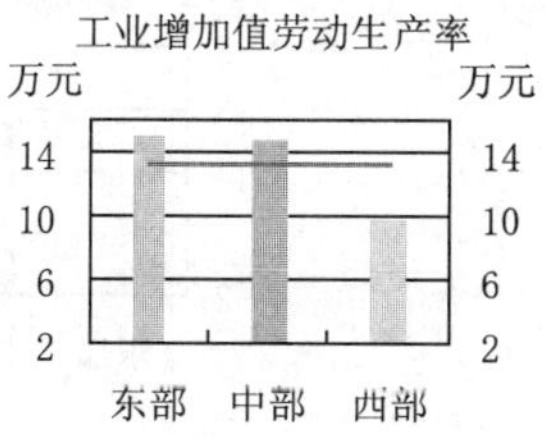

较高地区：河南、安徽、内蒙古、江苏、上海

较低地区：山西、贵州、云南、西藏、甘肃

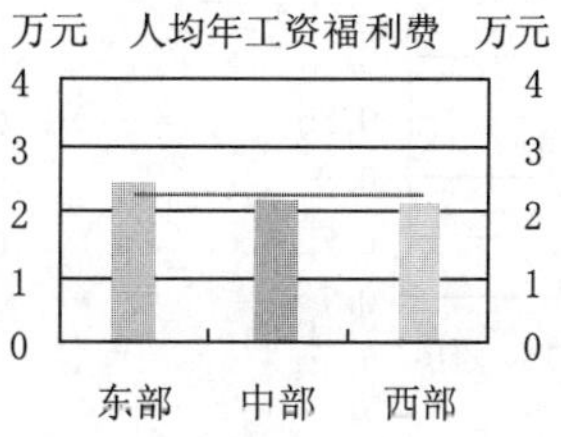

较高地区：上海、北京、江苏、浙江、江西

较低地区：山西、河南、贵州、海南、黑龙江

5-15-2　2008年水泥制造业地区经济效益分析

Analysis of regional economic benefit of cement manufacturing industry in 2008

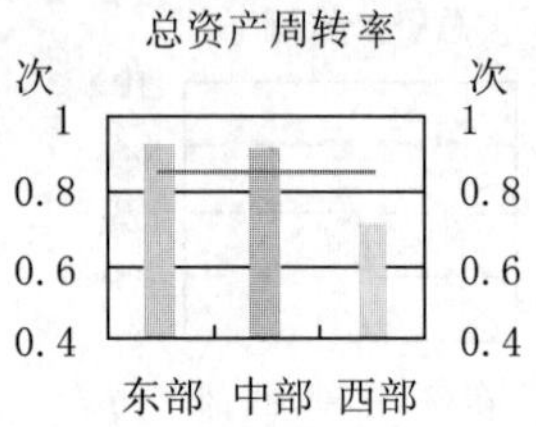

较快地区：湖南、山东、吉林、福建、江苏

较慢地区：西藏、北京、山西、新疆、云南

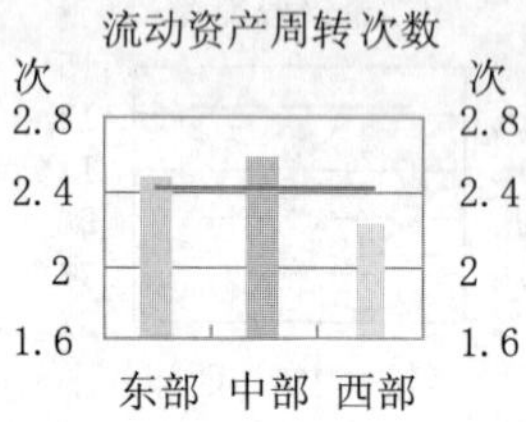

较快地区：湖南、山东、黄希、湖北、江苏

较慢地区：北京、西藏、山西、天津、新疆

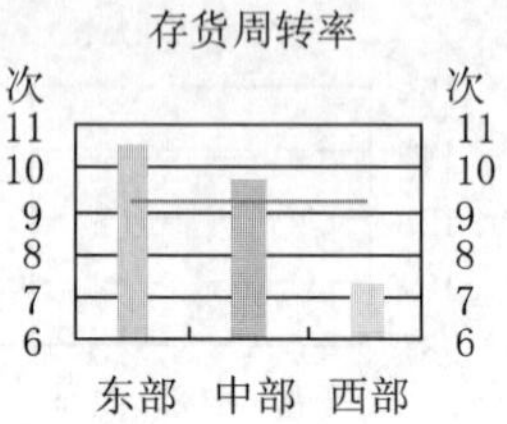

较快地区：湖南、安徽、江苏、上海、山东

较慢地区：西藏、山西、天津、青海、甘肃

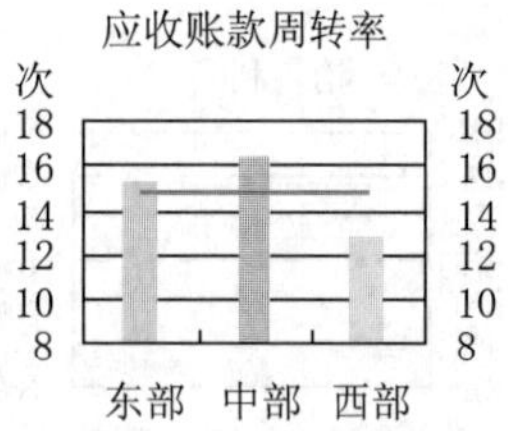

较快地区：海南、江西、湖北、山东、湖南

较慢地区：天津、山西、上海、西藏、甘肃

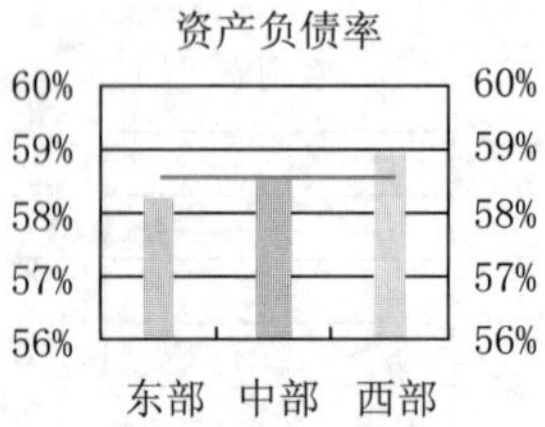

较低地区：西藏、宁夏、上海、青海、天津

较高地区：山西、陕西、重庆、云南、内蒙古

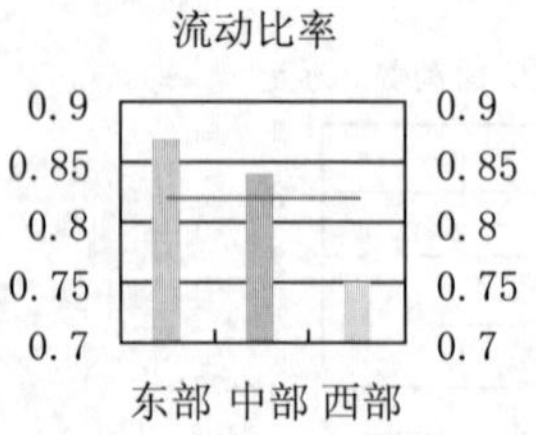

较快地区：西藏、上海、海南、宁夏、天津

较慢地区：陕西、云南、广西、辽宁、重庆

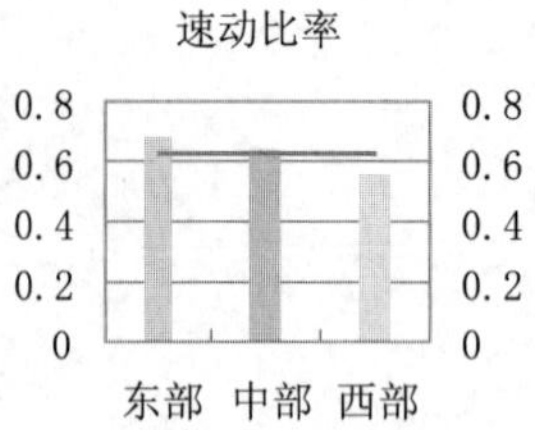

较快地区：上海、海南、西藏、北京、宁夏

较慢地区：陕西、辽宁、云南、广西、甘肃

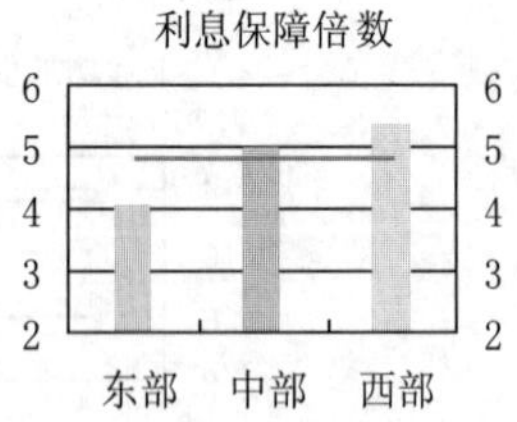

较高地区：海南、青海、四川、上海、西藏

较低地区：山西、天津、云南、北京、浙江

能源消耗

Enevgy Consumption

本篇能源消耗总量中电力消耗采用电热当量计算法折算标准煤。电热当量计算法指电力按自身的热功当量换算成标准煤,采用的折标系数为1万千瓦时=1.229吨标准煤。

万元增加值能耗:综合能源消耗量与工业增加值比值,表明每万元工业增加值的能源消耗量。工业增加值按2005年价格计算。综合能源消耗量为工业生产能源消耗总量扣除能源加工转换和回收利用量,以吨标准煤为计算单位。

能源消耗

Energy consumption

6-1 水泥制造业能源消耗总量

Total energy consumption amount in cement manufacturing industry

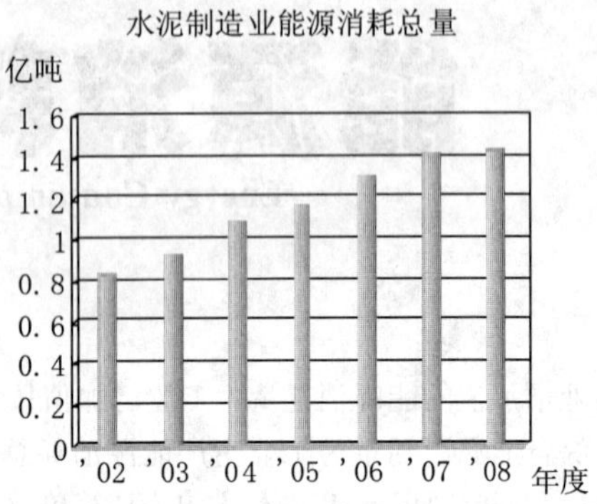

水泥制造业能源消耗总量

万吨标准煤

年 度	能源消耗总量	增长率(%)
2002	8 309	
2003	9 281	11.70
2004	10 940	17.88
2005	11 730	7.22
2006	13 102	11.70
2007	14 191	8.31
2008	14 323	0.94
年平均增长率		11.21

2008 年水泥制造业能源消耗总量 1.43 亿吨标准煤,比 2007 年增长 0.94%。

2002～2008 年水泥制造业能源消耗总量年平均增长 11.21%。

2008 年水泥制造业能源消耗总量占建材工业能源消耗总量的 71.1%。

煤炭和电力是水泥制造业消耗的主要能源。2008 年水泥制造业煤炭和电力消耗折合标准煤占水泥制造业能源消耗总量的 97.71%,其中煤炭消耗折合标准煤占水泥制造业能源消耗总量的 86.86%。

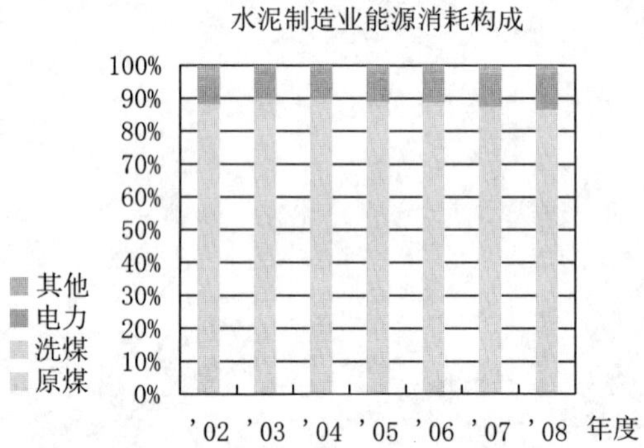

2008 年水泥制造业主要能源消耗量

能源品种	计量单位	消耗量	比重%	增长率%
煤炭	万吨	17 607	86.86	1.13
其中:原煤	万吨	17 154	84.41	0.51
洗煤	万吨	412	2.27	32.61
煤粉	万吨	17.60	0.08	-41.86
电力	亿千瓦时	1 263	10.84	6.47
柴油	万吨	40.38	0.41	-18.94
煤矸石	万吨	600	0.74	12.58
工业废料和城市固体垃圾	万吨标准煤	22.81	0.16	-16.29

6－2　水泥制造业万元增加值能耗

Energy consumption for added value of RMB ten thousand in cement manufacturing industry

2002～2008 年水泥制造业能源消耗总量年平均增长 11.21%，低于同期水泥制造业工业增加值 15.86% 的年平均增长率。水泥制造业能源消耗总量弹性系数 0.71，水泥制造业工业增加值每增长 1 个百分点，能源消耗总量增长 0.71%。

水泥制造业能源消耗总量弹性系数

年 度	水泥制造业工业增加值增长率	能源消费总量增长率	水泥制造业能源消耗总量弹性系数
2003	19.47	11.63	0.60
2004	10.83	17.85	1.65
2005	14.60	7.20	0.49
2006	23.86	11.71	0.49
2007	16.72	8.31	0.50
2008	12.61	0.94	0.07
平 均	15.86	11.21	0.71

水泥制造业增加值和
能源消耗总量增长率

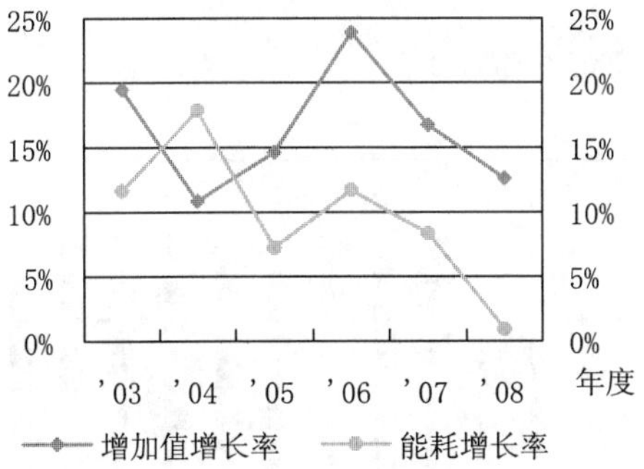

2008 年水泥制造业万元增加值能耗比 2007 年降低 1.24 吨标准煤，降低幅度 10.59%；比 2005 年降低 25.04%；比 2002 年降低 29.43%。

水泥制造业万元增加值能耗
(按2005年价格计算，吨标准煤)

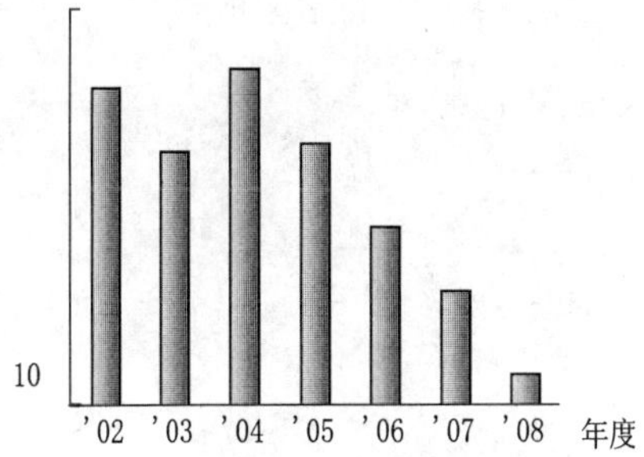

水泥制造业万元增加值能耗
（按 2005 年价格计算）

年　度	增长率%
2002	
2003	-6.64
2004	8.96
2005	-7.45
2006	-9.17
2007	-7.69
2008	-10.59

6－3 水泥制造业能源消耗地区对比

Regional comparison of energy consumption in cement manufacturing industry

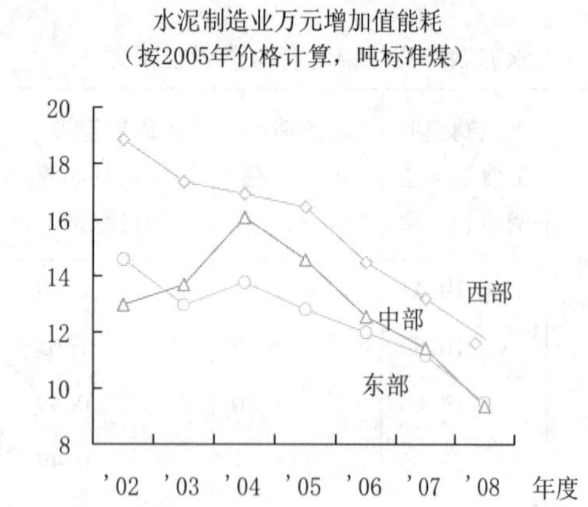

水泥制造业万元增加值能耗

（按 2005 年价格计算）

吨标准煤

地区	平均水平%		2008 年比 2007 年增长%	2008 年比 2005 年增长%
	2008 年			
平 均			－10.59	－25.04
东 部	91.44	90.61	－15.08	－25.72
中 部	102.16	89.35	－18.06	－34.44
西 部	117.66	112.44	－10.69	－28.36

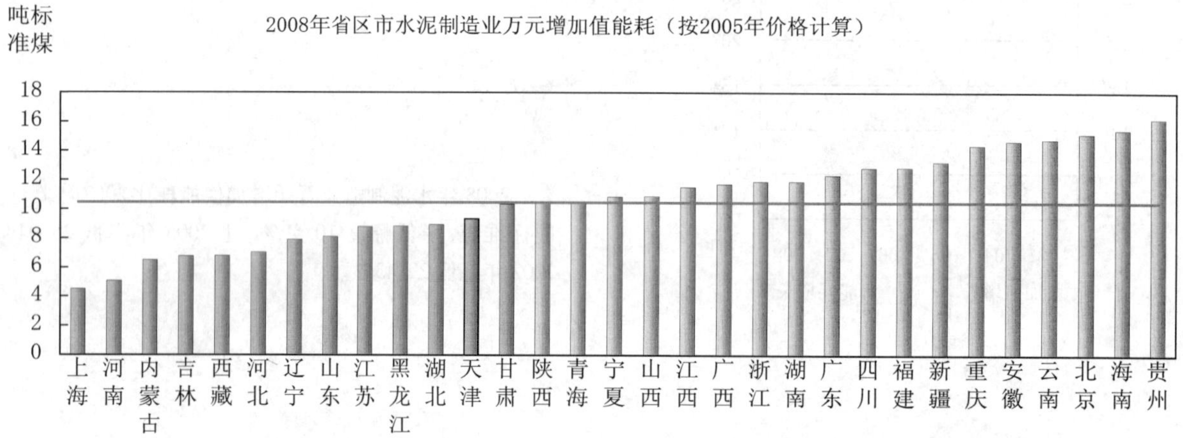

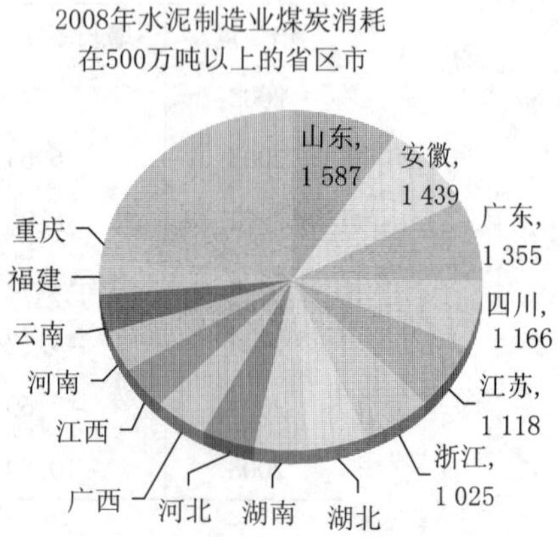

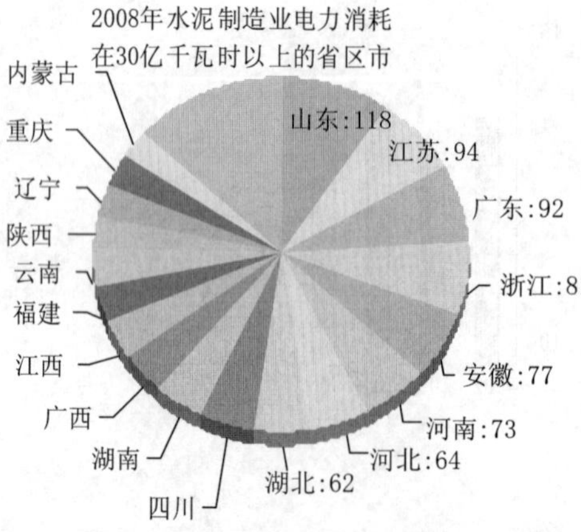

6 –4 2008 年省区市水泥制造业能源消耗

Energy consumption of cement manufacturing industry in each province, region and city in 2008

省区市名称	能源消费总量		万元增加值能耗		煤炭消耗量		电力消耗量	
	万吨标准煤	增长率%	比 07 年%	比 05 年%	万 吨	增长率%	亿千瓦时	增长率%
全 国	14 323.40	0.94	-10.59	-25.04	17 606.98	1.13	1 262.67	6.47
北 京	117.90	-10.73	-22.81	-1.64	131.88	-14.70	12.74	-0.80
天 津	32.70	-37.64	-31.07	-13.93	37.81	-37.66	4.23	-21.13
河 北	633.58	-15.77	-21.53	-33.47	776.22	-16.38	63.73	-5.49
山 西	185.31	-19.98	-29.57	-40.07	219.34	-17.57	21.65	0.19
内蒙古	296.45	-2.59	-17.48	-56.15	347.99	-11.68	34.41	52.72
辽 宁	377.64	-8.09	-33.83	-51.03	449.29	-8.56	37.79	7.82
吉 林	349.29	3.01	-34.36	-35.87	441.51	5.09	25.92	-21.33
黑龙江	202.13	4.47	-27.67	-48.58	243.26	5.40	17.22	2.23
上 海	27.92	-13.40	11.93	-5.87	29.28	-10.17	4.50	-19.62
江 苏	940.03	7.85	-19.13	-25.25	1 118.37	8.70	93.63	2.62
浙 江	878.83	-6.95	-11.38	-21.62	1 024.89	-9.75	81.31	-6.03
安 徽	1 091.99	8.15	-9.44	-1.06	1 438.88	11.37	77.37	14.75
福 建	458.31	1.72	0.04	-4.66	546.47	2.22	43.62	5.78
江 西	591.81	11.14	-1.23	-9.03	743.44	12.91	44.49	9.51
山 东	1 328.05	-11.46	-18.05	-31.31	1 587.31	-13.96	117.91	5.46
河 南	592.18	-8.15	-21.09	-58.56	703.37	-9.08	72.53	2.09
湖 北	674.42	13.23	-27.35	-46.05	857.70	13.43	61.89	32.44
湖 南	658.90	-0.66	-13.89	-24.56	797.28	-0.76	52.16	9.78
广 东	1 101.15	-2.52	-2.02	-16.23	1 355.29	-2.24	91.71	-1.27
广 西	580.93	15.94	0.35	-29.89	765.70	17.94	48.93	16.97
海 南	64.20	18.88	-4.14	32.52	82.33	24.17	5.38	15.10
重 庆	431.84	19.00	-18.89	-30.78	504.79	14.96	35.40	23.93
四 川	930.69	10.49	-1.20	-7.09	1 166.34	15.21	59.08	2.00
贵 州	238.33	-2.47	-13.02	-10.31	290.72	-3.42	20.61	6.09
云 南	487.15	6.89	-15.87	-24.92	649.49	8.50	42.05	14.52
西 藏	21.39			72.10	24.64		2.79	
陕 西	393.58	14.24	-14.54	-36.53	477.53	13.77	39.52	12.58
甘 肃	203.59	8.61	-21.88	-30.63	255.98	10.48	16.90	11.82
青 海	59.53	5.90	-36.21	-41.11	76.29	10.61	4.98	3.54
宁 夏	107.27	-0.50	-25.70	-43.99	125.68	2.43	9.58	6.91
新 疆	266.31	9.28	-19.25	-29.82	337.92	9.37	18.65	19.85

环境保护

Environmental protection

固体废物:指在生产过程或建筑工程、生活中产生的固体状、半固体状和高浓度液体状废弃物,包括危险废物、废渣、粉煤灰、煤矸石、尾矿、放射性废物和其他废物等。

1. **危险废物**:指列入国家危险废物名录或者根据国家规定的危险废物鉴别标准和鉴别方法认定的,具有爆炸性、易燃性、易氧化性、毒性、腐蚀性、易传染性疾病等危险特性之一的废物。

2. **废渣**:冶炼生产中产生的高炉渣、钢渣、铁合金渣、有色金属矿渣以及燃烧设备从炉膛内排出的灰渣,不包括燃料燃烧过程中去除的烟尘;

3. **粉煤灰**:燃煤电厂锅炉、煤粉炉在燃煤过程中产生的固体颗粒物;

4. **煤矸石**:与煤层伴生的含碳量低、比煤坚硬的黑色岩石;

5. **尾矿**:选矿厂(包括各种金属和非金属矿石的选矿)和水冶厂排放的废物,包括赤泥(以铝土矿为原料的氧化铝厂的废渣);

6. **放射性废物**:指含有天然放射性核素,其放射性比活度或污染水平超过国家审管部门规定的清洁解控水平(比活度大于2×104Bq/kg)的固体废物。

7. **工业、建筑、生活垃圾等其他废物**:指工业、建筑、生活垃圾、污泥及燃料燃烧过程中去除的烟尘等工业固体废物。工业垃圾指机械工业的切削碎屑、研磨碎屑、废砂等;食品工业的活性炭渣;硅酸盐工业和建材工业的砖、瓦、碎砾、混凝土碎块等。污泥指工业废水处理中排出的固体沉淀物(以干泥量计)。

工业废气排放量:指企业厂区内燃料燃烧和生产工艺过程中产生的各种排入大气的含有污染物的气体的总量,以标准状态(273K,101325Pa)计算。它是燃料燃烧过程中废气排放量与生产工艺过程中废气排放量之和。

二氧化硫去除量:指燃料燃烧和生产工艺废气经过各种废气治理设施处理后,去除的二氧化硫量。

二氧化硫排放量:指在燃料燃烧和生产工艺过程中排入大气的二氧化硫总量,是燃料燃烧过程中二氧化硫排放量与生产工艺过程中二氧化硫排放量之和。

二氧化硫达标排放率:达标排放的二氧化硫量除以二氧化硫排放量。

二氧化硫去除率:二氧化硫去除量除以二氧化硫去除量与排放量之和。

烟、粉尘去除量:指企业在生产过程中产生的废气,经过各种废气治理设施处理后去除的烟尘和粉尘量。环保统计中分为烟尘去除量和粉尘去除量。

工业烟、粉尘去除量=(除尘设备进口烟、粉尘浓度-除尘设备出口烟、粉尘浓度)×除尘系统排风量×除尘设备运行时间

除尘系统进、出口的烟、粉尘浓度,应以实测的数字为准。

烟、粉尘排放量:企业在生产过程中排入大气的烟尘和粉尘量。环保统计中分为烟尘排放量和粉尘排放量。

烟尘排放量指企业厂区内燃料燃烧过程中产生的烟气中夹带的颗粒物排放量。

粉尘排放量指企业排入大气的粉尘量。工业粉尘指在生产工艺过程中排放的能在空气中悬浮一定时间的固体颗粒,如钢铁企业的耐火材料粉尘、焦化企业的筛焦系统粉尘、烧结机的粉尘、石灰窑的粉尘、水泥企业水泥粉尘等,不包括电厂排入大气的烟尘。工业粉尘排放量可以通过除尘系统的排风量和除尘设备出口排尘浓度相乘求得,计算公式为:

粉尘排放量=除尘设备出口废气中粉尘平均浓度×除尘系统排风量×除尘设备运行时间

烟、粉尘达标排放率:达标排放的烟、粉尘量除以烟、粉尘排放总量。

烟、粉尘去除率:烟、粉尘去除量除以烟、粉尘去除量与排放量之和。

工业用水总量:指工业企业用于生产的用水总量,包括实际消耗的新鲜水量和重复用水量。新鲜水量指工业企业从地上、地下及自来水源取用的全部水量。重复用水量指企

业内部循环总水量。

给水方式分为直流给水系统（新鲜水一次使用后，即以废水形式排放）、循环给水系统（循环多次使用）、循序给水系统（或成为串级给水，按生产工序多次使用。包括处理后回用）。循环循序过程中第二次以上再使用的水量统称为循环水量。

重复用水量的计算公式为不用循环、循序用水措施所需新鲜水量与采用循环、循序用水措施后所需新鲜水量的差额。

工业用水重复利用率：工业重复用水量占工业用水总量比重。

废水治理设施数：用于防治水污染和经处理后综合利用水资源的实有设施（包括构筑物）数，以一个废水治理系统为单位统计。附属于设施内的水治理设备和配套设备不单独计算。已经报废的设施不统计在内。

工业废水排放量：指报告期内经过企业厂区所有排放口排到企业外部的工业废水量。包括生产废水、外排的直接冷却水、超标排放的矿井地下水和与工业废水混排的厂区生活污水，不包括外排的间接冷却水（清污不分流的间接冷却水应计算在废水排放量内）。

工业废水排放达标量：指废水中各项污染物指标都达到国家或地方排放标准的外排工业废水量，包括未经处理外排达标的，经废水处理设施处理后达标排放的，以及经污水处理厂处理后达标排放的。

工业废水排放达标率：指工业废水排放达标量占工业废水排放量的比重，计算公式为工业废水排放达标量除以工业废水排放量。

工业废水中污染物去除量：指生产过程排出的废水，经过各种废水治理设施处理后，除去废水中所含汞、镉、六价铬、铅等重金属和砷、挥发酚、氰化物、化学需氧量、石油类、氨氮等一般无机物和有机物等污染物本身的纯重量。

工业固体废物利用量：指通过回收、加工、循环、交换等方式，从固体废物中提取或者使其转化为可以利用的资源、能源和其他原材料的固体废物量（包括当年利用的往年工业固体废物贮存量）。如用做农业肥料、生产建筑材料、筑路等。利用量由原产生固体废物的单位统计。

工业固体废物利用率：指工业固体废物利用量占固体废物产生量的比重。计算公式为：工业固体废物利用量除以当年工业固体废料产生量与利用往年储存的工业固体废料量之和。

工业固体废物贮存量：指以利用或处置为目的，将固体废物暂时贮存或堆存在专设的贮存设施或专设的集中堆存场所内的数量。专设的固体废物贮存场所或贮存设施必须有防扩散、防流失、防渗漏、防止污染大气、水体的措施。

工业固体废物处置量：指将固体废物焚烧或者最终置于符合环境保护规定要求的场所，并不再回取的工业固体废物量（包括当年处置往年的工业固体废物贮存量）。处置方式有填埋（其中危险废物应安全填埋）、焚烧、专业贮存场（库）封场处理、深层灌注、回填矿井及海洋处置（经海洋管理部门同意投海处置）等。

工业固体废物排放量：指将所产生的固体废物排到固体废物污染防治设施、场所以外的量。不包括矿山开采的剥离废石和掘进废石（煤矸石和呈酸性或碱性的废石除外）。工业固体废物排放量的计算公式为工业固体废物产生量－工业固体废物贮存量－工业固体废物利用量－工业固体废物废物处置量＋综合利用和处置往年储存量。

环境保护

Environment al protection

7 -1 水泥制造业固体废物利用

Solid waste utilization in cement manufacturing industry

水泥制造业固体废物利用量

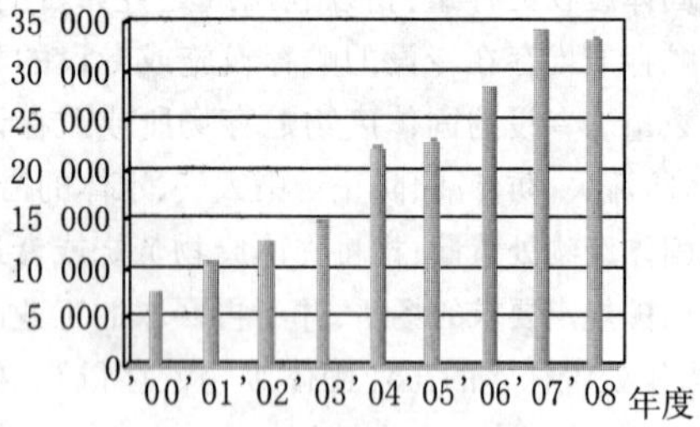

年 度	固体废物利用量(万吨)	
	利用量	增长率%
2000	7 517	—
2001	10 583	40.78
2002	12 752	20.49
2003	14 713	15.38
2004	22 207	50.93
2005	22 905	3.15
2006	28 359	23.81
2007	34 122	21.32
2008	33 255	-2.54

水泥制造业固体废物利用构成

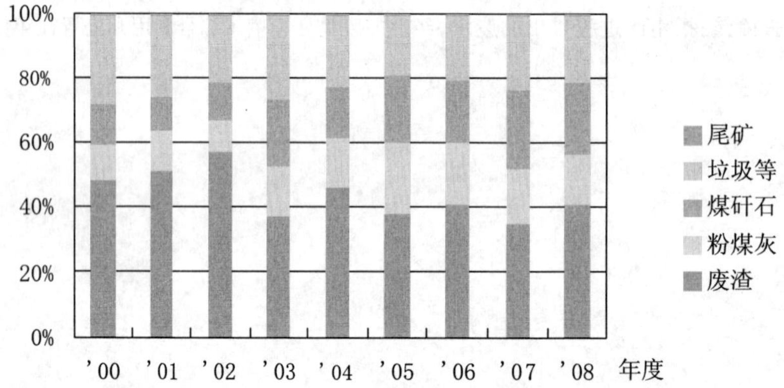

2008年水泥制造业固体废物利用构成

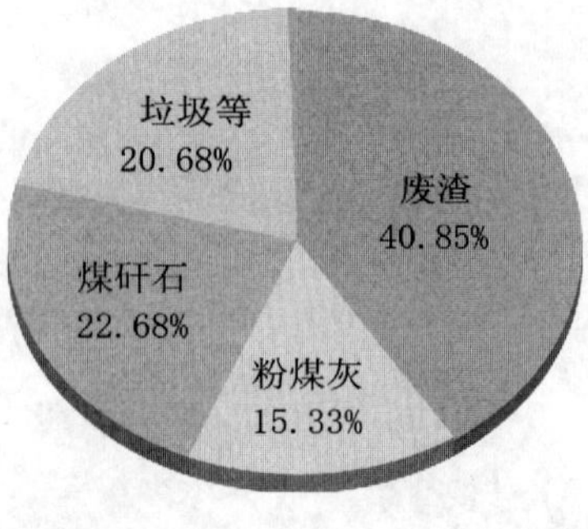

2007 年水泥制造业利用的主要固体废物

万吨

种 类	利用量	构成%
废 渣	13 585	40.85
粉煤灰	5 097	15.33
煤矸石	7 542	22.68
垃圾等	6 878	20.68
尾 矿	154	0.46

7 -2 水泥制造业废气排放

Waste gas emission in cement manufacturing industry

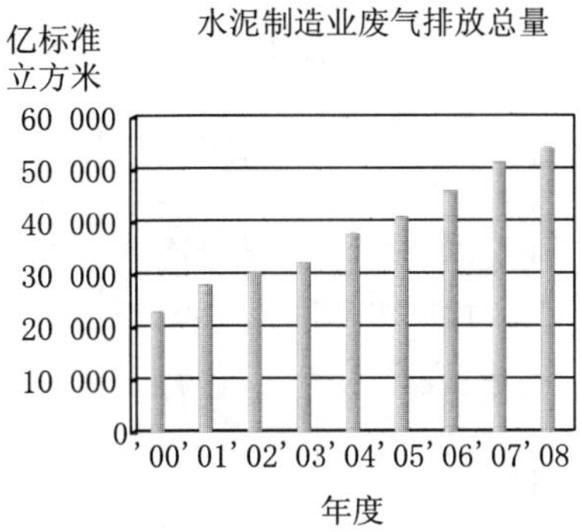

水泥制造业废气排放总量

亿标准立方米

年　度	废气排放总量	增长率(%)
2000	22 850	22.94
2005	40 843	8.07
"十五"时期年平均增长率		13.38
2006	45 891	12.36
2007	51 356	11.91
2008	54 158	5.45

2008 年水泥制造业废气排放总量 54 158 亿标准立方米,比上年增长 5.45%。

二氧化硫排放 86.37 万吨,比上年下降 8.92%;二氧化硫达标排放率 86.04%,比上年提高 0.85 个百分点。

氮氧化物排放 76.46 万吨,比上年增长 11.65%;氮氧化物达标排放率 78.66%,比上年下降 1.76 个百分点。

烟粉尘排放量排放 368 万吨,比上年下降 17.03%;烟粉尘达标排放率 90.07%,比上年提高 0.7 个百分点;烟粉尘去除量 5 382 万吨,烟粉尘去除率 93.59%,比上年提高 2.12 个百分点。

2008 年水泥制造业废气排放

指标名称	计量单位	指标值
工业废气排放总量	亿标准立方米	54 158
二氧化硫排放量	万　吨	86.37
其中:排放达标的	万　吨	74.31
二氧化硫达标排放率	%	86.04
氮氧化物排放量	万　吨	76.46
其中:排放达标的	万　吨	60.14
氮氧化物达标排放率	%	78.66
烟粉尘排放量	万　吨	368
其中:排放达标的	万　吨	332
烟粉尘达标排放率	%	90.07
烟粉尘去除量	万　吨	5 382
烟粉尘去除率	%	93.59

7－3 水泥制造业二氧化硫、氮氧化物排放及处理

Emission and treatment of sulfur dioxide and nitrogen oxide in cement manufacturing industry

水泥制造业二氧化硫排放量

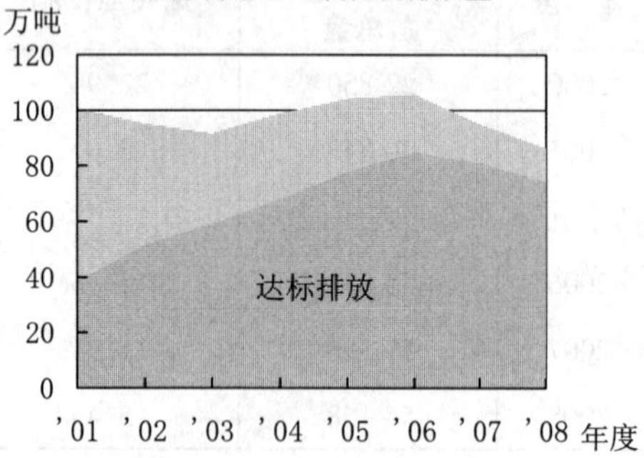

水泥制造业二氧化硫排放及处理

年 度	二氧化硫排放量		二氧化硫达标排放率%
	排放量（万吨）	增长%	
2000	100.34	13.52	—
2005	104.21	5.40	74.80
“十五”时期平均		－0.77	60.22
2006	105.83	1.56	80.14
2007	94.83	－10.39	85.46
2008	86.37	－8.92	86.04

水泥制造业二氧化硫达标排放率

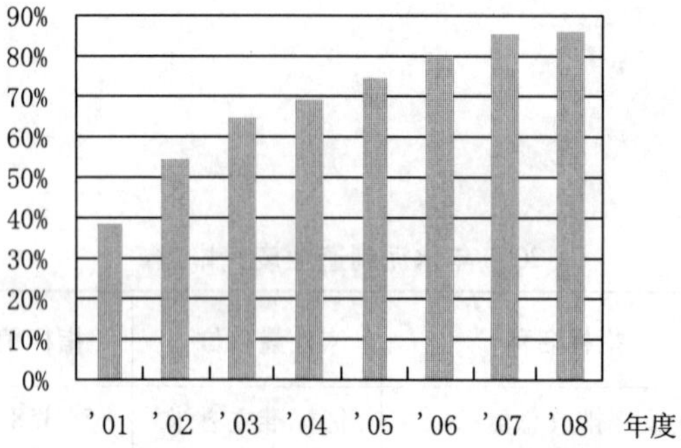

水泥制造业氮氧化物排放量

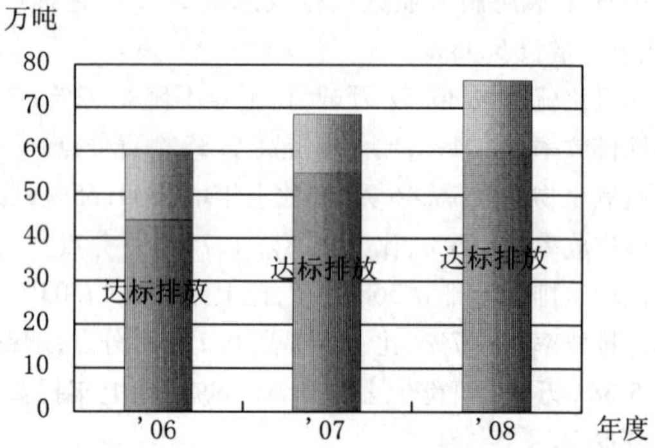

水泥制造业氮氧化物排放及处理

年度	氮氧化物排放量		氮氧化物达标排放率%
	排放量（万吨）	增长%	
2006	59.84		73.92
2007	68.48	14.44	80.42
2008	76.46	11.65	78.66

水泥制造业氮氧化物达标排放率

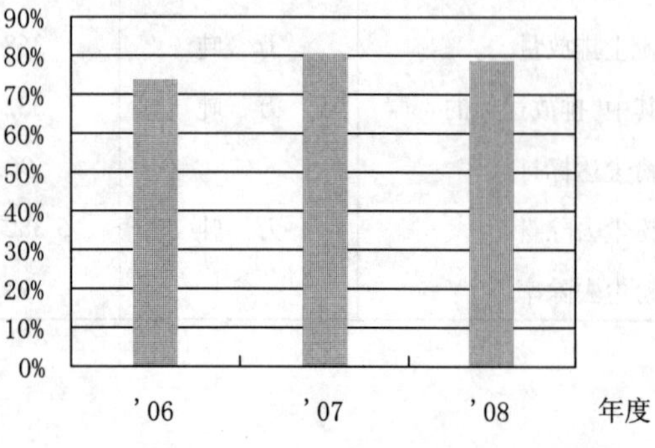

7－4 水泥制造业烟、粉尘排放及处理

Smoke dust emission and treatment in cement manufacturing industry

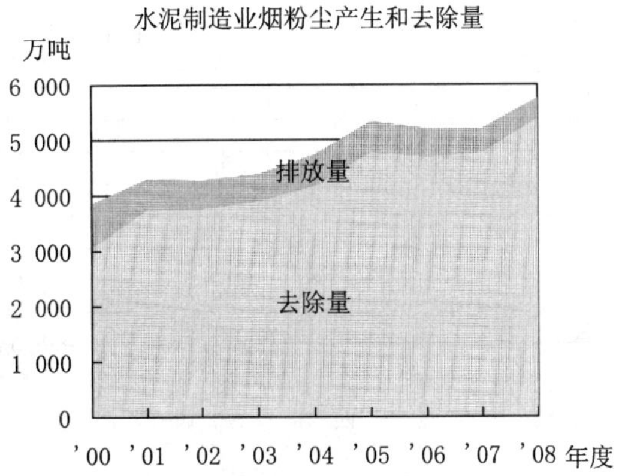

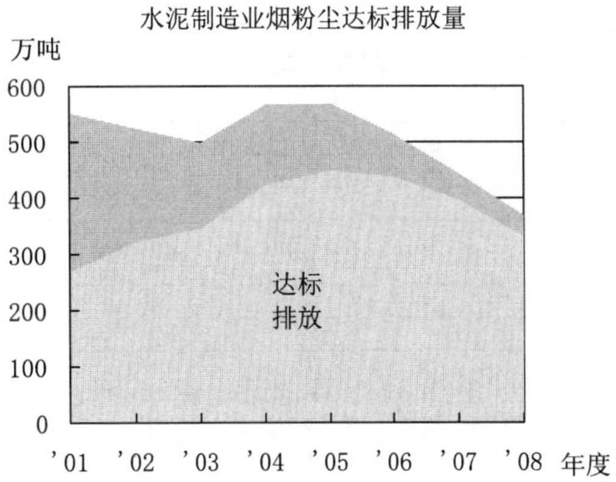

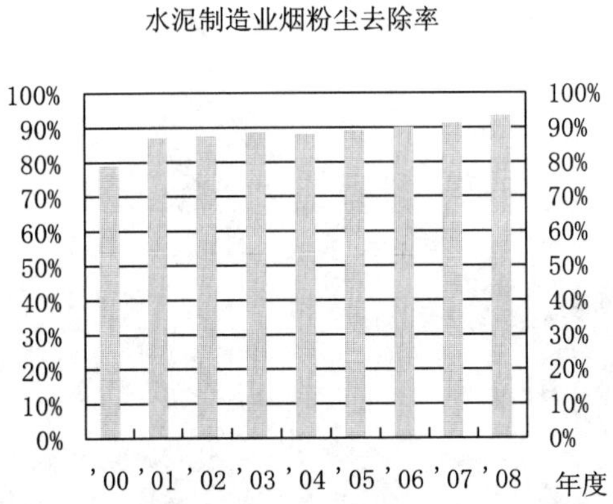

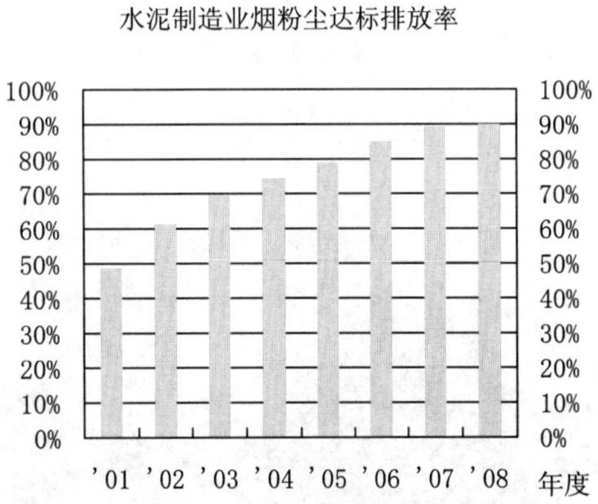

水泥制造业烟、粉尘排放及处理

年度	烟、粉尘去除量(万吨)		烟、粉尘去除率%	烟、粉尘排放量(万吨)		烟、粉尘达标排放率%
	去除量	增长%		排放量	增长%	
2000	3 051	5.01	79.04	809	-16.76	—
2005	4 764	14.26	89.33	569	0.47	79.01
"十五"时期平均		9.73	88.24	—	-13.10	66.85
2006	4 686	-1.64	90.11	515	-9.55	85.22
2007	4 762	1.63	91.47	444	-13.70	89.37
2008	5382	13.02	93.52	368	-17.03	90.07

7－5－1　2008 年省区市水泥制造业废气排放及处理

Waste gas emission and treatment in cement manufacturing industry in each province, region and city in 2008

2008年省区市水泥制造业二氧化硫达标排放率

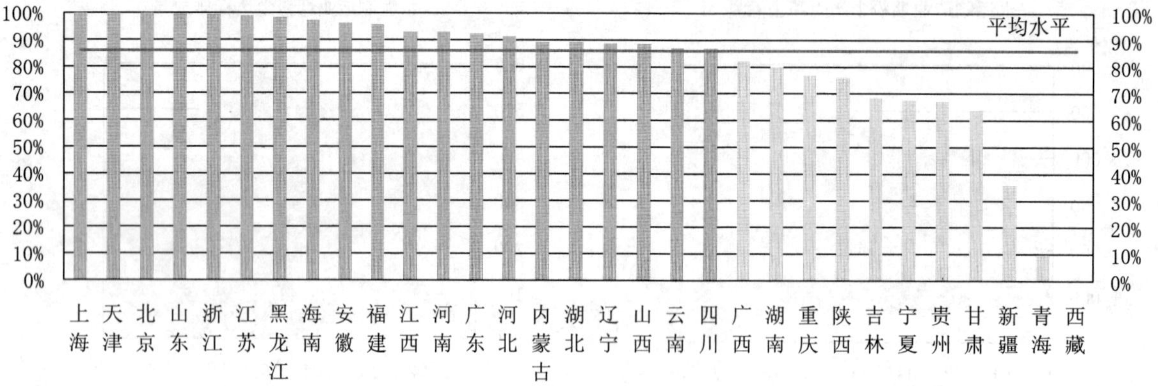

2008 年水泥制造业二氧化硫量排放分布

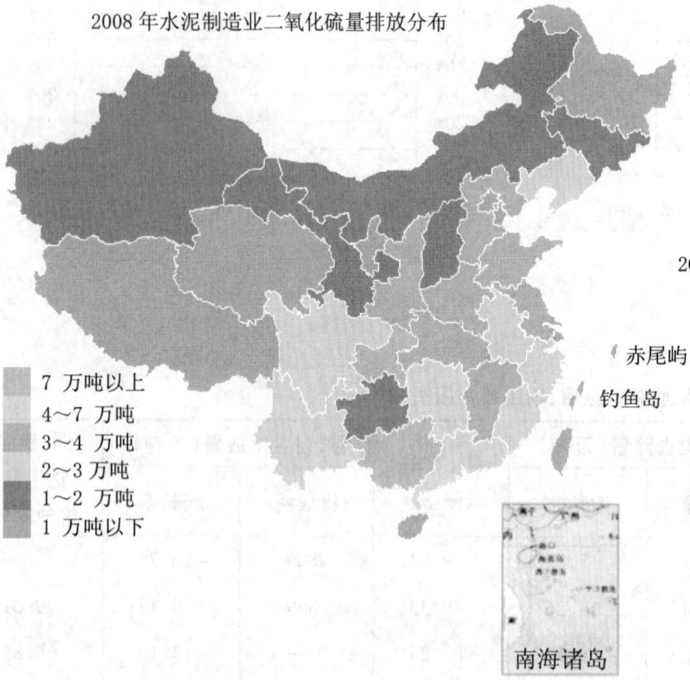

2008年水泥制造业二氧化硫排放省区市比重

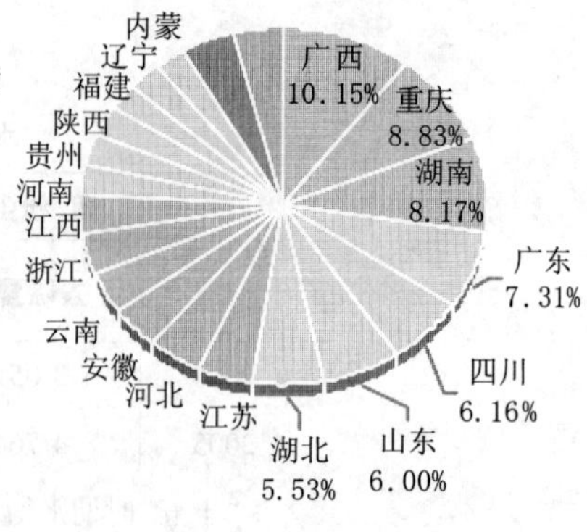

7-5-2　2008年省区市水泥制造业废气排放及处理

Waste gas emission and treatment in cement manufacturing industry in each province, region and city in 2008

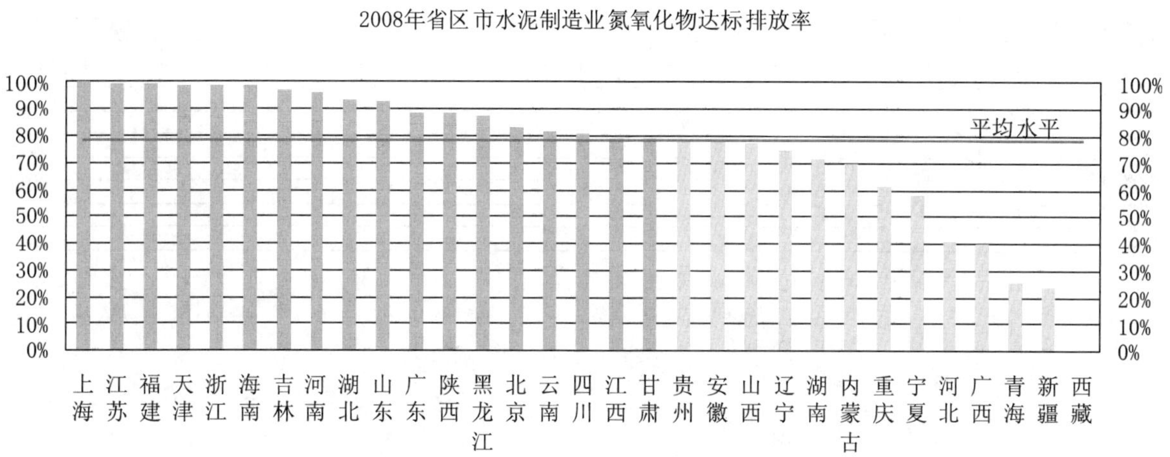

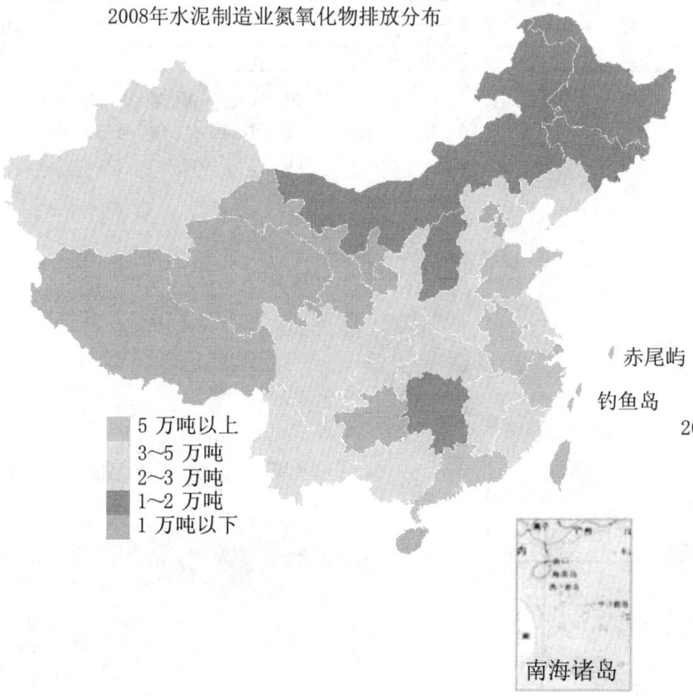

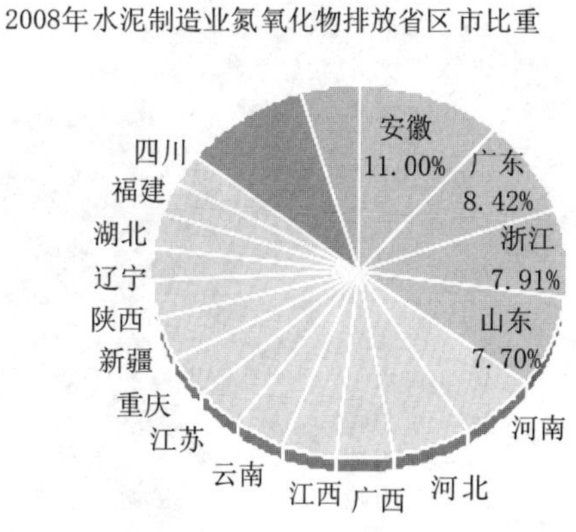

7-5-3　2008 年省区市水泥制造业废气排放及处理

Waste gas emission and treatment in cement manufacturing industry in each province, region and city in 2008

2008年省区市水泥制造业烟粉尘去除率

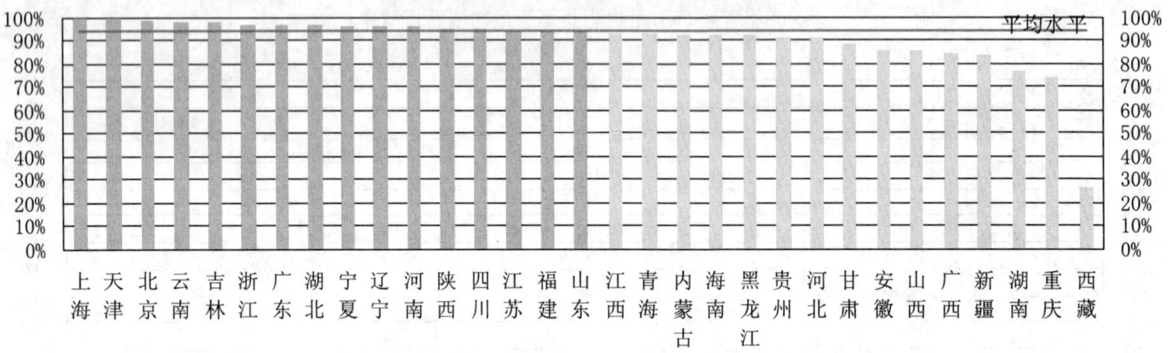

2008年省区市水泥制造业烟、粉尘达标排放率

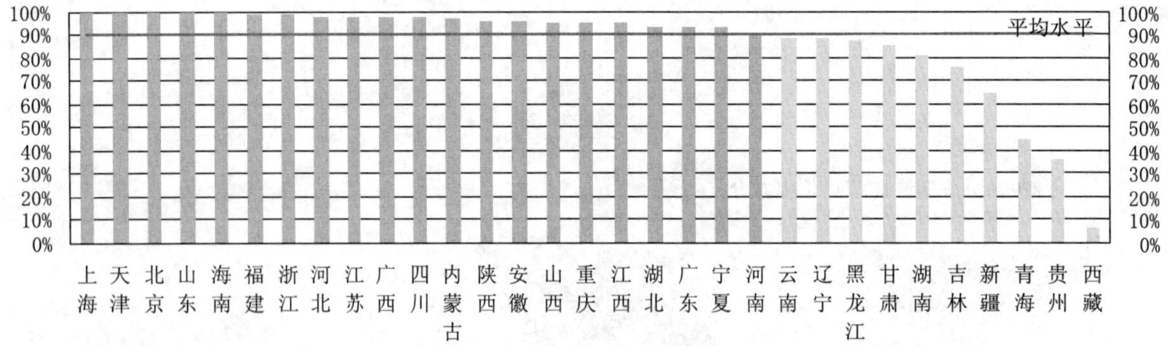

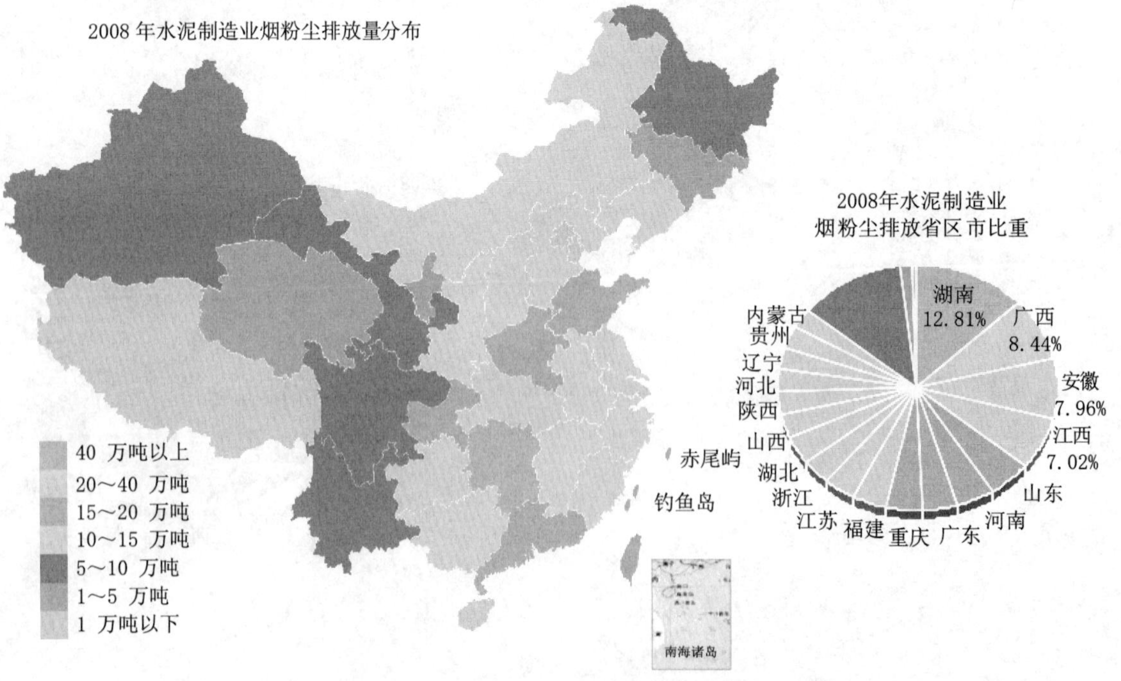

7-5-4 2008年省区市水泥制造业废气排放及处理

Waste gas emission and treatment in cement manufacturing industry in each province, region and city in 2008

省区市名称	废气排放		二氧化硫排放				氮氧化物排放			
	总量(亿标准立方米)	增长率(%)	排放量(吨)	增长率(%)	比重(%)	达标排放率(%)	排放量(吨)	增长率(%)	比重(%)	达标排放率(%)
全　国	54 158	5.45	863 688	-8.92	100.00	86.04	764 555	11.65	100.00	78.66
酸雨控制区										
上　海	73	-14.07	158	-94.87	0.02	100.00	631	-69.31	0.08	100.00
江　苏	2 164	-10.37	39 562	-6.50	4.58	98.85	28 291	-7.32	3.70	99.52
浙　江	3 672	-4.15	31 472	-5.84	3.64	99.58	60 512	-2.30	7.91	98.39
安　徽	5 094	86.74	34 904	24.96	4.04	96.06	84 116	31.70	11.00	78.47
福　建	2 245	3.08	22 117	-22.57	2.56	95.62	21 486	6.39	2.81	99.47
江　西	1 876	7.54	30 381	7.04	3.52	92.85	32 531	21.83	4.25	78.87
湖　北	2 400	5.62	47 756	-16.82	5.53	89.12	22 775	6.41	2.98	93.19
湖　南	1 658	-4.04	70 582	-1.42	8.17	80.20	18 642	10.95	2.44	71.12
广　东	4 401	16.12	63 122	-11.01	7.31	92.25	64 358	14.64	8.42	88.44
广　西	1 962	-24.82	87 624	-2.60	10.15	82.41	33 988	32.33	4.45	39.99
重　庆	1 280	16.41	76 273	-14.99	8.83	77.01	26 972	42.28	3.53	61.08
四　川	2 406	1.58	53 245	-16.97	6.16	86.84	20 011	-37.21	2.62	81.05
贵　州	1 257	-2.54	23 982	32.30	2.78	67.09	8 325	24.54	1.09	78.61
云　南	1 757	13.46	32 115	-9.07	3.72	86.95	31 411	0.30	4.11	81.90
二氧化硫控制区										
北　京	1 864	-3.33	179	-85.72	0.02	100.00	3 566	-18.83	0.47	83.06
天　津	279	77.24	1 156	-15.92	0.13	100.00	821	-60.17	0.11	98.87
河　北	3 379	-4.93	37 177	-11.95	4.30	91.20	45 998	49.96	6.02	41.01
山　西	1 105	-38.15	13 937	-19.06	1.61	88.71	10 997	14.12	1.44	77.64
内蒙古	1 152	60.85	21 525	67.13	2.49	89.25	15 014	7.30	1.96	69.60
辽　宁	1 450	1.03	21 889	-26.49	2.53	88.82	22 781	-38.52	2.98	75.05
吉　林	760	5.92	7 206	-41.67	0.83	68.44	18 476	29.70	2.42	97.22
山　东	4 437	-13.23	51 860	-13.36	6.00	99.82	58 836	-9.40	7.70	93.14
河　南	2 351	-9.57	24 021	-23.16	2.78	92.82	46 788	25.12	6.12	96.40
陕　西	2 186	135.75	23 000	-29.23	2.66	75.98	25 940	41.30	3.39	88.14
甘　肃	657	26.76	8 528	-24.53	0.99	63.65	9 960	73.69	1.30	78.84
宁　夏	441	77.33	5 849	-17.81	0.68	67.43	4 308	27.87	0.56	58.02
新　疆	879	-15.21	13 747	-0.51	1.59	35.81	26 730	141.66	3.50	24.15
黑龙江	501	-1.39	10 995	63.49	1.27	98.44	11 328	5.95	1.48	87.82
海　南	231	11.23	2 658	21.27	0.31	97.32	2 747	237.01	0.36	98.31
西　藏	12	-0.07	1 020	41.07	0.12		1 605		0.21	
青　海	228	13.18	5 646	16.75	0.65	9.82	4 609	-20.47	0.60	25.24

7-5-5 2008 年省区市水泥制造业废气排放及处理

Waste gas emission and treatment in cement manufacturing industry in each province, region and city in 2008

数量单位:吨

省区市名称	烟、粉尘去除		烟、粉尘去除率%	烟、粉尘排放			烟、粉尘达标排放率%
	去除量	增长率%		排放量	增长率%	比重%	
全　国	53 820 000	13.02	93.59	3 684 074	-17.03	100.00	90.07
北　京	939 379	-20.46	99.04	9 064	-26.85	0.25	100.00
天　津	251 786	4.09	99.33	1 697	-12.78	0.05	100.00
河　北	1 112 134	-33.66	91.02	109 700	-33.28	2.98	98.14
山　西	658 927	-12.04	85.06	115 777	-31.98	3.14	95.38
内蒙古	1 253 090	14.89	92.41	102 890	-2.30	2.79	96.39
辽　宁	2 541 991	125.97	95.98	106 387	-25.23	2.89	87.92
吉　林	2 003 137	-5.95	97.70	47 158	-27.81	1.28	75.91
黑龙江	1 058 356	11.42	91.77	94 904	-8.65	2.58	87.41
上　海	100 820	-37.92	99.71	295	-2.32	0.01	100.00
江　苏	2 190 430	-5.13	94.23	134 067	-28.34	3.64	98.13
浙　江	4 722 311	-17.23	97.25	133 422	-14.85	3.62	98.44
安　徽	1 753 864	129.75	85.67	293 369	3.52	7.96	95.91
福　建	2 234 577	1.98	94.02	142 106	-14.70	3.86	98.62
江　西	3 680 464	98.48	93.43	258 628	-3.44	7.02	94.49
山　东	2 742 826	-6.14	93.90	178 173	-19.90	4.84	99.72
河　南	3 522 799	23.60	95.65	160 030	-30.96	4.34	90.38
湖　北	3 958 726	71.03	96.84	128 983	-28.25	3.50	93.48
湖　南	1 590 645	-2.92	77.12	471 801	-17.67	12.81	80.72
广　东	506 2641	78.21	97.05	153 684	-4.78	4.17	93.02
广　西	1 727 131	-21.71	84.75	310 776	-9.58	8.44	97.96
海　南	99 659	274.41	92.16	8 475	43.23	0.23	99.52
重　庆	430 051	16.89	73.86	152 183	-3.00	4.13	95.08
四　川	1 548 684	25.98	94.90	83 196	-37.26	2.26	97.42
贵　州	1 081 536	-45.24	91.27	103 421	12.96	2.81	36.13
云　南	3 735 965	57.19	98.07	73 683	-18.24	2.00	88.22
西　藏	708	15.60	26.04	2 009	-1.11	0.05	6.10
陕　西	2 113 214	-31.82	94.97	111 838	-43.69	3.04	96.06
甘　肃	381 334	7.33	88.02	51 922	-20.30	1.41	85.51
青　海	502 069	34.68	93.06	37 420	-1.74	1.02	44.49
宁　夏	356 624	-5.93	96.01	14 819	-22.02	0.40	92.91
新　疆	468 528	-12.58	83.56	92 194	-8.35	2.50	63.97

7-6 水泥制造业工业用水和废水排放及治理

Industrial water and waste water drainage and treatment in cement manufacturing industry

2008年水泥制造业用水总量16.22亿吨，工业用水重复利用率76.62%，高于建材工业用水重复利用率平均水平1.36个百分点，2008年比上年提高1.52个百分点。

2008年水泥企业纳入环保监测范围的废水治理设施1341套，废水治理设施日处理能力99.46万吨，废水治理设施运行费用1.42亿元。水泥制造业废水排放量1.47亿吨，其中排入污水处理厂157万吨。工业废水排放达标率93.07%，低于建材工业平均水平0.62个百分点。2008年水泥制造业废水排放达标率比上年上升1.8个百分点。

水泥制造业排放废水中主要污染物为化学需氧量(COD)，2008年废水中化学需氧量去除量7 061吨，排放量17 533吨。

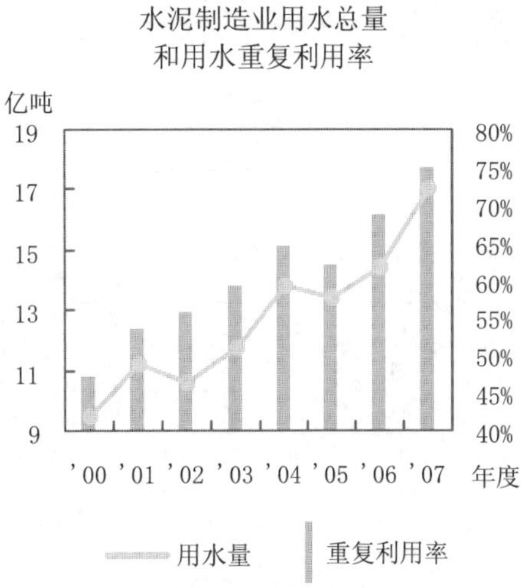

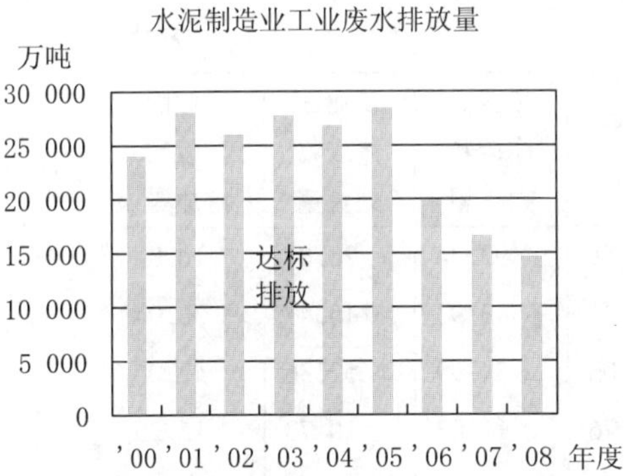

水泥制造业工业用水和重复利用率

年 度	工业用水总量(万吨)			工业用水重复利用率(%)
	总 量	新鲜水量	重 复 用水量	
2000	94 927	50 084	44 843	47.24
2005	134 205	51 147	83 058	61.89
2006	144 673	45 450	99 223	68.58
2007	170 129	42 358	127 771	75.10
2008	162 214	37 929	124 285	76.62

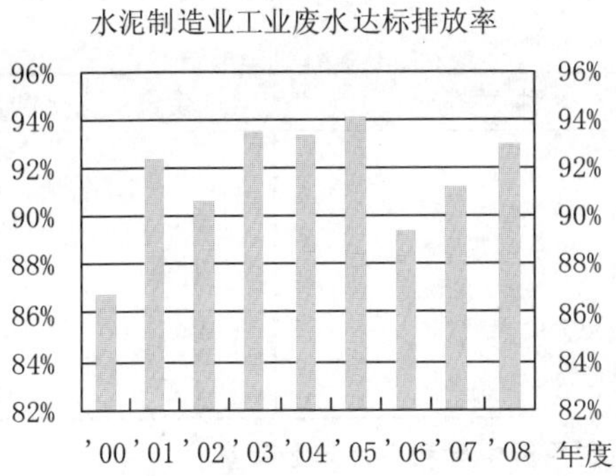

2007年水泥制造业废水排放和治理

指 标 名 称	单 位	数 量
废水治理设施数(重点调查企业)	套	1 341
废水治理设施处理能力(重点调查企业)	吨/日	994 570
废水治理设施运行费用(重点调查企业)	亿元	1.42
工业废水排放量	万吨	14 654
其中:排入污水处理厂的	万吨	157
工业废水排放达标量	万吨	13 638
工业废水排放达标率	%	93.07
工业废水中去除的化学需氧量	吨	7 061
工业废水中化学需氧量排放量	吨	17 533

7－7 水泥制造业工业固体废物产生及治理

Industrial solid waste generation and treatment in cement manufacturing industry

水泥制造业工业废物产生和利用量

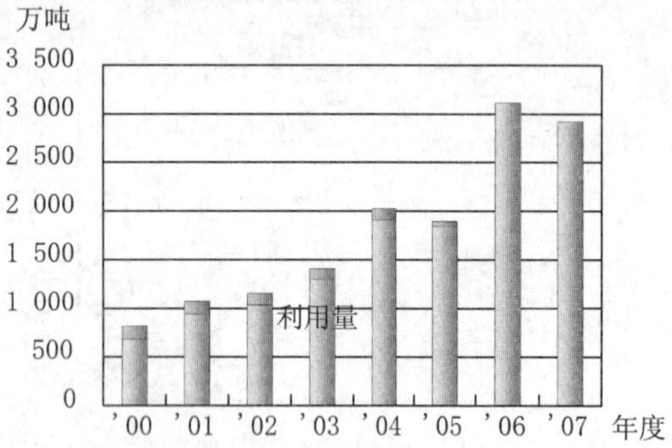

水泥制造业工业固体废物利用率

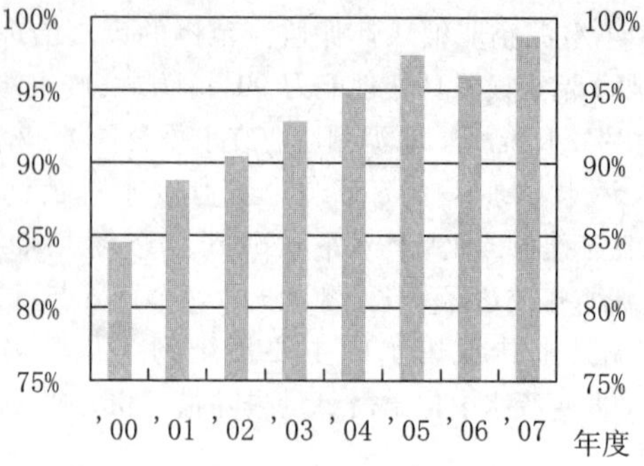

水泥制造业工业固体废物产生及利用、处置

万吨

年　度	工业固体废物		利　用 往　年 贮存量	利用率 (%)	工业固 体废物 贮存量	工业固 体废物 处置量	工业固 体废物 排放量
	产生量	其中:利用量					
2000	815	682	43.82	84.55	93.34	28.01	10.09
2005	1 897	1 845	173.78	97.44	43.93	15.47	30.04
2006	3 089	3 115	155.03	96.03	34.99	52.36	42.05
2007	2 821	2 922	137.29	98.76	14.83	10.73	15.25
2008	2 537	2 600	95.30	98.76	15.77	9.29	14.71

2008年水泥制造业
主要工业固体废物产生量构成

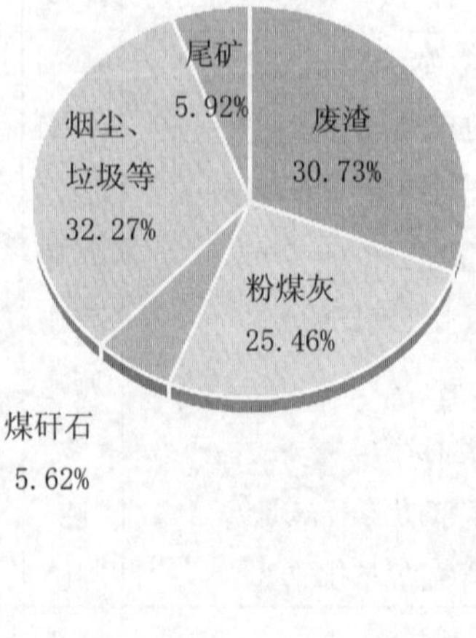

2008 年水泥制造业主要工业固体废物产生量和利用量

万吨

种　类	产生量	利用量
废　渣	792	799
粉煤灰	607	662
煤矸石	128	146
烟尘、垃圾等	845	839
尾　矿	165	154

注:利用量中含利用往年贮存量。

DONGFANG

兴化市东方机械有限责任公司

兴化市东方机械有限责任公司成立于1994年6月，是国内最早生产水泥厂用耐热耐磨钢件的厂家之一，是国家建材标委会定点生产企业；“江苏省民营科技企业”；泰州市AAA级信用企业；当地重点骨干企业。公司通过了ISO9001：2000质量体系认证，产品历次经国家专业部门抽检均为合格，与数家科研院所建立了合作关系，被建材行业权威部门评定为“中国品牌”。近年来参与200多条干法水泥新线的建设，国内首条日产5000吨、8000吨和10000吨熟料线耐热钢件均由该公司提供，公司技术人员和技术工人占职工总数的三分之二。近年添置了一批大型设备，制造的篦冷机、预热器等产品出口到土耳其等23个国家和地区。产品质量可靠，诚信度高，售后服务及时，谒诚欢迎国内外新老客户前来考察指导，进行广泛和深度合作。

主要业绩：浙江省32条线、安徽省24条线、河北省20条线、山东省19条线……

出口：越南、巴基斯坦、伊朗、阿曼等23个国家和地区。

用途	材质牌号
回转窑熟料分解系统	ZG40Cr25Ni20
	ZG35Cr25Ni12
预热器系统	ZG40Cr25Ni20
	ZG35Cr25Ni12
	ZG30Cr28Ni12
	ZG30Cr24Ni7N
	ZGM1、ZGM2(自行研发)
冷却机系统	ZG40Cr25Ni20
	ZG35Cr25Ni12
	ZG30Cr26Ni5
燃烧器系统	ZG40Cr25Ni20
	ZG40Cr28Ni16
	G30Cr20Ni10
	G30Cr26Ni5
破碎机系统	中碳多元合金钢及锰钢系列
立磨系统	中高铬、镍铬合金

地　址：江苏省兴化市昭阳工业园三区西环路105号
邮　编：225700
电　话：0523-83261087/83261779
传　真：0523-83262165
网　址：www.xhdfjx.com
E-mail：xhdfjx@126.com

LCC | Lucky Chemical Co

福州特威化工有限公司
（宁波市乐嘉化工有限公司）

专业进口水泥助磨剂原料：三乙醇胺、三异丙醇胺

福州特威化工有限公司是一家专业为水泥助剂、混凝土助剂行业提供优质、高效原料的进出口贸易有限公司。公司由国家发展和改革委员会办公厅（2007）1127号文件和国家化学武器办公室（2004）7号文件特许，是国内少许可在全国范围经销进口三乙醇胺的进出口公司之一。经过十余年的诚信合作，目前公司已与美国、台湾、伊朗、韩国、日本等地的三乙醇胺生产企业建立了友好互信的战略合作伙伴关系，并且成为了美国INEOS（英力士）三乙醇胺在中国的最大代理商。为了能够更好的服务国内的水泥助剂和混凝土助剂厂家，公司在宁波、青岛、广东、成都等各地都设立了仓储公司并有数个公路、铁路、水路运输单位提供完善及时的物流服务，保证我们的每一位顾客都能及时有效的得到货物供给。

主营产品

成份 \ 种类	99%含量三乙醇胺	85%含量三乙醇胺	深色三乙醇胺
产地	美国/台湾/伊朗	伊朗	伊朗/台湾
三乙醇胺含量：(Wt%)	99.5%Min	85.0%Min	85%—99%
二乙醇胺含量：(Wt%)	0.5%Max	14.5%Max	0.6%—14%
一乙醇胺含量：(Wt%)	NIL	0.5%Max	0.6%—14%
色度：(Pt-Co unit)	5-40	30Max	300—500
水分含量：(Wt%)	0.1%Max	0.2%Max	0.1%Max

联系人	分机	手机	直线	邮箱
许晓微	101	13958209321	87858129	xx@lflfoo.com.cn
吴金伟	102	13566598301		Wujinwei7783@126.com
邹国铸	104	13884461651	27710278	zouguozhu@163.com
丁可峰	105	13982228951		

公司办公地址：宁波市江东区中兴路717号华宏国际中心15B-1

邮 编：315040　　电 话：0574-87849999(转相应分机)

传 真：0574-87858833(转相应分机)

网 址：www.chemtw.cn　　www.lkchem.com

我们，
不仅仅生产建筑材料
更探寻点亮生活的灵感

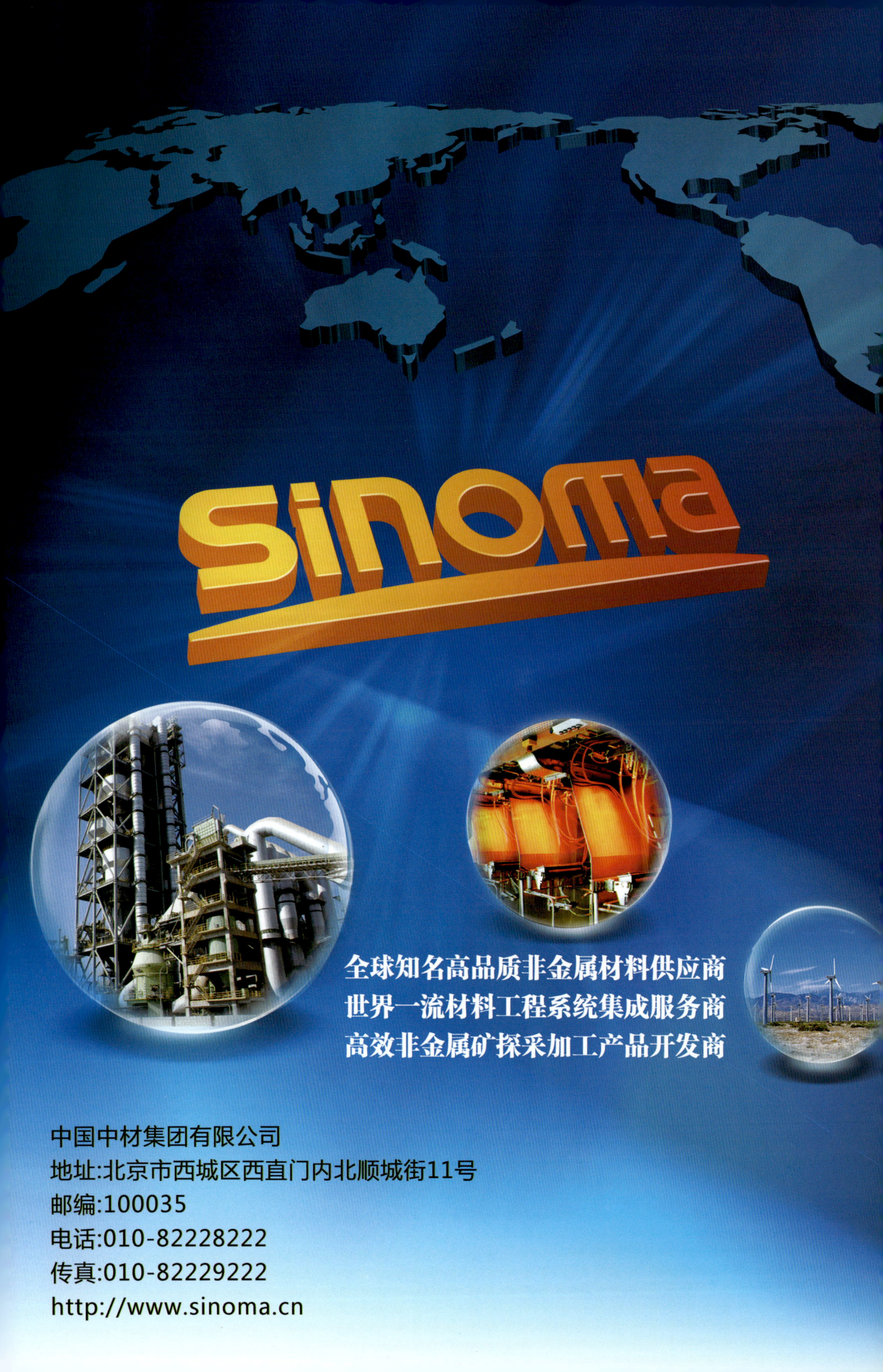

Sinoma
全球知名高品质非金属材料供应商
世界一流材料工程系统集成服务商
高效非金属矿探采加工产品开发商
中国中材集团有限公司
地址:北京市西城区西直门内北顺城街11号
邮编:100035
电话:010-82228222
传真:010-82229222
http://www.sinoma.cn

地址：中国·河北省唐山市丰润区林荫路
邮编：063031
电话：0315-3083355
传真：0315-3241351
E-mail:jdsn@Jdsn.com.cn

国贸

飞机场

阳光一百

四元桥

拉法基瑞安水泥
国家体育场工程——水泥供应商
领先一步
LAFARGE
拉法基瑞安水泥
拉法基瑞安水泥坚持以客户为中心的经营理念，为建筑业和公众提供创新的解决方案。
高质量、高稳定性的产品被广泛应用于国家大型重点工程中。
全球的技术资源和位于北京的技术中心为中国的业务注入雄厚的技术力量。
在行业内率先设立技术服务经理职位，13年的成功经验、完善的服务体系使客户对我们的服务更满意。
信守承诺，致力环保，领先一步，创造未来！
地址：中国北京朝阳区东三环北路2号 北京南银大厦29层
邮箱：100027
电话：（010）5827 5888 传真：（010）6410 6862
·北京·重庆·四川·贵州·云南

荣誉证书
全国建材行业
先进集体
中华人民共和国人事部
中国建筑材料联合会
二〇〇七年九月
授予：四川峨胜水泥股份有限公司
2008年度
优秀供应商
二滩水电开发有限责任公司
二〇〇八年十二月
四川峨胜水泥股份有限公司
2008年四川优秀诚信企业
四川省企业联合会
四川省企业家协会
2008年11月
二00八年四川省质量管理
先进企业
四川峨胜水泥股份有限公司
2009年四川非金属矿物制品业最大规模10强
四川省统计局 四川省经济委员会
二00九年八月
四川峨胜水泥股份有限公司
2009年四川工业企业最佳效益50强
四川省统计局 四川省经济委员会
二00九年八月
四川峨胜水泥股份有限公司
2009年四川非金属矿物制品业最佳效益首强
四川省统计局 四川省经济委员会
二00九年八月

峨胜水泥厂区一景

地址：北京市西城区西直门内北顺城街 11 号
电话：86-10-8222 8850
传真：86-10-8222 8800
邮编：100035
网址：http://www.sinoma-ltd.cn

SINOMA

中国中材股份有限公司

于中华人民共和国注册成立的股份有限公司
（股份代号：1893）

依靠自主创新，加快国际化进程。

为南京凯盛题 张人为 〇六年夏

中国建材集团旗下的南京凯盛是中国水泥工程建设业一支新军，经过近 9 年的风雨历练，已发展成为掌握了行业高新技术、专注于水泥工厂技术研发、工程设计、水泥工厂建设工程总承包和技术服务的国际工程公司。公司现有设计、技术研发和管理人员 700 多人，各类注册执业工程师 70 多人，教授级高工 20 多人，硕士、博士研究生 40 多人。公司拥有近 20000 平方米的现代化办公大楼和 2000 多万元的现代化办公装备；持有国家甲级工程设计证书及对外承包工程经营资格证书；通过了 ISO9001 质量管理体系认证和高新技术企业认定；被中国机电产品进出口商会评定为 AAA 级信用企业。

南京凯盛始终坚持以创新推动企业发展。通过机制创新调动了广大员工的积极性。通过技术创新，开发完成了适用于不同地区、不同原料、不同燃料的 1500～10000t/d 等各种规模的新型干法水泥生产线和各类专用主机设备。通过管理创新，带动了工程总承包、机电设备安装、纯低温余热发电等业务的迅速发展。

南京凯盛已承接水泥工厂及相关工程共 200 多项，其中 5000t/d 以上水泥生产线达 60 多条，总承包及总承包管理工程（含余热发电）30 多项，国外工程近 20 项，纯低温余热发电工程 50 多项，水泥、玻璃生产线机电设备安装工程 50 多项。公司共获得国家级优秀工程设计奖 1 项，省部级奖 35 项，其中 14 个项目获得一等奖。公司拥有 20 多项发明专利和实用新型专利，多项专有和专利技术及产品通过了部级技术鉴定，并通过了江苏省高新技术产品认定。

南京凯盛持续加强和谐企业建设，努力打造一支“有爱心、有孝心、有责任心和有道德、有理想、有激情”的员工队伍，贯彻“超值服务，为客户创造价值”的服务宗旨，为客户提供精细的服务，努力满足投资者的需求。

南京凯盛愿与各界朋友结伴同行，共享未来，为中国建材工业可持续发展作出更大贡献。

中国建材　南京凯盛

地址：中国·南京市江东北路305号 滨江广场24楼　邮编PC：210036
Add：24 floor,Binjiang Plaza.305 jiangdong North Road Nanjing China
电话Tel：+86-25-86214888　传真Fax：+86-25-86214988
http://www.tctec.com.cn　E-mail:njks@tctec.com.cn

中国建材国际工程有限公司 南京凯盛水泥工业设计研究院
CNBMIEC NANJING TRIUMPH CEMENT INDUSTRY DESIGN & RESEARCH INSTITUTE
南京凯盛水泥技术工程有限公司
NANJING TRIUMPH CEMENT TECHNOLOGY ENGINEERING CO.,LTD.

天瑞集团水泥有限公司
TianRui Group Cement Co.,ltd.

天瑞集团水泥有限公司（以下简称天瑞水泥）是国家重点支持的十二家水泥企业集团之一，是天瑞集团与美国KKR公司、国际金融公司(IFC)和摩根大通（JPMORGAN）共同投资组建的中外合资企业，是河南省最大的水泥生产企业。

图一

天瑞水泥拥有十三条新型熟料干法水泥生产线，粉磨站七个，总资产超过80亿元，员工4800余人，年熟料产能达2500万吨，水泥产能达3000万吨。各条生产线和在建项目主要分布在河南、辽宁资源丰富的区域和市场前沿，已投产汝州、卫辉、郑州、光山、大连、辽阳、石龙、鲁山、周口、商丘、许昌、南召、营口等十六家企业。

图二

天瑞水泥拥有一支高水平的管理团队及国内一流的水泥工程建设、生产经营管理专业人才队伍，已建成的所有项目体现出了投资低、工期短、质量优、运行成本低、效益好的特点。明显的技术、管理和成本优势，使生产的“天瑞牌”水泥具有较强的市场竞争能力，水泥产销量和效益连续多年位居河南省同行业之首，成为国内水泥行业中盈利能力强、成长性好，竞争优势突出的水泥企业。

图三

天瑞水泥着力经营“天瑞”品牌，先后通过了环境管理体系认证、质量管理体系认证、职业健康安全管理体系认证，“天瑞”牌水泥连续11年通过国家产品质量认证，先后荣获“国家质量免检产品”、“绿色建材产品”、“河南省优质产品”、“河南省著名商标”等荣誉称号。“天瑞”牌水泥系列产品被广泛应用于南水北调水利工程、哈大高铁、石武高铁、新郑机场等公路、铁路、隧道、大型桥梁及高层建筑重点工程建设项目。

图四

展望未来，天瑞水泥将抢抓“中原崛起”和“振兴东北老工业基地”的战略机遇，加快水泥发展步伐，为经济发展和社会进步做出更大的贡献。

联系地址：河南省汝州市广成东路63号
联系电话：0375-6030133
邮　　编：467500
公司网站：www.trcement.com

图五

图一：天瑞集团汝州水泥有限公司
图二：大连天瑞集团水泥有限公司
图三：卫辉市天瑞集团水泥有限公司
图四：平顶山瑞平石龙水泥有限公司夜景
图五：天瑞集团郑州水泥有限公司12000t/d 新型干法熟料水泥生产线（世界单线生产规模最大\科技水平最高的生产线）

企业荣誉

新型干法水泥生产线夜景

现代化工厂一角

宁国市开源电力耐磨材料有限公司

宁国市开源电力耐磨材料有限公司是专业从事耐磨铸件生产企业，公司成立于2004年，占地7.5万平米，现有员工300多人，固定资产8000多万元，配备自动化迪砂生产线、全自动油淬火生产线、中频电炉、直读光谱仪、金相显微镜、冲击试验机等先进的生产和检测设备100多台套，年产能力3万吨，产值2亿元。开发、创研的“国阳”牌系列产品广泛应用于水泥建材、冶金矿山、煤浆火电等行业，先后与海螺集团、拉法基集团、山水集团、天津水泥设计院等100多家企业建立了长期友好的合作关系，产品同时出口印度、俄罗斯、南非、越南、美国等十几个国家，得到用户的一致好评。

公司现为中国铸造协会耐磨铸件分会委员单位、安徽铸造协会常务理事单位、安徽铸造五十强企业，参与了耐磨铸钢件国家标准的编制和修订。先后获得了“安徽省名牌产品”、“安徽省著名商标”、“安徽省守合同重信用企业”等众多殊荣，通过了质量、环境及职业健康安全三位一体的管理体系认证。

公司实行产、学、研联合，建立企业技术研发中心，聘请著名铸造技术专家朴东学担任技术顾问，不断引进和培养专业技术人才，提高创新研发能力，运用有效的激励机制，推动着企业创新发展，同时加快节能减排步伐，促进企业可持续发展。

主要产品或业务

耐磨材料、铸铁件、磨机配件生产、销售，自营本公司产品和技术进出口业务

地址：安徽省宁国经济技术开发区河沥园区
邮编：242300
邮箱：web@nggq.com
电话：0563-4302111 4309022
传真：0563-4302111 4309022
网址：www.nggq.com

广东塔牌集团股份有限公司

GUANGDONG TAPAI GROUP CO.,LTD

地 址：广东省蕉岭县蕉城镇塔牌大厦 / 邮 编：514100 / 网 址：http://www.tapai.com

广东塔牌集团股份有限公司（证券简称：塔牌集团，证券代码：002233）是一家被列入国家重点支持发展、《广东省建材工业2005~2010年发展规划》和《广东省建材行业结构调整实施方案》鼓励扶持发展的以水泥为主业、跨地区、跨行业、关联多元化发展的梅州市骨干企业集团之一的大型企业集团。

公司现形成了“三大”水泥生产基地（广东惠州基地、广东梅州基地、福建武平基地），拥有9个大中型熟料、水泥生产企业，并涉及电力、矿山、铁路运输和设备制造安装等行业；资产总额42亿元；水泥生产规模1000多万吨；员工3000多人，其中管理技术队伍800多人。

公司率先在广东省水泥行业通过ISO9001质量体系、环境管理体系、职业健康安全体系认证，先后荣获“全国用户满意企业”、“中国建材百强企业（第23位）”、“全国质量效益型先进企业”、“中国建材知名企业”、“广东省五一劳动奖状”、“广东省诚信示范企业”等荣誉；“塔牌”水泥先后荣获“国家质量免检产品”、“全国用户满意产品”、“广东省名牌产品”、“广东省著名商标”等荣誉，在粤东地区

①

②

③

是广大用户的首选品牌，并畅销深圳、广州、东莞、惠州等珠三角发达城市，以及福建、江西毗邻省的部分地区，成为高速公路、水电大坝、铁路、机场和高层建筑等大型工程、重点工程和搅拌站市场指定专用建筑材料。

①黄华华省长到塔牌考察时与钟烈华董事长亲切交谈

②广东省省长黄华华到塔牌视察（左五）

③国务院副总理张德江到塔牌视察

④塔牌总部办公大楼

⑤塔牌日产5000吨新型干法旋窑生产线和能源综合利用电厂全景

Sinoma
中材国际

溧阳中材重型机器有限公司

Sinoma-Liyang Heavy Machinery Co., Ltd.

双转子单段锤式破碎机

溧阳中材重型机器有限公司（原溧阳市重型机械厂有限公司）位于江苏省溧阳市国家4A级旅游度假区——天目湖，紧靠宁杭高速、104国道。我公司是水泥设备专业生产厂，主要产品为新型干法水泥厂设备的设计、制作和安装。

企业是江苏省高新技术企业，江苏省知名企业。注册资金5000万元，占地面积507亩，拥有国内外先进生产设备528台套，投资总额11.15亿元。企业将形成年加工能力约21万吨水泥装备制造大型基地。

中材国际南京水泥工业设计研究院是企业的技术支撑。并且与全国各大水泥、建材设计科研单位建立了合作关系。水泥机械设备遍及全国并且多次出口：美国、俄罗斯、土耳其、哈萨克斯坦、沙特、伊拉克、巴基斯坦、越南、泰国、缅甸、孟加拉、尼日利亚、肯尼亚、埃塞俄比亚、厄立特里亚、巴西、秘鲁等国，树立了良好的国内外市场信誉。

企业质量方针：技术创新，持续改进，引领行业水平。科学管理，优质服务，确保顾客满意。

悬臂堆料机

主要产品

原料及辅料破碎部分所用的设备：

轻、中、重型板喂机
波动辊式给料机
颚式破碎机　反击式破碎机
单转子单段锤式破碎机
双转子单段锤式破碎机
环锤式破碎机　双齿辊粘土破碎机

装配中的篦冷机

预均化堆场所用的设备：

侧式、桥式、悬臂堆取料机
圆形堆取料机

生料及水泥粉磨系统所用的设备：

球磨机
立式辊磨
辊压机
高效组合式选粉机

立式辊磨

熟料烧成系统所用的设备：

预热器带分解炉
多通道煤粉燃烧器
回转窑
高效推动篦式冷却机

地址：江苏省溧阳市天目湖镇（茶亭）
电话：0519-87469118
传真：0519-87469088
E-mail：microlinker@sohu.com
Http：//www.lyzxjx.com

高筑科技
GAO ZHU SCIENCE AND TECHNOLOGY
高科技 筑未来
公司简介
Company Profile
云南高筑科技开发有限公司是一家专注于水泥行业的节能型系列产品研发、生产及销售服务于一体的高新技术企业。“高筑”牌水泥系列外加剂秉承“以人为本，科学发展”的企业宗旨，以水泥行业的“节能减排”为已任。公司依托南京工业大学材料科学与工程学院、国家化学工程国家重点实验室及江苏省无机非金属材料重点实验室，拥有一大批学术与实践并重的水泥行业专家，不断提高水泥助磨剂的研发和生产水平，以客户利益为核心，为水泥生产企业创造效益，并有效促进国家水泥行业的可持续发展。
我公司与南京工业大学材料工程学院组建了水泥助磨剂研发中心，共同开发、研制节能环保型水泥助磨剂产品。与昆明理工大学建筑工程学院建立了水泥助磨剂中心实验室，有针对性地为水泥生产企业提供量身定制的个性化助磨剂产品。
发明专利证书
发明专利证书
证书
云南高筑科技开发有限公司：
经审定，你单位为中国水泥协会水泥助磨剂分会会员。
中国水泥协会水泥助磨剂分会
二〇〇九年八月
证书
为中国水泥协会水泥助磨剂分会第一届理事会理事。
中国水泥协会水泥助磨剂分会
二〇〇九年九月
• 专利 含无水硫铝酸钙矿物的硅酸盐水泥熟料及其生产方法
• 专利 混凝土专用水泥材料
• 云南高筑科技有限公司的协会理事单位证书
• 公司总经理崔湛的协会理事证书
销售热线：0871-5813365
云南高筑科技开发有限公司
YUN NAN GAO ZHU SCIENCE AND TECHNOLIGY EXPLOITURE CO.,LTD
地址：昆明市高新技术开发区创新大厦613号
电话：0871-5885663
传真：0871-5885663
http://www.YNGZK.com
Email:yngzkj@sina.com

港腾

T 防尘中央链斗式提升机
主要技术经济指标

板链拉伸强度：2800 kN
使用寿命：≥6 万小时（24 小时连续工作）
物料温度：≤ 650℃
最大提升量：1800 t/h
最大提升高度：100 m
物料密度：0.2 ~ 8
最大物料粒度：150 mm
链 速 V：0.8 ~ 1.3 m/s（低速重载）

港腾机械制造有限公司位于江苏省张家港市，是生产输送设备的专业化公司。设备品种齐全，性能卓越。公司的输送设备有多项专利。产品被广泛应用于冶金、建材、化工等行业。

公司的主导产品为防尘、耐高温、高抗磨 GT 中央链斗式提升机。该产品成功地解决了输送机板链防尘这一世界级的难题，在大输送量、大提升高度、长使用寿命、及通用性、高可靠性、经济性等方面进行系统整合，取得突破。2007 年由公司独立制订了产品的执行标准，同年通过江苏省质检中心检测。2007年获得国家发明等五项专利，2008年在德国获得发明的多项专利。该产品还被评为江苏省高新科技产品。其技术经济指标已大大超过国外同类产品标准，被国家重点工程成功应用。

本公司同时生产 NE、NSE 板链斗式提升机，TH、TD 胶带斗式提升机，BD、ZDT 链斗机，MS、FU、XMQ 刮板机，DJ 大倾角胶带输送机，GLX、LS 螺旋输送机等输送机。同时公司可为客户设计制作各种非标输送设备。

我公司愿与各界真诚合作，为装备我国现代工业服务。让用户实实在在地取得效益是我公司的一贯宗旨。在这沸腾的时代，让我们共同奋斗。

港腾机械——输送专家

号：ZL 2007 2 0147801.6
号：ZL 2007 2 0176037.5
号：ZL 2007 2 0178444.X
号：ZL 2007 3 0321852.1
号：ZL 2007 3 0154814.1
国专利：Nr 20 2008 006 168.7
国专利： 40 2008 002 146.0

界领先专利技术

张家港市港腾机械制造有限公司

地　址：江苏省张家港市金港镇港华路长埭工业园
邮　编：215637　　传　真：0512-58788505
电　话：0512-58337008 58972559
联系人：周正清
网　址：www.zjggt.com 邮　箱：gt@zjggt.com

HENGNAI
江苏恒耐集团
JIANGSU HENGNAI GROUP
设计 研发 制造 筑炉 维护
中国 新型干法水泥窑全面解决方案专业服务商
20多年，
我们发展壮大，
为中国崛起而努力
1987年，恒耐创建于江苏常州
2007年，新型干法水泥窑用高性能耐火浇注料销售超亿元，市场占有率超60%
2008年，江苏恒耐炉料集团挂牌，是江苏省工商总局审核的首家民营集团企业。
2009年，在华南、西南、东北建立产品中心库，更快为客户提供产品、解决问题。
集团旗下
江苏恒耐炉料集团有限公司
Jiangsu Hengnai Charging Group Co.,Ltd
常州恒耐炉窑附件有限公司
Changzhou Hengnai Stove Engineering Co.,Ltd
常州恒耐炉窑工程有限公司
Changzhou Hengnai Cement Co.,Ltd
常州恒耐水泥有限公司
Changzhou Hengnai Oiling Co.,Ltd
常州市恒耐加油有限公司
Changzhou Hengnai Stove Attachment Co.,Ltd
国内领先
不定型耐火材料、锚固件、炉窑附件大型专业生产基地
新型干法水泥生产线耐火材料、炉窑附件配套设计和筑炉的专业服务商
江苏恒耐集团 JIANGSU HENGNAI GROUP
科技创新 服务全心
ADD: 江苏省常州市横山桥镇 / PC: 213119 / TEL: 0086-519-88610529 / FAX: 0086-519-88600149 / Http://www.hengnai.com

■ 音叉式物位开关 Vibranivo

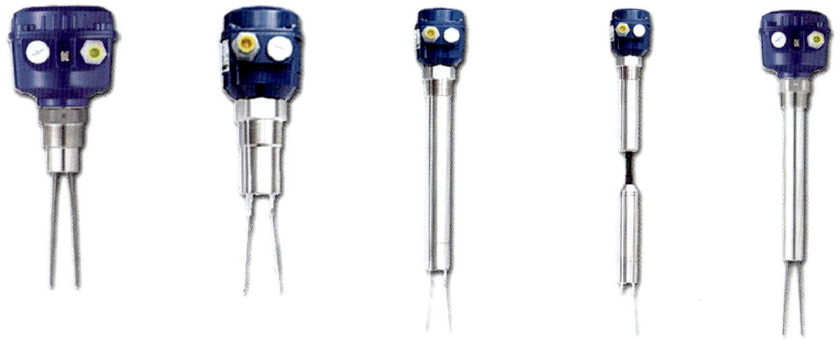

原理：VIBRANIVO通过内部压电激励下产生振动频率达125Hz机械式振动，一旦探头部分被固体物料覆盖，此时产生的阻尼将立刻被电路监测到，并输出相应的干节点信号。这种机械振动的特性也赋予了自清洁的功能。

特　点			
世界上最紧固的音叉开关，最全的防爆认证		温度	150℃
通用供电	19-230V 50-60Hz 19-55VDC	压力	10bar
输出信号	SPDT DPDT PNP	长度	170mm-20,000mm
外壳	铸铝 IP66	介质密度	5g/l

■ 重锤式连续料位计 Nivobob

原理：Nivobob垂直安装于料仓顶部，通过电机驱动钢带卷轮释放钢带末端的感应锤下测，当感应锤接触到物料表面时失重，电机便反转回收感应锤到顶部停止位置，同时输出与料位相对应的感应脉冲或模拟信号。钢带式自带清洁器。

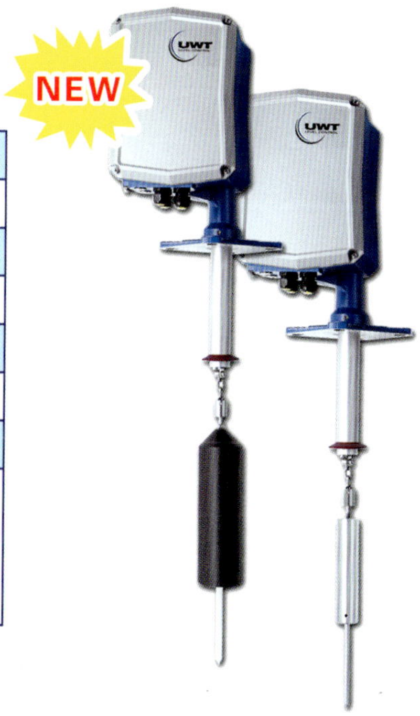

特　点	
长度	带式50m（或70m）、缆式30m
温度	80℃、150℃、250℃
供电	98-253V 50-60Hz/ 20-28VDC
认证	CE、ATEX、FM
输出	0/4-20mA Modbus/Profibus DP
壳体	铝质带环氧镀层 IP66
可选项	①无炭刷电机　②耐高压、抗腐蚀 ③带视窗盖子及外部启动按钮　④延长保护套管 ⑤压缩空气导管接口　⑥各种感应锤头

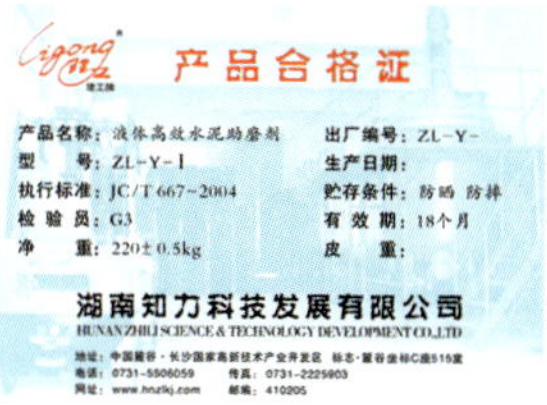

燃煤潜能聚合剂（粉体）：

○作用机理：

系由数种稀土、金属与非金属化合物或氧化物优化聚合而成的结晶粉末。它与国内外各类节煤固硫剂不同的是：无论从诸原料互补性的研究上，还是从各助剂聚合性的选择上，侧重降低氧的离解能和炭的活化能为发挥燃煤潜能的技术关键，科学运用热化学原理和方法，尽可能给炭被氧化成二氧化碳“焓变”创新一条上述“两能”消耗较低能量的途径，从根本上改变煤炭燃烧方式，进而提高窑炉的热力强度和煤炭燃烧的热效率。

○适用范围：

机立窑水泥熟料煅烧

○工况要求：

氧弹定炭，暗火操作

○加入方式：

使用微粉计量机

○剂量控制：

①重量比为生料质量的0.03%；

②测流量按生料磨台时产量每分钟每吨5克计（5g/min×t/h）。

○使用效果：

①节煤8%-15%；

②提高机立窑台产3%-5%、水泥磨台产5%-10%；

③创利3-15元/吨水泥。

高效水泥助磨剂ZL-Y-Ⅰ／ZL-Y-Ⅱ（液体）：

○作用机理：

系由多种低碱、无氯矿物及活性材料，经特殊加工而制成的对水泥混合材活性起激发作用的聚合液体。通过物理化学作用，消除粉磨物料颗粒表面静电，防止附聚与糊球现象，并产生微裂纹及其晶格缺陷，增加水泥活性。在有效激发混合材活性的基础上，既能达到提高“高掺量混合材水泥”各龄期强度的要求，又能达到有效改善水泥的安定性、缩短凝结时间、增加水泥磨机产量、节能降耗、降低生产成本、增加企业效益的目的。

○适用范围：

通用水泥和特种水泥

○工况要求：

用剂科学，加量准确

○加入方式：

使用液体计量泵

○剂量控制：

①重量比为水泥质量的0.10%／0.03%；

②测流量按水泥磨台时产量每分钟每吨16.67克／5克计（16.67 g/min×t/h ／5g/min×t/h）。

○使用效果：

①增长水泥各龄期强度3-6 MPa／2-4 MPa；

②节约水泥熟料5%-10%／3%-5%；

③提高水泥磨台时产量10%-20%。